西北大學名師大家學術文庫

張西堂 著

張銘洽 整理

張西堂全集 上

西北大學出版社
·西安·

圖書在版編目（CIP）數據

張西堂全集：上、中、下 / 張西堂著；張銘洽整理. —西安：西北大學出版社，2022.10
ISBN 978-7-5604-5034-6

Ⅰ. ①張… Ⅱ. ①張… ②張… Ⅲ. ①張西堂（1901-1960）—全集 Ⅳ. ①Z427.1

中國版本圖書館CIP數據核字（2022）第197458號

張西堂全集

著　　者	張西堂
整　　理	張銘洽
責任編輯	馬　平
出版發行	西北大學出版社
地　　址	西安市太白北路229號
郵　　編	710069
電　　話	029-88302590
網　　址	http://nwupress.nwu.edu.cn
E－mail	xdpress@nwu.edu.cn
經　　銷	全國新華書店
印　　刷	陝西中實藝術印務有限公司
開　　本	787毫米×1092毫米　1/16
插　　頁	8
印　　張	203.5
字　　數	3760千字
版　　次	2022年10月第1版　2022年10月第1次印刷
書　　號	ISBN 978-7-5604-5034-6
定　　價	980.00圓

如有印裝質量問題，請與本社聯繫調換，電話 029-88302966。

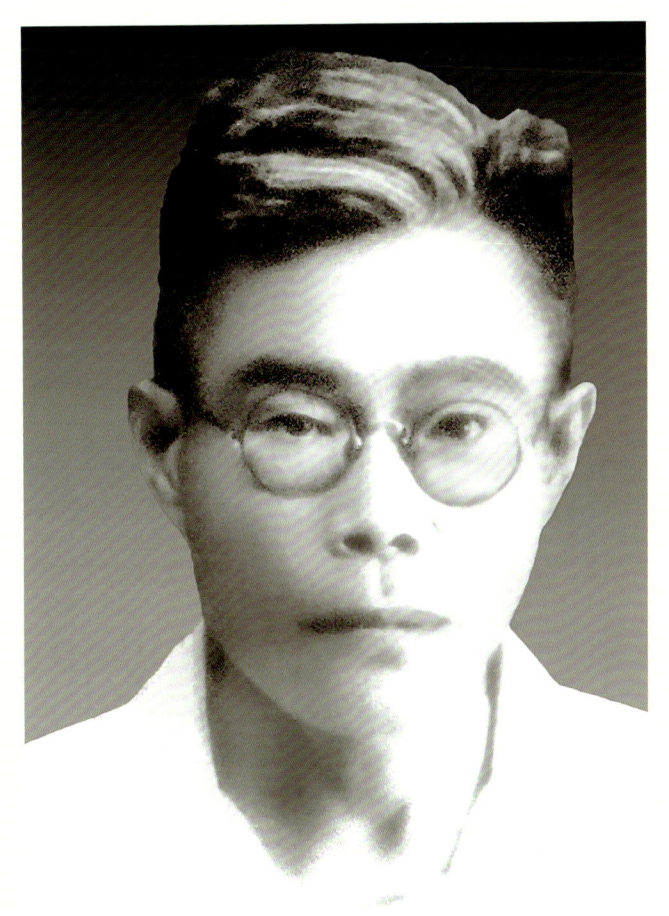

張西堂先生
（一九〇一～一九六〇）

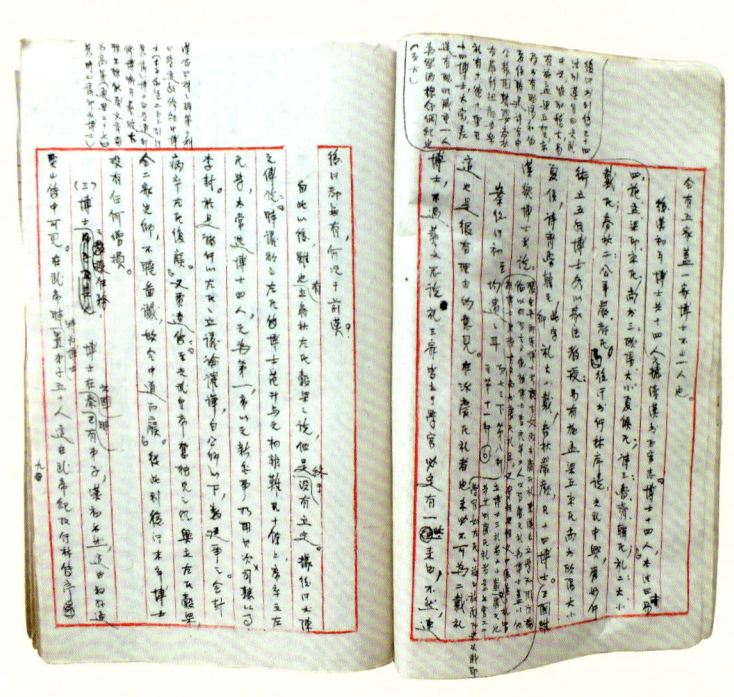
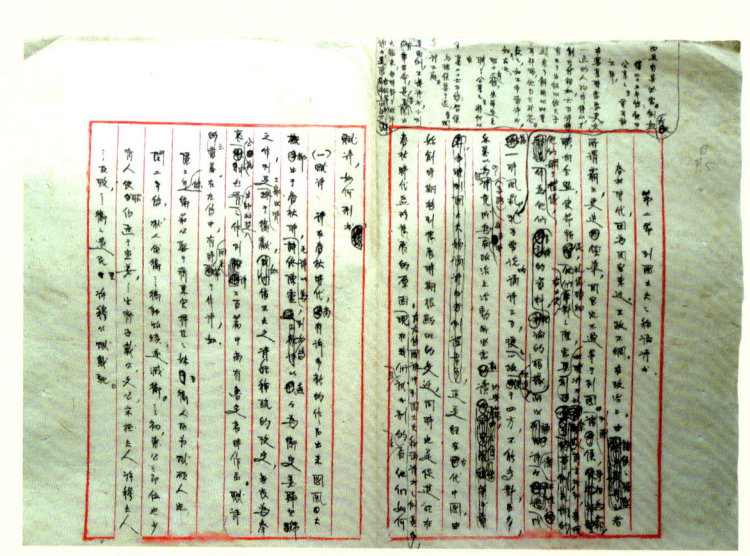

張西堂先生《經學史綱》手稿

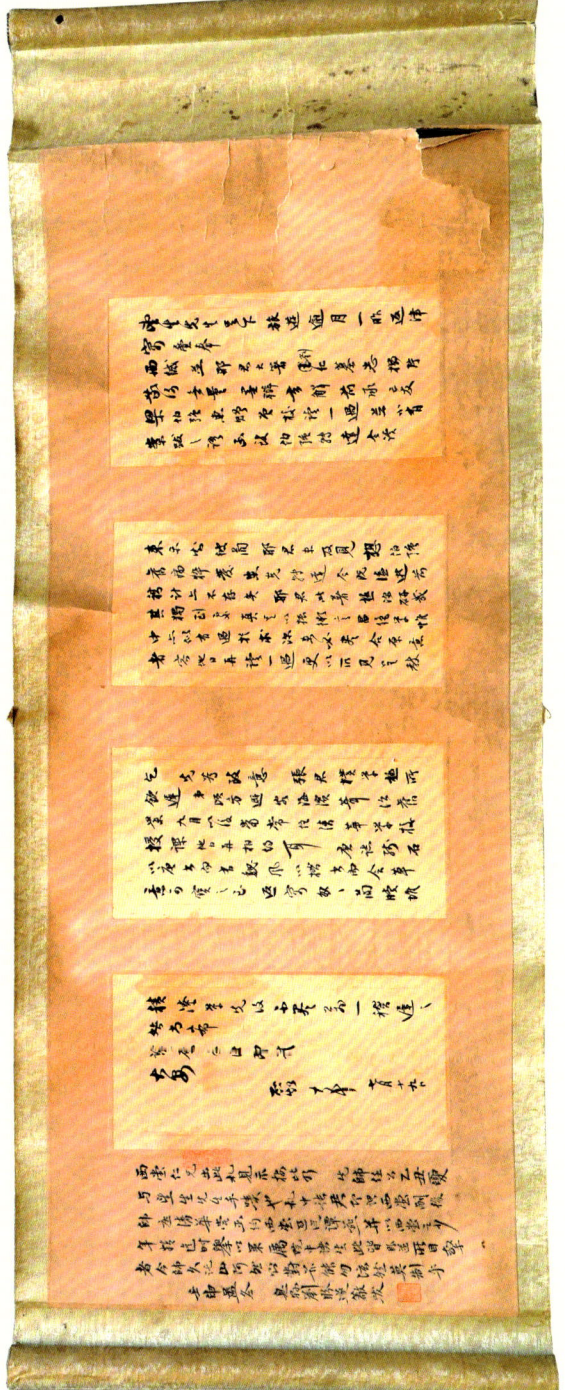

梁啟超手札四頁

梁啟超（一八七三～一九二九），中國近代著名的維新派代表人物，傑出的思想家、政治家、教育家。此手札是給張西堂信函的復信。

錢玄同爲張西堂書齋題字

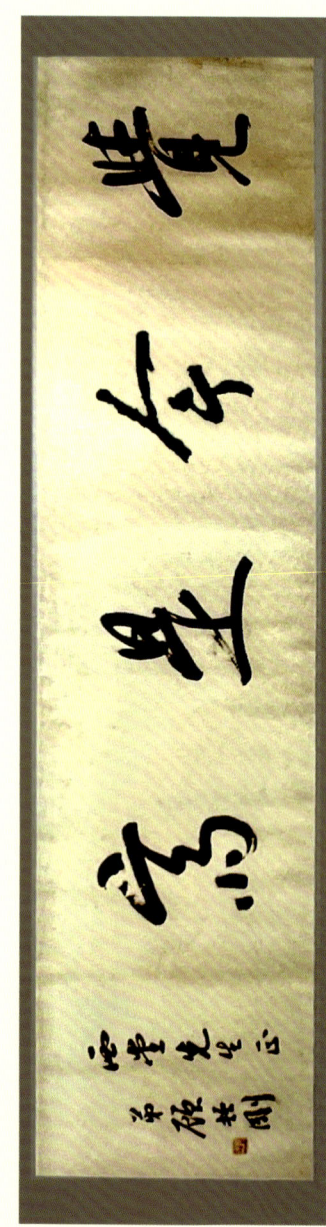

顧頡剛爲張西堂書齋題字

錢玄同（一八八七～一九三九），著名中國語言文字學家。
顧頡剛（一八九三～一九八〇），我國著名的歷史學家和歷史地理學家。兩人均爲二十世紀二三十年代中國學術界影響甚廣的古史辨派領軍人物。

馬衡贈張西堂的中堂對聯

馬衡（一八八一～一九五五），我國著名的金石考古學家，曾任故宮博物院院長。

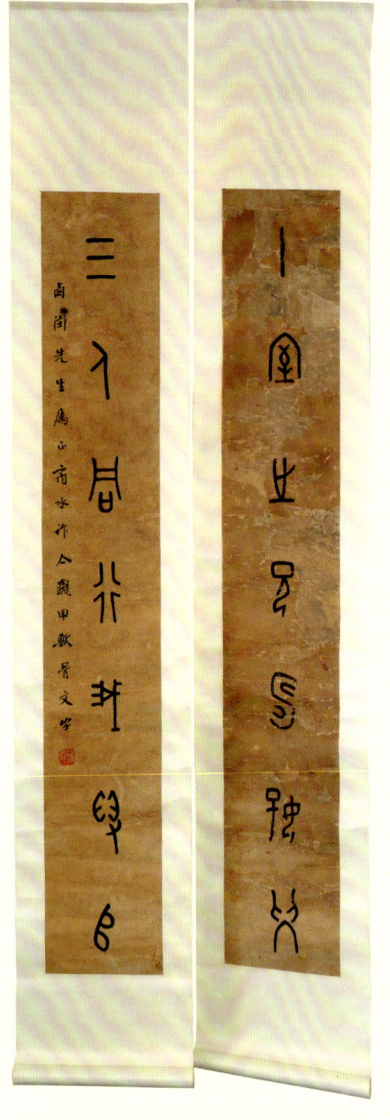

商承祚贈張西堂的中堂對聯

商承祚（一九〇二～一九九一），古文字學家、考古學家、金石篆刻家、書法家。

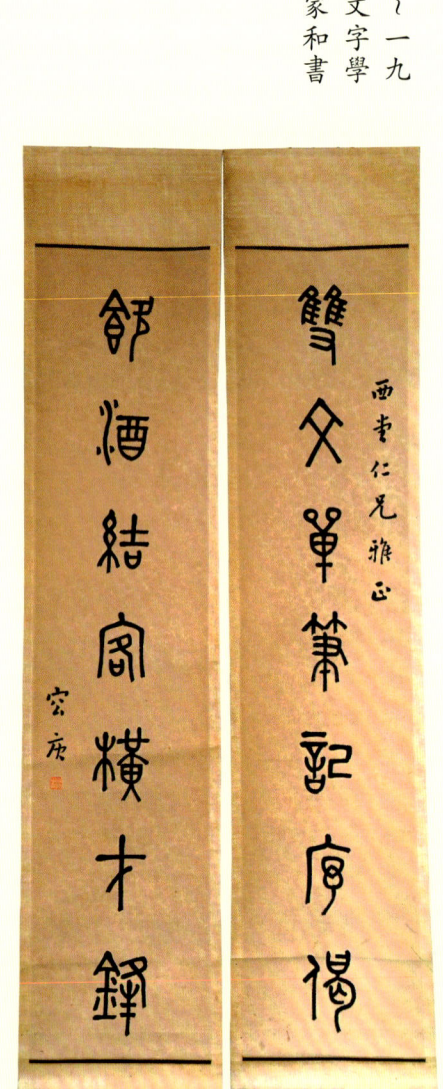

容庚贈張西堂的中堂對聯

容庚（一八九四～一九八三），當代著名古文字學家、考古學家、篆刻家和書畫鑒藏家。

《西北大學名師大家學術文庫》

編輯出版委員會

主　　任　王亞傑　郭立宏
副主任　常　江　賴紹聰
編　　委　（按姓氏筆畫排序）
　　　　　馬　來　馬　健　馬　鋒　馬朝琦
　　　　　王旭州　王思鋒　田明綱　傅愛根
　　　　　吕建榮　李　軍　楊　濤　楊文力
　　　　　吴振磊　谷鵬飛　宋進喜　張志飛
　　　　　張學廣　范代娣　岳田利　周　超
　　　　　趙　鋼　胡宗鋒　徐哲峰　欒新軍
　　　　　郭　琳　郭真華　彭進業　雷曉康

《西北大學名師大家學術文庫》

序　言

西北大學是一所具有豐厚文化底蘊和卓越學術聲望的綜合性大學。在一百二十年的發展歷程中，學校始終秉承"公誠勤樸"的校訓，形成了"發揚民族精神，融合世界思想，肩負建設西北之重任"的辦學理念，致力於傳承中華燦爛文明，融彙中外優秀文化，追踪世界科學前沿。學校在人才培養、科學研究、文化傳承創新等方面成績卓著，特別是在中國大陸構造、早期生命起源、西部生物資源、理論物理、中國思想文化、周秦漢唐文明、考古與文化遺產保護、中東歷史，以及西部大開發中的經濟發展、資源環境與社會管理等專業領域，形成了雄厚的學術積累，產生了中國思想史學派、"地殼波浪狀鑲嵌構造學説""侯氏變換""王氏定理"等重大理論創新，涌現出了一批蜚聲中外的學術巨匠，如民國最大水利模範灌溉區的創建者李儀祉，第一座鋼筋混凝土連拱壩的設計者汪胡楨，第一部探討古代方言音系著作的著者羅常培，中國函數論的主要開拓者熊慶來，五四著名詩人吳芳吉，中國病理學的創立者徐誦明，第一個將數理邏輯及西方數學基礎研究引入中國的傅種孫，"曾定理"和"曾層次"的創立者并將我國抽象代數推向國際前沿的曾炯，我國"漢語拼音之父"黎錦熙，絲路考古和我國西北考古的開啓者黄文弼，第一部清史著者蕭一山，甲骨文概念的提出者陸懋德，我國最早系統和科學地研究"迷信"的民俗學家江紹原，《辯證唯物主義和歷史唯物主義》的最早譯者、第一部馬克思主義哲學辭典編著者沈志遠，首部《中國國民經濟史》的著者羅章龍，我國現代地理學的奠基者黄國璋，接收南海諸島和劃定十一段海疆國界的鄭資約、傅角今，我國古脊椎動物學的開拓者和奠基人楊鐘健，我國秦漢史學的開拓者陳直，我國西北民族學的開拓者馬長壽，《資本論》的首譯者侯外廬，"地殼波浪狀鑲嵌構造學説"的創立者張伯聲，"侯氏變換"的創立者侯伯宇等。這些活躍在西北大學百餘年發展歷程中的前輩先賢們，深刻彰顯着西北大學"艱苦創業、自強不息"的精神光輝和"士以弘道、立德立言"的價值追求，築鑄了學術研究的高度和厚度，爲推動人類文明進步、國家發展和民族復興作出了不可磨滅的貢獻。

在長期的發展歷程中，西北大學秉持"嚴謹求實、團結創新"的校風，致力於培養有文化理想、善於融會貫通、敢於創新的綜合型人才，構建了文理并重、學科交叉、特色鮮明的專業布局，培養了數十萬優秀學子，涌現出大批的精英才俊，贏得了"中華石油英才之母""經濟學家的搖籃""作家搖籃"等美譽。

二〇二二年，西北大學甲子逢雙，組織編纂出版《西北大學名師大家學術文庫》，以彙聚百餘年來作出重大貢獻、産生重要影響的名師大家的學術力作，充分展示因之構築的學術面貌與學人精神風骨。這不僅是對學校悠久歷史傳承的整理和再現，也是對學校深厚文化傳統的發掘與弘揚。

文化的未來取決於思想的高度。漸漸遠去的學者們留給我們的不只是一叠叠塵封已久的文字、符號或圖表，更是彌足珍貴的學術遺產和精神瑰寶。溫故才能知新，站在巨人的肩膀上才能領略更美的風景。認真體悟這些學術成果的魅力和價值，進而將其轉化成直面現實、走向未來的"新能源""新動力"和"新航向"，是我們後輩學人應當肩負的使命和追求。編輯出版《西北大學名師大家學術文庫》正是西北大學新一代學人踐行"不忘本來、面向未來"的文化價值觀，堅定文化自信、鑄就新輝煌的具體體現。

編輯出版《西北大學名師大家學術文庫》，不僅有助於挖掘歷史文化資源、把握學術延展脉動、推動文明交流互動，爲西北大學綜合改革和"雙一流"建設提供強大的精神動力，也必將爲推動整個高等教育事業發展提供有益借鑒。

是爲序。

《西北大學名師大家學術文庫》編輯出版委員會

整理者

前　言

張銘洽

先父　張西堂先生（一九〇一．五．十一～一九六〇．二．十）自幼年起便熟讀經書，此後治學，亦以樸學爲研究方向，被譽爲"經學家"。二十世紀二十年代後期，先父與錢玄同、顧頡剛等先生相識，並成爲"古史辨"學派中重要成員之一，終生以探求經學歷史真相、對古籍辨僞求真及樸學研究爲學術追求。（關於先父行狀，我撰寫了先父《年譜》，附於本書末，請參閱，此處不再贅述）在數十年的行學生涯中，先父著述頗豐，亦有相當影響，但先父去世後，其多部著作特別是關於總結經學發展變遷的手稿一直未能整理出版。經過十數年努力，如今先父主要著述終於校訂完成即將結集面世，這實爲一大幸事。《張西堂全集》所收錄的先父撰述二十部及數十篇文章，著作年代從二十世紀二十年代至五十年代末，其中有些曾出版過，收入本《文集》時又重新做了校訂核對，但如《校點〈古學考〉》，係先父校點前賢廖平的著作，故未收錄。未曾出版的著作中，如《經學史綱》《兩漢三國傳經通經表》《晚清今文學運動》等，均爲手稿，且已有部分散亂，核校整理頗爲不易，故費時良多，今次能出版，實是對先父心血的搶救和對其學術成果的保護，也是對祖國文化的一個貢獻，是極有意義的。在此，謹將《張西堂全集》所收錄的主要著作做一簡單介紹。

《春秋六論》：寫於一九二二年冬，並曾發表於《孔子哲學月刊》一九二三年第一期。本次整理，因未找到原發表之文，故僅依據家中所存幾份打印稿編綴而成。

《穀梁真僞考》：寫於一九三一年八月，並曾由北平和記印書館刊印出版。先父生前，曾有補充內容，重新出版之意，但未能實施。後我秉持先父此意，補入《穀梁爲古文學補證》一文，送臺北明文書局於一九九四年四月出版。

此次整理，是在臺北明文書局版的基礎上又加以訂正的。考慮到先父原《穀梁爲古文學補證》一文所列《春秋今古文異同表》係後抄錄的簡表，其中，未收入《春秋》經原文，且魯十二公紀年亦未標明，於閱讀、使用中恐有不便，故以先父《經學史綱》文中所列《春秋今古文異同表》將其替換，故此一部分與明文書局本有所不同。

《荀子真僞考》：這是先父一九三四年～一九三五年期間所撰寫的，原名爲《孫卿子研究》，曾撮要發表於北平中研院《史學集刊》二卷三期中。後更名，亦於一九九四年由臺北明文書局出版。

《唐人辨僞集語》：寫成於一九三四年夏，是應顧頡剛先生之邀約，爲其《辨僞叢刊》所撰，於一九三六年十一月由樸社出版。

《目錄學四論》：本書實際是幾篇相關論文的合輯，在先母所列的先父遺著目錄中，本書名爲《目錄學四種》，而且應該都發表過。但在此次整理中，家中所能找到者僅爲一打印合訂本，並缺失其第四篇，經檢索亦未能找到缺失的部分，因此本書僅爲三論。爲保留其歷史痕跡，姑以打印本名爲之，以與其他同類書名風格一致。

《王船山學譜》：寫於一九三七年三月，並於一九三八年七月由商務印書館（時在湖南長沙）出版。這幾部書，都是在參照原初版書的基礎上加以訂正校對的。

《顏習齋學譜》：按書末所記，係先父於一九三七年七月十日所完稿。此日，亦係余大姊出生前一日，盧溝橋事變之第四日。此後不久，先父即於兵荒馬亂中離開北平赴南方，顛沛流離，直到一九四四年最終落腳於西北大學。抗戰勝利後，先父於一九四六年回北平寓所取回本書稿，後曾報送國民政府教育部，並獲教育部一九四六～一九四七年度學術獎勵哲學類二等獎。然先父在世時，並未著手本書出版事宜，直到先父去世後踰三年，先慈方聯繫出版社謀求出版，終未能成功。此後又直到三十年後，始由臺北明文書局於一九九四年六月正式出版。

書稿送出前，因家中僅見到先慈手抄本二冊，故請人謄抄一份送出。然出版後發現，該書與先慈手抄本相比，缺、漏、錯訛之處多多，甚至有數處整行缺失，致有文句不通者。此概因我於書稿送出前未仔細認真核對校訂所致，愧疚於心，無可言表，如巨石壓胸，已二十餘年！還有想請先父老友高明（仲華）老伯爲本書賜序，託出版社於開印前送一份書稿給高伯，不料高伯於1992年即已病逝，此事自然落空。然當時兩岸郵訊往來尚有不便，我爲圖方便，提前將此事寫入附記，後趕緊寫信去請出版社刪掉該句話，竟未遭理睬，以至鬧成笑話。在在均使我一直企望本書能再版，以糾正該書錯誤，以贖前愆。此次校訂整理，全以先慈抄稿爲本，並以近些年出版之《顏元集》《李塨集》等書參校，力求還本書以真實面貌。

《尚書引論》：本書是抗戰開始後，先父在任教廣東省立勷勤大學教育學院時撰寫的講義，原名爲《尚書研究講義》，後先父將其更爲現名後于一九五九年由陝西人民出版社出版。本書爲先父在世時所出版的最後一部書。

《兩漢三國傳經通經表》：完成於一九四〇年，未曾出版過。家中本存有正、副兩本，但正本已散亂不堪，只好僅依副本整理。在該書最前面，有先父簡短說明："此係副本，曾經柳翼謀（詒徵）先生一閱。在此間承友人陳進宜（直）先生爲從新出土漢碑中補充若干條，在正本中，未移錄於此。此本中有誤字，亦未校正。一九五六　十一月　西堂記"。陳直先生跋評爲："體大思精，綱舉目張，遠出畢書之上，實爲研究漢魏傳經最完善之宏著。閱者管見，籤列書眉。鎮江陳直拜讀，時同客居西安　五六年九月"。

《經學史綱》：爲先父集數年心血撰寫的一部最重要的著作，亦係初次出版。先父一九二六年到北京後，即在數所大學中開設相關課程，一九三一～一九三三年在武漢大學任教時，編纂了《經學史綱》講義，時武漢大學刊印過鉛印本，不過家中保存的已經殘缺不全。此後一直到先父落腳於西北大學，"講義本"均無大變化，只是在西北大學使用的講義，已爲刻寫油印本，即本書從第一篇《引論》開始至第二篇第六章"《春秋》之起源與編訂"止。家中保存共有三種，其中一冊首頁右下有"馮嶺安記"字樣。此一部分曾在二〇一一年以《經學史講義》爲名，在由我主編的《長安學叢書·張西堂卷》中發表過。從第二篇第七章"《語》《孟》《孝經》《爾雅》之起源與編訂"起至全書結束，則全爲手寫稿。手寫稿又有兩種，一種爲先父手稿，另一爲謄抄稿，兩種均已有散亂佚失，好在可以相互參照，得以將本書基本整理完成。手稿中，有一份全書《目錄》，我理解即寫作大綱，整理時本書章節等一遵大綱順序。不過，有數章、節在兩種手寫稿中均未發現，如關於孔子的一章等，似不應未寫，然遍尋不著，實在是無可奈何之事。

《經學史綱》開始寫作的時間，當在抗戰後期。此時先父先在重慶後又赴貴州大學任教，生活動蕩不安；一九四四年八月先父終落腳於西北大學，全家團聚，生活也相對安定，估計此時方全力寫作本書。本書大約在一九四六年西大遷回西安前輟筆，按《陝西省志·人物志》卷先嚴詞條下的說法，是"因健康和時局的關係"，故此停筆。若按本書的寫作大綱，只寫到兩漢，三國之後未寫，實爲一未完成稿，然而就全書來看，兩漢之前的內容相對完整，可以獨立成書。故此次整理，僅是將《經學史講義》與後寫的《經學史綱》合併爲一，因講義本已將西周、東周分爲二篇，故全書篇目次第與寫作大綱有所不同。

《詩經六論》：本書所收六篇論文，按《自序》說，"有的是我一九三一年到一九三三年在武漢大學講授《詩經》時寫的，有的是我一九五五年到一九五六年在西北大學講授《詩經》時寫的"。該書曾於一九五七年九月由商務印書館出版，這是先父在國內影響比較大的一部著作。只是其談《詩經》的思想内容和藝術表現兩篇文章更偏重於運用新文學理論進行研究，似有《文心雕龍》新用的意味。我曾在由陝西省文史館編的《長安學叢書·張西堂卷》中有一說明："對於該書中運用新理論進行研究的情況，只能算是家父在新形勢下的一種嘗試，並應該聯繫二十世紀五十年代對知識份子'思想改造'運動來看會比較客觀一些。"

《詩經選注》：在《詩經六論》中，先父已在"注"中提到該書，說"本篇及下篇中關於詩篇訓詁與諸家不同之處，另詳拙著《詩經選注》"。但實際上這部書的書稿被先父從出版社索回，並未出版，直至二〇一一年我主編《長安學叢書·張西堂卷》時方首次面世。該書實際上是以三種講義本綜合編輯而成的。

《樸學研究論集》：本書是在先父、先慈原整理稿的基礎上重加整理的，首次結集面世。一九五六年，先父曾將本書稿以《學術思想論集》爲名送交陝西人民出版社，《詩經六論》註釋中也提到該書，但第二年該書稿亦被先父從出版社索回，並未出版。二十世紀六十年代中，先母曾整理先父數部遺著交出版社，其中就包括這一本《論集》，但終未能出版。後歷經"文革"及這幾十年中數次搬家，此次整理，發現原稿已極爲散亂且丟失嚴重，不得不以先母編集目錄爲據，重新搜尋，重新編校。其中先父最早的一篇論文《〈中國哲學史大綱〉訂誤》，此文我曾經見過，刊登在山西大學學生會某會社編印的小冊子上，但此次遍尋不著，極爲惋惜。此外，原本先母將本書作爲一個單冊以求出版，故所收文章較多，但細看過後，感覺有多篇文章或者已附入某部書中（如《尸子考證》《穀梁傳爲古文說補證》附入《穀梁真僞考》，《唐人辨僞集語序》就在本書中，等等），或者文章本身就是本書中的部分内容（如《說經名》，關於《三禮》編著年代考證的幾篇等就是《經學史綱》的某些章節），若再收入《樸學研究論集》，則與全書有重複之處，故這些文章均未收入《樸學研究論集》。若將來有可能再出版本書的單冊，屆時再考慮收入似更妥。

此外，另有兩篇文章，一篇是《晚清今文學運動》，寫於一九四〇年前後，這本是一部書，但只餘前半部分，後大半部分遍尋不著，殘缺過於嚴重，單獨將這半部書列爲一目似不妥，故作爲本論集附錄。另一篇是先父一九三八年底發表在重慶某報紙上的通訊《平津聞見記》，其雖不屬於學術研究範疇，但此文以親身經歷，記錄了抗戰時期的一些真實情況，自當有其一定的史料價值，故亦作爲附錄。同時，有先父在抗戰時期寫的詩二首，同作爲附錄。先母編輯目錄中未收入本集的文章目錄，一併作爲附錄。因《樸學研究論集》完全是重新編排整理的，爲突出先父的學術方嚮和內容特點，將書名更換爲《樸學研究論集》，想先父不至因此怪罪。

《〈文心雕龍〉筆記》：本書是先父在西北大學講授《文心雕龍》課程，由學生記錄編纂而成的，估計是因課時限制，所講授的章節內容亦有限，茲作爲講義之一收入《全集》。

先父在武漢大學任教時編纂的《經學概論》《詩經學講義》（甲乙種）、《詩三百篇考略》《春秋研究講義》（甲乙種）以及在貴州大學任教時編纂的《漢語修辭學講義》、在西北大學編纂的《語言文學書目舉要》等，多經先父分門別類加以按語或作系統說明，使其亦具有相當的資料價值和學術價值，同時亦可從中看出先父學術思想的發展軌跡及其對於給學生傳授知識嘔心瀝血的負責精神，故亦編入《張西堂全集》。需要說明的一點是，《詩三百篇考略》與《詩經學講義》（甲乙種）中許多內容是相同的，不清楚先父當初出於何種考量，加以不同按語分編爲兩部講義。本次整理，將《詩三百篇考略》中重復部分均未收入，僅保留篇名及先父按語。內中有數篇先父論文，後發表的與原文略有不同，則均保留。

按照先母編訂的先父遺著書目，尚有《孔子》一書等，但在家中遍尋不著，也不知是否將《經學史綱》中相關章節移做本書使用（現《經學史綱》中缺此一部分），這也只能留作遺憾了。家中還存有一堆雜亂書稿，可認出者，有《古代漢語講義》《圖書館學講義》《先秦諸子思想》等，均已散亂不堪，闕佚嚴重，實在無法整理成形。這也只能作爲出版《張西堂全集》的一個遺憾了。

基於以上情況，整理中我將《張西堂全集》分爲三編：第一編爲《經學史綱》《兩漢三國傳經通經表》和《樸學研究論集》，此三部著述均爲首次出版。尤其前二部著作是先父付出心血最多並於逝世前始終牽掛不已的，更是由於此係先母明確要求我必須整理完成的任務，出於感情因素吧，列於全集之首；而《樸學研究論集》中有不少先父關於經學史其他問題的論述，故將這三部著作集中編爲一編。第二編基本爲先父歷年已出版或發表過的論著，大體按撰述時間或類別爲先後排列。第三編爲先父在武漢大學、西北大學等校任教時編纂的講義，亦係首次面世。這些講義同樣傾注著先父的大量心血，尤其是《語言文學書目舉要》講義，寫成于先父離世半年前的一九五九年八月，先父是在給六零級學生講授半途病倒的，這些講義見證著先父爲教育事業奉獻到生命的最後一息，《張西堂全集》中自然不可或缺。在《張西堂全集》整理中稍有改動或其他情況，我另有《整理者附記》予以說明。特別需要提及的是，在我剛開始著手整理先父遺著不久，臺灣東吳大學陳恆嵩先生聯繫到我，並發來由他編纂的《張西堂先生著作目錄》向我求證。我視其爲臺灣學者研究先父學術思想的明確信號，激動之餘，自是感佩。鑒於《張西堂先生著作目錄》爲"首次對張氏論著相關文獻作較有系統的整理"，故作爲本書附錄保存。

對於本書整理的原則主要是堅守了兩條：一爲"求真"，一爲"求實"。"求真"是對先父自己的論述而言，只要其中沒有明顯的語句字詞訛誤，均不加改動增添刪除，力求保持其原本的真實面貌，這樣既是對於歷史的尊重，也是對先父的尊重。"求實"則是對於引文而言，本書中引用各種書籍和他人論著的情況數不勝數，整理中均儘量找到原文出處加以核實，尤其是很多古籍近些年又出版了經過重新整理的新版本，則儘量吸收了新的研究成果，對本書個別引文有疏漏處加以更正補全，自忖這也是對於歷史真實的尊重。同時，爲表示對他人勞動成果的尊重，本來對此都注明"今據某某等"校對，但出版社認爲只要標出書名和卷數即可，版權資訊等均刪去。在此只能對整理和出版這些書籍的各位學者和出版單位表示衷心感謝並致以歉意了。

西北大學作爲陝西乃至西北歷史最爲悠久的大學，被譽爲"西北高校之母"，這裏留下過許許多多先賢學人的足跡，他們曾經創造出西北大學的輝煌，是學校的驕傲，也是永遠不應該被忘記的。先父也是其中之一員。近年來，西北大學出版社創辦了"西北大學名師大家學術文庫"，出版了數位西北大學著名教授的著作，這是一件對學術傳承功德無量的大好事。既彰顯了學校深厚的學術底蘊，又是對於前輩學人的最好紀念，其意義是極其重大的。今年十月，恰逢西北大學一百二十周年華誕，《張西堂全集》在學校大力支持下也將收入"西北大學名師大家學術文庫"正式出版，在對西北大學領導和西北大學出版社表示衷心感謝的同時，我只希望：本書能爲母校西北大學增輝，並以此告慰父母在天之靈！

整理本書，我雖已盡全力，然囿於學識所限，仍恐有不少校訂不到之處，望學者方家批評指正爲感！

二〇二二年五月十一日

《張西堂全集》總目錄

上冊　第一編

經學史綱 …………………………………………………………… 001
兩漢三國傳經通經表 ……………………………………………… 761
樸學研究論集 ……………………………………………………… 861

中冊　第二編

春秋六論 …………………………………………………………… 1175
穀梁真僞考 ………………………………………………………… 1227
荀子真僞考 ………………………………………………………… 1343
唐人辨僞集語 ……………………………………………………… 1415
目錄學四論 ………………………………………………………… 1477
王船山學譜 ………………………………………………………… 1497
顏習齋學譜 ………………………………………………………… 1619
尚書引論 …………………………………………………………… 1777
詩經六論 …………………………………………………………… 1943
詩經選注 …………………………………………………………… 2045

下册　第三編

經學概論講義 …………………………………………………… 2207

詩經學講義（甲乙種）

　　【甲種】 ………………………………………………… 2451

　　【乙種】 ………………………………………………… 2577

詩三百篇考略 …………………………………………………… 2767

春秋研究講義（甲乙種）

　　【甲種】 ………………………………………………… 2857

　　【乙種】 ………………………………………………… 2939

《文心雕龍》筆記 ……………………………………………… 3045

語言文學書目舉要 ……………………………………………… 3095

漢語修辭學講義 ………………………………………………… 3145

附錄一　張西堂先生傳 ………………………………………… 3191

附錄二　張西堂先生年譜 ……………………………………… 3194

附錄三　張西堂先生著作目錄 ………………………………… 3197

整理者後記 ……………………………………………………… 3203

目　錄

序言 ··· 001
整理者前言 ·· 張銘洽 001

上冊　第一編

經學史綱

第一篇　引　論

第一章　經名數及其次第 ··· 004
　　第一節　經名的起源 ··· 004
　　第二節　經名起源的時代 ·· 010
　　第三節　經名起源的緣由 ·· 011
　　第四節　經名所含之意義 ·· 013
第二章　經數的確定 ·· 015
第三章　群經的次第 ·· 022
　　第一節　劉歆以前各家言群經之次第 ······························ 022
　　第二節　劉歆及其後各家言群經之次第 ·························· 024

第二篇　經的起源與編訂

第一章　六經與周公孔子 ··· 027
第二章　《詩》的起源與編訂 ·· 032
　　第一節　《詩》的起源 ··· 032
　　第二節　《詩》的采集 ··· 033
　　第三節　《詩》的刪定 ··· 034

第四節　《詩》的時代 …………………………………………… 037
第三章　《書》的起源與編訂 …………………………………………… 046
　　第一節　《書》的起源 …………………………………………… 046
　　第二節　《書》之名義 …………………………………………… 047
　　第三節　《書》之編定 …………………………………………… 048
　　第四節　《書》之時代 …………………………………………… 050
第四章　《禮》之起源與編訂 …………………………………………… 056
　　第一節　《禮》之起源 …………………………………………… 056
　　第二節　《儀禮》編定之時代 …………………………………… 057
　　第三節　《周官》著述的年代 …………………………………… 061
　　第四節　《禮記》纂輯的年代 …………………………………… 077
第五章　《易》之起源與編訂 …………………………………………… 091
　　第一節　《易》之起源 …………………………………………… 091
　　第二節　《易》之編定 …………………………………………… 094
　　第三節　《易》之時代 …………………………………………… 102
第六章　《春秋》之起源與編訂 ………………………………………… 113
　　第一節　《春秋》之起源 ………………………………………… 113
　　第二節　《春秋》之"筆削" …………………………………… 115
　　第三節　三傳之編訂 ……………………………………………… 122
第七章　《語》《孟》《孝經》《爾雅》之起源與編訂 ……………… 151
　　第一節　《語》《孟》《孝經》《爾雅》之起源 ……………… 151
　　第二節　《語》《孟》《孝經》《爾雅》編訂之年代 ………… 154
第八章　群經篇第與內質分析 …………………………………………… 171
　　第一節　群經篇第之異同 ………………………………………… 171
　　第二節　群經內質之分析 ………………………………………… 204

第三篇　殷周經學之始傳

第一章　殷周以前之經學 ………………………………………………… 222
　　第一節　所謂古之六經之真際 …………………………………… 222
　　第二節　甲骨文中思想與經學（闕） …………………………… 231
第二章　西周時代之經學 ………………………………………………… 232
　　第一節　文、武、周公與經學 …………………………………… 232
　　第二節　西周中葉之經學（闕） ………………………………… 248

第四篇　春秋戰國經學之發展

第一章　春秋初中葉之經學 ······················· 250
　　第一節　東遷以後經學之背景（闕） ············· 250
　　第二節　列國士大夫之稱誦詩書 ··············· 250
第二章　孔子與六經之刪定（闕） ················· 269
　　第一節　孔子之刪《詩》《書》定《禮》《樂》 ····· 269
　　第二節　孔子之贊《易》與修《春秋》 ··········· 269
　　第三節　孔子在經學上之貢獻 ················· 269
第三章　孔門弟子之傳經 ························ 270
　　第一節　游、夏、參、商諸弟子之傳經 ··········· 270
　　第二節　孔門再傳至五傳弟子之傳經 ············ 280
第四章　晚周諸子之傳經 ························ 289
　　第一節　墨家稱經之異同 ····················· 289
　　第二節　孟、荀諸子之傳經 ··················· 298
第五章　晚周經學之影響 ························ 317
　　第一節　道、法諸家之反對儒學 ··············· 317
　　第二節　《呂氏春秋》之襲用經說 ·············· 320

第五篇　秦代經學之中絕

第一章　秦焚書坑儒與經學上之影響 ············· 326
　　第一節　秦焚書坑儒之原因 ··················· 326
　　第二節　秦焚書坑儒之影響 ··················· 331
第二章　秦廢去古文與經學上之影響 ············· 338
　　第一節　關於古文之種種解釋 ················· 338
　　第二節　秦滅古文無關於經學 ················· 345

第六篇　兩漢今古文經學之紛爭與糅合

第一章　兩漢經學發達之背景 ···················· 348
　　第一節　歷史之積因 ························· 348
　　第二節　大師之提倡 ························· 354
　　第三節　帝王之尊崇 ························· 364
第二章　博士制度與師法家法 ···················· 368
　　第一節　博士之建立與增損 ··················· 368
　　第二節　師法與家法之異同 ··················· 379

第三章 今文經學之流傳遷變	386
第一節　今文經學之傳授	386
第二節　今文經學之演變	399
第三節　今文經學之精神	416
第四章 緯學之興起及其流傳	443
第一節　緯學之名義與篇第	443
第二節　緯學之起源與編定	454
第三節　緯學之內容	464
第四節　緯學之流傳與燔禁	480
第五章 古文經傳之出現	489
第一節　古文經傳出現之原因	489
第二節　今古經傳文字之異同	506
第三節　今古經傳解説之異同	669
第六章 古文經學之流傳遷變	688
第一節　古文經學之傳授	688
第二節　古文經學之演變	697
第三節　古文經學之精神	708
第七章 今古文經學之紛爭	719
第一節　西漢末三次之紛爭	719
第二節　東漢時今古文之紛爭	723
第八章 今古文經學之雜糅	729
第一節　西漢末葉今古文經學之雜糅	729
第二節　東漢經師今古文經學之雜糅	730
第九章 熹平石經之建立及其影響（闕）	739
第十章 兩漢經學之異同及影響	739
第一節　兩漢經學之異同	739
第二節　兩漢經學之影響	743
附録：1.《經學史綱目録》（寫作大綱）	751
2. 引用文獻目録（闕）	760

兩漢三國傳經通經表

凡　例	764

一　《易》	766
二　《尚書》	780
三　《詩》	799
四　三《禮》	814
五　《春秋》	821
六　《論語》	837
七　《孝經》	840
八　《孟子》	841
九　《爾雅》	842
十　群經	843
《傳經表》附録	852
通二經諸儒	852
通三經諸儒	855
通四經諸儒	856
通五經諸儒	857
通六經諸儒	858
通七經諸儒	859
通八經諸儒	859
通九經諸儒	859
通十經諸儒	859
通十一經諸儒	859
通十二經諸儒	860

樸學研究論集

古書辨僞方法	863
詩三百篇之詩的意義及其與樂之關係	871
《周頌·時邁》本爲周《大武》樂章首篇説	885
逸詩篇句表（附考）	898
《詩辨妄》序	913
説曰若稽古	920
《尚書·盤庚》篇今譯簡解	923
"春秋大義"是什麽	938

"春秋大義"與孔子哲學思想 …………………………… 946
三國六朝經學上的幾個問題 …………………………… 953
校點《古學考》序 ……………………………………… 974
《左氏春秋考證》序 …………………………………… 979
《孝經通考》序 ………………………………………… 999
諸子名誼考 ……………………………………………… 1000
荀子思想概要 …………………………………………… 1004
老子思想概要 …………………………………………… 1020
尹文子哲學通論 ………………………………………… 1027
書評：《尹文子校正》 ………………………………… 1038
公孫龍哲學 ……………………………………………… 1041
老莊先後的問題 ………………………………………… 1049
《古史辨》第六冊序 …………………………………… 1050
清代思想的一個特徵 …………………………………… 1056
黃梨洲的哲學思想 ……………………………………… 1069
《顏李師承記》匡謬補遺 ……………………………… 1084
附錄一：晚清今文學運動 ……………………………… 1092
附錄二：平津聞見記 …………………………………… 1158
附錄三：詩二首 ………………………………………… 1171
附錄四：未收入本集論文篇目 ………………………… 1173

經學史綱

第一篇 引論

第一章

經名數及其次第

第一節　經名的起源

現在我們研究的群經，無疑的它是儒家流傳下來的典籍，但是這些典籍爲什麼叫作"經"？"經"的意義究竟是什麼？它的起源究竟在何時？中國經學的研究雖說有過兩千餘年的歷史，然而到現在這些都還是未曾解決的問題。

六經在漢儒統稱爲六藝、六學、六籍、六數，並不是一定的都叫作"經"，而章句訓詁之學是到後漢才漸漸地發達的。所以正式地來解釋經的名稱的，最早莫過如班固的《白虎通·五經》篇、王逸的《離騷經序》、鄭玄的《孝經注·序》、劉熙的《釋名·釋典藝》篇。

《白虎通·五經》篇說：

　　經所以有五何？經，常也。有五常之道，故曰五經。

王逸《離騷經序》說：

　　經，徑也。言己放逐離別，中心愁思，猶依道徑以諷諫君也。

鄭玄《孝經注·序》說：

　　《孝經》者，三才之經緯，五行之綱紀，孝爲百行之首，經者，不易之稱。

劉熙《釋名·釋典藝》篇說：

　　經，徑也，常典也。如徑路無所不通，可常用也。

這些都是就經的名稱做解釋的。此外如《詩·小旻》"匪大猶是經"（《毛傳》），《易·頤》"拂經"王肅注，《易·象傳》"君子以經論"荀注，《韓詩外傳》二"常謂之經，變謂之權"，以及其他經傳注疏釋經爲法、爲理、爲義、爲道，那都不過是詮釋字義而不是來詮釋經名的。《說文·糸部》說："經，織從絲也。"也只說明經的本義，更不是說明經名的。漢魏以後，從表面看來經學其衰微，更無人理會到這一名稱命名的理由和起源，不過去古日遠，但以爲經是經常之道，漸漸地將"經"認爲一種尊稱罷了！有清一代是經學復興的時期，清儒本來注重名物訓詁之學，而經的今古文兩派在後來又對立起來，所以這一問題也重新提出來討論。章學誠在《文史通義·經解上》上説：

> 《易》曰："雲雷屯，君子以經綸。""經綸"之言，綱紀世宙之謂也，鄭氏注謂"論撰書禮樂，施政事"。經之命名所昉乎！……然夫子之時，猶不名經也。逮夫子既殁……則因傳而有經之名……儒家者流，乃尊六藝而奉以爲經，則又不獨對傳爲名也。《荀子》曰："夫學始於誦經，終於習禮。"《莊子》曰："孔子言'治《詩》《書》《禮》《樂》《易》《春秋》六經'。"又曰："翻十二經以見《老子》。"荀、莊皆出子夏門人，而所言如是。六經之名，起於孔門弟子亦明矣……當時諸子著書，往往自分經傳，如撰輯《管子》者之分别經言，《墨子》亦有經篇，《韓非子》則有儲説經傳，蓋亦因時立義，自以其説相經緯耳，非有所擬而僭其名也。經同尊稱，其義亦取綜要，非如後世之嚴也。（《文史通義》卷一《内篇一》）

章氏以爲墨子的《墨經》，老子的《道德經》，都是其徒自相崇奉而稱經的，惟有"國家制度，本爲經制"，故如李悝《法經》，"取易經論之義"，其義才是"不背於古"。他如"地理之書，多以經名，《漢志》有《山海經》，《隋志》乃有《水經》""義皆本於經界書""不與著述同科"。天文之《甘石星經》，方伎之《靈》《素》《難經》，師曠之《禽經》，伯樂《相馬》之經，"習是術者奉爲依歸，則亦不得不以尊爲經言者"，或者"不過好事之徒，因其人而附和"。他的結論是："六藝初不爲尊稱，義取經綸爲世法耳。六藝皆周公之政典，故立爲經。夫子之聖，非遜周公，而《論語》諸篇不稱經者，以其非政典也。"章氏是主張六經皆史、六經皆先王之政典、周公集群聖之大成、孔子學而盡周公之道的，他用"經綸"兩字釋經，這固然是新的見解，但是現在我們看來，六經既不是周公所作，"經綸"更不是經的溯義，他這種見解當然是不甚正確的。

繼續以章氏的意見來討論經名的，要算是龔自珍和蔣湘南。龔氏也主張六經皆史、六經不是孔子作的。他有《六藝正名》《六經正名答問》諸文。但他雖以"正名"名篇，而其實不過説六經之名由來久遠，《周禮》《禮記》《公羊傳》《穀梁傳》《左氏傳》《論語》《孟子》《爾雅》《孝經》都不當稱經。他所以要正六經之名，不過是要嚴格地來規定經的數目。他的原文，留在下章再行提出。蔣湘南在《七經樓文鈔·六經原始》上面説：

> 經之名始見於《荀子》，曰："夫學始於誦經。"又見於《莊子》，曰："孔子言治《詩》《書》《禮》《樂》《易》《春秋》六經。"荀、

莊皆孔子再傳弟子，則經之名起自孔子門人。門人尊孔子而名之爲經者，蓋以此爲古帝王經論天下之大法，孔子憲章之，祖述之，即爲孔子經綸天下之法也。有經必有緯，故七緯三十六篇並傳爲孔子作。以緯對經，則經爲經紀經界之經，而非經常之經，儒者以經常解之，殊非本義。(《七經樓文鈔》卷一《六經原始》，清同治八年馬氏家塾刻本)

他以爲經名起於孔子門人，這是與章學誠相同的，但是緯的本義據《說文》是"織從絲也"。以緯對經，適足以證明經是縱而徑直的，儒者以經常解之，雖非本義，也無由見得經之必爲經紀、經界之經，他這意見也是不能令我們輕易贊同的。章、蔣二氏以經紀、經界釋經，在他們略後的學者是沒有什麼反對的；但是他們主張六經不爲孔子所作，這却很容易引起相反的論調，廖平在《知聖篇》上說："六經孔子一人之書，學校素王特立之政，所謂道冠百王，師表萬世也。"這已出六經完全是孔子作的主張。後來康有爲在《新學僞經考》卷三《漢書藝文志辨僞第三下》上說：

六經筆削於孔子，禮、樂制作於孔子，天下皆孔子之學，孔子之教也，歆思奪之。於《易》則以爲文王作上下篇，於《周官》《爾雅》則以爲周公作。……不知歆何怨何仇於孔子，而痛黜之深如此！……唐人尊周公爲先聖，而以孔子爲先師，近世會稽章學誠亦謂周公乃爲集大成，非孔子也，皆中歆之毒者。但群蒙謗日，終不能以隻手遮天，孔子之道自尊也。

他在《孔子改制考》卷十《六經皆孔子改制所作考》上更以爲：

所作謂之經，弟子所述謂之傳，又謂之記，弟子後學輾轉所口傳謂之說，凡漢前傳經者無異論。故唯《詩》《書》《禮》《樂》《易》《春秋》六藝爲孔子所手作，故謂之經。如釋家佛所說爲經，禪師所說爲論也。弟子所作，無敢僭稱者。……皆由不知孔子所作乃得爲經之義，今正定舊名，唯《詩》《書》《禮》《樂》《易》《春秋》爲六經。而於經中雖《繫辭》之粹懿，《喪服》之敦懇，亦皆復其爲傳，如《論語》《孟子》、大小《戴記》之精粹，亦不得不復其爲傳，以爲經佐，而《爾雅》爲佐，咸黜落矣！

廖氏是要"經學宏通，聖教尊隆"(《知聖篇》語)，康氏更以爲六經是"包括天下，至尊無並"(《僞經考》語)。他們對於章學誠、蔣湘南之說當然是要加以否定的。康有爲的主張是"正定經之舊名也"，與龔自珍的六經正名不同，龔氏是站在"六經皆史"的立場上，說經原來只有六種，我們無由見其對於經名的解釋；康氏是站在尊經尊孔的立場上而謂孔作乃得爲經，他的意見當與經常之說相同。《白虎通》是漢代的今文家說，康氏是主張經今文之說的，他們的意見應當是一致的。不過這孔子所作乃得爲經之義，要算是康氏一人的見解，而且他們的六經皆孔子所作的主張當然也是不對的（崔適《五經釋要》即是反對康氏此說）。康氏之後，皮錫瑞著《經學歷史》也主張六經是孔子作的，且更進一步以爲孔子出而有經之名，他根據《禮記·經解》篇、《莊子·天運》篇、《孝經緯·鉤命决》說：

> 孔子始明言經。或當刪定六經之時，以其道可常行，正名爲經。……《孝經緯·鉤命决》：“孔子曰，吾志在《春秋》，行在《孝經》。”又曰：“《春秋》屬商，《孝經》屬參。”是孔子已名其書爲《孝經》……《孝經》視諸經爲最要，故稱經亦最先。

但是《經解》《天運》都不足據（詳見下），而《孝經》也不是孔子作的，自朱熹以來，已懷疑其"非聖人之言"，乃"齊魯間陋儒篡取左氏諸書之語爲之"（詳見下）。皮氏所舉的證據都很薄弱，不足憑信，不過徒引主張經古文學者的反感而已。劉師培的《經學教科書》就是一例。他在第二章《經學之定義》下說：

> 案《白虎通·釋名》之說，皆經字引申之義，惟許氏《說文》"經"字下云："織也（堂案：當依《御覽》，織後補'從絲'二字），從糸，巠聲。" 蓋經字之義，取象治絲，縱絲爲經，橫絲爲緯，引申之則爲組織之義……六經爲上古之書，故取經書之文，奇偶相生，聲韻相協，以便記誦，而藻繪成章，有參伍錯綜之觀。古人見經文之多文言也，於是假治絲之義，而錫以六經之名。即羣書之用文言者，亦稱之爲經，以與鄙詞示異。後世以降，以六經爲先王之舊典也，乃訓經爲法；又以六經爲盡人所共習也，乃訓經爲常；此皆經字後起之義也。

他用組織之義來釋經，也正與《白虎通·釋名》一樣是用的引申之義。他以爲"經書之文，奇偶相生，聲韻相協，以便記誦"，這在殷《盤》、周《誥》、《儀禮》《春秋》之中是適得其反的。他以爲"《易》有文言，而六爻之中亦多韻語。《尚書》亦多偶語韻文。《詩》備入樂之用，故聲成文謂之音"（同上）。這還可說得過去，但他以"孟子亦曰'不以文害詞'，又孟子引孔子之言曰'《春秋》其文則史'，而《禮記·禮器》篇亦曰'禮有本有文，是六經中無一非成文之書'"（同上）。這裏之所謂文絕非"文言"兩字之意，更不能證明是"古人見經文之多文言也""而錫以六經之名"。他這個新說是不確当的。他雖然蹈《白虎通·釋名》之覆轍,一樣地用了引申之義,但是他知道尋求本義,在方法上總算是進步了。劉氏是三世治《左氏春秋》的後裔,他本身是一個經古文學者,而且很注重名物訓詁的;他不滿意《白虎通》之説,故借文言二字以立新意,却不知道在證據上是未免太薄弱了。

以上所舉章、龔、蔣、廖、康、皮、劉七家之解釋,對於經的本義溯義都沒有把握着。到了章炳麟作《國故論衡·文學總略》,才以爲"書籍得名,實馮傅竹木而起"。他説:

> 世人以經爲常,以傳爲轉,以論爲倫,此皆後儒訓説,非必睹其本真。案經者,編絲綴屬之稱,異於百名以下用版者,亦猶浮屠書稱修多羅。修多羅者,直譯爲綫,意譯爲經。蓋彼以貝葉成書,故用綫連貫也;此以竹簡成書,亦編絲綴屬也。傳者,專之假借。《論語》"傳不習乎",《魯》作"專不習乎"。《説文》訓專爲"六寸簿",簿即手版,古謂之忽。書思對命,以備忘忽,故引申爲書籍記事之稱。書籍名簿,亦名爲專。專之得名,以其體短,有異於經。鄭康成《論語序》云:"《春秋》二尺四寸,《孝經》一尺二寸,《論語》八寸。"此則專之簡策當復短於《論語》,所謂六寸者也。論者,古但作侖。比竹成册,各就次第,是之謂侖。籥亦比竹爲之,故侖字從侖。引申則樂音有秩亦曰侖,"於論鼓鐘"是也;言有序亦曰侖,"生而論道"是也。《論語》爲師弟答問,乃亦略記舊聞,散爲各條,編次成帙,斯曰侖語。是故繩綫聯貫謂之經,簿書記事謂之專,比竹成册謂之侖,各從其質以爲之名。(《國故論衡》中卷《文學總略》)

他在另一篇《原經》中只相對地贊成章學誠"六經皆史"之説,而且根據以上的意見,他對於章學誠六經先王之政典、經是官書之説是持相反的態度,主張經是一切群書的通稱。他對於古籍稱經的,於章學誠所舉之外,更提出:1. 兵書可以稱經,如《國語·吳語》"挾經秉枹"。2. 法律書可以稱經,如王充《論衡·謝短》篇曰:"五經篇題,皆以事義别之,至禮與律,獨經也。"3. 教令可以稱經,如《管子》書有經言、區言。4. 歷史可以稱經,如《漢書·律曆志序》:"伏犧以來帝王相禪,號曰世經。"5. 地志可以稱經,如辨疆域者有圖經,《隋書·經籍志》著録之摯虞《畿服經》。6. 師友應對可以稱經,如仲尼作《孝經》。7. 其他六經和曆書以外的群書也可以稱經。如荀子引《道經》曰"人心之微,道心之微"。《道經》是不在六經中的(詳見《國故論衡·原經》)。他這樣就書籍的制度和名稱來説明經名的起源(指綫裝書),雖然不盡確當,然而比較地可以認爲探源溯本之論。在他之前後,還有所謂江藩的《經解入門》及陳漢章的《經學通論》對於經名的解釋，後來經他的弟子吳承仕一方面駁斥江、陳之論，一方面發揮章氏之說，這所謂"經是綫裝書"之說漸漸爲一般人所認爲最合理之解釋了。吳氏說：

> 書之稱經，亦由編絲綴屬得名……其始皆爲質名。……經緯不亂，總紕成文，故曰經常、經紀、經法、經理之義，又有經綸、經營之義。經本從巠，義由川脉，故有經塗、經術、經界之義。布帛織組，先經後緯，故有經始之義。經爲縱綫，可以繫著，故有經絞、經縊之義。經訓爲道，道爲所行，故有經歷、經過之義。後人習用引申之訓，遂以經常一義爲五經所獨有……稽之經傳，最初命名，殊不若是耳。江藩曰："上古無經名。《禮記》以經解爲名，實爲經名所自始。"承仕案……《禮記》篇名多出後人題署……江據之以爲經名之始，殆非其實。陳漢章曰："……《文史通義·經解》篇：《易》曰，雲雷屯，君子以經綸。"……經之命名所由昉乎？漢章案：屯卦象傳，孔子之文，溯厥初名，非由孔子……《管子·戒篇》曰："澤其四經。"尹知章注："四經謂《詩》《書》《禮》《樂》……實宗樂正之四術，而定名爲經，經之爲言術也。"……承仕案：……王念孫說之曰"澤，讀爲舍其路而弗由之舍，四經即孝弟忠信"，則視陳說爲優矣。……正名六籍爲六經，蓋起於齊宣王、梁惠王之時，亦即七十子後學之徒自所題署。……稱《易》《書》《詩》《禮》《樂》《春秋》爲六經，始於莊子。(《經名數國各釋》)

吳氏對於經名的解釋，只於師說外略有發揮，其糾正江、陳之說，則是極有見地的。但是他以爲"六經之名，要以《莊子·天運》篇爲最朔"，這雖是自王應麟《困學紀聞》以來，爲章學誠、龔自珍、蔣湘南、廖平、康有爲、皮錫瑞這一般人所不反對的，但是這確實還有商量的餘地。經名究竟起於何家，始見於何種書，還是我們現在所亟於要討論的第一個問題。其次，在我們以上所舉的各家之說，章學誠、龔自珍、蔣湘南的經爲經綸說已爲章炳麟、陳漢章所辨訂，廖平、康有爲、皮錫瑞的經爲經常說已爲劉師培、吳承仕所辨訂。劉師培根據《易經》的經爲文言說本來證據就極薄弱，而陳漢章根據《管子》的經爲經術說，亦被吳氏加以糾正，現在剩下章炳麟的經爲編絲綴屬之說算是最有勢力的說法了。但是這一說法真與古代簡冊制度相合嗎？這是我們現在所亟於要討論的第二個問題。由第一個問題的解決，我們可以考定經名起源的時代與理由，則經名的意義自然也隨着解決了。現在再將這幾個問題依次說明如下。

第二節　經名起源的時代

自來以爲六經之名始見於《莊子·天運》篇，但是莊子書中說六經的還有兩處：1.《天道》篇：孔子西藏書於周室，往見老聃，而老聃不許。於是翻十二經以說。2.《天下》篇："其在於《詩》《書》《禮》《樂》者，鄒魯之士，縉紳先生，多能明之。《詩》以道志，《書》以道事，《禮》以道行，《樂》以道和，《易》以道陰陽，《春秋》以道名分。"但是《莊子》的《外雜》篇從蘇軾、羅勉道、焦弘、王夫之以來都很懷疑其"非《莊子》之書"。姚鼐對於《天道》篇"孔子西藏書於周室"說："此亦漢人語。藏書者，謂聖人知有秦火而預藏之。"近如對於老子《道德經》不甚信之的胡適之在《中國哲學史大綱》也說："這二十六篇之中，至少有十分之九是假造的。《天下》篇決不是莊子自作的。"則與《天道》篇文筆相近的《天運》篇更可見其爲秦漢間人的作品了。試將此篇與《荀子》他篇作一比較，則其後人作僞的痕跡顯然。《荀子·勸學》篇說："學惡乎始，惡乎終？曰：其數則始乎誦經，終乎讀《禮》。"在荀子的意思，《禮》還不在經之內的。所以楊倞注說：

> 經謂《詩》《書》《禮》謂典禮。

可見在荀子的時候，六經之名還未形成，所以荀子在《勸學》篇只說到《禮》《樂》《詩》《書》《春秋》，在《儒效》篇也只說到《詩》《書》《禮》《樂》《春秋》，都沒有說到《易》。在他以前的莊子當然更不會說到什麼六經十二經了。這樣看來，"六經"一詞雖始見於現在的《莊子·天運》篇，但我們決不能說早於荀子的莊子之時已有"六經"之名了。

儒家的《詩》《書》被稱爲經，既然不在莊子之時，那經名究竟起於何時呢？現存古籍中，只有管子的《經言》《區言》，老子的《道德經》上下篇，墨子的《經典》《經說》，算是比較稱經最早的，其餘如李悝的《法經》在《漢志》中本稱爲《李子》；《孝經》一書，雖見引於《呂覽》，而儒家正統的孟、荀從未提過，現已可肯定它是漢代人作的；《道經》則不明其爲何人之書；《韓非子》內外《儲說》之分經傳，都是晚出的書，可以存而不論。我們只一比較《管》《老》《墨》三書的後先，則經名起於何時當可以立辨。《管子》一書，前人已疑其僞，吾友羅根澤氏《管子探源》，更疏通而證明之，可無疑其爲秦漢間僞託的作品。老子《道德經》是道家的格言集，我曾用"發"字的統計方法來證明其書之出當在《莊子》之後（詳見1933年《學文》第四期），就其"法令滋彰"語，"法令"二字連用必出法家主張重令之後，而且謂之"滋彰"，其成書之晚尤極顯明。此三書中，只有《墨子》相對而言要早些，而且經名起於《墨子》的《經典》《經說》，我更覺有五點可以相信的地方：

第一，《莊子·天下》篇說："苦獲、已齒、鄧陵子之屬，俱誦《墨經》"。《天下》篇雖不一定是莊子自作的，但這篇較六經不稱經而敘《墨子》稱經，當比較的可信。王、董、宣、姚、梁均以爲《莊子》之《自序》，《墨經》比之儒家稱經要早。可以說這一篇是能夠得到很確切的證明的。

第二，我們知道名、墨是相酬應過的，《墨經》中有駁惠施、公孫龍的地方，其書雖不甚早，但其學理艱深，決非出於追記，或後人所能依託的；其書之稱經當然比《管》《老》二書要可信些，而且在《荀子》成書以前也當早就有了的（詳見下）。

第三，就《荀子》書來看，《荀子·正名》篇說："非而謁楹，有牛馬非馬也。"這兩句是自來不得其解的。有人以爲《墨子·經說上》"無久之不止，當牛非馬，若矢過楹"即此"非而過楹"之所自出，"而"與"矢""謁"與"過"在篆文上相似，因而致誤。這樣看來《荀子》一書是引過《墨經》的。

第四，最足以證明的是就影響來看，《墨子》有經有說，既是真書，而墨子之徒又那樣誦讀，當時孔、墨並是顯學，當然很容易引起他家的模仿的。《管子》的《經言》，韓非的《儲說》，都是顯例。如若真的有哲學詩式的老子《道德經》，或是有教科書式的分章的《孝經》，則一定也當有模仿它的作品。然而就其影響來看，只見有模仿《墨經》的，這尤足以證明《墨經》是稱經的始作俑者了。

第五，《墨經》稱經也比較他家有理由些。因爲經名實是在不"憑傅竹木而起"（詳下），而是因經而徑直可爲常法而來的。《墨經》中的文體，例如"譽明美也，誹明惡也""利所得而喜也，害所得而惡也"。這種詞句確比他家來得簡直。而如"平同高也，慮求也""圜，一中同長也，方柱隅四讙"。內中的含義也比較的是永久不易的真理，可以爲常法的。故以其形式與內容來看，《墨經》之首先采用經名也比他家有理由些。

所以依據上述的五點看來，《墨經》固比他家爲早，而可以相信的理由又多，這是我歷年所持的意見而益信其如此的。再祇證明經不是"編絲綴屬之稱"就更可明瞭了。

第三節　經名起源的緣由

上面我們推證經名起源的時代是當以《墨經》爲最早，就它的時代而論，那已不是書籍初起之時，因爲在《墨經》以前，有《詩》《書》的存在，如若經名果是"馮傅竹木"而起，則《詩》《書》在《墨經》前早當稱經了。而章炳麟的說法更覺有五點可以令人懷疑的地方：

第一，在《論語》《孟子》的書中，屢屢提到《詩》《書》，這些在儒家典籍中都極重要的，而不見有經名。孟子說過，"於傳有之"，又有"諸侯惡其害已也而皆去其籍"。有書有傳有籍而不稱經，顯見《書》之稱經是比較晚的，不是"馮傅竹木"而起的。

第二，《荀子》說："始乎誦經，終乎讀《禮》。"《禮》在《詩》《書》等經之外。依照簡冊制度看來，《禮經》是當與《詩》《書》一樣的，何以《荀子》不將《禮》也列在經内呢？可見經在荀子時還不是書籍通稱，更無論其爲"馮傅竹木"而起，或是"編絲綴屬之稱"了。

第三，我們知道古代的書籍都用的是方策，經以竹簡書寫，用"編絲綴屬"成書而稱之爲經，此則專指簡策。當然要"編絲綴屬"；"綸"也是比竹成冊的，當然也要"編絲綴屬"；何以同樣的裝訂法，一則爲之經——綫裝書，而傳、綸偏就以長短說，獨不得"錫以經名"呢？且依簡策長短而言，"經"亦當以長短言，則當稱爲長書、修書，不當占有"編絲綴屬"之專名。所以依裝訂與簡策長短來區分都是不很合理的，且恐怕也不是古代書籍方萌芽的時候所應有的吧？故就分類而言，"經"也未見得是"編絲綴屬"之名。

第四，更就簡冊制度來論，據汪繼培、徐養原的《周代書冊制度考》，日本島田翰的《古文舊書考》，葉德輝的《書林清話》來看都可以見得"經"不當占有書籍之名。《書林清話》說："古書只有竹簡，凡竹簡必編以繩，亦護以革。《史記》記孔子晚年喜《易》，韋編三絕。唐虞世南《北堂書鈔》引劉向《別錄》：'孫子書以殺青簡，編以縹絲繩。'《南史·王僧度傳》：'楚王家書青絲編。'"《古文舊書考》說"大抵上品用韋，下品用絲也"。此古書簡策的繁重，自當以韋以繩編繫的多些，故葉氏只說以繩以革，而島田翰則謂下品用絲，然則即令是將"馮傅竹木"而起的，不當專以下品用"編絲綴屬"之經命名是顯然的。

第五，現在我們更從卜辭和金文來檢討吧。在卜辭中，據商承祚的《殷虚文字類編》所列，"冊"字共有七個形式，作卌、卌、卌、卌、卌、卌、卌。在金文中，據容庚的《金文編》所列，共有二十三個形式（詳見《金文編》卷二，茲不一一列舉），也和卜辭中的相去不遠。這些"冊"字雖各不同，我們卻很可以見得《說文》"冊"下所說"像其札一長一短，中有二編之形"是沒有什麼錯誤的，同時我們也可以由這些"冊"字之象形，而明了所謂二編只是橫的而不是縱的。若然，則即令古代簡策是以絲編綴的，也只可以謂之爲緯，而不當名之爲經。所以，依據上述的理由來説，無論由字形來看或由簡册制度來看，或由簡策的分類來看，"經"都不應當是"憑傅竹木"而起的"編絲綴屬"之稱，何況在荀、孟之時"經"還不是一切書籍的通稱。章炳麟對於經名的説解是不合古代實際情況的，經名產生的緣由是在其意義上而不在簡策上，我們由此也可以斷定了。

第四節　經名所含之意義

在《説文》上，"經"的本義雖説是"織，從絲也"，但在墨子以前，在東周以前，經的引申之義早就有了。這在《詩》《書》《易》《孟子》和金文中都有許多的證明。《詩·小旻》"匪大猶是經"之經訓爲法，《易》頤六二"顛頤拂經爲丘"之"經"訓爲義，《書·酒誥》"小民經德秉哲"，《孟子·盡心》篇"經德不回"之"經"訓爲行，都是引申之義。至於經維、經營、經界諸詞，其爲引申之義，離所謂"織從絲也"更遠了。在金文中，如齊墜宴簋之"肇菫經德"（《貞松堂集古遺文》六）、虢季子白盤之"經維四方"（據《攟古録》三之三）、大盂鼎之"敬雝德經"，王孫遺諸鐘之"巠雝明德"，雖有的是以"巠"爲"經"，其意義也多以爲是常道可行的。《説文》川部"巠，水脉也。從川在一下：一，地也，壬省聲"。水脉本是常行的，並有直之義，故如從彳之徑，《文選注》以爲直也，如從月之脛；《漢書》注以爲脛，脛直耳，從水之涇，《釋名》以爲直波曰涇；從女之姬，《説文》以爲長好也。古義多存於聲，然則從糸之經，其有常法可行之訓，這當然是不足怪的。《墨經》之采用經爲名的，恐怕就是因爲經有常法可行的意思。《墨經》的文字，比較徑直，而其意義可爲常法，故特采用這一個比較有意思的名稱，後來因儒、墨都是顯學，所以競相模仿，而經也才漸漸地成爲尊稱。若如章炳麟"經爲編絲綴屬之稱"，僅是作爲一種普通綫裝書的名稱，則墨學中最深奥之《墨經》，反無特殊之命名，還不如其他各篇，這未免太不合情理了。經的含義，當然仍以《白虎通》"經，常也"、《釋名》"常典也"之説爲是。如拿現在的術語來解釋，則是什麼大綱（經的徑直之義）、什麼法程（經的常法之義）之類，但當然不能十分恰當。至於儒家流傳下來的經典，本是襲用經爲尊稱之義，與原來《墨經》的采用經名，根本並不相同。這是甚爲明顯的。而至於"經學"二字連用，則始於《漢書·兒寬傳》："寬見上，語經學，上説之。"

附説：范文瀾《群經概論》第一章《經名數及正義》説："或者以爲古經無名，自孔子述周公舊典，傳之弟子，師儒習業，故後儒尊奉而稱經。其所以稱經者，古時朝廷大典，聖賢大訓，多鑄於金版。"他根據的是墨子的"鏤於金石",《逸周書》的《大聚解》"銘之金版",《太公金匱》的"武王曰請著金版",《莊子·徐無鬼》的"從説之則以金版六弢",張衡《西京賦》的"乃爲金策"。他以爲"金、經既可通用,或孔門諸儒,以金策尊夫子手定之書。其後金字廢而經字用,遂以常道爲訓,其實常道固爲後起之義,即織布先經之説,亦未必得其朔也"。他説孔門諸儒尊夫子手定之書,既不得經名的起源,而以金、經既可通用,則是完全不通聲韻之學的説法,而且是毫無根據的。但他説"《國語·吳語》'挾經秉枹'注:'經,兵書也。'按戰陣之間,十行一嬖大夫,十旌一將軍,無皆各挾持兵書之理。此經當是金之假借,即下文丁寧、錞于之屬。秉枹所以擊金,故吳王秉枹,親就鳴鐘鼓、丁寧,錞于、振鐸,而勇怯盡應,聲動天地也"。他不從韋昭的注説,是很有理由的,但以經爲金之假借則仍未當。

第二章

經數的確定

王應麟《困學紀聞》説："六經始見於《莊子·天運》篇。以《禮》《樂》《詩》《書》《易》《春秋》爲六藝，始見於太史公《滑稽列傳》。或云七經，或以六經六緯爲十二經，或以五經五緯爲十經，或云九經；《樂經》既亡而有五經。自漢武帝立博士始也。邵子定以《易》《書》《詩》《春秋》爲四經，猶春夏秋冬，皇帝王伯。"（卷八《經説》）但我們知道，六經的構成，在荀子時是沒有的。西漢初年只説到六藝、六學，如董仲舒所云 "是故簡六藝以贍養之" "六學皆大而各有所長"。《史記·太史公自序》所云 "儒者以六藝爲法" "六藝經傳以千數"，都是很明顯的例證。其後漸漸地有五經、六經、七經、九經、十一經、十二經、十三經等等的數目，而歷代的學者，復就其所講論著述，有二經、三經、四經的配置，直到清代更有所謂二十一經之説。經的領域慢慢地擴張了。這些稱號與其內容，先儒所主張者亦各不同，這就是經的領域的沿革史，在這裏我們當然有詳述之必要，並借此好來規定我們所叙述的範圍。兹依次詳列於下：

二經　《禮記·中庸》篇："仲尼祖述堯舜，憲章文武。"鄭康成注："孔子曰：'吾志在春秋，行在孝經。'二經固足以明之。"此以《春秋》《孝經》爲二經。

三經　晁公武《郡齋讀書志》："熙寧中置經義局，撰《三經義》，皆本王安石經説。三經，《書》《詩》《周禮》也。"宋楊時著《三經義辨》十卷，辨王安石《書》《詩》《周禮》三經義之失（見《玉海·藝文門·經解》類）。以此，《書》《詩》《周禮》爲三經。

四經　《後漢書·賈逵傳》："（建初）八年，詔諸儒各選高才生，受《左氏》《穀梁春秋》《古文尚書》《毛詩》。由是四經遂行於世。"此以《左氏》《穀梁春秋》《古文尚書》《毛詩》爲四經，其一。宋乾道九年胡銓進所解諸經，先繕寫《周易》《周禮》《禮記》《春秋》爲四經（見《玉海·藝文門·解經》類）。此以《周易》《周禮》《禮記》《春秋》爲四經，其二。上述邵子定以《易》《詩》《書》《春秋》爲四經（見《皇極經世》），其三。《管子·

戒篇》："澤其四經。"尹知章注："四經謂《詩》《書》《禮》《樂》。"其四。（此説非是）

五經 《漢書·武帝本紀》：（建元五年春）"初置五經博士。"《儒林傳》贊曰："《書》惟有歐陽，《禮》后，《易》楊，《春秋》公羊而已。"《詩》在文景之時已立博士，五經是《詩》《書》《禮》《易》《春秋》。揚雄《法言·寡見》篇説："惟五經有辯。"《漢書·藝文志》説："三十而五經立也。"五經這一稱號，在西漢末年已是通行的。漢志《六藝略》言"藝"則謂之"六"，言經則謂之"五"。這是因爲實際上並没有六經。《史記·孔子世家》並没有談到《樂》的篇章自孔氏傳出，《儒林傳》述漢初傳經諸儒也無所謂《樂經》。即就《六藝略》而論，序樂的時候也只説"孔子曰，'安上治民，莫善於禮；移風易俗，莫善於樂'，二者相與並行；周衰，俱壞，樂尤微渺，以音律爲節，又爲《鄭》《衛》所亂，故無遺法。漢興，制氏以雅樂聲律，世在樂官"，也不志樂本有經的。到了《隋書·音樂志》述梁沈約之説才以爲"秦代滅學，《樂經》殘亡"。因而唐徐堅《初學記》才以爲"古者以《易》《書》《詩》《禮》《樂》《春秋》爲六經，至秦焚書，《樂經》亡"。他們才説《樂經》因秦焚書而亡，然而在代表經今文家説的《史記》與代表古文家説的《七略》中都没有《樂經》亡於秦的意見。清儒邵懿辰《禮經通論》也説樂本無經，但他只以爲"《樂》之原在《詩三百篇》之中，《樂》之用在《禮》十七篇之中"，而不知從《史記》《七略》立説，還算不得探源溯本之論。我們必須明了在漢代無所謂"秦焚書，《樂經》亡"之説，並且這是今古文家共同的意見，則五經、六經之稱更不是什麽今文學説與古文學説的不同了。

六經 六經的意義共有三説：

1. 所謂始見於《莊子·天運》篇的六經是《詩》《書》《禮》《樂》《易》《春秋》。這一名稱之發生，邵懿辰説得最好："先儒惜《樂經》之亡，不知四術有樂，六經無樂，樂亡非經亡也。周秦間六經、六藝之云，特自四術加以《易》《春秋》而名之耳。"我們已明白在漢初只有六藝、六學等名稱，六經之名，一方面是由四術來的，另一方面也是由六藝轉化來的。樂本無經，《藝文志》猶只謂之五經，而後來竟謂之六籍了。

2. 宋人又有以三傳合爲一，又舍《儀禮》而以《易》《詩》《書》《周禮》《禮記》《春秋》爲六經。宋楊甲撰之《六經圖》就是其一例。

3. 在宋以後，更有將四書五經爲一經，明清每每將四書五經合刻在一起，於是坊行所謂六籍的内容與漢、宋兩代又不同了。

七經 七經的意義共有四説：1. 陳壽《三國志·秦宓傳》："文翁遣相如

東受七經，還教吏民。"全祖望《經史答問》説："七經者，蓋六經之外加《論語》。" 2. 謝承："趙典學孔子七經，河圖洛書，内外藝術，靡不貫綜。"（見《後漢書·趙典傳》注）全祖望《經史答問》解釋説："東漢以後則加《孝經》而取《樂》。"《困學紀聞》："《春秋正義》云：'傅咸爲七經詩，王羲之寫。'今案《藝文類聚》《初學記》載，傅咸《周易》《毛詩》《周官》《左傳》《孝經》《論語》詩，皆四言而缺其一。"《孝經》《論語》之在七經之中是有證明的。3. 柴紹炳《考古類編》云："七經者，五經之外，兼《周禮》《儀禮》也。"在清代的御纂《七經》，是其實例。4. 晁公武《郡齋讀書志》："《七經小傳》五卷，皇朝劉敞原父撰。"所謂七經者，《尚書》《毛詩》《周禮》《儀禮》《禮記》《公羊》《論語》，但這不過是他一個人的意見。

九經　九經的意義也有四種：1. 柴紹炳《考古類編》説："有稱九經者，七經之外，兼《論語》《孝經》也。"（《困學紀聞》原注）《經典釋文·序》録《易》《書》《詩》《周禮》《儀禮》《禮記》《春秋》《孝經》《論語》，是其實例。2. 按《新唐書·選舉志上》所説《禮記》《春秋左氏傳》爲大經，《毛詩》《周禮》《儀禮》爲中經，《易》《尚書》《春秋公羊傳》《穀梁傳》爲小經。3. 宋以三傳合爲一，又舍《儀禮》，而以《易》《詩》《書》《周禮》《春秋》爲六經，又以《孟子》升經，並《論語》《孝經》爲三小經，謂之九經（見《玉海·藝文門·總六經序》）。4. 惠棟《九經古義》所解有《周易》《尚書》《毛詩》《周禮》《儀禮》《禮記》《公羊》《穀梁》《論語》，他本來連《左傳》共有十經，後來《左傳》更名補注，故惟存其九。這也不過爲他一人的便利而命名而已。

十經　十經的意義有二：

1. 《南史·周續之傳》："范甯於郡立學，續之年十二，詣甯受業，通五經五緯，曰十經。"

2. 《宋書·百官志》："國子助教十人，《周易》《尚書》《毛詩》《禮記》《周官儀禮》《春秋左氏》《公羊》《穀梁》、各爲一經，《論語》《孝經》爲一經，合十經，助教分掌。"（見《玉海·藝文門·六藝類》，又見《文獻通考·職官考·國子博士》條注）

十一經　十一經之名大約起於五代，其意義亦有兩種：

1. 《玉海》："周太祖廣順三年六月，已十一經及《爾雅》五經文字，九經字樣版成，判監田敏上之。"又，"宋真宗景德二年九月，國子監言《尚書》《孝經》《論語》《爾雅》四經字體訛缺"。是所謂十一經者，乃九經外加《論語》《孝經》。

2. 元何異孫《十一經問對》以四書加《孝經》《尚書》《詩經》《周禮》《儀禮》《春秋三傳》爲十一經，他以三傳合爲一經，以《大學》《中庸》各爲一經，亦爲杜撰。

十二經 十二經之名始見於《莊子·天道》篇，《經典釋文》引説者云："《詩》《書》《禮》《樂》《易》《春秋》六經又加六緯，合爲十二經也。"一説云："《易》上下經並《十翼》爲十二。"又一云："春秋十二公經也。"對於十二經的解釋共有三種。晁公武《郡齋讀書志》説："唐太和中，復刻十二經，立石國學。"萬氏《石經考》云："九經之外，更有《孝經》《論語》《爾雅》。"唐代的《開成石經》表面雖只説九經，其實已有十二經。

十三經 十三經之名起於蜀石經。《玉海·藝文門·石經類》説："石室十三經，孟蜀所鎸。……惟三傳至皇祐初方畢。"但據宋曾宏父《石刻鋪叙》説：《毛詩》《尚書》《儀禮》《禮記》《周禮》《春秋》《左氏傳》《穀梁》《公羊》畢工於皇祐元年己丑九月望日，《孟子》宣和五年九月入石，踰年乃成。《孟子》之列入十三經中，至遲也當在宋之宣和年間。顧炎武《日知録》卷十八云："自漢以來，儒者相傳，但言五經。而唐時立之學官則云九經者，三禮、三傳分而習之，故云九也。宋時程、朱諸大儒出，始取《禮記》中之《大學》《中庸》，及進《孟子》以配《論語》，謂之四書，本朝因之，而十三經之名始立。"這是因爲明代合刻《十三經注疏》，十三經之名才漸漸地確立，所以顧氏説"本朝因之，而十三經之名始立"。

十四經 宋史繩祖《學齋占畢》説："先時，嘗並《大戴記》於十三經末，稱十四經。"是宋時或有十四經之説，但不爲當世所通行。所以經數算是到孟蜀石刻十三經及明刻《十三經注疏》才因習慣而確定。

二十一經 到了清代的段玉裁，因爲他替沈濤作《十經齋記》，更主張所謂二十一經。他説："昔人並《左氏》於經，合集爲十三經，其意善矣。愚謂當廣之爲廿一經，《禮》益以《大戴禮》、《春秋》益以《國語》、《史記》《漢書》《資治通鑑》，《周禮》六藝之書數，《爾雅》未足當之也，取《説文解字》《九章算經》《周髀算經》以益之。庶學誦習既久，於訓詁名物制度之昭顯，民情物理之隱微，無不瞭然，無道學之名而有實。"他這樣要擴充經的數目，自是他個人之見，而在我們現在看來這也是大可不必的。

六經名數從西漢以來由五經擴充到十三經乃至於廿一經，這自然是要引起反感的，而在清儒治學方法主張正名實的旗幟之下，當然有人要出而正六經之名。所以龔自珍在《六經正名》中説：

孔子之未生，天下有六經久矣……六經、六藝之名，由來久遠，不可以臆增益。善夫！漢劉向之爲《七略》也，班固仍之，造《藝文志》，序六藝爲九種，有經、有傳、有記、有群書。傳則附於經，記則附於經，群書頗關經則附於經。何謂傳？《書》之有大、小夏侯，歐陽傳也；《詩》之有齊、魯、韓，毛傳也；《春秋》之有《公羊》《穀梁》《左氏》《鄒》《夾氏》，亦傳也。何謂記？大、小戴氏所錄，凡百三十一篇是也。何謂群書？……《禮》之有《周官》《司馬法》。群書之頗關《禮經》者也。……何居乎？後世有七經、九經、十經、十二經、十三經、十四經之喋喋也，或以傳爲經，《公羊》爲一經。《穀梁》爲一經，《左氏》爲一經。審如是，是則《韓》亦一經，《齊》亦一經，《魯》亦一經，《毛》亦一經，可乎？歐陽一經，兩夏侯各一經，可乎？《易》三家，《禮》分慶、戴，《春秋》又有鄒、夾，漢世總古今文爲經，當十有八，何止十三？……或以群書爲經，《周官》晚出，劉歆始立，劉向、班固灼知其出於晚周，先秦之士摭拾舊章所爲，附之於《禮》，等之於《明堂陰陽》而已。……假使《論語》《孝經》可名，則向早名之，且曰序八經，不曰序六藝矣。……於是乎又以子（《孟子》）爲經……猶以爲未快意，則以經之輿儓爲經，《爾雅》是也。《爾雅》者，釋《詩》《書》之書，所釋又《詩》《書》之膚末，乃使之與《詩》《書》抗，是尸祝輿儓之鬼，配食昊天上帝也。（《文集補編》卷三，《定盫全集》，清光緒二十三年萬本（書）堂刻本）

他在這裏主張只當有六經，其實嚴格地來說只有五經，連六經都沒有。不過現在經的領域既然發展到了十三經，而且約定俗成，我們叙述經學歷史就按十三經來說罷了。但是所謂十三經，三《禮》最初只有《儀禮》，三傳最初只有《公羊》，爲叙述的方便起見，仍當以《詩》《書》《易》《禮》《春秋》五經爲主，附以《周禮》《禮記》《左氏》《穀梁》，再加上《論語》《孝經》《爾雅》《孟子》，仍當依經數的發展，由五而七而九而十三來說明。

附錄：樂本無經補證

樂本無經之說，近世論者多以爲始於邵懿辰之《禮經通論》，而以爲今文經學家之言，其實非也。《四庫全書總目提要·樂類》小序曰："沈約稱《樂經》亡於秦，考諸古籍，惟《禮記經解》有樂教之文，伏生《尚書大傳》引'辟雍舟張'四語，亦謂之樂，然他書均不云有《樂經》（《隋志·樂經》四卷，蓋王莽元始三年所立，賈公彥《考工記·磬氏疏》所謂樂曰，當即莽書，非古《樂經》也）。大抵樂之綱目具於《禮》，其歌詞具於《詩》，其鏗鏘鼓舞，則傳在伶官，漢初制氏所記，蓋其遺譜，非別有一經爲聖人手定也。"

《四庫全書》之修成，《總目提要》之刊行，均在乾隆四十七年壬寅（1782），而已發"樂非別有一經爲聖人所手定"之難。然其説雖出，而世多忽之。至咸豐十一年辛酉（1861）邵氏《禮經通論》始成（國學扶輪社印張氏適園叢書本《禮經通論》后有張鼎跋云："位西先生《禮經通論》上卷十九篇，下卷十一篇，成於咸豐辛酉，上卷成，先録本示鼎。"）。邵氏之言曰：

> 樂本無經也，詩言志，歌咏言，聲依永，律和聲。故曰：詩爲樂心，聲爲樂體。夫聲之鏗鏘鼓舞，不可以言傳也；可以言傳，則如制氏等之琴調、曲譜而已，石林葉氏以來，言之悉矣。樂之原在《詩》三百篇之中，樂之用在《禮》十七篇之中，故曰："興於《詩》，立於《禮》，成於樂。""子所雅言，《詩》《書》執《禮》"，不言樂也。……先儒惜樂經之亡，不知四術有樂，六經無樂。樂亡，非經亡也。

邵氏之説，與《提要》"樂之綱目具於《禮》，其歌詞具於《詩》"旨意大略相同，惟據《論語》"子所雅言，《詩》《書》執《禮》"，不言樂也。……先儒惜樂經之亡，不知四術有樂，六經無樂。樂亡，非經亡也。

獨不言樂，可爲孔子時並無樂經之確證，則無論樂亡於秦火矣。近世論者，或據《漢書·藝文志》"六國之君，魏文侯最爲好古，孝文時得其樂人竇公，獻其書，乃《周官·大宗伯》之《大司樂》章也"。以爲竇公所獻，即周代之樂經。其説似是而非，稍一驗之於古籍，則知《提要》與邵氏之説，實不可移也。

（一）《漢書·藝文志》云："孔子曰：'安上治民，莫善於《禮》；移風易俗，莫善於《樂》。'二者相與並行，周衰俱壞，樂尤微渺，以音律爲節，又爲鄭、衛所亂，故無遺法。"此明爲樂至周末而亡，在孔子時已不具。若果樂經亡於秦火，則《漢志》不容不言之，其證一。

（二）《史記》《漢書》之《儒林傳》叙"高皇帝舉兵圍魯，魯中諸儒，尚講誦，習禮樂，弦歌之聲不絶"。若有樂經，應無殘缺，且言《詩》於魯則申培公，於齊則轅固生，於燕則韓太傅；言《尚書》，自濟南伏生；言《禮》自魯高堂生；言《易》自淄川田生；言《春秋》，於齊魯自胡毋生，於趙自董仲舒。五經皆有傳授之人，若有樂經，應亦流傳。《儒林傳》既無一語言及樂經之亡，《孔子世家》亦不言樂傳於孔氏，一若無其事者。沈約稱樂經亡於秦之説，實誣語也。其證二。

（三）《禮記·經解》以"廣博易良"爲樂教，而諸子之中，如《莊子·

天下》篇言"樂以道和",《荀子·勸學》篇言"樂之中和",又《儒效》篇言"樂言是其和",《春秋繁露·玉杯》言"禮樂純其養",但言聲樂之教,似並不及樂理、樂制、樂譜。《墨子》非樂,《呂覽》論樂,並無一言及於樂經。則就諸子述樂以觀,樂亦本無經也。其證三。

(四) 竇公獻書云云,本未可以置信,即令誠有其事,所謂《大司樂》章,亦只《周官》之一章,更可見其本屬《禮》,非別有所謂樂經。詞具於《詩》,用具於《禮》,鏗鏘鼓舞傳在《司樂》,器用制造職在《考工》,固無所用乎《樂經》也。如說樂理,則如《呂氏春秋》言樂諸篇,更無援引《樂經》之說,足爲明驗。其證四。

(五)《論語》"子所雅言,《詩》《書》執《禮》",固不言樂,他如鯉之趨庭,但言學《詩》學《禮》,子語魯太師樂,翕如皦如之說,如有《樂經》存者,何待孔子煩言?即以《論語》一書觀之,樂本無經亦甚明矣。其證五。

綜上所述,孔墨諸子,《史》《漢》諸書,固不云有《樂經》,而玩索其詞意,尤見樂本無經。《四庫提要》以及邵氏所論,本非誣詞,師之君子,徒誤會樂本無經之說爲邵氏所倡,而遂忽之,乃或著論駁之,蓋真狃於經今古文門户之見也。

第三章

群經的次第

群經次第的排列，在經學史上本是不甚重要的，最初只是以習慣的稱述爲次第，而後則以有意義的排列爲次第。至康有爲《新學僞經考》才提出，在西漢前無以《易》《書》《詩》《禮》《春秋》爲六藝之序的，於是群經的次第好像也是一個重要的問題了。現在且將劉歆以前及劉歆以後各家之說詳列於下，然後再加以辯證：

第一節　劉歆以前各家言群經之次第

1. 《論語·泰伯》篇："興於《詩》，立於《禮》，成於《樂》。"
2. 《論語·述而》篇："《詩》《書》執禮，皆雅言也。"
3. 《禮記·王制》篇："順先王《詩》《書》《禮》《樂》以造士。"
4. 《禮記·經解》篇："其爲人也，溫柔敦厚，《詩》教也；疏通知遠，《書》教也；廣博易良，《樂》教也；潔静精微，《易》教也；恭儉莊敬，《禮》教也；屬辭比事，《春秋》教也。"（《易》在《禮》前，《樂》更在《易》《禮》前）
5. 《商君書·農戰》篇："《詩》《書》《禮》《樂》。"
6. 《莊子·天運》篇："丘治《詩》《書》《禮》《樂》《易》《春秋》六經。"
7. 《莊子·徐無鬼》篇："橫說之則以《詩》《書》《禮》《樂》，縱說之則以《金版》《六韜》。"
8. 《莊子·天下》篇："《詩》以道志，《書》以道事，《禮》以道行，《樂》以道和，《易》以道陰陽，《春秋》以道名分。"
9. 《列子·仲尼》篇："曩吾修《詩》《書》，正《禮》《樂》。……吾始知《詩》《書》《禮》《樂》無救於治亂。"
10. 《荀子·勸學》篇："《禮》之敬文也，《樂》之中和也，《詩》《書》之博也，《春秋》之微也。"
11. 《荀子·儒效》篇："故《詩》《書》《禮》《樂》之歸是矣；《詩》言

是其志也，《書》言是其事也，《禮》言是其行也，《樂》言是其和也，《春秋》言是其微也。"（並未及《易》）

12.《春秋繁露·玉杯》篇："《詩》《書》序其志，《禮》《樂》純其養，《易》《春秋》明其知。"

13.《淮南子·泰族訓》："溫惠柔良者，《詩》之風也；淳龐敦厚者，《書》之教也；清明條達者，《易》之義也；恭儉尊讓者，《禮》之爲也；寬裕簡易者，《樂》之化也；刺幾辯議者，《春秋》之靡也。"（案：序《易》在《禮》《樂》之後）

14.《史記·儒林傳》："自是之後，言《詩》於魯則申培公，於齊則轅固生，於燕則韓太傅；言《尚書》自濟南伏生……於趙自董仲舒。"（西漢初魯中諸儒弦歌之音不絕，而史遷不言有傳《樂》者，此亦《樂》本無經之證）

以上所列的序六經之次第者，除僞託的《列子》而外，大體都可以認爲是西漢以前乃至劉歆以前的説法。康氏説："史遷述六藝之序，曰《詩》《書》《禮》《樂》《易》《春秋》，凡西漢以前之説皆然。……無以《易》爲先者，更無以《書》先《詩》者。……其有捨史遷《儒林傳》而顛倒其序者，其真僞可引此案決之。"他這話只可相對地承認，因爲我們在《荀子·勸學》篇就可以得到反證，而且在西漢之時這種次第是更無一定的。例如《淮南子·泰族訓》和《禮記·經解》篇就不遵守這種次序。此外如《史記·外戚世家》："《易》基《乾》《坤》，詩始《關雎》，《書》美釐降，《春秋》譏不親迎。"《滑稽列傳》："孔子曰：六藝於治一也。《禮》以節人，《樂》以發和，《書》以道事，《詩》以達意，《易》以道化，《春秋》以道義。"《太史公自序》："有能紹明世，正《易傳》，繼《春秋》，本《詩》《書》《禮》《樂》之際。""《易》著天地、陰陽、四時、五行，故長於變；《禮》經紀人倫，故長於行；《書》記先王之事，故長於政；《詩》記山川、谿谷、禽獸、草木、牝牡、雌雄，故長於風；《樂》，樂所以立，故長於和；《春秋》辨是非，故長於治人。""伏羲至純厚，作《易·八卦》。堯、舜之盛，《尚書》載之，《禮》《樂》作焉。湯、武之隆，詩人歌之。《春秋》采善貶惡，推三代之德……"司馬遷本人也是不守這種次序的。康氏以爲"史公於此數條，皆有顛倒，此則行文無定之筆，於傳經體式次序無關者也"。這完全是一種遁詞。其有的顛倒，有的不顛倒，正是當時並無一定的體式的緣故。否則決不當爲行文便利而偶爾顛倒，乃至於隨便亂寫的比守秩序的還要多（例如《史記》）。但是現在偏有人要盲從康氏之説，以"《詩》《書》《禮》《樂》《易》《春秋》"爲今文學派對於六經的排列，是按六經內容的淺深，而且頗含有教育家排列課程的意味的。我們試看從今文説的史遷對於這次第之隨便亂寫，就足以知道今文學派對於此事並不注意，而且我們知道《樂》本無經，知道《樂》的內容決不比《詩》《書》還要深，《書》的內容也未見得比《禮》《樂》還要淺，更何以見得是按六經內容的淺深而排列的次序？六經本是由《詩》《書》《禮》《樂》而加上《易》《春秋》，順着這次第而說的，只是由六經的構成的歷史來說，其實在劉歆以前是沒有人來規定這個次第的。

第二節　劉歆及其後各家言群經之次第

到了劉歆的時候，因爲他負責校經傳諸子詩書，歆於是總群書而奏其《七略》，才不得不按他們所見到的著述時代的早晚而對於六經的次第重新加以排列。而發生以《易》《書》《詩》《禮》《樂》《春秋》的排列，這當然是比較有意義的。在他以後，則差不多都是從他的意見。如：

1. 揚子《法言·寡見》篇："説天者莫辯乎《易》，説事者莫辯乎《書》，説體者莫辯乎《禮》，説志者莫辯乎《詩》，説理者莫辯乎《春秋》。"

2. 《漢書·儒林傳》："漢興，言《易》自淄川田生；言《書》自濟南伏生；言《詩》於魯則申培公，於齊則轅固生，燕則韓太傅；言《禮》則魯高堂生；言《春秋》於齊則胡毋生，於趙則董仲舒。"（班固治《齊詩》之學，乃今文學派，非古文說也）

3. 《白虎通·五經》篇："五經何謂也？《易》《尚書》《詩》《禮》《樂》也。"

4. 《說文解字·叙》："其稱《易》孟氏，《書》孔氏，《詩》毛氏，《禮》周官，《春秋》左氏，《論語》《孝經》，皆古文也。"（按：孟氏當作費氏，說見康有爲《新學僞經考》、章炳麟《檢論·清儒》篇）

5. 《後漢書·儒林傳》："《易》有施、孟、梁、邱、京氏，《尚書》歐陽、大小夏侯，《詩》齊、魯、韓、毛，《禮》大小戴，《春秋》嚴、顏，凡十四博士。"（"毛"字衍文，說見《日知錄》卷二十六《史文衍字》條）

6. 《文心雕龍·宗經》篇："《易》張十翼，《書》標七觀，《詩》列四始，《禮》正五經，《春秋》五例。"（《尚書大傳》："六誓可以觀義，五誥可以觀仁，甫刑可以觀誠，《洪範》可以觀度，《禹貢》可以觀事，《皋陶謨》可以觀治，《堯典》可以觀美。"）

7. 《經典釋文·序錄》："五經六籍……次第互有不同。……《周易》，雖文起周代，而卦肇伏羲，既處名教之初，故《易》爲七經之首。……古文《尚書》，既起五帝之末，理後三皇之經，故次於《易》。……《毛詩》既起周文，又兼商頌，故在堯、舜之後，次於《易》《書》。三《禮》，《周》《儀》二禮，並周公所制，宜次文王。……《春秋》，既是孔子所作，理當後於周公，故次於《禮》。"

8.《隋書·經籍志》及《四庫全書總目》並以《易》《書》《詩》《禮》《春秋》爲次。

這種次第的排列，並非重要的問題，但比較從前的隨便亂寫當然要好得多，所以傳《齊詩》之學的班固，以及白虎觀會議的記錄都一致地來采用它，並非是今古文學派所要爭辯的，我們只看班固一人而主張不同的次第就可以明瞭。《經典釋文·序錄》説："如《禮記·經解》之説，以《詩》爲首，《七略》《藝文志》所記，《周易》居前，阮孝緒《七錄》，亦同此次；王儉《七志》，《孝經》爲初；原其後前，義各有當。"《經解》先後之序是無明説的（參看吳承仕《〈經典釋文·序錄〉疏證》），但我們知道説經的次第別有王儉的一説。王儉是想來否認《七略》之説的，結果還是因爲"《孝經》專是夫子之意"，"應在《春秋》之後"，故王儉之説還是被否定了。

現在的十三經是以《周易》《尚書》《毛詩》《周禮》《儀禮》《禮記》《左傳》《公羊傳》《穀梁傳》《論語》《孝經》《爾雅》《孟子》爲次的。在本編中，關於各經的叙述，將略依六經構成的次序，傳記附入經的次序，以《詩》《書》《禮》《易》《春秋》《論語》《孝經》《爾雅》《孟子》爲次第。（整理者按：先父撰述中，第七章以《論語》《孟子》《孝經》《爾雅》爲次第。爲保存著述原貌，對先父著述次第未加改動）

第二篇 經的起源與編訂

第一章
六經與周公孔子

六經的配合，在荀子之時，還沒有成立，這在《荀子》本書上是有確切的證明的。《詩》多半是古代民間的歌謠，後來由宮廷或貴族的樂師采集來加工變爲樂歌；《書》是多半來自古代史官的記載，有的則出於後代史官的追記；《禮》本多是宗法制社會的行爲準則和習俗，後來由儒家變爲成文的儀式和制度；"《樂》之原在詩三百篇之中，《樂》之用在禮十七篇之中"，本來是無所謂經的；《易》本卜筮之書，不知其爲何人所作；《春秋》本是魯史，或者經過孔子的改編。這些各不相干的書，論其起源，多半是由古代社會的狀況與古代民俗的積習自然產生出來，除了《春秋》以外，都説不上是哪一個人的著述，這是極明顯的事實。在儒家的《荀》《孟》兩書之中，除了説孔子作《春秋》而外，也並未公然地提出《詩》《書》爲孔子所刪，《禮》《樂》爲周公所定。六經不是周公或孔子一人的著述，這在先秦本是極明顯的。因爲《詩》《書》《禮》《樂》本來都與所謂士大夫階級的儒家有密切的關係，《易》是卜筮的書，與儒家也有相當的關係；《春秋》爲孔子所作，這在《孟子》書中也已明白説過；所以在《莊子·天下》篇已有六經配置在一起的叙述，而且都是歸之於"鄒魯之士，縉紳先生"的儒家。儒家學派是孔子創立的，後代的儒家傳人當然要宣揚《詩》《書》是孔子刪定，《禮》《樂》也都是孔子所定的了。司馬遷在《史記·孔子世家》中説：

> 孔子之時，周室微而禮樂廢，《詩》《書》缺，追跡三代之禮，序《書傳》，上紀唐虞之際，下至秦繆，編次其事。曰："夏禮吾能言之，杞不足徵也。殷禮吾能言之，宋不足徵也。足，則吾能徵之矣。"觀殷夏所損益，曰："後雖百世可知也，以一文一質。周監二代，郁郁乎文哉。吾從周。"故《書傳》《禮記》自孔氏。孔子語魯太師："樂其可知也。始作翕如，縱之純如，皦如，繹如也，以成。吾自衛返魯，然後樂正，《雅》《頌》各得其所。"古者《詩》三千餘篇，及至孔子，去其重，取可施於禮義，上采契、后稷，中述殷、周之盛，及幽、厲之缺，始於衽席，故曰："《關雎》之亂以爲《風》

始,《鹿鳴》爲《小雅》始,《文王》爲《大雅》始,《清廟》爲《頌》始。"三百五篇,孔子皆弦歌之,以求合《韶》《武》《雅》《頌》之音。禮樂自此可得而述,以備王道,成六藝。孔子晚而喜《易》,序《彖》《繫》《象》《說卦》《文言》。讀《易》,韋編三絕。曰:"假我數年,若是,我於《易》則彬彬矣。"孔子以《詩》《書》《禮》《樂》教,弟子蓋三千焉,身通六藝者七十有二人。……子曰:"弗乎弗乎,君子病沒世而名不稱焉。吾道不行矣,吾何以自見於後世哉?"乃因史記作《春秋》,上至隱公,下訖哀公十四年,十二公。據魯,親周,故殷,運之三代。約其文辭而指博。故吳楚之君自稱王,而《春秋》貶之曰子;踐土之會,實召周天子,而《春秋》諱之曰"天王狩於河陽":推此類以繩當世。貶損之義,後有王者舉而開之。《春秋》之義行,則天下亂臣賊子懼焉。孔子在位聽訟,文辭有可與人共者,弗獨有也。至於爲《春秋》,筆則筆,削則削,子夏之徒不能贊一辭。弟子受《春秋》,孔子曰:"後世知丘者以《春秋》,而罪丘者亦以《春秋》。"

太史公在《史記·自序》上說:"伏羲至純厚,作《易》八卦;堯舜之盛,《尚書》載之,《禮》《樂》作焉;湯武之隆,詩人歌之;《春秋》采善貶惡,推三代之德,褒周室,非獨刺譏而已也。"又說:"西伯拘羑里,演《周易》。"就史遷的意思看來,他雖以爲"《書傳》《禮記》自孔氏""《禮》《樂》自此可得而述,以備王道,成六藝"。他同時也承認伏羲作八卦,文王演《周易》,他並不以六經都是孔子所作,不過或經孔子的刪定,或由孔子而流傳,惟有《春秋》才是孔子所作。其實所謂"《書傳》《禮記》自孔氏""孔子刪《詩》去其重",這些話也未必盡得其實。在《尚書大傳》上,雖有"周公居攝六年,制《禮》作《樂》"的話,但在史遷敘六經時沒有提到與周公有關係,這種觀念直到劉歆爭立古學之時,也還如此。劉歆《移書讓太常博士書》上說:

> 昔唐虞既衰,而三代迭興,聖帝明王,累起相襲,其道甚著。周室既微,而禮樂不正,道之難全也如此。是故孔子憂道之不行,歷國應聘,自衛返魯,然後樂正,《雅》《頌》乃得其所。修《易》序《書》,制作《春秋》以紀帝王之道。

這裏他並未特別提出周公與六經有關。後來莽、歆篡漢,"發得《周禮》,以明因監""末年乃知其周公致太平之跡,跡具在斯"。在《左傳》上更有所謂"先君周公,制《周禮》曰:'則以觀德,德以處事,事以度功,功以食民。'"（文十八年）以及晉侯使韓宣子來聘，歡，於太史氏，"見《易》《象》與魯《春秋》，曰：'周禮盡在魯矣！吾乃今知周公之德與周所以王也。'"（昭公二年）然而在《六藝略》上序《易》只以爲"至於殷周之際，紂在上位，逆天暴物，文王以諸侯順命而行，道天人之占，可得而效，於是重《易》六爻，作上下篇。孔氏爲之《彖》《象》《繫辭》《文言》《序卦》之屬十篇"。叙《禮》則以爲"及周之衰，諸侯將踰法度，惡其害己，皆滅去其籍。自孔子時而不具，至秦大壞"。序《春秋》則以爲"左史記言，右史記事，事爲《春秋》，言爲《尚書》，帝王靡不同之。周室既微，載籍殘缺，仲尼思存前聖之業"。無所謂周公制《周禮》，序《易》象，作《春秋》凡例之說。到了馬融、陸績才以《易》是卦辭文王，爻辭周公，曲解《六藝略》上的"人更三聖"之不數周公爲父統子業（《周易正義》）。到了鄭玄注《周禮》才顯明地以爲："周公居攝而作六典之職，謂之《周禮》。營邑於土中，七年致政成王以此禮授之，使居雒邑治天下。"（《周禮·天官冢宰》鄭注）而至杜預才以爲《春秋》是"其發凡以言例，皆經國之常制，周公之垂法，史書之舊章，仲尼從而修之，以成一經之通體"（《左氏傳序》）。其實這些以《易》《禮》《春秋》爲周公所作的看法，在劉歆的初年還沒有鮮明的主張，更無論其他了。以《爾雅》爲周公所作，始於魏晉張揖的《上〈廣雅〉表》；到崔靈恩《三禮義宗》纔說："《儀禮》者，周公所制。"（《玉海》卷二十九藝文類引）陸德明《經典釋文》纔說："周、儀二《禮》並周公所制。"清代的章學誠乃以爲六經完全是周公所創作的，他在《文史通義·原道》上說：

> 自有天地而至唐虞、夏、商，皆聖人而得天子之位，經綸治化，一出於道體之適然。周公成文武之德，適當帝全王備，殷因夏監，至於無可復加之際，故得藉爲制作典章。而以周道集古聖之大成，斯乃所謂集大成也。孔子有德無位，即無從得制作之權，不得列於一成，安有大成可集乎？

他在《原道》篇中又說：

> 夫子明教於萬世，夫子未嘗自爲說也。表章六籍，存周公之舊典，故曰："述而不作，信而好古。"又曰："蓋有不知而作之者，我無是也。""子所雅言，《詩》《書》執《禮》。"所謂明先王之道以導之也。非夫子推尊先王，意存謙牧而不自作也。夫子本無可作也。

這裏他以爲六藝皆周公之舊典，夫子無所事作。言孔子只是"述六經以訓後世"（《原道》中），說《詩》《書》都是周公的政典，而《春秋》也早已有之，並非孔子所作，這就未免有些過分而不合實情了。所以後來廖平的《知聖篇》、康有爲的《孔子改制考》則一反其説，而認六經都是孔子所作。廖平説：

以六經分以屬帝王、周公、史臣，則孔子遂流爲傳述家，不過如許、鄭之比，何以宰我、子貢以爲賢於堯舜？至今天下郡縣立廟，享以天子禮樂，爲古今獨絶之聖人？……孔子實作也，不可徑言作，故託於述。所云"述而不作"，自辨於作也，"不知而作無是""天下有道則庶人不議"自任平作也。意有隱顯，故言不一端；且實不作，又何須述以自明乎？……帝王之制由六經而定，謂爲孔子制可，謂爲帝王制亦可。惟兼采四代以酌定一尊，垂法百世以爲永鑒，因不盡因，革不盡革，既不能分屬四朝，又不能歸並一代，則不得不屬之孔子。《春秋》因魯史加筆削，《詩》與《書》《禮》《樂》亦本帝王典禮而加筆削，合者留，不合者去，則《詩》《書》乃孔子之《詩》《書》矣。……《儀禮》容經，亦作亦述，與《春秋》無異也。……正《樂》亦同於《禮》。……同爲孔子之書，非獨《春秋》爲然。（《知聖篇》卷上，清光緒刻本）

廖、康（康説前已具引）的這種説法，自然矯枉過正。在皮錫瑞的《經學歷史》中，雖從其説以爲孔子以前不得有經，但在崔適的《五經釋要》中已不認康氏之説爲正確的。

依着我們現在看來，就古籍中比較可信的材料，孔子返魯正樂以前，已常説"頌詩三百"，則《詩》決不是孔子所删的；《詩三百篇》中多數作品是東周時作，則當然更不是周公定的。今文《尚書》中有幾篇，如《堯典》《禹貢》《洪範》《金縢》等，經近人提出的證明，都疑爲戰國時作品，當然所謂廿八篇之書，不是周公、孔子所定的了。三《禮》中的《儀禮》，經毛奇齡、顧棟高、袁枚、崔述諸人的考證，認爲是戰國時代胡亂抄成的僞書。《周禮》則自漢武帝時被認爲"瀆亂不驗之書"，何休以爲六國陰謀之書，到現在我們更從天文地理各方面的確證，可以證實它是出於西漢之末，更無論其爲周公或孔子所手定的。《易》的《十翼》，歐陽修已疑過，近人更有謂其出於漢代者，《卦辭》《爻辭》，雖似西周作品，也不能定爲周公或孔子所作。只有《春秋》一經，或是孔子所作，然而僅憑這一經，當然不能認爲六經都是孔子作的。

我們更需要明白的是，在兩漢的經今古文學者，他們對於整個六經的著者問題並没有發生過什麽爭論，也没有什麽一致的主張。今文學者的著作如《尚書大傳》一樣的可以説"周公居攝，制禮作樂"，古文學派在杜預以前也並未説《春秋》的"發凡以言例"是周公作的。廖平《今古學考》以爲今古學宗旨不同，並以爲"今經皆孔子所作，古經多學古者潤色史册"，這只是他一人的主張，在兩漢是不如此的。後來的人誤認古代有非常燦爛的文明，一切豐功偉績都歸之於古代的聖賢，漸漸地以爲孔子作六經還不足，於是又推到周公身上去，像張揖、杜預這些人，以爲周公作《爾雅》，定《儀禮》，預設《春秋》凡例，他們心目中更没有什麽經今古文學派的觀念的。

但是周公、孔子畢竟是中國人所謂的聖人，王國維在《殷周制度論》上説："中國政治與文化之變革，莫劇於殷周之際……此種制度，固亦由時勢之所趨，然手定此者，實爲周公……其經綸固大有在，欲知周公之聖與周之所以王，必於是乎觀之矣。"(《觀堂集林》卷十)郭沫若在《周彝銘中之傳統思想考》上説："歷來儒者自稱爲承受堯、舜、湯、文、武、周公之道，堯、舜、湯事不足憑，自文、武而來者，則爲經實。知此而後於周秦間之思想始可批導焉。"(《金文叢考》卷一)六經是儒家的經典，就其思想内容來説，當然與周公有關，現在我們否認六經爲周公之舊典，但如認爲與周公、孔子毫無相當的關係，這也是説不通的。

第二章

《詩》的起源與編訂

第一節 《詩》的起源

在古代社會之中，在原始民族之中，歌謠與舞蹈，都是極盛的。我們從現在的《詩三百篇》看來，如：1.《邶風·簡兮》的"公庭萬舞""左手執籥"；2.《王風·君子陽陽》的"左執簧""左執翿，右招我由敖"；3.《齊風·猗嗟》的"舞則選兮，射則貫兮"；4.《陳風·宛丘》的"坎其擊鼓，宛丘之下。無冬無夏，值其鷺羽"；5.《小雅·伐木》的"坎坎鼓我，蹲蹲舞我"；6.《小雅·賓之初筵》的"籥舞笙鼓，樂既合奏"；7.《魯頌·有駜》的"鼓咽咽，醉言舞"；8.《商頌·那》的"庸鼓有斁，萬舞有奕"。這些地方都告訴我們古代歌舞之盛。舞的時候，不惟有伴奏的音樂，而且是有歌詞的。如《君子陽陽》的房敖之數，在《車舝》的"雖無德與女，式歌且舞"，及楚余義鍾的"樂我父兄，飲御訶舞"（據《攈古録金文》卷三之一）。兩處均歌舞連叙，也可以告訴我們歌、舞二者在古代是緊密聯繫的，現在的《詩三百篇》本是古代的樂歌。我們從民俗學的觀點看來，歌詞與曲調本都已包括在一起，"因爲在低級文化的民族中，這兩者本是不分的"。我們從現存的《詩三百篇》看來，在自來所不否認的"二《雅》本爲樂歌"之中，詩與樂歌的意義也是相等的。如：1.《小雅·四牡》的"是用作歌，將母來諗"；2.《小雅·何人斯》的"作此好歌，以極反側"；3.《小雅·巷伯》的"寺人孟子，作爲此詩。凡百君子，敬而聽之"；4.《小雅·四月》的"君子作歌，維以告哀"；5.《大雅·卷阿》的"來游來歌，以矢其音""矢詩不多，維以遂歌"；6.《大雅·桑柔》的"雖曰匪予，既作爾歌"；7.《大雅·崧高》的"吉甫作頌，其詩孔碩，其風肆好，以贈申伯"。這些例子中，"詩""歌"二字在涵義上並沒有什麼分別，"二《雅》本是樂歌"，而可以説是詩，所以二者在意義上是相等的。

上面由歌、舞的關係以及詩、歌的關係上，我們都可以見得現存的《詩三百篇》本來都是樂歌（原注：其詳更見拙著《詩經六論》第一篇《詩三百篇之詩的意義及其與樂的關係》。整理者按：今篇名改爲《詩經是中國古代的樂歌總集》，商務印書館，1957 年，上海），則是詩的起源大概有一部分是由於古代社會跳舞時需要伴奏的樂歌的關係。依據民俗學上的觀點來看，歌謠與宗教的關係也是很密切的，禱辭常出以歌唱咒文，也常是有韻的歌詞。其他還有戰歌、悲歌、兒歌、輓歌、婚歌、叙事歌，等等，叙述故事的歌也可以一般地唱起來並伴以舞蹈（參看林惠祥著《民俗學》）。歌詞與曲調二者既不可分離，則其他歌謠之變爲樂歌，在古代也必是很盛行的。這在現存的《詩三百篇》中，如《周南》的《關雎》《漢廣》，《召南》的《野有死麇》之爲戀歌，《周南》的《螽斯》《麟之趾》，《小雅》的《南有嘉魚》之爲頌詞；《魏風》的《葛屨》《伐檀》《陳風·墓門》《小雅·巷伯》等之近於咒文；《邶風·擊鼓》《秦風》的《小戎》《無衣》《小雅·出車》等之近於戰歌；其他如兒歌、輓歌、婚歌、叙事歌之類，也都是有跡可循的。但這些本是由無技術的作品進而至於專爲娛樂用的樂歌，這種進步當然需要很長的時間，所以在現存的《詩三百篇》之中最早不過是西周初年的作品——《周頌》。

第二節　《詩》的采集

關於《詩》的采集，據古籍所記載的，約有八說之多，而且這八說中，所記采詩的人物與時間及其方法，都不大相同的。現在且先將這八說列舉如下：

1. 《禮記·王制》："天子五年一巡狩。歲二月東巡狩……命太師陳詩以觀民風。"

2. 《方言》附錄《劉歆與揚雄書》："三代周秦軒車使者，遒人使者，以歲八月巡路，采代語僮謠歌戲。"

3. 《漢書·藝文志》："故古有采詩之官，王者所以觀風俗，知得失，自考正也。"

4. 《漢書·食貨志》："孟春之月，群居者將散，行人振木鐸徇於路，以采詩，獻之大師，比其音律，以聞於天子。故曰：王者不窺牖户而知天下。"

5. 《說文·丌部》："辺，古之遒人，以木鐸記詩言。"

6. 《公羊傳·宣公十五年》何注："從十月盡正月止……男年六十，女年五十無子者，官衣食之，使之民間采詩。鄉移於邑，邑移於國，國以聞於天子，故王者不出户牖，盡知天下所苦。"

7. 鄭志《答張逸》云："國史采衆詩時，明其好惡，令瞽矇歌之，其無所主，皆國史主之，令可歌。"

8.《文選·三都賦序》:"孔子采萬國之《風》,正《雅》《頌》之名,集而謂之《詩》。"

在這八說之中,雖然都說采詩,然而他們所述采詩之人不同:行人、道人、遒人使者、軒車使者、男女老無子者、太師、采詩之官、國史、孔子;時間不同:二月、孟春、八月、從十月盡正月止;方法不同:有以爲是天子巡狩命太師陳詩,有以爲是鄉移於邑以至國以聞於天子。這些雖是傳說不同,但正足見無一定之制,而且都未必合於古代史實。所以崔述在《讀風偶識》上說:"十三國風中,東遷以後之詩居其大半,而春秋之策,王人至魯,雖微賤無不書,何不見有采風之使?及至《左傳》之廣擢博采,而亦無之,則此言出於後人臆度無疑也。"傳說中以爲有固定的采詩之官,這當然是不足爲據的。但是最早的傳說是以爲太師陳詩。而依其記載看來,如"子語魯太師樂""師摯之始,《關雎》之亂""吾自衛反魯,然後樂正,《雅》《頌》各得其所"等。我們知道,詩、樂與太師是有關係的。在孔子之時,詩猶爲太師所掌,則詩的采集或者是由於古代的太師。他們因爲職業的關係,而去采集民間的詩歌並配以管弦,不過不一定是"歲有定時詢於路"以采而已。再依據民俗學的觀點來看,原始民族中是有一種唱詩人專以歌唱爲職業的,其生活有時仰給於統治者,有時由人民供給他。古代希臘的荷馬便是這一種人。還有的是專門游行各地,唱著詩歌,伴著管弦,其歌詞都是由口傳的。然則在古代社會中,有專門的樂師,他們有時游行各地,由他們而無意識地將歌謠采集來變爲歌,這實是可能的。在東周時,樂師所執掌的詩共有三百餘篇,經過孔子的提倡,而變爲儒家的經典。就《詩》的采集來看,實際情況只應當是如此的。

第三節 《詩》的刪定

《詩》的采集依現在的推證,是由當時的樂師搜集的。大概在孔子時只有詩三百篇,這却是可信的。《史記·孔子世家》說:

> 古者《詩》三千餘篇,及至孔子,去其重,取可施於禮義,上采契、后稷,中述殷、周之盛,至幽、厲之缺,始於衽席。

這三千餘篇實不可信。在唐孔穎達《毛詩正義》中已懷疑地說:

> 案書傳所引之詩,見在者多,亡逸者少,則孔子所錄,不容十分去九,馬遷言古詩三千餘篇,未可信也。

他這話只是就《史記》"去其重"而發的,其後雖然歐陽修、朱子發、周子醇、鄭樵、馬端臨、盧格、趙坦、王崧等人還主張刪詩之說,但是朱子、葉適、蘇天爵、黃淳耀、朱彝尊、趙翼、李淳、崔述、魏源、方玉潤、皮錫瑞等多數是主張孔子未刪詩的。朱彝尊在他的《詩論》上說：

孔子刪詩之說，倡自司馬子長，歷代儒生，莫敢異議。……竊以詩者掌之王朝，班之侯服，小學、大學之所諷誦，冬夏之所教，莫之有異。故盟會、聘問、燕享，列國之大夫，賦詩見志，不盡操其土風，使孔子以一人之見，取而刪之，王朝列國之臣，其孰信而從之者？且如行以《肆夏》，趨以《采薺》，樂師所教之樂儀也，何不可施於禮義，而孔子必刪之；俾堂上有儀，而門外無儀，何也？凡射"王以《騶虞》為節，諸侯以《貍首》為節，大夫以《采蘋》為節，士以《采蘋》為節"。今大小《戴記》載有《貍首》之辭，未嘗與禮義悖，而孔子於《騶虞》《采蘩》《采蘋》則存之，於《貍首》獨去之，俾王與大夫有節，而諸侯無節，又何也？燕禮："升歌《鹿鳴》，下管《新宮》。"《大射儀》："乃歌《鹿鳴》三終，乃管《新宮》三終。"而孔子於《鹿鳴》則存之，於《新宮》則去之，俾歌有詩而管無詩，又何也？《肆夏》《繁遏》《渠》，天子所以享元侯者，故九夏掌於鍾師，而《大司樂》："王出入奏《王夏》，尸出入奏《肆夏》，牲出入奏《昭夏》"。《鄉飲酒之禮》："賓出奏《陔》"……大射之儀："公升即席奏《陔》""賓醉奏《陔》""公入驁"，此又何不可施於禮義，而孔子必刪之，俾禮廢而樂缺，又何也？正考父校商之名《頌》十二篇於周太師，歸以禩其先王，孔子殷人，乃反以先世之所校，歸禩其祖者，刪其七篇，而只存其五，又何也？"穆王欲肆其心，周行天下"，"祭公謀父作《祈招》之詩，以止王心。"詩之合乎禮義者，莫此若矣！孔子既善其義，而又刪之，又何也？且《詩》至於三千篇，則輶軒之所采，定不止於十三國矣，而季札觀樂於魯，所歌風詩，無出十三國之外者，又子所雅言，一則曰詩三百，再則曰誦詩三百，未必定屬刪後之言。況多至三千，樂師矇瞍，安能遍其諷誦？竊疑當日掌之王朝，班之侯服者，亦止於三百餘篇而已。至歐陽子謂刪詩云者，非止全篇刪去，或篇刪其章，或章刪其句，或句刪其字，此又不然。詩云："唐棣之華，偏其反而。豈不爾思，室是遠而。"惟其詩孔子未嘗刪，故為弟子雅言之也。"詩曰：衣錦尚絅，惡其文之著也"，惟其詩孔子亦未嘗刪，故子思子舉而述之也。詩云："誰能秉國成？"今本無能字，猶夫"殷鑒不遠，在於夏后之世"，今本無於字，非孔子去之也，流傳既久，偶脫去爾。昔者子夏親受詩於孔子矣，其稱詩曰"巧笑倩兮，美目盼兮，素以為絢兮"，惟其句孔子亦未嘗刪，故子夏所受之詩，存其辭以相質，而孔子亟許其可與言詩，初未以素絢之語，有害於義而斥之也。由是觀之，詩之逸也，非孔子刪之，信已。（《曝書亭集》卷五九《詩論一》，四部叢刊景清康熙本）

朱氏這話，對於《史記》的"取可施於禮義"以及歐陽修之刪詩說，都加以反駁。其後方玉潤在《詩經原始》上說：

夫子返魯在周敬王三十六年、魯哀公十一年丁巳，時年已六十有九。若云刪《詩》，當在此時。乃何以前此言《詩》皆曰"三百"，不聞有"三千"說耶？此蓋史遷誤讀正樂爲刪《詩》云耳。夫曰正樂，必《雅》《頌》諸樂，固各有其所在，不幸歲久年湮，殘闕失次。夫子從而正之，俾復舊觀，故曰"各得其所"，非有增刪於其際也。奈何後人不察，相沿以至於今，莫不以正樂爲刪《詩》，何不即《論語》諸文而一細讀之也？

他在這裏提出孔子返魯以前已只說《詩》三百，證據再確鑿也沒有了。鄭樵、王崧所主張的孔子正樂即是刪《詩》，也被他反駁了。歐陽修、朱子發、周子醇以爲刪《詩》是"篇刪其章，章刪其句"的，這不過是三家的異文。馬端臨以爲"其人不可考，其意不可尋，則夫子刪之"。而在現在的《詩三百篇》中也有"其人不可考，其意不可尋"的詩，這些並未刪去，馬氏之說是不能成立的。盧格只證明《詩》有三千是有可能的，唯有趙坦主張孔子刪《詩》是"去其重"，這一說在魏源、皮錫瑞都信從而未加以反駁。但是趙坦這種說法也是不盡然的。我以爲《史記》述孔子刪《詩》的那一段話根本上就不可信。我曾提出五個理由來作證明。因爲：

1. 史遷在《宋世家》說，《商頌》是"其大夫正考父""追道契、湯、高宗，殷所以興，作《商頌》"。而此處却說"上采契、后稷"，不是正考父作的了，自相矛盾，疑於竄亂。

2. 《史記》"去其重"一語與下文也不相合，因爲"去其重"就不是"取可施於禮義""去其不可施於禮義"，這兩句話的意思是相冲突的。"取可施於禮義"已經朱彝尊證明爲不可信，"去其重"當然也是不可信的，說它是一半去其重，另一半去其不可施於禮義，這也是不可能的。而且"去其重"也不能說是"刪"。

3. 就佚詩的數目來看，真正的佚詩只有幾條，也不像十重其九的。

4. 就刪《詩》的情形來看，如果真是十重其九，這又何必等待孔子刪呢？這已可見"去其重"之說之難信。

5.《史記·孔子世家》述《易》有"序《彖》《繫》《象》《説卦》《文言》"八字，經康有爲《新學僞經考》證明其爲竄入；述《書》《禮》的地方經崔適《史記探源》卷六證明其從"序《書傳》"至"編次其事"十七字誤在與下文"曰：'夏禮吾能言之'"句上，致與上文言三代之禮，語意間隔。則此處述刪《詩》，根本也就很難信了。王崧已説《史記》"此其屬辭之未密，或文字有脱誤耳"。我們對於《史記》上的刪《詩》説，則再没有相信的餘地。

第四節　《詩》的時代

現存《詩》三百篇，依《毛詩傳序》及《鄭詩譜》是上起太甲（《商頌·那》篇），下終陳靈（《陳風·株林》），但是此説殊不可信。《漢志》上説孔子純取周詩，三家詩是無以《商頌》爲殷詩的。現存《商頌》五篇，魏源《詩古微·商頌·魯韓發微》已提出了十三證來證明《毛詩》之誤，《商頌》比《周頌》文詞暢達流利，本是正考父美宋襄公，這在《後漢書·曹褒傳》、揚雄《法言》《史記·宋世家》俱有明説。古書中頗多以商代宋，"蓋魯定公名宋，故魯人諱宋稱商，夫子録詩，據魯太師之本，猶《衛》之稱《邶》《鄘》，晉之稱《唐》，皆仍其舊"。可知《商頌》實在是宋詩。他提出的佐證是：

> 《商頌》果作於商代，如箋説《那》之禋成湯者爲太甲，《烈祖》之禋中宗者爲仲丁，《玄鳥》之禋高宗者爲祖庚，則皆以子祭父，如成王之於文、武，何遽稱之曰"自古""古曰在昔""昔日先民"？而且一則曰"顧予烝嘗，湯孫之將"，再則曰"顧予烝嘗，湯孫之將"，豈非易世之後，人往風微，庶冀先祖之眷顧我佑我子孫乎？證五。

又説：

> 楚入春秋，歷隱、桓、莊、閔止稱荆，至僖二年始稱楚，安得高宗即有伐楚之名？孔疏亦窮於詞，故云周有天下始封熊繹爲楚子。於武丁之世，未審楚君何人？證八。

這都是很明顯的《商頌》爲宋詩之證。皮錫瑞在《經訓書院自課文》卷一《商頌美宋襄公考證》更提出七條證據來作證明，他説：

> 《那》湯孫奏假，毛無傳，箋云："湯孫，太甲也。""於赫湯孫"，傳云："盛矣！湯爲人子孫也。"箋云："湯孫，呼太甲也。"《烈祖》"湯孫之將"，箋云："中宗之享此祭，由湯之功，故本言之。"《殷武》"湯孫之緒"，箋云："是乃湯孫太甲之等功業。"錫瑞

案：毛、鄭解"湯孫"之義，似皆失之。禘湯而稱湯爲"湯孫"，殊屬不辭。以爲太甲，亦不應商人頌祖德，專歸美於太甲。同一"湯孫"，而前後異訓，義更不確，"湯孫"乃主祭之君，即當屬宋襄公。古者立二王后，以其祖有功德。成王賜魯以天子禮樂，亦以周公功德比於二王之后，故《魯頌》稱僖公曰"周公之孫"。《商頌》稱襄公曰"湯孫"，意正相同。其證一。

"《萬舞》有奕"，箋云："其《干舞》又嫺習。"錫瑞案：《春秋》宣八年"《萬》入，去籥"，《公羊傳》曰："《萬》者何？《干舞》也。"何氏解詁曰："干，謂盾也。能爲人捍難而不使害人，故聖王貴之，以爲武樂；《萬》者，其篇名。武王以萬人服天下，民樂之，故名之云爾。"《疏》云："《春秋說》文。"鄭君以《萬舞》爲《干舞》與《公羊》合。據何氏引緯說，則《萬舞》之名始於周。若《商頌》作於商時，不得有《萬舞》之文。其證二。

王國維《觀堂集林》卷二《說商頌下》也說：

然則《商頌》果爲商人之詩歟？曰：否。《殷武之卒》章曰："陟彼景山，松柏丸丸。"毛、鄭於景山均無說。《魯頌》擬此章則云：徂徠之松，新甫之柏。則古自以景山爲山名，不當如《鄘風·定之方中》傳"大山"之說也。按《左氏傳》商湯有景亳之命，《水經注·濟水》篇："黃溝枝流北徑己氏縣故城西，又北徑景山東。"此山離湯所都之北亳不遠，商丘蒙亳以北，唯有此山，《商頌》所詠，當即是矣。而商自盤庚至於帝乙居殷墟，紂居朝歌，皆在河北，則造高宗寢廟，不得遠伐河南景山之木。惟宋居商丘，距景山僅百數十里，又周圍數百里內，別無名山，則伐景山之木以造宗廟，於事爲宜。此《商頌》當爲樂（宋）詩，不爲商詩之一證也。又自其文辭觀之，則殷墟卜辭所祭禘禮與制度文物，於《商頌》中無一可尋，其所見之人名地名，與殷時之稱不類，而反與周詩之稱相類，所用之成語，並不與周初類，而與宗周中葉以後相類，此尤不可不察也。卜辭稱國都曰商不曰殷，而頌則殷商錯出。卜辭稱湯曰大乙不曰湯，而頌則曰湯、曰烈祖、曰武王，此稱名之異也。其語句中，亦多與周詩相襲，如《那》之"猗那"，即《檜風·萇楚》之"阿儺"，《小雅·隰桑》之"阿難"，石鼓文之"亞箬"也。《長發》之"昭假遲遲"，即《雲漢》之"昭假無贏"，《烝民》之"昭假於下"也。《殷武》之"有截其所"，即《常武》之"截彼淮浦，王師之所"也。又如

《烈祖》之"時靡有爭",與《江漢》句同;"約軧錯衡,八鸞鶬鶬",與《采芑》句同。凡所同者,皆宗周以後之詩,而《烝民》《江漢》《常武》序皆以爲尹吉甫所作,揚雄謂正考父即尹吉甫,或非無據矣。

《商頌》之絕非殷商時代的詩,據其文詞、史跡、地理、稱謂等等看來,應該是無可懷疑的。王國維說《商頌》蓋宗周中葉宋人所作,這話實甚錯誤。《商頌》文筆非常之暢達,實在不像東周以前的作品。魏源據楚人《春秋》,隱、桓、莊、閔止稱荊,至僖二年始稱楚,《魯頌·閟宮》有"荊舒是懲",《商頌》有"奮伐荊楚"等句,認爲這是召陵之師爲"中夏攘楚第一舉,故魯僖、宋襄歸侈厥績,各作頌詩,薦之宗廟"。這種說法是比較有道理的。

至於《周頌》的時代,在毛、鄭雖以爲"其作在周公攝政,成王即位之初",歐陽修《詩本義》卷十四《時世論》已說:

《周頌·昊天有成命》:"二后受之,成王不敢康。"所謂二后者,文、武也。則成王者,成王也,猶文王之爲文王,武王之爲武王也。然則《昊天有成命》當是康王已後之詩,而毛、鄭之說以民《頌》皆是成王時作,遂以"成王"爲成此王功,不敢康寧。《執競》曰:"執競武王,無競維烈。不顯成康,上帝是皇。自彼成康,奄有四方。"所謂成、康者,成王、康王也,猶文王、武王謂之文、武爾。然則《執競》者,當是昭王以後之詩,而毛以爲"成大功而安之",鄭以爲"成安祖考之道",皆以爲武王也。據詩之文,但云"成康"爾。

鄭樵《六經奧論》卷三《毛鄭之失》還以《周頌》作於成王、康王之世,其識見還不如歐陽修所論。姚際恒《詩經通論》是以"《頌》有在武王時作者,有在昭王時作者",而對於《昊天有成命》更說:

此詩"成王"自是爲王之成王,《國語》叔向曰"道成王之德,及武王能明文昭,定武烈",此一證也。賈誼《新書》曰:"后,王也。二后,文王、武王也。成王者,武王之子,文王之孫也。文王有大德而功未既,武王有大功而治未成;及成王承嗣,仁以荏民,故稱'昊天'焉。"此一證也。揚雄謂"康王之時,頌聲作於下",班固謂"成、康歿而頌聲寢",此一證也。然則毛、鄭輩必以"成王"作"成其王"解,固泥於凡《頌》皆爲成王時周公作耳。

他在這裏提出三證,更足以推翻毛、鄭之說,而見得歐陽修所論是不錯的。現在《周頌》中如:1.《清廟》有"秉文之德";2.《維天之命》有

"文王之德之純";3.《維清》有"維清輯熙,文王之典";4.《天作》有"文王康之";5.《我將》有"儀式刑文王之典";6.《雝》有"亦右文母";7.《賚》有"文王既勤止"。在這七篇中,都有文王之謚,或據此爲武王時或武王以後之作。8.《武》有"於皇武王";9.《桓》有"桓桓武王"。此兩篇有武王之謚,或據此爲成王時作。10.《昊天有成命》有"成王不敢康";11.《噫嘻》有"噫嘻成王"。此兩篇有成王之謚,或據此爲成王時作。12.《執競》有"不顯成康",一篇爲康王之謚,或據此爲康王時作。但我的拙見則以爲有文王之謚不必一定是武王時作,也可以是武王以後所作;有康王之謚不必一定是昭王時作,也可以是昭王以後所作。詩篇的時代,僅據謚號爲證,殊不足憑。現在《周頌》中,如《清廟》的"於穆清廟,肅雍顯相。濟濟多士,秉文之德。對越在天,駿奔走在廟。不顯不承,無射於人斯",《維天之命》的"維天之命,於穆不已。於乎不顯,文王之德之純。假以溢我,我其收之。駿惠我文王,曾孫篤之"等詩,文句在現在看來雖覺難懂,但比之《周誥》的佶屈聱牙還不及的。我以爲現在的《周頌》恐怕全是成、康以後的作品。如認爲成、康時詩,還覺得稍早了。否則只有説當時的白話文(《周誥》)比當時的白話詩還難懂,這個恐怕不然吧?但在金文中如《虢季子白盤銘文》説:

> 不顯子白,庸武於戎工。經維四方,博伐玁狁,於洛之陽。折首五百,執訊五十。是以先行,桓桓子白,獻馘俘於王。王孔嘉子白義,王格周廟,宣榭爰鄉。王曰白父,孔顯有光。王賜乘馬,足用左王。賜用弓,彤矢其央;賜用戉,用政蠻方。子子孫孫,萬年無疆。

詞句比較暢達。這是宣王時的作品(據《兩周金文辭大系》),則《周頌》無論如何應在其前的。我們如嚴格地説,《周頌》應是成、康至宣、厲之間的作品,這樣來説,實比"大約總在武王至昭王的百餘年中"較穩妥些。

《魯頌》的時代,據《閟宮》末章"奚斯所作",韓詩《薛君章句》説:"奚斯,魯公子也。言其新廟奕奕然盛,是詩公子奚斯所作也。"《毛詩》在《駉》序上却説:"僖公能遵伯禽之法,儉以用足,寬以愛民,務農重穀,牧於坰野,魯人尊之。於是季孫行父請命於周,而史克作是頌。"如依《毛詩》的説法,史克卒於襄公六年,則《魯頌》當作於魯襄之時,上距奚斯約八十年,下距孔丘之生約二十年,但《毛詩》這種説法是錯誤的。段玉裁在《"奚斯所作"解》上説:

> 此章自"徂來之松"至"新廟奕奕"七句,言魯修造之事。下"奚斯所作"三句,自陳奚斯作此《閟宮》一篇,其辭甚長且大,萬民皆謂之順也。作詩之舉其名者,《小雅·節南山》曰:"家父作誦,

以究王訩；式訛爾心，以畜萬邦。"《巷伯》曰："寺人孟子，作爲此詩；凡百君子，敬而聽之。"《大雅·崧高》曰："吉甫作誦，其詩孔碩，其風肆好，以贈申伯。"《烝民》曰："吉甫作誦，穆如清風，仲山甫永懷，以慰其心。"並此篇爲五云。"奚斯所作"，即吉父、家父作誦之辭也；曰"孔曼且碩，萬民是若"，即其詩孔碩，以畜萬邦之意也。"所"字不上屬，"所作"猶"作誦""作詩"之云，以作爲韻，故不曰作誦作詩耳。（段玉裁：《經韵樓集》卷一）

段氏的這種解釋是不錯的。現在的《魯頌》，就其文詞言，没有晚於《商頌》的現象，《後漢書·曹褒傳》説："奚斯頌魯，考父詠殷。"揚雄《法言》説："正考父嘗睎尹吉甫矣，公子奚斯嘗睎正考父矣。"舊説亦多以爲奚斯所作，《魯頌》《商頌》，其時代實相去不遠。二《雅》的作品，應是在西周宣、厲之間至東周初葉的。其有無宣、厲以前的作品，現在難以確實證明，兹就今所能知者略分説於下：

1. 現在可知爲平王時之詩者六首：a.《節南山》，詩中説到"國既卒斬"，足知其在東遷以後；而且又有"家父作誦"，《春秋·桓公八年》有"天王使家父來聘"，其人當桓王時……而此詩云"亂靡有定"，似平王時情形。則此詩爲平王時作。b.《正月》，詩中有"赫赫宗周，褒姒滅之"。可知其與《節南山》同時。c.《雨無正》，篇中有"宗周既滅，靡所止戾"，也當是平王時所作。d.《都人士》，篇中有"彼都人士""行歸於周，萬民所望"。方玉潤《詩經原始》説："曰彼都、曰歸周，明是東都人指西都而言矣。"此詩似當爲平王時所作。e.《瞻卬》，詩中有"哲夫成城，哲婦傾城"及"人之云亡，邦國殄瘁"，俱可知與《正月》同時。f.《小弁》"踧踧周道，鞫爲茂草"，則似當爲平王時所作。

2. 現在可知爲幽王時之詩者二首：a.《十月之交》，篇中的"朔日辛卯，日有食之"固可作證，而云"豔妻煽方處"，係指褒姒而言，尤足爲明證。b.《鼓鐘》，篇中有"淮水湯湯""淮有三洲"。據《左傳·昭公四年》，謂幽王爲大室之盟，舊説謂此刺幽王似可信。

3. 現在可知爲宣王時之詩者十五首：a.《采薇》，篇中的"靡室靡家，獫狁之故"，是説宣王時伐獫狁。b.《出車》，篇中有"赫赫南仲，獫狁於襄"。南仲是宣王時的重臣，篇中的"王命南仲，往城於方"，與《六月》的"侵鎬及方"相應，故知此二篇爲宣王時所作。c.《六月》，篇中的"吉甫燕喜""張仲孝友"，都是證其爲宣王時所作。d.《采芑》，篇中叙"方叔元老，克壯其猶""征伐獫狁，蠻荆來威"。《後漢書·南蠻傳》説："宣王中興，乃命方叔南伐蠻方。"三家詩也是如此說的（詳見《易林》等書）。故此詩當在宣王時所作。e.《祈父》，篇中說"胡轉予於恤，靡所止居"。據《國語·周語》，宣王三十九年戰於千畝，王師敗績於姜氏之戎。則此詩亦當爲宣王時所作。f.《車攻》，篇中有"駕言徂東""東有甫草"，《鄭箋》釋"甫草"爲"甫田之草"，以甫田爲地名，在今河南開封中牟縣西北，雖與《韓詩》釋爲"圃草""博大之茂草"有不同，但在"東"則無疑問。g.《吉日》，篇中有"漆沮之從，天子之所"。此二篇均可見作成於東遷之前，而叙周王田獵及整飭武備，非幽、厲時情形，當是宣王時詩。h.《黍苗》，篇中有"肅肅謝功，召伯營之。烈烈征師，召伯成之"。召伯實是召穆公虎，召公奭之後，歷厲、宣、幽三朝，然據《崧高》及《世本》，其營建申都謝城乃宣王時事，故此詩當作於宣王時。i.《常棣》，該詩作者舊有兩說，《國語》記爲成王時周公所作，《左傳》以爲召穆公所作，崔述謂後說較勝。今定爲宣王時所作。j.《抑》，據馬其昶說："《國語·楚語》謂衛武公年數九十五，猶箴於國……於是作《懿》戒以自儆。""懿"即是"抑"，當是宣王時作，或係幽王時作。k.《崧高》，篇中有"王命召伯，定申伯之宅"，又有"吉甫作誦……以贈申伯"等句，故知爲宣王時作品。l.《烝民》，篇中有"吉甫作誦，穆如清風。仲山甫永懷，以慰其心"。知與《崧高》同時。m.《韓奕》，篇中有"韓侯取妻，汾王之甥"。（《鄭箋》："汾王，厲王也。厲王流於彘，彘在汾水之上。"）韓侯係宣王時人，此詩當在宣王時作。n.《江漢》，篇中有"江漢之滸，王命召虎；式辟四方，徹我疆土"。所叙爲伐淮夷之事。詩當作於宣王之時。o.《常武》，篇中有"王謂尹氏，命程伯休父"。據《國語·楚語》，謂程伯休父當宣王時。則此詩亦當作於宣王時。

4. 現在可以知爲厲王時之詩者二首：a.《巷伯》篇中有"寺人孟子，作爲此詩"。《漢書·古今人表》列寺人孟子於厲王時，則此詩當爲厲王時所作。b.《桑柔》，據《史記·周本紀》"芮良夫諫厲王……厲王不聽"。《潛夫論·遏利》篇："昔周厲王好專利，芮良夫諫而不入。退賦《桑柔》之詩。"或可證其爲厲王時所作。但篇中有"天降喪亂，滅我立王"。朱子以爲其言"滅我立王"，則疑其在共和之後也。《韓詩外傳》列以證吴之亡，則此詩似以在共和後作爲是。

5. 現在可知爲成康之世之詩者四首：a.《文王》，《吕氏春秋》以爲周公所作。b.《大明》，篇中有"長子維行，篤生武王"，當作於成王時。c.《下武》，篇中有"成王之孚，下土之式"，當作於康王時。d.《文王有聲》，篇中有"維龜正之，武王成之。武王烝哉"，亦當在成王時。但這四篇專以謚號斷定時代，確否尚不可知，因爲後來也可以稱文、武、成之謚號的。

這九項所列共二十九首，是時代略可考的，此外如：a.《四月》之"滔滔江漢，南國之紀；盡瘁以仕，寧莫我有"，據《江漢》看來，當是宣王或幽王時之詩。b.《召旻》的"昔先王受命，有如召公，日辟國百里，今也日蹙國百里"，據詩句來看，當是幽王或平王時之詩。c.《大東》之言"西人之子，粲粲衣服"。d.《瞻彼洛矣》之咏及洛水。e.《魚藻》之言"王在在鎬"。這五首之時代也略可見。其他則雖難以確定，然大體可認爲由西周宣、厲至東周初葉的。在金文中，如伯犀休父彝、録伯䍙敦、録伯䍙卣、白犀父卣、仲稱父鼎、師雍父鼎、伯雍父敦、師艅敦、曾伯（霥）簠、（秡）卣、受尊等，都記載了伐淮夷之役；兮白吉父盤、鄦惠鼎、虢季子白盤、不期敦蓋等，多記伐獫狁之役。從金文中可以旁證詩的時代與其詞句，如上所引虢季子白盤記伐獫狁之詞，一方面可見《周頌》之時代較早，另一方面可見《采薇》《出車》《六月》《采芑》《江漢》《常武》諸篇之時代，如以《采薇》《出車》在厲王時，或以《常武》之在宣王時，更可以由金文正其謬誤的。

國風的時代，依《毛詩》的次序是邶、鄘、衛、王、鄭、齊、魏、唐、秦、陳、檜、曹、豳。這次序如以時代而論，是極錯誤的。《左傳》記季札觀樂，其次序爲邶、鄘、衛、王、鄭、齊、豳、秦、魏、唐、陳、檜、曹，也不甚相合，現在如以每國風中最早的詩來決定其先後，則：

1. 最早爲《豳風》。據《史記·周本紀》説："公劉卒，子慶節立，國於豳。"《左傳》記"季札見歌豳曰：'美哉，樂而不淫，其周公之東乎！'"豳地在今陝西，據此看來，已足見其非東周時作。現在《豳風》中可考者唯《破斧》，篇中有"周公東征，四國是皇"，其詩自在成王以後。然以《豳風》全體詞語、技法而論，則比《周頌》進步，也絕不會早於《周頌》的。《七月》一篇，叙述農事，亦近於《雅》《頌》，其時代亦當較早。

2. 其次爲《檜風》。據《史記》説，檜亡於西周的末年，而其《匪風》一詩，有"顧瞻周道，中心弔兮""誰將西歸，懷之好音"。也好像是在西周末的情形。

3. 其次爲《秦風》。魏源《詩古微》云："《小戎》自是秦仲子、莊公以兵七千破西戎，故有兵車甲胄'在其板屋'之語，且復其先世大駱、犬丘地並有之，居其西故犬丘。故有'溫其在邑'之語。"秦仲在宣王時，詩作於莊公破西戎之後，則實在西周末。但《黃鳥》詩有"誰從穆公，子車、奄息"，則《秦風》又有春秋文公時的。

4. 其次爲《王風》。《王風·揚之水》有"戍申""戍甫""戍許"等詞句;《兔爰》一詩,《毛序》且以爲當桓王時。據詩看來,大約無西周末詩,而純爲東周時詩。

5. 其次爲《唐風》。《唐風·揚之水》有"從子於沃""從子於鵠"等詩句,這是昭公分國以封沃,沃强盛;昭公微弱,國人將叛而歸沃,時當東周初年。

6. 其次爲《衛風》。《衛風·碩人》詠莊姜有"齊侯之子、衛侯之妻、東宫之妹、邢侯之姨"等句,詩當作於東周初年。但《擊鼓》詩有"從孫子仲,平陳與宋",據姚際恒謂"此乃衛穆公背清丘之盟,救陳爲宋所伐,平陳、宋之難"。則此詩正當魯宣公十二年時。"三家詩"以《燕燕》爲衛定姜歸其婦所作(《列女傳》《禮記·坊記》鄭注),則未可信。

7. 其次爲《齊風》。《南山》《敝笱》《載驅》《猗嗟》叙魯文姜、哀姜及魯莊之事,其時代正當魯桓、莊之世,在春秋的初年。

8. 其次爲《魏風》。魏風七篇,詠魏亡以前之詩。魏亡在晉獻公十六年,則亦當春秋魯莊公先後,而爲春秋初年之作。

9. 其次爲《鄭風》。《鄭風》中可考者《清人》一篇。《左傳·閔公二年》:"鄭人惡高克,使帥師次於河上,久而弗召,師潰而歸,高克奔陳,鄭人爲之賦《清人》。"詩云"河上乎逍遥""河上乎翱翔",實合於《春秋》"鄭棄其師"的記載,則此詩當作於春秋初年。《毛詩》謂《鄭風》中多刺鄭莊、鄭忽,殊不足信。

10. 其次爲《曹風》。方玉潤謂《候人》中"三百赤芾",即《左傳·僖公二十八年》所謂"不用僖負羈而乘軒者三百",及《史記·晉世家》所謂"美女乘軒者三百人"。魯僖之世,亦當爲春秋之初。

11. 其次爲《陳風》。《株林》篇中"胡爲乎株林,從夏南",這是詠陳靈公通於夏姬,"皆衷其衵服以戲於朝"(《左傳·宣公九年》)之事。其詩正當春秋中葉。《毛詩》以爲"《詩》訖於陳靈",其實則《衛風·擊鼓》相較更晚;當然還有一些較晚的,不過我們現在不可確定而已。

至於二《南》的時代,舊説誤認爲在西周,其實二《南》中無一篇可證明爲西周,而倒有幾篇可證爲東周詩的。例如:

(1)《汝墳》:"魴魚赬尾,王室如燬;雖則如燬,父母孔邇。"正是西周末的情景。舊説以爲時蓋文王以修職貢之故,往來於商,汝墳之人得見而喜之(何楷《詩經世本古義》)。商人苦紂之虐,歸心文王,作是詩(申培《詩説》),以"王室如燬"指紂而言。崔述《讀風偶識》説:"桀紂之暴,原不行於畿外,詩人何必代爲之憂?而汝之距豐千有餘里,亦無緣謂之孔邇也……

竊意此乃東遷後詩，'王室如燬'，即指驪山亂亡之事。"這種説法實較合理。《毛詩》的"文王之化自北而南"的説法既不可信，也决無在紂時即有汝墳之人歸向文王的；而且《周頌》是較早的詩篇，其技法遠不如二《南》。《周頌》中尚無文王時詩，此"王室如燬"絶非指紂而言。此詩當爲東遷以後之詩。

（2）《甘棠》：《甘棠》的"召伯所茇""召伯所憩""召伯所説"，牟庭的《詩切·序》説"思召穆公也"，這話是不錯的。舊説以召伯爲召公奭（《鄭箋》），但據《小雅·黍苗》"悠悠南行，召伯勞之"；《大雅·崧高》"王命召伯，定申伯之宅"。召伯指召穆公虎而言。《大雅·江漢》"文武受命，召公維翰"；《大雅·召旻》"先王受命，如有召公，日辟國百里"，此召公始指召公奭而言，則此詩之召伯自是指召穆公虎的。召伯卒於何時，不可考之；假定與宣王崩時相近，則此詩之作當在其崩後，如若距離有十餘年而幽王在位只十一年，則正是東周的開始。此詩時近以將它斷在東周爲合理的。

（3）《何彼襛矣》：詩中有"平王之孫、齊侯之子"，據龔橙《詩本誼》，則此詩是"美王姬之女也"。齊侯之女，平王之外孫女，嫁於諸侯，以其母始嫁之車送之，則此詩之作當在東周莊王四年（前693）之后。《春秋穀梁傳·莊公元年》記載"王姬歸於齊"，則王姬之女出嫁，又尚得十餘年，此詩作於春秋時自不待言。《毛詩》釋"平"爲"正"，以爲武王女、文王孫，則鄭樵早已駁過了。章潢説："若必指爲文王時，非特不當作正義，而太公尚未封齊，則齊將誰指乎？"毛説顯然是錯誤的。二《南》詩中如《漢廣》《江有汜》等篇所説地域涉及江漢，必是周的文化漸及於南方，而南方也有了中原民族式詩歌，這也是較晚的現象，故二《南》詩自當大部認爲東周以後的作品，即令有一些是西周的，也當在西周末年宣幽之際，因爲二《南》中的作品比較進步，也不像太早的。

第三章

《書》的起源與編訂

第一節　《書》的起源

關於《書》的起源，在古籍中約有兩說：

1. 《漢書·藝文志》"《易》曰：'河出圖，洛出書，聖人則之。'故《書》之所起遠矣，至孔子纂焉，上斷於堯，下迄於秦，凡百篇而爲之序……古之王者，世有史官，君舉必書，所以慎言行，昭法式也。左史記言，右史記事。事爲《春秋》，言爲《尚書》。"

2. 《禮記·玉藻》篇："動則左史書之，言則右史書之。"注曰："其書，《春秋》《尚書》，其存者。"《疏》引熊氏云："按《周禮》太史之職云：'大師，抱天時，與太師同車。'又《左傳》曰：'太史書曰：崔杼弑其君'，是太史記動作之事，在君左厢記事，則太史爲左史矣。《周禮》內史掌王之八枋，其職云：'凡命諸侯及孤卿大夫，則策命之。'僖二十八年傳曰：'王命尹氏及王子虎，內史叔興父，策命晉侯爲侯伯。'是皆言誥之事，是內史所掌，在君之右，故爲右史。是以《酒誥》云：'矧太史友內史友。'鄭注：'太史內史，掌記言記行。'是內史記言，太史記行也。"

《漢志》以爲左史記言，右史記事，與《玉藻》是正相反的。但是所謂"古之王者，世有史官"這一說却極有道理。不光在《酒誥》中有"矧太史友內史友"，在《顧命》中亦有"太保、太史、太宗"；在《洛誥》中有"作册逸誥"；在《顧命》中有"命作册度"。"作册"也是史官，"師艅敦"銘云"王乎作册內史册命師艅"；"尤盂"銘云"王在周，命作册內史錫尤鹵□□"；"刺鼎"銘云"王乎作命內史册命刺"；"師兑"敦云"王乎內史尹册命師兑"；等等。這些都足以證明古之王者確是世有史官的。從《洛誥》中的"作册逸誥"看來，足見古代史官確是掌記言行的。但是太史、內史在古代都可以是掌册命的。《左傳·僖公二十八年》說："王命尹氏及、王子虎，內史叔興父，策命晉侯爲侯伯。"《左傳·襄公三十年》却說："使太史命伯石爲卿，辭；太史退，則請命焉。復命之，又辭。如是三，乃受策，入拜。"《顧命》

上說：“太史秉書，由賓階隮，御王册命。”這尤其為太史也可以掌册命的鐵證。至於左史、右史，在古籍以及古器物中，並不多見。《漢志》附會以為“左史記言，右史記事”；《玉藻》附會以為“動則左史書之，言則右史書之”，在上面已經證明“言”“事”之分並不足信，而其實左、右之分也是不足信的。《顧命》“太史秉書，由賓階隮”；《覲禮》“諸公奉篋服，加命書於其上，升自西階，東面，大史是右”；《祭統》“史由君右執策命之”；《大戴禮·盛德》篇“是故天子御者，太史、內史，左右手也”，“內史、太史，左右手也”。由這幾篇看來，也很難以定太史之為左史和內史之為右史。《玉藻》《漢志》以為記言記事是為的要“慎言行”“昭法式”，這恐怕也不合乎於古代的實情，只是一種推測吧。《周禮·大史》職：“凡射事飾中舍算。”《儀禮·大射儀》：“司射命釋獲者設中，大史釋獲。”“中”是盛“算”之器，“算”是表勝負的。《說文》曰史之“從又持中”，恐怕最初是由於記載競賽的勝負，故謂之“史”，而後漸漸成為記載國家大事的史官的名稱。我們現在流傳下來的今文《尚書》二十八篇之中，多少總有幾篇是東周之史官所記載的。

第二節　《書》之名義

《書》的起源，既由於史，《書》的名義，由《顧命》的“太史秉書”以及楚王頵編鐘的“其書其言，自作鈴鐘”（羅振玉：《貞松堂集古遺文》卷一《鐘》）看來，雖本不是專指《尚書》而言，然而於史關係極大，所以後來直以“書”名史之所記。《論語》中屢屢言“《書》曰”，以及“《詩》《書》執禮”皆可證《書》即指現在之《尚書》言。《書》本是記事的，所以：1.《尚書·皋陶謨》說：“書用識哉。”2.《左傳·僖公二十七年》：“《詩》《書》，義之府也”；3.《莊子·天下》篇：“《書》以道事”；4.《荀子·勸學》篇：“《書》者，政事之紀也”；5.《荀子·儒效》篇：“《書》言是其事也”；6.《韓非子·喻老》篇：“《書》者，言也”；7.《春秋繁露·玉杯》篇：“《詩》《書》序其志”；8. 賈子《新書·道德說》篇：“著此竹帛謂之《書》，《書》者，此之著者也”；9.《史記·滑稽列傳》：“《書》以道事”；10. 又《太史公自序》：“《書》記先王之事，故長於政”；11. 揚子《法言·寡見》篇：“說事者莫辯乎《書》”；12. 劉歆《七略》：“《書》以決斷，斷者，義之證也”；13.《書緯·璇璣鈐》：“《書》者，如也”；14.《孝經·援神契》：“《書》者，如也，舒也，紀也”；15.《說文》：“書，著也，從聿，者聲”；16. 又《說文·叙》：“著於竹帛謂之書，書者，如也”；17.《廣雅·釋言》：“《書》，如也，記也，著也”；18.《釋名·釋書契》：“書，庶也，紀庶物也，亦言著也"；19.《尚書序》題注：《書》者，舒也……則書者，寫其言，如其意，情得展舒，事得彰著；20.《尚書序》疏："《書》者，以筆畫記之辭"；等等。這些說法，有的雖就《書》的内容立言，然而大體上還都是歸結到《書》題疏之"寫其言，如其意，情得展舒，事得彰著"這一說法上的。不過現在通常稱《書》亦爲《尚書》，其所以加"尚"字者，又有種種的解釋，如：1.《書緯·璇璣鈐》："《書》務以天言之"，又"因而謂之《書》，加'尚'以尊之"。2.《論衡·須頌篇》："或説《尚書》曰：尚者，上也；上所爲，下所書也。"3. 同上《正説篇》："《尚書》者，以爲上古帝王之書。"4.《尚書·孔序》："以其上古之書，謂之《尚書》。"5.《書·疏》引馬融曰："上古有虞氏，故曰《尚書》。"6. 王肅曰："上所言，史所書，故曰《尚書》。"7. 鄭玄《書贊》："孔子乃尊而命之曰《尚書》。尚者，上也，尊而重之，若天書然，故曰《尚書》。"8. 孔穎達《尚書序疏》："以其上古之書，謂之《尚書》者。此文繼在伏生之下，則言以其上古之書謂之《尚書》，此伏生意也。"就以上八說看來，"上所爲，下所書"這一說將"尚書"二字分屬上下之最不合理。"因而謂之書，加尚以尊之"也無充分的證明，唯有"以爲上古帝王之書"，比較合理。江聲《尚書集注音疏》根據《墨子·明鬼》篇"《尚書》，夏書，其次商、周之書"，説《尚書》本爲舊名，可以證明"《尚書》者以爲上古帝王之書"這一說是不錯的。至於鄭玄以"孔子尊而命之以《尚書》"，孔疏説"此伏生意也"，據《墨子》看來，則實不足信。至於近人以周秦傳記無稱《尚書》者，以爲其名後出，則《史記·太史公自序》曰："余聞之先人曰：……堯舜之盛，《尚書》載之。"司馬談年輩略與張生、歐陽生等，其"尚書"連言，蓋以此最朔。可知此種錯誤，尤爲顯然。

第三節　《書》之編定

《史記·孔子世家》、劉歆《移讓太常博士書》、班固《漢書·藝文志》都以爲《尚書》是孔子删定的，於是《書緯·璇璣鈐》上更以爲"孔子求書，得黄帝玄孫帝魁之書，迄今秦穆公，凡三千二百四十篇。斷遠取近，定可以爲世法者，百二十篇。以百二篇爲《尚書》，十八篇爲《中候》"。這裏更歷舉原來有三千餘篇而經孔子删定爲百二篇。僞孔安國《書序》上也説："先君孔子，生於周末。睹史籍之煩文，懼覽之者不一，芟夷煩亂，剪截浮詞，舉其宏綱，撮其機要，足以垂世立教，典、謨、訓、誥、誓命之文，凡百篇。"這都是累層地造成的"古史"，没有可信的價值的。但是這一問題不像删詩説與孔子所説"詩三百……思無邪"，及"放鄭聲……鄭聲淫"那樣明顯地沖突，所以懷疑的人還少。《朱子語類》卷七十八："至之問：'書斷自唐虞以下，須是孔子意。'（朱子）曰：'也未可知。且如三皇之書言大道，有何不可！便刪去？五帝之書言常道，有何不可！便刪去。皆未可曉。'"在《文集》卷六十五上也說："春秋時三墳、五典、八索、九丘之書……若果全備，孔子亦不應悉刪去之。或其簡編脫落，不可通曉。或是孔子所見止自唐虞以下，不可知耳。"他這還只是說《書》之所以斷自唐虞的緣故，對於刪書沒有很大的懷疑。清代萬斯同在《群書疑辨》卷一《古文尚書辨一》上說：

> 試取今文論之，如……《甘誓》之孥戮，《酒誥》之群飲咸殺，此商鞅、韓非之法，後世庸主之所不忍者，而謂古帝王爲之乎？《盤庚》之三篇，不過數十言可了，而乃演爲數千言，大要迫之以威，動之以鬼神，初無體恤下民之意，此不足爲有無，即不傳亦可。《大誥》專以卜吉爲言，亦假鬼神以脅服之，初無深義。《多士》《多方》不過言爾先王取夏亦如此，不可違我命，亦無深義。《呂刑》之贖罪及於大辟，此豈可爲後世法？《費誓》止飭行陳，反不若《秦誓》之篇有補於君道。余謂今之《尚書》，必非聖人刪定之書。

他從儒家的觀點上來證明今文《尚書》不是孔子所刪，才論到了商周之書了。徐與喬在《經史辨體·書孔序》上說：

> 百篇之說無考，止據《書序》耳。《書序》非古也，序周書、商書皆三十九篇，而《費誓》《秦誓》又諸侯事，則商書反多於周。安在……"宋不足徵"乎？且商多，夏何獨少？夏少，虞何獨多？夏十七王，四百六十年事，得書四篇；虞一帝，六十年間事，得書十五篇，是可盡信乎？

如若《書》果有百篇，而百篇之序又爲孔子所作，則孔子真不當說什麼"杞不足徵，宋不足徵""文獻不足故也"。由《論語》來看孔子之未曾見百篇《書》，證據是再好也沒有了！崔東壁在《考信翼錄》上也說：

> 余按，傳云："郯子來朝，昭子問焉。曰：少皞氏鳥名官，何故也？郯子曰：吾祖也，我知之。仲尼聞之，見於郯子而學之。"聖人之好古也如是。果有羲農黃帝之書，傳於後世，孔子得之，當如何而愛護之，當如何而表彰之，其肯無故而刪之乎？《論語》屢稱堯舜，孟子言必稱堯舜，其道唐虞之事尤詳而皆無一言及於黃炎者，則高辛氏以前無書也明矣……孔子所得者止於是，則遂取而考證整齊之，以傳於門人耳，非刪之。《（孔子）世家》但云序書，亦無刪書之文。《漢志》雖有《周書》七十餘篇，然皆後人之所僞撰，劉向但云孔子

所删之餘，亦未嘗言孔子之所删也。

孔子之好學，如若得有古代的記載，他也決不至删去的。删書之說，實不可信。說現存的《尚書》之中，如《堯典》《禹貢》《洪範》《金縢》等篇，經近人的考證，多出於孔子以後，一看這幾篇之著作時代，也更可以見孔子之不曾删書。

第四節　《書》之時代

就現存《尚書》廿八篇看來，除掉周書的《大誥》《康誥》《酒誥》《梓材》《召誥》《洛誥》《多士》《無逸》《君奭》《多方》《立政》《顧命》《呂刑》《文侯之命》《費誓》《秦誓》這十六篇或是當時史官的記載外，《商書》的《盤庚》《高宗肜日》《西伯戡黎》《微子》這四篇據現在的甲骨文字看來，絕非當時史官所定，或是周初史官據舊史而追記潤色。剩下來的《堯典》《皋陶謨》《禹貢》《甘誓》《湯誓》《牧誓》《洪範》《金縢》，大概都是春秋末年以至西漢初年的作品或改作。現在試將這八篇的著作時代略略分述於下：

1. 《堯典》。《堯典》開始的第一句"曰若稽古"，本來就告訴我們那不是當時史官的記載；康有爲在《孔子改制考》卷十二《孔子改制法堯舜文王考》上說：

> 《堯典》一字皆孔子作，凡有四證：王充《論衡》："《尚書》自'欽明文思'以下何人所作也？曰：篇家也。篇家者誰也？鴻筆之人也。鴻筆之人何人也？曰：孔子也。"則仲任尚知此說，其證一。《堯典》制度與《王制》全同，《巡狩》一章，文亦全同。《王制》爲素王之制，其證二。文辭若"光被四表，格於上下，克明峻德，以親九族"等，調諧詞整，與《乾卦》象辭爻辭"雲行雨施，品物流形，大明終始，六位時乘"同，並爲孔子文筆，其證三。夏爲禹年號，堯、舜時禹未改號，安有夏？而不云蠻夷猾"唐"猾"虞"，而云猾"夏"。……其證四。

康氏以爲孔子作，據《孟子》書之引《堯典》看來，似乎孟子時是有《堯典》的。但是其制度與漢文帝時之《王制》相同，而文辭又有一些如是之調諧詞整，這明明告訴我們，其不惟不是孔子作，而且至早是西漢初年改作的。近年顧頡剛氏以爲：

（1）秦始皇三十二年使將軍蒙恬發兵三十萬人北擊胡，略取河南地；三十三年又略取陸梁地爲桂林、象、南海三郡。然今之《堯典》，則有命羲和宅南交、命和叔宅朔方之語，據疆域看來，《堯典》絕不能早過於秦的。因爲南交就是漢之交州，所謂交趾，是戰國時代的《禹貢》上所沒有的；而朔方一名，見於《詩》之《出車》《六月》，只是今陝西、河南、山西三省交界的地方，與漢武帝時之朔方郡在今之内蒙古陰山山脉以南、鄂爾多斯草原以北者相去絶遠，因爲據《左傳·昭公九年》"及武王克商……肅慎、燕、亳，吾北土也"，《詩·大雅·韓奕》的"王錫韓侯，其追其貊，奄受北國"看來，周的疆域是不到今内蒙古的。而漢之朔方郡，在漢武帝以前，在《史記·秦本紀》《趙世家》《匈奴列傳》上都只謂之"榆中""九原""高闕""河南地"；在《漢書·主父偃傳》《嚴安傳》《食貨志》上也只謂之"北河""新秦中"，到了漢武取《詩》語"薄伐獫狁，至於太原"，"出車彭彭""城彼朔方"來美衛青，才名河南地爲朔方郡。可見《書·堯典》"申命和叔，宅朔云"之所的"朔方"，顯然地不當指陝西、河南、山西交界的地方而言，而是指漢武帝時的朔方。交趾的命名也是漢武帝元鼎元年才有的。由此看來，現在《堯典》中的《羲和四宅》章顯然是漢武帝時編入的了。

（2）現在的《堯典》巡狩四岳章是取自《王制》的。《王制》爲文帝使博士諸生謀議巡狩封禪事而作者，其録入《堯典》則當在漢武帝現此種事實之後。且就文字看來，《王制》説："命典禮考時月定日，同律禮樂制度衣服正之。"《堯典》則爲"協時月正日，同律度量衡，修五禮……"《王制》説："五月南巡守，至於南岳，如東巡守之禮。八月西巡守，至於西岳，如南巡守之禮；十有一月北巡守，至於北岳，如西巡守之禮。"《堯典》則南巡狩曰"如岱禮"，西巡狩曰"如初"，朔巡狩曰"如西禮"，比較明白簡練，顯然是《堯典》襲《王制》的。

（3）就"肇十有二州"這一句看來，自有分州之説，只是定爲九數，傳統悠久，在齊侯鎛鐘，《左傳》之《襄四年傳》《宣三年傳》，《國語·周語》下，《禹貢》《吕氏春秋》上，都是如此的。到了漢武帝窮兵黷武，疆域日大，元封元年初置刺史，部十三州。就《漢書·地理志》所記，除司隸校尉部等於秦之内史及明清之直隸不在州數外，其餘豫、冀、兗、徐、青、荆、揚、益、涼、並、幽、交，正好十二州。《堯典》"肇十有二州"，只是當時疆域的反映。

（4）篇末有"咨汝二十有二人"這一句，司馬遷、馬融、鄭玄、朱子、林之奇、王引之諸人的説解共有六種之多。其實本不當是十二牧、九官、四岳，而當是九牧、九官、四嶽二十二人。因爲改九州爲十二州，所以使後人"解不清"，這也顯見是删改之迹。他從疆域上、制度上、文辭上、意義上來證明"《孟子》所引爲戰國時之《堯典》，吾儕所見則爲漢武帝時之《堯典》"，真是"援據該博，辨析精詳"，不愧爲膽大心細的考證，而《堯典》一篇之時代，我們大略地可以推知了。

2.《皋陶謨》。《皋陶謨》的著作時代，現在還沒有人來作專門的考證。本來《尚書》是害了"大頭症"的，開始的《堯典》《皋陶謨》《禹貢》三篇，比後來的二十五篇（《洪範》除外）要整齊嚴肅，就文體上看來，寫定是晚的。其中：

ⓐ關於人格發展的階段，如云"慎厥身修……敦叙九族"。

ⓑ關於天人一致的觀念，如云"天聰明，自我民聰明；天明畏，自我民明威"。

ⓒ關於折衷主義的倫理，如云"寬而栗，柔而立，愿而恭，亂而敬，擾而毅；直而温，簡而廉，剛而塞，强而義"。這都好像儒家形成以後的口氣，可以疑爲孔子以後才寫定的。其實，除這三點以外，其可疑爲戰國末年作品的，還有數證：

（1）是所謂"五辰""五典""五服""五采""五色""五言"，這都應該是五行觀念極發達以後才構成的。所以不謂之四時而謂之"撫於五辰"；"五典"是只可釋爲五常的；"五言"也只可釋爲五聲之言；服的色彩以五爲數，也是含有五行的意義的；這自然要晚於樸素的五行觀念，在子思、孟軻"案往舊造説謂之五行"之後。

（2）是所謂"弼成五服，至於五千"。無論依今文《尚書》説"中國方五千里"，還是依古文《尚書》説"五服旁五千里，相距萬里"，其疆域觀念與《禹貢》相同，也是與《禹貢》同時寫成的證明（説詳下）。

（3）是所謂"予乘四載，隨山刊木"。這與《孟子》中所謂"禹八年於外"的説法不同，可知孟子未見此篇，而此篇之作者也未見到《孟子》，亦爲戰國中世以後所作之一明證。

（4）是所謂"州十有二師，外薄四海，咸建五長"。則其所指疆域顯然是很大的，這也是戰國中世以後才有的。

（5）是所謂虞廷君臣賡歌之辭"帝庸作歌曰：'敕天之命，惟時惟幾。'乃歌曰：'股肱喜哉！元首起哉！百工熙哉！'……乃賡載歌曰：'元首明哉！股肱良哉！庶事康哉！'又歌曰：'元首叢脞哉！股肱惰哉！萬事墮哉！'"這既不像三百篇的詩歌，也不像春秋時代的徒歌，顯然可見其出於戰國之世的。其他如所謂"帝光天之下，至於海隅蒼生"，"蒼生"一詞，也是可疑的。要之，合上所列的，足見其所出當爲戰國中世以後。

3.《禹貢》。《禹貢》不是真的夏代的作品，由殷代文字的始形發達是很容易看出來的。近年衛聚賢的《禹貢考》更用《春秋》與《孟子》來證明此篇之作期爲戰國末年，即公元前316年—前290年之間。因爲：

（1）《禹貢》上説："厥賦……"在《春秋》上却是魯哀公十二年始用田

賦。若是真有井田制，則依孟子所説"方里而井，井九百畝，其中爲公田，八家皆私百畝，同養公田，公事畢然後敢治私事"。按那"同養公田"制是没有賦制的存在，夏代若有井田當無賦制。假使井田的話不確，魯國於哀公十二年始"用田賦"的；魯是兗州之一，是兗州於春秋末年始用田賦，何以《禹貢》於兗州説是"厥賦貞"呢？這分明是春秋末年以後的情形。

（2）《禹貢》上説："作十有三載乃同。"在《孟子》上却説："禹八年於外。"《禹貢》上明説禹治水十三年，孟子若見到《禹貢》，不應説八年。孟子是吹嘘禹功的，不應把十三年縮短了五年作爲八年。

（3）《禹貢》説："導淮自桐柏，東會於泗、沂，東入於海。"《孟子》説："排淮、泗而注之江。"《禹貢》上明説淮水入海，孟子若見到《禹貢》，不應説淮水入江。

（4）《孟子》説"決汝漢"，而《禹貢》上有"渭"無"汝"，《孟子》却有"汝"無"渭"，若孟子見到《禹貢》，不應出此入彼。據上兩項，孟子是没有見過《禹貢》的。换句話説；《禹貢》在《孟子》後（見《國立第一中山大學語言歷史學研究所週刊》第38期，1928年）。的確，在《孟子》中，只還説"海内之地，方千里者九，齊集有其一"，不過以爲中國方三千里，而《禹貢》上却説："五百里甸服……五百里侯服……五百里綏服……五百里要服……五百里荒服。"這至少是以爲中國方五千里疆域觀念，比孟子時又不同，當然是較晚些。郭沫若説："中國古代的疆域只在黄河的中部……而在《禹貢》裏面所謂荆州、青州、揚州、徐州等等居然已經劃州分貢了，這是絶對不可能的事情，並且所劃的土如像甸、侯、綏、要、荒的五服，每服規規整整的五百里，這除最近世有以經緯度爲疆界的近似的辦法以外，任何民族的歷史上都不曾有過這樣的事實。"（郭沫若：《中國古代社會研究》）中國古代的疆域固未必只在黄河的中部，然而規規整整的五百里的五服，確是不當有這樣的事實。這只是戰國末要求大一統的一種表現，足證其爲戰國末年的作品而已。

4.《甘誓》。《甘誓》一篇，也可疑爲戰國時代的作品。因爲：

（1）是所謂"大戰於甘，乃召六卿"。這裏之用六卿六事，在西周時代是没有這種官制的。《詩經》中常説的只有"三事"，《顧命》中列舉大保奭、芮伯、彤伯、畢公、衛侯、毛公、師氏、虎臣、百尹、御事也無所謂"六卿"。《墨子·明鬼》篇也只引爲"王乃命左右六人，下聽誓於中軍"。今本之作"六卿"，當是後來改的。

（2）是所謂"威侮五行，怠棄三正"。五行與三正、建子、建丑、建寅都像是戰國時代才有的名稱。因爲三正説必起於《春秋》修成以後，在此之前是必不當有的（説更詳下）。這一篇在《墨子·明鬼》下引作《夏書·禹誓》

曰：“大戰於甘，王乃命左右六人，下聽誓於中軍，曰：'有扈氏威侮五行，怠棄三正，天用剿絶其命。有曰：日中，今予與有扈氏争一日之長，且爾卿大夫庶人，予非爾田野葆士（俞樾疑爲玉，即寶玉）之欲也。予共行天之罰也。……'"雖然也有五行三正之詞，但是《墨子》是由三墨傳下，其寫定也甚晚，未必真是墨子本人所寫，而就其所引之文字看來，也很卑近，其爲戰國時之作品實可無疑。今本《甘誓》文辭比較整潔，當然更要晚些。

5.《湯誓》。《湯誓》據今本《尚書》看來，是没有積極的證明可以見其爲戰國時作的。《孟子·梁惠王》篇也引過其中的兩句："時日曷喪，予及汝偕亡。"但是這一篇文詞之卑近，也未必是春秋時的作品。傅斯年在《周頌説》上以爲"《湯誓》疑是戰國時爲'吊民伐罪論'作的"。又説："《牧誓》《洪範》出來應甚後，文詞甚不古，《牧誓》已是弔民伐罪之思想，和《詩》所記殷周之際事全不同義解，當和《湯誓》同出戰國，其時儒者爲三代造二誓以申其弔民伐罪之論。"（《中央研究院歷史語言研究所集刊》第一本第一分，1928年）就文體與思想看來，《湯誓》確與《甘誓》相近，恐怕是不能早於戰國的。

6.《牧誓》。《牧誓》中的文字不如《周誥》之古，這已告訴我們它的時代之晚。其中如：

（1）"時甲子昧爽。"這種紀日法在《周誥》中是没有的。在《召誥》中的紀月日："惟二月既望，越六日乙未……越若來三月，惟丙午朏，越三日戊申……越三日庚戌……越五日甲寅。"在《顧命》中紀月日："惟四月哉生魄……甲子……越翼日乙丑……越七日癸酉。"所記都如是之詳細，而此篇則甚爲簡單，足見其作風之不同，顯見是較晚時的作品。

（2）在《詩·大雅·大明》中説："牧野洋洋，檀車煌煌，駟騵彭彭。維師尚父，時維鷹揚，諒彼武王。肆伐大商，會朝清明。"與此篇的記載不同，只是作此篇忘了加入詩中的叙事，決不是詩人之作詩時不叙此篇所記的，因爲詩人夸飾"殷商之旅，其會如林"，如若武王真有那些庸、蜀、羌、髳、微、盧、彭、濮人隨同伐商，詩人不當不加以夸飾而只描寫"維師尚父"的。

（3）篇中説到庸、蜀、羌、髳、微、盧、彭、濮這些部族，而在《立政》中卻只説到"夷微盧烝"。蜀與中國發生密切關係是始於秦司馬錯的伐蜀，而在武王時是不當有的。

（4）最顯明的其爲春秋時代作品的，則是所謂"夫子勖哉""勖哉夫子"。"夫子"本是大夫之稱，在春秋時才習見的。而此則已屢屢地稱"夫子"，亦足見其時代之晚（關於夫子之稱，詳見拙著《諸子名誼考》，載《學文》1931年第二期中）。

7.《洪範》。《洪範》的寫定在戰國之世，由於《墨子·兼愛下》篇引周詩曰："王道蕩蕩，不偏不黨；王道平平，不黨不偏。"與今本《洪範》"無偏無黨，王道蕩蕩；無黨無偏，王道平平"略同。足見《洪範》在墨子時還未寫定。其文體用"初一日""次二日""次三日"等等，分析顯明，這也足見其出甚晚。但《呂覽·貴公》篇已引過《洪範》，則在秦未統一以前，是已產生了的（詳見《東方雜志》二十五卷二號及劉節：《洪範疏證》，載《古史辨》第五冊）。

8.《金縢》。《金縢》一篇，袁枚等人都已疑過。據現存的《尚書》看來，可無疑其爲春秋以後的作品。因爲：

（1）篇首云："既克商二年。"這是不合於金文中記載年時之法的。

（2）篇中說："爾之許我，我其以璧與珪，歸俟爾命；爾不許我，我乃屏璧與珪。"這和給小孩玩耍一樣，說是你許我，我就給你璧與珪，你不許我，我就藏了璧與珪不給你。周初人的迷信程度相當深，不應該對於鬼神有這樣輕蔑的說法的。

（3）篇中說："公乃爲詩以貽王，名之曰《鴟鴞》，王亦未敢誚公。"就詩的本意看來，既不像是周公作來送成王的，而《孟子·公孫丑》篇且說是孔子曰："爲此詩者，其知道乎！"也不以爲是周公所作的。則此篇寫定的時代當然甚晚。

（4）篇中云："秋，大熟，未穫。天大雷電以風，禾盡偃，大木斯拔。"而其結果是"王出郊，天乃雨，反風，禾則盡起……歲則大熟"，不合情理，不合事實，決不是當日的信史。以這四證看來，可無疑爲春秋以後的作品。這一篇在漢代的今古文兩派解說不同，"或以爲葬疑，或以爲信讒"（用王充《論衡·感類篇》語）。而孫星衍、皮錫瑞又主張自"秋，大熟"以下是《州官姑》的逸文，則此篇可疑之點正多呢！（參看衛聚賢《金縢辨僞》，《國學月報》第二卷第十二號，1927年12月）

廿八篇之今文《尚書》，除上列舉八篇，證明其爲由戰國初年以至西漢初年的作品外，《費誓》經近人余永梁的《費誓的時代考》認爲是魯僖公時的作品（《中山大學語言歷史學研究所周刊》第一集第一期，1927年11月）。其實《呂刑》這一篇也頗可疑的。真的西周作品實在不多。《墨子》引書有所謂距年、術令、相年、禹誓、湯說、禽艾、湯之官刑、武觀、三代不國、總德、子亦等等，當是春秋以後人所作。要之，《尚書》二十八篇，其非孔子定則甚明白。

第四章

《禮》之起源與編訂

第一節　《禮》之起源

舊來傳説總以爲是周公制禮作樂，其實據現在比較可信的《儀禮》看來，許多禮節都是由古代民俗的遺習自然産生出來的，後來儒家的理論如《荀子·禮論》所云："人生而有欲，欲而不得則不能無求，求而無度量分界則不能不爭，爭則亂，亂則窮。先王惡其亂也，故爲禮義以分之，以養人之欲，給人之求，使欲必不窮乎物，物不必屈於欲，兩者相持而長，是禮之所起也。"《禮記·禮器》篇説："禮也者，合於天時，設於地財，順於鬼神，合於人心，理萬物者也。是故天時有生也，地理有宜也，人官有能也，物曲有利也。故天不生，地不養，君子不以爲禮，鬼神弗饗也。居山以魚鱉爲禮，居澤以鹿豕爲禮，君子謂之不知禮。"《問喪》篇説："禮儀：經也，非從天降也，非從地出也，人情而已矣。"《禮運》篇説："夫禮之初，始諸飲食。……是故夫禮，必本於大一，分而爲天地，轉而爲陰陽，變而爲四時，列而爲鬼神，其降曰命，其官於天也。夫禮必本於天，動而之地，列而之事，變而從時，協於分藝，其居人曰養，其行之以貨力，辭讓，飲食，冠昏，喪祭，射御，朝聘。"無論其認爲唯心的或唯物的起源，實際上都没有把握着古代社會的情形與這些禮制之所由産生的根源。如在《儀禮》中所謂的《冠禮》本是初民的一種成人禮，在蠻人族中兒童轉爲成人常須舉行成年儀式。其儀式之繁簡與寬嚴並不一定，最發達常包括：（1）耐苦自制的試驗；（2）行肉體的手術；（3）行爲的教訓等等。新成年者又常受一新名，不復用以前的舊名。《儀禮》中冠禮的起源，也當是由於初民的一種習慣，所謂"三加彌尊"，不過是一種行爲的教訓；所謂"已冠而字之"不過是又來一個新名。《儀禮》寫定於戰國時，而又經儒家的修正，當然有許多地方喪失原意的。《儀禮》中的《士昏禮》是在戰國時代寫定的，當然已脱離了低級文化中的掠奪婚姻、服務婚姻等現象，然而所謂"納采用雁""納徵：玄纁、束帛、儷皮，如納吉禮"，恐怕還是買賣婚姻所留下的遺跡。在蠻族社會中，成婚的儀式如打結、握手、交杯、並坐，都在大衆前面舉行。又有所謂新婦禁忌，例如不得呼夫之名，或與夫之親人談話同食；所謂岳母的禁忌，新婚也要經過若干時日，才可以與岳母相見或談話。這在《儀禮》的《士昏禮》中，如用合卺及"媵御沃盥交""設對醬""揖婦即對筵"，也正是初民社會交杯並坐的一種習慣。而婚禮的新婚之夜不見舅姑，要到第二天"質明，贊見婦於舅姑"；"婦入三月，然後祭行""若不迎親，婦入三月，然後婿見"。論其原意當是由於新婦禁忌與岳母禁忌。不然，聖人制禮，不應當新婚之夜不讓新婦拜見舅姑的。在蠻族社會中，居喪的人大都改變平時的形狀，如平時剪髮則留而不剪，辮髮或束髮則改爲散髮，穿衣服則故意翻轉，有時完全去掉衣服，繪畫身體，有的甚且斷去一指，甚至刺體流血。居喪者又常斷食，或者是斷炊。這些狀態之與平時相反。有人說是由於辟邪的禁忌，有的說是由於畏懼死人。現存《士喪禮》中所謂"主人髺髮，袒，衆主人免於房，婦人髽於室"。及既夕記所謂之"居倚廬，寢苦枕塊……炊粥，朝一溢米，夕一溢米。不食菜果"。儒家的理論以爲是"夫悲哀在中，故形變於外也。痛疾在心，故口不甘味，身不安美也"（《禮記·問喪》）。"斬衰三日不食，齊衰二日不食……故父母之喪，既殯食粥，朝一溢米，莫一溢米……此哀之發於飲食者也。""父母之喪，居倚廬，寢苦枕塊，不說絰帶、齊衰之喪，居堊室，芐剪不納……此哀之發於居處者也。""斬衰三升，齊衰四升、五升、六升……此哀之發於衣服者也。"恐怕這些禮的原意未必完全如此，而其實在的來源只是由於初民居喪的習慣。《祭禮》起於初民的天神崇拜、先祖崇拜。《鄉飲酒禮》《鄉射禮》起源於初民的游戲競技，不待詳言可知，只有朝聘、燕饗或起於有國家之時，然當略本於古代社會部族間之往來，也未必是由某一人定的。就現在的《儀禮》來說，則寫定之時自甚晚。《周禮》是西漢末年才有的，與《禮記》相同，都是雜采傳記而成，其起源可無論。

第二節 《儀禮》編定之時代

《儀禮》舊來認爲周公所作，而其實則出於戰國末年，其各篇之記有雜有古文說的，論其時代更晚些。懷疑《儀禮》的人則自宋之樂史，鄭樵《經義考》卷一百三十引章如愚曰（案：疑出《山堂考索》，然檢其書，則無此文）：

> 大宋朝樂史謂《儀禮》有可疑者五：儒傳授《曲臺雜記》，後馬融、鄭衆始傳《周官》而《儀禮》未嘗以教授，一疑也。《周禮》缺《冬官》，求之千金不可得，使有《儀禮》全書，諸儒寧不獻之朝乎？班固《七略》，劉歆《九種》，並不著《儀禮》，魏晉、梁、陳之間，是書始行，二疑也。賓行饗餼之物，禾米芻薪之數，籩豆簋簠之實，

铏壶鼎瓮之列,考之掌客之说不同,三疑也。其中一篇《丧服》,盖讲师设问难以相解释之辞,非周公之书,四疑也。《周官》所载,自王此下,至公侯伯子男,皆有其礼;而《仪礼》所谓公食大夫礼及燕礼,皆公卿与大夫之事,不及於王;其他篇所言,曰主人曰宾而已,似侯国之书,使周公当太平之时,岂不设天子之礼?五疑也。

徐积更认定其多出於汉儒。他说:

《仪礼》粗爲完书,然决非尽出圣人之手,何以知之?夫礼者出乎人情者也。而《仪礼》有曰"父在母不可以爲三年之服";又曰"叔嫂无服,所以避嫌也";又曰"师无服"。此岂人情哉!盖多出乎汉儒,喜行其私意,或利其购金而爲之耳。

郑樵的《辨仪礼》亦采取乐史之说,以爲:

《仪礼》一书……皆後行之所增益……春秋以来,礼典之书不存,《礼经》之意已失,三家僭鲁,六卿擅晋,礼之大者已不存矣,士大夫略於礼而详於仪。……传至後世,汉旧仪有二,即爲此容貌威仪事,徐氏、张氏不知经,但能盘辟爲礼容,天下群国有容史,皆诣学学之,则天下所学《仪礼》者,仅容貌威仪之末尔。今《仪礼》十七篇,郑康成、王肃等爲之注,唐正〔贞〕观中,孔颖达撰《五经正义》,疑《周礼》《仪礼》非周公书,其後贾公彦始爲《仪礼疏》。

明儒郝敬也以爲"《仪礼》者,礼之仪。周衰,礼亡,昔贤纂辑见闻,著爲斯仪,非必尽先圣之旧,然欲观古礼,舍此莫由矣!"都是以爲《仪礼》非必尽先圣之旧。清代姚际恒、毛奇龄、顾栋高、袁枚、崔述都尽力辨析此书之晚出,毛奇龄在《经问二》上说:"《礼记》杂篇,皆战国後儒所作,而《仪礼》《周礼》,则又在衰周之季,《吕览》之前,故诸经说礼,皆无可据。"又说:"《仪礼》集成,实繫二戴,故旧称《仪礼》爲庆氏礼,爲大小戴礼。"顾栋高在《春秋大事表》四十七《左传引经不及〈周礼〉〈仪礼〉论》上说:

《周礼》爲汉儒附会,即《仪礼》亦未敢信爲周公之本文也。何则?《周礼》六官所掌,凡朝觐、宗遇、会同、聘享、燕食,其期会之疏数,币赋之轻重,牢礼之厚薄,各準五等之爵爲之杀。……而《仪礼》有《燕礼》以享四方之宾客,《聘礼》以亲邦国之诸侯,《公食大夫礼》以食小聘之大夫。而《觐礼》爲秋见天子之礼,其米禾薪刍有定数,牢鼎、几筵、笾豆、脯醢有常等,靡不鳌然具载……而春秋二百四十年,若子产之争承,子服景伯之却百牢,未闻据《周礼·

大行人》之職以折服強敵也。寧俞之不拜肜弓及湛露，叔孫穆子之不拜四牡及文王，未聞述《儀禮》燕食之禮以固辭好惠也。郤至聘楚而金奏作於下，宋享晉侯以桑林之舞，皆踰越制度，雖恐懼失席，而不聞據周公之典以折之……是皆春秋博學多聞之士，而於周公所制會盟聘享之禮，若目未之見，耳未之聞，是獨何歟。……且孔子嘗言"吾學《周禮》矣"。而孔子一生所稱引，無及今《周官》一字者。孟子言班爵祿之制與《周官》互異，《家語》言孺悲嘗學《士喪禮》於孔子，而其詳不可得聞。夫《書》為孔孟所未嘗道，《詩》《書》《三傳》所未經見，而忽然出於漢武帝之世，其為漢之儒者撥拾綴輯無疑。

袁枚在《答李穆堂先生問三禮書》上說：

> 孔子贊《周易》，正《雅》《頌》，志欲行周公之道，形於夢寐，豈有周公手定之書，竟不肄業及之理！……使《儀禮》有書，《周禮》有書，則人人依書而習之足矣，又何執禮、學禮、問禮之紛紛耶？……若使《周禮》《儀禮》，當時俱存，則籩豆膴膮，升降裼襲，其嚴若彼，其細若此，周德雖衰，天命未改，自上下下，習慣自然，人安得有先進後進，從奢從儉之分哉……

崔述在《豐鎬考信別錄》卷五上說：

> 古《禮經》十七篇，世皆以為周公所作。余按：……周公曰："享多儀，儀不反物曰不享，惟不役志於享。"……今《禮經》所記者，其文繁，其物奢，與周公、孔子之意，判然相背而馳，蓋即所謂後進之禮樂者，亦周公所制也。且古者公、侯僅方百里，伯七十里，子、男五十里，而今聘食之禮，牲牢籩豆之屬，多而無用，費而無富，度其禮每歲不下十餘舉，竭一國之民力，猶恐不勝。至於上士之祿，僅倍中士，中士僅倍下士，下士僅足以代其耕，而今《士禮》執事之人，實繁有徒，陳設之物，燦然畢具，又豈分卑祿等者所能給乎？時必春秋以降，諸侯吞並之餘，地廣國富，而大夫、士邑亦多，祿亦厚，是以如此其備，非先王之制也。……孔子曰："拜下禮也；今拜乎上，泰也。"今《禮經》臣初拜於堂下，君辭之，遂升而成拜，是孔子所謂拜上矣。齊桓、晉文所不敢出，而此書乃如是，然則其春秋以降沿襲之禮而非周公之制，明矣！……吳楚之僭王也，《春秋》書之曰子。……今《禮經》諸之臣有所謂諸公者，此何以稱焉？……然則此書乃春秋戰國間學者所記，所謂諸公，即晉三家、魯三桓

之屬，周公時固無此制也。《覲禮》諸侯朝於天子，天下之大禮也；《聘禮》諸侯使大夫聘於諸侯，禮之小焉者耳。《覲禮》之詳雖百《聘禮》不爲過，而今《聘禮》之詳反十倍於《覲禮》，此何故哉？此無他，春秋以降，王室微弱，諸侯莫朝，《覲禮》久失其傳矣。但學士大夫聞於前哲者，大概如此，因而既之，若《聘禮》乃當世所通行，是以極其詳備，然則此書之作，當在春秋以後明甚。……

這裏他就春秋戰國間之經濟狀況、政治制度，從《儀禮》本身探究其時代背景以推證其出於戰國之世，比毛奇齡、顧棟高等之專據《論語》《孟子》《左傳》《戴記》諸書爲說，實在進步多了！近來我得讀到姚際恒的《儀禮通論》，他更對於《儀禮》之各篇章略有考訂。他說：

《儀禮》是春秋以後儒者所作，如《聘禮》皆述春秋時事，又多用《左傳》事，尤可見春秋時人之文，寓工巧於樸質，若七國以後，則調逸而氣啓矣，此猶近春秋本色也。（卷首《論旨》）

他對於《士冠禮記》說：

此《記》乃漢儒妄取《郊特牲》之文以增入者，宜刪之。按《儀禮》正文後有記，記者雜記其事，以補前文所未備，或作《儀禮》者所自作，或後人所作，則又不可知也。十七篇中者無記者：《士冠》《士相見》《大射（儀）》《士喪》《少牢饋食》《有司徹》六篇。《士喪》連《既夕》爲一篇。《少牢饋食》連《有司徹》爲一篇，《大射儀》已見於《鄉射》《燕禮》二記中，《有司徹》正文畢無雜事可記，故皆無記。而《士冠》《士相見》儀文皆簡，即以雜事三教端附綴於後，不另立記名，其實亦記也。後人因《冠禮》爲一書之首而無記，遂取《郊特牲》之文以填之，不知《郊特牲》與《儀禮》各自爲書，絕不謀合，安可以爲記？試詳之，記者補前文所未傳，"今醮於客位""三加彌尊""冠而字之"等語，皆前文已有，何必重加贅論，不合一。《郊特牲》言諸侯天子冠禮，反於官爵謚法，此乃別爲推廣之義，與冠禮毫無交涉，不合二。……他記從不陳三代之道，而此陳之，不合四。他記皆短句敘事，而此則長調行文，又別一格，不合五。《禮辭》《昏禮》不列正文，今此後有記，而《禮辭》有正文，與《昏禮》參差，不合六。此皆可取他記而驗之者，不必法辯也。

他對於《聘禮》說：

按介與賓饔餼之費用，米若一千四百石，禾六萬把，薪十二萬把，芻亦十二萬把，牛、羊、豕共三十六頭。又按上公之使，其介七人，其前設饗，賓與上介米禾薪芻，車一百八十乘，衆介六人，教半上介，亦用車一百八十乘，通車三百六十乘，無論薪米狼戾，即街衢充塞，何地可容，晏嬰所謂飲食若流者，其然歟！故《聘禮》爲季世之衰政，非先王之舊典也。

他對於《覲禮》的最後一段自"諸侯覲於天子"至"祭川沈，祭地瘞"說：

此一節乃後人竄入者，宜删去，意其人必以《覲禮》文字寥寥，故妄爲增益，與《冠禮》之記正同。其文與《儀禮》絶不類，有目之士，可一望而辨，且非正文，非後記，不知何屬。其中如曰"上玄""上圭"；又曰"東方青""東方圭"，兩用圭字，爲玄又爲青。因上甫言圭，故以東方叙於西、南、北之後，避其重，極爲可笑。其禩方明，設六色六玉，象上下四方，天子乘龍及升龍降龍。又分四方門禮、日月、四瀆、山川、五陵等語，事義悉不經，頗類緯書。又多爲《周禮》作俑而《大戴記》朝事儀襲之，鄭氏於此極喜其説，而以《周禮》及《禮記》明堂位，《大戴》朝事儀，並同串合，謂此是天子四時與諸侯會同而盟及禩盟神等事，皆不殊説夢矣！

他對於《儀禮》《經記》都加以辨證，竄亂之處，也可以明瞭了！不過還以爲是春秋時人之文，實不如崔述以爲此書之作當在春秋以後的確當。我們試看《聘禮》之車徒的繁衆，饗餼費用的數目，這實在是戰國時代"革車百乘，錦綉千純，白璧百雙，黄金萬溢""後車數十乘，從者數百人，以傳食於諸侯"，而不以爲"泰"的風氣。即就婚禮而論，《孟子》説："女子之嫁也，母命之，往送之門，戒之曰：'往之女家，必敬必戒，無違夫子。'"是可以送到廟門的。而現在的《儀禮》則以爲"主人不降送"。"父送女，之命：'戒之敬之，夙夜毋違命。'母施衿結帨曰：'勉之敬之，夙夜毋違宫事。'"是與《孟子》不相同的。而從"滕世子使然友問喪禮孟子"這一段看來，也不見得當時有成文的喪禮的模樣，這都足見在孟子時所存流傳下來的《儀禮》是還没有寫定的。所謂《士喪禮》寫定於孺悲，這話也不可靠。在《荀子·禮論》篇纔説到什麽"喪禮之凡"，許多地方比《孟子》説來詳細。可知現存的《儀禮》寫定的時間，大約總在荀子前後，其竄亂的部分，當然地更要晚些了！

第三節　《周官》著述的年代

在賈公彦的《周禮注疏序·周禮廢興》上説："《周禮》後出者，以其始皇特惡之故也。是以《馬融傳》（按：實爲馬融《周官傳》）云：'秦自孝公以下，用商君之法，其政酷烈，與《周官》相反，故始皇禁挾書，特疾惡，欲絶滅之，搜求焚燒之。獨悉，是以隱藏百年。孝武（按：實爲惠帝四年）始除挾書之律，開獻書之路，既出於山巖屋壁，復入於秘府，五家之儒，莫得見焉。至孝成皇帝，達才通人劉向子歆校理秘書，始得列序，著於錄略。然亡其《冬官》一篇，以《考工記》足之，時衆儒並出共排，以爲非是。"這一部來歷不明的書實在太令人可疑了！賈氏又說："《周禮》起於成帝劉歆，而成於鄭玄，附離之者大半，故林孝存以爲武帝知《周官》末世瀆亂不驗之書，故作《十論》《七難》以排棄之。何休亦以爲六國陰謀之書。"（同上）在《春官·宗伯》的疏上更云："時有孟子、張、包、周及何休等，並不信《周禮》有五百里以下之國。以王制百里、七十里、五十里等爲周法。"（《五命賜則句下》）《周禮》之在東漢，懷疑它的人已如是之多，只是可惜這些說法我們現已無由得知其詳。唐代的學者趙匡、啖助都是極能辨僞的。趙匡著《五經辨惑》說："《周官》是後人附益也。"陸淳《春秋集傳纂例》也引趙子曰："《周官》之僞，予已論之矣！所稱其官三百六十，舉其人數耳，何得三百六十司哉！"（並見卷四《盟會》例下）到了宋代的歐陽修、蘇轍對於此書，都很攻擊的。《歐陽修居士集》卷四十八《問進士策》三首之一上說：

> 然今考之，實有可疑。夫內設公、卿、大夫、士，下至府史胥徒以相副貳，處分九報，建五等，差尊挺進以相就理，此《周禮》之大略也。而六官之屬，略見於經者五萬餘人，而里閭縣都之長，軍師卒伍之徒不與焉。王畿十里之地，爲田幾井，容民幾家？王官、王族之國邑幾數？民之貢賦幾何？而又容五萬人者於其間，其人耕而賦乎？如其不耕而賦，則何以給之？夫爲治者，故若是之煩乎？此其一可疑者也。秦既誹古，盡去古制。自漢以後，帝王稱號，官府制度，皆襲秦故，以至於今雖有因有革，然大抵皆爲秦制也，未嘗有意於《周禮》者，豈其禮大而難行乎，其果不可行乎？夫立法垂制，將以遺後也，使難行而萬世莫能行，與不可行等爾。然則反秦制之不若也，脫有行者，亦莫能與，或因以取亂，王莽、後周是也，則其不可用決矣。此又可疑也。

蘇轍《欒城集》卷二十《私試進士策問二十八首》之一上說：

> 今觀其書，亦有所不知者二焉。夫公邑爲井田而鄉遂爲溝洫。此二者，一夫而受田百畝，五口而一夫爲役百畝而稅之什一，舉無以異也。然而井田自一井而上，至於一同，而方百里，其所以通水之利

者，溝洫澮三。溝洫之制，至於萬夫，爲地三十二里有半。其所以通水之利者，遂溝洫舉澮川五。夫利害同而法制異，爲地少而用力博，此其所未知者一也。五家爲比，比有比長；五比爲閭，閭有閭胥；四閭爲族，族有族帥；五族爲黨，黨有黨正；五黨爲州，州有州長；五州爲鄉，鄉有一正卿。及有軍旅之事，則以比長爲伍長，閭胥爲兩司馬，族帥爲卒長，黨正爲旅師，州長爲師帥，卿爲將軍。故凡官之在鄉者，軍一起而皆在軍矣！起軍之法，自五口以上，家以一人爲兵，一人爲役，而家之處者甚衆，而官吏舉皆在外，將誰使治之？此其不可知者二也。

在《欒城後集》卷七《歷代論周公》第三上他又說：

《周禮》：王畿之大，四方相距千里，如畫棋局，近郊遠郊，甸地稍地，大都小都，相距皆百里。千里之方，地實無所容之，故其畿內遠近諸法，類皆空言耳。此《周禮》之不可信者，一也。《書》稱"武王克商而反商政，列爵惟五，分土惟三"。故《孟子》曰："天子之制，地方千里，公侯百里，伯七十里，子男五十里。不能五十里，不達於天子，附於諸侯，曰'附庸'。"鄭子產亦云，古之言封建者蓋若是。而《周禮》：諸公之地方五百里，諸侯四百里，諸伯三百里，諸子二百里，諸男百里，與古說異。……此《周禮》之不可信者，二也。……井田自一井而上，至於一同而方百里，其所以過水之利者，溝洫澮三。溝洫之制，至於萬夫，方三十二里有半。其所以通水之利者，遂溝洫澮川五。夫利害同而法制異……此《周禮》之不可信者，三也。三者既不可信，則凡《周禮》之詭異遠於人情者，皆不足信也。

司馬光、胡安國、胡宏、晁說之及洪邁都直謂《周禮》是劉歆作的（說見羅璧《識遺》卷一、《朱子語類》卷八十六、《容齋續筆》卷十六）。鄭樵則用孫處之說："《周禮》之作於周公居攝六年之後，書成歸豐，而實未嘗行也。"以爲周公之爲《周禮》，亦猶唐之顯慶《開元禮》也，唐人預爲之以待他日之用，其實未嘗行也。朱子以爲"《周禮》只疑有行未盡處，看來《周禮》皆是規模、皆是周公做，但其言語是他人做。今時宰相提舉勅令豈是宰相一下筆。有不是處，周公須與改，至小可處，或未及改。或是周公晚年作此"。在《經義考》卷一百二十中更列舉程伯子、范浚、晁公武、魏了翁、王鏊、陳仁錫各家對於《周禮》懷疑的說法。王氏說：

其間亦有可疑者焉。冢宰掌邦治，正百官，其職也。而宮禁婦寺之屬皆在，乃至獸人、漁人、鱉人、司裘、染人、屨人之類，何瑣屑，而天府、外府、大小史、內外史乃屬之春官。司徒掌邦教，所謂教者，師氏、司諫、司救五六員而已。其他六鄉、六遂，分掌郊里、徵斂、財賦、紀綱、市城管鑰、門關，而謂之教，何哉？職方氏、形方氏之屬，豈得歸之司馬？大小行人之職豈得屬之秋官？

陳仁錫曰：

> 以《周官》全經言之，洵有可疑者：墨罪五百，劓罪五百，刖罪五百，宮罪五百；太平之世，殘形刻膚，赭衣菲履，交臂麻指而塞路，疑一也。泉府之職，官與民市，吏不能皆才，民不能皆願，吏橫則欺民，民猾則欺吏，疑二也。周家祭禋，莫詳於《頌》，《昊天》之詩郊禋無分祭之文，《般》之詩望禋四岳河海。四望與山川無異祭之文，既右烈祖，亦右父母，妣與祖無各祭之文；其作樂亦未聞有用歷代之奏以分禋之禮。疑三也。周西都則關中也；東都，今洛陽也。以千八百國計之，公五百里，侯四百里，伯三百里，子二百里，男百里，而海內之地方千里者九，何以封？疑四也。

在《周禮》中，龐大的官數，瑣屑的制度，棋局式的分封，五等爵的擴大，以及徵斂財賦之方法，郊祭分禋的繁複，這已足以證明不是西周所當有的。而其制度之自相違異，與他經又不相合，這顯然見得不是周公所作的。司馬光、胡安國、胡宏、洪邁認爲劉歆所作，但是他們並未提出強有力的證據，故如程伯子、范浚、晁公武、魏了翁、王鏊、陳仁錫也都只以爲《周禮》是可疑的而已。明季本之《讀禮疑圖》以爲出於戰國策士之所爲，清初姚際恒著《禮儀通論》以爲出於西漢人之手。毛奇齡的《周禮問》以及顧棟高的《左氏引經不及〈周禮〉〈儀禮〉論》也都只以爲出於戰國之世。萬斯大的《周官辨非》是以專書來考訂《周官》的，他說：

> 世稱《周禮》爲周公所作……而今之所傳者，後人假託之書也。……其法制典章，取校於五經、《論》《孟》，殊多不合……就其本文詳析，多自相謬戾，弊害叢生，不可一日行於天下，周公之書，決不如此。

他對於卿大夫"以歲時登其夫家之衆寡，辨其可任者，國中自七尺以及六十，野自六尺以及六十有五皆徵之"，辯說：

> 鄭司農云："徵之，給公上事也。"愚按養老之典，王政所先……春秋戰國，兵革不休，民力大困，至有役及五十六十者，而作《周官》者，遂援以爲制，多見其僞也。

他對於賈人"掌成市之貨賄、人民、牛馬、兵器、珍異",屠者"斂其皮、角、筋骨入玉府",以及司門幾入不物者正其貨賄,辨道:

《王制》曰:"用器不粥於市,兵車不粥於市。"此賈人所掌及於兵器,春秋戰國時事也。……皮、角、筋骨,屠者之所贏以資生者也,而亦全省之,噫,敲民骨取民髓,是不留一毛之利於民,民何樂乎有生?……一商也,市徵之,關徵之,門復徵之;一門也,出徵之,入不徵之,商苦於頻徵,不得不增其直,直增而售者病,然則非特商困也。

他對於山虞、林衡、川衡、澤虞、跡人、礦人、角人、羽人、掌葛、掌染草、掌炭、掌荼、掌蜃等辨道:

嗟乎!虞衡土之,林衡、川衡、澤虞、跡人、礦人、角人、羽人、掌葛、掌染草、掌炭、掌荼、掌蜃復物物分斂之,數十百官吏結罔羅置陷阱於山澤之中,民生其間,真一步不可行,一物無所有,累然桎梏之人耳!《孟子》曰"王者之民,噑噑如也",豈其然哉!

他對於世婦每宮卿二人,下大夫四人,辨道:

《周官》於六官有六卿矣,於六卿又有六卿,已疑非先王之制,奈何於后宮復有卿乎?王朝卿止六,而后宮反倍之,縱曰后宮之卿即天子之卿,吾未聞天下之卿,至有二十四人之多也。

他對於校人掌王馬之政,辨六馬之屬,辨道:

按天子十二閑,凡良馬二千一百六十四,駑馬一千二百九十六四,合之為三千四百五十六四。其主馬之官有校人,有僕夫,有馭夫,有趣馬,有巫馬,有牧師,有庾人;養馬之役有圉師,有圉人……通計大夫、士為三百一十三人,府史、胥徒、醫賈、圉師、圉人,為五千六百五十三人。是人之數幾倍於馬之數,嗚呼!此即《孟子》所謂……野有餓莩之世,恐不至是。

他從經濟狀況、職官的制度等等來證明其非周公之舊典,他提出的證據確比歐陽修、蘇轍、王鏊、陳仁錫要詳細得多了!但他仍以為是春秋戰國的作品。后來方苞著《周官辨》以專攻《周禮》之為偽,在他文集中也有《周官辨偽》兩篇,他說:

凡疑《周官》為偽作者,非道聽塗說而未嘗一用其心,即粗用其心,而未能究乎事理之實者也。然其間決不可信者,實有數事焉。《周官》九職貢物之外,別無所取於民,而《載師》則曰:"近郊十一,遠郊二十而三,甸稍縣都皆無過十二。"市官所掌,惟廛布與罰布，而廛人之絘布、總布、質布，別增其三。夏秋二官，毆疫禬衅，攻狸蠱，去妖鳥，毆水蟲，所以除民害，安物生，肅禮事也，而以戈擊壙，以矢射神，以書方厭鳥，以牡橭象齒殺神，則荒誕而不經。……則莽與歆所竄入也。蓋莽誦六藝而文奸言，而浚民之政，皆託於《周官》……既篡下書，不能遽變什一之說，而謂漢法名三十稅一，實十稅五，則其意居可知矣。……故歆承其意，而增竄《閭師》之文，以示《周官》之田賦，本不止於什一也。莽立山澤、六管、榷酒、鑄器，稅衆物以窮工商，故歆增竄《廛人》之文，以示《周官》徵布之目，本如是其多也。莽好厭勝，妖妄、愚誣，爲天下訕笑，故歆增竄方相、壺涿、萯蕟、庭氏之文，以示聖人之法，固如是其多怪變也。夫歆頌莽之功，既曰發得《周禮》以明因監，而公孫祿數歆之罪，又曰顛倒五經，使學士疑惑。則此數事者，乃莽與歆所竄入，決矣！（《四庫全書》經部禮類，《周官辨·辨僞一》，四一八頁）

方氏之於《周禮》，算是提出劉歆竄改的確證了！在他以後的，如崔述的《豐鎬考信錄》，邵懿辰之《禮經通論》，以及劉逢禄、龔自珍等，雖對《周禮》懷疑，然而沒有很進步的意見。其立說之最顯明確當者，則無踰於康有爲之《新學僞經考》，康氏說：

至《周官經》六篇，則自西漢前未之見，《史記·儒林傳》《河間獻王傳》無之。其說與《公》《穀》《孟子》《王制》今文博士皆相反，《莽傳》所謂"發得《周禮》以明因監"，故與莽所更法立制略同，蓋劉歆所僞撰也。歆欲附成莽業而爲此書，其僞群經，乃以證《周官》者。故歆之僞學，此書爲首。……賈公彥《序周禮廢興》引《馬融傳》云：……云"唯歆獨識"，"衆儒以爲非是"事理可明。此爲歆作《周官》最易見，其云向著錄者妄耳。或信以爲真出劉向，且謂詁屬《周禮》爲"誤周公致太平之跡"，謂鄭君取之爲"不以人廢言"，則受歆欺紿矣！或又據《史記·封禪書》云"上與公卿諸生議封禪，群儒采封禪《尚書》《周官》《王制》之望禩射（今按：原爲'土'字，校改）牛事"，信其出西漢前；不知《史記》經劉歆竄亂者甚多，史遷時蓋未有《周官》，有則《儒林傳》必存之。孝存以爲"武帝知《周官》末世瀆亂不驗之書"，亦猶有誤。武帝世本無《周官》，何得有所議邪！則孝存尚未知其根源也；今以《史記·河間獻王世家》及《儒林傳》正定之，其真僞決矣。

蓋歆爲僞經，無事不力與今學相反，總集其成則存《周官》。今學全出於孔子，古學皆託於周公，蓋陽以周公居攝佐莽之篡，而陰以《周公》抑《孔子》之學，此歆之罪不容誅者也。其本源出於《管子》及《戴記》。《管子·五行篇》曰："昔者黃帝得蚩尤而明於天道；得大常而察於地利，得奢龍而辯於東方，得祝融而辯於南方，得大封而辯於西方，得后土而辯於北方。黃帝得六相而天地治，神明至。蚩尤爲當時，大常爲廩者，奢龍爲土師，祝融爲司徒，大封爲司馬，后土爲李。春者，土師也；夏者，司徒也；秋者，司馬也；冬者，李也。"爲六官所自出；《曲禮》六太、五官、六府、六工，亦其題也。《盛德》篇："冢宰之官以成道，司徒之官以成德，宗伯之官以成仁，司馬之官以成聖，司寇之官以成義，司空之官以成禮。是故天子，御者；太史、內史，左右手也；六官亦六轡也。"……《千乘》篇云："司徒典春，司馬司夏，司寇司秋，司空司冬。"《文王官人》篇："國則任貴，鄉則任貞，官者任長，學者任師，族則任宗，家則任主，先則任賢。"《朝事》篇則幾於全襲之。歆之所爲，大率類是。歆既多見故書雅記，以故規模彌密，證據深通。後儒生長其下，安得不爲所惑溺也！（康有爲《新學僞經考·漢書藝文志辨僞第三上》）

康氏從《史記·儒林傳》《河間獻王傳》來證明西漢以前本無《周官》，本是劉歆之所僞撰，這是所謂發得巢穴的辦法，其說法本有可信的理由，但如以爲全書都是劉歆所僞造，這種意見當然是不易令人完全接受的。原來在汪中的《述學》即以爲：（一）《逸周書》《職方解》即《夏官》職方氏之文。（二）《漢書·藝文志》："六國之君魏文侯最爲好古，孝文時得其樂人竇公獻其書，乃《周官·大宗伯》之《大司樂》章也。"（三）《大戴記·朝事》載《秋官》中典瑞、大行人、小行人、司儀四職文。（四）《禮記·燕義》有《夏官》諸子職文。（五）《內則》"凡食齊視春時"以下，《天官》食醫職文；"春宜膏腦膳膏薌"以下，庖人職文；"牛夜鳴則庮"以下，內饔職文。（六）《詩·生民》傳"嘗之日涖卜來歲之芟"以下，《春官》肆師職文。他以爲傳習之緒，明白可據。《孟子》論井田爵祿，漢博士作《王制》，只是皆不見《周官》，不可執是以議之也。其有不可通者，只應當信古而闕疑。後來陳澧《東塾讀書記》也以爲：（一）《禮記·雜記》下"贊大行八日云云"，鄭注云："贊大行者，書說大行人之禮者名也。"孔疏云："《周禮》有《大行人》篇，舊作記之前，有人說贊明大行人之事，謂之贊大行。"（二）《郊特牲》"縮酌用茅明酌也"云云，孔疏云："此一節記人總釋《周禮》，司彝尊

'沛二齊'及'鬱鬯……'"（三）《考工記》古疏云此"記人所錄衆工，本擬亡篇六十而作"。（四）《大司馬》"中冬教大閱"……賈疏云："呂不韋以爲此經中冬爲周之中冬，當夏之季秋，是失之矣。"根據這四條來看，"《周禮》若非周室典制，作《禮記》何必贊之釋之？作《考工記》者何必擬之？且呂不韋作《月令》本於《周禮》而尤有失，則《周禮》遠在呂不韋之前，此皆足徵《周禮》是周室典制"。而陳漢章的《周禮行於春秋時證》更雜引《左傳》以爲有"凡行周禮之證六十"。但是他們所舉的證據都是極其薄弱的。《周禮》既是僞撰，必定雜引傳記，《職方氏》之與《逸周書》，《典瑞》四職之與《大戴記》，諸子之與《燕義》《食醫》《庖人》《內饔》之與《內則》，《肆師》之與《毛傳》，文字相同，或者是撰《周禮》者之采取諸書，或者兩書采取相同的材料。竇公獻書的事，據年代看來是不足據的。《禮記》贊大行人、縮酌用茅明酌也未必是釋《周禮》的，鄭注不言而疏言之，即其明證。《考工記》的體制與《周禮》不同，呂不韋《月令》是用秦制的，都不足爲《周禮》是周室典制的明證。陳漢章謂："隱十一年傳'同之宗盟，異姓爲後'，即司儀'天揖同姓，時揖異姓'禮。證一。"其實一説盟一説揖而附會以爲證，他所舉六十證是都不足信的。看來《周禮》之行於春秋時，這是絶對不會有這事的。

汪中、陳澧、陳漢章本是信從古學的，他們之以《周禮》爲周公之舊典，本無足怪。在康氏以前的廖平，他在所著的《古學考》中也只主張《周禮》不過是劉歆竄改的，因而主張"周禮删劉"（其詳見《古學考》，兹不具引）。而長壽李滋然著《周禮古學考》一書也只認《周禮》爲劉歆竄改原本，也不贊同康氏之説。李氏以爲：

> 《周禮》一書，多今學明文，篇中細節，即《曲禮》六大五官、六府、六工之條目也。而井田、封建、職官、食貨、兵刑諸大端，多與《王制》《孟子》不合者。蓋舊籍原本與《左傳》同藏秘府，西漢劉歆校訂《周禮》，删汰博士明條，羼入古學異説，遂使本經文例，前後不相貫融。……如《大司馬》之大國三軍，次國二軍，小國一軍，是明用《春秋》《王制》之三等也。而《小司徒》又云："九夫爲井。四井爲邑。四邑爲丘。四丘爲甸。"據《司馬法》，甸出一乘，以求合於《禮》公五百里，侯四百里，伯三百里，子二百里，男百里計之，則甸方八里，實得六十四井，據五百里計之，則上公地二十五萬井，侯十六萬井，伯九萬井，子四萬井，男萬井；以甸出軍，則上公當出車三千九百乘，即以三分去一計之，亦應出車二千六百乘，

甲士、兵卒當有二十九萬三千二百人，於天子六軍，尚有贏餘，又況男方百里，仍不足一軍之數乎？……外如天地四時分官，府史胥徒數萬，以及六卿之説，亦從古無此制度。劉氏蓋以《天官》之名見《曲禮》，四時分官見《千乘》，六卿之名見《盛德》，遂由天子六軍，大國三軍，而例推之，故篇中官名，不盡見於群籍，況府史胥徒之名，此經而外，孤證莫尋，其餘賦税、山澤、門關諸政之不合於群經者又無論也。今按《周官》文義詳略互見，取例紛歧，詳者瑣細備陳，略者綱領不具，故孔子作《春秋》，東遷以後，混一以前，諸子百家所引經文，並無一字及此書者，據此則《周禮》甚爲晚出，多經劉氏竄改，不祖乎孔子，不作於周公，不過與梅輯《尚書》，同歸一例。（李滋然：《周禮古學考》，清宣統元年鉛印本）

他這裏以爲《周禮》"不過與梅輯《尚書》，同歸一例"，本是極好的見解，而謂季本、姚際恒、萬斯大、方苞、邵懿辰直以《周禮》全經悉爲劉氏僞託，是又變本加厲，不可爲定論。僅以《周禮》全書，"半由劉氏增竄，原本僅存秘府，不出《左傳》之先"。這也只是一種平穩的説法，不及康氏之徹底的。近人考訂《周官》著作的時代的，如錢穆之《周官著作的時代考》（《燕京學報》第十一期，1932年），也差不多，以爲著於戰國末年；郭沫若《周官質疑》（《金文叢考》卷三）亦其一例。郭氏就銘彝中所見之周代官制來考核其真僞，辯駁與其時代之早晚。他以銘彝中的（1）卿事寮，太史寮；（2）三左三右；（3）作册；（4）宰；（5）宗伯；（6）大祝；（7）司卜，冢司徒；（8）司工；（9）司寇；（10）司馬；（11）司射；（12）左右戲緐荆；（13）左右走馬；（14）左右虎臣，（15）師氏；（16）善夫；（17）小輔，鼓鐘；（18）里君；（19）有司；（20）諸侯諸監等來證明"同於《周官》者雖亦稍稍有之，然其骨骼則大相違背"。"如是鐵證，斷難斥爲向壁虛造。……如是而尤可謂《周官》必爲周公致太平之跡，直可謂之迂誕而已。"他以爲：

由前舉《馬融傳叙》，可知周公創制之説，實倡導於劉歆，且倡導於其末年。然《周官》書中，並未著作者姓氏，且亦無"周公若曰"之文，劉歆之説，亦徒逞臆説而已。……今考其編制，以天地四時配六官，官各六十職，六六三百六十，恰合於黃道周天之度數，是乃準據星歷知識之鈎心結構，絕非自然發生者可比，僅此已足知其書不能出於春秋以前矣。……其以天地四時配六官之説始見於《管子·五行篇》。……此固周末學者承五行説盛行之流風而虛擬之傳説，以託諸《管子》者也。《大戴禮·千乘》篇亦言"司徒典春，司馬司夏，司寇司秋，司空司冬"。託爲哀公與孔子之問答，此則周末或漢初儒者之所爲，今《周官》以冢宰配天，司徒配地，宗伯配春，司馬配夏，司寇配秋，司空配冬，三說雖小有出入，然其意則同，且同爲五行說之派演，是則作《周官》者，乃周末人也。（郭沫若《金文叢考》，東京文求堂書店，昭和七年出版）

他以爲《周官》一書，蓋趙人荀卿子之弟子所爲，襲其師"爵名從周"之意，纂集遺聞佚志，參以己見而成一家言。其書蓋"爲未竣之業，故書於作者，均不傳於世。……《周官》既爲劉歆所表彰，且由彼託之於周公，則其舊簡自難保無竄亂割裂之事。……《家司馬》職文與《叙官》互易，《師氏》職文顯有竄改……司馬遷曾得見《周官》，其《封禪書》引《周官》曰：'冬日至禋天於南郊，迎長日之至；夏日至祭地祇皆用樂舞，而神乃可得而禮也。'此語見今《春官·大司樂》職而詳略迥異，不知是否史遷撮述大意抑係劉歆竄加，終莫能明也"。從金文上來證《周禮》之不出於周公，證據是最好沒有了。但是我總覺得該書的著作時代是西漢末年，而且是劉歆一班人所偽造以迎合王莽的心理的。於此點康氏之說似乎並沒有弄錯。現在更提出六證來說明如下：

1. 祭天祭地的規定。祭天祭地的事情本在古代早就有的，陰陽對立的觀念之濃厚則當在戰國末，但以冬至郊天的辦法據《春秋》看來是沒有的。《禮記·郊特牲》說："周之始郊日以至""郊之祭也，迎長日之至也"。《左傳·襄公七年》說："夫郊祀后稷，以祈農事也。是故啓蟄而郊，郊而後耕。"兩說並不相同，足徵並無定制。《郊特牲》出於漢儒之手，其說也不一定可靠的。我們試一檢查《春秋》，則記郊者凡有九條：（1）僖三十一年夏四月四卜郊，不從，乃免牲，猶三望。（2）宣三年春王正月，郊牛之口傷，改卜牛，牛死，乃不郊，猶三望。（3）成七年春王正月，鼷鼠食郊牛角，改卜牛，鼷鼠又食其角，乃免牛。（4）成十年夏四月五卜郊，不從，乃不郊。（5）成十七年秋九月辛丑用郊。（6）襄七年夏四月三卜郊，不從，乃免牲。（7）襄十一年夏四月卜郊，不從，乃不郊。（8）定十五年春王正月，鼷鼠吃郊牛，牛死，改卜牛。……夏五月辛亥郊。（9）哀元年春王正月……鼷鼠食郊牛角，改卜牛。夏四月辛巳郊。合這九條來看，郊並不在冬至，如依《春秋》的例來看，則是郊用正月用申；不依《春秋》的例來看，則以四月郊爲最多。不見得必是冬至郊天的。《呂覽》月令是采用夏曆（顓頊曆）的，在正月裏便說："是月也，天子乃以元日祈穀於上帝。"而仲冬十一月冬至，別無祭天之禮。在《淮南》時則並無正月元日祈穀之事，而於仲春之月則有擇元日令民社，也無所謂冬至祭天，夏至祭地之説。漢文帝十五年，"有司禮官皆説古者天子夏躬親禮祀上帝於郊，故曰郊"。至武帝元光二年"始以冬十月幸雍五時"，而元鼎四年十一月冬至"立泰時於甘泉，天子親郊見"，朝日夕月，是爲漢人以冬至郊天之始。至成帝建始元年，作長安南北郊。明年正月以正月郊祠長安南郊，三月祠后土北郊。據上所述來看，周並無冬至郊天之説，《吕覽》《淮南》也並無此例，文帝禮官更謂天子夏郊，《周官》作者的理想並不比《吕覽》《淮南》還要精細，而且《吕覽》《淮南》是由門客作的，如果其時能有這樣的理想，則《吕覽》《淮南》也應當有一點的。今此二書並無，則所謂圜丘冬至祭方澤，夏至祭地的説法，自是受了漢武以冬至郊天，漢成作長安南北郊的影響。據此看來，《周官》當作於漢成帝以後，有劉歆、王莽僞造的嫌疑，此其一證。

2. 日食月食的觀念。在《春秋》二百四十二年之中，記載日食的約有三十六次，至於月食，則無記載。這自是陰陽對立的觀念還未發達，所以並不以爲月食一樣地當"救"的。到了《周禮》在《地官·鼓人》上説："救日月則詔王鼓。"《春官·太僕》説："凡軍旅田役，贊王鼓，救日月亦如之。"《秋官·庭氏》説："掌射國之夭鳥，若不見其鳥獸，則以救日之弓與救月之矢射之。"《春官·大司樂》説："凡日月食，四鎮五岳崩，大傀異烖，諸侯薨，令去樂。"對日食月食一樣重視，一樣要"救"，這種觀念是很晚的，《漢書·五行志》不著月食，而《左傳·襄公二十五年》却有"非日月之眚，不鼓"，這一句本是《左傳》的凡例，前人考定其爲劉歆附益，而《周禮》説與之相同，顯見其爲同出一門，此其證二。

3. 雞人犬人的改屬。在戰國之末的時候，陰陽五行説始發達，所以在《吕覽·月令》上已將許多東西分隸五行，穀與畜也有規定的。春食麥與羊，夏食菽與雞，秋食麻與犬，冬食黍與彘，而屬中央土的則食稷與牛。在《周禮》上則以雞人屬春官，羊人屬夏官，犬人屬秋官，而以牛人屬之地官。孫希旦在《禮記集解·月令》上説："《令月》四時所食之穀與牲，蓋亦以五行分配之。然五牲則惟牛之屬土，犬之屬金，彘之屬水，與《周禮》合，若羊《周禮》屬火而《月令》屬木，雞則《周禮》屬木而《月令》屬火，孔疏所謂陰陽之説多途者。至五穀所配，其義尤多不可曉。"而在《春官》賈疏則説："《雞人》在此者，《雞人》職云：其雞牲，大祭祀，夜呼旦以叫百官。雞又屬木在春，故列職於此也。"《夏官》賈疏則説："《羊人》在此者，以其職有掌羊牲，又祭祀割牲等之事。羊屬南方火，司馬火官，故在此。……"按《五行傳》云："視之不明……則有羊禍。注云：羊，畜之遠視者，屬視。故列在夏官。"其實在《尚書大傳·洪範·五行傳》説："貌之不恭……時則有鷄禍。"鄭玄注云："鷄，畜之有冠翼者也，屬貌。"《周官》之以鷄人、羊人改屬，兩者都是用《五行傳》之說。固然陰陽之說多塗，《五行傳》說當是有進步的。《周官》采用這種新說，其出當在《大傳》後，據鄭玄《尚書大傳序》說是其徒張生、歐陽生等共撰《大傳》。其時代當在武、宣之際的。依舊說則《周官》藏於秘府，顯非《大傳》之采《周官》，而《淮南》的作者，也都無這樣的新意，《周官》著作的時代，是當在武、宣以後的。其時代與劉歆接近。《隋書·經籍志》云："濟南伏生之傳，惟劉向父子所著《五行傳》是其本法。"則其意見與劉歆亦接近，我們也可知道《周官》的作者應當是誰了！此其證三。

4. 十有二土的劃分。在《地官·大司徒》上說："以土宜之法辨十有二土之名物，以相民宅而知其利害，以阜人民，以蕃鳥獸，以毓草木，以任土事。辨十有二壤之物而知其種，以教稼穡樹藝。"我們知道在古籍中是劃分中國爲九州的，即在《呂覽·有始覽》上也只是說："天有九野，地有九州，土有九山，山有九塞，澤有九藪。……何謂九州？河、漢之間爲豫州，周也；兩河之間爲冀州，晉也；河、濟之間爲兗州，衛也；東方爲青州，齊也；泗上爲徐州，魯也；東南爲揚州，越也；南方爲荆州，楚也；西方爲雍州，秦也；北方爲幽州，燕也。"在《淮南子·地形訓》上說："天地之間，九州八極。土有九山，山有九塞，澤有九藪……"，而所謂九州則變爲"東南神州曰農土，正南次州曰沃土，西南戎州曰滔土，正西弇州曰並土，正中冀州曰中土，西北台州曰肥土，正北泲州曰成土，東北薄州曰隱土，正東陽州曰申土"。蓋是其時中國地域已不止於九州，故《淮南子》乃襲鄒衍之意而自創立新說。淮南王卒於武帝元狩元年，到元封五年部十三州，除司隸校尉部外正是十二州，十有二州應在其時始發生的。《周官》於職方氏仍用九州之說，而此則言十有二土，十有二壤，一方面想復古或是假託古制，一方面仍不免露出其時代之思想，鄭注以十二分野釋十有二土，其實這十二分野說也甚晚的。因爲分野之說即令早就有的，而《史記·天官書》《淮南子·天文訓》，其數都爲十三，不見有十二分野的說法。因《漢書·律曆志》上以爲十二分野，在《漢書·地理志》則仍以十三計算的，亦足知其立說之晚。《五行志》中之上曰："孝武時，夏侯始昌通《五經》，善推《五行傳》，以傳族子夏侯勝，下及許商，皆以教所賢弟子。其傳與劉向同，唯劉歆傳獨異。"而其篇下之下凡主分野皆劉歆說，則十二分野之說或創自劉歆（參看崔適《史記探源》）。鄭氏以十二分野釋十有二土，適足證其出於劉歆。如不從鄭氏說，則是必爲武、宣作品，依他證亦足斷其爲劉歆時作品。

5. 賦斂徵役的情況。在《周官》中，由其賦斂徵役的情形看來，多半中是漢代才能有的思想，因爲思想多半是社會生活的反映，決不會憑空就產生出來的，尤其是詳細規定的制度，更不易於憑空懸想出來的。《周官·太宰》："以九賦斂財賄：一曰邦中之賦……七曰關市之賦，八曰山澤之賦，九曰幣餘之賦。"其中"邦中之賦"只可依鄭玄釋爲"口率出泉也"，"今之算泉，民或謂之賦"（《周禮注疏》卷二鄭玄注），賦即所謂口賦錢。口賦之法，雖始見於《管子·山至數》等數篇，然《管子》一書是不可靠的。據《漢書·禹貢傳》：元帝時，"禹以爲古民亡賦算口錢，起武帝征伐四夷，重賦於民，產子三歲，則出口錢，故民重困，至於生子輒殺，宜令兒七歲去齒乃出口錢，年二十乃算""天子下其議""令民產子七歲乃出口錢，自此始"。其實，"口賦"是在秦商鞅變法中以"初爲賦"爲標志在歷史上才首次出現，同時"口賦"在漢代的徵收數額及年齡也曾多次變動。貢禹在元帝時的建議，去武帝時甚近，正是基於這一歷史事實。《周禮》這種規定，正是武、宣以後社會經濟的反映。此其一。《周禮·鄉大夫》之"以歲時登其夫家之衆寡，辨其可任者，國中自七尺以及六十，野自六尺以及六十有五，皆徵之"。這正與漢昭、宣時所謂"陛下哀憐百姓，寬力役之徵，二十三始賦，五十六而免"的情形相去不遠。《楚策》之所謂楚昭王使昭常守東地，悉五尺至六十，三十餘萬。《說苑》所謂齊伐莒魯，下令丁男悉發，五尺童子皆至。不必照漢代定爲常制，《周禮》之"以歲時登其夫家之衆寡"，當是受了漢代的影響，此其二。《司市》之"國凶荒禮喪則市無徵"，《質人》之"掌成市貨賄人，民牛馬兵器珍異，凡賣儥者質劑焉，大市以質，小市以劑"，《廛人》之"掌斂市之絘布總布質布罰布廛布而入於泉府，凡屠者斂其皮角筋骨入於玉府；凡珍異之有滯者，斂而入於膳府"，《泉府》之"掌以市之徵布斂市之不售貨之滯於民用者，以其賈買之，物揭而書之，以待不時而賣者"，等等。這些制度，很令我們想到《周禮》的作者似曾看到一個商業比較繁盛的社會而後才能擬出這樣的規定，而後言先秦諸子所不能言。這種商業繁盛的社會，應是漢武通西域平南粵，西與于闐、罽賓、安息、月氏、康居、大宛諸國（《漢書·西域傳》），南與儋耳、珠崖、合浦、交趾、九真、日南諸地（同上《西南夷傳》）有了交通往來以後，珍異的貨物較多，例如：番禺爲珠璣、犀角、瑇瑁、果布之湊，罽賓出孔爵、珠璣、珊瑚、虎魄、璧流離（《漢書·西域傳》）；市場的範圍擴大，例如：元狩元年張騫言使大夏見蜀布、邛竹杖，問所從來，曰以東南身毒國。可見市場擴充，貨物可經印度至西域。商品多了，市場大了，自然商業繁盛起來，徵斂也比較多了。《司市》規定："以陳肆辨物而平市，以政令禁物靡而均市，以商賈阜貨而行市……以泉府同貨而斂賒。"發行貨幣，平均物價，也頗似漢代中葉以後所行的鑄幣平準、均輸諸政策的反映。此其三。就這幾點看來，《周禮》的寫定，也不似出於先秦或與《呂覽》同時，而當認爲漢武、宣後作品。

6. 土地制度之紛歧。在《周禮》中，關於土地制度，有幾種不同的規定：《地官·遂人》職說："辨其野之土——上地、中地、下地，以頒田里：上地夫一廛，田百畝，萊五十畝，餘夫亦如之。中地夫一廛，田百畝，萊百畝，餘夫亦如之。下地夫一廛，田百畝，萊二百畝，餘夫亦如之。凡治野：夫間有遂，遂上有徑；十夫有溝，溝上有畛；百夫有洫，洫上有涂；千夫有澮，澮上有道；萬夫有川，川上有路，以達於畿。"這裏的理想制度，一方面與《大司徒》的"凡造都鄙，制其地域而封溝之。以其室數制之：不易之地家百畝，一易之地家二百畝，再易之地家三百畝"不同。孫詒讓在《周禮正義》中已說："此上、中、下三等田制，與遂人六遂田制略同；此所謂易，即彼所謂萊，但彼上地猶有萊五十畝，非全不易者，與此小異耳。"在同一《地官》中，其制度已不一律。而一方面又於《考工記》說"匠人爲溝洫。……九夫爲井。井間廣四尺，深四尺，謂之溝；方十里爲成，成間廣八尺，深八尺，謂之洫；方百里爲同，同間廣二尋，深二仞，謂之澮"，也不相合。《匠人》"九夫爲井，井間廣四尺、深四尺，謂之溝"，《遂人》則是"十夫有溝，溝上有畛"，其制不同。孫詒讓《周禮正義》說："《遂人》之洫溝，皆以十積數，不井田也；《匠人》之溝洫，以八積數，爲都鄙井田之制。"他這種說法，不僅有錯誤，而且忘了《周禮》與《考工記》本非一人一時之作，《考工記》爲六國時所録（據《士冠禮疏》），《周禮·遂人》只會比《考工記》更晚的。因爲《匠人》所舉只有溝、洫、澮三，《遂人》所列則遂、溝、洫、澮、川五，而且《遂人》又有遂上有徑，溝上有畛等，其範圍較大，而設計較密，顯見得《遂人》要晚於《考工記》，而疑爲兩漢人所作。我們再試從《草人》來看，其所謂"掌土化之法，以物地、相其宜而爲之種。凡糞種，騂剛用牛，赤緹用羊，墳壤用麋，渴澤用鹿，咸舄用貆，勃壤用狐，埴壚用豕，彊檻用蕡，輕爂用犬"。據鄭注云："土化之法，化之使美，若氾勝之術也。"土化之法的發明也是較晚的。在《吕氏春秋》中有《上農》《任地》《辨土》《審時》等篇，是搜集當時農家的學說，而甚病"今之耕也，營而無獲"（《辨土》）。但關於土地耕種只云："凡耕之火方，力者欲柔，柔者欲力；息者欲勞，勞者欲息；棘者欲肥，肥者欲棘；急者欲緩，緩者欲急；濕者欲燥，燥者欲濕……地可使肥，又可使棘，人肥必澤，使苗堅而地隙；人耨必以旱，使地肥而土緩。"

（《任地》）而無所謂用動物骨汁來"溲種"培植土地之種植方法。《周禮》作者所云，則與氾勝之之術極爲相近。據《齊民要術》引氾勝之曰："驗美田至十九石，中田十三石，薄田一十石，擇取減法，神農復加之。骨汁糞汁種種，剉馬骨、牛、羊、豬、麋鹿骨一斗，以雪三斗煮之，三沸，取汁以漬附子，率汁一斗，附子五枚，漬之五日；去附子，搗麋鹿、羊矢，分等置汁中，熟撓和之，候晏溫，又溲曝，狀如后稷法，皆溲汁干乃止。若無骨，煮繰蛹汁和溲。如此則以區種之法澆之，其收至畝百石以上，十倍於后稷。"（《齊民要術》卷一《種穀》第三）我們試看氾勝之所云，用馬、牛、豬、麋鹿骨的種種，與《周禮》的用牛、羊、麋鹿極相接近。氾勝之不是受了《周禮》的影響，因爲他絕不用《周禮》之說，而《周禮》的作者則反似受了他影響的；《周禮》的作者不是農家，《周禮》本是雜采傳記而成說，這是很顯然易見的。既然能采取《呂氏春秋》所不能采，其書非秦以前所寫定，而當在漢武、宣以後，或即劉歆之徒所爲，我們也可以基本確定的。

除了以上述的六證之外，其餘還有如：

（1）《保氏》之"掌諫王惡，而養國子以道，乃教之六藝：一曰五禮，二曰六樂，三曰五射，四曰五馭，五曰六書，六曰九數。"此處以六藝指禮、樂、射、御、書、數而言，在先秦古籍中殊不多見，已頗可疑。而所謂六書，據鄭注引鄭司農爲象形、會意、轉注、處事、假借、諧聲。許慎《説文解字叙》、班固《漢書·藝文志》也引《周禮》來解釋六書，但是"處事"許作"指事"，班作"象事"；"諧聲"許作"形聲"，班作"象聲"；次第先後，亦與鄭説差異。足見六書的解釋，在東漢猶無定説，漢儒尚在研究、探索其涵義。或以爲其是六國時人所爲之，如在《左傳》中，雖有許多談到文字構造的地方，然並無此種説法。益可見其不出於秦以前，而是文字學比較發達後才有的。其實細究六書之内容，當係古漢字的造字理論，它至少應是以商代甲骨文爲對象、爲依託的，但無論是春秋戰國乃至漢代，均尚無從以甲骨文爲文字的研究對象。由此可見，六書的説法可能出現很早，但其理論化出現必定較晚，《周禮》之寫定，絕不出秦以前。另一方面，六書依前述上下文看來，當詁爲六種的書體，才與五禮六樂等相陪襯。據許慎《説文解字叙》説："自爾秦書有八體，一曰大篆，二曰小篆，三曰刻符，四曰蟲書，五曰摹印，六曰署書，七曰殳書，八曰隸書。"又曰："及亡新居攝，使大司空甄豐等校文書之部，自以爲應制作，頗改定古文，時有六書。一曰古文，孔子壁中書也；二曰奇字，即古文而異者也；三曰篆書，即小篆；秦始皇使下杜人程邈所作也；四曰左書，即秦隸書；五曰繆篆，所以摹印也；六曰鳥蟲書，所以書幡信也。"其實所謂八體，在秦始皇以前並没有八種。王應麟《漢書藝文志考證》云："秦始皇以祈禱名山作刻符，書題印璽；蕭何作署書，題蒼龍白虎二闕。"程邈之作隸書，據《説文解字叙》所云，在秦始皇時，則秦以前至多只有五書，是極顯明白的。由此可見《周禮》有六書的觀念，即便不是按照新莽居攝時的規定，也必發生在秦以後。但由其他處看來，這必因襲新莽之制。

（2）《周禮·太卜》職云："掌三易之法，一曰《連山》，二曰《歸藏》，三曰《周易》。"鄭注引杜子春云，"《連山》宓戲，《歸藏》黄帝"。鄭玄《易贊》則云："夏曰《連山》，殷曰《歸藏》。"賈疏引《鄭志答趙商》云："非無明文，改之無據。且從子春。近師皆以為夏、殷也。"皇甫謐《帝王世紀》又兼采杜、鄭之説，而以《連山》屬炎帝。關於《連山》《歸藏》的解釋，實是異説紛紜。但我們知道，《荀子·勸學》篇説："《禮》之敬文也，《樂》之中和也，《詩》《書》之博也。《春秋》之微也，在天地之間者畢矣。"在荀子的時代，還彷彿不知天地間有所謂《周易》也者，而《周禮》作者乃能舉出《周易》之名，而又加以《連山》《歸藏》，總謂之曰三《易》。這豈不是一種奇跡？近人考證《周禮》為周末的作品，殊不知其實是晚於周末的。據黄以周説："《連山》首艮，即象傳兼山艮之義；《歸藏》首坤，即《説卦》傳坤以藏之義。……《連山》《歸藏》，古者本不名《易》，而云三《易》者，後人因《易》之名而《易》之也。"由黄氏所説看來，亦可見"三易"之名，其起始當甚晚。或者《連山》《歸藏》這種觀念，是根本因於有了象傳之兼小艮，及"《説卦》傳坤以藏"之而來。則是《周禮》的著作年代，也要晚在西漢末年。

（3）《周禮·夏官·職方氏》説："職方氏：掌天下之圖，以掌天下之地。辨其邦國、都鄙、四夷、八蠻、七閩、九貉、五戎、六狄之人民，與其財用、九穀、六畜之數要，周知其利害。"此處所用"七閩"一詞也頗可疑的。據《鄭注》説："玄謂閩蠻之别也。《國語》曰：'閩，半蠻矣。'"但我們只看孫詒讓《周禮正義》所説的："《説文·蟲部》：'閩，東南越，蛇種。'《山海經·海内南經》云，'甌在海中'，郭注云：'閩越即西甌，今建安都是也。亦在岐海中。'《文選·吴都賦》劉逵注云：'閩，越名也。秦並天下，以其地為閩中郡。'"案，閩即今福建，在周為南蠻之别也。引《國語》曰，"閩，半蠻矣"者，證閩為蠻之别。《釋文》云："芈，李云，今《周禮》本或無此字，《國語》則有。"案，韋本《國語》閩作蠻。賈疏云："案《鄭語》史伯曰：'蠻，芈蠻矣。'注云：'謂上言叔熊避難於濮蠻，隨其俗如蠻人也。故曰蠻。'彼不作閩者，彼蓋後人轉寫者誤。鄭玄以閩為正。叔熊居濮如蠻，後子從分為七種，故謂之七閩也。案，賈即櫽括韋義。考《鄭語》又云：'芈姓夔越。'

閩爲東南越，或亦出於芈姓。但以閩爲叔熊之後，則古書無徵。鄭、韋所據，文義並殊，賈强爲傅合，恐不確也。"可見閩在古籍中少徵引，《國語》中的'閩，半蠻矣'實是'蠻，芈蠻矣'。而閩這一名稱實始於秦並天下之後。這一點也可以助證《周禮》當寫在秦以後。

(4)《周禮·春官·大師》職說："教六詩：曰風，曰賦，曰比，曰興，曰雅，曰頌。"六詩的解釋，自當以章炳麟《六詩說》爲確當，賦、比、興不是詩之作法，只是詩的體裁。但我們知道，賦、比、興爲詩之體，章氏亦不能舉出在先秦的顯明的證據，這也當是秦以後《詩》學有了相當的發達，見得詩的作法有賦、比、興之類。而《周官》的作者乃構成六詩之說，《毛傳》還以興爲體裁，《毛序》則直接采用《周官》的六詩之說。關於這一點，雖不能單獨地證明《周官》時代之晚，而從上述的許多證據看起來，也可以幫助我們估定《周禮》著作的年代較晚。此外如分國五等，出車三等；職方氏九服，大行人七服等自相矛盾。亦可見其本係雜取傳記而造。而其行文之頗整潔，叙述之有次第，序官在每官之前，比較《呂覽》尤覺進步，也足以見其著述時代之晚。由上述許多證據看來，則可見其作期在西漢之末，則舊説謂："莽每有興造，必欲依古，得經文。國師公劉歆，言周有泉府之官，收不讎，與欲得。"(《漢書·食貨志》)"發得《周禮》，以明因監。"(《漢書·王莽傳》)"劉歆以《周禮官經》六篇爲《周禮》。"(荀悦《漢紀》)"王莽時劉歆爲國師，始建立《周官經》爲《周禮》"(《釋文·叙錄》)，劉歆雜取當日周政、周法之類的書改編成爲《周禮》以佐王莽之篡，容係事實，後人並未冤枉了他。近人以爲出於秦代，仍是爲其所蒙蔽。

第四節 《禮記》纂輯的年代

關於大小《戴記》的纂輯，在《漢書·藝文志》中並無明文。《漢書·藝文志》禮家之中雖著錄有"記百三十一篇"，自注爲七十子後學所記，實未注明其爲戴德或戴聖所纂輯的。在鄭玄《六藝論》中雖説："戴德傳記八十五篇，則《大戴禮》是也；戴聖傳禮四十九篇，則此《禮記》是也。"亦尚無小戴删大戴之説。到了《經典釋文》，陸德明引陳邵《周禮論序》説：

> 戴德删古《禮》二百四篇爲八十五篇，謂之《大戴禮》，戴聖删《大戴禮》爲四十九篇，是爲《小戴禮》（原注：漢劉向《別錄》有四十九篇，其篇次與今《禮記》同名，爲他家書拾撰所取，不可謂之《小戴禮》）。(《經典釋文叙錄疏證》)

才明言《小戴》删《大戴》。而據《隋書·經籍志》云：

漢初，河間獻王得仲尼弟子及後學者所記一百三十一篇獻之，時無傳之者。至劉向考校經籍，檢得一百三十篇，第而叙之。又得《明堂陰陽記》三十三篇，《孔子三朝記》七篇，《王氏史記》二十一篇，《樂記》二十三篇，凡五種，合二百十四篇。戴德刪其煩重，合而記之爲八十五篇，謂之《大戴記》。而戴聖又刪《大戴》之書爲四十六篇，謂之《小戴記》。漢末馬融遂傳《小戴》之學。融又足《月令》一篇、《明堂位》一篇、《樂記》一篇，合四十九篇。而鄭玄受業於融，又爲之注。

這又是不惟《小戴》刪《大戴》，而且今本《小戴記》的《月令》《明堂位》《樂記》三篇爲馬融所加。《初學記》亦云：

　　《禮記》者，本孔子門徒共撰所聞也，後通儒各有損益。子思乃作《中庸》，公孫尼子作《緇衣》。漢文時，博士作《王制》，其餘衆篇，皆如此例。至漢宣帝世，東海后蒼善説禮，於曲臺殿撰《禮》一百八十篇，號曰《后氏曲臺記》。后蒼傳於梁國戴德及德從子聖，乃刪《后氏記》爲八十五篇，名《大戴禮》。聖又刪《大戴禮》爲四十六篇，名《小戴禮》。其後諸儒又加《月令》《明堂位》《樂記》三篇，凡四十九篇，則今之《禮記》也。

杜佑《通典》也有相同於《隋書·經籍志》與《初學記》的記載，説：

　　初，河間獻王又得仲尼弟子及後學所記四百十一篇，至劉向考核經籍，才獲百三十篇。向因第而叙之。而又得《明堂陰陽記》三十三篇，《孔子三朝記》七篇，《王氏史記》二十一篇，《樂記》二十三篇，總二百二篇；戴德刪其煩重，合而記之，爲八十五篇，謂之《大戴記》；而戴聖又刪《大戴》之書，爲四十七篇，謂之《小戴記》。馬融遂傳《小戴》之學，又定《月令》《明堂位》，合四十九篇。鄭玄受業於融，復爲之注。

合以上所引的四條看來，在鄭玄以後，關於《戴記》的纂輯，有兩種説法流行於晉唐間：一是《小戴》刪《大戴》之説，一是馬融、盧植增加《月令》《明堂位》《樂記》三篇之説。關於這兩個問題，清儒錢大昕在《廿二史考異·漢書考異》中説：

　　按，鄭康成《六藝論》云：戴德傳記八十五篇，戴聖傳記四十九篇。此云百三十一篇者，合大小戴所傳而言。《小戴記》四十九篇，《曲禮》《檀弓》《雜記》皆以簡策重多，分爲上下，實止四十六篇。合《大戴》之八十五篇，正協百三十一之數。《隋志》謂《月令》《明堂位》《樂記》三篇爲馬融所足，蓋以《明堂陰陽》三十三篇、《樂記》二十三篇別見《藝文志》，故疑爲東漢人附益，不知劉向《別録》已有四十九篇矣。《月令》三篇，《小戴》入之《禮記》，而《明堂陰陽》與《樂記》仍各自爲書，亦猶《三年問》出於《荀子》，《中庸》《緇衣》出於《子思子》，其本書無妨單行也。《記》本七十子之徒所作，後之通儒各有損益，河間獻王得之，大、小戴各傳其學，鄭氏《六藝論》言之當矣。謂《大戴》删古《禮》二百四篇爲八十五篇，小戴又删爲四十九篇，其説始於晉司空長史陳邵，而陸德明引之。《隋志》又附益之。然《漢書》無其事，不足信也。或謂《漢書》不及《禮記》，考河間獻王所得書，《禮記》居其一，而《郊禖志》引《禮記》："燔柴於泰壇，祭天也；瘞埋於太折，祭地也。" 又引《禮記》："天子祭天地及山川，歲遍。" 又引《禮記》："天子籍田千畝以事天地。" 又引《禮記·禖典》："功施於民則禖之，天文，日月星辰，所昭仰也；地理，山川海澤，所生殖也。" 又引《禮記》："唯祭宗廟社稷，爲越紼而行事。"《梅福傳》引《禮記》："孔子曰：'某，殷人也。'"《韋玄成傳》亦引《禮記·王制》《禮記·禖典》之文，皆在四十九篇之內。《志》不別出《記》四十九篇者，統於百三十一篇也。

錢氏以兩《戴記》的篇數相合恰好等於《漢志》百三十一篇之數，所以既不信《小戴》删《大戴》之説，也不信馬融足三篇之説。而戴震在《大戴禮·目録一》上則説：

鄭康成《六藝論》曰："戴德傳記八十五篇。"《隋書·經籍志》曰："《大戴禮記》十三卷，漢信都王太傅戴德撰。" 今是書傳本卷數與《隋志》合，而亡者四十六篇。《隋志》言："戴聖删《大戴》之書爲四十六篇，謂之《小戴記》。" 殆因所亡篇數，傅合爲是言歟？其存者，《哀公問》及《投壺》，《小戴記》亦列此二篇，則不在删之數矣。他如《曾子·大孝》篇見於《祭義》，《諸侯釁廟》篇見於《雜記》，《朝事》篇自 "聘禮" 至 "諸侯務焉" 見於《聘義》，《本命》篇自 "有恩有義" 至 "聖人因殺以制節"，見於《喪服四制》，凡大小戴兩見者，文字多異，《隋志》以前，未有謂小戴删大戴之書者，則《隋志》不足據也。

戴氏從兩《戴記》的篇目文字的比較結果來斷定小戴删大戴之説爲不足信，證據是比較錢氏所舉爲確實。戴氏亦不信馬融足三篇之説，其所舉的理由也比錢大昕的要好。關於這一點，我們只看陳壽祺對於錢説之駁辯以及對於戴説之擁護，便可以知道的。陳氏駁錢氏説曰：

> 壽祺案：今二《戴記》有《投壺》《哀公問》兩篇篇名同，《大戴》之《曾子大孝》篇見《小戴·祭義》，《諸侯釁廟》篇見《小戴·雜記》，《朝事》篇自"聘禮"至"諸侯務焉"見《小戴·聘義》，《本命》篇自"有恩有義"至"聖人因殺以制節"見《小戴·喪服四制》。其他篇目尚多同者。《漢書·儒林傳·王式傳》稱：《驪駒之歌》在《曲禮》，服虔注云在《大戴禮》。《五經異義》引《大戴·禮器》，《毛詩·豳詩正義》引《大戴禮·文王世子》，唐皮日休有《補〈大戴禮·祭法〉》；又《漢書·韋玄成傳》引《祭義》；《白虎通·耕桑》篇引《祭義》《曾子問》；《情性》篇引《間傳》，《崩薨》篇引《檀弓》《王制》，蔡邕《明堂月令論》引《檀弓》，其文往往爲《小戴記》所無，安知非出《大戴》亡篇中，如《投壺》《釁廟》之互存而各有詳略乎？《大戴記》亡篇四十七，唐人所見已然。《白虎通》引《禮·謚法》《王度記》《三正記》《別名記》《親屬記》《五帝記》，《少牢饋食禮》注引《禘於太廟禮》（疏云《大戴禮》文）。《周禮注》引《王霸記》，《明堂月令論》引《昭穆》篇；《風俗通》引《號謚記》，《論衡》引《瑞命》篇，皆《大戴》逸篇。其他與《小戴》出入者略可舉數，豈能彼此相足？謂二戴於百三十一篇之《記》，各以意斷取，異同參差，不必此之所棄，即彼之所録也。

陳氏引申戴氏説曰：

> 《隋書·經籍志》因附會，謂戴聖刪大戴之書爲四十六篇，馬融足《月令》《明堂位》《樂記》爲四十九篇。休寧戴震辨之曰：孔穎達《義疏》於《樂記》云："按《別録》，《禮記》四十九篇。"《後漢書·橋玄傳》："七世祖仁，著《禮記章句》四十九篇。號曰橋君學。"仁即班固所説小戴授梁人橋仁季卿者也。劉、橋所見篇數已爲四十有九，不待融足三篇甚明。康成受學於融，其《六藝論》亦但曰戴聖傳《禮》四十九篇。作《隋書》者徒謂《大戴》闕篇即《小戴》所録，而尚多三篇，遂聯歸於融耳。壽祺案：橋仁師小戴，《後漢書》謂從同郡戴德學，亦誤。又《曹襃傳》："父允持《慶氏禮》，襃又傳《禮記》四十九篇，教授諸生千餘人，慶氏學遂行於世。"然則襃所受於慶普之《禮記》，亦四十九篇也。二戴、慶氏皆后倉弟子，惡得謂小戴刪大戴之書耶？《釋文·序録》云：劉向《別録》有

四十九篇，其篇次與今《禮記》同，然則謂馬融足三篇者，妄矣。

這是用《別錄》《後漢書·橋玄傳》《曹褒傳》來反證馬融足三篇之說，比錢氏用大小戴篇數正協百三十一之數來作反證更覺可信。《四庫提要》與黃以周《禮書通故》都是舍棄錢說而以戴說的。不過清儒駁《小戴》刪《大戴》之說固甚確鑿，但以爲今《禮記》"實戴聖之原書"，則實在尚有問題。據近人的考證，則二《戴記》纂輯的時代實當在東漢之世，首先提出這個意見的是錢玄同先生的《重論經今古文學問題》，他說：

> 今之《大戴禮記》與《小戴禮記》這兩部書，據我的研究，決非戴德和戴聖這兩個人編成的；看它們的內容，雖不見得是刪《古文記》而成，但的確采了好些古文記，如《大戴記》中之《千乘》《四代》《虞戴德》《誥志》《小辨》《用兵》《少閒》，采自孔子《三朝記》；《小戴記》中之《樂記》《月令》與《明堂位》采自《明堂》《陰陽》，皆有明證。又如《大戴記》之《盛德》記《明堂》之事，《朝事》與《周禮》相合，當亦采自《古文記》中。這兩部書，一定是東漢人編成的，所以其中今古雜糅，不易辨析。今《大戴禮記》已多殘缺脫誤，所存之三十九篇中，有與《小戴記》相同者，是否與鄭玄、陳邵諸人所見者相合，無從審知；又其來源，除鄭玄、陳邵及《隋志》所記，亦無其他異說，只可闕而不論。單說《小戴記》。《隋志》謂《小戴記》原來只有四十六篇，馬融加入三篇，才成爲四十九篇。前人信此說者，據我現在記憶所及，似乎只有姚際恒的《禮記通論》。康氏亦深信此說。我則以爲這三篇的古文色彩特別濃厚，說是馬融加入，固其可信；但此外四十六篇又何嘗是戴聖所編？《隋志》之說，雖略勝於鄭玄與陳邵，但尚遠不及陸德明之說尤與情事相合。陸氏《經典釋文·序錄》於引陳邵之說之下，接着就有他自己一段極精覈之論，他說："後漢馬融、盧植考諸家同異，附戴聖篇章，去其繁重及所敘略而行於世，即今之《禮記》是也。鄭玄亦依盧、馬之本而注焉。"這明明說今之《禮記》是爲盧植、馬融所編定，鄭玄所注者即是盧、馬編定之本。然則無論戴聖曾否編有《禮記》，即使有之，而今鄭注之《禮記》四十九篇，則決非戴聖之本也。故《月令》《明堂位》《樂記》三篇固爲馬融所編入，即其他四十六篇中，盧、馬二人編入之篇亦必不少。可惜這樣幾句極重要的話，自來都把它忽略過了！（《國學季刊》第二卷，1932年6月）

錢氏這一段話，從二戴是西漢的今文經師，其時並無所謂古文記，而兩

《戴記》中則今古雜糅，不易辨析，以證明這兩部書一定是東漢人編成的。可謂一針見血之論。但他相信《釋文·序錄》之説，以爲今之《禮記》爲盧植、馬融所編定，鄭玄所注者即盧、馬編定之本。而對於戴、陳兩家提出的《別錄》《禮記》四十九篇及《後漢書》的橋仁、曹褒得《禮記》四十九篇之説尚未提出反證。他這種説法尚須加以補證的。後來吾友童書業先生有《二戴禮記輯於東漢考》一文刊於《浙江省立圖書館館刊》四卷二期（1935年4月），亦主張"《二戴記》爲馬融輩所編輯"。他以爲可疑之點有五：其一是《漢書》中載《二戴記》；其二是《禮記》傳授淵源之渺茫；其三是《二戴記》説之晚出；其四是《二戴記》中之多古文説；其五是《二戴記》中原始材料之不可信。這五個理由比較的詳細，他對於《別錄》《禮記》四十九篇的疑問則解釋之曰：

> 劉向《別錄》多後人僞竄之文，本不甚可據。……即就本節論，亦疑點滋多：劉向所錄之《禮記》，名爲"他家書拾撰所取"，書名不倫不類，《釋文》亦謂"不可謂之《小戴記》"，可疑一也。《七略》成於劉歆，而獨不列四十九篇之《禮記》，可疑二也。《隋志》明著四十九篇之《禮記》出於馬融，《別錄》在馬融前，而《禮記》篇次、篇數已同今本，可疑三也。《月令》《明堂位》《樂記》《奔喪》《投壺》等篇，皆西漢末古文家僞造之書，劉向安得錄之？可疑四也。再徵之《別錄》所著其他《禮記》之文，無一不可疑。《漢志》云："記百三十一篇"，《別錄》則云："禮古記百三十一篇"，加一"古"字，若《別錄》在《漢志》前，以劉歆之崇古，班固之迷歆，斷無削去"古"字之理。又，《漢志》無二百四篇之記，《別錄》則載："古文記二百四篇"，亦可疑。此外，如《明堂陰陽記》《王氏史記》皆極可疑之書，而《別錄》皆著之；則所謂"他家書拾撰所取"之四十九篇《禮記》，其可信耶？

他對於《後漢書》之《橋玄傳》《曹褒傳》的記載則解釋曰：

> 至范（曄）書之説，作者爲劉宋時人，處典午之後，文籍散亡，故其所叙儒林淵源，頗多謬訛不可究詰（原注：如《漢書》謂小戴授梁人橋仁，由是小戴有橋氏之學，范書則謂橋仁從戴德學，《漢書》謂后氏、大小戴三家立於學官，范書則謂二戴、慶氏三家皆立博士；范書如此等謬訛處甚多）。就此兩節論，在馬融前，而有四十九篇《禮記》，謬一。橋氏所傳《小戴》之學，曹氏所傳慶氏之學，皆《禮經》，而此云傳《禮記》，謬二。……橋仁著《禮記章句》，曹

襄傳《禮記》，《漢書》皆不載，絶不可信。（堂案：《經義考》云："按橋、楊本傳小戴之學，班、史序次甚明，此云戴德恐誤。"又姚振宗《漢書藝文志拾補》云："按《百官表》孝平原始二年大鴻臚橋仁，而范書言成帝時。"范書訛誤實甚多也）

他更從"《月令》《明堂位》《樂記》之必出於古文家"以證明今本《禮記》殆即爲盧植輩所爲，而且説是：

馬融即爲《小戴記》，復雜取諸古記及子史等書，附益《小戴記》而爲《大戴記》八十五篇，與《小戴記》相合，以影射《漢志》記百三十一篇之數，千載疑案，遂已造成。……盧植除分《禮記》四十六篇爲四十九篇外，對於《禮記》文字，似尚略有增删修訂（故今本《小戴記》與《大戴記》有同篇而文字不同者）……

他這一篇文字對於二《戴記》纂輯的年代，更説得明瞭，而且將許多疑問都相當清楚地解釋了。近來友人洪業先生在《禮記引得序——兩漢禮學源流考》（《史學年報》二卷三期，1936年6月）一文中又提出一些證明。他説：

竊謂《隋志》之説既不出於數目之附會，則殆有所本，其所本者何書，惜今不能考耳。唯《説文》引《禮記》輒冠以"《禮記》"二字，獨其引《月令》數條，則冠以"《明堂月令》曰"，似許君所用之《禮記》尚未收有《月令》。此可佐證《月令》後加之説也。

他因爲《月令》之入《禮記》，既在《説文》成書之後，則劉向《別録》中縱有小戴之記，也不能有四十九篇之目。而鄭氏所引劉向四十九篇之説，更有可疑之點四：（1）《漢志》絶未道及；（2）在《喪服四制》篇，鄭云此於《別録》舊説屬《喪服》。孔疏説："案《別録》無《喪服四制》之文，唯舊説稱此《喪服》屬《喪服》。"可見不僅唐時尚存之《別録》並無四十九篇篇名次第之記載，而且鄭玄之所謂其篇於《別録》屬某者，非據《別録》而言。（3）細閱孔氏所引鄭氏目録，雖可見《別録》所著《禮記》爲四十九篇，但如《奔喪》《投壺》既爲逸經，何混列於記？《明堂》《陰陽》本有三十三篇，何分其二於此？《樂記》既爲篇名，何復分爲十一篇，而各有一名，如《樂本》《樂論》等。（4）《樂記》一篇内分十一篇的次第，鄭引《別録》既與本書違異又與《史記·樂書》、劉向《別録》所引之次第也不相合。由這四點看來，可見劉向《別録》中並未著録四十九篇之《戴記》，不過是鄭玄於《禮記》四十九篇沿舊説附和於《別録》，並未嘗云此四十九篇者在《別録》中已排比編訂，合成一書。不過孔疏誤會以爲鄭玄之所注解，即劉向之所著録，而戴聖之所編撰而已。陸德明雖説漢劉向《別録》有四十九篇，其篇次與今

《禮記》同，但他又説明"爲他家書拾撰所取，不可謂之小戴記"。陸德明的意思，據其他的地方看來，是以今《禮記》非小戴而乃是他家書，附《別錄》所載篇名，而拾撰以成者。他更依據《禮記》中有許多古説，與《儀禮》不合，不會是戴聖所傳之記，而斷定：

> 後漢之《小戴記》者，非戴聖之書也。

他以爲二戴的來源是後漢禮博士雖以二戴名家，至其收輯記文以爲解經之助者，不必仍前漢二戴之舊，據許慎《五經異義》所引《禮記》看來，不曰戴德、戴聖，不曰《大戴》《小戴》，而僅有《禮戴》與《大戴》之殊，頗使人疑其初先有《禮戴記》而後有《大戴記》，大之者，以其書中所輯者，較戴記爲多耳。《大戴禮》的意義，好比是説增廣《戴禮》。他説：

> 竊疑二戴之後，鄭玄之前，今《禮》之界限漸寬，家法之畛域漸泯，而記文之抄合漸多，不必爲一手之所輯，不必爲一時之所成。故經説之牴牾，不必正別；文字之重疊，不曾剪芟。其至多而濫之《大戴禮》，以遍注《三禮》及《禮緯》之鄭玄且不爲之注；顧尚信其爲《大戴》所傳；則其於篇幅較小之四十九篇，遂亦誤會其爲《小戴》所傳者耳。

這是以爲二《戴記》"不必爲一手之所輯，不必爲一時之所成"，大小《戴記》之分，在其篇幅多寡，不是指戴德、戴聖而言的。

我對於這個問題也是很留心的。二《戴記》多古文説，這顯然是出於東漢人之手；劉向、劉歆並未獲見二《戴記》，不惟向、歆未獲見二《戴記》之成書，班固亦未獲見，這在許多方面都可以證明的。後人誤信鄭玄之説，以爲傳自二戴，因而又發生小戴刪大戴之説，清儒雖考出小戴不刪大戴，然惑於所謂劉向《別錄》及《後漢書》之説，仍以二《戴記》傳自二戴，直到近來自從錢玄同先生提出"這兩部書一定是東漢人編成的"問題，童、洪兩君更爲補證，真相愈加顯明。不過有些地方，尚須加以補充説明，則問題更可以使我們明瞭。兹分述之如下：

（一）劉向與二《戴記》

清儒之所以不信馬融足三篇之説的，正是因爲鄭玄《三禮目錄》《經典釋文》以及孔《疏》俱提到劉向的《別錄》《禮記》四十九篇，其實劉向未嘗有此《別錄》。童關於此點之考證，提出五個疑點，洪序提出四個疑點，固可以使我們明瞭。其實單就《別錄》的寫定及其與《七略》之關係，也就可以得到有力的證明。劉向《別錄》的構成，據阮孝緒《七錄序》説：

漢惠四年，始除挾書之律……開獻書之路，置寫書之官，至孝成之世，頗有亡逸。乃使謁者陳農，求遺書於天下，命光祿大夫劉向及子俊、歆等，讎校篇籍，每一篇已，輒錄而奏之。會向亡喪，帝使歆嗣其前業，乃徙溫室中書於天祿閣上，歆遂總括群篇，奏其《七略》。

又説：

昔劉向校書，輒爲一錄，論其指歸，辨其訛謬，隨竟奏上，皆載在本書。時又別集衆錄，謂之《別錄》，即今《別錄》是也。子歆撮其指要，著爲《七略》，其一篇即六篇之總撮，故以《輯略》爲名。

據這兩段看來，劉向所校之書，多屬亡逸之書，大戴在劉向卒後數年尚爲信都太傅（姚振宗説，參《廿五史補編》頁五一〇五），劉向能否讀到兩戴的書已有問題；而劉歆的《七略》，則本是撮《別錄》指要而成，《別錄》與《七略》的關係，極爲密切。如劉向《別錄》有《戴記》四十九篇之目錄，則《七略》與《漢志》不容不載，這是極明白的。但現在依《七略》而撰成之《漢志》絕無一言，則實可見劉向《別錄》並無所謂四十九篇之目。我們知道，兩《戴記》的來源，並不限於所謂《古文記》百三十一篇。

邵懿辰《禮經通論》亦謂：

《武王踐阼》，疑與《文王》《官人》並取《周書》，祭法取之《國語》，《月令》《明堂》取之《明堂陰陽》，《帝系》取之《世本》，《千乘》等七篇取《孔子三朝記》，《立事》等十篇取之《曾子》，《坊記》等四篇取之《子思子》。至若《王制》成於孝文時博士，《勸學》《三年問》《禮三本》取之《荀子》，《禮察》《保傅傳》取之《賈子》。

黃以周《禮書通故》云：

《大戴禮》之存者，於《漢志》禮家諸記外，又取儒家《曾子》十八篇，存其十篇；《孫卿子》三十三篇，存其《問五義》《三本》《勸學》《宥坐》數篇；《賈子》五十八篇，存其《保傅》諸篇；又取《論語》家《孔子三朝記》七篇。《小戴記》《奔喪》《投壺》諸篇，取諸《古禮經》；《鄉飲酒義》《冠義》《昏義》《射義》《燕義》《聘義》，取諸古《禮記》，《三年問》《哀公問》諸篇，取諸《荀子》；又取儒家《子思子》二十三篇，存其《中庸》《表記》《坊記》《緇衣》四篇；取公孫尼子《樂記》二十三篇，存其十一，合爲一篇。陳、邵二百四篇，據劉向《別錄》爲言，其實二戴所取，不專在二百四篇中也。

我們細考大小戴《禮記》所采取的篇記，實當有下列的十二種：

(1) 有取自禮家之記者：如《冠義》《昏義》《射義》《燕義》《聘義》諸篇。

(2) 有取自樂家之記者：如取《樂記》之十一篇爲《樂記》。

(3) 有取自《尚書》家之言者：如《文王》《官人》諸篇。

(4) 有取自《春秋》家之言者：如《祭法》《帝系》諸篇。

(5) 有取自《論語》家者：如《孔子三朝記》七篇。

(6) 有取自《孝經》家者：如《爾雅》之本爲《禮記》。

(7) 有取自儒家者：如《大學》《中庸》《勸學》《禮察》諸篇。

(8) 有取自道家者：如《武王踐阼》之本《太公陰謀》。

(9) 有取自雜家者：如《月令》之取《吕氏春秋》。

(10) 有取自墨家者：如《千乘》中又有墨家言。

(11) 有明爲漢代之作者：如《王制》《公冠》諸篇。

(12) 有近於所謂《逸禮》者：如《奔喪》《投壺》諸篇。

二《戴記》所取範圍至廣，決不是限於禮家之記，自爲一書，毫無疑義。如劉向時果有其書，則必有録以詳記之。而《七略》不容不言，《漢志》亦不容不言。今依《七略》而撰成之《漢志》絶不道及。則所謂《別録》不爲贋作，亦必誠如陸德明所謂，"名爲他家書拾撰所取，不可謂之《小戴記》"。"名爲他家書拾撰"所以云云者，已深致疑於《別録》四十九篇之目與《小戴》之關係及其與劉向之關係也。

(二) 劉歆與二《戴記》

我們試由《別録》《七略》以外來探尋證據以見劉向、歆父子之於二《戴記》並未曾寓目。這樣子也可明瞭《別録》四十九篇之目之本無其事的。如果在劉向時有二《戴記》的流傳，而且《別録》曾録其編目，是已有二《戴記》之流傳，則當時諸儒之徵引《禮記》，是應當依據二《戴記》爲準繩的，但我們試看：

(1)《漢書·郊祀志》："莽又奏言：……《禮記》禋典，功施於民則祀之。天文：日、月、星、辰，所昭仰也；地理：山、川、海、澤，所生殖也。"

(2)《漢書·律曆志》："《祭典》曰：共工氏伯九域。"

(3)《漢書·韋玄成傳》："劉歆議曰：……《禮記》禋典曰：'夫聖之制祀也，功施於民則祀之，以勞定國則祀之，能救大災則祀之。'"

他們這裏所引《禮記》禋典、祭典都是現在《小戴記·祭法》篇文。但他們或謂《禘典》，或謂之《祭典》，絕不援用《小戴》的《祭法》篇名。如若我們說這是今古文的關係，則無所謂今文之《禮記》，而據《漢書·韋玄成傳》看來，韋氏引《禮記》有：

《祭義》曰："王者禘其祖自出，以其祖配之，而立四廟。"

這幾句在今《小戴·喪服小記》及《大傳》中，並不是《祭義》之文，可見當日二《戴記》並未如何流行，王莽、劉歆、韋玄成等似乎並未見過《小戴記》，故引《祭法》爲《禘典》，而引《祭義》之文乃不在《祭義》中。如若我們以爲《祭法》是《小戴記》的篇名，《禘典》是《大戴記》的篇名，則在《大戴記》亡篇篇名之中，實則有《祭法》之名。唐皮日休《皮子文藪》有補《大戴記·祭法》，可見《大戴記》並非以《禘典》爲《祭法》。而且《郊禘志》作《禘典》，《律曆志》作《祭典》，當時並無一定之稱，而可以斷言其所依據的爲古文本、《大戴》本或《小戴》本的。不過我們由莽、歆等之引《禘典》《祭典》而絕不引作《祭法》，頗可見二《戴記》當日並未成書，劉歆實在並未見過所謂《別錄》四十九篇之目，所以一方面只用《禘典》篇名，而《七略》中絕無一言道及二戴之《記》。由劉歆與二《戴記》之關係也足可以推證《別錄》是不足信的。而且由韋玄成之引《祭義》文看來，一方面固可見當時並無定本，一方面也可見《後漢書·橋玄傳》所謂"橋仁著《禮記》四十九篇"，《曹襃傳》所謂"襃又傳《禮記》四十九篇"，這些說法，都不可信。《後漢書》誤以橋仁從戴德學，而仁爲大鴻臚在成帝時，執謬多端，是不足爲憑的。我們只看韋玄成引《祭義》之文不在今《祭義》中，大、小《戴記》篇章之互見，文字之出入，就可以知道"後漢馬融、盧植，考諸家同異，附戴聖編章，去其繁重及所敘略，而行於世"，這種說法實是事出有因，今洪《序》既證馬融足三篇之說爲可信，則《小戴記》之爲馬融、盧植輩所編定，似可無疑義的！

(三) 班固與二《戴記》

上文說過，如二《戴記》在劉向時果有其書，《七略》不容不言，《漢志》不容不言，而依《七略》撰或之《漢志》，對於二《戴記》既未著錄，則已可見在班固時尚未有二《戴記》之成書。現在我們更從班固的《白虎通》所引《禮記》來作證明，我們可以知道在班固時二《戴記》尚未成書。《白虎通》引《禮記》之文者甚多，例如《王度》記者有六條，引別名所記者亦有幾條，這據唐人的《五經正義》看來，可知其爲《大戴記》之逸篇，但也有許多引《禮記》爲今《小戴》所無，而不能斷其爲出於《大戴記》者，例如：

（1）《檀弓》：《白虎通·崩薨》篇引二條，《明堂論》引一條，爲今《小戴》所無。

（2）《王制》：《白虎通·崩薨》篇引一條，爲今《小戴》所無。

（3）《曾子問》：《喪服》《耕桑》《禮樂》《通封》諸篇各引一條，爲今《小戴》所無。

（4）《禮通記》：《性情》篇引一條，爲今《小戴記》所無。

（5）《大傳》：《喪服傳》引三條，爲今《小戴》所無。

（6）《雜記》：《蓍龜》《喪服》《通崩》諸篇各引一條爲今《小戴》所無。

（7）《間傳》：《性情》篇引一條爲今《小戴》所無。

（8）《祭義》：《耕桑》篇引一條爲今《小戴》所無。

（9）《樂記》：《禮樂》篇引二條爲今《小戴》所無。

（10）《内則》：《如名》《嫁娶》篇各引一條爲今《小戴》所無。

據上列的各條，《白虎通》所引《禮記》之文不在今《小戴記》者甚多，如一概委爲在已亡逸的《大戴記》中，這實在是一種臆測之言。而且《耕桑》篇引《祭義》一條，在《大戴記》中，《祭義》之文作《曾子大孝》；《蓍龜》等篇所引《雜記》幾條在《大戴記》中，《雜記》文見於《諸侯釁廟》，其篇名並不同。可見《白虎通》所引《禮記》各篇之文爲今《小戴記》所無者，不可以任意地說是在《大戴記》之中。而我們可以很明顯地看出在班固時所謂之《禮記》，其内容與鄭玄所注本不同，在班固時，尚無現在所流傳之《小戴記》。我們看《白虎通》所引諸書之文，如云《士禮》《士冠經》《春秋穀梁傳》《韓詩外傳》《曲禮下記》之類，分別得相當的清晰，如當時大小《戴記》内容不同而各自爲書，班氏必當略有分辨，以表明其所引者爲何書，而竟毫無辨別，則亦可見當時二《戴記》尚未有成書，故得任意徵引。《别錄》四十九篇之說，范曄《後漢書》之《橋玄傳》《曹褒傳》云《禮記》四十九篇之說，實不足信。《釋文·叙錄》說後漢馬融、盧植考諸家同異，附戴聖篇章，去其繁重及所叙略，而行於世。《隋書·經籍志》說，漢末馬融遂傳之學，融又足《月令》一篇，《明堂位》一篇，《樂記》一篇，合四十九篇。這種說法，必有所本，不可一概抹煞。我們可確實斷定二《戴記》是輯於東漢的。姚振宗在《漢書·藝文志拾補》上雖則有《禮·大戴禮》八十五篇，《禮·小戴記》四十九篇之說，但他也說：

  按：《釋文·叙錄》附注云："漢劉向《别錄》有四十九篇，其篇次與今《禮記》同名，爲'他家書'拾撰所取，不可謂之《小戴禮》。"按小戴與劉光禄同時，豈《别錄》會著其篇目歟？《七略》唯有古記原編（孔五種二百十五篇，分著《禮》類、《樂》類、《論語》類中），若大小戴、慶氏諸節本，皆所不著也。

這是他誤信劉向《別録》附著有《小戴記》篇目，其實小戴與劉向同時，《別録》中不至於附著，陸德明明言"爲他家書拾撰所取，不可謂之《小戴記》"，《別録》篇目不爲後人羼入，亦必後人誤會鄭目録之意而以爲《別録》真有四十九篇篇目的。

姚氏又云：

> 又按，《書録解題》及《宋史·藝文志》於鄭注《禮記》之前，別有戴聖《禮記》二十卷，豈《小戴記》原編至宋猶在耶？似以《禮記》白文而即謂之《小戴記》，不知鄭本《禮記》與《小戴記》實有不同者。

他這一說法，也是說鄭本《小戴記》實爲東漢馬融、盧植所輯，這不是以疑古爲能事者之言，而一樣認爲陸氏《釋文》是不可不從，可見這一問題再没有什麼疑義了。

今存的《大戴記》之纂輯，則尤不可信爲出於《大戴》，劉向《別録》於《大戴》篇目更無記載，劉向是卒於《大戴》之前的。班固《白虎通》於《禮記》篇目之徵引，亦毫無區別兩戴之文。鄭康成《六藝論》雖云戴德傳《禮》八十五篇，然有無成書，殊極爲可疑。《詩靈臺正義》云："《大戴禮》遺逸之書，文多假託，不立學官，世無傳者。其《盛德》篇云，'明堂外水，名曰辟雍'，《政穆》篇稱太學，明堂之東序，皆後人所增，失於事實。"在唐人的義疏中已深覺可疑。則今本《戴記》之爲後儒所竄亂，是尤爲可能之事。

至於兩《戴記》中各篇之撰述的人物與時代，《隋書·音樂志》引梁沈約奏答云：

> 案漢初典章滅絶，諸儒攟拾溝渠墻壁之間，得片簡遺文，與禮事相關者，即編次以爲《禮》，皆非聖人之言。《月令》，取《吕氏春秋》，《中庸》《表記》《坊記》《緇衣》，皆取《子思子》，《樂記》取《公孫尼子》，《檀弓》殘雜，又非方幅典誥之書也。禮既是行己經邦之切，故前儒不得不補綴以備事用。

《釋文·序録》説：

> 《禮記》者，本孔子門徒共撰所聞以爲此記，後人通儒，各有損益。故《中庸》是子思伋所作。《緇衣》是公孫尼子所制。鄭玄云《月令》是吕不韋所撰。盧植云《王制》是漢時博士所爲。

宋、明儒者，或以《學記》出毛生（羅璧），《禮運》子游作，《樂記》

子貢作（胡寅），《三年問》荀卿所著（郝敬），其實則大抵不可信。我們現在要確定某篇的時代，非重新予以估定不可，如若盲從舊說，而以爲可信之依據，這實在是要當特別謹慎。今本大、小《戴記》，經馬融、盧植之考諸家同異，實不免有所增刪，重新估定各篇之著作年代，不是簡單幾句話所可了結的，茲姑從略。（《禮記》之《明堂位》《祭法》兩篇，唐儒趙匡已疑之；宋葉適疑《檀弓》不出於一人之手；清儒有疑《中庸》《大學》者；日本武内義雄《禮運考》謂其中有墨家言，其《大學制成之年代》謂出董仲舒以後，其《中庸考》則謂是篇亦不出於一人之手。近馮友蘭有《〈大學〉爲荀學説》一文；顧頡剛則疑《月令》晚出）

第五章

《易》之起源與編訂

第一節　《易》之起源

《周易》本是中國古代的一部占筮書，在秦漢時才變爲儒家的經典的。《易》的八卦的起源，據《易·繫辭傳》的解説看來，本身已有多端：

1. 在《繫辭上傳》中説："是故天生神物，聖人則之；天地變化，聖人効之；天垂象，見吉凶，聖人象之。河出圖，洛出書，聖人則之。《易》有四象，所以示也；繫辭焉，所以告也；定之以吉凶，所以斷也。"是以八卦源出於河圖。後來揚雄《覈靈賦》説："大《易》之始，河序龍馬，洛貢龜書。"（《文選注》引）班固《五行志》説："伏羲氏繼天而王，受河圖，則而畫之，八卦是也。"正是取用這種説法。

2. 《繫辭上傳》中又説："是故《易》有太極，是生兩儀；兩儀生四象，四象生八卦，八卦定吉凶，吉凶生大業。"這種説法，是以八卦源出於太極。

3. 在《繫辭下傳》中又説："古者庖犧氏之王天下也，仰則觀象於天，俯則觀法於地，觀鳥獸之文與地之宜，近取諸身，遠取諸物，於是始作八卦，以通神明之德，以類萬物之情。"這是以爲八卦起源自然間的現象。這種説法與下説頗相近。

4. 《繫辭上傳》説："在天成象，在地成形……鼓之以雷霆，潤之以風雨，日月運行，一寒一暑。"也是用自然間的現象來解説。《説卦》傳説："天地定位，山澤通氣，雷風相薄，水火不相射。"而解釋乾爲首，坤爲腹；以乾爲馬，坤爲牛之類，也可以作爲這種説法的依據。不過這幾種解釋無論其以神學的、玄學的，或自然間的現象來説明，都不合於事實。因爲畫八卦者既不一定是庖犧，而太極與河圖，也都是無稽之談，不足以令人信服。

《易傳》之外，還有許多關於《易》的八卦起源的説法，如：

5. 班固《漢書·律曆志》説："伏羲畫八卦，由數起。"

6. 王嘉《拾遺記》説："（伏羲）和八風以畫八卦。"這些説法，實屬臆測，沒有按照古代社會情形來作解釋。此外如：

7. 宋楊誠齋主張八卦之畫即古代之文字。西人拉克伯里（Terrien de Lacouperie）以《易卦》爲古文，據劉光漢在《國粹學報·小學發微補》上説："拉克伯里著《支那太古文明論》（日文版。整理者按，今譯《中國古文明西來説》），以《易卦》爲古文。於一字之中，包含衆多之義。又解《離卦》之文，謂古文謫字作離，'初九言履，錯然敬之'，履即縭字，錯即謪字，然即糯（糯）字，敬之即瞜之。'六二言黃離'，黃離即黃鸝（鶹）字。'九三言日昃之離，則大耋之嗟'，嗟即灘字。'九四言突如焚如'，焚即欐字。'六五言出涕沱若'，涕沱即灘字。'上九言王用出征，有嘉折首，獲匪具丑'，出征即離字，有嘉即（獥）字，獲即（僞）字，匪即籬字，具即籬字。"以證"《周易》爲古文之字典"。（以孔子讀《周易》"韋編三絶"，即係翻閲字典之故也）而劉氏所著《經學教科書》第二册中《論〈易經〉與文字之關係》亦云八卦爲象形文字之鼻祖，乾、坤、坎、離之卦形，即天、地、水、火之字形。他所舉的例，如：乾爲天，今天字草書作ゑ，像乾卦之形；坤爲地，古坤字作巛，像坤卦☷之倒形。坎爲水，篆字水字作ツ，像坎卦☵之倒形。離爲火，古文火字作ʃʃʃ，像離卦☲之倒形。他以爲伏羲之畫卦，即以卦畫代文字之用者也（該書頁三四至三五）。

8. 在陳漢章《經學通論》中云："近今更有新説，謂八卦即楔形文字，伏羲即巴庇倫之福巴夫。（説本英國韋廉臣，花之安，日本桑原隲藏）不思迦勒底造尖挣文字，在公曆紀元前二一四七年，當我中國帝摯八年，何得不顧時代，任意牽合。且楔文傳至今者，尚有三種：巴底倫作，密凡佛作，米顛作，無一似卦畫者。惟司馬公潛虚或近之。然中國紀數之字，亦非出於尖挣文。"（宋秦九韶《數學九章》，元李治《益古演段》，紀數字並同潛虚）這種解釋，陳漢章是不贊同的。而且他説："或又用西人説，以《易》爲支那太古文明之字典，不求其端，不訊其末，惟怪之欲聞，又奚言而不異？"（《經學通論》頁四）確實，以上這兩種新解釋，都不免於附會之談，實在是證據不足。

9. 在《古史辨》第一册中收有《錢玄同答顧頡剛先生書》，對於《易》的起源，錢氏主張："原始的易卦是生殖器崇拜的東西，乾坤二卦即是兩性生殖器的記號。初變爲八，再變而爲六十四，大家拿它來做卜筮之用；於是有人做上許多卦辭、爻辭，這正和現在的籤詩一般；无咎、悔亡，和上上、中平、下下一般。這些籤詩大概不止一種，所以《左傳》所載與今《易經》頗多不同。孔丘以後的儒者借它來發揮他們的哲理，有做《彖傳》的，有做《象傳》的，有做《繫辭傳》的，有做《文言傳》的，漢朝又有焦贛、京房一流人做的《説卦傳》，不知什麽淺人做的《序卦傳》，不知哪位學究做的《雜卦傳》，配成了所謂《十翼》。"(《古史辨》第一册頁七七)他這種主張,以爲卦的構成是生殖器的符號,但依《易經》產生的時代要在周初,早已超越了原始文化的階段,而不是生殖器崇拜時代的東西;依殷虛文字中以陰陽爻代表生殖器的文字頗難尋其跡象。這一說法,雖比以前種種的解釋都覺得好,然而恐怕也不是真的《易卦》的起源。

我們要明瞭真的《易卦》的起源,應當從《易》是占筮書這一點來着手。在《易》的《卦爻辭》中,講到筮的兩條。一是《蒙卦》的"初筮告,再三瀆,瀆則不告"。一是《比卦》的"原筮,元永貞,无咎"。《左傳》《國語》中涉及《易》的,也都是說"筮之"。據這些地方看來,《易》是用蓍筮來代替龜卜,是很明顯的。《易·繫辭上傳》說:"大衍之數五十,其用四十有九,分而爲二以象兩,挂一以象三。揲之以四以象四時,歸奇於扐以象閏,五歲再閏,故再扐而後挂。……是故四營而成《易》,十有八變而成卦。"這正是說《易》用蓍筮的方法。所以鄭玄在《周禮注》上說:"《易》者揲蓍變易之數可占者也。"在《儀禮注》上說:"筮所以問吉凶,謂蓍也。所卦者,所以畫地記爻。"《易》是用蓍筮來代替龜卜,可以說是毫無疑義的事情。我們再可以由《易》之蓍筮的起源而談到《易卦》之起源。蓍筮與卦,在商代還沒有。從甲骨文字看來,沒有蓍字、筮字、卦字。周代有了筮法以後,往往卜、筮連舉,如商代也有筮法,不應一次卜筮連舉的也沒有。商書也無卜筮連舉的,直到《君奭》才有"若卜筮,罔不是孚"的調句。此其一。卜筮的起源與應用,實在是各有其社會的背景的。商代還是初進到農業的社會,畋獵畜牧還是很重要的生產方式,這在甲骨卜辭所記畋獵、漁撈以及畜牧之多可以看出來。據《殷墟書契考釋》說:"殷墟所出,獸骨什九,龜甲什一而已。"可見卜法的刻辭是需要大宗的獸骨來支持的。筮法之興起,則是社會進到以農業的生產爲主,脫離畜牧時代的現象,故在周代則卜筮兼用,而且漸進至於專用蓍筮。此其二。據屈原的《離騷》上說:"索藑茅以筳篿兮,命靈氛爲余占之。"王逸《注》云:"藑茅,靈草也。筳,小折竹也。楚人名結草折竹以卜曰篿。"則在南方有用草卜、竹卜的。《史記·龜策列傳》也說:"蠻夷氐羌雖無君臣之序,亦有決疑之卜。或以金石,或以草木,國不同俗。"《易》用筮,或者是周民族的占卜的方法,所以在殷無考。此其三。要之,蓍筮的方法,不是殷代的產物是顯明的,所以我們不可以說八卦與龜卜有關。而且,由於其爲某一民族中所習用的卜法,所以解釋卦畫爲普遍性的生殖器崇拜的產物,也無確據。依我看來,這應當是由用蓍草作占筮時自然的發明。在楚民族中有用折草折竹爲卜的,則周民族卦畫的起源,似也應是由於拿一根不折斷的草和一根折爲兩段的草代表事物正反兩方面，由是而推演成爲八卦，更進而爲六十四卦，理由極其簡單，進步亦極自然，後來逐漸神秘化、玄學化而成爲現在流傳的《周易》。但是論其起源，不過如是而已。

第二節 《易》之編訂

《易》的起源，依據上文的斷定，是由於某一民族所習用的占筮法，畫卦之人，重卦之人，都是不可考見。但在《易·繫辭上傳》説："河出圖，洛出書，聖人則之。"《繫辭下傳》説："古者庖犧氏之王天下也……於是始作八卦。"於是《禮緯含文嘉》等書説："伏羲德合上下，天應以鳥獸、文章，地應以河圖、洛書，伏羲則而象之，乃作八卦。"馬融、王肅之徒並云"伏羲得河圖而作《易》"。這是後來的儒者將《繫辭》上兩種推測，組合而爲一説。最初並無伏羲畫卦之説，可以想見的，這只是一種附會之詞。至於重卦之人，據《史記·周本紀》説："西伯蓋即位五十年，其囚羑里，蓋益易之八卦爲六十四卦。"《日者列傳》説："自伏羲作八卦，周文王演三百八十四爻而天下治。"《法言·問神》篇説："《易》始八卦，而文王六十四，其益可知也。"《漢書·揚雄傳》説："是以宓犧氏之作《易》也。緜絡天地，經以八卦，文王附六爻。孔子錯其象而録其辭。"《漢書·藝文志》説："《易》曰，'宓戲氏仰觀象於天，俯觀法於地，觀鳥獸之文，與地之宜，近取諸身，遠取諸物，於是始作八卦，以通神明之德，以類萬物之情。'至於殷、周之際，紂在上位，逆而暴物，文王以諸侯順命而行道，天人之占可得而效，於是重《易》六爻，作上下篇。"《論衡·對作》篇説："《易》言伏羲作八卦。前是未有八卦，伏羲造之，故曰作也。文王圖八自演爲六十四，故曰衍。"《三國志·魏書·管輅傳》云"上追文王六爻之旨"，是以文王重卦的。但《淮南子·要略》篇云："今《易》之乾坤，足以窮道通意也，八卦可以識吉凶知禍福矣，然而伏犧爲之六十四變，周室增以六爻……"金大定四年《正義》引《易》説云："伏羲作十言之教，曰乾坤震巽坎離艮兑消息。"是以伏羲重卦的。《周易正義》論重卦之人則云："重卦之人，諸儒不同，凡有四説：王輔嗣等以爲伏羲重卦，鄭玄之徒以爲神農重卦，孫盛以爲夏禹重卦，史遷等以爲文王重卦。"史遷等以爲文王，本是較古的傳説，但孔穎達等則依據"《繫辭》神農之時，已有蓋取益與噬嗑"的現象，而不取夏禹及文王之説，又因《易緯》等數《易》歷三聖，但云伏羲、文王、孔子，不及神農，而確定依從王輔嗣以伏羲既畫八卦，即自重爲六十四卦，將這一件工作完全推到伏羲身上。關於卦爻辭，《史記》《漢書》及《易緯》看來，並無周公作《爻辭》之説。但是據京房《京氏易傳》引大夫云"西伯父子研理窮通，推爻考象"（《困學紀聞》）。又，《春秋左傳正義·昭公二年》云："先代大儒鄭衆、賈逵等或以爲卦下之象辭文王所作，爻下之象辭周公所作。"則是後來亦有周公作《易》之說。《周易正義·論〈卦辭〉〈爻辭〉誰作》則更云："其《周易·繫辭》，凡有二說：一說所以《卦辭》《爻辭》並是文王所作……鄭學之徒，並依此說也。二以驗《爻辭》多是文王後事……以爲《卦辭》文王，《爻辭》周公。馬融、陸績等並同此說。"確定了周公作《爻辭》。清儒沈彤謂："《屯蒙》以下《爻辭》多作於周公，而乾、坤之《爻辭》，則作於文王，故乾、坤兩卦象，《爻辭》並稱文言。"（《果堂集》）這種說法，在過去雖沒有什麼反對的言論，而其實並不合理。崔述在《豐鎬考信錄》卷五說：

  近世說《易》者，皆以《彖辭》爲文王作，《爻辭》爲周公作，朱子《本義》亦然。余按：《傳》前章云：《易》文興也，其於中古乎？作《易》者其有憂患乎？初未言中古爲何時，而憂患爲何事也。至此章始言其作於文王時，然未嘗言爲文王所自作也。且曰"其當"，曰"其有"，曰"邪"，曰"乎"，皆爲疑詞，而不敢決。則是作傳者但就其文推度之，敞露不敢決言其時也，況能決知其爲何人之書乎？至司馬氏作《史記》，因傳此文遂附會之，以爲文王羑里所演，是以《周本紀》云，西伯之囚羑里，蓋益《易》之八卦爲六十四卦。《自序》亦云，西伯拘羑里，演《周易》。自是遂以《易卦》爲文王所重。及班氏作《漢書》，復因《史記》之言，遂斷以辭爲文王之所繫。是以《藝文志》云："文王重《易·六爻》作上下篇。"又云："人更三聖，世歷三古。自是遂以《彖爻》之詞爲文王所作矣。"然其中甚有可疑者：《明夷之五》稱箕子之明夷，《升之四》稱王用享於岐山，皆文王以後事，文王不應預知而預言之。《史》《漢》之說，不復可通，於是馬融、陸績之徒，不得已乃割《爻辭》謂爲周公所作，以曲全之；而鄭康成、王弼復以卦爲庖羲、神農所重，非文王之所演；然後儒始以《彖辭》屬之文王，而分《爻矢》屬之周公。而由是言之，謂文王作《彖辭》，周公作《爻辭》者，乃漢以後儒者，因《史記》《漢志》之文，而輾轉猜度之，非有信而可徵者也。夫以卦爲羲、農所重，雖無確據，而理固或有之。若周公之繫《易》，則傳記從未有言之者；惟《春秋》《傳》有"見《易》象而知周公之德"之語，然此自謂"《易》象"，非謂"《易》辭"也。晉文公之謀迎襄王也，筮之，遇大有之睽，"曰，吉，遇公用享於天子之卦"；則是《易》辭晉國有之，不待至魯而後見；且即使卜所見者果《易》之詞，而卦爻之詞果文王與周公所分繫，則於文當兼言文王、周公之德，亦不得但美周公而不及文王也。秦漢以後，司馬、班氏最爲近古，然皆但言文王，不稱周公。乃至《易緯》《乾鑿度》《通卦驗》等書，最善附會者，亦但稱羲、文、孔三人，而無一言及於周公。烏得分卦爻之詞而屬之兩人也。且《繫辭》傳文云："其初難知，其上易知。"又云："二與四同功而異位，三與五同功而異位。"又云："爻有等，故曰物；物相雜，故曰文；文不當，故吉凶生焉。"然後承之曰："《易》之興也，其當殷之末世，周之盛德邪？當文王與紂之事耶？是故其辭危，危者使平，易者使傾。"前後呼應，詞意甚明。所謂"辭危"者，正指諸爻之辭而言。若果辭內文王以後事，或《易》非文王作，而《史》《漢》誤稱之，不得獨摘《彖辭》屬之文王，而別以《爻辭》屬之周公也。

這裏他以爲謂文王作《彖辭》，周公作《爻辭》，乃漢以後儒者，因《史記》《漢志》之文，而輾轉猜度之，非有信而可徵。而且《史記》《漢書》以及最不可信的緯書都只提到文王，並未提及周公，更不可以《彖辭》屬之文王，《爻辭》屬之周公。《卦·爻辭》內有文王以後的事，只有《易》非文王所作，《史記》《漢書》乃是錯説了的。

康有爲在《孔子改制考·六經皆孔子改制所作考》中更説：

據《史記·周本紀》《日者傳》，《法言·問神篇》，《漢書·藝文志》《揚雄傳》，《論衡·對作篇》，皆謂文王重卦爲六十四卦，三百八十四爻，無有以爲作《卦辭》者。是自漢以前，皆以爲孔子作，無異辭，惟王輔嗣以六十四卦爲伏羲所自重。《周易正義·論卦辭爻辭誰作》云："一説以《卦辭》《爻辭》並是文王所作……鄭學之徒並依此説也。"則影響附會，妄變《楊何傳》史公之真説，其可信乎？至周公作《爻辭》之説，西漢前無之。《漢書·藝文志》云："人更三聖。"韋昭注曰："伏羲、文王、孔子。"即《正義》所引《乾鑿度》云："垂皇策者羲，卦道演德者文，成命者孔。"《通卦驗》又云："蒼牙通靈昌之成，孔演命明道經。"晉紀瞻曰："昔庖羲畫八卦，陰陽之理盡矣。文王、仲尼繫其遺業，三聖相承，共同一致，稱《易》準天，無復其餘也。"（見《晉書·紀瞻傳》）亦無有及周公者。唯在《左傳·昭二年》"韓宣子來聘，見《易象》與《魯春秋》，曰：'吾乃今知周公之德'"涉及周公。此蓋劉歆竄亂之條，與今學家不同。歆《周官》《爾雅》《月令》，無事不託於周公，《易·爻辭》之託於周公，亦此類。唯馬融學出於歆，故以爲《爻辭》周公所作（見《周易正義·論卦辭爻辭誰作》）。或以《爻辭》並是文王作，《周易正義·論卦辭爻辭誰作》云：以爲驗《爻辭》多是文王後事……遂言東西相鄰而已。如《正義》言，《爻辭》又不得爲文王作，則《藝文志》謂文王"重《易》六爻"，作上下篇者，謬也。

康氏又說："三聖無周公，然則舍孔子，誰作之哉？故《易》之卦爻始畫於羲、文，《易》之辭全出於孔子。"他要定《易》上下篇爲孔子所作。這也是無稽之言，不足憑信。不過他主張文王無作上下篇之事，這在西漢的傳說本是如此，這一點却有明證。

至於《十翼》的作者，在《史記·孔子世家》說："孔子晚而喜《易》，序《彖》《繫》《象》《說卦》《文言》，讀《易》，韋編三絕。曰，假我數年，若是，我於《易》則彬彬矣。"《漢書·藝文志》也有孔子作《十翼》之說，自來並無異論。所以《周易正義·論夫子十翼》說："其彖、象等《十翼》之辭，以爲孔子所作，先儒更無異論。"真的，關於《十翼》的作者，除了梁武帝謂"文言爲文王所制"一種臆測而外，在唐以前，大概都信孔子作而以爲實的。但在宋儒，就有提出《易》之《繫辭》《文言》非孔子作的論調。歐陽修《易童子問》卷三說：

> 何獨《繫辭》焉，《文言》《說卦》而下，皆非聖人之作，而眾說肴亂，亦非一人之言也。昔之學《易》者，雜取以資其講說，而說非一家，是以或同或異，或是或非……《文言》曰"元者善之長也，亨者嘉之會也，利者義之和也；貞者事之乾也"，是謂乾之四德。又曰："《乾》元者，始而亨者也。利貞者，性情也。則又非四德矣。"謂此二說出於一人手，則殆非人情也。《繫辭》曰："河出圖，洛出書，聖人則之。"所謂圖者，八卦之文也，神馬負之，自河而出，以授於伏羲者也。蓋八卦者非人之所爲，是天之所降也。又曰："庖羲氏之王天下也，仰則觀象於天，俯則觀法於地，觀鳥獸之文與地之宜，近取諸身，遠取諸物，於是始作八卦。"然則八卦者，是人之所爲也，河圖不與焉。斯二說者已不能相容矣，而《說卦》又曰"昔者聖人之作《易》也，幽贊於神明而生蓍，參天兩地而倚數，觀變於陰陽而立卦"，則卦又出於蓍矣。八卦說如是，是果何從而出耶？謂此三說出於一人乎？則殆非人情也。……凡此五說者自相觝乖戾，尚不可以爲一人之說，其可以爲聖人之作乎？……余之所以知《繫

辭》而下非聖人之作者，以其言繁衍叢脞而乖戾也。……至於"何謂""子曰"者，講師之言也。《說卦》《雜卦》者，筮人之占書也。

他還有一篇《傳易圖序》也是攻《文言》《繫辭》的。與他同時的李清臣也說："《十翼》皆孔子之言乎？不得而言也。然有疑焉。《序卦》者，韓康伯雖已明非《易》之蘊，而未明其所以然也。《易》卦之序，二二相從，今《序卦》之文，蓋不協矣。有義之苟合者，有義之不合而強通者，是豈聖人之言耶？"蘇軾也是不信《序卦》的。在他以後有趙汝談也曾著論辯孔子作《十翼》之說。據北宋的程迥說："朱待制新仲嘗謂迥曰：《序卦》非聖人書，唐僧一行《易纂》引孟喜《序卦》曰：'陰陽萬物必訟而成之，君臣養萬民，亦訟而成之。'然則今《序卦》亦出於經師可知也。"又說："張芸叟疑'大觀在上'之文，且言陸希聲病爻辭之不類，車欲去取。歐陽公《童子問》，王景山《儒志》亦疑《易》文。"疑《易》者甚多。朱子也說："六十四卦，只是上經說得齊整，下經便亂董董地。《繫辭》也如此，只是上繫好看，下繫便沒理會。"

葉適的《習學記言》說：

班固用劉歆《七略》，記《易》所起，伏羲、文王作卦、重爻，與《周官》不合，蓋出於相傳浮說，不可信。言孔氏爲之《彖》《象》《繫辭》《文言》《序卦》之屬，亦無明據。《論語》但言"假我數年，五十以學《易》"而已。《易》學之成，與其講論問答，乃無所見。所謂《彖》《象》《繫辭》作於孔氏者，亦未敢從也，然《論語》既爲群弟子分別君子小人無所不盡，而《易》之象爲君子設者五十有四焉，《彖》《象》辭意勁屬，截然著明，正與《論語》相出入，然後信《彖》《象》《繫辭》爲孔氏作無疑。至所謂上下繫、《文言》《序卦》，文義複重，淺深失中，與《彖》《象》《繫辭》異，而亦附之孔氏者，妄也。

他對於上下繫所懷疑之點更說：

道者，陽而不陰之謂也。一陰一陽，非所以謂道也。歷考《詩》《書》正文，自堯、舜至文、武，君臣相與，造治成德，雖不爲《疏》以致敗，亦無依密以成功者。君臣不密，此論雜霸戰國之時事可也，去帝王遠矣。

……

易有太極，近世學者以爲宗旨秘義。按卦所象惟八物，推八物之義爲乾、坤、艮、巽、坎、離、震、兌，……獨無所謂"太極"

者，不知《傳》何以稱之也？

他對於《序卦》說：

按《上下繫》說卦，浮稱泛指，去道雖遠，猶時有所明。惟《序卦》最淺鄙，於《易》有害。按諸卦之名，以象取之，與文字錯行於世者少。聖人重複殷勤其詞以訓釋之，多至數十百言而未已，蓋其難明如此。今《序卦》不然，以是為天地萬物之所常有也，鱗次櫛比而言之，以是為鉛槧篆籀之常文也。

他對於《序卦》的批評，如："《序卦》：'物穉不可以養也'，物之穉者養，而壯者不養乎？'飲食必有訟'，飲食則曷為必有訟？《序卦》'訟必有眾起，故受之以師'；訟而有眾起乎？從起而後訟乎？'師必有所比'，師者不比之謂也。比則安能師？"對於這些所謂先聖之言，是毫不信任的。元、明兩代，疑《易》的有王中子，他說："《序卦》之義乖理淺，決非聖人之旨。"洪化昭亦云："若夫《說卦》《序卦》《雜卦》則非聖人之言。"王元美謂為漢河上公所增入者，理或然也。清代懷疑《十翼》的有姚際恒之《易傳通論》，但其說不傳。戴震雖是所謂正統派的經學家，但他在《周易補注目錄後語》中云：

武帝時博士之業，《易》雖已十二篇，然昔儒相傳，《說卦》三篇與今文《泰誓》同後出，《說卦》分之為《序卦》《雜卦》，故三篇辭旨不類孔子之言。或經師所記孔門餘論，或別有所傳述，博士集而讀之，遂一歸孔子，謂之《十翼》矣。

他是根據《論衡·正說》篇的"孝宣皇帝之時，河內女子發老屋，得逸《易》《禮》《尚書》各一篇"，及《隋志》的"秦焚書，《周易》獨以卜筮得存，唯失《說卦》三篇，後河內女子得之"，來斷定《說卦》《序卦》《雜卦》之不類孔子之言，然而他說辭旨不類，則是就內容說，不一定依據舊說，他也懷疑《十翼》的。其意見較佳者，則崔述在《洙泗考信錄》中云：

《世家》云："孔子晚而喜《易》，序《彖》《繫》《象》《說卦》《文言》。"由是班固以來諸儒之說《易》者，皆謂《傳》為孔子所作。至於唐、宋，咸承其說。余按：《春秋》孔子之所自作，其文謹嚴簡質，與《堯典》《禹貢》相上下；《論語》，後人所記，則其文稍降矣。若《易傳》果孔子所作，則當在《春秋》《論語》之間，而今反繁，而文大類《左傳》《戴記》，出《論語》下遠甚，何耶？《繫辭》《文言》之文，或冠以"子曰"，或不冠以"子曰"，若《易傳》果皆孔子所作，不應自冠以"子曰"字，即云後人所加，亦不應或加或不加也。孟子之於《春秋》也，嘗屢言之，而無一言及於孔子傳《易》之事。孔、孟相去甚近，孟子之表彰孔子也，不遺餘力，不應不知，亦不應知之而不言也。由此觀之，《易傳》必非孔子所作，而亦未必一人所爲。蓋皆孔子之後通於《易》者爲之，故其繁而文。其冠以"子曰"字者，蓋相傳以爲孔子之說，而不必皆當日之言。其不冠以"子曰"字者，則其所自爲說也。杜氏《春秋傳後序》云："汲縣冢中，《周易》上下篇，與今正同，別有《陰陽說》，而無《彖》《象》《文言》《繫辭》。疑於時仲尼造之於魯，尚未播之於他國也。"余按：汲冢《紀年篇》乃魏國之史；冢中書，魏人所藏也。魏文侯師子夏，子夏教授於魏久矣。孔子弟子能傳其書者莫如子夏，子夏不傳，魏人不知，則《易傳》不出於孔子，而出於七十子以後之儒無疑也。又按《春秋·襄九年傳》，穆姜答史之言，與今《文言》篇首略同，而詞小異。以文勢論，則於彼處爲宜。以文義論，則"元"即"首"也，故謂爲"體之長"，不遂以爲"善之長"。"會"者"合"也，故前云"嘉之會也"，後云"嘉德足以合禮"。若云"嘉會足以合禮"，則於文爲複，而"嘉會"二字亦不可解。"足以長人，合禮，和義，而干事，是以雖隨无咎。"今刪其下二句，而冠"君子"字於四語之上，則與上下文義，了不相蒙。然則是作《傳》者采之魯史，而失其義耳，非孔子所爲也。《論語》云："曾子曰：'君子思不出其位。'"今《象傳》亦載此文。果《傳》文在前歟？記者固當見之，曾子雖嘗述之，不得遂以爲曾子所自言；而《傳》之名言甚多，曾子亦未必獨節此語而述之。然則是作《傳》者，往往旁采古人之言以足成之，但取有合卦義，不必皆自己出。既采曾子之語，必曾子以後之人所爲，非孔子所作也。

他的理由實爲：(1)《易》之文詞不類《春秋》《論語》。(2) 不應或冠以"子曰"或不冠以"子曰"。(3)《孟子》不言孔子贊《易》。(4) 汲冢書中無《十翼》。(5)《文言》襲《左傳·襄公九年》文。(6)《象傳》用曾子語。這些議論都是很確當的。後來康有爲在《孔子改制考》中也說：

《十翼》之名，史遷父受《易》於楊何，未之聞，殆出於劉歆之說。按：《史記·孔子世家》有《文言》《說卦》，而無《序卦》《雜卦》。《漢·藝文志》亦無《雜卦》。《論衡·正說》："孝宣皇帝之時，河內女子發老屋，得逸《易》《禮》《尚書》各一篇，奏之宣帝，下示博士，然後《易》《禮》《尚書》各益一篇。"此說"《易》益一篇"，蓋《說卦》也。《隋志》云："及秦焚書，《周易》獨以卜筮得存，唯失《説卦》三篇，後河內女子得之。"《易》既以卜筮得存，自商瞿傳至楊何，以至史遷，未嘗云亡失，又未嘗有《序卦》《雜卦》。《論衡》以《説卦》出於宣帝時，則史遷所未睹，其爲後出之僞書，《孔子世家》爲僞竄可知。王充云"益《易》一篇"，《隋志》云"失三篇"，因河內後得之事，而附《序卦》《雜卦》，是《序卦》《雜卦》爲劉歆僞作。可見三篇非孔子作，明矣。《繫辭》，歐陽永叔、葉水心以爲非孔子作，考其辭，頻稱"子曰"，蓋孔子弟子所推補者，故史遷以爲《大傳》也。《彖》《象》與《卦辭》《爻辭》相屬，分爲上下二篇，乃孔子所作原本。歆以上下二篇，屬之演爻之文王，既不可通；因以己所僞作之《序卦》《雜卦》附之河內女子所得之事，而以爲孔子作十篇爲《十翼》；奪孔子所作而與之文王、周公，以己所作而冒之孔子，譸張爲幻，可笑可駭。

他又在《新學僞經考》中説：

> 至《説卦》《序卦》《雜卦》三篇，《隋志》以爲後得，蓋本《論衡·正説》篇"河內後得逸《易》"之事。《法言·内神》篇："《易》損其一也，雖桊知闕焉。"則西漢前《易》無《説卦》可知。揚雄、王充嘗見西漢博士舊本，故知之。《説卦》與孟、京《卦氣圖》合，其出漢時僞託無疑。《序卦》膚淺，《雜卦》則言訓詁，此則歆所僞竄，並非河內所出。宋葉適嘗攻《序卦》《雜卦》爲後人僞作矣。歆既僞《序卦》《雜卦》二篇，爲西漢人所未見。又於《儒林傳》云"費直徒以《彖》《象》《繫辭》十篇《文言》解説《上下經》"，此云孔氏爲之《彖》《象》《繫辭》《文言》《序卦》之屬十篇，又叙《易經》十二篇，而託之爲施、孟、梁丘三家，又於《史記·孔子世家》竄入"孔子晚而喜《易》，序《彖》《象》《説卦》《文言》"，顛倒眩亂，學者傳習，熟於心目，無人明其僞竄矣。

他是主張：其一，文王但重六爻，無作上下篇之事；以爲周公之作，更其後也。其二，《易》但有上下二篇，無十篇之説，以爲孔子作《十翼》，固其妄也（亦見《僞經考》）。他以爲《易》之上下篇爲孔子作，這雖然是的，但他能堅决地説文王、周公無作上下篇之事，孔子無作《十翼》之事，這兩種主張都是很正確的。孔子與《易》並不相干，《論語》上記録關於《易》的共有三則：

(A) 子曰：加我數年，五十以學《易》，可以無大過矣。（《述而》）

(B) 不恒其德，或承之羞。（《子路》）

（C）曾子曰：君子思不出其位。（《憲問》）

這三條與《易》似有關係的話，據《錢玄同答顧頡剛先生書》說：

> 關於《易》的雖有三則，但是三則不特不足以證明孔丘曾經贊《易》，而且反足以證明孔丘與《易》無關。（A）的文句，《魯論》與《古論》大異。今本出於鄭玄，鄭於此節從《古論》讀。若《魯論》，則作五十以學，亦可以無大過矣（見《經典釋文》）。漢高彪碑："恬虛守約，五十以學"，即以《魯論》。我以爲《論語》原文實是"亦"字，因秦漢以來有"孔子贊《易》"的話，故漢人改"亦"爲"易"以圖附合。……（B）只引《恒卦》的爻辭，也與贊《易》無涉。至於（C）曾參語，在《易》爲《艮卦》的大象，但多了一個"以"字，作"君子以思不出其位"，這明明是作大象者襲曾參語而加一"以"字，使與別卦大象的詞例一律。崔述曾據此以爲《象傳》出於孔丘以後之證。這豈非反足以證明孔丘與《易》無關嗎？

《易》與孔子無關，在《論語》中可以找到證明，由《易》的卦爻辭在周末尚無一定的寫本，《易》在荀子時尚不列入儒家的經典，都可以見孔子不惟未曾作過《十翼》，即康氏以孔子作卦爻辭，這也不能成立的。至於或以天道觀念、功利思想在《論語》中者與在《易傳》中不同，只足以證明《易傳》爲晚出，不足以爲《周易》晚出的鐵證，我們當從《易》的卦爻辭本身上着手，這才可以見出原來《周易》之完全當在於何時。各家所提出的疑問，不過使我們知道《易》的編定與伏羲、文王、周公、孔子無干而已。

第三節　《易》之時代

在上文中，我們從各家的論證看來，卦辭、爻辭不一定是文王、周公所作，《繫辭》《文言》出於孔子以後，《序卦》《說卦》《雜卦》本爲河內所得，其出更在宣帝以後。《彖傳》《象傳》，討論的人較少，但崔述等也以爲出於孔子以後，我們已可以大概知道經傳產生的年代了！不過卦辭、爻辭究竟是什麼時候才有的，什麼時候結集的？《彖》《象》兩傳與《繫辭》《文言》是同一時代的產物，還是各有先後？這些地方都應詳細加以討論。現在將《周易》按照內容和篇目，分爲四組，略考其年代如下：

（一）卦辭與爻辭

卦辭與爻辭，在舊日認爲文王、周公所作，在近代亦多以爲西周時代的產物,其實前者固已失之,而後亦未爲得也。在近多少年來,考證《周易》卦爻辭時代的文章,要以顧頡剛先生的《周易卦爻辭中的故事》一文及他的弟子李鏡池所作的《周易筮辭考》兩篇較好。顧先生作《周易卦爻辭中的故事》一文中推定卦爻辭的著作時代當爲西周的初葉。他是從積極的和消極的兩個方面做分析的:在積極方面,從卦爻辭中的:(1)王亥喪牛羊的故事;(2)高宗伐鬼方的故事;(3)帝乙歸妹的故事;(4)箕子明夷的故事;(5)康侯用錫馬蕃庶的故事。在消極方面,從卦爻辭中的:(1)沒有堯舜禪讓的故事;(2)沒有聖道的湯武革命的故事;(3)沒有封禪的故事;(4)沒有觀象制器的故事。證明《易》的卦爻辭是作於西周初年。他說:

> 所以,我們可以說:《易經》(即卦爻辭)的著作時代在西周,那時沒有儒家,沒有他們道統的故事,所以它的作者只把商代和商周之際的故事敘述在各卦爻中。《易傳》的著作時代至早不得過戰國,遲則在西漢中葉,那時的上古史系統已伸展得很長了,儒家的一套道統的故事已建設得很完成了,《周易》一部新書,加入這個儒經的組合裏,於是他們便把自己學派裏的一副衣冠罩上去了。(《古史辨》第三冊,頁二五)

他在結論中更說:

> 於是我們對於《周易》的經傳可以作大體的估量了。作卦爻辭時流行的幾件大故事是後來消失了的,作《易傳》時流行的幾件大故事是作卦爻辭時所想不到的:從這些的故事的有與沒有上,可以約略地推定卦爻辭的著作時代。它裏邊提起的故事,兩件是商的,三件是商末周初的,我們可以說,它的著作時代當在西周的初葉。著作人無考,當出於那時掌卜筮的官。著作地點當在西周的都邑中,一來是卜筮之官所在,二來因其言岐山,言岳,都是西方的色彩。這一部書原來只供卜筮之用,所以在《國語》(包括《左傳》)所記占卜的事中引用了多少次;但那時的筮法和筮辭不止《周易》一種,故《國語》所記亦多不同。此書初不爲儒家及他家所注意,故戰國時人的書中不見稱引。到戰國末年,才見於《荀子》書,比了《春秋》的初見於《孟子》書還要後。《春秋》與《易》所以加入《詩》《書》《禮》《樂》的組合而成爲六經的緣故,當由於儒者的要求經典範圍的擴大。(《古史辨》第三冊,頁四三)

他這一篇文章所提出的意見,可以使我們認識《易經》著作年代一個大概的輪廓。他在積極方面所舉出的故事雖確是殷周之際的,但是依我的意見看來，這不能斷定《易》的卦爻辭出於西周初葉，即如《楚辭·天問》篇有："該秉季德，厥父是臧，故終弊於有扈，牧夫牛羊?"《山海經·大荒東經》說："王亥託於有易，河伯僕牛。有易殺王亥，取僕牛。"《楚辭》與《山海經》都是春秋以後的作品，一樣地保存有較古的故事，《楚辭》的"該"即王亥，"有扈"是"有易"之誤（據王國維《殷卜辭中所見先王先公考》）。《易》卦爻辭保存有王亥喪牛羊的故事，這雖是顧先生的發見，然而還不能以此等故事之叙述，即爲其著作時代在西周初葉的鐵證。不過他所舉的幾個消極方面的證據，倒可以使我們相信《易》的時代不至於晚在春秋以後。但是在《左傳》《國語》中所記與今本《易》卦爻辭不同，足證《易》之有定本，其時間是更要晚些，這也是我們應當注意的。

顧頡剛先生的弟子李鏡池所作《周易筮辭考》中說：

我們讀《左傳》的筮辭，知道了三宗事情：

第一，《左傳》所載的《繇辭》，與今《易》略有不同，如"歸妹之睽"。"史蘇占之，曰：'不吉，其繇曰：士刲羊，亦無衁也。女承筐，亦無貺也。'"（僖十五年）今《易·歸妹·上六》是"女承筐無實；士刲羊無血。无攸利"。雖然所差甚微，但其有不同的地方可知也。

第二，《左傳》所載的《繇辭》與今《易》完全不同，如秦伯伐晉，卜徒父筮之，"……其卦遇蠱，曰：'千乘三去；三去之餘，獲其雄狐。'"（僖十五年）今《易·蠱卦》卦辭爲"元亨，利涉大川。先甲三日，後甲三日"。又，"晉侯將伐鄭……筮之，史曰，'吉，其卦遇復'，曰：'南國蹙，射其元王，中厥目。'"（成十六年）今《易·履卦》卦辭爲："《履》，亨。出入無疾；朋來無咎。反復其道，七日來復。利有攸往。"觀《左傳》所載，我們又不能承認它是一種《繇辭》。但它與今《易》完全兩樣。前人對於這個問題，無法解答，只好含糊的說，是"卜筮書雜辭"（杜注）；"是雜占之辭"（僖十五年《正義》引劉炫語）。若果我們把"現存的《周易》是完全無缺的"這種觀念、這種成見除去，我們就很可以承認那些《繇辭》就是《周易》里的"卦辭"的一部分。……《周易》是編纂而成的，其卦爻辭亦必很複雜。現存的樣式，難保不是經過第二次編纂。我們看《左》《國》筮辭無九六的名目，說它是經過第二次的編纂是很可能的事情。即不然，它也難保沒有遺漏。

第三，《左傳》所載，還有卜官筮時臨時撰辭。如，"成季之將生也,桓公使卜楚丘之父卜之。……又筮之。遇《大有》之《乾》,曰:'同復於父,敬如君所。'"(閔二年)又如,"穆子之生也,莊叔以《周易》筮之,遇《明夷》之《謙》。以示卜楚丘。曰,'是將行,而歸爲子祀,以讒人入,其名曰牛,卒以餒死'。"(昭五年)這些話很與卦爻辭有相近的地方。其實卦爻辭的原始也不過卜史作的與此相類的文章。我們雖不敢説《易》卦爻辭有後加的材料,而它總有竄入的可能;只是我們研究卦爻辭,還是保存很古的色彩,可以不必作這樣的懷疑。

他這一段話是來説明卦爻辭在秦火以前有遺佚的。他始終因爲"我們研究卦爻辭,還是保存很古的色彩",所以相信"卦爻的編纂年代當在西周初葉"。"不敢説《易》卦爻辭有後加的材料",雖然是覺得"它總有竄入的可能",然而"可以不必作這樣的懷疑"的。這種態度當然是很謹慎的。

據我的意見看來,卦爻既是編纂而成,它保存很古的色彩未必即爲其著作年代在西周初葉之確證,則其編纂年代實有許多可疑之點。現在我請提出六點來證明《易》之卦爻辭的產生應當是在東周初葉或者説是在春秋的時代。

1. 卦爻辭中有許多用"大人"字樣的,據郭沫若在《中國古代社會研究》中的統計,"大人"一詞,單舉的有十一處,大人與小人對舉的有一處。他説:"全經中合計大人十二處,君子十九處,小人十一處,大人可以和小人對舉,君子也可以和小人對舉,而大人不曾和君子對舉。但《革卦》九五'大人虎變',上六'君子豹變',雖不同爻辭,而對舉成文。虎強於豹,大約大人比君子還要強一點罷!"(該書頁五四)大人的字樣,不見於金文;在《詩》《書》中,用的也少(《尚書》中無)。只有《詩·小雅·斯干》中有:"大人占之,維熊維羆,男子之祥。維虺維蛇,女子之祥。"《小雅·無羊》中有:"大人占之,衆維魚矣,實維豐年。旐維旟矣,室家溱溱。"這兩首詩姑且承認其爲西周時詩,但是就其文義看來,"大人"決不是高於"君子"的階級,可見"大人"在西周尚非尊稱。但在《論語》中就不同了。《季氏篇》:"孔子曰:君子有三畏:畏天命,畏大人,畏聖人之言。小人不知天命而不畏也,狎大人,侮聖人之言。"大人的地位才比聖人高。然則《易經》中用了許多"大人",豈不明明告訴我們《易》卦爻辭的產生要在東周初葉或是春秋之世嗎?此其一。

2. 卦爻辭中還有兩處用"大君"。例如《師》上六的"大君有命,開國承家,小人勿用"。《履》六三的"武人爲於大君"。"大君"一詞,在《尚書》中無有,《詩經》中也無有。這不合於《詩》《書》之用詞,也是極可疑的。如《易》的卦爻辭爲西周初年所產生，則必當有影響，《詩》《書》亦當見之。而今兩書並無此詞，則亦足見《易》之卦爻辭的產生要在東周。此其二。

3. 卦爻辭所反映的社會也不像是由漁獵初進到農業的社會。在《蒙卦》六三説"勿用取女，見金夫，不有躬，無攸利"。這裏"金夫"一詞，表示有資財的人，其並非用土地等來表示財富，當然只可解釋擁有"金"一類資財或金屬貨幣的人。但是我們知道，在殷代及西周時代才開始使用貨幣，例如貝幣，然而這些貨幣使用的範圍並不甚廣泛。在《詩經·小雅·小宛》中説："交交桑扈，率場啄粟。哀我填寡，宜岸宜獄。握粟出卜，自何能穀？"《衛風·氓》篇上説"氓之蚩蚩，抱布貿絲"，可見當時尚未脱出自然經濟物物交換之域，即如許多賞賜，如：矢令簋之"姜賞令貝十朋"，《詩·小雅·菁菁者莪》"錫我百朋"，也都還在用貝，更可見金屬鑄的貨幣尚未流行。而《易》卦爻辭乃用"金夫"之詞以表示有産階級的個體，即便此人僅擁有大批"金"——銅和錫，但這豈是周初業所能有的現象？在國家壟斷采礦業、金屬冶煉業的條件下，"金"並未普及到民間，"金"作爲等價交換物還不夠現實，這起碼應是手工業、工商業相當發達以後的情景。從這一點看來，我們也立刻可以感覺到這是西周以後，工商業較發達，貨幣經濟也較發達才能有的現象，《易》卦爻辭所代表的社會很易見其正當在春秋之世的。此外，在《噬嗑》九四説"噬乾胏，得金矢"，同卦六五説"噬乾肉，得黃金"，《解》九二説"田獲三狐，得黃矢"，《姤》初六説"繫於金柅"。以得"金矢""黃金""黃矢"爲言，也是重"金"的現象。其時代已漸漸走入貨幣經濟時代，也可以由此得到一個旁證的。郭沫若在《中國古代社會研究·〈周易〉的時代背景與精神生産》（整理者按，後定名爲《〈周易〉時代的社會生活》）中，由爻辭：(1)"旅即次，懷其資，得童僕。"（《旅》六三）(2)"旅焚其次，喪其童僕。"（《旅》九三）(3)"億喪貝。"（《震》六二）這三條，説："資貝是當時的貨幣，資字亦從貝，金屬的貨幣尚未產生。"他這種推測正是由於估作《周易》是在西周初葉產生的緣故。其實由"旅即次，懷其資"看來，所表示的時代也並非領主經濟的現象，而有了一絲小農經濟萌芽的意味，這是頗可以想見的。而金屬的貨幣，在西周非可以產生，但就重金的現象看來，其現象是應該要晚於西周的。此其三。

4. 在《易·履》九二説："履道坦坦，幽人貞吉。"《歸妹》九二説："眇能視，利幽人之貞。"《蠱》上九説："不事王侯，高尚其志。"所謂"幽人"，所謂"不事王侯，高尚其志"，實在是有知識分子保持獨立人格，有了他們隱居生活而後才有的現象。郭沫若說："這（幽人）好像都是很有禮義道德的君子，不一定就是史巫，或者是所謂'不事王侯'的當時的智識階級罷。"他這話還未提出這是有了智識階級而且有了隱居生活的現象。這種現象，必不發生於周初，因爲當時的智識階級正是貴族，而這一般貴族正是支配着小百姓的，在政治上他們正得勢，沒有隱居的必要，在經濟上他們也未發生動搖，也沒有隱居的必要。這種現象，必到西周末葉或者東周之世，貴族逐漸沒落，"士"的階層逐漸被排擠出貴族行列，這樣才可以發生出來。我們固可以推測其爲西周中葉以後的情形，然而由其他證據看來，如《詩經》的二《雅》中無隱居生活的痕跡，這種智識階級過着隱居生活的現象是以發生在春秋之世者才逐漸爲多，《周易》有"幽人"等詞，實當是東周初葉以後才有的現象。此其四。

5. 在卦爻辭中，有許多是用韻的，而且有不少是很有詩意的。如：（1）《屯》六二："屯如，邅如，乘馬斑如；匪寇，婚媾。"（2）《賁》六四："賁如，皤如，白馬翰如；匪寇，婚媾。"（3）《離》卜四："突如其來如，焚如，死如，棄如！"（4）《離》九二："日昃之離，不鼓岳而歌，則大耋之嗟！"（5）《井》九三："井渫不食，爲我心惻；可用汲，王明，並受其福。"（6）《中孚》九二："鳴鶴在陰，其子和之。我有好爵，吾與爾靡之。"這些句子，不少繪影繪聲，亦哀亦怨之作，令我們讀來，或如讀《詩三百篇》或如讀屈原《離騷》，"鳴鶴在陰，其子和之"更是很好的比興的詩歌。這些詞句，能發生在西周的初葉嗎？我們只看在《詩三百篇》中比較的《周頌》，如：（1）《清廟》："於穆清廟，肅雝顯相。濟濟多士，秉文之德。對越在天，駿奔走在廟。不顯不承，無射於人斯。"（2）《維天之命》："維天之命，於穆不已。於乎不顯！文王之德之純。假以溢我，我其收之。駿惠我文王，曾孫篤之。"我們很可以感覺得到《周頌》的詞句比較地深奧拙劣，而《周易》中這些詞句是比較地淺顯進步。《周頌》的著作年代不能早於成、康，尚且如是之古奧拙劣；令人讀着如讀《詩三百篇》，如讀屈原《離騷》的《易》卦爻辭，其時代較晚，尤爲可知。我們說這些比興的詩歌，當成於東周初葉，實不爲過甚之談。

6. 由上文所引的各家之說，我們可以看出：（1）《周易》的文字在《左》《國》中有與今本不同者。（2）在《史記》《戰國策》中所引《易》的卦爻辭也與今本不同，例如：《史記·春申君列傳》引《易》曰："狐涉水，濡其尾。"《戰國策》作"狐濡其尾"，而今本《易·未濟》作"小狐汔濟，濡其尾"。（3）惠棟《易例》稱今本初九、初六、用九、用六等詞乃係漢人所加。（4）孔、孟諸子未曾見過所謂《周易》，所以有人說爻辭現在之形狀，或成於漢初之時。則我們亦可由此推知《易》的爻辭實非完成於西周初葉，因爲，如果卦爻完成或於西周初葉，則①在春秋之世，早有相當的定本，何須卜筮之人自撰繇辭，如：《左傳·閔公二年》的"同復於父，敬如君所"；《國語·周語》的"配而不終，君三出焉"。何以在《左》《國》中竟有完全不同於今本的繇辭，如：《左傳·成公二年》的"千乘三去，三去之餘，獲其雄狐"；《成十六年》的"南國蹙，射其元王，中厥目"。②《易》的卦爻辭，也頗多與儒家思想相合的，如早有相當的定本，則博學而無所成名的孔子，平時極注重文獻的，何以竟不提及？直到荀子之時，還未作爲儒家的經典呢？這些也可以使我們很明白地看出《周易》的撰著，不過在東周初葉，所以在春秋時，尚無定本出來，引用不免有些出入，有時還須自撰繇辭，博學如孔子者尚不自知，至東周末尚不爲儒家所重。如早成於西周初葉，其影響所及必不同。

　　要之，我們由卦爻辭之用詞如"大人""大君"等之不合於《詩》《書》，由卦爻辭之時代背景之接近東周的情形；由卦爻辭之思想和文學之非西周的產物；由卦爻辭之定本或成於漢初之時，都可想見其著作年代不當在西周初葉而當在東周初葉。郭沫若在《中國古代社會研究》中以《易》爲西周初葉的作品，但他在《金文叢考》中則亦改變其意見。他說：

　　　　卦象宜於作花紋圖案，然於彝器之花紋中絶未有見。基本二卦之乾、坤二字，亦爲金文所絶無。金文無與天對立之"地"字，天地對立之觀念事當後起，則乾坤對立之觀念亦當後起矣。且《易》之爲書，雖詭譎悖謬，然其本身亦有其固有之系統，乃於著述意識之下所構成之作品，與古代自然發生之書史不類。其經部之成，或在春秋以後，即孔子亦必未即見。《論語·述而》："子曰：加我數年，五十以學《易》，可以無大過矣。"釋文出"學《易》"二字，云"魯讀《易》爲亦，今從古"。阮元云："魯論作亦，連下句讀。"惠棟云："《外黃令高彪碑》云：'佸虛守約五十以學。'此從魯論亦字連下讀也。"字之當爲易爲亦雖無究極之證據，然以理推之，則作亦者爲近是。蓋如本是易字則學易正極現成，《魯論》何必破字以讀之？《易》雖至難，古人讀書亦雖至不易，以好古敏求發奮忘食自鳴之孔子，何至有學《易》之心，尚須加之數年，至五十始着手耶？余意《易》之經傳均孔門弟子所爲，傳之作尤在經後，晉時魏襄墓所出竹簡，有經無傳，即其證。錄《論語》者偶以音同誤亦爲《易》，記《易》者遂造爲說辭謂孔子晚年讀《易》韋編三絕也。（該書頁四六）

他在這裏說《易》"經部之成，或在春秋以後""《易》之經傳均孔門弟子所爲"，這尚待詳查。他這一說頗足證我所見《易》之著作年代不當在西周初葉而當在東周初葉。但是，我以爲其中無堯、舜禪讓的故事，無湯、武革命的故事，似乎不至於晚於春秋之世的。不過卦爻之辭的原文，既作之者當非一人，其結集而成爲今本，則必在漢初的。

（二）彖傳與象傳

在上文中，我們從各方面研究，知道在荀子時《易》尚不爲儒家之經典，在戰國末卦辭與爻辭並無定本，則《彖傳》與《象傳》的著作年代不能早於戰國末年，我們已可由此知其消息。據李鏡池《周易探源》説：

> 我們研究《彖》《象》二傳，比較其思想與釋典之法，很有不同的地方，我們斷定它決不出於一人之手。……原來這兩篇傳是兩個人作底，——至少是兩個人。一個在前，作了《彖傳》，解釋六十四卦與其卦辭。《彖》的意思與《象》相同，《繫辭傳》説："彖者，言乎象者也。"它解經之法，着重於卦的爻位之象與卦底取象，所以它用了個與象字同義的彖字。它所以不兼釋爻辭的緣故，或許是以爲有這全卦的總解釋就夠了。用不着再去每爻作傳。到了《象傳》作者出來，看見《彖傳》只解卦辭，以爲不是完全之作，於是采用《彖傳》的方法，把爻辭也解釋了。……《彖傳》注重解釋卦意、卦辭，雖間或插入一兩句議論，並不是有意安排，只是觸機而發。《象傳》便不同了，他解釋《爻辭》是一套，他在每卦之下發揮的議論又是一套：是很有系統很有組織的一種作法。其格式是"君子以……""先王以……"或"后以……"，其範圍不出倫理、政治兩方面。這樣整齊的文章，顯然是較後的寫作。《彖》《象》二傳的著作年代，最早不出於戰國末，最遲不到漢宣帝。大概以作於秦漢間爲最可能。秦皇不是行愚民政策，焚書坑儒嗎？只有《周易》以卜筮之書沒有殃及，儒家既把它尊爲經典，所以在這獨存而不禁的書上做功夫，把儒家思想附存上去。那時的作品，當不祇這兩傳，不過這是幸存的完整的兩篇，其餘像《文言傳》乾卦四段文字中"'潛龍勿用'，下也"，及"潛龍勿用，陽氣潛藏"兩段，跟《象傳》很相近，恐怕也是同時代作品。只是散亡殆盡，就是西漢人也無從搜集了。

他這裏由《彖傳》與《象傳》比較其思想與釋經之法很有不同的地方，斷定其"不出於一人之手"，"《彖》《象》二傳的著作年代，最早不出於戰國末，最遲不到漢宣帝，大概以作於秦漢間爲最可能"，這種意見是正確的。他以《象傳》比較《彖傳》，顯然是較後的寫作，據我個人的看來，則以爲問題尚不如是之簡單。

1.《繫辭傳》説："彖者言乎象者也。"《象傳》解經"着重於卦的爻位之象典卦的取象",《彖傳》既着重在象,它爲什麽不采取"象"這個名稱,而反用這一個比較晦澀的"彖"這個名稱?由它的命名看來,似乎《象傳》發生在前,《彖傳》的作者爲避免雷同起見,才用了個與"象"字同義的"彖"字。

2.《彖傳》與《象傳》之釋經之法,其不同的地方,是《彖傳》有釋卦義的詞句,如:"師,衆也""離,麗也""咸,感也"之類,而《象傳》則没有。《彖傳》較之《象傳》方法多了一種,而且着重訓詁,都是比較晚的現象。

3. 在李鏡池《周易探源》中已説過:"其實,《彖傳》之解《易》,雖然模仿了《象傳》,但它對於象位等,却没有《象傳》作者高明。……它没有像《象傳》作者把全卦爛熟胸中,把卦辭解釋無遺。它雖然有意模仿《象傳》,可惜學力未到。"《彖傳》不如《象傳》,恐怕《彖傳》之解《易》是比較進步之作,其出現要在《象傳》以後。

4.《彖傳》作者並不是純粹的儒家,他可以説"大哉乾元,萬物資始,乃統天""至哉坤元,萬物資生,乃順承天""雷雨之動滿盈,天造草昧""天地解而雷雨作,雷雨作而百果草木皆甲坼"等自然主義之哲學。他可以説"天地以順動,故日月不過而四時不忒;聖人以順動,則刑罰清而民服",跡近無爲主義的思想。《彖傳》的作者確是多多少少受過道家的影響的。儒、道思想之交流,是以在漢初較盛,據這一點看來,《彖傳》也似乎較晚些。不過,《象傳》對於爻辭的解釋,頗依爻辭的文句來解,而對於卦辭則不然,似乎小《象》爲一人所作,大《象》又爲一人所作,大《象》之不依卦辭作解釋,似乎是見有《彖傳》而後才如此,而《荀子·大略》篇引《易》的有一處接近於《彖傳》,又似乎《彖傳》先於《象傳》。二者之先後,實疑明能明。要之,《彖傳》與《象傳》,由《彖傳》之頗受道家影響,其著作年代,與其説在秦漢間,不如説在西漢之初,更覺適合的。

(三)《文言》的繫辭

《文言》的著作時代大約晚於《彖傳》《象傳》而早於《繫辭》。文言有解釋《象傳》的,例如乾卦。《象傳》説:"潛龍勿用,陽在下也。"《文言》則説:"潛龍勿用,下也。""潛龍勿用,陽氣潛藏。"這是很明顯地依據《象傳》爲説。其解釋《彖傳》的,例如乾卦《彖傳》説:"大哉乾元,萬物資始,乃統天。雲行雨施,品物流形。大明終始,六位時成,時乘六龍以御天。乾道變化,各正性命,保合大和,乃利貞。"《文言》則説:"乾元者,始而亨者也。利貞者，性情也。乾始能以美利利天下，不言所利，大矣哉！大哉乾乎，剛健中正，純粹精也。六爻發揮，旁通情也。時乘六龍，以御天也。雲行雨施，天下平也。"這裏許多解釋都是《彖傳》之説。從這兩點看來，可知《文言》作者確曾見過《彖傳》與《象傳》。在《繫辭上傳》説："參伍以變，錯綜其數，通其變，遂成天地之文；極其數，遂定天地之象。"在《繫辭下傳》説："夫易彰往而察來，而微顯闡幽，開而當名辨物，正言斷辭則備矣。其稱名也小，其取類也大。其旨遠，其辭文，其言曲而中，其事肆而隱。"所謂"通其變，遂成天地之文"，所謂"其旨遠，其辭文"都是因有《文言》而後有的解釋。《繫辭下傳》中有伏羲、神農觀象制器的故事，這種現象，在《文言》中沒有其痕跡；是《文言》之作，必在繫辭之前。《文言》的著者亦未必爲一人。乾文言、坤文言繁簡不同，對於卦《爻辭下》以解釋的次第也不同，這也很顯而易見的。至於《繫辭》，則顧頡剛先生在《周易卦爻辭中的故事》也告訴我們，《繫辭傳》中："古者庖犧氏之王天下也……於是始作八卦，以通神明之德，以類萬物之情。作結繩而爲罔罟，以佃以漁，蓋取諸離。庖犧氏没，神農氏作，斲木爲耜，揉木爲耒，耒耨之利，以教天下，蓋取諸益。……神農氏没，黃帝、堯、舜氏作，通其變，使民不倦……黃帝、堯、舜垂衣裳而天下治，蓋取諸乾坤……"這些觀象制器的故事，是"《繫辭傳》襲用《淮南子》之文而改變其議論的中心"。他在《論〈易‧繫辭傳〉中觀象制器的故事》一文中更説：

> 《繫辭傳》中這一章，它的基礎是建築於説《卦傳》的物象上的，是建築於九家《易》的互見和卦變上的。我們既知道《説卦傳》較《象傳》爲晚出，既知道《説卦傳》與孟、京的《卦氣圖》相合，又知道京房之學是記之於孟氏的，又知道京房是漢元帝時的人，那麼，我們可以斷説：《繫辭傳》中這一章是京房或京房的後學們所作的，它的時代不能早於漢元帝。

《繫辭》這一章爲京房之學所竄亂，但其全文似乎早就有的。司馬談《論六家要指》説引《易‧大傳》："天下一致而百慮，同歸而殊途。"董仲舒《對策》引："《易》曰：'負且乘，致寇至。'乘車者，君子之位也；負擔者，小人之事也。此言居君子之位而爲庶人之行者，其患禍必至也。"《韓詩外傳》卷三引《易》曰："易簡而天下之理得矣。"則在漢武以前，早已有了《繫辭》，不過尚未名爲《繫辭》，而且未必有了定本。所以這一篇也不能估計其時代過早，必在有了《彖》《象》以後才能發生的。

(四)《説卦》《序卦》《雜卦》

這篇在戴東原已説：《説卦》三篇與今文《泰誓》同後出，《説卦》分之爲《序卦》《雜卦》，故一篇詞旨不類孔子之言，或經師所記孔門餘論。康有爲則更謂"《説卦》與孟、京《卦氣圖》合，其出漢時無疑，《序卦》膚淺，《雜卦》則言訓詁，此則歆所僞竄"。這兩説在錢玄同《讀漢石經〈周易〉殘字而論及今文〈易〉的篇數問題》一文中説：

> 康氏謂"《序卦》膚淺"，誠哉其膚淺也；然意義膚淺，不能作爲劉歆僞造之證。劉歆造了許多僞經，固是事實，然其學實不膚淺；膚淺之評，惟彼焦、京之徒適足以當之耳。《雜卦》仍是説明卦義，與《説卦》《序卦》性質相同，與訓詁之方法根本有異；説它'言訓詁'，實在不對。即使言訓詁，亦不能斷爲劉歆所作。

他是主張："《説卦》以下三篇系西漢中葉所僞作，出現之後，即繋之三家《易》本經之後。"錢氏此種論斷，在我們看來，實比較妥帖。《説卦》等三篇的著作年代，實當在西漢中葉以後，劉向、劉歆著《七略》以前。因爲如説《序卦》《雜卦》爲劉歆所僞作，則《七略》與《漢志》必記在所謂十二篇以內；如説是東漢人所僞造，則在東漢時忽然增入二篇，必有記載流傳。東漢時增入此二篇，既無記載可憑，則這兩篇自是產生在西漢中葉以後。不過，《論衡》説河內女子發老屋得逸《易》《禮》《尚書》各一篇，《隋志》説唯失《説卦》三篇，我們當信《論衡》之説，在漢宣時，只增多了一篇《説卦》。至於《序卦》《雜卦》，其出恐稍在後。因爲《序卦》《雜卦》，究竟不與《説卦》相同，《序卦》好像是《易》的目錄，《雜卦》是多少帶有一點訓詁的意味的，不能與《説卦》並爲一談。我疑這兩篇本是附在《易傳》之後。原來所謂《易傳》，其篇數計算，本未確定，《周易正義》云："但數《十翼》，亦有多家。"可見篇數的計算，本是異説紛紜的。《周易正義》云："一家數《十翼》云：《上彖》一，《下彖》二，《上象》三，《下象》四，《上繋》五，《下繋》六，《文言》七，《説卦》八，《序卦》九，《雜卦》十。鄭學之徒，並同此説。"《序卦》《雜卦》列入十篇之中，當不過是一派的算法。(《史記正義》謂："上彖，卦下辭；下彖，爻卦下辭。""上象，卦辭；下象，爻辭。"此亦一家數《十翼》異説) 其實目錄式的《序卦》，訓詁式的《雜卦》，或如他書之序，不在正篇之內。《序卦》已是最後一篇了，《雜卦》或者更是附錄。則劉歆時，才列入十二篇之中，亦未可知。從《爾雅》無關於《易》的訓詁這一點看來，似乎《雜卦》這一篇劉歆以前本就有了，所以《爾雅》不爲《易》作訓詁。我們不可因《雜卦》之名《漢書》不載，東漢諸書也沒有稱引，而遂疑心宣傳孔子作《十翼》的劉歆與班固之流未必見到過它。

第六章
《春秋》之起源與編訂

第一節　《春秋》之起源

　　《春秋》本是魯國的史書，經過孔子筆削而成的。在《孟子》書中，一則曰："孔子懼，作《春秋》。"再則曰："王者之跡息而《詩》亡，《詩》亡然後《春秋》作。""《詩》亡"這兩個字，無論解釋爲二《雅》或《國風》之亡，其時代都要在春秋中葉（詳前），如以爲《春秋》是起源於《詩》亡以後，這似乎未必得其真，而其時代似乎太晚。《漢書·藝文志》："古之王者，世有史官，君舉必書，所以慎言行，昭法式也。左史記言，右史記事，事爲《春秋》，言爲《尚書》。"這是不依《孟子》之說，而以《春秋》之作，自古就有的。這更不合乎實際的情形，與《孟子》所說的相距太遠了！關於《春秋》之起源，在前人多信奉《孟子》或《漢志》之說，例如劉知幾《史通·六家篇》說："《春秋》家者，其先出於三代。案《汲冢瑣語》記太丁時事，目爲夏殷春秋。孔子曰：'疏通知遠，《書》教也；屬辭比事，《春秋》之教也。'知《春秋》始作，與《尚書》同時。……又案《竹書紀年》，其所記事，皆與魯《春秋》同。《孟子》曰：'晉謂之《乘》，楚謂之《檮杌》，而魯謂之《春秋》，其實一也。'然則《乘》與《紀年》《檮杌》，其皆《春秋》之別名者乎？故《墨子》曰：'吾見百國春秋。'蓋指此也。"這是用《漢志》之說的。章學誠《文史通義·書教》上篇說："《孟子》曰：'王者之跡息而《詩》亡，《詩》亡然後《春秋》作。'蓋言王化之不行也，推原《春秋》之用也。不知《周官》之法廢而《書》亡，《書》亡而後《春秋》作，則言王章之不立也，可識《春秋》之體也。"這是用《孟子》之曰的。近來的人，有的談到《春秋》的起源，仍因襲《漢志》的意見，以《春秋》爲編年之史，"其起或在商代"。因爲王國維說，"卜辭言王亥者九，其二有祭日，皆以辛亥。與祭大乙用乙日，祭大甲用甲日同例。是王亥確爲殷人以辰爲名之始，猶上甲微之爲以日爲名之始也"。然觀殷人之名，即不同日辰者，亦取於時爲多。"自契以下，若昭明，若昌，若冥，皆含朝暮明晦之意。"而王恒之名，亦取象於月弦。是以時爲名或號者乃殷俗也。夏后氏亡，以日爲名者，有孔甲，有履癸，要在王亥及上甲之後矣。根據王氏之說，可知殷人之俗，最重乎天時，而且既知利用辰以記名號，則次列年月以記大事，亦非不可能。說是："編年之起，高談虞夏，誠不敢信，下託周公，亦未必然，謂爲出於殷史，而美備於周代，則庶乎近之。"但是由殷代流傳下來的文獻與近今發現的實物看來，編年的記載，固非不可能，然而是沒有確切的證明。郭沫若在《金文叢考·金文所無考》中說："金文紀年月日辰之例甚多，記時之例僅一見，秦商鞅量是也。'十八年齊德（遣）卿夫夫衆來聘。冬十二月乙酉大良造鞅爰積十六尊五分尊之一爲升。'十八年乃秦孝公十八年，當周顯王二十五年，已是晚周之器矣。器之屬於中周者所未見，即屬於春秋時代者亦所未見。……甚至如春秋二字及以春秋爲形聲之字亦所絕無。"又說："殷人月行三分制爲旬。周人月行四分制，爲初吉，爲既生霸，爲既望，爲既死魄。卜辭凡言'貞旬亡田'之例多至不可勝舉，周金文凡言初吉、既望、生霸、死霸之例亦不可勝舉。然有異者，則晦朔所未見。"據他這裏所說看來，似乎"《春秋》編年，四時具然後爲年"，"年有四時，故錯舉以爲所記之名"，以及《春秋》書晦，都不是早有的現象。這兩種說法，依我看來，都不甚正確。因爲殷代雖利用干支來作名號，但是次列年月以記大事，在《尚書》中，沒有這種跡象。如若是有，則不當在幾篇真的《尚書》中完全找不到痕跡的。如說"《尚書》未析出之前，無容更編年月，既析出之後重在謨訓，亦不待編年而明"，這是一種遁詞。《尚書》是在什麼地方析出的，有什麼證明？爲什麼不待編年而明？難道我們讀着《尚書》能明瞭其爲哪一年所作嗎？我們由《尚書》之不編年，不次年月以記大事，正可以見在《春秋》以前還未必有編年史。即如流傳下來的《竹書紀年》以及《史記·十二諸侯年表》，都是有了《春秋》以後所著述，他們所依據的材料，是否如同《春秋》一樣，逐年編次還是同題？謂爲出於殷史，而美備於周代，是從"非不可能"說起，然而毫無事實足憑，說殷代就有編年史，終是毫無根據之談。至於以金文中無春秋晦朔的字樣來說《春秋》之晚起，則在《詩三百篇》之中，頗有春秋晦朔等字，完全以金文爲憑驗，在古器物多已佚亡的今日，只憑所已發現流傳者而論，恐怕證據也還薄弱。依我的意見看來，我們要談《春秋》的起源，還只有依據《孟子》來看，《孟子》說："王者之跡息而《詩》亡，《詩》亡然後《春秋》作。"這一"作"字，恐指"孔子懼而作《春秋》"而言，孟子是認爲《春秋》是孔子作的，在孔子時，像《詩三百篇》那樣的詩是沒有了的，所以說"王者之跡息而《詩》亡，《詩》亡然後《春秋》作"。但是孟子曾說："晉之《乘》、楚之《檮杌》、魯之《春秋》，一也。其事則齊桓、晉文，其文則史。孔子曰：'其義則丘竊取之矣。'"由《乘》《檮杌》與《春秋》之"一也"，及"其事則齊桓、晉文"看來，大概在周東遷以後，各國史記即發達，編年史的體裁，也因之而興起，由《孟子》看是如此的。再就《史記》來看，司馬遷在《三代世表序》說："五帝、三代之記，尚矣。自殷以前，諸侯不可得而譜，周以來乃頗可著。"又說："余讀諜記，黃帝以來，皆有年數，稽其曆譜諜，終始五德之傳，古文咸不同，乖異。"可見殷代沒有編年之史，所以自殷以前，諸侯不得而譜。而所謂"諜記"，雖皆有年數，然而也不是編年體。他在《十二諸侯年表序》上又說："曆人取其年月，數家隆於神運，譜諜獨記世諡，其辭略，欲一觀諸要難。"也不見自周便有編年史的跡象。即如所謂"共和"，在《史記》解釋爲"以宣王少，大臣共和行政"；在《竹書紀年》，"共和"則爲"共伯和"，究竟很難斷定孰是孰非。在西周如有編年的史文流傳，恐怕不當傳聞失實，相去至如是之遠罷！《史記·十二諸侯年表》雖起自共和，在春秋前一百一十九年，然而記事大抵仍甚簡略，在春秋以前的，只有記晉稍詳，或源出於晉《乘》。我們縱不能即言晉《乘》、楚《檮杌》、魯《春秋》爲編年史之起源，然而由《史記》那兩篇序文看來，這種編年史的興起也不是過於早的。至於《春秋》之成爲今日的《春秋》，當然是經過孔子的筆削，我們也不能說至孔子時才有編年的史記的。

第二節　《春秋》之"筆削"

《春秋》本是魯史，經過孔子"筆削"而成。但是孔子做這樣一件事情，在《論語》上並未曾提過；到了《孟子》才行提出。自來的學者，都沒有異議。即如以疑古爲能事的人，如姚際恒、崔述之流，也都是擁護孔子作《春秋》之說的。崔述說："《春秋》孔子之所自作，其文謹嚴簡質。"都在積極方面承認《春秋》爲孔子所作。開始懷疑孔子不修《春秋》的要算錢玄同先生。他在《努力增刊·讀書雜志》第十期（1923年6月10日）的《答顧頡剛先生書》（此文今收入《古史辨》第一冊中）中以爲《論語》中無記載關於《春秋》之事，他說：

　　《論語》之中……關於《春秋》的話，簡直一句也沒有。"答子張問十世"和"答顏淵問爲邦"兩節，今文家最喜徵引，說這是關於《春秋》的微言大義，但我們仔細讀這兩節話，覺得真是平淡無奇，一點也看不出是什麼"非常異義可怪之論"，而且《春秋經》《公羊傳》《春秋繁露》中也並沒有和這兩節相同或相近的話。這樣一件大事業，《論語》中找不出一點材料來，不是極可疑的嗎？
又説：

　　《春秋》，王安石（有人説不是他）説它是"斷爛朝報"，梁啓超説它像"流水賬簿"，都是極確當的批語。孟軻因爲要借重孔丘，於是造出"《詩》亡而後《春秋》作，孔子《春秋》成而亂臣賊子懼"的話，就這部"斷爛朝報"，硬説它有義，硬説它是天子之事。……

　　從實際上説，六經之中最不成東西的是《春秋》。但《春秋》因爲經孟軻底特別表彰，所以二千年中，除了劉知幾以外，没有人敢對它懷疑的。孟軻是第一個講"道統"的人，他底全書底末章，由堯、舜、湯、文王、孔子叙到他的時候，明明有"獨力肩道統"的意思。他全書中講到《春秋》，共有三處：

　　A. 孟子曰："世衰道微，邪説暴行又作，臣弒其君者有之，子弒其父者有之，孔子懼，作《春秋》。《春秋》，天子之事也，是故孔子曰：'知我者其惟《春秋》乎！罪我者其惟《春秋》乎！'……孔子成《春秋》而亂臣賊子懼"。（《滕文公下》）

　　B. 孟子曰："王者之跡熄而《詩》亡，《詩》亡然後《春秋》作。晉之《乘》，楚之《檮杌》，魯之《春秋》，一也。其事則齊桓、晉文，其文則史；孔子曰：'其義則丘竊取之矣。'"（《離婁下》）

　　C. 孟子曰："春秋無義戰。"（《盡心下》）

　　B的話實在不通，《詩》和《春秋》的系統關係，無論如何説法，總是支離牽强的。我以爲這三則都是孟軻要將自己底學説依託孔丘，正與朱熹自己底格物窮理説和王守仁自己底致良知説要依託《大學》同樣心理。他要辟楊墨，爲了他們是"無君無父"的學説，所以有A説；他是貴王賤霸的，所以有B説；他是説"善戰者服上刑"的，所以有C説。A底後面，有"吾爲此懼，閑先聖之道"和"我亦欲正人心，息邪説，距詖行，放淫辭，以承三聖者"等語，則依託孔丘以肩道統之意昭然若揭了。前人講《春秋》，很相信孟軻的話，很不相信孫復的《春秋》尊王發微的話。其實照孟軻的意思，必須像孫復那樣講法才能圓滿的。（《古史辨》第一册）

　　他這一封書中，雖説孔丘無删述或制作"六經"之事，但他對於"孔子作《春秋》"之説，亦不過認爲"可疑"而已。整個的"六經"當然不是孔子删述或制作，但是以孔子與《春秋》毫無關係，而對於《孟子》的説法一概抹煞，這也是不盡然的。錢先生在1925年10月14日《北京大學研究所國學門周刊》中又發表他的《論春秋性質書》説:"以爲此書只有兩個相反的説法可以成立。(一) 認它是孔二先生的大著……(二) 認定是歷史。……"他説:"我近年來主張後一説的。但又以爲如其相信孔子作《春秋》之説,則惟有依前一説那樣講還有些意思。"他對於《春秋》是否爲孔子所作,實是疑莫能定。他在1931年5月《北平師範大學國學叢刊》一卷二期所發表的《左氏春秋考證書後》,更由鐘鼎款識以及《春秋》本身,斷定《春秋》是經過"筆削"。他説:

> 《春秋》一定是一部託古改制的書。你看它對於當時的諸侯各國,稱某某爲公,某某爲侯,某某爲伯,某某爲子,某某爲男,用所謂"五等封爵"也者把他們都限定了,不能隨便亂叫。今取鐘鼎款識考之,知道全不是那麼一回事;原來"王、公、侯、伯、子、男"六個字都是國君的名稱,可以隨便用的。然則《春秋》中那樣一成不變的稱謂,一定是儒家"託古改制",特地改了來表示"大一統"和"正名"的理想的。又如"公子慶父如齊""齊仲孫來""公朝於王所""天王狩於河陽""孟子卒",等等,都是用特殊的"書法"以明"義",不是普通記載事實的態度。所以《春秋》的原本雖是魯國的真歷史,但經"筆削",則事實的真相一定改變了許多,斷不能全認爲史料。

他這裏説,"《春秋》一定是一部託古改制的書",有許多"都是用特殊的'書法'以明'義',不是普通記載事實的態度","所以《春秋》的原本雖是魯國的真歷史,但經'筆削'……斷不能全認爲史料"。他這種意見,即不認《春秋》是一部歷史而是孔二先生的大著。他本人也曾對我説過,當他説《春秋》與孔丘毫無干係時候,不過是有爲而發,也不一定主張孔子未曾"筆削"過《春秋》。不過在他發表《答顧頡剛先生書》後,有許多人直以爲孔子未曾筆削《春秋》。其實這種意見是完全不正確的。現在我請提出八證以明《春秋》之必經孔子之"筆削":

1. 從《孟子》書來看,孟子曾説:"由孔子而來至於今,百有餘歲,去聖人之世,若此其未遠也,近聖人之居,若此其甚也。"(《盡心下》)孟子距離孔子時世與鄉里都極相近,他説:"孔子懼,作《春秋》。""晉之《乘》、楚之《檮杌》、魯之《春秋》,一也。其事則齊桓、晉文,其文則史。孔子曰:'其義則丘竊取之矣。'"他説的話,我們很難完全不信。而且,孟子的弟子公孫丑曾問孟子説:"昔者竊聞之:子夏、子游、子張皆有聖人之一體,冉牛、閔子、顏淵則具體而微。敢問所安?"孟子曰:"姑舍是。"(《公孫丑上》)孟子的志願是："乃所願，則學孔子也。"（《公孫丑上》）他對於孔門的大弟子如顏淵、閔子騫、冉伯牛、子夏之流，都是看不起的。假如《春秋》未經孔子"筆削"，而是孔門弟子或其他的人物所假託的，他決不會認定地説："孔子懼，作《春秋》。"他距離孔子的時間與地域都很相近的，如若有人僞託，他也不應該不知道，而且屢屢地以爲孔子作《春秋》。所以孟子的話，在其他方面，縱有不可信的地方，然而關於《春秋》，我們是不容不信的。此其一。

2. 從《荀子》書來看。《荀子·勸學》篇説："《禮》之敬文也，《樂》之中和也，《詩》《書》之博也，《春秋》之微也，在天地之間者畢矣。"又説："《禮》《樂》法而不説，《詩》《書》故而不切，《春秋》約而不速。"荀子在此篇認儒家之業只有《詩》《書》《禮》《樂》《春秋》，絶不及《易》。從"在天地之間者畢矣"一語看來，可見《荀子》是頗得當日之實情的；《荀子》所説《春秋》之"微"與"約"，又正合"《春秋》推見以至隱"的要旨；足見《春秋》在當日已成爲儒家的經典，而其"微言大義"在當日已有了傳授。荀子晚於孟子不過數十年，又在齊曾三爲祭酒，距離孔子時世、里居也不甚遠，如《春秋》果非孔子所"筆削"，他應當一反《孟子》之説的。我們知道，《荀子》的《非十二子》篇是包括攻擊子思、孟軻的，"案往舊造説，謂之五行，甚僻違而無類，幽隱而無説，閉約而無解，案飾其辭而祇敬之曰：'此真先君子之言也。'子思唱之，孟軻和之，世俗之溝猶瞀儒嚾嚾然不知其所非也，遂受而傳之……"。如若"孔子懼，作《春秋》"是子思、孟軻僞託之言，荀子是必定加以攻擊。又，《非十二子》篇説："是子張氏之賤儒也……是子夏氏之賤儒也……是子游氏之賤儒也。"荀子是一樣地看不起孔門弟子，如若《春秋》不是孔子所"筆削"，而是孔門弟子或孔子再傳弟子所僞託，荀子距離孔子的時間與地域都很相近，必不至即以《春秋》爲儒家之經典而加以崇奉的。故由《荀子》看來，一方面足證《孟子》之言爲可信，一方面也可足證《春秋》爲孔子"筆削"之説爲可信。

3. 從《春秋》的内容看，《春秋》原本是魯國的史記，在《公羊傳·莊公七年》説："不修《春秋》曰，'雨星不及地尺而復'，君子修之曰，'星霣如雨'。"《公羊傳》也是以爲《春秋》有原本的。但《春秋》的原本是歷史，而《春秋》則是一部託古改制的書，錢先生説得好："你看它對於當時的諸侯各國……用所謂'五等封爵'也者把他們都限定了，不能隨便亂叫。今取鐘鼎款識考之，知道全不是那麽一回事……又如'公子慶父如齊，齊仲孫來''公朝於王所''天王狩於河陽''孟子卒'等等，都是用特殊的'書法'以明'義'，不是普通記載事實的態度。"我們再看《春秋》中只用'王正月'

'王二月''王三月'而不像鐘鼎文中,連王九月、王十月、王十二月都有,這可見《春秋》的體例,確是經過一番整理,不是如後人所譏的"斷爛朝報"。據文法的統計看來,《春秋》中所用之"于",無一字與"於"相混,不像戰國時的作品。而其中所含的思想確具有正名的意思,可確知其出於孔子,或略後於孔子之人,不是前於孔子或孔子同時之史官所爲。不過就《孟子》看,如《春秋》非孔子所爲,孟子必不至於許爲孔子所作。而據《公羊傳·定公元年》説:"定、哀多微辭,主人習其讀而問其傳,則未知己之有罪焉爾。"是《春秋》有譏切時事的地方,不像晚於孔子之人所爲。就《春秋》的時代背景看來,也不像晚於孔子的人所作的。這樣看來,《春秋》既非前於孔子或與孔子同時之史官記載史跡的作品,就時代背景、思想内容看來,亦不似晚於孔子之人所爲,且有人託爲孔子所爲,孟、荀諸子必不貿然信之,我們如說現在流傳下的《春秋》不是孔子所修,無論從哪一方面講來都不能正確。

4. 從《春秋》的背景看。《春秋》所代表的時代背景,當是一個"禮崩樂壞"的時代,這也正是孔子所面對的社會現實。如《春秋·宣公十五年》記"初税畝",而在《哀公十一年》記"用田賦",這是兩重納税,與《論語·顏淵》篇:"哀公問於有若曰:'年饑,用不足,如之何?'有若對曰:'盍徹乎?'曰:'二,吾猶不足,如之何其徹也?'"情形正合,大約是舊時田制與税則俱破壞,而魯君又令人民二重納税的現象。這種君王不行"仁政"的情景,孔子是目睹了的,與孔子的政治理想是相去甚遠的。但這也恰恰表明《春秋》與孔子的時代相合。再,在《春秋》中,尊王攘夷的觀念頗濃厚。《史記·孔子世家》叙孔子修《春秋》曾説:"乃因史記修《春秋》,上至隱公,下訖哀公十四年,十二公,據魯,親周,故殷,運之三代。約其文辭而指博。故吴楚之君自稱王,而《春秋》貶之曰'子';踐土之會,實召周天子,而《春秋》諱之曰'天王狩於河陽。'"這種尊周攘夷的觀念,在稍後的儒家,因爲時易世異,即不會發生的。例如孟子總算是貴王賤伯的,他說:"五霸者,三王之罪人也。今之諸侯,五霸之罪人也。"(《告子》)然而在他的書中,却不見有如何維護周室尊嚴的論調。後來有人嘲笑孟子説:"當日尚有周天子,如何聲聲竟王齊?"可見在孟子時已不覺地忘了尊王攘夷的觀念了!這正足見時代不同,則思想因之而異。如説《春秋》是孔子以後孟子以前的人所作,則既所處之時代不同,自然也不會產生尊王攘夷的觀念,"吴楚之君自稱王,而《春秋》貶之曰子"。故由其思想之背景看來,《春秋》也不像孔子以後的人所"筆削"。這些都是很確切的證明。

5. 就《春秋》的來源看。《春秋》是依魯史"筆削"而成,不是可以任意向壁虛造的。假如不是孔子所修,而爲孔子以後之人之所僞託,則他從何處能得來魯史已頗成問題。故必如孔子生於魯國而且又身居顯位,才能得見魯史,才能僞爲"筆削"之業。儒家的後輩在魯國居顯位的,除子思外,實無他人。如爲子思所作,則必爲荀子所攻擊,而且也不必有"《春秋》正名""尊王攘夷"等等觀念。如非子思所爲,則從原始材料一方面看來,既有點不可能,而且也不必有"《春秋》正名""尊王攘夷"等等觀念,因爲時代總是不同了,必有露出馬脚的地方。

6. 就《左傳》的續經看。《春秋》本是終於哀公十四年春"西狩獲麟",但在《左傳》中則有續經至哀公十六年夏四月己丑孔丘卒。這三年中,《左氏》續經爲數不多,但在這不多的續經之中,據劉逢禄《左氏春秋考證》看來,已有很多與《春秋》不同的地方,例如:

"夏四月,齊陳恒執其君,置於舒州。""六月……齊人弑其君壬於舒州。"證曰:……弑君之罪重矣,何暇詳其先幽後弑哉?"執"爲中國討罪之辭,豈可以臣下施之君上?既曰陳恒,又曰齊人,孔穎達引僞例曰:"齊君無道,以縱釋陳恒之罪,大違夫子請討之義。"

"有星孛。"證曰:經無此闕疑法。

"成叛。"證曰:經無此書法。

在兩年的續經中就有這些毛病,可見纂修《春秋》,本出一人之手,若稍有僞竄,也並非易事,很易受後人不謹嚴的批評,不合孔子的思想的批評。由這一點看來,也似必爲孔子所修的。

7. 從《公羊傳》來看。《公羊傳》的著作年代,我們不能斷言其早,但是《公羊傳》的作者似乎未曾見過孟子,這一點是可以推證的。孟子説:"晉之《乘》、楚之《檮杌》、魯之《春秋》,一也。其事則齊桓、晉文,其文則史,孔子曰:'其義則丘竊取之矣。'"在《公羊傳·昭公十二年》解釋"齊高偃帥師納北燕伯於陽"説:"伯於陽者何?公子陽生也。子曰:'我乃知之矣。'(何注:子謂孔子,乃,乃是歲也。時,孔子年二十三,具知其事,後作《春秋》,案史記,知'公'誤爲'伯','子'誤爲'於','陽'在,'生'刊滅缺)在側者曰:'子苟知之,何以不革?'曰:'如爾所不知何?'《春秋》之信史也,其序則齊桓、晉文,其會則主會者爲之也,其詞則丘有罪焉耳。"其文詞與《孟子》不同。在《孟子·告子》篇説:"五霸,桓公爲盛。葵丘之會,諸侯束牲,載書而不歃血。初命曰,誅不孝,無易樹子,無以妾爲妻。再命曰,尊賢育才,以彰有德。三命曰,敬老慈幼,無忘賓旅。四命曰,士無世官,官世無攝,取士必得,無專殺大夫。五命曰,無曲防,無遏糴,無有封而不告。曰，凡我同盟之人，既盟之後，言歸於好。"這在《公羊傳》是記在僖公三年秋"齊侯、宋公、江人、黃人會於陽穀"的，《公羊傳》説："此大會也，曷言末言爾？桓公曰：'無障穀，無貯粟，無易樹子，無以妾爲妻。'"而在僖公九年"九月戊辰，諸侯盟於葵丘"下則云："桓之盟不日，此何以日？危之也。何危爾？貫澤之會，桓公有憂中國之心，不召而至者，江人、黃人也。葵丘之會，桓公震而矜之，叛者九國。震之者何？猶曰振振然。矜之者何？猶曰莫我若也。"這尤可見《公羊傳》的作者未曾見過《孟子》，所以文詞大相出入。這一種現象告訴我們一件事，就是《春秋》曾經孔子"筆削"，在《孟子》與《公羊傳》上都有記載，不過説法稍有不同，《孟子》非取之於《公羊》，《公羊》亦非取之《孟子》，而是各有其所依據，並非無根之談。

8. 從《論語》書來看。答"子張問十世"，和答"顔淵問爲邦"兩節，最爲今文家所喜徵引，説這是關於《春秋》的微言大義，現在我們仔細讀這兩節話，真的覺得平淡無奇，一點也看不出是什麽非常異義可怪之論。但是如説《論語》之中，關於《春秋》的話，簡直一句也没有，這樣一件大事，《論語》中找不出一點綫索來，依我個人的意見看來，這也殊不盡然。講《公羊傳》的人講起《論語》來有的頗好附會《春秋》的微言大義，例如《顔淵》篇："樊遲從游於舞雩之下，曰：'敢問崇德，修慝，辨惑。'子曰：'善哉問！先事後得，非崇德與？攻其惡，無攻人之惡，非修慝與？一朝之忿，忘其身，以及其親，非惑與？'"他們以爲這是就魯昭公二十五年秋七月上辛大雩，季辛又雩，魯昭公利用雩聚衆以逐季氏而言。樊遲之問，孔子之答，都是有爲而發，不過這也不足證明孔子與《春秋》的關係，只可説這是他們游於舞雩的感想。不過在《衛靈公》篇："子曰：'吾猶及史之闕文也，有馬者借人乘之，今亡矣夫！'"這可見得孔子確曾見過原撰的《春秋》，這一章當與孔子修《春秋》有關。至於《論語》明不載孔子修《春秋》，則《論語》中所未載的事情正多，殊難以證明孔子未修《春秋》，所以《論語》雖未明顯記載，然而並不可以以此來加以否定。

近人因《論語》中没有記載孔子之"筆削"《春秋》，或以《孟子》説的"其義則丘竊取之矣"，而以爲只"取"其義，而非"作"其義，故云"《孟子》此説，與他的孔子'作《春秋》'之説不合，而却近於事實"。又説："孔子主張正名，是《論語》上説過的。不過按之事實，似乎不是因主張正名而作《春秋》，如傳説所説；似乎孔子取《春秋》等書之義而主張正名，《孟子》所説：'其義則丘竊取'者是也。"這一個解釋是很好的。但決不能説只"取"其義，就不能"作"《春秋》，因爲"取"與"作"並不是矛盾的。或者孔子因爲讀到未修的《春秋》，而感覺其義可"取"，感覺歷史也是一種很好的教訓，因取不修《春秋》而"作"之。《孟子》此説，與他的"孔子作《春秋》"之説，並没有什麽不合。至於或因《孟子》之説多不可信而不信孔子作《春秋》，這在我們要看事論事，不能因《孟子》之説有不可信的地方而否認其一切可信的地方。《春秋》曾經孔子"筆削"，從種種方面都可以推證出來，而且那位使人誤會了他要取消他的真姓而以疑古爲姓的錢玄同先生也説，"《春秋》一定是一部託古改制的書""不是普通記載事實的態度"，是"經筆削"過了的，則我們也大可看出孔子"作《春秋》"之説是毋庸置疑的。不過，話雖如此，但漢儒謂"孔子修《春秋》，筆則筆，削則削，游、夏之徒不能贊一辭"，這樣的以修《春秋》是如何神秘的説法，似乎渲染過甚，我們當仍視爲無根之談。

第三節　三傳之編訂

　　《春秋》這一部書，而有了《公羊》《穀梁》《左氏》三傳來解釋，這本是後起的現象。在《史記・孔子世家》中雖將孔子修《春秋》烘託得如何地神秘，但未叙及三傳的編纂。在《漢書・藝文志》中才説到什麽"有所襃諱貶損，不可書見，口授弟子，弟子退而異言"，"及末世口説流行，故有公羊、穀梁、鄒、夾之《傳》"。其實原來只有《公羊傳》算是《春秋》的真傳，這就西漢多以《春秋》之名來稱《公羊傳》可以看出來（參看崔適《春秋復始》）。《左傳》原不是解釋《春秋》的傳，《穀梁》也不是《春秋》的真傳。三傳的問題在歷代的學者都是衆説紛紜的。三傳都列在經之中，我們對於其著述年代，也當加以分別的討論。

（一）《公羊傳》編定之年代

　　《公羊傳》的作者，在從先或疑爲並無其人，或疑爲即卜商。羅璧在《識遺》中説："公羊、穀梁，自高、赤作《傳》外，更不見有此姓。"萬見春謂皆姜字切韵脚，疑爲姜姓假託。鄭清之也説："稗官有紀《公羊》《穀梁》並出一人之手，其始則姜，蓋四字反切即姜字也。"（《經義考》引）這種説法到了清末便另生一新解。廖平《知聖篇》説："左丘明即子夏，'明'與'商''羊''梁'同音，'左丘'即'啟予'，所謂'左丘明'即'啟予商'。左丘喪明，即子夏喪明事。三傳始師，皆爲子夏。"康有爲《新學僞經考》也説："公羊、穀梁音相近，蓋卜商之音訛。二書有口説，無竹帛，故傳誤。"更以公羊即卜商。不過這些推測都是不正確的。在《禮記・雜記下》篇上説，"鑿巾以飯，公羊賈爲之也"。可見古來自有此姓，《公羊傳》的作者自有其人。過去這些揣測都不可信，《公羊傳》的作者，決不是子夏。《公羊傳》是在漢初始著竹帛。據何休（《春秋》）《隱公二年傳》注說："至漢，公羊氏及其弟子胡毋生等乃始著於竹帛。"徐彥《春秋公羊傳注疏》（引戴宏《序》）則云：

> 孔子至聖，却觀無窮，知秦無道，將必燔書，故《春秋》之說口授子夏。度秦至漢，乃著竹帛，故《說題辭》云："傳我書者，公羊高也。"戴宏《序》云：子夏傳與公羊高，高傳與其子平，平傳與其子地，地傳與其子敢，敢傳與其子壽。至漢景帝時，壽乃共弟子齊人胡毋子都著於竹帛，與董仲舒皆見於圖讖。

這裏許多神秘的傳說，多不可信，即戴宏所云之公羊傳授的系統，也不可信。大抵戴《序》所云：至漢景帝時，壽乃共弟子胡毋子都著於竹帛，或係真情。不過著於竹帛雖在漢景帝時，然而不可以此遂決定其著作年代亦在景帝時。關於這個問題，講《公羊傳》的，多承襲舊說，不甚措意。清末的經學家，雖有不信戴宏之說者，然大抵以爲傳於子夏，其實這一說也不足憑信。章炳麟在《春秋左傳讀敘錄》說：

> 又案，如子駿說，《公羊》《穀梁》在七十子後，不云《公羊》出於子夏。《史記》《別錄》《七略》《漢書》之屬，皆無其文。《孝經》說云，《春秋》屬商，亦未見其授《公羊》也。又《說題辭》云，傳我書者，公羊高也，亦不云出自子夏。緯書既非確據，其餘亦無文可知。徐彥引戴宏《序》云：……則子夏傳公羊高之說，實自宏始。宏生桓、靈之季，遠在劉子駿後，欲雪傳聞之恥，則託名於子夏，作僞可知。又《公羊》所引，有子沈子、子司馬子、子女子、子北宮子、高子、魯子。何氏《解詁》：沈子稱子冠氏上者，著其爲師；其不冠子者，他師也。是公羊本師，凡有四人，而獨不及子夏，既證弟子異言之說，亦明子夏傳承之妄。

他這一段破《公羊》傳於子夏之說，頗爲明晰，我們可知緯說固不足信，戴宏說亦不足信的。《公羊傳》中載有子沈子、子司馬子、子女子、子北宮子諸師之說，可見傳者本非一人。而用子冠氏上，這樣的稱呼在《孟子》《莊子》中並未見，至《荀子》時，才有這樣的稱呼法，《公羊傳》的著作年代，據這一點看來，應當略與《荀子》同時，而約出在秦以前。據章炳麟《春秋左傳讀敘錄後序》上說：

> 《公羊》之文，有曰君親無將，將而誅焉。秦博士稍引其文。有曰撥亂世，反諸正。漢群臣爲高帝議諡，亦用其文。疑高蓋嘗入秦，

或在博士之列。何以明之？《公羊》以伯於陽爲公子陽生，伯舊或書作白，公舊或書作仫。小篆白字從入從二，隸變作合，則字近公；若古文白字作卑，與純爲小篆，不從隸變者，形皆不得近公。隸書子字、於字形近，小篆作𛰡、作亏，亦有無以訛變，明作此傳者，但睹隸書，不及知古文大小篆也。又《公羊》宣十五年傳曰："上變古易常，應是而有天災。"《解詁》曰："上謂宣公。"案，六國時尚無直稱人君爲上者，以上之名斥人君，始於秦並天下以後，《公羊》遂用之稱宣公。然則《穀梁》在六國，《公羊》起於秦末，爲得其情。

他這裏用古文"合"與"卑"來證明"公"與"白"在古文形不相近，不至有了訛誤，但是所謂古文，據王國維《觀堂集林·桐鄉徐氏印譜序》說："《魏石經》及《說文解字》所出之壁中古文，亦爲當時齊、魯間書；此數種文字皆自相似，然並訛別簡率，上不合殷、周古文，下不合小篆，不能以六書求之。"可見古文並不是殷、周的真正古文，不應當拿來寫經文的。王國維是主張戰國秦用籀文，六國用古文，所以以爲當時齊、魯間書。但這種見解，是不能成立的。錢玄同在《論〈說文〉及壁中古文經書》中曾對王說加以駁斥（見《古史辨》第一冊）。郭沫若《金文叢考·𩨨羌鐘銘考釋》也說："囊者王國維倡爲'戰國時秦用籀文，六國用古文說'，自以爲不可易，學者多已疑之。今此器乃戰國時韓器，下距嬴秦兼並天下僅百六十年，而其字體上與秦石鼓、秦公敦，中與同時代之商鞅量、商鞅戟，下與秦刻石、秦權量相較，並無何等詭異之處，僅此已足易王之臆說而有餘矣。"（《古史辨》第四冊）可見戰國時六國古文無非是大篆字體的變種，"並無何等詭異之處"，也不是殷、周的真正古文。章炳麟以爲《春秋》原本是用古文，他的大前提已大錯而特錯了！至於小篆"𛰡"字、"亏"字形本相近，如說不相近，是篆書、隸書不相近，隸書是秦人的發明，《春秋》自不可能用隸書。章炳麟將"形近"誤爲"形同"，所以發出如此謬論。論一點不成爲問題。至於"上變古易常，應是而有天災"上指人君而言，這在《孟子》中如："上無道揆也，下無法守也"，"上無禮，下無學"（《離婁上》），即以上之名斥人君，《公羊》的用法與《孟子》正同，而非如章炳麟所說的始於秦並天下以後。這一點也不成問題。《公羊傳》文，既經爲秦博士所引用，然《公羊傳》之寫成，必在秦並天下以前，這却毫無疑問。不過在《荀子》書中，我們還不見有引用《公羊傳》的詞句，《荀子·大略》篇說："《春秋》賢繆公，以爲能變也。"這雖是《公羊》之義的，但《大略》篇是荀卿弟子集錄之辭，不足以爲明證，故我們不可附會地說荀子曾見《公羊》，或《荀子》與《公羊》大義相通。《公羊傳》

用子冠氏上，是晚於《莊子》《孟子》之明證，則我們說，《公羊傳》出於秦以前，其著作時略與《荀子》同，這大概是很正確的。

(二)《穀梁傳》編定之年代

《穀梁傳》在舊日也以爲傳於子夏而且與《公羊》同列入今文經的。據《御覽》卷六一引桓譚《新論》說："左氏傳世后百餘年，魯人穀梁赤爲《春秋》，殘略多所遺失。"應劭《風俗通》說"穀梁子名赤，子夏弟子。"《禮記·王制疏》引鄭玄《釋廢疾》說："穀梁近孔子，公羊正當六國之亡。"《釋文·序錄》則云："公羊高受之於子夏，穀梁赤乃後代傳聞。"穀梁名"赤"，在《論衡·案書》作"寘"，阮孝緒《七錄》作"俶"，穀梁楊疏作"叔"，顏師古《漢書注》作"喜"，錢大昭《漢書辨疑》據閩本喜字作"嘉"。在唐宋以前，關於穀梁的傳說已是異說紛紜。顏師古《漢書注》云："穀梁受經於子夏，傳荀卿。"楊士勛《春秋穀梁傳注疏》云："穀梁子名淑，字符始，一名赤。受經於子夏，爲經作傳。授荀卿，卿傳魯人申公，申公傳瑕丘江翁。"穀梁爲子夏弟子，自唐以後，其說始漸定。但是宋晁說之《景迂生集》卷十二《三傳論》已云：

《穀梁》出於漢。因得監省《左氏》《公羊》之違畔而正之。

《穀梁》之有問題，在宋人已提出。關於《穀梁》著竹帛之年代，清《四庫全書總目提要》說：

其傳則士勛《疏》稱穀梁子名俶，字元始，一名赤，受經於子夏，爲經作傳。則當爲穀梁子所自作。徐彥《公羊傳疏》又稱："公羊高五世相授，至胡毋生乃著竹帛，題其親師，故曰《公羊傳》。穀梁亦是著竹帛者題其親師，故曰《穀梁傳》。"則當爲傳其學者所作。案，《公羊傳》定公即位一條引子沈子曰："何休《解詁》以爲後師。"（案此注在隱公十一年所引子沈子條下）此傳定公即位一條亦稱沈子曰："公羊、穀梁既同師子夏，不應又見後師。"又初獻六羽一條，稱穀梁子曰："傳既穀梁自作，不應自引己說。"且此條又引尸子曰，尸佼爲商鞅之師，鞅既誅，佼逃於蜀，其人亦在穀梁後，不應預爲引據。疑徐彥之言爲得其實，但誰著於竹帛，則不可考耳。

《提要》此言，考定《穀梁》著竹帛之晚，其意見是比較進步的。姚振宗在《漢書·藝文志條理》中說："按《儒林傳》，申公卒，以《詩》《春秋》授，而瑕丘江公盡能傳之，徒衆最盛。又曰：瑕丘江公受《穀梁春秋》及《詩》於魯申公，傳子至孫爲博士。又《後漢書·儒林儒》，瑕丘江公傳《穀梁春秋》，似《穀梁傳》著於竹帛者，瑕丘江公也。"（《廿五史補編本》）姚氏此說，其目的則考著竹帛者究爲何人，他不知《穀梁》實出於漢宣帝以後，他以爲著於竹帛者爲瑕丘江公，則頗難信。穀梁非子夏之門人，《穀梁》晚於《公羊》，我們從《公羊》與《穀梁》的比較可以很顯明看出來。在拙著《穀梁真僞考》第五《穀梁之晚於公羊》，有論此事者數條，兹節引之如次：

【經】夏，公子慶父帥師伐於餘丘。（莊公二年）

【傳】國而曰伐，於餘丘，邾之邑也。其曰伐何也？公子貴矣，師重矣，而敵人之邑，公子病矣。病公子，所以譏乎公也。其一曰：君在而重之也。

【經】二月庚子，子叔姬卒。（文公十二年）

【傳】其曰子叔姬，貴也，公之母姊妹也。其一傳曰：許嫁以卒之也。男子二十而冠，冠而列丈夫，三十而娶；女子十五而許嫁，二十而嫁。

證曰：陳蘭甫《讀書記》曰："鄭君云：'《穀梁》近孔子，《公羊》正當六國之亡。'（《王制疏》引《釋廢疾》）《釋文·序錄》則云：'公羊高受之於子夏，穀梁赤乃後代傳聞。'"澧案："宣十五年《公羊傳》云：'多乎什一，大桀小桀；寡乎什一，大貉小貉。'此用《孟子》語。《公羊》當六國之亡，此其證也。僖二十二年《穀梁傳》云：'故曰：禮人而不答，則反其敬。受人而不親，則反其仁；治人而不治，則反其知。'此亦用《孟子》語。則不得先於《公羊》也。且《穀梁》不但不在《公羊》之先，實在《公羊》之後，《釋文·序錄》之言是也。莊二年'公子慶父帥師伐於餘丘'，《公羊》云：'邾婁之邑也，曷爲不繫乎邾婁？國之也。曷爲國之？君存焉爾。'《穀梁》云：'公子貴矣！師重矣！而敵人之邑，公子病矣！其一曰：君在而重之也。'劉原父《權衡》云：'此似晚見《公羊》之説而附益之。'隱二年'無侅帥師入極'；八年'無侅卒'。《穀梁》皆兩説，劉氏亦以爲'《穀梁》見《公羊》之書，而竊附益之'。"（堂案：劉氏於莊十四年亦云然，本篇第三已舉其説）澧案："更有可證者：文十二年'子叔姬卒'，《公羊》云：'此未適人，何以卒？許嫁矣。'《穀梁》曰：'其曰子叔姬，貴也，公之母姊妹也。其一傳曰：許嫁以卒之也。'此所謂'一傳'，明是《公羊傳》矣。"案：陳氏之説，非袒《公羊》者，而亦以《穀梁》爲晚出，蓋"一傳"他無所指，説又與《公羊》同，舍《公羊》莫屬也。《穀梁》傳文多與《公羊》

同者（詳下），此更直稱之"其一傳曰"，其晚於《公羊》，本雜取傳記而造者，固百喙所不能辭也。廖《疏》曰："《喪服》有《大傳》《問傳》《服問》《小記》《三年問》《喪服四制》六篇。魯學《春秋》，當與之同。即以舊傳曰：亦惟一家一本而已。"又曰："《公羊傳》此文，不言傳曰。"其説矯誣實甚。《公羊》從無引傳曰之説，《公羊》得《春秋》之真傳，不須引他傳也。即謂魯學《春秋》，當有數傳，《穀梁》所引，亦必《公羊》，謂之舊傳，則無據也。柯《注》曰："其一二字，疑誤衍。傳者，非經師所口授，著於簡策之文。"不認《穀梁》爲晚出，惟有以爲衍文也。劉師培《左盦集·〈春秋〉三傳先後考》曰："所引'一曰'之文，或係傳《穀梁》者所增，或係鄒、夾諸傳有是説與《公羊》同。非《穀梁》後於《公羊》也。"説並無據。

陳氏又曰："《公羊》《穀梁》二傳同者，隱公不書即位，《公羊》云：'成公意。'《穀梁》云：'成公志。'鄭伯克段於鄢，皆云殺之，如此者不可枚舉矣。僖十七年'夏滅項'，《公羊》云：'孰滅之，齊滅之。曷爲不言齊滅之？《春秋》爲賢者諱，此滅人之國，何賢爾。君子之惡惡也疾始，善善也樂終；桓公嘗有繼絶存亡之功，故君子爲之諱也。'此更句句相同，蓋《穀梁》以《公羊》之説爲是而録取之也。《穀梁》在《公羊》之後，研究《公羊》之説，或取之，或不取，或駁之，或與己説兼存之，其傳較《公羊》爲平正者，以此也。""定三年、哀十年、十一年《公羊》皆無傳，《穀梁》亦無傳。定五年、六年、七年、九年，《公羊》每年只有傳一條，《穀梁》亦然。此尤可見《穀梁》之因於《公羊》也。"《穀梁》同於《公羊》者十之二三，皆其采摭《公羊》，晚於《公羊》之證。

【經】冬，蟓生。（宣公十五年）

【傳】蟓，非災也。其曰蟓，非税畝之災也。

證曰：陳蘭甫曰："宣十五年'初税畝'，'冬蟓生'。《穀梁》云：'蟓，非災也。其曰蟓，非税畝之災也。'此《穀梁》駁《公羊》之説也。《公羊》以爲宣公税畝，'應是而有天災'，《穀梁》以爲不然。故曰：'非災也。'駁其以爲天災也。又云'其曰蟓，非税畝之災也'，駁其以爲應税畝而有是災也。其在《公羊》之後，更無疑矣。"案：陳氏此説，大略近是。《穀梁》晚出於《公羊》之後，其説多務與《公羊》爲難，凡與《公羊》所不合者，大率皆欲淆亂

《公羊》之説也。如論"魯隱""祭仲""尹氏卒""宋襄公"諸條皆是。陳氏所舉，固未備也。晁説之曰："《穀梁》晚出於漢，因得監省《左氏》《公羊》之違畔而正之。"（《景迂生集》）《春秋復始》曰：穀梁氏云云者，《左氏》無異説，則與之代興，以破壞《春秋》爾。《穀梁》晚於《公羊》，駁《公羊》之説者，誠非一也。

《穀梁》晚於《公羊》，我們只看陳蘭甫所述也就可以明白。陳蘭甫不惟不是治今文之學，而且是一位擁古文經的，他尚且如此説，我們大可以明白這不是偏袒一家之學或是以疑古爲能事者之言。《穀梁》晚於《公羊》，曾見《穀梁》傳文，有"其一傳曰"爲明證，這可見其必出於《公羊》已著竹帛之後，至早不能早於武帝之世。其實司馬遷作《史記》，他也並未見過《穀梁傳》，他對於《穀梁春秋傳》的傳授，是没有什麽叙述的。《史記·儒林列傳》叙述漢初傳經的八經師，末後叙述董仲舒與胡毋生。《儒林列傳》原文説：

董仲舒，廣川人也。……漢興至於五世之間，唯董仲舒名爲明於《春秋》，其傳公羊氏也。胡毋生，齊人也。孝景時爲博士，以老歸教授，齊之言《春秋》者多受胡毋生，公孫弘亦頗受焉。瑕丘江生爲《穀梁春秋》。自公孫弘得用，嘗集比其義，卒用董仲舒。仲舒弟子遂者……而董仲舒子及孫皆以學至大官。

這一段中上下文全是叙述傳《公羊》之學的。中間忽插入"瑕丘江生爲《穀梁春秋》"一語，實在與上下文不相承接，試將此九字去掉，在文氣上更覺順適。所以這一節在崔適《史記探源》以爲這是劉歆所竄入。錢玄同在《重論經今古文學問題》一文亦云：

《史記·儒林傳》末有瑕丘江生爲《穀梁春秋》一節，崔君《史記探源》中謂亦劉歆竄入，其説極是。傳首叙漢初之八經師中傳《春秋》者上有胡毋生和董仲舒二人都是《公羊》家，何以篇末忽然出一個《穀梁》家的江生來？又，此節自"仲舒弟子遂者"以下都是叙《公羊》家董仲舒的傳授，把這話記在江生節下，亦覺不倫。

《史記》如若是叙《穀梁》家的，他也當如"董仲舒，廣川人也""胡毋生，齊人也"，一樣叙出瑕丘江生的藉貫以及瑕丘江生的傳授來。今只有此一語在上下文全是叙述《公羊》傳授的中間，可見其並非原文，實爲後人所竄亂。崔氏之言，極爲可信的。從來對於《春秋》的《公羊》《穀梁》兩傳，因《漢書·藝文志》論《春秋》有"及末世口説流行，故有《公羊》《穀梁》《鄒》《夾》之《傳》"，又記録《春秋》今文經云"以十一卷——《公羊》

《穀梁》二家"，所以講經的人，都以《穀梁》屬於今文，在清末的今文經師如廖平、康有爲也是如此，廖平著有《穀梁古義疏》，尤其是尊信《穀梁》的。崔適於著《史記探源》外，更著《春秋復始》一書，其首卷《序證》中有"穀梁氏亦古文學家"一節，辨明《穀梁》爲古文經，《漢書·儒林傳》叙述《穀梁》傳授及廢興源流爲非事實，我們更恍然知《穀梁》亦古文學，其著述的年代當在西漢之末。崔君所編《五經釋要》所言較《春秋復始》又稍加詳。今將《五經釋要》中辨《穀梁》之語先移錄於此：

《漢書·梅福傳》：推跡古文，以《左氏》《穀梁》《世本》《禮記》相明。

《後漢書·章帝紀》：令群儒受學《左氏》《穀梁》《古文尚書》《毛詩》。

此於《穀梁》，一則明言古文，一則與三古文並列，其爲古文明矣。《漢書·儒林傳》述《古文尚書》曰：

孔安國授都尉朝，朝授膠東庸生，庸生授胡常，以明《穀梁春秋》爲部刺史。

案：西漢儒者無一人兼授今古文者。胡常所傳《尚書》《左氏》皆古文，則《穀梁》亦古文明矣。

《傳》又述《穀梁》學曰：

始，江博士授胡常，常授梁蕭秉，王莽時爲講學大夫。

正與胡常以《古文尚書》授徐敖，敖授王璜、涂惲，王莽時，諸學皆立，劉歆爲國師，璜、惲等皆貴顯（亦見《儒林傳》），其事相類。案：王莽時所立皆古文學也。璜、惲以古文《尚書》貴顯，則蕭秉以《穀梁》貴顯，《穀梁》爲古文又明矣。

古文爲劉歆所造，則武、宣之世安得有《穀梁》？劉歆、班固皆有《漢書》，後人雜之，遂成今之《漢書》（說詳《史記探源》卷一《序證》"要略"節注），故其言多矛盾。以全書互證之，洞見癥結矣。

《儒林傳》曰：

瑕丘江公受《穀梁春秋》及《詩》於魯申公，（案上文，"申公卒以《詩》《春秋》授，而瑕丘江公盡能傳之"，則此"授"字當作"受"。然西漢人單稱《春秋》，專謂《公羊》；且八家經師無一人兼傳二經者，申公既授《魯詩》，未必復授《春秋》，若江公盡傳《春秋》及《詩》，何以《穀梁春秋》傳子孫，《詩》不傳子孫耶？誤矣）傳子至孫，爲博士。武帝時，江公與董仲舒並。仲舒通《五經》，能持論，善屬文；江公吶於口，上使與仲舒議，不如仲舒；而丞相公孫弘本爲《公羊》學，比輯其議，卒用董生。於是上因尊《公羊》家，詔太子受《公羊春秋》。太子復私問《穀梁》而善之。其後浸微，唯魯榮廣、皓星公二人受焉。廣與《公羊》大師眭孟等論，數困之，故好學者頗復受《穀梁》。沛蔡千秋、梁周慶、丁姓皆從廣受；千秋又事皓星公。宣帝聞衛太子好《穀梁》，以問丞相韋賢、長信少府夏侯勝，侍中史高，皆魯人也，言穀梁子本魯學，公羊氏乃齊學也，宜興《穀梁》。汝南尹更始本自事千秋，會千秋病死，徵江公孫爲博士；劉向以故諫大夫待詔受《穀梁》，欲令助之，江博士復死，乃徵周慶、丁姓待詔保宮甘露元年……平《公羊》《穀梁》同異。各以經處是非；時《公羊》博士嚴彭祖、侍郎申挽、伊推、宋顯，《穀梁》議郎尹更始、待詔劉向、周慶、丁姓並論。望之等十一人（案，以上只有九人）各以經誼對，多從《穀梁》。由是《穀梁》大盛。

案：此《傳》宗旨與《六藝略》同，亦劉歆所作也。歆造《左氏傳》以篡《春秋》之統，又造《穀梁傳》爲《左氏》驅除；故兼論三《傳》則申《左》，並論《公》《穀》則右《穀》。謂江之屈於董也以吶，而董又藉公孫丞相之助，以見《穀》之非不如《公》；其後榮廣論困眭孟，以見《公》之不如《穀》；謂《穀梁》魯學，則其親炙七十子之徒，自廣於《公羊》齊學矣。

但如此大議，豈不視傳太后稱尊事重要相若？彼時媚説太后者爲董宏，而彈劾董宏者師丹、傅喜、孔光、王莽也，四人傳中皆言之。《後漢書》光武帝建武二年，韓歆欲立左氏博士，范升、陳元互相争辯，二人傳中皆言之，《儒林·李育傳》又引之。何以廷議《穀梁》，屈江公，申董生，《仲舒》《公孫傳》中並不言；對宣帝問，《韋賢》《夏侯勝》《蕭望之》《劉向傳》中亦不言也？

江氏之《穀梁》學既爲公孫丞相所不用，武帝因尊《公羊》而詔衛太子受《公羊》，則衛太子復安所問《穀梁》？且公孫丞相薨於元狩二年，嘗逐仲舒膠西，則用董生又在其前。董生用則江公罷，太子果問《穀梁》，當在江公未罷以前，即使同在一年，是時太子甫八歲，未聞天縱如周晉，安能辨《公》《穀》之孰善？宣帝尊武帝爲世宗，謚衛太子曰戾，抑揚之意可知；獨於經學則違世宗而從戾園，亦情理所不合者也。

謂賢、勝、望之皆右《穀梁》，更始、向且爲《穀梁》學家。乃考其言，賢子玄成，少修父業者也，玄成爲丞相，與諫大夫尹更始《陳罷郡國廟議》曰：

毀廟之主，臧乎太祖，五年而再殷祭。

蕭望之《雨雹對》曰：

季氏專權，卒遂昭公。

《伐匈奴對》曰：大士丐不伐喪。

劉向《上封事》曰：

周大夫祭伯出奔於魯，而《春秋》爲諱，不言"來奔"。（《公羊傳》曰："何以不稱使？奔也。"《穀梁氏》亦曰，"奔也"。《公》《穀》文同，未見其出於《穀梁》也。張晏注引《穀梁》而不及《公羊》，偏矣）是后尹氏世卿而專恣。（惟下引"衛侯朔召不往"，文出《穀梁》而意同《公羊》。凡《公》《穀》意同，多由《穀梁》拾襲《公羊》，則向之言仍未見其不出於公羊也）

所引皆《公羊》傳文，而無引《穀梁》者，惟勝言於《公》《穀》皆無所引。若韋、尹、蕭、劉明引《公羊》尚不足爲《公羊》學之證，豈不引《穀梁》轉足爲《穀梁》學之證乎？

然則《儒林傳》謂《公》《穀》二家爭論於武、宣之世者，直如捕風繫影而已矣。

至成帝綏和元年，立二王后，采梅福所上書，引《春秋》經曰："宋殺其大夫。"《穀梁傳》曰："其不稱名姓，以其在祖位，尊之也。"是爲引《穀梁氏》之始，去河平三年劉歆校書時十八年矣，歆所造僞書已出故也。

他這段議論先證《穀梁》之爲古文，後證明《漢書·儒林傳》所叙《穀梁》之興起及《公羊》《穀梁》二家爭論於武、宣之世者，直如捕風繫影，理論本極透澈。不過他尚未在《穀梁》本身尋出證據來。我在一九二二年撰《春秋六論》時，尚未敢深信之。後來因自一九二六年起講授《公羊》《穀梁》者凡五年，深覺《穀梁》釋經之病甚深，於一九三一年時撰《穀梁真僞考》一書，由第一，《〈穀梁〉有無經之傳》，第二，《〈穀梁〉有不釋經之傳》，第三，《〈穀梁〉義例之相乖戾》，第四，《〈穀梁〉文詞之重累》，第七，《〈穀梁〉之違反孔子》證明其本非《春秋》之真傳；更由第五，《〈穀梁〉之晚於〈公羊〉》，第六，《〈穀梁〉之不合魯語》，第八，《〈穀梁〉之雜取傳記》，第九,《〈穀梁〉亦古文學》,第十,《〈穀梁〉晚出於漢》歷舉《穀梁》暗襲《公羊》《左氏》,雜取《周禮》《毛詩》,證明其出於兩漢之末。(原文太繁,茲不詳引)從《穀梁》本身來證明《穀梁》本是僞傳,而其與《左氏》《周禮》《毛詩》《禮記》等書相合,正足以見其與古文經息息相通,則其成書之時間亦可以斷定。在當時我是從崔氏之說,假定爲出於西漢之末,或劉歆所僞造。後來錢玄同先生在《重論經今古文學問題》一文中一方面說:

  《穀梁》爲漢人所作之僞傳,得崔、張兩君之考證,殆可成爲定讞。

一方面說:

  我疑心《穀梁傳》乃是武、宣以後陋儒所作,取《公羊》而顛倒之,如取《公羊·隱公三年》"癸未,葬宋繆公"下"大居正"之義,改繫於隱公元年"春王正月"之下;取隱公六年"秋七月"下"《春秋》編年,四時具然後爲年"之文,改繫於桓公元年"冬十月"之下。諸如此類,不一而足。此外而刪削《公羊》大義,或故意與《公羊》相反,或明駁《公羊》之說,或陰襲《公羊》之義而變其文。作僞者殆見當時《公羊》勢力大盛,未免眼紅,因取《公羊》而加以點竄塗改,希冀得立博士,與焦、京之《易》相類。劉歆要建立《左氏》,打倒《公羊》,於是就利用它來與《公羊》爲難耳。

他這一段話主張:"《穀梁傳》乃是武、宣以後陋儒所作。""作僞者殆見當時《公羊》勢力大盛,未免眼紅,因取《公羊》而加以點竄塗改,希冀得立博士,與焦、京之《易》相類。劉歆要建立《左氏》,打倒《公羊》,於是就利用它來與《公羊》爲難耳。"這種意見,在我現在就漢代今文經學之分化以及古文經學之興起的關係看來,是很對的。《穀梁傳》或者在元、成之世已有了,而後來又經過劉歆之徒爲竄亂,故與今古文頗有相通之處,而被列爲古文。錢氏也說:

  古文經自康氏此書(《新學僞經考》)出世,先師崔君繼之而作《史記探源》與《春秋復始》等書,張西堂氏又繼之而作《穀梁真僞考》,僞證昭昭,無可抵賴,其爲僞經,已成定讞矣。(同上)

他也是承認《穀梁》爲古文學,然則《穀梁》與劉歆之徒之僞竄總是多少有些關係,說是武、宣以後的陋儒所作,尚須附帶說明一句:又爲劉歆之徒所竄亂。這樣子來估定《穀梁傳》著述的年代,大約"雖不中亦不遠矣"。在一九三一年吳興王樹榮又作有《紹邵軒叢書》五冊,其中亦闡明《穀梁》爲古文學。而以爲《穀梁》出於東漢之初,這種意見,在我們現在看來,則不敢苟同。

(三)《左氏傳》編定之年代

《左氏傳》在原來並不是解釋《春秋》的傳,在《史記·十二諸侯年表》雖說:"是以孔子明王道,於七十餘君,莫能用,故西觀周室,論史記舊聞,興於魯而次《春秋》,上記隱,下至哀之獲麟,約其辭文,去其煩重,以制義法,王道備,人事浹。七十子之徒口受其傳指,爲有所刺譏褒諱挹損之文辭不可以書見也。魯君子左丘明懼弟子人人異端,各安其意,失其真,故因孔子史記,具論其語,成《左氏春秋》。"在《漢書·藝文志》雖說:"周室既微,載籍殘缺,仲尼思存前聖之業……以魯周公之國,禮文備物,史官有法,故與左丘明觀其史記……丘明恐弟子各安其意,以失其真,故論本事而作傳,明夫子不以空言說經也。"但是據《史記》《漢書》看來,《史記·儒林列傳》中根本未叙《左氏》。《史記·太史公自序》及《報任安書》,俱言"左丘失明,厥有《國語》"。《報任安書》下又說:"及如左丘明無目,孫子斷足,終不可用,退論書策以舒其憤,思垂空文以自見。"《漢書·司馬遷傳》稱司馬遷"據左氏《國語》,采《世本》《戰國策》,述《楚漢春秋》。"這些地方,說到左丘明的,都祇說他作《國語》,可見左丘明所作的只是《國語》,並非《春秋》的傳。而在《漢書·劉歆傳》又說:"歆校秘書,見古文《春秋左氏傳》,歆大好之。時丞相史尹咸以能治《左氏》,與歆共校經傳。歆略從咸及丞相翟方進受,質問大義。初《左氏傳》多古字古言,學者傳訓故而已,及歆治《左氏》,引傳文以解經,轉相發明,由是章句義理備焉。……歆以爲左丘明好惡與聖人同,親見夫子,而《公羊》《穀梁》在七十子後,傳聞之與親見之,其詳略不同。……及歆親近,欲建立《左氏春秋》及《毛詩》《逸禮》《古文尚書》皆列於學官。哀帝令歆與《五經》博士講論其義,諸博士或不肯置對……"可見《左氏傳》本是到了劉歆治《左氏》才引傳以解經,原非《春秋》的真傳,所以西漢的《五經》博士對於劉歆的提議置之不理。"謂《左氏》爲不傳《春秋》……諸儒皆怨恨……及儒者師丹爲大司空,亦大怒,奏歆改亂舊章,非毀先帝所立。"《王莽傳》公孫祿議"曰:……國師嘉信公顛倒《五經》,毀師法,令學士疑惑……宜誅此數子以慰天下"。從這上面所述看來,我們已可見所謂《左氏傳》,原來只是《國語》,到了劉歆,才改竄成爲《左氏春秋傳》。從劉歆起,引起了《春秋》的今古文之爭,在東漢也鬧過幾次《公羊》《左氏》之爭,范升、李育也攻擊"《左氏》不祖孔子,師徒相傳又無其人"。不過因爲《左氏》的文辭靡麗,史料豐富,從東漢至三國六朝,文學、史學又比較發達,所以《左氏》雖不是《春秋》的真傳,然而世之好治

《左氏》者，漸比治《公羊》者爲多。

到了唐代，雖然劉知幾在《史通·六家》篇説："予觀《左傳》之釋經也，言見經文而事詳傳内，或傳無而經有，或經闕而傳存；其言簡而要，其事詳而博。信聖人之羽翮，而述者之冠冕也。"他的《申左》篇更説："《左氏》之義有三長，二《傳》之義有五短。"將《左傳》的價值抬得愈高。但是劉歆改《國語》爲《左傳》這一案終不會令人忘了的。在唐代即有攻擊《左氏》最力的人——啖助及其弟子趙匡、陸淳。

啖氏説：

  予觀《左氏傳》，自周、晉、齊、宋、楚、鄭等國之事最詳。晉則每一出師，具列將佐。宋則每因興廢，備舉六卿。故知史策之文，每國各異。左氏得此數國之史，以授門人，義則口傳，未形竹帛。後代學者，乃演而通之，總而合之，編次年月，以爲傳記，又廣采當時文籍，故兼與子產、晏子及諸國卿佐家傳，並卜書夢書及雜占書，縱橫家小説諷諫等雜在其中，故叙事雖多，釋意殊少，是非交錯，混然難證。(《春秋集傳纂例》卷一《三傳得失議第二》)

趙匡也説：

  啖氏依舊説，以左氏爲邱明，受經於仲尼。今觀左氏解經，淺於公、穀，誣謬實繁。若邱明才實過人，豈宜若此？……夫子自比，皆引往人……邱明者，蓋夫子以前賢人，如史佚、遲任之流。……焚書之後，莫得詳知。學者各信胸臆，見傳及《國語》俱題左氏，遂引邱明爲其人。……所謂傳虛襲誤，往而不返者也。(《春秋集傳纂例》卷一《趙氏損益義第五》)

他們一個提出了《左氏》不是親見夫子，好惡與聖人同的；一個説《左氏》是後代學者編次年月所作的傳記。這比范升所説的證據確然可靠得多了。

到了宋朝，葉適説：

  《左氏》有全用《國語》文字者；至吴、越語則采取絶少，齊語復不用。蓋合諸國記載，成一家之言；惜他書不存，無以遍觀也。(《經義考》卷一六九《春秋二》)

羅璧説：

  《左傳》《春秋》，初各一書；後劉歆治《左傳》，始取傳文解經；晉杜預注《左傳》，復分經之年與傳之所相附，於是《左氏春秋》及《春秋》合而爲一。(《經義考》卷一六九《春秋二》)

這兩位更差不多將《左傳》的原本和它的改編者完全發現了。從啖、趙起，考證《左氏》的書如陸淳《春秋集傳辨疑》，劉敞《春秋權衡》，葉夢得《春秋三傳讞》，程端學《春秋三傳辨疑》，有的攻駁《左氏》的條例，有的批評它所述的義理，有的考證它所記載的事實，都有不少的發現。明末郝敬的《〈春秋〉非〈左〉》更是專對於《左氏春秋》而發的。《左氏春秋》的真相一天比一天暴露了！

宋、元、明的學者，受了啖、趙的影響，攻擊《左傳》者甚多。到了清代，考證《左氏春秋》有成績而使案情大白的要算劉逢祿的《左氏春秋考證》。他這一部發前人所未發的突破約有三點：

第一，發現了《左氏傳》之舊名《左氏春秋》，他以爲《史記·十二諸侯年表序》上只有"魯君子左丘明作《左氏春秋》"的話，無所謂《左氏傳》。他說：

> 《左氏春秋》，猶《晏子春秋》《呂氏春秋》也，直稱《春秋》，太史公所據舊名也；冒曰《春秋左氏傳》，則東漢以後之以訛傳訛者也。（《左氏春秋考證》）

又說：

> 曰"魯君子"，則非弟子也。曰《左氏春秋》，與鐸氏、虞氏、呂氏並列，則非傳《春秋》也。故曰《左氏春秋》，舊名也；曰《春秋左氏傳》，則劉歆所改也。

這一問題，後來康有爲在《新學僞經考》中更說：

> 或據《史記·十二諸侯年表》云"魯君子左丘明，懼弟子人人異端，各安其意，失其真，故因孔子史記具論其語，成《左氏春秋》"以相難，則亦歆所竄入者，辨見前……而謂"《左氏春秋》猶《晏子春秋》《呂氏春秋》也，直稱《春秋》，太史公所據舊名也，冒曰《春秋左氏傳》，則東漢以後之以訛傳訛者矣"。蓋尚爲歆竄亂之《十二諸侯年表》所惑，不知其即《國語》所改。……不得其根原也。

崔適在《史記探源》中更立七證以明康氏此說，崔氏曰：

> 《七略》曰："仲尼以魯史官有法，與左邱明觀其史記，有所襃毀貶損，不可書見，口授弟子。弟子退而異言，邱明恐弟子各安其意以失其真，故論其本事而作傳。"與此表意同。《七略》與上下文意相聯，此與上下文意相背，詳下，則非《七略》錄此表，乃竄《七略》入此表也。證一。
>
> 此表上云"七十子口授，不可書見"，中云"左邱明因孔子史

記,具論其語",則是書見,而非口授矣。若太史公一人之言,豈應自相背謬若此。證二。

劉歆譽《左氏》,所以毀《公羊》。此表下稱董仲舒,無由先譽左邱明。賈逵曰:"《左氏》義長於君父,《公羊》多任於權變。"(逵此說,非實也。《左氏》以兵諫爲愛君,可謂不任權變乎?《公羊》謂"君親無將,將而誅",不可謂不長於君父也)《太史公自序》:"余聞之董生云:'爲人臣者不知《春秋》,守變事而不知其權。'"此說正與逵之稱《左氏》義相反對,若此篇亦以"懼弟子失其真"稱《左氏》,則知權之說正在失真之內,不猶助敵自攻乎?證三。

據以上的論證看來,可見《左傳》原名不惟不是《左氏春秋》,而且《史記·十二諸侯年表》本爲劉歆所竄亂,《左傳》的原名是什麽?它如若原名不是《左氏春秋》,那我們就當相信,其原名爲史遷所稱道的《國語》。

第二,他證明了《左氏傳》體例與《國語》相似。

他在桓公十一年說:

楚屈瑕篇年月無考,固知《左氏》體例與《國語》相似,不必比附《春秋》年月也。

又在桓公二十年說:

《左氏》後於聖人,未能盡見列國寶書,又未聞口授微言大義,惟取所見載籍,如晉《乘》、楚《檮杌》等,相錯編年爲之,本不必比附夫子之經,故往往比年闕事。劉歆強以爲傳《春秋》,或緣經飾說,或緣《左氏》本文前後事,或兼采他書以實其年。如此年之文,或即用《左氏》文,而增春、夏、秋、冬之時,遂不暇比附經文,更綴數語。要之,皆出點竄,文采便陋,不足亂真也。

他這話比葉水心更進一步了!葉氏只說"《左氏》有全用《國語》文字者",尚未從體例上着想;他歷舉《左氏》比年闕事,年月無考,證明其與《國語》相似,提出《左氏》本不必比附夫子之經的確證了。康有爲說他"雖未悟《左傳》之攄於《國語》,亦知由他書所采附,亦幾幾知爲《國語》矣"。這確是他的第二個大貢獻。我們必須知道了《左氏春秋》原本的體例,然後才可想出它的"原料"是什麽,這樣子的過程是最重要不過的。

關於這一問題,康有爲在《新學僞經考》中因劉氏所舉《左傳》文闕及《左氏》經傳不相符合,疑其說者自來不絕,以見雖尊信《左氏》者亦不能不以爲後人附益。他說:

《左氏春秋考證·隱公篇》"紀子帛、莒子盟於密"。證曰:"如此年,《左氏》本文盡闕;""六月戊申"。證曰:"十年,《左氏》文闕;"《桓公篇》,"元年"。證曰:"是年,《左氏》文闕;""冬曲沃伯誘晉小子侯殺之"。證曰:"即有此事,亦必不在此年,是年《左氏》文闕;""冬曹太子來朝"。證曰:"是年《左氏》文闕,《巴子篇》年月無考;""冬齊、衛、鄭來戰於郎,我有辭也"。證曰:"是年《左氏》文亦闕,《虞叔篇》年月無考;""十二年"。證曰:"是年《左氏》文闕;《楚伐絞篇》當與《屈瑕篇》相接,年月亦無考;""十三年"。證曰:"是年亦闕,《伐羅篇》亦與上相接,不必蒙此年也;""十六年"。證曰:"是年亦闕;"《莊公篇》,"元年"證曰:"此以下七年文闕,《楚荊尸篇》《伐申篇》年月亦無考;""十三年""十五年""十七年",皆證曰:"文闕";""二十七年"。證曰:"比年《左氏》文闕;""二十九年"。證曰:"文闕;""三十年"。證曰:"是年蓋闕;""三十一年"。證曰:"文闕;"《僖公篇》"君子以齊人之殺哀姜也爲已甚矣"。證曰:"是年文闕,"《昭公篇》"冬十一月晉魏舒、韓不信如京師"。證曰:"此篇重定元年,僞者比附《經》文而失檢耳。"又觀各條,劉申受雖未悟《左傳》之摭於《國語》,亦知由他書所采附,亦幾幾知爲《國語》矣。

蓋經、傳不相附合,疑其説者自來不絕。自博士謂"《左氏》不傳《春秋》",班固爲《歆傳》云:"及歆治《左氏》,引傳文以解經,轉相發明,由是章句義理備焉。"班爲古學者,亦知引傳解經由於歆矣。

不特班固也。范升云:"《左氏》不祖孔子而出於丘明,師徒相傳,又無其人。"(《後漢書·范升傳》)李育頗涉獵古學,嘗讀《左氏傳》,雖樂文采,然謂不得聖人深意;何休作《公羊墨守》《左氏膏肓》《穀梁廢疾》(《後漢書·儒林傳》),惜不得歆作僞之由,未達一間,卒無以塞陳元、賈逵之口耳。

又不徒范升、李育、何休也,王接謂:"《左氏》自是一家書,不主爲經廢。"(《晉書·王接傳》)《朱子語類》云:"林黃中謂'《左傳》"君子曰"是劉歆之辭',《左傳》'君子曰'最無意思。因舉'芟夷蘊崇之'一段是關上文甚事!"

又不止王接、林黃中、朱子也,即尊信《左氏傳》者亦疑其有爲後人附益矣。陸淳《春秋集傳纂例》,謂:"左氏功最高,能令百代之下頗見本末,因之求意,經文可知;而後人妄有附益,左氏本未释者仰爲之説。"番禺陳氏澧《東塾讀書記》曰："孔冲遠云：'《春秋》諸事皆不以日月爲例，其以日月爲義例者，唯"卿卒""日食"二事而已。'此説可疑，豈有一書内唯二條有例者乎！蓋《左傳》無日月例，後人附益者。"又："《傳》之《凡例》與所記之事有違反者，如莊十一年《傳》云：'凡師，敵未陳曰"敗某師"，皆陳曰"戰"。'《釋例》曰：'令狐之役，晉人潛師夜起，而書"戰"者，晉諱背其前意而夜薄秦師，以戰告也。'成十八年《傳》云：'凡去其國，國逆而立之曰"入"，復其位曰"復歸"，諸侯納之曰"歸"，以惡曰"復入"。'《釋例》曰：'莊六年，五國諸侯犯逆王命以納衛朔，朔懼有違衆之犯，而以國逆告。'此明知《凡例》不合而歸之於'告'，是遁辭矣。"

且《左傳》多傷教害義之説，不可條舉，言其大者，無人能爲之回護。如文七年："宋人殺其大夫。"《傳》云："不稱名，非其罪也。"既立此例，於是宣九年："陳殺其大夫洩冶。"杜《注》云："洩冶直諫於淫亂之朝以取死，故不爲《春秋》所貴而書名。"昭二十七年："楚殺其大夫却宛。"杜《注》云："無極，楚之讒人，宛所明知，而信近之以取敗亡，故書名罪宛。"種種邪説出矣。宣四年："鄭公子歸生弑其君夷。"《左傳》云："凡弑君：稱君，君無道也；稱臣，臣之罪也。"杜預《釋例》暢衍其説。襄二十七年："秋七月，豹及諸侯之大夫盟於宋。"《傳》云："季武子使謂叔孫以公命曰：'視邾、滕。'既而齊人請邾，宋人請滕，皆不與盟。叔孫曰：'邾、滕，人之私也，我，列國也，何故視之！宋、衛，吾匹也。'乃盟。故不書其族，言違命也。"是孔子貴媚權臣而抑公室也。凡此皆歆借經説以佐新莽之篡而抑孺子嬰、翟義之倫者，與隱元年"不書即位，攝也"同一獎奸翼篡之説。若是之類，近儒番禺陳氏澧皆以爲後人附益，是雖尊《左氏》者亦不能不以爲後人附益矣。

他更一方面主張現存的《左傳》即劉歆分《國語》以釋經而改造成的。他説：

歆以其非博之學欲奪孔子之經，而自立新説以惑天下，知孔子制作之學首在《春秋》，《春秋》之傳在《公》《穀》，《公》《穀》之法與《六經》通，於是思所以奪《公》《穀》者。以《公》《穀》多虛言，可以實事奪之，人必聽實事而不聽虛言也，求之古書，得《國語》與《春秋》同時，可以改易竄附；於是毅然削去平王以前事，依《春秋》以編年，比附經文，分《國語》以釋經而爲《左氏傳》；（歆本傳稱"歆始引《傳》解《經》"，得其實矣）作《左氏傳微》以爲書法，依《公》《穀》日月例而作日月例，託之古文以黜今學。又説：

《國語》僅一書，而《志》以爲二種，可異一也。其一，"二十一篇"，即今傳本也，其一，劉向所分之"《新國語》五十四篇"；同一《國語》，何篇數相去數倍？可異二也。劉向之書皆傳於後漢，而五十四篇之《新國語》，後漢人無及之者，可異三也。蓋五十四篇者，左丘明之原本也；歆既分其大半凡三十篇以爲《春秋傳》，於是留其殘剩，掇拾雜書，加以附益，而爲今本之《國語》，故僅得二十一篇也。考今本《國語》，《周語》《晉語》《鄭語》多春秋前事；《魯語》則大半敬姜一婦人語；《齊語》則全取《管子·小臣》篇；《吳語》《越語》筆墨不同，不知掇自何書；然則其爲《左傳》之殘餘而歆補綴爲之至明。歆以《國語》原本五十四篇，天下人或有知之者，故復分一書以當之，又託之劉向所分非原本以滅其跡，其作僞之情可見。

他這種説法，將葉適所暗示予我們的《左傳》和《國語》的關係，由《漢志》中《國語》篇數的記載，《國語》之《周語》《鄭語》《魯語》詳略的關係，《齊語》《吳語》《越語》筆墨不同的關係，以證明今本《國語》爲《左傳》之殘餘而歆補綴爲之，論證是極明顯的。錢玄同先生在《重論經今古文學問題》一文中更爲之補充的説明。曰：

《左傳》與今本《國語》，既證明係原本《國語》所瓜分，則瓜分之跡必有可考見者。此事當然須有專書考證，我現在姑且舉出一點漏洞來：

（ㄅ）《左傳》記周事頗略，故《周語》所存春秋時代的周事尚詳（但同於《左傳》的已有好幾條）。

（ㄆ）《左傳》記魯事最詳，而殘餘之《魯語》所記多半是瑣事；薄薄的兩卷中，關於公父文伯的記載竟有八條之多。

（ㄇ）《左傳》記齊桓公霸業最略，所謂"管仲相桓公霸諸侯，一匡天下"的政績竟全無記載，而《齊語》則專記此事。

（ㄈ）《晉語》中同於《左傳》者最多，而關於霸業之犖犖大端，記載甚略，《左傳》則甚詳。

（ㄌ）《鄭語》皆春秋以前事。

（夕）《楚語》同於《左傳》者亦多，關於大端的記載亦甚略。

（ㄊ）《吴語》專記夫差伐越而卒致亡國事，《左傳》對於此事的記載又是異常簡略，與齊桓霸業相同。

（ㄋ）《越語》專記越滅吴的經過，《左傳》全無。

你看，《左傳》與今本《國語》二書，此詳則彼略，彼詳則此略，這不是將一書瓜分爲二的顯證嗎？至於彼此同記一事者，往往大體相同，而文辭則《國語》中有許多瑣屑的記載和支蔓的議論，《左傳》大都没有，這更露出删改的痕跡來了。

《左傳》與《國語》是由一書瓜分爲二的痕跡是再顯然也没有了！

第三，他攻破了僞造的《左氏》傳授系統。《史記》中無所謂《左氏春秋傳》，在《漢書·儒林傳》却有了《左氏傳》傳授的源流；孔穎達《春秋疏》，陸德明《經典釋文》也都載有；忽然《左氏》師徒相傳又有其人了！這當然是劉歆之徒所妄造的。劉氏將他們一一駁斥了！現在引崔適《春秋復始》上一段話來證明：

> 劉逢禄曰："《張蒼傳》曰'著書十八篇，言陰陽律術事'而已，不聞修《左氏傳》也。……《賈生傳》……曰'頗通諸家之書'而已，亦未聞其修《左氏傳》也。……所著述，存者五十八篇……皆與《左氏》不合……《張敞傳》曰'本治春秋……'，其所陳以，説《春秋》譏世卿最甚，君母下堂則從傅母，皆《公羊》義……《蕭望之傳》曰'治齊詩'，曰'從夏侯勝問《論語》、禮服'，其《雨雹對》以'季氏專權卒逐昭公'，《伐匈奴對》以'大士丐不伐喪'，亦皆《公羊》義……未聞引《左氏》也……"適案：尹更始與韋玄成上《罷郡國廟議》，亦引《公羊傳》文，文見上篇。《翟方進傳》曰'受《春秋》'，則與公孫丞相、董生、《張蒼傳》所云無異，皆謂《公羊傳》也。無一人可見其爲《左氏》學者。

這種傳授系統本來很令人信仰的，劉歆之徒，爲了使人尊信起見，爲了避免攻擊起見，所以要託之於張蒼、賈誼。其實他們至多不過見到《左氏》的原本——《國語》及其他，並非現在的《左傳》。否則《史記》的《儒林列傳》上不會漏了《左傳》學的傳授，而張、賈等人的傳不會每個都遺漏的。劉氏將這僞傳授系統一一打破，崔氏又加以補充的證明，我們更可以明白《左氏》不傳《春秋》了！

劉氏考證《左氏春秋傳》爲劉歆所僞，康、崔二氏更從各方面爲之補充證明，我們可信今本《左傳》爲劉歆改竄《國語》而成。近來瑞典人珂羅倔倫著有《論〈左傳〉之可信及其性質》一文，由文法的統計，如（1）"若"與"奴"，（2）"斯"字作"則"字解，（3）"斯"字作"此"字解，（4）"乎"字作"於"字解，（5）"與"字作疑問語尾，（6）"及"與"與"，（7）"於"與"於"七項，證明《左氏》的文法不同於《論語》《孟子》——珂氏所謂之"魯語"，證明《左氏》的作者不是魯人。他説：

在周秦和漢初書内，没有一種和《左傳》相同的文法組織的。最接近的是《國語》，此外便没有第二部在文法上和《左傳》這麽相近的了。

這一段既證明《史記》"魯君子左丘明……成《左氏春秋》"那一段之不足信，而且又是《左氏》和《國語》本是一書的一個旁證。劉、康諸人所説《史記》那一段有竄亂及《國語》《左傳》的關係，我們可因之而更加相信的。

不過這一椿真僞問題，正如《僞古文尚書》問題一樣，在閻若璩《古文尚書疏證》以後，雖有許多人擁護他的主張，而反對之者亦不乏其人，直至清末的洪良品、吴光輝、王照，還是反對閻氏之説的；劉氏之書出後，在古文經學家的眼中自然不歡迎，而且要推翻它。章炳麟著《春秋左傳讀叙録》就是企圖推翻劉氏之説的。章氏的意見，現在也可分爲三點來説：

首先，是《左氏》的名稱問題。關於這一點，章氏以爲名稱是没有什麽關係的。他以爲："名者實之賓，《左氏》自釋《春秋》，不在名傳與否也。正如《論語》命名，亦非孔子及七十子所定……名扶卿所名，無害其爲孔子語也。"他在總結論上説："《左氏春秋》之名，猶《毛詩》《齊詩》《魯詩》《韓詩》《孟氏易》《費氏易》《京氏易》《歐陽尚書》《夏侯尚書》《慶氏禮》《戴氏禮》，舉經以包傳也。以爲不傳孔書而自作《春秋》者，則諸家亦自作《詩》《易》《禮》乎。"

章氏這見解確具相當的理由。但在西漢時只有《公羊傳》本名《春秋》，"其餘一概算不了《春秋》"。（詳見《春秋復始》）一個真的名稱可説是没有關係，一個假冒的名稱却應當追究。"齊詩""魯説"之類，是因爲家派多了，不得不加地域或氏姓以示區别；如果左氏真是魯之夫子，他何須用"左氏"二字來表示區别；《左氏春秋》之不同於《左傳》，正如《魯詩》不同於《魯故》《魯説》，《齊詩》不同於《齊后氏故》《齊后氏傳》，《歐陽尚書》之不同於《歐陽章句》，《大小夏侯尚書》之不同於《大小夏侯章句》，不能一概説是"舉經以包傳也"。《左氏春秋》是解經的，它的命名應該先確定，不能拿《論語》來作比。這個假冒的名稱，劉氏追究出來，使《春秋左氏傳》冒名的真相暴露出來，是有價值的；何況連《左氏春秋》這個名稱根本就是假的呢！所以章氏的辯駁，仔細看來，至多具有相當的理由，而不能使我們完全贊同。

其次，《左氏》的體例問題。關於這一點，章氏以爲："所謂傳體者如何？惟《穀梁傳》《禮喪服傳》《夏小正傳》與《公羊》同體耳！毛公作《詩傳》，則訓故多而説義少，體稍殊矣。伏生作《尚書大傳》，則叙事八而説義二，體更殊矣。《左氏》之爲傳，正與伏生同體。然諸家説義雖少，而宏遠精括，實經所由明，豈必專尚'裁辨'，仍得稱'傳'乎？"他説：

> 凡言"傳"者，有傳記、有傳注……同此傳名，得兼傳記、傳注二用。亦猶裴松之注《三國志》，撰集事實，以見同異；間有論事情之得失，訂舊史之譌非，無過百分之一；而解詁文義，千無二三。今因《左氏》多舉事實，謂之非傳，然則裴松之於《三國志》亦不得稱"注"耶？且《左氏》釋經之文，科條數百，固非專務事實者，而云非傳之體，則《尚書大傳》將又何説？

章氏在這裏所説的意見，表面上看來似乎理由充足，但是這些話實在都是極牽强的。《春秋》這部書是孔子所作，"'筆則筆，削則削'，兩'則'字見得極快……蓋褒貶予奪，因事裁制，非一端所可拘，唯化裁因心者能之"。（用劉紹攽《春秋筆削微旨》語）"《春秋》言是其微也""《春秋》推見至隱"，替它作傳的當然不能像《尚書大傳》"叙事八而説義二"，故《尚書大傳》説義甚少；《左氏傳》是不應當如此的。"《左氏》之爲傳，正與伏生同體"，這是《左氏》不傳《春秋》的明證。裴松之注《三國志》，是"奉詔采三國異同"，左氏却未聞受命采取異同。《左氏》記事，將許多重要的大事失於記載，或者兼有誤，如記齊桓霸業之簡略而失真，這也是不可與裴松之注《三國志》同日而語的。《左氏》釋經之荒謬，縱有科條數百，也正是不傳《春秋》的明證。章氏以爲"經無而傳有者，悉皆經之微言"，然則《左氏》所記與經毫不相干的話，如怪力亂神之類（詳見《〈春秋〉非〈左〉》下）與經之微言有什麽干係？《左氏》好惡與孔子不同，硬要説他就是左丘明，能親見夫子，蔑視一切的鐵證，這未免太牽强了。

再次，是《左氏》傳授的問題。關於這一點，章氏費了許多力量，來證張蒼、賈誼等之引用《左氏》，並確都治過《左氏》，《左氏》是真有傳授的。祖護《左氏》的人們大都如此説法。劉師培《左盦集》中也有兩篇《周季諸子述〈左傳〉考》《〈左氏〉學行於西漢考》這一類的文章，他們用力雖勤，而其結果之不足信還是毫無疑義。我們只看劉歆《移讓太常博士書》便可以知道了。劉歆移書是爲《逸禮》《古文尚書》，尤其是《左氏春秋》而力爭的。

他説："得此三事，以考學官所傳……傳問民間，則有魯國桓公、趙國貫公、膠東庸生遺學與此同。"他只舉桓、貫、庸三家傳《書》《禮》之學者，而不舉出當時的《左氏》學者來；他連民間的儒生桓、貫、庸三家都要提到，而不引據朝廷執政的《左氏》大師如張丞相、尹咸、翟方進來説；個中消息，不够使我們知道當時《左氏》並無師傳，張丞相、尹咸、翟方進等傳授之説是確實靠不住的麽！（參看廖平《古學考》）劉歆既未説出，則《漢書·儒林傳》之謂張蒼、賈誼等傳《左氏》當然是僞託的了！張、賈等既經劉逢禄、崔適證明其"無一人可見其爲《左氏》學者"，而章氏、劉氏不問所根據的材料是否真實，有無竄亂，究竟張、賈之引用《左氏》，是現行的《左氏》，還是《左氏》的舊文及其他，而一概認爲是治過《左氏》的：這是不嚴謹因而不足信的。劉氏説"蒼均有書，情不可考"，足見張蒼之治《左氏》是有疑問的。劉氏説："賈子《新書》足補《左氏》之缺。"章氏也以爲："賈書、楚惠王等八事，不知采自何書；各記別事，本與《左傳》絲毫無涉……又有《左傳》所不載者。……自古人異事同，傳記所載所止一端。"足見賈書所説的事不一定根據《左氏》，賈誼之治《左氏》也是有疑問的。章氏、劉氏以爲在他們書中有許多與《左氏》相同的話，便認定他們是治過《左氏》的，那我們可以説："梅賾之僞古文《書》，其亦三代經傳襲用梅氏耶？"（魏源《詩古微》語）而這未免太不足信了。

由以上所述的看來，章炳麟、劉師培的駁論實不足以變更劉、康、崔三人所考定的，我們且不必詳細推論它。在珂羅倔倫之後，在外國的學者注意這一問題的，更有卜德（Derk Bodde）著有《左傳與國語》一書，依他的結論看來，好像《國語》與《左傳》原本非一書，而《左傳》似乎不僞。他於珂羅倔倫用七種助詞研究之外，更加以引《詩》及引用"帝"與"上帝"來判斷《左氏》《國語》的内容。他關於前者的結論説：

　　《左傳》最歡喜引《書經》和《詩經》，《書》它引過四十六次；《詩》引過二百零七次。但是那部比了《左傳》分量約少一半的《國語》，所引《詩》《書》並不止減少了一半，它只引了十二次《書》，二十六次《詩》。這實在太少了！尤其是《詩》的比例，只有八分之一。況且《國語》引《詩》不但只有二十六次，而在這二十六次之中，有十四次都在一篇里。所以，除了這一篇之外，其餘十分之九的書里，只引了十二次《詩經》而已！

這真是一個大不相同的情形，我們要替這種現象作解釋，只有兩種法子：（一）《左傳》和《國語》所根據的材料不同；（二）《國語》的學者對於

《詩》學未有深研，或者他對於引《詩》的癖好及不上《左傳》的作者。

關於後者，卜德説：

　　《左傳》和《國語》中提到"天"字的，真是多不勝數。然而"帝"或"上帝"兩個名詞（用作"天"解，不作"皇帝"解），在《左傳》中只有八次，而在分量少了一半的《國語》裏却説到十次。"上帝"不單稱"帝"，《左傳》中只有四次，而在《國語》的十次之中只有一次單言帝，餘俱爲"上帝"。這樣大的差別，又豈可説是偶然的。

　　總之，《左傳》專用"如"字而《國語》用"如"兼用"若"；《左傳》最好引《詩》而《國語》則否；《左傳》不大説"上帝"，比較《國語》中用的這名詞只占得四分之一。

他對於錢玄同先生所舉《國語》與《左傳》此詳則彼略的八證也逐條加以辨正，説：

　　這兩部書的宗旨是不同的。

　　無論如何，一個人決不能從一部原有的書裏著成或改成兩部分——《左傳》和《國語》。

卜德在作此文之時，曾説：

　　這（珂羅倔倫把《左傳》和《國語》的文法比較研究）真是一個最有力的憑證，不過還有學者不甚信服，例如胡適先生。

珂羅倔倫的話，因爲他所舉的例較多，在大體上比較可信；若卜德氏所説，依我看來，則實不足憑信。因爲引《詩》的例，這實在是較晚起的現象，《國語》引《詩》實在太少，或者轉而成爲《國語》是原本，《左傳》是經過改本的明證，此其一。至於"帝"用作"天"解，在《左傳》中用得少而《國語》中比較多，這也只能作爲《國語》是原本，而《左傳》是經過修改的明證，因爲在卜辭中是以帝代表天的，據郭沫若在《先秦天道觀之進展》一書中歷舉卜辭中的八條卜辭而説：

　　這幾條是比較上文字完整而意義明白的紀録，大抵都是武丁時的卜辭。這兒的"帝"自然是至上神無疑，凡是《詩》《書》、彝銘中所稱的"帝"都是指的天帝或上帝，卜辭中也有一例稱上帝的……在這兒却有一個值得注意的現象，便是卜辭稱至上神爲帝、爲上帝，但決不曾稱之爲天。……卜辭既不稱至上神爲天，那麽至上神稱天的辦法一定是後起的，至少當得在武丁以後。（商務印書館一九三六年五月）

他在《金文叢考·周彝中之傳統思想考》則説："宇宙之上有至上神主宰，曰天，曰皇天，曰皇天王，亦曰帝，曰上帝，曰皇帝，曰皇上帝。"可見以"帝"作"天"解本是較古的風氣。《國語》是原本，雖亦經過竄亂，猶保存許多較古的用法；而《左傳》則經劉歆之修改，較古的用法保存更加少了。至於卜德以《左傳》專用"如"字而《國語》兼用"若"字，單憑這一個證據也不能推翻珂羅倔倫之説，因爲兩書關於助詞的用法大多數相同，一個證據是不能推翻的。至於卜德不信錢氏此詳則彼略，顯然是將一書瓜分爲二的現象，這也錯誤。因爲如《國語》與《左傳》不是瓜分爲二，則何以二書此詳則彼略？除了錢先生所指出的《國語》《左氏》相較存在問題的數例無法回答之外，《吳語》《越語》還頗似《左傳》編到衍後半篇幅已不少，故不需要太多材料而不取用之跡。卜德氏謂"無論如何，一個人決不能從一部原有的書裏著成或改成兩部書"，這更不成話。我們試舉一二反證來説明此事，如：《小戴記》與《大戴記》，其來源是相同的，而可成爲兩部書，有相同的篇目，而又有相異的處所；例如《祭義》與《曾子》《大學》《投壺》等篇，此是一證。在《漢書·藝文志》上明説《新國語》五十四篇，是劉向分《國語》而成，他所分出來的，能比《國語》二十篇還多，這豈不是一件很有趣的事情，而且是不容我們否認的。此是一證。《新序》與《説苑》，體例相同，大旨亦復相類，據《別錄》對《説苑》之説，"除去與《新序》重複者"，可見兩書原來也在一書之中，而《説苑》又有"新苑"之名，這也是將一書瓜分爲二的一例，此又是一證。二《戴記》，《國語》與《新國語》，《説苑》與《新序》都是將一書瓜分爲兩書，而且這都是無目的地分爲二書，則《左傳》與《國語》可由一種分爲兩種，更屬可能。劉歆模仿他父親之所爲，抽取《國語》部分篇章內容爲《左傳》，是有計劃的，故其詳略之跡，自屬顯然，這是明擺着的事情，有何可疑？卜德的話，依我看來，他的論證，都是極脆弱的。

近來許多的人，或因爲《左傳》與《國語》同記一事，有的時間不同，如："晉惠公卒"，《左氏》以爲九月（僖公二十四年），《晉語》則以爲十月；有的人名不同，如：《常棣》之詩，《左氏》以爲召穆公作（僖公二十四年），《周語》則以爲周文公作；有的地名不同，如：宋之大城，《左氏》以爲蕭亳（昭公十一年），《楚語》則以爲蕭蒙；有的事實不同，如：晉楚爭盟，《左氏》以爲乃先晉人，《吳語》則以爲吳公先歃；等等，而認爲決不是一人所作。殊不知這在康有爲已經説過：現在的《國語》已是《左傳》之殘餘，歆補綴爲之，則無怪乎兩書同記一事而有些不同的。我們試看《説苑》與《新序》兩書，據《四庫全書總目提要·説苑》説："以今考之，春秋時事尤多，漢事不過數條。大抵采百家傳記，以類相從。"《四庫簡明目錄》則説："所錄皆春秋至漢初軼事可爲法戒者，雖傳聞異詞，姓名、時代或有牴牾，要其大旨主於正綱紀。"而《簡明目錄》於《説苑》更云：

　　《説苑》與《新序》體例相同，大旨亦復相類。其所以分爲兩書之故，莫之能詳。中有一事而兩書異詞者，蓋采摭群書，各據所見，既莫定其孰是，寧傳疑而兩存也。

這可見在劉向、劉歆之時，記載關於春秋時事甚多，"傳聞異詞，姓名、時代或有牴牾"，故有一事而兩書異詞者。劉歆在當時采摭補綴甚易，我們何可因爲《左傳》《國語》兩書同記一事而有不同的地方遂懷疑其本非一人所作，而忘却了"現在的《國語》已是《左傳》之殘餘，而歆補綴爲之"的話？

近來又有的人以《史記》所引有些確是《左傳》而非《國語》，遂疑心《國語》與《左傳》非一書之分化，"《左氏》三十卷者，即《國語》之舊文，劉歆喜而治之，並無割裂之事"。這種見解，也極好笑。因爲我們知道，《史記》確經後人增竄，而據《史通·正史篇》看來，劉向、劉歆都是相次撰續的人。現存《史記》中所引《左傳》原文，是否爲司馬遷本人所引，而非後人依《左傳》以改竄，已成問題。我們暫且不這樣考慮，而另外來作假定，即是劉歆改《國語》以爲《左傳》，他明知史遷是有許多地方依據《國語》的，他可以將《史記》所引用盡量收入，以顯示《左氏傳》本爲史遷所引，而不是他的改竄。他如有意作僞，這樣提防人的攻擊，是極可能的。那麼，《史記》所引即完全是《左傳》，一個字也不差，亦無以確定《國語》與《左傳》非一書之化分，"《左氏》三十卷者，即《國語》之舊文"。問題是在劉歆之改《國語》與否，不在《史記》所引是今本《左傳》與否。我們如相信"歆治《左氏》，引傳文以釋經，轉相發明，由是章句、義理備焉"這幾句話，《左氏》原不名《左氏春秋》，而是叫作《國語》；《左氏》原不是解經的，而從他起才解經；《左氏》原來只是史文，而從他起才有凡例，則是他化分《國語》爲《左傳》。我們如相信《左傳》早就有了，只要你能解釋"傳自解經，何待歆引？歆引以解，則非傳文"的疑問，則更無妨説《左傳》在先秦時已有了的。現在更有一些人以爲《國語》有晚於《左氏春秋》的痕跡，而疑心《左氏》《國語》非一書之化分，這也是仍未注意"現在的《國語》已是《左傳》之殘餘，而歆補綴爲之"的現象。如若我們承認《國語》有晚於《左氏》的痕跡，那只是有許多真的《國語》的材料已經編入《左傳》之中，故將其他較後的材料湊在《國語》之中，因而發生《國語》所述的事實有晚於《左傳》的痕跡。但是不能説任何哪一個人僞造整個《國語》，因爲如若整個地編造《國語》，決不可能《魯語》所記恰好多半是瑣事，《晉語》《楚語》所記無關晉、楚之霸，而《鄭語》恰好又皆春秋以前事。從《國語》的詳略看來，從《國語》的體例看來，很明顯地是《左傳》之殘餘。它有晚於《左氏》的部分，則當是劉歆補綴爲之，康氏之言，還是很有見地的。我曾說過，"我們根據現在的《國語》和《左傳》，說它們完全出於一人之手，這是不可能的了！但是我們根據現在的《國語》和《左傳》，說它們是兩部各不相干的書，這也是不盡然的"。"我們不可以隨便說這兩書完全出於一人之手，或者以爲是兩部各不相干的書，因爲作僞者有時與所采的原料持相反的論調，如《國語》'民可近也，不可上也'，在僞《古文尚書》中作'民可近，不可下'，上下相反了！康氏說：'掇拾雜書，加以附益，而爲今本之《國語》。'我們如因此而認定《國語》晚於《左傳》，這也似乎是不應當的。"到現在，對於《左氏》《國語》的問題，我還是作如是解。

至於原本《左氏春秋》著作的時間，在前人的考定，是以爲當六國之時。關於這一點，我們先試引皮錫瑞《經學通論》"論趙匡、鄭樵辨左氏非丘明，《左氏傳》文實有後人附益"的一段來看，他說：

> 王安石《左氏解》疑左氏爲六國時人者十一事，其書不傳。葉夢得疑傳及韓、魏、智伯、趙襄子之事。鄭樵《六經奧論》辨之尤力。曰：《左氏》終紀韓、魏智伯之事，又舉趙襄子之謚。若以爲丘明，自獲麟至襄子卒已八十年矣。使丘明與孔子同時，不應孔子既没七十有八年之後，丘明猶能著書，此左氏爲六國人，明驗一也。《左氏》"戰於麻隧，秦師敗績，獲不更女父"。又云"秦庶長鮑、庶長武帥師，及晉師戰於櫟"。秦至孝公時立賞級之爵，乃有不更、庶長之號，明驗二也。《左氏》云，"虞不臘矣"。秦至惠王十二年初臘，明驗三也。左氏師承鄒衍之說，而稱帝王子孫。案齊威王時，鄒衍推五德終始之運，明驗四也。《左氏》言分星，皆準堪輿，案韓、魏分晉之後，而堪輿十二次始於趙分曰大梁之語，明驗五也。《左氏》云，"左師展將以公乘馬而歸"。案三代時，有車戰，無騎兵，惟蘇秦合從六國，始有"車千乘，騎萬匹"之語，明證六也。《左氏》序呂相絕秦、聲子說齊（當作楚，此誤），其爲雄辯狙詐，真游說之士，捭闔之辭，明驗七也。《左氏》之書序晉、楚事最詳，如"楚師熸""猶拾瀋"等語，則左氏爲楚人，明驗八也。據此八節，可以知左氏非丘明，是爲六國時人，無可疑者。或問伊川曰："左氏是丘明否？"曰："傳無丘明字，不可考。"真知言歟！朱子亦謂"《左傳》

有縱橫意思，'不臘'是秦時文字，二條蓋本鄭樵"。錫瑞案《史記》張守節《正義》云："秦惠王始效中國爲之。"明古有臘祭，秦至是始用，非至是始創，則以不臘爲秦時文字，固未可據。"左師展將以公乘馬而歸"，即子家子謂"公以一乘入於魯師"之意。一乘仍是車乘，亦未可據爲乘馬之證。傳及智伯，或後人續增；不更、庶長之類，或亦後人改竄。《左氏》一書，實有增竄之處。文十三年傳，"其處者爲劉氏"，劉炫、孔穎達已明言先儒插此媚世。僖十五年傳，"上天降災"至"唯君裁之"四十一字，服、杜及唐定本皆無。林黃中謂："《左傳》'君子曰'是劉歆之辭。"王應麟曰："八世之後，其田氏篡齊之後之言乎？公侯子孫，必復其始，其三卿分晉之後之言乎？其處者爲劉氏，其漢儒欲立《左氏》者所附益者乎？皆非《左氏》之舊也。"近儒姚鼐以"公侯子孫必復其始"，及季札聞歌《魏》，曰："以德輔此，則明主也。"傳中盛稱魏絳、魏舒之類，爲吳起附益以媚魏者。陳澧以《左傳》凡例與所記之事有違反者，可見凡例未必盡是，而傳文亦有後人所附益。劉逢祿以《左氏》凡例、書法皆出劉歆，雖未見其必然，而《左氏》有後人附益之辭，唐、宋人已有此疑矣。(皮錫瑞《經學通論》)

他這裏歷舉自唐宋以來以及清儒的意見，說明《左氏》有後人附益之辭，其實如左氏本非魯君子左丘明，則除凡例"書曰""君子曰"之類是後人增入以釋《春秋》者外，當大體認爲《左氏》之原文，不過其著作時代要稍晚，而其人決非與孔子同時之左丘明。鄭樵所提出的八證，前五證都是極好的，後三證則不大可信。皮氏駁第六證尚可，若第三證，他根據《史記正義》說來駁鄭樵，其實張守節的話，也未必就可相信。一、二兩證，皮氏也說"傳及智伯，或後人續增；不更、庶長之類，或亦後人改竄"，則是無法否認，可見《左氏》著作年代至早不出秦孝公以前。據第四證看來，《左傳》的著作年代總要在齊威王以後。在《左傳》涉及五行的地方，不勝枚舉，例如：

  則天之明，因地之性，生其六氣，用其五行，氣爲五味，發爲五色，章爲五聲。(昭公二十五年)

  天有三辰，地有五行。(昭公三十二年)

我們可斷言這必在五行思想頗發達以後才能有的跡象。鄭樵所舉的五證，是用分野來說明的，這雖不必如崔適之以爲劉歆所竄入，但是它的跡象也當是在六國之末才有的。據它裏面用五行分野看來，似其著作年代定在齊威、宣之後，必不能早於荀子，因爲在荀子的書中，五行分野的觀念，都不大常見，然則其著作年代也應當與荀子同時。不過，《左氏》書中，也保存不少較古的史料，這些史料，寫成較早，這又當與《孟子》《荀子》之書不能混爲一談的。

左氏之書，本是"廣采當時文籍，故兼與子產、晏子及諸國卿佐家傳，並卜書、夢書及雜占書、縱橫家、小說、諷諫等，雜在其中"。所以這些記載時代較晚之事實，不能認爲附益。即如桓公元年"宋華父督見孔父之妻於路，目逆而送之，曰：'美而艷'"。桓公十六年"衛宣公烝於夷姜，生急子"。莊公十二年"楚子虜息，以息嬀歸，生堵敖及成王焉，不言"。莊公二十二年"陳公子完奔齊……八世之後，莫之與京"。襄十九年"季札聞歌《魏》，曰：'以德輔此，則明主也'。"這些事情，或出於雜占書，或出於小說家言，不能因爲其與他書不合，而有些跡近於預言，而認爲是後人的附益。我們須知《左傳》本非丘明之作，而是雜采諸書所成。《左氏》的文體，也決不是春秋時代的產物，這本極容易辨別，故縱有附益，也決不會如後人所指摘的附益太多。如若我們說，《左氏》原本的寫成在孔子歿後、《論語》未修成之前，則以《左氏》浮夸的文體要在《論語》產生之前，這也未免是奇跡了。

"……唯君裁之"四十一字及《文公十三年傳》"其處者劉氏"五字，很明顯地爲東漢以後的人所爲外，其他就是"書曰""凡例""君子曰"之屬。《左傳》共有五十凡例，這本是劉歆引傳以解經後才有的。現在試舉一二例來證明其爲劉歆之所僞爲。

（1）《左傳·隱公七年》説："凡諸侯同盟，於是稱名，故薨則赴以名，告終，稱嗣也，以繼好息民，謂之《禮經》。"我們知道，在荀子時，《禮》猶不必爲經，而這凡例上竟特別提出《禮經》，這是晚出於《荀子》的現象。

（2）《左傳·莊公二十五年》説："凡天災，有幣無牲，非日月之眚，不鼓。"我們知道，在《春秋》中並無注重月食的事情，這里説到月食，已與《春秋》不相合。而陰陽對立的觀念是在戰國中晚期才發達，但也沒有注重月食的跡象。在《周禮》中，才"救日"與"救月"並舉，可見《左傳》這一凡例，是有了《周禮》以後才發生的。

（3）《左傳·莊公二十九年》説："凡物，不爲災，不書。"莊公二十九年有蜚，據《漢書·五行志》説："劉歆以爲負蠜也，性不食穀，食穀爲災。……《左氏傳》曰：'聖人在上無蜚，雖有不爲災。'"説曰："凡物不爲災不書。""説曰"是《左傳》的凡例，而不作"《左傳》曰"，這也可見凡例本是劉歆之辭。

（4）《左傳·僖公五年》説："凡分、至、啓、閉，必書云物，爲備故也。""必書云物"之事，其起也甚晚。這與《周禮》保章氏以五云之物，辨吉凶、水旱，降豐荒之祲象相合。《周禮注》云："物，色也，視日旁云氣之色。鄭司農云：'以二至二分觀云色，青爲蟲，白爲喪，赤爲兵荒，黑爲水，黄爲豐。故《春秋傳》曰，凡分、至、啓、閉，必書云物，爲備故也。'"這也可見《左傳》的凡例是受《周禮》的影響的。

我們只看這四個例證，可以明瞭凡例著作時代之晚。其自相矛盾，以及不合理的處所，前儒攻擊之者甚多，這也可見不是本來的《左傳》就有，而是劉歆等人引傳以解經之後才有，其爲劉歆所僞，固甚顯明。

第七章

《語》《孟》《孝經》《爾雅》之起源與編訂

第一節　《語》《孟》《孝經》《爾雅》之起源

　　《詩》《書》《禮》《樂》《易》《春秋》的起源由民俗學的觀點看來，當源於遠古，《詩》《書》《禮》《樂》《易》《春秋》之本身也不是私家著述。到了春秋以後，因爲時勢易轉，而私家著述亦因之而起。《論語》《孟子》是孔、孟的言行錄。《孝經》據其首章"仲尼居，曾子侍"及各章"子曰"看來，是模仿言行錄之作。這都是有了私學而後才能有這種體例的著述出現。至於《爾雅》本爲訓詁之書，以通釋諸經語義爲主，而所謂六經實非周公之所作，其起源則是至少有了"經學"而後才能有的。但是我們要注意，私學雖晚起於春秋之時，但私人言行之記載，則不至於晚至春秋時始出，"左史記言，右史記事"，記言之例，亦史所有，在《尚書·盤庚》篇即有"遲任有言，曰：'人惟求舊，器非求舊，惟新'"之語，在《康誥》中有："紹聞衣（殷）德言……往敷求於殷先哲王，用保乂民。""我聞曰：'怨不在大，亦不在小，惠不惠，懋不懋。'"《酒誥》中，更有"古人有言曰：'人無於水監，當於民監'"。可見在殷末周初，即有古賢哲之言由傳聞而筆之於書。試更考之《左傳》《國語》諸書，則左氏引周任有言者二（隱六、昭五），引史佚之言者五（僖十七、文十五、宣十二、成四、昭元），引古人有言者八（僖七、文十七、文十七、宣十五、成十七、襄二十四、襄二十六、昭七），引先民有言者一（哀十五）。《國語》引史佚者一（《周語》下三），《左氏·成公四年傳》所引"季文子曰：'《史佚之志》有之。'"《左傳》《國語》所出較晚，雖不可盡信，然《詩》《書》所記，應當毫無疑義。可見在春秋前，即有記言之事，不過專記一人之言行而筆之於書，自非有大思想家以後不能引起這種要求。《論語》是孔門弟子所記的，其筆之書，尚不必當孔子之世，則更無論較早於孔子之私人言行，然以《詩》《書》所記，《左傳》所載來看，私人言行之有記載似當遠溯於殷周之際。孟子所願爲學孔子，《孟子》之書所以不似《墨》《莊》體例而模仿《論語》者即在此。《孝經》之作更在其後，所以雖僅論孝，而亦以答問體述之，論其遠源，當與《論語》《孟子》同科。

《爾雅》爲訓釋羣經之書，其起源當在有訓釋經文之後，事甚顯明；嚴格說來，其不惟要在有訓釋經文之後，更當在"經"成爲"學"以後。因爲《爾雅》不是偶爾訓釋經文，而是集合解經之文而始能編，其著述時代固晚，即經有釋解亦非起自殷周。在《左傳》《國語》中，有稱引《詩》《書》而加以解釋之例，只是其解釋較繁（詳見後《列國大夫之稱引詩書》）。但此亦非釋詁釋訓之體，不過可姑以此爲《爾雅》之濫觴。《論語》《孟子》《墨子》《荀子》並無此等繁復解經之例，《左傳》《國語》所載是否確實可信則另是一問題。

楊向奎君《論〈左傳〉之性質及其與〈國語〉之關係》一文（載北平研究院《史學集刊》第二期，一九三六年），因受廖平《春秋左氏古經說義疏》、劉師培《左氏不傳春秋辨》及《周季諸子述左傳考》之啓迪，據《國策》《禮記》《史記》《說苑》等書，證"左氏書法凡例"等。其主要提出：

1. 其上篇爲論《左傳》之性質、書法及解經語。認爲"自《左傳》撰述之初，即與各國策書之記事合編爲《左氏春秋》，非出後人之竄加"。

2. 論凡例。《左氏》凡例有見於《尚書大傳》而謂"《左氏》之凡例與書法同一來源，皆爲《左傳》原編者所隨意加入"。

3. 論"君子曰"。更"由《國語》《韓非子》《史記》等書證《左傳》'君子曰'，非出後人竄入"。

4. 《左傳》古本說。謂《左氏》"因其記事多而書法少，不若《公羊傳》《穀梁傳》之因《經》立義，故西漢人多已不知其書爲傳《經》。及經劉歆表揚，引《傳》解《經》，乃反遭諸儒之反對。終漢之世，《經》《傳》別行，至杜預作《春秋經傳集解》，始'分《經》之年與《傳》之年相比附'，而因之乃有一事隔爲兩年者，致使辭聲不接，形式乖忤。若《經》與《傳》別行，則前後相接，此弊可免。然分《傳》解《經》者，如能打破每年冠年，每月冠月之例，而以事爲主，年月之上不礙有字，離碎之弊亦可免"。

在此文中，作者本人雖頗攻擊康（有爲）、崔（適）之說，爲《左氏》辯護，但依我看來，此文實證成今文說。因爲既認《左氏》古本以事爲主，年月之上不得有字才能免去每年必以年建首，年前則歸之上年尾之陋習，而後才文義可通，無文法鶻突之病。可見《左氏》體例本與《國語》相似，本不足編年的。作者承認前人"有因書法凡例多有截斷上下文字之處疑爲後人僞加者，此自有相當之理由"。可見《左傳》之書法凡例實有可疑之處，但是他忘記了，《左氏》不足編年不是依經爲傳的大前提，而以"書法凡例與《左傳》記事固非同一來源"，蓋《左傳》之記事本於各國策書舊文，《左氏》作者取而編裁再加入當時之禮俗禁忌以成其所謂"書法凡例",故有不相協之處;更未一想《左氏》文辭如何流利,如係"原編者所隨意加入",何至如是之多有截斷上下文字之處,而至於有不相協?這如非後人偽加,則其故安在?我覺得作者依廖、劉二家所舉之例,實是大上劉氏之當!如,其例1舉《戰國策·魏策三》"故《春秋》書之,以罪虞公",作者謂"此用《左氏》義也"。"《公》《穀》皆同情於虞而譏晉",他却忘了《春秋·僖公二年》有"虞師、晉師滅夏陽",《春秋》以"微國序乎大國之上"已經罪虞,而《公羊傳》更有"使虞首惡"之言,並非"同情於虞"。不能認爲《戰國策》所引者一爲"《左氏》書法及解經語"。

其例2以《禮記·坊記》《史記·周本紀》爲證,但作者於正文即云,"未知《坊記》何所本,似有襲《左氏》之可能""似爲《史記》所本",其實"三傳皆有諱取同姓之義""三傳皆有不與致天子,爲天王諱之説",何能指爲襲《左》之證?作者明知《史記》有"記載較詳,或史有所本",則可知《史記》之不必"用《左氏》義",而必以《史記》襲《左氏》,然則安知非《史記》所用乃原本《國語》或其他史籍之不傳於今日者?更何以知《史記》既有竄亂而所引《左氏》乃絶非竄入?此文所舉四十六例,散見於《國策》《禮記》《史記》《説苑》等書,在《國策》《禮記》二書無確證,《史記》《説苑》係晚出書,實不足憑。其論書法中謂《尚書大傳》"凡宗廟有先王之主曰'都',無曰'邑'",乃引《左氏·莊公二十八年》"凡邑有宗廟先君之主曰'都',無曰'邑'",亦無明文爲證,故只可云"當爲《左傳》所本"。其論"君子曰"依劉文所舉《韓非子》難四有君子之例,這可以説是鐵證,然是否《左傳》之原有"君子曰",因《左傳》本身非依經爲傳,其書法凡例仍無足信。這一點亦當仍屬疑問。而且在《左傳》中之"君子曰",在《國語》《呂覽》及《説苑》等書,或作某人某人曰,《左氏》中之"君子曰",其有經修改而成,有爲編者杜撰,林黄中謂《左傳》"君子曰"是劉歆之詞,自當修正,而即無《韓非子》中之鐵證亦當修正,然僅據《韓非子》中之孤證,而忘《左氏》以事爲主、年月上不得有字之大前提,而以《左氏》傳經這也是不然的。總之,《左氏》不惟並不依經爲傳,而且比年文闕,年月無考,《左氏》原本體例實與《國語》相似,不過經劉歆之引傳解經,而遂被認爲傳《春秋》,而且雖知其書法凡例阻斷上下文,不能不爲《左氏》迴護,以爲原編者所隨意加入,不知原編者絶不會如是之文理不通。其改編之跡,即如是顯明,僅憑一二能駁倒前人於經義之改訂之反證,實無以證明古本《左氏》爲傳《春秋》。吾人固不同意康、崔之流謂《國策》《禮記大傳》《韓非子》等書有劉歆竄改之跡，然是數書者，實無有力之證明，足以見《左氏》古本傳《春秋》，有書法及解經語。王充《論衡·書篇》云："公羊高、穀梁寘、胡毋氏皆傳《春秋》，各門異户，獨《左氏傳》爲近得實。何以驗之？《禮記》造於孔子之堂。太史公漢之通人也。《左氏》之言與二書合，公羊高、穀梁寘、胡毋氏不相合。又諸家去孔子遠，遠不如近，聞不如見……《國語》，《左氏》之外傳也，《左氏》傳經，辭語尚略，故復選錄《國語》之辭以實。然則《左氏》《國語》，世儒之實書也。"

"《左氏》之言與二書合""遠不如近，聞不如見"，王充之言仍爲古文家所蒙蔽，然而在《左氏》傳經詞語尚略，故復選錄《國語》之辭以實，則實泄露劉歆改編《國語》爲《左氏傳》的秘密。康氏説："今本《國語》爲《左傳》之殘餘，而歆補綴爲之。"我們如對《左傳》《國語》的大前提認清，自可以了解《國語》實"爲《左氏》之殘餘"，而今本《國語》實"補綴爲之"。近人更有《國語真僞考》，以《國語》爲劉歆輩所僞造，而謂《左傳》《國語》"非出一人之手，而爲一時之書"，皆由忽略其本屬補綴爲之而生疑義。不知以今本言之《左傳》《國語》固爲二書，若以原本言之，以《左氏》書不傳《春秋》言之，則何必有記事、記言之分？而《魯語》所記之言，又何以過明瞭於《左傳》？太史公又何以專歌頌左氏之作《國語》？王充又何以有選錄《國語》之詞？凡此種種，都可以告訴我們，"《左氏》《國語》原本爲一，現行《國語》，乃《左傳》之殘餘，而歆補綴爲之"甚明。

第二節　《語》《孟》《孝經》《爾雅》編定之年代

（一）《論語》之編定

《論語》有魯、齊本之分，在王充作《論衡》時已有"篇目或多或少，文贊或是或誤"之嘆。《論語》在群經中，以其所記爲孔子之言行，我們對於此書編纂之人物與編定之年代，尤當特別注意的。關於編定之人物相傳共有五説：

1. 《論語》爲孔子弟子所纂輯。(1) 何晏《論語集解叙》引劉向言："魯《論語》二十篇，皆孔子弟子記諸善言也。"(2)《漢書·藝文志》："《論語》者，孔子應答弟子，時人及弟子相與言而接聞於夫子之語也。當時弟子各有所記，夫子既卒，門人相與輯而論纂，故謂之《論語》。"

2. 《論語》乃仲弓、子游、子夏等所撰定。(1)《釋文·序錄》引鄭康成曰："仲弓、子游、子夏等撰定。"(2) 邢昺《論語注疏序》引鄭玄云："仲弓、子游、子夏等撰定。"(3)《論語》出於子夏等六十四人所撰定。

3.《論語》成於有子、曾子之門人。(1)柳宗元《論語辯》："或問曰：'儒者稱《論語》孔子弟子所記，信乎？'曰：'未然也。孔子弟子，曾參最少，少孔子四十六歲。曾子老而死，是書記曾子之死，則去孔子也遠矣。曾子之死，孔子弟子略無存者矣。吾意曾子弟子之爲之也。何哉？且是書載弟子必以字，獨曾子、有子不然。由是言之，弟子之號之也。''然則有子何以稱子？''曰：孔子之歿也，諸弟子以有子爲似夫子，立而師之。其後不能對諸子之問，乃叱避而退，則固嘗有師之號矣。今所記獨曾子最後死，余是以知之。蓋樂正子春、子思之徒與爲之爾。或曰：孔子弟子嘗雜記其言，然而卒成其書者，曾氏之徒也。'"(2)朱熹《論語集注·序說》引"程子曰：'《論語》之書，成於有子、曾子之門人，故其書獨二子以子稱'"。

4.《論語》爲七十弟子門人所撰定。皇侃《論語義疏》："《論語》者，是孔子歿後七十弟子門徒共所撰錄也。"

5.《論語》爲琴張與原思所撰定。徂徠一新《論語徵》："或乃謂：'上論成於琴張，而下論成於原思，故二子獨稱名。其不成於他人之手者審矣。'"(轉引自錢穆《論語要略》，商務印書館，1934)

在以上五說中，第一說以《論語》爲孔子弟子所纂輯。第二說以《論語》爲仲弓、子游、子夏所撰定；然以"曾子少孔子四十六歲，於高足弟子中最少，而《論語》載其臨歿之言，則所撰定也。(此用錢穆《論語要略》引安井息軒語)"第三說謂成於有子、曾子之門人，姚鼐於《古文辭類纂》駁之云："《檀弓》最推子游，似子游之徒所爲；而於子游稱字，曾子、有子稱子，似聖門相沿皆如是，非於稱字、稱子有輕重也。"第五說尤不合理，《子罕》篇"太宰"章稱琴張之名作"牢曰"；《憲問》首章稱原思之名作"憲曰"，或繫"二子所記，門人編輯此書，直取其所記而載之耳，未足以爲《論語》成於二子之證"(此亦用錢穆《論語要略》引安井息軒語)。在上五說中，只有第四說以爲七十弟子之門人共所撰錄，比較可信。但亦有當修正處，因《論語》之中，其有後人所增入者亦甚明。此崔述之言，其《洙泗考信錄》卷二曰：

今之《論語》非孔門《論語》之原本，亦非漢初魯論之舊本也。《漢書·藝文志》云："《論語》古二十一篇，出孔子壁中，兩《子張》；《齊》二十二篇，多《問王》《知道》；《魯》二十篇。"何晏《集解叙》云："齊《論語》二十二篇，其二十篇中章句，頗多於魯《論》。是齊《論》與魯《論》互異"《漢書·張禹傳》云："始魯扶卿及夏侯勝、王陽、蕭望之、韋玄成皆說《論語》，篇第或異。是魯

《論》中亦自互異"果孔門之原本，何以彼此互異？其有後人之所增入明甚。蓋諸本所同者，必當日之本。其此有彼無者，乃傳經者續得之於他書而增入之者也。是以季氏以下諸篇，文體與前十五篇不類，其中或稱孔子，或稱仲尼，名稱亦別。而每篇之末，亦間有一二章與篇中語不類者。非後人有所續入而何以如是？"（趙貞信輯點《論語辨三編》中冊，第一至二頁，樸社，一九三五）

他說："其前十五篇中，惟《雍也》篇'南子'章事理可疑，《先進》篇'侍坐'章文體少異，語意亦類莊周，而皆稱'夫子'不稱'子'，亦與《陽貨》篇同，至《鄉黨》篇之'色舉'章，則殘缺無首尾而語意亦不倫，皆與《季氏》篇之末三章，《微子》篇之末二章相似，似後人所續入者。"（同上書，《論語辨三編》中冊，第七頁）他說《季氏》以下諸篇多可疑者，《論語》甚繁，茲約舉如下：

一、《論語》通例稱孔子皆曰"子"，惟記其與君大夫問答乃稱"孔子"；而《季氏》篇章首皆稱"孔子"，《微子》篇亦往往稱"孔子"，《子張》篇有稱"仲尼"者。

二、《論語》所記門弟子與孔子對面問答，亦皆呼之為"子"。對面呼"夫子"乃戰國時人語，春秋時無之，而《陽貨》篇"武城""佛肸"兩章，於孔子前皆稱"夫子"。

三、《季氏》篇"季氏將伐顓臾，冉有、季路見於孔子"云云，考冉有、季路並無同時仕於季氏之事。

四、《陽貨》篇記"公山弗擾以費畔，召，子欲往"云云；又記"佛肸以中牟畔，召，子欲往"云云。考弗擾畔時孔子正為魯司寇，率師墮費，弗擾因反抗孔子之政策而作亂，其亂亦由孔子手定之，安有以一造反之縣令，而敢召執政，其執政方督師討賊，乃欲應其召；且云"其為東周"，寧有此理？佛肸以中牟畔趙，為趙襄子時事，見《韓詩外傳》，趙襄子之立在孔子卒後五年，孔子何從與肸有交涉哉？

五、《季氏》篇文多排偶，全與他篇不倫；《陽貨》篇文亦錯出不均，而"問仁""六言""三疾"等章文體略與《季氏》篇同，《微子》篇雜記古今軼事，有與孔門絕無涉者。

六、《堯曰》篇，古《論語》本兩篇，或一章，或二章，其文尤不類，蓋皆斷簡無所屬，附之於書末者，魯《論語》以其少故合之，不學者遂附會之以為終篇歷敘堯、舜、禹、湯、武王之事，而以孔子繼之矣。（《論語辨》下冊，轉引自錢穆《論語要略》）

這些例證頗博得一般人的贊同，但"子見南子"章實非《雍也》篇末一章，"齊景公"章也不是《季氏》篇例數第二章，是否附記誤爲正文，尚未可執崔氏説爲一定不易之論；《陽貨》篇記公山弗擾以費叛，佛肸以中牟叛，子欲往之事，是否可疑，亦待論定；崔氏之説不過是很有理由的懷疑而已。

在清儒中疑《論語》者尚有袁枚，他所著有《論語解四篇》收入《小倉山房文集》卷二十四中，他説："諸子百家冒孔子之言多矣，雖《論語》，吾不能無疑焉。夫子之所最重者仁也，以顏子之資僅許以三月，其他令尹子文、陳文子皆不許也。何至於管仲而曰'知其仁！如其仁！'……然則何以有此？曰，'《論語》有《齊論》《魯論》之分'。齊人最尊管仲……以管仲爲仁者，齊之弟子記之也。"袁氏又有《答葉書山庶子第二函》，云：

> ……僕因之有《論語》之疑焉。陸象山先生曰："觀《易》《詩》《書》聖人手定者，方知編《論語》者頗有語病。"初聞此言，似乎太妄，然平心玩之，亦似有理。大抵《論語》記言不出一人之手，又其人非親及門墻者，故不無"所見異詞，所傳聞異詞"之累，即如管仲，忽而襃，忽而貶，"學不厭，誨不倦"，忽而自認，忽而不居，皆不可解。其叙事筆法，下論不如上論之樸老。（趙貞信輯點《論語辨三編》下册）

這裏他以爲"下論不如上論之樸老"，這與崔述《論語餘説》《論〈論語〉前後十篇之異》所見大略相同。伊藤仁齋《論語古義叙由》亦云：

> 《論語》二十篇，相傳分上下，猶後世所謂正續三集之類乎？蓋編《論語》者，先編前十篇自相傳習，而又次後十篇以補前所遺者，故今合爲二十篇云。蓋觀《鄉黨》一篇，其體制要當編在全書之最後，而今適居第十篇，則知前十篇本以自爲成書矣。（趙貞信輯點《辨論語三編》下册）

錢穆《論語要略》綜合以上諸人之説，以爲約有如下之五説：

一、《論語》前十篇記孔子對答定公、哀公之問，皆變文稱"孔子對曰者"，朱子所謂尊君是也；至答康子、懿子、武伯之問，則但稱"子曰"。乃《先進》篇答康子弟子好學問，《顏淵》篇答問政、患盜、殺無道之問，皆稱"孔子對曰"。疑前十篇去聖未遠，體例方明；後十篇則後人所續記，其時卿位益尊，卿權益重，蓋有習於當世之稱，而未嘗詳考其體例者。

二、《論語》前十篇記君大夫之問，皆但言問，不言"問於孔子"。後十篇中，《先進》《子路》兩篇亦然；獨《顏淵》篇三記康子之問，皆稱"問於孔子"，齊景公之問政亦然，衛靈公之問陳亦然。蓋後十篇皆後人所追記，原不出於一人之手，而傳經者輯而合之，是以文體參差互異也。（《子路》篇義最精密，文體亦與前十篇略同，《憲問》篇次之，《季氏》篇文體最異，《微子》《堯曰》亦參差不一；惟《子張》篇所記皆門弟子之言，無可疑者）至門人之問，更不煩稱"問於孔子"；乃《陽貨》篇子張問仁，《堯曰》篇子張問政，皆稱"問於孔子"。其皆後人采之他書，而非孔氏遺書明甚。（崔述《論語餘説》，載《崔東壁遺書》）

三、《論語》前十篇文皆簡，後十篇則文皆長。《前論》文過百字者僅兩篇，他雖長章不滿百字；《後論》則三百餘字者一章，一二百字者八九章。

四、《論語》前十篇非孔子及門弟子之言不錄，惟"鄉黨"一章記孔子行事，故章皆無冒頭突起，其他未有突起及雜記古人之言者。後十篇中如"齊景公有馬千駟""邦君之妻""太師摯適齊""周有八士"等章，皆雜記古人之言，與《戴記》《檀弓》各篇相似，而與前十篇體例不類。

五、《論語》前十篇篇目，皆除"子曰""子謂"等字，惟《子罕》即以發首二字爲篇目。前十篇以人名爲目者三，後十篇以人名爲目者九。今制簡表如次：

前十篇

篇 名	首 句
學而	子曰：學而時習之
爲政	子曰：爲政以德
八佾	孔子謂季氏八佾舞於庭
里仁	子曰：里仁爲美
公冶長	子謂公冶長可妻也
雍也	子曰：雍也可使南面
述而	子曰：述而不作
泰伯	子曰：泰伯其可謂至德也已矣
子罕	子罕言利與命與仁
鄉黨	孔子於鄉黨恂恂如也

後十篇

篇 名	首 句
先進	子曰：先進於禮樂
顏淵	顏淵問仁
子路	子路問政
憲問	憲問恥
衛靈公	衛靈公問陳於孔子
季氏	季氏將伐顓臾
陽貨	陽貨欲見孔子
微子	微子去之
子張	子張曰：士見危致命
堯曰	堯曰：咨爾舜

不過，錢氏所列五條，還是遺漏了袁氏所舉的理由，茲爲補列：

六、《論語》前十篇"如《道千乘之國》《弟子入則孝》兩章，直起直落，不做虛冒架子"，至《下論》則論仁而曰"能行五者於天下"，論政而曰"尊五美，屏四惡"，都先做一虛冒，如廋詞隱語，叫人猜度。倘子張不問，則不知五者爲何行，五美四惡爲何事矣。其他如"九思""三戒""三損""三益""三愆""三畏"，都是先加虛冒，開《周禮》"九貢""九賦"之門。"子見南子"一節，子路何以不悅，夫子何以立誓，至今解說不明。（袁枚《答葉書山庶子第二函》，引自《論語辨》下冊）

有此六證，我們也可以恍然於《論語》一書編訂之經歷，袁、崔諸氏所論，也真有許多"十分之見"。崔氏《論語餘說》辯定尤詳，惜此處不能一一爲之徵引。趙翼《陔餘叢考》卷四亦謂公山弗擾招孔子之不可信。康有爲《新學僞經考》《論語注》兩書，更謂"《公冶長》篇'巧言令色足恭'章，《述而》篇'述而不作'章、'甚矣吾衰'章、'假我數年'章，《泰伯》篇'民可使由之'章等爲劉歆所竄入"，不過並無充分證據。北平研究院《史學集刊》第二期（1936年）載有趙貞信《〈論語〉一名之來歷與其解釋》一文，引王充《論衡·正說》篇："《論語》者，弟子共記孔子之言行，敕記（疑是初記之誤）之時甚多，數十百篇，以八寸爲尺，紀之約省，懷持之便也。以其遺非經，傳文記識恐忘，故但以八寸尺，不以二尺四寸也。漢興失亡。"云"此言漢代《論語》初出之狀況，甚可信從。此時並無《論語》之名，後人追言之，遂均謂之《論語》。而《論語》實是此一大堆記孔門言行之竹簡中之一部，此書雖尚保存一部分孔門正統學者所傳之材料，然竄雜亦以不少，其最後編成似已在漢代。其中如言'無爲''無言'，則屬道家言；言'卑宮室，惡衣服''堯曰：咨爾舜，天之曆數在爾躬'則屬墨家言；而中庸之爲德章來自《中庸》，'予小子履，敢用玄牡''雖有周親，不如仁人'等語又來自《墨子》。其成書之晚已可概見"。《論語》中雜有"道家言""墨家言"，其說雖屬持之有據，言之有理，然亦欠缺足夠充分的證據。但是《論語》之最後編成似已在漢代，則由魯、齊、古三論之合並爲今本，已足見其論證不誣。

（二）《孟子》之編訂

《孟子》爲孟子自作抑或其門弟子所作，過去亦無定說，就書中所述事實看來，則似孟子門人所作。自來討論此問題者約有四說：

1. 孟子之所自作。(1)《孟子》趙注題辭："此書孟子所作也，故總謂之

《孟子》。……於是退而論集所與高第弟子公孫丑、萬章之徒，難疑答問，又自撰法度之言，著書七篇。……又有外書四篇，性善辯文説孝、説爲政……似非孟子本真。"（2）應劭《風俗通·窮通》篇："孟子作書中外十一篇。"（3）（傅玄）《傅子》："昔仲尼既歿，仲尼之徒追論夫子之言，謂之《論語》。其後鄒之君子孟子輿擬其體，著七篇，謂之《孟子》。"（4）朱熹《朱子全書》："《孟子》疑自著之書，故首尾文字一體。"

2. 孟子與其弟子同作。（1）《史記·孟子荀卿列傳》："天下方務於合從連橫，以攻伐爲賢，而孟軻乃述唐、虞、三代之德，是以所如者不合。退而與萬章之徒序詩書，述仲尼之意，作《孟子》七篇。"（2）蘇轍《古史·孟子傳》："退而與其弟子公孫丑、萬章之徒，記其平生答問稱道之言，作《孟子》七篇。"（3）魏源《孟子年表》："孟子在鄒與弟子萬章、公孫丑等設問答，著《孟子》一書。"

3. 孟子弟子所記。（1）吳姚信："《孟子》之書將門人所記，非自作也。"（2）韓愈答張籍書："孟軻之書，非軻自著，軻既歿，其徒萬章、公孫丑相與記軻所言焉耳。"（3）林慎思《續孟子》："《孟子》七篇非軻自著，乃弟子共記其言。"（4）晁公武《郡齋讀書志·子部·儒家類》："按韓愈以此書爲弟子所會集，與岐之言不同；今考其書，載孟子所見諸侯皆稱謚，如齊宣王、梁惠王、梁襄王、滕定公、滕文公、魯平公是也。夫死然後有謚，軻著書時所見諸侯不應皆前死，且惠王元年至平公之卒，凡七十七年，軻始見惠王，王目之曰叟，必已老矣，決不見平公之卒也。故予以愈言爲然。"（5）閻若璩《孟子生卒年月考》："孟子之道不行，歸而作書七篇，卒當赧王之世，卒後書爲門人所叙足，故諸侯死皆加謚焉。"（6）崔述《孟子事實録》："余按，謂《孟子》一書爲公孫丑、萬章所纂述者近是，謂孟子與之同撰或孟子所自撰則非也。《孟子》七篇之文，往往有可議者，如'禹決汝漢，排淮泗，而注之江''伊尹五就湯，五就桀'之屬，皆於事理未合，果孟子所自著不應疏略如是。一也。七篇之中稱時君皆舉其謚，如梁惠王、襄王、齊宣王、魯平公、鄒穆公皆然，乃至滕文公年少亦如是，其人未必皆先孟子卒，何以皆稱其謚？二也。七篇中於孟子門人多以子稱之，如樂正子、公都子、屋廬子、徐子、陳子皆然，不稱子者無幾，果孟子所自著恐未必自稱其門人皆曰子。三也。細玩此書，蓋門人萬章、公孫丑等所追述，故二子問答之言在七篇中爲最多，而二子在書中亦皆不以子稱也。"

4. 孟子門人弟子所記。（1）林之奇《孟子講義序》："《論語》《孟子》皆先聖既設之後，門弟子所録，不惟門弟子所録，亦有出於門弟子門人者……如

《孟子》之書，乃公孫丑、萬章諸人所錄，其稱'萬子曰'者，則又萬章門人之所錄。蓋集衆人之聞見而後成也。"（2）周廣業《孟子四考》："此書敘次數十年之行事，綜述數十人之問答，斷非輯自一時，出自一手，其始萬章之徒追隨左右，無役不從，於孟子之言動無不熟察而詳記之……其後編次遺文又疑樂正子及公都子、屋廬子、孟仲子之門人與爲之。"（3）《人表考》第五："七篇中無述孟子容貌言動，與《論語》弟子記其師者不類，當爲手著無疑。又公都子、屋廬子、樂正子、徐子皆不書名，而萬章、公孫丑獨名，《史記》謂'退而與萬章之徒作七篇'者，其爲二人親承口授而筆之書甚明。與《論語》成於有子、曾子門人故獨稱子者殆同一間，此其可知者。"

綜上四說看來，最古而最折衷的論調，自以《史記·孟子荀卿列傳》"退而與萬章之徒序《詩》《書》，述仲尼之意，作《孟子》七篇"之說最爲可信，這一說較之 1、3 兩說更覺妥當。在近人著述中，如梁啓超《古書真僞及其年代》亦以爲"大約是孟子弟子所編，曾經孟子看過"。羅根澤《孟子傳論》一書更駁斥崔述說云：

> 考孟子見梁惠王、滕文公，則梁惠王、滕定公皆卒於孟子前，自無待言。齊宣王之卒，依《史記·六國年表》，在位十九年，卒於周顯王四十五年（《田敬仲世家》亦曰："十九年，宣王卒。"），孟子自然尚在。但《史記》遺悼子、剡子二代，致移前二十三年，以在位十九年推之，實卒於赧王十五年，孟子亦尚在也。梁襄王之卒，依《史記·六國年表》，卒於慎靚王二年，孟子自然尚在，但《史記》誤以惠王後元十六年爲襄王，以襄王之年爲哀王，而謂哀王二十三年卒，說者謂《史》之哀王即襄王，則《六國年表》周赧王十九年哀王卒，即襄王卒，孟子亦尚在也（魏源《孟子年表》謂赧王十六年、梁惠王二十年卒，未知何據，如其書，更先三年卒）。魯平公之卒，魏源《年表》係於周赧王二十年，言"《史記·六國年表》魯平公立於周赧王元年，卒於赧王十九年；《魯世家》則云：'平公四年，秦惠王卒；二十年，平公卒。'較《年表》多一年。故《索引》引皇甫謐云：'魯平公元年己巳，終甲子，是二十年也。'今本《世家》'四年'誤作'十二年'，又云'三十二年平公卒'，與皇甫謐及《索引》所見本不合，其誤無疑"。則卒年亦先孟子。唯鄒、穆、滕、文之卒，於史無考。……王應麟《通鑒答問》謂滕以赧王二十九年爲宋滅。魏源《年表》以爲其說近之；而謂"文公有謚，非亡國之君"。假定孟子卒於赧王二十六年，才先滕滅三年，文公非亡國之君，則卒年必

在國滅之先，孟子尚在，殊不爲過。鄒、穆之問，魏源謂在赧王四年，雖不敢遽信，亦無法否認；果而距孟子之卒，且二三十年，況其時爲初立，抑已立若干年，尚不可知，卒先孟子，亦非無理。總之，可知者皆卒先孟子，不可知者，不能據爲《孟子》書必爲卒後門弟子所追記之證也。至決汝漢，排淮泗而注之江之紕謬，伊尹王就湯王就桀之荒唐，亦不足爲未經孟子寓目之證。……故余以爲謂此爲紕謬失實則可，以此斷定非孟子曾經寓目則不可。

這裏所述頗足以祛一般人之疑問，但既孟子"退而與萬章之徒序《詩》《書》，述仲尼之意，作《孟子》七篇"，爲什麼必定要作出這種對話式的記錄，而不作出長篇的議論使人更易明瞭其宗旨？又，《荀子・非十二子》中說，子思、孟軻"案往舊造說，謂之'五行'"，而今本《孟子》中竟絕無五行說之痕跡，如若此書果孟子與其弟子同撰或經孟子鑒定應否有此漏洞？但在現存《孟子》中頗能見出孟子學說思想，其爲孟子弟子所撰，抑或孟子與其弟子同撰，時代先後，相去並不太遠。《荀子・儒效》篇說："行一不義、殺一無罪而得天下，不爲也。"《王霸》篇說："行一不義、殺一無罪而得天下，仁者不爲也。"《議兵》篇說："所存者神，所過者化；若時雨之降，莫不說喜。"並有暗襲《孟子》文之嫌疑；《呂氏春秋・上德》篇引"故曰德之速，疾乎以郵傳命"。《審爲》篇述太王居邠事，亦有襲用《孟子》之嫌。

(三)《孝經》之編定

《孝經》這一部書，是在群經中稱經最早的，在《呂氏春秋》的《察微》篇、《孝行》篇均曾引《孝經》之文，但是關於《孝經》之著作者爲何人，迄今仍無一定之論。歷來推論《孝經》之作者約有八說：

1. 主張《孝經》爲孔子所作者。(1)《漢書・藝文志》說："《孝經》者，孔子爲曾子陳孝道也。"(2) 陸德明《經典釋文》說："《孝經》者，孔子爲弟子曾參說孝道，因明天子庶人五等之孝、事親之法。"(3) 何休《公羊注》："'子曰，吾志在《春秋》，行在《孝經》。'則孔子自著也。"(4) 徐彥《公羊疏》："《孝經》者，尊祖愛親，勸子事父，勸臣事君，理關貴賤，臣、子所宜行，故曰'行在《孝經》'也。"(5) 孫奭云："夫《孝經》者，孔子之所述作也。"

2. 主張《孝經》爲孔門所錄者。(1) 司馬光云："孔子與曾參論孝，而門人書之，謂之《孝經》。"(2) 唐仲有《孝經解・自序》："孔子爲曾參言孝道，門人錄之，謂之《孝經》。"

3. 主張《孝經》爲曾子所作者。（1）《史記·仲尼弟子列傳》："曾參，南武城人……孔子以爲能通《孝經》，故授之業，作《孝經》。"（2）熊禾爲董鼎《孝經大義》之序中云："孔門之學，惟曾氏得其宗，曾氏之書有二：曰《大學》，曰《孝經》……而僅見於門人記錄之書也。……要之，出於諸儒傅會，皆非曾氏門人所託舊文矣。"

4. 主張《孝經》爲曾門所錄者。（1）胡寅云："《孝經》非曾子所自爲也；曾子問孝於仲尼，退而與門弟子言之，門弟子類而成書。"（2）晁公武《郡齋讀書志》云："今首章云'仲尼居'，則非孔子所著矣，當是曾子弟子所爲書。"（3）何異孫《十一經問對》："《論語》是七十子門人所記，《孝經》只是曾子門人所記。"（4）姚鼐云："《孝經》非孔子所爲書也，而義出孔氏，蓋曾子之徒所述者耳。"

5. 主張《孝經》爲子思所作者。《經義考》卷二二二引馮氏云："子思作《中庸》，追述其祖之語乃稱字，是書當成於子思之手。"

6. 主張《孝經》爲齊魯間陋儒所爲者。（1）朱熹云："《孝經》，疑非聖人之言。且如'先王有至德要道'，此是說得好處。然下面都不曾說得切要處著……如《論語》中說孝皆親切有味，都不如此。"朱子又云："《孝經》獨篇首六七章爲本經，其後乃傳文。然皆齊、魯間陋儒家纂取《左氏》諸書之語爲之，至有全然不成文理處。傳者又頗失其次第，殊非《大學》《中庸》二傳之儔也。"（2）朱子《孝經刊誤後記》："熹見衡山胡侍郎《論語說》疑《孝經》引詩非經本文，初甚駭焉，徐而察之，始悟胡公之言爲信，而《孝經》之可疑者，不但此也，因以書質之沙隨程可久丈，程答書曰：'頃見玉山汪瑞明，亦以爲此書多出後人傅會。'……"

7. 《孝經》爲孟子門人所作。（1）陳澧《東塾讀書記》："《孟子》七篇中與《孝經》相發明者甚多。"（2）今人王正己著《〈孝經〉今考》也說：

> 從大體上看來，《孝經》思想有些與《孟子》的思想相同……合並起來，有以下各證：

> （一）滕定公薨，世子使然友之鄒，問孟子以喪事。孟子曰："不亦善乎！親喪固所自盡也。曾子曰：'生事之以禮，死喪之以禮，祭之以禮，可謂孝矣。'諸侯之禮，吾未之學也。雖然，吾嘗聞之矣，三年之喪，齊疏之服，飦粥之食，自天子達於庶人，三代共之。"以上的思想同《孝經》相出入。《孝經》有"春秋祭祀，以時思之。生事愛敬，死事哀慼，生民之本盡矣，死生之義備矣"。又，"孝子之喪親也，哭不哀，禮無容；言不文，服美不安，聞樂不樂，其旨不

甘"。這簡直是孟子思想的注解。

（二）孟子講政治組織，次序總是以天子、諸侯、大夫，來對着天下、國、家。今《孝經·諫諍章》云："昔者天子有諍臣七人，雖無道不失其天下；諸侯有諍臣五人，雖無道不失其國；大夫有諍臣三人，雖無道不失其家……"次序正同。

（三）孟子講孝說是事親能養，他的弟子聽慣了這樣的語調，所以《孝經》裏有很多這樣的詞語。

（四）孟子有"子服堯之服，頌堯之言，行堯之行"的話，今《孝經·卿大夫章》說："非先王之法服不敢服，非先王之法言不敢道，非先王之德行不敢行。"二者的意義正同。

（五）孟子說："天子不仁，不保四海；諸侯不仁，不保社稷；卿、大夫不仁，不保宗廟；士、庶人不仁，不保四體。"而《孝經》首四章的次序正是天子、諸侯、卿大夫、士庶人；並且《天子章》云"刑於四海"，《諸侯章》云"保其社稷"，《卿大夫章》云"守其宗廟"，《士章》云"謹身"。這完全是由孟子的思想蛻化出來的。

由上五點看來，《孝經》大概是孟子門弟子作的。（《古史辨》第四册）

8.《孝經》爲七十子徒之遺書。《四庫全書總目提要》"《孝經》授受無緒，故陳騤、汪應辰皆疑其僞，今觀其文，去二戴所錄爲近，要爲七十徒之遺書。河間獻王采入一百三十一篇中，則亦《禮記》之一篇"。

綜上八說看來，真是衆說紛紜，莫衷一是。依我個人意見，則《孝經》實當爲荀子門人所作。主張孔子所作或孔門所錄，曾子所作或曾門所錄，在宋人及清儒都不深信，主張爲子思所作者僅據稱仲尼字爲證，更不足信。我們現在只有從後列三說中檢討出真相來。陳騤說《孝經·三才章》首，似據子產言禮之辭；《聖治章》末，似删北宫文子論儀之語，《事君章》"進思盡忠，退思補過"，此乃士貞子諫晉景公之辭；《聖治章》曰"以順則逆，民無則焉，不在於善而皆在凶德"。此乃季文子對魯宣公之辭。聖人雖遠，稽格言不應雷同若此。黃震說："晦庵朱先生因衡山胡侍郎及玉山汪瑞明之言，就古文《孝經》作《孝經刊誤》，以天子至庶人五章，皆去子曰與引詩云之語，而並五章爲一章，云疑所謂《孝經》者本文止如此。而指此爲經，其餘則移置次第而名之爲傳，並刊其用他書竄入者，如'孝，天之經，地之義'至'因地之義'，爲《春秋左氏傳》載子太叔爲趙簡子道子產之言；如'以順則逆'以下，爲《左氏傳》所載季文子、北宫文子之言；如'進思盡忠，退思補過'，亦《左傳》所載士貞子之言。遂以《孝經》爲出於漢初《左氏傳》未盛行之前，且云不知何世何人爲之。"我們就陳、黃兩氏所述看來，《孝經·三才章》首"子曰：夫孝，天之經也，地之義也，民之行也。天地之經，而民是則之。則天之明，因地之利，以順天下"。崔氏采用《左傳·昭公二十五年》"夫禮，天之經也，地之義也，民之行也。天地之經，而民實則之，則天之明，因地之性，生其六氣，用其五行。氣爲五味，發爲五色，章爲五聲"等語，《聖治章》中"以順則逆，民無則焉，不在於善，而皆在於凶德，雖得之，君子不貴也"。確是采用《左傳·文公十八年》"以訓則昏，民無則焉。不度於善，而皆在於凶德，是以去之"等語，《聖治章》末"君子則不然，言思可道，行思可樂，德義可尊，作事可法，容止可觀，進退可度，以臨其民。是以其民畏而愛之，則而象之，故能成其德教，而行其政令"。確是采用《左傳·襄公三十一年》"君有君之威儀，其臣畏而愛之，則而象之，故能有其國家，令聞長世。臣有臣之威儀，其下畏而愛之，故能守其官職，保族宜家"和"故君子在位可畏，施舍可愛，進退可度，周旋可則，容止可觀，作事可法，德行可象，聲氣可樂，動作有文，言語有章，以臨其下，謂之有威儀也"這一段，《孝經》襲《左傳》尤爲顯明，在《孝經》中，不論"孝"而大講其"德教""政令"，其不合一；"畏而愛之"，在《孝經》中，不如《左氏》之本以威儀言之有根，其不合二；《孝經》采《左氏》之言不如《左氏》之有倫次，"德義可尊"一語，以不如《左氏》之有本，其不合三。《事君章》"君子之事上也，進思盡忠，退思補過，將順其美，匡救其惡，故上下能相親也"，亦不如《左傳·宣公十二年》"林父之事君也，進思盡忠，退思補過"之有來歷。陳騤、汪應辰所説，實非矯誣，只可惜他們還未看出《士章》"資於事父以事母，其愛同。資於事父以事君，其敬同"，《喪親章》"孝子之喪親也，哭不哀，禮無容，言不文，服美不安"之襲取《禮記·喪服四制》《間傳》《問喪》，《喪服四制》因説"齊衰"，故有"資於事父以事母，其愛同"之語，《孝經·士章》不過利用《喪服四制》之語來釋解下文，並不提到"母""愛"；"哭不哀"是就《間傳》"大功之哭，三曲而哀"以説明斬衰之喪則不哀，"禮無容"是就《問喪》"……悲哀，稽顙觸地，無容……"熔鑄而成；《問喪》有"身不安美"，此則云"服不安美"，但顯然"服"不及"身"之所指範圍之廣，意義亦不親切。這已很可疑了。在《孝經·諫諍章》中説："昔者天子有諍臣七人，雖無道，不失其天下；諸侯有諍臣五人，雖無道，不失其國；大夫有諍臣三人，雖無道，不失其家；士有諍友，則身不離於令名；父有諍子，則身不陷於不義。"這是襲取《荀子·子道》篇："昔萬乘之國，有諍臣四人，則封疆不削；千乘之國，有諍臣三人，則社稷不危；百乘之家，有諍臣二人，則宗廟不毀。父有諍子，不行無禮；士有諍友，不爲不義。故子從父，奚子孝？臣從君，奚臣貞？"兩相對照，《荀子》之文，比較拙劣，只就二、三、四之數不及三、五、七之合用來看便可知。由這幾條證據看來，《孝經》不惟暗襲《左傳》，而且有暗襲《禮記》《荀子》的地方，《荀子·子道》爲荀卿弟子之作品，則《孝經》之最初出現，當出於荀卿之弟子。《荀子》亦好論孝道，述喪禮，重法行；《荀子》之論政治，亦好以天子、諸侯、大夫、士、庶人爲言；荀卿弟子更獲聞有諍臣、諍子之論，荀子在《臣道》篇中曾說"故諫諍輔拂之人，社稷之臣也"，有引"傳曰：'從道不從君'"，《子道》篇亦引"傳曰：'從道不從君，從義不從父'"，思想是相合的。故《孝經》爲荀卿弟子所作，更比孟子所作尤有明據，而無冲突之點。《呂氏春秋·察微》篇曾引《孝經》曰："高而不危，所以長守貴也；滿而不溢，所以長守富也；富貴不離其身，然後能保其社稷而和其民人。"《孝行》篇又引《孝經》"故愛其親不敢惡於人，敬其親不敢慢於人；愛、敬盡於事親而德教加於百姓，光於四海，此天子之孝也"。前者所引爲《諸侯章》，後者所引爲《天子章》，文字稍有不同，我們實難據此以否認《孝經》原書之出於先秦以前。朱子並其前五章爲一章，其實依我看來，第六章恐至少亦與當前五章同出於先秦，《三才》《孝治》《聖治》《紀孝行》《五刑》《廣要道》《廣至德》《廣揚名》中是八章"增""廣"前六章之義而作，《諫諍》《感應》《事君》《喪親》則補充前六章、中八章之義，本是《禮記》式的一篇文章，漢儒以之教授童蒙，故既爲之分章，或更爲齊魯間之陋儒所竄入，這在我們現在已不能詳加論斷。

(四)《爾雅》之編定

《爾雅》是解釋群經的一部書，注重故訓解釋群經，是發生在西漢之世，由西漢經師所作，且爲本無立名之作的。本無若何疑問，但傳說上對於《爾雅》之作者亦有種種不同，主要有如下幾種説法：

1.《爾雅》爲周公所作。(1) 張揖《上廣雅表》云："昔在周公，纘述唐虞，宗翼文武，克定四海，勤相成王……以導天下。著《爾雅》一篇，以釋其義。" (2)《西京雜記》"辨《爾雅》"篇云："郭威字文偉，茂陵人也。好讀書，以謂《爾雅》周公所制，而《爾雅》有'張仲孝友'。張仲，宣王時人，非周公之制明矣。" (3) 陸德明《經典釋文·叙錄》："《釋詁》一篇，蓋周公所作。" (4)《史記·三王世家》索隱："相傳周公作《爾雅》，以教成王。"

2.《爾雅》爲孔子所作。（1）張揖《上廣雅表》又云："今俗所傳《爾雅》三篇，或言仲尼所增。"（2）《釋文·序錄》："《釋言》以下或言仲尼所增。"

3.《爾雅》爲孔子弟子所作。（1）張揖《上廣雅表》又云："或言子夏所益。"（2）《西京雜記》記郭氏説後續中云："余嘗以問揚子雲，子雲曰：'（《爾雅》者）孔子門徒游、夏之儔所記，以解釋六藝者也。'"（3）賈公彦《周禮疏》引鄭玄《駁五經異義》云："《爾雅》者，孔子門人所作，以釋六藝之旨，蓋不誤也。"（4）《鄭志答張逸》云："《爾雅》之文雜，非一家之著。"（5）《釋文·序錄》："或言（《爾雅》）仲尼所增，子夏所足。"

4.《爾雅》爲秦漢時人所作。（1）張揖《上廣雅表》又云："或言叔孫通所補，或言沛郡梁文所考（'考'字意義不明，王念孫《廣雅疏證》云：考《爾雅》疏引作考，疑本作'著'，訛爲'者'，又訛作'考'也）。皆解家所説，先師口傳……是故疑不能明也。"（2）歐陽修《詩本義》云："《爾雅》非聖人之書，不能無失，考其文理乃是秦漢之間學《詩》者纂集説《詩》博士解詁。"

5.《爾雅》爲西漢末人所作。（1）葉夢得《石林集》："《爾雅》多是詩類中語而取毛氏説爲正，予意此但漢人所作耳。"（2）曹粹中《放齋詩説》："今考其書，知《爾雅》，毛公以前其文猶略，至鄭康成時則加詳。何以言之？如'學有緝熙於光明'，毛公云：'光，廣也。'康成則以爲學於有光明者。而《爾雅》曰：'緝熙，光明也。'又'齊子豈弟'，康成以爲猶言'發夕'也。而《爾雅》曰：'豈弟，發也。''薄言觀者'，毛公無訓。'振古如兹'，毛公云：'振，自也。'康成則以觀爲多，以振爲古。其説皆本於《爾雅》。使《爾雅》成書在毛公之前，顧得爲異哉？則其書在毛亨以後。……"案：平帝元始四年，王莽始令天下通《爾雅》者皆詣公車，故出自毛公之後矣。

6.《爾雅》爲劉歆所作。康有爲《新學僞經考》："《爾雅》不見於西漢前，突出於歆校書時……蓋亦歆所僞撰也……歆既僞《毛詩》《周官》，思以證成其説，故僞此書，欲以訓詁代正統。"又，"《爾雅》與《逸禮》《古書》《毛詩》《周官》並徵，其具爲歆僞無疑。……考《爾雅》訓詁，以釋《毛詩》《周官》爲主，《釋山》則有'五岳'與《周官》合，與《堯典》《王制》異；《釋地》'九州'與《禹貢》異，與《周官》略同；《釋樂》與《周官·大司樂》同；《釋天》與《王制》異；祭名與《王制》異，與《毛詩》《周官》合"。

以上六説之中，《爾雅》始作於周公、孔子及孔門弟子之説，在古書中並無佐證。張揖謂爲叔孫通所補，在《史》《漢》中並無明據。梁文雖不詳其爲何人，但既無赫赫之名，而忽有推戴之舉，或係《爾雅》最初之撰人。陳啓源《毛詩稽古編》曾説："《爾雅》與《毛詩》故訓傳相同。"孫星衍《〈爾雅·釋地〉四篇後叙》也説："《爾雅》所紀則皆《周官》之事。"康有爲更由《釋山》《釋地》《釋樂》《釋天》以説明爲劉歆之僞撰，但以全書並爲劉歆所僞，也未必盡然。依我看來，《爾雅》或本爲《禮記》之一篇，原篇作者或係漢初經師至西漢末人，又有續添部分，和《孝經》一樣，有原本，有增修。所謂《爾雅》之文雜，非一人之著，就作者言，當係如是。即非一人之著，則有漢初人所作，有治大學者所續，是很可能之事。張揖所云或爲叔孫通所補，或爲梁文所考，未必不可信，即康氏所云，證之以陳氏《毛詩稽古編》，孫氏《〈爾雅·釋地〉四篇後叙》，《爾雅》完成於《毛詩》《周官》既行之後，雖不必爲劉歆僞撰而爲治古文者所定，自非無理由之推證。《史學年報》第二卷第一期有吾友顧頡剛先生《讀〈爾雅·釋地〉以下四篇》一文，更論之云：

> 謂《爾雅》之作者爲西漢人，予亦得有數證。其一，《釋地》列九州，而云"江南曰揚州"。然《禹貢》曰"淮海惟揚州"，揚之北界爲淮而非江。奪江北之地以與徐，自《爾雅》始。按西漢以臨淮郡與廣陵國屬徐州，會稽與丹陽二郡屬揚州，二州隔江相望，是正與《爾雅》之言契合也（惟此專就今江蘇界言，若安徽境內之九江、廬江二郡及六安國則屬揚州而在江北）。其二，《禹貢》表荆州之界曰"荆、河"，荆山在南郡臨沮，若漢代之荆州則北超南郡而兼有南陽，荆山不復爲其北界，故《爾雅》易之曰"漢南曰荆州"，漢水西來，固過南陽郡者也。其三，《漢書·郊祀志》記武帝元封五年，"巡南郡，至江陵而東，登禮灊之天柱山，號曰南嶽"。至宣帝神爵中，定嶽瀆常禮，"東嶽泰山於博，中嶽泰室於嵩高，南嶽灊山於灊，西嶽華山於華陰，北嶽常山於上曲陽"。今《釋山》亦曰"泰山爲東嶽，華山爲西嶽，霍山爲南嶽，恒山爲北嶽，嵩山爲中嶽"，宛然符同（恒即常，避漢文帝諱改。霍即灊，故郭璞《爾雅注》云："霍山今廬江灊縣，灊水出焉。別名天柱山。"《廣雅》亦云："天柱謂之霍山。"）苟不出於武、宣以後，何得有斯制度！其四，武帝太初元年始正曆。《漢書·律曆志》記其事曰："乃以前曆上元泰初四千六百一十七歲，至於元封七年，復得閼逢攝提格之歲。"今《釋天》於

"歲陽"之首曰"太歲在甲曰閼逢",於"歲名"之首曰"太歲在寅曰攝提格",自甲寅始,歲名以寅起而子丑在末,非正曆以後所紀,又安能若斯?其五,《禮記‧大學》引《衛風》而釋之曰:"《詩》云:'瞻彼淇奧,菉竹猗猗。有斐君子,如切如磋,如琢如磨。瑟兮僩兮,赫兮喧兮。有斐君子,終不可諼兮。''如切如磋'者,道學也。'如琢如磨'者,自修也。'瑟兮僩兮'者,恂慄也。'赫兮喧兮'者,威儀也。'有斐君子,終不可諼兮'者,道盛德至善,民之不能忘也。"此承首章之"在明明德,在止於至善"言之,且以起下"克明德"與"作新民"之義也。今《釋訓》忽於解釋細碎事物之中插入"'如切如磋',道學也"直至"民之不能忘也"一段,突然而來,戛然而止,是必《爾雅》襲《大學》,非《大學》襲《爾雅》。按《大學》一書之著作時代已甚後。吾友傅斯年先生嘗論之曰:"列國分立時之平天下……總都是些國與國間的關係。然而《大學》之談'平天下'但談理財。理財本是一個治國的要務,到了理財成了平天下之要務,必在天下已一之後。……且《大學》末後大罵一陣'聚斂之臣'。漢初兵革擾攘,不成政治,無所謂聚斂之臣。文帝最不會用聚斂之臣,景帝也未用過。只到了武帝,才大用而特用,而《大學》也就大罵而特罵。……如果《大學》是對時立論,意者其作於孔、桑登用之後,輪臺下詔之前乎?"此論甚是。《大學》且在武帝時,況采用大學之《爾雅》乎!總斯數證,《爾雅》之作者不但可知為西漢人,且可知為武帝後人。至於采及《說苑》,其事更遲,其人且至哀、平間矣。鄭樵有言:"謂華為'荂',謂茉初生為'筍',謂蘆筍為'虇',謂藕紹緒為'茭',皆江南人語,又知作《爾雅》者江南人。"(《爾雅》鄭注後序)予讀《釋水》諸篇,亦疑作者籍南方,故於淮水為較詳。《釋丘》舉丘之專名僅有三,而"淮南有州黎丘"為其一,一也。《釋水》舉大川之支流而云"淮為滸",二也。又云"過為洵,潁為沙,汝為濆",此三水皆入淮者,三也。按張揖之表列舉本書作者,而沛郡梁文居殿,沛固當淮水之北,過,潁,汝之下流。若然,鄭氏之說亦微近之矣。(《史學年報》第二卷第一期,一九三四年)

在此一文中,對於康氏說,曾謂:"此雖過於求新學偽經說之齊一,欲悉蔽罪於劉歆,而此書實有足以啓人之疑者。梁文未知為西漢何時人,若在成、平之世,則亦未知其人與劉歆之關係何如,而其含有濃厚古文學色彩,與《毛詩》《周官》二書尤相接近，是固甚顯明之事也。"又説："至於采及《説苑》等事更遲，其人且至哀、平間矣。"我們從這種跡象看來，《爾雅》之作者與其成書之年代，也大可以窺見其一斑了。

　　《四庫提要》對於《爾雅》曾説："其書……大抵小學家綴緝舊文，遞相增益，周公、孔子皆依託之詞。觀《釋地》有鶼鶼，《釋鳥》又有鶼鶼，同文複出，知非纂自一手也。其書歐陽修《詩本義》以爲學《詩》者纂集博士解詁。高承《事物紀原》亦以爲大抵解詁詩人之旨。然釋《詩》者不及十之一，非專爲《詩》作。揚雄《方言》以爲孔子門徒解釋六藝，王充《論衡》亦以爲《五經》之訓故，然釋《五經》者不及十之三四，更非專爲《五經》作。今觀其文，大抵采諸書訓詁名物之同異，以廣見聞，實自爲一書，不附經義。如《釋天》云：'暴雨謂之涷。'《釋草》云：'卷施草，拔心不死。'此取《楚辭》之文也。《釋天》云：'扶搖謂之猋。'《釋蟲》云：'蒺藜，蝍蛆。'此取《莊子》之文也。《釋詁》云：'嫁，往也。'《釋水》云：'瀵，大出尾下。'此取《列子》之文也。《釋地·四極》云：'西王母。'《釋畜》云：'小領，盜驪。'此取《穆天子傳》之文也。《釋地》云：'東方有比目魚焉，不比不行，其名謂之鰈。南方有比翼鳥焉，不比不飛，其名謂之鶼鶼。'此取《管子》之文也。又云：'邛邛岠虛負而走，其名謂之蟨。'此取《吕氏春秋》之文也。又云：'北方有比肩民焉，迭食而迭望。'《釋地》云：'河出昆侖虛。'此取《山海經》之文也。《釋詁》云：'天、帝、皇、王、后、辟、公、侯。'又云：'洪、廓、宏、溥、介、純、夏、幠。'《釋天》云'春爲青陽'至'謂之醴泉'，此取《尸子》之文也。《釋鳥》曰：'爰居，雜縣。'此取《國語》之文也。如是之類，不可殫數。蓋亦《方言》《急就》之流……"《爾雅》取材之廣，非如漢人之其他著作之可以向壁虛造，也不是一人之力所能爲；在漢初時，且有一人不能盡一經之説，然則此書取材之豐，亦足以證其出於哀、平之世；平帝元始五年，"徵天下通知逸經、古記、天文、曆算、鐘律、小學、史篇、方術、本草及以《五經》《論語》《孝經》《爾雅》教授者，在所爲駕一封軺傳，遣詣京師。至者數千人"。這時正是增廣《爾雅》的好機會，曹粹中《放齋詩説》所云，也頗有其理由。

第八章

羣經篇第與内質分析

第一節　羣經篇第之異同

在上一章中，我們由經之名數、次第，以見經名之真義、經數之發展，此兩點即可以確定我們對於經學而當注意之現象以及所當叙述之範圍。現在我們可從各經分別來看它們的内容以及羣經篇章之多寡如何，羣經所述之義理如何，這也是我們所當注意之現象以及叙述之範圍的。關於篇章，因爲羣經在秦季統一後曾遭焚禁之厄，於是在漢代發生了古寫本與今寫本之爭執，即所謂經今古文之爭。而所謂今文古文，依賈公彥之《儀禮注疏》解釋説："遭於暴秦燔滅典籍，漢興，求録遺文，之後有古書今文。《漢書》云：'魯人高堂生爲漢博士，傳《儀禮》十七篇，是今文也。至武帝之末，魯恭王壞孔子宅，得古《儀禮》五十六篇，其字皆以篆書，是爲古文也。'"（唐賈公彥：《儀禮注疏》卷一）《周禮注疏》解釋説："鄭注《周禮》時有數本，劉向未校之前，或在山巖石室有古文，考校後爲今文。"（漢鄭玄注，唐賈公彥疏《周禮注疏》二）孔穎達《尚書注疏·堯典第一》疏云："檢古本並石經直言'堯典第一'，無《古文尚書》。以孔君從隸古，仍號'古文'，故後人因而題於此，以别伏生所出、大小夏侯及歐陽所傳爲今文故也。"由此所述看來，古文是從山巖屋壁所發現的古文寫本，今文是博士所傳及考校後的今文寫本。馬端臨《文獻通考》説："漢所謂古文者，科斗書；今文者，隸書也。唐所謂古文者隸書，今文者世所通用之俗字也。"（《文獻通考·經籍之四》）皮錫瑞《經學歷史》説："今文者，今所謂隸書，世所傳《熹平石經》及孔廟等處漢碑是也。古文者，今所謂籀書，世所傳岐陽石鼓及《説文》所載古文是也。隸書，漢世通行，故當時謂之今文；猶今人之於楷書，人人盡識者也。籀書，漢世已不通行，故當時謂之古文；猶今人之於篆、隸，不能人人盡識者也。"（清皮錫瑞：《經學歷史》）馬氏以"科斗書"爲古文，皮氏以籀書爲古文，雖不如近人之考定古文爲六國文字之允確（詳下第四篇第二章），然以今文爲隸書則是不錯的。今文、古文之别是寫本不同，但亦盡爲版本問題，據章炳麟説："今古文底區別，本來只在文字版本上；因爲六經遭秦火，秦代遺老就所能記憶的用當代語言記出，稱爲今文，後來從山巖屋壁發見古時原本，稱爲古文；也不過像近代今板古板的分別罷了。但今文所記憶，和古文所發現的篇幅的多少，已有不同；今文家所主張和古文家所説，根本上又有不同；因此分道揚鑣。"（《國故學討論集》第一集，一八一頁，群學書社，1927年）今文所記憶和古文所發現的篇幅的多少的確已有不同，這是今古文的重要問題之一。我們欲知群經篇第並略知經今古文問題之眞相，對此篇第異同，應當特別加以注意。這一問題得以明瞭，其他今古經文之異同，今古經説之異同，都可迎刃而解。現在我們對於各經，可以根據其篇第，然後一一加以説明。

一　《毛詩》之篇第

《詩》之今古，據《漢志》説："孔子純取周詩，上采殷，下取魯，凡三百五篇。遭秦而全者，以其諷誦，不獨在竹帛故也。漢興，魯申公爲《詩》訓故，而齊轅固、燕韓生皆爲之傳。或取《春秋》，采雜説，咸非其本義。與不得已，魯最爲近之。三家皆列於學官。又有毛公之學，自謂子夏所傳，而河間獻王好之，未得立。"（《漢書》卷三〇《藝文志》）今文三家《詩》之篇數，俱爲三百五篇，而且遭秦而全，並無遺佚。但是我們將《毛詩》與三家《詩》比較來看：

（一）《毛詩》篇章多於今文者，此例有二：

1. 《毛詩》三百十一篇，比"三家"本多六"笙詩"：《南陔》《白華》《華黍》《由庚》《崇丘》《由儀》。這六"笙詩"，據《毛序》説："《南陔》，孝子相戒以養也；《白華》，孝子之潔白也；《華黍》，時和歲豐，宜黍稷也；有其義而亡其辭。"鄭箋："此三篇者，《鄉飲酒》《燕禮》用焉。曰，'笙入，立於縣中，奏《南陔》《白華》《華黍》是也'。……遭戰國及秦之世而亡之。"（《詩》九之四）《毛序》又説："《由庚》，萬物得由其道也。《崇丘》，萬物得極其高大也。《由儀》，萬物之生各得其宜也，有其義而亡其辭。"鄭箋："此三篇者，鄉飲酒、燕禮亦用焉。曰：'乃間歌《魚麗》，笙《由庚》，歌《南有嘉魚》，笙《崇丘》；歌《南山有台》，笙《由儀》。亦遭世亂而亡之'。"（《詩》十之一）這六"笙詩"是古文《毛詩》所多於今文者，但《毛序》説其"有義而亡辭"，然鄭玄以爲"遭戰國及秦之世而亡之"。《漢書·藝文志》明云：《詩》"凡三百五篇，遭秦而全者，以其諷誦，不獨在竹帛故也"。在秦遺老所能諷誦之詩，本無一篇亡佚，何至三百五篇全能記憶，而獨忘此鄉飲、燕禮所常用之六"笙詩"？這完全於理不通，而至漢初，魯、齊、韓三家《詩》，均無此六"笙詩"，三家所忘，不多不少，同此六"笙詩"；而所同忘者，非六"笙詩"之辭，乃僅六"笙詩"之目，豈非尤爲奇跡？究竟是今文所記憶的六"笙詩"少，還是古文所發現的多？這自然要引起人們的疑問。第一個興問罪之師者爲洪邁，其《容齋隨筆》云：

《南陔》《白華》《華黍》《由庚》《崇邱》《由儀》六詩，毛公爲《詩詁訓傳》，各置其名，述其義，而亡其辭。《鄉飲酒》《燕禮》云，"笙入堂下，磬南北面立。樂奏《南陔》《白華》《華黍》"，"乃間歌《魚麗》，笙《由庚》；歌《南有嘉魚》，笙《崇丘》；歌《南山有台》，笙《由儀》；乃合樂，《周南》：《關雎》《葛覃》《卷耳》，《召南》：《鵲巢》《采蘋》《采蘩》"。竊詳文意，所謂歌者，有其辭所以可歌，如《魚麗》《嘉魚》《關雎》以下是也；亡其辭者不可歌，故以笙吹之，《南陔》至於《由儀》是也。有其義者，謂"孝子相戒以養""萬物得由其道"之義，亡其辭者，元未嘗有辭也。鄭康成始以爲及秦之世而亡之。又引《燕禮》"升歌《鹿鳴》、下管《新宮》"爲比，謂《新宮》之詩亦亡。按《左傳》："宋公享叔孫昭子，賦《新宮》。"杜注："爲逸詩，則亦有辭，非諸篇比也。"陸德明《音義》云："此六篇蓋武王之詩，周公制禮，用爲樂章，吹笙以播其曲。孔子刪定在三百一十一篇內。及秦而亡。"蓋祖鄭説耳。且古詩經刪及逸不存者多矣，何獨列此六名於《大序》中乎？束皙補亡六篇，不作可也。（洪邁《容齋續筆》卷第十五）

其次是康有爲，其《新學僞經考》云：

《史記·孔子世家》稱"三百五篇"；王式稱"臣以三百五篇諫"（見《儒林傳》）；《志》亦云"孔子純取周詩，上采殷，下取魯，凡三百五篇"。三家説皆同，而《毛詩》多《笙詩》六篇，則篇目增多。其僞十二。他如，《漢廣》"德廣所及"，《白華》"孝子之潔白"，《崇邱》"萬物得極其高大"，《雨無正》"衆多如雨而非所以爲正"之等，率皆望文生義，絶無事實，則空辭敷衍，其僞十三。

其次爲皮錫瑞《經學通論》云：

漢初史遷、王式諸人皆云《詩》三百五篇，無有云三百十一篇者，是不數六《笙詩》甚明。《毛詩故訓傳》不列什數，則序云"有其義而亡其辭"，亡字當讀有無之無。鄭君以爲亡逸之亡，《箋》云："孔子論《詩》，雅、頌各得其所，時俱在耳，篇第當在於此。遭戰國及秦之世而亡之，其義則與衆篇之義合編，故存。至毛公爲《詁訓傳》，乃分衆篇之義，各置於其篇端。云：又闕其亡者，以見在爲數，故推改什首，遂通耳，而下非孔子之舊。"自鄭君爲此說，陸德明、孔穎達、成伯璵皆以爲《詩》三百十一篇，與漢初人云三百五篇不合矣。（皮錫瑞《經學通論·二詩經》之《論南陔六詩與金奏三夏不在三百五篇之內》）

乃至於古文家章炳麟於《論語》學之派別中，亦不得不云：

詩因葉韵易於記憶，當時並未失傳，本無今古之分，毛氏所傳《詩》三百十一篇，比三家所傳多"笙詩"六篇，而所謂"笙詩"也只有名沒有內容的。《毛詩》所以列於古文，是立說不同。他的立說，關於事實和《左傳》相同，關於典章制度和《周禮》相同，關於訓詁又和《爾雅》同的。（《國故學討論集》一，群學書社，1927年）

由這幾說看來，今文所記憶的並不少，古文所發現的也並不多，所多的"笙詩""也只有名沒有內容的"，不是真多，而是假多，那不過是以晚出書冒充古本，貌爲篇幅增多，以求勝於今文，一經指摘，便是古文家亦不能爲之迴護。洪、皮諸家所云尚非徹底之論。我們只看古代用樂凡笙管奏原本無辭，《儀禮》於六"笙詩"言"間歌《魚麗》，笙《由庚》"，鄭注："間，代也。謂一歌則一吹"。《周禮·春官·樂師》"教樂儀，行以《肆夏》，趨以《采薺》"。鄭司農云："《肆夏》《采薺》皆樂名，或曰皆逸《詩》。謂人君行步以《肆夏》爲節，趨疾於步則以《采薺》爲節。若今時行禮於大學，罷出以《鼓陔》爲節。"《儀禮·燕禮》記"升歌《鹿鳴》，下管《新宮》"。《後漢書·明帝紀》：永平二年冬十月"詔曰……升歌《鹿鳴》，下管《新宮》，八佾具修，萬舞於庭"。惠棟云："案此則後漢《新宮》之樂尚存。"《肆夏》《新宮》至後漢樂尚存而辭不傳，足知管奏之樂原本無辭，則笙奏之樂亦無辭可知。《毛序》於六"笙詩"言"有其義而亡其辭"，"有""亡"相對而言。《詩》云"葛有曷亡"，《論語》言"夷狄之有君，不如諸夏之亡""有馬者借人乘之，今亡""焉能爲有，焉能爲亡"，並"有""亡"相對之鐵證。然《毛詩序》云"有其義"，強立各名目，貌爲增多，其爲贗古，不待詳言。

2.《小雅·都人士》之首章，王先謙《詩三家義集疏》辯之云："此詩毛氏五章，三家皆止四章。《孔疏》云：《左襄十四年傳》引此詩'行歸於周，萬民所望'二句，服虔曰：'逸詩也。《都人士》首章有之。'《禮·緇衣》鄭注云'《毛詩》有之，《三家》則亡'，今《韓詩》實無此首章。細味全詩，二、三、四、五章'士''女'對文，此章單言'士'，並不及'女'，其詞不類。且首章言'出言有章',言'行歸於周,萬民所望',後四章無一語照應,其義亦不類。是明明逸詩孤章,毛以首二句相類,強裝篇首,觀其取《緇衣》文作《序》,亦無謂甚矣。"王氏並不如何信今文,而對《毛詩》亦詆為"強裝篇首""無謂甚矣",其所持說足見《毛詩》之非真古本。

(二)《毛詩》篇次之倒誤者。此例有二:

1.《召南》中《采蘋》《草蟲》的倒置。據《困學紀聞》引曹粹中《放齋詩說》云:"《齊詩》先《采蘋》而後《草蟲》。"陳喬樅云:"據《儀禮》,合樂歌《周南》,則《關雎》《葛覃》《卷耳》三篇同奏;歌《召南》,則《鵲巢》《采蘩》《采蘋》同奏。是知古《詩》篇次原以《采蘋》在《草蟲》之前,三家次第容與毛異,曹說非無據也。"(《三家詩遺說考》)龔橙《詩本誼》云:"《儀禮》合樂皆言《采蘩》《采蘋》,《左傳》亦言風有《采蘩》《采蘋》。孔《疏》云:'《齊詩》先《采蘋》而後《草蟲》。'"(龔橙《詩本誼》,叢書集成續編,第一〇八冊)王先謙云:"曹說即本《儀禮》為說,《三家》皆同。"《毛詩》如果為真古本,則不當與《左氏》《儀禮》不合。《儀禮》:合樂《召南》,《鵲巢》《采蘩》《采蘋》三篇同奏。足見原編此三篇本連類相及,《毛詩》次第與古本不合,顯非真古寫本。

2.《邶》《鄘》《衛》詩分卷之訛誤。《邶》《鄘》《衛》詩的分卷,這一點也是《毛詩》貌為增多的地方,試看龔橙《詩本誼》云:"《藝文志》齊、魯、韓《詩》皆二十八卷,獨《毛詩故訓傳》三十傳,是三家《邶》《鄘》《衛》不分卷也。《左傳》季札觀樂為之歌《邶》《鄘》《衛》,曰,是其《衛風》乎?北宮文子稱《衛詩》曰'威儀棣棣,不可選也',今《邶風》之首也。是知太師之舊,本不分三。毛既分三,而同一莊姜詩《綠衣》《日月》《終風》在邶,《碩人》在衛;同一宣公、宣姜、伋壽之詩,《新臺》《二子乘舟》在邶,《鶉奔》在鄘;同一衛女詩,《泉水》在邶,《載馳》在鄘,《竹竿》《河廣》在衛。《泉水》《新臺》倒次,《載馳》《定之方中》倒次,即以《序》論,亦不相類。"(龔橙《詩本誼》,叢書集成續編,第一〇八冊)龔氏據《左氏》,以太師之舊本不分三,而《毛詩》分三,《泉水》等詩倒次,與《序》"亦不相類",凡所指摘,實有明據,亦是以見《毛詩》與古本不合,非真古本。

(三)《毛詩》章句之少於今文者。此例有四:

1.《衛風·碩人》篇"素以為絢兮"句,陳喬樅云:"《魯》有'素以為绚兮句'者，《列女傳》云'儀貌壯麗，不可不自修整'正指此章言。《論語》子夏引：'巧笑倩兮，美目盼兮，素以爲絢兮。'《説文》：'素，白致繒也。'《聘禮》注：'采成文曰絢。'以《列女傳》證之，《魯詩》本有此一句。'手如柔荑'六句，歷述儀貌之壯麗，'素以爲絢'，喻當加修整意。所以儆姜之衰惰，取義深至，而《毛詩》無之，故昔以爲逸詩耳。"（王先謙《詩三家義集疏》卷三下）

2. 《唐風·揚之水》篇"妨其躬身"句，《毛詩》之《唐風·揚之水》篇則爲"我聞有命，不敢以告人"。在《荀子·臣道》篇引詩作"國有大命，不可以告人，妨其躬身"，則多一句。對此段玉裁云："此所云即詩之異文，前二章六句，此章四句，殊太短，恐漢初相傳有脱誤也。"王先謙云："荀子傳《詩》於浮丘伯，爲《魯詩》之祖，蓋《魯詩》如此。"（王先謙《詩三家義集疏》卷八）凡所指摘，實有明據，很可見《毛詩》之非真古本。

3. 是《雨無正》篇《序》與詩異。《雨無正·序》説："《雨無正》，大夫刺幽王也。雨自上下者也，衆多如雨，而非所以爲政也。"朱子《詩集傳》云："歐陽公曰：古之人於詩，多不命題，而篇名往往無義例。其或有命名者，則必述詩之意，如《巷伯》《常武》之類是也。今《雨無正》之名，據《序》所言，與詩絶異。當闕其所疑。元城劉氏曰：嘗讀《韓詩》，有《雨無極》篇，《序》云：雨無極》，正大夫刺幽王也。至其詩之文，則比《毛詩》篇首多'雨無其極，傷我稼穡'八字。愚按：劉説似有理。……"（朱熹《詩集傳》卷五）此《毛詩》少於今文之一例。亦《毛詩》望文生義之一例。

4. 《周頌·般》篇"於繹思"句，據《詩三家義集疏》引各家説云，注："《三家》'命'下有'於繹思'句，與《賚》篇同。"王先謙云："《三家》'命'下有'於繹思'句者，《釋文》云：'於繹思'《毛詩》無此句。《齊》《魯》《韓》有之。今《毛詩》有者，衍文也。崔《集注》本有，是采三家之本，崔因有故解之。"臧鏞堂云："此句涉上《賚》篇而誤，即在三家，亦爲衍文。"阮元云："《釋文》所説，自得其實，臧氏乃並三家此句亦以爲衍，誤矣。""愚案：《獨斷》言'《般》一章七句'，亦不數此句，陸云三家皆有，或《魯詩》有二本也。《禮·王制》：'五岳視三公，四瀆視諸侯。'《賚》封功臣而望其繹思，《般》祭山川之神亦望其繹思，一也。《時邁》之詩曰'懷柔百神'，若神不能繹思，無爲用'懷柔'矣。臧氏謂在三家亦爲衍文，殆不然乎？"（王先謙《詩三家義集疏》卷二十六）

（四）《毛序》《毛詩》比三家詩多，更有《詩序》一卷。

依《漢志》所列《詩經》：二十八卷，魯、齊、韓三家；《毛詩》二十九卷。《毛詩》比三家多之一卷，實爲《詩序》。王先謙《漢書補注》談《毛詩》云："此蓋《序》，別爲一卷，故合全經爲二十九。"其説甚是。但以三家全經並以《序》冠篇首，故皆二十八卷；十五國《風》十三卷（《邶》《鄘》《衛》共一卷），《小雅》七十四篇爲七卷，《大雅》三十一篇爲三卷，《魯》《商》《頌》各爲一卷，共二十八卷；三家《詩》是否全有《序》，實待明證，不能以零篇斷簡即信"三家"並有《詩序》的。《毛詩序》非經文，而亦列入經文，這實是《毛詩》所多於"三家"者。《詩序》作者，舊説甚多，然其説詩，而非詩文，實極顯明。舊説多認爲非孔子、子夏作，實有晚出之嫌疑，不能以爲古本如是。在我所編武漢大學《經學史講義》中，曾有《詩毛序略説》，後摘録一部分爲顧頡剛輯鄭樵《詩辨妄》序列，舉《毛序》之病詩凡十端，以見《詩序》之妄，兹更移録以略見之：

1. 雜取傳記。葉夢得説："且宏之《序》有專取諸書之文而爲之者。……'詩有六義，一曰風，二曰賦，三曰比，四曰興，五曰雅，六曰頌。'其文全出於周官。'情動於中而形於言，言之不足，故嗟嘆之。'其文全出於《禮記》。'成王未知周公之志，公乃爲詩以遺王。'其文全出於《金縢》。'高克好利而不顧其君……高克奔陳。'其文全出於《左傳》。'微子至於戴公，其間禮樂廢壞。'其文全出於《國語》。'古者長民，衣服不貳，從容有常，以齊其民。'其文全出於《公孫尼子》。則《詩序》之作，實在數書既傳之後，明矣。"我們現在看來，《毛序》用《左傳》的地方，如《卷耳序》言"求賢審官"，及莊姜、宣姜、許穆夫人、鄭莊、鄭忽、齊文姜諸詩，比較最多。其次是《禮記》，《采蘩》"夫人不失職也"，《采蘋》"大夫妻能循法度"，皆本《射義》爲言。《潛》詩則全襲《月令》，最爲"顯露弊竇"。（姚際恒《詩經通論·論旨》："詩序庸謬者多，而其謬之大及顯露弊竇者，無過《大雅·抑》詩，《周頌·潛》詩……《潛》詩則全襲《月令》，故知其爲漢人。"）其餘同於《論語》《孟子》的也不少。（范處義曰："《論語》曰：'周有大賚，善人是富'。此夫子記周家之政也。而與《賚》之序同。《關雎序》亦有采自《論語》，《北山序》同《孟子》。"説見前）此皆《毛序》之雜取傳記者，若《卷耳》《采蘋》諸序（詳下），其錯誤更顯而易見。

2. 疊見重複。葉夢得曰："'《載馳》之詩，許穆夫人作也。憫其宗國顛覆矣'，又曰'衛懿公爲狄人所滅'。《絲衣》之詩，既曰'繹，賓尸'矣。又曰'靈星之尸'，此蓋衆説並傳。衛氏得善辭美意，並録而不忍棄之，此吾所謂雜取諸書之説而重複互見也。"今按《關雎》之序，語多重複。《江有汜序》，語意三截，至疑非一人之詞。（王先謙曰："推究序文，語意三截……且如毛

説，末章'嘯歌'義不可通，知《序》之不出於一人。"）其錯誤也可以想見。（參看《毛詩李黄集解》李樗説）

3. 隨文生義。朱子説："《小序》大無義理，皆是後人杜撰……多就《詩》中詩采撮言語，更不能發明《詩》之大旨。才見有'漢之廣矣'之句，便以爲'德廣所及'；才見有'命彼後車'之言，便以爲不能'飲''食''教''載'；《行葦》之《序》，但見'牛羊勿踐'，便謂'仁及草木'；但見'戚戚兄弟'，便爲'親睦九族'；見'黄耇台背'，便謂'養老'；見'以祈黄耇'，便謂'乞言'；見'介爾景福'，便謂'成其福禄'。隨文生義，無復論理。"其實，《序》的隨文生義，《漢廣》而外，以《雨無正》爲最（此鄭樵説）。康有爲也説："《白華》孝子之潔白，《崧丘》萬物得極其高大，《雨無正》衆多如雨而非所以爲正之類，皆望文生義，一味空衍。"（朱子《白華詩序辨説》："此《序》尤無理。"）此類甚多，不可枚舉（如以《將仲子》爲祭仲，"維暴之云"爲刺暴公皆是）。

4. 附經爲説。葉夢得説："《騶虞》之詩，先言'人倫既正，朝廷既治，天下純被文王之化'，而復繼之以'搜田以時，仁如騶虞，則王道成'。《行葦》之詩，先言'周家忠厚，仁及草木'，然後繼之以'内睦九族，外尊事黄耇，養老乞言'。此又吾所謂委曲婉轉，附經而成其義也。"我們再看：《螽斯》的《序》，説"若螽斯不妒忌，則子孫衆多也"；《褰裳》的序，説"狂童態行，思大國之正己也"；《蕩》序，説"天下蕩蕩，無綱紀文章"。皆附會經義作解釋。此類亦多，不必具舉。

5. 曲解詩意。《毛序》之不合詩意者，其例甚繁，觸目皆是，《小星》一詩，本是奉使言勞之詩。而《序》以爲"夫人惠及賤妾"。洪邁《容齋三筆》説"《詩序》不知何人所作，或是或非，前人論之多矣。惟《小星》一篇，顯爲可議。……諸侯有一國，其宫人嬪妾，雖云至下，固非閭閻賤微之比，何至抱衾而行。……其説可謂陋矣！"《毛詩·終風》的《序》説："莊姜傷己也，遭州吁之暴。"朱子説是："詳玩詩詞，有夫婦之情，未見母子之意。"《雄雉》的序説："刺衛宣公也，淫亂不恤國事。"姚際恒説："篇中無刺譏淫亂之意。"這都是《序》與詩意不合的地方，其他妄生美刺，附會書史者，其大多如此。

6. 不合情理。朱子説："《卷耳》之《序》，以求賢審官，知臣下之勤勞，爲后妃之志，事固不倫矣。況詩中所謂'嗟我懷人'，其言親昵太甚，寧后妃所得施於使臣者哉！《桃夭》之詩，謂婚姻之時，國無鰥民，爲后妃之所致，而不知其爲文王刑家及國，其化固如此，豈專后妃所能致耶！"這都是序的不合情理的地方。《序》中措辭也多如此，如謂"若螽斯之不妒忌"。（歐陽修

《詩本義》說："詩人安知其心不妒忌。"）"德如鳲鳩乃可以配"，"節儉正直德如羔羊"。（方玉潤曰："羔羊亦何節儉正直之有。"）皆極不近情理，難怪鄭樵謂"爲村野妄人所作"，非誣也。

7. 妄生美刺。朱子說："變《風》諸詩，未必是刺者，皆以爲刺，未必是言此人，必附會以爲此人。《桑中》之詩，放蕩留連，止是'淫'者相戲之辭，豈有刺人之惡，而反自陷於流蕩之中。《子衿》詞意輕儇。亦豈刺學校之辭？《有女同車》等，皆以爲刺忽而作。鄭忽不娶齊女，其初亦是好的意思，但見後來失國，便將許多詩盡爲刺忽而作。考之於忽，所謂淫昏暴虐之類，皆無其實。至遂目爲'狡童'，豈詩人愛君之意？況其所以失國，正坐柔懦闊疏，亦何狡之有？幽、厲之刺，亦有不然。《甫田》諸篇，凡詩中無詆譏之意者，皆以爲傷今思古而作，其他謬誤，不可勝說。"更何況《雄雉》《匏有苦葉》諸詩的非刺衛宣，《伯兮》《有狐》的並非刺時，直見《序》之妄生美刺。朱子說"未必是刺者，亦皆以爲刺"，說甚是也。

8. 自相矛盾。《毛詩李黃集解》李樗說："《魚麗》之詩，既以爲'文、武以《天保》以上治內，《采薇》以下治外，始於憂勤，終於逸樂'。《常棣》之詩又曰：'閔管、蔡之失道，故作《常棣》焉。'此又成王之詩也。"朱子《常棣詩序辨說》曰："《序》得之，但與《魚麗》之《序》相矛盾。"我們更看：《北門序》說："刺仕不得志也。"又說："言衛之忠臣，不得其志爾。"那就不是刺一般的仕。（《靜女序》說："刺時也，衛君無道，夫人無德。"也不是刺一般的時）他如《抑》詩《序》說："衛武公刺厲王亦以自儆也。"武公不與厲王同時，二義不能並存。（說詳見朱子《詩序辨說》）《野有死麕》序說："天下之亂，強暴相陵，遂成淫風。"又說："被文王之化，雖當亂世，猶惡無禮也。"成淫風則非惡無禮。二義也不能兼有。以上都是自相矛盾的例子。歐陽修《詩本義》也說："'《詩序》失於二《南》者多矣！……於《芣苢序》則曰：天下和平，婦人樂有子。於《麟趾序》則曰：《關雎》化行天下，無犯非禮者。於《騶虞序》則曰：天下純被文王之化。'既曰如此矣。於《行露序》則反有'強暴之男侵陵貞女而爭訟'。……據《野有死麕》序則又云：'天下大亂，強暴相陵，遂成淫風，惟被文王之化者，猶能惡其無禮也。'其前後自相牴牾，無所適從。"

9. 附會書史。朱子《柏舟詩序辨說》："詩之文意事類，可以思而得，其時世名氏，則不可以強而推。……若爲《小序》者……不知其時者，必強以爲某王某公之時；不知其人者，必強以爲某甲某乙之事，於是附會《書》史，依託名謚，鑿空妄語，以誑後人。……且如《柏舟》……今乃斷然以爲衛頃公之時……蓋其偶見此詩冠於三衛變《風》之首，是以求之春秋之前，而《史記》所書……獨頃公有賂王請命之事，其諡又爲甄心動懼之名，如漢諸侯王必其嘗以罪謫，然後加以此諡，以是意其必有棄賢用佞之失，而遂以此詩與之。……凡《小序》之失，以此推之，什得八九矣。"朱子對於《雞鳴序》之附會哀公、《蟋蟀序》之刺僖公、《宛丘序》之刺幽公、《衡門序》之誘僖公，都以爲惡諡得之。（略本鄭樵）這都是毛序附會書史之明驗。除此而外如：《式微序》說："黎侯寓於衛。其臣勸以歸也。"《旄丘序》說："責衛伯也，狄人逐迫黎侯，黎侯寓於衛。"崔述考訂這兩詩說："黎之失國，在魯文宣之世，鄫舒爲政之時，上距衛之渡河，已數十年，黎侯何由得寓於衛？衛亦安能復黎之國乎？其時不符，一也。黎在山西，衛在山東，而詩乃云'狐裘蒙戎，匪車不東'。方欲西歸，而反以不東爲解，豈非所謂北轅將適楚乎？其地不合。二也。且黎既失國，則其故土爲狄所據，黎侯安能歸國，而其臣乃勸之。"這也是《序》之附會《書》史而失實者。又如《擊鼓》一詩，《序》以爲衛州吁用兵暴亂，從公孫文仲將而平陳與宋，附會魯隱公四年伐鄭之事。《揚之水》一詩，《序》以爲刺平王不撫其民而遠屯戍於母家，附會《史記》申侯與弑幽王之說，都不合於史實（詳見姚際恆《詩經通論》、崔述《讀風偶識》）。

10. 誤解傳記。崔述又說："《綠衣》以下四篇，《序》皆以爲莊姜之詩。《綠衣序》云：'衛莊姜傷己也。妾上僭，夫人失位而作是詩也。'《日月序》云：'莊姜遭州吁之難，傷己不見答於先君，以至困窮也。'余按《春秋》傳文，絕無莊姜失位而不見答之事。桓公，戴嬀子也，而莊姜以爲己子，立以爲太子；非夫婦一體，安能得之於莊公。……原序所以爲是說者，無他，皆由誤解《春秋》傳文，謂莊姜無子，由於莊公之不答。是以《碩人序》云'莊姜賢而不答，終以無子'，豈盡在答與不答哉？"還有《將仲子序》說："刺莊公也……祭仲諫而公弗聽，小不忍以至大亂焉。"鄭莊之於叔段，實在並無親愛之意，"避賢遠譏，任其自斃"。（此用馬其昶《毛詩學》語）並無小不忍之義。《載驅序》說："刺魯莊公也。……人以爲齊侯之子焉。"齊侯之子，是文姜的讒言，並不是真的"齊侯之子"也。此皆誤解傳記者。雜取衆說，而又誤解，我們可以看出《毛序》的病痛實在是太多了。（以上引自拙著《詩經六論》）

以上《詩》今古文之異同，我們引用洪邁、章炳麟諸家說，以見《毛詩》多六《笙詩》只有名目、沒有內容之貌爲增多，而非真古本；引用段玉裁、歐陽修諸家說以見《毛詩》有多於或少於三家之文句之不合古本；引用《儀禮》《左傳》及諸家說以見《毛詩》之《草蟲》《采蘋》及邶、鄘、衛諸詩次第之非古本之真面目；更綜合古籍及近儒説以《詩序》之壞詩，《毛詩》非真古本已可顯見。《毛詩》遠有一些與《左傳》《國語》《孟子》《荀子》所引詩文不合之處，更有文句脱誤，以及文字不古之處，這些留待本書第六篇再爲説明。

二 《尚書》之篇第

《尚書》的篇目是比較《詩》《禮》諸經稍爲複雜些的。據《漢志》云："故《書》之所起遠矣，至孔子纂焉。上斷於堯，下訖於秦，凡百篇，而爲之序，言其作意。秦燔書禁學，濟南伏生獨壁藏之。漢興亡失，求得二十九篇，以教齊、魯之間。訖孝宣世，有歐陽、大小夏侯氏立於學官。《古文尚書》者，出孔子壁中。武帝末，魯恭王壞孔子宅，欲以廣其宫。而得《古文尚書》及《禮記》《論語》《孝經》凡數十篇，皆古字也。恭王往入其宅，聞鼓琴瑟鐘磬之音，於是懼，乃止不壞。孔安國者，孔子後也，悉得其書，以考二十九篇，得多十六篇。安國獻之。遭巫蠱事，未列於學官。"我們現在所由知百篇《尚書》之目者，實由所謂百篇之《序》，但伏生所傳今文只二十八篇，加後得之《泰誓》一篇，共爲二十九篇。據出土之漢石經《書序》殘石可知（參見錢玄同《重論經今古文學問題》，《古史辨》第五册）。《漢志》列《尚書》古文經四十六卷，注云："爲五十七篇。"經二十九卷，注云："大小夏侯二家，歐陽經三十二卷，歐陽章句三十一卷，大小夏侯章句經二十九卷。"歐陽經之所以成爲三十二卷者，在分《盤庚》爲三，又加《書序》，多了三篇，故爲三十二卷，章句向無《書序》，故爲三十一卷；大小夏侯二家，仍伏生舊，不分《盤庚》，不加《書序》，故仍爲二十九卷。至於古文，以伏生二十九篇析出《盤庚》二篇、《康工之誥》一篇、《泰誓》二篇，爲三十四篇；於其所得多之十六篇，分九共爲九篇，多八篇爲二十四；二十四加三十四，故爲五十八篇。班固自注"爲五十七篇"者，後又亡其一篇，僞《武成》疏引鄭云"《武成》，逸篇，建武之際亡之"是也。至東晉時，更有僞《古文尚書》孔安國傳出現，增多二十五篇，與孔壁得多於之十六篇析爲二十四篇者又不同，宋、明、清儒考訂其僞，已成定讞，僞中之僞，本無足論，但此僞書經唐人爲之作《疏》，其篇目亦不可不注意。現在我們但就伏生今文與孔壁古文比較來看，我們可以察覺：

（一）《古文尚書》之多於今文者

《古文尚書》五十八篇，可以分爲兩組來看：一是分今文廿九爲三十四，一是分所得多之十六篇爲二十四。

1. 在第一組中，分《盤庚》爲三而未能合於古本之次，分《泰誓》爲三，而此篇實源本於今文，這兩點且留待下文再細論。古《書》出《康王之誥》於《顧命》，這實是他貌爲增多之絕好的例證，因《顧命》一篇，文並不太長，比較《盤庚》之顯當分三篇者不同；伏生於《盤庚》且不分爲三，則《顧命》自不必且不當分爲二，因爲無論如何分法，都是不合理的。清儒戴震曾有《書〈顧命〉後》一文論之云：

> 馬、鄭、王本分"王若曰"以下爲《康王之誥》，東晉晚出之古文分"王出在應門之内"以下爲《康王之誥》，皆非也。考此篇自"狄設黼扆綴衣"至末，踰年即位事也，必曰前陳設，故不書日。踰年即位，禮之大常，不必書日而知也。"大保降，收"，則受册命畢，而"諸侯出廟門俟""王出在應門之内"，乃記即位之儀。

> 《顧命》之篇，其大端有三：群臣受顧命，一也；踰年即位，康王先受册命，二也；適治朝，踐天子之位，三也。説者不察受册命及出至路門外、應門内之治朝屬踰年，遂疑西方、東方諸侯爲來問王疾者，則新喪内，天崩地坼之痛，而從容興答，必無是情，又不必論其他事之禮與非禮矣。（引自顧頡剛纂輯《經學專書研究》）

馬、鄭、王所傳之《古文尚書》分《顧命》爲兩篇，據戴震説，古文與僞古文所分皆非。戴氏非今文家，所論自非偏見。其實依我們看來，古文所分出之《康王之誥》實不如僞古文，因爲古文本書者乃"適朝踐天子之位"一節，篇幅太短，不如僞古文本，此其一。"大保降，收，諸侯出廟門俟"，正叙述康王受册命之事完畢，可爲段落，"王出在應門之内"乃記即位之儀與下適治朝踐天子之位，正可合爲一節。古文所分不如僞古文本，此其二。但無論如何分，都不合理；僞古文之分爲僞託，真古文之分，亦足見其非真古文。

2. 在第二組中，《古文尚書》有《舜典》篇，是在今文《堯典》之外與僞古文不同的。章炳麟説：

> 魯恭王發孔壁得《尚書》，《尚書》篇數就發生問題；據"太史公曰：《書傳》《禮記》自孔氏"，可見孔安國家藏《書傳》確自孔壁得來。稱《書序》有百篇，而據伏生所傳只有廿九篇，可分爲三十四篇，壁中所得却有四十六篇（可分爲五十八篇），相差七十七篇。並且《書傳》所載和今文更有有許多不同的地方；孟子是當時善治《詩》《書》的學者，他所引的"葛伯仇餉""象日以殺舜爲事"等等，在今文確是没有的，可見事實上又不同了。（《國故學討論集》一）

章氏在此處以《孟子》所述"象日以殺舜事",在今文確是沒有的,以爲古文勝於今文,但我們一細想,章說實誤。《古文尚書》雖有《舜典》列於逸《書》之中,但在東漢逸《書》十六篇已絕無師説,其中有無"象日以殺舜爲事"之記載,實爲疑問。據《書序》云:"虞舜側微,堯聞之聰明,將使嗣位,歷試諸難,作《舜典》。"則《舜典》內容非"虞舜側微"時事,不當有"象日以殺舜爲事"等語。孫星衍《尚書今古文注疏》云:"《孟子》所載諸舜事,不稱《舜典》,未敢據增。"實較章說審慎。孫氏乃古文家之流,亦不能爲古文張目也。

　　3. 至於"葛伯仇餉"事,應見於《湯征》,《湯征》篇名,雖見百篇《書序》,但非孔壁逸十六篇所有。《史記·殷本紀》有《湯征》逸文,云:"湯征諸侯。葛伯不祀。湯始伐之。湯曰:'予有言:人視水見形,視民知治不。'伊尹曰:'明哉!言能聽,道乃進。君國子民,爲善者皆在王官。勉哉,勉哉!'湯曰:'汝不能敬命,予大罰殛之,無有攸赦。'作《湯征》。"王鳴盛《尚書後案》於此發出"此乃殘章零句,不能成篇焉,不審子長何自采取"之疑問。(詳見本書第六篇第五章)《古文尚書》仍無以感覺其有勝於今文之處,我們仍無以感覺其爲真古本。

　　4. 又,《古文尚書》有《湯誓》,今文《尚書》亦有《湯誓》,顯然並未亡佚。但真古本《湯誓》似應有二篇,在《論語·堯曰》章有云:"曰:'予小子履,敢用玄牡,敢昭告於皇皇后帝:有罪不敢赦。帝臣不蔽,簡在帝心。朕躬有罪,無以萬方;萬方有罪,罪在朕躬。'"

　　今本《湯誓》則爲:"王曰:格爾衆庶,悉聽朕言,非台小子,敢行稱亂!有夏多罪,天命殛之。今爾有衆,汝曰:'我后不恤我衆,舍我穡事而割正夏。'予惟聞汝衆言,夏氏有罪,予畏上帝,不敢不正。今汝其曰:'夏罪其如台?'夏王率遏衆力,率割夏邑。有衆率怠弗協,曰:'時日曷喪?予及汝皆亡。'夏德若玆,今朕必往。爾尚輔予一人,致天之罰,予其大賚汝,爾無不信,朕不食言。爾不從誓言,予則孥戮汝,罔有攸赦。"

　　又有與《史記》不同,《史記·殷本紀》:"遂伐桀。湯曰:格女衆庶,來,女悉聽朕言。匪台小子敢行舉亂,有夏多罪,予維聞女衆言,夏氏有罪,予畏上帝,不敢不正。今夏多罪,天命殛之。今女有衆,女曰'我君不恤我衆,舍我嗇事而割政'。女其曰'有罪,其奈何'?夏王率止衆力,率奪夏國。有衆率怠不和,曰'是日何時喪?予與女皆亡'!夏德若玆,今朕必往。爾尚及予一人致天之罰,予其大理女。女毋不信,朕不食言。女不從誓言,予則帑僇女,無有攸赦。以告令師,作《湯誓》。"

古文本明顯内容更豐富，文字更通順，似編訂加工過的，如果爲真古本，則似不當如此。

以上三事，並足見《古文尚書》雖多於今文十六篇，而其所載，並不足以見爲真古本。與上文所述分《康王之誥》於《顧命》及下文所證明《泰誓》誤用今文，《盤庚》篇次不合等等看來，可以無疑。

（二）《古文尚書》之誤同今文者。此有四例：

1.《泰誓》。在上文中，我們可由《書序》殘石、今文《尚書》，以見今文《顧命》《康誥》不分，更由戴震説以明此二篇不當分之理由。據《書序》殘石來看，《書序》又非今文所原有，則所謂伏生今文二十九，雖連《泰誓》計算在内，但《泰誓》一篇實晚出於漢。據《尚書正義》説：

> 案，《史記》及《漢書·儒林傳》皆云"伏生獨得二十九篇，以教齊、魯"，則今之《泰誓》非初伏生所得。案，馬融云"《泰誓》後得"，鄭玄《書論》亦曰"民間得《泰誓》"。《别録》曰："武帝末，民有《泰誓》書出於壁内者，獻之，與博士使讀説之。數月，皆起傳以教人。"則《泰誓》非伏生所傳，而言二十九篇者，以司馬遷在武帝之世，見《泰誓》出而得行，入於伏生所傳内，故爲史總之，並云伏生所出，不復曲別分析。云民間所得，其實得時不與伏生所傳同也。但伏生雖無此一篇，而《書傳》有八百諸侯俱至孟津、白魚入舟之事，與《泰誓》事同。不知爲伏生先爲此説？不知爲是《泰誓》出後，後人加增此語？案王充《論衡》及《後漢史》獻帝建安十四年黄門侍郎房宏等説云："宣帝本始元年，河内女子有壞老子屋，得古文《泰誓》三篇。"《論衡》又云："以掘地所得者。"今《史》《漢書》皆云伏生傳二十九篇，則司馬遷時已得《泰誓》，以並歸於伏生，不得云宣帝時始出也。則云宣帝時女子所得，亦不可信。或者爾時重得之，故於後亦據而言之。《史記》云伏生得二十九篇，《武帝紀》載今文《泰誓》末篇，由此劉向之作《别録》，班固爲《儒林傳》不分明，因同於《史記》。而劉向云武帝末得之《泰誓》，理當是一。而古今文不同者，即馬融所云："吾見《書傳》多矣，凡諸所引，今之《泰誓》皆無此言，而古文皆有。"（《尚書正義》卷一）

可見《泰誓》實爲晚出，而馬融等更疑其僞（原文引見《尚書正義》，詳見第六篇第三章第二節）。古文亦有此篇，其非真古，實極顯明。錢玄同先生《重論經今古文學問題》一文中云：

至於問今文經是否真書，這要分別說明。若對於古文經而言，當然可以説今文經是真書，因爲今文經在前，古文經在後，而古文經是故意對於今文經來立異的。古文家對於今文家的態度是這樣："我的篇章比你的多；我的字句比你的準；我的解釋比你的古；我有你所沒有的書，而你所有的我却一概都有。"因爲古文家是這樣的態度，所以他就上了今文家一點小當。今文經中漢朝人僞造的篇章，古文經中居然也有了，如《易》之《説卦》以下三篇和《書》之《泰誓》皆是。古文經據説非得之於孔壁，即發自中秘或獻自民間，總之皆所謂"先秦舊書"也。先秦人用"古文"寫的書中居然有漢朝人所寫的篇章，這不是作僞的顯證嗎？古文經對於今文經而立異，就是對於今文經而作僞。所以今文經對於古文經，當然可以傲然地説自己是真書；而站在今文家的角度來斥古文經是僞書，是可信的，是公允的。（錢玄同《重論經今古文學問題》，《古史辨》第五册）

　　我們讀到錢氏此論，亦可見僞作《古文尚書》者，伎倆如何幼稚，然而這經今古文問題，千載夢夢，竟無人能爲之解決，一何可嘆。

　　2.《金縢》《亳姑》。孫星衍《尚書今古文注疏》云："《金縢》篇'王亦未敢誚公'下云：經文至武王既喪，至此蓋史臣所記，以修周公作《金縢》之是。其'秋大熟'以下，今文以爲周公死後之事，《史記》亦云'周公卒'及'秋大熟'，考是《亳姑》逸文，故別行以行之。"又於篇末云"秋大熟"以上自有脱文。鄭氏、王充所見本已在《金縢》篇。孫氏所疑，皮氏《今文尚書考證》頗然其説。但我們要注意的是，孫氏疑《金縢》篇中有《亳姑》，《亳姑》雖是逸《書》中所無，《金縢》篇却是在五十八篇之内，古文亦合意《亳姑》於《金縢》，則是明證孔氏逸《書》實非孔壁真本，故二篇文合同一篇。

　　3.《酒誥》脱簡。孫疏云："揚子《法言・問神》卷五云：'昔之説《書》者序以百，而《酒誥》之篇俄空焉，今亡夫。'"《困學紀聞》引《漢書・藝文志》云："劉向以中古文校歐陽、大小夏侯三家經文，《酒誥》脱簡一，《召誥》脱簡二，文字異者七百有餘，脱字數十。"所謂"俄空"，即脱簡之謂，而《大傳》引《酒誥》"王曰封，惟曰若圭璧"，今無此句，疑所脱即此等句。《酒誥》依古文謂有脱簡，但仍有逸句，則所謂古文亦非足本。

　　4."王曰，又曰。"《多士》篇末"王曰，又曰"，江氏《尚書集注音疏》云："'王曰下蓋有脱文……王曰又曰之文不相連屬。'又此篇文體與《多方》篇相似，與《多方》篇末云，'王曰我不惟多誥，我惟祗告爾命'，乃更云

'又曰'。此篇'王曰'下當亦別有一二語,而後稱'又曰',今此則否,故以爲有脫文。"(《經解》卷三九六)古文"王曰"下亦有脫文,則古本亦不必爲眞古本。

(三)《古文尚書》篇章之倒誤者。

關於此點,例證有四:

1.《盤庚》。今文《尚書·盤庚》本爲一篇,至歐陽始分爲三篇,《古文尚書》亦分爲三篇,但其次第,古文一如今文。據俞樾《群經平議·四》云:"《史記·殷本紀》云,'帝盤庚崩,弟小辛主,是爲帝小辛。帝小辛立,殷復衰。百姓思盤庚,乃作《盤庚》三篇'。是《盤庚》之作,在小辛時。……《呂氏春秋·慎大覽》曰:'武王乃恐懼,太息流涕,命周公旦進殷之遺老,而問殷之亡故,又問衆之所說,民之所欲。殷之遺老對曰:欲復盤庚之政。武王於是復盤庚之政。'然則《史記》謂百姓思盤庚,信有徵矣。《盤庚》之作,因百姓思盤庚而作,則所重者,盤庚之政也。其首篇述盤庚遷殷之後,以常舊服正法度,即所謂盤庚之政也。此作《書》之本旨也。其中下篇則取盤庚未遷與始遷之時,告誡其民之語附益之,故雖三篇,而伏生止作一篇也。"楊筠如《尚書覈詁》云:"按,此篇首云'盤庚遷於殷,民不適有居',則當在遷後未定居之時。中篇首言'盤庚作,惟涉河以民遷',則明在未遷之前。故又曰'今予將試以汝遷,安定厥邦'。下篇首言'盤庚既遷,奠厥攸居',則明在遷後民已定居之時,更在上篇之後。惟中、下二篇,何以倒置,殊不可解。俞說近似,而以下篇繫在始遷之始,其時似在此篇之前,則與經文不協也。"余舊亦疑《盤庚》中篇當爲上篇,上篇當爲中篇,楊說似稍勝於俞。(見拙著《尚書引論》)

2.《大誥》。《大傳》將《金縢》列《大誥》之後,葉夢得曰:"伏生以《金縢》作於周公殁後,故次《大誥》之下,古文之篇次,轉不如今文本,可見非眞古本。以非古眞本,而自謂古本,其亦適足以見其爲僞。"

3.《康誥》。此篇之首四十八字,蘇軾以爲《雒誥》之錯簡,朱子從之,蔡沈《書集傳》亦然,清儒顧亭林亦深取此說。金履祥《尚書表注》則云:"此叙《雒誥》,亦未協,當是《梓材》之叙。"蔡沈又云:"《康誥》《酒誥》《梓材》篇次,當在《金縢》之前。"

4.《多方》。《多方》寫作之時,當在《多士》前。《書序》疏引鄭注云:"此伐淮夷與踐奄是攝政三年伐管、蔡時事,其編篇於此,未聞。"鄭玄即以《古文尚書》篇次爲疑。江聲《尚書集注音疏》云:

聲謂，《多士》云"昔朕來自奄，予大降爾四國民命"，即謂此時，又不文所云"誥爾四國多方，我惟大降尔命"是也，故引彼文之"來自奄"以當此經之來自奄，於以見《多方》之誥先於《多士》，因遂云然。則《多方》在《多士》前且不比也。云"不比"者，謂《多方》後閱數篇而及《多士》不相比接也。案，《成王政》《將蒲姑》《多方》《周官》四篇之叙事相承次當在一年之内，鄭丁《成王政叙注》云："此伐淮夷與踐奄，是攝政三年伐管、蔡時事，編篇於此，未聞。"又《鄭志》："趙商問《成王》《周官》是周公攝政三年事，此鄭誼也。然則鄭注《成王政叙》所云，是最括《成王政》《將蒲姑》《多方》《周官》四篇言之也。"又鄭注《康誥》云："是時周公居攝四年也，然則《成王政》《將蒲姑》《多方》《周官》四篇當皆在《康誥》前，是不與《多士》聯比也。"（《經解》卷三九七）（整理者按：以上原見第六篇第五章，現移至此）

此外《尚書》的篇第，據《尚書疏》曰："《堯典》雖曰唐事，本以虞史所録，末言舜……非唐史所録，故謂之虞書也。案，鄭序以爲虞夏書二十篇，商書四十篇，周書四十篇，贊云'三科之條五家之教'，是虞夏同科也。"（《尚書正義》卷二）"三科"者，據古文家說，謂虞夏一科，商一科，周一科也；"五家"者，今文家說謂唐一家，虞一家，夏一家，商一家，周一家。據《尚書大傳》，《堯典》之前提曰"唐傳"，以後題曰"虞傳""夏傳"，先有《書》而後有"傳"，則伏生所治《尚書》當以《堯典》爲唐書，《皋陶謨》爲虞書，《禹貢》以下爲夏書，《湯誓》以下爲商書，《牧誓》爲周書（參見皮錫瑞《今文尚書考證》，卷一）

古文家與今文家所列之次第，實有不同，但我們據《墨子·明鬼》篇"故《尚書》夏書，其次商周之書"等語看來，古文亦不合於古本。

（四）《書序》《古文尚書》經四十六卷：

據桓譚《新論》云："《古文尚書》舊有四十五卷，爲五十八篇。"王鳴盛《尚書後案》論之云："伏書二十九卷，增多十六卷，共四十五卷，加《序》爲四十六卷。……四十五卷者除《序》言之。"《古文尚書》有《序》，今文《尚書》原本無《序》。伏生廿九篇不依百篇《書序》分篇，歐陽雖有《書序》，然如《泰誓》不分爲三，《顧命》不分爲二，仍不依百篇《書序》分篇，可見伏生不見《書序》，歐陽一派亦不信任《書序》。《書序》和《詩序》一樣，是後出的，是《古文尚書》多出的。《書序》之作，也和《詩序》一樣，雜取傳記、附會書史、望文生義，決非古本。兹亦就拙編《尚書引論·關於書序的問題》摘錄數說，以見其略：

今文《尚書》沒有百篇《書序》，我們從《書序》殘石已經獲得證明。百篇《書序》是屬於古文經的，是在劉、班以後才有的說法。孔子未曾刪書，孔子未作《書序》，我們在《尚書之刪述》這一篇已略引諸家來說明，《書序》當與古文經一般看待，不當信爲自古所傳，也不當信爲秦漢間經師所作的。這問題在朱子早已說過："《書序》不可信，伏生時無之。其文甚弱，亦不是前漢人文字，只是後漢末人。"又說："《尚書小序》不知何人作，《大序》亦不是孔安國作，怕只是撰《孔叢子》底人作；文字軟善，西漢文字則粗大。"在蔡沈的《書集傳》中也說："漢劉歆曰：'孔子修《易》序《書》。'班固曰：'孔子纂《書》，凡百篇而爲之《序》，言其作意。'今考《序》文，於見存之篇，雖頗依文立義，而識見淺陋，無所發明；其間至有與經相戾者；於已亡之篇，則依阿簡略，尤無所補。"在朱子、蔡沈後，談到《書序》的人，大多數是信奉朱、蔡之說的。到了清代，魏源著《書古微》，更以爲"古文《書序》，出於衛宏"。康有爲著《新學僞經考》，則以《書序》是劉歆僞作。但是他還以百篇《書序》與《史記》相同的是《書序》抄《史記》，不是《史記》采《書序》。崔適著《史記探源》，更以爲《史記》中的《書序》是劉歆之徒所竄入。康、崔的說法，雖然有的人相信，但也有人不以爲然的。這需要我們從《史記》本文與《書序》本身來作一番檢查，然後纔能斷定其孰是孰非。《史記》有與《書序》"自相乖異"的地方，據康氏所舉，共有七證。他的前四證說："《序》以爲'盤庚五遷，將治亳，殷民咨胥怨，作《盤庚》三篇'。《殷本紀》則以爲'帝盤庚崩，百姓思盤庚，乃作《盤庚》三篇'；若謂《史記》所載本於《書序》，何與《書序》又自乖異？《史記》非采《書序》，證一。《序》以爲'秦穆公伐晉，襄公帥師敗諸殽，還歸，作《秦誓》'。《秦本紀》則以爲繆公敗於殽，復益厚孟明等，使將兵伐晉，以報殽之役，晉人皆城守不敢出，於是繆公乃自茅津渡河，封殽中尸，爲發喪，哭之三日，乃誓於軍，以申思不用蹇叔、百里奚之謀，故作此誓。亦與《書序》不合。《史記》非采《書序》，證二。《序》以爲'祖己訓諸王，作《高宗肜日》《高宗之訓》'，《殷本紀》則以爲'武丁崩，祖己嘉武丁之以祥雉爲德，立其廟以爲高宗，遂作《高宗肜日》及《訓》'，亦與《書序》不合。《史記》非采《書序》，證三。《序》以爲'平王錫晉文侯秬鬯、圭瓚，作《文侯之命》'。《晉世家》則以爲'晉文公重耳獻楚俘於王，王命晉侯爲伯，賜大輅，彤弓矢百，旅弓矢千，秬鬯一卣，珪瓚、虎賁三百人……周作《晉文侯命》'。亦與《書序》不合。《史記》非采《書序》，證四。"他又說："《序》與《史記》異者，《盤庚》《高宗肜日》《高宗之訓》《文侯之命》《秦誓》五篇……若《史記》采摭古書，力求徵信，聲音訓詁之通借，先後詳略之同異，則或有之；何嫌何疑，使之剌謬至此乎！《史記》之非采《書序》斷矣。"我們從康氏這裏所說的看來，《史記》有與《書序》不合之處，可見《史記》不是采的《書序》，是《書序》采的《史記》；我們還可以說，司馬遷並沒有見到《書序》。我們有以下幾點理由可以說明：

1. 《史記》在《孔子世家》和《儒林傳》中固然沒有提到孔子作百篇《書序》，而且並不知有百篇《尚書》之說。史遷在《儒林傳》說伏生求《尚書》，是"亡數十篇，得二十九篇"，並不明言亡七十一篇。如若《尚書》真有百篇，則亡其七十一篇，《史記》是不難敘明的。

2. 《尚書》在秦以前，沒有固定的成書，不惟墨子所引《尚書》有在今古文《尚書》以外的，即如《仲虺之誥》在《荀子·堯問》中尚引作"其在《中蘬之言》也"，篇名並未固定，可見百篇《書序》不會是先秦經師所作，證據甚明。

3. 《史記》說："孝文帝時，欲求治《尚書》者，天下無有，乃聞伏生能治。"又說："伏生即以教於齊、魯之間，齊學者由此頗能言《尚書》。"這可見《書序》也決非如朱子及其他的人所說的，是"周秦間低手人作"。秦以前《尚書》沒有固定的篇數；在伏生的同時，"治《尚書》者天下無有"。又何處覓此作百篇《書序》的人？這又可見《書序》決不是秦漢間人作。

4. 孝文以後傳《尚書》學的人多是伏生弟子，伏生弟子更不是造此百篇之《序》的人。百篇《序》中無《尚書大傳》中所有的《大誥》《多政》等篇，可作明證。今文《尚書》無序，從石經《書序》殘石也可看出，可作旁證。這也可見百篇《書序》不是司馬遷以前的秦漢之際解經的人所作。

5. 從《史記》本身來看，盤庚五遷，在《盤庚》上篇及《序》中說得很好，《史記》不引用，而說是百姓思盤庚作，反與本文不合。《秦誓》在《書序》說得也好，而《史記》偏說又去伐晉，晉人皆城守不敢出，比較不合情理。《史記》如采於其他的書，則這合理的《序》，何為反轉不采？這豈不是《史記》並不曾采《書序》的明證？這更可令我們想到史遷並未曾見過《書序》。

6. 我們再從《書序》的體裁來看，《呂覽》的"序意"、《淮南子》的"要略"，都不是這樣的序，只有《史記·自序》是這樣的。但《史記》並未提到百篇《書序》，然則不是《史記》模仿《書序》，而是作《書序》的模仿

《史記》，這也令我們看出《書序》是晚於《史記》。

從這六點看來：（1）書序不是孔子作的。（2）不是先秦經師作的。（3）不是漢初經師作的。（4）不是伏生弟子作的。由這四點來說，司馬遷作《史記》時並無《書序》可采。（5）《史記》與《書序》不相合，也並沒有采用《書序》。（6）《書序》體裁要晚出於《史記》，司馬遷能否得見《書序》，已成疑問。我們不能不說現在《史記》中的一些"作某篇"如"作《盤庚》三篇"，如"作《康王之誥》"，原非《史記》所應有，而是後人竄入《史記》，這是極可能的。（《史記》一書在史遷以後爲後人竄改者甚多，説詳見趙翼《廿二史劄記》）崔適的話，乍看雖令人難信，但是是有理由的。宋儒如朱子和蔡沈都已説到《書序》的"依文立義""識見淺陋""與經相戾""無所發明"，並舉其中《堯典》《舜典》《汩作》《大禹謨》《顧命》等篇作爲實例説明，説是"低手人作"。《書序》之不可信已了如指掌。至於現存的《書序》，恐怕更經過作僞《孔傳》者的竄改。這不等于《尚書》，如若當作史料看待，那是需要審慎處理的。《書序》的可疑，已如上述，我想在本編中不必要再作一番"書序辨"條，如欲知其詳，可參考《書序辨》一書。（以上引自《尚書引論》）

我們看到各家之説，亦可以恍然，知《書序》之非古矣。

以上《書》今古文之異同，我們用戴震説以見古文《顧命》《康王之誥》爲二篇之不合於古本；據孫星衍、江聲説，《舜典》《湯征》，《古文尚書》亦並不得其實。引用馬融、鄭、王諸家説以見《泰誓》之僞、晚出於漢，實非古本；而古文本有之，足見古文非真古本。引用俞樾、江聲、孫星衍諸家説以見《盤庚》《金縢》《康誥》《多方》古文次第之非古本真面目。更綜合諸家説以明《書序》之不可信任。《古文尚書》在許多方面已顯露其實爲贋古。據《尚書》本經及其他古籍，更有顯見其文句多寡，有不合古本之明證，其脱誤處，其文字之不古，亦足以助證古文本實出於古文家之校改今文，這些亦留待第六篇中説明。

三　《禮經》之篇第

《儀禮》《周禮》《禮記》這三《禮》中，唯《儀禮》有今古文篇第之異同，《周禮》無今文，《禮記》雖雜有今文而實屬於古文記，無今古文篇第異同。《漢志》云："《易》曰：'有夫婦父子君臣上下，禮義有所錯。'而帝王質文世有損益，至周曲爲之防，事爲之制，故曰：'禮經三百，威儀三千。'及周之衰，諸侯將踰法度，惡其害己，皆滅去其籍，自孔子時而不具，至秦大壞。漢興，魯高堂生傳《士禮》十七篇。訖孝宣世，后倉最明。戴德、戴聖、慶普皆其弟子，三家立於學官。《禮古經》者，出於魯淹中及孔氏，與七十（《補注》：劉敞云，當作'十七'）篇文相似，多三十九篇。及《明堂陰陽》《王史氏記》所見，多天子諸侯卿大夫之制，雖不能備，猶愈倉等推《士禮》而致於天子之說。"（《漢書》卷三十，《藝文志》第十）《儀禮》古文比今文多三十九篇，但這三十九篇早已亡佚。朱子云："古《禮》五十六篇，班固時其書尚在，鄭康成亦及見之，《注疏》中多援引，不知何時失之，甚可惜也。"王應麟曰："《逸禮》三十九，其篇名頗見於他書，若'天子巡狩禮'，見《周官·內宰》注；'朝貢禮'，見《聘禮》注；'烝嘗'禮，見《射人》疏。'中霤禮'，見《月令》注及《詩·泉水》疏；'王居明堂禮'，見《月令》《禮器》注；'古大明堂禮·昭穆'篇見蔡邕論；《本命》篇見《通典》；《聘禮志》見《荀子》；又有《奔喪》《投壺》《遷廟》《釁廟》《曲禮》《少儀》《內則》《弟子職》諸篇，見大、小《戴記》及《管子》引《逸禮》，'中霤'在《月令》注疏，《奔喪》《投壺》，《釋文》引'鄭氏云'，實《曲禮》之正篇；又《遷廟》《釁廟》見《大戴記》，可補經《禮》文闕。孔壁古文多三十九篇，康成不注遂無傳焉（注謂：古文作某者即十七篇古文也。《論衡》以爲宣帝時河內女子壞老屋得佚《禮》，恐非）。'天子巡狩禮''朝貢禮''王居明堂禮''烝嘗禮''朝事儀'見於《三禮注》，'學禮'見於賈誼書，'古大明堂禮'見於蔡邕論，雖寂寥片言，如斷圭碎璧，猶可寶也。"（《四庫全書·儀禮集編》卷首下）吳澄曰："三十九篇唐初猶存，諸儒曾不以爲意，遂至於亡，惜哉。"（朱、王、吳三家說暫據皮錫瑞《三禮通論》引）吳氏以爲"三十九篇唐初猶存"，是據唐人疏中引有《逸禮》而言，其實在《七錄》中已云"餘篇皆亡"，絕不至於"唐初猶存"。朱子所謂"鄭康成亦及見之"，亦未必然。鄭著《三禮目錄》引見唐人注疏而獨無《逸禮》三十九篇目，鄭氏及見與否，實亦疑問。《漢書補注》引沈欽韓說："平帝元始五年，'徵天下通知逸經'。《王莽傳》云，'通知《逸禮》意者，徵詣公車'，則彼時已爲絕學可驗也。"我們很奇怪爲什麼連《別錄》於《逸禮》篇目亦不傳？故沈氏此說，實具有相當理由，否則《逸禮》篇數，或在歆、莽之時，另有變更，所以不傳於世。

現試就《儀禮》今古文比較來看：

一 古文《禮》之多於今文者

如所謂《逸禮》三十九篇，就各書所引佚文看來，實與今文之數例不合。邵懿辰《禮經通論》"論逸《禮》三十九篇爲不足信"條云：

劉歆曰："魯恭王得古文於壞壁之中，逸《禮》有三十九，《書》十六篇。天漢之後，孔安國獻之。"此劉歆之奸言也。《書》十六篇，余既博考而明辨之矣；《禮》三十九，合十七篇，爲五十六。班固述之《藝文志》曰："《禮古經》五十六卷。"桓譚述之《新論》曰："《古佚禮記》有五十六卷。"《藝文志》本歆之《七略》曰："雖不能備，猶愈后蒼等推《士禮》而至於天子之説。"又以爲漢興，高堂生傳《士禮》十七篇。其誤始於太史公。《史記·儒林傳》曰："諸學者多言《禮》，而魯高堂生最本。《禮》固自孔子時而其經不具，及至秦焚書，書散亡益多，於今獨有《士禮》，高堂生能言之。"太史公疏略，見其首篇爲《士禮》，概而言之。其實十七篇中，未嘗無大夫以上之禮，而高堂生至后蒼未必自以爲所傳皆《士禮》也。惟後漢稱前書"魯高堂生傳《禮》十七篇"，不言《士禮》，獨爲不誤。歆頌言《毛詩》《左傳》，逸《禮》《古文書》之當立，至結黨求助，連名《移書讓太常博士》，末言"無陷於文吏之議"，以相劫制。而逸《禮》及《書》皆其作僞，宜名儒龔勝、師丹發奮而固拒也。平帝時，依藉莽勢，竟得立此四經，而光武悉廢之。歆之爲人，宜君子所不道，而後世猶述其遺言，因其父而恕之，因其推明古學而護之也。然《毛詩》《左傳》當歆世固已流行，特以佐其逸《書》、逸《禮》之爲僞，而自來無覺其詐而發其覆者。朱子曰："古《禮》五十六篇，班固時其書尚在，鄭康成亦及見之，注疏中多援引，不知何時失之，甚可惜也。"王伯厚曰："逸《禮》三十九，其篇名頗見於他書，若'天子巡狩禮'見《周官·内宰注》，'朝貢禮'見《聘禮注》，'烝嘗禮'見《射人疏》，'中霤禮'見《月令注》及《詩·泉水注》……'古大明堂禮'見蔡邕論，又《奔喪疏》引《逸禮》，《王制疏》引《逸禮》，云'皆升合食於太祖'。《文選注》引逸《禮》云'三皇禪云云，五帝禪亭亭'；《論衡》：'宣帝時河内女子壞老屋，又得佚《禮》一篇，合五十七。'斷珪碎璧，皆可寶也。"草廬吳氏曰："三十九篇唐初猶存，諸儒曾不以爲意，遂至於亡，惜哉！"按，先儒三百、三千之語，惜古《禮》散亡，而因惜三十九篇逸《禮》之亡；遂視十七篇爲殘闕不完之書，而失聖人定《禮》之本義。宋、明以來，直廢此經，不以設科取士，則皆劉歆之奸，且妄有以淆其耳目而塞其聰明也。夫即後人所引"禘於太廟禮""王居明堂禮""烝嘗禮""中霤禮""天子巡狩禮""朝貢禮"及吳氏所輯

《奔喪》《投壺》《遷廟》《釁廟》《公冠》之類，厠於十七篇之間不相比附而連合也，何也？皆非當世通行之禮，常與變不相入，偏與正不相襲也。況其逸文之存，如《太平御覽》引"巡狩禮"，文辭不古，及"三皇禪云云，五帝禪亭亭"，既誕而不足信矣。而《月令注》及《皇覽》引"王居明堂禮"數條，皆在《尚書大傳》第三卷《洪範·五行傳》之中，吳氏不知其有全文，而僅引《禮》注合爲一篇，然觀其文意，實與伏生《五行傳》前後相協，必非古"王居明堂禮"而伏生全引入於《大傳》也，則爲劉歆剽取《大傳》以爲"王居明堂禮"，明矣。即此一端，而其他可知。亦猶十六篇逸《書》，即僞《武成》之剽《世俘解》，見其他皆作僞也。作僞徒勞，仍發露於千載以後，賴有此二書作證耳。然或以此五十六篇，爲即河間獻王嘗輯《禮》《樂》古事，多至五百餘篇，則意其真偽雜糅，或有得自淹中，而歆剽取以爲三十九篇者。要之，河間獻王所得《禮》及《禮記》，止有五百餘篇及二百餘篇之說，並無五十六篇之說也。歆又謂："傳問民間，魯國桓公、趙國貫公、膠東庸生之遺學與此同，抑而未施外內相應。"庸生者，謂古文《尚書》也；貫公者，謂《毛詩》《左氏春秋》也；桓公即孝文時善爲《禮容》徐公之弟子，謂其學即逸《禮》也。夫桓生與公戶滿意、單次並爲徐氏弟子，在景、武之間，距歆世遠矣，而所善爲容未必能爲經，即能爲經，未必知有逸經也。此亦歆之誣說也，故三十九篇即《王居明堂禮》一篇，斷知其偽，餘或有河間獻王之得自淹中者，真僞殆莫可定。就令非偽，亦孔子定十七篇時刪棄之餘，康成不爲之注，與十六篇僞古文《書》同，大抵禿屑叢殘，無關理要。（《皇清經解續編》卷一二七七，邵懿辰：《禮經通論》）

邵氏此說，在丁晏《佚禮扶微》看來自不贊同，丁氏云："位西此論，謂逸《禮》不足信，過矣。當依草廬吳氏別存逸經爲允，至斥逸《禮》爲劉歆誣僞，頗嫌臆斷。且逸《禮》古經，漢初魯共王得於孔壁，河間獻王得於淹中，《朝事儀》見於《大戴禮》，《學禮》見於賈誼書，皆遠在劉歆以前，未可指爲歆贗作也。"（《三禮通論》）但即丁氏所云，我們試就《大戴記》《朝事儀》、賈子《新書·學禮》篇與十七篇文句相較，仍不相比附而連合，即令非誕而不足信，"未可指爲歆贗作"，然而不是一類，不能列入一書，則是極明顯的。丁氏謂"斥逸《禮》爲劉歆誣僞，頗嫌臆斷"，此說固自有理，然逸《禮》三十九篇，就佚文看來，與十七篇本非一書，如《考工記》與《周禮》

之本非一書正同。邵氏之說，終有不盡誣僞之處，劉歆實好以性質不同之二書強合爲一書也。皮錫瑞《經學通論·三禮》云，"逸《禮》即非歆贗作，亦不得與十七篇並列。邵氏云'就令非僞，亦孔子定十七篇時刪棄之餘''大抵禿屑叢殘，無關理要'，其說最爲確當。逸《禮》三十九篇，猶逸《書》十六篇也，皆傳授不明，又無師說，其真其贗可以勿論。學者於二十九篇《書》、十七篇《禮》未能發明，而偏好於逸《書》、逸《禮》，拾其殘剩，豈可謂知所先務乎？邵氏據諸書所引而斥其不足信，又謂《王居明堂禮》出於伏《傳》，比於《武成》出於《世俘》，可謂卓識。丁氏能證古文《尚書》之僞，而必信逸《禮》爲真，何也？"依我看來，我們現在一定指逸《禮》誕妄不足信，因爲佚文不全，論證頗難。但逸《禮》本不與十七篇《禮》並列，而劉歆剽取之合爲一書，以求立於學官，此其作僞之跡，仍不易爲掩飾。古文逸《禮》三十九篇固非真古本也。

二　古《禮》次第之異於今文者

邵氏以逸《禮》三十九篇爲不足信尚有一根本之理由，即邵氏以爲《禮經》十七篇本無闕佚。十七篇本無闕佚，則所謂逸《禮》自更不足信。邵氏據《昏義》《禮運》等篇之說，見今《禮》十七篇之次，《大戴》最合《小戴》次序，最爲雜亂，今鄭、賈《注疏》所用劉向《別錄》之次，亦不若大戴之次序；就篇次論，亦足見古文本之非真古本矣。皮錫瑞說云：

> 漢初魯高堂生傳《禮經》十七篇，五傳至戴德、戴聖，分爲大戴、小戴之學，皆不言其有闕也。言僅存七十篇者，後人據《漢·藝文志》及劉歆《七略》，因多逸《禮》三十九而言耳。夫高堂、后蒼、二戴、慶普不以十七篇爲不全者，非專己而守殘也，彼有所取證，證之所附之記焉耳。'冠義''昏義'諸記，本以釋經，爲《儀禮》之傳，先儒無異說。觀'昏義'曰：'夫禮始於冠，本於昏，重於喪、祭，尊於朝、聘，和於鄉、射。'故有'冠義'以釋《士冠》，有'昏義'以釋《昏禮》，有'問喪'以釋《士喪》，有'祭義''祭統'以釋《特牲》《少牢》《有司徹》，有'鄉飲酒義'以釋《鄉飲》，有'射義'以釋《鄉射》《大射》，有'燕義'以釋《燕食》，有'聘義'以釋《聘禮》，有'朝事'以釋《覲禮》，有'四制'以釋《喪服》，而無一篇之義出於十七篇之外者，是冠、昏、喪、祭、朝、聘、鄉、射八者約十七篇而言之也。更證之《禮運》，《禮運》嘗兩舉八者以語子游，皆孔子之言也，特'射鄉'訛爲'射御'耳。一則曰'達於喪、祭、射、鄉（今本作御）、冠、昏、朝、聘'；再

则曰'其行之以货、力、辞、让、饮、食、冠、昏、丧、祭、射、乡（今本作御）、朝、聘'。货、力、辞、让、饮、食六者，礼之纬也。非货财强力，不能举其事；非文辞揖让，不能达其情；非酒醴牢羞，不能隆其养。冠、昏、丧、祭、射、乡、朝、聘八者，礼之经也。冠以明成人，昏以合男女，丧以仁父子，祭以严鬼神，乡饮以合乡里，燕射以成宾主，聘食以睦邦交，朝觐以辨上下。天下之人，尽于此矣；天下之事，亦尽于此矣。而其证之尤为明确而可指者，适合于大戴十七篇之次序。《大戴》：《士冠礼》一、《昏礼》二、《士相见礼》三、《士丧礼》四、《既夕》五、《士虞礼》六、《特牲馈食礼》七、《少牢馈食礼》八、《有司彻》九、《乡饮酒》十、《乡射礼》十一、《燕礼》十二、《大射仪》十三、《聘礼》十四、《公食大夫礼》十五、《觐礼》十六、《丧服》十七是一、二、三篇，《冠》《昏》也；四、五、六、七、八、九篇，《丧》《祭》也；十、十一、十二、十三篇，《射》《乡》也；十四、十五、十六篇，《朝》《聘》也；而《丧服》之通乎上下者附焉。《小戴》次序最为杂乱，《冠》《昏》《相见》而后，继以《乡》《射》四篇，忽继以《士虞》与《丧服》，又继以《特牲》《少牢》《有司彻》，复继以《士丧》《既夕》，而后以《聘礼》《公食》《觐礼》终焉。今郑、贾《注疏》所用刘向《别录》次序，则以《丧》《祭》六篇居末，而《丧服》一篇移在《士丧》之前，似依吉凶人神为次。盖向见《记》云'吉凶异道，不得相干'、《荀子》云'吉事尚尊，丧事尚亲'，遂以《昏》《冠》《射》《乡》《朝》《聘》十篇为吉礼，居先；而《丧》《祭》七篇为凶礼，居后焉。较《小戴》稍有条理，而要不若大戴之次，合乎《礼运》。疑自高堂生、后苍以来，而圣门相传篇序固已如此也。夫'《经礼》三百，《曲礼》三千'。《仪礼》，所谓'《经礼》'也，周公所制，本有三百之多，至孔子时，即《礼》文废阙，必不止此十七篇，亦必不止如《汉志》所云'五十六篇'而已也。而孔子所为定《礼》《乐》者，独取此十七篇以为教，配六艺而垂万世，则正以冠、昏、丧、祭、射、乡、朝、聘八者，为天下之达礼耳。（邵懿辰《礼经通论》）

看此一段所论，足见今《礼》不阙，共有四证：五家之传并不言其有阙，一也；"昏义"亦有"始冠本昏"之说，二也；《礼运》等两举《冠》《昏》等八礼，三也；适合《大戴》十七篇之次，四也。此四证者，除第一证外，皆足以见古本之不合乎古之次第，如《昏义》《礼运》等篇所云，别录次第以

《喪》《祭》六篇居末，而《喪服》一篇又移在前，更不如《大戴》之《喪服》居第十七。從次第上看來，古本之不足信亦復如此。

古文《禮》恐亦有采用今文《禮》爲篇者，則《喪服傳》是也。《論衡·正説》云："至孝宣皇帝之時，河内女子發老屋，得逸《易》《禮》《尚書》各一篇……"《尚書》是《泰誓》，《易》是《説卦》，這在前儒有明説，逸《禮》一篇之爲何篇則無明説，依《喪服傳》之有傳更有記，其書當在漢初，依《喪服傳》古今文之差只"冠布纓"三字，而無其他異文，亦足見其出世甚晚。依大戴之篇次，《喪服傳》本在最後一篇；依王充説，《書》《易》二者並有明證而非無稽之言，這樣看來，所多之篇，應爲《喪服》；是古文之誤用今文，與古文《尚書》之誤采《泰誓》一樣滑稽，這亦足見古文本之非真古本。我所舉前三證兹姑勿論，即就王充説，亦可爲證明。

章炳麟説："鄭康成注《儀禮》，並存古今文，大概高堂生傳十七篇和古文無大出入。孔壁得《禮》五十六篇，比高堂生多三十九篇，這三十九篇和今文中有大不同之點：今文語《禮》是'推《士禮》至於天子'，全屬臆測的，此三十九篇却載士以上底禮很多。"（《國故學討論集》二）僅就表面看來，好像如此，其實則未必然。王先謙《漢書補注》曰："朱文公云，《士禮》《特牲》略舉首篇以名之，其曰'推而至於天子者'，蓋專指冠、昏、喪、祭而言，若燕、射、朝、聘、士，豈有是禮而可推耶？先謙曰：此謂三十九篇及《明堂》《陰陽》等記，多君大夫禮，古禮之傳惟恐不備班意，具見《禮樂志》，後載不傳古經，故其説如此。要之，燕、射、朝、聘、士固無是禮，即冠、昏、喪、祭，古經所傳亦自有出倉等所説外者。沈氏謂今《禮經》本無不備，而詆班氏未讀十七篇之文，斯爲謬矣。"（王先謙《漢書補注》卷三十）可見"猶愈倉等推《士禮》而至於天子"之説，多少有些矯誣，班《志》原本七略，這本不足怪的。

《周禮》在《漢志》直著録爲《周官經》六篇，並不言"亡其《冬官》，以《考工記》充之"，師古始爲注明。《周禮》經近人考定爲秦代之作，其實至少還有竄亂，然而《周官》還有故書，秦時著作，亦有孔壁古本。這現象也頗令人尋思，因無關今古異同，該問題留待本書第六篇專門討論今古文異同時再詳述之。

《禮記》在《漢志》所列，有記百三十一篇，《明堂》《陰陽》三十三篇，《王史氏》二十一篇，《樂記》二十三篇，《孔子三朝記》七篇，等等，今本實係後漢時編定。據《河間獻王傳》《説文·自序》等篇看來，魯恭王所得自孔壁，河間獻王所得自民間者，均有《禮記》，則《禮記》實爲古文，特《漢志》末目言之，其中亦雜有今文，如《王制》之類，然無文字今古文之異同，在篇章文句上並無今古之爭，不過在篇數上實有不同。以上並合《漢志》所列的五種，共爲二百十五篇，而《隋書·經籍志》說：

> 漢初，河間獻王又得仲尼弟子及後學者所記一百三十一篇獻之，時亦無傳之者。至劉向考校經籍，檢得一百三十篇，向因第而敘之。而又得《明堂陰陽記》三十三篇、《孔子三朝記》七篇、《王史氏記》二十一篇、《樂記》二十三篇，凡五種，合二百十四篇。……

《經典釋文·序錄》則說"劉向《別錄》云：'古文《記》二百四篇。'"《隋志》說的二百十四篇是《記》一百三十一篇，在劉向時已少一篇；但《漢志》劉向、歆之《別錄》《七略》而仍云一百三十一篇，其故安在？則現在已無由知其詳了。《釋文》云二百四篇或係脫一"十"字，《禮記》之爲古文，《別錄》亦有明文，然而雜有今文，可見這古文也不必是有真古本。

從以上《禮》古今文篇章異同，我們引用邵懿辰、皮錫瑞二家說以見逸《禮》三十九篇不可與十七篇《禮》相比，縱其文字足信，亦不過《考工記》與《周官》之比，原本不同。由於邵氏所用《昏義》《禮運》之說以明十七篇爲完本《禮經》並無亡佚，古文《禮經》依《別錄》所載之篇次實與冠、昏、喪、祭之次不合，足見古文《禮》亦非真古本。邵氏爲漢、宋兼采之學者，並非偏見，說極可信。更由王充《論衡》有漢宣帝時河內女子發得逸《禮》一篇之說，而考此篇當爲晚出之《喪服傳》，則古文《禮》亦有變今文爲古文之嫌疑，如《書》之《泰誓》，《易》之《說卦》，實爲巨謬，非其本真。古文本由文句之多寡、文字之訛誤，頗足見古文本非真古本。這些亦容在本書第六篇《論經今古文字之異同》節中再詳言之。

四　《易經》之篇第

《易》今古文在篇章上無大異同。據《漢書·藝文志》云："及秦燔書，而《易》爲筮卜之事，傳者不絕。漢興，田何傳之。訖於宣、元，有施、孟、梁丘、京氏，列於學官；而民間有費、高二家之說。劉向以中古文《易經》校施、孟、梁丘經，或脫去'无咎''悔亡'，唯費氏經與古文同。"據此看來，《易》之古文傳於民間者唯費氏經，費氏經亦非爲古文寫本，不過與漢秘府中藏之古文本相同，這是因爲《易》是卜筮之書，未遭燔禁，而且傳者不絕，故不應有所謂孔壁本。章炳麟也說："《易》以費氏爲古文家是劉向定的；因爲劉向校書時就各家《易經》文字上看，祇有費氏相同，所以推爲古文家。以《易》而論，今古文也還祇文字上底不同。"（《國故學討論集》二）《易》

今古文"衹文字上底不同",無篇章之差異,中古文與今文經相較,也衹有的脫去"无咎""悔亡",不是全有脫文。但是所謂中古文與今文經相較,與今文經篇章相同,這其中實有"奇跡"。因爲今文尚有晚出之篇,而古本與之同,也頗見古文之非真古。

王充《論衡·正說》篇云:"孝宣皇帝之時,河內女子發老屋,得逸《易》《禮》《尚書》各一篇。奏之,宣帝下示博士,然後《易》《禮》《尚書》各益一篇。"《論衡》所云"逸《易》"一篇,據《隋書·經籍志》的記載,則是"及秦焚書,《周易》獨以卜筮得存,唯失《說卦》三篇,後河內女子得之"。《論衡》《隋書》之說,在王先謙《漢書補注》以爲"志既云'傳者不絕',是此書未缺,發屋得《易》之事,乃俗說也"。但其實則不然,《說卦》三篇,包括《序卦》《雜卦》,其中所說,實是孟京一派經師之言,非先秦所能有。據戴震《周易補注目錄後語》云:"武帝時,博士之業,《易》雖已十二篇,然昔儒相傳《說卦》三篇,與今文《泰誓》同後出,《說卦》分之爲《序卦》《雜卦》,故三篇詞指不類孔子之言。或經師所記孔門餘論,或別有所傳述,博士集而讀之,遂一歸孔子,謂之'十翼'矣。"(《古史辨》第五冊)

康有爲《新學僞經考》更云:

> 至《說卦》《序卦》《雜卦》三篇,《隋志》以爲後得,蓋本《論衡·正說篇》"河內後得逸《易》"之事,《法言·問神篇》"《易》損其一也,雖蠢知闕焉",則西漢前無《說卦》可知。揚雄、王充嘗見西漢博士舊本,故知之。《說卦》與孟、京《卦氣圖》合,其出漢時僞託無疑。《序卦》膚淺,《雜卦》則言訓詁,此則歆所僞竄,並非河內所出。(康有爲:《新學僞經考·漢書藝文志辨僞》第三上)

康氏又辨《史記·孔子世家》中"序《彖》《繫》《象》《說卦》《文言》"一句中"說卦"二字爲劉歆所竄入云:

> 《隋志》之說出於《論衡》,此必王充曾見武、宣前本也。《說卦》:"帝出乎《震》,齊乎《巽》,相見乎《離》,致役乎《坤》,說言乎《兌》,戰乎《乾》,勞乎《坎》,成言乎《艮》。"又曰:"《震》東方也;《離》也者,南方之卦也;《兌》,正秋也;《坎》者,正北方之卦也。"與焦、京《卦氣圖》合。蓋宣帝時說《易》者附之入經,田何、丁寬之傳無之也。史遷不知焦、京,必無之,此二字不知何時竄入。至《序卦》《雜卦》,所出尤後,史記不著,蓋出劉歆之所僞,故其辭閃爍隱約,於《藝文志》著《序卦》,於《儒林傳》不

著，而以"十篇"二字總括其間。要之三篇非孔子經文。（引自錢玄同：《重論經今古文學問題》，《古史辨》第五冊）

康氏以《序卦》《雜卦》爲劉歆僞作，固未必然，其以《說卦》爲焦、京之徒作，其說甚是，所舉《法言·問神篇》語，尤足證《隋志》《論衡》之說之非誣，我們可信發屋得《易》之說並非烏有俗說。本來"十翼非孔子作"，"《孟子》書内常稱述《詩》《書》而不及《易》""《荀子》也不講《易》""自從秦人燒書後，一輩儒生無書可講，只好把一切思想學問牽涉到《易經》裡面去講，這是漢代初年《易》學驟盛的一個原因"。《易》之《十翼》内中有一些"道家哲學和陰陽家哲學"，當有一些篇章是在漢初寫定，而竟篇篇有古文本，請看：那是奇蹟，還是不是奇蹟？

以上我們就篇卷上來看，據《法言》《論衡》《隋志》及戴東原説，以明《易》在西漢有增篇、有晚出之篇，更就《十翼》非孔子作，孟、荀並不講《易》以見《易》學在漢初始發達，故雜有道家和陰陽家言，而晚出之篇作於漢代，實爲可信。則《易》有六國古文寫本，其篇數與施、孟、梁邱經並同，實爲可疑。在文字上費《易》尚有文字多寡與訛誤處，足見其非真古本，古籍之中，如《左傳》《國語》所引《易》，頗有與今文合而與古文不合者，古本不古，證驗甚明。此在第三、第六兩篇再爲詳説。

五　《春秋》之篇第

《春秋》三傳解述十二公經，在篇數上應無異同。《漢書·藝文志》云："仲尼思存前聖之業……以魯周公之國，禮文備物，史官有法，故與左丘明觀其史記，據行事，仍人道……有所褒諱貶損，不可書見，口授弟子，弟子退而異言。丘明恐弟子各安其意，以失其真，故論本事而作傳……及末世口説流行，故有《公羊》《穀梁》《鄒》《夾》之《傳》。四家之中，《公羊》《穀梁》立於學官，鄒氏無師，夾氏未有書。"在經文異同上未有叙述，僅著錄"《春秋》古經十二篇，經十一卷"，注云："《公羊》《穀梁》二家""《左氏傳》三十卷""《公羊傳》十一卷；《穀梁傳》十一卷""《鄒氏傳》十一卷""《夾氏傳》十一卷"，於《夾氏傳》注云"有錄無書"。《漢志》以《公羊》《穀梁》《鄒》《夾》四家並屬今文，經、傳並十一卷，與古經相差一卷。但在内容上，《公羊》乃合閔公於莊公卷，並非真少於古文經。反之古文經十二卷，實如《尚書》之分《盤庚》《泰誓》爲三，《顧命》《康王之誥》爲二，本是分所不必分，分所不當分，是貌爲增多的。關於此點，沈欽韓《漢書疏證》云："二家合閔公於莊公，故十一卷。彼師當緣閔公事短，不足成卷，並合之耳，何休乃云'係閔公篇於莊公下者，子未三年，無改於父之道'。其先俗師未見古文，或分或合猶可言也，休已見古文，不當爲此言。"章炳麟也說："《左氏》多古文古言……經文本無不同。但《公羊》《穀梁》是十一篇，《左氏》有十二篇，因《公羊》《穀梁》是附閔於莊的。閔公只有三年，附於莊公原無大異，但何休解《公羊》却說出一番理由來，以爲'孝子三年無改於父之道'，故此附閔於莊了。"（同前書）我們細查閔公只有二年，與莊公之三十二年合並起來，也只比僖公之三十三年多一年，附閔於莊，分量不惟相去不遠，依《春秋》記事詳近略遠的情形看來，閔公篇附於莊公分量只有少的，然則附閔於莊，以免短不成卷的篇卷，間厠於兩大篇卷之間，可說正是正當附法；何况還有"孝子三年無改於父之道"可附會呢。沈、章二氏之說，明知"短不成卷""附閔於莊，原無大異"，而不細思古代篇卷多合，後來乃多分析，如伏生傳今文，尚不以《盤庚》分三，《禮記》之《曲禮》等篇於後始分上下，分卷雖可說是一種進步，然而未必合於古眞，《古文尚書》在篇數上貌爲增多，《論語》《孝經》也並有故爲分析，以表示其篇章之多的事實，皆本分所不必分，分所不當分，然則古文《春秋經》多一卷，實遠不如《公羊傳》少一卷之合於古本的情形。何休之說，雖近附會，然而此起貌爲增多，以爲古經之近誣罔，其心亦固自不同。

　　以上我們所討論的是《春秋》古文經之篇卷問題，據沈、章兩家言"閔公事短不足成卷，附閔於莊，原無大異"，足見今文經在篇數上無不如古文之處，而古文經之多一篇，轉覺其不合於古眞，至於經文內容，古經中亦頗有脫誤（如昭公二十四年，《公羊傳》"叔孫舍至自晉"，《左傳》《穀梁傳》作"婼至自晉"，脫叔孫二字；僖公九年，《公羊傳》"甲戌，晉侯詭諸卒"，《左傳》《穀梁傳》"戌"作"子"，《公羊傳》得其實），以及不古之字（如成公八年"天子使召伯來錫公命"，《公羊》"賜"作"錫"，而據鐘鼎款識，"賜"多作"錫"。昭公十一年，《公羊傳》"盟於祲羊"，《左傳》《穀梁傳》"羊"作"祥"，而古"祥"多省作"羊"），趙坦《春秋異文箋》、朱駿聲《春秋三家異文覈》於此所述甚多，我們在後文亦將詳論。

　　《左傳》《公羊傳》《穀梁傳》三傳，《左傳》本非解經之傳，實不當分"經"之年與"傳"之年相比附，此在近人力攻今文說者已如是云，《左氏》比年文闕，案其體例實似《國語》，在今文家早已論定其非"論本事而作傳"。至於《穀梁傳》，漢儒誤以爲今文，而其實《穀梁》亦古文，此在崔適《春秋復始》已言之，余前爲《穀梁春秋考證》，已明《穀梁》非爲眞傳《春秋》，近於《穀梁》之爲古文，更獲有明證，足見崔說不誣。均詳第六篇二、五兩章中。

六 《論語》之篇第

《論語》在《漢書·藝文志》小序中僅云"漢興，有齊、魯之説"，未及古文。但著録諸家，首列《論語》古二十一篇，班固自注云："出孔子壁中，兩《子張》。"如淳曰："分《堯曰》篇後，子張問'何如可以從政'已下爲篇，名曰《從政》。"《漢書補注》云："王應麟曰：何晏云，《古論》惟博士孔安國爲之訓解，而世不傳。《新論》云'文異者四百餘字'。"《漢書·藝文志》次列"《齊》二十二篇。多《問王》《知道》。《魯》二十篇，《傳》十九篇"。於《齊論》下，班固自注云："多《問王》《知道》。"如淳曰："《問王》《知道》皆篇名也。"《漢書補注》："王應麟曰：《説文》《學記》等書引逸《論語》言玉事，愚謂《問王》亦即《問玉》也，篆文相似。沈欽韓曰：《別録》云'齊人所學謂之齊論。'何晏序《齊論語》二十二篇，其二十篇中章句頗多。於《魯論》，先謙曰：《隋志》：張禹本授《魯論》，晚講《齊論》，後遂合而考之，删其煩惑，除去《齊論》"問王""知道"二篇，從《魯論》二十篇爲定，號《張侯論》。漢末鄭元以《張侯論》爲主，參考《齊論》《古論》，而爲之注，魏陳群等爲義説，何晏又爲《集解》，是後諸儒多爲之注，《齊論》遂亡。"(《漢書補注》卷三十)《論語》在《論衡》中引有有百數十篇，《齊論》多此二篇，既有《説文》諸書所引可考，則篇中有内容，與《古論》之僅分《堯曰》後一章以爲篇，其情形自不同。

《古論》現雖不傳，但據鄭玄以《古論》讀正《魯論》之見於《釋文》者看來，其多於《魯論》者《堯曰》篇，更有"孔子曰：不知命無以爲君子也"一章，此章原文見《韓詩外傳》六，據徐養原《論語魯讀考》云："按《説文》'溧'字注云，逸《論語》曰'王粲之琛兮，其瑑猛也'。又'瑩'字注引逸《論語》曰'如玉之瑩秀水'，朱氏以爲即《齊論》之《問王》，非也。凡不立於學官者，則謂之逸古文，終漢之世不立學官。故《古文尚書》二十四篇謂之《逸書》，古文《禮》三十九篇謂之《逸禮》，《論語》雖不在五經之列，而《古論》亦世所不行，然則《逸論語》乃《古論》，非《齊論》也。此章《魯論》所無，鄭從古而存之，則亦《逸論語》也，《魯論·堯曰篇》'財兩'章比他篇最少，《古論》後分爲兩篇，則益寥之矣。""我們只看《魯論·堯曰篇》'財兩'章比他篇最少，而《古論》猶在最少之篇分爲兩篇，豈非故意表示'我們篇數比你的多'？《古論》此章原文既已引見《韓詩外傳》，則似據以校增於篇末，非古真有而魯、齊並不傳。近人力攻康、崔説者，亦謂《論語》無孔子學《易》事，只有'加我數年，五十以學《易》，可以無大過矣'一條，據魯論，'易'字當作'亦'……《古論》妄錯'易'一字，便附會到'五十學《易》'等之説話。"（《古史辨》第三冊）徐氏《論語魯讀考》云："'易'在支佳韻，'亦'在魚虞模韻，各爲一義，不相假借。" "不相假借"之字《古論》且能妄錯，則其據《外傳》以妄增此章，實猶愈於妄錯也。

《古論》有少於《魯論》之篇，則《衛靈公》篇"子曰：'父在觀其志文，父殁觀其行章'"，原文已見前篇，《古論》删之是也。然而《魯論》有此一章，正是原本，《古論》無此一章，實顯其爲校改之本，而非真古本。

以上我們引用徐養原《論語魯讀考》及近人崇信古文者之説，以明《魯論》雖多一篇，乃分所不必分，分所不當分，其所多之一章，居於篇末，亦有妄增之嫌。《古論》於《魯論》少一章，則尤足以見其爲校改之本而非真古本。《古論》文字與《魯論》異者，除《古論》妄錯"易"字一例，尚有不少之例足證其决非真古本。説詳第六篇第五章。

七　《孝經》之篇第

《孝經》據《漢志》列《古孔氏》一篇，自注云："二十二章。"師古曰："劉向云：'古文字也。《庶人章》分爲二也，《曾子敢問章》爲三，又多一章，凡二十二章。'"又《孝經》一篇，自注云："十八章。長孫氏、江氏、后氏、翼氏四家。"《小序》云："漢興，長孫氏、博士江翁、少府后倉、諫大夫翼奉、安昌侯張禹傳之，各自名家。經文皆同，唯孔氏壁中古文爲異。'父母生之，續莫大焉''故親生之膝下''諸家説不安處'古文字讀皆異。"由班《志》所述看來，古文多出今文四章，三章是分出的，只有一章是真多的。此所多之一章，今已無從詳考。王先謙《漢書補注》引諸家説云：

> 王應麟曰：許冲上父慎《説文》曰："《古文孝經》者，昭帝時魯國三老所獻，建武時議郎衛宏所校。"案，《志》云："'孔氏壁中古文'，則與《尚書》同出也，蓋始出於武帝時，至昭帝時乃獻之。沈欽韓曰：'《隋志》：《古文孝經》一卷，孔安國傳。梁末亡逸，今疑非古本。'又云：'《古文孝經》與《古文尚書》同出，而長孫有《閨門》一章，其餘經（文）大較相似，篇簡缺解。又有衍出三章，並前合爲二十二章，孔安國爲之傳。至劉向典校經籍，除其繁惑，以十八章爲定，鄭衆、馬融並爲之注。梁代，安國及鄭氏二家並立國學，而安國之本亡於梁亂。陳及周、齊惟傳鄭氏。至隋，秘書監王劭

於京師訪得《孔傳》，送至河間劉炫，炫因序其得喪，述其義疏，講於人間，漸聞朝廷，後遂著令，與鄭氏並立。儒者諠諠，皆云炫自作之。'"《通考》《崇文總目》云："令孔注不存，而隸古文與章數存焉。《中興藝文志》云：'自唐明皇時，議者排毀古文，以《閨門》一章爲鄙俗，而古文遂廢。'朱一新曰：'近日本人有作僞《孔傳》者，流入中國。《四庫提要》辟之。'"宋《黃氏日抄》謂："古文分《三才》章，'先王見教之可以化民也'以下爲一章，與此注云：《庶人》章分爲二者，不合又多一章。"（案，即《閨門》章也，凡二十二字，曰："閨門之内具禮矣乎，嚴父、嚴兄，妻子臣妾，猶百姓徒役也。"）

由此一段所云，長孫有《閨門》一章，又有衍出三章並前合爲二十二章，古文所多之四章，三章衍出一章，同於今文長孫氏，在章數上，驟然視之，似比今文篇幅增多，而其實爲衍出，據《孝經疏》引司馬貞議曰："今文《孝經》是漢河間王所得顏芝本，至劉向，以此本參校古文，省除繁惑，定爲十八章。……其古文二十二章……《閨門》一章……文句凡鄙，不合經典。又分《庶人》章從'故自天子'以下，別爲一章，仍加'子曰'二字，然'故'者連上之詞，既爲章首，不合言'故'……"我們現在看古文多三章，無論《庶人》章也好，《三才》章也好，《曾子敢問》章也好，都是分所不必分，分所不當分。然而古文要多分出三章，亦足以見其如《詩》《書》《論語》一樣之貌爲增多；其所增之一章"文句凡鄙，不合經典"，尤足以見其非真古本。

八　《孟子》之篇第

《孟子》列經最晚，在《漢志》著錄入《諸子略》，爲十一篇。沈欽韓云："《史記》云：'《孟子》七篇。'"趙岐《章恉題辭》云："七篇，二百六十一章，三萬四千六百八十五字。又有《外書》四篇，《性善辨》《文說》《孝經》《爲正》，其文不能弘深，不與内篇相似，似非《孟子》本真也。"今《外書》遂不可見。《孟子》亦有古文，略見諸書所引，然無今古之爭。說詳第六篇第六章。

九　《爾雅》之篇第

《爾雅》三卷二十篇，《漢志》列入"《孝經》家"中。《漢書補注》引葉德輝曰："今本三卷十九篇，《漢志》蓋合《序篇》言之，《詩正義》引《爾雅·序篇》云：'《釋詁》《釋言》，通古今之字，古與今異言也。《釋訓》言形貌也。'此《爾雅》有《序篇》之明證。《釋文·叙録》犍爲文學、李巡、孫炎注，皆三卷，惟樊光本六卷，此每卷分上下也。《孝經序》疏引鄭氏《六藝論》云：'孔子以六藝題目不同，指意殊別，恐道離散，莫知根源，故作《孝經》以總會之。'又，《大宗伯疏》引鄭氏《駁五經異義》云'《爾雅》者，孔子門人所以釋六藝之文'，言蓋不誤也。然則《爾雅》與《孝經》同爲釋經總會之書，故列入'《孝經》家'。《隋志》析入《論語》，非也。"二十篇爲合《序篇》言之，其説甚是。

《爾雅》，《漢志》不言其有今古文之分，然其書原爲《禮記》之一篇，又有竄易，有釋《毛詩》《周官》説者，其書應爲古文；本不爲經，故無今文之傳。十三經中，唯《爾雅》本無今文也。

第二節　群經內質之分析

由群經篇第之異同，我們可以知道群經之形式及内容的不同，但是我們更要知道，由群經所記載之內涵來看，群經更有其實質的不同，這也是啓示我們研究經學所當注意之點的。自來學者對於群經，因爲這些典籍，是自古流傳下來的我們先民言行的記載，因此便有種種的看法，有以經學爲史學的，有以經學爲理學的，也有以經學爲文學的。仁者謂仁，智者謂智，這三種説法，實各具有理由。我們現在仍無由決定某一説絕對是，某一説絕對非。現在我們將這些説法先分別詳述，然後再略加以評判。

一　經學與史學

群經是自古流傳下來的我們先民言行的記載，那自然容易被認爲是歷史，是古代史料，這一種看法在《莊子·天運》篇即有："夫六經先王之陳跡也，豈其所以跡哉！"這以六經爲先王之陳跡而非"其所以跡"，即是認六經爲過去之史跡而非所謂道。《天運》篇猶可諉之西漢人説，而在《莊子·天下》篇亦有"其明而在數度者，舊法世傳之史，尚多有之；其在於《詩》《書》《禮》《樂》者，鄒、魯之士、縉紳先生多能明之"。《詩》《書》《禮》《樂》爲史所傳，這種説法也有認經學爲史學的意味。在漢代儒學獨尊時，這種議論雖少，但如史遷説"夫學者載籍極博，猶考信於六藝。《詩》《書》雖缺，然虞夏之文可知也"（《史記·伯夷列傳》）。"萬物之聚散皆在春秋"（《史記·太史公自序》）。這種議論也有以經學爲史學之傾向。到了袁宏撰《後漢紀》時，他説："記載廢興，謂之《典》《謨》；集叙歌謡，謂之《詩》《頌》；擬議吉凶，谓之《易》《象》；撰録制度，谓之《禮》《儀》；编述名跡，谓之《春》《秋》。然則經籍者，寫載先聖之軌跡者也。聖人之跡不同，如彼後之學者，欲齊之如此，焉可得哉！"（《後漢紀》卷三《肅宗孝章帝紀第三》）

隋代王通於其所著《文中子中說》云："昔聖人述史三焉：其述《書》也，帝王之制備矣，故索焉而皆獲；其述《詩》也，興衰之由顯，故究焉而皆得；其述《春秋》也，邪正之跡明，故考焉而皆當。此三者，同出於史，而不可雜也，故聖人分焉。"

《隋書·經籍志》也說："是以大道方行，俯龜象而設卦，后聖有作，仰鳥跡以成文，書契已傳，繩木棄而不用。史官既立，經籍於是興焉。夫經籍也者，先聖據龍圖、握鳳紀，南面以君天下者，咸有史官，以紀言行。言則左史書之，動則右史書之，故曰'君舉必書'，懲勸斯在。考之前載，則《三墳》《五典》《八索》《九丘》之類是也。下逮殷、周，史官尤備，紀言書事，靡有闕遺。則《周禮》所稱：太史掌建邦之六典、八法、八則，以詔王治；小史掌邦國之志，定世系、辨昭穆；内史掌王之八柄，策命而貳之；外史掌王之外令及四方之志，三皇、五帝之書；御史掌邦國都鄙、萬民之治令，以贊冢宰。此則天子之史，凡有五焉。諸侯亦各有國史，分掌其職。則《春秋傳》'晉趙穿弑靈公'，太史董狐書曰'趙盾弑其君'，以示於朝。宣子曰：'不然！'對曰：'子為正卿，亡不越境，反不討賊，非子而誰？'齊崔杼弑莊公，太史書曰：'崔杼弑其君。'崔子殺之；其弟嗣書，死者二人；其弟又書，乃舍之。南史聞太史盡死，執簡以往，聞既書矣，乃還。楚靈王與右尹子革語，左史倚相趨而過。王曰：'此良史也，能讀《三墳》《五典》《八索》《九丘》。'然則諸侯史官亦非一人而已，皆以記言書事，太史總而裁之，以成國家之典。不虛美，不隱惡，故得有所懲勸，遺文可觀。則《左傳》稱《周志》，《國語》有《鄭書》之類是也。暨夫周室道衰，紀綱散亂，國異政、家殊俗，褒貶失實，繚紊舊章，孔丘以大聖之才，當傾頹之運，嘆鳳鳥之不至，惜將墜於斯文，乃述《易》道而刪《詩》《書》，修《春秋》而正《雅》《頌》，壞禮崩樂，咸得其所。"

袁宏之說，意同莊子；但在《文中子中說》與《隋志》，一個認五經之中三經為三史，一個說"史官既立，經籍於是興焉"。實已啓後來"六經皆史"之漸。到了宋代，陳傅良為徐得之《左氏國紀》序云：

> 昔夫子作《春秋》，博極天下之史矣！諸不在撥亂世反之正之科，則不錄也。左氏獨有見於經，故采史記次第之，某國事若干，某事書，某事不書，以發明聖人筆削之旨云爾。非直編年為一書也。古

者，事、言各有史，凡朝廷號令與其君臣相告語爲一書。今《書》是已；被之弦歌謂之樂章，爲一書，今《詩》是已；有可藏焉，而官府都鄙邦國習行之，爲一書；今《儀禮》若《周官》之六典是已；自天子至大夫士，氏族傳序爲一書，若所謂帝系書是已。而他星卜醫祝皆各爲書。至編年，則必序事如《春秋》。（《止齋文集》卷四）

他這一段話除了以"夫子作《春秋》，博極天下之史"而外，更以《書》《詩》《樂章》《儀禮》《周禮》爲史，他雖未明言《周易》亦爲史，但以星卜、醫祝皆明爲書列在史中，則亦以《易》爲史。四術之《詩》《書》《禮》《樂》以及《易》與《春秋》，所謂"六經"也者，在他看來，已無一非"史"了。不過他還未明言"六經皆史"。到了王陽明在其所著《傳習錄》中，首先提出"五經皆史"的主張。他說："以事言謂之史，以道言謂之經，事即道，道即事。《春秋》亦經，五經亦史；《易》是包犧之史，《書》是堯、舜以下史，《禮》《樂》是三代史，其事同，其道同。""五經亦只是史。"（《傳習錄》卷一）而其弟子及李贄則更云："天地間無非史而已。""《春秋》一經，春秋一時之史也。《詩經》《書經》二帝三王以來之史也，而《易經》則又示人以經之所自出，史之所從來，爲道屢遷，變易匪常，不可以一定執也，故謂'六經皆史'可也。"（《焚書·經史相爲表裏》）李氏以爲"經而不史""史而不經"俱近誣罔，是主張形而上的經學，要有形而下的歷史史實作爲依據，這更是合經史爲一體的一種看法。到了清代章學誠也是主張"六經皆史"的，他在《文史通義》中開宗明義地說：

六經皆史也。古人不著書，古人未嘗離事而言理，六經皆先王之政典也。或曰，《詩》《書》《禮》《樂》《春秋》，則既聞命矣，《易》以道陰陽，願聞所以爲政典，而與史同科之義焉。曰：聞諸夫子之言矣。"夫《易》開物成務，冒天下之道。""知來藏往，吉凶與民同患。"其道蓋包政教典章之所不及矣。象天法地，"是興神物，以前民用"。其教蓋出政教典章之先矣。

……夫子曰："我觀夏道，杞不足徵，吾得夏時焉。我觀殷道，宋不足徵，吾得坤乾焉。"夫夏時，夏正書也。坤乾，《易》類也。夫子憾夏、商之文獻無所徵矣，而坤乾乃與夏正之書同爲觀於夏、商之所得；則其所以厚民生與利民用者，蓋與治曆明時，同爲一代之法憲；而非聖人一己之心思，離事物而特著一書，以謂明道也。夫懸象設教，與治曆授時，天道也。《禮》《樂》《詩》《書》，與刑、政、教、令，人事也。天與人參，王者治世之大權也。韓宣子之聘魯也，觀書於太史氏，得見《易》象、《春秋》，以爲周禮在魯。夫《春秋》乃周公之舊典，謂周禮之在魯可也，《易》象亦稱周禮，其爲政教典章，切於民用而非一己空言，自垂昭代而非相沿舊制，則又明矣。（《文史通義·易教上》）

這一段話將占卜與玄學的《易》用來證明其與史同科。他曾說："《易》曰：'形而上者謂之道，形而下者謂之器。'道不離器，猶影不離形。後世服夫子之教者自六經，以謂六經載道之書也，而不知六經皆器也。"（《文史通義·原道中》，卷二）"政教典章人倫日用之外，更無別出著述之道。"（同上）道不離器，則六經雖然是載道之書，無論何如也可以說"六經皆史"的。相比之下，他這一段議論，比起袁枚所說的："古有史而無經，《尚書》《春秋》，今之經，昔之史也。《詩》《易》者，先王所存之言；《禮》《樂》者，先王所存之法。其策皆史官掌之。"（《小倉山房詩文集》卷十《史學例議序》）實較透闢。袁氏之說，不過如《莊子·天下》篇所云，無大發明。章、袁兩家而後，主"六經皆史"之說者更有蔣湘南、龔自珍諸家。龔氏云：

> 周之世官大者史。史之外無有語言焉，史之外無有文字焉，史之外無人倫品目焉。史存而周存，史亡而周亡。殷紂時，其史尹摰抱籍以歸於周，周之初始爲是官者，佚是也。周公、召公、太公既勞周室。改質家蹟於文家，置太史。史於百官，莫不有職事。三宅之事，佚貳之，謂之四聖。蓋微夫上聖睿美，其孰任治是官也。是故儒者言六經。經之名，周之東有之。夫六經者，周史之宗子也：《易》也者，卜筮之史也；《書》也者，記言之史也；《春秋》也者，記動之史也；《風》也者，史所采於民而編之竹帛，付之司樂者也；《雅》《頌》也者，史所采於士大夫也；《禮》也者，一代之律令，史職藏之故府，而時以詔王者也。小學也者，外史達之四方，瞽史諭之賓客之所爲也。今夫宗伯雖掌禮，禮不可以口舌存，儒者得之史，非得之宗伯。《樂》雖司樂掌之，《樂》不可以口耳存，儒者得之史，非得之司樂。故曰六經者，周史之大宗也。孔子歿，七十子不見用。衰世著書之徒蠢出泉流。漢氏校錄，最爲諸子。諸子也者，周史之小宗也。（《定庵文集》卷二《古史鉤沉論》之二）

他認爲："史之外無有語言""史之外無有文字""六經者，周史之大宗""諸子也者，周史之小宗"，世間上一切的一切，無不可以謂之爲"史"，何況六經？何況諸子？但是他說"《易》也者，卜筮之史也""《樂》不可以口耳存，儒者得之史，非得之司樂"，這些話確比章學誠之但以政教典章爲史更明瞭些。不過以語言文字爲史,以《詩》《樂》《禮》《易》爲史,這些主張在表面上看來似乎近理,但《詩》原本是文學,《樂》原本是歌曲,《禮》原本是儀節,《易》原本是卜筮,我們只能由《詩》《易》《禮》《樂》之中窺見吾先民活動的遺跡,考察出關於古史的史料,不像《尚書》《春秋》直爲記言記動之史。而且《春秋》在前儒看來,亦有不認《春秋》爲史而是一部說理的書。例如家鉉翁在《春秋詳說》中云:"《春秋》非史也,謂《春秋》爲史者,後儒淺見不明乎《春秋》者也。昔夫子因《魯史》修《春秋》,垂王法以示後世。""《春秋》主乎垂法,不主乎記事。"(宋家鉉翁《春秋詳說·讀春秋序》)直以"六經皆史"這種意見,實未免過於籠統。我們至多只能說六經是古代史的史料,而可以將六經當作史看。

二 經學與理學

"六經皆史"之說,在章學誠、章炳麟他們雖然能持之有故,言之成理,但以《詩三百篇》爲古代詩歌總集,《易》中卦象、卦辭和爻辭之具有高深哲學理論,而盡以爲史及史料,這已不合實情。何況《春秋》確有義例,實不能盡誣爲史料。《莊子·齊物論》是《莊子》中較真的作品,其中說:"《春秋》經世,先王之志。"這已不以《春秋》爲史,不能曲解"經"爲"紀""志"爲"記"。在較早的議論中,如《左傳·僖公二十七年》記載趙衰曰:"《詩》《書》義之府也,《禮》《樂》德之則也。"以《詩》《書》爲"義之府",即並未將其單純視爲"史"。《書》雖爲史,亦含有古人的政治智慧和治世的義理。他如上章所引《韓詩外傳》:"千舉萬變,其道不窮,六經是也。"《漢書·翼奉傳》載翼奉所云:"聖人見道,然後知王治之象,故畫州土,建君臣,立律曆,陳成敗,以視賢者,名之曰'經'。"等語,以及《論語》《禮記》《左傳》《荀子》《莊子》《賈子》《淮南子》《史記》與董仲舒、揚雄諸家論經之說,皆是認經學所包含的是"道",是"義理",如所謂"鄒魯守經學"(《漢書·鄒陽傳》),實是以經學爲道學。此外,在宋以前儒士的言論尚有:

1. 齊太史子與適魯……曰:"……孔子生於衰周,先王典籍,錯亂無紀,而乃論百家之遺記,考正其義,祖述堯舜,憲章文武,刪《詩》述《書》,定《禮》理《樂》,制作《春秋》,贊明《易》道,垂訓後嗣,以爲法式,其文德著矣。然凡所教誨,束脩已上,三千餘人,或者天將欲與素王之乎,夫何其盛也。"(《孔子家語·本姓》)

2. 子思曰:"夫子之教,必始於《詩》《書》,而終於《禮》《樂》,雜說

不與焉。"(《孔叢子·雜訓》)

3. 尸佼曰："孔子云'誦《詩》讀《書》，與古人居；讀《書》誦《詩》，與古人謀。'"(《意林》一引《尸子》)

4. 慎到曰："《詩》，往志也；《書》，往誥也；《春秋》，往事也。至於《易》則吾心陰陽消息之理備焉。"(《慎子·逸文》)

5. 陸賈曰："《傳》曰：'天生萬物，以地養之，聖人成之。'""《鹿鳴》以仁求其群，《關雎》以義鳴其雄，《春秋》以仁義貶絕，《詩》以仁義存亡，《乾》《坤》以仁和合，《八卦》以義相承，《書》以仁叙九族，君臣以義制忠，《禮》以仁盡節，《樂》以禮升降。""學之者明，失之者昏，背之者亡。"(《新語》)

6. 孔鮒曰："不讀《詩》《書》《易》《春秋》，則不知聖人之心。"(《孔叢子·論書第二》)

7. 王鳳曰："五經，聖人所制，萬事靡不畢載。"(《漢書·宣元六王傳·東平思王劉宇傳》)

8. 揚雄曰："大哉！天地之爲萬物郭，五經之爲衆説郭。"(《法言·問神》)"舍五經而濟乎道者末矣。"(《法言·吾子》)

9. 王符曰："聖人之制經以遺後賢也，譬猶巧倕之爲規矩準繩以遺後工也。"(《潛夫論·贊學》)

10. 荀悦曰："道之本仁義而已矣。五典以經之，群籍以緯之。"(《申鑒·政體》)"施之當時則爲道德，垂之後世則爲典經。"(《漢紀(卷二十五)》)

11. 徐幹曰："六籍者，群聖相因之書也。其人雖亡，其道猶存。今之學者勤心以取之，亦足以到昭明而成博達矣。"(《中論·治學》)

12. 葛洪曰："正經爲道義之淵海。""儒者，周孔也，其籍則六經也。蓋治世存正之所由也，立身舉動之準繩也，其用遠而業貴，其事大而辭美。有國有家不易之制也。"(《抱樸子·內篇》)

13. 王通曰："《書》以辯事，《詩》以正性，《禮》以制行，《樂》以和德，《春秋》《元經》以舉往，《易》以知來，先王之藴盡矣。"(《文中子·中説》)

在宋、元、明儒中，這類議論尤多。例如：

14. 歐陽修云："仲尼之業，垂之六經，其道閎博，君人治物，百王之用，微是無以爲法。"(《經義考》二九六)

15. 程頤曰："聖人之道，傳諸經學者，必以經爲本。又曰：治經，實學也。又曰：古之學者，皆有傳授。如聖人作經，本欲明道，今人若不克明義理，不可治經，蓋不得傳授之意云爾。經所以載道也，器所以適用也，學經而不知道，治器而不適用，奚益哉？"（《二程文集》卷九）

16. 張載云："聖人文章無定體，《詩》《書》《易》《禮》《春秋》，只隨義理如此而言。"（《張載集》）

17. 楊時云："六經，先聖所以明天道、正人倫，致至治之成法也。其文自堯、舜、歷夏、周之季，興衰治亂，戰敗之跡，救弊通變，因時損益之理，皆煥然可考。網羅天地之大理文，象器幽明之故，死生終始之變，莫不詳喻，曲譬較然，如數一二，宜乎後世高明超卓之士，一撫卷而盡得之也。"（《楊龜山集》卷二十五）

18. 朱熹云："古之聖人作爲六經，以教後世，《易》以通幽明之故，《書》以記政事之實，《詩》以尊性情之正，《春秋》亦以示法戒之嚴，《禮》以正行，《樂》以和心，其於義理之精微，古今之得失，所以該貫發揮，究竟窮極，可謂盛矣！而總其書不過數十卷，蓋其簡易精約又如此。""聖人作經以詔後世，將使學者誦其文，思其義，有以知其事理之當然，見道義之全體，而身力行之，以入聖賢之域也。其言雖約，而天下之故幽明巨細靡不該焉。欲求道以入德者，舍此爲無所用心矣。"（《經義考》八）

19. 王守仁云："經，常道也……以言其陰陽消息之行焉，則謂之《易》；以言其紀綱政事之施焉，則謂之《書》；以言其歌咏性情之發焉，則謂之《詩》；以言其條理節文之著焉，則謂之《禮》；以言其欣喜和平之生焉，則謂之《樂》；以言其誠僞邪正之辯焉，則謂之《春秋》。……故六經者，吾心之記籍也，而六經之實，則具於吾心。（王陽明：《尊經閣記》頁二九七九）

但是，這些說法雖以六經"其道閎博""所以載道"，可以見道義之全體，他們的措辭實不如後來顧亭林直張經學即理學之幟。《亭林文集》卷之三《與施愚山書》云：

理學之傳，自是君家弓冶。然愚獨以爲理學之名，自宋人始有之。古之所謂理學，經學也，非數十年不能通也。故曰："君子之於《春秋》，沒身而已矣。"今之所謂理學，禪學也，不取之五經而但資之語錄，校諸帖括之文而尤易也。又曰："《論語》，聖人之語錄也。"舍聖人之語錄，而從事於後儒，此之謂不知本矣。

亭林這種議論雖主張《論語》《孟子》即是聖門之語錄，但亦未將所謂即是理學之經學作分析的說明，經學的基本觀念如何？宇宙觀、人生觀、道德、政治思想又是如何？他們都未加以剖析。依我們現在來研究，群經中的思想可以分爲下列幾點來看：

  a. 尊天信命。在《詩》《書》中，我們可以見先民極端信仰天命，例如《尚書·大誥》篇說："天休於寧王，興我小邦周，寧王惟卜用，克綏受兹命。今天其相民，矧亦惟卜用。嗚呼！天明畏，弼我丕丕基！"《召誥》篇說："今天其命哲、命吉凶、命曆年；知今我初服，宅新邑。肆惟王其疾敬德？王其德之，用祈天永命。"《酒誥》篇說："在昔殷先哲王，迪畏天顯小民，經德秉哲。"《多士》篇說："在今後嗣王，誕罔顯於天，矧曰其有聽念於先王勤家？誕淫厥泆，罔顧於天顯民祗"。《詩·烝民》說："天生烝民，有物有則。民之秉彝，好是懿德。""天"給予了萬民的一切，也確立了做人處事的法則，人民只能"與天地合其德"（《易·乾·文言》）。他們以爲天能主宰一切，天是有意志的，天之命不可違犯，而且一切當以天爲法則。在《尚書》中屢屢提到"惟帝不畀，惟我下民秉爲，惟天明畏""誕罔顯於天"（《尚書·多士》）一類話，我們由"惟天明畏""誕罔顯於天"這話看來，"顯"固可釋爲明，實當釋爲"法"，古字"顯"與"憲"通用，"天顯"即是"天憲"，是天之法則，絕不可違背。所以《康誥》篇說"迪畏天顯"，《多士》篇說"罔顧於天顯"。詩人歌頌"天生烝民，有物有則"也正是認爲天有天之法則，天是絕對善的；"民之秉彝，好是懿德"，遵從天之法則，社會就是和諧的，人也必會向善。

  b. 事鬼奉神。因爲天帝能降吉凶禍福於人間，所以欲趨吉避禍，無論何人都必須恪謹天命，事奉鬼神。例如《詩·大明》篇說"小心翼翼，昭事上帝"；《小明》篇說"神之聽之，式穀以女"，即對於天神必須敬事；《楚茨》篇說"禩事孔明，先祖是皇"；《天保》篇說"吉蠲爲饎，是用孝享"，對於祖先也須禩事。這雖然是初民的迷信，然而也正是不倍死忘先，使民德歸厚的理論所由出發。

  c. 盡己由人。天道、天神畢竟是難知的，在《尚書·盤庚》篇即說"先王有服，恪謹天命，兹猶不常寧。不常厥邑，於今五邦。今不承於古，罔知天之斷命"。《君奭》篇也說"天命不易，天難諶"。殷周之際，對於天命已發生了懷疑，例如《詩經·小雅·雨無正》篇說："浩浩昊天，不駿其德。降喪饑饉，斬伐四國。昊天疾威，弗慮弗圖。舍彼有罪，既伏其辜。若此無罪，淪胥以鋪。"《小雅·節南山》篇說："昊天不傭，降此鞠訩。昊天不惠，降此大戾。……不弔昊天，亂靡有定。式月斯生，俾民不寧……昊天不平，我王不寧……"他們不惟天神不信，有時對於祖先也發出怨言來，例如《小雅·四月》篇說："四月維夏，六月徂暑。先祖匪人，胡寧忍予？"但是他們並非一味怨天尤人，而實是主張盡己由人。例如《尚書·酒誥》篇說："故天降喪於殷，罔愛於殷，惟逸天非虐，惟民自速辜。"《詩·十月之交》篇說："黽勉從事，不敢告勞。無罪無辜，讒口囂囂。下民之孽，匪降自天。噂沓背憎，職競由人……民莫不逸，我獨不敢休。天命不徹，我不敢效，我友自逸。"因此他們主張無逸勤勞。《書·盤庚》篇說："無傲從康""無戲怠，懋建大命"。《書·無逸》篇說："君子所其無逸""治民祇懼，不敢荒寧"。"無戲怠""無逸"正是自古以來的教訓。關於人性善惡在《詩》《書》中雖不見有多少論斷，然在《書·召誥》篇說："節性惟日其邁。王敬作所，不可不敬德。"《詩·大雅·烝民》篇說："民之秉彝，好是懿德。"他們大體是主張人性爲善的。

d. 用中守一。在《詩》《書》中，我們可以看到，殷周之際即以注重教"中"教"一"之訓。例如《尚書·盤庚中》說："今予告汝不易：永敬大恤，無胥絶遠；汝分猷念以相從，各設中於乃心。"《盤庚下》說："式敷民德，永肩一心。"《酒誥》篇說："聰聽祖考之彝訓，越小大德，小子惟一。"又說："其爾典聽朕教。爾大克羞耇惟君，爾乃飲食醉飽，丕惟曰：'爾克永觀省，作稽中德。'"《詩·周頌·維天之命》說："於乎不顯，文王之德之純。"《小雅·白華》說："鴛鴦在梁，戢其左翼。之子無良，二三其德。"《衛風·氓》篇說："女也不爽，士貳其行。士也罔極，二三其德。""中"是中正、中和，是維持社會安寧所必須的。"各設中於乃心"，正是爲了"無胥絶遠"。故說"分猷念以相從"（均見《尚書·盤庚中》）。刑罰是不能過與不及的，所以說"非佞折獄，維良折獄，罔非在中"（《尚書·呂刑》）。又一切"敗禍奸宄以自災於厥身"（《尚書·盤庚上》），也是因爲爲之太過，例如：飲酒是需要掌握一個度的，太過了也可能造成大亂亡國。所以說"天降威，我民用大亂喪德，亦罔非酒惟行；越小大邦用喪，亦罔非酒惟辜"。所以說"丕惟曰：'爾克永觀省，作稽中德。'"他們又十分注重"和"。例如《尚書·康誥》篇說"惟民其敕懋和"，《梓材》篇說"王惟德用，和懌先後迷民"，《多方》篇云："自作不和，爾惟和哉；爾室不睦，爾惟和哉！"又說："時惟爾初，不克敬於和，則無我怨。"古人所謂的"中"，即"中和"，是由於經驗而得來，實是維繫人群社會的要道，蓋即所謂"恕"道。在《盤庚中》說："今予命汝一，無起穢以自臭，恐人倚乃身，迂乃心。""一"即是不"二三其德"，即是不貳其德，一心含有忠的意思。由"文王之德之純"看來，則是殷周之際的社會頗重德行專一純潔。

e. 居敬克明。道德對於修齊治本都是極重要的，在《詩》《書》中，我們可以看出殷周間人們對於道德的重視。《盤庚上》說："非予自荒兹德，惟汝含德，不惕予一人。""汝克黜乃心，施實德於民，至於婚友，丕乃敢大言汝有積德。""作福作灾，予亦不敢動用非德。"《盤庚下》說："肆上帝將復我高祖之德，亂越我家，朕及篤敬，恭承民命，用永地於新邑。"《康誥》篇説："惟乃丕顯考文王，克明德慎罰。""今民將在祗遹乃文考，紹聞，衣德言，往敷求於殷先哲王，用保乂民。汝丕遠惟商耇成人，宅心知訓。別求聞由古先哲王，用康保民。弘於天，若德，裕乃身，不廢在王命。""亦惟君惟長，不能厥家人、越厥小臣、外正，惟威惟虐，大放王命，乃非德用乂。"這正足見修齊治平首尚有德。他們於德之條目又極重一"敬"字。如《盤庚上》："王用丕欽，罔有逸言，民用丕變。"《盤庚中》言："永敬大恤，無胥絕遠。"《盤庚下》言："鞠人謀人之保居叙欽""若否，罔有弗欽。"《康誥》篇説："恫瘝乃身，敬哉！""汝亦罔不克敬典乃由裕民，惟文王之敬忌乃裕民。"《召誥》篇説："惟王受命，無疆惟休，亦無疆惟恤。嗚呼！曷其奈何弗敬？""肆惟王其疾敬德？王其德之，用祈天永命。"詩篇之中，如《詩經·周頌·敬之》云："敬之敬之，天維顯思……維予小子，不聰敬止。日就月將，學有緝熙於光明。佛時仔肩，示我顯德行。"《大雅·文王》云："穆穆文王，於緝熙敬止。"《大明》篇云："維此文王，小心翼翼。昭事上帝，聿懷多福。厥德不回，以受方國。"這些都可以見出他們對"德"極重敬。由於這些詞句，我們又可以看出他們極重"明"，例如"明德慎罰""敬之敬之，天維顯思""不聰敬止……學有緝熙於光明"。在《詩·皇矣》篇説："維此王季，帝度其心，貊其德音。其德克明，克明克類，克長克君。"從"其德克明，克明克類"，尤足見他們是重"明"的。因爲重明，所以他們知道注重學教。例如《尚書·酒誥》篇説："庶士有正越庶伯、君子，其爾典聽朕教。"《洛誥》篇說："迓衡不迷，文武勤教。"都是重學教之意。《多方》篇説："惟聖罔念作狂，惟狂克念作聖。"這真是千古的名言，這一"念"字是"敬明"的要訣。

　　f. 首孝明倫。古代社會既由氏族社會蛻變而來，又以人鬼與天神一樣崇禩，自然對於孝、慈、友、恭諸德十分重視。在《盤庚上》篇説："天其永我命於茲新邑，紹復先王之大業……古我先王暨乃祖乃父胥及逸勤……茲予大享於先王，爾祖其從與享之。"《盤庚中》説："古我先後既勞乃祖乃父，汝共作我畜民，汝有戕則（賊）在乃心！我先後綏乃祖乃父，乃祖乃父，乃斷棄汝，不救乃死。茲予有亂政，同位具乃貝玉。乃祖乃父丕乃告我高后曰：'作丕刑於朕孫！'"

　　這些話明明在告誡我們：祖先雖已死亡，然而還可以作福作灾，人們還當孝享，則一家的父子兄弟更當慈孝友恭。《康誥》篇説："封，元惡大憝，矧惟不孝不友。子弗祇服厥父事，大傷厥考心；於父不能字厥子，乃疾厥子。於弟弗念天顯，乃弗克恭厥兄；兄亦不念鞠子哀，大不友於弟。惟弔茲，不於我政人得罪，天惟與我民彝大泯亂。"不僅對於孝弟極爲注重，對於茲友也是一樣注重。正是不偏不倚之道。《詩》篇之中咏孝行的有：《小雅·蓼莪》篇："蓼蓼者莪，匪莪伊蒿。哀哀父母，生我劬勞。""無父何怙？無母何恃？出則銜恤，入則靡至。""父兮生我，母兮鞠我。撫我畜我，長我育我，顧我復我，出入腹我。欲報之德，昊天罔極！"咏兄弟的有：《小雅·常棣》篇："常棣之華，鄂不韡韡。凡今之人，莫如兄弟。死喪之威，兄弟孔懷。原隰裒矣，兄弟求矣。脊令在原，兄弟急難。每有良朋，況也永嘆。兄弟鬩於牆，外禦其務。每有良朋，烝也無戎。"這些詩歌，都是勸孝弟、明人倫的。《大雅·思齊》篇說："刑於寡妻，至於兄弟，以禦於家邦。"更具有治國平天下之本在修身齊家的意思。

　　g. 崇禮貴讓。由甲骨文看來，禮在殷代是已有了的。再看《尚書·洛誥》篇說："王肇稱殷禮，祀於新邑，咸秩無文。""惇宗將禮，稱秩元祀，咸秩無文。"《酒誥》篇說："在今後嗣王酣身……誕惟厥縱，淫泆於非彝，用燕、喪威儀，民罔不盡傷心。"《洛誥》篇說："享多儀，儀不及物，惟曰不享。"可見自來極重禮儀。《詩》篇之中如《大雅·抑》篇是專說威儀的："抑之威儀，維德之隅""敬慎威儀，維民之則。"《鄘風·相鼠》一詩更云："相鼠有體，人而無禮；人而無禮，胡不遄死？"古人對於禮儀之重視於此可見。禮讓是有相當關係的，後來又發明"讓"之意，《尚書·君奭》中説："其汝克敬德，明我俊民在，讓後人於丕時。"《詩·小雅·角弓》篇説："受爵不讓，至於己斯亡。"都是貴讓之意，不過在《詩》《書》中，說"讓"較少，專言貴讓，不如崇禮，禮中有讓，自不當一味地貴讓。

　　h. 尊賢隆古。治理國家非有賢智不可。賢智不必是當時的，即古代之賢哲亦當敬崇，所以後代的人每每之仰慕前人。這是隆古之念所由產生。《尚書·盤庚上》説："古我先王，亦惟圖任舊人共政。"又引遲任有言曰："人惟求舊；器非求舊，惟新，古我先王……"這些詞句已足見在殷周之尊賢隆古、人惟求舊之風。《大誥》篇説："弗造哲迪民康。""爾惟舊人，爾丕克遠省。""爽邦由哲，亦惟十人迪知上帝命。"《康誥》篇説："往敷求於殷先哲王，用保乂民，汝丕遠惟商耇成人宅心知訓。"《酒誥》篇説："古人有言曰：'人無於水鑒，當於民鑒。'"《召誥》篇説："茲殷多先哲王在天，越厥後王後民，茲服厥命。厥終，智藏瘝在！……今沖子嗣，則無遺壽耇，曰其稽我古人之德，矧曰其有能稽謀自天。"《立政》篇説："嗚呼！其在受德暋，爲羞刑暴德之人，同於厥邦；乃惟庶習逸德之人，同於厥政。帝欽罰之，乃伻我有夏，式商受命，奄甸萬姓。"又說："繼自今立政，其勿以憸人，其惟吉士，用勵相我國家。"更顯然有親賢臣、遠小人之意。《詩·大雅·假樂》篇說："不愆不忘，率由舊章。"《大雅·板》篇說："先民有言，詢於芻蕘。"《大雅·蕩》篇說："文王曰咨，咨女殷商！匪上帝不時，殷不用舊。雖無老成人，尚有典刑。曾是莫聽，大命以傾。"這些，都足見古代之極重尊賢隆古。

  i. 重民慎刑。治理國家，在古代即以重民爲原則。《尚書·盤庚上》說："重我民，無盡劉"。"無侮老成人，無弱孤有幼。"《盤庚中》說："古我先後，罔不惟民之承保。""予豈汝威，用奉畜汝衆。"《酒誥》篇說："惟殷之迪，諸臣惟工，乃湎於酒，勿庸殺之，姑惟教之，有斯明享。"《康誥》篇說："惟乃丕顯考文王，克明德慎罰；不敢侮鰥寡，庸庸，祗祗，威威，顯民。"《梓材》篇說："王啓監，厥亂爲民，曰：'無胥戕，無胥虐，至於敬寡，至於屬婦，合由以容。'"《多方》篇說："乃惟成湯，克以爾多方簡，代夏作民主。慎厥麗乃勸，厥民刑用勸。以至於帝乙，罔不明德慎罰，亦克用勸。"《立政》篇說："繼自今文子文孫其勿誤於庶獄庶慎，惟正是乂之。"這些也都足見"重民命，慎刑罰"在古來已認爲極重要。

  j. 大一統、大同思想。據《禮記·禮運》篇所記："昔者仲尼與於蠟賓，事畢，出游於觀之上，喟然而嘆。仲尼之嘆，蓋嘆魯也。言偃在側，曰：'君子何嘆？'孔子曰：'大道之行也，與三代之英，丘未之逮也，而有志焉。大道之行也，天下爲公，選賢與能，講信修睦。故人不獨親其親，不獨子其子，使老有所終，壯有所用，幼有所長，矜、寡、孤、獨、廢、疾者皆有所養，男有分，女有歸。貨惡其棄於地也，不必藏於己；力惡其不出於身也，不必爲己。是故謀閉而不興，盜竊亂賊而不作，故外戶而不閉。是謂大同。'"在《詩》《書》中雖無顯明的"公大卜"之意，但如《尚書·洛誥》篇說："其自時中乂，萬邦咸休。"《顧命》篇說："柔遠能邇，安勸小大庶邦。"《詩經·周頌·桓》篇："綏萬邦，屢豐年。"《大雅·文王》："儀刑文王，萬邦作孚。"動輒以"萬邦"爲言，正是表示天下範圍之大，不是一國一家，頗有大同之意。《小雅·大田》篇說："有渰萋萋，興雨祈祈。雨我公田，遂及我私。彼有不穫稚，此有不斂穧。彼有遺秉，此有滯穗？伊寡婦之利。""公田"實係《孟子》所云"方里而井，井九百畝，其中爲公田"之公田，"我私"是八家皆私百畝之私田。古代的土地曾一度爲公有制，然而貨惡其棄於地也不必爲己，故說"彼有……伊寡婦之利"。《禮運》之作，雖在孔子之後，但此大同思想、此天下爲公之思想，在殷周間已有萌芽，並不是不可能。至於"一統"，據《春秋公羊傳·隱公元年》："元年者何？君之始年也。春者何？歲之始也。王者孰謂？謂文王也。曷爲先言王而後言正月？王正月也。何言乎王正月？大一統也。"何休注云："統者，始也。總繫之辭。夫王者受命改制，布政施教於天下，自公侯至於庶人，自山川至於草木昆蟲，莫不一一繫於正月，故云政教之始。"何注此說，實未得《公羊傳》本意。"大一統"之意，據西漢諸儒所云，實指九州共貫，六合同風而言。如"大一統"這種要求，應在晚周發生，經過春秋戰國的戰亂，大家都有發生大一統的要求，如《孟子·梁惠王》篇："孟子見梁襄王……卒然問曰：'天下惡乎定？'吾對曰：'定於一。'"如《中庸》所云："今天下車同軌書同文。"正是統一之後，天下始能安定，故非大一統不可。不過這種思想在西周也不是沒有，如《小雅·北山》篇說："溥天之下，莫非王土；率土之濱，莫非王臣。"這也實表示九州之內、六合之中應該道一風同，不過這種思想，當時自是未普遍，所以在《詩》《書》中，表現此種意思之詞句則並不多。

以上十端，我們所舉的例證多限於《詩》《書》二經，其見於《禮》《易》《春秋》與《語》《孟》之中者還不及一一列出，而已可見其內容之豐富。這些我們可以認爲中國思想之源泉，《易》《春秋》中許多思想與此相似者甚多，孔孟哲學亦多受此影響。其"說中"和"說敬明"處有許多名言，在後來漢、宋之儒始更爲發明。"經學即理學"，這話總的來說很對，但我們若當群經都作哲學書看，這却不然。因《詩》畢竟是古代詩歌總集，《書》畢竟是古代史料彙編，《禮》本是古禮儀雜記，《易》畢竟是卜筮之書，《春秋》畢竟本爲魯史，不是純粹講學的，《爾雅》是釋群籍之書，尤不能視爲哲學書。"經學即理學"這一說雖具有相當的理由，然而細按之則亦不恰合。

三　經學與文學

六經的內容在文學家看來，又有以經學爲文學之說。本來孔子曾爲"周鑒於二代，郁郁乎文哉""文王既殁，文不在兹乎"。對於流傳下的典籍，已稱之爲文獻，儒家之道、儒家之禮並以爲"文"，"子以四教，文、行、忠、信"，言語文學列四科，在孔子時，已透露經學與文學之關係。戰國時韓非也說"儒以文亂法，俠以武犯禁"（《五蠹》，卷一九），"藏書策，習談論，聚徒役，服文學而議說，世王必從而禮之曰：敬賢士，先王之道也。"（《顯學》篇，同上）攻擊儒學而同時攻擊文學，也可見儒學與文學之關係。在《史記》中如云"上鄉儒術，招賢良，趙綰、王臧等以文學爲公卿"，"上徵文學之士公孫弘等"（《孝武本紀》），"晁錯以文學爲太常掌故"（《晁錯傳》），"兒寬等推文學"（《萬石君傳》），"夫齊魯之間於文學，自古以來，其天性也"（《史記·儒林傳》），"能通一藝以上，補文學掌故缺"（《史記·儒林傳》）。太史公在這裏所説的文學，雖不一定即指經學而言，但趙綰、王臧、公孫弘、兒寬等實爲經學家；鄒魯本是守經學的，通一藝也是指一經言。當時對於這些關於經學之事，也籠統地用"文學"二字叙述，"經"從廣義的文學觀，實在均可指爲文學。西漢末揚雄在《法言》中説，"玉不雕，璵璠不作器；言不文，典謨不作經"（《法言·寡見》卷）。又説："虞夏之書渾渾爾，商書灝灝爾，周書噩噩爾。""書不經，非書也；言不經，非言也；言、書不經，多多贅矣！"（《法言·問神》卷）他以渾渾噩噩形容《尚書》之文。典、謨所以成爲經，實由其言之文，但是"書不經非書""言不經非言"可見"經"固須"文"，而爲"文"亦須"經"。他將經與文之關係説得更密切了。王充《論衡·佚文篇》亦云："五經六藝爲文，諸子傳書爲文，造論著説爲文，上書奏記爲文，文德之操爲文。"這都是在漢代即以經學爲文學之種種論斷。

在魏晉南北朝時，曹丕《典論·論文》既以爲"文章，經國之大業，不朽之盛事"，而以"西伯出而演《易》，周旦顯而制《禮》"，而將《易》《禮》仍視爲文章。曹植《與楊德祖書》也説："吾道不行，則將采庶官之實錄，辯時俗之得失，定仁義之衷，成一家之言。"他們是文學家，然而仍不能脱這種見地，以經爲文，要"文以載道"。後來劉勰著《文心雕龍》，於《原道》篇説：

> 人文之元，肇自太極，幽贊神明，《易》象惟先。庖犧畫其始，仲尼翼其終。而《乾》《坤》兩位，獨制《文言》。言之文也，天地之心哉！若乃《河圖》孕乎八卦，《洛書》韞乎九疇，玉版金鏤之實，丹文綠牒之華，誰其尸之？亦神理而已。

> 自鳥跡代繩，文字始炳。炎皞遺事，紀在《三墳》，而年世渺邈，聲采靡追。唐虞文章，則焕乎始盛。元首載歌，既發吟咏之志；益稷陳謨，亦垂敷奏之風。夏后氏興，業峻鴻績，九序惟歌，勳德彌縟。逮及商周，文勝其質，《雅》《頌》所被，英華日新。文王患憂，繇辭炳曜，符采復隱，精義堅深。重以公旦多材，振其徽烈，剬詩緝頌，斧藻群言。至夫子繼聖，獨秀前哲，熔鈞六經，必金聲而玉振；雕琢性情，組織辭令，木鐸啟而千里應，席珍流而萬世響，寫天地之輝光，曉生民之耳目矣。

> 爰自風姓，暨於孔氏，玄聖創典，素王述訓：莫不原道心以敷章，研神理而設教，取象乎《河》《洛》，問數乎蓍龜，觀天文以極

變，察人文以成化；然後能經緯區宇，彌綸彝憲，發輝事業，彪炳辭義。故知道沿聖以垂文，聖因文而明道，旁通而無滯，日用而不匱。《易》曰："鼓天下之動者存乎辭。"辭之所以能鼓天下者，乃道之文也。

《宗經篇》說：

三極彝訓，其書言"經"。"經"也者，恒久之至道，不刊之鴻教也。故象天地，效鬼神，參物序，制人紀；洞性靈之奧區，極文章之骨髓者也。皇世《三墳》，帝代《五典》，重以《八索》，申以《九丘》，歲歷緜曖，條流紛糅。自夫子刪述，而大寶咸耀。於是《易》張《十翼》，《書》標"七觀"，《詩》列"四始"，《禮》正"五經"，《春秋》"五例"。義既埏乎性情，辭亦匠於文理；故能開學養正，昭明有融。然而道心惟微，聖謨卓絕；墻宇重峻，而吐納自深。譬萬鈞之洪鐘，無錚錚之細響矣。

夫《易》惟談天，入神致用。故《繫》稱旨遠辭文，言中事隱。韋編三絕，固哲人之驪淵也。《書》實記言，而訓詁茫昧，通乎《爾雅》，則文意曉然。故子夏嘆《書》，"昭昭若日月之明，離離如星辰之行"，言昭灼也。《詩》主言志，詁訓同《書》，摛風裁興，藻辭譎喻，溫柔在誦，故最附深衷矣。《禮》以立體，據事制範，章條纖曲，執而後顯，采掇片言，莫非寶也。《春秋》辨理，一字見義，五石六鷁，以詳備成文；雉門兩觀，以先後顯旨；其婉章志晦，諒以邃矣。《尚書》則覽文如詭，而尋理即暢；《春秋》則觀辭立曉，而訪義方隱。此聖文之殊致，表裏之異體者也。

至根柢槃深，枝葉峻茂，辭約而旨豐，事近而喻遠；是以往者雖舊，餘味日新，後進追取而非晚，前修文用而未先，可謂泰山遍雨，河潤千里者也。

故論、說、辭、序，則《易》統其首；詔、策、章、奏，則《書》發其源；賦、頌、歌、贊，則《詩》立其本；銘、誄、箴、祝，則《禮》總其端；紀、傳、銘、檄，則《春秋》爲根：並窮高以樹表，極遠以啓疆，所以百家騰躍，終入環內者也。

他在這兩篇說，"玄聖創典，素王述訓：莫不原道心裁文章""《易》統其首；詔、策、章、奏，則《書》發其源"等等，更標明不惟六經皆文，而且六經爲一切文章之本源。六經即古代的詩、文，這是不容否認的事實。《顏氏家訓·文章》篇亦說："夫文章者，原出五經：詔、命、策、檄，生於《書》

者也；序、述、論、議，生於《易》者也；歌、咏、賦、頌，生於《詩》者也；祭、禊、哀、誄，生於《禮》者也；書、奏、箴、銘，生於《春秋》者也。"一切文體之源，起於六經，這也不算是片面之見。唐代所謂古文家韓愈自述其用力於文云："先生口不絕吟於六藝之文，手不停披於百家之編……上規姚、姒，渾渾無涯；周《誥》、殷《盤》，佶屈聱牙；《春秋》謹嚴，《左氏》浮夸；《易》奇而法，《詩》正而葩。"（《進學解》）"非三代兩漢之書不敢觀，非聖人之志不敢存。"（《答李翊書》）柳宗元也說"文有二道……著述者流，蓋出於《書》之謨、訓，《易》之象、繫，《春秋》之筆削……比興者流，蓋出於虞、夏之咏歌，殷、周之風雅"（《楊評事文集後序》，《柳河東集》二十一），"大都文以行爲本，在先誠其中，其外者當先讀六經，次《論語》、孟軻書，皆經言。《左氏》《國語》、莊周、屈原之辭，稍采取之……"（《報袁君陳秀才避師名書》，《柳河東集》三十四）"本之《書》以求其質，本之《詩》以求其恒，本之《禮》以求其宜，本之《春秋》以求其斷，本之《易》以求其動：此吾所以取道之原也。"（《答韋中立論師道書》，《柳河東集》三十四）本來，"《易》《詩》《書》《儀禮》《春秋》《論語》《大學》《中庸》《孟子》，皆聖賢明道經世之書，雖非爲作文設，而千萬世文章從是出焉。"（用李耆卿《文章精義》中語）經之所以爲文，是無意於爲文，蓋因古代的詩歌史文，其技巧在描寫上雖不如後世之細膩纖巧，然"六經皆文"之說，就文學的源泉看來是不錯的。章學誠是主張"六經皆史"的，他說：

> 周衰文弊，六藝道息，而諸子爭鳴。蓋至戰國而文章之變盡，至戰國而著述之事專，至戰國而後世之文體備；故論文於戰國，而升降盛衰之故可知也。戰國之文，奇衺錯出，而裂於道，人知之；其源皆出於六藝，人不知也。後世之文，其體皆備於戰國，人不知；其源多出於《詩》教，人愈不知也。知文體備於戰國，而始可與論後世之文。知諸家本於六藝，而後可與論戰國之文，知戰國多出於《詩》教，而後可與論六藝之文；可與論六藝之文，而後可與離文而見道；可與離文而見道，而後可與奉道而折諸家之文也。

> 戰國之文，其源皆出於六藝，何謂也？曰：道體無所不該，六藝足以盡之。諸子之爲書，其持之有故而言之成理者，必有得於道體之一端，而後乃能恣肆其說，以成一家之言也。所謂一端者，無非六藝之所該，故推之而皆得其所本；非謂諸子果能服六藝之教，而出辭必衷於是也。《老子》說本陰陽，《莊》《列》寓言假象，《易》教也。鄒衍侈言天地，關尹推衍五行，《書》教也。管、商法制，義存政

典,《禮》教也。申、韓刑名,旨歸賞罰,《春秋》教也。其他楊、墨、尹文之言,蘇、張、孫、吳之術,辨其源委,把其旨趣,九流之所分部,《七錄》之所叙論,皆於物曲人官,得其一致,而不自知爲六典之遺也。(《文史通義·詩教上》卷一)

袁枚也是主張"六經皆史",他也説:

  文章始於六經,而范史以説經者入《儒林》,不入《文苑》。似强爲區分。然後世史家俱仍之而不變,則亦有所不得已也。大抵文人恃其逸氣,不喜説經。而其説經者,又曰:吾以明道云爾文,則吾何屑焉?自是而文與道離矣,不知"六經"以道傳,實以文傳。《易》稱"修辭",《詩》稱"詞輯",《論語》稱"爲命",至於"討論""修飾",而猶未已,是豈聖人之溺於辭章哉?蓋以爲無形者,道也。形於言謂之文。既已謂之文矣,必使天下人矜尚悦繹,而道始大明。若言之不工,使人聽而思卧,則文不足以明道,而適足以蔽道。故文人而不説經可也,説經而不能爲文不可也。(《小倉山房文集》卷十《虞東先生文集序》)

以上三説,各有其理由。應該看到,就經學而言,其既包含有史學,亦包含有文學和理學,是有機統一爲一體的。僅依據其某一個方面而總括其全部,顯然是不完備的。經學之所以在中國傳統文化中始終處於一個核心的地位,就在於其内容豐富,且不可分割,它是理論的,也是實踐的,固然可以從某一個方面去研究經學的某些内容,然而這種研究却絶不是包含了經學的全部内容。經學内涵的不可分割性,決定了經學研究只能用多學科綜合方法來進行,而不是把經學割裂爲某幾個部分,破壞其内在的統一性。因此,經學只能是經學,而不能轉變爲其他學科。

第三篇 殷周經學之始傳

第一章

殷周以前之經學

第一節 所謂古之六經之真際

一 殷周以前之《詩》《樂》

在上篇中，我們論到中國經學之起源，不主張由讖緯而來的"六藝爲圖箓所生"之說，也不主張毫無實據的"六經爲王官所掌"之說，而是主張依民俗學的理論來探討中國群經之起源：《詩》《樂》起於古代社會的歌舞與謠諺，《書》起於古代社會的競技之記録，《禮》起於古代社會初民相沿而成的習俗，《易》起於古代社會的龜卜與蓍筮；這些都可以説起於有史以前。唯有《春秋》，因其爲孔子依魯史而編纂之編年史，是中國歷史進入到東周時代之作，起於有史之後。至於現存諸經之起源，則我們既不必十分反對古文家"六經爲周公所定"之説，認爲周公與六經有多少撰修；也不必反對今文家"六經爲孔子刪定"之説，認爲六經中有一些爲孔子所定。但周公、孔子以前之篇籍爲周、孔所未制定者，則一概不可目之爲經。因爲經學爲周、孔之經學，今古文家所論，都未必可盡信，如更談到殷周以前古之六經，則既必須加以一番考訂，不然，以周、孔所未認定之六經，到了我們現在，反轉認爲"古之六經"，這實在未免近於荒謬。我們試看所謂"殷周以前古之《詩》《樂》"，如：

1. 《立基》——《孝經緯》云："伏犧之樂曰《立基》。"
2. 《駕辯》——《楚辭·大招》："伏羲《駕辯》，楚《勞商》只。"王逸注："伏羲，古王者也，始做瑟。《駕辯》《勞商》，皆曲名也。言伏羲氏做瑟，造《駕辯》之曲。楚人因之作《勞商》之歌。皆要妙之音。"（《楚辭》卷十）
3. 《網罟》——元結《補樂歌十篇》："《網罟》，伏羲氏之樂歌也。其義蓋稱伏羲能易人取禽獸之勞，凡二章，章四句。'吾人苦兮，水深深。網罟設兮，水不深。吾人苦兮，山幽幽。網罟設兮，山不幽。'"
4. 《蠟辭》：《禮記·郊特牲》："天子大蠟八，伊耆氏始爲蠟……曰：'土反其宅，水歸其壑，昆蟲毋作，草木歸其澤。'"

5.《彈歌》——《吳越春秋》卷五："范蠡復進善射者陳音。音，楚人也。越王請音而問曰：'孤聞子善射，道何所生？'……音曰：'臣聞弩生於弓，弓生於彈，彈起古之孝子。'……孝子不忍見父母爲禽獸所食，故作彈以守之，絶鳥獸之害。故歌曰'斷竹，續竹，飛土，逐害'之謂也。"

6.《有焱氏頌》——《莊子·天運》"故有焱氏爲之頌曰：'聽之不聞其聲，視之不見其形，充滿天地，苞裏六極'"。

7.《游海詩》——《拾遺記》："舜葬蒼梧之野，有鳥如雀，自丹州而來，吐五色之氣，氤氲如雲，名曰憑霄雀，能群飛銜土成丘墳。此鳥能反形變色，集於峻林之上。在木則爲禽，行地則爲獸，變化無常。常游丹海之際，時來蒼梧之野。銜青砂珠，積成壟阜，名曰'珠丘'。其珠輕細，風吹如塵起，名曰'珠塵'。今蒼梧之外，山人采藥，時有得青石，圓潔如珠，服之不死，帶者身輕。故仙人方回《游南岳七言贊》曰：'珠塵圓潔輕且明，有道服者得長生。'"

8.《皇娥歌》——《拾遺記》卷一《少昊》："帝子與皇娥並坐，撫桐峰梓瑟。皇娥倚瑟而清歌曰：'天清地曠浩茫茫，萬象回薄化無方。涵天蕩蕩望滄滄，乘桴輕漾着日傍。當其何所至窮桑，心知和樂悦未央。'俗謂游樂之處爲桑中也。《詩》中《衛風》云：'期我乎桑中。'蓋類此也。"

9.《白帝子歌》——《拾遺記》卷一《少昊》："白帝子答歌：'四維八埏眇難極，驅光逐影窮水域。璇宮夜静當軒織。桐峰文梓千尋直，伐梓作器成琴瑟。清歌流暢樂難極，滄湄海浦來棲息。'"

10.《神人暢》——唐堯《古今樂録》曰："堯郊天地，祭神座上有響，誨堯曰：'水方至爲害，命子救之。'堯乃作歌。"謝希逸《琴論》曰："《神人暢》，堯帝所作。堯彈琴感神人現，故制此弄也。"《古今樂録》曰："堯禊天地，座有神見堯曰：'洪水爲害，命子救之。'"歌曰："清廟穆兮承予宗，百僚肅兮於寢堂。醊禱進福求年豐，有響在坐，救予爲害在玄中。欽哉皓天德不隆，承命任禹寫中宫。"

11.《箕山操》——《太平御覽》五七一引《古今樂録》："於是許由名布四海。堯既殂落，乃作《箕山之歌》曰：'登彼箕山兮，瞻望天下。山川麗崎，萬物還普。日月運照，靡不記睹。游牧其間，何所却慮。嘆彼唐堯，獨自愁苦。勞心九州，憂勤后土。謂余欽明，傳禪易祖。我樂何如？蓋不盼顧。河水流兮緣高山，甘瓜施兮葉縣蠻。高林肅兮相錯連，居此之處傲堯君。'後許由死，遂葬於箕山。"

12.《大唐歌》——《文心雕龍·明詩》："至堯有《大唐》之歌。"

13.《康衢謠》——《列子》："帝治天下五十年，天下治與不治與？億兆願戴己與，乃微服游於康衢，聞兒童謠云。"

14.《堯戒》——《淮南子·人間訓》："戰戰栗栗，日謹一日。人莫躓於山，而躓於垤。"

15.《三多祝》——《莊子·天地篇》："堯觀乎華，華封人曰：'嘻！聖人，請祝聖人，使聖人壽。'……'使聖人富'……'使聖人多男子'。"

16.《擊壤歌》——《帝王世紀》："帝堯之世，天下太和，百姓無事，有老人擊壤而歌：'日出而作，日入而息；鑿井而飲，耕田而食。帝力於我何有哉。'"

17.《虞帝歌》——《尚書·皋陶謨》："帝庸作歌曰：'敕天之命，惟時惟幾。'乃歌曰：'股肱喜哉，元首起哉，百工熙哉。'皋陶拜手稽首揚言曰：'念哉！率作興事，慎乃憲，欽哉！屢省乃成，欽哉！'乃賡載歌曰：'元首明哉，股肱良哉，庶事康哉。'又歌曰：'元首叢脞哉，股肱惰哉，萬事墮哉！'帝拜曰：'俞，往欽哉！'"

18.《卿雲歌》——《尚書大傳·虞夏傳》："於時俊乂、百工相和而歌《卿雲》。帝乃倡之曰：'卿雲爛兮，糾縵縵兮，日月光華，旦復旦兮！'八伯咸進，稽首曰：'明明上天，爛然星陳。日月光華，弘於一人。'帝乃載歌，旋持衡曰：'日月有常，星辰有行，四時從經，萬姓允誠，於予論樂，配天之靈。遷於聖賢，莫不咸聽。鼚乎鼓之，軒乎舞之。菁華已竭，褰裳去之。'"

19.《南風歌》——《史記·樂書》曰："舜歌《南風》而天下治，《南風》者，生長之音也。舜樂好之，樂與天地同，意得萬國之歡心，故天下治也。"《孔子家語·辯樂解》："昔者舜彈五弦之琴，造《南風》之詩。其詩曰：'南風之薰兮，可以解吾民之慍兮，南風之時兮，可以阜吾民之財兮。'"

20.《南風操》——《南風歌二首》：(《詩紀》卷四作"《南風歌》，下注'《玉海》逸詩'，無作者名。"又一首《南風操》，稱"《琴操》以爲舜作"）"反彼三山兮，商岳嵯峨。天降五老兮，迎我來歌。"又一作："有青黃龍兮自出於河，負書圖兮委蛇。羅沙案圖觀讖兮閔嗟嗟，擊石拊《韶》兮淪幽洞微。鳥獸蹌蹌兮鳳皇來儀，《凱風》自南兮喟其增嘆。"

21.《思親操》——《古今樂錄》："舜游歷山，見鳥飛，思親而作此歌。"謝希逸《琴論》曰："舜作《思親操》，孝之至也。"曰："陟彼歷山兮崔嵬，有鳥翔兮高飛。瞻彼鳩兮徘徊，河水洋洋兮青泠。深谷鳥鳴兮嚶嚶，設罝張罥兮思我父母力耕。日與月兮往如馳，父母遠兮吾當安歸。"

22.《大唐歌》——《尚書大傳·虞夏傳》:"乃作大唐之歌。"

23.《祠田辭》——《文心雕龍·祝盟》:"舜之祠田云:'荷此長耜,耕彼南畝,四海俱有。'"

24.《普天詩》——《呂氏春秋·慎人》:"舜自爲詩曰:'普天之下,莫非王土,率土之濱,莫非王臣,'所以見盡有之也。"

25.《襄陵操》——《書》曰:"湯湯洪水方割,蕩蕩懷山襄陵,浩浩滔天。"《古今樂錄》曰:"禹治洪水,上會稽山,顧而作此歌。"謝希逸《琴論》曰:"夏禹治水而作《襄陵操》。"《琴集》曰:"《禹上會稽》,夏禹東巡狩所作也。"曰:"嗚呼,洪水滔天,下民愁悲,上帝愈咨。三過吾門不入,父子道衰。嗟嗟不欲煩下民。"

26.《涂山歌》——《呂氏春秋·音初》:"禹行功,見涂山之女。禹未之遇,而巡省南土。涂山氏之女乃令其妾候禹於涂山之陽。女乃作歌,歌曰'候人兮猗',實始作爲南音。"又《吳越春秋》卷六《越王無余外傳》:"禹三十未娶,行到涂山,恐時之暮,失其度制,乃辭云:'吾娶也,必有應矣。'乃有白狐九尾造於禹。禹曰:'白者,吾之服也;其九尾者,王之證也。'涂山之歌曰:'綏綏白狐,九尾痝痝。我家嘉夷,來賓爲王。成家成室,我造彼昌。天人之際,於茲則行。'明矣哉!"

27.《五子之歌》——僞《古文尚書·夏書·五子之歌》:"五子咸怨,述大禹之戒以作歌。其一曰:'皇祖有訓,民可近,不可下。民惟邦本,本固邦寧。予視天下愚夫愚婦,一能勝予,一人三失,怨豈在明,不見是圖。予臨兆民,懍乎若朽索之馭六馬,爲人上者,奈何不敬!'其二曰:'訓有之,內作色荒,外作禽荒。甘酒嗜音,峻宇雕墻。有一於此,未或不亡。'其三曰:'惟彼陶唐,有此冀方。今失厥道,亂其紀綱,乃底滅亡。'其四曰:'明明我祖,萬邦之君。有典有則,貽厥子孫。關石和鈞,王府則有。荒墜厥緒,覆宗絕祀!'其五曰:'嗚乎!曷歸?予懷之悲。萬姓仇予,予將疇依。鬱陶乎予心,顔厚有忸怩。弗慎厥德,雖悔可追?'"

28.《孔甲歌》——《呂氏春秋·音初》:"夏后氏孔甲田於東陽萯山。天大風,晦盲,孔甲迷惑,入於民室。主人方乳,或曰:'后來,是良日也,之子是必大吉。'或曰:'不勝也,之子是必有殃。'后乃取其子以歸,曰:'以爲余子,誰敢殃之!'子長成人,幕動坼橑,斧斫其足,遂爲守門者。孔甲曰:'嗚呼!有疾,命矣夫!'乃作爲《破斧》之歌,實始爲東音。"

29.《夏人歌》——《尚書大傳·殷傳》:"《湯誓》云:'夏人飲酒,醉者持不醉者,不醉者持醉者,相和而歌曰:盍歸於亳?盍歸於亳?亳亦大矣。故

伊尹退而閒居，深聽樂聲，更曰：覺兮較兮，吾大命格兮，去不善而就善，何不樂兮。'"（《尚書大傳》卷三）

30.《九德歌》——《左傳·昭公二十八年》："心能制義曰度，德正應和曰莫，照臨四方曰明，勤施無私曰類，教誨不倦曰長，賞慶刑威曰君，慈和徧服曰順，擇善而從之曰比，經緯天地曰文。九德不愆，作事無悔，故襲天祿，子孫賴之。"

31.《夏箴》——《逸周書》卷三《文傳解》："《夏箴》曰：'中不容利，民乃外次。'"

32.《開望》——《鬻子》："土廣無守，可襲伐。土狹無食，可圍竭。二禍之來，不稱之災。天有四殃，水旱饑荒。其至無時，非務積聚，何以備之！"

33.《簨錄》——《淮南子·氾論訓》："禹之對以五音聽治，懸鐘、鼓、磬、鐸，置鞀，以待四方之士，爲號曰：'教寡人以道者擊鼓，諭寡人以義者擊鐘，告寡人以事者振鐸，諭寡人以憂者擊磬，有獄訟者搖鞀。'"

34.《簨簴銘》——《鬻子》："禹之治天下也，以五聲聽，門懸鐘鼓鐸磬而置鞀，以得四海之士，爲銘於簨簴。"

35.《盤銘》——《禮記·大學》："湯之《盤銘》曰：'苟日新，日日新，又日新。'"

36.《桑林禱辭》——《荀子·大略》篇："湯旱而禱曰：'政不節與？使民疾與？何以不雨至斯極也！宮室榮與？婦謁盛與？何以不雨至斯極也！苞苴行與？讒夫興與？何以不雨至斯極也！'"

37.《大旱祝辭》——《說苑》："齊大旱之時，景公召群臣問曰：'天不雨久矣，民且有饑色，吾使人卜之，崇在高山、廣水。寡人欲少賦斂，以祠靈山，可乎？'群臣莫對，晏子進曰：'不可，祠此無益也。夫靈山固以石爲身，以草木爲發。天久不雨，發將焦，身將熱，彼獨不欲雨乎？祠之無益。'景公曰：'不然，吾欲祠河伯，可乎？'晏子曰：'不可，祠此無益也。夫河伯以水爲國，以魚鱉爲民。天久不雨，水泉將下，百川竭，國將亡，民將滅矣，彼獨不用雨乎？祠之何益！'景公曰：'今爲之奈何？'晏子曰：'今誠避宮殿，暴露，與靈山、河伯共憂，其幸而雨乎！'於是景公出野，暴露三日，天果大雨，民盡得種樹。景公曰：'善哉！晏子之言，可無用乎？其惟有德也。'"

38.《帝乙歸妹辭》——《困學紀聞·易》："'帝乙歸妹'，《子夏傳》謂湯之歸妹也。京房載湯嫁妹之辭曰：'無以天子之尊而乘諸侯，無以天子之富而驕諸侯。陰之從陽，女之順夫，本天地之義也。往事爾夫，必以禮義。'"

39.《岐山操》——《琴苑要錄》：曹勛《琴操·岐山操》"幽之土兮，民之所宜。豳之居兮，民之所依。予何爲兮尸之。我將全汝兮，之岐之陽。汝其保寧兮，無越汝疆。斯歸斯徂兮，其誰之將。嗟今之人兮，何思何傷。"

40.《哀慕歌》——《古今樂錄》："太伯與虞仲俱去……適於吳……是後季歷作哀慕之歌，章曰：'先王既徂，長賈異都。哀喪腹心，未寫中懷。追念伯仲，歷我何如？梧桐萋萋，生於道周。宮館徘徊，臺閣既除。何爲遠去，使此空虛。支骨離別，垂思南隅。瞻望荆越，涕泗交流。伯兮仲兮，逝彼來游。自非二人，誰訴此憂。'"（玉函山房輯佚書《古今樂錄》）

（望虞亭立有季歷《哀慕歌》碑："先王既徂，長殞異都。哀喪腹心，未寫中懷。追念伯仲，歷我如何？梧桐萋萋，生於道周。宮館徘徊，臺閣既除。何爲遠去，使此空虛。支骨離別，垂思南隅。瞻望荆越，涕泪交流。伯兮仲兮，逝肯來游，自非二人，誰訴此憂。"）

《四庫全書》爲："先王既徂，長賈異都。哀防腹心，未寫中懷。追念伯仲，我季如何？梧桐萋萋，生於道周。宮館徘徊，臺閣既除。何爲遠去，使此空虛。支骨離別，垂思南隅。瞻望荆越，涕泪交流。伯兮仲兮，逝肯來游。自非二人，誰訴此憂。"

41.《商銘》——《國語》："嗛嗛之德，不足就也。不可以矜，而祇取憂也。嗛嗛之食，不足狃也。不能爲膏，而祇離咎也。"

42.《箕子操》——《史記》曰："紂始爲象箸，箕子歎曰：'彼爲象箸，必爲玉杯；爲玉杯，則必思遠方珍怪之物而御之矣。輿馬宮室之漸，自此始不可振也。'乃披髮佯狂而爲奴，遂隱而鼓琴以自悲。"《古今樂錄》曰："紂時，箕子佯狂，痛宗廟之爲墟，乃作此歌，後傳以爲操。"《琴集》曰："《箕子吟》，箕子自作也。"曰："嗟嗟，紂爲無道殺比干。嗟重復嗟獨奈何！漆身爲厲，披髮以佯狂，今奈宗廟何！天乎天哉！欲負石自投河。嗟復嗟，奈社稷何！"

43.《麥秀歌》——傳箕子所作。《史記·宋微子世家》："麥秀漸漸兮，禾黍油油。彼狡童兮，不與我好兮。"

44.《采薇歌》——傳伯夷、叔齊作。《史記·伯夷列傳》："登彼西山兮，采其薇矣。以暴易暴兮，不知其非矣。神農、虞、夏忽焉沒兮，我安適歸矣！吁嗟徂兮，命之衰矣。"

45.《文王操》——《琴操》曰："紂爲無道，諸侯皆歸文王。其後有鳳皇銜書於郊，文王乃作此歌。"謝希逸《琴論》曰："《文王操》，文王作也。'翼翼翱翔，彼鳳皇兮。銜書來游，以會昌兮。瞻天案圖，殷將亡兮。蒼蒼之天，始有萌兮。五神連精，合謀房兮。興我之業，望羊來兮。'"

46.《拘幽操》——《琴操》曰："《拘幽操》，文王拘於羑里而作也。文王修德，百姓親附。崇侯虎疾之，譖於紂曰：'西伯昌，聖人也。長子發，中子旦，皆聖人也。三聖合謀，君其慮之。'乃囚文王於羑里，將殺之。於是文王四臣散宜生之徒，得美女、大貝、白馬朱鬣以獻於紂，紂遂出西伯。文王在羑里，演《易》八卦以爲六十四，作鬱厄之辭曰：'困於石，據於蒺藜。'乃申憤而作歌云。"曰："殷道溷溷，浸濁煩兮。朱紫相合，不別分兮。迷亂聲色，信讒言兮。炎炎之虐，使我愆兮。幽閉牢穽，由其言兮。遘我四人，憂勤勤兮。"(《太平御覽》卷六十四)

這些所謂三皇時代之詩歌，因三皇時尚無文字，古已有明説，至今考古學亦尚未發現早於甲骨文之文字，純依口口相傳，歷經千年而能保持原始狀態，看來實則未必可遽信。伏羲樂名《立基》，出自讖緯之記；《駕辯》《網罟》，本爲傳聞之辭；鄭玄在《詩譜序》曾説，"詩之興也，諒不於上皇之世"，鄭氏已不信伏羲時有詩，而我們必説詩在伏羲時已肇其端，實未免近於誣罔。堯以前之歌詩，據沈德潛《古詩源》中説，"帝堯以前，近於荒渺，雖有《皇娥》《白帝》二歌，係王嘉僞撰，其事近誣，故以《擊壤歌》爲始"。這些僞撰之作，我們實不可以認爲古經，即如《大唐》《虞帝》等歌，雖明見於《尚書》《尚書大傳》等書，然由《尚書》之"曰若稽古"，本爲後世所仰錄，其是否真爲堯舜所作，也難判定。周以前詩，如《采薇》《拘幽》之類，《史記》已云"睹逸詩可異焉"，崔述在《考信錄》等書中亦已辨其爲僞，現存《詩經》以前之詩，我們都只可認爲係一種傳聞，不必認定某一詩爲《詩經》之起源，以免有違"信以傳信，疑以傳疑"之旨。我們寧可以説，西周以前，在遠古時已有詩篇，因其樂很難歸入風、雅、頌，故文詞則未入《詩三百篇》；這樣籠統些地説，可能更合於古之真際。近陸侃如《中國詩史》曾就《蠟辭》《彈歌》《虞帝》《卿雲》《南風》《祠田》《文王》《拘幽》《麥秀》《采薇》等《詩經》以前的詩列舉三十篇加以簡單地説明，以證其不可信。(原文見《中國詩史》卷上) 如必謂《詩》在三皇時已肇其端，那實在未免言過其實。

二 殷周以前之《書》《禮》

在《左傳·昭公十二年》中，雖曾有"楚靈王謂左史倚相能讀《三墳》《五典》《八索》《九丘》"，《周禮·春官宗伯》"外史"職中，亦曾述及"掌三皇五帝之書"，似三皇時已有《書》《禮》，但依《左傳》杜注，《三墳》《五典》"皆古書名"。孔穎達《正義》云："孔安國《尚書序》云：'伏羲、神農、黃帝之書謂之《三墳》，言大道也；少昊、顓頊、高辛、唐、虞之書謂之《五典》，言常道也。'賈逵云：'《三墳》三皇之書，《五典》五帝之典。'延篤言張平子說：'《三墳》，三禮，禮爲大防；《爾雅》曰墳爲大防。《書》曰：有能典朕三禮。三禮，天地人之禮也；《五典》五帝之常道也。'馬融說：'《三墳》，三氣，陰陽始生，天、地、人之氣也；《五典》，五行也。'此諸家者各以意言，無正驗。"《三墳》究爲《書》抑爲《禮》，抑僅"皆古書名"，在東漢猶"各以意言，皆無正驗"。我們也難以論定《三墳》必爲三皇時代之《書》或《禮》，而且三皇五帝之說，古時並無定論，近人或以"唐、虞、夏之古史，無非神話之演變；所謂五帝，無非各民族之上帝，帝嚳或帝舜，實如希臘神話中至上神瑳宇司（宙斯），並非人王"。"顓頊與堯從高陽之義演出，蓋本周民族之上帝。"（參看《禹貢》，1937 年第七卷第 6、7 合期 39—49 頁，楊寬《說虞》）"'夏后'即'下后'，即社神之義也，古史傳說中堯舜命禹等無非此，'上帝'命'下后'神話之演變。"（以上參看楊寬《說夏》）"黃帝實出'皇帝'之變字""'三皇''五帝'的名稱系統和史跡，大部分是後人有意或無意假造或僞傳的。'皇''帝'的名號本屬於天神，'三''五'的數字乃是一種幼稚的數學的範疇，'三皇''五帝'和古代哲學與神話是有密切的聯繫的。"（童書業《古史辨》第七册《自序二》）他們不惟將舊日一切之三皇說推翻，更否認實有其人。然而如必定說五帝時六經已有萌芽，這也未免太將傳說認爲實事。我們用極允妥的意見看來，"孔子删《書》，斷自唐、虞"。唐虞之前有《書》大概未可深信。唐虞之《書》本多稽古而成，唐虞以前之《書》，縱真有《尚書》，亦難論定，固尤悠謬難信也。在《墨子·明鬼下》里，明說"《尚書》夏書，其次商、周之書"。孔、墨並只以虞夏書爲《尚書》，起源於殷商或起源於殷商之前一代，即所謂夏。在夏以前者則不能深信。但我們也可如《隋書·經籍志》說，《書》之起源與文字俱起，有文字時，即有記載，這應該符合歷史事實，是不容否認的。我們由甲骨文字在商代有較長之記載看來，則文字發明，如"倉頡造字"說爲不可信，然則至遲亦當在殷初，或更早於殷，約定俗成的文字即已出現。

三 《禮》之起源

舊說謂伏羲制嫁娶，以儷皮爲禮。雖不可信，但禮本由習俗而成，其起源本甚早。《禮記·禮運》篇說"夫禮之初，始諸飲食"，不成文的禮典，其起源自不必限於某一帝王之時。至於有一定之節文，筆之於書，傳之於世，則依《禮記·雜記》篇說，"士喪禮於是乎書"，其事則當甚晚。而且從甲骨文中所見殷禮來看，如先妣、特祭之數，與《周禮》所傳之禮不同，我們也不能即以殷周以前之禮，爲古之《禮經》。

據《易·繫辭下》傳："古者庖犧氏之王天下也，仰則觀象於天，俯則觀法於地，觀鳥獸之文，與地之宜，近取諸身，遠取諸物，於是始作八卦，以通神明之德，以類萬物之情。作結繩而爲罔罟，以佃以漁，蓋取諸'離'。"即有《易》始於伏羲之説。《周禮·春官·大卜》及《淮南子》更有三《易》之説，一曰《連山》，二曰《歸藏》，三曰《周易》。鄭玄注云："名曰連山者，似山，出内雲氣，變也。歸藏者，萬物莫不歸藏於中。"杜子春云："連山，宓戲，歸藏，黄帝。"似伏羲、黄帝時別有連山、歸藏之《易》，但所謂伏羲、黄帝在鄭玄即不以爲然，他並不深以杜子春説爲然，賈疏引鄭志答趙商云："非無明文，改之無據。且從子春，近師皆以爲夏殷也。"鄭既爲此説，故《易》贊云，"夏曰《連山》，殷曰《歸藏》，又注《禮運》云其書存者有歸藏"，是皆從近師之説也。按今《歸藏·坤啓筮》"帝堯嫁二女爲舜妃"；又見《節卦》云，"殷王其國常毋穀"。若世依子春之説，歸藏黄帝得有帝堯及殷王之事者，蓋子春之意宓戲黄帝造其名，夏殷因其名以作《易》，故鄭云改之無據。是以皇甫謐記亦云："夏人因炎帝曰《連山》，殷人因黄帝曰《歸藏》。"《連山》《歸藏》所載有堯殷之事自非宓戲、黄帝之作，韋昭《國語·魯語》注説："三《易》，亦云一夏《連山》，二殷《歸藏》，三《周易》。"張華《博物志》亦云："《連山》《歸藏》，夏商之書；周曰《周易》。"《隋書·經籍志》云："昔宓羲氏始畫八卦……因而重之，爲六十四卦，及乎三代，實爲三《易》；夏曰《連山》，殷曰《歸藏》，周文之作卦辭，謂之《周易》。"這些都是因《連山》《歸藏》有堯、殷時事，故不能不從鄭玄，而不用杜子春説。在《禮記·祭法》中又有"厲山氏之有天下"，《左傳·昭公二十九年》及《國語·晉語》並作"列山氏"。鄭玄《禮記·祭法》注云："厲山氏，炎帝也。"孔穎達《周易正義》卷首《第三論三代〈易〉名》云："案《世譜》等群書，神農一曰連山氏，一曰列山氏；黄帝一曰歸藏氏。"皇甫謐《帝王世紀》也以連山屬炎帝。在《論衡·正説》篇，朱震《漢上易傳》引姚信注更有"古者烈山氏之王得河圖，夏后因之曰《連山》；烈山氏之王得河圖，殷人因之曰《歸藏》；伏羲氏之王得河圖，周人（因之）曰《周易》"。神農、黄帝、伏羲更都成了三《易》之祖傳了。但無論如何，《連山》《歸藏》不爲伏羲、神農、黄帝時書，這在漢人已很明確地解説了。但如以《連山》《歸藏》爲夏、殷卜筮之書，然《漢志》並未著録此二書，《北堂書鈔·藝文部》引桓譚《新論》："《連山》藏於蘭臺，《歸藏》藏於太卜。"《太平御覽·學部》引桓譚《新論》

云："《連山》八萬言，《歸藏》四千三百言。"則漢代似有此二書。不過據《隋書·經籍志》載："《歸藏》十三卷。晉太尉參軍薛貞沐云，《歸藏》漢初已亡，案晉中經有之，唯載卜筮，不似聖人之旨。"《左傳·襄公九年》疏亦斥爲僞妄之書。李江《玄包》注說："《殷易》用二十蓍……疑亦本僞《歸藏》文。"至於《連山》，則《隋志》並不著録，僅《五行》類有《連山》三十卷。云梁元帝撰《唐志》有《連山》十卷，司馬膺注，恐亦非漢代之僞《連山》。總之在前儒已斥爲不似聖人之旨，則《周禮》之説自亦不可深信。容肇祖在《占卜的源流》一文中也説："我們從殷墟甲骨文的刻辭，知殷卜本無定辭。""在《周易》之先，筮辭是没有一定。""俱是不能過信的。"（《古史辨》三册，頁二七七）殷代卜辭尚無定本，三《易》之説既不可信，《易·繫辭》傳伏羲時已作《易》，實亦當爲一傳説。如必謂伏羲時已有十言之教，則不惟在《易經》中無明證，而且與《易》所謂"上古結繩而治，後世聖人易之以書契"不合，這些傳説我們都只僅可認爲是傳説。

　　至於《春秋》，因其爲編年史，其起源當晚於《尚書》，在《白虎通》上曾溯春秋之始謂自皇帝以來。《白虎通》之説多受讖緯影響，其説之不足信，不待詳辯。《書》之初起，尚不能遠溯於唐虞以前，謂五帝時六經皆有萌芽，這種説法實未免近於臆斷。

　　總之，就《詩》《書》《禮》《樂》來看，它們的起源都可以認爲甚早，有人類，有文字，即可云有其萌芽。如就其書之於簡册者論，則殷周以前之《詩》《書》《禮》《樂》，其形式與內容，都不必與周公孔子所作、所定、所傳、所述之《詩》《書》《禮》《樂》同其旨趣。後人名周、孔所作、所定者爲"經"，如以古之《詩》《書》《禮》《樂》而亦謂之爲"經"，已有名實不相符合之感，何況所謂三皇五帝之世，文物制度，尚待今後之考證。而叙述經學源流，謂周、孔以前有古之六經，則是以不當稱"經"者而亦加之以"經"之名，這是我們所不敢苟同的。

第二節　甲骨文中思想與經學

　　（闕）

第二章

西周時代之經學

第一節　文、武、周公與經學

一　文、武之制作

（一）文王之貢獻

我們由甲骨文看來，在殷代已有占卜，有文學，有禮節，有大段記事之文字，可說《詩》《書》《禮》在殷代已肇其端。由商、周金文中更可以看出，儒家思想是明顯地受了西周初年思想之影響。歷來儒者，自稱爲承受堯、舜、禹、湯、文、武、周公之道，堯、舜、禹、湯，事不足憑，自文、武而來者，則爲事實，我們研究中國經學的起源，在殷代時，既有萌芽，而在西周初年，有可指名之文王、武王、周公爲《詩》《書》《禮》《樂》著作物，這在甲骨文中所見與史文中所記載的是多少有相合之點的。《尚書·無逸》篇說："文王卑服，即康功田功，徽柔懿恭，懷保小民，惠鮮鰥寡，自朝至於日中昃，不遑暇食，用咸和萬民。"《君奭》篇說："惟文王尚克修和我有夏，亦惟有若虢叔，有若閎夭，有若散宜生，有若泰顛，有若南宮适。又曰：'無能往來，茲迪彝教，文王蔑德降於國人。'"可見文王對於德以修身，德以齊家，德以治國，已有顯著之表現。不過文王是否真有著述則在現在無由考定。《易·繫辭》傳說："《易》之興也，其當殷之末世，周之盛德邪？當文王與紂之事耶？"《史記·周本紀》說："西伯之囚羑里，蓋益《易》之八卦爲六十四卦。"《太史公自序》也說："昔西伯拘羑里，演《周易》。"《漢志》更有文王作《易·六爻》上下篇之說。這些說法，東漢鄭衆、馬融已頗懷疑，而孔穎達《周易正義》亦不之信，但是還以《彖辭》爲文王作。至清儒崔述著《豐鎬考信録》始更考定《彖辭》非文王作。崔氏不惟以文王不必演《易》，即拘羑里之事亦不可盡信。其《豐鎬考信録》卷二云：

《史記·殷本紀》云："紂以西伯昌、九侯、鄂侯爲三公。九侯有女，入之紂；不喜淫，紂怒殺之，而醢九侯。鄂侯爭之強，辨之疾，並脯鄂侯。西伯聞之竊嘆；崇侯虎知之以告紂，紂囚西伯羑里。西伯臣閎夭之徒求美女、奇物、善馬以獻紂，紂乃赦西伯。西伯獻洛西之地以請除炮烙之刑，紂許之。賜弓矢斧鉞，使得征伐，為西伯。"《周本紀》云："崇侯虎譖西伯於殷紂曰：'西伯積善累德，諸侯皆向之，將不利於帝！'紂乃囚西伯於羑里。閎夭之徒患之，乃求有莘氏美女，驪戎之文馬，有熊九駟，他奇怪物，因殷嬖臣費仲而獻之紂。紂大悅，乃赦西伯，賜之弓矢斧鉞，使得征伐。西伯乃獻洛西之地以請紂去炮烙之刑，紂許之。"由是後之儒者皆謂文王親立於紂之朝，北面為臣。余獨以為不然。君臣之義，千古之大防也，文王既立於紂之朝矣，諸侯叛紂而歸文王，文王當拒其歸而討其叛，安得儼然而受之！文王生死懸於紂手，紂親見其三分有二，其勢將移商祚，而漠然不復問，此在庸弱之主猶或不能，況紂之猜忌暴虐者哉！古者天子之地一圻，列國一同。文王果受紂命而為西伯，伐密伐崇，滅之可也，人臣之義不得自私其地，皆當歸諸天子，安得據之而遷都焉！晉四卿滅范中行氏而分其地，當是時，晉之公室已卑，出公猶欲討之；紂果能制文王之死命，安有聽其坐大而不問者乎！《書》曰："予違汝弼，汝無面從，退有後言。'紂脯醢其大臣，文王身為殷相，則當諫；若知紂不可諫，則當去；不言不去而竊嘆之，可乎！楚欲戮叔孫豹，樂王鮒求貨於叔孫而為之請，弗與。晉之執叔孫昭子也，申豐以貨如晉，叔孫曰'見我'，見而不使出。叔孫父子，賢大夫耳，猶不欲以貨免，豈文王而反以貨免，且以貨得高位乎！文王之事，《詩》《書》言之詳矣，與國若虞、芮，仇國若崇、密，下至昆夷亦得附見焉；紂果文王之君，不應《詩》《書》反無一言及之。況羑里之囚乃文王之大厄，斧鉞之賜乃周王業之所自始，較之虞、芮之質，崇、密之伐，其事尤鉅，尤當鄭重言之，何以反不之及，若文王與紂初不相涉者，而文王之至德又無所容於諱，豈非文王原未嘗立於紂之朝哉！紂囚文王之事，始見於《春秋傳》。《傳》云：'紂囚文王七年，諸侯皆從之囚；紂於是乎懼而歸之。'（在《襄三十一年》）固已失於誕矣；然初未言文王立於紂之朝也。其後《戰國策》衍之，始以文王為紂三公而有竊嘆九鄂脯醢之事；然尚未有美女善馬之獻也。《尚書大傳》再衍之，始謂散宜生、閎夭等取美馬怪獸美女大貝以賂紂而後得歸；然亦尚未有弓矢斧鉞之賜也。逮至《史記》，遂合《國策》《大傳》

之文而兼載之，復益之以'爲西伯，專征伐'之語。豈非去聖益遠則其誣亦益多，其說愈傳則其真亦愈失乎！學者奈何不取信於《詩》《書》《孟子》而獨世俗傳聞之是信哉！且《春秋傳》以爲囚之七年，《戰國策》以爲拘之百日，其久暫固已懸殊矣。《尚書大傳》以爲在西伯令戈者之後，《史記》以爲在虞、芮質成之前，其先後亦復牴牾矣。《春秋傳》以爲諸侯從之而紂歸之，《尚書大傳》以爲散宜生賂之而紂釋之，其所以得出之故又不一說矣。學者將何所取信乎？尤可異者，《殷本紀》以爲竊嘆九侯而被囚，《周本紀》則以爲積善累德而見譖；《殷本紀》以爲獻洛西而後賜斧鉞，《周本紀》則以爲賜斧鉞而後獻洛西；此一人之書也，而先後矛盾亦如是，其尚可信以爲實耶！曰：紂，天子也；文王，其諸侯也，安得不立其朝而生死懸於其手乎？曰：此後世郡縣之法然耳。古者天子有德則諸侯皆歸之，無則諸侯去之。故孟子曰：'武丁朝諸侯，有天下，猶運之掌也。'然則武丁以前，諸侯固多不朝，天下固不皆商有也。故《商頌》曰：'昔有成湯，自彼氐、羌，莫敢不來享，莫敢不來王。'然則成湯以後中衰之世固多有不來享來王者也。周介戎、狄之間，去商尤遠，是以大王侵於獯鬻，商之方伯州牧不聞有救之者也；事以皮幣珠玉，不聞有責之者也；去而遷於岐山，亦不聞有安集之者也。蓋當是時，商之號令已不行於河、關以西；周自立國於岐，與商固無涉也。自憑辛至紂六世，商日以衰而紂又暴，故諸侯叛者益多！特近畿諸侯或服屬之耳。是以文王滅密則取之，滅崇則取之，商不問，文王亦不讓也；三分有二之國相率歸周，商不以爲罪，文王亦不以爲嫌也。何者？諸侯久已非商之諸侯也。文王自以其德服之，其力取之，於商何與焉！由是言之，文王蓋未嘗立商之朝，紂焉得囚之羑里而錫之斧鉞也哉！曰：然則《論語》之'以服事殷'，《傳》之'帥叛國以事紂'，其皆不足信與？曰：孟子曰：'湯事葛，大王事獯鬻。'湯與大王豈嘗臣於葛、獯鬻者哉！所謂'服事殷'者，不過玉帛皮馬卑詞厚幣以奉之耳，非必委質而立於其朝也。《春秋傳》韓厥之言，以喻晉、楚也；晉、楚，敵國也，而以爲喻，則亦非謂文王爲紂臣也。其後晉司馬侯之諫平公，亦以文王喻晉而紂喻楚。假令文王果嘗委質於紂，則二子之取義爲不倫矣。蓋自滅崇以後，周日以大，而亦漸近於商，不能不爲紂之所忌；而文王委曲退讓，不肯與抗；其實紂無如文王何也。故今不載羑里之事，及賜斧鉞征伐等語。""曰：文王未嘗囚於羑里，則《易》何爲演也？曰：此亦《史記》言耳。《易傳》但言其作於文王時，不言文王所自作也；但言其有憂患，不言憂患爲何事也。《史記》因《傳》此文，遂以文王拘羑里之事當之，非果有所據也。且其《自序》文云：'西伯拘羑里，演《周易》。孔子厄陳、蔡，作《春秋》。屈原放逐，著《離騷》。左邱失明，厥有《國語》。孫子臏脚，而論《兵法》。不韋遷蜀，世傳《呂覽》。韓非囚秦，《說難》《孤憤》。'所引者凡七事。然以今考之，孔子作《春秋》在歸魯以後，非厄陳、蔡之時。《呂覽》之成，懸諸國門，是時不韋方爲秦相，亦未遷蜀。《屈原傳》，作《離騷》在懷王之世，至頃襄王乃遷之江南，非放逐而賦《離騷》也。《韓非傳》，作《孤憤》《說難》皆在居韓時，秦王見其書而好之，韓乃遣非使秦，亦非囚秦而作《說難》《孤憤》也。此三傳及《孔子世家》皆遷之所自著，而皆自反之，烏在其可信乎！至《國語》與《左傳》事多牴牾，文亦不類，必非一人所作，失明之說恐亦以其名明而致誤耳。《孫武傳》既以十三篇爲武書矣，而於臏又云'世傳其兵法'，然《贊》但稱'孫武、吳起兵法'，又似臏無書者。七事之中，其謬之顯然易見者四焉，渺茫恍惚不可究者二焉。孔子曰'舉一隅不以三隅反，則不復也'，況已舉三隅而猶不能以一隅反乎！由是言之，《易》即文王所作，亦斷不在羑里時矣。"

文王無囚羑里之事，則文王之未嘗重《易》，固極顯明。不過崔氏這種意見在信任經傳毫無疑義的人看來，自仍以爲《易》爲文王所作。例如章炳麟在《駁皮錫瑞三書》中說：

《大傳》曰："《易》之興也，其當殷之末世、周之盛德耶？當文王與紂之事耶？是故其辭危。"若文王不繫辭，則《大傳》爲妄說。若曰卦名爲辭，名卦者其功微，成書者其功巨，顧不曰《易》興定、哀，當素王與七十二君之事，獨綢繆於姬氏舊王，而沒本師之績，是舉其微而遺其巨，詳其遠而略其近，此其謬七也。若以箕子岐山之屬，非文王所宜言者，鄭衆、馬融嘗以爻辭出周公矣。要之，文王親見箕子，何不可錄其人？山川羣神，帝王所常禋，寧知前王無享岐山者？必謂文王自擬乎？且《易》當殷末，故事狀不及周世。徒有高宗、帝乙、箕子而已。若作自孔子者，當有成、康之事，五伯之跡。今近不舉周世，遠不舉虞、夏，獨以殷事爲言，違其情勢，其謬八也。（《太炎文錄》）

他仍肯定《易》之卦爻辭爲文王作，並以鄭衆、馬融以《爻辭》止於周公爲非，與崔氏之見正相反。這兩相反的論證，我們據周代彝器看來，如郭沫若在《金文叢考》中云："《易》之八卦，所託甚古，然可異者，彝器迄未有見；宋人書中有所謂卦象卣者凡二具，乃其一字之名與卦象相似，其一作☰（博古九卷十六頁，嘯堂上卅二頁，薛氏三卷二頁），又其一作☵（《續考古圖》五），案此僅與卦象相似而已，絕非卦象也。張掄《紹興內府古器評》上卷十七以第二器之鑒作者爲淵卣，蓋與淵字形近而云然，然亦必非淵字。古器銘中凡作一二字之圖形文字，殆即作器者之族徽或花押，其字不可識也。卦象宜於作花紋圖案，然於彝器之花紋中，絕未有見，基本二卦之乾坤二字，亦爲金文所絕無。金文無與天對立之地字、天地對立之觀念，事當後起，則乾坤對立之觀念，亦當後起矣。"（《八卦五行》）《易卦》《爻辭》如果爲文王所作，則當影響及於器銘，今金文中絕無跡象可言，而就《易·卦爻》中所用"大人""幽人""金夫"等詞看來（說已詳前第一篇中）亦不似周初所能有，則似文王實無作《易》之事，崔述之說，比較允確。文王既未嘗作《易卦》《爻辭》，舊說以爲文王有重卦之事，此亦自未足信。章炳麟說："重卦之象，人人能爲之，何必文王？若專定其名者，羑里之囚七年，所定無過六十四名，何其短拙？"（同前書，頁十）文王重卦之說，在極端崇古之章炳麟且以爲疑，則可見此說之真不可信。

(二) 武王之著作

據《尚書·牧誓》篇："王朝至於商郊牧野，乃誓。"《左傳·昭公四年》"周武有孟津之誓"，《史記·周本紀》"武王乃作《泰誓》""乃罷兵西歸行狩，記政作《武成》"。《尚書大傳》："武王……釋箕子囚，箕子不忍周之釋，走之朝鮮，武王聞之，因以朝鮮封之，箕子既受周之封，不得無臣禮，故於十三禩來朝，武王因其朝而問鴻範。"《書序》："武王既勝殷，邦諸侯，班宗彝，作《分器》。"《左傳·宣公十二年》："武王克商作《頌》曰：'載輯干戈，載櫜弓矢，我求懿德，肆於時夏，允王保之'。"又作《武》，其卒章曰："耆定爾功。"其三曰："鋪時繹思，我徂維求定。"其六曰："綏養邦，屢豐年。"武王之著述，據群籍中所載，可考者約如此。但是據《孟子·盡心下》說："盡信書則不如無書。吾於武成取二三策而已矣。"《呂氏春秋》說："武王伐殷，薦俘馘於大寶，乃命周公作爲《大武》。"可見史籍所載武王所作之書篇、詩篇亦盡有不可信之處。崔氏《豐鎬考信錄》云："吾讀《泰誓》，而知武王之必斬紂頭懸諸太白，必不封武庚於商也。吾讀《牧誓》，而知武王之必封武庚於商,必不忍斬紂頭而懸諸太白也。何者?《牧誓》數紂之罪,不過曰'惟婦言是用'而已,'惟多罪逋逃是崇,是長,是信,是使'而已;其暴虐百姓,姦宄商邑,雖紂主之而實大夫卿士之成之也。玩其詞,揆其意,克商之後必將此暴虐姦宄者盡誅之以快人心;至於紂,即使不死,亦不過廢而遷之,使不得一有所為,不得復用此暴虐奸宄之人,如越句踐之居吳王於甬東者而已,非惟不肯滅其社稷,亦必不肯殘其身,況於已死而尚毀其尸乎!而《泰誓》數紂之罪,則曰'淫酗肆虐',曰'罪浮於桀',曰'殘害萬姓',曰'毒痡四海',曰'焚炙忠良,刳剔孕婦',曰'斫朝涉之脛,剖賢人之心';甚至斥為'獨夫'名為'世讎',念除惡之務本,必殄殲之乃止。玩其詞,揆其意,克商之後必生執紂而甘心焉,然後始洩其忿;至於武庚,不殺亦已幸矣,亦必竄之流之,其尚肯封之乎!由是言之,《牧誓》與封武庚之武王一武王,《泰誓》與懸紂頭之武王又一武王也;言《牧誓》之言者必不忍言《泰誓》之言,言《泰誓》之言者必不能言《牧誓》之言也;忍懸紂頭於太白者必不肯封武庚於商,肯封武庚於商者必不忍懸紂頭於太白也。然則此二篇必有一真一偽,此二事亦必有一是一非,顯然而可見也。"

"楚子所引《武》樂三章中,有'於皇武王''桓桓武王'之語,則斷非武王所自作矣。故鄭、孔及《朱傳》皆以為武王崩後,周公作此以象武王之功。然則'載戢干戈'之頌亦未必即武王所作,《傳》但本武王之克商而言之耳。不但此也,禹之《夏》,湯之《盤銘》,文王之《南龠》,亦未必皆其人所自作。但樂以象德,季札所贊者其樂也,即其人也,故並附於其人之篇後。遂皆以為其人所自作,則誤矣。"《泰誓》《牧誓》《武成》等真古文,及《大武》樂章,實不必皆武王自作,或係史臣記載,或屬後世贊頌,我們由其記載、贊頌分別看來,可以借知關於武王之一些言語行事,亦無勉強定某之篇為武王所自作之必要。據《論語‧子張》篇:"子貢曰:'文、武之道。未墜於地,在人。賢者識其大者,不賢者識其小者。莫不有文、武之道焉。'"《堯曰》篇:"謹權量,審法度,修廢官,四方之政行焉。興滅國,繼絕世,舉逸民,天下之民歸心焉。"《孟子‧公孫丑》篇說:"文王之法,百年而後崩,猶未洽於天下。武王、周公繼之,然後大行。"在《離婁下》篇又說:"武王不洩邇,不忘遠。周公思兼三王以施四事。"《論語》《孟子》之中,多以文、武並稱,文王、武王對於經學,實並有相當之貢獻則可信也。崔氏云:"《論語》之記此兩節,何也?所以紀武王之新政也。聖人之征不道也,非利天下也,以正天下也。權量法度,古聖人之所以定民志而正風俗者也。權量不謹,則巧偽日滋,姦民得其利而良民受其害;法度不審,則姦吏得以上下其手,而民無所措手足，虞、舜所以'同律度量衡'也。古之聖帝名臣皆有大功於世，其子孫皆當世守其祺而不改。當商之季，賢聖之君不作，諸侯惟以力争，强吞弱，衆暴寡，聖帝名臣之裔殄滅者蓋亦不少矣。至於任官用人，尤經世之大政：官廢則民事無由理；不得其人則雖有官而事不治，反以病民者有之矣。觀於伯夷之居北海，太公之居東海，天下之大老且猶如是，則賢才之伏處於草茅者固不可以枚舉，但無由盡歸於周耳。賢才不用，百姓何由得安，是以武王起而伐商以正之也。使武王不伐商，則聖帝名臣之祺遂聽其滅絶乎？姦民亂俗，姦吏害民，遂聽其縱恣乎？職廢而不舉，賢才隱居而不任職，遂聽其自然任斯民之重困乎？吾知上帝之心必有所不忍，而聖人敬事上帝之心亦必有所不安也。故曰聖人非利天下也，以正天下也。興滅繼絶即《史記》所稱封薊、祝、陳、杞之事。舉逸民即上文'周親不如仁人'，《周頌》'求懿德，肆時夏'之意，即成湯所云'帝臣不蔽'也。後世學者習見漢、晉以後之事，遂以爲三代亦復如是，而以利天下之心度古聖人，甚至有以湯、武之征誅爲得罪於名教者；而豈知聖人光明正大之心不若是哉！"

説經學者，多以經學爲周公或孔子所作，不知在周、孔以前之文、武實並有相當之貢獻，文王雖未必作《易》，然後世已極稱之，武王之制作《誥誓》、樂章，雖亦不可盡信，然其影響於周公者，自不待煩言而明。説經學者，言周、孔而遺文、武，那都未免數典忘祖。我們須知周公至多"集禹、湯、文、武之大成"，不能以經學開辟之功一概諉之周公的。

二　周公之制作

（一）關於《詩》篇

《論語·八佾》篇："子曰：周監於二代，郁郁乎文哉！吾從周。"《述而》篇："子曰：甚矣吾衰也！久矣吾不復夢見周公。"孔子對於周公向往之忱，溢於言表。《孟子·滕文公上》篇也説："文王我師也，周公豈欺我哉？"孔、孟對於於周公都是極稱讚的。周公的著作，在後人以爲對於六經並有述造。關於《詩》篇，相傳《七月》《鴟鴞》《文王》《清廟》《時邁》《思文》《大武》《酌》八篇爲周公作。

（1）《七月》。《毛詩序》："周公遭變故，陳后稷先公風化之所由，致王業之艱難也。"按，此説出於《毛序》。序爲晚出之篇，説不足信。元代金履祥評《七月》之詩，根據其中描寫技巧的嫻熟與手法的高超，他判定此絶非早在殷商時期的豳人所能爲，"其決爲豳之舊詩也"（《訂話三》）。崔述《豐鎬考信録》卷四則說:"余按《鴟鴞》以下六篇皆周公時所作,此篇若又出於周公,則是七篇皆與豳無涉,何以名之爲《豳》?曰:述豳俗也。然'流火,授衣,烹葵,剝棗',在在皆然,以民間通行之事而獨謂之豳俗,豳何在焉?且玩此詩醇古樸茂,與成、康時詩皆不類。竊嘗譬之,讀《大雅》如登廊廟之上,貂蟬滿座,進退秩然,煌煌乎大觀也;讀《七月》,如入桃源之中,衣冠樸古,天真爛漫,熙熙乎太古也。然則此詩當爲大王以前豳之舊詩;蓋周公述之以戒成王而後世因誤爲周公所作耳。"

(2)《鴟鴞》。《尚書·金縢》:"周公居東二年,則罪人斯得。於後,公乃爲詩以貽王,名之曰《鴟鴞》。"但此詩是否爲周公作,前人亦有疑之者。

(3)《文王》。《呂氏春秋·古樂》篇:"周文王處岐,諸侯去殷三淫而翼文王。散宜生曰:'殷可伐也。'文王弗許。周公旦乃作詩曰:'文王在上,於昭於天。周雖舊邦,其命維新。'以繩文王之德。"《漢書·翼奉傳》:"周至成王,有上賢之材,因文、武之業,以周、召爲輔,有司各敬其事,在位莫非其人。天下甫二世耳,然周公猶作《詩》《書》深戒成王,以恐失天下。《書》則曰:'王毋若殷王紂。'其《詩》則曰:'殷之未喪師,克配上帝;宜監於殷,駿命不易。'"

(4)《清廟》。《漢書·楚元王傳》:劉向"乃上封事諫曰:臣前幸得以骨肉備九卿,奉法不謹,乃復蒙恩。竊見災異並起,天地失常,徵表爲國。欲終不言,念忠臣雖在畎畝,猶不忘君,惓惓之義也。況重以骨肉之親,又加以舊恩未報乎!欲竭愚誠,又恐越職,然惟二恩未報,忠臣之義,一抒愚意,退就農畝,死無所恨。臣聞舜命九官,濟濟相讓,和之至也。眾賢和於朝,則萬物和於野。故簫《韶》九成,而鳳皇來儀;擊石拊石,百獸率舞。四海之內,靡不和寧。及至周文,開基西郊,雜遝眾賢,罔不肅和,崇推讓之風,以銷分爭之訟。文王既沒,周公思慕,歌咏文王之德,其《詩》曰:'於穆清廟,肅雍顯相;濟濟多士,秉文之德。'"王襃《四子講德論》:"昔周公咏文王之德而作《清廟》,建爲《頌》首。"漢儒以此詩爲周公作,至明代,季本、何楷並以《維天之命》《維清》二篇爲同時之作。季氏云:"今考《清廟》一節,但言助祭者之肅雍,而尚未詳文王之德必合。《維天之命》二節言之而後見其德之純"。(《詩說解頤》卷二十六)何氏云:"試觀首章言於穆,而次章亦言於穆;首章言不顯,而次章亦言不顯;首章言秉文之德對越在天,而次章即以維天之命與文王之德並言。又首章言《清廟》,而三章亦曰《維清》,其前後呼應,井然可數。此非同爲一篇而何。"(《詩經世本古義》卷十之下)季、何兩家之説,究無確據。

(5)《時邁》。《國語·周語》："穆王將征犬戎，祭公謀父諫曰：'不可。先王耀德不觀兵。夫兵戢而時動，動則威，觀則玩，玩則無震。是故周文公之頌曰：載戢干戈，載櫜弓矢。我求懿德，肆於時夏，允王保之。'"《史記·周本記》說同。

(6)《思文》。《毛詩序》："《孔疏》：《思文》八句。《正義》曰：《思文》詩者，后稷配天之樂歌也。周公既已制禮，推后稷以配所感之帝，祭於南郊。既已禘之，因述后稷之德可以配天之意，而爲此歌焉。《經》皆陳后稷有德可以配天之事。"《國語》云："周文公之爲頌，曰：'思文后稷，克配彼天。'是此篇周公所自歌，與《時邁》同也。"《國語·周語上》原文爲："故頌曰：'思文后稷，克配彼天。立我烝民，莫匪爾極。'"並未言是周公所作，至《孔疏》則認定《思文》出自周公之手。雖未足信，然亦大致可講得通。

(7)《大武》。《左傳》楚莊王論武樂本有"其六曰：綏萬邦，屢豐年"之言。《左傳·宣公十二年》："楚子曰：非爾所知也。夫文，止戈爲武。武王克商。作《頌》曰：'載戢干戈，載櫜弓矢。我求懿德，肆於時夏，允王保之。'又作《武》，其卒章曰：'耆定爾功。'其三曰：'鋪時繹思，我徂求定。'其六曰：'綏萬邦，屢豐年。'夫《武》，禁暴、戢兵、保大、定功、安民、和衆、豐財者也。故使子孫無忘其章。"《禮記·樂記》論《大武》之樂曰："夫樂者，象成者也。總干而山立，武王之事也。發揚蹈厲，大公之志也。《武》亂皆坐，周、召之治也。且夫《武》，始成而北出，再成而滅商，三成而南返，四成而南國是彊，五成而分陝，周公左、召公右，六成復綴以崇天子，夾振之而駟伐，盛威於中國也，分夾而進，事早濟也，久立於綴，以待諸侯之至也。故季札觀樂見舞《象》箾南籥者，曰：'美哉猶有'。憾見舞《大武》者，曰：'美哉周之盛也，其若此乎！'其後成王以周公爲有勳勞，命魯公世世禘周公，以天子禮樂，升歌清廟，下管象武，朱干玉戚，冕而舞《大武》。"亦有"六成"之説，故何楷、魏源於《武酌》之外合《賚》《般》《桓》諸篇以爲武之"六成"。如《武酌》果爲周公所作，則《賚》《般》《桓》諸篇或亦當爲同時之作。

(8)《酌》。《春秋繁露·三代改制質文》："周公輔成王受命，作宮邑於洛陽，成文、武之制，作《汋》樂以奉天。殷湯之後稱邑，示天之變反命，故天子命無常，唯命是德慶。故《春秋》應天作新王之事，時正黑統，王魯，尚黑，絀夏、親周、故宋，樂宜親招武，故以虞錄親，樂制宜商，合伯子男爲一等。"

以上八詩，大致比較可以信爲周公所作者，只有《文王》《清廟》等六詩，其他尚有《常棣》一篇，《左傳·僖公二十四年》："富辰諫周襄王曰：'召穆公思周德之不類，故糾合宗族於成周，而作詩曰：常棣之華，鄂不韡韡。凡今之人，莫如兄弟。'"故以爲召穆公作。而《國語·周語》述富辰之言，則又以爲周公作，云："周文公之詩曰：'兄弟鬩於牆，外禦其侮。'"崔述辯之云："《周語》云：周文公之詩曰：'兄弟鬩於牆，外禦其侮。'衛宏《毛詩序》云：'《常棣》燕兄弟也。閔管、蔡之失道，故作《常棣》焉。'其說皆與《春秋傳》異。韋氏昭、孔氏穎達咸謂'召穆公重述此詩而歌之'。杜氏、林氏注《左傳》，遂亦沿其說云：'周公作詩，召公歌之；富辰以爲召穆公所作者，蓋樂章久廢，召穆公始作周公樂歌也。'余按：'作'也者，前此未有而創之之謂也，故曰'述而不作'。若此詩果周公所作而召公但歌之，則文當云'糾合宗族於成周而歌《常棣》焉'，不當云'作詩'也。周公之事，此傳前文言之矣，曰：'周公弔二叔之不咸，故封建親戚以蕃屏周。'若此詩果周公所作，則文當云'封建親戚以蕃屏周，而作《常棣》焉，其詞云云。'不當於周公絕口不言，而於召公反歷歷述之也。且其詩云：'死喪之威，兄弟孔懷。'又云：'喪亂既平，既安且寧。'皆似中衰之後，不類初定鼎時語。況作亂者，管、蔡兄弟也，以殷畔者，管、蔡兄弟之親其所疏而疏其所親也，而此詩反云'兄弟急難，良朋永嘆'，'兄弟外禦其侮，良朋烝也無戎'，語語與其事相反，何邪？若周公果因閔管、蔡而作此詩，則當自愧無德以化兄弟，使陷於大戾；不然，則述管、蔡之慕間王室以爲兄弟戒，不當反護兄弟之罪而斥異姓之疏，使天下勤王之賢侯，從征之義士，聞之而投戈太息也。蓋此傳後文云：'周之有懿德也，猶曰"莫如兄弟"，故封建之；其懷柔天下也，猶懼有外侮，外禦侮者莫如親親，故以親屏周。召穆公亦云。'撰《周語》者誤會其意，遂疑'莫如兄弟''外禦其侮'之句爲周公之所作；撰《詩序》者又爲《國語》所誤，因臆度之而遂以管、蔡之事當之耳。不知所謂曰'莫如兄弟'者，但謂其意如此，其言如此，非謂其詩如此也；所謂'懼有外侮'者，但言其心懼有外侮，非必作詩言'外禦其侮'然後得爲懼也；周公之意，召公之詩，如合符節，故云'召穆公亦云'，非以歌周公之詩爲'亦云'也。所以鄭、唐舊說皆以此詩爲召穆公所作。自韋氏、杜氏曲護《周語》《詩序》之失，於是《傳》之明明稱爲召公所作者，巧辭強說，百計以屬之周公；雖以朱子之最不信《序》，亦從而附和之，遂致詩人之意大半晦於說《詩》之人，亦可爲之長太息矣，且夫說經者惟期定於一是耳：《周語》《詩序》既與《左傳》不同，《左傳》果是則《周語》《詩序》必非，《周語》《詩序》果是則《左傳》必非。周則周，召則召，雖三尺童子皆知其不能兩是也。乃必欲使之皆是而無非，委曲展轉以求兩全，而卒不可通，其亦拙矣！"（《豐鎬考信録》卷八《召穆公》）則《常棣》一詩當爲召穆公作。

(二) 關於《書》篇

在《尚書》中記周公之言行者有《金縢》《大誥》《康誥》《召誥》《洛誥》《多士》《無逸》《君奭》《立政》《多方》，共十篇。《金縢》《無逸》《君奭》三篇非西周初年作品，説已詳具前篇。《大誥》等七篇是否周公所作抑爲史臣所記，兹固難爲定論，然《書序》謂"周公作《金縢》""周公作《無逸》"，其説實未足據。亦記周公及。《書序》又謂《歸禾》《嘉禾》《將蒲姑》《亳姑》亦記周公事，此亦未可信。

(三) 關於《禮》篇

《周禮》《儀禮》舊傳以爲周公所作，據《左傳》述及《周禮》者有四：

《閔公元年傳》："冬，齊仲孫湫來省難。書曰'仲孫'，亦嘉之也。仲孫歸，曰：'不去慶父，魯難未已。'公曰：'若之何而去之？'對曰：'難不已，將自斃，君其待之。'公曰：'魯可取乎？'對曰：'不可，猶秉周禮。周禮，所以本也。臣聞之：國將亡，本必先顛，而後枝葉從之。魯不棄周禮，未可動也。君其務寧魯難而親之。親有禮，因重固，間携貳，覆昏亂，霸王之器也。'"

《文公十八年傳》：季文子使大史克對曰："先大夫臧文仲教行父事君之禮，行父奉以周旋，弗敢失隊。曰：'見有禮於其君者，事之，如孝子之養父母也；見無禮於其君者，誅之，如鷹鸇之逐鳥雀也。'先君周公制《周禮》曰：'則以觀德，德以處事，事以度功，功以食民。'作《誓命》曰：'毀則爲賊，掩賊爲藏。竊賄爲盜，盜器爲姦。主藏之名，賴姦之用，爲大凶德，有常無赦。在九刑不忘。'行父還觀莒僕，莫可則也。孝、敬、忠、信，爲吉德；盜、賊、藏、奸，爲凶德。夫莒僕，則其孝敬，則弑君父矣；則其忠信，則竊寶玉矣。其人，則盜賊也；其器，則姦兆也。保而利之，則主藏也。以訓則昏，民無則焉。不度於善，而皆在於凶德，是以去之。昔高陽氏有才子八人：蒼舒、隤敱、檮戭、大臨、尨降、庭堅、仲容、叔達；齊、聖、廣、淵、明、允、篤、誠，天下之民謂之'八愷'。高辛氏有才子八人：伯奮、仲堪、叔獻、季仲、伯虎、仲熊、叔豹、季狸；忠、肅、共、懿、宣、慈、惠、和，天下之民謂之'八元'。此十六族也，世濟其美，不隕其名。以至於堯，堯不能舉。舜臣堯，舉八愷，使主后土，以揆百事，莫不時序，地平天成；舉八元，使布五教於四方，父義、母慈、兄友、弟共、子孝，內平外成。昔帝鴻氏有不才子，掩義隱賊，好行凶德；醜類惡物，頑嚚不友，是與比周。天下之民謂之渾敦。少皞氏有不才子，毀信廢忠，崇飾惡言，靖譖庸回，服讒蒐慝，以誣盛德，天下之民謂之窮奇。顓頊氏有不才子，不可教訓，不知話言：告之則頑，舍之則嚚，傲狠明德，以亂天常，天下之民謂之檮杌。此三族也，世濟其凶，增其惡名，以至於堯，堯不能去。縉雲氏有不才子，貪於飲食，冒於貨賄，侵欲崇侈，不可盈厭，聚斂積實，不知紀極，不分孤寡，不恤窮匱，天下之民以比三凶，謂之饕餮。舜臣堯，賓於四門，流四凶族，渾敦、窮奇、檮杌、饕餮投諸四裔，以禦螭魅。是以堯崩而天下如一，同心戴舜以爲天子，以其舉十六相，去四凶也。"

《昭公二年傳》："晉侯使韓宣子來聘，且告爲政而來見，禮也。觀書於大史氏，見《易·象》與《魯春秋》，曰：'周禮盡在魯矣。吾乃今知周公之德與周之所以王也。'"

《哀公十一年傳》："季孫欲以田賦，使冉有訪諸仲尼。仲尼曰：'丘不識也。'三發，卒曰：'子爲國老，待子而行，若之何子之不言也？'仲尼不對。而私於冉有曰：'君子之行也，度於禮，施取其厚，事舉其中，斂從其薄。如是，則以丘亦足矣。若不度於禮，而貪冒無厭，則雖以田賦，將又不足。且子季孫若欲行而法，則周公之典在；若欲苟而行，又何訪焉？'弗聽。"

但由這四條明言的"周禮""周公之典"看來，什麼"猶秉周禮。周禮，所以本也""則以觀德，德以處事，事以度功，功以食民"；"見《易·象》與《魯春秋》，曰：'周禮盡在魯矣。'""君子之行也，度於禮，施取其厚，事舉其中，斂從其薄"。所說的俱是禮意，而未徵引及今《周禮》《儀禮》原文。所以自唐宋以來，學者對於《周禮》《儀禮》多懷疑其非是周公所自作。在上篇中我們已列舉韓愈、歐陽修、蘇轍、程顥、張子、胡宏、姚際恒、顧棟、高裳枚諸儒之說，以明《周禮》《儀禮》不出於周公，其實懷疑《周禮》《儀禮》非周公所自作者尚不止韓、歐、蘇、程諸儒，更有：

(1) 王開祖曰："吾讀《周禮》，終始其間名爲經經而背於周公之志爲不少矣，其諸信然乎哉？羅羽剌介，此微事也，然猶張官設職，奚聖人班班與？奔者不禁，示天下無禮也；復讎而義，示天下無君也。無禮無君，大亂之道，率天下而爲亂者，果周公之心乎？削於六國，焚於秦，出諸季世，其存者寡矣！聖人不作，孰從而取正哉？"(《經義考》一百二十)

(2) 范浚曰："周公作六典，謂之《周禮》，至於六官之屬，瑣細悉備，疑其不盡爲古書也。周公驅猛獸，謂蟲蛇惡物爲民物害者，蟈氏云：'掌去鼃黿，焚牡蠣，以灰灑之則死。'黿黽不過鳴聒人，初不爲民物害也，乃毒死之，似非君子所以愛物者。又牡蠣焚灰，大類狡獪戲術，豈所以爲經乎？司關云：'凡貨不出於關者，舉其貨，罰其人。'説者謂不出於關，從私道出避稅者，則没其財而撻其人，此决非周公法也。文王治岐，關市譏而不徵。周公相成王，去文王未遠，縱不能不徵，使凡貨之出於關者徵之足矣，何至如叔末世，設爲避稅法，没其貨，撻其人，劫天下之商，必使從關出哉？此必漢世聚斂之臣如桑弘羊輩，欲興權利，故附益是説於《周禮》，託周公以要説其君耳。不然，亦何異賤丈夫登壟斷而罔市利乎？"（同上）

（3）晁公武曰："秦火後，《周禮》比他經最後出，論者不一，獨劉歆稱爲周公致太平之跡；鄭氏則曰周公復辟後，以此授成王，使居洛邑，治天下；林孝存謂之瀆亂不驗之書；何休亦云六國陰謀之説。昔北宫錡問孟子周室班爵禄之法，孟子謂諸侯惡其害己，皆去其籍，則自孟子時已無《周禮》矣，況經秦火乎？漢儒非之，良有以也。"（同上）

（4）魏了翁曰："'《周禮》《左氏》，並爲秦、漢間所附之書。《周禮》亦有聖賢禮法，然附會極多。'又曰：'《周禮》與《左傳》兩部，字字謹嚴，首尾如一，更無疎漏處，疑秦、漢初人所作，因聖賢遺言足成之。'"

（5）劉炎曰："或問：'《周禮》果聖人之全書乎？'曰：'司門譏財物之犯禁者，舉而没之，司關凡貨之不出於關者，舉其貨，罰其人，周公於民之意慮，不若是之察也。'"（同上）

（6）黄震曰："孔子删《詩》、定《書》、繫《周易》、作《春秋》……至此則善爲《周禮》解者也。"（同上書）

（7）羅璧曰："《禮記》古今議其雜，《周禮》則劉歆列上之，時包周、孟子張、林碩已不信爲周公書，近代司馬温公、胡致堂、胡五峰、蘇潁濱、晁説之、洪容齋，直謂作於劉歆。蓋歆佐王莽，書與莽苛碎之政相表裏，且《漢書·儒林傳》叙諸經皆有傳授，《禮》獨無之，或者見其詳密，謂聖人一事有一制，意其果周公之遺，不知孔子於禮多從周，使周公禮書如此精詳，當不切切於杞、宋求夏、商遺禮，與夫逆爲繼周損益之辭。又自衛反魯，删《詩》、定《書》、繫《易》、作《春秋》，獨不能措一辭於《周禮》。即孟子時，周室猶存，班爵之制已云不聞其詳，而謂秦火之後，乃《周禮》燦然完備如此耶？兼其中言建國之制，與《書》《洛誥》《召誥》異；言封國之制，與《書·武成》及《孟子》異；設官之制，與《書·周官·六典》異。周之制作，大抵出周公，豈有言之與行自相矛盾乎？"

（8）王若虛曰："（吕）東萊云：'《周禮》者，古帝王之舊典禮經也。始於上古而成於周，故曰《周禮》。'予謂此書迂闊煩瀆，不可施之於世，謂之《周禮》，已自不可信，又可謂古帝王之典乎？"

（9）崔適在《豐鎬考信錄》之"《禮經》作於春秋以降"篇曰："《古禮經》十七篇（今謂之《儀禮》），世皆以爲周公所作。余按：此書周詳細密，讀之猶足以見三代之遺，識其名物之制，以考經傳之文，大有益於學者，不可廢之書也。然遂以爲周初之禮，周公所作之書，則非也。""今《禮經》所記者，其文繁，其物奢，與周公、孔子之意判然相背而馳，蓋即所謂後進之禮樂者，非周公所制也。"

我們就這些人的意見看來，《周禮》所載只是"無禮無君，大亂之道""亦何異賤丈夫登壟斷而罔市利""周公於民之意，慮不若是之察""迂闊煩瀆，不可施之於世"。即不以之與金文中之職官相較，而見其本非周制，已可信其非周公之典，何況其職官實多與周金文中所有者不同，哪有真憑實據可驗其非周公所作呢？《周禮》《儀禮》不出於周公之手筆。在現在看來，似乎可以定讞。

《詩》《書》《周禮》《儀禮》之外，與周公關係密切者尚有《逸周書》，《逸周書》中記周公言行者有《豐保》《柔武》《大開武》《小開武》《寶典》《豐謀》《寤儆》《克殷》《大聚》《度邑》《五儆》《五權》《成開》《作雒》《皇門》《大戒》《明堂》《本典》《官人》《王會》，凡二十篇。稱爲周公之作者，有《周月》《月令》《諡法》三篇。要自《豐保》以下諸篇，純駁不一，不可盡信。明郭棐以《逸周書》爲"周之野史"，其說誠然。前舉中如《度邑》《作雒》《皇門》三篇，文辭大奧，或爲西周史官之遺編。昔人或以《王會》篇爲奇古，然如"穢人""良夷""高夷"諸目，孔晁注："穢人，韓穢；良夷，樂浪；高夷，高句麗也。"果然則非甚古矣。《周月》有雨水、春分、穀雨、小滿、夏至、大暑、處暑、秋分、霜降、小雪、冬至、大寒等節氣，皆後世之名稱，且非周公作，可勿詳論。其《月令》已佚，係盧文弨白《呂氏春秋》補之，但這在鄭玄已以爲不足信，崔述《豐鎬考信錄》更辯之云："《月令》一篇，世多以爲周公所作。鄭康成云：'此本《呂氏春秋》十二月紀之首，禮家好事者抄合之；其中官名時事多不合周法。'是漢儒固已非之矣。而唐《語林》云：'《月令》出於《周書》第七卷《周月》《時訓》兩篇，蔡邕云周公作，是《呂紀》采於《周書》，非《戴記》取於《呂紀》明矣。'則又以康成爲非是。余按：《逸周書》本後人所僞撰，所言武王之事皆與經傳刺謬，其非周初史官所記顯然。然則《周月》《時訓》兩篇或即采之《呂氏春秋》或與《呂紀》同采之於一書，均未可知；焉得以《逸周書》有之而遂斷以爲周公之書也哉！況《月令》所言多陰陽家說，所載政事雖有一二可取，然所繫之月亦未見有不可移易者；蓋撰書者雜采傳記所載政事而分屬之於十二月，是以純雜不均，邪正互見，豈惟非周公之書，亦斷非周人之制。康成之言是也。至於所推中星日躔，尤彰彰較著者。周公上距堯世止千二百餘年，而《月令》'季春昏七星中''季秋昏虛中'，上距《堯典》之'仲春星鳥''仲秋星虛'，已差一月。周公下至西漢之末千餘年，至劉宋又數百年，而《月令》'孟春之月，日在營室'，下至《三統曆》，正月中日猶在室十四度，至《元嘉曆》，正月中日猶在室一度，才差十餘度耳。雖測驗或有疏密，然不至大相徑庭。上溯唐、虞之世何太遠？下逮漢、宋之世何太近？其為戰國時人所撰，毫無疑義。不知前人論者何以不考之此而遽信以為周公之書也！"（《豐鎬考信錄》卷五《周公相成王下》，《崔東壁遺書》）陳逢衡《逸周書補注》亦云："《月令》全文已載在《呂氏》，又載《小戴》篇中，似不必再取以補《周書》，而且出自《呂氏》，其中有無潤色損益不可知，恐未必即《周書·月令》之舊，故仍從舊闕。"諡法非周公作，崔氏辯之云："且周既制此諡法，必先分別夫應諡之人，或通行於諸侯，或兼行於卿大夫。乃今以史考之，衛康叔之後五世無諡；齊太公、宋微子、蔡叔度、曹叔振鐸皆四世無諡。太公以佐命之臣，始封之君，而竟無諡。周公子伯禽亦無諡。晉唐叔子燮，父子皆無諡。周果制為諡法，何以諸國之君皆無諡乎？蓋諡法非周之所制，乃由漸而起者。上古人情質樸，有名而已；其後漸尚文而有號焉。至湯撥亂反治，子孫追稱之為'武王'，而諡於是乎始。然而子孫卿士未有敢擬之者。周之二王諡為文、武，蓋亦仿諸商制。以成王之靖四方也，放亦諡之曰成。而康王以後遂仿而行之。猶之乎商有三宗，西漢亦有三宗，至後漢而宗始多，及唐、宋而遂無帝不宗也。周公有大功於天下，故其沒也，成王特賜之諡。召公歷相三朝，康王遂仿周公之例而亦諡之。然皆以為特典，非以為常制也。是以成、康、昭、穆之代，諸侯諡者寥寥。數世之後，俗彌尚文，遂無有不諡者。然卿大夫尚未敢擬也。至周東遷以後，而卿大夫始漸有諡。嘗以《春秋傳》考之，晉自文公以前，惟欒共叔有諡（《國語》有韓定伯）；狐偃、先軫有佐霸之功，而諡皆無聞。至襄公世，趙衰、欒枝始有諡，而先且居、胥臣之屬仍以字稱，則是亦以為特典也。成、景以後，卿始以諡為常；先縠、三郤以罪誅，乃無諡。降於平頃，則雖欒盈之以作亂死，荀寅、士吉射之失位出奔，而靡不諡矣。魯大夫有諡者，較他國為獨多。然桓、莊以前，卿尚多無諡者。昭、定之間，則榮駕鵝、南宮說、子服、公父之倫，下大夫靡不諡者。鄭大夫初皆無諡；至春秋之末，子思、子剩亦有諡。惟宋大夫始終無諡。果周所定一代之制，何以先後不齊，彼此互異若是？然則諡之由漸而起，彰彰明矣。"（《豐鎬考信別錄》卷三《周制度雜考》）由這幾家所舉之證驗看來，此三篇非周公作，實甚顯明。

(四) 關於《易傳》

在漢儒因卦爻辭中有許多文王以後的事跡，故分《爻辭》以爲周公所作。
崔述辯之云："近世說《周易》者皆以《彖詞》爲文王作，《爻詞》爲周公作。朱子《本義》亦然。余按：《傳》前章云：'《易》之興也，其於中古乎？作《易》者其有憂患乎？'初未言'中古'爲何時而'憂患'爲何事也。至此章始言其作於文王時，然未嘗言爲文王所自作也。且曰'其當'，曰'其有'，曰'邪'，曰'乎'，皆爲疑詞而不敢決。則是作傳者就其文推度之，尚不敢決言其時世，況能決知其爲何人之書乎！至司馬氏作《史記》，因傳此文，遂附會之，以爲文王羑里所演；是以《周本紀》云：'西伯之囚羑里，蓋益《易》之八卦爲六十四卦。'《自序》亦云：'西伯拘羑里，演《周易》。'（演者，增也，即《本紀》所云'益八爲六十四'者也）自是遂以《易卦》爲文王所重。及班氏作《漢書》，復因《史記》之言，遂斷以詞爲文王之所繫。是以《藝文志》云：'文王重《易》六爻，作《上下》篇。'又云：'人更三聖，世歷三古。'（謂伏羲，文王，孔子）自是遂以《易·彖爻》之詞爲文王所作矣。然其中有甚可疑者。《明夷》之五稱'箕子之明夷'，《升》之四稱'王用亨於岐山'，皆文王以後事，文王不應預知而預言之。《史》《漢》之說不復可通，於是馬融、陸績之徒不得已，乃割《爻詞》謂爲周公所作以曲全之。而鄭康成、王弼復以卦爲包羲、神農所重，非文王之所演。然後後儒始獨以《彖詞》屬之文王，而分《爻詞》屬之周公矣，由是言之，謂文王作《彖詞》，周公作《爻詞》者，乃漢以後儒者因《史記》《漢志》之文而展轉猜度之，非有信而可徵者也。夫以卦爲羲、農所重，雖無確據，而理固或有之；若周公之繫《易》，則傳記從未有言及之者，惟《春秋傳》有見《易象》而知周公之德之語，然此自謂《易象》，非謂《易詞》也。晉文公之謀迎襄王也，筮之，遇《大有》之《睽》，曰'吉，遇公用亨於天子之卦。'則是《易詞》晉固有之，不待至魯而後見。且即使起所見者果《易》之詞，而《卦爻》之詞果文王與周公所分繫，則於文當兼言文王、周公之德，亦不得但美周公而不及文王也。秦、漢以後，司馬、班氏最爲近古，然皆但言文王，不稱周公。乃至《易緯乾鑿度》《通卦驗》等書最善附會者，亦但稱羲、文、孔三聖人而無一言及於周公。烏得分《卦爻》之詞而屬之兩人也！且《繫詞傳》文云：'其初難知；其上易知。'又云：'二與四同功而異位；三與五同功而異位。'又云：'爻有等，故曰物；物相雜，故曰文；文不當，故吉凶生焉。'然後承之曰：'《易》之興也，其當殷之末世，周之盛德邪？當文王與紂之事邪？是故其辭危，危者使平，易者使傾。'（此文朱子分爲兩章，古本合爲一章）前呼後應，詞意甚明。所謂'其辭危'者，正指諸爻之詞而言；若果詞內有文王以後事，或《易》非文王作而《史》《漢》誤稱之，不得獨摘《彖詞》屬之文王，而別以《爻詞》屬之周公也。乃朱子《本義》既不正其猜度之失，又不詳其展轉之因，而直曰此文王所繫，此周公所繫，若傳記確有明文可據，傳經以來即如是說者。無乃非闕疑之義，而使後之學者靡所考證乎！故今但錄《易》《春秋》傳原文以存疑義；而不敢據漢儒展轉猜度之說，遂直斷何者爲何人所作。仍略記其爲說之因，庶使學者有所考焉。"（《豐鎬考信錄》卷五《周公相成王下》）馬融、陸績分《爻詞》以爲周公所作，或是根據《左傳》"韓宣子適魯，見《易象》與《魯春秋》曰：'周禮盡在魯矣！吾乃今知周公之德，與周之所以王也。'"而云然，但《左傳》所言者爲《易象》而非卦爻詞。周公作《爻詞》事，西漢諸儒，並無明言，我們實未可以信此展轉猜度之辭。《春秋》之五十凡例在漢儒亦並無明言爲周公所作者，至杜預爲《春秋經傳集解》始有"其發凡以言例皆周公之舊制，而夫子潤色之"，這也是附會韓宣子適魯見《易象》與《魯春秋》等語而然。其實這一段話不過是見魯有《易象》與《春秋》，因是而云周之文物制度猶存於魯，而魯之能保存此文物制度是由於受周公之德澤的關係，並非是說《易象》與《魯春秋》爲周公所作。《春秋》凡例之中有弒君例，豈有周公作五十凡預設弒君例之理？唐儒啖（助）趙（匡）嘗辨杜說之誤，杜說之爲附會甚明。

（五）關於《爾雅》

《爾雅》亦相傳爲周公所作，崔述曾辯之云："世或以《爾雅》爲周公所作。或云：'周公止作《釋詁》一篇，餘皆非也。'余按：《釋詁》等篇乃解釋《經》《傳》之文義，《經》《傳》之作大半在於周公之後，周公何由預知之而預釋之乎！至於他篇所記制度名物之屬，往往有與《經》《傳》異者，其非周公所作尤爲明著。大抵秦、漢間書多好援古聖人以爲重，或明假其名，若《素問》《靈樞》之屬，或傳之者謬相推奉，若《本草周官》之類，皆不可信。"（同上書卷五《周公相成王下》）《爾雅》乃釋經之書，周公之時六經並未完全成立。《釋詁》一篇之非周公所作，可勿作詳論。

第二節　西周中葉之經學

（闕）

第四篇　春秋戰國經學之發展

第一章

春秋初中葉之經學

第一節　東遷以後經學之背景

（闕）

第二節　列國士大夫之稱誦詩書

春秋時代，因爲周室東遷，王政不綱，在政治上，由諸侯之强盛者，即所謂霸主更迭領導，周室也不過等同於列國。列國諸侯，爭相爲霸，聘問會盟，使節往來頻仍，禮儀瑣細，他們在出使專對之際，需要明瞭《詩》《書》《禮》《樂》，前言往行，表現他們在外交等活動中嫻於禮儀，答對得體，並作爲他們理論的根據和言談的資料，所以頌《詩》引《書》不惟成爲一時風氣，而且有其必需。例如《左傳·僖公二十三年》：

　　他日，公享之，子犯曰："吾不如衰之文也，請使衰從。"公子賦《河水》，公賦《六月》。趙衰曰："重耳拜賜！"公子降，拜，稽首。公降一級而辭焉。衰曰："君稱所以佐天子者命重耳，重耳敢不拜？"

在宴饗時需要更"文"一點的人物作侍從，才能應付裕如。《六月》詩有王子出征以佐天子之語，趙衰了解，因而叫重耳拜賜，他自己對答。反之，如不多頌《詩》《書》，如《左傳·昭公十二年》：

　　夏，宋華定來聘，通嗣君也。享之，爲賦《蓼蕭》，弗知，又不答賦。昭子曰："必亡。宴語之不懷，寵光之不宣，令德之不知，同福之不受，將何以在？"

《左傳·襄公十六年》：

　　晉侯與諸侯宴於溫，使諸大夫舞，曰："歌《詩》必類。"齊高厚之《詩》不類。荀偃怒，且曰："諸侯有異志矣！"使諸大夫盟高厚，高厚逃歸。於是，叔孫豹、晉荀偃、宋向戌、衛寧殖、鄭公孫蠆、小邾之大夫盟曰："同討不庭。"

這兩例，不懂《詩》《書》，小則有辱君命，大則甚至要闖出大禍來，可見當時對於賦《詩》誦《書》是該有何等的必要！孔子曾說："誦《詩》三百，授之以政，不達；使於四方，不能專對；雖多，亦奚以爲？"（《論語·子路》）在當時，《詩》竟成爲在政治上外交活動所必須熟讀的典籍，這是"經"在古代中國，由始創時期轉到發展時期很顯明的變遷，同時也是促進"經"在春秋時期得以迅速發展的原因。在《左傳》《國語》中列國大夫稱誦《詩》《書》之例甚多，現在我們且試分別地來看，他們如何賦《詩》，如何引《書》：

（一）賦　詩

《詩》在春秋時代，尚有許多新的作品出來，國風大概都出於春秋時。皮錫瑞《經學通論》云："據《毛詩》則變風終於陳靈，據'三家'則當云變風終於衛獻。"如依王夫之《詩經稗疏》的考定，《無衣》爲秦哀公爲申包胥出師救楚之作，則《詩三百篇》中尚收錄有春秋中葉魯定、哀時作品。故賦《詩》之義，在《左傳》中，有時用來等同於創作詩歌之意。如：

《左傳·隱公三年》："衛莊公娶於齊東宮得臣之妹，曰莊姜，美而無子，衛人所爲賦《碩人》也。"

《左傳·閔公二年》："狄人伐衛……衛師敗績，遂滅衛。……初，惠公之即位也少，齊人使昭伯烝於宣姜，不可，強之。生齊子、戴公、文公、宋桓夫人、許穆夫人。……及敗，宋桓公逆諸河，宵濟。衛之遺民男女七百有三十人，益之以共滕之民爲五千人，立戴公以廬於漕。許穆夫人賦《載馳》。"

《左傳·閔公二年》："鄭人惡高克，使帥師次於河上，久而弗召。師潰而歸，高克奔陳。鄭人爲之賦《清人》。

《左傳·文公六年》："秦伯任好卒。以子車氏之三子奄息、仲行、鍼虎爲殉，皆秦之良也。國人哀之，爲之賦《黃鳥》。"

《左傳·定公四年》："申包胥如秦乞師，曰：'吳爲封豕、長蛇，以薦食上國，虐始於楚。寡君失守社稷，越在草莽，使下臣告急，曰：夷德無厭，若鄰於君，疆場之患也。逮吳之未定，君其取分焉。若楚之遂亡，君之土也。若以君靈撫之，世以事君。'秦伯使辭焉，曰：'寡人聞命矣。子姑就館，將圖而告。'對曰：'寡君越在草莽，未獲所伏，下臣何敢即安？'立，依於庭墻而哭，日夜不絕聲，勺飲不入口七日。秦哀公爲之賦《無衣》，九頓首而坐，秦師乃出。"

這裏所說的"賦"，與《左傳·隱公元年》"公入而賦'大隧之中，其樂也融融'；姜出而賦'大隧之外，其樂也洩洩'"之義相同，這一類的賦詩是指作詩而言。

現在我們所要研究的是他們如何應用詩章。據《左傳》所記載引詩百餘條看來，當時有：(1)賦詩以寄託己意；(2)賦詩以直陳己意；(3)述詩以當諷諫；(4)述詩而加以解釋種種之不同。下面分別加以分析：

(1)賦詩以寄託己意。這一種在《左傳》中所記最多，所謂寄託己意，有時用來贊美，有時用來諷刺，或表示希望，或表示允許，也有多種不同。如《左傳·昭公二年》："晉侯使韓宣子來聘，且告爲政而來見，禮也。觀書於大史氏，見《易象》與《魯春秋》，曰：'周禮盡在魯矣。吾乃今知周公之德與周之所以王也。'公享之。季武子賦《緜》之卒章。韓子賦《角弓》。季武子拜曰：'敢拜子之彌縫敝邑，寡君有望矣。'武子賦《節》之卒章。既享，宴於季氏，有嘉樹焉，宣子譽之。武子曰：'宿敢不封殖此樹，以無忘《角弓》。'遂賦《甘棠》。宣子曰：'起不堪也，無以及召公。'"季武子賦《緜》之末章"予曰有疏附；予曰有先後；予曰有奔奏；予曰有禦侮"，是贊美韓宣子懂道理和有能力。《角弓》篇說"兄弟婚姻，無胥遠矣"，所以季武子拜謝他聯絡兩國的美意。《甘棠》拿召公比韓宣子更是即景生情的佳話。這是賦他人之詩以表達己意之一例。又如：《左傳·襄公二十七年》："鄭伯享趙孟於垂隴，子展、伯有、子西、子產、子大叔、二子石從。趙孟曰：'七子從君，以寵武也。請皆賦以卒君貺，武亦以觀七子之志。'子展賦《草蟲》，趙孟曰：'善哉！民之主也。抑武也不足以當之。'伯有賦《鶉之賁賁（奔奔）》，趙孟曰：'床笫之言不踰閾，況在野乎？非使人之所得聞也。'子西賦《黍苗》之四章，趙孟曰：'寡君在，武何能焉？'子產賦《隰桑》，趙孟曰：'武請受其卒章。'子大叔賦《野有蔓草》，趙孟曰：'吾子之惠也。'印段賦《蟋蟀》，趙孟曰：'善哉！保家之主也，吾有望矣！'公孫段賦《桑扈》，趙孟曰：'匪交匪敖，福將焉往？若保是言也，欲辭福祿，得乎？'卒享。文子告叔向曰：'伯有將爲戮矣！詩以言志，志誣其上，而公怨之，以爲賓榮，其能久乎？'"這七子所賦之詩，《草蟲》詩有"未見君子，我心傷悲。亦既見止，亦既覯止，我心則夷"。《隰桑》詩有"既見君子，云何不樂""既見君子，德音孔膠"，表示思慕趙孟的意思。《隰桑》卒章"心乎愛矣，遐不謂矣？中心藏之，何日忘之！"所以趙孟也借此表示感謝曰："何日忘之"。《黍苗》之四章說"肅肅謝功，召伯營之。烈烈征師，召伯成之"，借此以美趙孟。《蟋蟀》中有"好樂無荒，良士瞿瞿""良士蹶蹶""良士休休"等語，賦詩宗旨在不荒淫。《桑扈》稱誦君子，"君子樂胥，受天之祜"，爲"萬邦之屏"，末句爲"彼交匪敖，萬福來求"，用來比喻趙孟，所以趙孟有那樣的回答。這一次賦詩，趙孟對於他們的稱頌，有的謙不敢受，有的答以善言，唯有伯有賦《鶉之賁賁》，詩中之意爲"人之無良，我以爲兄""人之無良，我以爲君"，這好比床頭之言，是關着門說的話，不可以公開地說的，所以趙孟説"非使人之所得聞也"，更説他"詩以言志，志誣其上，而公怨之"。《野有蔓草》是私情詩，詩中有"邂逅相遇，適我願兮""邂逅相遇，與子偕臧"，所以趙孟也説"吾子之惠也。"

那時有名的賦詩又有：

《左傳·昭公十六年》："鄭六卿餞宣子於郊。宣子曰：'二三君子請皆賦，起亦以知鄭志。'子齹賦《野有蔓草》。宣子曰：'孺子善哉！吾有望矣。'子產賦鄭之《羔裘》，宣子曰：'起不堪也。'子大叔賦《褰裳》，宣子曰：'起在此，敢勤子至於他人乎？'子大叔拜。宣子曰：'善哉，子之言是！不有是事，其能終乎？'子游賦《風雨》，子旗賦《有女同車》，子柳賦《蘀兮》。宣子喜曰：'鄭其庶乎！二三君子以君命貺起，賦不出鄭志，皆昵燕好也。二三君子，數世之主也，可以無懼矣。'宣子皆獻馬焉，而賦《我將》。子產拜，使五卿皆拜，曰：'吾子靖亂，敢不拜德？'"這一次因爲韓宣子要知鄭志，所以鄭六卿所賦的詩都是鄭詩，鄭詩中多情詩，所以這一次賦的詩中情詩也最多。《羔裘》有"豈不爾思？勞心切切""豈不爾思？我心憂傷"。《風雨》有"既見君子，云胡不喜？"《有女同車》有"德音不忘"，《蘀兮》有"叔兮伯兮，倡予和女"。所以韓宣子一面説"起不堪也"，一面説"皆昵燕好也"。《褰裳》詩有："子不我思，豈無他人？"韓宣子説："起在此，敢勤子至於他人乎？"他們也正是針鋒相對的。

賦詩言志，在饗宴時表示兩國交歡之意，當然可能表示諷刺、希望、允許等意義，例如：《左傳·襄公二十七年》："齊慶封來聘，其車美。孟孫謂叔孫曰：'慶季之車，不亦美乎？'叔孫曰：'豹聞之：服美不稱，必以惡終。美車何爲？'叔孫與慶封食，不敬。爲賦《相鼠》，亦不知也。"不過《左傳》這一段記載，硬説慶封聽了"相鼠有皮，人而無儀。人而無儀，不死何爲"這幾句詩都不懂得意思，這段話可靠與否，是頗有可疑的（注）。但其含有諷刺之意則無疑義。其暗寓希望與允許者如《左傳·襄公二十六年》："齊侯、鄭伯爲衛侯故如晉，晉侯兼享之。晉侯賦《嘉樂》。國景子相齊侯，賦《蓼蕭》。子展相鄭伯，賦《緇衣》。叔向命晉侯拜二君曰：'寡君敢拜齊君之安我先君之宗祧也，敢拜鄭君之不貳也。'國子使晏平仲私於叔向，曰：'晉君宣其明德於諸侯，恤其患而補其闕，正其違而治其煩，所以爲盟主也。今爲臣執君，若之何？'叔向告趙文子，文子以告晉侯。晉侯言衛侯之罪，使叔向告二君。

國子賦《蘀之柔矣》，子展賦《將仲子兮》，晉侯乃許歸衛侯。"《將仲子》詩有"人之多言，亦可畏也"句，這是諫告晉侯如不釋衛侯，則人將謂其聽臣（孫林文）言而執其君（衛獻公）。賦詩有這樣的希望之意在內，所以晉侯乃歸衛侯。至於表示允許，如秦哀公賦《無衣》之類在當時也頗有其例。

由這上面所舉賦詩之例看來，這樣賦詩只是借過去的詩句，來表明自己的意思。那時一面將《詩》當面歌唱，一面將不好直接表達的意思也表達了，用在交際上格外顯得委婉曲折。他們這樣的賦詩並不必顧到"作詩之誼"，也不須避諱情詩中那種直接的感情流露，一個盡可以利用如蕩婦罵惡少的口吻："你不要我，難道就沒有別人要我嗎？"一個也可以這樣回答："有我在這裏，何須要你尋找別人呢？"大庭廣眾下，他們借賦詩也可以這樣開開玩笑的。所以盡管所賦的是私情詩也無妨礙，這只是"賦詩之誼"而已。

在《左傳》中：還有"賦詩斷章"的說法。

《左傳·襄公二十八年》："慶舍之士謂盧蒲癸曰：'男女辨姓，子不辟（避）宗，何也？'曰：'宗不餘辟（避），余獨焉辟（避）之？賦詩斷章，余取所求焉，惡識宗？'"

《左傳·定公九年》："鄭駟歂殺鄧析，而用其竹刑。君子謂：'子然於是不忠。苟有可以加於國家者，棄其邪可也。《靜女》之三章，取彤管焉。《竿旄》"何以告之"，取其忠也。故用其道，不棄其人。'"

"賦詩斷章，余取所求"，"斷章取義是賦詩的慣例，賦詩人的心意並不既是作詩人的心意，所以作詩的人盡管作的是言情詩，但賦詩的人盡可用作宴賓詩"，《左傳·襄公二十八年》："慶舍之士謂盧蒲癸曰：'男女辨姓，子不辟（避）宗，何也？'曰：'宗不余辟（避），余獨焉辟（避）之？賦詩斷章，余取所求焉，惡識宗？'""盧蒲癸的意思是說賦詩只須取自己要的東西，不必還出它的娘家。君子批評駟歂的話是說，《靜女》的詩意並不好，只是《靜女》詩中的'彤管'是一個好的名目就可取了；《竿旄》一詩也並不'忠'，只是《竿旄》詩中有'何以告之'一句，很有'忠告善道'的意思，就可算'忠'了。'惡識宗'就是不管作者的本意，棄掉不可用的而取它可用的。所以那時的賦詩很可以稱作象徵主義。作詩的人明明是寫實，給他們一賦就是象徵了。"（顧頡剛：《詩經在春秋戰國間的地位》，《古史辨》第三冊）當時人賦詩，並未將"賦詩之誼"誤會成"作詩之誼"，將賦變作比興，將私情詩解釋成爲非私情詩，這是我們所切當注意的。

（2）賦詩以直陳己意。因詩即是樂歌，可以唱的，在饗宴時所有賦詩都是用樂工歌唱出來的，好比後人點戲一樣。在當時，賦詩自更有雜在言語之以直陳己意作爲理論的根據，事例的證明，事實的批判，情感的發舒。例如：

《左傳・成公二年》："晉師從齊師，入自丘輿，擊馬陘。齊侯使賓媚人賂以紀甗、玉磬與地。'不可，則聽客之所爲。'賓媚人致賂，晉人不可，曰："必以蕭同叔子爲質，而使齊之封內盡東其畝。"對曰："蕭同叔子非他，寡君之母也；若以匹敵，則亦晉君之母也。吾子布大命於諸侯，而曰：'必質其母以爲信'，其若王命何？且是以不孝令也。《詩》曰：'孝子不匱，永錫爾類。'若以不孝令於諸侯，其無乃非德類也乎？先王疆理天下，物土之宜，而布其利。故《詩》曰：'我疆我理，南東其畝。'今吾子疆理諸侯，而曰'盡東其畝'而已；唯吾子戎車是利，無顧土宜，其無乃非先王之命也乎？反先王則不義，何以爲盟主？其晉實有闕。四王之王也，樹德而濟同欲焉；五伯之霸也，勤而撫之，以役王命；今吾子求合諸侯，以逞無疆之欲。《詩》曰：'布政優優，百祿是遒。'子實不優，而棄百祿，諸侯何害焉？"

"孝子不匱，永錫爾類""我疆我理，南東其畝"，成了理論的根據，摧挫敵焰的利器，義正嚴辭，終於得到對方允諾，也真足以服人之心，真是絕妙辭令。

再如，《左傳・襄公三十一年》，叔向曰："辭之不可以已也如是夫！子產有辭，諸侯賴之，若之何其釋辭也？《詩》曰：'辭之輯矣，民之協矣。辭之繹矣，民之莫矣。'其知之矣。"叔向引詩"辭之輯矣，民之協矣"是來證明"子產有辭，諸侯賴之"之事可信。當時國際關係複雜，外交辭令至爲重要，這是平日所以注重誦詩專對的訓練，所以孔門四科之中，言語竟也列爲一科，在孔子時，此風蓋猶未替。

《左傳・襄公二十五年》："衛獻公自夷儀使與寧喜言，寧喜許之。大叔文子聞之，曰：'烏乎！《詩》所謂"我躬不說，皇恤我後"者，寧子可謂不恤其後矣。將可乎哉？殆必不可。君子之行，思其終也，思其復也。《書》曰："慎始而敬終，終以不困。"《詩》曰："夙夜匪解，以事一人。"今寧子視君不如弈棋，其何以免乎？'"

《左傳・襄公二十九年》："鄭大夫盟於伯有氏。裨諶曰：'是盟也，其與幾何？《詩》曰："君子屢盟，亂是用長。"今是長亂之道也，禍未歇也。'"依據詩句中的教訓，作爲事實的批判。

又如《左傳・宣公二年》：趙穿攻靈公於桃園。宣子未出山而復，大史書曰："趙盾弑其君。"以示於朝。宣子曰："不然。"對曰："子爲正卿，亡不越竟，反不討賊，非子而誰？"宣子曰："烏呼！《詩》曰：'我之懷矣，自詒伊戚。'其我之謂矣。"這是利用詩篇來發抒自己的情感，同時也做事實的批判。像這樣的用《詩》法，在《左傳》中也是例證繁多，不勝枚舉。

這種在言語中引詩，也一樣可以斷章取義。例如：《左傳·成公十二年》以"赳赳武夫，公侯干城"屬治世，以"赳赳武夫，公侯腹心"屬亂世，實與詩之本意，毫不相合。《左傳·襄公十年》孟獻子見"縣門發，䣅人紇抉之以出門者"說道："《詩》所謂'有力如虎'者也。"直將"有力如虎"當作成語引用，並不顧及詩的本意。又《左傳·定公十年》："侯犯以郈叛，武叔、懿子圍郈，弗克。秋，二子及齊師復圍郈，弗克。叔孫謂郈工師駟赤曰：'郈非唯叔孫氏之憂，社稷之患也。將若之何？'對曰：'臣之業，在《揚水》卒章之四言矣。'叔孫稽首。"《唐風·揚之水》卒章是："揚之水，白石粼粼。我聞有命，不敢以告人。"駟赤這樣引用，直將詩句看作謎底，讓人自去猜想。《國語·魯語下》也有"豹之業及《匏有苦葉》矣，不知其他"的故事，當時賦詩，真有將詩句當作"謎底"一樣看待的事實；這是當時的人，對於《詩三百篇》不像後世之崇奉爲經，而且對於詩句，社會上一般人都了解而能記憶，當作謎底令人去猜，並非難事。這樣用詩，也自然多半是斷章取義。

（3）誦詩以當箴諫。誦詩以當諷諫，是說古之帝王有樂工時時誦述詩中之語以當箴諫，時時來提醒他。據《國語·周語》載："邵公諫厲王曰，故天子聽政，使公卿至於列士獻詩，瞽獻曲，史獻書，師箴，瞍賦，矇誦，百工諫，庶人傳語，近臣盡規，親戚補察，瞽、史教誨，耆、艾修之，而後王斟酌焉，是以事行而不悖。"又，《國語·晉語六》"范文子戒趙文子云：'吾聞古之王者，政德既成，又聽於民，於是乎使工誦諫於朝，在列者獻詩使勿兜，風聽臚言於市，辨祅祥於謠，考百事於朝，問謗譽於路，有邪而正之，盡戒之術也。'"《左傳·襄公十四年》："自王以下，各有父兄子弟，以補察其政。史爲書，瞽爲詩，工誦箴諫，大夫規誨，士傳言，庶人謗，商旅於市，百工獻藝。"所謂"師箴，瞍賦，矇誦""工誦""工誦箴諫"都是說樂師樂工誦詩以當諷諫，在《左傳》《國語》中，這樣誦詩以諷諫天子、諸侯的實例，雖不多見，但誦詩以當諷諫大夫之例則有，例如：

《左傳·襄公十四年》："孫蒯入使。公飲之酒，使大師歌《巧言》之卒章。大師辭，師曹請爲之。初，公有嬖妾，使師曹誨之琴，師曹鞭之。公怒，鞭師曹三百。故師曹欲歌之，以怒孫子，以報公。公使歌之，遂誦之。"

又如：

《左傳·襄公二十八年》："叔孫穆子食慶封，慶封氾祭。穆子不說，使工爲之誦《茅鴟》。"

這兩段記載，明言誦的《巧言》，其卒章有"彼何仁斯""職爲亂階"等詞句；杜注《茅鴟》："逸詩，刺不敬。"當面誦來，與賦《相鼠》等情事正相類，然一則云賦，一則云誦，其唱作自不同。

（4）引詩而加以釋解。賦詩以寄寓己意，誦詩以諷諫他人，雖是使人領略其意，但因其爲"寄寓""諷諫"，故很少附加解釋的。若賦詩以直陳己意，爲了更加明瞭起見，有的又附加解釋。例如：

《左傳·襄公七年》：公族穆子有廢疾，將立之。辭曰："《詩》曰：'豈不夙夜，謂行多露。'又曰：'弗躬弗親，庶民弗信。'無忌不才，讓其可乎？請立起也！與田蘇游，而曰好仁。《詩》曰：'靖共爾位，好是正直。神之聽之，介爾景福。'恤民爲德，正直爲正，正曲爲直，參和爲仁。如是，則神聽之，介福降之。立之，不亦可乎？"

又如：

《左傳·昭公二十八年》：魏子謂成鱄："吾與戍也縣，人其以我爲黨乎？"對曰："何也？戍之爲人也，遠不忘君，近不逼同，居利思義，在約思純，有守心而無淫行。雖與之縣，不亦可乎？昔武王克商，光有天下。其兄弟之國者十有五人，姬姓之國者四十人，皆舉親也。夫舉無他，唯善所在，親疏一也。《詩》曰：'唯此文王，帝度其心。莫其德音，其德克明。克明克類，克長克君。王此大國，克順克比。比於文王，其德靡悔。既受帝祉，施於孫子。'心能制義曰度，德正應和曰莫，照臨四方曰明，勤施無私曰類，教誨不倦曰長，賞慶刑威曰君，慈和遍服曰順，擇善而從之曰比，經緯天地曰文。九德不愆，作事無悔，故襲天祿，子孫賴之。主之舉也，近文德矣，所及其遠哉！"

因爲引《詩》而說"恤民爲德，正直爲正，正曲爲直，參和爲仁"，不僅釋詩中之"正""直"，並及"仁""法"之義，對於詩的大義，也解釋得極其明了。成鱄之釋九德，將"度""莫"等動字，一概謂之"德"，文王之"文"，亦在其內。他們這樣的解釋，不從聲音形式上着手，固然在漢學家看來很不夠味，但如"正直爲正""正曲爲直""經緯天地曰文""照臨四方曰明"，這些解釋確比後人依照《説文》等字書作訓詁有意義。

在《左傳》中，更有：

《左傳·文公七年》："昭公將去群公子，樂豫曰：'不可。公族，公室之枝葉也，若去之則本根無所庇蔭矣。葛藟猶能庇其本根，故君子以爲比，況國君乎？'"

《左傳·昭公七年》：公曰："《詩》所謂'彼日而食，於何不臧'者，何也？"對曰："不善政之謂也。國無政，不用善，則自取謫於日月之災，故政不可不慎也。務三而已，一曰擇人，二曰因民，三曰從時。"

等説《詩》之例，"葛藟猶能庇其本根，故君子以爲比"固可謂善於説《詩》之意，亦可見春秋時説《詩》已有所謂"比"，"彼日而食，於何不臧"的詩意在斥"不善政"，尤其不是僅在字句上推敲，當日以此等極易了解之詩句爲問，可見《詩》在春秋時代，不僅是在繼續發展，實已有以《詩》爲"業"者，如《國語》中"豹之業及《匏有苦葉》"及《左傳·文公四年》中"臣以爲肄業及之也"。據此，我們很可以説在春秋時已有《詩》學。

《左傳》引詩，除逸詩與僅及詩名者外，共百五十三條，其文字之參差，如《竿旄》詩今"竿"作"干"；《車舝》詩今"舝"作"輦"；《采菽》詩今"叔"作"菽"；《嘉樂》詩今"嘉"作"假"；《常棣》詩中"外禦其侮"，今"侮"作"務"；《北山》詩"普天之下"，今"普"作"溥"，"或憔悴事國"，今"憔悴"作"盡瘁"；"莫其德者"，今"莫"作"貊"。由《國語》《孟子》《荀子》等書所引詩看來，《左氏》所引實爲極古之本，故與諸書相同，他如"君子是則是效""民胥效矣"，今本"效"俱作"傚"；"協比其鄰""民之協矣"，今本"協"俱作"洽"；"皇恤我後""莫敢怠皇"，今本"皇"俱作"遑"；"愷悌""愷悌君子"，今本"愷悌"俱作"豈弟"；"鶺鴒在原"，今"鶺鴒"作"脊令"，今本"題彼脊令"亦作"脊令"；"我躬不説"，今"説"作"閲"；而在《谷風》詩中，今本"説"亦作"閲"。可見今本《毛詩》，實與《左氏》所據之本不同。最有趣味的是"福禄攸同"，今本"福禄"作"萬福"，實與詩中文義不合；"維此文王"，今本"文王"作"王季"，亦與詩中文義不合；尤其是"儀刑文王之典"，《左氏》"典"引作"德"；"憯不畏明"，《左氏》引"憯"作"慘"，並與"三家"義合，而反不與毛本合，這是《左氏》《毛詩》不同出一源之明證，後人因劉歆僞《左氏》而亦僞《毛詩》，這是極謬誤的。

《國語》引詩、逸詩與僅及詩名者外，共有十五條，其"侮"不作"務"，"哉"不作"哉"，"叔"不作"菽"，"愷悌"不作"豈弟"，與《左傳》相同。《國語·周語下》引"瞻彼旱麓"，"麓"作"鹿"；引"在夏后之世"，在"在"字上多一"近"字，與今本亦不同。

《左傳》所引逸詩共有七條：a. 莊公二十二年，《詩》云："'翹翹車乘，招我以弓，豈不欲往，畏我友朋。'" b. 成公九年，《詩》曰："雖有絲麻，無棄菅、蒯；雖有姬姜，無棄蕉萃。凡百君子，莫不代匱。淑慎爾止，毋載爾僞。" c. 襄公五年，《詩》曰："周道挺挺，我心扃扃，講事不令，集人來定。" d. 襄公八年，"《周詩》有之曰：'俟河之清，人壽幾何？兆云詢多，職競作羅。'" e. 昭公四年，《詩》曰："禮儀不愆，何恤於人言？" f. 昭公十二年，《詩》曰："祈招之愔愔，式昭德音。思我王度，式如玉，式如金。形民之力，而無醉飽之心。" g. 昭公二十六年，《詩》曰："我無所監，夏后及商。用亂之故，民卒流亡。若德回亂，民將流亡，祝史、之爲，無能補也。"

逸詩篇名則有三：a. 僖公二十三年，"公子賦《河水》。" b. 襄公二十六年，"國子賦《轡之柔矣》。" c. 襄公二十八年，"使工爲之誦《茅鴟》"。

其舊以爲逸詩而今定爲非逸詩者有二：a. 宣公二年，"我之懷矣，自詒伊戚"。b. 襄公三十年，"淑慎爾止，毋載爾僞"。其本爲樂舞名而後人誤爲逸詩者亦二：a. 襄公十年，"宋公享晉侯於楚丘，請以《桑林》"。b. 昭公二十五年，"宋公享昭子，賦《新宮》"。

《國語》所引逸詩有《周語下》："《周詩》有之曰：'天之所支，不可壞也。其所壞，亦不可支也。'昔武王克殷，而作此詩也。以爲飫歌，名之曰'支'。"其篇名僅存者有《晉語四》："秦伯賦《鳩飛》，公子賦《河水》。"

(二) 引《書》

春秋時之賦《詩》是因往來聘問必有宴饗之禮，宴饗時必須賦詩，故《詩》學在當時亦隨之而發達，其不在宴饗時之賦詩，則多用以爲理論之依據、事例的證明，以申明己意。這種理論的依據，自然不必限於引《詩》，其他典籍，也一樣可以引用。在《左傳》中，列國諸侯大大稱述《尚書》的也有四五十處，這雖然遠不及引詩，我們分析看來也有引書以直陳己意；引書而附加解釋之不同：賦詩有斷章之例，引書也有時節引。《尚書》在當時流傳之情形，我們看了史籍對於引書的記載，也很可以明瞭。

(1) 引《書》以直陳己意。《尚書》所記載者爲過去之事例，引《尚書》來對答作爲自己理論上的根據，自可以引起別人的信任。《左傳·僖公二十七年》："趙衰曰：郤縠可。臣亟聞其言矣，說《禮》《樂》而敦《詩》《書》。《詩》《書》，義之府也。《禮》《樂》，德之則也。德、義，利之本也。《夏書》曰：'賦納以言，明試以功，車服以庸。'君其試之。"他們認定《詩》《書》爲"義之府"，稱引《詩》《書》以明義理，自是應有之現象。在《左傳》

中，引《書》以直陳己意者有：

　　《左傳·哀公十一年》：吳將伐齊……惟子胥懼，曰："是豢吳也夫！"諫曰："越在我，心腹之疾也。壤地同，而有欲於我。夫其柔服，求濟其欲也，不如早從事焉。得志於齊，猶獲石田也，無所用之。越不爲沼，吳其泯矣。使醫除疾，而曰'必遺類焉'者，未之有也。《盤庚之誥》曰：'其有顛越不共，則劓殄無遺育，無俾易種於茲邑。'是商所以興也。"

越國爲吳國心腹之患，子胥主張根除越國，引用"使醫除疾"一喻還覺不足，還需要引《盤庚之誥》來强化自己的觀點。

　　《左傳·成公六年》：或謂樂武子曰："聖人與衆同欲，是以濟事。子盍從衆？子爲大政，將酌於民者也。子之佐十一人，其不欲戰者，三人而已。欲戰者可謂衆矣。《商書》曰：'三人占，從二人。'衆故也。"

這是引《書》語以明從衆之理論。在《左傳》中，稱引《尚書》者，實多屬此類。《書》與《詩》本不同，不能用來寄予己意，或如《詩》之令人賦誦，以當箴諫，故多用之於直陳己意。

（2）引《書》而附加釋解《詩》《書》，在春秋時人看來並不爲艱深，但爲了理論上的明瞭，自然有時也需加以解說，例如：

　　《左傳·文公十八年》：季文子使大史克對曰："先大夫臧文仲教行父事君之禮，行父奉以周旋，弗敢失隊。曰：'見有禮於其君者，事之如孝子之養父母也。見無禮於其君者，誅之如鷹鸇之逐鳥雀也。'先君周公制《周禮》曰：'則以觀德，德以處事，事以度功，功以食民。'作《誓命》曰：'毀則爲賊，掩賊爲藏，竊賄爲盜，盜器爲奸。主藏之名，賴奸之用，爲大凶德，有常無赦，在《九刑》不忘。'行父還觀莒僕，莫可則也。孝敬忠信爲吉德，盜賊藏奸爲凶德。夫莒僕，則其孝敬，則弑君父矣；則其忠信，則竊寶玉矣。其人，則盜賊也；其器，則奸兆也，保而利之，則主藏也。以訓則昏，民無則焉。不度於善，而皆在於凶德，是以去之。昔高陽氏有才子八人，蒼舒、隤敳、檮戭、大臨、尨降、庭堅、仲容、叔達，齊聖廣淵，明允篤誠，天下之民謂之八愷。高辛氏有才子八人，伯奮、仲堪、叔獻、季仲、伯虎、仲熊、叔豹、季貍，忠肅共懿，宣慈惠和，天下之民謂之八元。此十六族也，世濟其美，不隕其名，以至於堯，堯不能舉。舜臣堯，舉八愷，使主后土，以揆百事，莫不時序，地平天成。舉八元，使布五教於四方，父義、母慈、兄友、弟共、子孝，内平外成。昔帝鴻氏有不才子，掩義隱賊，好行凶德，醜類惡物，頑嚚不友，是與比周，天下之民謂之渾敦。少皞氏有不才子，毁信廢忠，崇飾惡言，靖譖庸回，服讒搜慝，以誣盛德，天下之民謂之窮奇。顓頊有不才子，不可教訓，不知話言，告之則頑，舍之則嚚，傲狠明德，以亂天常，天下之民謂之檮杌。此三族也，世濟其凶，增其惡名，以至於堯，堯不能去。縉云氏有不才子，貪於飲食，冒於貨賄，侵欲崇侈，不可盈厭，聚斂積實，不知紀極，不分孤寡，不恤窮匱，天下之民以比三凶，謂之饕餮。舜臣堯，賓於四門，流四凶族，渾敦、窮奇、檮杌、饕餮，投諸四裔，以禦螭魅。是以堯崩而天下如一，同心戴舜以爲天子，以其舉十六相，去四凶也。故《虞書》數舜之功，曰'慎徽五典，五典克從'，無違教也。曰'納於百揆，百揆時序'，無廢事也。曰'賓於四門，四門穆穆'，無凶人也。"

"無違教也""無廢事也"等語，是就書句大意來解説。又如：

《左傳·成公二年》：申公巫臣曰："不可。君召諸侯，以討罪也。今納夏姬，貪其色也。貪色爲淫，淫爲大罰。《周書》曰：'明德慎罰。'文王所以造周也。明德，務崇之之謂也；慎罰，務去之之謂也。若興諸侯以取大罰，非慎之也。君其圖之！"

"明德，務崇之之謂也""慎罰，務去之之謂也"，在《康誥》中原文雖無此意，而實可以作如此之引申的釋解。在《左傳》中更有補叙《尚書》之事實者，例如：

《左傳·昭公七年》：鄭子産聘於晉。晉侯有疾。韓宣子逆客，私焉，曰："寡君寢疾，於今三月矣，並走群望，有加而無瘳。今夢黄熊入於寢門，其何厲鬼也？"對曰："以君之明，子爲大政，其何厲之有？昔堯殛鯀於羽山，其神化爲黄熊，以入於羽淵，實爲夏郊，三代祀之。晉爲盟主，其或者未之祀也乎？"

再如：

《左傳·定公四年》：子魚曰："以先王觀之，則尚德也。昔武王克商，成王定之，選建明德，以蕃屏周。故周公相王室，以尹天下，於周爲睦。分魯公以大路、大旂、夏后氏之璜、封父之繁弱，殷民六族：條氏、徐氏、蕭氏、索氏、長勺氏、尾勺氏。使帥其宗氏，輯其分族，將其類醜，以法則周公，用即命於周。是使之職事於魯，以昭周公之明德。分之土田陪敦，祝、宗、卜、史，備物、典策，官司、彝器。因商奄之民，命以《伯禽》，而封於少皞之虛。分康叔以大路、少帛、綪茷、旃旌、大呂，殷民七族，陶氏、施氏、繁氏、錡氏、樊氏、饑氏、終葵氏；封畛土略，自武父以南，及圃田之北竟，取於有閻之土，以共王職。取於相土之東都，以會王之東搜。聃季授土，陶叔授民，命以《康誥》，而封於殷虛。皆啓以商政，疆以周索。分唐叔以大路、密須之鼓、闕鞏、沽洗，懷姓九宗，職官五正。命以《唐誥》，而封於夏虛。啓以夏政，疆以戎索。三者皆叔也，而有令德，故昭之以分物。不然，文、武、成、康之伯猶多，而不獲是分也，唯不尚年也。管蔡啓商，惎間王室。王於是乎殺管叔而蔡蔡叔，以車七乘、徒七十人。其子蔡仲改行帥德，周公舉之，以爲己卿士。見諸王而命之以蔡，其命書云：'王曰：胡！無若爾考之違王命也。'若之何其使蔡先衛也？武王之母弟八人，周公爲太宰，康叔爲司寇，聃季爲司空，五叔無官，豈尚年哉！曹，文之昭也；晉，武之穆也。曹爲伯甸，非尚年也。"

子產敍述"昔堯殛鯀於羽山，其神化爲黃熊，以入於羽淵"語涉怪異，不足重視。子魚所敍，不惟將《康誥》的本事說出，據其所稱"命以伯禽""命以唐誥""命之以蔡"，則《尚書》中當有《伯禽》《唐誥》兩篇，這不惟爲今文《尚書》所無，即古文《尚書》百篇書序中亦無此名。我們所更當要注意的，則《左傳》所引之《尚書》，尚有三十餘則不見於今本《尚書》者，如：

《左傳·文公七年》："《夏書》曰：'戒之用休，董之用威，勸之以九歌，勿使壞。'九功之德皆可歌也，謂之九歌。六府、三事，謂之九功。水、火、金、木、土、穀，謂之六府。正德、利用、厚生，謂之三事。義而行之，謂之德、禮。"

《左傳·僖公二十四年》："《夏書》曰：'地平天成。'稱也。"

《左傳·僖公二十七年》："《夏書》曰：'賦納以言，明試以功，車服以庸。'"

《左傳·莊公八年》："《夏書》曰：'皋陶邁種德，德乃降。'"

《左傳·襄公二十一年》："《夏書》曰：'念茲在茲，釋茲在茲，名言茲在茲，允出茲在茲，惟帝念功。'"

《左傳·襄公二十三年》："《夏書》曰：'念茲在茲。'"

《左傳·襄公二十六年》："《夏書》曰：'與其殺不辜，寧失不經。'"

《左傳·襄公五年》："《夏書》曰：'成允成功。'"

《左傳·哀公十八年》："《夏書》曰：'官占，惟能蔽志，昆命於元龜。'

其是之謂乎!'"

《左傳·襄公四年》:"《夏訓》有之,曰:'有窮后羿。'"

《左傳·成公十六年》:"《夏書》曰:'怨豈在明?不見是圖。'將慎其細也。"

《左傳·哀公六年》:"《夏書》曰:'惟彼陶唐,帥彼天常,有此冀方。今失其行,亂其紀綱,乃滅而亡。'又曰:'允出茲在茲。'"

《左傳·襄公二十一年》:"《書》曰:'聖有謨勳,明徵定保。'"

《左傳·襄公十四年》:"《夏書》曰:'遒人以木鐸徇於路,官師相規,工執藝事以諫。'"

《左傳·昭公十七年》:"故《夏書》曰:'辰不集於房,瞽奏鼓,嗇夫馳,庶人走。'此月朔之謂也。當夏四月,是謂孟夏。"

《左傳·昭公十四年》:"《夏書》曰:'昏、墨、賊、殺。'皋陶之刑也。請從之。"

《左傳·宣公十二年》:"仲虺有言曰:'取亂侮亡。'兼弱也。"

《左傳·襄公十四年》:"仲虺有言曰:'亡者侮之,亂者取之,推亡固存,國之道也。'"

《左傳·襄公三十年》:"《仲虺之志》云:'亂者取之,亡者侮之。推亡固存,國之利也。'"

《左傳·昭公十年》:"《書》曰:'欲敗度,縱敗禮。'"

《左傳·襄公三十一年》:"《大誓》云:'民之所欲,天必從之。'"

《左傳·昭公元年》:"《大誓》云:'民之所欲,天必從之。'"

《左傳·成公二年》:"《大誓》所謂'商兆民離,周十人同'者,衆也。"

《左傳·襄公二十八年》:"叔孫穆子曰:必得之。武王有亂臣十人……"

《左傳·昭公二十四年》:"《大誓》曰:'紂有億兆夷人,亦有離德。余有亂臣十人,同心同德。'"

《左傳·襄公三十一年》:"《周書》數文王之德,曰:'大國畏其力,小國懷其德。'言畏而愛之也。"

《左傳·昭公七年》:"昔武王數紂之罪,以告諸侯曰:'紂爲天下逋逃主,萃淵藪。'"

《左傳·僖公五年》:"宮之奇諫曰……'臣聞之,鬼神非人實親,惟德是依。故《周書》曰:"皇天無親,惟德是輔。"又曰:"黍稷非馨,明德惟馨。"又曰:"民不易物,惟德繄物。"'"

《左傳·襄公二十五年》:"《書》曰:'慎始而敬終,終以不困。'"

《左傳·襄公十一年》："《書》曰：'居安思危。'"

《左傳·昭公六年》："《書》曰：'聖作則。'"

這三十一條都是不見於今本《尚書》而多爲僞《古文尚書》所剽取以成篇的，其所引篇名有《夏訓》《仲虺之志》《大誓》等篇。而三十餘條中，《夏書》要占二分之一，似乎伏生所傳，《夏書》所逸獨多，《商書》則《左傳》所引只多一《仲虺之志》，更無其他篇句。

我們還應當注意的是，《左傳》引書，並不一定依照原文，如宣公十二年，引"《仲虺有言》曰'取亂侮亡'"，就是取《仲虺之志》"亂者取之，亡者侮之"句陶鑄而成；《左傳·成公二年》云"《大誓》所謂'商兆民離，周十人同'"，也是陶鑄原文而成。其不見今文《尚書》者更有十八條，如：

《左傳·僖公三十三年》：《康誥》曰："父不慈子不祗，兄不友弟不共，不相及也。"

《左傳·昭公二十年》：《康誥》曰："父子兄弟，罪不相及。"兩引《康誥》，俱不與今《書》原文相同，《左氏》所引，不似今本難於了解，似是引用之時隨意改作，如《成公六年》引"三人占，從二人"，亦不與今本"三人占，則從二人之言"相同；《哀公十一年》引"有顛越不共，則劓殄無遺育，無俾易種於兹邑"，亦與今本作"其有顛越不恭，我乃劓殄滅之，無俾易種於兹新邑"不同，或古來引書有間接引法，與賦詩"斷章余取所求"一例，非古本與《左氏》同也。

其字句之差異者：如《文公十八年》引"百揆時序"，今本"序"作"叙"；"賦納以言"，今本"賦"作"敷"，"納"作"奏"；《隱公六年》《莊公十四年》兩引《盤庚》"惡之易也，如火之燎於原，不可鄉邇"，今本無"惡之易也"一語，"鄉"今本作"向"。《襄公三年》《文公五年》《成公六年》三引《洪範》俱作"《商書》曰"。《文公五年》引"沈漸剛克"，今本"漸"作"潛"。《成公二年》引《康誥》"明德慎罰"，今本"明"字上多一"克"字。《昭公八年》引"惠不惠，茂不茂"，今本"茂"作"懋"。"百揆時序""沈漸剛克"並不與古文《尚書》同而與今文《尚書》合（阮元《左傳校勘記》云："古文《尚書》作'沈潛'，段玉裁云《漢書·谷永傳》曰'忘湛漸之義'，湛漸即沈潛也，蓋今文《尚書》作漸，與左氏合。"）。《左氏》引《書》，也與引《詩》一樣，時同今文，而不同於古文。這一點實是我們所當特別注意的。《左傳》《毛詩》《古文尚書》同爲古文，而《左傳》所引《詩》《書》不自覺其合於今文，而不合於古文，恐未必即爲真古本，不然則左氏所引之《詩》《書》，無由於古文不合。由《左傳》與《古文尚書》不合，如《左氏》引《盤庚》有"惡之易也"一語，以《洪範》爲《商書》與今本以爲《周書》不同，可見古文非劉歆一人所僞，必謂劉歆遍僞羣經，則其説亦非。

《國語》引《書》共十七條屬於逸《書》者：

(1)《周語上》："《夏書》有之曰，'衆非元后，何戴？后非衆，無與守邦'。"

(2)《周語中》："《書》曰，'民可近也，而不可上也'。"

(3)《晉語》一五："《夏書》有之曰：'一人三失，怨豈在明，不見是圖。'"

(4)《周語下》："《夏書》有之曰：'關食和鈞，王府則有。'"

(5)《周語中》："先王之令有之，曰：'天道賞善而罰淫，故凡我造國，無從非彝，無即慆淫，各守爾典，以承天休。'"

(6)《周語上》："在《湯誓》曰：'余一人有罪，無以萬夫；萬夫有罪，在余一人。'"

(7)《楚語上》："武丁於是作《書》，曰：'以余正四方，余恐德之不類，兹故不言。'"

(8)《楚語上》："如是而又使以象夢旁求四方之賢聖，得傅説以來，升以爲公，而使朝夕規諫。曰：'若金，用女作礪；若津水，用女作舟；若大旱，用女作霖雨。啓乃心，沃朕心。若藥不瞑眩，厥疾不瘳；若跣不視地，厥足用傷。'若武丁之神明也，其聖之睿廣也，其智之不疚也，猶自謂未乂，故三年默以思道。既得道，猶不敢專制，使以象旁求聖人。既得以爲輔，又恐其荒失遺忘，故使朝夕規誨箴諫，曰：'必交修余，無余棄也。'"

(9)《周語中》："在《大誓》曰：'民之所欲，天必從之。'"

(10)《周語中》："《書》有之曰：'必有忍也，若能有濟也。'"

(11)《晉語》："《西方之書》有之曰：'懷與安，實疚大事。'"

(12)《周語下》："吾聞之《大誓》，故曰：'朕夢協朕卜，襲於休祥，戎商必克。'"

其見於今本者有五，文字之差異僅"國之滅"，今本"國"作"邦"。但在這一段我們有需注意者：

　　《楚語下》：昭王問於觀射父，曰："《周書》所謂重、黎實使天地不通者，何也？若無然，民將能登天乎？"對曰："非此之謂也。古者民神不雜。民之精爽不攜貳者，而又能齊肅衷正，其智能上下比義，其聖能光遠宣朗，其明能光照之，其聰能聽徹之，如是則明神降之,在男曰覡,在女曰巫。是使制神之處位次主,而爲之牲器時服,而後使先聖之後之有光烈,而能知山川之號、高祖之主、宗廟之事、昭穆之世、齊敬之勤、禮節之宜、威儀之則、容貌之崇、忠信之質、禋絜之服,而敬恭明神者,以爲之祝。使名姓之後,能知四時之生、犧牲之物、玉帛之類、采服之儀、彝器之量、次主之度、屏攝之位、壇場之所、上下之神、氏姓之出,而心率舊典者爲之宗。於是乎有天地神民類物之官,是謂五官,各司其序,不相亂也。民是以能有忠信,神是以能有明德,民神異業,敬而不瀆,故神降之嘉生,民以物享,禍災不至,求用不匱。及少皞之衰也,九黎亂德,民神雜糅,不可方物。夫人作享,家爲巫史,無有要質。民匱於祀,而不知其福。烝享無度,民神同位。民瀆齊盟,無有嚴威。神狎民則,不蠲其爲。嘉生不降,無物以享。禍災薦臻,莫盡其氣。顓頊受之,乃命南正重司天以屬神,命火正黎司地以屬民,使復舊常,無相侵瀆,是謂絕地天通。"

這一大段只是闡明"絕地天通"四字之義,而引用古史來層層釋解,這不與《周語下》叔向之釋"昊天有成命"那樣注重故訓,而如此長篇大論之解釋,在古代實不多見。

注:《左傳》引《詩》見於今本,而文字或略有異者共百五十三則,文繁不能盡錄,兹列舉其篇次於下:隱元年(一則)、三年(一則),桓十二年(一則),莊六年(一則),閔元年(一則),僖二年(一則)、五年(一則)、九年(三則),十二年(一則)、十五年(一則)、十九年(一則)、二十年(一則)、廿二年(三則)、廿四年(三則)、廿八年(一則)、三十三年(一則),文元年(一則)、二年(五則)、三年(三則)、四年(二則)、六年(一則)、十年(一則)、十五年(二則),宣二年(三則)、九年(一則)、十一年(一則)、十二年(六則)、十五年(一則)、十六年(一則)、十七年(一則),成二年(五則)、四年(一則)、七年(一則)、八年(三則)、十二年(二則)、十四年(一則)、十六年(一則),襄二年(二則)、三年(一則)、七年(四則)、八年(二則)、十年(一則)、十一年(一則)、十三年(三則)、十四年(一則)、十五年(一則)、廿一年(三則)、廿二年(三則)、廿四年(二則)、廿五年(二則)、廿六年(二則)、廿七年(一則)、廿九年(三則)、三十年(二則)、三十一年(七則),昭元年(四則)、二年(一則)、三年(二則)、四年(一則)、五年(一則)、六年(四則)、七年(六則)、八年(一則)、九年(一則)、十年(三則)、十三年(二則)、十六

年（一則）、廿年（四則）、廿一年（一則）、廿三年（一則）、廿四年（二則）、廿五年（一則）、廿六年（二則）、廿八年（三則）、三十二年（二則），定三年（一則）、九年（一則）、十年（一則），哀二年（一則）、五年（二則）、六年（一則）。

《左傳》引《書》見於今本而文字或略不同者凡十八則，茲列舉其篇次於下：隱六年（一則），莊十四年（一則），僖廿三年（三則），僖廿七年（一則），文五年（一則），文十八年（一則），宣十五年（一則），成二年（一則），成六年（一則），成八年（一則），成十六年（一則），襄三年（一則），襄廿三年（一則），昭七年（一則），昭八年（一則），昭廿年（一則），哀十一年（一則）。

《國語》引《詩》見於今本而文字或略不同者凡廿四則：《周語》上（二則），《周語中》（二則），《周語下》（六則），《魯語下》（二則），《晉語四》（八則），《楚語上》（二則），《趙語下》（一則）。

《國語》引《書》見於今本而文字或略不同者凡六則：周語上（一則），《周語下》（二則），《晉語一五》（一則），《楚語上》（一則），《楚語下》（一則）。

附： **《左傳》《國語》引經異同表**

《左傳》引《詩》	《毛詩》	《左傳》引《詩》	《毛詩》
定九年 竿旄	干	僖廿二年 協比其鄰	洽
襄廿七年 彼己之子	其	襄廿九年 協比其鄰	洽
襄廿四年 彼己之子	其	僖十五年 傅遷背增	噂
昭七年 君子是則是效	效	昭十六年 宗周既滅	周宋
昭十年 視民不佻		昭十六年 莫知我肆	勩
昭七年 鶌鳩在原	脊令	襄廿五年 我躬不說	閱
《左傳》引《詩》	《毛詩》	襄廿五年 皇恤載後	遑
僖廿四年 外禦其侮	務	僖廿二年 協比其鄰	洽
昭元年 褒姒滅之	威	昭七年 普天之下	溥
襄廿七年 匪交匪敖	彼	昭七年 或憔悴事國	盡瘁
昭廿五年 車轄	車舝	成八年 愷悌君子	豈弟
昭十七年 采叔	菽	僖十二年 愷悌君子	豈弟
襄十四年 愷悌	豈弟	文四年 惟彼二國	維此
襄十一年 福祿攸同	萬福	昭廿八年 惟此文王	維王季

续表

《左传》引《诗》	《毛诗》	《左传》引《诗》	《毛诗》
昭六年 民胥效矣	效	昭廿八年 惟此文王	维王季
宣二年 人之无良	民	昭廿八年 莫其德音	貊
宣十五年 陈锡载周	哉	昭廿八年 王此大国	邦
昭十年 陈锡载周	哉	文三年 嘉乐	假
庄六年 本枝百世	支	襄廿六年 嘉乐	假
昭二十年 憯不畏明	憯	昭二十年 毋从诡随	无纵
文十年 毋从诡随	无	文十年 刚亦不吐	刚吐
成八年 是用大简	谏	文十年 柔亦不茹	柔茹
襄三十一年 民之协矣	洽	定四年 不侮矜寡	鳏
襄三十一年 辞之绎矣	绎	襄廿七年 何以恤我	假溢
文七年 同寮	僚	昭六年 仪式刑文王之德	典
襄廿六年 四方其训之	顺	宣十二年 铺时绎思	敷
襄廿二年 慎尔侯度	谨	隐三年 百禄是荷	何
文三年 夙夜匪懈	解	昭二十年 布政优优	敷
襄廿五年 夙夜匪懈	解	成二年 布政优优	敷
哀五年 不敢怠皇	遑	襄廿六年 不敢怠皇	遑
庄十四年 不可乡迩	向	哀十一年 于兹邑	新邑
文十八年 百揆时序	叙	哀十一年 其有颠越不共	恭
僖廿七年 赋纳以言	敷	哀十一年 则剧	我乃剧殄灭之
隐六年 恶之易也	恐沈于众	文五年 沉渐刚克	潜
隐六年 不可乡迩	向	昭八年 茂不茂	懋
庄十四年 恶之易也	恐沈于众		
彼己之子	其	恺悌君子 干禄恺悌	岂弟
外御其侮	务	恺悌君子 求福不回	岂弟
莘莘征夫	駪駪征夫	亶厥心	亶
陈锡载周	哉	瞻彼旱鹿	麓
国之臧	邦	是有逸罚	有佚罚
国之不臧	邦	不皇暇食	遑

第二章

孔子與六經之刪定

（正文佚闕）

第一節　孔子之刪《詩》《書》定《禮》《樂》

（1）孔子無刪《詩》《書》之事
（2）孔子對於《禮》《樂》之修訂

第二節　孔子之贊《易》與修《春秋》

（1）孔子無作《十翼》之事
（2）孔子有修《春秋》之功

第三節　孔子在經學上之貢獻

（1）孔子在經學上地位之崇高

私學的開創者；儒學的創始者；確立經學之準則（禮與秩序、道德）

（2）孔子之貢獻在《論語》與《春秋》

第三章

孔門弟子之傳經

第一節　游、夏、參、商諸弟子之傳經

經學流傳至春秋時代，經孔子提倡與開門授徒，經學始真有傳授、有發明。孔子卒後，孔門弟子之傳經者，據《史記·仲尼弟子列傳》引"孔子曰'受業身通者七十有七人'，皆異能之士也"。又説："學者多稱七十子之徒，譽者或過其實，毁者或損其真，鈞之未睹厥容貌，則論言弟子籍，出孔氏古文近是。余以弟子名姓文字悉取《論語》弟子問並次爲篇，疑者闕焉。"孔門高材生有七十餘人（《史記索引》《孔子家語》皆謂有七十七人，唯文翁《孔廟圖》作七十二人），而有弟子籍足憑。此七十餘弟子，《史記》排列爲：（1）顔回（2）閔損（3）冉耕（4）冉雍（5）冉求（6）仲由（7）宰予（8）端木賜（9）言偃（10）卜商（11）顓孫師（12）曾參（13）澹臺滅明（14）宓不齊（15）原憲（16）公冶長（17）南宫括（18）公晳哀（19）曾蒧（20）顔無繇（21）商瞿（22）高柴（23）漆開（24）公伯繚（25）司馬耕（26）樊須（27）有若（28）公西赤（29）巫馬施（30）梁鱣（31）顔幸（32）冉孺（33）曹（34）伯虔（35）公孫龍等三十五人，云："自子石已右三十五人，顯有年名及受業見於書傳。其四十有二人，無年及不見書傳者（《索隱》："《家語》此列唯有三十七人。其公良孺、秦商、顔亥、叔衆會四人，《家語》有事跡，《史記》闕如。然自公伯繚、秦冉、鄡單三人，《家語》不載，而别有琴牢、陳亢、縣亶當此三人之數，皆互有也。如文翁圖所記，又有林放、蘧伯玉、申棖、申堂，俱是後人以所見增益，於今殆不可考）紀於左。"其次列：（1）冉季（2）公祖句兹（3）秦祖（4）漆雕哆（5）顔高（6）漆雕徒父（7）壤駟赤（8）商澤（9）石作蜀（10）任不齊（11）公良孺（12）后處（13）秦冉（14）公夏首（15）奚容箴（16）公肩定（17）顔祖（18）鄡單（19）句井疆（20）罕文黑（21）秦商（22）申黨（23）顔之僕（24）榮旂（25）縣成（26）左人郢（27）燕伋（28）鄭國（29）秦非（30）施之常（31）顔噲（32）步叔乘（33）原亢籍（34）樂欬（35）廉絜（36）叔仲會

(37) 顏何 (38) 狄黑 (39) 邦巽 (40) 孔忠 (41) 公西輿如 (42) 公西葴等四十二人。我們現在看來，這無年名之四十二人，事跡固早已不詳；即有年名之三十五人，《史記》所載，其於傳經之跡亦頗失實，如於所記既有誤處。子夏云："孔子既歿，子夏居西河教授，爲魏文侯師。"《容齋續筆》考之云："按《史記》所書，子夏少孔子四十四歲，孔子卒時，子夏年二十八，至周威烈王二十三年，魏始爲侯，去孔子卒七十五年，又十六年而卒。姑以始侯之年計之，則子夏已百三歲矣。"於公孫龍云："字子石，少孔子五十三歲。"顧炎武考之云："按《漢書》注：'公孫龍，趙人，爲堅白異同之説者，與平原君同時，去夫子近二百年。'殆非也。且云少孔子五十三歲，則當田常伐魯之年，僅十三四歲爾。而曰'子張、子石請行'，豈甘羅、外黃舍人兒之比乎。"《史記》所記，又有疏略處，如《子夏傳》，司馬貞《索隱》云："子夏文學著於四科，序《詩》，傳《易》。又孔子以《春秋》屬商。又傳《禮》，著在《禮志》。而此史並不論，空記《論語》小事，亦其疏也。"其他如子游、子張、曾參諸傳，亦並疏略。我們欲知孔門弟子傳經之實，還需分别詳考。據《論語·子張》篇所載，多孔子弟子之言，"子張曰""子夏曰""子游曰""曾子曰""子貢曰"，而又有子夏之門人問交於子張。子游曰："子夏之門人小子……"曾子曰："堂堂乎張也，難與並爲仁矣。"是孔子之學子夏、子游、子張傳授光大最盛。

在《論語》中，聖門四科所列雖爲德行：顏淵、閔子騫、冉伯牛、仲弓；政事：冉有、季路；言語：宰我、子貢；文學：子游、子夏。而據《子張》篇所引，孔子弟子之言有子張、子夏、子游、曾子、子貢諸人之辭，則十哲之外，子張、曾子也是傳孔學的重要人物。《孟子》書説"宰我、子貢善爲説辭，冉牛、閔子、顏淵善言德行""子夏、子游、子張皆有聖人之一體"。（《公孫丑》上）"子夏、子張、子游欲以所事孔子事之強曾子，曾子曰不可。"可見子張、曾子外，有若也是很重要的人。《荀子·非十二子》篇所攻擊的有"子張氏之賤儒""子夏氏之賤儒""子游氏之賤儒"，《解蔽》篇所稱引的有"曾子曰，是其庭可以搏鼠，惡能與我歌矣"，"有子惡卧而焠掌，可謂能自忍矣，未及好也"也提及有子、曾子。《韓非子·顯學》篇云："自孔子之死也，有子張之儒，有子思之儒，有顏氏之儒，有孟氏之儒，有漆雕氏之儒，有仲良氏之儒，有孫氏之儒，有樂正氏之儒。"所謂八儒，據陶潜《聖賢群輔錄》之解釋，"顏氏傳《詩》爲道，爲諷諫之儒；孟氏傳《書》爲道，爲通致遠之儒；漆雕氏傳《禮》爲道，爲恭儉莊敬之儒；仲梁氏傳《樂》爲道，以和陰陽，爲移風易俗之儒；樂正氏傳《春秋》爲道，爲屬辭比事之儒；

公孫氏傳《易》爲道，爲潔净精微之儒。"易孫氏爲公孫氏，朱氏《經義考》乃定爲公孫段；顧廣圻《韓非子識誤》則以孫氏即孫卿；皮錫瑞《經學歷史》以子思即孔子孫孔伋，而疑公孫氏即公孫尼子，疑樂正氏即孟子弟子樂正克合。孔門一傳乃至數傳而相提並論，既不如《語》《孟》《荀》三書之允，而遺子夏、子游、曾子、有子，尤非是。現在我們可依《史記》與《語》《孟》《荀》三書來分述孔門弟子之傳經，不過關於顔淵、閔子騫、冉伯牛、仲弓、冉有、季路、宰我諸儒材料稍少，我們僅可以窺其略。兹述子貢、子夏、子游、子張、曾子、有若對於經學之傳授。

(1) **子貢** 在《論語·學而》篇載："子貢曰：'貧而無諂，富而無驕，何如？'子曰：'可也。未若貧而樂，富而好禮者也。'子貢曰：'《詩》云，'如切如磋！如琢如磨，其斯之謂與？'子曰：'賜也！始可與言《詩》已矣，告諸往而知來者。'"是子貢傳《詩》學，子貢列於聖門四科"言語"之中，其善於《詩》，自不待言。《春秋繁露》俞序引子貢曰：《春秋》"切而爲國家資"。似子貢又習於《春秋》。就《論語》看，子貢曰："夫子之文章可得而聞，夫子之言性與天道不可得而聞已矣。"(《論語·公冶長》) 子貢曰："如有博施於民而能濟衆，何如？可謂仁乎？"子曰："何事於仁！必也聖乎！堯舜其猶病諸！夫仁者，己欲立而立人，己欲達而達人。能近取譬，可謂仁之方也已。"(《論語·雍也》)"子貢問曰：'有一言而可以終身行之者乎？'子曰：'其恕乎！己所不欲，勿施於人。'"(《論語·衛靈公》) 許多要義，均藉子貢以傳。則子貢之傳《春秋》學似無若何疑問。《孟子》引子貢云："見其禮而知其政，聞其樂而知其德。"《樂記》篇引魏文侯問子貢《樂》，似子貢更傳《禮》《樂》。但子貢並無著述流傳於世。

(2) **子夏** 皮錫瑞《經學歷史·經學流傳時代》云："經名昉自孔子，經學傳於孔門。《韓非子·顯學》篇云：'孔子之後，儒分爲八，有子張氏、子思氏、顔氏、孟氏、漆雕氏、仲良氏、公孫氏、樂正氏之儒。'陶潛《聖賢群輔録》云：'顔氏傳《詩》，爲諷諫之儒；孟氏傳《書》，爲疏通致遠之儒；漆雕氏傳《禮》，爲恭儉莊敬之儒；仲良氏傳《樂》，爲移風易俗之儒；樂正氏傳《春秋》，爲屬辭比事之儒；公孫氏傳《易》，爲潔静精微之儒。'諸儒學皆不傳，無從考其家法；可考者，惟卜氏子夏。洪邁《容齋隨筆》卷十四《子夏經學》云：'孔子弟子，惟子夏於諸經獨有書。雖傳記雜言未可盡信，然要爲與他人不同矣。於《詩》則有《序》。而《毛詩》之學，一云子夏授高行子，四傳而至小毛公；一云子夏傳曾申，五傳而至大毛公。於《禮》則有《禮記·喪服》一篇，馬融、王肅諸儒多爲其訓説。於《春秋》所云不能贊一辭，蓋亦嘗從事於斯矣。公羊高實受之於子夏。穀梁赤者，《風俗通》亦云子夏門人。於《論語》，則鄭康成以爲仲弓、子夏等所撰定也。'後漢徐防上疏曰：'《詩》《書》《禮》《樂》，定自孔子；發明章句，始於子夏。'斯其證云。"皮氏此處引用洪氏之說，有當加以補充者，有當加以釐正者。據《論語·子張》篇引子夏曰："雖小道，必有可觀者焉；致遠恐泥，是以君子不爲也。"子夏曰："日知其所亡，月無忘其所能，可謂好學也已矣。"子夏曰："博學而篤志，切問而近思，仁在其中矣。"子夏曰："百工居肆以成其事，君子學以致其道。"可知子夏是主張博學切問、按部就班地去做的。子夏對於諸經多有傳授，其說甚可信。《論語》中載："子夏問曰：'"巧笑倩兮，美目盼兮，素以爲絢兮。"何謂也？'子曰：'繪事後素。'曰：'禮後乎？'子曰：'起予者商也！始可與言《詩》已矣。'"（《八佾》）子游曰："子夏之門人小子，當灑掃應對進退，則可矣，抑末也。本之則無，如之何？"子夏聞之，曰："噫，言游過矣！君子之道，孰先傳焉？孰後倦焉？譬諸草木，區以別矣。君子之道，焉可誣也？有始有卒者，其唯聖人乎？"（《子張》）可見子夏傳《詩》《禮》之學。據劉向校書所得《樂記》二十三篇內，有魏文侯問子夏古今《樂》等語，是子夏又傳《樂》。據《孝經·鈎命決》云："《春秋》屬商，《孝經》屬參。"是子夏又傳《春秋》。《韓非子·外儲說右上》引子夏曰："《春秋》之記臣殺君、子殺父者，以十數矣，皆非一日之積也。有漸而以至矣……故子夏曰：'善持勢者，蚤絕奸之萌。'"（卷十三）《呂氏春秋·察傳》篇云："子夏之晉，過衛，有讀《史記》者曰：'晉師三豕涉河。'子夏曰：'非也，是己亥也。夫己與三相近，豕與亥相似。'至於晉而問之，則曰'晉師己亥涉河'也。"（卷二十二）《春秋繁露》俞序引子夏曰："有國家者不可以不學《春秋》。"《說苑·復恩》篇引子夏曰："《春秋》者，記君不君、臣不臣、父不父、子不子者也，此非一日之事也，有漸以至焉。"子夏之傳《春秋》，證見於《韓非子》《呂覽》《繁露》《說苑》諸書，說更可信。《論語》鄭玄以爲子夏所定；《爾雅》張揖以爲子夏所益；是子夏於諸經並有傳授。但這些話則我們當分別看：洪氏謂子夏於《易》有傳授，其實子夏《易傳》非止一本，選爲漢唐人所依以爲記，絕不可信。子夏於《詩》則有序，《毛詩》之學爲子夏所傳，這也是不可信的。《毛詩》文字與《左傳》《國語》《孟子》《荀子》《韓非子》《呂氏春秋》諸家均不合，可爲鐵證，《漢志》云其自謂子夏所傳，蓋已不可深信，清儒魏源《詩古微》已力攻其僞，康有爲《新學僞經考》更辯之云：

《經典釋文·序錄》引徐整（三國吳人）云："子夏授高行子，

高行子授薛倉子，薛倉子授帛妙子，帛妙子授河間人大毛公，毛公爲《詩故訓》傳於家，以授趙人小毛公，小毛公爲河間獻王博士。"一云：（此見陸璣《毛詩草木鳥獸蟲魚疏》，亦三國吳人）"子夏傳曾申，申傳魏人李克，克傳魯人孟仲子，孟仲子傳根牟子，根牟子傳趙人孫卿子，孫卿子傳魯人大毛公。"自東漢後，《毛詩》蓋盛行，而徐整、陸璣述傳授源流支派，姓名無一同者。一以爲出於孫卿，一以爲不出於孫卿，當三國時尚無定論，則支派不清，其僞二。同一大毛公，一以爲河間人，一以爲魯人，則本師籍貫無稽，其僞三。《漢書》但稱毛公，不著大毛公、小毛公之別，不以爲二人。鄭玄、（《毛詩周南正義》引《鄭譜》："魯人大毛公爲《訓詁》，傳於其家，河間獻王得而獻之，以小毛公爲博士。"）徐整、陸璣以大毛公、小毛公別爲二人。劉、班不知，鄭、徐、陸生後二百年，何從知之？則本師歧亂，其僞四。《儒林傳》云："毛公，趙人也，治《詩》，爲河間獻王博士，授同國貫長卿，長卿授解延年，延年爲阿武令，授徐敖，敖授九江陳俠，爲王莽講學大夫。"《傳》又言："敖以《古文尚書》授王璜、涂惲。莽時，歆爲國師，皆貴顯。"考子夏少孔子四十四歲（見《史記仲尼弟子傳》），孔子卒年至魏文侯元年凡五十七年，子夏已八十六歲；自魏文侯元年下至漢景帝二年、河間獻王元年凡二百六十九年，自河間獻王元年下至王莽居攝元年凡一百六十年，則自子夏退居西河至莽時凡四百二十九年。如徐整説，子夏五傳至小毛公，又三傳至徐敖，凡八傳當莽世矣。以《儒林傳》考之，《魯詩》，申公一傳免中徐公、許生，再傳王式，三傳張生，四傳張游卿，以《詩》授元帝，仍當宣帝時也；游卿門人許晏，尚有二三傳乃至莽世，則已七八傳矣。《齊詩》，轅固生一傳夏侯始昌，再傳后倉，三傳匡衡，四傳滿昌，五傳張邯、皮容。《韓詩》亦五傳至張就、髮福。而伏生《尚書》六傳爲林尊，七傳爲歐陽地餘，論石渠，猶當宣帝世，林尊再傳爲龔勝、鮑宣，上距伏生凡八傳矣。商瞿傳《易》，至丁寬已七傳，至施、孟、梁丘已九傳矣。《詩》《書》自漢初至西漢末已八傳，而《毛詩》自子夏至西漢末僅八傳；《易》自商瞿至漢初已七傳，而《毛詩》自子夏至西漢末亦僅八傳，豈足信也！若如陸璣説，自孫卿至徐敖凡五傳閲三百年，亦不足信也。且《魯詩》出於孫卿，若源流合一，則今荀子諸詩説何以與毛不同？傳授與年代不符，其僞五。《史記》無《毛詩》；《漢書》有毛公而無名；鄭玄、徐整以毛公有大小二人而亦無名。陸璣《疏》《後漢書·儒林傳》以爲毛亨、毛萇矣。夫劉、班、鄭、徐之不知，吳、宋人如何知之？襲僞成真，歧中又歧。如公羊、穀梁本無名字，（公羊、穀梁音相近，蓋卜商之音僞。二書有口說，無竹帛，故傳誤）而公羊忽名高，穀梁忽名赤、名俶，幾若踵事增華。習久成真，遂以"烏有先生"竊千年兩廡之禋。韓退之曰："偶然喚作'木居士'，便有無窮求福人。"此與"伍子胥"爲"伍髭須"、"杜拾遺"爲"杜十姨"何以異？夫從禋大典，以親傳《詩》《禮》之大儒荀卿猶不得預，而妄人僞託杜撰之名字乃得謬厠其間，非徒可笑，亦可駭矣！名字妄增，其僞六。

謂子夏傳《詩》則可，謂子夏傳《毛詩》則不可。至於疑子夏不作《喪服傳》始於元儒，元敖繼公《儀禮集說》云："先儒以《傳》爲子夏所作，未必然也……《漢·藝文志》言《禮經》之記，顏師故以爲七十子後學所記是也。而此《傳》不特釋經文，亦有釋記文者焉，則是作《傳》者又在作記者之後明矣。""作《傳》者在作記之後"，這證據再明白也沒有了。《儀禮·喪服傳》今古文只三字之差，也足以助證敖氏之說。子夏有著述流傳於後世，實無明據，《史記》亦未之云。但子夏傳《春秋》之言是不錯的，然必以《公》《穀》爲子夏門人所傳，亦頗難信也。

（3）**子游** 子游之學據《論語·陽貨》篇，子游爲武城宰，"子之武城，聞弦歌之聲"，孔子笑他"割雞焉用牛刀"，子游對以"君子學道則愛人，小人學道則易使"。在《子張》篇，他評子夏"抑末也，本之則無，如之何？"又子游曰："喪致乎哀而止。"子游曰："吾友張也爲難能也，然而未仁。"是他頗重根本之學，而兼傳《禮》《樂》。在《禮記·檀弓》中更有曾子襲裘而吊，子游裼裘而吊。曾子指子游而示人曰："夫夫也，爲習於《禮》者，如之何其裼裘而弔也？"主人既小斂，袒、括髮，子游趨而出，襲裘、帶、絰而入。曾子曰："我過矣，我過矣，夫夫是也。"許多地方都表明"子游於時名爲習《禮》"，沈德潛《吳公祠堂記》嘗論之云：

> 子游之文學，以習《禮》自見。今讀《檀弓》上、下二篇，當時公卿、大夫、士庶，凡議禮弗決者，必得子游之言以爲重輕。故自論"小斂戶內，大斂東階"，以暨"陶""咏""猶""無"諸節，其間共一十有四。而其不足於人者，惟縣子"汰哉叔氏"一言，則其畢生之合禮可知矣。

我們又看《檀弓下》所載："有子與子游立，見孺子慕者，有子謂子游曰：'予壹不知夫喪之踊也，予欲去之久矣。情在於斯，其是也夫！'子游曰：'禮有微情者，有以故興物者；有直情而徑行者，戎狄之道也。禮道則不然。人喜則斯陶，陶斯咏，咏斯猶，猶斯舞，舞斯慍，慍斯戚，戚斯嘆，嘆斯辟，辟斯踊矣。品節斯，斯之謂禮。人死，斯惡之矣，無能也，斯倍之矣。是故制絞、衾，設蔞、翣，爲使人勿惡也。始死，脯、醢之奠，將行，遣而行之；既葬而食之，未有見其饗之者也。自上世以來，未之有舍也，爲使人勿倍也。故子之所刺於禮者，亦非禮之訾也。'"可見子游不惟精於《禮》《樂》，而且他實能發明禮意。在宋儒中更有疑《禮運》爲子游所作者，《朱子語類》卷第八十七《禮運》有"胡明仲言：'恐是子游撰。'"並有"胡明仲云：'《禮運》是子游作，《樂記》是子貢作。'"邵懿辰《禮經通論》亦云："惟子游諸記皆爲小戴所取，故曾子、子思聖學之正傳，而子游則《禮》學之正傳也。子夏兼通五經，而子游則《禮》學之專門也。荀卿書以禮法爲宗，大、小戴多所采取，而其言曰'仲尼、子游爲茲厚於後世'，以子游與仲尼並稱，疑其隆《禮》之學，自子游而來也。"

（4）**子張** 在《論語·先進》篇中曾說道："師也辟，由也喭""師也過，商也不及"。在《子張》篇中更有子張曰："士見危致命，見得思義，祭思敬，喪思哀。其可已矣。""執德不弘，信道不篤，焉能爲有？焉能爲亡？"等句，從"祭思敬，喪思哀"，可見子張亦傳《禮》。《爲政》篇載子張問"十世可知也？"《憲問》篇載，子張曰："《書》云：'高宗諒陰，三年不言。'何謂也？"之問，則子張似又傳《尚書》。《韓非子·顯學》於八儒中首列子張，《呂氏春秋·尊師》云："子張，魯之鄙家也；顏涿聚，梁父之大盜也，學於孔子。段干木，晉國之大駔也，學於子夏。高何、縣子石，齊國之暴者也，指於鄉曲，學於子墨子。索盧參，東方之鉅狡也，學於禽滑黎。此六人者，刑戮死辱之人也，今非徒免於刑戮死辱也，由此爲天下名士顯人，以終其壽，王公大人從而禮之，此得之於學也。"亦首子張，子張之傳經學，固甚顯明。清儒閻若璩云："漢傳《論語》有三家：一魯論，一齊論，一古論。古論出自孔子壁中，博士孔安國爲之訓解，馬融、鄭康成注皆本之。《藝文志》所云二十一篇，有兩子張是也。"

（5）**曾子** 曾子據《史記》説是《孝經》之撰者，但不足據；宋儒以爲其爲《大學》撰者，亦無明據，説並詳前。曾子爲曾蒧子，於孔門中最（年）少。在《論語》中雖有孔子告曾子"吾道一以貫之"之言，似其獨得孔學一貫之真傳，但據《檀弓》等文看來，如"喪欲速貧，死欲速朽"誤會孔子之旨；"祖者且也……胡爲其不可以反宿"，從者更以爲疑，可以説，曾子於禮學，初不如子游之精。惟曾子之學，因其門弟子之傳授較廣，而又實有著述，所以雖是孔門後輩，而其名乃能駕出子游之上。《漢書·藝文志》儒家有《曾子》十八篇，王應麟《漢書·藝文志考證》云："《曾子》十八篇，隋、唐志二卷，參與弟子公明儀、樂正子春、單居離、曾元、曾華之徒，論述立身孝行之要，天地萬物之理。今十篇，自《修身》至《天圓》，皆見《大戴禮》。"《大戴記》中所存十篇，篇目實為《曾子·立事》第一，《曾子·本孝》第二，《曾子·立孝》第三，《曾子·大孝》第四，《曾子·事文母》第五，《曾子·制言上》第六，《曾子·制言中》第七，《曾子·制言下》第八，《曾子·疾病》第九，《曾子·天圓》第十。宋汪晫又曾編《曾子》一卷凡十二篇，一《仲尼問居》即《孝經》，二《明明德》即《大學》（從黎立武《大學發微》說），三《養老》本《內則》（記曾子言養老一節），四《周禮》本《曾子》問（"割古者師行無遷主"一節），五《有子問》本《檀弓》，六《喪服》亦本《曾子問》（"割古者師行必以遷廟主，行乎?"一節），七、八並闕，九《晉楚》、十《守業》皆本《孟子》，十一《首身》、十二《忠怒》皆本《論語》。明曾承並本《大戴禮記》多《主言》一篇，則更為附會。據《孟子》《荀子》所引曾子語看來，曾子之學實不止於孝行；但據《呂氏春秋·孝行》《小戴·祭義》及《大戴》之《本孝》《立孝》《大孝》《事文母》諸篇看來，曾子又似專門注重孝道的人，此所以後人以《孝經》為曾子作。黃以周云：

《釋文·叙錄》云："陳邵云：戴德刪古禮二百四篇為八十五篇，謂之《大戴禮》；戴聖刪《大戴禮》為四十九篇，是為《小戴禮》。"《隋經籍志》云："記百三十一篇，劉向校得百三十篇，又得《明堂陰陽記》三十三篇，《孔子三朝記》七篇，《王史氏記》二十一篇，《樂記》二十三篇，凡五種，合二百十四篇。戴德刪其繁重，合為八十五篇，謂之《大戴記》；而戴聖又刪《大戴》之書為四十六篇，謂之《小戴記》。漢末馬融傳《小戴》之學，又足《月令》一篇，《明堂位》一篇，《樂記》一篇，合四十九篇。"以周案：晉陳邵《周禮論序》語皆失實。《漢志·記》百三十一篇，《明堂陰陽》三十三篇，《王史氏》二十一篇，蓋古文也。大、小戴所采記，今文為多。《大戴記》之存者，於《漢志·禮》家諸《記》外，又取儒家《曾子》十八篇，存其十篇；《孫卿子》三十三篇，存其問《五義》《三本》《勸學》《宥坐》數篇；《賈子》五十八篇，存其《保傅》諸篇；又取《論語》家《孔子三朝記》七篇。"

（6）有若 有子之言似夫子，這在《禮記》中有明文。孔子歿後，諸弟子欲以事孔子者事之（《滕文公》上），《史記》亦載"有若似夫子"之故事。在《論語》中，有子之言"孝弟也者，其爲仁之本歟"（《學而》），實在頗多中肯，有子至少也當與參、商諸子並論，惟其所傳何經，今亦難考。

此六人外，孔門弟子傳經之有傳授與著述者，更有：

（7）澹臺滅明 史説他有弟子三百餘人。

（8）宓不齊 《漢書·藝文志·儒家》有《宓子》十六篇，注云："名不齊，字子賤，孔子弟子。"《淮南子·齊俗訓》："客有見人於宓子者，《趙策》作服子是也。"《淮》書又作"密"。《論衡·本性》篇："宓子賤、漆雕開、公孫尼子之徒，亦論情性，與世子相出入，皆言性有善有惡。"

（9）商瞿 《史記·儒林列傳》云："孔子卒，商瞿傳《易》，六世至齊人田何，字子莊，而漢興。"統系甚明。《漢書·儒林傳》亦云："自魯商瞿子木受《易》孔子，以授魯橋庇子庸。子庸授江東馯臂子弓。子弓授燕人周醜子家。子家授東武孫虞子乘。子乘授齊國田何子裝。"孔、孟、荀之治《易》雖無所據，但《史記》《漢書》既有此記載，吾人亦只可疑以傳疑。

（10）漆雕 據《韓非子·顯學》所舉，"八儒"中有漆雕氏之儒，更云："漆雕之議，不色撓，不目逃。行曲則違於臧獲，行直則怒於諸侯。世主以爲廉而禮之。"但韓非所述或非漆雕啓之言，《漢書·藝文志》儒家著録《漆雕子》十二篇，注云"孔子弟子漆雕啓後"。《補注》引葉德輝曰："《説苑》引孔子問漆雕馬人曰：'子事臧文仲、武仲、孺子容，三大夫者，孰爲賢？'《家語》好生引作憑，疑一人，名憑，字馬人。孔子弟子漆雕氏之後，他無所見，或即馬人。"《家語》更以漆雕開爲《書》之傳人，是否可信，兹姑勿論，漆雕後有傳授則似可信。

在《史記》所舉仲尼弟子外，尚有（1）（2）琴牢、申棖（見《論語》），（3）孺悲（見《論語·陽貨》《禮記·雜記》），（4）（5）（6）公罔子之裘、序子點（見《禮記·射義》），賓牟賈（見《禮記·樂記》，（7）（8）仲孫何忌、仲孫子説（見《春秋左傳·定公》）、仲孫子説（《孔門弟子考》），（9）惠叔蘭（見《荀子·法行》《孔子家語》），（10）顔濁鄒（見《史記·孔子世家》），（11）鞠語（見《晏子春秋》），廉子瑀（見《孔門弟子考》）等人。朱彝尊《經義考》卷二八一《承師一》云："右《家語·弟子解》七十六人，又與叔孫會合傳有孔璇，又別見者惠叔蘭共七十八人。《史記》弟子傳七十七人別見《孔子世家》者有顔涿聚共七十八人，蘇轍撰《古史》著録七十九人。《家語》有而《史記》無者琴牢、薛邦、申續、陳亢、宣父也；《史記》有而《家語》無者公伯寮、鄭國、申棠、鄡單、秦冉、顔何也。益以文翁禮殿之廉瑀、林放、魯峻，石壁畫象之子服、何禮，《雜記》之孺悲，《射義》之公罔之裘、序點，《春秋左氏傳》之仲孫何忌、仲孫閱，《晏子》之鞠語，《孟子》之牧皮，《莊子》之常季，通計九十八人。竊謂中有姓氏相近者不當以臆見去留，先師之庭宜槩應從襈，他若《論語》之闕黨互鄉二童子、魯峻石壁畫象之左子慮、襄子孺、襄子魯、公子庶、顏子思、夫子高，韋續《書品》爲素王紀瑞制麒麟書之申姓名闕失，又蘧伯玉、孔子嚴事之友施存雖載，陶弘景《真誥》在三千人之數，不與弟子之列，不復著錄，恐滋後學之惑也。"（《曝書亭集》卷五十六）他將左丘明亦列爲孔門弟子，他不信《論語》中"左丘明恥之，丘亦恥之"所言，左氏在孔子前之說，而必以劉歆、班固晚出之說爲可信，實在也只足"滋後學之惑"，兹從闕疑。

　　在《史》《漢》中述孔門傳經，僅於《易》學之傳授記載分明，其他諸經傳授並無明文記載。《詩》之傳授系統始見於陸璣《毛詩草木鳥獸蟲魚疏》，《春秋》三傳之傳授始見戴宏《解疑論》、陸德明《經典釋文序錄》。陸璣所述《毛詩》傳授既不足信，則其所言《魯詩》之傳授，亦未必可信。戴宏《公羊》授受之說亦出漢末，《穀梁》則子夏、孫卿間僅一傳，更未必可信。《左氏》傳授，亦無明據，在賈逵答范升駁難《左氏》，"師徒相傳，又無其人"，並未舉爲證驗。在東漢初猶無明說可知。《書》《禮》之傳，無所明說。後儒考經學傳授者，刺取孔子世系以列《書》之傳授，然於《禮》之傳授，仍不能强爲之說。兹姑將孔門傳經"禮"繫二表列於下，"信以傳信，疑以傳疑"，其是非得失，故可以"存而不論"也。

　　附：商參諸子傳經表
　　一、《魯詩》
　　孔子—子夏—曾申—李克—孟仲子—根牟子—孫卿—浮邱伯—中公
　　二、《毛詩》
　　孔子—（1）子夏—曾申—李克—孟仲子—根牟子—孫卿—毛亨—毛萇
　　孔子—（2）子夏—高行子—薛倉子—帛妙子—毛亨—毛萇
　　三、《古文尚書》
　　孔子—孔鯉—孔伋—孔帛—孔求—孔箕—孔穿—孔順—孔鮒—孔襄—孔忠—孔武—孔安國
　　孔子—漆雕開
　　四、《禮》
　　孔子—曾子—檀弓

孔子—孺悲

五、《易》

孔子—商瞿—矯疵子庸—馯臂子弓—周醜子家—孫虞子乘—田何

孔子—商瞿—公孫段

六、《春秋公羊傳》

孔子—子夏—公羊高—公羊平—公羊地—公羊敢—公羊壽—胡毋生

七、《穀梁傳》

孔子—子夏—穀梁赤—孫卿—申公

八、《左氏傳》

孔子—左丘明—曾申—吳起—吳期—鐸椒—虞卿—孫卿—張蒼

第二節　孔門再傳至五傳弟子之傳經

孔門再傳至五傳弟子之傳經，在朱彝尊《經義考》卷二八二《承師二》中曾列舉孔子門人以至孟、荀之弟子，但其缺漏之處甚多。近儒孫德謙乃更爲《孔門再傳弟子考》等文，以世爲次，述至五傳。刊布於《孔教會雜志》（第一卷三、六、七、八、一二期），茲先以其所考並其出處，表列於下：

孔子再傳至五傳弟子表

（一）子　夏

子夏—段干木（《呂氏春秋·當染》）

子夏—李克（《漢書·藝文志·儒家》，陸璣《毛詩草木鳥獸蟲魚疏》）

子夏—魏文侯（《史記·仲尼弟子列傳》）

子夏—曾申（陸璣《毛詩草木鳥獸蟲魚疏》，陸德明《經典·叙錄》）

①—吳起（《經典·叙錄》）（注一）—吳期（同上）—鐸椒（同上）

②—李克（《經典·叙錄》）—孟仲子

子夏—高行子（《經典·叙錄》）—薛倉子（同上）—帛妙子（同上）—大毛公（同上）

子夏—公羊高（《經典·叙錄》）—公羊平（徐彥公義疏）—公羊地（同上）—公羊敢（同上）

子夏—穀梁赤（《經典·叙錄》，《風俗通》，楊士勛《春秋穀梁疏》）—孫卿（楊士勛《春秋穀梁疏》）

子夏—馯臂子弓（《史記正義》應劭云）—周醜子家（《漢書·儒林傳》）—

孫虞子乘（同上）

子夏—文子（《史記索隱》引劉向《別錄》，《墨子》書有文字）

(二) 曾 子

曾子—樂正子春（《禮記·檀弓》篇尊注—樂正子孟子趙注）

曾子—子思（柳宗元《論語辯》）

    ①—魯繆公（《漢書·藝文志》）

    ②—費惠公（《孟子·萬章》篇）

    ③—孟仲子（鄭玄《詩譜》）

    ④—孟子（《漢書·藝文志·儒家》）（注二）

    —a 樂正子（《孟子》趙注）

    —b 公孫丑—孟仲子（都穆《聽雨紀談》）（注三）

    —c 孟仲子—根牟子（《經典·叙錄》）

    —d 陳臻

    —e 充虞

    —f 季孫

    —g 子叔

    —h 高子

    —i 徐辟

    —j 陳化

    —k 彭更

    —l 公都子

    —m 萬章

    —n 咸丘蒙

    —o 告子

    —p 屋廬子

    —q 鄒衍—燕昭王（《史記·孟荀列傳》）

    —r 滕更

    —s 盆成括

    —t 公明高

    —u 匡章（《呂氏春秋·不屈》篇注）

    —v 陳仲子（《淮南子·氾論訓》）

    —w 離婁（應劭《風俗通義》）

　　　　　—x 公明儀（鄧名世《古今姓氏書辯證》）

　　　　　—y 高叟（鄧名世《古今姓氏書辯證》）

　　　　　—z 淳于髡（周廣業《孟子四考》引《集語》），及桃應、孟季子（張九韶《群言拾唾》）、周霄（張九韶《群言拾唾》）、浩生不害（朱彝尊《經義考》）、曹交（宮夢仁《讀書紀數略》）。

　　曾子—湯膚（《論語·子張》篇包注）

　　曾子—公明儀（《論語·子張》篇包注）—孟仲子（鄭玄《詩譜》）—陳臻

　　曾子—子襄（《孟子·公孫丑》篇趙注）—①魯繆公（《漢書·藝文志》）

　　②—費惠公（《孟子·萬章》篇）

　　③—孟仲子（鄭玄《詩譜》）

　　④—孟子（《漢書·藝文志·儒家》）

　　曾子—沈猶行（《孟子·離婁》篇趙注）—季孫

　　曾子—公明高（《孟子·萬章》篇趙注）—長息（同上）

　　曾子—吳起（《史記·吳起傳》《呂氏春秋·仲春紀·當染》篇）

　　曾子—公明宣（《説苑·反質》篇）

　　曾子—檀弓（王應麟《困學紀聞》引胡致堂）

　　曾子—單離居（王應麟《漢書·藝文志考證》）

(三) 子　貢

　　子貢—田子方（《呂氏春秋·仲春紀·當染》篇）

(四) 閔　子

　　閔子—孟嘗君（《韓詩外傳》"孟嘗君請學於閔子"）

(五) 子　路

　　子路—成回（《説苑·敬慎》篇）

(六) 宓　子

　　宓子—景子（《漢書·藝文志·儒家》）

(七) 子 張

子張—公明儀（《禮記·檀弓》篇孔疏）（注四）—匡章《呂氏春秋·不屈篇》之)

(八) 商 瞿

商瞿—馯臂子弓（《史記·仲尼弟子列傳》）
商瞿—橋庇子庸（《漢書·儒林傳》）—馯臂子弓（同上）（注五）

(九) 左丘明

左丘時—曾申

(十) 公孫龍

公孫龍—綦毋子（《史記集解》引劉向《別錄》）—孟季子（張九韶《群言拾唾》）
公孫龍—孔穿（《孔叢子·公孫龍》篇）
公孫龍—尹文子（陳振孫《直齋書錄解題》）（注六）—宋鈃（《荀子·正論》楊注）（注七）
公孫龍—宋鈃（《荀子·正論》楊注）
公孫龍—田駢（《荀子·正論》楊注）

(十一) 墨 子

墨子—隨巢子（《漢書·藝文志》）
墨子—胡非子（《漢書·藝文志》）
墨子—禽滑釐（《呂氏春秋·當染》篇）—①許犯（《呂氏春秋·當染》篇）—田繫（《呂氏春秋·當染》篇）—②索盧參（《呂氏春秋·尊師篇》）
墨子—高何（《呂氏春秋·尊師篇》）
墨子—縣子石（《呂氏春秋·尊師篇》）
墨子—公尚過（《呂氏春秋·高義篇》）
墨子—耕柱子（《墨子·耕柱篇》）（注八）
墨子—巫馬子（《墨子·耕柱篇》）
墨子—治徒娛（《墨子·耕柱篇》）
墨子—縣子碩（《墨子·耕柱篇》）

墨子—高石子（《墨子·耕柱篇》）
墨子—駱滑牦（《墨子·耕柱篇》）
墨子—弦唐子（《墨子·貴義篇》）
墨子—公良桓子（《墨子·貴義篇》）
墨子—程子（《墨子·公孟篇》）（注九）
墨子—告子勝（《墨子·公孟篇》）
墨子—項子牛（《墨子·魯問篇》）
墨子—吳慮（《墨子·魯問篇》）
墨子—曹公子（《墨子·魯問篇》）
墨子—彭輕生子（《墨子·魯問篇》）
墨子—魏越（《墨子·魯問篇》）
墨子—孟山（《墨子·魯問篇》）
墨子—勝綽（《墨子·魯問篇》）
墨子—高孫子（《墨子·魯問篇》）

(十二) 墨子—禽滑釐

—史氏
—世子
—公孫尼子
—子沈子
—子司馬子
—子北宮子
—魯子
—高子
—子女子
—尸子
—沈子

註釋：

註一：孫氏《三傳考》云："案起爲再傳弟子，已見再傳考。或謂史起本傳學於曾子，此曾子即曾申也。今陸德明述左氏傳經，以起爲曾申弟子，則說有所本矣。"

註二：孫氏《三傳考》云："《史記·孟子列傳》受業子思之門人，今從注三：孫氏《五傳考》云："都穆《聽雨紀談》引譜，仲子名睪，孟子子也。四十五代孫寧嘗得一書於嶧山道人，曰公孫子，內有《仲子問》一篇，乃知仲子實孟子之子，嘗從學公孫丑者。"

注四：孫氏《再傳考》云："又爲曾子弟子。"

注五：孫氏《再傳考》云："《史記·仲尼弟子傳》，弘傳江東人矯子庸庇，是子庸爲瞿再傳弟子，與《漢書》異。"

注六：孫氏《再傳續考》云："尹文等爲龍弟子，陳氏不之信，今錄之，亦聞疑載疑云。"

注七：孫氏《三傳考》云："宋鈃、尹文，據仲長統序，同爲公孫龍弟子，今楊注如此，可以廣異聞也。"

注八：孫氏《再傳續考》云："以《耕柱》名篇，亦猶《論語》之《子路》《公冶長》，《孟子》之《公孫丑》也。"

注九：孫氏《再傳續考》云："案《三辯》篇有程繁，則繁當爲程子名。"

注十：孫氏《再傳考》云："滑釐學於墨子，見《呂覽·當染》篇，此云受業子夏之倫，蓋必有所據，但未分析言之，故附此。"

孫氏所考，直以孟子爲子思弟子、墨子爲孔子弟子，此尚待考定；至以名家之公孫龍爲孔子弟子，公明高、離婁、淳于髡爲孟子弟子，這尤爲謬誤。孫氏本是"聞疑載疑""以廣異聞"，我們但可就其所引以見經學在晚周流傳之大略。我們還是當用"無稽之言，君子不信"的態度。朱彝尊考於孔子門人中列有：公孫尼子、世碩、景子、王史氏、李克、芈嬰、公孫段、亶父父、公休哀、公祈哀、盆成括，於子夏弟子列有魏文侯都，於田子方弟子列有翟黃，孫氏除以景子爲宓子弟子，以公孫尼子、世碩、王史氏列之二傳考附錄，餘並無說。考《漢志》"《芈子》十八篇"注云"名嬰，齊人七十子之後"，不能必見爲孔門之再傳弟子。《晉書》云太康二年汲郡不準發魏王冢得竹書《易》五篇，公孫段與邵陟論《易》二篇，朱氏《經義考》乃附會陶潛《聖賢群輔錄》公孫氏傳《易》爲道爲潔靜精微之儒，以公孫段爲再傳弟子而云"此則公孫氏之易矣"，殊乏明據。縣亶父、公休哀、公祈哀三人見《廣歆》注，盆成括見《晏子春秋》。雖二書明言其爲孔子門人，但其書均晚出，未必可信。孫氏略而不載，實差強於朱考。

孔門再傳至五傳弟子中，傳經最顯名者爲子思、孟子、荀子，墨子受《禮》學之影響甚深，雖其後自爲一家言，然有墨子所述，亦足見經學流傳之情形。在下章中我們將詳述墨、孟、荀三家之學，茲僅略述：子思、公孫尼子、世子、景子、魏文侯、李克五家如次：

（1）**子思** 韓非子舉八儒，子思列於第二，或據《聖賢群輔錄》謂其居"環堵之室，篳門圭窬，蓬戶甕牖，易衣而出，並日而食"，以道自居，以子思爲原憲。原憲亦字子思，故"八儒"之子思應爲原憲無疑。其實韓非所舉"八儒"，與"三墨"同列，乃就學術言，不必俱爲孔子弟子。原憲在《史記》中雖與季次謂死而已，四百年而弟子志之不倦。但其能自爲一家言，則絶不如有著述之子思。《漢志》著録《子思》二十三篇，注云："名伋，孔子孫，爲繆公師。"王先謙《漢書補注》："王應麟曰：'《隋唐志》《子思子》七卷。'沈約謂：'《禮記》《中庸》《表記》《坊記》《緇衣》皆取子思子。'沈欽韓曰：《御覽》四百三引《子思子》曰：'天下有道則行有枝葉，天下無道則言有枝葉。'即《表記》文。子思子曰：'東户季子之時，道上雁行而不拾遺，耕耨餘糧，宿諸畝首。'《孔叢·雜訓》篇載'孟軻問牧民之道何先？子思曰先利之'云云，温公采之著於《通鑒》。是二十三篇大約《戴記》《説苑》《孔叢》盡之矣。"《御覽》三百八十六引《子思子》曰："中行穆伯手捕虎。"五百六十五引《子思子》曰："繁於樂者重於憂，厚於味者薄於行。君子同則有樂，異則有禮。"馬總《意林》稱："《子思子》七卷，與《隋唐志》同。引《子思子》云：'君子不以其所能者病人，不以人之所不能者愧人。'今《表記》有其文。又引云：'小人溺於水，君子溺於口。'今《緇衣》篇有其文。至是亦可證休文之言爲不誣。"《荀子·非十二子》謂："案，往舊造說謂之五行……子思唱之，孟柯和之。"子思在孔子再傳自是特出之士，不能以原憲當韓子之八儒。至於《中庸》等是否爲子思自著，則是另一問題，吾人亦不能以《中庸》非子思自作，而並不信《荀子》，以子思非孔子死後之能自成一家言者也。皮錫瑞云："《韓非子》言八儒，有顔氏。孔門弟子顔氏有八，未必即是子淵。八儒有子思氏，《子思》二十三篇列《漢志》儒家，今亡。沈約謂《禮記·中庸》《表記》《坊記》《緇衣》皆取《子思子》。然則《坊記》《表記》《緇衣》之'子言之''子曰'，或即子思子言，故中有引《論語》一條。後人以此疑非孔子之言，解此，可無疑矣。諸篇引《易》《書》《詩》《春秋》，皆可取證古義。"實可取備一說。

（2）**公孫尼子** 《漢志》著録《公孫尼子》二十八篇，注云："七十子之弟子。"《補注》："王應麟曰：《隋唐志》一卷云'似孔子弟子'。沈約謂：'《樂記》取《公孫尼子》。'劉瓛云：'《緇衣》公孫尼子所作也。'馬總《意林》引之。沈欽韓曰：'《荀子·彊國》篇稱公孫子語。'葉德輝曰：'《初學記》引《公孫尼子》論云，樂者審一以定和此物以飾節。'《意林》引《公孫尼子》云'樂者，先王之所以飾喜也'，語在今《樂記》中。沈約說是也。《北堂書鈔》引《公孫尼子》云：'太古之人，飲露食草木實，聖人爲火食，號燧人。飲食以通血氣。'《文選》沈休文《三月三日》詩注引《公孫尼子》云'衆人役物而忘情'，據此則其書唐時猶存，故諸家稱引獨多。"《意林》又引："心者衆智之要物，皆求於心。修心而不知命，猶無室而歸。"亦於《樂記》語相發明。皮錫瑞云："沈約以《樂記》取《公孫尼子》，或即八儒之公孫氏歟？"

（3）**世子** 《漢志》著録《世子》二十二篇，注云："名碩，陳人也。七十子之弟子。"《補注》："王應麟曰：《論衡·本性》篇'周人世碩，以爲人性有善有惡，舉人之善性養而致之則善長，性惡養而致之則惡長。如此，則性各有陰陽，善惡在所養焉。故世子作《養書》一篇'。"沈欽韓曰："《繁露·俞序》篇，'世子曰：功及子孫，光輝百世，聖人之德，莫美於恕。……春秋詳己而略人，因其國而容天下'。"（王先謙：《漢書補注》）可知世子亦傳《春秋》學者。

（4）**景子** 《漢志》著録《景子》三篇，注云："說《宓子》語，似其弟子。"宓子能論情性，則景子亦當情性者。

（5）**魏文侯** 《漢志》著録《魏文侯》六篇，《補注》引葉德輝曰："《樂記》引'魏文侯問子夏樂'。《魏策》引'魏文侯辭韓索兵及疑樂羊烹子、命西門豹爲鄴令、與虞人期獵'。《呂覽·期賢》篇引'魏文侯式段干木之閭'。《樂成》篇引'與田子方論收幼孤'。《自知》篇引'問任座君德'。《淮南·人間訓》引'魏文侯不賞解扁，東封上計'。《韓詩外傳》引'魏文侯問孤卷子'。《説苑·君道》篇引'魏文侯賦鼓琴'。《復恩》篇引'樂羊攻中山'。《尊賢》篇引'下車趨田子方及觴大夫於曲陽'。《善説》篇引'與大夫飲酒，使公乘不仁爲觴政'。《反質》篇引'禦廪灾，文侯素服，辟正殿'。《新序·雜事二》引'魏文侯出游見路人負芻'。《雜事四》引'與公季成議田子方'。《刺奢》篇引'見箕季問墻毁'。其言皆近道，當在六篇中。"

（6）**李克** 《漢志》著録《李克》七篇，注云："子夏弟子，爲魏文侯相。"《補注》："王應麟曰：《韓詩外傳》《説苑·反質》篇載'魏文侯問李克'。《文選·魏都賦》注引'李克書'。周壽昌曰：《釋文》云'子夏傳《詩》曾申，申傳魏人李克'。"

皮錫瑞《經學歷史》云："五三'六經'載籍，定自尼山；七十二子支流，分於戰國。馯臂子弓之傳《易》，實授蘭陵；高行、孟仲之言《詩》，或師鄒嶧。《王制》在赧王之後，說本鄭君；《周官》爲六國之書，論原何氏。

凡今、古學之兩大派，皆魯東家之三四傳。雖云枝葉扶疏，實亦波瀾莫二。是以文侯貴顯，能言大學明堂；蒙吏荒唐，解道《詩》《書》《禮》《樂》。秦廷議禮，援天子七廟之文；《汲冢》紀年，仿《春秋》一王之法。良由祖龍肆虐，博士尚守遺書；獲麟成編，西河能傳舊史。當時環堵之士，遁世之徒，崎嶇戎馬之間，輾轉縱橫之際。惜年代緜邈，姓氏湮淪，如《公羊》有沈子、司馬子、北宮子、魯子、高子六人，《穀梁》有沈子、尸子二人，皆獨抱遺經，有功後學者。"孔子弟子，號稱三千，其流傳授受必廣，年代緜邈，姓氏湮淪，現在我們自難一一詳考。

第四章

晚周諸子之傳經

第一節　墨家稱經之異同

墨子是曾學儒者之業、受孔子之術的,其後雖自創了學派,但在《墨子》中可以看出,對於孔子,其始終加以相當之崇敬。在《墨子·公孟》篇説:"子墨子與程子辯,稱於孔子。程子曰:'非儒,何故稱於孔子也?'子墨子曰:'是亦當而不可易者也。今鳥聞熱旱之憂則高,魚聞熱旱之憂則下,當此,雖禹、湯爲之謀,必不能易矣。鳥、魚可謂愚矣,禹、湯猶云因焉。今翟曾無稱於孔子乎?'"可見墨子對於孔子實相當加以崇敬。墨家立説雖異於儒家,但是他們的三表法,"有本之者,有原之者,有用之者。於何本之?上本之於古者帝王之事"。(《非命上》)既需要上本之於古者帝王之事,對於所謂先王陳跡之經典,尤不得不加以研討與徵引。墨子是勤於讀書的,《墨子·節葬下》篇曾説:"今逮至昔者三代聖王既没,天下失義,後世之君子,或以厚葬久喪以爲仁也,義也,孝子之事也;或以厚葬久喪以爲非仁義,非孝子之事也。曰二子者,言則相非,行即相反,皆曰:'吾上祖述堯、舜、禹、湯、文、武之道者也。'而言即相非,行即相反,於此乎後世之君子皆疑惑乎二子者言也。"《韓非子·顯學》篇説:"孔子、墨子俱道堯、舜,而取舍不同,皆自謂真堯、舜,堯、舜不復生,將誰使定儒、墨之誠乎?"我們由墨家的祖訓堯、舜、禹、湯、文、武的異同,更可以見戰國初年經學流傳的情形。今本《墨子》非墨子所自著,書中應多係墨家後學的見解,尤其可見當日《詩》《書》等各經在文字與解説上是否與孔門所傳的相同。就今本《墨子》引《詩》《書》看來:

(一) 引《詩》之異同

墨子在《公孟》篇説:"誦《詩》三百,弦《詩》三百,歌《詩》三百,舞《詩》三百。"在《詩》的篇數上,墨家所傳與儒家所傳相同,俱爲三百篇。所謂誦、弦、歌、舞,只是不同環境、不同用途的區别,並非謂《詩》有一千二百篇。今本《墨子》中引《詩》共有十一條,分析來看,其不見於今本《詩經》者三，與今本《詩經》章句不合者四，與今本《詩經》文字不同者三，與今本《詩經》完全相同者一。茲分項論析如下：

（1）不見於今本《詩經》者。

其三條所引皆不見於今本《詩經》，如：

（a）《所染》篇："必擇所堪，必謹所堪。"

（b）《非攻中》："魚水不務，陸將何及乎？"

這兩首詩是逸詩還是《墨子》所引晚出之詩，現在很難確定。王念孫説："'陸將何及乎'不類詩詞，'乎'字蓋淺人所加。"古代的詩，是否如王氏所想象的文句必定整齊，實在是我們很難確定的。

（c）《尚賢中》：《尚賢中》所引"《周頌》道之曰：'聖人之德，若天之高，若地之普，其有昭於天下也。若地之固，若山之承，下坏不崩。若日之光，若月之明，與天地同常。'"《周頌》這段詩在今本《詩經》中是沒有的，俞樾説此文有錯誤，當云"聖人之德，昭於天下，若天之高，若地之普，若山之承，不坏不崩，若日之光，若月之明，與天地同常"。俞樾的改本，文句雖然整齊了，而且每句也協韻了，但古本是否真如俞氏所想象的那樣現在也很難確定。俞氏明知原文"入增'其有、也'三虛字，則非《頌》體矣"。其實原文即如俞氏改本之爲《頌》體，也決不是《周頌》一類的詩，在文理上究有不同。所以這三條是否在"詩三百"中之詩，很可以明瞭。這也與上一項同爲逸詩或《墨子》所引晚出之詩，不足以證明儒、墨所傳《詩》不同。

（2）與今本《詩經》章句不同者。

這一類共四條。四條之中，三條沒有大的疑問，有一條是頗有疑問的。

（a）《尚同中》："《詩》曰：'我馬維駱，六轡沃若。載馳載驅，周爰咨度。'又曰：'我馬維騏，六轡若絲。載馳載驅，周爰咨謀。'"

（b）《兼愛下》："《大雅》之所道，曰：'無言而不讎，無德而不報。投我以桃，報之以李。'"

（c）《明鬼下》："《大雅》曰：'文王在上，於昭於天。周雖舊邦，其命維新。有周不顯，帝命不時。文王陟降，在帝左右。穆穆文王，令問不已。'"

（d）《兼愛下》："周《詩》曰：'王道蕩蕩，不偏不黨，王道平平，不黨不偏。其直若矢，其易若底，君子之所履，小人之所視。'"

這裏所列，前三條與今本都沒有大區別。（a）條見《小雅·皇皇者華》，除"若絲"之"若"，《毛詩》作"如"外，其餘均同。今《毛詩》以"我馬維駱"四句爲第四章，"我馬維騏"四句爲第三章。這是《墨子》所引者爲原本，抑今本《毛詩》並未有誤，則須另外證明。《墨子》引第三章有"又曰"

二字，或正因與原本次第不合，所以加"又曰"二字來表明。

(b) 條見《大雅·抑》篇，今本《毛詩》少兩"而"字，但《墨子》所引前兩句在六章，後兩句在八章，此是斷章取義，從詩句的用韻看來，原文當不如《墨子》所引連成一氣，也可以無疑問。

(c) 條見《大雅·文王》篇前八句。在今本第一章中，後兩句爲第二章首二句，《墨子》所引"穆之"今《毛詩》作"宜之"，這是毛本是否爲真古本的問題，也無任何疑問。

只有 (d) 條後四句見今本《毛詩·小雅·大東》篇中，惟今本兩"若"字作"如"，又今無兩"之"字爲異。前四句與《尚書·洪範》篇中語略同，惟今本《洪範》篇作"無偏無黨，王道蕩蕩。無黨無偏，王道平平"。與《墨子》所引的詞句互倒。《史記·張釋之馮唐列傳》《說苑·至公》等引《書》，只將"無"作"不"，並不與《墨子》所引同。然則《墨子》所引實爲《詩》，不爲《書》，自然很可明了。不過《墨子》所引"王道蕩蕩"四句也並不是《大東》篇中語，《大東》七章，章八句，其首章爲"有饛簋飧，有捄棘匕。周道如砥，其直如矢。君子所履，小人所視。睠言顧之，潸焉出涕"。原本不當有此四句，然則"王道蕩蕩"或係《書》語。據孫詒讓《墨子閒詁》說"古《詩》《書》亦多互稱"，並引《戰國策·秦策》引《詩》云"大武遠宅不涉"，謂即《逸周書·大武》篇所云"遠宅不薄"，是則《墨子》本爲引《書》而與引《詩》之語合並，(b) 條同例。其與今本《洪範》篇不合者則今本《洪範》篇其出本稍後也（參看第一篇）。

(3) 與今本《詩經》文字不同者。

這一類有三條《墨子》所引字句與今本不盡相同。不過這從聲義以求之，實非不同，惟與今本《毛詩》爲異耳。

(a)《尚賢中》："《詩》曰：'告女憂卹，誨女予爵，孰能執熱，鮮不用濯。'"

(b)《尚同中》："《周頌》之道之曰：'載來見彼王，聿求厥章。'"

(c)《天志下》："於先王之書，大夏之道之然：'帝謂文王，予懷明德，毋大聲以色，毋長夏以革，不識不知，順帝之則。'"

其中，(a) 見今《大雅·桑柔》篇，今本"女"作"爾"，"予"作"序"，"爵"作"爵"，"鮮"作"逝"，《墨子》引用的是真古本，自比較難懂些。

(b) 見《周頌·載見》篇，今本無"來"字，"彼王"作"辟王"，"聿"作"曰"，今本後修，故潔而易明。

(c) 見《大雅·皇矣》篇，"夏""雅"古通，"毋"今本作"不"。

（4）與今本《詩經》文字相同者。這只有《天志中》引《大雅·皇矣》作"《皇矣》道之曰：'帝謂文王，予懷明德，不大聲以色，不長夏以革，不識不知，順帝之則。'"但《墨子·天志下》不作"毋"，不與今本同，而此引在《天志中》，反與今本相同。《墨子》所引，恐為後人轉寫改易，故與今本相同，亦未可知。

總上四項看來，墨家好引《詩》《書》，以為其本之於古者帝王之事，正與春秋時列國大夫以為理論的根據一樣，《詩》在本質雖屬歌樂一類，然在春秋戰國時，實以《詩三百篇》當作古史，而且是寓有哲理的。不過墨家對於儒家的禮、樂以為煩擾而不贊同，他們雖然稱引《詩》《書》，創建却不甚多，這自是宗旨不同，故不似儒家之專以讀書為業。然而我們從墨家之講"兼愛""非攻""節用""非樂"，他們也正是講節用而愛人。墨子本好讀書，他們憑借《詩》《書》來證明他們的主張，不惟對於《詩》《書》曾加研究，即如《禮》《樂》《春秋》，也曾加以研究，這裏面蘊藏有至當而不可易之理論，雖"非儒"之墨家，也不能否認的。

（二）引《書》之異同

在《明鬼下》篇，墨子說"故尚者《夏書》，其次商、周之書……"墨子引《書》，無夏以前之書，與儒家所傳也是相同的。今本《墨子》引《書》共有二十九條：（1）篇名、文字俱不見於今本《尚書》者十四條；（2）單詞、語句不見於今本《尚書》者五條；（3）引《禹誓》而今本作《甘誓》者一條；（4）引《泰誓》而不見今本《泰誓》者二條；（5）引《泰誓》而與今本出入者二條；（6）引《呂刑》與今本出入者三條。

（1）篇名、文字俱不見於今本《尚書》者十四條。

(a)《尚賢中》："先王之書《距年》之言也，傳曰：'求聖君哲人，以裨輔而身。'"《尚賢下》："於先王之書《豎年》之言然，曰：'睎夫聖武知人，以屏輔而身。'"

(b)《尚同中》："先王之書《術令之道》曰：'唯口出好興戎。'"

(c)《尚同中》："先王之書《相年之道》曰：'夫建國設都，乃作后王君公，否用泰也，輕大夫師長，否用佚也，維辯使治天均。'"

(d)《兼愛下》："雖《禹誓》即亦猶是也。禹曰：'濟濟有衆，咸聽朕言，非惟小子敢行稱亂，蠢茲有苗，用天之罰，若予既率爾群對諸群以征有苗。'"

(e)《兼愛下》:"雖《湯說》即亦猶是也。湯曰:'惟予小子履,敢用玄牡,告於上天后曰:今天大旱,即當朕身履,未知得罪於上下,有善不敢蔽,有罪不敢赦,簡在帝心。萬方有罪,即當朕身,朕身有罪,無及萬方。'"

(f)《天志中》:"又以先王之書《馴天明不解之道》也知之,曰:'明哲維天,臨君下土。'"

(g)《明鬼下》:"且《禽艾之道》之曰:'得璣無小,滅宗無大。'"

(h)《非樂上》:"先王之書湯之《官刑》有之,曰:'其恒舞於宮,是謂巫風。其刑,君子出絲二衛,小人否,似二伯黄徑。'乃言曰:'嗚呼!舞佯佯,黄言孔章,上帝弗常,九有以亡。上帝不順,降之百殃,其家必壞喪。'"

(i)《非樂上》:"《武觀》曰:'啟乃淫溢康樂,野於飲食,將將銘,莧磬以力,湛濁於酒,渝食於野,萬舞翼翼,章聞於天,天用弗式。'"

(j)《非命上》:"於《仲虺之誥》曰:'我聞於夏人,矯天命,布命於下,帝伐之惡,龔〔襲〕喪厥師。'"《非命中》:"於先王之書《仲虺之誥》曰:'我聞有夏人矯天命,布命於下,帝代〔式〕之〔是〕惡,喪〔用〕厥師。'"

(k)《非命中》:"武王以《太誓》非之。有〔又〕於《三代》《不(百)國》有之,曰:'女毋崇天之有命也。'"

(l)《非命中》:"於召公之《執令》於然,且:'敬哉!無天命,惟予二人,而無造言,不自降天〔天降〕之,哉(自我)得之。'"

(m)《非命下》:"禹之《總德》有之。曰:'允不著惟天,民不而葆。既防凶星〔心〕,天加之咎。不慎厥德,天命焉葆?'"

(n) 《公孟》篇:"先王之書《子亦》有之曰:'其傲也,出於子,不祥。'"

在這十四條中,《距年》(《豎年》)《術令之道》(據孫詒讓說,術令"當是《說命》")《相年之道》《禹誓》《湯說》《馴天明不解之道》《禽艾之道》(翟灝云:"《逸周書·世俘解》有'禽艾侯'之語。")《官刑》《武觀》《仲虺之誥》《三代》《百國》《執令》《總德》《子亦》,我們無論其名稱是否見於《尚書大傳》百篇《書序》,都可見墨家引《書》,於儒家所傳《尚書》廿九篇外,能多到十二篇。可見墨家真是能本之於上古帝王之事,祖述堯、舜、禹、湯、文、武,更奇怪的是,就這些佚文看來,並無不合儒家思想的地方,儒、墨所傳實出一源。

(2) 單詞、語句之不見於今本《尚書》。共五條:

(a)《七患》篇:"《夏書》曰:'禹七年水。'"

(b) 同上，"《殷書》曰：'湯五年旱。'"

(c) 同上，"《周書》曰：'國無三年之食者，國非其國也；家無三年之食者，子非其子也。'"

(d) 《明鬼下》："《商書》，曰：'嗚呼！古者有夏，方未有禍之時，百獸貞蟲，允及飛鳥，莫不比方。矧佳人面，胡敢異心？山川鬼神，亦莫敢不寧。若能共允，佳天下之合，下土之葆。'"

(e) 《尚賢中》："《湯誓》曰：'聿求元聖，與之戮力同心，以治天下。'"

這五條當屬於逸《書》，由此可見在墨家引《書》之時，《尚書》確是篇數較多，現在伏生所傳的，實非完本。西漢經師，以《尚書》爲偽，自就當時所傳授者言，在秦以前絕不如此。不過這種佚文見於他書亦多，若必執此以爲儒、墨所傳不同，那也是不經之談。

(3) 引《禹誓》而今本作《甘誓》者一條，見於《明鬼下》。可分別來比較：

(a) "大戰於甘，王乃命左右六人，

(b) 下聽誓於中軍，曰：

(c) '有扈氏威侮五行，怠棄三正，天用剿絕其命。'

(d) 有曰：'日中，今予與有扈氏爭一日之命。且爾卿大夫庶人，予非爾田野葆士之欲也，

(e) 予共行天之罰也。左不共於左，右不共於右，若不共命。

(f) 御非爾馬之政，若不共命。

(g) 是以賞於祖，而僇於社。'"

今本《尚書・甘誓》爲：

"大戰於甘，乃召六卿。

王曰：'嗟！六事之人，予誓告汝：

有扈氏威侮五行，怠棄三正。天用剿絕其命，

今予惟恭行天之罰。

左不攻於左，汝不恭命；右不攻於右，汝不恭命。

御非其馬之正，汝不恭命。

用命，賞於祖；弗用命，戮於社。予則孥戮汝。'"

由"大戰於甘"這一句看來，篇名當爲《甘誓》，今本不誤；《墨子》引作《禹誓》應是傳誤。《兼愛下》篇引有《禹誓》，爲禹征苗之辭，此是伐甘，當爲《甘誓》，惟此爲禹誓師所啓師，是未可以臆斷，《甘誓》之名，很可能

爲經師改定，故《墨》書是否爲傳誤，也只可以存疑。又今本雖少一段，文句較簡潔，此亦當是經師更定，《墨子》所引，比較地說當爲古本，不過這當然是追述，並非真的禹、啓之作。

(4)(5)引《泰誓》而不見今本《泰誓》二條，引《泰誓》與今本有出入者二條。

今本不見者：

(a)《尚同下》："於先王之書也《大誓》之言然，曰：'小人見奸巧乃聞，不言也，發罪鈞。'"

(b)《非命下》："《太誓》之言也，於去發曰：'惡乎君子！天有顯德，其行甚章，爲鑒不遠，在彼殷王。謂人有命，謂敬不可行，謂祭無益，謂暴無傷。上帝不常，九有以亡，上帝不順，祝降其喪。惟我有周，受之大帝。'"

與今本有出入者：

(a)《兼愛下》："《泰誓》曰：'文王若日若月乍照，光於四方，於西土。'"

今本《尚書·泰誓下》："惟我文考，若日月之照臨，光於四方，顯於西土。"

(b)《天志中》："《大誓》之道之，曰：'紂越厥夷居，不肯事上帝，棄厥先神祇不祀，乃曰吾有命。無廖僇務天下。天亦縱紂而不葆。'"

《非命上》："於《大誓》曰：'紂夷處，不肯事上帝鬼神，禍厥先神禔不祀。乃曰：'吾民有命，無廖排漏。'天亦縱之，棄而弗葆。"

《非命中》："先王之書《太誓》之言然，曰：'紂夷之居，而不肯事上帝，棄闕其先神而不祀也。曰：我民有命。毋僇其務。'天不亦棄縱而不葆。"

今本《尚書·泰誓上》："惟受罔有悛心，乃夷居，弗事上帝神祇，遺厥先宗廟弗祀。犧牲粢盛，既於凶盜。乃曰：'吾有民有命，罔懲其侮。'"

今本《泰誓》，出於西漢；馬融、鄭玄，並疑其僞。《墨》書引《泰誓》而不見今本《泰誓》者，現在無從對照。但可見所謂真古文《泰誓》，並非真古本。至於引《泰誓》與今本出入者，《兼愛下》篇所引，今本比較修整。《天志中》《非命上》《非命中》所引，三篇引文雖不盡同，而實大致不差，今本亦較整潔，顯非古之原本。

(6)引《呂刑》與今本出入者三條。

(a)《尚賢中》："先王之書《呂刑》道之曰：'皇帝清問下民，有辭有苗。曰："群后之肆在下，明明不常，鰥寡不蓋，德威維威，德明維明。"乃名三后，恤功於民。伯夷降典，哲民維刑。禹平水土，主名山川。稷隆播種，農殖嘉穀。三后成功，維假於民。'"

今本《尚書·呂刑》："群后之逮在下，明明棐常，鰥寡無蓋。皇帝清問下民，鰥寡有辭於苗。德威惟畏，德明惟明。乃命三后，恤功於民：伯夷降典，折民惟刑；禹平水土，主名山川；稷降播種，農殖嘉穀。三后成功，惟殷於民。"

(b)《尚賢下》："先王之書《呂刑》之書然，王曰：'於！來，有國有土，告女訟刑，在今而安百姓，女何擇言人？何敬不刑？何度不及？'"

今本《尚書·呂刑》："王曰：'吁！來！有邦有土，告爾祥刑。在今，爾安百姓，何擇非人，何敬非刑，何度非及？'"

(c)《尚同中》："先王之書《呂刑》之道曰：'苗民弗用練，折則刑，唯作五殺之刑，曰法。'"

今本《尚書·呂刑》："苗民弗用靈，制以刑，惟作五虐之刑曰法。"

這三條中，第一條《墨子》所引，"皇帝清問下民，有辭有苗"二句在前，次序較當，文義順。後兩條與《墨子》只字不同，或《墨子》為古本，而今本則本有傳授，未至訛誤或係經過校訂而成。這幾條中"肆""逮"，"名""命"，"假""殷"，"言""非"，"練""靈"，"折""制"，只是形聲之差，伏生所記，與《墨》書所引，並無大差。這些更不能說儒、墨傳本不同。

綜上六項看來，墨家引書，篇名文字不見於今文《尚書》者有十餘則之多，證以《左氏》《孟》《荀》《呂覽》引《書》，亦頗與今本不同，可知伏生所傳實非完本，然因《孟》《荀》等書所引，亦有不見於今本者，故不能執此而以為儒、墨所傳不同。墨家所引諸篇，或儒家以為不足信，故不轉相授受。然經籍由儒家而傳墨家，所傳無反較儒家為多之理也。我們由（3）之（d），《墨子》所引"有曰：'日中，今予與有扈氏爭一日之命。且爾卿大夫庶人，予非爾田野葆士之欲也。'"今本《尚書》無，雖說阻隔文氣，多此一段，不如刪去，然《墨子》所引或實係原本。與（5）之（b）墨家所引《泰誓》在不同的三段之中，文字雖不完全相同，然而大致不差，俱可見墨家所引，比較為古本。墨家與儒家都祖述堯、舜、禹、湯，墨家自亦可傳儒家之經。

墨子對於儒術"其禮煩擾而不說"，對於儒之禮樂在《墨子》書中由《節葬》《節用》《非樂》《非儒》等篇看來，都是很反對的，但墨家並無另外的典禮。在《節用上》曾引"昔者聖王為法，曰：'丈夫年二十，毋敢不處家。女子年十五，毋敢不事人。'此聖王之法也"。在《節用中》引"古者聖王制為節用之法曰：'凡天下群百工，輪、車、鞼、匏、陶、冶、梓、匠，使各從事其所能。'曰：'凡足以奉給民用，則止。'""古者聖王制爲衣服之法，曰：'冬服紺緅之衣，輕且暖，夏服絺綌之衣，輕且清，則止。'"《明鬼》篇更述及，"昔者虞、夏、商、周三代之聖王，其始建國營都日，必擇國之正壇，置以爲宗廟；必擇木之脩茂者，立以爲菆位；必擇國之父兄慈孝貞良者，以爲祝宗；必擇六畜之勝腯肥倅，毛以爲犧牲；珪璧琮璜，稱財爲度；必擇五穀之芳黃，以爲酒醴粢盛，故酒醴粢盛與歲上下也"。這些概非古《禮》原文。所謂節喪之法，不過是墨子自制爲之葬埋之法，實是託古改制之説，我們不當認其爲《禮經》原文，而且由墨家所述。除節葬外，與儒術並無大差。墨家《非樂》，在《三辯》篇云："昔者堯、舜有茅茨者，且以爲禮，且以爲樂；湯放桀於大水，環天下自立以爲王，事成功立，無大後患，因先王之樂，又自作樂，命曰《護》，又修《九招》；武王勝殷殺紂，環天下自立以爲王，事成功立，無大後患，因先王之樂，又自作樂，命曰《象》；周成王因先王之樂，又自作樂，命曰《騶虞》。"説稍不同。《三辯》未必爲三墨原文，亦足以備一説，但此亦非與儒有何根本違異。

墨子對於《易》與孔子所修之《春秋》無所稱述，但在《明鬼下》引有"著在周之春秋""著在燕之春秋""著在宋之春秋""著在齊之春秋"，《隋書·李德林重答魏收書》引《墨子》有"吾見百國春秋史"（今本《墨子》此文已佚，《史通·六家》篇亦引之）之言，這是"春秋"由私名而變爲達名，近人或以《春秋》非魯史之專名則非。《墨子·貴義》篇載：

> 子墨子南游使衛，關中載書甚多。弦唐子見而怪之，曰："吾夫子教公尚過曰：'揣曲直而已。'今夫子載書甚多，何有也？"子墨子曰："昔者周公旦朝讀書百篇，夕見漆十士，故周公旦佐相天子，其修至於今。翟上無君上之事，下無耕農之難，吾安敢廢此？翟聞之，同歸之物，信有誤者，然而民聽不鈞，是以書多也。今若過之心者，數逆於精微，同歸之物既已知其要矣，是以不教以書也。而子何怪焉？"

《吕氏春秋·博志》篇謂：

> 孔、墨、寧越，皆布衣之士也，慮於天下，以爲無若先王之術者，故日夜學之……蓋聞孔丘、墨翟晝日諷誦習業，夜親見文王、周公旦而問焉。用志如此其精也，何事而不達？何爲而不成？故曰："精而熟之，鬼將告之。"非鬼告之也，精而熟之也。

我們讀這兩段可見《墨子》對於諷誦、教訓，並極注重。墨家對於《詩》《書》《禮》《樂》及七十子之徒，態度雖不盡相同，但以墨家爲顯學觀之，其傳播經術之功，自亦不小，但如孫德謙輩以墨者之徒併列入孔門，未免失實，這是我們所不能贊同的。

第二節　孟、荀諸子之傳經

(一) 孟　子

孟子在孔門後學之中，算是最傑出的人物。孟子的著述後來由諸子而躋於群經之中，這自是孟子對於孔子之道有所發明申述的關係。《孟子》書説，孟子道性善，言必稱堯舜。性善是孟子思想的基本觀念，在《孟子》中載有公都子述告子及其他人的性善惡論以問孟子，孟子申述他的性善論並引《詩》以爲根據：

公都子曰："告子曰：'性無善無不善也。'或曰：'性可以爲善，可以爲不善。是故文、武興則民好善；幽、厲興則民好暴。'或曰：'有性善，有性不善。是故以堯爲君而有象，以瞽瞍爲父而有舜，以紂爲兄之子，且以爲君，而有微子啟、王子比干。'今曰'性善'，然則彼皆非歟？"

孟子曰："乃若其情，則可以爲善矣，乃所謂善也。若夫爲不善，非才之罪也。惻隱之心，人皆有之；羞惡之心，人皆有之；恭敬之心，人皆有之；是非之心，人皆有之。惻隱之心，仁也；羞惡之心，義也；恭敬之心，禮也；是非之心，智也。仁義禮智，非由外鑠我也，我固有之也，弗思耳矣。故曰：'求則得之，舍則失之。'或相倍蓰而無算者，不能盡其才者也。《詩》曰：'天生烝民，有物有則。民之秉彝，好是懿德。'孔子曰：'爲此詩者，其知道乎！故有物必有則，民之秉彝也，故好是懿德。'"

孟子以爲仁、義、禮、智都是"我固有之"的本能，《詩經》也説"天生烝民""民之秉彝"，天道本是善的，人性也是善的。所以説："心之所同然者何也？謂理也，義也。聖人先得我心之所同然耳。""人心同然"爲善，所以重在能盡其才，重在補充其仁、義、禮、智之四端，在教育上重在尚志、尚友，在政治上注重以不忍人之心行不忍人之政，提倡所謂王道。孟子曾説："以友天下之善士爲未足，又尚論古之人。頌其詩，讀其書，不知其人，可乎？是以論其世也。是尚友也。"

他説頌《詩》、讀《書》都要知人論世，這是爲的"尚志""尚友"，但知人論世，實是很好的讀書方法，在我們現在看來，這方法一樣可以應用的。孟子對於《詩》學曾有一段頗爲重要的議論，《孟子·萬章上》云：

> 咸丘蒙曰："舜之不臣堯，則吾既得聞命矣。《詩》云：'普天之下，莫非王土。率土之濱，莫非王臣。'而舜既爲天子矣，敢問瞽瞍之非臣，如何？"
>
> 曰："是詩也，非是之謂也。勞於王事而不得養父母也。曰：'此莫非王事，我獨賢勞也。'故說詩者不以文害辭，不以辭害志。以意逆志，是爲得之，如以辭而已矣，《雲漢》之詩曰：'周餘黎民，靡有孑遺。'信斯言也，是周無遺民也。孝子之至，莫大乎尊親。尊親之至，莫大乎以天下養。爲天子父，尊之至也。以天下養，養之至也。《詩》曰：'永言孝思，孝思惟則。'此之謂也。《書》曰：'祇載見瞽瞍，夔夔齊栗，瞽瞍亦允若。'是爲父不得而子也。"

孟子主張說《詩》要"故說《詩》者，不以文害辭，不以辭害志，以意逆志，是爲得之"，所以他從"民之秉彝，好是懿德"悟出行善，於"周餘黎民，靡有孑遺"證明並非無遺民。這自然也是很好的讀《詩》法，令人去領略詩中之意，不然必是誤會《詩》旨。在《孟子》中，更有孟子批評高子言《詩》之一例：

> 公孫丑問曰："高子曰：'《小弁》，小人之詩也。'"孟子曰："何以言之？"曰："怨。"曰："固哉，高叟之爲詩也！有人於此，越人關弓而射之，則己談笑而道之；無他，疏之也。其兄關弓而射之，則己垂涕泣而道之；無他，戚之也。《小弁》之怨，親親也。親親，仁也。固矣夫，高叟之爲詩也！"曰："《凱風》何以不怨？"曰："《凱風》，親之過小者也；《小弁》，親之過大者也。親之過大而不怨，是愈疏也；親之過小而怨，是不可磯也。愈疏，不孝也；不可磯，亦不孝也。孔子曰：'舜其至孝矣，五十而慕。'"

這裏孟子以"《小弁》之怨，親親也。親親，仁也"而說明《小弁》非小人之詩，"親之過大而不怨，是愈疏也"，親之過大而不怨，並不違仁愛之旨，他不像後儒之拘執勞而不怨，以爲一責善即不祥，一怨即爲不孝，使人間之真情抑鬱。父慈子孝不是相對的，而是絕對的。這自是以意逆志的好處。但在一些地方，這樣以意逆志實有時不免於謬誤。

《孟子·盡心上》曰：

> 公孫丑曰："《詩》曰'不素餐兮'，君子之不耕而食，何也？"
> 孟子曰："君子居是國也，其君用之，則安富尊榮；其子弟從之，則

孝弟忠信。'不素餐兮'，孰大於是？"

这一段據趙岐注釋，公孫丑之問曰，"無功而食則謂之素餐。世之君子有不耕而食者何也？"加一"有"字，雖是增字解經，但公孫丑之意實如此，孟子之答尚未大誤，但如《孟子·滕文公》所云：

"今也南蠻鴃舌之人，非先王之道……《魯頌》曰：'戎狄是膺，荊舒是懲。'周公方且膺之，子是之學，亦爲不善變矣。……聖王不作，諸侯放恣，處士橫議，楊朱、墨翟之言盈天下。天下之言，不歸楊，則歸墨。楊氏爲我，是無君也；墨氏兼愛，是無父也。無父無君，是禽獸也。公明儀曰：'庖有肥肉，廐有肥馬；民有飢色，野有餓莩，此率獸而食人也。'楊墨之道不息，孔子之道不著，是邪説誣民，充塞仁義也。仁義充塞，則率獸食人，人將相食。吾爲此懼，閑先聖之道，距楊墨，放淫辭，邪説者不得作。作於其心，害於其事；作於其事，害於其政。聖人復起，不易吾言矣。昔者禹抑洪水而天下平，周公兼夷狄驅猛獸而百姓寧，孔子成《春秋》而亂臣賊子懼。《詩》云：'戎狄是膺，荊舒是懲，則莫我敢承。'無父無君，是周公所膺也。"

"戎狄是膺，荊舒是懲"句，在《魯頌·閟宮》上明説是"周公之孫，莊公之子"之事，而孟子牽連周公以爲言，在孟子雖明知周公只兼夷狄，驅猛獸，並未懲制舒，後人不知，如模仿孟子這樣"不以文害辭，不以辭害志"，如《毛詩》處處以陳古刺今爲言，則自然是大大的錯誤。

《孟子·梁惠王》云：

孟子見梁惠王，王立於沼上，顧鴻雁麋鹿，曰："賢者亦樂此乎？"孟子對曰："賢者而後樂此，不賢者雖有此，不樂也。《詩》云：'經始靈臺，經之營之，庶民攻之，不日成之。經始勿亟，庶民子來。王在靈囿，麀鹿攸伏，麀鹿濯濯，白鳥鶴鶴。王在靈沼，於牣魚躍。'文王以民力爲臺爲沼。而民歡樂之，謂其臺曰'靈臺'，謂其沼曰'靈沼'，樂其有麋鹿魚鱉。古之人與民偕樂，故能樂也。"

……王（齊宣王）曰："大哉言矣！寡人有疾，寡人好勇。"對曰："王請無好小勇。夫撫劍疾視曰，'彼惡敢當我哉'！此匹夫之勇，敵一人者也。王請大之！《詩》云：'王赫斯怒，爰整其旅，以遏徂莒，以篤周祜，以對於天下。'此文王之勇也。文王一怒而安天下之民。《書》曰：'天降下民，作之君，作之師。惟曰其助上帝，寵之四方。有罪無罪，惟我在，天下曷敢有越厥志？'一人衡行於天下，武王耻之。此武王之勇也。而武王亦一怒而安天下之民。今王亦一怒而安天下之民，民惟恐王之不好勇也。"

……

王（齊宣王）曰："寡人有疾，寡人好貨。"對曰："昔者公劉好貨；《詩》云：'乃積乃倉，乃裹餱糧。於橐於囊，思戢用光。弓矢斯張，干戈戚揚，爰方啟行。'故居者有積倉，行者有裹糧也，然後可以爰方啟行。王如好貨，與百姓同之，於王何有？"

……

王曰："寡人有疾，寡人好色。"對曰："昔者大王好色，愛厥妃。《詩》云：'古公亶父，來朝走馬，率西水滸，至於岐下。爰及姜女，聿來胥宇。'當是時也，內無怨女，外無曠夫。王如好色，與百姓同之，於王何有？"

在這幾處對話中，孟子很明顯地在曲解詩意來兜售自己的學說。文王並不"好勇"，公劉並不"好貨"，太王並不"好色"。孟子對答之詞，雖然是做到了"不以文害辭，不以辭害志"，但我們也只可說是賦《詩》斷章餘既予求。孟子這般用詩，在他固然是信手拈來用作激勵之詞，在我們則正當要提防邯鄲學步，"未得其能又失其故行"。

孟子論《詩》，又有一段話説："王者之跡息而《詩》亡，《詩》亡然後《春秋》作。"（《孟子·離婁下》）這是説《詩》之時代的，但頗難令吾人索解，甚至於有人想改《孟子》這句話中"亡"字爲"作"字。但是在我看來，趙岐《孟子注》説："太平道衰，王跡止熄，頌聲不作，故《詩》亡。《春秋》撥亂，作於衰世也。"《孟子注疏》孔穎達云："孟子言自周之王者風化之跡熄滅而《詩》亡，歌咏於是乎衰亡；歌咏既以衰亡，然後《春秋》褒貶之書於是乎作……則所存者但霸者之跡而已。"這個解釋比朱熹《孟子集注》云："王者之跡熄，謂平王東遷，而政教號令不及於天下也。《詩》亡，謂《黍離》降爲《國風》而《雅》亡也。"實較穩妥。《詩》在春秋中葉以後，沒有大量的作品產生，這正是王跡止熄，禮樂都不如從前了，所以作詩、用詩也都不如從前之盛。如照朱注解釋自不能通，孟子不至不知東遷以前仍有詩歌產生，《魯頌》作於魯僖之時，《商頌》作於宋襄之時，《株林》作於陳靈之時，《燕燕》作於衛獻之時，豈可硬派《詩》在東遷之時已亡？朱子這一解釋顯然是錯誤的。

《孟子》引詩除以上所述外，還有《梁惠王下》："（齊景公）召大師曰：'爲我作君臣相説之樂！'蓋《徵招》《角招》是也。其詩曰：'畜君何尤？'

畜君者，好君也。"這一句詩不見於《三百篇》之中，其餘所引共三十五條，今本《詩經》中均有。其文字之差異者如：（《梁惠王章句上》引）"白鳥鶴鶴"（《詩·大雅·靈臺》），今本"鶴"作"翯"；（《梁惠王下》引）"以遏徂莒"（《詩·大雅·皇矣》），今本"莒"作"旅"；（《梁惠王下》引）"哀此煢獨"（《小雅·正月》），今本"煢"作"惸"；"乃積乃倉"（《大雅·公劉》），今本"乃"作"迺"；（《梁惠王下》引）"思戢用光"（《大雅·公劉》），今"戢"作"輯"；（《公孫丑上》引）"今此下民"（《豳風·鴟鴞》），今本"此"作"女"；（《萬章上》引）"娶妻如之何"（《齊風·南山》），今本"娶"作"取"；（《萬章上》引）"普天之下"（《小雅·北山》），今"普"作"溥"；（《告子上》引）"天生蒸民"（《大雅·烝民》），今本"蒸"作"烝"；（《萬章下》引）"周道如厎"（《小雅·大東》），今"厎"作"砥"；（《盡心下》引）"亦不殞厥問"（《大雅·緜》），今"殞"作"隕"；等等。亦頗足以見今本《毛詩》不必爲真古本，故與《孟子》所引不合。他如"普天之下"一語，《左傳》《荀子》所引，俱不作"溥"，這是極有力的證明。又《孟子》引《詩經·大雅·文王》："商之孫子，其麗不億，上帝既命，侯於周服。"今本《文王》詩中屬第四章；"侯服於周，天命靡常"以下，今本屬第五章，可見《孟子》引《詩》亦不注意分章。

《孟子》對於《尚書》也更有一段頗爲重要的議論，《孟子·盡心下》曰：

  孟子曰："盡信書，則不如無書。吾於《武成》，取二三策而已矣。仁人無敵於天下，以至仁伐至不仁，而何其血之流杵也？"

"盡信書，則不如無書"，這不惟講求知人論世，對於一切典籍，須更注重客觀的研究，在我們現在看來，這一論述都感覺是極爲正確和重要的。因爲如此，才不至因僞說所誤。但《孟子》以"仁者無敵"爲前提而懷疑"血之流杵"的記載，在應用上未免尚欠嚴謹，不過在孟子時，能用此等方法以研究古代傳說與典籍，比之春秋時之學者自是頗有進步。我們現在研究孟子之所以能提出"盡信書，不如無書"的見解，實緣當時有種種的傳說，如：

  齊宣王問："湯放桀，武王伐紂，有諸？"孟子對曰："於傳有之。"

這其中也盡有不可信任的地方。

再如：

  咸丘蒙問曰："語云：'盛德之士，君不得而臣，父不得而子。舜南面而立，堯帥諸侯北面而朝之，瞽瞍亦北面而朝之，舜見瞽瞍，其容有蹙。孔子曰：於斯時也，天下殆哉岌岌乎！'不識此語誠然乎哉？"孟子曰："否。此非君子之言，齊東野人之語也。堯老而舜攝也。《堯典》曰：'二十有八載，放勳乃徂落，百姓如喪考妣。三年，四海遏密八音。'孔子曰：'天無二日，民無二王。'舜既爲天子矣，又帥天下諸侯以爲堯三年喪，是二天子矣。"

……

萬章問曰："或謂孔子於衛主癰疽，於齊主侍人瘠環，有諸乎？"

孟子曰："否，不然也。好事者爲之也。"（《孟子・萬章上》）

這許多不可信任的傳說，孟子自不得不辭而辟之，在《孟子》中，述及《尚書》的，也有許多不見於今本《尚書》之中，如：

（a）萬章問曰："舜往於田，號泣於旻天，何爲其號泣也？"孟子曰："怨慕也。"萬章曰："父母愛之，喜而不忘；父母惡之，勞而不怨。然則舜怨乎？"曰："長息問於公明高曰：'舜往於田，則吾既得聞命矣；號泣於旻天，於父母，則吾不知也。'公明高曰：'是非爾所知也。'夫公明高以孝子之心，爲不若是恝，我竭力耕田，共爲子職而已矣，父母之不我愛，於我何哉？帝使其子九男二女，百官牛羊倉廩備，以事舜於畎畝之中。"

（b）萬章曰："父母使舜完廩，捐階，瞽瞍焚廩。使浚井，出，從而揜之。象曰：'謨蓋都君咸我績。牛羊父母，倉廩父母，干戈朕，琴朕，弤朕，二嫂使治朕棲。'象往入舜宮，舜在床琴。象曰：'鬱陶思君爾。'忸怩。舜曰：'惟茲臣庶，汝其於予治。'"

（c）萬章問曰："象日以殺舜爲事，立爲天子，則放之，何也？"孟子曰："封之也，或曰放焉。"萬章曰："舜流共工於幽州，放驩兜於崇山，殺三苗於三危，殛鯀於羽山，四罪而天下咸服，誅不仁也。象至不仁，封之有庳。有庳之人奚罪焉？仁人固如是乎？在他人則誅之，在弟則封之。"曰："仁人之於弟也，不藏怒焉，不宿怨焉，親愛之而已矣。親之欲其貴也，愛之欲其富也。封之有庳，富貴之也。身爲天子，弟爲匹夫，可謂親愛之乎？""敢問或曰放者，何謂也？"曰："象不得有爲於其國，天子使吏治其國，而納其貢稅焉，故謂之放，豈得暴彼民哉？雖然，欲常常而見之，故源源而來，'不及貢，以政接於有庳'，此之謂也。"

（d）萬章問曰："人有言，至於禹而德衰，不傳於賢而傳於子，有諸？"孟子曰："否，不然也。天與賢則與賢，天與子則與子。昔者舜薦禹於天，十有七年。舜崩，三年之喪畢，禹避舜之子於陽城，天下之民從之，若堯崩之後不從堯之子而從舜也。禹薦益於天，七年。禹崩，三年之喪畢，益避禹之子於箕山之陰，朝覲訟獄者不之益而之啓，曰：'吾君之子也。'謳歌者不謳歌益而謳歌啓，曰：'吾君之子也。'丹朱之不肖，舜之子亦不肖。舜之相堯、禹之相舜也，歷年多，施澤於民久。啓賢，能敬承繼禹之道。益之相禹也，歷年少，施澤於民未久。舜、禹、益相去久遠，其子之賢不肖，皆天也，非人之所能爲也。莫之爲而爲者，天也。莫之致而至者，命也。匹夫而有天下者，德必若舜禹，而又有天子薦之者。故仲尼不有天下。繼世而有天下。天之所廢，必若桀、紂者也。故益、伊尹、周公不有天下。伊尹相湯以王於天下。湯崩，大丁未立，外丙二年，仲壬四年，大甲顛覆湯之典刑，伊尹放之於桐。三年，大甲悔過，自怨自艾，於桐處仁遷義，三年以聽伊尹之訓己也，復歸於亳。周公之不有天下，猶益之於夏，伊尹之於殷也。孔子曰：'唐虞禪，夏后、殷、周繼，其義一也。'"

(e) "《書》曰：'湯一征，自葛始。'天下信之。'東面而征，西夷怨；南面而征，北狄怨。曰，奚爲後我？'民望之，若大旱之望云霓也。歸市者不止，耕者不變。誅其君而弔其民，若時雨降，民大悅。《書》曰：'徯我后，后來其蘇。'"

(f) "堯崩，三年之喪畢，舜避堯之子於南河之南。天下諸侯朝覲者，不之堯之子而之舜；訟獄者，不之堯之子而之舜；謳歌者，不謳歌堯之子而謳歌舜，故曰天也。夫然後之中國，踐天子位焉。而居堯之宮，逼堯之子，是篡也，非天與也。《太誓》曰：'天視自我民視，天聽自我民聽'，此之謂也。"

(g) 孟子曰："湯居亳，與葛爲鄰，葛伯放而不祀。湯使人問之，曰：'何爲不祀？'曰：'無以供犧牲也。'湯使遺之牛羊。葛伯食之，又不以祀。湯又使人問之曰：'何爲不祀？'曰：'無以供粢盛也。'湯使亳衆往爲之耕，老弱饋食。葛伯率其民，要其有酒食黍稻者奪之，不授者殺之。有童子以黍肉餉，殺而奪之。《書》曰：'葛伯仇餉。'此之謂也。爲其殺是童子而徵之，四海之內皆曰：'非富天下也，爲匹夫匹婦復讎也。''湯始征，自葛載'，十一征而無敵於天下。東面而征，西夷怨；南面而征，北狄怨，曰：'奚爲後我？'民之望之，若大旱之望雨也。歸市者弗止，芸者不變，誅其君，弔其民，如時雨降。民大悅。《書》曰：'徯我后，后來其無罰。''有攸不惟臣，東征，綏厥士女，篚厥玄黃，紹我周王見休，惟臣附於大邑周。'其君子實玄黃於篚以迎其君子，其小人簞食壺漿以迎其小人。救民於水火之中，取其殘而已矣。《太誓》曰：'我武惟揚，侵於之疆，則取於殘，殺伐用張，於湯有光。'"

(h) "《書》曰：'天降下民，作之君，作之師。惟曰其助上帝寵之。四方有罪無罪惟我在，天下曷敢有越厥志？'"

(i)"《太甲》曰:'天作孽,猶可違;自作孽,不可活。'此之謂也。"

(j)《書》曰:"若藥不瞑眩,厥疾不瘳。"

(k)放勳曰:"勞之來之,匡之直之,輔之翼之,使自得之,又從而振德之。"

(l)《書》曰:"洚水警余。"

(m)《書》曰:"丕顯哉!文王謨。丕承哉!武王烈。佑啓我後人,咸以正無缺。"

(n)《書》曰:"'祇載見瞽瞍,夔夔齋栗,瞽瞍亦允若。'是爲父不得而子也。"

(o)伊訓曰:"天誅造攻自牧宮,朕載自亳。"

(p)伊尹曰:"予弗狎於弗順,萬世有辭。"

(q)"南面而征北狄怨,東面而征西夷怨。曰:'奚爲後我?'武王之伐殷也,革車三百兩,虎賁三千人。王曰:'無畏!寧爾也,非敵百姓也。'若崩厥角稽首。征之爲言正也,各欲正己也,焉用戰?"

除過這些之外,又有"舜之飯糗茹草""舜生於諸馮""禹惡旨酒,而好善言""逄蒙學射於羿""伊尹以割烹要湯""五就湯五就桀者,伊尹也""由湯至於武丁,賢聖之君六七作""大王居邠,狄人侵之""伯夷辟紂""太公辟紂""周公使管叔監殷,管叔以殷畔";等等,許多都是傳聞之辭。我們讀《孟子》書,很可明瞭一些不見於今本《尚書》中的古代傳説。

《孟子》引書與今本《尚書》略同者僅五條:

(a)《梁惠王上》引《湯誓》"時日害喪",今本"害"作"曷"。

(b)《萬章上》引《堯典》"放勳乃徂落",今本"放勳"作"帝"。

(c)《萬章上》"殺三苗於三危",今"殺"作"竄"。

(d)《萬章下》引《康誥》"殺越人於貨,閔不畏死,凡民罔不譈",今本作"殺越人於貨,閔不畏死,罔弗憝"。

只有(e)《告子下》引《雒誥》"享多儀,儀不及物"與今本相同。

《孟子》書中,述及禮樂的地方有明言"禮"者。例如:

(a)《公孫丑下》:"景子曰:'內則父子,外則君臣,人之大倫也。父子主恩,君臣主敬。丑見王之敬子也,未見所以敬王也。'曰:'惡!是何言也!齊人無以仁義與王言者,豈以仁義爲不美也?其心曰'是何足與言仁義也'云爾,則不敬莫大乎是。我非堯、舜之道,不敢以陳於王前。故齊人莫如我敬王也。'景子曰:'否,非此之謂也。《禮》曰:"父召,無諾;君命召,不俟駕。"固將朝也,聞王命而遂不果,宜與夫禮若不相似然。'"

(b)《滕文公上》:"諸侯之禮,吾未之學也;雖然,吾嘗聞之矣。三年之喪,齊疏之服,飦粥之食,自天子達於庶人,三代共之。然友反命,定爲三年之喪。父兄百官皆不欲,曰:'吾宗國魯先君莫之行,吾先君亦莫之行也,至於子之身而反之,不可。且志曰:喪祭從先祖。曰:吾有所受之也。'謂然友曰:'吾他日未嘗學問,好馳馬試劍。今也父兄百官不我足也,恐其不能盡於大事,子爲我問孟子。'然友復之鄒問孟子。孟子曰:'然,不可以他求者也。孔子曰:君薨,聽於冢宰。歠粥,面深墨。即位而哭,百官有司,莫敢不哀,先之也。'"

(c)《滕文公下》:"子未學禮乎?丈夫之冠也,父命之;女子之嫁也,母命之,往送之門,戒之曰:'往之女家,必敬必戒,無違夫子!'以順爲正者,妾婦之道也。"

(d)《滕文公下》:"士之失位也,猶諸侯之失國家也。《禮》曰:'諸侯耕助,以供粢盛;夫人蠶繅,以爲衣服。犧牲不成,粢盛不潔,衣服不備,不敢以祭。惟士無田,則亦不祭。'牲殺器皿衣服不備,不敢以祭,則不敢以宴,亦不足弔乎?"

(e)《離婁上》:"淳于髡曰:'男女授受不親,禮與?'孟子曰:'禮也。'曰:'嫂溺則援之以手乎?'曰:'嫂溺不援,是豺狼也。男女授受不親,禮也;嫂溺援之以手者,權也。'"

(f)《離婁下》:"王曰:'禮,爲舊君有服,何如斯可爲服矣?'曰:'諫行言聽,膏澤下於民;有故而去,則君使人導之出疆,又先於其所往;去三年不反,然后收其田里。此之謂三有禮焉。如此,則爲之服矣。'"

(g)《離婁下》:"孟子聞之,曰:'禮,朝廷不歷位而相與言,不踰階而相揖也。我欲行禮,子敖以我爲簡,不亦異乎?'"

(h)《萬章下》:"萬章曰:'士之不託諸侯,何也?'孟子曰:'不敢也。諸侯失國,而後託於諸侯,禮也;士之託於諸侯,非禮也。'"

(i)《萬章下》:"萬章曰:'敢問不見諸侯,何義也?'孟子曰:'在國曰市井之臣,在野曰草莽之臣,皆謂庶人。庶人不傳質爲臣,不敢見於諸侯,禮也。'"

(j)《萬章下》:"'齊景公田,招虞人以旌,不至,將殺之。志士不忘在溝壑,勇士不忘喪其元。孔子奚取焉?取非其招不往也。'曰:'敢問招虞人何以?'曰:'以皮冠。庶人以旃,士以旂,大夫以旌。以大夫之招招虞人,虞人死不敢往。以士之招招庶人,庶人豈敢往哉。況乎以不賢人之招招賢人乎?欲見賢人而不以其道,猶欲其入而閉之門也。夫義,路也;禮,門也。惟君子能由是路，出入是門也。'"

(k)《告子下》："任人有問屋廬子曰：'禮與食孰重？'曰：'禮重。''色與禮孰重？'曰：'禮重。'曰：'以禮食，則饑而死；不以禮食，則得食，必以禮乎？親迎，則不得妻；不親迎，則得妻，必親迎乎！'"

(l)《告子下》："孔子爲魯司寇，不用，從而祭，燔肉不至，不稅冕而行。不知者以爲爲肉也，其知者以爲爲無禮也。乃孔子則欲以微罪行，不欲爲苟去。君子之所爲，衆人固不識也。"

(m)《公孫丑下》："古者棺椁無度，中古棺七寸，椁稱之。自天子達於庶人。非直爲觀美也，然後盡於人心。"

(n)《滕文公上》："夏后氏五十而貢，殷人七十而助，周人百畝而徹，其實皆什一也。徹者，徹也；助者，藉也。龍子曰：'治地莫善於助，莫不善於貢。'貢者校數歲之中以爲常。樂歲，粒米狼戾，多取之而不爲虐，則寡取之；凶年，糞其田而不足，則必取盈焉。爲民父母，使民盻盻然，將終歲勤動，不得以養其父母，又稱貸而益之。使老稚轉乎溝壑，惡在其爲民父母也？夫世禄，滕固行之矣。《詩》云：'雨我公田，遂及我私。'惟助爲有公田。由此觀之，雖周亦助也。"

(o)《滕文公上》："設爲庠序學校以教之：庠者，養也；校者，教也；序者，射也。夏曰校，殷曰序，周曰庠，學則三代共之，皆所以明人倫也。人倫明於上，小民親於下。有王者起，必來取法，是爲王者師也。"

(p)《滕文公上》："請野九一而助，國中什一使自賦。卿以下必有圭田，圭田五十畝。餘夫二十五畝。死徙無出鄉，鄉田同井，出入相友，守望相助，疾病相扶持，則百姓親睦。方里而井，井九百畝，其中爲公田。八家皆私百畝，同養公田。公事畢，然後敢治私事，所以別野人也。此其大略也。"

(q)《萬章下》："北宫錡問曰：'周室班爵禄也，如之何？'孟子曰：'其詳不可得聞也。諸侯惡其害己也，而皆去其籍。然而軻也，嘗聞其略也。天子一位，公一位，侯一位，伯一位，子、男同一位，凡五等也。君一位，卿一位，大夫一位，上士一位，中士一位，下士一位，凡六等。天子之制，地方千里，公侯皆方百里，伯七十里，子、男五十里，凡四等。不能五十里，不達於天子，附於諸侯，曰附庸。天子之卿受地視侯，大夫受地視伯，元士受地視子、男。大國地方百里，君十卿禄，卿禄四大夫，大夫倍上士，上士倍中士，中士倍下士，下士與庶人在官者同禄，禄足以代其耕也。次國地方七十里，君十卿禄，卿禄三大夫，大夫倍上士，上士倍中士，中士倍下士，下士與庶人在官者同禄，禄足以代其耕也。小國地方五十里，君十卿禄，卿禄二大夫，大夫倍上士，上士倍中士，中士倍下士，下士與庶人在官者同禄，禄足以代其耕也。耕者之所獲，一夫百畝。百畝之糞，上農夫食九人，上次食八人，中食七人，中次食六人，下食五人。庶人在官者，其禄以是爲差。'"

(r)《告子下》："天子適諸侯曰巡狩，諸侯朝於天子曰述職。春省耕而補不足，秋省斂而助不給。入其疆，土地辟，田野治，養老尊賢，俊傑在位，則有慶，慶以地。入其疆，土地荒蕪，遺老失賢，掊克在位，則有讓。一不朝，則貶其爵；再不朝，則削其地；三不朝，則六師移之。是故天子討而不伐，諸侯伐而不討。五霸者，摟諸侯以伐諸侯者也，故曰：五霸者，三王之罪人也。"

(s)《告子下》："天子之地方千里；不千里，不足以待諸侯。諸侯之地方百里；不百里，不足以守宗廟之典籍。周公之封於魯，爲方百里也；地非不足，而儉於百里；太公之封於齊也，亦爲方百里也；地非不足也，而儉於百里。今魯方百里者五，子以爲有王者作，則魯在所損乎？在所益乎？徒取諸彼以與此，然且仁者不爲，況於殺人以求之乎？"

(t)《盡心上》："所謂西伯善養老者，制其田里，教之樹畜，導其妻子，使養其老。五十非帛不暖，七十非肉不飽。不暖不飽，謂之凍餒。文王之民，無凍餒之老者，此之謂也。"

(u)《盡心下》："孟子曰：'民爲貴，社稷次之，君爲輕。是故得乎丘民而爲天子，得乎天子爲諸侯，得乎諸侯爲大夫。諸侯危社稷，則變置。犧牲既成，粢盛既潔，祭祀以時，然而旱乾水溢，則變置社稷。'"

(v)《盡心下》："孟子曰：有布縷之徵，粟米之徵，力役之徵。君子用其一，緩其二。用其二而民有殍，用其三而父子離。"

此外，尚有《梁惠王下》："齊宣王問曰：'人皆謂我毀明堂。毀諸？已乎？'孟子對曰：'夫明堂者，王者之堂也。王欲行王政，則勿毀之矣。'王曰：'王政可得聞與？'對曰：'昔者文王之治岐也，耕者九一，仕者世禄，關市譏而不徵，澤梁無禁，罪人不孥。老而無妻曰鰥。老而無夫曰寡。老而無子曰獨。幼而無父曰孤。此四者，天下之窮民而無告者。文王發政施仁，必先斯四者。'"《滕文公下》："公孫丑問曰：'不見諸侯何義？'孟子曰：'古者不爲臣不見。段干木踰垣而辟之，泄柳閉門而不内，是皆已甚。迫，斯可以見矣。陽貨欲見孔子而惡無禮，大夫有賜於士，不得受於其家，則往拜其門。陽貨瞰孔子之亡也，而饋孔子蒸豚；孔子亦瞰其亡也，而往拜之。當是時，陽貨先，豈得不見？'"《離婁下》："子產聽鄭國之政，以其乘輿濟人於溱洧。孟子曰：'惠而不知爲政。歲十一月徒杠成，十二月輿梁成，民未病涉也。君子平其政，行辟人可也。焉得人人而濟之？故爲政者，每人而悦之，日亦不足矣.'"《萬章上》:"萬章曰:'父母愛之,喜而不忘;父母惡之,勞而不怨。然則舜怨乎?'曰:長息問於公明高曰:'舜往於田,則吾既得聞命矣;號泣於旻天,於父母則吾不知也。'公明高曰:'是非爾所知也。'夫公明高以孝子之心,爲不若是恝,我竭力耕田,共爲子職而已矣,父母之不我愛,於我何哉?帝使其子九男二女,百官牛羊倉廩備,以事舜於畎畝之中。"這四條也是涉及禮制的。

由孟子所述看來,雖然他多稱誦禮制,然而並未徵引《禮經》原文。在孟子時,"禮"似乎爲不成文之典禮。

孟子未説及《易》;其述《春秋》之處有三:《離婁下》説:"《詩》亡然後《春秋》作……其義則丘竊取之矣。""《詩》亡""竊取"之義,看來雖似費解,但我們在前面已證明其意見實無可疑。《滕文公下》説:"《春秋》,天子之事也。""孔子成《春秋》,而亂臣賊子懼。"這兩句話也頗令人疑惑。趙岐《孟子章句》注云:"孔子懼正道遂滅,故作《春秋》,因魯史記,設素王之法,謂天子之事也。""素王"之説晚出,趙氏取以爲注,自不如朱注所説之妥,如説"《春秋》天子之權",以貶損當時諸侯,而認爲"《春秋》,天子之事也",這也並不太過;"孔子成《春秋》,而亂臣賊子懼",迄今雖無明文可證,但亦未可遽然否認孟子此説。而我們由孟子之説看來,這些意見以"《春秋》,天子之事","其義則丘竊取",或正得之於《公羊》先師之口説。由《孟子》與《公羊》有許多相同的地方看來,當時《春秋公羊傳》雖未寫定,而已有傳説,《春秋》在孟子時已有研究,《告子下》述"葵丘之會"略同《公羊》,尚述史,至於説"春秋無義戰。彼善於此,則有之矣"(《盡心下》),則是論史,已是"微言""大義"之學。《孟子》書未涉及《左氏》,亦未與《左氏》同者,《左氏》在此時或尚未流傳。

孟子論《詩》,主張知人論世,以義逆志;論《書》則有"盡信書則不如無書"之説,這是他個人對於《詩》《書》諸經的發明,關於研究方法的發明。闡述諸經義理者,由上文所述者看來更多;曾評"固哉高叟之爲詩",又述長息問於公明高之言"舜往於田……號泣於旻天,於父母",當時以《詩》《書》爲業之儒,傳述諸經,因所在多有,經學流傳益廣,在《孟子》書中,實有確切之證明。

(二) 荀子對於經學之發明

荀子主張"天行有常",是自然的,並無所謂善惡;人性也是自然的,亦無所謂先天的善,由其須有禮義之道、謚法之化,故所謂"善",只是人爲,故説"人之性惡，其善者僞"。但荀子既謂"人之性惡，必將待師法然後正，得禮義然後治"（《荀子·性惡》篇），故尤重學，"不聞先王之遺言，不知學問之大也"（《荀子·勸學》篇），故他主張：

> 學惡乎始？惡乎終？曰：其數則始乎誦經，終乎讀《禮》。

楊倞《荀子注》中於此説："經，《詩》《書》。禮，謂典禮之屬。"似乎經與禮有分，但以《詩》《書》爲經，在《孟子》書中，猶無此現象，認《詩》《書》之學爲經學，實始於荀子之時。他説：

> 故《書》者，政事之紀也；《詩》者，中聲之所止也；《禮》者，法之大分，類之綱紀也。故學至乎《禮》而止矣。夫是之謂道德之極。《禮》之敬文也，《樂》之中和也，《詩》《書》之博也，《春秋》之微也，在天地之間者畢矣。

他以《禮》《樂》《詩》《書》總起來説，似乎《禮》也在經之內。不過，他以爲：

> 學莫便乎近其人。《禮》《樂》法而不説，《詩》《書》故而不切，《春秋》約而不速。方其人之習君子之説，則尊以遍矣，周於世矣。故曰：學莫便乎近其人。學之經，莫速乎好其人，隆禮次之。上不能好其人，下不能隆禮，安特將學雜識志，順《詩》《書》而已耳。則末世窮年，不免爲陋儒而已。

"不能隆禮，安特將學雜識志，順《詩》《書》"，只注重書本上的知識，是忘了最重要的禮。他將《禮》《樂》《詩》《書》《春秋》總起來説，一方面特意提出《禮》，"始乎誦經，終乎讀《禮》"，可見"經"當是包括《詩》《書》《禮》《樂》而言，"終乎讀《禮》"是特意提出《禮》，我們實未可誤會荀子只以《詩》《書》爲經。荀子又説過："將原先王，本仁義，則《禮》正其經緯蹊徑也。"則《禮》自當在經之內。荀子在《勸學》篇中述《禮》《樂》《詩》《書》《春秋》，而即云"在天地之間者畢矣"，而其在《儒效》篇又説：

> 聖人也者，道之管也。天下之道管是矣，百王之道一是矣；故《詩》《書》《禮》《樂》之歸是矣。《詩》言是其志也，《書》言是其事也，《禮》言是其行也，《樂》言是其和也，《春秋》言是其微也……天下之道畢是矣。鄉是者臧，倍是者亡。鄉是如不臧，倍是如不亡者，自古及今，未嘗有也！

仍以《禮》《樂》《詩》《書》《春秋》爲"天下之道畢是矣"，兩處都不以《易》爲經，則在荀子之世，《易》猶不列於儒經中（參看梁啓超著《荀卿與〈荀子〉》)。這一點我們實當注意，《荀子》書中，絕不談《易》，尚無由證明《易》未列入諸經之中。荀子反復説"天下之道畢是矣"而不及《易》，則《魯論》"五十以學，亦可以無大過"，自比《古論》"五十以學《易》"之説爲可信。

在《荀子》中，論《詩》者有七八處，除上所引"《詩》者中聲之所止也"，"《詩》《書》之博也"，"《詩》《書》故而不切"，"《詩》言是其志也"四語外，《榮辱》篇也説：

> 今夫偷生淺知之屬，曾此而不知也，糧食大侈，不顧其後，俄則屈安窮矣；是其所以不免於凍餓，操瓢囊爲溝壑中瘠者也；況夫先王之道，仁義之統，《詩》《書》《禮》《樂》之分乎。……知不幾者不可與及聖人之言。夫《詩》《書》《禮》《樂》之分，固非庸人之所知也。

此明以《詩》《書》《禮》《樂》爲"先王之道，仁義之統""固非庸人之所知"，也是將"經"的地位提高。在《儒效》篇、《大略》篇中，荀子説：

> 故風之所以爲不逐者，取是以節之也；《小雅》之所以爲《小雅》者，取是而文之也；《大雅》之所以爲《大雅》者，取是而光之也；《頌》之所以爲至者，取是而通之也。(《儒效》篇)

> 故《春秋》善胥命，而《詩》非屢盟，其心一也。(《大略》篇)

> 善爲《詩》者不説，善爲《易》者不占，善爲《禮》者不相，其心同也。(《大略》篇)

> 《國風》之好色也，傳曰："盈其欲而不愆其止。其誠可比於金石，其聲可内於宗廟。"《小雅》不以於汙上，自引而居下，疾今之政以思往者，其言有文焉，其聲有哀焉。(《大略》篇)

《勸學》篇説："《詩》《書》故而不切。"楊倞注云："《詩》《書》但論先王故事，而不委曲切近於人。"將"故"字釋爲"先王故事"，亦可解釋爲"故訓"之"故"，"故而不切"言雖依故訓爲解釋，亦有時未必能"切"合。蓋《詩》無達詁，《易》無達占，此不必其"切"。《儒效》篇説："《詩》言是其志也。"作詩固是言志，賦詩也是言志。有時，"賦詩斷章，餘取所求"，也不過是言志而已，則不可必顧及作者之志。故説"《詩》言是其志也"。《大略》篇説"善爲詩者不説"，正是因爲"《詩》《書》故而不切""《詩》言是其志也"而發，只要内心所感相同，正可以不言而喻的。《儒效》篇説："風之所以爲不逐者。""不逐"據楊注説是"不流蕩之意"，這與《大略》篇所引傳云"盈其欲而不愆其止"大旨相同。從《論語》語"《關雎》樂而不淫，哀而不傷"，到荀子時説《詩》，已具有漢人所云"《國風》好色而不淫，《小雅》怨悱而不亂"的意味。從《儒效》《大略》兩篇看來，荀子《詩》説更公允，所論風、雅、頌有了一種進步，其所引"傳"，雖不知爲何書之言，或是説《詩》之傳，則較之此前更是一種進步了。

《荀子》引《詩》共八十五條，而内中：

（a）《王霸》篇引《詩》"如霜雪之將將，如日月之光明；爲之則存，不爲則亡"。

（b）《天論》篇引詩"禮義之不愆，何恤人之言兮"。

（c）《解蔽》引詩"鳳凰秋秋，其翼若干，其聲若簫，有鳳有凰，樂帝之心"。

（d）又引"墨以爲明，狐狸而蒼"。"國有大命，不可以告人，妨其躬身"。

（e）又引"長夜漫兮，永思騫兮。大古之不慢兮"。

（f）《法行》引詩"涓涓源水，不壅不塞。轂既破碎，乃大其輻。事以敗矣，乃重太息"。

等等，都是逸詩，似本不在三百篇中者。餘七十九條爲見於今本者，《榮辱》引詩"爲下國駿蒙"，今"蒙"作"厖"；《非相》引詩"雨雪瀌瀌，宴然聿消。莫肯下隧，式居屢驕"。"宴然聿消"今本作"見晛曰消"；"莫肯下隧"今"隧"作"遺"；《議兵》引詩"武王載發"，今"發"作"旆"；"則莫我敢遏"，今"遏"作"曷"；《君子》引詩"普天之下"，今"普"作"溥"；《大略》引詩"我出我輿"，今"輿"作"車"；《宥坐》引詩"天子是庫"，今"庫"作"毗"；"卑民不迷"，今"卑"作"俾"；而《富國篇》引詩曰："雕琢其章，金玉其相，亹亹我王，綱紀四方。"今詩"雕"作"追"，"亹"作"勉"。楊倞注説："言雕琢爲文章，又以金玉爲質，勉力爲善，所以綱紀四方也。與《詩》義小異。"

這是荀子賦詩斷章之一例。我們最感覺奇怪的是，爲什麽《毛詩》自稱爲子夏所傳，後人以爲毛公爲荀卿傳弟子，而他們所據之本不同？《毛詩》"離"要作"追"，"遏"要作"曷"，似乎更古一些。我們還可諉爲《荀子》爲後人所改，但《毛詩》改"發"爲"旆"，改"普"爲"溥"，這又是何人所改的呢？兩兩對照，《毛》本之非真古本，乃後人改造之古本，真憑實據無可抵賴。

荀子論《書》，語在《勸學》篇有"《書》者，政事之紀也"；"《詩》《書》故而不切"；"《詩》《書》之博也"，《儒效》篇有"《書》言是其事也"

四語，其他則《勸學》《榮辱》《儒效》"總論《詩》《書》《禮》《樂》"。"政事之紀也"就是"說《書》以道事"，不過《荀子》將《詩》《書》同謂之，"故而不切"。依楊倞說，"不委曲，切近於人"，其實可以詁而不切。古來引《書》實亦有如"賦詩斷章"之例者。

《荀子》引《書》共十八條，內中：

(a)《君道》引"《書》曰：'先時者殺無赦，不逮時者殺無赦。'"

(b)《臣道》引"《書》曰：'從命而不拂，微諫而不倦；為上則明，為下則遜。'"

(c)《議兵》引"《泰誓》曰：'獨夫紂。'"

(d)《大略》引"舜曰：'維予從欲而治。'"

(e)《堯問》引"其在中蘬之言也，曰：'諸侯自爲得師者王，得友者霸，得疑者存，自爲謀而莫己若者亡。'"

共五條。其見於今本而文字稍有差異者，凡一十三條，《富國》引《康誥》"弘覆乎天，若德裕乃身"，今本作"弘乎天"；"《書》曰：'乃大明服，惟民其力懋，和而有疾。'"今本"力"作"敕"，"而"作"若"。這是文字上形聲之差異，足證今本《古文尚書》亦非必爲真古本。《君道》篇引"惟文王敬忌，一人以擇"，今本作"惟文王之敬忌，乃裕民。曰：'我惟有及。'則予一人以懌"。《致士》《宥坐》俱引"《書》曰：'義刑義殺，勿庸以即，女（《宥坐》作予）惟曰未有順事。'"今本作"用其義刑義殺，勿庸以次汝封。乃汝盡遜，曰時叙，惟曰未有遜事"，則未免相距太遠。《君子》篇引"凡人自得罪"，楊倞注云：

> 言人人自得其罪，不敢隱也。與今《康誥》義不同，或斷章取義與？

引《書》亦可斷章取義，這自是我們不可不注意的。《荀子》所謂"故而不切"，與《詩》同論，固不必如楊倞注所云。

《荀子》在《勸學》篇中述及《易》，但《非相》中引有"《易》曰：'括囊无咎无譽。'"在《大略》篇引有"《易》（今本作湯）之咸，見夫婦。夫婦之道，不可不正也，君臣父子之本也。咸，感也。以高下下，以男下女，柔上而剛下"。"《易》曰：復自道，何其咎？"又說："善爲《易》者不占。"《大略》篇本爲"弟子雜錄荀卿之語"（楊倞注），蓋與《宥坐》"以下皆荀卿及弟子所引記傳雜事"（並楊倞注語）同論，未必可信。但《易》學在荀子門弟子必已有研習之者。荀子論《春秋》語，在《勸學》篇中有："《春秋》之微也""《春秋》約而不速"；《儒效》篇有："《春秋》言是其微也"；《大略》

篇有："《春秋》賢繆公，以爲能變也""故春秋善胥命"五條。所謂"微""約"，實是《春秋》"微言""大義"。在荀子時，諸經大意荀子俱能鈎玄提要，這比孟子更進一步。荀子"始乎誦經，終乎讀禮""莫便於近其人"，對於次第、綱領均極注意，所以能提要鈎玄地説出來。"《春秋》賢繆公""善胥命"爲《公羊》義，冠以《春秋》，足見荀子於《公羊傳》，認爲是《春秋》傳，其他近人指爲《左傳》《荀子》相通，《穀梁》《荀子》相通，在《荀子》均未明署《春秋》字樣，其説縱是，然非真憑實據。

荀子論《禮》《樂》語，在《勸學》篇有："禮者，法之大分類之綱紀也。故學至乎禮而止矣。夫是之謂道德之極。禮之敬文也，樂之中和也""禮樂法而不説""將原先王，本仁義，則禮正其經緯蹊徑也。若挈裘領，詘五指而頓之，順者不可勝數也。不道禮憲，以詩書爲之，譬之猶以指測河也，以戈舂黍也，以錐餐壺也，不可以得之矣。故隆禮，雖未明，法士也；不隆禮，雖察辯，散儒也"。《儒效》篇有"先王之道，仁之隆也，比中而行之。曷謂中？曰：禮義是也""《禮》言是其行也，《樂》言是其和也"。荀子受法家影響甚深，荀子以爲"《禮》者，法之大分"，所以他特重於《禮》。看《勸學》《儒效》所云，"《禮》正其經緯蹊徑"，我們就可以知道荀子是以《禮》學認爲最重要之學術。《荀子》有《禮論》《樂論》二篇，其他論《禮》之處，不知凡幾，大小戴記所來《荀子》之文，如《三年問》等已有數篇。在《大略》篇更有"故王者必居天下之中，禮也""天子外屏，諸侯內屏，禮也"等説及都邑、冠冕。服御、賵賻、奔喪、鄉飲、朝聘諸禮，同時述及"《聘禮志》曰：'幣厚則傷德，財侈則殄禮。'"更説"立大學，設庠序，修六禮，明十教，所以道之也"。"六禮"是冠、昏、喪、祭、鄉飲酒、相見，《荀子》所論，亦多止於士禮，並不涉及封禪、郊禖等禮。由有聘禮看來，可知不惟《禮經》已全著録，即《記》已有著録，由其不言封禪、郊禖諸禮，當可知逸禮在荀子之時並不流行。

附：《孟》《荀》引《詩》《書》與今本異同

《孟子》引《詩》見於今本而文字或略有不同者共三十五則，《梁惠王》篇八則，《公孫丑》三，《滕文公》五，《離婁》七，《萬章》五，《告子》二，《盡心》三。

《孟子》引《書》與今本文同而文或略異者，《梁惠王》篇一，《萬章》篇三，《告子》篇一，凡五則。

《荀子》引《詩》見於今本而文或略異者凡十九則：《勸學》三，《修身》

三,《不苟》三,《榮辱》一,《非相》二,《非十二子》二,《仲尼》一,《儒效》六,《王制》一,《富國》六,《王霸》一,《君道》四,《臣道》四,《致士》二,《議兵》四,《強國》四,《正論》二,《禮論》三,《解蔽》二,《正名》二,《君子》三,《大略》一二,《宥坐》五,《子道》一,《法行》一,《堯問》一。

《荀子》引《書》見於而文或略異者凡十三則:《修身》一,《王制》一,《富國》二,《君道》一,《致士》一,《天論》一,《正論》二,《君子》二,《宥坐》一,《堯問》一。

(三) 孟、荀引經異文表

《孟子》引《詩》		《毛詩》
梁惠王上	白鳥鶴鶴	白鳥翯翯(《大雅·靈臺》)
梁惠王下	以遏徂莒	以遏徂旅(《大雅·皇矣》)
梁惠王下	哀此煢獨	哀此惸獨(《小雅·正月》)
梁惠王下	乃積乃倉,乃裹餱糧	迺(《大雅·公劉》)
梁惠王下	思戢用光	輯(《大雅·公劉》)
公孫丑上	今此下民	今汝下民(《豳風·鴟鴞》)
滕文公下	戎狄是膺	戎狄是膺(《魯頌·閟宮》)
萬章上	娶妻如之何	取妻如之何(《齊風·南山》)
萬章上	普天之下	溥天之下(《小雅·北山》)
告子上	天生蒸民	天生烝民(大雅·蕩)
告子下	周道如庭	周道如砥(《小雅·大東》)
盡心下	亦不殞厥問	亦不隕厥問(《大雅·緜》)
勸學	匪交匪舒	匪交彼紓(《小雅·采菽》)
不苟	惟德之基	維德之基(《大雅·抑》)
榮辱	爲下國駿蒙	爲下國駿大庬(《商頌·長發》)
非相	晏然聿消	見睍曰消(《小雅·角弓》)
	莫肯下隧	莫肯下遺(《小雅·角弓》)
	尚有典刑	尚有典型(《大雅·蕩》)
儒效	是顧是復	是顧是覆(《大雅·桑柔》)
富國	雕琢其章	追琢其章(《大雅·棫樸》)
	亹亹我王	勉勉我王(《大雅·棫樸》)
樂論	管磬瑲瑲	磬筦將將(《周頌·執競》)
君道	王猷允塞	王猶允塞(《大雅·常武》)

續表

	《孟子》引《詩》	《毛詩》
臣道	國有大命不可以告人妨其躬身	我聞有命不敢以告人（《唐風·揚之水》）
議兵	武王載發	武王載斾（《商頌·長發》）
	則莫我敢遏	則莫我敢曷（《商頌·長發》）
禮論	愷悌君子	豈弟君子（《小雅·青蠅》）
解蔽	不盈頃筐	不盈傾筐（《周南·卷耳》）
正名	如珪如璋	如圭如璋（《大雅·卷阿》）
君子	普天之下	溥天之下（《小雅·北山》）
大略	我出我輿	我出我車（《小雅·出車》）
	勿用爲笑	勿以爲笑（《大雅·板》）
宥坐	天子是庳，卑民不迷	天子是毗，俾民不迷（《小雅·節南山》）
	眷焉顧之	睠言顧之（《小雅·大東》）
梁惠王上	時日害喪	時日曷喪
萬章上	放勛乃徂落	（《堯典》）
	三年	載
萬章下	殺越人於貨	殺人越於貨
	閔不畏死	潛不畏死
	其民罔不警	罔弗憝（《康誥》）
王制	維齊非齊	《吕刑》
富國	弘覆乎天若	弘乎
	惟民其力懋和	惟民其敕懋和
	而有疾	若有疾（《康誥》）
君道	惟文王敬忌一人	惟文王之敬忌乃裕民曰
	以擇	我惟有及則予一人以懌（《康誥》）
致士	義刑義殺勿庸以	以次汝封乃女盡遜
	即女惟曰未有順事	曰時叙惟曰未有遜事（《康誥》）
正論	克明明德	克明德（《康誥》）
君子	凡人自得罪	凡民自得罪（《康誥》）
宥坐	義刑義殺勿庸以	用其義刑義殺勿庸
	即女惟曰未有順事	以次汝封乃女盡遜曰時叙惟曰未有遜事（《康誥》）

第五章

晚周經學之影響

第一節　道、法諸家之反對儒學

　　經學在晚周雖然經孔門弟子孟、荀諸儒的提倡，獲有相當的發展，但在戰國群雄交爭之際，擁有政權的人，主張富國強兵的人，他們對於仁義禮樂都認爲無裨實用，對於王道中庸也不過視爲迂闊之談。而且因有儒墨之爭，更引起主張自然主義的學説——道家的主張，他們自然也不會以儒説爲絶對的真理。

　　法家是主張以加强君權和重法來達到富國强兵的，在商鞅佐秦孝公變法之時，他曾極力攻擊《詩》《書》《禮》《樂》，他在更法時即説，"苟可以利民，不循於禮"。又説：

　　　　豪傑務學《詩》《書》，隨從外權；要靡事商賈，爲技藝，皆以避農戰；民以此爲教，則粟焉得無少，而兵焉得無弱也。

　　　　　　　　　　　　　　　　　　　　　　　　　《商君書・農戰》

　　認爲務求《詩》《書》則將妨礙農戰，所以他認爲"國有《禮》、有《樂》、有《詩》、有《書》、有善、有修、有孝、有悌、有廉、有辯，國有十者，上無使戰，必削王亡"。他更有所謂"六蝨：曰禮樂，曰詩書，曰修善，曰孝弟，曰誠信，曰貞廉，曰仁義，曰非兵，曰羞戰"。而謂"國有十二者，上無使農戰，必貧至削"。這些意見，在我們今天看來，是很激烈的，不過現存《商君書》並非商鞅自作，其説容有不可盡信處。但在《韓非子》中也曾述及商君"行刑，重其輕者，輕者不至，重者不來，是謂以刑去刑"之説，《韓非子・和氏》篇更謂"商君教秦孝公以連什伍，設告坐之過，燔詩書而明法令，塞私門之請而遂公家之勞，禁游宦之民而顯耕戰之士。孝公行之，主以尊安，國以富强"。是商君在秦更有過"燔《詩》《書》"之事。我們可見在戰國初，法家爲了國家富强，從實用出發，已如何地反對儒説。不過商君終因執法太過，且刑太子之師傅，遭車裂以殉，他的主張僅行於秦國，而在其他國家法家尚未獲得大的成功。

其次反儒學的當是道家，《莊子·齊物論》中雖曾述及"春秋經世，先王之志，聖人議而不辯"，但他終因有儒墨之是非，以是其所非而非其所是，儒墨之爭在他看來，仍是"辯也者有不見也"，所以説"自我觀之，仁義之端，是非之涂，樊然淆亂，吾惡能知其辯！"他只是主張"忘年忘義，振於無竟，故寓諸無競"。（以上均見《莊子·齊物論》）仁義之端，在他看來只是"樊然淆亂"。《老子》書中，更主張"絕聖棄智"，老莊後學更以"自有虞氏招仁義以撓天下也，天下莫不奔命於仁義，是非以仁義易其性與？"（《駢拇》）"道德不廢，安取仁義""毀道德以爲仁義，是聖人之過也"（《馬蹄》）在《莊子·天道》篇有"孔子西藏書於周室……於是繙十二經以説……老聃曰：……夫子亂人之性也！"《天運》篇有"孔子謂老聃曰：'丘治《詩》《書》《禮》《樂》《易》《春秋》六經……'老子曰：'幸矣，子之不遇治世之君也！夫六經，先王之陳跡也，豈其所以跡哉！'"等，都足見老莊後學之反儒術。但在《莊子·天下》篇説："其明而在數度者，舊法、世傳之史尚多有之；其在於《詩》《書》《禮》《樂》者，鄒魯之士、縉紳先生多能明之。《詩》以道志，《書》以道事，《禮》以道行，《樂》以道和，《易》以道陰陽，《春秋》以道名分。其數散於天下而設於中國者，百家之學時或稱而道之。"這種論調，與《齊物論》所云"春秋經世，先王之志"，並未過於攻擊儒家，只有《老子》書説"夫禮者，忠信之薄而亂之首"等等較爲激烈。法家主張富國強兵，反對儒術，不過爲了農戰，尚無若何理論根據；道家起而批儒説仁義非人之性，非人之情，"毀道德以爲仁義"，是"以仁義易其性"。後起法家因而主張燔詩書，重刑名。法家之論雖與時勢有關，實受道家影響不淺。

綜合道、法家諸家的理論，以反儒術而最出色的人物是韓非。他是荀卿的大弟子，更能運用經説來反儒術。本來商君之反儒術，是"因世而爲之治，度俗而爲之法"。韓非也正感覺"上古競於道德，中世逐於智謀，當今爭於氣力""世異則事異，事異則備變"。所以他認爲"今學者皆道書策之頌語，不察當世之實事"的。"世之愚學，皆不知治亂之情，讘誺多誦先古之書，以亂當世之治"，故以爲"儒以文亂法，俠以武犯禁，而人主兼禮之，此所以亂也"。應當是"行仁義者非所譽，譽之則害功；工文學者非所用，用之則亂法"。這是很鮮明地揭出反儒術的旗幟。所以説"今世皆曰'尊主安國者，必以仁義智能'，而不知卑主危國者之必以仁義智能也。故有道之主，遠仁義，去智能，服之以法，是以譽廣而名威，民治而國安，知用民之法也"。又謂："今上尊貴輕物重生之士，而索民之出死而重殉上事，不可得也。藏書策，習談論，聚徒役，服文學而議説，世主必從而禮之，曰：'敬賢士，先王之道也。'夫吏之所税，耕者也；而上之所養，學士也。耕者則重税，學士則多賞，而索民之疾作而少言談，不可得也。"仁義智慧之士，一概不當要，藏書策、習談論這種事也不當做；不惟仁義智慧之士不當有，即輕物重生之道家亦不當有，一切當以法律爲上。韓非在秦焚書前已經主張"明主之國無書簡之文，以法爲教；無先王之語，以吏爲師……超五帝，侔三王者，必此法也"。所謂"明主之國無書簡之文，以法爲教；無先王之語，以吏爲師"，這與主張焚書已相去不遠。但是我們知道，儒、墨在當時早已私學成群，早已成爲顯學，韓非雖極以"孔、墨不耕耨""曾、史不戰攻"，然而他有一些理論仍不能不借重儒書，例如：

先王之法曰："臣毋或作威，毋或作利，從王之指；毋或作惡，從王之路。"（《韓非子·有度》）

《周書》曰："將欲敗之，必姑輔之；將欲取之，必姑予之。"（《韓非子·説林》）

《康誥》曰："毋彝酒。"彝酒者，常酒也。常酒者，天子失天下，匹夫失其身。（《韓非子·説林》）

齊桓公好服紫，一國盡服紫。當是時也，五素不得一紫。桓公患之，謂管仲曰："寡人好服紫，紫貴甚，一國百姓好服紫不已，寡人奈何？"管仲曰："君欲止之，何不試勿衣紫也，謂左右曰：'吾甚惡紫之臭。'於是左右適有衣紫而進者，公必曰，'少却，吾惡紫臭'。"公曰："諾。"於是日，郎中莫衣紫；其明日，國中莫衣紫；三日，境內莫衣紫也。（《韓非子·外儲説左上》）

《詩》曰："雖無德與女，式歌且舞。"（《韓非子·外儲説右上》）

乃令男子年二十而室，女年十五而嫁，則內無怨女，外無曠夫。（《韓非子·外儲説右上》）

這也是或"引《詩》《書》以明己意"或"引《詩》《書》更加解釋"。最有趣味的是，韓非往往利用《詩》《書》傳記之言以解釋其法理，例如《五蠹》篇説：

楚之有直躬，其父竊羊而謁之吏。令尹曰："殺之！"以爲直於君而曲於父，報而罪之。以是觀之，夫君之直臣，父之暴子也。

《韓非子·忠孝》篇説：

《記》曰："舜見瞽瞍，其容造焉。"孔子曰："當是時也，危哉！天下岌岌，有道者，父固不得而子，君固不得而臣也。"臣曰：孔子本未知孝悌忠順之道也。然則有道者進不爲臣主，退不爲父子耶？父之所以欲有賢子者，家貧則富之，父苦則樂之；君之所以欲有賢臣者，國亂則治之，主卑則尊之。今有賢子而不爲父，則父之處家也苦；有賢臣而不爲君，則君之處位也危。然則父有賢子，君有賢臣，適足以爲害耳，豈得利焉哉！所謂忠臣不危其君，孝子不非其親，今舜以賢取君之國，而湯、武以義放弑其君，此皆以賢而危主者也，而天下賢之。古之烈士，進不臣君，退不爲家，是進則非其君，退則非其親者也。且夫進不臣君，退不爲家，亂世絕嗣之道也。是故賢堯、舜、湯、武而是烈士，天下之亂術也。瞽瞍爲舜父而舜放之，象爲舜弟而殺之。放父殺弟，不可謂仁；妻帝二女而取天下，不可謂義。仁義無有，不可謂明。《詩》云："普天之下，莫非王土；率土之濱，莫非王臣。"信若《詩》之言也，是舜出則臣其君，入則臣其父，妾其母，妻其主女也。故烈士內不爲家，亂世絕嗣；而外矯於君，朽骨爛肉，施於土地，流於川谷，不避蹈水火，使天下從而效之，是天下遍死而願天也，此皆釋世而不治是也。

他這也正是賦詩斷章，不一定必須遵循原文是如何意義。《備內》篇曾説道"上古之傳言，春秋所記"，在《內儲說上》曾引"魯哀公問於仲尼曰：《春秋》之記曰：'冬十二月霣霜不殺菽。'何爲記此？"《韓非子·外儲說右上》引有"子夏曰：'《春秋》之記臣殺君、子殺父者，以十數矣。皆非一日之積也，有漸而以至矣。'"《韓非子·姦劫弑臣》末一段也有"春秋記之曰……"韓非反對儒家，然其本身受儒學影響實深。以反對儒術之人，而不能脫離借重儒書，可知儒家之經典，本是古史，本含有許多的哲理，自有許多不可磨滅之點。

第二節　《呂氏春秋》之襲用經説

（一）儒家的經典既是古史，又包含着許多哲理，所以在晚周時雖有道、法諸家之激烈的反對，而在當時最後之一部集體創作——雜家之《呂氏春秋》中，仍不免有許多引用《詩》《書》等的地方，《呂氏春秋》雖名爲雜家，而其實很多地方是是傾向於儒家的。高誘《呂氏春秋序》説："莊襄王立三年而薨，太子正立，是爲秦始皇帝，尊不韋爲相國，號稱仲父。不韋乃集儒書，使著其所聞，爲《十二紀》《八覽》《六論》，合十餘萬言，備天地萬物古今之事，名爲《呂氏春秋》。暴之咸陽市門，懸千金其上，有能增損一字者與千金。時人無能增損者。誘以爲時人非不能也，蓋憚相國畏其勢耳。然此書所尚，以道德爲標的，以無爲爲綱紀，以忠義爲品式，以公方爲檢格，與孟軻、孫卿、淮南、揚雄相表裏也。"《呂覽》的來源是集儒書而成，故可與孟軻、孫卿之書相提並論。在《呂氏春秋》中，雖説所尚以道道德爲標的，以無爲爲綱紀，但是他們在《勸學》篇説：

> 先王之教，莫榮於孝，莫顯於忠。忠孝，人君人親之所甚欲也。顯榮，人子人臣之所甚願也。然而人君人親不得其所欲，人子人臣不得其所願，此生於不知理義，不知理義生於不學。學者師達而有材，吾未知其不爲聖人。聖人之所在則天下理焉。(《呂氏春秋·孟夏紀第四》)

這裏說先王之教在於忠孝，而所謂理、義也即是仁、慈、忠（用高誘注說），可見《呂氏春秋》所提倡的並非是他家之學，而實是儒家之學，所謂"聖人之所在，則天下理焉"，這聖人還是儒家心目中之聖人。《呂氏春秋》的《八覽》，在《有始覽》後即繼之以《孝行覽》，說是：

> 凡爲天下，治國家，必務本而後末。所謂本者，非耕耘種殖之謂，務其人也。務其人，非貧而富之，寡而眾之，務其本也。務本莫貴於孝。人主孝則名章榮，下服聽，天下譽。人臣孝則事君忠，處官廉，臨難死。士民孝則耕芸疾，守戰固，不罷北。夫孝，三皇五帝之本務，而萬事之紀也。夫執一術而百善至、百邪去、天下從者，其惟孝也。故論人必先以所親而後及所疏，必先以所重而後及所輕。今有人於此，行於親重而不簡慢於輕疏，則是篤謹孝道，先王之所以治天下也。(《呂氏春秋》卷十四)

他這樣地提倡孝行，即在《荀子·子道》篇中，亦不多見如此理論。我們再看《呂覽》中之"六論"：《開春》《慎行》《貴直》《不苟》《似順》《士容》，看這六篇的標題，幾乎使我們覺得這六篇的題材，和《荀子》中《修身》《榮辱》《不苟》《君子》《法行》等篇相去不遠，首篇《開春論》雖名爲"開春"，不過以首二字爲標題，其篇首云"王者厚其德，積衆善，而鳳皇聖人皆來至矣"。篇末云："故堯之刑也殛鯀於虞而用禹，周之刑，也戮管、蔡而相周公。……今祈奚論先王之德，而叔向得免焉。學豈可以已哉？"《開春論》子目爲《開春》《察賢》《期賢》《審爲》《愛類》《貴卒》，這六篇內所云如《察賢》《期賢》所提倡的，仍儒家的理論。《呂氏春秋》是秦王政立後八年作的，可說是先秦最後的一部著作。據《史記·秦始皇本記》："(十年) 大索，遂客，李斯上書說，乃止逐客令。李斯因說秦王，請先取韓以恐他國，於是使斯下韓。韓王患之，與韓非謀弱秦。""(十四年) 韓非使秦，秦用李斯謀，留非，非死雲陽。" 韓非著書，當在韓王與韓非謀弱秦以前，則當早於秦王政八年。無論如何，《呂覽》可說是先秦最後一部提倡儒學的著作。

(二)《呂氏春秋》引詩者二十條：

(a)《先己》引詩："淑人君子，其儀不忒；其儀不忒，正是四國。"（引自《詩·曹風·鳲鳩》），見《呂氏春秋·季春紀·先己》)

(b)《先己》引"《詩》曰:'執轡如組'"(引自《邶風·簡兮》及《鄭風·大叔於田》,見《呂氏春秋·季春紀·先己》)。

(c)《古樂》引:"周公旦乃作詩曰:'文王在上,於昭於天;周雖舊邦,其命維新'(引自《詩經·大雅·文王》,見《呂氏春秋·仲夏紀·古樂》)。

(d)《安死》引"《詩》曰:'不敢暴虎,不敢馮河。人知其一,莫知其他。'"(引自《詩經·小雅·小旻》,見《呂氏春秋·孟冬紀·安死》)

(e)《務本》引"《詩》云:'雨我公田,遂及我私'"(引自《詩經·小雅·大田》,見《呂氏春秋·有始覽·務本》)

(f)《慎人》引"舜自爲詩曰:'普天之下,莫非王土;率土之濱,莫非王臣'"(引自《詩經·小雅·北山》,見《呂氏春秋·孝行覽·慎人》)

(g)(h)《報更》引"《詩》曰:'赳赳武夫,公侯干城''濟濟多士,文王以寧'"。(其一引自《詩經·周南·兔罝》,其二引自《詩經·大雅·文王》,見《呂氏春秋·慎大覽·報更》)

(i)《重言》"《詩》曰:'何其久也?必有以也;何其處也?必有與也'(引自《詩經·邶風·旄丘》,見《呂氏春秋·審應覽·重言》)

(j)《不屈》引"《詩》曰:愷悌君子,民之父母"(引自《詩經·大雅·泂酌》,見《呂氏春秋·審應覽·不屈》)。

(k)《知分》引"《詩》曰:莫莫葛藟,延於條枚。凱弟君子,求福不回。"(引自《詩經·大雅·旱麓》,見《呂氏春秋·恃君覽·知分》)

(l)《行論》引詩"維此文王,小心翼翼。昭事上帝,聿懷多福"(引自《詩經·大雅·大明》,見《呂氏春秋·恃君覽·行論》)

(m)《求人》引"詩曰:'子惠思我,褰裳涉洧;子不我思,豈無他士?'"(引自《詩經·鄭風·褰裳》,見《呂氏春秋·慎行論·求人》)

(n)同上引"孔子曰:《詩》云:'無競惟人'。(引自《詩經·周頌·烈文》見《呂氏春秋·慎行論·求人》)

(o)《愛士》引"此《詩》之所謂曰'君君子則正,以行其德;君賤人則寬,以盡其力'者也。"(《呂氏春秋·仲秋紀·愛士》)

(p)《介立》引"介子推不肯受賞,自爲賦詩曰:'有龍於飛,周遍天下。五蛇從之,爲之丞輔。龍反其鄉,得其處所。四蛇從之,得其露雨。一蛇羞之,橋死於中野。'"(《呂氏春秋·季冬紀·介立》)

(q)《謹聽》引"《周箴》曰:'夫自念斯,學德未暮。'"(《呂氏春秋·有始覽·謹聽》)。

(r)《權勳》引"《詩》云:'唯則定國'"(《呂氏春秋·慎大覽·權勳》)

(s)《行論》引"《詩》曰:'將欲毀之,必重累之;將欲踣之,必高舉之。'"(《呂氏春秋·恃君覽·行論》)

(t)《原亂》引"故《詩》曰:'毋過亂門'"(《呂氏春秋·貴直論·原亂》)

此二十條中後六條爲逸詩,我們所當注意的是《古樂》引《文王》以爲周公旦乃作詩,《慎人》引《北山》以爲舜自爲詩,《報更》引《兔罝》《文王》兩詩而不加以解釋,又曰《不屈》引"《詩》曰:'愷悌君子,民之父母'",而加以解說曰"愷者大也,悌者長也,君子之德長且大者則爲民父母"。這足見引詩而加解釋之例。還有《慎大覽》引《周書》曰"若履深淵,若履薄冰",恐實係《詩·小雅·小旻》篇文,這也是古人引《詩》《書》常有混雜之一例。其所引詩文字之異,如"晻"今本作"渰","雲"今本作"雨","愷悌"今本作"豈弟",今本"普"作"溥","延"今本作"施","凱"今本作"豈",等等,亦足見《呂氏春秋》所引用非毛本。

(三)《呂氏春秋》引《書》者十五條:

(a)《貴公》引"鴻範"曰:'無偏無黨,王道蕩蕩。無偏無頗,遵王之義。無或作好,遵王之道。無或作惡,遵王之路。'"(《呂氏春秋·孟春紀·貴公》)

(b)《君守》引"《鴻範》曰:'惟天陰騭下民。'陰之者,所以發之也。"(《呂氏春秋·審分覽·君守》)

(c)《順民》引"湯乃以身禱於桑林,曰:'余一人有罪,無及萬夫。萬夫有罪,在余一人。無以一人之不敏,使上帝鬼神傷民之命。'"(《呂氏春秋·季秋紀·順民》)

(d)《諭大》引"《夏書》曰:'天子之德廣運,乃神,乃武乃文。'故務在事,事在大。"(《呂氏春秋·有始覽·諭大》)

(e)同上,引"《商書》曰'五世之廟,可以觀怪。萬夫之長,可以生謀。'"(《呂氏春秋·有始覽·諭大》)

(f)《聽言》引"《周書》曰:'往者不可及,來者不可待,賢明其世,謂之天子。'"(《呂氏春秋·有始覽·聽言》)

(g)《孝行》引"《商書》曰:'刑三百,罪莫重於不孝。'"(《呂氏春秋·孝行覽·孝行》)

(h)《報更》引"《書》之所謂'德幾無小'者也。"《呂氏春秋·慎大覽·報更》)

(i)《慎大》引"《周書》曰:'若臨深淵,若履薄冰。'"(《呂氏春秋·慎大覽·慎大》)

（j）《重言》引"《高宗乃言》曰：'以余一人正四方，余恐言之不類也，茲故不言也。'"（《呂氏春秋·審應覽·重言》）

（k）《適威》引"《周書》曰：'民，善之則畜也，不善則讎也。'"（《呂氏春秋·離俗覽·適威》）

（l）《貴信》引"《周書》曰：'允哉允哉'。"（《呂氏春秋·離俗覽·貴信》）

（m）《長利》引"君獨不聞成王之定成周之說乎？其辭曰：'惟余一人，營居於成周。惟余一人，有善易得而見也，有不善易得而誅也。'"（《呂氏春秋·恃君覽·長利》）

（n）《驕恣》引"王曰：'仲虺有言，不穀說之。曰：諸侯之德，能自爲取師者王，能自取友者存，其所擇而莫如己者亡。'"（《呂氏春秋·恃君覽·驕恣》）

（o）《先己》引"夏后相啟與有扈戰於甘澤而不勝，六卿請復之，夏后相啟曰：'不可。吾地不淺，吾民不寡，戰而不勝，是吾德薄而教不善也。'於是乎處不重席，食不貳味，琴瑟不張，鐘鼓不修，子女不飭，親親長長，尊賢使能，期年而有扈氏服。"

此十五條除首二條見《今文尚書》外，其餘均爲逸《書》。《洪範》之"洪"作"鴻"，亦足見《今文尚書》之本爲古本。

（三）《呂氏春秋》引《易》者三條：

（a）《務本》引"《易》曰：'復自道，何其咎，吉。'以言本無異則動卒有喜。"（《呂氏春秋·有始覽·務本》）

（b）《召類》引"孔子爲客，子貢使令於君前，甚聽。《易》曰：'渙其群，元吉。'渙者，賢也，群者眾也，元者吉之始也。'渙其群，元吉'者，其佐多賢也。"（《呂氏春秋·恃君覽·召類》）

（c）《重行》引"孔子卜，得賁。孔子曰：'不吉。'子貢曰：'夫賁亦好矣，何謂不吉乎？'孔子曰：'夫白而白，黑而黑，夫賁又何好乎？'"（《呂氏春秋·慎行論·壹行》）

其中（b）解釋"渙者，賢也"，這與後來的解釋也頗不相同。

從以上《呂氏春秋》引《詩》《書》《易》的情況來看，我們應該可以瞭解當時的士人對於先秦典籍的熟悉程度。先秦時，古代典籍爲數不多，況且又處於百家爭鳴的時代背景之下，故各種流傳的典籍勢必都需要熟讀，儒家經典亦然，各家都學，然後按各自的立場和角度加以解讀。這是經學發展初期階段的一個正常現象。

第五篇 秦代經學之中絶

第一章

秦焚書坑儒與經學上之影響

第一節　秦焚書坑儒之原因

在上篇中，我們已略述經學流傳至荀子時代，對於各經精義，荀子已俱有闡發，與他同時的《呂覽》的編纂者，也頗顯著地傾向於儒家的色彩；經學在晚周，確是發生過極大的影響。不過晚周戰國時代畢竟是一個戰亂頻仍的時代，侵伐兼並畢竟不大用得着儒術，而且由素來不重儒術的秦來統一天下，以至於統一八年之後就發生焚書坑儒事件，而使經學在發展的塗徑上有了中絕的現象，這一過程是頗耐人尋味的。

現在我們分析起來看，這大約有三個原因：

第一，歷來政策之發展。

從秦國的歷史上看，在其立國初期，在文化上是傾向於全面向周王朝學習，對《詩》《書》《禮》《樂》等儒家經典並不排斥，這只要看在繆公時晉國公子重耳流亡到秦，雙方在宴會上相互賦詩，完成政治交易便可知。繆公自己也稱是以"《詩》《書》《禮》《樂》法度為政"（《史記·秦本紀》），可知在此之前秦國必是崇尚《詩》《書》《禮》《樂》的。只是在繆公時由余自西戎至秦，並給繆公講了"此乃中國所以亂"的道理，繆公任用由余以"上含淳德以遇其下，下懷忠信以事其上"為政治原則實行變革以後，秦國才舍棄了"《詩》《書》《禮》《樂》、法度為政"。這是儒家經典在秦的第一次挫折。

到秦孝公時，用商鞅進行變法，提出"燔詩書""明法令""務耕戰"，這是儒學經典在秦所遭遇的第二次大的挫折。商鞅主張"不法古，不脩今"（《商君書·開塞》）；"因世而為之治，度俗而為之法"（《商君書·壹言》）；他說"六虱：曰《禮》《樂》，曰《詩》《書》，曰脩善，曰孝弟，曰誠信，曰貞廉，曰仁義，曰非兵，曰羞戰。國有十二者，上無使農戰，必貧至削"（《商君書·靳令》）。對於《禮》《樂》《詩》《書》等儒家經典，他是主張焚毀的。《商君書》在今日看未必全然可信，然而到戰國末的韓非則說："商君教秦孝公以連什伍，設告坐之過，燔詩書而明法令，塞私門之請而遂公家之勞，禁游宦之民而顯耕戰之士。孝公行之，主以尊安，國以富強。"(《韓非子·和氏》）這話是可信的。秦長期不重視儒術，並且本有過焚書之事，故"秦昭王問孫卿子曰：'儒無益於人之國？'"（《荀子·儒效》篇）而應侯問孫卿子曰："入秦何見？"荀子答以"……則其殆無儒邪！故曰：粹而王，駁而霸，無一焉而亡。此亦秦之所短也。"（《荀子·强國》篇）可見自穆公以後至秦始皇統一天下的數百年間，秦國一直"無儒"，甚至於連儒學的經典也不允許流傳。秦國歷代君王既然認爲"儒無益於人之國"，那麼到秦始皇時，因於傳統，對於焚書的建議就是比較容易接受的。何況在統一以後，隨着集權專制制度的確立和加强，儒生"不師今而學古，以非當世，惑亂黔首"（《史記·秦始皇本紀》），成爲皇帝制度的威脅，秦始皇自然很容易地援用秦國一貫的政策，這也就必然會發展到"焚書坑儒"的一步。

第二，是時勢的驅使。

本來商鞅的"燔詩書"是"因世而爲之治，度俗而爲之法"（《商君書·壹言》）的，到統一前夕的集法家之大成的韓非，仍堅持認爲儒學爲"五蠹"之一，他說："儒以文亂法，俠以武犯禁，而人主兼禮之，此所以亂也。……故行仁義者非所譽，譽之則害功；文學者非所用，用之則亂法。"（《韓非子·五蠹》）並說："世之愚學，皆不知亂之情；讘譠多誦先古之書，以亂當世之治。"（《韓非子·奸劫弒臣》）"今學者皆道書筴之頌語，不察當世之實事。"（《韓非子·六反》）所以他說："今世皆曰'尊主安國者，必以仁義智能'，而不知卑主危國者之必以仁義智能也。故有道之主，遠仁義，去智能，服之以法。是以譽廣而名威，民治而國安，知用民之法也。"（《韓非子·說疑》）他已經主張："故明主之國，無書簡之文，以法爲教；無先王之語，以吏爲師；無私劍之捍，以斬首爲勇。是境內之民，其言談者必軌於法，動作者歸之於功，爲勇者盡之於軍。是故無事則國富，有事則兵强，此之謂王資。既畜王資而承敵國之釁，超五帝侔三王者，必此法也。"（《韓非子·五蠹》）還說："今上尊貴輕物重生之士，而索民之出死而重殉上事，不可得也。藏書策，習談論，聚徒役，服文學而議說，世主必從而禮之，曰：'敬賢士，先王之道也。'夫吏之所稅，耕者也；而上之所養，學士也。耕者則重稅，學士則多賞，而索民之疾作而少言談，不可得也。"（《韓非子·顯學》）韓非很明確地又提出，《詩》《書》、儒、俠都不當要。他的主張使得"李斯自以爲不如"，以及"秦王見《孤憤》《五蠹》之書"，說"寡人得見此人與之游，死不恨矣！"秦王與李斯都極佩服他，自然與他的思想有相通之處。韓非曾說："世異則事異，事異則備變。""上古競於道德，中世逐於智謀，當今爭於氣力。"他的主張完全是爲專制集權制度服務的，是受了時勢的趨勢而產生，因此與他同時的人，特別是在集權專制制度已初步形成的秦國，掌握了最高權力的秦王，是很容易贊同和實施他的主張的。不過韓非曾說"國平則養儒、俠，難至則用介士"（《韓非子·顯學》），從這一點來說，秦始皇和李斯在統一後實行焚書坑儒，更多的是着眼於儒學及其伴生的私學對皇權的威脅，而與韓非的這一主張沒什麼關係。李斯在秦二世之時還說：

> 故申子曰"有天下而不恣睢，命之曰以天下爲桎梏"者，無他焉，不能督責，而顧以其身勞於天下之民，若堯、禹然，故謂之"桎梏"也。夫不能修申、韓之明術，行督責之道，專以天下自適也，而徒務苦形勞神，以身徇百姓，則是黔首之役，非畜天下者也，何足貴哉！夫以人徇己，則己貴而人賤；以己徇人，則己賤而人貴。故徇人者賤，而人所徇者貴，自古及今，未有不然者也。凡古之所爲尊賢者，爲其貴也；而所爲惡不肖者，爲其賤也。而堯、禹以身徇天下者也，因隨而尊之，則亦失所爲尊賢之心矣夫！可謂大繆矣。謂之爲"桎梏"，不亦宜乎？不能督責之過也。

> 故韓子曰"慈母有敗子而嚴家無格虜"者，何也？則能罰之加焉必也。故商君之法，刑棄灰於道者。夫棄灰，薄罪也，而被刑，重罰也。彼唯明主爲能深督輕罪。夫罪輕且督深，而况有重罪乎？故民不敢犯也。是故韓子曰"布帛尋常，庸人不釋，鑠金百溢，盜跖不搏"者，非庸人之心重，尋常之利深，而盜跖之欲淺也；又不以盜跖之行，爲輕百鎰之重也。搏必隨手刑，則盜跖不搏百鎰；而罰不必行也，則庸人不釋尋常。是故城高五丈，而樓季不輕犯也；泰山之高百仞，而跛牂牧其上。夫樓季也而難五丈之限，豈跛牂也而易百仞之高哉？峭塹之勢異也。明主聖王之所以能久處尊位，長執重勢，而獨擅天下之利者，非有異道也，能獨斷而審督責，必深罰，故天下不敢犯也。今不務所以不犯，而事慈母之所以敗子也，則亦不察於聖人之論矣。夫不能行聖人之術，則舍爲天下役何事哉？可不哀邪！

> 且夫儉節仁義之人立於朝，則荒肆之樂輟矣；諫說論理之臣間於側，則流漫之志詘矣；烈士死節之行顯於世，則淫康之虞廢矣。故明主能外此三者，而獨操主術以制聽從之臣，而修其明法，故身尊而勢重也。凡賢主者，必將能拂世磨俗，而廢其所惡，立其所欲，故生則有尊重之勢，死則有賢明之謚也。是以明君獨斷，故權不在臣也。然後能滅仁義之涂，掩馳說之口，困烈士之行，塞聰揜明，內獨視聽，

故外不可傾以仁義烈士之行，而內不可奪以諫說忿爭之辯。故能犖然獨行恣睢之心而莫之敢逆。若此然後可謂能明申、韓之術，而修商君之法。法修術明而天下亂者，未之聞也。（《史記》卷八十七《李斯列傳》）

對於仁愛禮義、諫說論理，一概都要滅去，民只可使，不可使知，君主必須實行絕對專制。這樣的理念，對於主張集權專制制度的秦國統治集團，自然會主張"焚書坑儒"以愚黔首。

第三，是當日的情形。

秦代所以"焚書坑儒"，固然有其歷史的原因，也是受時勢的驅使，但同時也實在是當時的儒生不識時務所致。關於這一點，我們從《史記·秦始皇本紀》上看來，始皇自稱"悉召文學方術士甚衆，欲以興太平"，任命了七十位博士，還給他們配備了至少兩千名"諸生"為助手，均"尊賜之甚厚"，時常招宴宮中。這些博士與諸生，應該有不少就是儒生。本來秦始皇給他們的任務，是"前收天下書不中用者盡去之"，是甄別"天下書"中哪些對於秦王朝是有用的，哪些是"不中用者"，須"盡去之"，這已經有了焚書前奏的意味。然而這些儒生却不明白此中道理，依然固守原六國地區"私學"的傳統和習慣，在咸陽宮宴會上博士淳于越就公然講"事不師古而能長久者，非所聞也"，結果招來了丞相李斯的批駁：

　　五帝不相復，三代不相襲，各以治，非其相反，時變異也。今陛下創大業，建萬世之功，固非愚儒所知，且越言乃三代之事，何足法也？異時諸侯並爭，厚招游學。今天下已定，法令出一，百姓當家則力農工，士則學習法令辟禁。今諸生不師今而學古，以非當世，惑亂黔首。丞相臣斯昧死言：古者天下散亂，莫之能一，是以諸侯並作，語皆道古以害今，飾虛言以亂實，人善其所私學，以非上之所建立。今皇帝並有天下，別黑白而定一尊。私學而相與非法教，人聞令下，則各以其學議之，入則心非，出則巷議，夸主以為名，異取以為高，率群下以造謗。如此弗禁，則主勢降乎上，黨與成乎下。禁之便，臣請史官非秦記皆燒之。非博士官所職，天下敢有藏《詩》《書》、百家語者，悉詣守、尉雜燒之。有敢偶語《詩》《書》者棄市。以古非今者族。吏見知不舉者與同罪。令下三十日不燒，黥為城旦。所不去者醫藥卜筮種樹之書。若欲有學法令，以吏為師。"制曰："可。"（《史記·秦始皇本紀》）

可以看出，李斯焚書之議的提出，與儒生對秦國的歷史和傳統茫然無知，對法家的一貫主張也茫然無知，對秦代已發生集權專制的變革更是茫然無知有着直接的關係。

只看《史記·李斯列傳》就明白：

"古者天下散亂，莫能相一，是以諸侯並作，語皆道古以害今，飾虛言以亂實，人善其所私學，以非上所建立。今陛下並有天下，別白黑而定一尊；而私學乃相與非法教之制，聞令下，即各以其私學議之，入則心非，出則巷議，非主以爲名，異趣以爲高，率群下以造謗。如此不禁，則主勢降乎上，黨與成乎下。禁之便。臣請諸有文學《詩》《書》百家語者，蠲除去之。令到滿三十日弗去，黥爲城旦。所不去者，醫藥卜筮種樹之書。若有欲學者，以吏爲師。"始皇可其議，收去《詩》《書》百家之語以愚百姓，使天下無以古非今。明法度，定律令，皆以始皇起。（《史記·李斯列傳》）

秦始皇被後世稱爲是"千古一帝"，本來是有雄才大略的。他在統一天下後，並非一定專逞淫威，在長達八年的時間裏，因爲尚未認識到"以古非今"對"主勢"的威脅，並沒有以暴力手段去觸動儒生和私學，對儒家經典如同對其他書籍一樣，也並沒有去禁止。在統一天下的措施中，實在也做了一些"豐功偉績"，即如"車同軌""書同文"，這些事跡亦並非不足稱道，而這一般"書生"，"聞令下，即各以其私學議之，入則心非，出則巷議，非主以爲名，異趣以爲高，率群下以造謗"，自然引起始皇和李斯產生"多誦先古之書，以亂當世之治"（《韓非子·奸劫弒臣》）的反感，而要"無書簡之文，以法爲教；無先王之語，以吏爲師"（《韓非子·五蠹》）。結果，在秦始皇三十四年的咸陽宮宴會上，針對儒生淳于越的言論，"'丞相臣斯昧死言：古者天下散亂，莫之能一，是以諸侯並作，語皆道古以害今，飾虛言以亂實，人善其所私學，以非上之所建立。今皇帝並有天下，別黑白而定一尊。私學而相與非法教，人聞令下，則各以其學議之，入則心非，出則巷議，夸主以爲名，異取以爲高，率群下以造謗。如此弗禁，則主勢降乎上，黨與成乎下。禁之便。臣請史官非秦記皆燒之。非博士官所職，天下敢有藏《詩》《書》、百家語者，悉詣守、尉雜燒之。有敢偶語《詩》《書》者棄市。以古非今者族。吏見知不舉者與同罪。令下三十日不燒，黥爲城旦。所不去者，醫藥卜筮種樹之書。若欲有學法令，以吏爲師。'制曰：'可。'"終於演變成焚書之巨變。

至於坑儒，則在《史記·秦始皇本紀》上說："侯生、盧生相與謀曰：'始皇爲人，天性剛戾自用，起諸侯，並天下，意得欲從，以爲自古莫及己。專任獄吏，獄吏得親幸。博士雖七十人，特備員弗用。丞相諸大臣皆受成事，倚辨於上。上樂以刑殺爲威，天下畏罪持祿，莫敢盡忠。上不聞過而日驕，下懾伏謾欺以取容。秦法，不得兼方，不驗，輒死。然候星氣者至三百人，皆良士，畏忌諱諛，不敢端言其過。天下之事無小大皆決於上，上至以衡石量書，日夜有呈，不中呈不得休息。貪於權勢至如此，未可爲求仙藥。'於是乃亡去。始皇聞亡，乃大怒曰：'吾前收天下書，不中用者盡去之。悉召文學方術士甚衆，欲以興太平，方士欲煉以求奇藥。今聞韓衆去不報，徐市等費以巨萬計，終不得藥，徒奸利相告日聞。盧生等吾尊賜之甚厚，今乃誹謗我，以重吾不德也。諸生在咸陽者，吾使人廉問，或爲妖言以亂黔首。'於是使御史悉案問諸生，諸生傳相告引，乃自除。犯禁者四百六十餘人，皆坑之咸陽，使天下知之，以懲後。益發謫徙邊。"這一次焚書坑儒事件當然是經學史上不幸的事，胡適先生《中國哲學史大綱》上說："細看這一大段，可知秦始皇所坑殺的四百六十餘人，乃是一般主星氣、求仙藥的方士（《史記·儒林列傳》也說：'秦之季世坑術士。'）。這種方士，多坑殺了幾百個，於當時的哲學只該有益處，不該有害處。故我說坑儒一件事也不是哲學中絕的真原因。"不過《詩》《書》、六藝是否從此而亡缺則又是一問題，我們只看在漢代，經籍流傳、師承授受的情形就可以更可以理解。這是一樁很重要的公案，我們要解決經今古文問題，首先對於此事要十分注意。現在就着重從一方面來看，這次事件的影響究竟如何。

第二節 秦焚書坑儒之影響

秦焚書坑儒的事實，載在史籍，這是不可否認的。而且在《史記》《漢書》中都有《詩》《書》殘缺之說，所以過去學者多主張：

(1)《詩》《書》、六藝從此亡缺說。

在《史記》中，如：

(a)《三代世表》："至於序《尚書》則略，無年月；或頗有，然多闕，不可錄。"

(b)《孔子世家》："孔子之時，周室微而禮樂廢，《詩》《書》缺。"

(c)《六國年表》："秦既得意，燒天下詩書，諸侯史記尤甚，爲其有所刺譏也。《詩》《書》所以復見者，多藏人家。"

(d)《儒林列傳》："及至秦之季世，焚《詩》《書》，坑術士，六藝從此缺焉。"

(e) 同上："及至秦焚書，書散亡益多。"

在《漢書》中，如：

（a）《藝文志》："書缺簡脱。"

（b）《楚元王傳》："學殘文缺。"

（c）《儒林傳》："及至秦始皇兼天下，燔詩書，殺術士，六學從此缺矣。"

（d）《鄘伍江息夫傳》："往者秦爲無道，殘賊天下，殺術士，燔《詩》《書》，滅聖跡，棄禮義，任刑法……"

這些地方都是承認"祖龍一炬爲古今籍之一大厄"（用江藩《經解入門》卷一《群經辨異》語），直到清代，雖有牟、紹兩家闡發經全之説，但都未充分説明。到了康南海《新學僞經考》出，才明確主張六經未曾殘缺。

（2）六經未嘗亡缺説。

康氏在《新學僞經考》卷一《秦焚六經未嘗亡缺考》中説："後世六經亡缺，歸罪秦焚，秦始皇遂嬰彌天之罪。不知此劉歆之僞説也。歆欲僞作諸經，不謂諸經殘缺，則無以爲作僞竄入之地，窺有秦焚之間，故一舉而歸之。一則曰'書缺簡脱'（《漢書·藝文志》《楚元王傳》）。一則曰'學殘文缺'（《漢書·楚元王傳》）。又曰'秦焚《詩》《書》，六藝從此缺焉'（《漢書·儒林傳》《史記·儒林傳》亦竄入）又曰：'秦焚書，書散亡益多。'（《史記·儒林傳》竄入）學者習而熟之，以爲固然，未能精心考校其説之是非，故其僞經得乘虛而入。"他以爲：

> 焚書之令，但燒民間之書，若博士所職，則《詩》《書》、百家自存。夫政、斯焚書之意，但欲愚民而自智，非欲自愚；若並秘府所藏、博士所職而盡焚之，而僅存醫藥、卜筮、種樹之書，是秦並自愚也，何以爲國！《史記》別白而言之，曰"非博士所職，藏者悉燒"，則博士所職，保守珍重，未嘗焚燒，文至明也。又云"若欲有學以吏爲師"，吏即博士也。然則欲學《詩》《書》六藝者，詣博士受業則可矣，實欲重京師而抑郡國，强榦弱支之計耳。漢制，"郡國計偕，詣太常受業如弟子"，猶因秦制也。夫博士既有守職之藏書，學者可詣吏而受業，《詩》《書》之事尊而方長，然則謂"秦焚《詩》《書》，六藝遂缺"，非妄言而何！

> 或疑《始皇紀》云："今天下已定，法令出一，士則學習法令辟禁，今諸生不師今而學古，以非當世。"然則秦焚書之意，蓋深忌士之學古，而專欲其學習法令，豈焚書之後尚有聽習《詩》《書》之制？則所謂"欲學者以吏爲師"，必爲學法令明矣。釋之曰：秦焚《詩》《書》，博士之職不焚，是《詩》《書》，博士之專職。秦博士如叔孫通有儒生弟子百餘人，諸生不習《詩》《書》，何爲復作博士

弟子？既從博士受業，如秦無"以吏爲師"之令，則何等腐生，敢公犯詔書而以私學相號聚乎？"不師今而學古"，乃一時廷議之虛辭；至詣博士受《詩》《書》，則一朝典制；佐驗顯然，必不能以虛辭顛倒者矣。

他以爲若有："'欲學者，以吏爲師。'吏即博士。""焚書之後尚有聽習《詩》《書》之制"。這未免太近於臆斷。不過他辯坑儒說：

> 秦雖不尚儒術，然博士之員尚七十人，可謂多矣。且召文學甚衆，盧生等尊賜甚厚，不爲薄也。坑者僅咸陽諸生四百六十餘人，誣爲"妖言傳相告引"，且多方士，非盡儒者。漢鉤黨殺天下高名善士百餘人，然郡國不遭黨禍之士尚不啻百億萬也。伏生、叔孫通即秦時博士，張蒼即秦時御史；自兩生外，魯諸生隨叔孫通議禮者三十餘人，皆秦諸生，皆未嘗被坑者。其人皆懷蘊六藝，學通《詩》《書》，逮漢猶存者也。然則以坑儒爲絕儒術者，亦妄言也。

這是很明顯而且很有理由的。因爲伏生、叔孫通，確即秦博士，張蒼確即秦御史，魯諸生隨叔孫通議禮者三十餘人，這全見於《史記》本傳，不能以坑儒爲即"絕儒術"。而且據在《史記》中：

《孔子世家》："廟藏孔子衣冠琴車書，至於漢二百餘年不絕。"

《李斯列傳》："太史公曰：……斯知六藝之歸。"

《張丞相列傳》："自秦時爲柱下史，明習天下圖書計籍。"

《蕭相國世家》："何獨先入收秦丞相御史律令圖書藏之。"

《張耳陳餘列傳》："陳餘者……好儒術。"

《酈生陸賈列傳》："陸生時時前說稱《詩》《書》。"

《儒林列傳》："及高皇帝誅項籍，舉兵圍魯，魯中諸儒尚講誦習禮樂，弦歌之音不絕。"

在《漢書》中：

《楚元王傳》："楚元王交字游，高祖同父少弟也。好書，多才藝。少時嘗與魯穆生、白生、申公俱受《詩》於浮丘伯。伯者，孫卿門人也。"

《賈山傳》："賈山，潁川人也。祖父〔袪〕，故魏王時博士弟子也。山受學〔袪〕。"

《賈誼傳》："年十八，以能誦詩書屬文稱於郡中。……文帝初立，聞河南守吳公治平爲天下第一，故與李斯同邑，而嘗學事焉，徵以爲廷尉。廷尉乃言誼年少，頗通諸家之書。"

《循吏傳》："文翁，廬江舒人也。少好學，通《春秋》，以郡縣吏察舉。景帝末，爲蜀郡守，仁愛好教化。"

這些人多半是秦漢時期的儒生，好讀書，稱《詩》《書》，習禮樂，雖經秦刑的嚴峻，而其進修似毫未受焚、坑的影響。所以康氏說：

焚書在始皇三十四年，坑儒在始皇三十五年，始皇崩於三十七年七月，戌卒陳涉反於二世元年七月，李斯誅於二世二年七月，漢高祖入咸陽在二世三年十月。自焚書至陳涉反，凡四年，至高祖入關，凡六年；自坑儒至陳涉反，凡四年。至高祖入關，凡五年。坑焚之後，尚有荀卿高弟"知六藝之歸"李斯其人者爲丞相，死於陳涉反後。坑焚至漢興，爲日至近，博士具官，儒生甚夥。即不焚燒，罪僅城旦，天下之藏書者尤不少，況蕭何收丞相、御史府之圖書哉！丞相府圖書，即李斯所領之圖書也。"斯知六藝之歸"，何收其府圖書，六藝何從亡缺！何待共王壞壁忽得異書邪？事理易明，殆不待辨。（《新學僞經考》）

按：《儒林傳》言戰國絀儒，然齊、魯學者不廢，又言高帝圍魯，諸儒講誦習禮、樂不絕；又言聖人遺化，好禮、樂之國，於文學其天性也，漢興，諸儒修其經藝，習大射、鄉飲之禮，諸生弟子隨稷嗣而定禮儀，高、惠、文、景雖不好儒，而博士之官仍具。以斯而觀，凡抱禮器之孔甲，被圍之諸儒，定禮之諸生，具官之博士，皆生長焚書之前，逃出於坑儒之外。所云"講誦"，所云"經藝"，皆孔子相傳之本；加有口誦，非城旦之刑、數年之間所能磨滅，必不至百篇之《書》亡其大半，《逸禮》《周官》《左傳》若罔聞知也。然則焚書坑儒雖有虐政，無關六經之存亡。而僞經突出哀、平之世，固不足攻，即出共王、安國之時，亦不足攻矣。（同上書）

他更依據陳餘、陸賈諸傳所列而云：

右見《史記》《漢書》者，並伏生、申公、轅固生、韓嬰、高堂生計之，皆受學秦焚之前，其人皆未坑之儒，其所讀皆未焚之本。博士具官者七十，諸生弟子定禮者百餘。李斯再傳爲賈誼，賈袪一傳爲賈山，皆儒林淵源可考者。統而計之：其一，博士所職，六經之本具存，七十博士之弟子當有數百，則有數百本《詩》《書》矣，此爲六經監本不缺者一；其二，丞相所藏，李斯所遺，此爲六經官本不缺者二；其三，御史所掌，張蒼所守，此爲六經中秘本不缺者三；其四，孔氏世傳，六經本不缺者四；其五，齊、魯諸生，六經讀本不缺者五；其六，賈袪、吳公傳，六經讀本不缺者六；其七，藏書之禁僅四年，不焚之刑僅城旦，則天下藏本必甚多，若伏生、申公之倫，天下六經讀本不缺者七；其八，經文簡約，古者專經在諷誦，不徒在竹帛，則口傳本不缺者八。有斯八證，六藝不缺，可以見孔子遺書復能完，千歲譸説可以袪，鐵案如山，不能搖動矣。（同上書）

他這八證除二、三兩證外，其餘都可以説是"十分之見"，是有依據有理由的。現在我們還可以將康氏此説重爲之疏通證明，以見秦雖焚書，六經未嘗亡缺。康氏之説，並非臆斷，不是一人之偏見，也更不是今文家説，可以隨便詆毀爲荒謬絕倫的。

（a）康氏所舉第一證，明見《史記》所載李斯奏議和始皇詔令，這是大家公認不能推翻的，"七十博士之弟子當有數百，則有數百本《詩》《書》"，這雖推測之詞，然並非毫無理由。

（b）康氏所舉第二證，説是六經"官本不缺""丞相所藏，李斯所遺"，這既不是臆斷，更非毫無理由。據《蕭相國世家》："何獨先入收秦丞相御史律令圖書藏之。"丞相所藏之本爲蕭何所得，後盡藏之於石渠閣。據《三輔黃圖》云："石渠閣，蕭何所造，藏入關所得秦之圖籍。"這是官本不缺的明證。近來王國維在《〈史記〉所謂古文説》中謂："《太史公自序》言，'秦撥去古文，焚滅詩書，故明堂石室金匱玉版圖籍散亂'。"而武帝元封三年司馬遷爲太史令，"紬史記石室金匱之書"，是秦石室金匱之書，至武帝時未亡也（《觀堂集林》）。可見秦代焚書，正有許多官本未焚。而康氏之説爲今文説，我們更可舉出非今文家説來作佐證。

（c）康氏所舉之三證，在前舉王國維文中也説："《史記·張丞相列傳》：'張丞相蒼……好書律曆。秦時爲御史，主柱下方書。'"而許氏《説文·叙》言：'北平侯張蒼獻《春秋左氏傳》'，蓋即柱下方書之一，是秦柱下之書，至漢初未亡也。"與康氏意見正同。不惟王氏有此説也，即主張古文者如陳漢章，於其《今古文家法述》中駁龔自珍説曰："《日知錄》已云，'此中古文不知即安國所獻否，及王莽末，遭赤眉之亂，焚燒無餘'。顧氏此言本於牛弘，《隋書·牛弘傳》云'至孝成之世……詔劉向父子讎校篇籍。漢之典文，於斯爲盛。及王莽之末，長安兵起，宮室圖書，並從焚燒'。然則燒中古者，實非秦火。"（《中國學報》第二—五期，一九一六年）王、陳二家之意，並同康氏之説，可見這一證也不是一人之偏見。近人蒙文通著《經學抉原》，亦謂"《七略》言：'外則有太常、太史、博士之藏，內則有延閣、廣內、密室之府。'《史記·自序》："'百年之間，天下遺文古事靡不畢集太史公。'則漢興，大收篇籍者，其書畢集太史，博士之所執畢集太常，皆所謂外書，新集之民間者，子政校書所云太史書、太常書、臣吾書是也。其所謂中書、中秘書、中古文，蓋漢家所固有蕭何得之於秦者。劉向校書所云中《孫卿書》、中書《列子》、中《管子》書、中書《晏子》是也。其云'中書多外書少'（校《列子》）、'中書無有七十章，外書無有三十六章'（校《晏子》)，中書云者，倘爲國家之舊藏耶！"（《百官表》：御史大夫，秦官。有兩丞，一曰中丞，在殿中蘭臺，掌圖書秘籍。）

　　蒙文通又云："劉向以中古文校歐陽、大小夏侯三家經文，《酒誥》脱簡一，《召誥》脱簡二。張霸以能百兩篇徵，以中書校之，非是。明漢人立一家之學，必考信於古文……以校施、孟、梁丘經及歐陽、大小夏侯三家經文，唯脱去'无咎''悔亡'《召誥》《酒誥》一二簡，而無亡篇，則《易經》十二篇施、孟、梁丘三家、《書》二十九卷、大小夏侯二家、歐陽經三十二卷，視中古文無殘缺也。五經皆在校中，而《志》著《詩經》二十八卷，魯、齊、韓三家；《禮經》十七篇，后氏、戴氏；《春秋經》十一卷，公羊、穀梁二家，不言脱簡，則《詩》《禮》《春秋》亦與中古文同可決也。"（《經學抉原》)

　　(d) 康氏所舉之四證是依據《史記·孔子世家》，這也是大家公認，不能推翻的，而且應該孔氏傳本毫無殘缺。

　　(e) 康氏所舉之第五、六兩證，雖有理由，實近臆測，不足以見諸生讀本必爲完本，亦不足以見其必爲殘缺。

　　(f) 康氏所舉之第七證，實是很有理由的，在胡適先生所著《中國哲學史大綱》説："政府禁書，無論古今中外，是禁不盡絶的。秦始皇那種專制手段，還免不了博浪沙的一次大驚嚇；十日的大索也捉不住一個張良。可見當時犯禁的人一定很多，偷藏的書一定很不少。試看《漢書·藝文志》所記書目，便知秦始皇燒書的政策，雖不無小小的影響，其實是一場大失敗。"他這種説法，正是佐證康氏此説，並非一人偏見。

　　(g) 康氏所舉第八證，則口傳本不缺，則如《詩》《書》可以如此云云，而未必各經俱能口傳不缺者，此如五、六兩證相同，但如一、二、三、四、七諸證，康、王、陳、胡之説不證，則此説亦可信。現舉實例以言之，試研究群經經秦火究竟有無殘缺。

　　第一是《詩》不殘缺，孔子云誦詩三百，《史記·孔子世家》説："三百五篇，孔子皆弦歌之。"《漢書·藝文志》據劉歆《七略》亦云："凡三百五篇，遭秦而全者，以其諷誦不獨在竹帛故也。"可見西漢學者無論今、古學都不以《詩》有殘缺。

第二是《易》，在漢志中説"及秦燔書，而《易》爲筮卜之事，傳者不絶……劉向以中古文《易經》校施、孟、梁丘經，或脱去'无咎''悔亡'，唯費氏經與古文同"。依《漢志》説，《易經》也不殘缺。

第三是《春秋》，《春秋》經文今古文共有三家，從無因秦火而殘缺之説，《公羊》相傳漢初始著竹帛，則是《春秋》不因秦火而殘缺，甚明。剩下來的只有《書》《禮》二經，《尚書》廿九篇，在漢代認爲足本。古文家以《尚書》爲百篇，後來孔壁本得多十六篇，但並未説因秦火而殘佚。《禮》經則今文家以十七篇爲完本，古文多三十九篇，據《漢志》看來，《禮》"自孔子時而不具。至秦，大壞……《禮古經》者，出於淹中及孔氏，與十七篇文相似，多三十九篇"。並非因秦火，更未言原有若干殘佚。

綜上所述看來，《詩》《易》《春秋》今古文家都不認爲亡缺，《書》《禮》二經今文家不以爲亡佚，古文雖《書》多十餘篇，《禮》多三十九篇，亦未質言因秦火而亡佚。但我們要知道，六經監本不缺，官本不缺，中秘本不缺，孔廟所藏之六經不缺，其他齊魯諸生讀本，亦未必盡缺，康氏之説，實在是很有理由的。

(h) 我們於康氏所舉八證外，更可爲補一新證，即諸子不因秦火而殘缺，則六經更無因秦火殘缺之説，在《論衡·書解》篇説："秦雖無道，不燔諸子，諸子尺書文篇，具在可觀。"《孟子章句·題辭》説："亡秦焚滅經術，其書號爲諸子，故篇籍得不泯絶。"近人蒙文通《經學抉原》依據此及《家語·後序》云："李斯焚書，而《孔子家語》與諸子同列，故不見滅。"以爲"是皆諸子不焚之證，《詩》《書》、百家語同爲秦人所禁，諸子不因焚書而亡，則六經不亡，固足驗也"。我們只看劉向校書時云"太史書""太常書""臣吾書""中孫卿書""中書《列子》""中書《管子》""中書《晏子》""中書多外書少"（校《列子》），"中書無有七十章，外書無有三卜六章"（校《晏子》），"所校讎中孫卿書凡三百二十二篇，以相校除複重二百九十篇，定著三十二篇（校《荀子》）"。劉向校書時，更於諸子傳記得有許多重複之篇，尤可爲諸子不因秦火而亡之證。諸子且不因秦火而亡，而六經在秦代明有傳授，自然更不至於因秦火而亡，這一點康氏未提出，然而事實實在告訴我們：諸子不因秦火而亡，則六經不亡固足驗也。

第二章

秦廢去古文與經學上之影響

第一節　關於古文之種種解釋

經學上今古文兩派所爭執的重要問題，除秦焚六經殘缺與否外，還有古文一事，關係古文本是否確比今文本要"古"些。太史公在《史記·自序》中說："秦撥去古文，焚滅詩書，故明堂石室金匱玉版圖籍散亂。"揚雄也說：秦"剗滅古文，刮語燒書。"許慎也說："古文由秦絕。"但是這件事，《史記》無明文，其所以說"秦撥去古文"，實則由於秦統一文字，與焚燔《詩》《書》本爲二事。但是古文究指何種文字而言呢？實在"是當時所謂古文者皆以有古字，而未明言爲古何字"。我們現爲解決今古文問題，對於這種種解釋應當首先分析清楚：

（1）古文非大小篆。《説文解字·叙》説："孔子書六經，左丘明述《春秋傳》，皆以古文。"在《説文》中提到古文的地方，未明言爲何種文字，故或認爲爲大篆、小篆。賈公彥《儀禮疏》説："遭於暴秦燔滅典籍，漢興，求錄遺文之後，有古書、今文。《漢書》云魯人高堂生爲漢博士，傳《儀禮》十七篇，是今文也。至武帝之末，魯恭王壞孔子宅，得古《儀禮》五十六篇，其字皆以篆書，是古文也。"賈《疏》以古文爲篆書，即其一例。這一説在《尚書》孔《疏》是不以爲然的。《尚書正義》孔《疏》云："古文者，蒼頡舊體，周世所用之文字……或以古文即大篆，非也。何者？八體六書自大篆，與古文不同；又秦有大篆，若大篆是古文，不得云'古文遂絶'。以此知大篆非古文也。"可見古文並非大篆。《説文·叙》説："及（周）宣王太史籀著大篆十五篇，與古文或異。"也很顯見古文與大篆不同。"八體六書"，據《説文·叙》説："自爾秦書有八體：一曰大篆；二曰小篆；三曰刻符；四曰蟲書；五曰摹印；六曰署書；七曰殳書；八曰隸書。""及亡新居攝，使大司空甄豐等校文書之部。自以爲應制作，頗改定古文。時有六書：一曰古文，孔子壁中書也；二曰奇字，即古文之異者也；三曰篆書，即小篆，秦始皇帝使下杜人程邈所作也；四曰左書，即秦隸書；五曰繆篆，所以摹印也；六曰鳥蟲書，所以書幡信也。"然秦不惟有大篆,而且有小篆,則所謂古文者,只有處於史籀前明其所以。《尚書》孔《疏》説"是孔子壁内古文即蒼頡之體"。但是古文究竟是什麽呢?

(2) 古文非科斗書。　古文非大小篆,已很明瞭。然而在後漢魏晉間,更有以古文爲科斗書者。《後漢書·盧植傳》:植上書曰"古文科斗,近於爲實,而厭抑流俗,降在小學。中興以來,通儒達士班固、賈逵、鄭興父子,並敦悦之。今《毛詩》《左氏》《周禮》各有傳記,其與《春秋》共相表裏,宜置博士,爲立學官"。鄭康成《尚書贊》曰:"《書》初出屋壁,皆周時象形文字,今所謂科斗書。以形言之爲科斗,指體即周之古文。"僞孔傳《尚書序》也説:"至魯共王好治宫室,壞孔子舊宅以廣其居,於壁中得先人所藏古文虞、夏、商、周之《書》及《傳》《論語》《孝經》,皆科斗文字。……科斗書廢已久,時人無能知者。"(《西京雜記》《孔子家語後序》並載科斗文事,兹不具録) 這種説法亦不可信。王相《書録》、皮錫瑞《五經通論》都有駁詞,但是説得最好的,要數王國維《觀堂集林·科斗文字説》,他説:

> 科斗文字之名,先漢無有也。惟漢末盧植上書,有"古文科斗,近於爲實"之語,而其下所言乃《毛詩》《左傳》《周官》,不及壁中書。始以《古文尚書》爲科斗書。然盧、鄭以前未嘗有此名也。衛恒《四體書勢》始云:魯恭王壞孔子宅,得《尚書》《春秋》《論語》《孝經》,時人已不復知有古文,謂之科斗書。漢世秘藏,希得見之。僞孔安國《尚書序》亦云:魯恭王壞孔子舊宅,於其壁中得先人所藏古文虞夏商周之書,皆科斗文字。始以科斗之名爲先漢所已有,然實則此語盛行於魏晉以後。杜預《春秋經傳集解·後序》云:汲郡汲縣有發其界内舊冢者,大得古書,皆簡編科斗文字。王隱《晉書·束晳傳》亦云:太康六年,汲郡民盜發魏安釐王冢,得竹書泰字科斗之文。科斗文者,周時古文也。其頭粗尾細,似科斗之蟲,故俗名之焉。(《春秋正義》引) 今《晉書·束晳傳》亦云:汲冢書皆科斗書。是科斗書之名起於後漢,而大行於魏晉以後。且不獨古文謂之科斗書,且篆書亦蒙此名。《束晳傳》又云:有人於嵩高山下得竹簡一枚,上兩行科斗書。司空張華以問晳,晳曰,此漢明帝顯節陵中策文也。檢驗果然。漢代册文皆用篆,不用古文(見《獨斷》及《通典》),而謂之科斗書,則魏晉間凡異於通行隸書者,皆謂之科斗書。其意義又一變矣。又,漢末所以始名古文爲科斗文字者,果驗古文體勢而名之乎?抑當時傳古文者所書或如是乎?是不可知。然魏三

體石經中古文，衛恒所謂因科斗之名，遂效其形者。今殘石存字，皆豐中銳末，與科斗之頭粗尾細者略近；而恒謂轉失淳法，則邯鄲淳所傳之古文，體勢不如是矣。邯鄲淳所傳古文不如是，則淳所祖之孔壁古文體勢亦必不如是矣。衛恒謂汲縣人盜發魏襄王冢，得策書十餘萬言。案敬侯所書，猶有仿佛。敬侯者，恒之祖衛凱，其書法出於邯鄲淳，則汲冢書體亦當與邯鄲淳所傳古文書法同，必不作科斗形矣。在則魏晉之間，所謂科斗文，猶漢人所謂古文，若泥其名以求之，斯失之矣。（《觀堂集林》卷七《科斗文字說》）

依王氏此說，則古文即爲科斗書亦不可信。

（3）古文與六國文字。　古文非大小篆，亦非即科斗書，於是王國維先生依據其古文字學而闡明：戰國時秦用籀文，六國用古文。漢人所說的古文即是此六國文字，即東方文字。他有《戰國時秦用籀文六國用古文說》一文云：

余前作《史籀篇疏證序》，疑戰國時秦用籀文，六國用古文，並以秦時古器遺文證之。後反復漢人書，益知此說之不可易也。班孟堅言："《蒼頡》《爰歷》《博學》三篇文字多取諸《史籀》篇，而字體復頗異，所謂秦篆者也。"許叔重言："秦始皇帝初兼天下，丞相李斯乃奏同文字，罷其不與秦文合者。斯作《蒼頡》篇，中車府令趙高作《爰歷》篇，太史令胡毋敬作《博學》篇，皆取史籀大篆，或頗省改，所謂小篆者也。"是秦之小篆本出大篆，而《蒼頡》三篇未出大篆、未省改以前，所謂秦文即籀文也。司馬子長曰："秦撥去古文。"揚子雲曰："秦剗滅古文。"許叔重曰："古文由秦絶。"案：秦滅古文，史無明文。有之，惟一文字與焚《詩》《書》二事。六藝之書行於齊、魯，爰及趙、魏，而罕流布於秦，猶《史籀》之不行於東方諸國。其書皆以東方文字書之。漢人以其用以書六藝，謂之古文。而秦人所罷之文與焚之書，皆此種文字，是六國文字即古文也。觀秦書八體中有大篆無古文，而孔子壁中書與《春秋左氏傳》，凡東土之書，用古文不用大篆，是可識矣。故古文、籀文者，乃戰國時東、西二土文字之異名，其源皆出於殷周古文。而秦居宗周故地，其文字猶有豐鎬之遺，故籀文與自籀文出之篆文，其去殷周古文反較東方文字，即漢世所謂古文爲近。自秦滅六國，席百戰之威，行嚴峻之法，以同一文字，凡六國文字之存於古籍者，已焚燒剗滅，而民間日用文字又非秦文不得用。觀傳世秦權量等，始皇廿六年詔後，多刻二世元年詔，雖亡國一、二年中，而秦法之行如此，則當日同文字之效可知矣。故自秦滅六國以至楚漢之際十餘年間，六國文字遂廢而不行。漢人以六藝之書皆用此種文字，又其文字爲當日所已廢，故謂之古文。此語承用既久，遂若六國之古文即殷周古文，而籀篆皆在其後，如許叔重《說文序》所云者，蓋循名而失其實矣。（《觀堂集林·卷七·藝林七》）

他這種解釋在研究古文字學的人多不以爲然，第一個質疑此說者爲錢玄同先生。他在《古史辨》第一册《論〈說文〉及壁中古文經書》說：

王氏自信"此說之不可易"，據我看來，不但可易，而且還著實該易。我現在便來"易"它一下。

秦之同一文字，其事之性質，正如今之"統一國語"相類，其竭力推行，務期普及，今昔亦正相類。所異者，今之統一國語，是舍ㄅㄆㄇㄈㄉㄋㄚㄙ的精神，所以不廢止方言（咱們還很希望它發展呢）；秦之同一文字，是用專制的手腕，所以要"罷其不與秦文合者"罷了。秦所要"罷"的系專指形式"不與秦文合者"而言，大不合的固然要罷，小不合的也是要罷，因爲目的在於使文字統一。六國的文字究竟比秦文差了多少？這個我們固然不能臆斷，但就現存的鐘鼎看來（連秦國的），則可以說這樣幾句籠統話：要說異，似乎各國文字彼此都有些小異；要說同，也可以說是彼此大體都相同，ㄍㄨㄟㄉㄧㄣㄠㄗㄨㄟ，一句話，大同小異而已。若區爲"東土""西土"兩種文字，則進退失據之論也。而況今所存齊、魯、邾諸國的鐘鼎文字，跟壁中古文距離之遠，正與秦文跟壁中古文距離之遠一樣呢？還有王氏說"秦書八體中有大篆，無古文"，這是因爲秦時還沒有所謂"孔子書六經以古文"之說。儒者之傳授六經，其初僅憑口耳，漸乃著於竹帛。著於竹帛之時通用什麼樣的文字，他們就寫什麼樣的文字，傳經之儒對於文字的形式是絕不注重的，所以彼此所傳，異文假借非常之多。講到《史記》中的"秦廢去古文"一話，那是劉歆們竄入的，凡《史記》中"古文"二字都是劉歆們竄入的。這個意思，康氏的《僞經考》已啓其端，先師的《史記探源》乃盡發其覆。揚雄之時，古文僞經已出，揚雄便是上當的一個人（他識得許多古文奇字）；許慎更是迷信古文經的，所以他們倆的話是絕不足信的。（《古史辨》第一册）

容庚先生於其所著《中國文字學形篇》三十八頁亦云：

王國維別爲"戰國時秦用籀文六國用古文"之說，今以彝器文證之，齊、魯彝器文與秦固無大異，古文之異於秦者，並異於齊、魯，不能謂爲東土文字如是也。六國彝器中，如齊陳曼簠、陳侯午敦、陳侯因資敦、陳逆簠、陳逆簋、陳貯敦蓋、陳猷釜、子禾子釜等，陳曼而冠以"齊"字；"午"爲桓公之名；"因資"即"因齊"，爲威王之名；陳逆簠云："余，陳桓子之裔孫，余寅事齊侯。"陳貯敦蓋云"嶺窦叔和子"；二釜皆出於山東膠西靈山衛，其爲田陳之器，確而有據，皆不與古文相同。陳公子甗、陳侯鼎、陳侯簠、陳子匜、陳侯作嘉姬敦，陳皆作"敶"，與田陳之作"陸"者異。雖各器之是否出於河南，皆無可考；然陳子匜云："陳子子□孟嬀□女媵匜。"其爲嬀姓之陳可知。嬀陳作"敶"，田陳作"陸"，用字各別。今《三字石經》文公殘石："陳侯如會""陳侯鄼卒""陳人、蔡人、秦人盟於瞿泉""晉人、陳人、鄭人伐許"，陳字凡四見，嬀陳而古文皆作田陳之"陸"，又鄥國之鄥，彝器文省邑作無，或不省，或作"鄥"從甘。而《三字石經》"晉人、陳人、鄭人伐許"作"許"，且彝器文"子丑"之"子"作"𢀛"，"辰巳"之"巳"作"𠃎"，而《說文》云："𢅎，古文字，從，巛象髮也。""己巳""癸巳""乙巳"，"巳"在古文作"𠃎"，其他干支等字，及最通用之紀數字，如《說文》之"弌""弍""弎""𠕁"，《石經》之"七""𠀁"，亦不與彝器文同。竊疑壁中古文出於僞託，如宋、薛季宣以傳世古文僞造《尚書》隸古定本，或魏《三字石經》雖有古文一體，然所寫《尚書》乃今文本而非古文本，非復壁中古文《尚書》之舊，其字大抵未采摭晚周訛變之體。《說文》重文所收，又皆古文之別構，故"弌""弍""弎""𠕁""𠀁""𠃎""𢀛""𢅎"諸字，《三字石經》作"二""三""三""𠀁""𠃎""𢀛""𢅎""○○○""𢀛"諸字，《三字石經》同部偏旁作"示""王""𢀛"，漢簡全用古文偏旁寫古文，更失之矣。（《文哲月刊》一卷八期，一九三六）

郭沫若在《金文叢考·𨟙羌鐘銘考釋》一文中也說：

曩者王國維倡爲'戰國時秦用籀文，六國用古文'說，自以爲不可易，學者多已疑之。今此器乃戰國時韓器，下距嬴秦兼並天下，僅百六十年，而其字體上與秦石鼓、秦石敦，中與同時代之商鞅量、商鞅戟，下與秦刻石、秦權量相類，並無何等詭異之處。僅此已足易王之說而有餘矣。（《金文叢考》）

近孫君海波著《〈說文〉籀文古文考》一文，一反錢、容、郭諸家說，而爲王氏辯謂"今《説文》及《三字石經》古文皆首足尖鋭而中豐，與六國文字中的鳥篆極相近。越若王劍、越鐘、者沔鐘、楚王飲章璘公劍、吉日壬午劍及近所出土之楚王酓章盤等字，以與古文相較，則古文與鳥篆自是一家眷屬，是壁中書即六國文字之鳥篆可斷言也"。又由籀文"異文存於《説文》者凡二百二十三字，取以商周六國文字相較""凡三十八字，其合於商周文字者十之六；合於六國文者十之四，此可證明《史籀篇》爲六國文字興起以後之字書無疑"。又謂："《説文》之古文，其形就與商周文字輒異，與六國文字多合，取《説文》古文，以與商周較得字七十有七，其合於商周文也四分之一；其合六國文也四分之三，則知漢代所謂古文即六國文字。"（《文哲月刊》一卷8期，1936年）我們細察此篇所云，如以壁土中即六國文字之鳥篆，不知此種鳥篆與六書中之鳥蟲書，其差異點安在？而六書中所謂之古文，以及奇字，即古文有異者，何以不即謂之鳥篆？或言與鳥蟲書相似？於二百二十三字中僅取三十八字與商周六國文較，而謂《史籀》爲六國文字興起後字書，不知何以知《史籀》之必爲來自六國文字，而非六國文字來之《史籀》？又其所舉《説文》古文七十七例之中，五十八字與六國文字合，可云四分之三；而有三十七字與殷周文字合，實爲四分之二，何以知漢代所謂古文，必爲六國文字而必爲六國文字中之鳥篆？其立説頗不謹嚴，仍無以祛錢玄同先生所云：

> 壁經的僞字，《説文》所錄僅可以稱爲"舉要"，尚不能稱爲"大全"。《三體石經》《古文四聲韵》、漢簡、《書古文訓》中保存着《説文》所未錄的壁經僞字不少，不過輾轉傳寫，失其本真，僞字又須晉加"誤"銜了。不曾晉加"誤"銜的，便是最近發現的《三體石經》。我覺得《三體石經》中的古文，有好些字明明白白看得出是依傍小篆而僞造的；有好些字是真古文本有其體，作僞者未之見，因杜撰一體以當之的；自然也有好些字與真古文相合的，這與《周禮》中可以埋藏着周代的真制度之理相同。（《論〈説文〉及壁中古文經書》，《古史辨》第一册）

之疑，我們還須更進一步來解決此問題。假如"孔壁書之可貴，以其爲古文經，非徒以其文字爲古文"（孫文中語），文字不古，篇章的分合也不古，説解也不古，則古文經還是不古，而是僞造的。錢氏據古文字來説，已足以見古文既不是殷周古文，也不一定是六國文字；即是六國文字，其文字也不一定是"古"得連漢人都不易認識的。

（4）古文與先秦舊書。　王國維發明"戰國秦用籀文，六國用古文"，更援引《史記》所謂古文説謂：

太史公修《史記》時所據古書，若《五帝德》，若《帝系姓》，若《諜記》，若《春秋歷譜諜》，若《國語》，若《春秋左氏傳》，若《孔氏弟子籍》，凡先秦六國遺書，非當時寫本者，皆謂之古文。

　　……然則太史公所謂古文，皆先秦寫本舊書，其文字雖已廢不用，然在當時，尚非難識。故《太史公自序》云："年十歲則誦古文。"太史公自公父談時，已掌天官，其家宜有此種舊籍也。惟六藝之書，爲秦所焚，故古寫本較少。然漢中秘有《易》古文經，河間獻王有古文先秦舊書《周官》《尚書》《禮三記》，故不獨孔壁書爲然。至孔壁書出，於是《尚書》《禮》《春秋》《論語》《孝經》皆有古文。孔壁書之所貴，以其爲古文經故，非徒以其文字爲古文故也。蓋漢景、武間，距用古文之戰國時代不及百年，其識古文，當較今日之識篆隸爲易。

　　……是古文難讀之説，起於王仲任輩未見壁中書者，其説至魏晉之間而大盛，不知漢人初未嘗有是事也。（《觀堂集林》）

他更有《漢書》所謂古文説，謂《漢書·藝文志》所録經籍"冠以古文二字，若古字者""蓋諸經之冠以古字者，所以別其家數，非徒以其文字"。後漢以降，凡言古文者，大抵指壁中書，故許叔重《説文》書中言"古文者，孔子壁中書"；又云"孔氏古文也"。又有《説文》所謂古文説，謂"許叔重《説文解字·叙》言有古文者凡十，皆指漢時所存先秦文字言之"。他這些意見，近人多采用古文爲先秦舊書説，如錢穆先生在《劉向歆父子年譜》也説：

　　又按：歆《移書》云："及魯恭王壞孔子宅，欲以爲宮，而得古文於壞壁之中，逸《禮》有三十九，《書》十六篇。天漢之後，孔安國獻之，遭巫蠱倉卒之難，未及施行。及《左氏春秋》丘明所修，皆古文舊書，多者二十餘通。藏於秘府，伏而未發。"此謂"古文"，猶云"舊書"也。歆又云："其爲古文舊書，皆有徵驗。"歆方欲争立三書，故言其均爲古文舊書，明與朝廷博士諸書爲類。非謂此皆古文，與朝廷博士今文不同也。其時尚無今文、古文之別，歆所云云，正欲顯其同，非以別其類。《史記》常云"《詩》《書》古文"，其時謂"《詩》《書》"皆"古文"也。《劉向傳》："上方精於《詩》《書》，觀古文"，"《詩》《書》""古文"同指六藝，皆謂戰國以前舊書，以別於諸子、傳記。劉歆屢云"古文舊書"，"古文"即"舊書"也。

蒙文通先生則曰：

史遷書嘗稱十歲則誦古文，不離古文者近是，至秦廢去古文，遷固書之古文，皆爲舊書之意耳。（蒙文通《經學抉原》）

但是直以"古文"爲"舊書"，實則如《漢書·河間獻王傳》說"河間獻王所得書，皆古文先秦舊書"，應當釋爲舊所書先秦舊書，所以"古文"，只用一"舊書"拿來說明，是不嚴密、不準確的。"古文"實當如王國維的解釋：（a）先秦古文；（b）先秦寫本；（c）學派之名；（d）壁中古文。王國維提出種種的解釋，真是煞費了苦心替古文辯護，不可輕易推翻。

第二節　秦滅古文無關於經學

秦廢去古文，不見史明文，這不過是統一文字，將古寫本變爲今寫本，畢竟不像焚書那樣嚴重，將古寫變作今寫，並不喪失原意，所以王國維以及他的弟子都說："孔壁書之可貴，以其爲古文經，非徒以其文字爲古文故也。"（王國維語）。後來古文經學家所以夸張古文經者，實因篇數比今文經多，材料比今文經豐富，本子比今文經古，並不是專在文字立論。但我們要知道，如若六經不因秦火而遂殘缺，今文本正和古文本一樣的古，一樣的可貴，所以秦"撥去古文"是無關於經學的。假如我們發現古文經文字並不比今文真古，篇數並不必今文真多，解釋並不比今文真好，材料雖然豐富，而是從另一些書中拿來充數的，不問來歷如何，則對這些古文經傳，就不能不加以檢討而即承認其爲古經。這是從漢代起所以有經今文古之爭，而衆說紛紜至今不決的根本原因。今古文之爭緣於秦焚書坑儒及廢棄古文二事，使今古文家發生今文本、古文本孰爲古本、足本之爭，我們研究經學源流變遷，於此必須要加以注意。如若秦焚"《詩》《書》百家語"而六經未嘗亡缺，則今文經爲古本足本；古文經是否更古更足，則又是一問題。我們將兩種本子，就其來歷與內容加以比較，自然可以明瞭。

秦與六國文字比較（圖爲整理者所加）

注一：近人蒙文通著《經學抉原》，亦謂《七略》言："外則有太常、太史、博士之藏，內則有延閣、廣內、秘書之府。"《史記》自序："百年之間，天下遺文古事靡不畢集太史公。"則漢興，大收篇籍者，其書畢集太常，皆所謂外書新集之民間者。子政校書所云太史書、太常書、臣吾者是也。其所謂中書、中秘書、中古文，蓋謂延閣、廣內、秘書之藏漢家所固有蕭何得之於秦者；劉向校書所云中《孫卿》書、中書《列子》、中《管子》書、中書《晏子》是也。其云中書多外書少（校《列子》），中書無有七十章外書無有三十六章（校《晏子》），中書云者，倘國家之舊藏耶（《百官表》：御史大夫，秦官。有兩丞，一曰中丞，在殿中蘭臺掌圖書秘籍）。（蒙文通《經學抉原》）

蒙文通又云：劉向以中古文校歐陽、大小夏侯三家經文，《酒誥》脫簡一，《召誥》脫簡二；張霸以能百兩篇徵，以中書校之非是。明西漢人立一家之學必考信於古文……以中古文校施、孟、梁邱經及歐陽、大小夏侯三家經文，唯脫去"无咎""悔亡"，而《無亡》篇則《易經》十二篇。施、孟、梁邱三家；《書》二十九卷，大小夏侯二家、歐陽經三十二卷，視古文無殘缺也。五經皆在校中，而志著《詩經》二十八卷，魯、齊、韓三家；《禮》經十七篇，后氏、戴氏；《春秋》經十一篇，《公羊》《穀梁》二家，不言脫簡。則《詩》《禮》《春秋》亦與中古文同，可決也。（蒙文通《經學抉原》）

第六篇 兩漢今古文經學之紛爭與糅合

第一章

兩漢經學發達之背景

第一節 歷史之積因

(一) 必然的趨勢

經學在秦代表面上好像經過重大的打擊，焚書坑儒，滅去古文，但實際上，當秦之世，無論在朝在野，經學的流傳並未停止；到了漢武帝時代更罷黜百家獨尊孔氏，從此經學在中國兩千餘年來，隨着儒學獨尊的局面而其流傳益形發達。我們現在推究起來，實有種種的原因。在敘述漢代經學發達的原因時，我們可以於此特別分析一下。依我看來，第一是歷史的積因，而這歷史的積因之一就是必然的趨勢。從殷周到秦漢，儒學之所以達到獨尊，經學之所以發達，都實在有其必然的趨勢。

殷周的社會，本是由氏族制而轉爲"封諸侯，建藩衛"的封建制，經學與儒家之產生，本是在這種上有天子，下有諸侯的封建制度之中孕育而成。殷周的政治道德思想就主張"帥型祖考之德"（今按：見西周梁其鐘、癲鐘、單伯昊生鐘、虢叔旅鐘等）、"勵用中道""德以齊家，德以治國，德以平天下"，而"有階級存在之一日，統治者對於此種理論即須加以維護，故在周代八百年間，上自宗周下至列國而自然形成一系統。周末之儒家思想又（將）此系統之系統化耳"（郭沫若《金文叢考·周彝中之傳統思想考》）。到了秦漢這種集權專制社會制度，這種思想不惟並無若何變更，而且成爲專制的中央集權制度對於"帥型祖考""勵用中道""德以治國，德以齊家，德以平天下"，仍然要感覺其必要。這是秦皇雖焚書坑儒不過爲維護皇權、聊以愚民，漢初雖不尚儒術，而終究要尊崇儒術的原因所在。他們對於儒家的政治道德思想，如天子至尊、君臣上下等級觀念及禮制等等，當他們正在兼併天下的時候，雖然不感覺十分的需要，但一旦在馬上得天下之後，便不能不偃武修文、尚德尚賢，就迫切需要有一種理論學說，一方面將自己置於獨尊於天下的地位，同時又能讓天下臣民發自內心地擁護、懼怕、服從自己。不尊儒術，正名定分，崇禮貴讓，講道德，說仁義，就無以爲治世之具，這是秦代"把從來所執持的變法的態度改換爲保守的態度，這是其時社會形勢的所必然引出的結論"（郭沫若《周官質疑》）。這是秦漢爲什麼在一方面否認儒家的政治原理，而終究反予以接收的大道理。儒家的主張是其時維持社會秩序安寧最高的政治原理，儒家思想是自古以來所流傳下的含有宗法社會倫理道德在內的原理，儒家經典中的所有的内容也比較墨、名、法、道各家的更爲豐富，可以爲治世之具。秦代不重用儒術，一任刑法形成暴政而速亡；漢初不重用儒術而中央政府的權威屢遭挑戰，天下難以安定的教訓，更足以使漢之君臣在原則上認爲提倡儒術在穩定社會秩序上有其必要。這是必然的趨勢，正是儒家思想所具有的其他學説所不具備的特殊功能，而得到最高統治者的青睞，是其所以能崇高的緣故，也正是經學在兩漢所以發達的原因之一。

（二）最高的原理

經學的發達因爲必然的趨勢，然而我們要問這種必然的趨勢何以惟獨儒家的經典從此崇高，而墨、名、法、道諸家的思想，也未必不是治世之具而後在罷黜之列？在《史記》中，司馬談《論六家要旨》對此有精辟的論述：

> 夫陰陽、儒、墨、名、法、道德，此務爲治者也，直所從言之異路，有省不省耳。嘗竊觀陰陽之術，大祥而衆忌諱，使人拘而多所畏；然其序四時之大順，不可失也。儒者博而寡要，勞而少功，是以其事難盡從；然其序君臣父子之禮，列夫婦長幼之別，不可易也。墨者儉而難遵，是以其事不可遍循；然其強本節用，不可廢也。法家嚴而少恩；然其正君臣上下之分，不可改矣。名家使人儉而善失真；然其正名實，不可不察也。道家使人精神專一，動合無形，贍足萬物。其爲術也，因陰陽之大順，采儒墨之善，撮名法之要，與時遷移，應物變化，立俗施事，無所不宜，指約而易操，事少而功多。儒者則不然。以爲人主天下之儀表也，主倡而臣和，主先而臣隨。如此則主勞而臣逸。至於大道之要，去健羨，絀聰明，釋此而任術。夫神大用則竭，形大勞則敝，形神騷動，欲與天地長久，非所聞也。夫陰陽四時、八位、十二度、二十四節各有教令，順之者昌，逆之者不死則亡。未必然也，故曰"使人拘而多畏"。夫春生夏長，秋收冬藏，此天道之大經也，弗順則無以爲天下綱紀，故曰"四時之大順，不可失也"。夫儒者以六藝爲法。六藝經傳以千萬數，累世不能通其學，當年不能究其禮，故曰"博而寡要，勞而少功"。若夫列君臣父子之

禮，序夫婦長幼之別，雖百家弗能易也。墨者亦尚堯舜道，言其德行曰："堂高三尺，土階三等，茅茨不翦，采椽不刮。食土簋，啜土刑，糲梁之食，藜藿之羹。夏日葛衣，冬日鹿裘。"其送死，桐棺三寸，舉音不盡其哀。教喪禮，必以此爲萬民之率。使天下法若此，則尊卑無別也。夫世異時移，事業不必同，故曰"儉而難遵"。要曰强本節用，則人給家足之道也。此墨子之所長，雖百家弗能廢也。法家不別親疏，不殊貴賤，一斷於法，則親親尊尊之恩絕矣。可以行一時之計，而不可長用也，故曰"嚴而少恩"。若尊主卑臣，明分職不得相踰越，雖百家弗能改也。名家苛察繳繞，使人不得反其意，專决於名而失人情，故曰"使人儉而善失真"。若夫控名責實，參伍不失，此不可不察也。道家無爲，又曰無不爲，其實易行，其辭難知。其術以虛無爲本，以因循爲用。無成勢，無常形，故能究萬物之情。不爲物先，不爲物後，故能爲萬物主。有法無法，因時爲業；有度無度，因物與合。故曰"聖人不朽，時變是守。虛者道之常也，因者君之綱"也。群臣並至，使各自明也。其實中其聲者謂之端，實不中其聲者謂之窾。窾言不聽，姦乃不生，賢不肖自分，白黑乃形。在所欲用耳，何事不成。乃合大道，混混冥冥。光耀天下，復反無名。凡人所生者神也，所託者形也。神大用則竭，形大勞則敝，形神離則死。死者不可復生，離者不可復反，故聖人重之。由是觀之，神者生之本也，形者生之具也。不先定其神〔形〕，而曰"我有以治天下"，何由哉？

他這裏叙列各家學說的長短利弊，而以道家爲最高。但道家的"指約而易操"，實不足以應社會之需要，社會的維繫終需要綱紀倫常，像道家那種"去健羨，絀聰明"，不注重客觀的事實，是做不到的。儒家的經典對於名家的"正名實"，法家的"正君臣上下之分"，墨家的"强本節用"，陰陽家的"叙四時之大順"，均無所不包，無所不有，儒家的傳說更多滲有墨、名、法、道、陰陽諸家的思想，更是包羅萬象，比各家都更爲豐富，然而在這包羅萬象的經典中，也有"一言而可以終身行之"（《論語·衛靈公》），"一言而可以興邦"（《論語·子路》）的大道理存在，實是"指約而易操，事少而功多"，並非"博而寡要，勞而少功"。更許治人者以"無爲而治"，與時遷徙，應物變化，立俗施事，無所不宜，比之道家之崇尚虛無更有切於實用的地方，只須有人發揚光輝，舍短從長而已。就中國古代的社會來看，"只有儒家學是代表中國對封建統治的最高的原理"，儒家經典不僅是封建統治者的思想統治工具，同時也是中國傳統文化的主體。我們更可以說，儒家的思想與其著述大約都是提倡"仁""義"與"時""中"的,"仁"即今日所謂情,屬於情感一方面的;義即今日所謂理,屬於理智一方面的。講道德說仁義,不過教人"情感要理智化",或者是說"理智要情感化"。"孔曰成仁,孟曰取義,唯其義盡,所以仁至。""仁"包含"義","仁"的解釋是真情之合理的流露,這樣子的"仁""義"是在現實社會中都應當講求的。"時"與"中"更是教我們不要忘了我們所處的時勢,要以符合仁義且不偏不枉的正常方法處理事件。這些在過去與將來都可認爲最高的原理,沒有一個人群社會是不講真情不要知識,不問環境不講方法的。此所以儒家的經籍,雖在戰亂時期爲人所忽視,但真要"平天下",彼時還是離不開通經之儒。這也是兩漢經學所以發達的原因之一。

(三) 時代的要求

上述必然的趨勢以及最高的原理,是從過去的社會制度以及儒經自身的價值來考察的,現在我們更可就當日的情形來檢討儒家何以獨尊、經學何以發達的緣故。我們分析來看,這其中實又有四個原因:

(1) 是安内。 在西漢初葉至漢武帝以前,本來黄老思想極形發達,漢高祖是"不好儒"的,"諸客冠儒冠來者,沛公輒解其冠,溲溺其中。與人言,常大罵"(《史記·酈生陸賈列傳》)。"陸生時時前説稱《詩》《書》,高帝罵之曰:'乃公居馬上而得之,安事《詩》《書》!'"(同上)在他的左右,如張良、陳平都脩黄老之言,據《史記·樂毅列傳》,曹參正是所謂河上丈人的六傳弟子。孝惠、吕后時,公卿皆武力有功之臣,"孝文帝本好刑名之言。及至孝景,不任儒者,而竇太后又好黄老之術"(《史記·儒林列傳》)。這都可見漢初統治集團不重儒術,而重視黄老刑名之學。這是因爲漢承秦敝,在秦末戰亂中人口死亡太多,社會經濟殘破,生產效率低下,故不得不采用黄老"君人南面之術"以求與民更生。但是黄老無爲而無不爲的統治術,對於確立至高無上的君權作用極其有限,對於制約諸侯的作用也極其有限,不惟不能平治天下,而其放任主義還可能引起政局混亂,這在公元前一八〇年的諸吕之亂及公元前一五四年的吴楚等七國的叛亂,已經表現得十分清楚。經過這兩次變亂,很可以使人感覺到黄老刑名都不必是有效的治世之術。到武帝時這種政治上的不安,仍未減少,諸王的叛謀仍時有所發生。如:

(a) 淮南厲王長,高帝少子也。……及孝文初即位,自以爲最親,驕蹇,數不奉法。……益恣,不用漢法,出入警蹕,稱制,自作法令,數上書不遜順。文帝重自切責之。……六年,令男子但等七十人與棘蒲侯柴武太子奇謀,以輂車四十乘反谷口,令人使閩越、匈奴。事覺,治之。(《漢書》卷四四

《淮南衡山濟北王傳》)

(b) 淮南王安爲人好書,鼓琴……招致賓客方術之士數千人,作爲《内書》二十一篇,《外書》甚衆,又有《中篇》八卷,言神仙黄白之術,亦二十餘萬言……建元六年,彗星見,淮南王心怪之。或説王曰:"先吴軍時,彗星出,長數尺,然尚流血千里。今彗星竟天,天下兵當大起。"王心以爲上無太子,天下有變,諸侯並争,愈益治攻戰具,積金錢賂遺郡國。游士妄作妖言阿諛王,王喜,多賜予之。……元朔二年……謀爲反具……元朔五年……爲反謀益甚……日夜與左吴等按輿地圖,部署兵所從入……令官奴入宫中,作皇帝璽,丞相、御史大夫、將軍、吏中二千石、都官令、丞印,及旁近郡太守、都尉印,漢使節法冠。(同上)

(c) 衡山王聞淮南王作爲畔逆具,亦心結賓客以應之,恐爲所並……又數侵奪人田,壞人冢以爲田……與奚慈、張廣昌謀,求能爲兵法候星氣者,日夜縱臾王謀反事……乃使孝客江都人枚赫、陳喜作輣車鍛矢,刻天子璽,將、相、軍吏印……數稱引吴、楚反時計劃約束。(同上)

(d) 江都易王……招四方豪傑,驕奢甚。二十七年薨,子建嗣……建亦頗聞淮南、衡山陰謀,恐一日發,爲所並,遂作兵器。號王后父胡應爲將軍。中大夫疾有材力,善騎射,號曰靈武君。作治黄屋蓋;刻皇帝璽,鑄將軍、都尉金銀印;作漢使節二十、綬千餘;具置軍官品員,及拜爵封侯之賞;具天下之輿地及軍陳圖。遣人通越繇王閩侯……數通使往來,約有急相助。(《漢書》卷五十三《景十三王傳》)

(e) 膠東康王寄以孝景中二年立,二十八年薨。淮南王謀反時,寄微聞其事,私作兵車鏃矢,戰守備,備淮南之起。及吏治淮南事,辭出之。(同上)

以上數例表明,在諸吕與吴楚叛亂之後,諸侯王謀變猶時有所聞,文帝時賈誼上《治安策》也曾説:"臣竊跡前事,大抵强者先反。淮陰王楚最强,則最先反;韓信倚胡,則又反;貫高因趙資,則又反;陳豨兵精,則又反;彭越用梁,則又反;黥布用淮南,則又反;盧綰最弱,最後反。長沙乃在二萬五千户耳,功少而最完,勢疏而最忠,非獨性異人也,亦形勢然也。曩令樊、酈、絳、灌據數十城而王,今雖以殘亡可也;令信、越之倫列爲徹侯而居,雖至今存可也。然則天下之大計可知已。"這些事例,明明告訴漢武帝不可再用黄老無爲之術,而必須改弦更張,改用儒術來治天下。

(2) 攘外。 漢武帝本是好大喜功的人,在漢初七十餘年所集聚的財富和武力的基礎上,他不惟要削平内亂,而且要大興兵伐邊,徹底消除長時期以來匈奴對漢朝的侵襲和威脅,改變漢朝屈辱挨打的形象,並擴充疆域,立不世之功。這樣，限制自己權力的"無爲"黃老之說、慘核寡恩的刑名之學，以及不利於集權專制的諸家學說都不能適應他的需要，他只有求之於儒家。據《漢書·萬石衛直周張傳》云：

> 元鼎五年……是時，漢方南誅兩越，東擊朝鮮，北逐匈奴，西伐大宛，中國多事。天子巡狩海內，修古神祠，封禪，興禮樂。公家用少，桑弘羊等致利，王温舒之屬峻法，兒寬等推文學，九卿更進用事……（《漢書》卷四十六《萬石衛直周張傳》）

> 嚴助，會稽吳人……郡舉賢良，對策百餘人，武帝善助對，繇是獨擢助爲中大夫。後得朱買臣、吾丘壽王、司馬相如、主父偃、徐樂、嚴安、東方朔、枚皋、膠倉、終軍、嚴葱奇等，並在左右。是時征伐四夷，開置邊郡，軍旅數發，内改制度，朝廷多事，屢舉賢良文學之士。公孫弘起徒步，數年至丞相，開東閣，延賢人與謀議，朝覲奏事，因言國家便宜。上令助等與大臣辯論，中外相應以義理之文。（《漢書》卷六十四上《嚴朱吾丘主父徐嚴王賈傳》）

爲了攘外，除了需要加強君主御下的權力，也需要建立一種基於宗法社會的統治秩序，這種種的需求，自然也有許多地方要借重儒術。

（3）改制。 本來在文帝時，賈誼就"以爲漢興至孝文二十餘年，天下和洽，而固當改正朔，易服色，法制度，定官名，興禮樂，乃悉草具其事儀法，色尚黄，數用五，爲官名，悉更秦之法。孝文帝初即位，謙讓未遑也"。（《史記·屈原賈生列傳第二十四》）到漢武時，據《史記·封禪書》説："今天子初即位，尤敬鬼神之禩。元年，漢興已六十餘歲矣，天下艾安，搢紳之屬皆望天子封禪改正度也，而上鄉儒術，招賢良，趙綰、王臧等以文學爲公卿，欲議古立明堂城南，以朝諸侯。草巡狩封禪改曆服色事未就。"尤可見改弦更張已成爲士大夫階層中普遍的要求，尤非用明經之士不可。儒家所以獨尊，經學所以發達，就這一點來看，也極明顯，這也是時代的要求。

（4）應變。 在漢代，是天人相應、陰陽五行學説頗發達的時代，無論是符瑞也好，災異也好，漢代的君臣總以爲這與天道有關係，在漢武策問董君仲舒的時候，正是由於當時有災變。據《漢書·董仲舒傳》載，武帝制曰："……三代受命，其符安在？災異之變，何緣而起？性命之情，或夭或壽，或仁或鄙，習聞其號，未燭厥理。伊欲風流而令行，刑輕而姦改，百姓和樂，政事宣昭，何脩何飭而膏露降，百穀登，德潤四海，澤臻中木，三光全，寒暑平，受天之祜，享鬼神之靈，德澤洋溢，施乎方外，延及群生？子大夫明先聖之業，習俗化之變，終始之序，講聞高誼之日久矣，其明以諭朕。"（《漢書》

卷五十六《董仲舒傳》）就是說，從天道的角度，也需要用儒術來加以解釋，而其他諸家則做不到這一點。這樣來看武帝時的獨尊儒術，則更顯示出一種歷史的必然。

第二節　大師之提倡

經學在兩漢的發達，固基於必然的趨勢與時代的要求等等，但這罷黜百家、獨尊孔氏的發動，是由於私人的提倡而後，才得到國家的尊崇。而私人之提倡，以董君仲舒的天人三策爲最有力，才真正達到了儒學獨尊的目的。現在也分爲三點來敘述：

（一）董君仲舒之前驅

在董仲舒以前，提倡儒學的人在漢高祖時計有酈食其、陸賈、叔孫通等諸人，據《漢書·酈陸朱劉叔孫傳》說：

> 酈食其，陳留高陽人也。好讀書，家貧落魄，無衣食業……沛公至高陽傳舍，使人召食其。食其至，入謁，沛公方踞牀令兩女子洗，而見食其。食其入，即長揖不拜，曰："足下欲助秦攻諸侯乎？欲率諸侯破秦乎？"沛公罵曰："豎儒！夫天下同苦秦久矣，故諸侯相率攻秦，何謂助秦？"食其曰："必欲聚徒合義兵誅無道秦，不宜踞見長者。"於是沛公輟洗，起衣，延食其上坐，謝之。（《漢書》卷四十二《酈陸朱劉叔孫傳》）

> 陸賈，楚人也。以客從高祖定天下，名有口辯……賈時時前說稱《詩》《書》。高帝罵之曰："乃公居馬上得之，安事《詩》《書》！"賈曰："馬上得之，寧可以馬上治乎？且湯、武逆取而以順守之，文帝並用，長久之術也。昔者吳王夫差、智伯極武而亡；秦任刑法不變，卒滅趙氏。鄉使秦以並天下，行仁義，法先聖，陛下安得而有之？"高帝不懌，有慚色，謂賈曰："試爲我著秦所以失天下，吾所以得之者，及古成敗之國。"賈凡著十二篇。每奏一篇，高帝未嘗不稱善，左右呼萬歲。（同上）

> 叔孫通，薛人也。秦時以文學徵，待詔博士……漢王已並天下，諸侯共尊爲皇帝於定陶，通就其儀號。高帝悉去秦儀法，爲簡易。群臣飲爭功，醉或妄呼，拔劍擊柱，上患之。通知上亦厭之，說上曰："夫儒者難與進取，可與守成。臣願徵魯諸生，與臣弟子共起朝儀。"高帝曰："得無難乎？"通曰："五帝異樂，三王不同禮。禮者，因時

世人情爲之節文者也。故夏、殷、周禮所因損益可知者，謂不相復也。臣願頗采古禮與秦儀雜就之。"上曰："可試爲之，令易知，度吾所能行爲之。"於是通使徵魯諸生三十餘人。魯有兩生不肯行，曰："公所事者且十主，皆面諛親貴。今天下初定，死者未葬，傷者未起，又欲起禮樂。禮樂所由起，百年積德而後可興也。吾不忍爲公所爲。公所爲不合古，吾不行。公往矣，毋污我！"通笑曰："若真鄙儒，不知時變。"遂與所徵三十人西，及上左右爲學者與其弟子百餘人爲緜蕞野外。習之月餘，通曰："上可試觀。"上使行禮，曰："吾能爲此。"乃令群臣習肄，會十月。漢七年，長樂宮成，諸侯群臣朝十月。儀：先平明，謁者治禮，引以次入殿門，廷中陳車騎戍卒衛官，設兵，張旗志。傳曰"趨"。殿下郎中俠陛，陛數百人。功臣列侯諸將軍軍吏以次陳西方，東鄉；文官丞相以下陳東方，西鄉。大行設九賓，臚句傳。於是皇帝輦出房，百官執戟傳警，引諸侯王以下至吏六百石以次奉賀。自諸侯王以下莫不震恐肅敬。至禮畢，盡伏，置法酒。諸侍坐殿下皆伏抑首，以尊卑次起上壽。觴九行，謁者言"罷酒"。御史執法舉不如儀者輒引去。竟朝置酒，無敢讙譁失禮者。於是高帝曰："吾乃今日知爲皇帝之貴也。"（同上）

從這裏所引的幾段看來，漢高帝雖不喜儒術，而他的臣下頗多儒生或爲學者，通過"禮"，他感覺到了帝王之尊貴地位；他經過陸賈、酈食其、叔孫通等人的勸導，開始對儒學有了一定的接受，不惟將叔孫通弟子"悉以爲郎"，而且在叔孫通此後勸他不要"廢適而立少"時，高帝直答以"吾聽公"，不敢像從前那樣輕視《詩》《書》，侮辱儒術了。當"高帝崩，孝惠即位"後，惠帝"乃謂通曰：'先帝園陵寢廟，群臣莫習。'徙通爲奉常，定宗廟儀法。乃稍定漢諸儀法，皆通所論著也。惠帝爲東朝長樂宮，及間往，數蹕煩民，作復道，方築武庫南，通奏事，因請間，曰：'陛下何自築復道高帝寢，衣冠月出游高廟？子孫奈何乘宗廟道上行哉！'惠帝懼，曰：'急壞之。'"（同上）惠帝這樣"聞叔孫通之諫則懼然"（《漢書》卷二《惠帝紀贊》），可見經酈、陸、朱、劉、叔孫諸人的努力，高、惠父子並對儒學有了相當尊重和信任了。

在文、景時，如"頗通諸子百家之書"的賈誼，其明確主張"改正朔，易服色，法制度，定官名，興禮樂"（《史記·屈原賈生列傳第二十四》），正是提倡儒術，當時文帝雖"謙讓未遑"，但是匈奴強侵邊，天下初定，制度疏闊，諸侯王僭儗，地過古制，賈誼又因而陳治安之策，有所謂"可爲痛哭者一，可爲流涕者二，可爲長太息者六，若其他背理而傷道者，難遍以疏舉"

(《漢書》卷四十八《賈誼傳》）據《漢書》所載，賈誼爲了漢王朝的長治久安，多次上疏分析時政、力陳時弊：

  商君遺禮義，棄仁恩，並心於進取，行之二歲，秦俗日敗。故秦人家富子壯則出分，家貧子壯則出贅。借父耰鉏，慮有德色；母取箕箒，立而誶語。抱哺其子，與公並倨。婦姑不相説，則反唇而相稽。其慈子耆利，不同禽獸者亡幾耳。然並心而赴時，猶曰蹶六國，兼天下。功成求得矣，終不知反廉愧之節，仁義之厚。信並兼之法，遂進取之業，天下大敗；衆掩寡，智欺愚，勇威怯，壯陵衰，其亂至矣。是以大賢起之，威震海内，德從天下。曩之爲秦者，今轉而爲漢矣。然其遺風餘俗，猶尚未改。今世以侈靡相競，而上亡制度，棄禮誼，捐廉恥，日甚，可謂月異而歲不同矣。逐利不耳，慮非顧行也，今其甚者殺父兄矣。盜者剟寢户之簾，搴兩廟之器，白晝大都之中剽吏而奪之金。矯偽者出幾十萬石粟，賦六百餘萬錢，乘傳而行郡國，此其亡行義之尤至者也。而大臣特以簿書不報，期會之間，以爲大故。至於俗流失，世壞敗，因恬而不知怪，慮不動於耳目，以爲是適然耳。夫移風易俗，使天下回心而鄉道，類非俗吏之所能爲也。俗吏之所務，在於刀筆筐篋，而不知大體。陛下又不自憂，竊爲陛下惜之。（《漢書》卷四十八《賈誼傳》）

這一段是説明秦之所以亡而漢初對於移風易俗仍未注意。

  夫立君臣，等上下，使父子有禮，六親有紀，此非天之所爲，人之所設也。夫人之所設，不爲不立，不植則僵，不修則壞。《管子》曰："禮義廉恥，是謂四維；四維不張，國乃滅亡。"使管子愚人也則可，管子而少知治體，則是豈可不爲寒心哉！秦滅四維而不張，故君臣乖亂，六親殃戮，姦人並起，萬民離叛，凡十三歲，而社稷爲虚。今四維猶未備也，故奸人幾幸，而衆心疑惑。豈如今定經制，令君君臣臣，上下有差，父子六親各得其宜，姦人亡所幾幸，而群臣衆信，上不疑惑！此業壹定，世世常安，而後有所持循矣。若夫經制不定，是猶度江河亡維楫，中流而遇風波，船必覆矣。可爲長嘆息者此也。（《漢書》卷四十八《賈誼傳》）

這是他提出六親四維以爲經制，君君臣臣，上下有差，父子六親各爲其宜，這是非重儒術不可。

  昔者成王幼在襁抱之中，召公爲太保，周公爲太傅，太公爲太師。保，保其身體；傅，傅之德義；師，道之教訓：此三公之職也。

於是爲置三少，皆上大夫也，曰少保、少傅、少師，是與太子宴者也。故乃孩提有識，三公、三少固明孝仁禮義以道習之，逐去邪人，不使見惡行。於是皆選天下之端士孝悌博聞有道術者以衛翼之，使與太子居處出入。故太子乃生而見正事，聞正言，行正道，左右前後皆正人也。夫習與正人居之，不能毋正，猶生長於齊不能不齊言也；習與不正人居之，不能毋不正，猶生長於楚之地不能不楚言也。故擇其所耆，必先受業，乃得嘗之；擇其所樂，必先有習，乃得爲之。孔子曰："少成若天性，習慣如自然。"及太子少長，知妃色，則入於學。學者，所學之官也。《學禮》曰："帝入東學，上親而貴仁，則親疏有序而恩相及矣；帝入南學，上齒而貴信，則長幼有差而民不誣矣；帝入西學，上賢而貴德，則聖智在位而功不遺矣；帝入北學，上貴而尊爵，則貴賤有等而下不踰矣；帝入太學，承師問道，退習而考於太傅，太傅罰其不則而匡其不及，則德智長而治道得矣。此五學者既成於上，則百姓黎民化輯於下矣。"及太子既冠成人，免於保傅之嚴，則有記過之史，徹膳之宰，進善之旌，誹謗之木，敢諫之鼓。瞽史誦詩，工誦箴諫，大夫進謀，士傳民語。習與智長，故切而不愧；化與心成，故中道若性。三代之禮：春朝朝日，秋暮夕月，所以明有敬也；春秋入學，坐國老，執醬而親饋之，所以明有孝也；行以鸞和，步中《采齊》，趣中《肆夏》，所以明有度也；其於禽獸，見其生不食其死，聞其聲不食其肉，故遠庖廚，所以長恩，且明有仁也。夫三代之所以長久者，以其輔翼太子有此具也。（同上）

這是主張以保傅師來教太子。此五學者既成於上，則百姓黎民化輯於下。

凡人之智，能見已然，不能見將然。夫禮者禁於將然之前，而法者禁於已然之後，是故法之所用易見，而禮之所爲生難知也。若夫慶賞以勸善，刑罰以懲惡，先王執此之政，堅如金石，行此之令，信如四時，據此之公，無私如天地耳，豈顧不用哉？然而曰禮云禮云者，貴絕惡於未萌，而起教於微眇，使民日遷善遠罪而不自知也。（同上）

賈誼所陳，正是以禮義廉恥爲治術，使人"日遷善遠罪而不自知"。《漢書·賈誼傳贊》云："劉向稱'賈誼言三代與秦治亂之意，其論甚美，通達國體，雖古之伊、管未能遠過也。使時見用，功化必盛。爲庸臣所害，甚可悼痛'。追觀孝文玄默躬行以移風俗，誼之所陳略施行矣。"（同上）可見儒經在漢代獨尊，賈生的一力提倡也有相當的作用。

其次，如晁錯雖是學申商刑名的人，他屢屢上書主張擇聖人之術，"以古之五帝明之""以古之三王明之""以五伯之臣明之""以五帝之賢臣明之"（均見晁錯《舉賢良對策》，《漢書·晁錯傳》），他也主張"絕秦之跡，除其亂法；躬親本事，廢去淫末；除苛解嬈，寬大愛人；肉刑不用，罪人亡帑；非謗不治，鑄錢者除；通關去塞，不孽諸侯；賓禮長老，愛恤少孤；罪人有期，后宮出嫁；尊賜孝悌，農民不租；明詔軍師，愛士大夫；求進方正，廢退奸邪；除去陰刑，害民者誅；憂勞百姓，列侯就都；親耕節用，視民不奢；所爲天下興利除害，變法易故，以安海内"。（《漢書》卷四十九《晁錯傳》）

這些正是儒術，要在儒家經典之中探求，也無異於提倡儒經。

還有賈山，於"孝文時，言治亂之道，借秦爲諭，名曰《至言》"，主張"定明堂，造太學，脩先王之道"（《漢書·賈鄒枚路傳第二十一》），自然也是主張提倡儒學。在武帝時，在朝中提倡經學的有衛綰，"所舉賢良，或治申、商、韓非、蘇秦、張儀之言，亂國政，請皆罷"（《漢書》卷六《武帝紀》）。這是罷黜百家、獨尊孔氏的先聲。而竇嬰、田蚡、趙綰也是推崇儒術的。據《漢書·竇田灌韓傳》説：

> 嬰、蚡俱好儒術，推轂趙綰爲御史大夫，王臧爲郎中令。迎魯申公，欲設明堂，令列侯就國，除關，以禮爲服制，以興太平。舉謫諸竇宗室無行者，除其屬藉。諸外家爲列侯，列侯多尚公主，皆不欲就國，以故毀日至竇太后。太后好黃、老言，而嬰、蚡、趙綰等務隆推儒術，貶道家言，是以竇太后滋不説。

"欲設明堂""以禮爲服制""貶道家言"，不惟不任刑名家言，連黄老之學雖是皇太后的好尚，都要受排斥了。漢武帝受了他們的影響，所以一再徵舉賢良而有公孫弘、董仲舒、兒寬等的對策，公孫弘還是"習文法吏事，而又緣飾以儒術""不肯面折庭争"（《史記·平津侯主父列傳》），不是當時第一流的儒生。但是他説：

> 臣聞上古堯舜之時，不貴爵賞而民勸善，不重刑罰而民不犯，躬率以正而遇民信也；末世貴爵厚賞而民不勸，深刑重罰而奸不止，其上不正，遇民不信也。夫厚賞重刑未足以勸善而禁非，必信而已矣。是故因能任官，則分職治；去無用之言，則事情得；不作無用之器，即賦斂省；不奪民時，不妨民力，則百姓富；有德者進，無德者退，則朝廷尊；有功者上，無功者下，則群臣逡；罰當罪，則奸邪止；賞當賢，則臣下勸：凡此八者，治民之本也。故民者，業之即不争，理得則不怨，有禮則不暴，愛之則親上，此有天下之急者也。故法不遠義，則民服而不離；和不遠禮，則民親而不暴。故法之所罰，義之所

去也；和之所賞，禮之所取也。禮義者，民之所服也，而賞罰順之，則民不犯禁矣。故畫衣冠，異章服，而民不犯者，此道素行也。(《漢書》卷五十八《公孫弘卜式兒寬傳》

又說：

> 陛下有先聖之位而無先聖之名，有先聖之名而無先聖之吏，是以勢同而治異。先世之吏正，故其民篤；今世之吏邪，故其民薄。政弊而不行，令倦而不聽。夫使邪吏行弊政，用倦令治薄民，民不可得而化，此治之所以異也。臣聞周公旦治天下，期年而變，三年而化，五年而定。唯陛下之所志。(同上)

他在這裏一方面說："去無用之言則事情得""今世之吏邪故其民薄"，一方面說"周公旦治天下，期年而變"。在表面上來，雖未明說罷黜百家、獨尊儒術，而實際上就是罷黜黃老之言，而鋤去當時刑名之邪吏，獨尊儒學自在不言之中。他更說"期年而變，臣弘尚竊遲之"，當時"上異其言"，可見頗打動武帝的心坎的。他還說：

> 臣聞天下通道五，所以行之者三。君臣、父子、夫婦、長幼、朋友之交，五者天下之通道也；仁、知、勇三者，所以行之也。故曰"好問近乎知（智），力行近乎仁，知恥近乎勇：知此三者，知所以自治；知所以自治，然後知所以治人"。未有不能自治而能治人者也。陛下躬孝弟，監三王，建周道，兼文武，招徠四方之士，任賢序位，量能授官，將以屬（勵）百姓勸賢材也。

這裏是在提倡儒術的同時，又建議武帝多多吸納儒生"任賢序位，量能授官，將以厲百姓勸賢材也"。前有"公孫弘以治《春秋》爲丞相封侯，天下學士靡然嚮風"，所以後又有董仲舒等儒學大師的出現，這些都不是偶然的。

（二）董君仲舒之對策

《漢書·董仲舒傳》曰："董仲舒，廣川人也。少治《春秋》，孝景時爲博士。下帷講誦。弟子傳以久次相授業，或莫見其面。蓋三年不窺園，其精如此……武帝即位，舉賢良文學之士前後百數，而仲舒以賢良對策焉。"董仲舒的對策共有三次，是爲"舉賢良對策"，因漢武策問他"求天命與情性"，故又稱"天人三問"。

董仲舒對策説：

> 今陛下貴爲天子，富有四海，居得致之位，操可致之勢，又有能致之資，行高而恩厚，知明而意美，愛民而好士，可謂誼主矣。然而

天地未應而美祥莫至者，何也？凡以教化不立而萬民不正也。夫萬民之從利也，如水之走下，不以教化堤防之，不能止也。是故教化立而奸邪皆止者，其堤防完也；教化廢而奸邪並出，刑罰不能勝者，其堤防壞也。古之王者明於此，是故南面而治天下，莫不以教化為大務。立大學以教於國，設庠序以化於邑，漸民以仁，摩民以誼，節民以禮，故其刑罰甚輕而禁不犯者，教化行而習俗美也。《漢書》卷五十六《董仲舒傳第二十六》

今漢繼秦之後，如朽木糞墻矣，雖欲善治之，亡可奈何。法出而奸生，令下而詐起，如以湯止沸，抱薪救火，愈甚亡益也。竊譬之琴瑟不調，甚者必解而更張之，乃可鼓也；為政而不行，甚者必變而更化之，乃可理也。當更張而不更張，雖有良工不能善調也；當更化而不更化，雖有大賢不能善治也。故漢得天下以來，常欲善治而至今不可善治者，失之於當更化而不更化也。（同上）

性情的他説：

陛下發德音，下明詔，求天命與情性，皆非愚臣之所能及也。臣謹案《春秋》之中，視前世已行之事，以觀天人相與之際，甚可畏也。國家將有失道之敗，而天乃先出災害以譴告之，不知自省，又出怪異以警懼之，尚不知變，而傷敗乃至。以此見天心之仁愛人君而欲止其亂也。自非大亡（無）道之世者，天盡欲扶持而全安之，事在強勉而已矣。強勉學問，則聞見博而知（智）益明；強勉行道，則德日起而大有功：此皆可使還（旋）至而有效者也。《詩》曰"夙夜匪解"，《書》云"茂哉茂哉！"皆強勉之謂也。道者，所繇適於治之路也，仁義禮樂皆其具也。故聖王已沒，而子孫長久安寧數百歲，此皆禮樂教化之功也。王者未作樂之時，乃用先王之樂宜於世者，而以深入教化於民。教化之情不得，雅頌之樂不成，故王者功成作樂，樂其德也。樂者，所以變民風，化民俗也；其變民也易，其化人也著。故聲發於和而本於情，接於肌膚，臧於骨髓。故王道雖微缺，而管弦之聲未衰也。夫虞氏之不為政久矣，然而樂頌遺風猶有存者，是以孔子在齊而聞《韶》也。夫人君莫不欲安存而惡危亡，然而政亂國危者甚眾，所任者非其人，而所繇者非其道，是以政日以僕滅也。夫周道衰於幽、厲，非道亡也，幽、厲不繇也。至於宣王，思昔先王之德，興滯補弊，明文武之功業，周道粲然復興，詩人美之而作，上天祐之，為生賢佐，後世稱誦，至今不絕。此夙夜不解行善之所致也。

孔子曰"人能弘道，非道弘人"也。故治亂廢興在於己，非天降命不可得反，其所操持悖謬失其統也。（同上）

臣聞命者天之令也，性者生之質也，情者人之欲也。或夭或壽，或仁或鄙，陶冶而成之，不能粹美，有治亂之所生，故不齊也。孔子曰："君子之德風，小人之德草，草上之風必偃。"故堯、舜行德則民仁壽，桀、紂行暴則民鄙夭。夫上之化下，下之從上，猶泥之在鈞。唯甄者之所爲；猶金之在鎔，唯冶者之所鑄。"綏之斯來，動之斯和"，此之謂也。（同上）

臣謹案《春秋》之文，求王道之端，得之於正。正次王，王次春。春者，天之所爲也；正者，王之所爲也。其意曰，上承天之所爲，而下以正其所爲，正王道之端云爾。然則王者欲有所爲，宜求其端於天。天道之大者在陰陽。陽爲德，陰爲刑；刑主殺而德主生。是故陽常居大夏，而以生育養長爲事；陰常居大冬，而積於空虛不用之處。以此見天之任德不任刑也。天使陽出布施於上而主歲功，使陰入伏於下而時出佐陽；陽不得陰之助，亦不能獨成歲。終陽以成歲爲名，此天意也。王者承天意以從事，故任德教而不任刑。刑者不可任以治世，猶陰之不可任以成歲也。爲政而任刑，不順於天，故先王莫之肯爲也。今廢先王德教之官，而獨任執法之吏治民，毋乃任刑之意與！孔子曰："不教而誅謂之虐。"虐政用於下，而欲德教之被四海，故難成也。（同上）

臣謹案《春秋》謂一元之意，一者萬物之所從始也，元者辭之所謂大也。謂一爲元者，視大始而欲正本也。《春秋》深探其本，而反自貴者始。故爲人君者，正心以正朝廷，正朝廷以正百官，正百官以正萬民，正萬民以正四方。四方正，遠近莫敢不壹於正，而亡有邪氣奸其間者。是以陰陽調而風雨時，群生和而萬民殖，五穀孰而草木茂，天地之間被潤澤而大豐美，四海之內聞盛德而皆來臣，諸福之物，可致之祥，莫不畢至，而王道終矣。（同上）

今陛下並有天下，海內莫不率服，廣覽兼聽，極群下之知，盡天下之美，至德昭然，施於方外。夜郎、康居，殊方萬里，說德歸誼，此太平之致也。然而功不加於百姓者，殆王心未加焉。（同上）

陛下親耕藉田以爲農先，夙寤晨興，憂勞萬民，思惟往古，而務以求賢，此亦堯舜之用心也，然而未云獲者，士素不厲也。夫不素養士而欲求賢，譬猶不琢玉而求文采也。故養士之大者，莫大乎太學；

太學者，賢士之所關也，教化之本原也。今以一郡一國之衆，對亡應書者，是王道往往而絕也。臣願陛下興太學，置明師，以養天下之士，數考問以盡其材，則英俊宜可得矣。今之郡守、縣令，民之師帥，所使承流而宣化也；故師帥不賢，則主德不宣，恩澤不流。今吏既亡教訓於下，或不承用主上之法，暴虐百姓，與奸爲市，貧窮孤弱，冤苦失職，甚不稱陛下之意。是以陰陽錯繆，氛氣充塞，群生寡遂，黎民未濟，皆長吏不明，使至於此也。（同上）

天人之徵，古今之道也。孔子作《春秋》，上揆之天道，下質諸人情，參之於古，考之於今。故《春秋》之所譏，災害之所加也；《春秋》之所惡，怪異之所施也。書邦家之過，兼災異之變，以此見人之所爲，其美惡之極，乃與天地流通而往來相應，此亦言天之一端也。古者修教訓之官，務以德善化民，民已大化之後，天下常亡一人之獄矣。今世廢而不修，亡以化民，民以故棄行誼而死財利，是以犯法而罪多，一歲之獄以萬千數。以此見古之不可不用也，故《春秋》變古則譏之。天令之謂命，命非聖人不行；質樸之謂性，性非教化不成；人欲之謂情，情非度制不節。是故王者上謹於承大意，以順命也；下務明教化民，以成性也；正法度之宜，別上下之序，以防欲也：修此三者，而大本舉矣。人受命於天，固超然異於群生，入有父子兄弟之親，出有君臣上下之誼，會聚相遇，則有耆老長幼之施；粲然有文以相接，歡然有恩以相愛，此人之所以貴也。生五穀以食之，桑麻以衣之，六畜以養之，服牛乘馬，圈豹檻虎，是其得天之靈，貴於物也。故孔子曰："天地之性人爲貴。"明於天性，知自貴於物；知自貴於物，然後知仁誼（義）；知仁誼（義），然後重禮節；重禮節，然後安處善；安處善，然後樂循理；樂循理，然後謂之君子。（同上）

臣聞夫樂而不亂復而不厭者謂之道；道者萬世亡弊，弊者道之失也。先王之道必有偏而不起之處，故政有眊而不行，舉其偏者以補其弊而已矣。三王之道所祖不同，非其相反，將以救溢扶衰，所遭之變然也。故孔子曰："亡爲而治者，其舜乎！"改正朔，易服色，以順天命而已；其餘盡循堯道，何更爲哉！故王者有改制之名，亡變道之實，然夏上忠，殷上敬，周上文者，所繼之救，當用此也。孔子曰："殷因於夏禮，所損益可知也；周因於殷禮，所損益可知也；其或繼周者，雖百世可知也。"此言百王之用，以此三者矣。夏因於虞，而独不言所损益者，其道如一而所上同也。道之大原出於天，天不变，道亦不变，是以禹继舜，舜继尧，三圣相受而守一道，亡救弊之政也，故不言其所损益也。繇是观之，继治世者其道同，继乱世者其道变。今汉继大乱之後，若宜少损周之文致，用夏之忠者。（同上）

民日削月朘，浸以大穷。富贵奢侈羡溢，贫者穷急愁苦；穷急愁苦而上不救，则民不乐生；民不乐生，尚不避死，安能避罪！此刑罚之所以蕃而奸邪不可胜者也。故受禄之家，食禄而已，不与民争业，然後利可均布，而民可家足。此上天之理，而亦太古之道，天子之所宜法以为制，大夫之所当循以为行也。（同上）

《春秋》大一统者，天地之常经，古今之通谊也。今师异道，人异论，百家殊方，指意不同，是以上亡以持一统；法制数变，下不知所守。臣愚以为诸不在六艺之科孔子之术者，皆绝其道，勿使并进。邪辟之说灭息，然後统纪可一而法度可明，民知所从矣。（同上）

董仲舒的对策，系统地提出了"更化"的主张，同时，他一则说"太学者，贤士之所关也，教化之本原也""立大学以教於国，设庠序以化於邑"。再则说"养士之大者莫大乎太学"，主张"兴太学，置明师，以养天下之士"，更进一步主张"诸不在六艺之科，孔子之术者，皆绝其道勿使并进"。他曾说："道者，所由适於治之路也，仁义礼乐皆其具也。故圣王已没，而子孙长久安宁数百岁，此皆礼乐教化之功也。"礼乐教化都是儒学的内容，所以要罢黜百家、独尊孔氏。《汉书·董仲舒传》说："仲舒在家，朝廷如有大议，使使者及廷尉张汤就其家而问之，其对皆有明法。自武帝初立，魏其、武安侯为相而隆儒矣。及仲舒对册，推明孔氏，抑黜百家，立学校之官，州郡举茂材孝廉，皆自仲舒发之。"

我们推求两汉今古文经学发达之故，由必然之趋势，说到时代的要求，更由郦、陆、叔孙、贾谊、晁错诸儒的提倡，以至武帝之世，窦婴、田蚡、公孙弘、董仲舒诸儒的主张，这其间真是"非一朝一夕之故，其所由来者渐矣"，在武帝、董仲舒以後，两汉帝王以及经生对於儒术之尊崇提倡（详见以下各章节，兹不一一具列），我们都可以说"皆自仲舒发之"。但是我们要注意，五经博士之立实在武帝建元五年，是在仲舒对策前，这是必然的趋势与时代要求证明黄老刑名之学不足以为治，儒学包含着当时时代最高的原理，我们也可以说这不仅仅皆自董仲舒发之。

第三節　帝王之尊崇

（一）西漢時之帝王與經學

漢代在高祖、惠帝時，即受陸賈、叔孫通的勸導而尊崇儒生，在高帝時更作有"武德舞"；在惠帝四年，"舉民孝弟力田者復其身""除挾書律"（《漢書》卷二《惠帝紀》）；文帝二年，就二詔"及舉賢良方正能直言極諫者"（《漢書》卷四《文帝紀》），十二年更"置三老孝悌力田常員"（同上），十五年，"乃下詔議郊禋。公孫臣明服色，新垣平設五廟"（同上），又"詔諸侯王公卿郡守舉賢良能直言極諫者，上親策之，傅納以言"（同上）。景帝即位，即下詔曰："蓋聞古者祖有功而宗有德，制禮樂各有由。歌者，所以發德也；舞者，所以明功也。高廟酎，奏《武德》《文始》《五行》之舞（孟康曰：《武德》，高祖所作也；《文始》，舜舞也；《五行》，周舞也）孝惠廟酎，奏《文始》《五行》之舞"。其"立《昭德》之舞以明孝文皇帝之盛德"（《漢書》卷五《景帝紀》）。這些事體雖不專爲經學而發，但是崇尚孝悌，尊重《詩》《書》《禮》《樂》，敦厚儒術，我們已可見其走向尊崇經學之途。在文帝時，"召魯公孫臣，以爲博士"，賈誼也是"召以爲博士"，申培、韓嬰都是孝文時的《詩》博士，魯"徐生以容爲禮官大夫"也正在此時（說並詳下）。在景帝時，轅固以治《詩》"孝景時爲博士，與黃生爭論於景帝前"，胡毋生、董仲舒也都是"以治《春秋》爲博士"，據這些史實看來，可見漢代帝王尊崇經術，並不始於武帝之世。

到了武帝的時候，除了建元元年、元光元年詔舉賢良方正孝廉，建元元年"議立明堂。遣使者安車蒲輪，束帛加璧，徵魯申公"；建元五年"置五經博士"；元光五年"徵吏民有明當世之務、習先聖之術者"；元朔五年更詔令"詳延天下方聞之士，咸薦諸朝。其令禮官勸學，講議洽聞，舉遺興禮，以爲天下先。太常其議予博士弟子，崇鄉黨之化，以屬賢材焉。丞相弘請爲博士置弟子員，學者益廣"。元狩六年更"遣博士大等六人分循行天下，存問鰥寡廢疾，無以自振業者貸與之。諭三老孝弟以爲民師，舉獨行之君子，徵旨行在所"。《漢書·武帝紀·贊》曰："漢承百王之弊，高祖撥亂反正，文、景務在養民，至於稽古禮文之事，猶多闕焉。孝武初立，卓然罷黜百家，表章六經。遂疇咨海內，舉其俊茂，與之立功。興太學，脩郊禋，改正朔，定曆數，協音律，作《詩》《樂》，建封禪，禮百神，紹周後，號令文章，煥焉可述。"在武帝可算是極其推崇儒學了。此外還有一件我們應當注意的事，據《兒寬傳》

说："议欲放古巡狩封禅之事，诸儒对者五十余人，未能有所定""乃自制仪，采儒术以文焉"（《汉书》卷五十八《公孙弘卜式儿宽传》）。颇有后来宣帝诏诸儒讲论五经同异，上亲称制临决的意味，所以《儿宽传·赞》谓："孝宣承统，纂修洪业，亦讲论六艺，招选茂异"（同上），这风气实是由武帝所开的。

昭帝在位时短，也屡屡举贤良文学，尊崇儒术。其曾下诏说："战战栗栗，夙兴夜寐，脩古帝王之事，通《保傅传》《孝经》《论语》《尚书》，未云有明。"（《汉书》卷七《昭帝纪》）

到了宣帝之时，宣帝本是"不甚从儒术，任用法律，而中书宦官用事"（《汉书》卷七十八《萧望之传》）"不甚用儒"的，但是他也在即位之初"遣使者持节诏郡国二千石谨牧养民而风德化"（《汉书》卷八《宣帝纪》），而在本始四年，"四月壬寅，郡国四十九地震，或山崩水出。诏曰：'盖灾异者，天地之戒也……朕甚惧焉。丞相、御史其与列侯、中二千石博问经学之士，有以应变，辅朕之不逮，毋有所讳。令三辅、太常、内郡国贤良方正各一人'"（同上），而且说："朕不明六艺，郁于大道。"（同上）更于甘露三年三月，"诏诸儒讲《五经》同异，太子太傅萧望之等平奏其议，上亲称制临决焉。乃立梁丘《易》、大小夏侯《尚书》、穀梁《春秋》博士"（同上）。这本是"宣帝时修武帝故事，讲论六艺群书，博尽奇异之好"，（《汉书》卷六十四下《严朱吾丘主父徐严终王贾传》）而在后来称为"旷世一见之典"的。据《汉书·儒林传》说"甘露中与五经诸儒杂论同异于石渠阁"，注云："石渠阁在未央殿北，以藏秘书也。"据《汉书·艺文志·六艺略》：《书》有《议奏》四十二篇，《礼》有《议奏》三十八篇，《春秋》有《议奏》三十九篇，《论语》有《议奏》十八篇，《孝经》类有《五经杂议》十八篇，班固均自注为"石渠"或"石渠论"。参与此次会议的诸儒，除萧望之外，有施雠、梁丘临、欧阳地余、林尊、周堪、张山拊、假仓、韦玄成、张长安、薛广德、闻人通汉、戴圣、严彭祖、申輓、伊推、宋显、许广、尹更始、刘向、周庆、丁姓、王亥等廿三人。这次论议的结果，在杜佑《通典·礼类》（《礼》三十三、三十七、四十一、四十三、四十九、五十、五十二、五十六、五十九、六十三各卷）中还引有一些原文，然而这只是石渠的《礼》论而已。

宣帝之后，元、成都比较崇儒术，成帝河平三年，使"光禄大夫刘向校中秘书。谒者陈农使，使求遗书于天下"；阳朔二年九月，更下诏"杂举可充博士位者，使卓然可观"（详下）。在平帝元始元年"追谥孔子曰襃成宣尼公"；三年，"夏，安汉公奏车服制度，吏民养生、送终、嫁娶、奴婢、田宅、器械之品。立官稷及学官。郡国曰学，县、道、邑、侯国曰校。校、学置经师一人。鄉曰庠，聚曰序。序、庠置《孝經》師一人"（《漢書》卷十二《平帝紀》）。終前漢之世，帝王對於儒術的尊崇，都是極盡力的。

(二) 東漢時之帝王與經學

後漢的光武帝在幼年時即之長安受《尚書》，略通大義。他即皇帝位後，在建武二年，有"博士丁恭議曰"，可見一登位就立有博士。建武五年"初起太學。車駕還宮，幸太學，賜博士弟子各有差"（《後漢書》卷一上《光武帝紀》）。原來他"每旦視朝，日仄乃罷。數引公卿、郎、將講論經理，夜分乃寐。皇太子見帝勤勞不怠，承間諫曰：'陛下有禹、湯之明，而失黃、老養性之福，願頤愛精神，優游自寧。'帝曰：'我自樂此，不爲疲也。'"光武雖在帝位，仍然好學不厭。

明帝"十歲能通《春秋》，光武奇之"。建武十九年"立爲皇太子，師事博士桓榮，學通《尚書》"（《後漢書》卷二《顯宗孝明帝紀》）。永平二年"宗祀光武皇帝於明堂""事畢，升靈臺，望元氣，吹時律，觀物變"（同上）。"三月，臨辟雍，初行大射禮""冬十月壬子，幸辟雍，初行養老禮。詔曰：'光武皇帝建三朝之禮，而未及臨饗。眇眇小子，屬當聖業。間暮春吉辰，初行大射；令月元日，復踐辟雍。尊事三老，兄事五更，安車軟輪，供綏執授。侯王設醬，公卿饌珍，朕親袒割，執爵而饋。祝哽在前，祝噎在後。升歌《鹿鳴》，下管《新宮》，八佾具修，萬舞於庭……'"（同上）。永平九年，"爲四姓小侯開立學校，置五經師"（同上）；十五年，"幸孔子宅，祠仲尼及七十二弟子。親御講堂，命皇太子、諸王說經"（同上）。到了章帝，他本也是"少寬容，好儒術"（《後漢書》卷三《肅宗孝章帝紀》），在建初四年更下詔曰："蓋三代導人，教學爲本。漢承暴秦，褒顯儒術，建立《五經》，爲置博士。其後學者精進，雖曰承師，亦別名家。孝宣皇帝以爲去聖久遠，學不厭博，故遂立大、小夏侯《尚書》，後又立《京氏易》。至建武中，復置顏氏、嚴氏《春秋》，大、小戴《禮》博士。此皆所以扶進微學，尊廣道藝也。中元元年詔書，《五經》章句繁多，議欲減省。至永平元年，長水校尉儵奏言，先帝大業，當以時施行。欲使諸儒共正經義，頗令學者得以自助。孔子曰：'學之不講，是吾憂也。'又曰：'博學而篤志，切問而近思，仁在其中矣。'於戲，其勉之哉！於是下太常，將、大夫、博士、議郎、郎官及諸生、諸儒會白虎觀，講議《五經》同異，使五官中郎將魏應承制問，侍中淳于恭奏，帝親稱制臨決，如孝宣甘露石渠故事，作《白虎議奏》。"（同上）在建初八年，更"詔曰：五經剖判，去聖彌遠，章句遺辭，乖疑難正，恐先師微言將遂廢絕，非所以重稽古，求道真也。其令群儒選高才生，受學《左氏》《穀梁春秋》《古文尚書》《毛詩》，以扶微學，廣異義焉"（同上）。明、章之世，敦崇儒術更比前代爲甚，章帝令諸儒會白虎觀"講論五經異同"，自然也是曠世大典。這《白虎議奏》即現在流傳之《白虎通》，其中當時今學博士的論議，羼雜古學的地方很少，算是一部極重要的今文經學典籍。又明、章二帝對於《尚書》都頗注重，據《後漢書·桓榮傳》說："會諸博士論難於前，榮被服儒……帝自制《五家要説章句》，令鬱校定於宣明殿。"（《後漢書·桓榮丁鴻列傳》）《後漢書·張酺傳》說"帝先備弟子之儀"，以帝王而自制章句備弟子禮，這也是前漢所不及的。

　　明、章以後，漢代帝王對於經學漸不注重，據《後漢書·儒林列傳》說："孝和亦數幸東觀，覽閲書林。及鄧后稱制，學者頗懈。時樊準、徐防並陳敦學之宜，又言儒職多非其人，於是制詔公卿妙簡其選，三署郎能通經術者，皆得察舉。自安帝覽政，薄於藝文，博士倚席不講，朋徒相視怠散，學舍頹敝，鞠爲園蔬，牧兒蕘豎，至於薪刈其下。順帝感翟酺之言，乃更修黌宇，凡所結構二百四十房，千八百五十室。試明經下第補弟子，增甲乙之科員各十人，除郡國耆儒皆補郎、舍人。本初元年，梁太后詔曰：'大將軍下至六百石，悉遣子就學，每歲輒於鄉射月一饗會之，以此爲常。'自是游學增盛，至三萬餘生。然章句漸疏，而多以浮華相尚，儒者之風蓋衰矣。""游學增盛"而"章句漸疏"，這自是當時的政治使然，後漢外戚宦官把持朝政，是對當時政治秩序的一種破壞。至於在野的還是有不少皓首窮經之士。我們又看傳《齊詩》的陳寔，傳《書》的楊震，傳《禮》的高書隆，傳《易》的荀爽、虞翻，傳《公羊》的何休，傳古文經的馬、鄭，都是東漢之末的名儒，學術的盛衰，雖與政治有關，然亦不盡與政治有關。

第二章

博士制度與師法家法

第一節 博士之建立與增損

兩漢經學的發達，其原因固極複雜，然其淵源於周秦而借博士之傳授則無疑義。我們敘述兩漢經學，對於當時博士制度，不可不詳加以檢討。現在分爲四點敘述如下：

（一）博士之名義

關於博士之名義，向來不爲人所注意，這在《漢書·成帝紀》中解釋得極明顯：陽朔二年"九月，奉使者不稱。詔曰：'古之立太學，將以傳先王之業，流化於天下也。儒林之官，四海淵源，宜皆明於古今，溫故知新，通達國體，故謂之博士。否則學者無述焉，爲下所輕，非所以善道德也。'"

（二）博士之起源

博士官職據《漢書·百官公卿表序》說："博士，秦官。"但在沈約《宋書·百官志》則說："博士，班固云秦官。史臣案，六國時往往有博士。"王國維《漢魏博士考》則以爲"博士一官，蓋置於六國之末，而秦因之"。王氏云："考《史記·循吏傳》，'公儀休，魯博士也'。褚先生《補龜策傳》：宋有博士衛平。《漢書·賈山傳》：'祖袪，故魏王時博士弟子也。'沈約所謂'六國時往往有博士'者，指此公儀休，即《孟子》之公儀子，繆公時爲魯相，時在戰國之初。衛平在宋元王時，亦與孟子同時。疑當時未必置博士一官，《史記》所云'博士'者，猶言'儒生'云爾。惟賈袪魏王博士弟子，則六國末確有此官，且教授弟子，與秦、漢博士同矣。至秦之博士，則有定員。《史記·秦始皇本紀》：'始皇置酒咸陽宮，博士七十人前爲壽。'又，'侯生、盧生相與謀曰：博士雖七十人，特備員不用'。是秦博士員多至七十人。其姓名可考者，博士僕射有周青臣（《漢書·百官公卿表》：'僕射，秦官，自侍中、尚書、博士郎皆有。'《秦始皇本紀》上言'博士七十人前爲壽'，下言'僕射周青臣進頌'，是青臣實博士僕射也）。博士有淳于越（齊人。《史記·秦始皇本紀》），有伏生（濟南人。《史記·儒林傳》），有叔孫通（薛人。《史記》本傳），有羊子（《漢書·藝文志》'儒家'《羊子》四篇自注：'百章。故秦博士。'），有黃疵（同上，'法家'《黃公》四篇自注：'名疵，爲秦博士。'），有正先（《漢書·京房傳》：'昔秦時，趙高用事。有正先者，非刺高而死。'孟康曰：'姓正名先，秦博士也。'）。僅六人，其中蓋不盡經術之士，如《黃公》之書，《七略》列於法家。而《秦始皇本紀》云：'使博士爲仙真人詩。'又有'占夢博士'。殆諸子、詩賦、數術、方伎皆立博士，非徒六藝而已。又《始皇本紀》有'諸生'。《叔孫通傳》則連言'博士諸生'，是秦博士亦置弟子。又，'始皇二十六年議帝號，丞相綰等奏：臣等謹與博士議'云云，是秦博士亦議典禮、政事，與漢制同矣。"（《觀堂集林》）

王氏疑六國初未必置有博士，我們據先秦書看來，似戰國初尚無此職；但王氏云《史記》所云"博士猶言儒生云爾"，則是臆測。褚先生說，"宋有博士衛平"，此博士非儒生，而且當褚先生之世，博士之職務甚顯，不當即用博士以代儒生。博士一職，似乎在戰國初就立有博士，不過當時博士，不盡經術之士，其爲士也，博雜不純，故不爲世所注重，因而少所稱道，使我們感覺戰國初似無此職。但我們如就賈袪爲魏王博士弟子一點看來，賈袪的年輩，應比荀卿高（申公爲荀卿再傳弟子，賈山爲袪之孫，年代正相若），而袪爲魏王博士弟子，則博士一職其設立當在荀卿前；我們如一定記爲置於六國之末，則似稍嫌武斷。魏的博士教授弟子，當與秦漢相同，王氏這種說法則是不錯的。

（三）兩漢博士之增損

博士在秦代爲朝廷命官，據《叔孫通傳》看來，漢二年即釋通爲博士，號稷嗣君。叔孫通在惠帝時仍受尊禮，我們可知漢在高、惠二帝時即有博士。《漢書·百官公卿表序》說："博士，秦官。掌通古今，員多至數十人。"《唐六典》卷二十一《國子博士》注引《漢官儀》云："文帝博士七十餘人。"漢初博士員數雖似乎甚多，但在高、惠之世，則未必有七十餘人，因爲據《叔孫通傳》看來，王國維說："案此漢初之制，未置五經博士前事也。員數與秦略同，亦不盡用通經之士。如高帝二年，即以叔孫通爲博士，通非專經之士也。又，文帝時魯人公孫臣上書，陳終始五德之說，後文帝召以爲博士，乃立博士之制。"（《觀堂集林》，《漢魏博士考》）然則公孫臣實乃方士之流。據我的意見看來，叔孫通定朝儀，還要徵魯諸生，未涉及當日的博士，則當時博士員爲數不多，且較少通經之士，乃極顯明。

在文景之世，有專經博士，有傳記博士，員數或至數十人。據《楚元王劉交傳》說："文帝時聞申公爲詩最精，以爲博士。"《儒林傳》說："韓生者，燕人也，孝文帝時爲博士。""轅固生者，齊人也，以治《詩》孝景時爲博士。""孝文時，求能治《尚書》者，天下亡有，聞伏生治之……於是詔太常，使掌故朝錯往受之……伏生教濟南張生及歐陽生，張生爲博士。"（《漢書·儒林傳》）《漢書·晁錯傳》說：錯"以爲太子舍人，門大夫，遷博士"。《史記·儒林列傳》說："董仲舒……以治《春秋》，孝景時爲博士。""胡毋生……孝景時爲博士。"可見在文景之世，《詩》《書》《春秋》都立博士。《後漢書·翟酺傳》說："孝文皇帝始置一經博士。"其實在文帝世，恐不惟《詩》有博士，而晁錯之爲《書》博士正在文帝時；其實我們只看《漢書·張周趙任申屠傳》："魯人公孫臣上書，陳終始五德傳，言漢土德時，其符黃龍見，當改正朔，易服色。事下蒼，蒼以爲非是，罷之。其後黃龍見成紀，於是文帝召公孫臣以爲博士，草立土德時歷制度，更元年。"賈誼、公孫臣都是文帝時博士，至景帝世，更明明有《春秋》博士。據《劉歆傳》說，"至孝文皇帝，始使掌故朝錯從伏生受《尚書》……《詩》始萌芽。天下衆書往往頗出，皆諸子傳説，猶廣立於學官，爲置博士"。東漢趙岐《孟子題辭》云："孝文皇帝欲廣游學之路，《論語》《孝經》《孟子》《爾雅》皆置博士，後罷傳記博士，獨立《五經》而已。"這話在皮錫瑞《經學歷史》以爲不然："《史記》《漢書·儒林傳》：'文帝好刑名，博士具官，未有進者。'既云'具官'，豈復增置？五經未備，何及傳記？漢人皆無此説，惟劉歆《移博士書》有孝文時諸子傳説立於學官之語。趙氏此説當即本於劉歆，恐非實録。"對於劉歆、趙岐所云，太一概抹煞了，我們至多只可以說，劉、趙所云，未必完全是事實而已。

在武帝時，罷黜百家獨尊孔氏，所以在建元五年春"置五經博士"，而因爲罷黜百家故，亦罷傳記博士，博士之員亦因此而大減。趙岐《孟子題辭》說："後罷傳記博士，獨立五經而已。"這話是不錯的。五經博士，據《漢書·儒林傳贊》：除《詩》博士外，《書》是歐陽，《禮》是后蒼，《易》是楊何，《春秋》是公羊，這是很明顯的。王國維說："案：文、景時已有《詩》《書》《春秋》博士，則武帝所新置者，《易》與《禮》而已。《易》之有博士，始於田王孫，在武帝時。《禮》之有博士，可考者始於后蒼，在昭、宣二帝之世。而蒼又兼傳《齊詩》，不知爲《齊詩》博士歟？《禮》博士歟？疑武帝時《禮》博士或闕而未補，或以他經博士兼之。未能詳也。"（《觀堂集林》卷第四《藝林四》）在《漢書·儒林傳贊》明明說及"《禮》后"，而以爲"《禮》

博士或闕而未補",太忘了那時是"置五經博士"了。不過他説:

> 又案:傳、記博士之罷,錢氏大昕以爲即在置五經博士時,其説蓋信。然《論語》《孝經》《孟子》《爾雅》雖同時並罷,其罷之之意則不同。《孟子》以其爲諸子而罷之也。至《論語》《孝經》,則以受經與不受經者皆誦習之,不宜限於博士而罷之也。劉向父子作《七略》,六藝一百三家,於《易》《書》《詩》《禮》《樂》《春秋》之后,附以《論語》《孝經》(《爾雅》附)、小學三目。六藝與此三者,皆漢時學校誦習之書。以後世之制明之,小學諸書者,漢小學之科目;《論語》《孝經》者,漢中學之科目;而六藝,漢大學之科目也。武帝罷傳、記博士,專立五經,乃除中學科目於大學之中,非遂廢中、小學也。漢時,教初學之所名曰"書館",其師名曰"書師",其書用《倉頡》《凡將》《急就》《元尚》諸篇,其旨在使學童識字、習字。《論衡·自紀篇》:"充八歲出於書館,書館小僮百人以上,皆以過失袒謫,或以書醜得鞭。充書日進,又無過失。"《後漢書·皇后紀》:"鄧皇后六歲能史書,十二通《詩》《論語》。"梁皇后"少善女工,好史書。九歲能誦《論語》。"是漢人就學,首學書法,其業成者,得試爲吏。此一級也。其進則授《爾雅》《孝經》《論語》。是漢人就學,師專授者,亦有由經師兼授者。《漢書·平帝紀》:元始三年,立學官,"郡國曰學,縣、道、邑、侯國曰校。校、學置經師一人。鄉曰庠,聚曰序。庠、序置《孝經》師一人"。《魏志·邴原傳》注引《原别傳》:鄰有書舍,原"遂就書,一冬之間誦《孝經》《論語》"。此由一師專授者也。《平帝紀》元始四年,"徵天下以一經、《論語》《孝經》《爾雅》教授者。此由經師兼授者也。且漢時有受《論語》《孝經》、小學,而不受一經者;無受一經而先受《論語》《孝經》者,《漢書·昭帝紀》詔曰:"朕通《保傅傳》《孝經》《論語》《尚書》,未云有明。"《宣帝紀》:霍光奏議曰:"孝武皇帝曾孫病已,有詔掖庭養視,師受《詩》《論語》《孝經》。"《景十三王傳》:廣川王去"師受《易》《論語》《孝經》,皆通。"《疏廣傳》:"皇太子年十二歲,通《論語》《孝經》。"《後漢書·范升傳》:"九歲通《論語》《孝經》,及長,受梁丘《易》,皆通。"是通經之前,皆先通《論語》《孝經》,亦有但云《論語》者。《漢書·王尊傳》:"受《尚書》《論語》。"《後漢書·鄧皇后紀》:"十二通《詩》《論語》。"《梁皇后紀》:"九歲能誦《論語》,治《韓詩》。"《馬嚴

傳》：子續"七歲能通《論語》，十三明《尚書》"。《荀爽傳》："年十二通《春秋》《論語》。"《論衡·自紀篇》："充手書既成，辭師受《論語》《尚書》。"此數事，或舉《論語》以該《孝經》，或但受《論語》而不及《孝經》，均不可考。要之，無不受《論語》者。（漢人受書次第，首小學，次《孝經》，次《論語》，次一經。此事甚明。諸書或倒言之，乃以書之尊卑爲次，不以受書之先後爲次。受書時由卑及尊，乃其所也）故漢人傳《論語》《孝經》者，皆他經大師，無以此二家專門名家者。如傳《齊論》者，有王吉父子、宋畸、貢禹、五鹿充宗、膠東庸生。中惟宋畸無考，王吉則傳《韓詩》，王駿及五鹿充宗傳梁丘《易》，貢禹傳《公羊春秋》，庸生傳古文《尚書》。傳《魯論》者，有龔奮、夏侯勝、韋賢、錄扶卿、蕭望之、張禹、朱雲。奮與扶卿無考，夏侯勝則傳《尚書》，韋賢傳《魯詩》，蕭望之傳《齊詩》，張禹傳施氏《易》，朱雲傳孟氏《易》。傳《孝經》者，有長孫氏、江翁、后蒼、翼奉、張禹。長孫氏無考，江翁則《魯詩》與《穀梁春秋》，后蒼、翼奉傳《齊詩》，蒼又傳《禮》。蓋經師授經亦兼授《孝經》《論語》，猶今日大學之或有預備科矣。然則漢時《論語》《孝經》之傳，實廣於五經，不以博士之廢置爲盛衰也。（《觀堂集林》卷第四《藝林四》）

這是很精當、重要的論述，我們絕不可輕易忽略，這是漢代經學一般傳授的情形，《論語》《孝經》之傳"實廣於五經"，這話斷然是不錯的。至於傳記博士是否全罷，尚非毫無疑問。不過在今已無明文可據，難以臆斷。

在宣帝時，博士增加到十二人，據（a）《漢書·百官公卿表上》説："博士……宣帝黃龍元年稍增員至十二人。"（b）《宣帝紀》則於甘露三年云："乃立梁丘《易》、大小夏侯《尚書》、《穀梁春秋》博士。"（c）《藝文志》則云：《易》"訖於宣、元，有施、孟、梁丘、京氏列於學官"，《書》"訖孝宣世，有歐陽、大小夏侯氏，立於學官"，《詩》"魯齊韓三家"皆立於學官，《禮》"迄孝宣世，后倉最明。戴德、戴聖、慶普皆其弟子，三家立於學官"。《春秋》"四家之中，《公羊》《穀梁》立於學官"。（d）《劉歆傳》説："往者博士《書》有歐陽，《春秋》公羊，《易》則施、孟，然孝宣帝猶復廣立《穀梁春秋》、梁丘《易》、大小夏侯《尚書》。"（e）《儒林傳贊》説："初，《書》唯有歐陽，《禮》后、《易》楊、《春秋》公羊而已。至孝宣世，復立大、小夏侯《尚書》，大、小戴《禮》，施、孟、梁丘《易》，穀梁《春秋》。"（f）《後漢書·章帝紀》建初四年則説："漢承暴秦，褒顯儒術，建立《五經》，爲置博士。其後學者精進，雖曰承師，亦別名家。孝宣皇帝以爲去聖久遠，學不厭博，故遂立大、小夏侯《尚書》，后又立《京氏易》。"宣帝時增置博士，這七處所記載的各有不同，據王國維《漢魏博士考》云：

> 案：宣帝增置博士事，《紀》《表》《志》《傳》所紀互異。《紀》係於甘露三年，《表》係於黃龍元年，一不同也。《紀》與《劉歆傳》均言立梁丘《易》、大小夏侯《尚書》、《穀梁春秋》，而《儒林傳贊》復數大、小戴《禮》，《藝文志》復數慶氏《禮》，二不同也。又博士員數，《表》與《傳》亦不同。據《劉歆傳》則合新舊僅得八人；如《儒林傳贊》則合新舊得十二人，似與《表》合矣。然二傳皆不數《詩》博士。案，申公、韓嬰均於孝文時爲博士，轅固於孝景時爲博士，則文景之世，魯、齊、韓三家《詩》已立博士，特孝宣時於《詩》無所增置，故劉歆略之。《儒林傳贊》綜計宣帝以前立博士之經，而獨遺《詩》魯、齊、韓三家，則疏漏甚矣。又宣帝於《禮》博士亦無所增置，《儒林傳贊》乃謂宣帝立大、小戴《禮》，不知戴聖雖於宣帝時爲博士，實爲后氏《禮》博士，尚未自名其家，與《大戴》分立也。《藝文志》謂慶氏亦立學官者，誤與此同。今參伍考之，則宣帝末所有博士，《易》則施、孟、梁丘，《書》則歐陽、大小夏侯，《詩》則齊、魯、韓，《禮》則后氏，《春秋》公羊、穀梁，適得十二人。《儒林傳贊》遺《詩》三家，因劉歆之言而誤。《贊》又數大、小戴《禮》，《藝文志》並數慶氏《禮》，則又因後漢所立而誤也。又宣帝增置博士之年，《紀》《表》雖不同，然皆以爲在論石渠之後。然《儒林傳》言歐陽高孫地餘爲博士，論石渠；又林尊事歐陽高，爲博士，論石渠；張山拊事小夏侯建，爲博士，論石渠，則論石渠時似歐陽有二博士，小夏侯亦已有博士，與《紀》《傳》均不合。蓋所紀歷官時代有錯誤也。又《易》施、孟二博士亦宣帝所立（但在甘露、黃龍前），則《儒林傳贊》所言是也。（《觀堂集林》卷第四《藝林四》）

他這裏主張"《易》則施、孟、梁丘，《書》則歐陽、大小夏侯，《詩》則齊、魯、韓，《禮》則后氏，《春秋》公羊、穀梁，適得十二人"，但是《禮》還只有一家博士，《公羊》亦只有一家博士，都極可疑。《穀梁》在宣帝時立於學官，據崔適《春秋復始》的考證，頗不足信。然則這十二博士除《詩》《書》《易》三經外，恐怕大、小戴《禮》有二博士，《小戴》在《儒林傳》說"以博士論石渠"，大戴則《儒林傳》有"授琅琊徐良游卿，爲博士"，大、小戴在前漢俱立學官，此所以《藝文志》《儒林傳贊》都有大、小戴《禮》，並非如王氏説"因後漢所立而誤"。實則在前漢，大、小戴俱有博士，故云然也。這一椿公案的解決，我近來益感覺王氏此説爲誤，而崔適"《穀梁》爲古文"之説爲不誣。《穀梁》確未在宣帝時立學官；《穀梁》確爲古文，也並不曾立學官。我的這一結論有兩個極强有力的證據。關於前者，在《漢書·梅福傳》云：

> 成帝久亡繼嗣，福以爲宜建三統，封孔子之世以爲殷後，復上書曰："……《春秋經》曰：'宋殺其大夫。'《穀梁傳》曰：'其不稱名姓，以其在祖位，尊之也。'此言孔子故殷之後也……"福孤遠，又譏切王氏，故終不見納。
>
> （初），武帝時，始封周后姬嘉爲周子南君，至元帝時，尊周子南君爲周承休侯，位次諸侯王。使諸大夫博士求殷後，分散爲十餘姓，郡國往往得其大家，推求子孫，絶不能紀。時匡衡議"……《禮記》孔子曰：'丘，殷人也。'先師所共傳，宜以孔子世爲湯後"。上以其語不經，遂見寢。至成帝時，梅福復言宜封孔子後以奉湯祀。綏和元年，立二王後，推跡古文，以《左氏》《穀梁》《世本》《禮記》相明。（《漢書》卷六十七《楊胡朱梅雲傳第三十七》）

這一段話在崔氏指出，"推跡古文，以《左氏》《穀梁》《世本》《禮記》相明"。以《穀梁》爲古文學，這猶可曲爲之解。我現在覺着傳中謂"上以其語不經"一語，依師古注云："不合於經也。"這一句話實在是暴露出有大漏洞。第一，匡衡在元帝時主"以孔子世爲湯後"，如果《穀梁》在宣帝時已立學官，他何以不會舉出《穀梁傳》上之言以作證明？第二，匡衡説"《禮記》孔子曰：'丘，殷人也。'先師所共傳"。戴《禮》在宣帝時立學官者爲一家抑二家尚不能明，可見《禮》學之微，而《禮記》更有問題的。何以忽然匡衡會説"先師所共傳"？這是否匡衡之議已極可疑。第三，我們如相信匡衡議爲真，何至"上以其語不經"？宣帝不重儒術，元帝却是"柔仁好儒"的人，如當時《穀梁》已立學，則元帝何至於認爲"其語不經"？匡衡又何至於"出語不經"？而竟以其語爲不經？則《穀梁》無論其出於何時，則都清楚不過地表明其未在宣帝時立於學官。因此，由"上以其語不經"一語看來，顯有明據表明，至元帝時，"經學"尚只是今文學的天下，《穀梁》確爲古文經，不僅不認爲其爲"經"，甚至當朝人士（包括漢元帝）並不知有《穀梁》一傳，不然，那豈衹是非毀先帝所立，簡直是太"非聖無法"了！

這一個强有力的證據，更有二旁證：一在《漢書·翟方進傳》，翟方進是治《穀梁》的，本傳說他"讀，經博士受《春秋》。積十餘年，經學明習，徒衆日廣，諸儒稱之。以射策甲科爲郎。二三歲，舉明經，遷議郎。是時宿儒有清河胡常，與方進同經。常爲先進，名譽出方進下……河平中，方進轉爲博士。數年，遷朔方刺史……方進爲丞相，封高陵侯"（《漢書》卷八十四《翟方進傳第五十四》）。按說翟方進是一名極有名的《穀梁》學者，但在他的奏議中，只見他說"臣聞國家之興，尊尊而敬長，爵位上下之禮，王道綱紀。《春秋》之義，尊上公謂之宰，海內無不統焉"。又引"昔季孫行父有言曰：'見有善於君者愛之，若孝子之養父母也；見不善者誅之，若鷹鸇之逐鳥爵也。'"等等，沒有一句是引《穀梁傳》的。本傳說方進"雖受《穀梁》，然好《左氏傳》、天文星曆，其《左氏》則國師劉歆，星曆則長安令田終術師也"。這樣一位《穀梁》經師，不引本經，如《穀梁》已立學官，則何至如此？

第二個旁證，是《後漢書·賈逵傳》云，"至光武皇帝，奮獨見之明，興立《左氏》《穀梁》"，如果《穀梁》在前漢已立博士，何以云"獨見之明"？又何必重新"興立《左氏》《穀梁》"？而且據《漢官儀》曰："光武中興，恢弘稽古，《易》有施、孟、梁丘賀、京房，《書》有歐陽和伯、夏侯勝、建，《詩》有申公、轅固、轅嬰，《春秋》有嚴彭祖、顏安樂，《禮》有戴德、戴勝。凡十四博士。"光武"稽古"而立的十四博士，內無《穀梁》博士，則可見前漢《穀梁》未列學官，從一云"獨見之明"，一云"恢弘稽古"看來，正是可以互爲證明。在之前沒有人提倡過《穀梁》，所以光武皇帝才是"奮其獨見之明"，如宣帝時已立博士，《漢官儀》與賈逵都不當如此云云。

關於後者這極強有力的證據，在許慎《五經異義》中亦有綫索。《異義》中引今、古文說上，多冠以"今""古"以示區別，這古字有時又作"故"，如：

《異義》第五《田稅》："今《春秋公羊》說：'十一而稅，過於十一，大桀、小桀；減於十一，大貉、小貉。十一稅，天子之正。十一行而頌聲作。'故《周禮》：國中園廛之賦二十而稅一，近郊十而稅一，遠郊二十而稅一。

此條"故《周禮》"之"故"字，據陳壽祺《五經異義疏證》云："'故'當爲'古'字誤。"（《皇清經解》）

又如：

《異義·天號第六》："今《尚書》歐陽說：'春曰昊天，夏曰蒼天，秋曰旻天，冬曰上天，總爲皇天。《爾雅》亦然。'古《尚書》

说云：'天有五號，各用所宜稱之。'"（《皇清經解》）

此條"古"字據陳氏證云："《周禮疏》作'故'，誤。《毛詩正義》作'古'，當從之。"這可見《五經異義》於"古"説或又作"故"。有此兩證，極爲明瞭。《穀梁》在《五經異義》中，也列入古説中，《禮記·曲禮》"約信曰誓，涖牲曰盟"下引《五經異義》云：

> 《異義》禮約盟不？今《春秋公羊》説："古者不盟，能言而退。"故《穀梁傳》云："誥誓不及五帝，盟詛不及三王，交質子不及二伯。"故《春秋左氏》云……（《皇清經解》）

此處以"故"冠《穀梁傳》之上，與"故"《春秋左氏》同列看待，尤可見《穀梁》在漢代人看來實以爲古文。這一條證據，比崔氏之據《梅福傳》"推跡古文，以《左氏》《穀梁》《世本》《禮記》相明"及《後漢書·章帝紀》，（六年冬十二月）"詔曰：……其令群儒選高才生，受學《左氏》《穀梁春秋》，《古文尚書》，《毛詩》，以扶微學，廣異義焉"一則明言"古文"，一則與諸古文並列，更比"胡常所傳《尚書》《左氏》皆古文，則《穀梁》亦古文……王莽時所立，皆古文學也……萬乘以《穀梁》貴顯，《穀梁》爲古文又明"要直截了當，更加强《穀梁》爲古文之證明。崔氏説："《儒林傳》謂《公》《穀》二家争論於武、宣之世者，直如捕風繫影。"這論斷確不錯。可見此一是非雖歷時彌久，然撥去人爲的迷霧，則真相終於顯明。《穀梁》本爲古文學，此問題愈覺可以水落石出，則《穀梁》未在宣帝時立學官，也極顯明也。

在元帝時，又立京氏《易》，但不久就廢了。據《儒林傳贊》説："至元帝世，復立京氏《易》。"《後漢書·范升傳》説："先帝前世，有疑於此，故《京氏》雖立，輒復見廢。"（《後漢書》卷三十六《范升傳》）後漢初十四博士中無京氏《易》，范升之説是可信的。

在平帝時，又立《古文尚書》《毛詩》《逸禮》《左氏春秋》《樂經》，博士一共增加到三十人。據《漢書·儒林傳贊》謂"平帝時，又立《左氏春秋》《毛詩》、逸《禮》、古文《尚書》"。《王莽傳》説：元始四年，"立《樂經》，益博士員，經各五人"。又《藝文志》："《周官》經六篇。（王莽時劉歆置博士）"《三輔黄圖》云："六經三十博士。"這是在平帝時增立五經爲六經，博士"經各五人"，則六經三十人，不過每一經不會有五家，蓋一家博士不止一人也。

後漢初年，博士共十四人，《後漢書》卷四十四《徐防傳》注引："《漢官》曰：光武中興，恢弘稽古，《易》有施、孟、梁丘賀、京房；《書》有歐陽和伯、夏侯勝、建；《詩》有申公、轅固、韓嬰；《春秋》有嚴彭祖、顏安樂；《禮》有戴德、戴勝。凡十四博士。太常差選有聰明威重一人爲祭酒，總領綱紀也。"據《後漢書·百官志》："博士十四人。"《注》曰："《易》四，施、孟、梁丘、京氏。《尚書》三，歐陽、大小夏侯氏。《詩》三：魯、齊、韓氏。《禮》二，大小戴氏。《春秋》二，《公羊》嚴、顏氏。"《後漢書·儒林列傳》說："光武中興，愛好經術……於是立《五經》博士，各以家法教授，《易》有施、孟、梁丘、京氏，《尚書》歐陽、大小夏侯，《詩》齊、魯、韓，《禮》大小戴，《春秋》嚴、顏，凡十四博士，太常差次總領焉。"張金吾《兩漢五經博士考》說："《古文尚書》、慶氏《禮》，東漢未立學官。而周防、楊倫以明習古文徵補博士，曹充等三人以習慶氏《禮》爲博士，蓋以他經博士兼授《古文尚書》、慶氏《禮》耳。又案，《經典釋文》曰：'後漢三《禮》皆立博士。'三《禮》者，大、小戴及慶氏也。然則慶氏《禮》者豈亦嘗立於學官。如《左氏》之旋立旋廢，歷史失載耶。"（《叢書集成初編》）

王國維《漢魏博士考》說：

案：後漢初，曾置慶氏《禮》。當時爲《禮》博士者，如曹充，如曹褎，如董鈞，皆傳慶氏《禮》者也。傳二戴《禮》而爲博士者，史反無聞。疑當時《禮》有慶、大小戴三氏，故班氏《藝文志》謂"《禮》三家皆立於學官"，蓋誤以後漢之制本於前漢也。後慶氏學微，博士矣中廢。後至漢末，《禮》博士只有大、小戴二家，故司馬彪、范曄均遺之耳。（《觀堂集林》卷第四《藝林四》）

這也是很有理由的意見。在治慶氏《禮》者也未必不可爲二戴《禮》博士，不過，《藝文志》說"《禮》三家皆立於學官"，必定有一些來由，不然，連後漢都無有，何況於前漢？

自此後，雖也有立《春秋左氏》《穀梁》之說，但是終於沒有立定。據《後漢書·陳元傳》說："時議欲立《左氏傳》博士……范升復與元相辯難，凡十餘上。帝卒立《左氏》學，太常選博士四人，元爲第一。帝以元新忿爭，乃用其次司隷從事李封，於是諸儒以《左氏》之立，論議讙嘩，自公卿以下，數廷爭之。會封病卒，《左氏》復廢。"（《後漢書》卷三十六《鄭范陳賈張列傳第二十六》）又《賈逵傳》："至光武皇帝，奮獨見之明，興立《左氏》《穀梁》，會二家先師不曉圖讖，故令中道而廢。"從此到後漢末年，博士沒有任何增損。

（四）博士之職責

博士在六國至秦時已有弟子，漢初亦然，這由《叔孫通傳》《賈山傳》中可見。在武帝時特爲博士置弟子五十人，這在《武帝紀》及《儒林傳》可見。《漢書·儒林傳》云："爲博士官置弟子五十人，復其身。太常擇民年十八以上儀狀端正者，補博士弟子。郡國縣官有好文學、敬長上、肅政教、順鄉里、出入不悖，所聞，令相長丞上屬所二千石。二千石謹察可者，常與計偕，詣太常，得受業如弟子。一歲皆輒課，能通一藝以上，補文學掌故缺；其高第可以爲郎中，太常籍奏。即有秀才異等，輒以名聞。其不事學若下材，及不能通一藝，輒罷之，而請諸能稱者。"昭、宣以後，更有增加。《儒林傳》云："昭帝時舉賢良文學，增博士弟子員滿百人，宣帝末增倍之。元帝好儒，能通一經者皆復。數年，以用度不足，更爲設員千人，郡國置《五經》百石卒史。成帝末，或言孔子布衣養徒三千人，今天子太學弟子少，於是增弟子員三千人。歲餘，復如故。平帝時王莽秉政，增元士之子得受業如弟子，勿以爲員，歲課甲科四十人爲郎中，乙科二十人爲太子舍人，丙科四十人補文學掌故云。"這一趨勢到東漢更爲迅猛，《後漢書·儒林列傳》云：順帝以後，太學弟子猛增，"自是游學增盛，至三萬餘生"。

博士的職責歸納起來主要有：

a）掌通古今（《漢書·百官公卿表》）；
b）辨然否（《漢官儀》）；
c）以五經教子弟（《通典》）；
d）稽合同義，講語五始（《北堂書鈔》六十七引《漢官解說》）；
e）國有疑事，常承問對（《後漢書·百官志》）；
f）錄冤獄，行風俗（《漢書·孔光傳》）；
g）建節馳傳，巡省郡國，舉孝廉，勸元元（《鹽鐵論·刺復第十》）；
h）以言語爲職，諫諍爲官（《潛夫論·考績》）等。

在西漢時，博士除教授弟子外，或議禮，或議政，或奉使，均需參與；而在東漢則專議禮。博士的奉給，本四百石，宣帝後爲比六百石，但秩卑而職尊。博士的任用，本由徵召、薦舉，或由選試、擢遷，有的兼給事中，或擢遷爲奉常、內史、少府、司直光祿大夫、太傅、少傅、侍中、中郎將、太中大夫、太子家令、諫大夫、尚書；在外則爲郡國守或相，或諸侯王太傅、刺史、州牧、縣令，蓋清要之官，非同秩之文吏比矣。

在兩漢時，一個人在經學上的造詣，如做到博士，其經學功底及能力自可以令人信任。如《漢書·鮑宣傳》云：

（宣）上書諫曰："……宜以時罷退。及外親幼童未通經術者，皆宜令休就師傅。急徵故大司馬傅喜使領外親。故大司空何武、師丹、故丞相孔光、故左將軍彭宣，經皆更博士，位皆歷三公，智謀威信，可與建教化，圖安危。"（《漢書》卷七十二《王貢兩龔鮑傳》）

所謂"經皆更博士"，即經學通明，做到博士，自然是一大儒，可以擔任大任。這博士的地位，當是通經之士所希冀的。師法、家法固由是而產生，五經分立十四博士恐怕一半也是由於希冀立學官，爲博士而產生，不過，在兩漢的博士之中，也有許多是濫竽充數的。據《漢書·李尋傳》說："行能亡以異，又不通一藝，及博士無文雅者，宜皆使就南畝。"（《漢書》卷七十五《眭兩夏侯京翼李傳》）西漢時博士猶且如此，則更無論東漢，我們可見博士的量愈多，其質也愈次。不要誤以爲兩漢博士一定就是飽學之士。

第二節　師法與家法之異同

一　師法家法之起源

在漢代有博士教授弟子，欲學者或更詣博士受業，他們稱頌經術，自然要擡出他們的師說，以表示其根據。例如：

董仲舒在他對策時即云："臣愚不肖，述所聞，誦所學，道師之言，厪（僅）能勿失耳。"（《漢書》卷五十六《董仲舒傳》）他的弟子眭弘也說："先師董仲舒有言……"這都是表示他語有師承，可以信任。《後漢書·魯丕傳》云："說經者，傳先師之言，非從己出，不得相讓。"（《後漢書》卷二十五《卓魯魏劉列傳》）所以稱師者正是此意。博士弟子既傳先師之言以爲法，故更有師法之稱。例如：

（1）《漢書·五行志》："哀帝建平二年四月乙亥朔，御史大夫朱博爲丞相……有大聲如鐘鳴，殿中郎吏陛者皆聞焉。上以問黃門侍郎揚雄、李尋，尋對曰：'《洪範》所謂鼓妖者也。師法以爲人君不聰，爲衆所惑……'（《漢書》卷二十七《五行志第七中之下》）

（2）《漢書·魏相傳》："相明《易經》，有師法。"（《漢書》卷七十四《魏相丙吉傳》）

（3）《漢書·翼奉傳》："召問奉：'來者以善日邪時，孰與邪日善時？'奉對曰：'師法用辰不用日。'"（《漢書》卷七十五《眭兩夏侯京翼李傳》）

（4）《漢書·李尋傳》："治《尚書》，與張孺、鄭寬中同師。寬中等守師法教授。"（《漢書》卷七十五《眭兩夏侯京翼李傳》

（5）《漢書·張禹傳》："甘露中，諸儒薦禹，有詔太子太傅蕭望之問。禹對《易》及《論語》大義，望之善焉，奏禹經學精習，有師法，可試事。"（《漢書》卷八十一《匡張孔馬傳》）

（6）《漢書·儒林傳·孟喜》："喜舉孝廉爲郎，曲臺署長，病免，爲丞相掾。博士缺，衆人薦喜。上聞喜改師法，遂不用喜。"（《漢書》卷八十八《儒林傳·孟喜》）

（7）《漢書·儒林傳·張山拊》："無故善修章句……恭增師法至百萬言。"（《漢書》卷八十八《儒林傳·張山拊》）

（8）《漢書·儒林傳·胡毋生》："唯嬴公守學，不失師法。"（《漢書卷八十八·儒林傳·胡毋生》）

（9）《後漢書·卓茂傳》："茂，元帝時學於長安，事博士江生，習《詩》《禮》及曆算，究極師法，稱爲通儒。"（《後漢書》卷二十五《卓魯魏劉列傳》）

（10）《後漢書·魯丕傳》："臣聞説經者，傳先師之言，非從己出，不得相讓；相讓則道不明，若規矩權衡之不可枉也。難者必明其據，説者務立其義，浮華無用之言不陳於前，故精思不勞而道術愈章。法異者，各令自説師法，博觀其義。"（《後漢書》卷二十五《卓魯魏劉列傳》）

（11）《後漢書·劉寬傳》注："謝承書曰：'寬少學歐陽《尚書》、京氏《易》，尤明《韓詩外傳》。星官、風角、算曆，皆究極師法，稱爲通儒。'"（《後漢書》卷二十五《卓魯魏劉列傳》）

（12）《後漢書·吳良傳》："驃騎將軍東平王蒼聞而辟之……上疏薦良曰：'……竊見臣府西曹掾齊國吳良，……又治《尚書》，學通師法，經任博士，行中表儀。宜備宿衛，以輔聖政。'"（《後漢書》卷二十七《宣張二王杜郭吳承鄭趙列傳》）

師法或又稱曰師道。例如：

（13）《漢書·朱雲傳》："雲素好勇，數犯法亡命，受《易》頗有師道，其行義未有以異。"（《漢書》卷六十七《楊胡朱梅雲傳第三十七》）

（14）《漢書·匡衡傳》："學者多上書薦衡經明，當世少雙，令爲文學就官京師；後進皆欲從衡平原，衡不宜在遠方。事下太子太傅蕭望之、少府梁丘賀問，衡對《詩》諸大義，其對深美。望之奏衡經學精習，説有師道，可觀覽。"（《漢書》卷八十一《匡張孔馬傳第五十一》）

（15）《漢書·王式傳》："問經數篇，式謝曰：'聞之於師具是矣，自潤色之。'不肯復授。"（《漢書》卷八十八《儒林傳·王式》）

二　師法之名義與内容

我們就以上所舉十餘例看來，稱引"師法""守師法""有師法""增師法""不失師法""自説師法""學通師法""究極師法"等等，這些"師法"

字樣實代表"師説"的意思,所以可"引"可"守",亦可以加以"增""改",一如王式説的"自潤色之"。至於有師法可以説是有師説,亦可以説是有"師道"。"道""法"二字意義相近,故有師道者可以解釋爲有師説,亦可以解釋爲有爲師之道,這是與別稱師法不同的。兩漢的經師於從師以後,可以"諸經爲業",而進一步"各自名家""家世傳業",故又有"家法"之稱,例如:

(1)《質帝紀》:"本初元年……夏四月庚辰,令郡國舉明經,年五十以上、七十以上(下)詣太學。自大將軍至六百石,皆遣子受業,歲滿課試,以高第五人補郎中,次五人太子舍人。又千石、六百石、四府掾屬、三署郎、四姓小侯先能通經者,各令隨家法,其高第者上名牒……"(《後漢書》卷六《質帝紀》)

(2)《後漢書·魯恭傳》:"其後拜爲《魯詩》博士,由是家法學者日盛。"(《後漢書》卷二十五《卓魯魏劉列傳》)

(3)《後漢書·徐防傳》:"防以《五經》久遠,聖意難明,宜爲章句,以悟後學。上疏曰:'臣聞《詩》《書》《禮》《樂》,定自孔子;發明章句,始於子夏。其後諸家分析,各有異説。漢承亂秦,經典廢絶,本文略存,或無章句。收拾缺遺,建立明經,博徵儒術,開置太學。孔聖既遠,微旨將絶,故立博士十有四家,設甲乙之科,以勉勸學者,所以示人好惡,改敝就善者也。伏見太學試博士弟子,皆以意説,不脩家法,私相容隱,開生姦路。每有策試,輒興諍訟,論議紛錯,互相是非。孔子稱"述而不作",又曰"吾猶及史之闕文",疾史有所不知而不肯闕也。今不依章句,妄生穿鑿,以遵師爲非義,意説爲得理,輕侮道術,浸以成俗,誠非詔書實選本意。改薄從忠,三代常道,專精務本,儒學所先。臣以爲博士及甲乙策試,宜從其家章句,開五十難以試之。解釋多者爲上第,引文明者爲高説;若不依先師,義有相伐,皆正以爲非。"(《後漢書》卷四十四《鄧張徐張胡列傳》)

(4)《後漢書·左雄傳》:"陽嘉元年,太學新成,詔試明經者補弟子,增甲乙之科,員各十人。除京師及郡國耆儒年六十以上爲郎、舍人、諸王國郎者百三十八人。"雄又上言:"郡國孝廉,古之貢士,出則宰民,宣協風教。若其面墻,則無所施用。孔子曰'四十不惑',《禮》稱'強仕'。請自今孝廉年不滿四十,不得察舉,皆先詣公府,諸生試家法,文吏課箋奏,副之端門,練其虛實,以觀異能,以美風俗。有不承科令者,正其罪法。若有茂才異行,自可不拘年齒。"(《後漢書》卷六十一《左周黃列傳》)

(5)《後漢書·蔡倫傳》:"元初……四年,帝以經傳之文多不正定,乃選通儒謁者劉珍及博士良史詣東觀,各讎校漢家法,令倫監典其事。"(《後漢

書》卷七十八《宦者列傳·蔡倫》）

（6）《後漢書·張玄傳》："少習《顔氏春秋》，兼通數家法。"（《後漢書》卷七十九下《儒林列傳·張玄》）

（7）《後漢書·儒林傳序》："於是立五經博士，各以家法教授。"（《後漢書》卷七十九上《儒林列傳》）

以上所舉數例，均是關於"家法"的。家是表示："儒有一家之學，故稱家。"故"家法"其含義則比師法稍爲狹隘，而且就"宜從其家章句""由是家法學者日盛"等語看來，"家法"有代表章句的意思。故"各令隨家法"者，乃隨其家章句之謂也；"皆以意説，不脩家法"者，實"不依章句，妄生穿鑿"之謂也；"諸生試家法""兼通數家法"，試其章句，兼通數家章句之謂也。

三 家法之名義與内容

師法已有代表師説的意味，家法自可以用以代表章句。所以"儒有一家之學，故稱家""諸經爲業，各自名家"。不過"家法"實又含有雖承一師之業，其後能觸類而長，更爲章句，則别自爲一家學，尤可見家法與章句之關係。另一方面，家法實又含有"家學"之意，在《史》《漢》之《儒林傳》中，如"徐生以容爲禮官大夫，傳子，至孫""董仲舒子及孫皆以學至大官""琅邪王吉……乃使其子……從臨受《易》……充宗授平陵士孫張仲方……張爲博士，至揚州牧，光禄大夫給事中，家世傳業""（兒）寬授歐陽生子，世世相傳，至曾孫高子陽，爲博士""翁生信都太傅，家世傳業""（伏）理高密太傅，家世傳業""大戴授琅邪徐良斿卿，爲博士、州牧、郡守，家世傳業""小戴授梁人橋仁季卿、楊榮子孫。仁爲大鴻臚，家世傳業""瑕丘江公……公，傳子至孫爲博士""沛國桓榮習《歐陽尚書》……世習相傳授"等等。"家法"之稱所以興起，或由這種家世傳業的關係，不盡是由於"各自名家"。我們試看治《易》的施讎，"讎授張禹、琅邪魯伯。伯爲會稽太守，禹至丞相。禹授淮陽彭宣"，於是"施家有張、彭之學"，然張、彭並不"各自名家"；治《魯詩》的張長安，"先事（王）式"，"張生論石渠……由是張家有許氏學"，也並不"各自名家"，可見"家法"之稱實含有家學之意。蔣湘南《七經樓文鈔·經師家法》説云：

師法、家法皆本於古之官法。古者設官必有師，以雲紀者爲雲師，以水紀者爲水師，以火紀者爲火師，以龍紀者爲龍師，以鳥紀者爲鳥師。顓頊以後，萬紀於近爲民師，師者即其官之長，以所掌之法傳人者也。有官必有法，有法必有學，有學必有業。凡在官之執業者，皆學於其長，奉之爲師，而習其法。而古之官人也，又以世傳，曰重黎之後，羲氏、和氏世掌天地四時之官，周官三百六十，多以氏名，如馮相氏、保章氏之類，皆世官也。……遭值秦火，經師幾絕。漢興，田何、伏生之流各以師傳相授受，《魯丕傳》所云"傳先師之訓，非從己出"，正以淵源於孔門。雖有訛誤，亦應闕疑，何敢憑虛憶造輕侮道術也。師法之盛，於此爲極。其與家法稍別者，師法不過師弟相傳，家法則以家學爲師法，如公羊高之《春秋》，傳子至孫；江公之《穀梁春秋》亦傳子至孫。凡弟子之學其家者，亦稱某家之法云爾。西漢專稱師法而無家法之名，其稱家者，惟一見於《施讎傳》，由是"施家有張、彭之學"，然不言家法，東漢乃專稱家法矣。……學於官者謂之師法，世其官者謂之家法。……官守學業，源出於一……儒生之師法仍本在官之師法。

他這種議論比之清儒一般的議論，如"前漢多言師法，而後漢多言家法""師法者溯其源，家法者衍其流"（阮元《詁經精舍文集》，趙春沂《兩漢經師家法考》）等，實具有更深理解。他說"世其官者謂之家法"，這話固不甚佳，但能說師法"與家法稍別"，這已與一般論調的"漢人重師法如此，又稱家法，謂守其一家之法，即師法也"（王鳴盛《十七史商榷·漢書二十一·師法》）。而云"西漢專稱師法而無家法之名……東漢乃專稱家法矣"，他是了解凡弟子之學其家學者，亦稱此某家之法，家法的緣起或由於家學，則自不能說家法就是章句，只能說有代表的意思。

四　兩漢經師之家法

趙春沂《兩漢經師家法考》一文中，就兩《漢書》言師法家法者，謂薦舉、對問、察孝廉、舉明經皆重家法。皮錫瑞《經學歷史》實襲趙氏此文。但皮氏說："師法、家法所以分者：如《易》有施、孟、梁丘之學，是師法；施家有張、彭之學，孟有翟、孟、白之學，梁丘有士孫、鄧、衡之學，是家法。家法從師法分出，而施、孟、梁丘之師法又從田王孫一師分出者也。"這話實有相當理由，家法無論其爲家學或章句，應由師法分出而且可以再分。這是所謂"師法者溯其源，家法者衍其流"。在《詁經精舍文集》中更有胡縉《漢經師家法考》一文，敘述漢儒家法之大略，這也是清末以來爲治經學史者所認可之說法的。茲亦錄其全文：

漢儒家法，大略有三：一曰守師說，如《易》有施、孟、梁丘、費、高，《書》有伏、孔，《詩》有毛、齊、魯、韓，《禮》有二戴、慶氏，《春秋》有左、公、穀，其間文字異同，章句錯之，各守師傳，不相沿襲。故趙賓變箕子之訓，則《易》家證其非焦贛；本隱士之傳，光祿明其異；田何之《易》，實淵源乎商、瞿，毛公之《詩》，公、穀之《春秋》，乃權輿於子夏；申公之於《魯詩》，張蒼之於《左氏》，並溯沿於荀卿；伏生傳今文，先秦之博士也；安國傳古學，孔氏之舊文也；高堂生傳《士禮》，魯國之老師也由七十二子，迄四百餘年，如高、曾之授昂、仍，淵源之術其漬，是之為守師法。

一曰通小學，漢儒課學僮必先諷籀書九千字，以得其旨意聲形；授《爾雅》十七篇以究其詁訓；轉借三年而一經通，三十而五經立。故詭更正文，向壁虛造，則許慎訂其違，破壞形體，便辭巧說，則班固糾其謬。漢儒研六經從文字入，研究文字從聲形入，莫不考鏡於姬卜，準則於籀斯。雖師承各殊塗而軌實一，是之為通小學。

一曰明天人之理。《易》家天學，則如孟喜明卦氣，京房言納甲飛伏，鄭君闡文辰，虞翻推消息；《書》家如伏生，則以《洪範》言天，《詩》家如翼奉，則以五際言天；《春秋》家如董仲舒，則以《公羊》言天；劉向則以《穀梁》言天，劉歆則以《左氏》言天，並上探象緯，下明人事；經之以八卦，緯之以九疇，測之以九官，驗之以九數。原夫乾坤鑿度，實萌芽於先秦；河雒諸篇，乃朕兆於東漢。賈、鄭、何、鄭諸家，九經是學，大抵原本孔經；鈎摘樞要，非如後儒，守井魚之咫，聞昧圖書之奧。旨也，是之謂明天人之理。其釋經之體，亦約有三：一曰以經解經或依經以析理，或錯經以會文，或辨經以校誤。如毛公詁《詩》，多用《爾雅》；費氏說《易》，即本繫辭；依經之體也，《毛詩》之"箋"，廣引《禮》經，《地官》之"注"，半參《王制》；錯經之誼，也由左丘之古經；知祠兵之文誤，據《魯詩》之正字；識綉黼之傳，乖辨經之法也。一曰以字解經，或擬其音，或正其讀，或改其誤。擬音者，古無反語，故為比方之詞，如某讀若某，某讀如某之例是也。正讀者，聲有通借，故為變化之詞，如某讀為某，某讀曰某之例是也。改誤者，字或由聲而誤，或由形而誤，故為正之詞，如某當為某之例是也。觀夫賈逵定弟圉之異字，何休辨登得之同聲，《周官》故書必存於"注"，《儀禮》古文盡諸之篇，舉一反三，餘可識矣。一曰以師說解經，如仲梁子、孟仲子、高子之說，見於毛氏《詩》，子沈子、司馬子、女子、北宮子、尸子、沈子之說載於《公》《穀》"傳""箋"；《詩》之旨，半表發夫亨、萇"注"；《禮》之言，先引徵夫杜、鄭，譬後海而先厥河，非數典而遺其祖也。由茲家法，闡厥微言，以故用日少而德多稱文通。而見義遠幽雅,故綴道綱,識時務,統陰陽,通天地人之謂儒,惟漢儒斯不愧焉。故家法精,漢學明;家法棄,漢學廢。謹授受六經家法,不失孔書乃明。

他這裏區分家法爲:一、守師説;二、通小學;三、明天人之理。及釋經之體:一曰以經解經,二曰以字解經,三曰以師説解經,這些意見都還不錯。不過既太簡略又過信漢儒守師説一成不變,其實則今古經師都不一定篤守師説,我們只看下章第二節與第六章第二節所舉轅固、翼奉、伏生、大小夏侯、孟喜、京房、董君、何休諸儒立説之異,可知今古文經學皆有演變。又,通小學是東漢經師所注重的,西漢經師則注重通大義。例如:

(1)《路温舒傳》:"又受《春秋》,通大義。"(《漢書》卷五十一《賈鄒枚路傳》)

(2)《雋不疑傳》:"公卿大臣當用經術明於大誼。"(《漢書》卷七十一《雋疏於薛平彭傳》)

(3)《丙吉傳》:"吉本起獄法小吏,後學《詩》《禮》,皆通大義。"(《漢書》卷七十四《魏相丙吉傳》)

(4)《王尊傳》:"治《尚書》《論語》,略知大義。"(《漢書》卷七十六《趙尹韓張兩王傳》)

(5)《馮奉世傳》:"乃學《春秋》涉大義。"(《漢書》卷七十九《馮奉世傳》)

(6)《匡衡傳》:"衡對《詩》諸大義,其對深美。"(《漢書》卷八十一《匡張孔馬傳》)

(7)《張禹傳》:"禹對《易》及《論語》大義,望之善焉。"(《漢書》卷八十一《匡張孔馬傳》)

(8)《翟方進傳》:"門下諸生至常所問大義。"(《漢書》卷八十四《翟方進傳》)

(9)《儒林傳·丁寬》:"作《易説》三萬言,訓故舉大誼而已,今《小章句》是也。"(《漢書》卷八十八《儒林傳·丁寬》)

(10)《儒林傳·京房》:"大誼略同。"(《漢書》卷八十八《儒林傳·京房》)

從上十例看來,西漢經師確重大義。《儒林傳·贊》説:"一經説至百餘萬言,大師衆至千餘人。""一經説至百餘萬言",當然只有"講大義"才會如此。

第三章

今文經學之流傳遷變

第一節　今文經學之傳授

秦始皇統一天下之後，下令廢除六國原有的文字，"罷其不與秦文合者"，並將在秦地已普遍通行的小篆和隸書推行全國，作爲法定的字體實行 "書同文"；始皇三十四年，又下令焚書。可以想見，這兩項措施的實行，必使得原以六國文字記載的書籍近乎消失殆盡，也使得文人熟習了秦文字的使用。這樣到了漢代，"秦法未改"，流傳的經籍都是用當時文字所抄寫的，因後來有所謂古文經出現，遂將西漢諸儒流傳之經典稱爲今文。故今文經學之流傳，實際上先於古文，據《史記·儒林列傳》説："夫齊魯之間於文學，自古以來，其天性也。故漢興，然後諸儒始得修其經藝，講習大射鄉飲之禮。……然尚有干戈，平定四海，亦未暇遑庠序之事也。孝惠、呂后時，公卿皆武力有功之臣。孝文時頗徵用，然孝文帝本好刑名之言。及至孝景，不任儒者，而竇太后又好黃老之術，故諸博士具官待問，未有進者。……自是之後，言《詩》於魯則申培公，於齊則轅固生，於燕則韓太傅。言《尚書》自濟南伏生。言《禮》自魯高堂生。言《易》自淄川田生。言《春秋》於齊魯自胡毋生，於趙自董仲舒。" 這一段叙述漢初迄武帝經學之流傳，我們可知《詩》《書》《禮》《易》《春秋》在漢初始傳的基本情況，現在更依《史》《漢》諸書，分經叙述如下：

（一）《詩》

《詩》在漢初流傳共爲魯、齊、韓三家，以《魯詩》爲最早。

1.《魯詩》

《史記·儒林列傳》："申公者，魯人也。高祖過魯，申公以弟子從師入見高祖於魯南宫。呂太后時，申公游學長安，與劉郢同師。已而郢爲楚王，令申公傅其太子戊。戊不好學，疾申公。及王郢卒，戊立爲楚王，胥靡申公。申公恥之，歸魯，退居家教，終身不出門，復謝絶賓客，獨王命召之乃往。弟子自遠方至受業者百餘人。申公獨以《詩》經爲訓以教，無傳（疑），疑者則闕不傳。蘭陵王臧既受《詩》，以事孝景帝爲太子少傅，免去。今上初即位，臧乃上書宿衛上，累遷，一歲中爲郎中令。及代趙綰亦嘗受《詩》申公，綰爲御史大夫。綰、臧請天子，欲立明堂以朝諸侯，不能就其事，乃言師申公。於是天子使使束帛加璧安車駟馬迎申公，弟子二人乘軺傳從。至，見天子。天子問治亂之事，申公時已八十餘，老，對曰：'爲治者不在多言，顧力行何如耳。'是時天子方好文詞，見申公對，默然。然已招致，則以爲太中大夫，舍魯邸，議明堂事。太皇竇太后好老子言，不說儒術，得趙綰、王臧之過以讓上，上因廢明堂事，盡下趙綰、王臧吏，後皆自殺。申公亦疾免以歸，數年卒。弟子爲博士者十餘人：孔安國至臨淮太守，周霸至膠西內史，夏寬至城陽內史，碭魯賜至東海太守，蘭陵繆生至長沙內史，徐偃爲膠西中尉，鄒人闕門慶忌爲膠東內史。其治官民皆有廉節，稱其好學。"

《漢書·儒林傳》云："申公卒以《詩》《春秋》授，而瑕丘江公盡能傳之，徒衆最盛。及魯許生、免中徐公，皆守學教授。韋賢治《詩》，事大江公及許生，又治《禮》，至丞相。傳子玄成，以淮陽中尉論石渠，後亦至丞相。玄成及兄子賞以《詩》授哀帝，至大司馬車騎將軍，自有傳。由是《魯詩》有韋氏學。"

"王式字翁思，東平新桃人也。事免中徐公及許生。式爲昌邑王師。昭帝崩，昌邑王嗣立，以行淫亂廢，昌邑群臣皆下獄誅，唯中尉王吉、郎中令龔遂以數諫減死論。式繫獄當死，治事使者責問曰：'師何以亡諫書？'式對曰：'臣以《詩》三百五篇朝夕授王，至於忠臣孝子之篇，未嘗不爲王反復誦之也；至於危亡失道之君，未嘗不流涕爲王深陳之也。臣以三百五篇諫，是以亡諫書。'使者以聞，亦得減死論，歸家不教授。山陽張長安幼君先事式，後東平唐長賓、沛褚少孫亦來事式，問經數篇，式謝曰：'聞之於師具是矣，自潤色之。'不肯復授。唐生、褚生應博士弟子選，詣博士，摳衣登堂，頌禮甚嚴，試誦說，有法，疑者丘蓋不言。諸博士驚問何師，對曰事式。皆素聞其賢，共薦式。詔除下爲博士。式徵來，衣博士衣而不冠，曰：'刑餘之人，何宜復充禮官？'既至，止舍中，會諸大夫博士，共持酒肉勞式，皆注意高仰之，博士江公世爲《魯詩》宗，至江公著《孝經說》，心嫉式，謂歌吹諸生曰：'歌《驪駒》。'式曰：'聞之於師：客歌《驪駒》，主人歌《客毋庸歸》。今日諸君爲主人，日尚早，未可也。'江翁曰：'經何以言之？'式曰：'在《曲禮》。'江翁曰：'何狗曲也！'式恥之，陽醉逿地。式客罷，讓諸生曰：'我本不欲來，諸生強勸我，竟爲豎子所辱！'遂謝病免歸，終於家。張生、唐生、褚生皆爲博士。張生論石渠，至淮陽中尉。唐生楚太傅。由是《魯詩》有張、唐、褚氏之學。張生兄子游卿爲諫大夫，以《詩》授元帝。其門人琅邪王扶爲泗水中尉，陳留許晏爲博士。由是張家有許氏學。初，薛廣德亦事王式，以博士論石渠，授龔舍。廣德至御史大夫，舍泰山太守，皆有傳。"（同上）

《後漢書·儒林列傳》："高詡字季回，平原般人也。曾祖父嘉，以《魯詩》授元帝，仕至上谷太守。父容，少傳嘉學，哀、平間爲光祿大夫。詡以父任爲郎中，世傳《魯詩》。以信行清操知名。王莽篡位，父子稱盲，逃，不仕莽世。"

"包咸字子良，會稽曲阿人也。少爲諸生，受業長安，師事博士右師細君，習《魯詩》《論語》。……光武即位，乃歸鄉里。太守黃讜署户曹史，欲召咸入授其子。咸曰：'禮有來學，而無往教。'讜遂遣子師之。……建武中，入授皇太子《論語》，又爲其章句。……子福，拜郎中，亦以《論語》入授和帝。"（同上）

"魏應字君伯，任城人也。少好學。建武初，詣博士受業，習《魯詩》。……永平初，爲博士，再遷侍中。十三年，遷大鴻臚。十八年，拜光祿大夫。建初四年，拜五官中郎將，詔入授千乘王伉。"（同上）

2.《齊詩》

《史記·儒林列傳》："轅固生者，齊人也。以治《詩》，孝景時爲博士。與黃生爭論景帝前。黃生曰：'湯、武非受命，乃弑也。'轅固生曰：'不然。夫桀、紂虐亂，天下之心皆歸湯、武，湯、武與天下之心而誅桀、紂，桀、紂之民不爲之使而歸湯、武，湯、武不得已而立，非受命爲何？'黃生曰：'冠雖敝，必加於首；履雖新，必關於足。何者，上下之分也。今桀、紂雖失道，然君上也；湯、武雖聖，臣下也。夫主有失行，臣下不能正言匡過以尊天子，反因過而誅之，代立踐南面，非弑而何也？'轅固生曰：'必若所云，是高帝代秦即天子之位，非邪？'於是景帝曰：'食肉不食馬肝，不爲不知味；言學者無言湯、武受命，不爲愚。'遂罷。是後學者莫敢明受命放殺者。竇太后好《老子》書，召轅固生問《老子》書。固曰：'此是家人言耳。'太后怒曰：'安得司空城旦書乎？'乃使固入圈刺豕。景帝知太后怒而固直言無罪，乃假固利兵，下圈刺豕，正中其心，一刺，豕應手而倒。太后默然，無以復罪，罷之。居頃之，景帝以固爲廉直，拜爲清河王太傅。久之，病免。今上初即位，復以賢良徵固，諸諛儒多疾毀固，曰'固老'，罷歸之。時固已九十餘矣。固之徵也，薛人公孫弘亦徵，側目而視固。固曰：'公孫子，務正學以言，無曲學以阿世！'自是之後，齊言《詩》皆本轅固生也。諸齊人以《詩》顯貴，皆固之弟子也。"

《漢書·儒林傳》："昌邑太傅夏侯始昌最明，自有傳。"（同上）

"后蒼字近君，東海郯人也。事夏侯始昌。始昌通《五經》，蒼亦通《詩》《禮》，爲博士，至少府，授翼奉、蕭望之、匡衡。奉爲諫大夫，望之前將軍，衡丞相，皆有傳。衡授琅邪師丹、伏理斿君、潁川滿昌君都。君都爲詹事，理高密太傅，家世傳業。丹大司空，自有傳。由是《齊詩》有翼、匡、師、伏之學。滿昌授九江張邯、琅邪皮容，皆至大官，徒衆尤盛。"（同上）

《後漢書·儒林列傳》："伏恭字叔齊，琅邪東武人，司徒湛之兄子也。湛弟黯，字稚文，以明《齊詩》，改定章句，作《解說》九篇……無子，以恭爲後。恭性孝……少傳黯學，以任爲郎。建武四年，除劇令。視事十三年……太常試經第一，拜博士，遷常山太守。敦修學校，教授不輟，由是北州多爲伏氏學。……初，父黯章句繁多，恭乃省减浮辭，定爲二十萬言。"

"任末字叔本，蜀郡繁人也。少習《齊詩》，游京師，教授十餘年。"（同上）

"景鸞字漢伯，廣漢梓潼人也。少隨師學經，涉七州之地。能理《齊詩》《施氏易》，兼受《河》《洛》圖緯，作《易說》及《詩解》，文句兼取《河》《洛》，以類相從，名爲《交集》。又撰《禮內外記》，號曰《禮略》。又抄風角雜書，列其占驗，作《興道》一篇。及作《月令章句》。凡所著述五十餘萬言。數上書陳救災變之術。州郡辟命不就，以壽終。"（同上）

3.《韓詩》

《史記·儒林列傳》："韓生者，燕人也。孝文帝時爲博士，景帝時爲常山王太傅。韓生推《詩》之意而爲《內外傳》數萬言，其語頗與齊魯間殊，然其歸一也。淮南賁生受之。自是之後，而燕趙間言《詩》者由韓生。"

《漢書·儒林傳》："韓嬰，燕人也。孝文時爲博士，景帝時至常山太傅。嬰推詩人之意，而作《內外傳》數萬言，其語頗與齊、魯間殊，然歸一也。淮南賁生受之。燕趙間言《詩》者由韓生。韓生亦以《易》授人，推《易》意而爲之傳。燕趙間好《詩》，故其《易》微，唯韓氏自傳之。武帝時，嬰嘗與董仲舒論於上前，其人精悍，處事分明，仲舒不能難也。後其孫商爲博士。孝宣時，涿郡韓生其後也，以《易》徵，待詔殿中，曰：'所受《易》即先太傅所傳也。嘗受《韓詩》，不如韓氏《易》深，太傅故專傳之。'司隸校尉蓋寬饒本受《易》於孟喜，見涿韓生說《易》而好之，即更從受焉。"

"趙子，河內人也。事燕韓生，授同郡蔡誼。誼至丞相，自有傳。誼授同郡食子公與王吉。吉爲昌邑王中尉，自有傳。食生爲博士，授泰山栗豐。吉授淄川長孫順。順爲博士，豐部刺史。由是《韓詩》有王、食、長孫之學。豐授

山陽張就，順授東海髮福，皆至大官，徒衆尤盛。"（同上）

《後漢書·儒林列傳》："薛漢字公子，淮陽人也。世習《韓詩》，父子以章句著名。漢少傳父業，尤善說災異讖緯，教授常數百人。建武初，爲博士，受詔校定圖讖。當世言《詩》者，推漢爲長。永平中，爲千乘太守，政有異跡。後坐楚事辭相連，下獄死。弟子犍爲杜撫、會稽澹臺敬伯、鉅鹿韓伯高最知名。"

"杜撫字叔和，犍爲武陽人也。少有高才。受業於薛漢，定《韓詩章句》。後歸鄉里教授。沈静樂道，舉動必以禮。弟子千餘人。……其所作《詩題約義通》，學者傳之，曰《杜君法》云。"（同上）

"召馴字伯春，九江壽春人也。曾祖信臣，元帝時爲少府。父建武中爲卷令，儵儻不拘小節。馴少習《韓詩》，博通書傳，以志義聞，鄉里號之曰'德行恂恂召伯春'。累仕州郡，辟司徒府。建初元年，稍遷騎都尉，侍講肅宗。拜左中郎將，入授諸王。……孫休，位至青州刺史。"（同上）

"楊仁字文義，巴郡閬中人也。建武中，詣師學習《韓詩》，數年歸，静居教授。"（同上）

"趙曄字長君，會稽山陰人也。……到犍爲資中，詣杜撫受《韓詩》，究竟其術。……曄著《吴越春秋》《詩細歷神淵》。蔡邕至會稽，讀《詩細》而嘆息，以爲長於《論衡》。邕還京師，傳之，學者咸誦習焉。時山陽張匡，字文通，亦習《韓詩》，作章句。"（同上）

（二）《書》

《書》在漢初流傳雖只伏生一家，但後來也分爲歐陽、大小夏侯、王家。《史記·儒林列傳》："伏生者，濟南人也。故爲秦博士。孝文帝時，欲求能治《尚書》者，天下無有，乃聞伏生能治，欲召之。是時伏生年九十餘，老，不能行，於是乃詔太常使掌故朝錯往受之。秦時焚書，伏生壁藏之。其後兵大起，流亡。漢定，伏生求其書，亡數十篇，獨得二十九篇，即以教於齊魯之間。學者由是頗能言《尚書》，諸山東大師無不涉《尚書》以教矣。伏生教濟南張生及歐陽生，歐陽生教千乘兒寬。兒寬既通《尚書》，以文學應郡舉，詣博士受業，受業孔安國。兒寬貧無資用，常爲弟子都養，及時時間行傭賃，以給衣食。行常帶經，止息則誦習之。以試第次，補廷尉史。是時張湯方鄉學，以爲奏讞掾，以古法議決疑大獄，而愛幸寬。寬爲人温良，有廉智，自持，而善著書、書奏，敏於文，口不能發明也。湯以爲長者，數稱譽之。及湯爲御史大夫，以兒寬爲掾，薦之天子。天子見問，説之。張湯死後六年，兒寬位至御史大夫。九年而以官卒。寬在三公位，以和良承意從容得久，然無有所匡諫；於官，官屬易之，不爲盡力。張生亦爲博士。而伏生孫以治《尚書》徵，不能明也。自此之後，魯周霸、孔安國，洛陽賈嘉，頗能言《尚書》事。"（《史記·儒林列傳》）歐陽一派由伏生傳出。

1. 《歐陽尚書》

《漢書·儒林傳》："歐陽生字和伯，千乘人也。事伏生，授兒寬。寬又受業孔安國，至御史大夫，自有傳。寬有俊材，初見武帝，語經學。上曰：'吾始以《尚書》爲樸學，弗好，及聞寬說，可觀。'乃從寬問一篇。歐陽、大小夏侯氏學皆出於寬。寬授歐陽生子，世世相傳，至曾孫高子陽，爲博士。高孫地餘長賓以太子中庶子授太子，後爲博士，論石渠。元帝即位，地餘侍中，貴幸，至少府。戒其子曰：'我死，官屬即送汝財物，慎毋受。汝九卿儒者子孫，以廉潔著，可以自成。'及地餘死，少府官屬共送數百萬，其子不受。天子聞而嘉之，賜錢百萬。地餘少子政爲王莽講學大夫。由是《尚書》世有歐陽氏學。"

"林尊字長賓，濟南人也。事歐陽高，爲博士，論石渠。後至少府、太子太傅，授平陵平當、梁陳翁生。當至丞相，自有傳。翁生信都太傅，家世傳業。由是歐陽有平、陳之學。翁生授琅邪殷崇、楚國龔勝。崇爲博士，勝右扶風，自有傳。而平當授九江朱普公文、上黨鮑宣。普爲博士，宣司隸校尉，自有傳。徒衆尤盛，知名者也。"（同上）

《後漢書·儒林列傳》："歐陽歙字正思，樂安千乘人也。自歐陽生傳《伏生尚書》，至歙八世，皆爲博士。……世祖即位，始爲河南尹，封被陽侯。建武五年，坐事免官。明年，拜楊州牧，遷汝南太守。推用賢俊，政稱異跡。九年，更封夜侯。歙在郡，教授數百人，視事九歲，徵爲大司徒。坐在汝南臧罪千餘萬，發覺下獄。諸生守闕爲歙求哀者千餘人，至有自髡剔者。平原禮震，年十七，聞獄當斷，馳之京師，行到河內獲嘉縣，自繫，上書求代歙死。……書奏，而歙已死獄中。……子復嗣，復卒，無子，國除。濟陰曹曾字伯山，從歙受《尚書》，門徒三千人，位至諫議大夫。子祉，河南尹，傳父業教授。又陳留陳弇，字叔明，亦受《歐陽尚書》於司徒丁鴻，仕爲蘄長。"

"牟長字君高，樂安臨濟人也。……長少習《歐陽尚書》，不仕王莽世。……著《尚書章句》，皆本之歐陽氏，俗號爲《牟氏章句》。……子紆，又以隱居教授，門生千人。肅宗聞而徵之，欲以爲博士，道物故。"（同上）

"宋登字叔陽，京兆長安人也。父由，爲太尉。登少傳《歐陽尚書》……順帝以登明識禮樂，使持節臨太學，奏定曲律。"（同上）

2.《大夏侯尚書》

《漢書·儒林傳》:"夏侯勝,其先夏侯都尉,從濟南張生受《尚書》,以傳族子始昌。始昌傳勝,勝又事同郡蕳卿。蕳卿者,兒寬門人。……由是《尚書》有大小夏侯之學。"

"周堪字少卿,齊人也。與孔霸俱事大夏侯勝。霸爲博士。堪譯官令,論於石渠,經爲最高,後爲太子少傅,而孔霸以太中大夫授太子。……堪授牟卿及長安許商長伯。牟卿爲博士,霸以帝師賜爵號褒成君,傳子光,亦事牟卿,至丞相,自有傳。由是大夏侯有孔、許之學。商善爲算,著《五行論歷》,四至九卿,號其門人沛唐林子高爲德行,平陵吳章偉君爲言語,重泉王吉少音爲政事,齊炔欽幼卿爲文學。王莽時,林、吉爲九卿,自表上師冢,大夫博士郎吏爲許氏學者,各從門人,會車數百兩(輛),儒者榮之。欽、章皆爲博士,徒衆尤盛。章爲王莽所誅。"(同上)

《後漢書·儒林列傳》:"張馴字子儁,濟陰定陶人也。少游太學,能誦《春秋左氏傳》。以《大夏侯尚書》教授。辟公府,舉高第,拜議郎。與蔡邕共奏定《六經》文字。"

3.《小夏侯尚書》

《漢書·儒林傳》:"(夏侯)勝傳從兄子建,建又事歐陽高。勝至長信少府,建太子太傅,自有傳。由是《尚書》有大小夏侯之學。"

"張山拊字長賓,平陵人也。事小夏侯建,爲博士,論石渠,至少府。授同縣李尋、鄭寬中少君、山陽張無故子儒、信都秦恭延君、陳留假倉子驕。無故善修章句,爲廣陵太傅,守小夏侯說文。恭增師法至百萬言,爲城陽內史。倉以謁者論石渠,至膠東相。尋善說灾異,爲騎都尉,自有傳。寬中有俊材,以博士授太子。……由是小夏侯有鄭、張、秦、假、李氏之學。寬中授東郡趙玄,無故授沛唐尊,恭授魯馮賓。賓爲博士,尊王莽太傅,玄哀帝御史大夫,至大官,知名者也。"(同上)

(三)《禮》

《禮經》在漢初的傳授系統頗不顯明,據《史記·儒林列傳》說:"諸學者多言《禮》,而魯高堂生最本。《禮》固自孔子時而其經不具,及至秦焚書,書散亡益多,於今獨有《士禮》,高堂生能言之。而魯徐生善爲容。孝文帝時,徐生以容爲禮官大夫。傳子至孫徐延、徐襄。襄,其天資善爲容,不能通《禮經》;延頗能,未善也。襄以容爲漢禮官大夫,至廣陵內史。延及徐氏弟子公戶滿意、桓生、單次,皆嘗爲漢禮官大夫。而瑕丘蕭奮以《禮》爲淮陽太守。是後能言《禮》爲容者，由徐氏焉。"這時《禮》學不惟無大、小戴及慶氏三家，而且此三家之分也甚晚。據《漢書·儒林傳》："孟卿，東海人也。事蕭奮，以授后倉、魯閭丘卿。倉說《禮》數萬言，號曰《后氏曲臺記》，授沛聞人通漢子方、梁戴德延君、戴聖次君、沛慶普孝公。孝公爲東平太傅。德號大戴，爲信都太傅；聖號小戴，以博士論石渠，至九江太守。由是《禮》有大戴、小戴、慶氏之學。通漢以太子舍人論石渠，至中山中尉。普授魯夏侯敬，又傳族子咸，爲豫章太守。大戴授琅邪徐良斿卿，爲博士、州牧、郡守，家世傳業。小戴授梁人橋仁季卿、楊榮子孫。仁爲大鴻臚，家世傳業，榮琅邪太守。由是大戴有徐氏，小戴有橋、楊氏之學。"

《後漢書·儒林列傳》："中興已後，亦有大、小戴博士，雖相傳不絕，然未有顯於儒林者。建武中，曹充習慶氏學，傳其子襃，遂撰《漢禮》，事在《襃傳》。

"董鈞字文伯，犍爲資中人也。習《慶氏禮》。事大鴻臚王臨。元始中，舉明經，遷廩犧令，病去官。建武中，舉孝廉，辟司徒府。鈞博通古今，數言政事。永平初，爲博士。時草創五郊祭禖，及宗廟禮樂，威儀章服，輒令鈞參議，多見從用，當世稱爲通儒。"（同上）

《禮經》在漢代雖相傳不絕，然甚少顯於儒林者。唐晏云："及遭秦火，《禮》最失傳，則放失久矣。漢興，叔孫所制，非古《禮》也；曲臺所傳，非備物也。至曹襃、董鈞，失之益遠。故有漢一代，它經咸盛，惟《禮》無傳。不全不備，偏議曲說，何足以傳孔門之宏業也哉！"（唐晏：《兩漢三國學案》卷七）

（四）《易》

《易》在漢初由田何傳出，一傳至王同、丁寬，再傳至楊何、田王孫，三傳始有施、孟、梁丘三家之分。京房又僞記爲孟喜之三傳弟子。《史記·儒林列傳》云："自魯商瞿受《易》孔子，孔子卒，商瞿傳《易》，六世至齊人田何，字子莊，而漢興。田何傳東武人王同、子仲，子仲傳菑川人楊何。何以《易》，元光元年徵，官至中大夫。齊人即墨成以《易》至城陽相。廣川人孟但以《易》爲太子門大夫。魯人周霸，莒人衡胡，臨菑人主父偃，皆以《易》至二千石。然要言《易》者本於楊何之家。"

《漢書·儒林傳》："丁寬字子襄，梁人也。初，梁項生從田何受《易》，時寬爲項生從者，讀《易》精敏，才過項生，遂事何。學成，何謝寬。寬東歸，何謂門人曰：'《易》以東矣。'寬至雒陽，復從周王孫受古義，號《周氏傳》。景帝時，寬爲梁孝王將軍距吳、楚，號丁將軍，作《易說》三萬言，訓故舉大誼而已，今《小章句》是也。寬授同郡碭田王孫。王孫授施讎、孟喜、梁丘賀。繇是《易》有施、孟、梁丘之學。"

這是《易》在漢初之傳授。

1.《施易》

《漢書·儒林傳》云："施讎字長卿，沛人也。沛與碭相近，讎爲童子，從田王孫受《易》。後讎徙長陵，田王孫爲博士，復從卒業，與孟喜、梁丘賀並爲門人。謙讓，常稱學廢，不教授。及梁丘賀爲少府，事多，乃遣子臨分將門人張禹等從讎問。讎自匿不肯見，賀固請，不得已乃授臨等。於是賀薦讎：'結髮事師數十年，賀不能及。'詔拜讎爲博士。甘露中，與五經諸儒雜論同異於石渠閣。讎授張禹、琅邪魯伯。伯爲會稽太守，禹至丞相。禹授淮陽彭宣、沛戴崇子平。崇爲九卿，宣大司空。禹、宣皆有傳。魯伯授泰山毛莫如少路、琅邪邴丹曼容，著清名。莫如至常山太守。此其知名者也。繇是施家有張、彭之學。"

《後漢書·儒林列傳》云："劉昆字桓公，陳留東昏人……平帝時，受《施氏易》於沛人戴賓。能彈雅琴，知清角之操。王莽世，教授弟子恒五百餘人。每春秋饗射，常備列典儀……王莽以昆多聚徒衆，私行大禮，有僭上心，乃繫昆及家屬於外黃獄。尋莽敗得免。……建武五年，舉孝廉，不行，遂逃，教授於江陵。光武……乃令入授皇太子及諸王小侯五十餘人。……子軼，字君文，傳昆業，門徒亦盛。"

2.《孟易》

《漢書·儒林傳》云："孟喜字長卿，東海蘭陵人也。父號孟卿，善爲《禮》《春秋》，授后蒼、疏廣。世所傳后氏《禮》《疏氏春秋》，皆出孟卿。孟卿以《禮經》多，《春秋》繁雜，乃使喜從田王孫受《易》。喜好自稱譽，得《易》家候陰陽災變書，詐言師田生且死時枕喜膝，獨傳喜，諸儒以此耀之。同門梁丘賀疏通證明之，曰：'田生絕於施讎手中，時喜歸東海，安得此事？'又蜀人趙賓好小數書，後爲《易》，飾《易》文，以爲'箕子明夷，陰陽氣亡箕子；箕子者，萬物方荄茲也'。賓持論巧慧，《易》家不能難，皆曰'非古法也'。云受孟喜，喜爲名之。後賓死，莫能持其說。喜因不肯仞（認），以此不見信。喜舉孝廉爲郎，曲臺署長，病免，爲丞相掾。博士缺，衆人薦喜。上聞喜改師法，遂不用喜。喜授同郡白光少子、沛翟牧子兄，皆爲博士。繇是有翟、孟、白之學。"

《後漢書·儒林列傳》云："洼丹字子玉，南陽育陽人也。世傳《孟氏易》。王莽時，常避世教授，專志不仕，徒衆數百人。建武初，爲博士，稍遷，十一年，爲大鴻臚。作《易通論》七篇，世號《洼君通》。丹學義研深，《易》

家宗之，稱爲大儒。十七年，卒於官，年七十。"

"時，中山觟陽鴻，字孟孫，亦以《孟氏易》教授，有名稱，永平中爲少府。"（同上）

"任安字定祖，廣漢緜竹人也。少游太學，受《孟氏易》，兼通數經。又從同郡楊厚學圖讖，究極其術。時人稱曰：'欲知仲桓問任安。'又曰：'居今行古任定祖。'學終，還家教授，諸生自遠而至。初仕州郡。後太尉再辟，除博士，公車徵，皆稱疾不就。州牧劉焉表薦之，時王塗隔塞，詔命竟不至。年七十九，建安七年，卒於家。"（同上）

3.《梁丘易》

《漢書·儒林傳》云："梁丘賀字長翁，琅邪諸人也。以能心計，爲武騎。從太中大夫京房受《易》。房者，淄川楊何弟子也。房出爲齊郡太守，賀更事田王孫。宣帝時，聞京房爲《易》明，求其門人，得賀。……賀入說，上善之，以賀爲郎。……傳子臨，亦入說，爲黃門郎。甘露中，奉使問諸儒於石渠。臨學精熟，專行京房法。琅邪王吉通五經，聞臨說，善之。時宣帝選高材郎十人從臨講，吉乃使其子郎中駿上疏從臨受《易》。臨代五鹿充宗、君孟爲少府，駿御史大夫，自有傳。充宗授平陵士孫張仲方、沛鄧彭祖子夏、齊衡咸長賓。張爲博士，至揚州牧，光禄大夫給事中，家世傳業；彭祖，真定太傅；咸，王莽講學大夫。繇是梁丘有士孫、鄧、衡之學。"

《後漢書·儒林列傳》云："楊政字子行，京兆人也。少好學，從代郡范升受《梁丘易》，善説經書。京師爲之語曰：'説經鏗鏗楊子行。'教授數百人。"

"張興字君上，潁川鄢陵人也。習《梁丘易》以教授。建武中，舉孝廉爲郎……稍遷博士。永平初，遷侍中祭酒……爲梁丘家宗。十四年，卒於官。子魴，傳興業……"（同上）

4.《京易》

《漢書·儒林傳》云："京房受《易》梁人焦延壽。延壽云嘗從孟喜問《易》。會喜死，房以爲延壽《易》即孟氏學，翟牧、白生不肯，皆曰非也。至成帝時，劉向校書，考《易》説，以爲諸《易》家説皆祖田何、楊叔元、丁將軍，大誼略同，唯京氏爲異黨，焦延壽獨得隱士之説，託之孟氏，不相與同。房以明災異得幸，爲石顯所譖誅，自有傳。房授東海殷嘉、河東姚平、河南乘弘，皆爲郎、博士。繇是《易》有京氏之學。"

《後漢書·儒林列傳》云："戴憑字次仲，汝南平輿人也。習《京氏易》。年十六，郡舉明經，徵試博士，拜郎中。"

"時，詔公卿大會，群臣皆就席，憑獨立。光武問其意。憑對曰：'博士説經皆不如臣，而坐居臣上，是以不得就席。'帝即召上殿，令與諸儒難説，憑多所解釋。帝善之……"

"正旦朝賀，百僚畢會，帝令群臣能説經者更相難詰，義有不通，輒奪其席以益通者，憑遂重坐五十餘席。故京師爲之語曰：'解經不窮戴侍中。'在職十八年，卒於官，詔賜東園梓器，錢二十萬。"

"時南陽魏滿，字叔牙，亦習《京氏易》，教授。永平中，至弘農太守。"

"孫期字仲彧，濟陰成武人也。少爲諸生，習《京氏易》《古文尚書》。家貧，事母至孝，牧豕於大澤中，以奉養焉。遠人從其學者，皆執經壟畔以追之，里落化其仁讓。黄巾賊起，過期里陌，相約不犯孫先生舍。郡舉方正，遣吏齎羊、酒請期，期驅豕入草不顧。司徒黄琬特辟，不行，終於家。"

"建武中，范升傳《孟氏易》，以授楊政，而陳元、鄭衆皆傳《費氏易》，其後馬融亦爲其傳。融授鄭玄，玄作《易注》，荀爽又作《易傳》，自是《費氏》興，而《京氏》遂衰。"（同上）

（五）《春秋》

《春秋》在漢初由胡毋生、董仲舒傳出。據《漢書·儒林傳》云："胡毋生字子都，齊人也。治《公羊春秋》，爲景帝博士。與董仲舒同業，仲舒著書稱其德。年老，歸教於齊，齊之言《春秋》者宗事之，公孫弘亦頗受焉。而董生爲江都相，自有傳。弟子遂之者，蘭陵褚大、東平嬴公、廣川段仲、溫吕步舒。大至梁相，步舒丞相長史，唯嬴公守學不失師法，爲昭帝諫大夫，授東海孟卿、魯眭孟。孟爲符節令，坐説災異誅，自有傳。"可見在昭帝時，還是胡、董弟子一脉相傳，至昭帝後才分爲嚴、顔二家。

1.《嚴氏春秋》

《漢書·儒林傳》云："嚴彭祖字公子，東海下邳人也。與顔安樂俱事眭孟。孟弟子百餘人，唯彭祖、安樂爲明，質問疑誼，各持所見。孟曰：'《春秋》之意，在二子矣！'孟死，彭祖、安樂各顓門教授。由是《公羊春秋》有顔、嚴之學。彭祖爲宣帝博士，至河南、東郡太守。以高第入爲左馮翊，遷太子太傅，廉直不事權貴。或説曰：'天時不勝人事，君以不修小禮曲意，亡貴人左右之助，經誼雖高，不至宰相。願少自勉强！'彭祖曰：'凡通經術，固當修行先王之道，何可委曲從俗，苟求富貴乎！'彭祖竟以太傅官終。授琅邪王中，爲元帝少府，家世傳業。中授同郡公孫文、東門雲。雲爲荆州刺史，文東平太傅，徒衆尤盛。雲坐爲江賊拜，辱命，下獄誅。"

《後漢書·儒林列傳》云："丁恭字子然，山陽東緡人也。習《公羊嚴氏春秋》。……建武初，爲諫議大夫、博士，封關內侯。十一年，遷少府。諸生自遠方至者，著錄數千人，當世稱爲大儒。太常樓望、侍中承宮、長水校尉樊儵等皆受業於恭。"

"周澤字穉都，北海安丘人也。少習《公羊嚴氏春秋》，隱居教授，門徒常數百人。建武末，辟大司馬府，署議曹祭酒。數月，徵試博士。"（同上）

"鍾興字次文，汝南汝陽人也。少從少府丁恭受《嚴氏春秋》。恭薦興學行高明，光武召見……詔令定《春秋》章句，去其複重，以授皇太子。又使宗室諸侯從興受章句。"（同上）

"甄宇字長文，北海安丘人也。清静少欲。習《嚴氏春秋》，教授常數百人。建武中，爲州從事，徵拜博士，稍遷太子少傅，卒於官。"

"傳業子普，普傳子承。承尤篤學，未嘗視家事，講授常數百人。諸儒以承三世傳業，莫不歸服之。建初中，舉孝廉，卒於梁相。子孫傳學不絕。"（同上）

"樓望字次子，陳留雍丘人也。少習《嚴氏春秋》。"（同上）

"程曾字秀升，豫章南昌人也。受業長安，習《嚴氏春秋》，積十餘年，還家講授。會稽顧奉等數百人常居門下。著書百餘篇，皆《五經》通難，又作《孟子章句》。建初三年，舉孝廉……"（同上）

2.《顏氏春秋》

《漢書·儒林傳》云："顏安樂字公孫，魯國薛人，眭孟姊子也。家貧，爲學精力，官至齊郡太守丞，後爲仇家所殺。安樂授淮陽泠豐次君、淄川任公。公爲少府，豐淄川太守。由是顏家有泠、任之學。始貢禹事嬴公，成於眭孟，至御史大夫，疏廣事孟卿，至太子太傅，皆自有傳。廣授琅邪管路，路爲御史中丞。禹授穎川堂溪惠，惠授泰山冥都，都爲丞相史。都與路又事顏安樂，故顏氏復有管、冥之學。路授孫寶，爲大司農，自有傳。豐授馬宮、琅邪左咸。咸爲郡守九卿，徒衆尤盛。宮〔官〕至大司徒，自有傳。"

《後漢書·儒林列傳》云："張玄字君夏，河內河陽人也。少習《顏氏春秋》，兼通數家法。建武初，舉明經，補弘農文學，遷陳倉縣丞。清净無欲，專心經書，方其講問，乃不食終日。及有難者，輒爲張數家之説，令擇從所安。諸儒皆伏其多通，著錄千餘人。"

"玄初爲縣丞，嘗以職事對府，不知官曹處，吏白門下責之。時，右扶風琅邪徐業，亦大儒也，聞玄諸生，試引見之，與語，大驚曰：'今日相遭，真解蒙矣！'遂請上堂，難問極日。"

"後玄去官，舉孝廉，除爲郎。會《顏氏》博士缺，玄試策第一，拜爲博士。居數月，諸生上言玄廉説《嚴氏》《冥〔宣〕氏》，不宜專爲《顏氏》博士。光武且令還署，未及遷而卒。"

"李育字元春，扶風漆人也。少習《公羊春秋》。沉思專精，博覽書傳，知名太學，深爲同郡班固所重。固奏記薦育於驃騎將軍東平王蒼，由是京師貴戚爭往交之。州郡請召，育到，輒辭病去。常避地教授，門徒數百。頗涉獵古學。嘗讀《左氏傳》，雖樂文采，然謂不得聖人深意，以爲前世陳元、范升之徒更相非折，而多引圖讖，不據理體，於是作《難左氏義》四十一事。"

"建初元年，衛尉馬廖舉育方正，爲議郎。後拜博士。四年，詔與諸儒論《五經》於白虎觀，育以《公羊》義難賈逵，往返皆有理證，最爲通儒。"（同上）

"何休字邵公，任城樊人也。父豹，少府。休爲人質樸訥口，而雅有心思，精研《六經》，世儒無及者。以列卿子詔拜郎中，非其好也，辭疾而去。不仕州郡。進退必以禮。"

"太傅陳蕃辟之，與參政事。蕃敗，休坐廢錮，乃作《春秋公羊解詁》，覃思不窺門，十有七年。又注訓《孝經》《論語》"風角七分"，皆經緯典謨，不與守文同説。又以《春秋》駁漢事六百餘條，妙得《公羊》本意。休善曆算，與其師博士羊弼，追述李育意以難二傳，作《公羊墨守》《左氏膏肓》《穀梁廢疾》。"

"黨禁解，又辟司徒。群公表休道術深明，宜侍帷幄，倖臣不悦之，乃拜議郎，屢陳忠言。再遷諫議大夫，年五十四，光和五年卒。"（同上）

何休是《顏氏春秋》一派，據《石經》足證。本傳説他"與其師博士羊弼，追述李育意"，則李育、羊弼並習顏氏可知。論白虎時嚴氏博士有樊儵，則育爲顏氏博士，《後漢書》以李、何並列張玄後，亦其明證。

（六）《論語》《孟子》《孝經》《爾雅》

《論語》《孟子》《孝經》《爾雅》在兩漢書《儒林傳》中均未叙及其流傳授受，《漢書·藝文志》序《論語》家云："漢興，有齊、魯之説。傳《齊論》者，昌邑中尉王吉、少府宋畸、御史大夫貢禹、尚書令五鹿充宗、膠東庸生，唯王陽名家。傳《魯論語》者，常山都尉龔奮、長信少府夏侯勝、丞相韋賢、魯扶卿、前將軍蕭望之、安昌侯張禹，皆名家。張氏最後而行於世。"

序《孝經》家云："漢興，長孫氏、博士江翁、少府后倉、諫大夫翼奉、安昌侯張禹傳之，各自名家。經文皆同，唯孔氏壁中古文爲異。'父母生之，續莫大焉''故親生之膝下'，諸家説不安處，古文字讀皆異。"

《孟子》在《漢志》中本列入"諸子略"中，不以爲經；《爾雅》則列入《孝經》家中，以爲釋經之書，也不與《論語》《孝經》等量齊觀。

《儒林傳》《藝文志》述《論語》《孝經》之傳授所以如是之簡略，正是以漢人傳《論語》《孝經》者皆他經大師，無以此二書專門名家者。"漢時《論語》《孝經》之傳實廣於他經"，這一點我們不要誤會了。

第二節　今文經學之演變

漢代的經學在過去誤於師法家法之説，以爲當時經師多守家法、守師説，而毫無改進，毫無變遷，例如胡縉《漢經師家法考》所云："由七十二子迄四百餘年，如高曾之授昇仍，淵流之衍枝瀆""家法精，漢（阮堂作'經'）學明；家法棄，漢（金正喜作'經'）學廢。謹授受，研六經。家法不失，孔書乃明"（阮元編《詁經精舍文集》卷十一，嘉慶六年刻本）。這實足以代表一般人的意見。清儒之言，漢學師承，力詆後儒失漢家法，實維此故。但是我們詳察漢儒治經，雖必從師受業，實不盡守師説：《易》有楊何，又有施、孟、梁邱；《書》有伏生，又有歐陽，大、小夏侯；這些家法確立師説分岐，其所以確立紛立分岐，有的實是有意造成，要增改師説，以更求進步，這在今古文經學都是如此的。西漢今文經學之流傳，就經文看，就經説看，都有演變的地方。

一　經文之演變

今文《書》《易》，在西漢中葉有增益。據王充《論衡·正説》篇云："孝宣皇帝之時，河內女子發老屋，得逸《易》《禮》《尚書》各一篇，奏之。宣帝下示博士，然後《易》《禮》《尚書》各益一篇。"《論衡》所云，據《尚書正義》引馬融云，"《泰誓》後得"，鄭玄《書論》亦云"民間得《太誓》"。劉向《別錄》曰："武帝末，民有得《泰誓》書於壁內者，獻之。與博士使讀説之，數月，皆起傳以教人。"（《尚書·書序》）《後漢書》："獻帝建安十四年，黃門侍郎房宏等説云：'宣帝本始元年，河內女子有壞老子屋，得古文《泰誓》三篇。'《論衡》又云：'掘地所得。'"這使得《今文尚書》在西漢增多《泰誓》一篇，而此《泰誓》一篇，據孔穎達《尚書正義》云：

> 然則漢初惟有二十八篇，無《泰誓》矣。後得僞《泰誓》三篇，諸儒多疑之。馬融《書序》曰："《泰誓》後得，案其文，似若淺露。又云：'八百諸侯，不召自來，不期同時，不謀同辭。'及'火覆於上，至於王屋，流爲雕，至五，以穀俱來'。舉火神怪，得無在子所

不語中乎？又《春秋》引《泰誓》，曰：'朕夢協朕卜，襲於休祥，戎商必克。'《孟子》引《泰誓》曰：'我武惟揚，侵於之疆，取彼凶殘，我代用張，於湯有光。'《孫卿》引《泰誓》四：'獨頭受。'《禮記》引《泰誓》曰：'予克受，非予武惟朕文考無罪。受克予，非朕文考有罪，惟予小子無良。'今文《泰誓》，皆無此語。吾見書傳多矣，所引《泰誓》而不在《泰誓》者甚多，弗復悉記，略舉五事以明之亦可知矣王肅亦云：'《泰誓》近得，非其本經。'馬融惟言後得，不知何時得之。"（《尚書正義》卷十一）

這《泰誓》一篇在馬融、王肅即以爲可疑，蓋"爲西漢人所僞作"，而西漢經師起而讀說之，在《尚書》遂由二十八篇變而爲二十九篇。

《論衡》所云河內女子發老屋所得逸《書》、逸《禮》一篇，現未考明，逸《易》則據《隋書·經籍志》云："及秦焚書，《周易》獨以卜筮得存，唯失《說卦》三篇。後河內女子得之。"這《說卦》三篇，包括《序卦》《雜卦》，據戴震《周易補注目錄後語》云：

> 武帝時，博士之業，《易》雖已十二篇，然昔儒相傳《說卦》三篇，與今文《泰誓》同後出。《說卦》分之爲《序卦》《雜卦》，故三篇詞指，不類孔子之言，或經師所記孔門餘論，或別所傳述，博士集而讀之，遂一歸之孔子，謂之《十翼》矣。

康有爲《新學僞經考》則云：

> "《隋志》之說出於《論衡》，此必王充曾見武、宣前本也。《說卦》：'帝出乎《震》，齊乎《巽》，相見乎《離》，致役乎《坤》，說言乎《兌》，戰乎《乾》，勞乎《坎》，成言乎《艮》。'又曰：'《震》，東方也；《離》也者，南方之卦也；《兌》，正秋也；《坎》者，正北方之卦也。'與焦、京《卦氣圖》合，蓋宣帝時說《易》者附之入經，田何、丁寬之傳無之也。史遷不知焦、京，必無之，此（《說卦》）二字不知何時竄入。至《序卦》《雜卦》，所出尤後，《史記》不著，蓋出劉歆之所僞，故其辭閃爍隱約，於《藝文志》著《序卦》，於《儒林傳》不著，而以'十篇'二字總括其間。要之，三篇非孔子經文。"（《新學僞經考》卷二）

這是說《說卦》《序卦》《雜卦》本漢初所無，到了西漢中葉加入今文經，蓋實爲孟、京之徒所爲，今文經因隨之而增多。

二 《詩》說之演變

關於今文經說之演變，在《詩》《書》《易》《春秋》俱有。《詩》在今文分魯、齊、韓三家，《魯詩》的傳授到後來演變較少，但是《齊詩》到了翼奉、匡衡，已不與轅固生所傳相同，這一點我們很容易看出來。《齊詩》由轅固生一傳而爲夏侯始昌，據《漢書·眭兩夏侯京翼李傳》說："夏侯始昌，魯人也。通《五經》，以《齊詩》《尚書》教授。自董仲舒、韓嬰死後，武帝得始昌，甚重之。始昌明於陰陽，先言柏梁臺災日，至期日果災。時昌邑王以少子愛，上爲選師，始昌爲太傅。年老，以壽終。"他所傳的《齊詩》，據他的再傳弟子翼奉所述的看來，面目已有大改變。《漢書·翼奉傳》云：

> 翼奉字少君，東海下邳人也。治《齊詩》，與蕭望之、匡衡同師。三人經術皆明，衡爲後進，望之施之政事，而奉惇學不仕，好律曆陰陽之占。元帝初即位，諸儒薦之，徵待詔宦者署，數言事宴見，天子敬焉。

> 時，平昌侯王臨以宣帝外屬侍中，稱詔欲從奉學其術。奉不肯與言，而上封事曰："臣聞之於師，治道要務，在知下之邪正。人誠鄉正，雖愚爲用；若乃懷邪，知益爲害。知下之術，在於六情十二律而已。北方之情，好也；好行貪狼，申、子主之。東方之情，怒也；怒行陰賊，亥、卯主之。貪狼必待陰賊而後動，陰賊必待貪狼而後用，二陰並行，是以王者忌子卯也。《禮經》避之，《春秋》諱焉。南方之情，惡也；惡行廉貞，寅、午主之。西方之情，喜也；喜行寬大，巳、酉主之。二陽並行，是以王者吉午酉也。《詩》曰：'吉日庚午。'上方之情，樂也；樂行奸邪，辰、未主之。下方之情，哀也；哀行公正，戌丑主之。辰未屬陰，戌丑屬陽，萬物各以其類應。今陛下明聖虛靜以待物至，萬事雖衆，何聞而不諭，豈況乎執十二律而御六情！於以知下參實，亦甚優矣，萬不失一，自然之道也。乃正月癸未日加申，有暴風從西南來。未主奸邪，申主貪狼，風以大陰下抵建前，是人主左右邪臣之氣也。平昌侯比三來見臣，皆以正辰加邪時。辰爲客，時爲主人。以律知人情，王者之秘道也，愚臣誠不敢以語邪人。"

> 上以奉爲中郎，召問奉："來者以善日邪時，孰與邪日善時？"奉對曰："師法用辰不用日。辰爲客，時爲主人。見於明主，侍者爲主人。辰正時邪，見者正，侍者邪；辰邪時正，見者邪，侍者正。忠正之見，侍者雖邪，辰時俱正；大邪之見，侍者雖正，辰時俱邪。即以自知侍者之邪，而時邪辰正，見者反正；即以自知侍者之正，而時正辰邪，見者反正。辰爲常事，時爲一行。辰疏而時精，其效同功，

必參五觀之，然後可知。故曰：察其所緣，省其進退，參之六合五行，則可以見人性，知人情。難用外察，從中甚明，故詩之為學，情性而已。五性不相害，六情更興廢。觀性以曆，觀情以律，明主所宜獨用，難與二人共也。故曰：'顯諸仁，臧諸用。'露之則不神，獨行則自然矣，唯奉能用之，學者莫能行。"

他這裏說"故詩之為學，情性而已。五性不相害，六情更興廢。觀性以曆，觀情以律"，與轅固生所傳已相去一萬八千丈。在轅固生本無此說，而"唯奉能用之，學者莫能行"，可見是他自己的發明，是他獨創的。然而他却要說："臣聞之於師曰"，假託為守師說。《翼奉傳》又說：

是歲，關東大水，郡國十一饑，疫尤甚。上乃下詔江海陂湖園池屬少府者以假貧民，勿租稅；損大官膳，減樂府員，省苑馬，諸宮館稀御幸者勿繕治；太僕、少府減食穀馬，水衡省食肉獸。明年二月戊午，地震。其夏，齊地人相食。七月己酉，地復震。上曰："蓋聞賢聖在位，陰陽和，風雨時，日月光，星辰靜，黎庶康寧，考終厥命。今朕共承天地，託於公侯之上，明不能燭，德不能綏，災異並臻，連年不息。乃二月戊午，地大震於隴西郡，毀落太上朝殿壁木飾，壞敗豲道縣城郭官寺及民室屋，厭殺人眾，山崩地裂，水泉涌出。一年地再動，天惟降災，震驚朕躬。治有大虧，咎至於此。夙夜兢兢，不通大變，深懷鬱悼，未知其序。比年不登，元元困乏，不勝饑寒，以陷刑辟，朕甚閔焉，慘怛於心。已詔吏虛倉廩，開府臧，振救貧民，群司其茂思天地之戒，有可蠲除減省以便萬姓者，各條奏。悉意陳朕過失，靡有所諱。"因赦天下，舉直言極諫之士。奉奏封事曰：聞之於師曰，天地設位，懸日月，布星辰，分陰陽，定四時，列五行，以視聖人，名之曰道。聖人見道，然後知王治之象，故畫州土，建君臣，立律曆，陳成敗，以視賢者，名之曰經。賢者見經，然後知人道之務，則《詩》《書》《易》《春秋》《禮》《樂》是也。《易》有陰陽，《詩》有五際，《春秋》有災異，皆列終始，推得失，考天心，以言王道之安危。至秦乃不說，傷之以法，是以大道不通，至於滅亡。今陛下明聖，深懷要道，燭臨萬方，布德流惠，靡有闕遺。罷省不急之用，振救困貧，賦醫藥，賜棺錢，恩澤甚厚。又舉直言，求過失，盛德純備，天下幸甚。

臣奉竊學《齊詩》，聞五際之要《十月之交》篇，知日蝕、地震之效昭然可明，猶巢居知風，穴處知雨，亦不足多，適所習耳。臣聞人氣內逆，則感動天地；天變見於星氣日蝕，地變見於奇物震動。所以然者，陽用其精，陰用其形，猶人之有五臟六體，五臟象天，六體象地。故臟病則氣色發於面，體病則欠申動於貌。今年太陰建於甲戌，律以庚寅初用事，曆以甲午從春。曆中甲庚，律得參陽，性中仁義，情得公正貞廉，百年之精歲也。正以精歲，本首王位，日臨中時接律而地大震，其後連月久陰，雖有大令，猶不能復，陰氣盛矣。古者朝廷必有同姓以明親親，必有異姓以明賢賢，此聖王之所以大通天下也。同姓親而易進，異姓疏而難通，故同姓一，異姓五，乃爲平均。今左右亡同姓，獨以舅后之家爲親，異姓之臣又疏。二后之黨滿朝，非特處位，勢尤奢僭過度，呂、霍、上官足以卜之，甚非愛人之道，又非後嗣之長策也。陰氣之盛，不亦宜乎！

臣又聞未央、建章、甘泉宮才人各以百數，皆不得天性。若杜陵園，其已御見者，臣子不敢有言，雖然，太皇太后之事也。及諸侯王園，與其后宮，宜爲設員，出其過制者，此損陰氣應天救邪之道也。今異至不應，災將隨之。其法大水，極陰生陽，反爲大旱，甚則有火災，春秋宋伯姬是矣。唯陛下財（裁）察。（同上）

所謂《易》有陰陽，《詩》有五際，《春秋》有災異；五際的發明，翼奉又記之於師，其實在轅固生時，恐尚未有此種師説，這恐怕也是翼奉的創説，如認爲他在守師説，這實是一謬誤。"五際"的解釋據孟康引《齊詩內傳》是"五際，卯、酉、午、戌、亥也，陰陽終始際會之歲，於此則有變改之政也"。這據翼氏云，"聞五際之要《十月之交》篇"，是不錯的。迮鶴壽《齊詩翼氏學》解説爲"五際者，卯、酉、午、戌、亥也。亥爲革命，一際也；卯爲陰陽交際，二際也；午爲陽謝陰興，三際也；酉爲陰盛陽微，四際也；戌爲陰極生陽，五際也。……若子、丑、寅、辰、巳、未、申等，不在陰陽際會之交，故不爲際"（《齊詩翼氏學》卷一）。這種説法在鄭玄《六藝論》引《詩緯·氾曆樞》則云："午、亥之際爲革命，卯、酉之際爲改政。辰在天門，出入候聽。"變卯、酉、午、戌、亥爲午、亥、卯、酉、辰，這是對於翼氏五際又一改變。據迮鶴壽《齊詩翼氏學·改戌際爲辰際解》説：

卯、酉、午、戌、亥爲五際，此《齊詩內傳》之説也。而《詩緯·氾曆樞》則云"午、亥之際爲革命，卯、酉之際爲改政，辰在天門，出入候聽"，則是改戌際爲辰際矣。其所以得改者，亥爲陽水，卯爲陰木，午爲陰火，酉爲陰金，衆論所同，不能改易。獨土行翼氏以丑爲陽，辰爲陰，《詩緯》以丑爲陰，辰爲陽。丑爲陰，土不得爲際，辰爲陽，土處於戌前，於是改戌際爲辰際，以自異於《齊詩》焉。哀帝時尚在戌際，夏賀良等謂"漢歷中衰，當更受命，宜急改元易號"，仍僞造諸緯，以濟其反道惑衆之私。其所以必改者，戌際《十月之交》，諸詩皆叙災變，不如辰際《南陔》，諸詩咏歌太平，可以援引爲符瑞。乃取"辰爲天門"一語附會之，而卯、酉、午、亥、辰爲五際，與《齊詩》名同而實異矣。（迮鶴壽《齊詩翼氏學》卷四）

迮氏之言如是。我們可見這"五際"説在西漢哀、平時已又變更"以濟其反道惑衆之私"，我們如誤會兩漢的經師都是嚴守師説，達四百餘年，如高曾之授曰"弟仍"，那真的是大謬不然。我們知道，翼奉、匡衡、蕭望之都是同師后蒼，在匡衡、蕭望之的對策中，無"六情五際"種種的説法，這《齊詩》五際，恐怕只是翼氏一家之學。

我們再就《韓詩》來看，《韓詩》在西漢同樣很盛行，而到東漢郅惲、薛漢以後則頗爲盛極一時，這是傳《韓詩》的應用緯讖的原因。據《後漢書·郅惲傳》説：

郅惲字君章，汝南西平人也。年十二失母，居喪過禮。及長，理《韓詩》《嚴氏春秋》，明天文曆數。

王莽時，寇賊羣發，惲乃仰占玄象，嘆謂友人曰："方今鎮、歲、熒惑並在漢分翼、軫之域，去而復來，漢必再受命，福歸有德。如有順天發策者，必成大功。"時左隊大夫逯並素好士，惲説之曰："當今上天垂象，智者以昌，愚者以亡。昔伊尹自鬻輔商，立功全人。惲竊不遜，敢希伊尹之踪，應天人之變。明府儻不疑逆，俾成天德。"奇之，使署爲吏。惲不謁，曰："昔文王拔呂尚於渭濱，高宗禮傅説於巖築，桓公取管仲於射鈎，故能立弘烈，就元勳。未聞師相仲父，而可爲吏位也。非窺天者不可與圖遠。君不授驥以重任，驥亦俯首裹足而去耳。"遂不受署。

西至長安，乃上書王莽曰："臣聞天地重其人，惜其物，故運機衡，垂日月，含元包一，甄陶品類，顯表紀世，圖録豫設。漢歷久長，孔爲赤制，不使愚惑，殘人亂時。智者順以成德，愚者逆以取害，神器有命，不可虛獲。上天垂戒，欲悟陛下，令就臣位，轉禍爲福。劉氏享天永命，陛下順節盛衰，取之以天，還之以天，可謂知命矣。若不早圖，是不免於竊位也。……"莽大怒，即收繫詔獄，劾以大逆。猶以惲據經讖，難即害之……

光武……後令惲授皇太子《韓詩》，侍講殿中。

很明顯，郅惲的《韓詩》中摻入了一些讖緯説；薛漢父子的《韓詩章句》也是善説災異讖緯，薛漢且能校定圖讖。有了這樣的演變，至東漢而《韓詩》大行，是真有其原因所在的。

三 《書》説之演變

《今文尚書》經説在西漢即有演變，這在《漢書·儒林傳·兒寬》中即甚顯明。《儒林傳》説："寬有俊才，初見武帝。語經學。上曰：'吾始以《尚書》爲樸學，弗好，及聞寬説，可觀。'乃從寬問一篇。歐陽、大小夏侯氏學皆出於寬。"可見兒寬必有改進師説，變"樸學"不"樸"的地方，所以才能三家之學都出於寬。《漢書·大小夏侯傳》説：

> 夏侯勝字長公。初，魯共王分魯西寧鄉以封子節侯，別屬大河，大河後更名東平，故勝爲東平人。勝少孤，好學，從始昌受《尚書》及《洪範五行傳》，説災異。後事簡卿，又從歐陽氏問。爲學精孰，所問非一師也。善説禮服。徵爲博士、光禄大夫。會昭帝崩，昌邑王嗣立，數出。勝當乘輿前諫曰："天久陰而不雨，臣下有謀上者，陛下出欲何之？"王怒，謂勝爲妖言，縛以屬吏。吏白大將軍霍光，光不舉法。是時，光與車騎將軍張安世謀欲廢昌邑王。光讓安世以爲洩語，安世實不言。乃召問勝，勝對言："在《洪範傳》曰'皇之不極，厥罰常陰，時則下人有伐上者'，惡察察言，故云臣下有謀。"光、安世大驚，以此益重經術士。後十餘日，光卒與安世白太后，廢昌邑王，尊立宣帝。光以爲群臣奏事東宮，太后省政，宜知經術，白令勝用《尚書》授太后。遷長信少府，賜爵關内侯，以與謀廢立，定策安宗廟，益千户。
>
> 宣帝初即位，欲襃先帝，詔丞相御史曰……勝曰："詔書不可用也。人臣之誼，宜直言正論，非苟阿意順指。議已出口，雖死不悔。"於是丞相義、御史大夫廣明劾奏勝非議詔書，毁先帝，不道……因大赦。……
>
> 勝復爲長信少府，遷太子太傅。受詔撰《尚書》《論語説》，賜黄金百斤。年九十卒官，賜冢塋，葬平陵。太后賜錢二百萬，爲勝素服五日，以報師傅之恩，儒者以爲榮。
>
> ……
>
> 勝從父子建字長卿，自師事勝及歐陽高，左右采獲，又從《五

經》諸儒問與《尚書》相出入者，牽引以次章句，具文飾說。勝非之曰："建所謂章句小儒，破碎大道。"建亦非勝爲學疏略，難以應敵。建卒自頗門名經，爲議郎、博士，至太子少傅。勝子兼爲左曹太中大夫，孫堯至長信少府、司農、鴻臚，曾孫蕃郡守、州牧、長樂少府。勝同產弟子賞爲梁内史，梁内史子定國爲豫章太守。而建子千秋亦爲少府、太子少傅。（《漢書》卷七十五《眭兩夏侯京翼李傳第四十五》）

我們從夏侯勝的"爲學精熟，所問非一師也"，及夏侯建的"左右采獲，又從《五經》諸儒問與《尚書》相出入者，牽引以次章句，具文飾說"可見，大、小夏侯對於師說俱有改進。皮錫瑞在《經學歷史》上說：

> 《書》傳於伏生，伏生傳歐陽，立歐陽已足矣。二夏侯出張生，而同原伏生，使其學同，不必別立；其學不同，是背師說，尤不應別立也。試舉《書》之二事證之。伏生《大傳》以"大麓"爲"大麓之野"，明是"山麓"。《史記》以爲"山林"，用歐陽說。《漢書·于定國傳》以爲"大錄"，用大夏侯說。是大夏侯背師說矣。伏生《大傳》以"孟侯"爲"迎侯"，《白虎通·朝聘》篇用之。而《漢書·地理志》，"周公封弟康叔，號曰孟侯"，用小夏侯說。是小夏侯背師說矣。小夏侯乃大夏侯從子，從之受學，而謂大夏侯疏略難應敵，大夏侯亦謂小夏侯破碎大道。是小夏侯求異於大夏侯，大夏侯又求異於歐陽。不守師傳，法當嚴禁，而反爲之分立博士，非所謂大道多歧亡羊者乎？《史記》云"言《易》者本於楊何"，立《易》楊，已足矣。施、孟、梁丘師田王孫，三人學同，何分頗門？學如不同，必有背師說者。乃明知孟喜改師法，不用，後又爲立博士，此何說也？京房受《易》焦延壽，而託之孟氏，孟氏弟子不肯，皆以爲非，而亦爲立博士，又何說也？施、孟、梁丘今不可考，惟京氏猶存其略，飛伏、世應多近術數。是皆立所不當立者。二戴、嚴、顏不當分立，亦可以此推之。

皮氏以爲是"小夏侯求異於大夏侯，大夏侯又求異於歐陽，不守師傳，法當嚴禁"。殊不知他們的求異，有的真是爲求進步，想求得比較合理的解釋。即如皮氏所舉二例，"大麓"的解釋如《史記·五帝本紀》所云："堯使舜入山林川澤，暴風雷雨，舜行不迷，堯以爲聖。"在暴風雷雨時走入山林川澤中，能夠不迷失道路，這對於熟悉當地情況的人都應該不算是太困難的事，何至於獨對舜"堯以爲聖"？如像《于定國傳》中上報定國曰"萬方之事，大錄於君"，大夏侯訓"大麓"爲"大錄"，這是總覽百揆之意，與《尚書》上文的"納於百揆，百揆時叙；賓於四門，四門穆穆"意思更覺連貫。"納於大錄而烈風雷雨弗迷"，正見舜之爕理陰陽，故能風調雨順。大夏侯的解釋是比較進步的。至於《康誥》"王若曰：'孟侯，朕其弟，小子封。'"依《尚書大傳》的解釋"天子太子年十八，曰孟侯。孟侯者，於四方諸侯來朝，迎於郊者（鄭玄注：孟，迎也），問其所不知也"，則真不如小夏侯解釋爲"孟，長也。孟侯者，言爲諸侯之長也"（用《漢書》顏師古注語）。"孟侯、朕其弟、小子封"俱屬一人，不像《大傳》以孟侯指成王與下文"小子封"分指二人。在《呂氏春秋·先識覽》説："齊愍王，周室之孟侯也，太公之所以老也。桓公嘗以此霸矣，管仲之辯名實審也。"此處之"孟侯"，正是小夏侯所解釋的"孟，長也。孟侯者，言爲諸侯之長也"之義。

小夏侯的解釋既有來歷，又較合理，也是比較有進步的。我們不可以因其求異而隨便説"不守師傳，法當嚴禁"，清儒守師説的論調是昧於學術進化之理，而且是不顧及事實，不考察當日實際的情形的。不過像"信都秦恭延君守小夏侯説文，無故善脩章句，恭增師法至百萬言"（《後漢書》語），"秦近君能説《堯典》，篇目兩字之誼至十餘萬言，但説'曰若稽古'，三萬言"（桓譚《新語》），這樣的增師説，蔓延支離，或者將較好的解釋改壞了，這自然是不如不改。但是離開事實而一味地説漢儒守師説，迄四百餘年，如高曾之授曩仍，則未免太錯了！

除上述兩例外，我們更可多列舉歐陽、大小夏侯改進師説之處如下：

1. 九族。《五經異義》："母族三：母父姓爲一族，母之母姓爲一族，母女昆弟適人者與其子爲一族。"《白虎通》："母族三者，母之父母爲一族也，母之昆弟爲二族也，母之女昆弟爲三族也。"

2. 天號。《五經異義》："今《尚書》歐陽説：春曰昊天，夏曰蒼天，秋曰旻天，冬曰上天，總爲皇天。"《白虎通》："春曰蒼天，夏曰昊天，秋曰旻天，冬曰上天。《爾雅》曰'一説春爲蒼天'等是也。"

3. 柳谷。《尚書大傳·虞傳》："秋禋柳谷華山。"《尚書正義》："夏侯等書'昧谷'曰'柳谷'。"

4. 六宗。《後漢書·祭禩志》劉昭注："伏生、馬融曰：'萬物非天不覆，非地不載，非春不生，非夏不長，非秋不收，非冬不藏。禋於六宗，此之謂也。'歐陽和伯、夏侯建曰：'六宗，上不謂天，下不謂地，傍不謂四方，在六者之間，助陰陽變化者也。'"

5. 五章。《尚書大傳》："天子衣服，其文華蟲、作繢，宗彝，藻火，山龍；諸侯作繢，宗彝、藻火、山龍；子男，宗彝、藻火、山龍；大夫，藻火、山龍；士，山龍。故《書》曰'天命有德，五服五章哉'。又曰……'天子服五，諸侯服四，次國服三，大夫服二，士服一'。"《後漢書・輿服志》："顯宗遂就大業，初服旒冕，衣裳文章，赤舄絇屨，以祠天地，養三老五更於三雍，於時致治平矣。天子、三公、九卿、特進侯、侍祠侯，襈天地明堂，皆冠旒冕，衣裳玄上纁下。乘輿備文，日月星辰十二章，三公、諸侯用山龍九章，九卿以下用華蟲七章……孝明皇帝永平二年，初詔有司采《周官》《禮記》《尚書・皋陶》篇，乘輿服從歐陽氏說，公卿以下從大小夏侯氏說。"陳壽祺云："歐陽說冕服章數仍以十二、九、七爲節。大小夏侯說冕服章數自天子至公侯以九爲節，卿以下以七爲節。"（陳壽祺輯校《尚書大傳》卷二，《四部叢刊》經部影印《左海文集》本）

6. 五行。五行在《尚書・洪範》中爲："一，五行。一曰水，二曰火，三曰木，四曰金，五曰土。水曰潤下，火曰炎上，木曰曲直，金曰從革，土爰稼穡。潤下作鹹，炎上作苦，曲直作酸，從革作辛，稼穡作甘。二，五事。一曰貌，二曰言，三曰視，四曰聽，五曰思。貌曰恭，言曰從，視曰明，聽曰聰，思曰睿。恭作肅，從作乂，明作哲，聰作謀，睿作聖。……四，五紀。一曰歲，二曰月，三曰日，四曰星辰，五曰曆數。五，皇極。皇建其有極。……七，稽疑。擇建立卜筮人，乃命卜筮。曰雨、曰霽、曰蒙、曰驛、曰克、曰貞、曰悔……八，庶徵。曰雨，曰暘，曰燠，曰寒，曰風……曰休徵。曰肅，時雨若。曰乂，時暘若。曰晰，時燠若。曰謀，時寒若。曰聖，時風若。曰咎徵，曰狂，恒雨若。曰僭，恒暘若。曰豫，恒燠若。曰急，恒寒若。曰蒙，恒風若。……九，五福。一曰壽，二曰富，三曰康寧，四曰攸好德，五曰考終命。六極。一曰凶、短、折，二曰疾，三曰憂，四曰貧，五曰惡，六曰弱。"

在《洪範・五行傳論》則云："惟王后元祀，帝令大禹步於上帝，維時洪範六沴用咎於下，是用知不畏而神之怒。若六沴作見，若是共御，帝用不差，神則不怒，五福乃降，用章於下。若六沴作見，若不共御，六伐既侵，六極其下，禹乃共辟厥德，受命休令，爰用五事，建用王極。""長事一曰貌，貌之不恭，是謂不肅。厥咎狂，厥罰恒雨，厥極惡時，則有服妖龜孽雞禍下體生於上之痾，青眚青祥，唯金沴木次。二事曰言，言之不從，是謂不乂。厥咎僭，厥罰恒暘，厥極憂時，則有詩妖介蟲之孽、犬禍口舌之痾，白眚白祥，維木沴金次。三事曰視，視之不明，是謂不悊。厥咎荼，厥罰恒燠，厥極疾時，則有草妖倮蟲之孽羊禍目痾，赤眚赤祥，惟水沴火次。四事曰聽，聽之不聰，是謂不謀。厥咎急厥，罰恒寒厥，極貧時則有鼓妖魚孽豕禍耳痾，黑眚黑祥，惟火沴水次。五事曰思心，思心之不容，是謂不聖。厥咎霧，厥罰恒風，厥極短折時則有脂液之妖華孽牛禍心腹之痾，黃眚黃祥，金木水火沴土。王之不極，是謂不建，厥咎眊，厥罰恒陰，厥極弱時，則有射妖龍蛇之孽馬禍下人伐上之痾，日月亂，行星辰逆行。"這與《洪範》本文所述就相去太遠了。

7. 王極。皮錫瑞《尚書大傳疏證》："陳喬樅曰，《洪範·五行傳·王極》鄭注云：'王或皆爲皇。《白虎通·號篇》曰，皇，君也，美也，大也。皇之訓爲君，亦爲大。故孔光、谷永說，皇極並以大中爲訓，此歐陽、夏侯三家之本不同也……作王極者歐陽氏之本，作皇極者夏侯氏之本也。'錫瑞案……其義皆當訓君，不當訓大，王之不極、皇之不極必訓爲君，然后可通訓爲大，大之不中則不辭甚矣。"

8. 百率。《史記·周本紀》載《書·甫刑》："其四訓百率。"《史記·平準書》索引："《尚書大傳》：'死罪罰二千饌。'"《路史·後紀》卷十引："《大傳·甫刑傳》：'一饌六兩。'"《漢書·蕭望之傳》："《甫刑》之罰，小過赦，薄罪贖，有金選之品，所從來久矣。"陳壽祺云："選即率也，是《今文尚書》有作選者。歐陽、夏侯三家之不同也。"

四 《禮》學之演變

在兩漢今文經學中，獨缺《禮》學，誠如唐晏云："及遭秦火，《禮》最失傳，則放失久矣。漢興，叔孫所制，非古《禮》也；曲臺所傳，非備物也。至曹褒、董鈞，失之益遠。故有漢一代，他經咸盛，惟《禮》無傳。"（唐晏：《兩漢三國學案》）故不論。

五 《易》學之演變

《易》說在孟喜、趙賓、焦贛都是"本店製造"，一些解釋而僞記爲師說，這些只能說是一種演變，不能盡認爲僞。紀磊《漢儒傳易源流》云："《晉書》：太康二年，汲郡人不準盜發魏襄王墓，或言安釐王冢，得竹書數十車。其《易經》二篇與《周易》上下經同，《易繇陰陽卦》二篇與《周易》略同，《周·繇辭》則異。《卦下易經》一篇，似《說卦》而異。則《易經》本有《易·繇陰陽卦》二篇。喜之所得或即此，與其說當更在孔子前。自孔子贊《易》後，而《繇》或另行，故喜得之而託於師傳。"紀氏以一喜之所傳即爲古本，這是由於他認"孟氏章句一引，就及見之，則唐初尚存也。此卦氣所自始"（同上書）。不過這不一定可信，我們還不如認爲是孟氏的發明。本來田何之學並無章句，至王同、周王孫、丁寬始有《易傳》。然周生獨號古義，豈周氏別有所得乎？商瞿之傳至周王孫、丁將軍蓋又一變（用《兩漢三國學案》卷一）。《易》學在漢初本來就多端，孟氏託之師傳，以見其非私說，這却可信。如果紀氏所云，則孟氏當直明其爲古本，不當託之師傳。這是《易》學的一種演進。孟氏之後的焦、京也正如孟氏。據《漢書·京房傳》云：

> 京房字君明，東郡頓丘人也。治《易》，事梁人焦延壽。延壽字贛。贛貧賤，以好學得幸梁王。梁王共其資用，令極意學。既成，爲郡史，察舉補小黃令。以候司先知奸邪，盜賊不得發。愛養吏民，化行縣中。舉最當遷，三老官屬上書願留贛，有詔許增秩留，卒於小黃。贛常曰："得我道以亡身者，必京生也。"其說長於災變，分六十四卦，更直日用事，以風雨寒溫爲候；各有占驗。房用之尤精。好鐘律，知音聲。初元四年，以孝廉爲郎。
>
> 永光、建昭間，西羌反，日蝕，又久青亡光，陰霧不精。房數上疏，先言其將然，近數月，遠一歲，所言屢中，天子說之。數召見問，房對曰："古帝王以功舉賢，則萬化成，瑞應著，末世以毀譽取人，故功業廢而致災異。宜令百官各試其功，災異可息。"詔使房作其事，房奏考功課吏法。上令公卿朝臣與房會議溫室，皆以房言煩碎，令上下相司，不可許。上意鄉之。時，部刺史奏事京師，上召見諸刺史，令房曉以課事，刺史復以爲不可行。唯御史大夫鄭弘、光禄大夫周堪初言不可，後善之。
>
> 是時，中書令石顯顓權，顯友人五鹿充宗爲尚書令，與房同經，論議相非。二人用事，房嘗宴見，問上曰："幽、厲之君何以危？所任者何人也？"上曰："君不明，而所任者巧佞。"房曰："知其巧佞而用之邪，將以爲賢也？"上曰："賢之。"房曰："然則今何以知其不賢也？"上曰："以其時亂而君危知之。"房曰："若是，任賢必治，任不肖必亂，必然之道也。幽、厲何不覺寤而更求賢，曷爲卒任不肖以至於是？"上曰："臨亂之君各賢其臣，令皆覺寤，天下安得危亡之君？"房曰："齊桓公、秦二世亦嘗聞此君而非笑之，然則任豎刁、趙高，政治日亂，盜賊滿山，何不以幽、厲卜之而覺寤乎？"上曰："唯有道者能以往知來耳。"房因免冠頓首，曰："《春秋》紀二百四十二年災異，以視萬世之君。今陛下即位已來，日月失明，星辰逆行，山崩泉涌，地震石隕，夏霜冬雷，春凋秋榮，隕霜不殺，水旱螟蟲，民人饑疫，盜賊不禁，刑人滿市，《春秋》所記災異盡備。陛下視今爲治邪，亂邪？"上曰："亦極亂耳。尚何道！"房曰："今所任

用者誰與?"上曰:"然幸其愈於彼,又以爲不在此人也。"房曰:"夫前世之君亦皆然矣。臣恐後之視今,猶今之視前也。"上良久乃曰:"今爲亂者誰哉?"房曰:"明主宜自知之。"上曰:"不知也,如知,何故用之?"房曰:"上最所信任,與圖事帷幄之中進退天下之士者是矣。"房指謂石顯,上亦知之,謂房曰:"已諭。"

房罷出,後上令房上弟子曉知考功課吏事者,欲試用之。房上中郎任良、姚平,"願以爲刺史,試考功法,臣得通籍殿中,爲奏事,以防雍塞"。石顯、五鹿充宗皆疾房,欲遠之,建言宜試以房爲郡守。……

……房以建昭二年二月朔拜,上封事曰:"辛酉以來,蒙氣衰去,太陽精明,臣獨欣然,以爲陛下有所定也。然少陰倍力而乘消息。……此上大夫覆陽而上意疑也。己卯、庚辰之間,必有欲隔絕臣令不得乘傳奏事者。"

房未發,上令陽平侯鳳承制詔房,止無乘傳奏事。房意愈恐,去至新豐,因郵上封事曰:"臣前以六月中言《遁卦》不效,法曰:'道人始去,寒,涌水爲災。'至其七月,涌水出。臣弟子姚平謂臣曰:'房可謂知道,未可謂通道也。房言災異,未嘗不中……'"……

房至陝,復上封事曰:"乃丙戌小雨,丁亥蒙氣去,然少陰並力而乘消息,戊子益甚,到五十分,蒙氣復起。此陛下欲正消息,雜卦之黨並力而争,消息之氣不勝。強弱安危之機不可不察。己丑夜,有還風,盡辛卯,太陽復侵色,至癸巳,日月相薄,此邪陰同力而太陽爲之疑也。臣前白九年不改,必有星亡之異。……

……房本姓李,推律自定爲京氏,死時年四十一。

孟喜的卦氣,據惠棟《易漢學》云:"孟氏《卦氣圖》以《坎》《離》《震》《兑》爲四正卦,餘六十卦,卦主六日七分,合周天之數。内辟卦十二,謂之消息卦;乾盈爲息,坤虚爲消,其實乾、坤十二畫也。《繫辭》云:'乾之策二百一十有六,坤之策一百四十有四,凡三百有六十,當期之日。'夫以二卦之策,當一期之數,則知二卦之爻,周一歲之用矣。四卦主四時,爻主二十四氣,十二卦主十二辰,爻主七十二候,六十卦主六日七分,爻主三百六十五日四分日之一。辟卦爲君,雜卦爲臣,四正爲方伯。二至二分,寒温風雨,總以應卦爲節。"(《皇清經解續編》卷一三九)孟喜的卦氣有六日七分(附圖一)、七十二候(附圖二)、消息、四正、十二消息、辟卦、雜卦,更有推卦用事日,

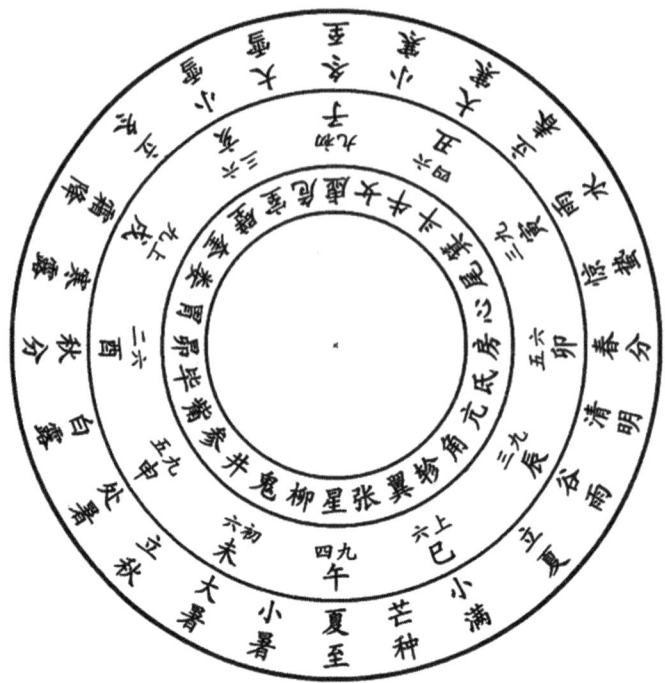

附圖一

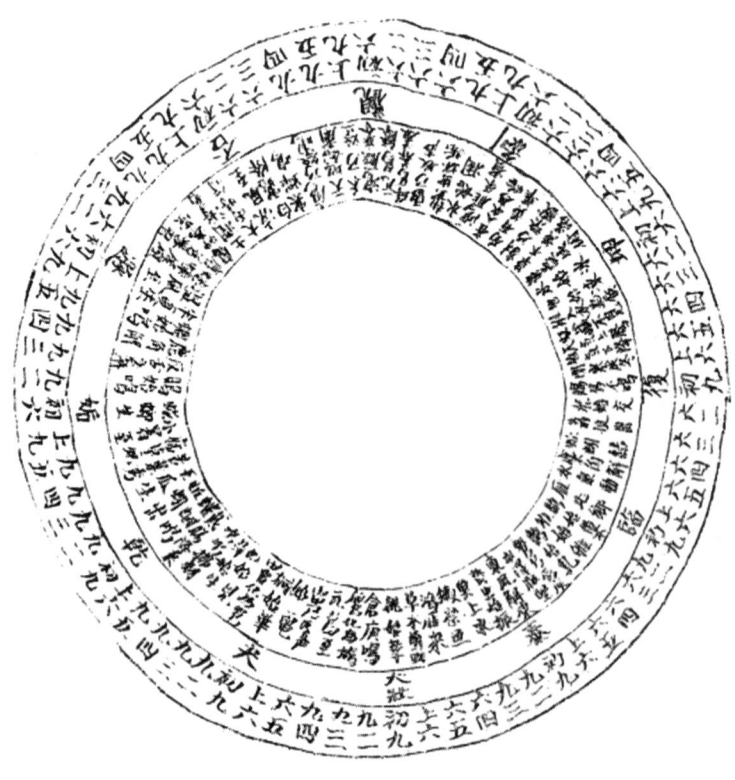

附圖二

六十卦用之月,將《易》六十四卦中提四正卦分配着四方四時,而又從卦爻陰陽,將六十卦分配在一年之中,於是可推卦用事之日,及六十卦用事之月;又有辟卦爲君,雜卦爲臣等等,封於占驗,已頗有用。到了京房,據唐一行《六卦議》說:"十二月卦,出於孟氏《章句》,其說《易》本於氣,而後以人事明之。京氏又卦爻配期之日,坎離震兌,其用事自分之首,皆得八十分日之七十三,頤、晉、井、大畜,皆五日十四分,餘皆六日七分。止於占災眚與吉凶善敗之事。至於觀陰陽之變,則錯亂而不明。自《乾象曆》以降,皆因京氏。"(《皇清經解續編》卷一三九,第一册)但是據京氏《易傳》看來,凡占法中的納甲、世應、游歸、飛伏、貴賤、爻等、貞悔、五行、占驗、風雨寒温、蒙氣,在京《易》中無所不有。據《禮記·月令正義》引《易林》云:"震主庚、子、午,巽主辛、丑、未,坎主戊、寅、申,離主己、卯、酉,艮主丙、辰、戌,兌主丁、巳、亥。"《抱朴子》云:"案《玉策記》及《開名經》皆以五音六屬,知人年命之所在。子午屬庚(原注:庚主震,初爻庚子、庚午)……丑、未屬辛(原注:巽初爻辛丑、辛未),寅、申屬戊(原注:坎初爻戊寅、戊申),卯、酉屬己(原注:離初爻己卯、己酉),辰、戌屬丙(原注:艮初爻丙辰丙戌),巳、亥屬丁(原注:兌初爻丁巳、丁亥)。"(《抱朴子内篇》卷十一《仙藥》)八卦各爻更配好干支,這是所謂納甲,由每卦的六爻產生世應、飛伏諸說,因之而每爻更有貴賤、六親等事。孟氏《易》學,使八卦分配到四方四時、日月氣候,可以占驗多少事件。京氏更將八卦分配在天地、干支、貴賤、親疏,更可以詳細占驗一切吉凶悔吝。《易》之孟、京的演變,正是《易》學上的進展。後漢荀爽的"乾升坤降",而虞翻五世傳孟《易》,更發明一種納甲,是對於孟、京、馬的《易》學的補充與進步。荀氏《易》學並非傳自費氏,也不是一定從孟、京,他是據爻應承應陰陽變化之義,以十篇之文解說經意。他的說法與費《易》相同而已。魏晉以後人集有九家《易》,以荀爽爲首。今傳有《九家逸象》。可見治《易》學的經師往往有些發明。這不要認定是不守師說,而實是於經說的一種進步。

六 《春秋》學之演變

《春秋》在西漢初的大師爲董仲舒,據《漢書·董仲舒傳》:"董仲舒,廣川人也。以治《春秋》,孝景時爲博士。下帷講誦,弟子傳以久次相授業,或莫見其面。蓋三年董仲舒不觀於舍園,其精如此。進退容止,非禮不行,學士皆師尊之。""仲舒治國,以《春秋》災異之變推陰陽所以錯行,故求雨,閉諸陽,縱諸陰,其止雨反是;行之一國,未嘗不得所欲。中廢爲中大夫。先是遼東高廟、長陵高園殿災，仲舒居家推説其意，中稾未上，主父偃候仲舒，私見，嫉之，竊其書而奏焉。上召視諸儒，仲舒弟子吕步舒不知其師書，以爲大愚。於是下仲舒吏，當死，詔赦之。仲舒遂不敢復言灾異。仲舒爲人廉直。是時方外攘四夷，公孫弘治《春秋》不如仲舒，而弘希世用事，位至公卿。仲舒以弘爲從諛，弘嫉之，膠西王亦上兄也，尤縱恣，數害吏二千石。弘乃言於上曰：'獨董仲舒可使相膠西王。'膠西王聞仲舒大儒，善待之，仲舒恐久獲罪，病免。凡相兩國，輒事驕王，正身以率下，數上疏諫争，教令國中，所居而治。及去位歸居，終不問家産業，以修學著書爲事。……年老，以壽終於家。家徙茂陵，子及孫皆以學至大官。仲舒所著，皆明經術之意，及上疏條教，凡百二十三篇。而説《春秋》事得失，《聞舉》《玉杯》《蕃露》《清明》《竹林》之屬，復數十篇，十餘萬言，皆傳於後世。"（《漢書》卷二十六）仲舒的"玉杯蕃露"之屬，現傳世爲《春秋繁露》一書，其中論及《春秋》除五始三世等義外，更有《二端》《十指》等篇。其《二端》篇云："《春秋》至意有二端……小大微著之分也。"《十指》篇云："今《春秋》之爲學也，道往而明來者也。然而其辭體天之微，效難知也。弗能察，寂若無；能察之，無物不在。""舉事變見有重焉，一指也。見事變之所至者，一指也。因其所以至者而治之，一指也。强於弱枝，大本小末，一指也。別嫌疑，異同類，一指也。論賢才之義，別所長之能，一指也。親近來遠，同民所欲，一指也。承周文而反之質，一指也。木生火，火爲夏，天之端，一指也。切譏刺之所罰，考變異之所加，天之一端，一指也。"

這"二端十指"，在何休《公羊解詁》中頗不多采用。何休在《解詁》中未提及董仲舒而云："往者略依胡毋生條例，多得其正。"（何休《春秋公羊傳注疏·序》）後人頗誤會他是胡毋生一派，而不是董仲舒一派的。江藩在《隸經文》卷四《公羊先師考》中説："董子書散佚已久，傳於世者，僅存殘闕之《繁露》，而其説往往與休説不合，《繁露》之言二端十指，亦與《條例》之三科九旨迥異。仲舒推五行災異之説，《漢書·五行志》備載焉。休之《解詁》，不用董子之説，取京房之占，其不師仲舒可知矣。則其所謂先師者，爲胡毋生、李育之徒，非仲舒、彭祖、安樂也。是董子之學盛行於前漢，寖微於後漢。至晉時，其學絶矣。"（《皇清經解續編》卷三六五，第二册）他正是不以何休爲仲舒之傳。康有爲《春秋董氏學》卷七《傳經表》亦僅以李育、羊弼、何休列入"傳《公羊》而不詳所受者"表中，這種見解，是由於何休在《解詁》中不多用董君説而然。其實他不過采取了比董仲舒更進一步、更有系統之説而已。唐晏《兩漢三國學案》亦云："三科九旨之説，不見於《公羊傳》，惟何氏記之，其説亦不詳所本。故何氏《春秋公羊傳注疏序》云：'胡毋生條例多得其正，故遂隱括，使就繩墨焉。'則此説豈胡毋生之例歟？近代惠氏以《石經》考定何休爲顏氏家言，故列之於顏氏派下。"（卷八頁三七）唐氏明知何休爲顏氏一派，而以爲"三科九旨之説""豈胡毋生之例"？也是由於不知漢代經師對於師説往往有修正之處，故以爲"不詳其所本"。其實這些當是何休、羊弼、李育采用董君説稍變其面目，而推本於胡毋生。他們認爲胡毋生"以《公羊經》傳授董氏"，董氏還是胡毋生的弟子，故不必稱董君，而說依胡毋生。據徐彦《春秋公羊疏》：

問曰："《春秋説》云：《春秋》設三科九旨，其義如何？"答曰："何氏之意，以爲三科九旨，正是一物。若總言之，謂之三科，科者，段也；析而言之，謂之九旨，旨者，意也。故何氏作《文謚例》云：'三科九旨者，新周、故宋，以《春秋》當新王，此一科三旨也；又云所見異辭，所聞異辭，所傳聞異辭，二科六旨也；又内其國而外諸夏，内諸夏而外夷狄，是三科九旨也。'"問曰："宋氏之注《春秋説》：三科者，一曰張三世，二曰存三統，三曰異外內，是三科也。九旨者，一曰時，二曰月，三曰日，四曰王，五曰天王，六曰天子，七曰譏，八曰貶，九曰絶。"

這"三科九旨"不惟不是何氏一人之發明，而且在《公羊傳》中都有；"三世"之説見"公子益師卒"隱公元年傳："所見異辭，所聞異辭，所傳聞異辭"；"新周"之説明見宣十六年"成周宣謝災"傳；《春秋》"内其國而外諸夏，内諸夏而外夷狄"明是成十五年傳文。不過徐《疏》所舉"宋氏（宋衷）之注《春秋》説：三科者，一曰張三世，二曰存三統，三曰異外內，是三科也。九旨者，一曰時，二曰月，三曰日，四曰王，五曰天王，六曰天子，七曰譏，八曰貶，九曰絶。時與日月，詳略之旨也；王與天王、天子，是録遠近親疏之旨也；譏與貶、絶，則輕重之旨也。及文謚例下文云，五始者，元年春王正月，公即位是也；七等者，州國氏人名字子是也；六輔者，公輔天子，卿輔公，大夫輔卿，士輔大夫，京師輔君，諸夏輔京師是也；二類者，人事與災異是也"，及《春秋説》云："《春秋》書有七缺，申之曰：惠公妃匹不正，隱、桓之禍生，是爲夫之道缺也。文姜淫而害夫，爲婦之道缺也。大夫無罪而致戮，爲君之道缺也。臣而害上，爲臣之道缺也。僖五年晉侯殺世子申生，襄二十六年宋公殺其世子痤，殘虐枉殺其子，是爲父之道缺也。文元年楚世子商臣弑其君髠，襄三十年蔡世子般弑其君固，是爲子之道缺也。桓八年正月己卯烝，桓十四年八月乙亥嘗，僖三十一年夏四月，四卜郊不從，乃免牲，猶三

望，郊禘不脩，周公之禮缺。是爲七缺也矣。"（卷一頁一下至頁二上）

這些有的見於傳文（如"七等"，見莊十年傳），有的是董君說（如"五始"，見《繁露》），也並非何君一人之發明，他不過就經傳以及師說更歸納爲有系統的說明而已，這是一種演進，一種比較好的演進。何氏"隱元年三世說"亦然，不能說是不詳所本。蘇輿《春秋繁露義證》云："何休序《公羊解詁》云：'往者略依胡毋生條例，多得其正。故遂隱括，使就繩墨。'而無一語及董。條例當是五始、三科、九旨、七等、六輔、二類、七缺之說，究其義，與此合者十實八九。胡毋生與董同業，殆師說同也。"蘇氏看見何氏解詁與董合者實十八九，以胡、董師說相同，亦未明了何氏學本出於董，其云依胡毋生者，或其條例本出胡毋生，或當時有胡毋生本雖以《公羊經》傳授董氏之說，故何氏推本於胡毋生也。

嚴、顏二家在後來經文與解說亦不盡同，這也是一種演變，據唐晏《兩漢三國學案》云："嚴氏、顏氏二家皆出於董仲舒，本一家也。然以《石經》考之，知蔡邕所書嚴氏本也，何休所注顏氏本也。二本間有不同，《石經》已明言之。是以《石經》於顏氏本有無不同之處，往往注出，是真歧中之歧也。至於漢儒習《嚴氏》者多，習《顏氏》者鮮。至何氏注行而嚴本亡矣。"嚴、顏兩家異說可知。

第三節　今文經學之精神

西漢的今文經學，在上文中已證明其注重於通大義，西漢特出的經學家實在也是富有哲學思想、政治思想、道德思想。關於哲學思想的發展，緣於董君仲舒的天人相應論及陰陽五行說，影響到後來的經學家。而西漢經學，《易》學甚發達，自然很能啓迪經師以應天順人及陰陽五行之說，所以在董君後，這一種宗教的哲學思想頗有進展。關於政治思想，因爲《春秋》推見至隱，長於治人，可予當時的經學家種種暗示，例如必尊德貴讓、公天下、尊王攘夷，大一統的思想、重民輕君的民本思想，尊貴賤佞的賢人政治，加之以當時政治、社會、經濟情形之不安，經師們自容易發出振聾發聵的政論。關於道德思想，在賈生、韓嬰、董君已重新提出關於性情善惡、教化綱紀、維續討論先秦儒家哲學餘緒，加以溫柔敦厚爲《詩》之教，如王式以《詩三百篇》當諫書，而龔遂則說道，"大王誦《詩》三百五篇，人事浹，王道備，王之所行，中《詩》一篇何等也"（《漢書》卷六三《武五子傳》）。《詩》學經師鑒於當日風俗之薄，尤易提出情性善惡、教化綱紀之論。西漢今文經師迥與東漢古文經師之注重小學不同，他們是富有思想的。過去述經學者多以他們好講陰陽五行、天人災異、希世用事利祿使然，不知他們主張改制革政、尊德貴讓，對於國計民生、人情物理頗有貢獻。現在我們分別述來，便可知道他們在什麼地方應當引起非議，在什麼地方值得我們崇敬。

一 哲學思想

西漢今文經師在董君仲舒提倡天人相應論、陰陽五行說以後，直到西漢末年，不惟大家仍擁護爲真理，而且於兩者有更進一步的論證。分析看來：

1. 天人相應論之進展。他們在董君主張的"爲人者天""必天之爲"之後，似乎更側重於"爲天者人"，這是天人相應論的一種傾向。在《漢書·劉輔傳》說：

> 劉輔，河間宗室人也。……輔上書言："臣聞天之所與，必先賜以符瑞；天之所違，必先降以災變，此神明之徵應，自然之占驗也。昔武王、周公承順天地，以饗魚烏之瑞，然猶君臣祗懼，動色相戒，況於季世，不蒙繼嗣之福，屢受威怒之異者乎！雖夙夜自責，改過易行，畏天命，念祖業，妙選有德之世，考卜窈窕之女，以承宗廟，順神祇心，塞天下望，子孫之詳猶恐晚暮，今乃觸情縱欲，傾於卑賤之女，欲以母天下，不畏於天，不愧於人，惑莫大焉。俚語曰：'腐木不可以爲柱，卑人不可以爲主。'天人之所不予，必有禍而無福。市道皆共知之……"（《漢書·蓋諸葛劉鄭孫毋將何傳》）

《鄭崇傳》說：

> 崇諫曰："孝成皇帝封親舅五侯，天爲赤黃晝昏，日中有黑氣。今祖母從昆弟二人已侯。孔鄉侯，皇后父；高武侯以三公封，尚有因緣。今無故欲復封商，壞亂制度，逆天人之心，非傅氏之福也。臣聞師曰：'逆陽者厥極弱，逆陰者厥極凶短折，犯人者有亂亡之患，犯神者有疾夭之禍。'"（同上）

看劉輔與鄭崇所云，"天人之所不予""逆天人之心""犯人者有亂亡之患，犯神者有疾夭之禍"，不惟天意不可逆，人心也是一樣不可逆。這種說法的出現，正是由於存在盛行天人相應、俱不可逆學說的社會大背景。不惟天變足畏，民有怨望未塞，也當密切在意，以消弭"亂亡之患"。在《匡衡傳》說：

> 臣聞天人之際，精祲有以相蕩，善惡有以相推，事作乎下者象動乎上，陰陽之理各應其感，陰變則靜者動，陽蔽則明者晻，水旱之災隨類而至。今關東連年饑饉，百姓乏困，或至相食，此皆生於賦斂

多，民所共者大，而吏安集之不稱之效也（《漢書·匡張孔馬傳》）
《鮑宣傳》說：

> 天人同心，人心說則天意解矣。乃二月丙戌，白虹虷日，連陰不雨，此天有憂結未解，民有怨望未塞者也。（《漢書·王貢兩龔鮑傳》）

正是這種意見，要從人事來測天意，"人氣内逆則感動天地"（《漢書·翼奉傳》語），"人道不通，則陰陽否鬲"（《漢書·薛宣傳》語）。所以說"天人同心，人心說則天意解"，甚且以爲"天時不勝人事"（《漢書·嚴彭祖傳》），這簡直達到了人事即爲天變的程度。由重天意到重人心，由從天變測人事再轉到以人事勝天變。這當然是"爲人者天"的表現，是一種更進步的較簡明的理論。

2. 陰陽五行說之進展。陰陽五行說在董仲舒以三代質文來講《春秋》、五行相生來講五行以後，孟喜以"卦氣"講《易》，翼奉以"五際"講《詩》，都比較從前有進步。他們還以爲不足，更要附會到《月令》星曆來解說，作更進一步探求。在宣帝時魏相已如此主張，《漢書·魏相傳》說：

> 魏相字弱翁，濟陰定陶人也，徙平陵。少學《易》，爲郡卒史，舉賢良，以對策高第，爲茂陵令。……數年，宣帝即位，徵相入爲大司農，遷御史大夫。……於是韋賢以老病免，相遂代爲丞相，封高平侯，食邑八百户。……相明《易經》，有師法……又數表采《易陰陽》及《明堂月令》奏之，曰："臣相幸得備員，奉職不修，不能宣廣教化。陰陽未和，災害未息，咎在臣等。臣聞《易》曰：'天地以順動，故日月不過，四時不忒；聖王以順動，故刑罰清而民服。'天地變化，必繇陰陽，陰陽之分，以日爲紀。日冬夏至，則八風之序立，萬物之性成，各有常職，不得相干。東方之神太昊，乘《震》執規司春；南方之神炎帝，乘《離》執衡司夏；西方之神少昊，乘《兑》執矩司秋；北方之神顓頊，乘《坎》執權司冬；中央之神黄帝，乘《坤》《艮》執繩司下土。兹五帝所司，各有時也。東方之卦不可以治西方，南方之卦不可以治北方。春興《兑》治則饑，秋興《震》治則華，冬興《離》治則泄，夏興《坎》治則雹。明王謹於尊天，慎於養人，故立羲和之官以乘四時，節授民事。君動靜以道，奉順陰陽，則日月光明，風雨時節，寒暑調和。三者得叙，則災害不生，五穀熟，絲麻遂，屮木茂，鳥獸蕃，民不夭疾，衣食有餘。若是，則君尊民說，上下亡怨，政教不違，禮讓可興。夫風雨不時，則傷農桑；農桑傷，則民饑寒；饑寒在身，則亡廉恥，寇賊姦宄所繇生

也。臣愚以爲陰陽者，王事之本，群生之命，自古賢聖未有不繇者也。天子之義，必純取法天地，而觀於先聖。高皇帝所述書《天子所服第八》曰：'大謁者臣章受詔長樂宮，曰："令群臣議天子所服，以安治天下。"相國臣何、御史大夫臣昌謹與將軍臣陵、太子太傅臣通等議："春夏秋冬天子所服，當法天地之數，中得人和。故自天子王侯有土之君，下及兆民，能法天地，順四時，以治國家，身亡禍殃，年壽永究，是奉宗廟安天下之大禮也。臣請法之。中謁者趙堯舉春，李舜舉夏，兒湯舉秋，貢禹舉冬，四人各職一時。"大謁者襄章奏，制曰："可。"'孝文皇帝時，以二月施恩惠於天下，賜孝弟力田及罷軍卒，祠死事者，頗非時節。御史大夫朝錯時爲太子家令，奏言其狀。臣相伏念陛下恩澤甚厚，然而災氣未息，竊恐詔令有未合當時者也。願陛下選明經通知陰陽者四人，各主一時，時至明言所職，以和陰陽，天下幸甚！"（《漢書·魏相丙吉傳》）

後來李尋亦復如此，據《李尋傳》云：

李尋字子長，平陵人也。治《尚書》，與張孺、鄭寬中同師。寬中等守師法教授，尋獨好《洪範》災異，又學天文月令陰陽。事丞相翟方進，方進亦善爲星曆，除尋爲吏，數爲翟侯言事。帝舅曲陽侯王根爲大司馬票騎將軍，厚遇尋。是時多災異，根輔政，數虛己問尋。尋見漢家有中衰厄會之象，其意以爲且有洪水爲災，乃說根曰：

《書》云"天聰明"，蓋言紫宮極樞，通位帝紀，太微四門，廣開大道，五經六緯，尊術顯士，翼張舒布，燭臨四海，少微處士，爲比爲輔，故次帝廷，女宮在後。聖人承天，賢賢易色，取法於此。天官上相上將，皆顓面正朝，憂責其重，要在得人。得人之效，成敗之機，不可不勉也。

……竊見往者赤黃四塞，地氣大發，動土竭民，天下擾亂之徵也。彗星爭明，庶雄爲桀，大寇之引也。此二者已頗效矣。城中訛言大水，奔走上城，朝廷驚駭，女孽入宮，此獨未效。間者重以水泉涌溢，旁宮闕仍出。月、太白入東井，犯積水，缺天淵。日數湛於極陽之色。羽氣乘宮，起風積云。又錯以山崩地動，河不用其道。盛冬雷電，潛龍爲孽。繼以隕星流彗，維、填上見，日蝕有背鄉。此亦高下易居，洪水之徵也。不憂不改，洪水乃欲蕩滌，流彗乃欲掃除；改之，則有年亡期。故屬者頗有變改，小貶邪猾，日月光精，時雨氣應，此皇天右漢亡已也，何況致大改之！

宜急博求幽隱，拔擢天士，任以大職。諸阿茸佞諂，抱虛求進，及用殘賊酷虐聞者，若此之徒，皆嫉善憎忠，壞天文，敗地理，涌躍邪陰，湛溺太陽，爲主結怨於民，宜以時廢退，不當得居位。誠必行之，凶災銷滅，子孫之福不旋日而至。政治感陰陽，猶鐵炭之低卬，見效可信者也。……

……哀帝初即位，召尋待詔黃門，使侍中衛尉傅喜問尋曰："間者水出地動，日月失度，星辰亂行，災異仍重，極言毋有所諱。"尋對曰：陛下聖德，尊天敬地，畏命重民，悼懼變異，不忘疏賤之臣，幸使重臣臨問，愚臣不足以奉明詔。竊見陛下新即位，開大明，除忌諱，博延名士，靡不並進。臣尋位卑術淺，過隨衆賢待詔，食太官，衣御府，久污玉堂之署。比得召見，亡以自效。復特見延問至誠，自以逢不世出之命，願竭愚心，不敢有所避，庶幾萬分有一可采。唯棄須臾之間，宿留瞽言，考之文理，稽之《五經》，揆之聖意，以參天心。夫變異之來，各應象而至，臣謹條陳所聞。

《易》曰："縣象著明，莫大乎日月。"夫日者，衆陽之長，輝光所燭，萬里同晷，人君之表也。故日將旦，清風發，群陰伏，君以臨朝，不牽於色。日初出，炎以陽，君登朝，佞不行，忠直進，不蔽障。日中輝光，君德盛明，大臣奉公。日將入，專以一，君就房，有常節。君不修道，則日失其度，晻昧亡光。各有雲爲：其於東方作，日初出時，陰雲邪氣起者，法爲牽於女謁，有所畏難；日出後，爲近臣亂政；日中，爲大臣欺誣；日且入，爲妻妾役使所營。間者日尤不精，光明侵奪失色，邪氣珥蜺數作。本起於晨，相連至昏，其日出後至日中間差愈。小臣不知內事，竊以日視陛下志操，衰於始初多矣。其咎恐有以守正直言而得罪者，傷嗣害世，不可不慎也。唯陛下執干剛之德，強志守度，毋聽女謁邪臣之態。諸保阿乳母甘言悲辭之託，斷而勿聽。勉强大誼，絕小不忍；良有不得已，可賜以貨財，不可私以官位，誠皇天之禁也。日失其光，則星辰放寬。陽不能制陰，陰桀得作。間者太白正晝經天。宜隆德克躬，以執不軌。

臣聞月者，衆陰之長，銷息見伏，百里爲品，千里立表，萬里連紀，妃后大臣諸侯之象也。朔晦正終始，弦爲繩墨，望成君德，春夏南，秋冬北。間者，月數以春夏與日同道，過軒轅上后受氣，入太微帝廷揚光輝，犯上將近臣，列星皆失色，厭厭如滅，此爲母后與政亂朝，陰陽俱傷，兩不相便。外臣不知朝事，竊信天文即如此，近臣已不足仗矣。屋大柱小，可爲寒心。唯陛下親求賢士，無強所惡，以崇社稷，尊强本朝。

臣聞五星者，五行之精，五帝司命，應王者號令爲之節度。歲星主歲事，爲統首，號令所紀，今失度而盛，此君指意欲有所爲，未得其節也。又填星不避歲星者，后帝共政，相留於奎、婁，當以義斷之。熒惑往來亡常，周歷兩宮，作態低卬，入天門，上明堂，貫尾亂宮。太白發越犯庫，兵寇之應也。貫黃龍，入帝庭，當門而出，隨熒惑入天門，至房而分，欲與熒惑爲患，不敢當明堂之精。此陛下神靈，故禍亂不成也。熒惑厥弛，佞巧依勢，微言毀譽，進類蔽善。太白出端門，臣有不臣者。火入室，金上堂，不以時解，其憂凶。填、歲相守，又主內亂。宜察蕭墻之內，毋急親疏之微，誅放佞人，防絕萌牙，以蕩滌濁濊，消散積惡，毋使得成禍亂。辰星主正四時，當效於四仲；四時失序，則辰星作異。今出於歲首之孟，天所以譴告陛下也。政急則出蚤，政緩則出晚，政絕不行則伏不見而爲彗孛。四孟皆出，爲易王命；四季皆出，星家所諱。今幸獨出寅孟之月，蓋皇天所以篤右陛下也，宜深自改。

治國故不可以戚戚，欲速則不達。經曰："三載考績，三考黜陟。"加以號令不順四時，既往不咎，來事之師也。間者春三月治大獄，時賊陰立逆，恐歲小收；季夏舉兵法，時寒氣應，恐後有霜雹之災；秋月行封爵，其月土濕奧，恐後有雷電之變。夫以喜怒賞罰，而不顧時禁，雖有堯、舜之心，猶不能致和。善言天者，必有效於人。設上農夫而欲冬田，肉袒深耕，汗出種之，然猶不生者，非人心不至，天時不得也。《易》曰："時止則止，時行則行，動靜不失其時，其道光明。"《書》曰："敬授民時。"故古之王者，尊天地，重陰陽，敬四時，嚴月令。順之以善政，則和氣可立致，猶枹鼓之相應也。今朝廷忽於時月之令，諸侍中、尚書近臣宜皆令通知月令之意，設群下請事；若陛下出令有謬於時者，當知爭之，以順時氣。（《漢書·眭兩夏侯京翼李傳》）

魏相認定陰陽者王事之本，群生之命，所以春夏秋冬天子所服，當法天地之數，還要選明經通知陰陽者四人，各主之一時，時至明言所職，以和陰陽。李尋說的也是依據天文、月令、陰陽，而且依據書曆，象日月星辰。《易》曰"懸象著明莫大乎日月"，主張"諸侍中、尚書近臣宜皆令通知月令之意"。他們這種說法比孟京說得更詳密，這不能不算是進一步的發展。

在《谷永傳》説：

  谷永字子雲，長安人也。……永少爲長安小史，後博學經書。建昭中，御史大夫繁延壽聞其有茂材，除補屬，舉爲太常丞，數上疏言得失。……元年正月，白氣較然起乎東方，至其四月，黄濁四塞，覆冒京師，申以大水，着以震蝕。各有占應，相爲表裏，百官庶事無所歸倚，陛下獨不怪與？白氣起東方，賤人將興之表也；黄濁冒京師，王道微絶之應也。夫賤人當起而京師道微，二者已丑。……永復説音曰："……太白出西方六十日，法當參天，今已過期，尚在桑榆之間，質弱而行遲，形小而光微。熒惑角怒明大，逆行守尾。其逆，常也；守尾，變也。……"

  時有黑龍見東萊，上使尚書問永，受所欲言。永對曰："臣聞王天下有國家者，患在上有危亡之事，而危亡之言不得上聞；如使危亡之言輒上聞，則商、周不易姓而迭興，三正不變改而更用。夏、商之將亡也，行道之人皆知之，晏然自以若天有日莫能危，是故惡日廣而不自知，大命傾而不寤。《易》曰：'危者有其安者也，亡者保其存者也。'"陛下誠垂寬明之聽，無忌諱之誅，使芻蕘之臣得盡所聞於前，不懼於後患，直言之路開，則四方衆賢不遠千里，輻凑陳忠，群臣之上願，社稷之長福也。

  漢家行夏正，夏正色黑，黑龍，同姓之象也。龍陽德，由小之大，故爲王者瑞應。未知同姓有見本朝元繼嗣之慶，多危殆之隙，欲因擾亂舉兵而起者邪？將動心冀爲後者，殘賊不仁，若廣陵、昌邑之類？臣愚不能處也。元年九月黑龍見，其晦，日有食之。今年二月己未夜星隕，乙酉，日有食之。六月之間，大異四發，二而同月，三代之末，春秋之亂，未嘗有也。……

  "王者必先自絶，然後天絶之。……王者躬行道德，承順天地，博愛仁怒，恩及行葦，籍稅取民不過常法，宮室車服不踰制度，事節財足，黎庶和睦，則卦氣理效，五徵時序，百姓壽考，庶中蕃滋，符瑞並降，以昭保右。失道妄行，逆天暴物，窮奢極欲，湛湎荒淫，婦言是從，誅逐仁賢，離逖骨肉，群小用事，峻刑重賦，百姓愁怨，則卦氣悖亂，咎徵著郵，上天震怒，災異屢降，日月薄食，五星失行，山崩川潰，水泉踴出，妖孽並見，茀星耀光，饑饉薦臻，百姓短折，萬物夭傷。終不改寤，惡洽變備，不復譴告，更命有德。《詩》云："乃眷四顧，此惟予宅。"

夫去惡奪弱，遷命賢聖，天地之常經，百王之所同也。加以功德有厚薄，期質有修短，時世有中季，天道有盛衰。陛下承八世之功業，當陽數之標季，涉三七之節紀，遭《无妄》之卦運，直百六之災厄。三難異科，雜焉同會。建始元年以來二十載間，群災大異，交錯鋒起，多於《春秋》所書。八世著記，久不塞除，重以今年正月己亥朔日有食之，三朝之會，四月丁酉四方衆星白晝流隕，七月辛未彗星横天。乘三難之際會，畜衆多之災異，因之以饑饉，接之以不贍。彗星，極異也，土精所生，流隕之應出於饑變之後，兵亂作矣，厥期不久。……（《漢書·谷永杜鄴傳》）

《杜鄴傳》説：

案《春秋》災異，以指象爲言語，故在於得一類而達之也。日食，明陽爲陰所臨，《坤卦》乘《離》，《明夷》之象也。《坤》以法地，爲土爲母，以安静爲德。《震》，大陰之效也。占象甚明，臣敢不直言其事！（同上）

谷永是"於經書汎爲疏達""於天官、京氏《易》最密，故善言災異"。他在這裏大講其三統五行卦氣星曆，而這在當時的學者傾向確實如此。《漢書·成帝紀》："（陽朔）二年春，寒。詔曰：'昔在帝堯立羲、和之官，命以四時之事，令不失其序。故《書》云"黎民於蕃時雍"，明以陰陽爲本也。今公卿大夫或不信陰陽，薄而小之，所奏請多違時政。傳以不知，周行天下，而欲望陰陽和調，豈不謬哉！其務順四時月令。'"此明言"務順四時月令"，可見當時風氣對於陰陽五行、月令星曆，要講得越詳細越佳。

這一種進展影響，爲種種制度行爲都用陰陽五行來解釋，而因卦氣星曆占驗等又引起哀、平以後讖緯學的流行（後者容下章再詳述）。關於前者，我們只看今本《白虎通》所編纂東漢今文十四博士的議論即可以見其一斑。

（1）"爵有五等，以法五行也。或三等者，法三光也。或法三光，或法五行何？質家者據天，故法三光。文家者據地，故法五行。"（《白虎通疏證》卷一，《皇清經解續編》卷一二六五）

（2）"祭五禩所以歲一徧何？順五行也。"（《白虎通疏證》卷二，《皇清經解續編》卷一二六六）

（3）"此謂八音也，法易八卦也，萬物之數也。……塤，坎音也；管，艮音也；鼓，震音也；弦，離音也；鐘，兑音也……聲五音八，何聲爲本；出於五行，音爲末象八風。"（《白虎通疏證》卷二，《皇清經解續編》卷一二六七）

（4）"樂以象天，禮以法地。人無不含天地之氣，有五常之性者。故樂所以蕩滌，反其邪惡也。禮所以防淫洪，節其侈靡也……功成作樂，治定制禮。樂言作，禮言制何？樂者，陽也。動作倡始，故言作。禮者，陰也。陰制度於陽，故言制。樂象陽也，禮法陰也。"（《白虎通疏證》卷二，《皇清經解續編》卷一二六七）

（5）"王者必一質一文者何？所以承天地，順陰陽。陽之道極，則陰道受；陰之道極，則陽道受，明二陰二陽不能相繼也。質法天，文法地而已。故天爲質，地受而化之，養而成之，故爲文。《尚書大傳》曰：'王者一質一文，據天地之道。'《禮三正記》曰：'質法天，文法地'也。"（《白虎通疏證》卷八《三正》，《皇清經解續編》卷一二七二）

（6）"天有三光，日、月、星；地有三形，高、下、平；人有三尊，君、父、師。故一公三卿佐之，一卿三大夫佐之，一大夫三元士佐之。天有三光，然後而能遍照，各自有三法，物成於三，有始、有中、有終。明天道而終之也。"（《白虎通疏證》卷四《封公侯》，《皇清經解續編》卷一二六八）

（7）"天子所以內明而外昧，人所以外明而內昧何？明天人欲相向而治也。行有五，時有四何？四時爲時，五行爲節。故木王即謂之春，金王即謂之秋，土尊不任職，君不居部，故時有四也。子不肯禪何法？法四時火不興土而興金也。父死子繼何法？法木終火王也。兄死弟及何法？夏之承春也。'善善及子孫'何法？法春生待夏復長也。'惡惡止其身'何法？法秋煞不待冬也。主幼臣攝政何法？法土用事於季、孟之間也。子復仇何法？法土勝水，水勝火也。子順父，妻順夫，臣順君，何法？法地順天也。"（《白虎通疏證》卷八，《皇清經解續編》卷一二七二）

（8）"男不離父母何法？法火不離木也。女離父母何法？法水流去金也。娶妻親迎何法？法日入，陽下陰也。君讓臣何法？法月三十日，名其功也。善稱君，過稱己，何法？法陰陽共叙共生，陽名生，陰名煞。臣有功，歸於君何法？法歸明於日也。臣諫君何法？法金正木也。子諫父何法？法火揉直木也。臣諫君不從則去，何法？法水潤下達於土也。君子遠子近孫，何法？法木遠火近土也。親屬臣諫不相去，何法？法木枝葉不相離也。父爲子隱何法？法木之藏火也。子爲父隱何法？法水逃金也。君有衆民何法？法天有衆星也。王者賜，先親近後疏遠，何法？法天雨高者先得之也。"（《白虎通疏證》卷四，《皇清經解續編》卷一二六八）

（9）"長幼何法？法四時有孟、仲、季也。朋友何法？法水合流相承也。父母生子養長子何法？法水生木長大也。子養父母何法？法夏養長木，此火養母也。不以父命廢王命，何法？法金不畏土而畏火。陽舒陰急何法？法日行遲，月行疾也。有分土，無分民，何法？法四時各有分，而所生者通也。君一娶九女何法？法九州，象天之施也。不娶同姓何法？法五行異類乃相生也。子喪父母何法？法木不見水則憔悴也。喪三年何法？法三年一閏，天道終也。父喪子，夫喪妻，何法？法一歲物有終始，天氣亦爲之變也。年六十閉房何法？法六月陽氣衰也。人有五藏六府何法？法五行六合也。人目何法？法日月明也。日照晝，月照夜，人目所不更照何法？法目亦更用事也。王者監二王之後何法？法木須金以正，須水以潤也。明王先賞後罰何法？法四時先生後煞也。"（《白虎通疏證》卷四《京師》，《皇清經解續編》卷一二六八）

（10）"即如是，不但言老，言三何？欲其明於天、地、人之道而老也。五更者，欲其明於五行之道而更事也。"（《白虎通疏證》卷五《鄉射》，《皇清經解續編》卷一二六九）

（11）"明堂上圓下方，八窗四闥，布政之宮，在國之陽。上圓法天，下方法地，八窗象八風，四闥法四時，九室法九州，十二坐法十二月，三十六戶法三十六雨，七十二牖法七十二風。"（《白虎通疏證》卷六《辟雍》，《皇清經解續編》卷一二七〇）

（12）"夏人之王教以忠，其失野，救野之失莫如敬。殷人之王教以敬，其失鬼，救鬼之失莫如文。周人之王教以文，其失薄，救薄之失莫如忠。……三教所以先忠者，行之本也。三教一體而分，不可單行，故王者行之有先後何？以言三教並施，不可單行也。以忠、敬、文無可去者也。教所以三何？法天、地、人，內忠外敬，文飾之，故三而備也。"（《白虎通疏證》卷八《三教》，《皇清經解續編》卷一二七二）

（13）"君臣，父子，夫婦，六人也，所以稱三綱何？一陰一陽謂之道，陽得陰而成，陰得陽而序，剛柔相配，故六人爲三綱。三綱法天、地、人，六紀法六合。君臣法天，取象日月，屈信歸功天也。父子法地，取象五行，轉相生也。夫婦法人，取象六合陰陽有施，化端也。"（《白虎通疏證》卷八《三綱六紀》，《皇清經解續編》卷一二七二）

（14）"情性者，何謂也？性者陽之施，情者陰之化也。人禀陰陽氣而生，故內懷五性六情。情者，靜也，性者，生也，此人所禀六氣以生者也。故《鉤命決》曰：'情生於陰，欲以時念也。性生於陽，以就理也。陽氣者仁，陰氣者貪，故情有利欲，性有仁也。'五常者何？謂仁、義、禮、智、信也。……六情者，何謂也？喜、怒、哀、樂、愛、惡謂六情，所以扶成五性。性所以五，情所以六者何？人本含六律五行氣而生，故內有五藏六府，此情性之所由出入也。"（《白虎通疏證》卷八《情性》，《皇清經解續編》卷一二七二）

(15)"天道所以左旋,地道右周何?以爲天地動而不別,行而不離,所以左旋。右周者,猶君臣陰陽,相對之義也。"(白虎通疏證》卷八《天地》,《皇清經解續編》卷一二七二)

(16)"刑所以有五何?法五行也。"(《白虎通疏證》卷九《五刑》,《皇清經解續編》卷一二七二)

(17)"經所以有五何?經,常也,有五常之道,故曰《五經》。"(《白虎通疏證》卷八《五經》,《皇清經解續編》卷一二七二)

(18)"男三十而娶,女二十而嫁,陽數奇,陰數偶。男長女幼者,陽舒,陰促。男三十,筋骨堅強,任爲人父;女二十,肌膚充盛,任爲人母。合爲五十,應大衍之數,生萬物也。"(《白虎通疏證》卷一〇《嫁娶》,《皇清經解續編》卷一二七四)

我們就所引的這些看來,爵號、禮樂、職官、人事、文質、政教、綱紀、情性、明堂、天文、刑罰、婚姻等等,無不可以拿陰陽來解釋,即如"男三十而娶,女二十而嫁",本來用意在人體發育成熟,筋骨堅強,肌膚充盈,以利後代,然偏要説陽奇陰偶,陽舒陰促;天道左旋,地道右周,這本是人觀測到的天體運行的自然現象,然偏要用"猶君臣陰陽,相對之義"也,以人爲的制度規定來解釋天地左右的周旋。陰陽五行學説的應用越來越廣,幾乎無所不包了! 不過《白虎通》這樣廣泛地應用陰陽五行來解釋一切,但是其理論和思想畢竟是今文家的,他們可以説:"五行之性,火熱水寒,有溫水,無寒火何? 明臣可以爲君,君不可更爲臣。"(《白虎通疏證》卷四《五行》,《皇清經解續編》卷一二六八)也可以説:"火陽,君之象也;水陰,臣之義也。臣所以勝其君何? 此謂無道之君也,故爲衆陰所害,猶紂王也。"(《白虎通疏證》卷四《京師》,《皇清經解續編》卷一二六八)還可以説:"君讓臣何法? 法月三十日,名其功也。"(《白虎通疏證》卷四《京師》,《皇清經解續編》卷一二六八)"父殺其子當誅何? 以爲天地之性,人爲貴。人皆天所生也,託父母氣而生耳。王者以養長而教之,故父不得專也。"(白虎通疏證》卷五《誅伐》,《清經解續編》卷一二六九)《春秋經·僖公五年》:"春,晉侯殺其世子申生。"《公羊傳》:"曷爲直稱晉侯以殺? 殺世子,母弟直稱君者,甚之也。"他們雖也采用古文説,如《周官》《禮記》之類,但他們畢竟是今文經學博士,滿腹的陰陽五行、微言大義,對於君、父不是看成絕對的威權,他們要應天順人,而且天地之性人爲貴,無道之君是天所不予,應該起來革命。

由五德終始説到三代質文,更由孟喜、京房的占驗卦氣轉到魏相、李尋的推明堂月令以及陰陽五行的廣泛應用,非常清晰地顯示了陰陽五行説自先秦至兩漢之演進的過程和脉絡,這是經學發達的一個重要原因。唐晏在《兩漢三國學案》中説:"漢儒通經以致用,蓋無人不以經學爲尚。朝廷法律,本之六經,故其時臣下奏議,亦純本經義,如周舉、魯恭爲尤不失矩鑊者也。然舉治《尚書》,恭治《魯詩》,而其奏則多以《易》理發明之,可知古人通一經必兼通他經,非止以一經畢乃事也。"(唐晏《兩漢三國學案》卷五)

《易》學在西漢到後來,通《詩》《書》《禮》《春秋》者皆必通《易》,這如是我們所當注意的。

二　政治思想

西漢的今學家,因受《詩》《書》《禮》《易》尤其是《春秋》諸經的影響,而且他們又多是實際參與政治者,他們的政治思想却比他們宗教式的哲學思想高明得多。

1. 公天下。西漢的經學家,好講天人相應、三統五德,那麽,對於歷史上的一些重要事件,特別是改朝換代的大事件,就必須有符合這一理論的合理説法,如湯、武革命,是應天順人的,則絶不是什麽"弑"。在文、景時的轅固,已如此主張,到後來如董仲舒、眭弘、蓋寬饒、谷永、李尋、鮑宣、劉向等人,在他們的言論中都可以看出來。

如《眭弘傳》云:

> 眭弘字孟,魯國蕃人也。少時好俠,鬥鷄走馬,長乃變節,從嬴公受《春秋》。以明經爲議郎,至符節令。孝昭元鳳三年正月,泰山、萊蕪山南匈匈有數千人聲,民視之,有大石自立,高丈五尺,大四十八圍,入地深八尺,三石爲足。石立後有白烏數千下集其旁。是時,昌邑有枯社木卧復生,又上林苑中大柳樹斷枯卧地,亦自立生,有蟲食樹葉成文字,曰"公孫病已立",孟推《春秋》之意,以爲"石、柳,皆陰類,下民之象;泰山者,岱宗之岳,王者易姓告代之處。今大石自立,僵柳復起,非人力所爲,此當有從匹夫爲天子者。枯社木復生,故廢之家公孫氏當復興者也"。孟意亦不知其所在,即説曰:"先師董仲舒有言,雖有繼體守文之君,不害聖人之受命。漢家堯後,有傳國之運。漢帝宜誰差天下,求索賢人,禪以帝位,而退自封百里,如殷、周二王後,以承順天命。"孟使友人内官長賜上此書。時,昭帝幼,大將軍霍光秉政,惡之,下其書廷尉。奏賜、孟妄設袄言惑衆,大逆不道,皆伏誅。後五年,孝宣帝興於民間,即位,徵孟子爲郎。(《漢書·眭兩夏侯京翼李傳》)

"雖有繼體守文之君，不害聖人之受命"，這雖然是董仲舒的老話，其實這恐怕是見到漢初"德化未洽，後世奢侈，國家之費當數代之用，非直費財，又乃費士。孝武之世，暴骨四夷，不可勝數"（《漢書·眭兩夏侯京翼李傳》），弄得民不聊生，故眭弘要借五德三統來請漢帝退位。這是在集權專制條件下，還一味信仰"禪讓"的辦法、退位讓國的辦法，以求得政治的合理性，這當然是絕對行不通的。

在《蓋寬饒傳》說：

> 蓋寬饒字次公，魏郡人也。明經為郡文學，以孝廉為郎。舉方正，對策高第……宣帝嘉之，以寬饒為太中大夫，使行風俗……同列後進或至九卿，寬饒自以行清能高，有益於國，而為凡庸所越，愈失意不快，數上疏諫爭……是時，上方用刑法，信任中尚書宦官，寬饒奏封事曰："方今聖道浸廢，儒術不行，以刑餘為周、召，以法律為《詩》《書》。"又引《韓氏易傳》言："五帝官天下，三王家天下，家以傳子，官以傳賢，若四時之運，功成者去，不得其人則不居其位。"書奏，上以寬饒怨謗終不改，下其書中二千石。時，執金吾議，以為寬饒指意欲求禪，大逆不道。諫大夫鄭昌愍傷寬饒忠直憂國，以言事不當意而為文吏所詆挫，上書頌寬饒曰："臣聞山有猛獸，藜藿為之不采；國有忠臣，奸邪為之不起。司隸校尉寬饒居不求安，食不求飽，進有憂國之心，退有死節之義，上無許、史之屬，下無金、張之託，職在司察，直道而行，多仇少與，上書陳國事，有司劾以大辟，臣幸得從大夫之後，官以諫為名，不敢不言。"上不聽，遂下寬饒吏。寬饒引佩刀自剄北闕下，眾莫不憐之。（《漢書·蓋諸葛劉鄭孫毋將何傳》）

蓋寬饒是忠直而又思想激烈的人，他眼見"以刑餘為周、召，以法律為《詩》《書》"，他真是憤慨極了！他不利用五德三統等，而是直接地提出"功成則去，不得其人則不居其位"的口號，他的思想極為明瞭，他這樣的主張已超脫五德三統的理論，而因國政太亂，則直接請求帝王退位。這是他們要公天下，要以天下為公，而為信仰獻身。這與眭弘所說又有不同。

再如谷永於其上疏中說：

> 天生烝民，不能相治，為立王者以統理之，方制海內非為天子，列土封疆非為諸侯，皆以為民也。垂三統，列三正，去無道，開有德，不私一姓，明天下乃天下之天下，非一人之天下也。（《漢書·谷永杜鄴傳》）

鮑宣是治《尚書》學的，也是如此主張。《鮑宣傳》云：

　　鮑宣字子都，渤海高城人也。好學，明經……哀帝初，大司空何武……薦宣爲諫大夫……常上書諫爭，其言少文多實。是時……丁、傅子弟並進，董賢貴幸，宣以諫大夫從其後，上書諫曰："竊見孝成皇帝時，外親持權，人人牽引所私以充塞朝廷，妨賢人路，濁亂天下，奢泰亡度，窮困百姓，是以日蝕且十，彗星四起。危亡之徵，陛下所親見也，今奈何反復劇於前乎？朝臣亡有大儒骨鯁，白首耆艾，魁壘之士；論議通古今，唱然動衆心，憂國如饑渴者，臣未見也。敦外親小童及幸臣董賢等在公門省户下，陛下欲與此共承天地，安海內，甚難。今世俗謂不智者爲能，謂智者爲不能。昔堯放四罪而天下服，今除一吏而衆皆惑；古刑人尚服，今賞人反惑。請寄爲姦，群小日進。國家空虛，用度不足。民流亡，去城郭，盜賊並起，吏爲殘賊，歲增於前。凡民有七亡：陰陽不和，水旱爲災，一亡也；縣官重責更賦租稅，二亡也；貪吏並公，受取不已，三亡也；豪強大姓蠶食亡厭，四亡也；苛吏徭役，失農桑時，五亡也；部落鼓鳴，男女遮迣，六亡也；盜賊劫略，取民財物，七亡也。七亡尚可，又有七死：酷吏毆殺，一死也；治獄深刻，二死也；冤陷亡辜，三死也；盜賊橫發，四死也；怨讎相殘，五死也；歲惡饑餓，六死也；時氣疾疫，七死也。民有七亡而無一得，欲望國安，誠難；民有七死而無一生，欲望刑措，誠難。此非公卿、守、相貪殘成化之所致邪？群臣幸得居尊官，食重祿，豈有肯加惻隱於細民，助陛下流教化者邪？志但在營私家，稱賓客，爲奸利而已。以苟容曲從爲賢，以拱默尸祿爲智，謂如臣宣等爲愚。陛下擢臣巖穴，誠冀有益毫毛，豈徒欲使臣美食大官，重高門之地哉！天下乃皇天之天下也，陛下上爲皇太子，下爲黎庶父母，爲天牧養元元，視之當如一，合《尸鳩》之詩。今貧民菜食不厭，衣又穿空，父子夫婦不能相保，誠可爲酸鼻。陛下不救，將安所歸命乎？奈何獨私養外親與幸臣董賢，多賞賜以大萬數，使奴從賓客漿酒霍肉，蒼頭廬兒皆用致富！非天意也。及汝昌侯傅商亡功而封。夫官爵非陛下之官爵，乃天下之官爵也。陛下取非其官，官非其人，而望天説民服，豈不難哉！……"

　　平帝即位，王莽秉政，陰有篡國之心，乃風州郡以罪法案誅諸豪桀，及漢忠直臣不附己者，宣及何武等皆死。（《漢書·王貢兩龔鮑傳》）

他們這"天下乃天下之天下，非一人之天下""官爵非陛下之官爵，乃天下之官爵"的主張，在集權專制的政治制度下，仍能夠堅持並一脈相承，可見在當年經學並非只一味爲皇權服務，而自有其積極的一面。再如，劉向是漢代皇室，然其所主張的，仍然是"公天下"，其《諫營起昌陵疏》云：

> 王者必通三統，明天命所授者博，非獨一姓也。孔子論《詩》，至於"殷士膚敏，祼將於京"，喟然嘆曰："大哉天命！善不可不傳於子孫，是以富貴無常；不如是，則王公其何以戒慎，民萌何以勸勉？"蓋傷微子之事周，而痛殷之亡也……自古及今，未有不亡之國也。昔高皇帝既滅秦，將都雒陽，感寤劉敬之言，自以德不及周，而賢於秦，遂徙都關中，依周之德，因秦之阻。世之長短，以德爲效，故常戰栗，不敢諱亡。……陛下……及徙昌陵，增埤爲高，積土爲山，發民墳墓，積以萬數，營起邑居，期日迫卒，功費大萬百餘。死者恨於下，生者愁於上，怨氣感動陰陽，因以饑饉，物故流離以十萬數，臣甚愍焉。（《漢書·楚元王傳·附傳》）

這一種天下爲公的思想，其出發點仍不免爲天人相應、五德三正及漢再受命說所局限，不是真正意義的"公天下"，但我們從他們所云"民有七亡而無一得""民有七死而無一生"等話看來，他們確是信仰民重君輕、抑富濟貧，主張限田均田等制度的，他們的思想在今日看來並不足以驚奇，但他們爲堅持自己的信仰敢於觸犯專制君王之怒，有的甚至爲此流血犧牲，這種精神是頗值得贊嘆和欽佩的。

2. 大一統。大一統的思想是明見於《春秋傳》，這本是在先秦就產生了的思想。董仲舒對於大一統的解釋簡單地爲"統紀可一，法度可明"（參前引董仲舒本傳）。在《路溫舒傳》說：

> "臣聞《春秋》正即位，大一統而慎始也。"（《漢書·路溫舒傳》）

《王吉傳》說：

> 聖王宣德流化，必自近始。朝廷不備，難以言治；左右不正，難以化遠。民者，弱而不可勝，愚而不可欺也。聖主獨行於深宮，得則天下稱誦之，失則天下咸言之。行發於近，必見於遠，故謹選左右，審擇所使；左右所以正身也，所使所以宣德也。《詩》云："濟濟多士，文王以寧。"此其本也。《春秋》所以大一統者，六合同風，九州共貫也。（《漢書·王貢兩龔鮑傳》）

《匡衡傳》說：

> 春秋之義，諸侯不得專地，所以一統，尊法制也。（《漢書·匡

張孔馬傳》）

這些都明指出大一統的意義，是法度統一，教化統一，要強本朝安內外，然後才可以達到"六合同風，九州共貫"的境況。這大一統之義，自含有尊王攘夷之意，《匡衡傳》說的"諸侯不得專地"即是尊王之一例。賈誼、晁錯他們主張強幹弱枝，目的是必須有強大的中央政府，亦表現爲尊王。漢儒是最好引用《春秋》之義的，我們試看《漢書》記載，他們是如何引用《春秋》之義的。

（1）"偃以爲春秋之義，大夫出疆，有可以安社稷，存萬民，專之可也……今天下爲一，萬里同風，故《春秋》'王者無外'。"（《漢書·嚴朱吾丘主父徐嚴終王賈傳》）

（2）"《春秋》之義，諸侯不能守其社稷者絕。"（《漢書·楊胡朱梅云傳》）

（3）"《春秋》大災未至而豫禦之。"（《漢書·趙充國辛慶忌傳》）

（4）"御史大夫貢禹、博士匡衡以爲，《春秋》之義'許夷狄者不壹而足'。"（《漢書·傅常鄭甘陳段傳》）

（5）"《春秋》之義，父不祭於支庶之宅，君不祭於臣僕之家，王不祭於下土諸侯。"（《漢書·韋賢傳》）

（6）"相因平恩侯許伯奏封事，言：'《春秋》譏世卿，惡宋三世爲大夫，及魯季孫之專權，皆危亂國家。'"（《漢書·魏相丙吉傳》）

（7）"《春秋》之義，家不藏甲。"（《漢書·毋將隆傳》）

（8）"《春秋》之義，大夫出疆，有可以安社稷，存萬民，專之可也。"（《漢書·嚴朱吾丘主父徐嚴終王賈傳》）

（9）"議者以奉世奉使有指，《春秋》之義亡遂事。"《漢書·馮奉世傳》

（10）"《春秋》之義，大能變改。"（《漢書·宣元六王傳》）

（11）"《春秋》之義，諸侯不得專地，所以一統尊法制也。"（《漢書·匡張孔馬傳》）

（12）"《春秋》之義，意惡功遂，不免於誅。"（《漢書·薛宣朱博傳》）

（13）"《春秋》之義，原心定罪。"（《漢書·薛宣朱博傳》）

（14）"《春秋》之義，用貴治賤，不以卑臨尊。刺史位下大夫，而臨二千石，輕重不相準，失位次之序。臣請罷刺史，更置州牧，以應古制。'"（《漢書·薛宣朱博傳》）

（15）"諫大夫龔勝等十四人以爲：'《春秋》之義，姦以事君，常刑不舍。魯大夫叔孫僑如欲顓公室，譖其族兄季孫行父於晉，晉執囚行父以亂魯國，

《春秋》重而書之。'"(《漢書·薛宣朱博傳》)

(16)"司隸校尉涓勳奏言:'《春秋》之義,王人微者序乎諸侯之上,尊王命也。'"(《漢書·翟方進傳》)

(17)"《春秋》之義,尊上公謂之宰,海內無不統焉。"(《漢書·翟方進傳》)

(18)"《春秋》之義,以功覆過。"(《漢書·酷吏傳》)

他們説"王者無外"(《漢書·嚴朱吾丘主父徐嚴終王賈傳》),"昔齊桓公前有尊周之功,後有滅項之罪,君子以功覆過而爲之諱行事"(《漢書·傅常鄭甘陳段傳》),"春秋夾谷之會,優施笑君,孔子誅之"(同上),也包含着尊王之義。至於攘夷,在漢儒雖有"《春秋》之義,許夷狄者不壹而足"(《公羊傳·文公九年》)種種議論,但自漢武帝大征匈奴,招懷四夷以後,天下費多,財用益屈,一般儒生仍然是反對擴大戰爭的,例如《嚴助傳》説:

自三代之盛,胡、越不與受正朔,非强弗能服,威弗能制也,以爲不居之地,不牧之民,不足以煩中國也。故古者封内甸服,封外侯服,侯衛賓服,蠻夷要服,戎狄荒服,遠近勢異也。(《漢書·嚴朱吾丘主父徐嚴終王賈傳》)

《賈捐之傳》説:

臣聞堯舜,聖之盛也,禹入聖域而不優,故孔子稱堯曰"大哉",《韶》曰"盡善",禹曰"無間"。以三聖之德,地方不過數千里,西被流沙,東漸於海,朔南暨聲教,迄於四海,欲與聲教則治之,不欲與者不强治也。故君臣歌德,含氣之物各得其宜。武丁、成王,殷、周之大仁也,然地東不過江、黄,西不過氐、羌,南不過蠻荆,北不過朔方。是以頌聲並作,視聽之類咸樂其生,越裳氏重九譯而獻,此非兵革之所能致。及其衰也,南征不還,齊桓救其難,孔子定其文。以至乎秦,興兵遠攻,貪外虛内,務欲廣地,不慮其害。然地南不過閩越,北不過太原,而天下潰畔,禍卒在於二世之末,《長城之歌》至今未絶。……臣愚以爲非冠帶之國,《禹貢》所及,《春秋》所治,皆可且無以爲。(《漢書·嚴朱吾丘主父徐嚴終王賈傳》)

《蕭望之傳》説:

蕭望之字長倩,東海蘭陵人也,徙杜陵。家世以田爲業,至望之,好學,治《齊詩》,事同縣后倉且十年。以令詣太常受業,復事同學博士白奇,又從夏侯勝問《論語》《禮服》。京師諸儒稱述焉。……初,匈奴呼韓邪單于來朝,詔公卿議其儀,丞相霸、御史大夫定國議曰:"聖王之制,施德行禮,先京師而後諸夏,先諸夏而後夷狄。《詩》云:'率禮不越,遂視既發;相土烈烈,海外有截。'陛下聖德充塞天地,光被四表,匈奴單于鄉風慕化,奉珍朝賀,自古未之有也。其禮儀宜如諸侯王,位次在下。"望之以爲:"單于非正朔所加,故稱敵國,宜待以不臣之禮,位在諸侯王上。外夷稽首稱藩,中國讓而不臣,此則羈縻之誼,謙亨之福也。《書》曰'戎狄荒服',言其來服,荒忽亡常。如使匈奴後嗣卒有鳥竄鼠伏,闕如朝享,不爲畔臣。信讓行乎蠻貉,福祚流於亡窮,萬世之長策也。"天子采之。(《漢書》卷七十八《蕭望之傳》)

他們都是不主張大興兵以征伐,而極講正義、和平,而能以客禮待匈奴。

3. 重民崇本。重民思想本是《春秋》之義,今文經師鑒於當日民生之憔悴,如鮑宣所提出的"民有七亡,又有七死",自然很易發出重民的政論。至於崇本輕末,重農業、輕末作,正是重民生之一法。漢初所實行的"輕徭薄賦,與民休息"的政策,他們認爲是有效的,於是提出省徭役、薄賦斂、抑豪强、薄商賈,這四點全都是重民與崇本所應有之事,重農以崇本的主張在董君前如賈誼、晁錯都如此說。《漢書·食貨志》記云:

> 文帝即位,躬修儉節,思安百姓。時民近戰國,皆背本趨末,賈誼說上曰:管子曰"倉廩實而知禮節"。民不足而可治者,自古及今,未之嘗聞。古之人曰:"一夫不耕,或受之饑;一女不織,或受之寒。"生之有時,而用之亡度,則物力必屈。古之治天下,至纖至悉也,故其畜積足恃。今背本而趨末,食者甚衆,是天下之大殘也……今毆民而歸之農,皆著於本,使天下各食其力,末技游食之民轉而緣南畝,則畜積足而人樂其所矣。可以爲富安天下,而直爲此廩廩也,竊爲陛下惜之!於是上感誼言,始開籍田,躬耕以勸百姓。晁錯復說上曰:聖王在上而民不凍饑者,非能耕而食之,織而衣之也,爲開其資財之道也。故堯、禹有九年之水,湯有七年之旱,而國亡捐瘠者,以畜積多而備先具也。今海內爲一,土地人民之衆不避湯、禹,加以亡天災數年之水旱,而畜積未及者,何也?地有遺利,民有餘力,生穀之土未盡墾,山澤之利未盡出也,游食之民未盡歸農也。民貧,則奸邪生。貧生於不足,不足生於不農,不農則不地著,不地著則離鄉輕家,民如鳥獸,雖有高城深池,嚴法重刑,猶不能禁也。……今農夫五口之家,其服役者不下二人,其能耕者不過百畝,百畝之收不過百石。春耕、夏耘、秋獲、冬藏,伐薪樵,治官府,給徭

役；春不得避風塵，夏不得避暑熱，秋不得避陰雨，冬不得避寒凍，四時之間亡日休息；又私自送往迎來，弔死問疾，養孤長幼在其中。勤苦如此，尚覆被水旱之災，急政暴賦，賦斂不時，朝令而暮改。當具有者半賈而賣，亡者取倍稱之息，於是有賣田宅、鬻子孫以償責者矣。而商賈大者積貯倍息，小者坐列販賣，操其奇贏，日游都市，乘上之急，所賣必倍。故其男不耕耘，女不蠶織，衣必文采，食必粱（梁）肉；亡農夫之苦，有仟佰之得。因其富厚，交通王侯，爲過吏勢，以利相傾；千里游遨，冠蓋相望，乘堅策肥，履絲曳縞。此商人所以兼並農人，農人所以流亡者也。今法律賤商人，商人已富貴矣；尊農夫，農夫已貧賤矣。故俗之所貴，主之所賤也；吏之所卑，法之所尊也。上下相反，好惡乖迕，而欲國富法立，不可得也。方今之務，莫若使民務農而已矣。

董仲舒也因此而有限田之議。《漢書·食貨志》載董君說云：

"《春秋》他穀不書，至於麥禾不成則書之，以此見聖人於五穀最重麥與禾也。今關中俗不好種麥，是歲失《春秋》之所重，而損生民之具也。願陛下幸詔大司農，使關中民益種宿麥，令毋後時。"又言："古者稅民不過什一，其求易共；使民不過三日，其力易足。民財內足以養老盡孝，外足以事上共稅，下足以蓄妻子極愛，故民說從上。至秦則不然，用商鞅之法，改帝王之制，除井田，民得賣買，富者田連阡陌，貧者無立錐之地。又顓川澤之利，管山林之饒，荒淫越制，踰侈以相高；邑有人君之尊，里有公侯之富，小民安得不困？又加月爲更卒，已，復爲正一歲，屯戍一歲，力役三十倍於古；田租口賦，鹽鐵之利，二十倍於古。或耕豪民之田，見稅什五。故貧民常衣牛馬之衣，而食犬彘之食。重以貪暴之吏，刑戮妄加，民愁亡聊，亡逃山林，轉爲盜賊，赭衣半道，斷獄歲以千萬數。漢興，循而未改。古井田法雖難卒行，宜少近古，限民名田，以澹不足，塞並兼之路。鹽鐵皆歸於民。去奴婢，除專殺之威。薄賦斂，省徭役，以寬民力。然後可善治也。

魏相上疏亦云：

王法必本於農而務積聚，量入制用以備凶災，亡六年之畜，尚謂之急。元鼎二年，平原、勃海、太山、東郡溥被災害，民餓死於道路。二千石不豫慮其難，使至於此，賴明詔振救，乃得蒙更生。今歲不登，穀暴騰踴，臨秋收斂猶有乏者，至春恐甚，亡以相恤。西羌未

平,師旅在外,兵革相乘,臣竊寒心,宜早圖其備。唯陛下留神元元,帥繹先帝盛德以撫海內。(《漢書·魏相丙吉傳》)

貢禹在西漢經師中比較有政聲,其同樣也如此主張。其本傳云:

貢禹字少翁,琅邪人也。以明經潔行著聞,徵爲博士……元帝初即位,徵禹爲諫大夫,數虛己問以政事……以禹爲長信少府。會御史大夫陳萬年卒,禹代爲御史大夫,列於三公。自禹在位,數言得失,書數十上。……又言古者不以金錢爲幣,專意於農,故一夫不耕,必有受其饑者。今漢家鑄錢,及諸鐵官皆置吏卒徒,攻山取銅鐵,一歲功十萬人已上,中農食七人,是七十萬人常受其饑也。鑿地數百丈,銷陰氣之精,地臧空虛,不能含氣出雲,斬伐林木亡有時禁,水旱之災未必不由此也。自五銖錢起已來七十餘年,民坐盜鑄錢被刑者衆,富人積錢滿室,猶亡厭足。民心動搖,商賈求利,東西南北各用智巧,好衣美食,歲有十二之利,而不出租稅。農夫父子暴露中野,不避寒暑,捽中杷土,手足胼胝,已奉穀租,又出稾稅,鄉部私求,不可勝供。故民棄本逐末,耕者不能半。貧民雖賜之田,猶賤賣以賈,窮則起爲盜賊。何者?末利深而惑於錢也。是以奸邪不可禁,其原皆起於錢也。疾其末者絕其本,宜罷采珠玉金銀鑄錢之官,無復以爲幣。市井勿得販賣,除其租銖之律,租稅祿賜皆以布帛及穀,使百姓一歸於農,復古道便。(《漢書·王貢兩龔鮑傳》)

貢禹主張薄賦稅,其《傳》云:

禹以爲古民亡賦算口錢,起武帝征伐四夷,重賦於民,民產子三歲則出口錢,故民重困,至於生子輒殺,甚可悲痛。宜令兒七歲去齒乃出口錢,年二十乃算。(同上)

他進而主張寬徭役,又言:

諸離宮及長樂宮衛可減其太半,以寬徭役。又諸官奴婢十萬餘人戲游亡事,稅良民以給之,歲費五六巨萬,宜免爲庶人,廩食,令代關東戍卒,乘北邊亭塞候望。(同上)

關於抑豪強、賤商賈,如:

又欲令近臣自諸曹、侍中以上,家亡得私販賣,與民爭利,犯者輒免官削爵,不得仕宦。禹又言:孝文皇帝時,貴廉潔,賤貪污,賈人、贅婿及吏坐贓者皆禁錮不得爲吏,賞善罰惡,不阿親戚,罪白者伏其誅,疑者以與民,亡贖罪之法,故令行禁止,海內大化,天下斷獄四百,與刑錯亡異。武帝始臨天下,尊賢用士,辟地廣境數千里,自見功大威行，遂從耆欲，用度不足，乃行一切之變，使犯法者贖罪，入穀者補吏，是以天下奢侈，官亂民貧，盜賊並起，亡命者衆。郡國恐伏其誅，則擇便巧吏書習於計簿能欺上府者，以爲右職；奸軌不勝，則取勇猛能操切百姓者，以苛暴威服下者，使居大位。故亡義而有財者顯於世，欺謾而善書者尊於朝，悖逆而勇猛者貴於官。故俗皆曰："何以孝弟爲？財多而光榮。何以禮義爲？史書而仕宦。何以謹慎爲？勇猛而臨官。"故黥劓而髡鉗者猶復攘臂爲政於世，行雖犬彘，家富勢足，目指氣使，是爲賢耳。故謂居官而置富者爲雄桀，處姦而得利者爲壯士，兄勸其弟，父勉其子，俗之壞敗，乃至於是！察其所以然者，皆以犯法得贖罪，求士不得真賢，相守崇財利，誅不行之所致也。今欲興至治，致太平，宜除贖罪之法。相守選舉不以實，及有臧者，輒行其誅，亡但免官，則爭盡力爲善，貴孝弟，賤賈人，進真賢，舉實廉，而天下治矣。（同上）

這除贖罪之法，在蕭望之也如此主張。《漢書·蕭望之傳》云：

是歲西羌反，漢遣後將軍征之。京兆尹張敞上書言："國兵在外，軍以夏發，隴西以北，安定以西，吏民並給轉輸，田事頗廢，素無餘積，雖羌虜以破，來春民食必乏。窮辟之處，買亡所得，縣官穀度不足以振之。願令諸有罪，非盜受財殺人及犯法不得赦者，皆得以差入穀此八郡贖罪。務益致穀以豫備百姓之急。"事下有司，望之與少府李強議，以爲："民函陰陽之氣，有好義欲利之心，在教化之所助。堯在上，不能去民欲利之心，而能令其欲利不勝其好義也；雖桀在上，不能去民好義之心，而能令其好義不勝其欲利也。故堯、桀之分，在於義利而已，道民不可不慎也。今欲令民量粟以贖罪，如此則富者得生，貧者獨死，是貧富異刑而法不一也。人情，貧窮，父兄囚執，聞出財得以生活，爲人子弟者將不顧死亡之患，敗亂之行，以赴財利，求救親戚。一人得生，十人以喪，如此，伯夷之行壞，公綽之名滅。政教一傾，雖有周、召之佐，恐不能復。古者臧於民，不足則取，有餘則予。《詩》曰'爰及矜人，哀此鰥寡'，上惠下也。又曰'雨我公田，遂及我私'，下急上也。今有西邊之役，民失作業，雖戶賦口斂以贍其困乏，古之通義，百姓莫以爲非。以死救生，恐未可也。陛下布德施教，教化既成，堯、舜亡以加也。今議開利路以傷既成之化，臣竊痛之。"於是天子復下其議兩府，丞相、御史以難問張敞。敞曰："少府左馮翊所言，常人之所守耳。昔先帝征四夷，兵行三十餘年，百姓猶不加賦，而軍用給。今羌虜一隅小夷，跳梁於山谷間，漢但令罪人出財減罪以誅之，其名賢於煩擾良民橫興賦斂也。又諸盜及殺人犯不道者，百姓所疾苦也，皆不得贖；首匿、見知縱、所不當得爲之屬，議者或頗言其法可蠲除，今因此令贖，其便明甚，何化之所亂？《甫刑》之罰，小過赦，薄罪贖，有金選之品，所從來久矣，何賊之所生？敞備皂衣二十餘年，嘗聞罪人贖矣，未聞盜賊起也。竊憐涼州被寇，方秋饒時，民尚有饑乏，病死於道路，況至來春將大困乎！不早慮所以振救之策，而引常經以難，恐後爲重責。常人可與守經，未可與權也。敞幸得備列卿，以輔兩府爲職，不敢不盡愚。"望之、強復對曰："先帝聖德，賢良在位，作憲垂法，爲無窮之規，永惟邊竟之不贍，故《金布令甲》曰'邊郡數被兵，離饑寒，夭絕天年，父子相失，令天下共給其費'，固爲軍旅卒暴之事也。聞天漢四年，常使死罪人入五十萬錢減死罪一等，豪強吏民請奪假貸，至爲盜賊以贖罪。其後奸邪橫暴，群盜並起，至攻城邑，殺郡守，充滿山谷，吏不能禁，明詔遣繡衣使者以興兵擊之，誅者過半，然後衰止。愚以爲此使死罪贖之敗也，故曰不便。"時，丞相魏相、御史大夫丙吉亦以爲羌虜且破，轉輸略足相給，遂不施敞議。（《漢書·蕭望之傳》）

量粟贖罪則富者得生，貧者獨死，貧富異刑太不公允了！《孔光傳》也有"平刑罰，薄賦斂"之語，可知當時的刑罰恐怕是太不公道。

4. 尊賢隆古。尊賢才的主張也是當時一般經師的議論，這不是某一人的發明，而是社會共識。任舉一例，如《蕭望之傳》云：

> 地節三年夏，京師雨雹，望之因是上疏，願賜清閒之宴，口陳災異之意。宣帝自在民間聞望之名，曰："此東海蕭生邪？下少府宋畸問狀，無有所諱。"望之對，以爲："《春秋》昭公三年大雨雹，是時季氏專權，卒逐昭公。鄉使魯君察於天變，宜無此害。今陛下以聖德居位，思政求賢，堯、舜之用心也。然而善祥未臻，陰陽不和，是大臣任政，一姓擅勢之所致也。附枝大者賊本心，私家盛者公室危。唯明主躬萬機，選同姓，舉賢材，以爲腹心，與參政謀，令公卿大臣朝見奏事，明陳其職，以考功能。如是，則庶事理，公道立，奸邪塞，私權廢矣。"（同上）

這是尊賢才。本傳又云：

> 宣帝崩，太子襲尊號，是爲孝元帝。望之本以師傅見尊重，上即

位，數宴見，言治亂，陳王事。望之選白宗室明經達學散騎、諫大夫劉更生給事中，與侍中金敞並拾遺左右。四人同心謀議，勸道上以古制，多所欲匡正，上甚鄉納之。（同上）

這是隆古。當時尊崇經術之士，我們已可謂之隆古，而蕭望之之輩猶如此主張，則表明當日社會實憂攘不安，我們看當時民衆可以成群結隊地攻官寺以及《谷永傳》所云"出炮烙之陷阱，誅戮邪佞之臣""厲崇忠直，放退殘賊"，可知非更尊賢，更隆古，不足以語於治。這也是古文經學興起的原因之一。

三　道德思想

關於道德思想，西漢經師頗注重於性情論與綱紀論。他們對於人性，以爲性本善，這在傳《韓詩》之韓嬰已提出過，在《韓詩外傳》他采用《荀子·非十二子》而去掉非子思、孟軻的那一段，正是因爲他主張性善論。據臧琳《經義雜記》說：

> 《韓詩外傳》隋唐《志》十卷，今本同。讀其書，少次序，又多雜見於《大戴》《管》《荀》《呂覽》《淮南》《說苑》諸書，考《漢志》本作六卷，則今書非韓氏原編，容有後人分並，且以他書厠入者。本傳稱嬰，孝文時爲博士。武帝時，嘗與董仲舒論於上前。其人精悍，處事分明，仲舒不能難也。其書有曰："子曰：'不知命無以爲君子。'言天之所生，皆有仁、義、禮、智，順善之心。不知天之所以命生，則無仁、義、禮、智，順善之心。無仁、義、禮、智，順善之心，謂之小人。故曰：'不知命，無以爲君子。'《小雅》曰：'天保定爾，亦孔之固。'言天之所以仁、義、禮、智，保定人之甚固也。《大雅》曰：'天生蒸民，有物有則。民之秉彝，好是懿德。'言民之秉德以則天也。不知所以則天，又焉得爲君子乎？斯言也，即《孟子》性善之說也。秦、漢以來，如毛公、董生，皆可爲見道之醇儒矣，而性善之說，則俱未能言也。琳謂孟子之後，程、朱以前，知性善者，韓君一人而已，故特爲表出之。"（《皇清經解》）

這位韓詩大師主張性善，一反荀子之說。董仲舒則有"性有三等"之說："聖人之性，不可以名性；斗筲之性，又不可以名性。名性者，中人之性。""故性比於禾，善比於米，米出禾中，而禾未可全爲米也。善出性中，而性未可全爲善也。……天生民性有善質，而未能善，於是爲之立王以善之，此天意也。""繭有絲而繭非絲也，卵有雛而卵非雛也。""孟子下質於禽獸之所爲，故曰性之已善；吾上質於聖人之所善，故謂性未善"。（《春秋繁露·深察名號》）這不惟是後來"性三品"說的雛形，也頗有性善惡相混的意味。他認爲"如其生之自然之資謂之性。性者，質也"（同上）。所以他的對策提出"性非教化不成""情非制度不節"的理論，引起後來重五性六情的議論。如《漢書·宣元六王傳》云："夫人之性，皆有五常。及其少長，耳目牽於嗜欲，故五常銷而邪心作，情亂其性，利勝其義，而不失厥家者，未之有也。"（《漢書·宣元六王傳》）

伏生《尚書大傳》曾說："心之精神是謂聖。"

心的地位自然很重要，心、性、情都當注意。如匡衡治《齊詩》，他不像翼奉那樣講六情五際，他主張性善而且主張審所用心。其本傳云：

匡衡字稚圭，東海承人也。父世農夫，至衡好學，家貧，庸作以供資用，尤精力過絕人。諸儒爲之語曰："無說《詩》，匡鼎來；匡說《詩》，解人頤。"衡射策甲科，以不應令除爲太常掌故，調補平原文學。學者多上書薦衡經明，當世少雙，令爲文學就官京師；後進皆欲從衡平原，衡不宜在遠方。事下太子太傅蕭望之、少府梁丘賀問，衡對《詩》諸大義，其對深美。望之奏衡經學精習，說有師道，可觀覽。宣帝不甚用儒，遣衡歸官。而皇太子見衡對，私善之。

會宣帝崩，元帝初即位……遷博士，給事中。

是時，有日蝕、地震之變，上問以政治得失，衡上疏曰：

臣聞五帝不同禮，三王各異教，民俗殊務，所遇之時異也。陛下躬聖德，開太平之路，閔愚吏民觸法抵禁，比年大赦，使百姓得改行自新，天下幸甚。臣竊見大赦之後，奸邪不爲衰止，今日大赦，明日犯法，相隨入獄，此殆導之未得其務也。蓋保民者，"陳之以德義""示之以好惡"，觀其失而制其宜，故動之而和，綏之而安。今天下俗貪財賤義，好聲色，上侈靡，廉恥之節薄，淫辟之意縱，綱紀失序，疏者踰內，親戚之恩薄，婚姻之黨隆，苟合僥幸，以身設利。不改其原，雖歲赦之，刑猶難使錯而不用也。

臣愚以爲宜一曠然大變其俗。孔子曰："能以禮讓爲國乎，何有？"朝廷者，天下之楨榦也。公卿大夫相與循禮恭讓，則民不爭；好仁樂施，則下不暴；上義高節，則民興行；寬柔和惠，則衆相愛。四者，明王之所以不嚴而成化也。何者？朝有變色之言，則下有爭鬥之患；上有自專之士，則下有不讓之人；上有克勝之佐，則下有傷害之心；上有好利之臣，則下有盜竊之民：此其本也。今俗吏之治，皆不本禮讓，而上克暴，或忮害好陷人於罪，貪財而慕勢，故犯法者

衆，奸邪不止，雖嚴刑峻法，猶不爲變。此非其天性，有由然也。（《漢書·匡張孔馬傳》）

他以爲"今日大赦，明日犯法，相隨入獄"並非其天性自惡，"由上失於教化"。所以他接着説：

臣竊考《國風》之詩，《周南》《召南》被賢聖之化深，故篤於行而廉於色。鄭伯好勇，而國人暴虎；秦穆貴信，而士多從死；陳夫人好巫，而民淫祀；晉侯好儉，而民畜聚；太王躬仁，邠國貴恕。由此觀之，治天下者審所上而已。今之偽薄忮害，不讓極矣。臣聞教化之流，非家至而人説之也。賢者在位，能者布職，朝廷崇禮，百僚敬讓，道德之行，由内及外，自近者始，然後民知所法，遷善日進而不自知。是以百姓安，陰陽和，神靈應，而嘉祥見。《詩》曰："商邑翼翼，四方之極；壽考且寧，以保我後生。"此成湯所以建至治，保子孫，化異俗而懷鬼方也。今長安天子之都，親承聖化，然其習俗無以異於遠方，郡國來者無所法則，或見侈靡而放效之。此教化之原本，風俗之樞機，宜先正者也。（同上）

他又上疏説：

臣聞治亂安危之機，在乎審所用心。蓋受命之王務在創業垂統傳之無窮，繼體之君心存於承宣先王之德而襃大其功。昔者成王之嗣位，思述文、武之道以養其心，休烈盛美皆歸之二后而不敢專其名，是以上天歆享，鬼神祐焉。其《詩》曰："念我皇祖，陟降廷止。"言成王常思祖考之業，而鬼神祐助其治也。

陛下聖德天覆，子愛海内，然陰陽未和，奸邪未禁者，殆論議者未丕揚先帝之盛功，爭言制度不可用也，務變更之，所更或不可行，而復復之，是以群下更相是非，吏民無所信。臣竊恨國家釋樂成之業，而虛爲此紛紛也。願陛下詳覽統業之事，留神於遵制揚功，以定群下之心。《大雅》曰："無念爾祖，聿修厥德。"孔子著之《孝經》首章，蓋至德之本也。《傳》曰："審好惡，理情性，而王道畢矣。"能盡其性，然後能盡人物之性；能盡人物之性，可以贊天地之化。治性之道，必審己之所有餘，而强其所不足。蓋聰明疏通者戒於大察，寡聞少見者戒於雍蔽，勇猛剛强者戒於大暴，仁愛溫良者戒於無斷，湛静安舒者戒於後時，廣心浩大者戒於遺忘。必審己之所當戒，而齊之以義，然後中和之化應，而巧僞之徒不敢比周而望進。唯陛下戒所以崇聖德。

> 臣又聞室家之道修，則天下之理得，故《詩》始《國風》，《禮》本《冠》《婚》。始乎《國風》，原情性而明人倫也；本乎《冠》《婚》，正基兆而防未然也。福之興莫不本乎室家，道之衰莫不始乎梱內。故聖王必慎妃后之際，別適長之位。禮之於內也。卑不踰尊，新不先故，所以統人情而理陰氣也。其尊適而卑庶也，適子冠乎阼，禮之用醴，眾子不得與列，所以貴正體而明嫌疑也。非虛加其禮文而已，乃中心與之殊異，故禮探其情而見之外也。聖人動靜游燕，所親物得其序；得其序，則海內自修，百姓從化。如當親者疏，當尊者卑，則佞巧之奸因時而動，以亂國家。故聖人慎防其端，禁於未然，不以私恩害公義。陛下聖德純備，莫不修正，則天下無為而治。《詩》云："於以四方，克定厥家。"《傳》曰："正家而天下定矣。"（同上）

他在這裏提出"盡性""治性""審好惡，理情性""統人情""探其情"，這治性三五的提出，又可以於盡性外，更多一種辦法。在成帝初即位，他更"上疏戒妃匹，勸經學威儀之則"，曰：

> 臣又聞之師曰："妃匹之際，生民之始，萬福之原。"婚姻之禮正，然後品物遂而天命全。孔子論《詩》以《關雎》為始，言太上者民之父母，后夫人之行不侔乎天地，則無以奉神靈之統而理萬物之宜。故《詩》曰："窈窕淑女，君子好仇。"言能致其貞淑，不貳其操，情欲之感無介乎容儀，宴私之意不形乎動靜，夫然後可以配至尊而為宗廟主。此綱紀之首，王教之端也。自上世已來，三代興廢，未有不由此者也。願陛下詳覽得失盛衰之效以定大基，采有德，戒聲色，近嚴敬，遠技能。
>
> 竊見聖德純茂，專精《詩》《書》，好樂無厭。臣衡材駑，無以輔相善義，宣揚德音。臣聞《六經》者，聖人所以統天地之心，著善惡之歸，明吉凶之分，通人道之正，使不悖於其本性者也。故審《六藝》之指，則天人之理可得而和，草木昆蟲可得而育，此永永不易之道也。及《論語》《孝經》，聖人言行之要，宜究其意。（同上）

他又上奏"正南北郊，罷諸淫祀"，在當時民間風俗大約還不大好，如《魏相傳》所云："今郡國守相多不實選，風俗尤薄，水旱不時。案今年計，子弟殺父兄、妻殺夫者，凡二百二十二人，臣愚以為此非小變也。"（《漢書·魏相丙吉傳》）魏相也是主張遣諫博士大夫巡行天下，察風俗，以了解實際情況，"子弟殺父兄，妻殺夫"的太多了，真使他們不得不注重社會秩序和綱紀人倫。

"三綱"一語，在西漢末已爲一般人所樂於引用，如《谷永傳》云："勤三綱之嚴。"(《漢書·谷永杜鄴傳》) "三從"之說因之而起，《杜鄴傳》云："故禮明三從之義。"(同上) 這種綱紀論，在陽尊陰卑的學說流行時，自易奉爲與經典一般重要的理論。然而這些實在是不見經傳的。在元帝時杜欽曾說："臣者，君之陰也；子者，父之陰也；妻者，夫之陰也；夷狄者，中國之陰也。"(《漢書·杜周傳》) 當時的三綱之議實由陰陽對立的觀念而起。當時元帝盡召直言之士詣白虎殿對策，策曰："天地之道何貴？王者之法何如？《六經》之義何上？人之行何先？取人之術何以？當世之治何務？各以經對。"(《漢書·杜周傳》)

杜欽對曰：

> 臣聞天道貴信，地道貴貞；不信不貞，萬物不生。生，天地之所貴也。王者承天地之所生，理而成之，昆蟲草木靡不得其所。王者法天地，非仁無以廣施，非義無以正身；克己就義，恕以及人，《六經》之所上也。不孝，則事君不忠，莅官不敬，戰陳無勇，朋友不信。孔子曰："孝無終始，而患不及者，未之有也。"孝，人行之所先也。觀本行於鄉黨，考功能於官職，達觀其所舉，富觀其所予，窮觀其所不爲，乏觀其所不取，近觀其所爲主，遠觀其所主。孔子曰："視其所以，觀其所由，察其所安，人焉廋哉？"取人之術也。殷因於夏尚質，周因於殷尚文，今漢家承周、秦之敝，宜抑文尚質，廢奢長儉，表實去僞。孔子曰"惡紫之奪朱"，當世治之所務也。(同上)

這些實際上都是來源於陰陽五行學說的引發，而並非真正是對於經、傳本身的闡述。

第四章
緯學之興起及其流傳

第一節　緯學之名義與篇第

在上章中，我們叙及西漢今文經學的流傳遷變，我們看到有許多的經學大師都極好談災異，好作預言。本來這種災異瑞應神話的預兆的推測，在古代社會中早就有的，秦漢的方術家尤好作這樣的占驗。到了西漢末年東漢初年，此種風氣漸染日甚，於是借着説經之名而有種種的讖緯的出現。這些讖緯，有的與經學有關，爲今文經師之言，有的實爲古文家言，有的實與經學無關。在過去多以緯學爲今文，其實是大錯誤。我們現在要明瞭，今文經學對於這一問題也應當予以分析地檢討的。

(一) 緯學之名義

所謂讖緯，從表面看來，只是讖與緯，其實是包含着圖讖、緯候、河洛等書。據蔣清翊《緯學原流興廢考》卷上《名義》所輯《説文》等書之解釋説：

(1)《説文》：(a) "經，織縱絲也"；(b) "緯，織橫絲也"；(c) "計劃難也。從口畾。畾，難意也"；(d) "讖，驗也。有徵驗之書，河洛所出書曰讖"（"有徵驗"以下十二字，段玉裁注）"；(e) "候，司望也"。

(2)《釋名》："經，徑也，常典也。如徑路無所不通可常用也。緯，圍也，反復圍繞以成經也。圖，度也，盡其品度也。讖，纖也。其義纖微而有效驗也。"

(3)《廣雅》："讖，驗也。"

(4)《一切經音義》：(a) "三蒼讖，秘書也，出河洛。"(b) "《説文》：讖，驗也。謂占後有效驗也。"

(5)《漢書·賈誼傳》注："讖，驗也。有徵驗之爲讖。讖音初禁反。"

(6)《後漢書》：(a)《光武帝紀》注："圖，河圖也。讖，符命之書。讖，驗也。言爲王者有受命之徵驗也。"(b)《桓譚傳》注："圖書即讖緯符命之類也。"(c)《張純傳》："七經謂《詩》《書》《禮》《樂》《易》《春秋》及

《論語》也。"(d)《方術列傳》:"緯七經,緯也;候尚書,中候也。"

(7)《文選·思玄賦》舊注:"《倉頡》篇,讖書,河洛也。"

(8)蔡邕《郭有道碑》李賢注:"圖,河圖也。緯六經及《孝經》皆有緯也。"

(9)《後漢書》:(a)《蘇竟傳》:"孔丘秘經,爲漢赤制,玄包幽室,文隱事明。"注:"秘經,幽秘之經,即緯書也。包,藏也。言緯書玄秘,藏於幽室,文雖微隱,事甚明驗。"(b)《班固傳》:"啓靈篇兮披瑞圖。"注:"靈篇謂河洛之書也。"(c)《方術列傳》:"自是習爲内學,尚奇文,貴異數,不乏於時矣。"李賢注:"内學謂圖讖之書也。其事秘密,故稱内。"

由這上面種種解釋看來,我們可知緯學實包含着緯候、圖書、讖驗、符命等類,這幾類中,圖讖更可稱之爲秘經、靈篇、内學,故漢人又謂之㚑緯、秘緯、密奧、奧書。緯候與圖讖在意義與内容上實在是有些不同的,緯是七經緯,據各書所引的"七緯"看來,是《詩》《書》《禮》《樂》《易》《春秋》六經加《孝經》之"緯",《論語》則只有讖。《後漢書·張純傳》説的解釋是錯了的。《四庫全書總目提要》説:"儒者多稱讖緯,其實讖自讖,緯自緯,非一類也。讖者詭爲隱語,預決吉凶。《史記·秦(始皇)本紀》稱盧生'奏録圖書'之語,是其始也。緯者,經之支流,衍及旁義。《史記·自序》引《易》'失之毫釐,差以千里'。《漢書·蓋寬饒傳》引《易》'五帝官天下,三王家天下',注者均以爲《易緯》之文是也。蓋秦漢以來,去聖日遠,儒者推闡論説,各自成書,與經原不相比附。如伏生《尚書大傳》、董仲舒《春秋陰陽》,核其文體,即是緯書,特以題有主名,故不能託諸孔子。其他私相撰述,漸雜以術數之言,既不知作者爲誰,因附會以神其説。追彌傳彌失,又益以妖妄之詞,遂與讖合而爲一。然班固稱'聖人作經,賢者緯之';楊侃稱'緯書之類,謂之稱經;圖讖之類,謂之内學;河洛之書,謂之靈篇'。胡應麟亦謂'讖緯二書,雖相表裏,而實不同'。則緯與讖別,前人固已分析之,後人連類而譏,非其實也。"

趙在翰《七緯·總叙》説:

七緯配七經而出也。帝王神聖之興,沉浮交錯之運,三古洪纖之度,五氣休咎之徵,經闡其理,緯繹其象,經陳其常,緯究其變。所以抉摘天人,紘維王政,鞿轄詁訓,熒鏡物情者,譬之四七列次,七政以齊,三五餘分,四時以定。昔孔鱻先命,魯儒闡揚,蓋在是矣。世夐文隱,秘藏晚出,漢世諸儒並藉據其文以通經藝。北海鄭君訓注炳著,宋氏兄弟繼踵纘修。而言占候者,或窺其㤰以司天;談術數者,遂竄其說以惑世。真雖存矣,偽亦憑焉。建武以來,與讖並稱。隋滅其書,咎有由致。然而緯自緯,讖自讖,詭號亂流,邃義懸越。許懋云:"緯者,有經必有緯。"徐廣云:"讖之爲言纖,其義纖微。"楊侃謂:"緯書爲秘經,圖讖爲內學,河洛爲靈篇。"別白緯讖,諸論爲精。而世乃與方士、錄圖、閉房私記,比例齊觀,棄置勿道,不亦過乎!所幸逸冊斷簡,歷劫猶存,賈、孔、歐、虞,徵引具在。明孫瑴始搜輯爲《古微書》。撥煨爐之寒灰,綴什一之餘緒,泂漢學之後勁,華容之先達也。但孫氏所撼,尚有遺文,且畛限不明,雜入諸讖,厥功雖勤,不無可議。聖朝文治景鑠,經術昌明,羅列《易緯》,補脊完書。漢學之興,於斯爲盛。在翰少蒙義方,略窺經訓,竊以世代緜邈,立言湮散,義在稽古,是須廣求,謹刊《易緯》,布廣前文,復取《古微書》補其闕漏,正其踳駁。本《隋書·經籍志》著録以纂集,依《書》《詩》《禮》《樂》《春秋》《孝經》以立次。纂成二十有九卷,附於《易緯》之後,總題曰《七緯》,從其朔也。阮元在該書《七緯·叙》中也說:

惢緯之興,始於哀、平,終於大業。洎虖宋、鄭兩家爲之作注,而緯與經迥相雜而不越。然異學爭鳴,七緯之外復有候有圖,最下而及於讖,而經訓愈灘。不知緯自爲緯,讖自爲讖,不得以讖病緯也。自賈公彥《周官疏》造爲漢時禁緯之說,後儒不誓,並爲一譚,以爲古人緯讖同諱,此謬論也。今以《隋書·經籍志》證之,云:"孔子既叙六經,以明天人之道,知後世不能稽同其意,故別立緯及讖。"及者遂事之辭也。觀下文"王莽好符命,光武以圖讖興,遂盛行於世",則讖者,特緯之流弊也。讖緯之別,此一證也。《志》云:"《七緯》三十六篇,並孔子所作,並前爲八十一篇。而又有《尚書中候》《雜罪級》《五行傳》《詩推度災》《氾曆樞》《含神霧》《孝經句命決》《援神契》《雜讖》等書。漢代有郗氏、袁氏說。漢末郎中郗萌輯圖緯讖雜占爲五十篇,謂之《春秋災異》。宋均、鄭玄並爲讖緯之注。然其文詞淺俗,顛倒舛謬,不類聖人之恉。"其重言漢代者,見前之非出於漢也,則後人所疑者,或偽注之讖爾,未嘗疑及於緯也。此又一證也。《志》云:"漢時又詔東平王蒼正五經章句,皆命從讖。俗儒趨時,益爲其學,言五經者,皆憑讖爲說。唯孔安國、毛公、王璜、賈逵之徒獨非之,相承以爲妖妄。"則當日所謂古學者,亦弟不及圖讖爾,未嘗訛訐及於緯也。此又一證也。《志》云:"至宋大明中，始禁圖讖。梁天監以後又重其制。及高祖受禪，禁之踰切。"始者，言乎其前之未有也。然則隋以前圖讖且不禁，何以而及於緯乎？此又一證也。唯《志》云："煬帝即位，逎發使四出，搜天下書籍與讖緯相涉者，皆焚之。"曰"涉"曰"皆"者，病及於緯也。賈氏不省，因謂漢時禁緯，真不稽之言矣。否則，朱氏彝尊所引諸書及漢人碑碣稱姚浚則尤明圖緯秘奧，姜肱則兼明星緯，郭泰則探綜圖緯，李休則又精群緯，袁良則親執經緯，楊震則明河雒緯度，祝睦則七典並立、該洞七典，唐扶則綜緯河雒，劉熊則敦五經之緯圖，楊著則窮七道之奧，曹全則甄極悠緯，蔡湛則少耽七典，武梁則兼通河雒，張表則該覽群緯，丁魴則兼究秘緯，李翊則通經綜緯。不曰讖而曰緯，則緯之醇固異於讖之駁也。使其有禁，奚習者之多乎？此又不待智者而決矣。

緯與讖的不同，在這兩段中，都說得極明顯。但我們要注意的是，這一類書內容都很具有神秘性，也只可"緯之醇固異於讖之駁"，因為這些緯書有不少偽竄，何況在根本上就不大醇，本來就不是專釋經的。徐養原說："按劉熙《釋名·釋典藝》曰：'緯，圍也。反復圍繞，以成經也。圖，度也，盡其品度也。讖，纖也，其義纖微而有效驗也。'此三者同實異名，然亦有分別，蓋緯之名所以配經。故自六經《論語》《孝經》而外，無復別出。《河圖》《洛書》等緯，皆《易》也。若讖之依附六經者，惟《論語》有讖八卷，餘皆別自為書，與緯體制迥別。以《隋書·經籍志》考之，《孔老讖》十二卷，《老子河洛讖》一卷，《尹公讖》四卷，《劉向讖》一卷，《雜讖書》二十九卷，又有《堯戒舜禹》一卷，《孔子明鏡》一卷，《郭文金雄記》一卷，《王子年歌》一卷，《嵩山道士歌》一卷，戒讖之類也。"他以為"微有分別"，實皆緯自為緯，讖自為讖更合事實。不過他這裏說"緯之名所以配經，故自六經《論語》《孝經》而外，無復別出。河圖洛書等緯，皆《易》也"。《七緯》之中並無《論語》緯，河洛等篇也不能屬於《易》緯，徐氏此言尚略有誤。

（二）緯學之篇第

上文檢討緯、讖名義，可知緯、讖不同。現在我們可以從篇目上來表見出緯、讖之別，我們更可知道《河》《洛》也並不屬於《易》。《隋書·經籍志一》載：

《河圖》二十卷　梁《河圖洛書》二十四卷，目錄一卷，亡。
《河圖龍文》一卷。

《易緯》八卷　鄭玄注。梁有九卷。

《尚書緯》三卷　鄭玄注，梁六卷。

《尚書中候》五卷　鄭玄注。梁有八卷，今殘缺。

《詩緯》十八卷　魏博士宋均注。梁十卷。

《禮緯》三卷　鄭玄注，亡。

《禮記默房》二卷　宋均注。梁有三卷，鄭玄注，亡。

《樂緯》三卷　宋均注。梁有《樂五鳥圖》一卷。亡。

《春秋災異》十五卷　郗萌撰。梁有《春秋緯》三十卷，宋均注；《春秋內事》四卷，《春秋苞命》二卷，《春秋祕事》十一卷，《書》《易》《詩》《孝經》《春秋》《河洛緯祕要》一卷，《五帝鉤命決圖》一卷。亡。

《孝經鉤命決》六卷　宋均注。

《孝經援神契》七卷　宋均注。

《孝經內事》一卷　梁有《孝經雜緯》十卷，宋均注；《孝經元命苞》一卷，《孝經古祕援神》二卷，《孝經古祕圖》一卷，《孝經左右握》二卷，《孝經左右契圖》一卷，《孝經雌雄圖》三卷，《孝經異本雌雄圖》二卷，《孝經分野圖》一卷，《孝經內事圖》二卷，《孝經內事星宿講堂七十二弟子圖》一卷，又《口授圖》一卷；又《論語讖》八卷，宋均注；《孔老讖》十二卷，《老子河洛讖》一卷，《尹公讖》四卷，《劉向讖》一卷，《雜讖書》二十九卷，《堯戒舜禹》一卷，《孔子王明鏡》一卷，《郭文金雄記》一卷，《王子年歌》一卷，《嵩高道士歌》一卷。亡。

右十三部，合九十二卷。通計亡書，合三十二部，共二百三十二卷。

同書亦說：

《易》曰："河出圖，洛出書。"然則聖人之受命也，必因積德累業，豐功厚利，誠著天地，澤被生人，萬物之所歸往，神明之所福饗，則有天命之應。蓋龜龍銜負，出於河、洛，以紀易代之徵，其理幽昧，究極神道。先王恐其惑人，祕而不傳。說者又云，孔子既敘六經，以明天人之道，知後世不能稽同其意，故別立緯及讖，以遺來世。其書出於前漢，有《河圖》九篇，《洛書》六篇，云自黃帝至周文王所受本文。又別有三十篇，云自初起至於孔子，九聖之所增演，以廣其意。又有《七經緯》三十六篇，並云孔子所作，並前合爲八十一篇。

《河圖》九篇，《洛書》六篇，更別有三十篇，爲四十五篇；《七經緯》三十六篇，故共爲八十一篇。《河圖》《洛書》是在《易緯》之外，説屬於《易》，是不對的。河、洛七緯篇目據蔣清翊《緯學原流興廢考》引汪師韓輯撰《韓門綴學》云：

漢哀、平之世，讖緯興焉。緯有七，凡三十六篇：《易》之緯六，曰《稽覽圖》（二卷又稱三卷），《乾鑿度》（二卷），《坤靈圖》（一卷），《通卦驗》（亦作驗卦），《是類謀》（一卷），《辨終備》（一卷）；《詩》之緯三，曰《推度災》《氾曆樞》《含神霧》；《書》之緯五，曰《璇璣鈐》《考靈曜》《帝命驗》《刑德放》《運期授》（卷二）；《禮》之緯三，曰《含文嘉》《稽命徵》《斗威儀》；《樂》之緯三，曰《動聲儀》《稽耀嘉》《葉圖徵》；《孝經》之緯二，曰《援神契》《鉤命決》；《春秋》之緯十四，曰《演孔圖》《元命苞》《文耀鈎》《運斗樞》《感精符》《合誠圖》《考異郵》《保乾圖》《漢含孳》《佐助期》《握誠圖》《潛潭巴》《説題詞》《命曆序》。凡三十六篇，所謂七緯也。《困學記聞》載七經緯，闕載《命曆序》，只三十有五，應是遺漏。李善《文選注》，《易緯》無《稽覽圖》《辨終備》，《書緯》無《運期授》；而《易》有《通繫卦》；《樂》有《樂録圖》；《春秋》有《孔録法》，其《通繫卦》或即《通卦驗》也。《太平御覽》《書緯》有《帝驗期》，《禮緯》有《稽命曜》，或即《帝命驗》與《稽命徵》。而《孝經》有《左方契》《威嬉拒》，則又《選注》所不及也。《隋書》言"《河圖》九篇，《洛書》六篇，自黄帝至周文王所受本文，又別有三十篇，自初起至於孔子九聖之所增衍以廣其意。又有七經緯三十六篇，並云孔子所作，並前合爲八十一篇"。今考《尚書·中候》之外，《河圖》九篇具見《選注》，曰《括地象》，曰《帝覽嬉》，曰《帝通紀》，曰《著命》，曰《閩包受》，曰《會昌符》，曰《龍文》，曰《玉版》，曰《考鈎》，其數相符。惟《洛書》只有其二，曰《摘亡辭》，曰《天淮聽》。而有獨稱《尚書雜書》者，豈本無篇名耶？又有曰《春秋河圖揆命篇》者，豈即《著命》耶？有《樂録圖》，又有《春秋録圖》，其皆在別三十篇之數耶？《隋書》於《中候》外，有《洛罪級》《五行傳》。《文獻通考》有《坤鑿度》（二卷），《乾坤鑿》（二卷），《周易乾元序制記》（一卷），名之各異，其同異不可知矣。至讖與緯異，而《唐志》有《論語緯》十卷，則讖亦稱緯。讖有十，其可舉者，曰《論語比考讖》，曰《論語撰考讖》，曰《論語陰嬉讖》，曰《論語糾滑讖》，曰《論語摘輔像讖》，曰《論語素王受命讖》，曰《論語崇爵讖》，曰《論語摘衰聖承進讖》，尚有二者之名不知也。鄭氏釋《禮》於七緯，皆曰説，不曰緯。(《續修四庫全書》第一八四册，《韓門綴學卯卷續一卷》)

汪氏所舉七緯篇目實根據唐代李賢《後漢書·方術列傳·樊英傳》注説：

　　七緯者，《易緯》，《稽覽圖》《乾鑿度》《坤靈圖》《通卦驗》《是類謀》《辨終備》也；《書緯》，《璇璣鈐》《考靈曜》《刑德放》《帝命驗》《運期授》也；《詩緯》，《推度災》《氾曆樞》《含神務》也；《禮緯》，《含文嘉》《稽命徵》《斗威儀》也；《樂緯》，《動聲儀》《稽耀嘉》《葉圖徵》也；《孝經緯》，《援神契》《鈎命決》也；《春秋緯》，《演孔圖》《元命苞》《文耀鈎》《運斗樞》《感精符》《合誠圖》《考異郵》《保乾圖》《漢含孳》《佐助期》《握誠圖》《潜潭巴》《説題辭》也。

但他以《春秋命曆序》加入三十六篇中，對於《河》《洛》篇目，更未能詳細地考出。蔣清翊《緯學原流興廢考》曾爲訂補云：

　　汪氏謂《春秋緯》十有四疑，《困學記聞》闕載《命曆序》，其實汪氏亦據《樊英傳》耳。趙鹿園輯《七緯》亦無《命曆序》，所謂七緯三十六篇者，本《隋書·志》。然觀《隋志》本文，似《詩》《推度災》《氾曆樞》《含神霧》，《孝經》《鈎命決》《援神契》五篇，又在三十六篇之外。不知汪氏毅然以《命曆序》入七緯何所依據。

又爲補出《洛書》篇名，他説：

　　汪氏只據《選注》，故《洛書》篇名僅得其二。今《洛書》篇名可考者亦適合六篇之數，曰《洛書甄曜度》，曰《洛書靈準聽》(此自《選注》所引《天匯聽》)，曰《洛書寶號命》，曰《洛書録運期》(期或作德)，曰《洛書稽命曜》，曰《洛書摘六辟》(六或作亡，此即《選注》所引摘亡辭。)

姚振宗《隋書經籍志考證》云：

　　梁有《禮記默房》三卷，鄭玄注，亡。按本志篇叙云《七經緯》三十六篇。張衡上事，亦云六藝四九，謂四九三十六篇也。而范書《方術傳》注言七緯篇目止於三十有五，尚缺其一，疑即此《默房》也。蓋《七緯》之中，《禮緯》實有四種，故鄭、宋兩家並有注。

我們現在對於《河》《洛》七緯篇目比較可以明白，只是《後漢書·方術列傳·樊英傳》注闕載七緯三十六篇之一篇，以及《隋志》與《樊英傳》注之異，現在仍不知其原來篇第，只好存疑。

這些緯讖的名目多半很令人難以索解，明孫瑴《古微書》對於這些古怪的名稱曾努力加以釋解，例如：

《尚書考靈曜》："學莫大於稽天……而不知其秘皆原於緯書，漢儒窮緯，故談天爲至精。此《考靈曜》所繇名也。"

《春秋元命苞》："元者大也，命者理之隱深也，包言乎其羅絡也，萬象千名靡不括也。然主以春秋立元之意，爲之履端，故其名。"

《春秋演孔圖》："此端爲血書鳥圖而述也，故以演孔立名，而旁及帝王。"

《春秋文耀鈎》："大率闡星耀而幽曲言之故曰鈎。"

《春秋感精符》："此言一切災祥皆精神之感召，而天物來符，故多述人事。"

《春秋潛潭巴》："潛潭者水之沉深也，巴又木曲屈也。蜀江學巴字而流，蓋其遠也。"

《易通卦驗》："陰陽律曆皆祖於《易》。氣也者，物之先者也，故物無以驗則驗之氣，氣無以驗則驗之風，而其朕其集幾動於卦。此王者所以體天元，而聖人所以法天行，必謹於卦氣也。"

《易河圖數》："《易》大衍之數原起河圖，故河圖雖自有緯而未嘗言數，此傳《易》者窮其數之原也。"

《禮含文嘉》："《禮》質法天，文法地，周季之文濫矣，安得有嘉？所珍者含文而依之乎，質則天地交焉，如言'黃裳元吉'，文之美在中也。"

《樂動聲儀》："凡姦聲感人而逆氣應之，正聲感人而順氣應之，能動物者莫如樂也，其翼在儀，儀動則人心爲之動矣。"

《孝經援神契》："此言孝道之至行於陰陽，通於鬼神，上下古今若執符契也。"

《孝經鈎命決》："緯書以命言者莫如元、包，以鈎言者莫如《春秋》之《文耀鈎》。《河圖》之《稽耀鈎》茲撰《孝經緯》則直言訣矣，殆即元命鈎耀之命而悉其奧以示人也，故以訣名。"等等。

他這裏雖特別努力爲之解釋，但有些地方實過於牽強，孫氏又未明通假校勘之例，所說實多未諦。趙在翰《七緯叙錄》也偶加一釋解，例如：

（a）《易緯叙錄》云："《易緯》欽尊武英殿本也。《後漢·樊英傳》注：凡六篇，曰《稽覽圖》，曰《乾鑿度》，曰《坤靈圖》，曰《通卦驗》，曰《辨終備》。隋、唐、宋《志》互有詳略。《紹興續書目》有倉頡注《乾坤鑿度》

二卷、晁氏《讀書志》、陳氏《書錄解題》、馬氏《經籍考》，又有《乾元序制記》一卷。終明之代，《乾坤鑿度》《乾鑿度》書存，餘皆散矣。華容孫瑴綴集遺文，《乾鑿度》《辨終備》《乾元序制記》三篇皆不錄。別以《九厄讖》《易雜緯》附焉。乾隆三十八年購求遺書，采輯《永樂大典》中得《易緯》全書，御題冠篇，刊行海內，嘉惠儒林。草莽微臣，幸逢郅治，獲睹全書，謹重刊《易緯》八卷於所纂緯書之端云。"

(b)《尚書緯叙錄》云："昔北海鄭君受《古文尚書》於張恭祖，注釋萬言，學者宗之。東晉《偽孔傳》出而鄭學微。厭故喜新，昔人有慨乎其言之矣。考北海釋經根據緯言，如夫子加尚，稽古同天，禹鐵放勳，類取諸緯。今書雖佚，其存者足見鄭學之精也。《隋·經籍志》、《唐·藝文志》有鄭君注三卷。《七錄》云六卷，篇目闕如。惟《後漢·樊英傳》注備述五篇之名，首《璇機鈐》。璇機者，帝王御運、治曆觀天之器也。曆之理非數無以顯，曆之數非象無以明，於事爲首，故弟爲先。璇機立九野之道，四游之極，得而考焉，《考靈曜》次之。王者觀象治民，德爲政本，刑以弼教，斗華取象，庶獄哀矜，《刑德放》又次之。《帝命驗》《運期授》則明五行相代之期，易姓而興之理，故以終焉。《經義考》又有《鉤命決》《洛罪級》二篇，《鉤命決》爲《孝經緯》之訛，《洛罪級》爲讖學之流，未足以相參也。"

(c)《詩緯叙錄》云："《詩緯》，《隋志》題魏博士宋均注十八卷，《七錄》云十卷。其目具存，與《後漢·樊英傳》注同。《隋志》又有《詩雜讖》，孫瑴謂《含神霧》《推度災》《氾曆樞》皆讖類，非也。其次弟首明五行之運、天人之應，曰《推度災》。曆數之運，際始之道，曰《氾曆樞》。圖箓之神，禎祥之降，曰《含神霧》。漢儒翼奉、郎凱之說多出於此。蓋《齊詩》所本也。單辭隻句，莫見全書，裒合殘編，亦鳳一毛、虬一甲矣。"

(d)《禮緯叙錄》云："孔子曰：'安上治民，莫善於禮。'禮之興也，其源遠矣。周文郁郁，經曲昭明。洛邑頹綱，諸侯去籍，素王籍記，弟子紹聞，述經作緯，以授將來。經毀秦焰，緯秘民間。炎漢炳興，茅葩定儀。曲臺大戴，不見全經。至北海鄭君宣明秘緯，闡釋經言，數陳義舉，衆說折衷焉。《隋志》《崇文總目》有鄭君注《禮緯》三卷、《禮記默房》宋均注三卷。《七錄》鄭注《禮緯》三卷。王充《論衡》、蔡邕《明堂論》又有《瑞命記》之名。《瑞命記》疑逸禮篇名。《經義考》列於慾緯，恐未然也。正緯三卷次弟，首明文質之殊，爲《含文嘉》；由文質以徵命，次《稽命徵》；命由所徵，天昭其象，物貢其靈，主威儀也，《斗威儀》終焉。采撫舊聞，搜羅逸簡，甄而次之，爲禮學者，其以是爲椎輪夫！"

(e)《樂緯叙録》云:"《周禮·大司樂》一篇,《禮記·樂記》十二篇。或曰古樂經之遺也。《大司樂》非全文。《樂記》撰自炎劉,義舉而器數闕焉。古樂經之亡二千餘年於茲矣。其佚緯時見於經史疏志,《隋志》載其篇目。一曰《動聲儀》,言詠歌舞蹈,揄揚雍容,德盛物感也。次《稽耀嘉》,言器良制備,功成事舉,光耀永嘉也。三《葉圖徵》,所謂桉器作圖、存圖作徵者。宋均注三卷,今佚。又《七録》有《五鳥圖》一篇,蓋緯圖也,亦無聞焉。"

(f)《春秋緯叙録》云:"《春秋緯》者,諸弟子私記夫子成《春秋》之微言也。周綱草菱,秦關虎視,赤權授天,元聖制命。夫子知以藏往,神以知來。獲麟之後,端門演圖,廣求百二十國寶書,脩爲《春秋》。合八卦以演文,統三才而明象。襃善貶惡,新魯故周,垂法萬世,肇爲漢制,贖詞奧義,書不盡言。兩楹道喪,弟子默記前聞,推衍遺訓,編緯一十三篇。聖人範圍天地,曲成萬物,徵於是矣。大矣哉!其叙首《演孔圖》,紀黑精之降,應圖而生。聖人生而制命,《元命苞》次之。制命書成九月,萬八千字,燭地動天,《文耀鈎》次之。文以道運,得度有常,稽之於天,青赤相宜,次舍燦列,其樞在斗,《運斗樞》次之。斗降精,聖人起,《感精符》次之。天人之合,以誠通其象,《合誠圖》次之。天垂象,示吉凶,《考異郵》又次焉。承天時行,膺運受籙,《保乾圖》次之。兩漢繼興,天所授也,《漢含孳》《佐助期》次之。誠者天道,王者所握,《握誠圖》又次之。其機難測,其理難明,幽則潛也,曲如巴也,《潛潭巴》又次之。終以《説題辭》,總解經言,闡揚緯理也。餘緯不入十三篇者,據諸書著録有《包命》《命曆叙》《勾命決》《含文嘉》《括地象》《少陽篇》《撰命篇》《春秋災異》《春秋録圖》《春秋秘事》《春秋文義》《春秋内事》《春秋玉版讖》。考《包命》爲《元命苞》之訛,《勾命決》爲《孝經緯》之訛,《括地象》爲《河圖》之訛,《含文嘉》則《白虎通論》引《禮緯》《春秋緯》篇目不明之訛也。餘皆讖類,例不録。"

(g)《孝經緯叙録》云:"聖人志在《春秋》,行在《孝經》。《孝經》之作也,北辰降瑞,赤帛裂書。明者爲經,微者爲緯。經成四卷,緯就二篇。孝通神明,上假天命,禎祥之應,義皞之源,炳哉麟哉,綜貫之已。漢翟酺有《援神勾命解詁》十二篇,《益部耆舊傳》謂其弟子杜真所著,書久佚。張彦遠《名畫記》又有《孝經讖圖》十二卷,《七録·元命苞》一卷,《古秘援神》一卷,《古秘圖》一卷,《左右握》二卷,《左右契圖·中契》一卷,《分野圖》一卷,《内事圖》二卷,《内事星宿講堂七十二弟子圖》一卷,《口授圖》一卷,《雌雄圖》二卷,《異本雌雄圖》二卷。《雌雄圖》,《五代會要》載其書。周顯德六年八月高麗遣使所進,止説月之環暈、星之彗孛、災異之應。龐元英云：'非奇書也。'宋永亭云：'本《京房易傳》，日星占相之書也。'《隋志》又有《孝經內事》一卷。朱彝尊謂'係借經說災祥之事'。《舊唐志》有《應瑞圖》一卷，《內記星圖》一卷，《元辰》二卷。《齊民要術》又引《孝經河圖》之目。《册府元龜》又有《孝經皇義》一卷，宋均為河內太守時撰。《三國·魏志》《宋·符瑞志》又引《孝經中黃讖》。繆泳又述《孝經錯緯》，佹名煩眾，皆讖屬也。正緯惟《隋志》載宋均注《援神契》七卷、《勾命決》六卷者是。嗚呼！我夫子窮年韋布，獲麟掩袂，吾道終窮，刪述之富，煨於咸陽，後世方術之士，或託名以肆意，或誣聖以自奇，真者反隱，偽者日新。緯為讖隱，悲矣！其亡者不可考已，其幸存者，或疑而不之信，散佚無紀，將就湮滅，滋余懼也。"

但是他解釋《春秋潛潭巴》，仍說"幽則潛也，曲如巴也"，仍是孫瑴之義，也未從聲音通假字形訛誤解釋，仍多未當。我以為緯書因多神秘，但其內容除了荒唐之外並非難於索解，則其命名自亦不至令人難解。我們如果細為尋繹，未必不能理解。不過這種功夫至今猶未有人作過，這是大家不注意緯，以為不必為之尋求合理的解釋之因罷。

現在我就上文所述及孫、趙二家之說，也如群經一樣，列一緯學篇目表以備參稽。

附緯學篇目表：兹列緯書名目於下：

一、《易緯》八：（1）《乾坤鑿度》，（2）《乾鑿度》，（3）《稽覽圖》，（4）《辨終備》，（5）《通卦驗》，（6）《乾元序制記》，（7）《是類謀》，（8）《坤靈圖》。（自《乾鑿度》以下均鄭玄注）

二、《尚書緯》五：（1）《璇璣鈐》，（2）《考靈曜》，（3）《刑德仿》，（4）《帝命驗》，（5）《運期授》。（五種皆鄭玄注）

《尚書中候》（十八篇）：（1）《握河紀》，（2）《考河命》，（3）《題期》，（4）《立象》，（5）《運衡》，（6）《敕省圖》，（7）《苗興》，（8）《契握》（亦作《契握湯》），（9）《洛予命》，（10）《稷起》，（11）《我應》，（12）《雒師謀》，（13）《合符後》，（14）《摘洛戒》，（15）《準讖哲》，（16）《儀明》，（17）《霸免》，（18）《覬期》。（十八篇皆鄭玄注）

三、《詩緯》三：（1）《推度災》，（2）《氾曆樞》，（3）《含神霧》。（皆宋均注）

四、《禮緯》三：（1）《含文嘉》，（2）《稽命徵》，（3）《斗威儀》。（皆宋均注）

五、《樂緯》三：（1）《動聲儀》（2）《稽耀嘉》（3）《葉圖徵》。（皆宋

均注)

六、《春秋緯》十四：(1)《感精符》，(2)《文耀鈎》，(3)《運斗樞》，(4)《合誠圖》，(5)《考異郵》，(6)《保乾圖》，(7)《漢含孳》，(8)《佐助期》，(9)《握誠圖》，(10)《潛潭巴》，(11)《説題辭》，(12)《演孔圖》，(13)《元命苞》，(14)《命曆叙》。(皆宋均注)《春秋内事》(孫瑴曰："《春秋》《孝經》各有内事，雖不繫緯讖篇目，而其文辭殊甚龐噩，均有宋均之注，故以爲録。")。

七、《孝經緯》九：(1)《援神契》，(2)《鈎命決》，(3)《中契》，(4)《左契》，(5)《右契》，(6)《内事圖》；(以上宋均注)(7)《章句》，(8)《雌雄圖》，(9)《古秘》。

八、《論語讖》八：(1)《比考讖》，(2)《撰考讖》，(3)《摘輔象》，(4)《摘衰聖承進讖》，(5)《陰嬉讖》，(6)《素王受命讖》，(7)《糾滑讖》，(8)《崇爵讖》。(皆宋均注)

第二節　緯學之起源與編定

(一) 讖緯之起源

緯候圖讖從上節所列舉之其名義與篇目看來，是在西漢末年才發達，所以緯之起源，我們至多可以説是起於西漢之世。因爲緯本依經而立，陰陽五行、災異瑞應之説也是在西漢時才發達，歷來也有許多説法。"經"在漢人以爲是孔子删定的，緯學之興當在西漢，這本是不成問題的。不過關於這個問題原本當然要推之孔子，因爲圍繞孔子與緯學實在歷來也有種種説法，有説緯書作於孔子，有説緯學起於哀、平，有説緯學起於西漢中葉，有説起於周之季世，更有以爲自古有之。這些説法除了緯書爲孔子作，在東漢初即有譚尹敏諸人不以爲然，其餘四種説法各有其理由，現我們如要明了它，也須加以分析地檢討。

(1) 緯學起於哀、平説。

緯書非孔子作，這在桓譚上疏即以爲"蓋天道性命，聖人所難言也。自子貢以下，不得而聞，況後世淺儒，能通之乎！今諸巧慧小才伎數之人，增益圖書，矯稱讖記"，後來他又"極言讖之非經"，已不以緯讖爲孔子所作。尹敏、張衡、荀爽並曾摘發其僞（詳見下文）。在漢魏六朝人，雖有種種意見，但多從張衡言，以爲緯學起於哀、平。據《後漢書·張衡列傳》説：

> 張衡字平子，南陽西鄂人也……衡少善屬文，游於三輔，因入京師，觀太學，遂通《五經》，貫六藝。……尤致思於天文、陰陽、曆

算。……初，光武善讖，及顯宗、肅宗因祖述焉。自中興之後，儒者爭學圖緯，兼復附以訞言。衡以圖緯虛妄，非聖人之法，乃上疏曰："臣聞聖人明審律曆以定吉凶，重之以卜筮，雜之以九宮，經天驗道，本盡於此。或觀星辰逆順，寒燠所由，或察龜策之占，巫覡之言，其所因者，非一術也。立言於前，有徵於後，故智者貴焉，謂之讖書。讖書始出，蓋知之者寡。自漢取秦，用兵力戰，功成業遂，可謂大事，當此之時，莫或稱讖。若夏侯勝、眭孟之徒，以道術立名，其所述著，無讖一言。劉向父子領校秘書，閱定九流，亦無讖錄。成、哀之後，乃始聞之。《尚書》堯使鯀理洪水，九載績用不成，鯀則殛死，禹乃嗣興。而《春秋讖》云'共工理水'。凡讖皆云黃帝伐蚩尤，而《詩讖》獨以為'蚩尤敗，然後堯受命'。《春秋元命苞》中有公輸班與墨翟，事見戰國，非春秋時也。又言'別有益州'。益州之置，在於漢世。其名三輔諸陵，世數可知。至於圖中訖於成帝。一卷之書，互異數事，聖人之言，勢無若是，殆必虛偽之徒，以要世取資。往者侍中賈逵摘讖互異三十餘事，諸言讖者皆不能說。至於王莽篡位，漢世大禍，八十篇何為不戒？則知圖讖成於哀、平之際也。且《河》《洛》《六藝》，篇錄已定，後人皮傅，無所容篡。永元中，清河宋景遂以曆紀推言水災，而偽稱洞視玉版。或者至於棄家業，入山林。後皆無效，而復采前世成事，以為證驗。至於永建復統，則不能知。此皆欺世罔俗，以昧勢位，情偽較然，莫之糾禁。且律曆、封候、九宮、風角，數有徵效，世莫肯學，而競稱不占之書。譬猶畫工，惡圖犬馬而好作鬼魅，誠以實事難形，而虛偽不窮也。宜收藏圖讖，一禁絶之，則朱紫無所眩，典籍無瑕玷矣。"

他這種根據夏侯勝、眭孟不引讖記，劉向父子亦無讖錄，"共工理水"與《尚書》不相合，公輸班與墨翟事見戰國，益州之置在於漢世，一卷之書，互異數事；從歷來著錄史跡內容，以證實圖讖成於哀、平之際。他所舉的都是強有力的證據，而且也比較詳細，所以張衡此說頗見信於後世。

劉勰《文心雕龍・正緯篇》說：

夫神道闡幽，天命微顯，馬龍出而大《易》興，神龜見而《洪範》耀。故《繫辭》稱"河出圖，洛出書，聖人則之"。斯之謂也。但覆世文隱，好生矯誕，真雖存矣，偽亦憑焉。夫六經彪炳，而緯候稠迭；《孝》《論》昭晰，而《鉤》《讖》葳蕤。按經驗緯，其偽有四：蓋緯之成經，其猶織綜，絲麻不雜，布帛乃成；今經正緯奇，倍摘千里，其偽一矣。經顯，聖訓也；緯隱，神教也。聖訓宜廣，神教宜約，而今緯多於經，神理更繁，其偽二矣。有命自天，乃稱符讖，而八十一篇皆託於孔子，則是堯造綠圖，昌制丹書，其偽三矣。商周以前，圖籙頻見，春秋之末，群經方備；先緯後經，體乖織綜，其偽四矣。偽既倍摘，則義異自明，經足訓矣，緯何豫焉？原夫圖籙之見，乃昊天休命，事以瑞聖，義非配經。故河不出圖，夫子有嘆，如或可造，無勞喟然。昔康王河圖，陳於東序，故知前世符命，歷代寶傳，仲尼所撰，序錄而已。於是伎數之士，附以詭術：或說陰陽，或序災異；若鳥鳴似語，蟲葉成字，篇條滋蔓，必假孔氏。通儒討核，謂起哀、平。東序秘寶，朱紫亂矣！至於光武之世，篤信斯術，風化所靡，學者比肩。沛獻集緯以通經，曹褒撰讖以定禮，乖道謬典，亦已甚矣。是以桓譚疾其虛偽，尹敏戲其浮瑕，張衡發其僻謬，荀悅明其詭誕。四賢博練，論之精矣。若乃羲、農、軒、皞之源，山瀆鐘律之要，白魚赤烏之符，黃金紫玉之瑞，事豐奇偉，辭富膏腴，無益經典而有助文章。是以後來辭人，采摭英華。平子恐其迷學，奏令禁絕；仲豫惜其雜真，未許煨燔。前代配經，故詳論焉。

唐孔穎達等編纂的《五經正義》中，也就緯學起於哀、平說：

《尚書序》曰："古者伏羲氏之王天下也，始畫八卦，造書契，以代結繩之政，由是文籍生焉。"疏曰："《藝文志》曰：'仲尼沒而微言絕，七十子喪而大義乖。'況遭秦焚書之後，群言競出，其緯文鄙近，不出聖人，前賢共疑，有所不取。通人考正，偽起哀、平，則孔君之時，未有此《緯》，何可引以為難乎？"

緯學起於哀、平，經過這兩書的考訂，更成為有權威之說，但是此說實不無商量之餘地，下文中我們將更引徵其他的論證，以見此說之尚需修正。

(2) 緯學起於西漢說。

緯候雖非孔子所作，但經張衡說始於哀、平，則似又說得太晚了。在東漢時，懷疑讖非孔子作而以為起於哀、平前的有荀爽，其侄荀悅在《申鑒·俗嫌篇》中說：

世稱緯書，仲尼之作也。臣悅叔父故司空爽辨之，蓋發其偽也。有起於中興之前，終張之徒之作乎？或曰："雜。"曰："以己雜仲尼乎？以仲尼雜己乎？若彼者以仲尼雜己而已，然則可謂八十一首非仲尼之作矣。"或曰："燔諸？"曰："仲尼之作則否，有取焉則可，曷其燔？"

荀氏説有起於中興之前，終張之徒，據《後漢書》注説，這是以爲緯學起武帝之世。《後漢書·方術列傳》説：

> 仲尼稱《易》有君子之道四焉，曰"卜筮者尚其占"。占也者，先王所以定禍福，決嫌疑，幽贊於神明，遂知來物者也。若夫陰陽推步之學，往往見於墳記矣。然神經怪牒，玉策金繩，關扃於明靈之府，封縢於瑤壇之上者，靡得而窺也。至乃《河》《洛》之文，龜龍之圖，箕子之術，師曠之書，緯候之部，鈐決之符，皆所以探抽冥賾，參驗人區，時有可聞者焉。其流又有風角、遁甲、七政、元氣、六日七分、逢占、日者、挺專、須臾、孤虛之術，及望雲省氣，推處祥妖，時亦有以效於事也。而斯道隱遠，玄奥難原，故聖人不語怪神，罕言性命。或開末而抑其端，或曲辭以章其義，所謂"民可使由之，不可使知之"。漢自武帝頗好方術，天下懷協道義之士，莫不負策抵掌，順風而屆焉。後王莽矯用符命，及光武尤信讖言，士之赴趣時宜者，皆騁馳穿鑿，爭談之也。故王梁、孫咸名應圖箓，越登槐鼎之任，鄭興、賈逵以附同稱顯，桓譚、尹敏以乖忤淪敗，自是習爲内學，尚奇文，貴異數，不乏於時矣。是以通儒碩生，忿其奸妄不經，奏議慷慨，以爲宜見藏擯。子長亦云："觀陰陽之書，使人拘而多忌。"蓋爲此也。夫物之所偏，未能無蔽，雖云大道，其礙或同。若乃《詩》之失愚，《書》之失誣。然則數術之失，至於詭俗乎？如令温柔敦厚而不愚，斯深於《詩》者也；疏通知遠而不誣，斯深於《書》者也；極數知變而不詭俗，斯深於數術者也。故曰："苟非其人，道不虛行。"意者多迷其統，取遣頗偏，甚有雖流宕過誕亦失也。中世張衡爲陰陽之宗，郎顗咨微最密，餘亦班班名家焉。其徒亦有雅才偉德，未必體極藝能。今蓋糾其推變尤長，可以弘補時事，因合表之云。

范曄此論，大約亦同荀説，雖不以爲終張之徒，但叙緯學之盛，從漢武帝説起，他自是以緯説起於西漢中葉。荀、范之説，歷代諸儒多不厝意，朱彝尊作《經義考·説緯》云：

> 緯讖之書，相傳始於西漢哀、平之際，而《小黄門譙敏碑》稱，其先故國師譙贛，深明典奧，讖録、圖緯，能精微天意，傳道與京尹明，則是緯讖遠本於譙氏、京氏也。徵之於史，如'亡秦者胡''明年祖龍死''楚雖三户，亡秦必楚'，已爲緯讖兆其端矣。迨新莽之篡，丹書白石金匱銅符，海内四出，於是劉京、謝囂、臧洪、哀章、

甄尋、西門君惠等爭言符命，遂遣五威將軍王奇等乘乾文車駕坤六馬將軍持節稱天一之使帥持幢稱王帝之使，頒《符命》四十二篇於天下，不過藉以愚一時之耳目。爾乃光武篤信不疑，至讀之廡下。終東漢之世，以通七緯者爲内學，通五經者爲外學。蓋自桓譚、張衡而外，不爲所惑焉。"

朱氏以爲緯讖遠本於焦、京，又以"亡秦者胡""亡秦必楚"是"已爲緯讖兆其端"，他不從張衡說，也不從荀悦說，而以焦、京與秦讖爲遠原，又將緯學起源的真相更作進一步的說明，不過他沒有明文確定。兹姑將朱氏說亦列於此。

(3) 緯學起於周秦說。

緯學起於周秦，這在《魏書·高祖紀》說："圖讖之興，起於三季。"顧亭林《日知録》也說："然則讖記之興實始於秦人，而盛於西京之末也。"（卷三十）朱氏說緯，實用亭林之說。後來全祖望《原緯》又多考出秦以前的一些讖記，他說：

> 緯書之說，吾黨所羞稱，然除災祥怪誕之之外，不無可采，如律、曆之積分，典禮之遺文，旁羅博綜，其言有物，但使擇焉而精，未嘗不極有資經術也。按《隋書·經籍志》，漢世緯書大行，言五經者皆爲其學，惟孔安國、毛公、王璜、賈逵之徒獨非之，相承以爲妖妄。故因魯恭王、河間獻王所得古文參而考之，以成其義。然則讖候流傳，直出諸經師箋故之前。後世以爲始於東京者，尚考之不詳也。銅符金匱，萌於周秦之世，王澤既衰，僞言日起，但百家雜流不過自名爲子，而緯則竊附於經，是以儒者不免爲所惑。以聖人《春秋》之筆削，重以子夏之謹守也，而再傳之《公羊》，遂有善讖之名，然則其淵源不亦遠乎哉！是故秦有公孫枝之册，而兆西戎之霸；趙有董安於之册，而兆孟姚之亡。陳寶之禖野雞，萇弘之射貍首，或讖三户之復楚，或徵二世之亡秦。夫孰非圖篆之微言也？且夫"天垂象，見吉凶"，是不易之理也。五行之運，如環無端，是自然之運也。爲緯者未嘗不竊是意以炫飾其間，豈知其惑世而誣民一至此哉！
>
> 吾觀西漢大儒，雖以董仲舒、劉向，尚不免於災祥之說，則《隋志》所云，果爲不誣，又未嘗不嘆儒者之不善讀緯，而反以其所學陷溺其中也。若鄭康成於緯，或稱爲"傳"，或稱爲"說"，《正義》以爲漢時禁緯，故特諱之，則未必然。《隋志》，漢時詔東平王蒼正五經章句，皆命從讖，安在其禁之也？觀康成答張逸曰，"當爲注時，

在文網中，嫌引秘書，故隱其名"，然則康成因己黨錮之故，有所忌而不言耳，非漢世禁緯之明文也。獨隋煬帝焚緯書，而唐初諸公如孔穎達、李善輩，皆淹通貫穿，則其在民間者，亦未能盡毀也。經學既昌，彼妄誕者將何所用之哉！

全氏所舉之證，如以讖論，說是啓於周秦之世，自無不可。而汪繼培《緯候不始於哀平辨》云：

> 緯候之書，周季蓋已有之，讖言赤龍感女媼，劉季興；劉秀發兵捕不道；以及當塗、典午，莫不事合符節，智神著蔡。然而"亡秦者胡""盧生奏其録""亡秦必楚"，南宮述其言。秦楚之際，秘文迭顯，其證一也。《漢書·儒林傳》稱，孟喜得《易》家候陰陽災變書；隸釋譙敏碑稱，故國師譙贛，深明筮讖圖録緯，能精微天意，傳道與京君明，是讖緯之書，宣元諸儒並已傳習。其證二也。孔演圖曰："《詩》含五際六情"；《汜曆樞》云："午亥之際爲革命，卯酉之際爲改正。"《漢書》言："翼奉治《齊詩》，事元帝，乃云《易》有陰陽，《詩》有五際，《春秋》有災異。"《公羊傳》隱元年何休注云："所見，謂昭、定、哀；所聞，謂文、宣、成、襄；所傳聞，謂隱、桓、莊、閔、僖；疏謂本《春秋緯》文；而董子《繁露》實用其說。"其證三也。"失之毫釐，差以千里"見《易緯·通驗卦》，而《禮記·經解》載之；"天道無親，常與善人"《後漢書·郎顗傳》稱爲《易》曰，而《史記·伯夷傳》用之；"有一道，大足以守天下，中足以守國家，小足以守其身"，《說苑》亦稱《易》曰，而《韓詩外傳》引之。凡斯逸文，類本《易緯》。其證四也。宣帝時，王襃作《九懷》，其《株昭》篇云："神章靈篇。"王逸以爲河圖洛書讖緯文。成帝時，李尋説王根云："五經六緯。"孟康注以"六緯爲五經與樂緯"；張晏注以爲"五經就《孝經緯》"。本文義隱，注爲闡達。其證五也。漢初求遺書，讖緯不入中秘，故劉向《七略》不著於録，而民間誦習，歷可案驗。張衡謂"成、哀之後，乃始聞之"；又言"成於哀、平之際"。要據其盛行之日而言。劉勰《正緯》遂謂"起於哀平"；荀悅《申鑒·俗嫌》篇以爲"起於中興之前，終張之徒之作"。均未爲得也。

此處所舉之證，未有早於秦楚之際者，只可説與朱彝尊説同，但他的意見則與全氏同。全舉出宣帝時王襃作《九懷》，其《株昭》篇有"神章靈篇"一語，據王逸注斷爲讖緯之文，實是一條好的證據。

(4) 緯學起於遠古説。

全氏推論緯學起源在於周秦，其實還不如説起自遠古，因爲神話預言在古代社會中頗易發生，不過成文的著録於典籍而流傳在古代是不會有的。

徐養原説：

> 昔劉彦和（劉勰）著書，稱"緯有四僞，通儒討覈，謂起哀平"。自爾相沿，俱同此説。……竊意緯書當起於西京之季，而圖讖則自古有之。《史記·趙世家》："扁鵲言秦穆公寤而述上帝之言，公孫支書而藏之，秦讖於是出矣。"《秦（始皇）本紀》："燕人盧生使入海還，以鬼神事，因奏録圖書。"蓋圖讖之名，實昉於此。他如三户之謡、祖龍之語，《史記·大宛（列）傳》："天子發書《易》，神馬當從西北來。"大率類是。要之圖讖乃術士之言，與經義初不相涉。至後人造作緯書，則因圖讖而牽合於經義；其於經義，皆西京博士家言，爲今文學者也。蓋前漢説經者，好言災異，《易》有京房，《尚書》有夏侯勝，《春秋》有董仲舒，其説頗近於圖讖，著緯書者，因而文飾之。今有《乾鑿度》，與孟、京《易》學相表裏，卦氣起中孚，《稽覽圖》詳之。張霸僞撰百兩篇，作緯者即造《中候》十八篇，以符百二十篇之數；何休注《公羊》，述演孔圖於終篇；鄭康成曰"《公羊》長於讖"；又翼奉曰"臣奉竊學《齊詩》，聞五際之要"，其説見於《氾厤樞》，此其緣飾經術之大略也。《易》《書》《春秋》言災異者多，故緯書亦多；《詩》《禮》《樂》言災異者少，故緯書亦少。既比附經義，必剿襲古語，然後能取信於人。《禮記·經解》引"君子慎始，差若毫釐，繆以千里"。祇稱《易》曰，不稱緯曰，而《通卦驗》有之；《史記·天官書》引"雖有明天子，必視熒惑所在"，祇稱故曰，不稱緯曰，而《春秋文耀鈎》有之。此乃緯書襲用古語，非古人預知緯書而引之也。後漢《小黄門譙敏碑》稱其先故國師譙贛，深明典奥，讖録圖緯，能精微天意，傳道與京君明，益束取之世，以緯爲内學，而譙京説《易》流於術數，故遂以明緯推，其實譙贛時安得有緯耶？《莊子·天道》篇："孔子西藏書於周室，翻十二經以説老聃。"其説本屬污漫，而説者以六經六緯當之，謬矣。迨《李尋傳》始有"六經六緯"之文。按尋説王根，在成帝之世，是時緯已萌芽，未入秘府，故劉向校書，獨不見録，以爲始於哀平之際，王莽之篡，亦未必然也。夫緯書雖起於西京之末，而書中之説，多本於先儒，故純駁雜陳，精粗互見，談經之士，莫能廢

焉。康成之信緯，非信緯也，信其經義有合者也。《詩》注中所引，皆淳確可據，比之何休特爲謹嚴。歐陽永叔欲刪九經疏中讖緯之文，幸而其言不行，充其説將並《大傳》之"河出圖洛出書"而亦刪之，不但注疏無完本而已。善乎昔人之言曰，緯書之文未必盡出妄人之手，其間謬妄，雖亦不無，要在學者擇言而已。又曰緯書起自前漢，去古未遠，彼時學者多見古書，凡爲著述必有本，不可以其不經而忽之。斯可謂持平之論矣。

劉光漢《讖緯論》也説：

> 粵在上古，民神雜糅；祝史之職特崇，地天之通未絶；命符受命，乃御宇而作君；持斗運機，即指天而立教；故禱祈有類於巫風，設教或憑乎神道；唐虞以降，神學未湮，玄龜錫禹，玄鳥生商，降及成周，益崇術數，保章司占星之職，《洪範》詳錫疇之文，舊籍所陳，班班可考。王室東遷，厄言日出；狸首射侯於洛邑，雉鳴啟瑞於陳倉，趙襄獲符常山，盧生奏圖於秦闕，推之三户亡秦，五星聚漢，語非徵實，説或通靈。蓋史官失職，方技踵與，故説雜陰陽，仍出羲和之戡守；而家爲巫史，猶存苗俗之遺風；是爲方士家言，實與儒書異軌。及武皇踐位，表章六經，方士之流，於售其術，乃援飾遺經之名，別立讖緯之滑雜今文，號稱齊學（大約齊學多信讖緯，魯學則不信讖緯）。故玉帶獻明堂之制，兒寬草封禪之儀；卦氣爻辰，京氏援之占《易》；五行災異，中壘用以釋書；經學之滑，至此始矣。乃世之論讖緯者，或謂溯源於孔氏，或謂創始於哀、平。吾謂讖緯之言，起於太古；然以經滑緯，始於西京；以緯讖儷經，基於東漢。故圖書秘記，不附六藝之科（《漢志》列天文家）；翼、李、京、睦，弗列儒林之傳；劉略班書，章章可考。及光武建邦，兼崇讖緯，以爲文囚赤制，字別卯金，乃帝王受命之符，應驗歷中興之運，遂謂曆數在躬，實唐虞之符籙；陰嬉撰考，亦洙泗之微言；尊爲秘經，頒爲功令，讖以輔緯，緯以正經，而儒生稽古，博士釋經，或注《中侯》之文，或闡秘書之旨，故麟經作注，何休詳改制之文，虎觀論經，班固引微書之説。緯學之行，於斯爲盛。

劉氏這裏一方面以爲"讖緯之言起於太古"，另一方面"以緯儷經，其於東漢"，説固與徐氏相同，但不如徐説"緯書當起於西京之季，而圖讖則自古有之""乃緯書襲用古語，非古人預知緯書""夫緯書雖起於西京之末，而書中之説多本於先儒"分析的清楚。而且我們要知道，上古之時人神雜糅，有許多神話或預言，我們固可說讖記起源在遠古之世，但其性質與目的都與東漢後所流行的圖讖不同，古代的讖，是偶然地無目的地發生出來，而東漢的讖記則是有所爲而發。他們有的解經義，有的補古史，有的談天文，有的説地理，有的述典禮，有的明政事，有的考文字，有的傳異聞，其主要的目的，還在利用這些讖記來擡高孔子的地位，表明帝王禪讓，造成古史系統。雖然內中有些荒唐悠渺之言，但是有所爲而發則極明顯，不可將這些圖讖與古代的讖記等量齊觀。我們固可說一般的讖記起於遠古，但漢人的圖讖自是隨天人相應、陰陽五行等說產生。即是兩漢的讖緯，不源於上古，不作於孔子，不起於周季，也不起於秦漢之際，西漢今文讖緯以西漢今文經學之思想與潮流爲其背景，東漢的緯讖與古文經學則是相互影響，而應是緯讖影響着古文經學爲多。

（二）緯讖之編定

緯讖盛於哀、平之際，在王莽時，這些讖記已有一次結集。據《後漢書·尹敏傳》載："（建武二年）帝以敏博通經記，令校圖讖，使蠲去崔發所爲王莽著錄次比。"薛漢也曾"受詔校定讖記"。這可見王莽時讖記之有一次的結集，光武時又有刪定。據《後漢書·光武帝紀》"（中元元年）宣布圖讖於天下"，而《東觀漢記·明帝紀》説"帝尤垂意經學刪定擬議稽合圖讖"，則在明帝時又有一次刪定。

在明帝後，似更有些讖記出現，據《三國志·魏書·文帝紀》説：

辛亥，太史丞許芝條魏代漢見讖緯於魏王曰："……《春秋漢含孳》曰：'漢以魏，魏以徵。'《春秋玉版讖》曰：'代赤者魏公子。'《春秋佐助期》曰：'漢以許昌失天下。'……《佐助期》又曰：'漢以蒙孫亡。'……《孝經中黃讖》曰：'日載東，絶火光。不橫一，聖聰明。四百之外，易姓而王。天下歸功，致太平，居八甲；共禮樂，正萬民，嘉樂家和雜。'此魏王之姓諱，著見圖讖。《易運期讖》曰：'言居東，西有午，兩日並光日居下。其爲主，反爲輔。五八四十，黃氣受，真人出。'言午，許字。兩日，昌字。漢當以許亡，魏當以許昌。今際會之期在許，是其大效也。《易運期》又曰：'鬼在山，禾女連，王天下。'……河洛所表，圖讖所載，昭然明白。

《三國志·蜀書·先主傳》説：

二十五年，魏文帝稱尊號，改年曰黃初。或傳聞漢帝見害，先主乃發喪制服，追謚曰孝愍皇帝。是後在所並言衆瑞，日月相屬，故議郎陽泉侯劉豹，青衣侯向舉，偏將軍張裔、黃權，大司馬屬殷純，益州別駕從事趙莋，治中從事楊洪，從事祭酒何宗，議曹從事杜瓊，勸學從事張爽、尹默、譙周等上言："臣聞《河圖》《洛書》，五經讖、緯，孔子所甄，驗應自遠。謹案《洛書甄曜度》曰：'赤三日德昌，九世會備，合為帝際。'《洛書寶號命》曰：'天度帝道備稱皇，以統握契，百成不敗。'《洛書錄運期》曰：'九侯七傑爭命民炊骸，道路籍籍履人頭，誰使主者玄且來。'《孝經鉤命決錄》曰：'帝三建九會備。'臣父群未亡時，言西南數有黃氣，直立數丈，見來積年，時時有景雲祥風，從璇璣下來應之，此為異瑞。又二十二年中，數有氣如旗，從西竟東，中天而行，《圖》《書》曰：'必有天子出其方。'加是年太白、熒惑、填星，常從歲星相追。近漢初興，五星從歲星謀；歲星主義，漢位在西，義之上方，故漢法常以歲星候人主。當有聖主起於此州，以致中興。時許帝尚存，故群下不敢漏言。頃者熒惑復追歲星，見在胃、昴、畢；昴、畢天綱，《經》曰'帝星處之，眾邪消亡'。聖諱豫睹，推揆期驗，符合數至，若此非一。臣聞聖王先天而天不違，後天而奉天時，故應際而生，與神合契。願大王應天順民，速即洪業，以寧海內。"

太傅許靖、安漢將軍糜竺、軍師將軍諸葛亮、太常賴恭、光祿勛〔黃權〕〔黃柱〕、少府王謀等上言："曹丕篡弒，湮滅漢室，竊據神器，劫迫忠良，酷烈無道。人鬼忿毒，咸思劉氏。今上無天子，海內惶惶，靡所式仰。群下前後上書者八百餘人，咸稱述符瑞，圖、讖明徵。間黃龍見武陽赤水，九日乃去。《孝經援神契》曰'德至淵泉則黃龍見'，龍者，君之象也。《易》乾九五'飛龍在天'，大王當龍升，登帝位也。又前關羽圍樊、襄陽，襄陽男子張嘉、王休獻玉璽，璽潛漢水，伏於淵泉，暉景燭耀，靈光徹天。夫漢者，高祖本所起定天下之國號也，大王襲先帝軌跡，亦興於漢中也。今天子玉璽神光先見，璽出襄陽，漢水之末，明大王承其下流，授與大王以天子之位，瑞命符應，非人力所致。昔周有烏魚之瑞，咸曰休哉。二祖受命，《圖》《書》先著，以為徵驗。今上天吉祥，群儒英俊，並起《河》《洛》，孔子讖、記，咸悉具至。伏惟大王出自孝景皇帝中山靖王之胄，本支百世，乾祇降祚，聖姿碩茂，神武在躬，仁覆積德，愛人好士，是以四方歸心焉。考省《靈圖》，啓發讖、緯，神明之表，名諱昭著。宜即帝位，以纂二祖，紹嗣昭穆，天下幸甚。臣等謹與博士許慈、議郎孟光，建立禮儀，擇令辰，上尊號。"即皇帝位於成都武擔之南。

此所引讖記有《春秋漢含孳》《春秋佐助期》《孝經中黃讖》《孝經鈎命決録》等等，預示着曹丕、劉備的名姓，這些緯文其出現應稍後。還有七緯之中，頗多依據古文經而立之説解，這也當出現於古文師説比較發達而後。在明、章後又有新出讖記羼入，事實上是很可能的。關於依據古文經而立之緯説，在下節内中，可以詳舉一些例證，此處兹不列舉。在這裏我所要舉的例子，是有的讖記預示着漢代將亡，例如：

（1）"《春秋保乾圖》曰：'陽起於一，天帝爲北辰，氣成於三，以立五神，三五展轉，機以動運。'故三百歲斗曆改憲也。"（《後漢書·郎顗襄楷列傳》）

（2）"孔子曰：'漢興三百載計曆改憲。'"（同上）

（3）"王者三百年一蠲法。"（《後漢書·郭陳列傳》）

（4）"《春秋保乾圖》曰：'漢以魏徵，黃精接期，天下歸高。'"（《七緯·春秋緯》）

（5）"劉四百歲之際，褎漢王輔，皇王以期，有名不就。"（《春秋演孔圖》）

（6）"四百年之間，閉四門，聽外難，群異並賊，官有孽臣，州有兵亂，五七弱，暴漸之效也。"（《後漢書·蘇竟楊厚列傳》）

這幾條也預示漢代將亡於四百年之間，不是説王莽、劉秀了。證以説經多依古文經説，談史談到三皇以前，天文引用劉歆《三統曆》，地理用到後漢的地名，而在緯書中又有説"'圖有九篇，書有六篇'（《春秋説題辭》），得括象圖"（按：《七緯·春秋説題辭》爲"河龍圖發，洛龜書感。《河圖》有九篇，《洛書》有六篇"）。叙及《河》《洛》篇數、篇名都是晚出於後漢的現象，可見緯讖之編定頗有在明、章後的可能。

第三節　緯學之内容

緯候圖讖，有醇有駁，這在前人已多如此議論，對於緯書的性質與内容，也有人曾爲約略地舉出，錢大昕《易稽覽圖序》曾説"要其精者足以傳經義，其駁者亦足以博異聞"。俞正燮《緯書論》説"緯者，古史書也。通記天地人，蓋靈臺所候簿。古之藏書在史氏，稽之天文，察之地理，知七政、五步、十二次之度，五方剛柔習尚，山川險阻，明堂四門，延訪得窮荒之跡，合之三皇五帝外史之學。太史、小史、馮相、保章、内史、外史、御史官爲聯；明堂、太廟、靈臺、辟雍、觀臺判宮地相接；其中書，皆史也"（《癸巳類稿》卷一四）。更有《緯字論》一篇列舉緯中之近鄙別字，頗類世俗之辭者。綜錢、俞諸家說，可知緯書中有說經補史、測天釋地、考文徵禮、博物明政的地方，劉光漢《讖緯論》就是綜合錢、俞諸家的意見而立說的。他分析爲：

（一）補 史

他說："夫察來彰往，立說誠妄渺不經，而只句單詞，古籍或因文附篇，試詳考之，得數善焉。跡溯洪荒，事窮皇古，三王異教（見《尚書璇璣鈐》），五帝立師（見《論語撰考讖》），九牧則起源軒帝（同上），三皇則並列女媧（見《春秋元命苞》），七輔各竭其功能（見《論語摘輔象》），四帝各殊其方色（見《尚書運期授》諸書。四帝即《萬機論》所言黃帝削平之四帝，非高陽爲黑帝少昊爲白帝）。石耳即神農之號（見《春秋命曆序》諸書）。羲和與重黎同功，有巢敷治於石樓，夏禹藏書於金匱（皆見《遁甲開山圖》）；九龍記官，尊卑莫別（見《春秋命曆序》）；六書制字，子母相孳（見《孝經援神契》）；人皇九頭，始宅中州之土（見《尚書璇璣鈐》）；燧人四佐，亦徵群輔之賢（見《論語摘輔象》）。循蜚、合雒，紀名列疏仡之前；栗陸、伯皇，爵位襲庖犧之號；衣皮處穴，識前民開創之艱（皆見《春秋命曆序》）；石鼓銅刀（見《遁甲開山圖》），溯古器變遷之跡。是曰補史，其善一也。"（見《長編》）

在緯書中，誠有許多地方是敘述古史的，但俞正燮以爲古史，劉光漢以爲補史，這實在都未免過於相信緯說了。我們現在試引緯書原文來看，如：

（1）"三王有失，故立三教以相變。夏人之立教以忠，其失野，故救野莫如敬。殷人之立教以敬，其失鬼，救鬼莫若文。周人之立教以文，其失蕩，故救蕩莫若忠。如此循環，周則復始，窮則相承。"（《春秋元命苞》）

（2）"黃帝師力牧，顓頊師綠（一作籙）圖，帝嚳師赤松子，帝堯師務成子，帝舜師尹壽，禹師國先生，湯師伊尹，文王師呂望，武王師尚父，周公師虢叔，孔子師老聃。"（《論語比考讖》）

（3）"軒轅知地利，九牧倡教。黃帝受地形，象天文以制官，爰有九州之牧，伏羲以前雖有三名，未必具立官位，至黃帝，名位乃具。"（《論語撰考讖》）

（4）"伏羲、神農、女媧爲三皇。"（《春秋元命苞》）

（5）"黃帝七輔，風后受金法""天老受天籙""五聖受道級""知命受糾俗""窺紀受變復""地典受州絡""力墨受準斥"（《論語摘輔象》）

（6）"東宮蒼帝，其精爲龍。南宮赤帝，其精爲朱鳥。西宮白帝，其精白虎。北宮黑帝，其精玄武。"（《春秋文耀鉤》）

(7)"有神人,名石耳,蒼色大眉,戴玉理,駕六龍,出地輔,號皇神農,始立地形,甄度四海,東西九十萬里,南北八十一萬里。"(《春秋命曆序》)

(8)"奎主文章,蒼頡文字者,總而爲言,包意以名事也。分而爲義,則文者祖父,字者子孫,滋蔓而相生爾。得之自然,備其文理,象形之屬則謂之文。因而滋蔓,母子相生,形聲會意之屬,則謂之字。字者,言孽乳浸多也。題於竹帛謂之書,書者如也、舒也、紀也。"(《孝經援神契》)

(9)"人皇九頭,提羽蓋,乘雲車,出暘谷,分九河。人皇氏依山川土地之勢,裁度爲九州,謂之九囿,各居其一而爲之長。人皇居中州,以制八輔。"(《春秋命曆序》)

(10)"自開辟至獲麟二百二十七萬六千歲,分爲十紀,每紀爲二十六萬七千年。凡世七萬六百年,一曰九頭紀,二曰五龍紀,三曰攝提紀,四曰合雒紀,五曰連通紀,六曰叙命紀,七曰循蜚紀,八曰因提紀,九曰禪通紀,十曰疏仡紀。"(《古微書》)

(11)"古初之人卉服蔽體,次民氏没,辰放氏作,時多陰風,乃教民攘木茹皮以御風霜,絢髮闊首以去靈雨,而人從之,命之曰衣皮之人。"(《春秋命曆序》)

(12)"燧人四佐,明由曉升級""必育受税役""成博受古諸""隕邱受延嬉""燧人出天,四佐出洛"(《論語讖》卷三《論語摘輔象》)

我們由此所舉十餘例來看,這些緯説哪里是在補史,實在是在造作古史。關於三皇五帝,在《白虎通·篇號》所説的是:"三皇者,何謂也?謂伏羲、神農、燧人也。或曰:伏羲、神農、祝融也。《禮》曰:'伏羲、神農、祝融,三皇也。'""五帝者,何謂也?《禮》曰:'黄帝、顓頊、帝嚳、帝堯、帝舜,五帝也。'"《白虎通》以伏羲、神農、燧人爲三皇,是依據《尚書大傳》,燧人爲燧皇,伏羲爲戲皇,神農爲農皇。其以伏羲、神農、祝融爲三皇,則是依據《禮記》謚號之説(《風俗通·皇霸》篇)。而在緯説中則《禮緯含文嘉》還是用《大傳》説,而《春秋緯文耀鈎》即有"女媧以下至神農七十二姓"之説(《禮記正義》宋均注,《運斗樞》同)。《運斗樞》即謂"伏羲、女媧、神農是三皇也"。《春秋緯元命苞》也説"伏羲、神農、女媧爲三皇"(《七緯》)。他們對於這三皇都有相當詳細的描寫,對於神農的描寫,在《春秋命曆序》中已有;對於女媧,《春秋保乾圖》説:"女媧氏命娥陵氏制都梁管,以一天下之音。命聖氏爲班管,以合日月星辰,名曰充樂。又令隨作笙簧。"(《七緯》)對於伏羲的描寫,在《春秋合誠圖》中説:"伏羲龍身牛首,渠肩達掖，山準日角，蘞目珠衡，長九尺有一寸，望之廣，視之專。"(《七緯》不盡同)在《保乾圖》中有"天皇、地皇、人皇兄弟九人，分爲九州長天下""天皇於是斟元陳樞，以立易威"(《七緯》)。於是《春秋命曆序》有"天地初立，有天皇氏十二頭，澹波無所施爲，而俗自化，木德王……地皇，十一頭，火德王，姓十一人。興於熊耳、龍門等山，亦各萬八千歲。人皇，九頭，乘雲車，駕六羽，出谷口。兄弟九人分長九州，各立城邑。凡一百五十世，合四萬五千六百年"(《古微書》卷一三，《叢書集成初編》)之說。在王符《潛夫論·五德志》里，直以天皇、地皇、人皇爲三皇。皇甫謐《帝王世紀》更以伏羲、神農、黃帝爲三皇。關於五帝，《白虎通》說是采用《國語》《易傳》《禮記》《史記》之說，在緯說中，則既有東宮蒼帝、南宮赤帝之說(《春秋文耀鉤》)，又有"太微宮有五帝座星"，"蒼帝春受制，其名靈威仰；赤帝夏受制，其名赤熛怒；黃帝受制王四季，其名含樞紐；白帝秋受制，其名白招拒；黑帝冬受制，其名汁光紀"(《春秋文耀鉤》)。而《春秋命曆序》又有"黃帝一曰帝軒轅，傳十世，二千五百二十歲。次曰帝宣，曰少昊，一曰金天氏，傳八世，五百歲。次曰顓頊，則高陽氏，傳二十世，三百五十歲。次曰帝嚳，即高辛氏，傳十世，四百歲。乃至堯"(《古微書》卷一三，《叢書集成初編》本)。《春秋元命苞》說："黃帝時，大星如虹，下流華渚，女節夢接，意感，生白帝朱宣。"(《七緯》) 這些即是古文家賈逵所說，五經家皆言顓頊代黃帝而堯不得爲大德，《左氏》以爲"少昊代黃帝，即圖讖所謂帝宣也"的張本(說更詳下)。《命曆序》所說顯然爲經古文家所增，因爲《易傳》《禮記》《國語》《史記》的五帝是真的五人，而《命曆序》依據《元命苞》，將"曰帝宣"加一"曰少昊"的解釋，則五帝變爲六人。鄭玄《尚書中候·敕省圖》注云："德合五帝，坐星者稱帝，則黃帝、金天氏、高陽氏、高辛氏、陶唐氏、有虞氏是也。實六人，而稱五者，以其俱合五帝座星也。"五帝從《史記》《家語·閒篇》《呂覽》高注及張守節《史記正義》引譙周、宋均說並同，只有鄭玄別增少昊，與諸家特異。這只好說是古文經的特異之說，五帝弄得有六人了。這如何是好呢？王符《潛夫論·五德志》於是將天、地、人三皇爲三皇，而將三皇中之伏羲、神農合並黃帝、少昊、顓頊爲五帝。皇甫謐《帝王世紀》《僞古文尚書》於是以伏羲、神農、黃帝爲三皇，少昊(皞)、顓頊、高辛(帝嚳)、唐虞(唐堯、虞舜)爲五帝。這是緯說之補史之一例。造緯說者對於三皇五帝補了一些說法，《孝經鉤命決》更有"華胥履跡，怪生皇犧"(《七緯》)，神農"名軌"，"附寶出，降大靈，生帝軒"(《七緯》)，"命星貫昴，脩紀夢接，生禹"(《七緯》)。《元命苞》有"黃帝龍顏""顓頊騈干"

"顓帝戴干""堯眉八彩""舜重瞳子""后稷歧頤""湯臂四肘""禹耳三漏""文王四乳""文王龍顔""武王駢齒"(《七緯》)等等,對於三皇五帝如何產生,有何特徵,都有詳記。更説"伏羲樂爲《立基》,神農樂爲《下謀》,祝融樂爲《祝績》"。"伏羲樂名《扶來》,亦曰《立本》。神農樂名《扶持》,亦曰《下謀》。"(《孝經鈎命決》)"少昊樂曰《九淵》。"(《孝經援神契》)將黄帝以前的樂名都一一補叙出來,將我們"真正"的史前史説得愈來愈古了!引緯説中這些話,固不能説絶無來歷,但造作這些古史的人們實具有一種整理古史的意義。吾友顧頡剛先生説:

> 讖緯書的出現負有三種使命:其一是把西漢二百年中的術數思想作一次總整理,使得它系統化;其二是發揮王莽、劉歆們所倡導的古史和新禩典的學説,使得它益發有證有據;其三是把所有的學問、所有的神話都歸納到"六經"的旗幟之下,使得孔子真成個教主,"六經"真成個天書,借此維持皇帝的位子。在兩漢之際"民神雜糅"的社會中,自然該有這種東西大批的出現。(《漢代學術史略》)

我們看緯説中,整理古史溯及三皇以前,他們的目的實不止於爲古文經説彌縫,他們實在是要將史前史溯追到開天辟地,所以説"自開辟至獲麟"(《春秋元命苞》),"冥莖無形,蒙鴻萌兆,渾渾沌沌""天地初立,有天皇氏"(《春秋命曆序》)。不過這些話實多好古的古學家所造作,後人不知,以古誣今,殊不知當時的今文家雖免不了"荒謬絶倫"之譏,而古文家之"荒謬絶倫"恐怕比今文家更甚。這不是我們任意加誣,請看這些緯説之中五帝而有六人等例便知道了!

(二) 考 地

劉光漢説:"《河圖》括地,《遁甲》開山,銅柱辨形(《河圖括地象》),鐵山稽數(《孝經鈎命決》),流洲、玄洲釋其名(《龍魚河圖》),大秦、中秦辨其地(《河圖玉版》),嵎夷、禹鐵,同實異名(《尚書帝命驗》),赤縣神洲,居中禦外(《河圖括地象》),天皇被跡,地徵無熱之陵(《遁甲開山圖》);王母獻環,境隔昆侖之闕(《尚書帝命驗》);州土則域區内外,不數鄒衍之談天(《河圖括坤象》);水泉則性判剛柔(《河圖始開圖》);已啓夷吾之釋地,恒、岱、嵩、華,既辨方而正位;河、淮、渭、洛,亦思義而顧名(《春秋説題辭》)。凡兹圖篆之遺(《尚書璇璣鈐》言五帝受篆圖,又屢言《河圖》之用;《河圖》者,即古代之輿地圖也)。足補山經之缺,是曰考地,其善二也。"(《長編》)劉氏所條舉的地方,現在我們也試引幾條原文來看:

（1）"出灌兖州，凶在濟陰、任城。寅日晝冥者，虎山崩，水灌徐州，凶在下邳、琅琊。卯日晝冥者，水山崩，一曰風，山水灌青州，凶在平原、齊國。辰日晝冥者，風山崩，水出灌揚州，凶在豫章、廬江。巳日晝冥者，龍山崩，一曰水山崩，水灌豫州，凶在淮揚、汝南、會國；一曰凶在淮揚、南昌。午日晝冥者，水山崩，一曰上山，水灌幽州，凶在日南、蒼梧。一曰水灌青州，凶在平原、齊南。未日晝冥者，土山崩，一曰水山，水出灌荆州，凶在南陽。申日晝冥者，石山崩、水灌益州，凶在蜀郡、廣漢。酉日晝冥者，鐵山崩，水灌並州，凶在河內、五原。戌日晝冥者，氣山朋，水灌兖州，凶在河內、太原，一曰凶在河內、京兆。亥日晝冥者，岑山崩，水灌冀州，凶在趙國、清河；一曰，水灌兖州人民也。"（《孝經雌雄圖》）。

（2）"宅禺鐵"（陸德明《尚書釋文》爲嵎夷，《尚書考靈曜》及《史記》作禺鐵）。（《尚書考靈曜》）

（3）"西王母於太荒之國得益地圖，慕舜德，遠來獻之。""（西）王母之國在西荒，凡得道授書者，皆朝王母於昆侖之闕。"（《尚書帝命驗》）

（4）"河之爲言荷也，荷精分布，懷陰引度也。""淮出桐柏。淮者均也，均其務。""渭之爲言布也，謂之流行貌。""洛水出熊耳山。洛之爲言繹也；繹，其耀也，言水繹之光耀也。"（《春秋説題辭》）

（5）"五岳：東岳岱，南岳衡，西岳華，北岳恒，中岳嵩。"（《詩，崧高》正義）（《孝經鈎命決》）

（6）"孔子曰：五帝出，受籙圖。""河圖，命紀也。圖天地帝王終始存亡之期，録代之矩。"（《尚書璇璣鈐》）

關於地的面積，更説有"計校九州之別，土壤山陵之大，川澤所注，萊沛所生，鳥獸所聚，九百一十萬八千二十四頃，磽确不墾者，其餘提封千五百萬二千頃"（《孝經援神契》略有不同）。他們沒有測量和統計，却放大膽地説出來具體的數字，也只可説是"考地"了！

（三）測 天

劉光漢説："鑿度運樞之説，推災考耀之文，辨地域之廣輪（《詩含神霧》）；測星辰之高遠（《春秋考異郵》）；地乘氣立（《春秋元命苞》）；月假日明（《春秋説題辭》）；氣觸石而生雲，陰激陽而成電（《春秋元命苞》）；天圓則象徵覆載（《尚書考靈曜》），地動則義取左旋。三百六旬，定時成歲（《春秋元命苞》）；七十二候，送暑迎寒（《孝經援神契》）；度密度疏，啓《周髀》步天之學（見《尚書刑德放》《春秋異詞》）；景長景短，開土圭測日之先（見《春秋玄命苞》及注中）；四表四游（《尚書考靈曜》），明太空之無極；二分二至（《孝經援神契》），辨日晷之遷移。莫不甄明度數，稽合曆文。屈平《天問》之作，詎足相衡？張氏《靈憲》之書，於焉取法。是曰：測天，其善三也。"（《長編》）於此，現在我們也引一些原文來看：

（1）"天地東西二億三萬三千里，南北二億一千五百里，天地相去一億五萬里。"（《詩含神霧》）

（2）"天從上臨下八萬里。天以圓覆，地以方載。"（《尚書考靈曜》）

（3）"天左旋，地右轉。""地所以右轉者，氣濁精少，含陰而起遲，故右轉迎天，佐其道。"（《春秋元命苞》）

（4）"日以圓照，月以虧全。"（《春秋保乾圖》）

（5）"山者氣之苞含，所以含精藏雲，故觸石而出。""陰陽合為雷，陰陽激為電。"（《春秋元命苞》）

（6）"自開闢至獲麟二百七十六萬歲。每紀為一十七萬六千年。""日行一度以立序，行三百六十五度四分度之一。日徑千里。"（《春秋元命苞》）

（7）"周天七衡六間曰：大寒後十五日，斗指艮，為立春……斗指寅，為雨水……斗指甲，為驚蟄……斗指卯，為春分……斗指乙，為清明……斗指辰，為穀雨……斗指巽，為立夏……斗指巳，為小滿……斗指丙，為芒種……斗指午，為夏至……斗指丁，為小暑……斗指未，為大暑……斗指坤，為立秋……斗指申，為處暑……斗指庚，為白露……斗指酉，為秋分……斗指辛，為寒露……斗指戌，為霜降……斗指乾，為立冬……斗指亥，為小雪……斗指壬，為大雪……斗指子，為冬至……斗指癸，為小寒……斗指丑，為大寒，十二月中，至此栗烈極矣。斗指子為冬至，至有三義：……三者日行南至，故謂為至。"（《孝經援神契》）

（8）"周天一百七萬一千里，一度為二千九百三十二里七十一步二尺七寸四分四百八十七分分之三百六十二。"（《春秋考異郵》）

（9）"日永景一尺五寸，日短景尺三寸。"（《尚書考靈曜》）

（10）"天如彈丸，圍圓三百六十五度四分度之一。""一度二千九百三十二里千四百六十一分里之三百四十八，周天百七萬一千里。""二十八宿之外上下東西各有萬五千里是為四游之極，謂之四表。""地與星辰四游，升降於三萬里之中。""春則星辰西游，夏則辰北游，秋則星辰東游，冬則星辰南游。""地有四游，冬至地上，北而西三萬里。夏至地下，南而東復三萬里。春、秋二分則其中矣。地恒動不止，人不知。譬如人在大舟中閉牖而坐，舟行而人不覺也。七戎六蠻九夷八狄形類不同，總而言之，謂之四海，言皆近海。

海之，昏晦無所睹也。"（《尚書考靈曜》）

（11）"周天七衡六間者，相去萬九千八百三十三里三分里之一，合十一萬九千里，從內衡以至中衡，從中衡以至外衡，各五萬九千五百里……周天有七衡，夏至日在內衡；冬至日在外衡；春分之日，日在中衡；秋分日在內衡。日在外衡，牽牛之初，冬至之日。"（《孝經援神契》）

（12）"月之爲言闕也，兩説蟾蜍與兔者，陰陽雙居，明陽之制陰，陰之制陽。"（《春秋元命苞》）

就上所引緯説看來，似乎真是"甄明度數，稽合曆文"，但是在這些緯候之中，他們説星辰的分野者，例如《春秋文耀鈎》説七星主九州，對於太白、熒惑、辰星、填星、流星、慧星等星位置的復動都有一定的占法，以預示人間的禍福吉凶；又説"日蝕有三法"，人間有何事變，則天上的日月也可以有反應，日蝕於二十八宿中某一宿，分別預示着天下國家的某種災禍（《春秋感精符》）；甚至甲子日蝕是如何，乙丑日蝕又如何，都有明確的規定（《春秋潛潭巴》）。他們以爲天文地理都有所主，北斗有七星，天子有七政（《春秋合誠圖》）；又説地爲山川，山川之精各應其州域（《春秋感精符》）；等等。這些，我們可以説他們是對於天人相應説要作一番整理。他們太相信講占驗了，在《孝經內事圖》中説"日夜出，明臣賊其主，奪其家。一日兵起，天下饑，再出三年，君死國亡"。《孝經雌雄圖》又有"子日日斗者，李氏欲爲天子"，"丑日日斗者，趙氏欲爲天子"等等，這些地方未免過於荒謬絕倫。他們可以推測"日夜出""日再出""日中分""日斗"等毫無道理的事，自然要引起當時人的憎惡，要加以燔禁，更無論我們看的這些是如何荒謬了。

（四）考 文

劉光漢《讖緯論》説："愍緯之説，訓故是資。禮、履則訓近雙聲（《禮含文嘉》），民、萌則義詳互訓。（《禮含文嘉》《孝經緯》又曰：'言不文者。指士民也。'此古代下民無學之確證也）土力於地，日生爲星（見《春秋説題辭》，即八星出於日球之説）。以刀守井曰刑（亦皆見《春秋元命苞》）；推日合月爲易（《易經緯》）；十一相加是爲土，兩人相合則爲仁（皆見《春秋元命苞》，此即鄭君相仁偶説之所本）。蟲動幾而爲風（《春秋考異郵》），禾入水而爲黍（《春秋説題辭》），律以六書之學，咸歸會意之條。若夫分別部居，依類託義，律訓率而歲訓遂（《春秋元命苞》），義取諧聲；王訓往而皇訓煌（亦見《春秋元命苞》），説符迭韻。陽爲天而陰爲地（《春秋説題辭》），遺文徵汸長之書（《説文》用其説）；水象《坎》而火象《離》，佚象合義經之卦（《春秋元命苞》云：'兩人交，一而中出者爲水。人散二者爲火。'《乾坤鑿度》云：'氵，古火字，兩人交一爲水，人散二爲火。'蓋火字古文象離卦之形，而水字古文象坎卦之形）。是曰考文，其善四也。"（《長編》）他這一段所説，比較俞正燮《緯學論》更有條理。現在我們也引出一些原文來看：

（1）"禮者，覆也。"（《禮含文嘉》）

（2）"民者，冥也。言不文者指古民也。"（《孝經援神契》）

（3）"天之爲言顛也。居高理下，爲人經緯。故其字一大以鎮之。"（《春秋説題辭》）

（4）"地之爲言媲也，承天行其義也，居下以山爲位，道之經也。山陵之大，非地不制，含功以牧生，故其立字土力於一者爲地。"（《春秋説題辭》）

（5）"星之爲言精也，陽之榮也。陽精爲日，日分爲星，故其（立）字日生爲星。"（《春秋説題辭》）

（6）"刑字從刀從井，井以飲人。人入井爭水，陷於泉。以刀守之，割其情欲，人畏慎，以全命也。故字從刀從井也。"（《春秋元命苞》）

（7）"土爲言吐也。言子成父道，吐也。氣精以輔也，陽立於三，故成生。其立字十加一爲土。"（《春秋元命苞》）

（8）"仁者，情志好生愛人，故其爲仁以人，其立字二人爲仁。"（《春秋元命苞》）

（9）"風之爲言萌也，其立字蟲動于幾中者爲風。"（《春秋考異郵》）

（10）"精移火轉生黍，夏出秋改。黍者縮也，故其立字禾入水爲黍。"（《春秋説題辭》）

（11）"律之爲言率也，所以率氣令達也。率，猶導也。"（《春秋元命苞》）

（12）"皇者，煌煌也。道爛然顯明。帝者，諦也。王者，往也。神之所輸向，人所樂歸。"（《春秋元命苞》）

（13）"水之爲言演也，陰化淖濡，流施潛行也。故其立字，兩人交，一以中出者爲水。一者數之始，兩人譬男女，言陰陽交，物以一起也。火之爲言委隨也，故其立字人散二者爲火。"（《春秋元命苞》）

在緯説中，以字音作訓釋的尚有如："霜者陰精，冬令也，四時代謝，以霜收殺，霜之爲言亡也，物以終身也"（《春秋考異郵》）；"蠡之爲言，衆暴寡也"（《春秋佐助期》）；"侯，候也，所以守蕃也"（《孝經援神契》）。"臣者堅也，守節明度，修義奉戩也"（《春秋緯》）。"政者正也，正德名以行道"（《孝經緯》）；"禄者，録也。取上所以敬録接下，下所以謹録事上"（《孝經援神契》）等等，這些解釋較之"土力於一者爲地"還要有理由些。

(五) 徵 禮

劉光漢《讖緯論》又說："禮名定於黃帝（《禮含文嘉》）。禮經設於文王（《禮稽命徵》諸書）。敘郊邱則旁徵《禮》經，敘祫禘則陰符《王制》（亦見《禮稽命徵》）。辨物舉四夷之樂（《樂緯》），賞功詳九錫之文（《禮含文嘉》）；千雉百雉異其規（《春秋緯》），外屏內屏殊其制（《禮緯》）；鼎俎則詳其度數（《春秋緯》），旗物則辨其等差（《禮含文嘉》）；觀闕爲懸法之區（《禮緯》），靈臺即望氛之地（《易緯》及《禮緯》）；分土列爵，立制隱合於《公羊》（《春秋元命苞》云：周爵五等，殷爵三等），按畝授田，陳說迥殊於孟子（《樂緯》謂'九夫爲井，八家共治公田八十畝，以外二十畝以爲八家井竃廬舍'。與孟子之論井田不同）；推之稽三統之曆（《春秋感精符》），正五刑之名（《尚書璇璣鈐》）；二穆二昭，制詳七廟（《春秋元命苞》）；四望四類，典異六宗（《禮稽命徵》）；梁父、太山，刻石不忘紀號（《詩含神霧》及《孝經鉤命決》）；明堂崇屋，禘帝即以配天（《尚書帝命驗》）；莫不制徵四代，典溯三王。是曰徵禮，其善五也。"（《長編》）

緯說有許多是用以釋經的，與典禮制度關係尤大，所以緯書中有很多說制之文。如：

（1）"禮名起於黃帝。"（《禮含文嘉》）

（2）"文王見禮壞樂崩，道孤無主，故設《禮經》三百，威儀三千。"（《禮稽命徵》）

（3）"三年一祫，五年一禘。以衣服，想見其容色，三日齋，思親志意，想見所好喜，然後入廟。"（《禮稽命徵》）

（4）"禮：祭天，牲角繭栗。社稷、宗廟、角握。六宗五岳四瀆，角尺。"（《禮稽命徵》）

（5）"東夷之樂曰靺，持矛，助時生。南夷之樂曰任，持弓，助時養。西夷之樂曰侏離，持鉞，助時殺。北夷之樂曰禁，持楯，助時藏。皆於西門之外右僻。"（《孝經鉤命決》）"東夷之樂曰株離，南夷之樂曰任，西夷之樂曰禁，北夷之樂曰昧。"（《樂緯》）

（6）"禮有九錫，一曰車馬，二曰衣服，三曰樂則，四曰朱戶，五曰納陛，六曰虎賁，七曰斧鉞，八曰弓矢，九曰秬鬯，皆所以勸善扶不能。（《禮含文嘉》）

（7）"嫡長稱伯，庶長稱孟。文家稱叔，質家稱仲。"（《禮含文嘉》）

（8）"天子外屏，諸侯內屏，大夫以簾，士以帷。"（《禮含文嘉》）

（9）"五禩：南郊，北郊，西郊，東郊，中郊，兆正諜。五者，天子公侯伯子男卿大夫士，所以承天也。"（《禮含文嘉》）

（10）"天子之旗九仞，十二旒曳地。諸侯七仞，九旒齊軫。卿大夫五仞，七旒齊較。士三仞，五旒齊首。"（《禮稽命徵》）

（11）"天子墳高三仞，樹以松。諸侯半之，樹以柏。大夫八尺，樹以欒。士四尺，樹以槐。庶人無墳，樹以楊柳。"（《禮含文嘉》）

（12）"天子有靈臺，以候天地。諸侯有時臺，以候四時。"（《禮含文嘉》）

（13）"天統，十一月建子，天始施之端也。謂之天統者，周以爲正。地統，十二月建丑，地助生之端，謂之地統，商以爲正。人統，十三月建寅，物生之端，謂之人統，夏以爲正。"（《春秋感精符》）

（14）"涿鹿者，笮人頭也。黥者，馬羈笮人面也。髕者，脫去人之髕也。髕法之屬五百，象七精。宮者，女子淫亂，執置宮中，不得出也。割者，丈夫淫，割其勢也。"（《尚書刑德放》）

（15）"天子五廟，二昭二穆，與始祖而五。"（《春秋元命苞》）

（16）"天子祭天地宗廟六宗五岳，得其宜，則五穀豐登。雷雨時至，四夷貢物。青鳥黃馬黃龍翔，黃雀集。"（《禮稽命徵》二九四頁）

（17）"刑罰藏，頌聲作，鳳凰至，麒麟臻，封泰山，禪梁甫。封禪刻石紀號也。"（《孝經鉤命決》）"刑法格藏，世作頌聲，封乎泰山，考績柴燎。禪於梁甫，刻石紀號，英炳巍巍，功平世教。"（《禮緯》）

（18）"明堂所以通神靈，感天地，正四時，出教令，崇有德，章有道，褒有行。"（《禮含文嘉》）

（19）"帝者承天，立五府以尊天重象。五府，五帝之廟。蒼曰靈府，赤曰文祖，黃曰神斗，白曰顯紀，黑曰玄矩。唐虞謂之五府，夏謂世室，殷謂重屋，周謂明堂，皆禩五帝之所也。"（《尚書帝命驗》）

緯說中釋禮者，其實多與經義相關。在《禮緯》中，說禮數的還有"有正經三百，動儀三千"（《七緯·禮緯·附錄》）。說禮意的還有"孔子謂子夏曰：'禮以修外，樂以治內，丘已矣夫。'"（《七緯·禮稽命徵》）。說靈臺的還有"天子靈臺所以觀天之際、陰陽之會也。揆星度之驗，徵六氣之瑞應，原神明之變化，睹日氣之所驗，爲萬物獲福於無方之原，招大極之清泉以興稼穡之根。倉廩實，知禮節；衣食足，知榮辱。天子得靈臺之禮，則五車三柱明，制可行，不失其常，水泉川流，無滯寒暴暑之災，陸澤山陵，禾盡豐穰。"（《七緯·禮含文嘉》）。說三統的還有："天有三統，物有三變，故正色有三。""舜以十一月爲正統，尚赤；堯以十二月爲正，尚白；高辛氏以十三月爲正，尚黑；高陽氏以十一月爲正，尚赤；少昊以十二月爲正，尚白；黄帝以十三月爲正，尚黑；神農以十一月爲正，尚赤；女媧以十二月爲正，尚白；伏羲以上未有聞焉。"（《古微書·禮稽命徵》）說廟制的還有："唐虞五廟，親廟四，始祖廟一。夏四廟，至子孫五。殷五廟，至子孫六。周六廟，至子孫七。夏無大祖，宗禹而已，則五廟。殷人祖契而宗湯，則六廟。周尊后稷，宗文王、武王，則七廟。自夏及周，少不減五，多不過七。天子之元士二廟，諸侯之上士亦二廟，中、下士一廟。一廟者，祖禰共廟。"（《七緯·禮稽命徵》）說明堂的還有："明堂，文王之廟，夏后氏曰世室，殷人曰重屋，周人曰明堂。東西九筵，筵九尺，南北七筵，堂崇一筵五室。凡室二筵，蓋之以茅。宗祀文王於明堂，以配上帝。明堂上圓下方，八窗四闥，布政之宮在國之陽。帝者禘也，象上可承五精之神。五精之神實在太微，於辰爲巳。得陽氣明朗謂之明堂。"（《七緯·孝經援神契》）"明堂之制，東西九筵，筵長九尺也。明堂東西八十一尺，南北六十三尺，故謂之太室。周之明堂，在國之陽，三里之外，七里之內，在辰巳者也。"（同上）這些緯說都不見於經文，而可以備說《禮》之參考的。

（六）博　物

劉氏《讖緯論》又云："若夫情由性生（《孝經援神契》），仁從愛起（《春秋元命苞》），以敬勝怠（《尚書帝命驗》），以義強躬（《論語撰考讖》）。漸蘭漸鮑（亦《論語撰考讖》），證孔門習遠之言；太素、太初（《孝經鈎命決》），近老氏眞空之旨。凡茲粹語，足輔九流。推之禮詳卉服（《春秋命曆序》），地測溫泉（《詩經緯》諸書），橫行爲蠻貊之書（見《詩含神霧》），畫象別古初之制（《孝經鈎命決》）。數止於五，至六以上皆互乘（《易河圖數》云：'一與六共宗，二與七同道，三與八爲朋，四與九爲友，五與十同途。'足證古人紀數至五而止，至六以上皆用互乘之法）；氣成於三，與九相推無所戾（《春秋元命苞》云：'陽氣成於三，陽數極於九'，亦足爲江都汪氏釋'三九'之證）；計六經之尺度（《孝經鈎命決》），辨百體之殊名（《春秋元命苞》）。六律則溯其起源（見《樂協圖徵》），五穀則稽其名義（《春秋說題辭》）。陽墟石室，奇銘辨蒼頡之文（見《河圖玉版》），洞庭、包山，秘籍識夏王之字（《春秋命曆序》）。亦足助博物之功，輔多聞之益。殷周絕學，賴此可窺（俞正燮曰：讖緯者古史書也，其說近是）。"（《長編》）他這裏所舉之例，如：

（1）"情者魂之使，性者魄之使。情生於陰以計念，性生於陽以理契。"

"情者陰之數，精內附着生流通也。"（《孝經援神契》）

（2）"仁者，情志好生愛人。"（《春秋元命苞》）

（3）"季秋之月甲子，赤雀銜丹書入於酆，止於昌户。其書云：敬勝怠者吉，怠勝敬者滅。義勝欲者從，欲勝義者凶。凡事不強則不枉，不敬則不正。枉者廢滅，敬者萬世。以仁得之，以仁守之，其量百世。以不仁得之，以仁守之，其量十世。以不仁得之，不仁守之，不及其世。"（《尚書帝命驗》）

（4）"仁義在身，行之可強。"（《論語比考讖》）

（5）"漸於蘭則芳，漸於鮑則臭。"（《論語撰考讖》）

（6）"雄生八月仲節，號曰太初，行三節。……雄雌俱行三節，而雄合物魂，號曰太秦。三氣未分別，號曰渾淪。"（《詩推度災》）

（7）"十月之交，氣之相交，周十月，夏之八月。"（同上）

（8）"月，三日成魄，八日成光。蟾蜍體就，穴鼻始萌。"（同上）

（9）"三皇無文，五帝畫象，三王肉刑。"（《孝經緯》）

（10）"六經册長尺四寸，《孝經》册長尺二寸。《春秋》二尺四寸書之，《孝經》一尺二寸書之。"（《孝經鈎命決》）

在以上所舉，如（1）説情性，（2）（4）説仁義，這些地方討論心性和德行，不當歸於博物一類。其他有"五鳳皆五色，爲瑞者一，爲孼者四"（《七緯·樂葉圖徵》）；"朱英蔓竹紫脱"（無此句，《禮斗威儀》僅有"遠方神獻其朱英紫脱"）；"鶴知夜半，鷄應旦鳴"（《春秋考異郵》）；"山車垂句福草"（無此句，《禮緯》中僅有"山車垂句"）。

劉氏《讖緯論》又説：

> 及夫臚幽明之序，窮禍福之源。以五常法五行，以八風象八卦（《禮緯》），九州咸有其分星（《春秋元命苞》），五緯或憑以推日，或以災祥驗行事，或以星象示廢興。（見《春秋演孔圖》《詩緯》《春秋文耀鈎》《春秋運斗樞》諸書）四始五際（《齊詩》説），已失經義之真，六甲九宫（《春秋合誠圖》），遂啓雜占之學。是則前知自詡，格物未明，易蹈疑衆之誅，允屬誣天之學。復有倉聖四目，虞舜重瞳，丹鳳含書（皆見《春秋元命苞》），赤龍紀瑞（《詩含神霧》），白雲覆孔子之居，赤血辨魯門之字（見《春秋演孔圖》），亦復説鄰荒謬，語類矯誣。此尹敏所由致疑，而君山所由恥習也。然敬天明鬼，實爲古學之濫觴，以元統君，足儆后王之失德。是則漢崇讖學，雖近誣民，而隋禁緯書，亦爲蔑古。學術替興，不可不察也。若夫網羅散失，參稽異同，掇宋均之注，萃郗萌之書，删彼蕪詞，獨

標精旨，庶天文、曆譜，備存七略之遺（以緯書歸入天文、曆譜類），《鉤命》《援神》，不附六經之列（經自爲經，緯自爲緯）。則校理秘文，掇拾墜簡，殆亦稽古者者所樂聞而博物家所不廢者與？（《長編》）

他所列舉之例如：

(1)"性者，生之質也。若木性則仁，金性則義，火性則禮，水性則智，土性則信。情者既有知，故有喜怒哀樂好惡。"（《孝經鉤命決》）

(2)"陽立於五，極於九，五九四十五日一變風，以陰合陽，故八卦主八風，距同各四十五日。艮爲條風，震爲明庶風，巽爲清明風，離爲景風，坤爲涼風，兌爲閶闔風，乾爲不周風，坎爲廣莫風。"（《春秋考異郵》）

(3)"天有九野，九千九百九十九隅，去地五億萬里。何謂九野？中央鈞天，其星角、亢；東方皥天，其星房、心；東北變天，其星斗、箕；北方玄天，其星須、女；西北幽天，其星奎、婁；西方成天，其星胃、昴；西南朱天，其星參、狼；南方赤天，其星輿鬼、柳；東南陽天，其星張、翼、軫。"（《尚書考靈曜》）

(4)"列宿二十八，是日月五星之所由，吉凶之所由兆也（吉凶兆之要處也）。"（《春秋文耀鉤》）

(5)"黃帝坐玄扈洛水上，與大司馬容光等臨觀，鳳皇銜圖置帝前，帝再拜受圖。"（《初學記·鳳第一》）"堯坐中舟，與太尉舜臨觀，鳳皇負圖授。"（《春秋元命苞》）"黃帝坐於扈閣，鳳皇銜書至帝前，其中得五始之文。"（《七緯·春秋緯·附錄》）

(6)"倉頡四目，是謂併明。顓帝戴干，是謂崇仁。帝俈戴干，是謂清明。堯眉八彩，是謂通明。舜目重瞳，是謂無景。禹耳三漏，是謂大通。湯臂三肘，是謂柳翼。文王四乳，是謂含良。武王駢齒，是謂剛彊。"（《春秋演孔圖》）

(7)"孟子生時，其母夢神人乘雲自泰山來，將止於嶧，母凝視久之，忽片雲墜而寤，時間巷皆見有五色雲覆孟子之居焉。"（同上）

(8)"得麟之後，天下血書魯端門曰：趨作法，孔聖沒，周姬亡，彗東出，秦政起，胡破術，書記散，孔不絕。子夏明日往視之，血書飛爲赤鳥，化爲白書，署曰《演孔圖》，中有作圖制法之狀。"（同上）

此所舉八例中除(1)(3)等例外，其餘自不可信。我們只可以謂之述異，還夠不上"博物"之類。不過要注意的，分野之說起源較早，緯候加以推演，這與他們講五德、三統、八卦、八風是對於陰陽五行說作一番整理相同，原不足異。他們述及孔、孟的靈異，則是要將孔子事跡也神話化。《演孔圖》說孔子脩《春秋》成，有"天下血書魯端門"，這已經够奇怪了。在《孝經右契》中更有"孔子作《春秋》、制《孝經》既成，使七十二弟子向北辰罄折而立，使曾子抱《河》《洛》事北向，孔子齋戒，簪縹筆，衣絳單衣，向北辰而拜，告備於天曰：《孝經》四卷、《春秋河洛》凡八十一卷，謹已備。天乃洪鬱，起白霧，摩地赤虹，自上下化爲黄玉，長三尺，上有刻文。孔子跪受而讀之，曰：'寶文出，劉季握。卯金刀，在軫北。字禾子，天下服。'"他們以爲"天子皆五帝之精寶，各有題叙，以次運相據起，必有神靈符紀，使開階立遂"（《七緯·春秋緯·春秋演孔圖》）。"聖人不空生，必有所制，以顯天心。丘爲木鐸，制天下法。"（《七緯·春秋緯·春秋演孔圖》）故要説"玄丘制命，帝卯行"（《七緯·春秋緯·春秋演孔圖》）。"丘攬史記，援引古圖，推集天變，爲漢帝制法，陳叙《圖》《録》。"（《七緯·春秋緯·附録》）孔子不在帝位不過是"黑龍生爲赤"，因爲"丘水精，治法爲赤始制功"（《七緯·春秋緯·附録》）。因爲"丘爲制法之主，黑緑不代蒼黄"（《七緯·春秋緯·春秋演孔圖》）。孔子不合"代周家木德之蒼"，只好説"玄丘制命，帝卯行"，但他們也説"《春秋》經文備三聖之度"（《七緯·春秋緯·春秋説題辭》），不過對孔子的神化並不能顯出神靈符紀，像這些地方才真够記神述異。

(七) 釋　經

緯書之作，本來有的是真釋經的。《尚書璇璣鈐》曰："孔子求《書》，得黄帝玄孫帝魁之書。""書務以天言之，因而謂之《書》，加'尚'以尊之。"（同上）《春秋説題辭》曰："孔子作《春秋》，一萬八千字，九月而書成，以授游、夏之徒，游、夏之徒不能改一字。""傳我書者，公羊高也。"（同上）。這些雖屬似是而非，但其本意在於釋經則極顯明，其中解釋尚好並勉强可以引用的例如：

(1) "六經所以明君父之尊，天地之開辟，皆有教也。"（《春秋説題辭》）

(2) "《詩》者天地之精、辰星之度、人心之操也。在事爲詩，未發爲謀，恬淡爲心，思慮爲志，故《詩》之爲言志也。"（《春秋説題辭》）

(3) "《尚書》者二帝之跡，三王之義，所以推期運，明命授之際。《書》之言信，而明天下之情、帝王之功。凡百二篇，次弟委曲而不紊。尚者上也，上世帝王之遺書也。"（《春秋説題辭》）

(4) "禮者體也，人情有哀樂，五行有興滅，故立鄉飲酒之禮，終始之哀，婚姻之宜，朝聘之表，尊卑有序，上下有體，王者行禮得天中和。禮得則天下咸得厥宜。陰陽滋液，萬物調，四時和，動靜常用，不可須臾惰也。"（《春秋說題辭》）

（5）"《易》者氣之節，含五精，宣律曆。上經象天，下經計曆，《文言》立符，《彖》出期節，《象》言變化，《繫》設類跡。"（《春秋說題辭》）

（6）"哀十四年春，西狩獲麟，作《春秋》，九月書成。以其春作秋成，故曰《春秋》也。"（《春秋演孔圖》）

（7）"《孝經》者，所以明君父之尊、人道之素，天地開闢皆在孝。"（《春秋說題辭》）

（8）"孔子作法五經，運之天地，稽之圖像，質於三王，施於四海。"（《春秋演孔圖》）

（9）"《詩》者，持也。"（《詩含神霧》）

（10）"《尚書》篇題號，尚者上也。上天垂文象布節度書也。書者如也，如天行也。"（《尚書璇璣鈐》）

（11）"禮有三起：禮理起於太一，禮事起於遂皇，禮名起於黃帝。"（《古微書·禮含文嘉》）

（12）"《易》建八卦，序六十四卦，轉成三百八十四爻，運機布度，其氣轉易，故稱經也。"（《孝經援神契》）

（13）"子夏問：'夫子作《春秋》不以初哉首基爲始何？'""孔子曰：'丘作《春秋》始於元，終於麟，王道成也。'"（《春秋元命苞》）

（14）"孔子曰：'吾志在《春秋》，行在《孝經》。'"（《孝經鉤命決》）"孔子曰：'欲觀我褒貶諸侯之志在《春秋》，崇人倫之行在《孝經》。'"（《七緯·附錄·孝經緯》）

這裏所舉十四例中，如"《詩》者天地之精""《孝經》者所以明君父之尊"等，這些話固然很奇怪，但較之如釋《易》之"其氣轉易故稱經也"，這些地方還不失爲有理由的釋解。其他如《春秋緯》中之"《春秋》三科九旨""《春秋》書有七缺""昭、定、哀爲所見之世，文、宣、成、襄爲所聞之世，隱、桓、莊、閔、僖爲所傳聞之世""《春秋》元年者何？元宜爲一，謂之元，何注曰：君之始年也"（《春秋元命苞》）。《詩緯》中之"《關雎》知原，冀得賢妃主八嬪""鵲以復至之月始作室家，鳲鳩因成事，天性如此也。"（《詩推度災》）"陳，王者所起也""頌者，王道太平，功成治定而作也"（《詩含神霧》）。《禮緯》中之說殷爵三等、周爵五等，三綱六紀以及"文家稱叔，質家稱仲""嫡長稱伯，庶長稱孟"（《禮含文嘉》）。《樂緯》中之說《詩》

者如"《周南》無美而《召南》有之""以《雅》治人,《風》成於《頌》"(《七緯·樂緯·樂動聲儀》)。"天道本下,親親而質省。地道敬上,尊尊而文煩"(《七緯·樂緯·附錄》)。《春秋緯》中之"天人同度,正法相授。天垂文象,人行其事,謂之教。教,效也,言上爲而下效也"(《春秋元命苞》)《孝經緯》中之"命有三科:有受命以保慶,有遭命以譴暴,有隨命以督行"(《孝經援神契》),更不失爲中正通達之説。這些解釋多係緯書説,來自師説。因其本爲師説,我們也不可就誤會以爲緯説。

不過這些緯説既多出於東漢,則自當受古經之影響。而有些是釋古經的,例如:《尚書帝命驗》有"天宗日、月、北辰,地宗岱山、河、海,日月爲陰陽宗,北辰爲星宗,岱爲山宗,河爲水宗,海爲澤宗"。《詩含神霧》有"北極天皇大帝"(《古微書》卷八《春秋合誠圖》云"天皇大帝北辰星也"),"赤龍感女媧"(《詩含神霧》)。《禮含文嘉》有"五禩,南郊、北郊、西郊、東郊、中郊,兆正謀。五者,天子公侯伯子男卿大夫士,所以承天也"(《禮含文嘉》)。及"宫室之飾:士首本,大夫達棱,諸侯斲而礱之,天子加密石焉"(《鄭氏禮記箋》)。《禮稽命徵》有"古者以五靈配五方。龍,木也;鳳,火也;麟,土也;白虎,金也;神龜,水也。其五行之序,則木槃生火,火灺生土,土卯生金,金澪生水,水液生木,五者修其母則致其子"。《禮斗威儀》有"顓頊有三子,生而亡去,爲疫鬼。一居江水,是爲瘧鬼;一居若水,爲魍魎鬼;一居人宫室區隅,善驚人小兒,爲小鬼。於是常以正歲十二月,令禮官方相氏蒙熊皮,黄金四目,玄衣纁裳,執戈揚盾,帥百隸及童子而時儺,以索食而驅疫鬼。以桃弧,葦矢,工鼓且射之,以赤丸五穀,播灑之,以除疾殃"(《禮斗威儀》)。《樂緯》有"狄人與衛戰,桓公不救,於其敗也,然後救之"(《樂稽耀嘉》)。《春秋緯》有"長狄兄弟三人,各長百尺,狄者陰氣,時中國衰,有夷狄萌"(《春秋考異郵》)。《春秋内事》曰:"天有十二分次,日月之所躔也;地有十二分,王侯之所居也。"《論語讖》有"左邱明爲素臣"(《論語摘輔象》)。我們分别這些緯讖之何者爲今古文,可以就其所依以依次立説經爲今文抑爲古文,可以就其所援用之古史及其系統爲今説抑爲古説。邵瑞彭《泰誓決疑》曾説"用五行相勝説者爲今緯,用五行相生説者爲古緯;用四分曆者爲今緯;用三統術者爲古緯"。而"五行相生與三統術"正是古文家説古史系統,我們不當只限於邵説之二種。

第四節　緯學之流傳與燔禁

緯學是依經而立的,應起於西京之世,而在哀、平間逐漸發達。據《漢書·

路温舒傳》説："温舒從祖父受曆數、天文，以爲漢厄三七之間。"《漢書·淮陽憲王劉欽傳》説："憲王有外祖母舅張博……欲循行郡國求幽隱之士，聞齊有騶先生者，善爲《司馬兵法》，大將之材也，博得謁見，承間進問五帝、三王究竟要道，卓爾非世俗之所知……又聞北海之瀕有賢人焉，累世不可逮，然難致也……騶先生蓄積道術，書無不有……"由這些傳文，我們可知在哀、平前，眭弘、夏侯始昌、夏侯勝、翼奉、京房之外，頗有一些"幽隱之士""蓄積道術"，在我們現在看來不過是一些方士之流在那里講求災異占驗。温舒從祖父有"以爲漢厄三七之間"，這話後來流傳爲谷永所引用。而張博正是京房的岳父，他所崇拜的騶先生想必也是翼、京之流，所以我們推測緯學之興，實遠在哀、平以前。據《漢書·李尋傳》説：

初，成帝時，齊人甘忠可詐造《天官曆》《包元太平經》十二卷，以言"漢家逢天地之大終，當更受命於天，天帝使真人赤精子，下教我此道"。忠可以教重平夏賀良、容丘丁廣世、東郡郭昌等，中壘校尉劉向奏忠可假鬼神罔上惑衆，下獄治服，未斷病死。賀良等坐挾學忠可書以不敬論，後賀良等復私以相教。哀帝初立，司隸校尉解光亦以明經通災異得幸，白賀良等所挾忠可書。事下奉車都尉劉歆，歆以爲不合《五經》，不可施行。而李尋亦好之。光曰："前歆父向奏忠可下獄，歆安肯通此道？"時郭昌爲長安令，勸尋宜助賀良等。尋遂白賀良等皆待詔黃門，數召見，陳説："漢曆中衰，當更受命。成帝不應天命，故絶嗣。今陛下久疾，變異屢數，天所以譴告人也。宜急改元易號，乃得延年益壽，皇子生，災異息矣。得道不得行，咎殃且亡，不有洪水將出，災火且起，滌蕩民人。"

哀帝久寢疾，幾其有益，遂從賀良等議。於是詔制丞相御史："蓋聞《尚書》'五日考終命'，言大運壹終，更紀天元人元，考文正理，推曆定紀，數如甲子也。朕以眇身人繼太祖，承皇天，總百僚，子元元，未有應天心之效。即位出入三年，災變數降，日月失度，星辰錯謬，高下貿易，大異連仍，盜賊並起。朕甚懼焉，戰戰兢兢，唯恐陵夷。惟漢興至今二百載，歷紀開元，皇天降非材之右〔佑〕，漢國再獲受命之符，朕之不德，曷敢不通夫受天之元命，必與天下自新。其大赦天下，以建平二年爲太初〔元將〕元年，號曰陳聖劉太平皇帝。漏刻以百二十爲度。布告天下，使明知之。"後月餘，上疾自若。賀良等復欲妄變政事，大臣争以爲不可許。賀良等奏言大臣皆不知天命，宜退丞相、御史，以解光、李尋輔政。上以其言亡驗，遂

下賀良等吏。(《漢書·眭兩夏侯京翼李傳第四十五》)

我們看了這一段,知道在哀、平時,這種讖緯之學是在如何流行私以相教,而當時帝王竟至相信其說,詔令以改元、易號、增益漏刻。《漢書·李尋傳》"贊曰:漢興推陰陽言災異者,孝武時有董仲舒、夏侯始昌,昭、宣則眭孟、夏侯勝,元、成則京房、翼奉、劉向、谷永,哀、平則李尋、田終術。此其納説時君著明者也。察其所言,仿佛一端"。在漢武時,董仲舒雖推陰陽、言災異,然而他還未造作讖記,與董君同時之方士已不免於詐造。到了元、成之世,自然可能的有詐造之《天官曆》《包元太平經》十二卷,而且私相傳授。《漢書·王莽傳》又説"甘忠可、夏賀良讖書藏蘭臺",他們的書並未焚毁,這無論如何要算得是緯學流傳上極重要的一頁史料。劉向雖反對他們,但劉向實在也好言災異;劉歆雖然也以為漢再受命説為不合五經,但他與田終術同門,最終是相信這讖記的。

在王莽時,也出現了許多讖記符命,據《漢書·王莽傳》:"前輝光謝囂奏武功長孟通浚井得白石,上圓下方,有丹書著石,文曰'告安漢公莽為皇帝'。符命之起,自此始矣。"又有"廣饒侯劉京、車騎將軍千人扈雲、大保屬臧鴻奏符命。京言齊郡新井,雲言巴郡石牛,鴻言扶風雍石,莽皆迎受"。"齊郡臨淄縣昌興亭長辛當一暮數夢,曰:'吾,天公使也。天公使我告亭長曰:攝皇帝當為真。即不信我,此亭中當有新井。'亭長晨起視亭中,誠有新井"。又有"梓潼人哀章學問長安,素無行,好為大言。見莽居攝,即作銅匱,為兩檢,署其一曰'天帝行璽金匱圖',其一署曰'赤帝行璽某傳予黃帝金策書'。某者,高皇帝名也。書言王莽為真天子"。

而光武之興,則據《後漢書·光武帝紀》説:

> 地皇三年,南陽荒饑,諸家賓客多為小盜。光武避吏新野,因賣穀於宛。宛人李通等以圖讖説光武云:"劉氏復起,李氏為輔。"光武初不敢當,然獨念兄伯升素結輕客,必舉大事,且王莽敗亡已兆,天下方亂,遂與定謀,於是乃市兵弩。十月,與李通從弟軼等起於宛。
>
> ……
>
> 行至鄗,光武先在長安時同舍生強華自關中奉《赤伏符》,曰"劉秀發兵捕不道,四夷雲集龍鬥野,四七之際火為主"。群臣因復奏曰:"受命之符,人應為大,萬里合信,不議同情,周之白魚,曷足比焉?今上無天子,海內淆亂,符瑞之應,昭然著聞,宜答天神,以塞群望。"光武於是命有司設壇場於鄗南千秋亭五成陌。六月己未,

即皇帝位。

據《東觀漢記·光武紀》説："自上即位，按圖讖，推五運，漢爲火德。"又"建武六年……天下悉定，唯獨公孫述、隗囂未平……當此之時，賊檄日以百數，憂不可勝，上猶以餘間講經藝，發圖讖"。又建武"十七年，帝以日食，避正殿，讀圖讖，移御坐廡下，淺露中風，發疾，苦眩甚"。可見光武因圖讖之應驗，是如何的喜於誦讀研究。他據讖説來任命景丹、王梁，據《後漢書·景丹傳》説："世祖即位，以讖文用平狄將軍孫咸行大司馬，衆咸不悦。"《後漢書·王梁傳》説："世祖……即位，議選大司空，而赤伏符曰'王梁主衛作玄武'，帝以野王衛之所徙，玄武水神之名，司空水土之官也，於是擢拜梁爲大司空，封武强侯。"他在答公孫述時也稱圖讖，《華陽國志》卷五説："述乃移檄中國，稱引圖緯以惑衆。世祖報曰：'《西狩獲麟讖》曰，乙子卯金，即乙未歲授劉氏，非西方之守也。'光廢昌帝，立子公孫；即霍光廢昌邑王立孝宣帝也。黄帝始公孫，自以土德，君所知也。……漢家九百二十歲以蒙孫亡，受以丞相。其名當塗高，高豈君身耶？'"(《華陽國志》卷五)

凡不信讖者他都不信任，據《後漢書·桓譚傳》："世祖即位，徵待詔。上書言事失旨，不用。後大司空宋弘薦譚，拜議郎給事中，因上疏陳時政所宜……是時帝方信讖，多以决定嫌疑。……譚上疏曰：'……凡人情忽於見事而貴於異聞，觀先王之所記述，咸以仁義正道爲本，非有奇怪虛誕之事。蓋天道性命，聖人所難言也。自子貢以下，不得而聞，況後世淺儒，能通之乎！合諸巧慧小材伎數之人，增益圖書，矯稱讖記，以欺惑貪邪，詿誤人主，焉可不抑遠之哉！臣譚伏聞陛下窮折方士黄白之術，甚爲明矣；而乃欲聽納讖記，又何誤也！其事雖有時合，譬猶卜數只偶之類。陛下宜垂明聽，發聖意，屏群小之曲説，述《五經》之正義，略雷同之俗語，詳通人之雅謀。又臣聞安平則尊道術之士，有難則貴介胄之臣……'帝省奏，愈不悦。其後有詔會議靈臺所處，帝謂譚曰：'吾欲以讖决之，何如？'譚默然良久，曰：'臣不讀讖。'帝問其故，譚復極言讖之非經。帝大怒曰：'桓譚非聖無法，將下斬之！'譚叩頭流血，良久乃得解。"《後漢書·鄭興傳》："帝嘗問興郊禋事，曰：'吾欲以讖斷之，何如？'興對曰：'臣不爲讖。'帝怒曰：'卿之不爲讖，非之邪？'興惶恐曰：'臣於書有所未學，而無所非也。'帝意乃解。興數言政事，依經守義，文章温雅，然以不善讖故不能任。"

桓譚説讖之非經，光武認爲非聖無法。《後漢書·祭禋志上》：建武"三十二年正月，上齋，夜讀《河圖會昌符》曰：'赤劉之九，會命岱宗。不慎克用，何益於承。誠善用之，奸僞不萌。'感此文，乃詔松等復案索《河》《洛》

讖文言九世封禪事者。松等列奏，乃許焉"。無論何事都欲以讖斷之，可見讖說在東漢的勢力。此後的明帝也是好圖讖的，《後漢書·明帝紀》：永平三年"秋八月戊辰，改大樂爲大予樂"。《東觀漢記·明帝紀》說"帝尤垂意於經學，即位，刪定擬議，稽合圖讖"，秋八月，又"《尚書璇璣鈐》曰：'有帝漢出，德洽作樂，名予。'其改郊廟樂曰大於樂，樂官曰太予樂官，以應圖讖"。可見明帝時讖緯學之聲勢還是仍大的。

至於緯學的流傳，據蔣清翊《緯學原流興廢考》卷中《師承》所載，自漢訖隋，通緯候之學者有孔安國、司馬遷、東方朔、焦延壽、京房、譙敏、翼奉、李尋、西門君惠、李守、李通、蔡少公、魯恭、劉寬、趙典、蘇竟、楊春卿、周循、鄭伯山、炎高、樓厚、楊統、楊厚、昭約、寇歡、何莨、侯祈、郎宗、郎顗、襄楷、樊儵、朱浮、梁松、張純、曹充、曹褒、陳寵、施延、鄭玄、賈逵、班固、宋均、劉輔、劉蒼、胡廣、翟酺、應奉、崔瑗、徐稺姜、姜仲海、姜季仁、申屠蟠、楊震、楊賜、李雲、劉瑜、劉琬、張衡、馬融、蔡邕、周䚡、陳寔、李固、魏朗、郭泰、任安、尹敏、景鸞、薛漢、何休、黄香、侯瑛、范冉、任文孫、任文公、郭憲、謝夷吾、郭鳳、楊由、李南、李合、段翳、廖扶、樊英、却巡、王輔、唐檀、公沙穆、韓說、董扶、法真、尹珍、何英、何汶、鄭子侯、楊宣、朱蒼、衛衡、史晨、蔡湛、潘乾、唐扶、劉熊、袁良、武梁、祝睦、張表、李翊、楊著、丁魴、曹全、蔡朗、李休、姚俊、郗氏、袁氏、郗萌、宋衷、方儲、辛繕、王遠、姜合、周舒、周群、杜瓊、譙岍、譙周、何宗、何隨、張華、郭璞、鄭隱、葛洪、虞喜、范隆、杜夷、宋纖、郭瑀、陳訓、戴洋、鮑靚、黄泓、王嘉、台産、法護、尹軌、周續之、顧越、李先、劉蘭、刁沖、李業興、徐之才、宋景葉、沉重、熊安先、王劭、房暉遠、馬光、諸葛潁、蕭吉，凡一百六十餘人。蔣氏以孔安國列入，是依據僞《古文尚書》孔傳，實不可信。其以司馬遷、東方朔列入，則以司馬遷引《易》則"差以毫釐，謬以千里"，顔師古說"謂見《易緯》"。東方朔之研精陰陽，圖讖之學是根據夏侯湛《東方朔畫贊》。在司馬遷、東方朔時，讖緯尚未流行，他們是否明習緯讖，實在還須加以考定。焦贛、京房之通緯學，既見本傳。在宣、元時，緯學大約已經興起，蔣氏以焦、京、翼、李列入則是不錯的。蔣氏所列緯學傳授又將平當、龔勝、甘忠可、夏賀良、谷永、何敞、許商、劉向、劉歆、孟通、劉京去、扈鴻、崔發，哀、章時的甄豐、張永、崔篆、郅惲、張楷、許慎、王京、許靖、陸瑍、陸績、張永二十餘人遺去，這也是很大的漏洞。因"甘忠可、夏賀良讖書藏蘭臺"明見於《王莽傳》，谷永、劉向明見《李尋傳》，這些都不當漏列在這一百餘人之中。此外，還有些是我們應當注意的，例如：

（1）西門君惠。《漢書·王莽傳下》說："先是，衛將軍王涉素養道士西門君惠，君惠好天文讖記，爲涉言'星孛掃宮室，劉氏當復興，國師公姓名是也'。"

（2）李守、李通。《後漢書·李通傳》："李通，字次元，南陽宛人也。父守，身長九尺，容貌絕異，爲人嚴毅，居家如官廷。初事劉歆，好星歷讖記，爲王莽宗卿師。通亦爲五威將軍從事，出補巫丞，有能名。莽末，百姓愁怨，通素聞守說讖云'劉氏復興，李氏爲輔'，私常懷之……會光武避吏在宛……及相見，共語移日，握手極歡。通因具言讖文事……"

（3）蔡少公。《後漢書·鄧晨傳》："王莽末，光武嘗與兄伯升及晨俱之宛，與穰人蔡少公等宴語。少公頗學圖讖，言劉秀當爲天子。或曰：'是國師公劉秀乎？'光武戲曰：'何用知非僕耶？'坐者皆大笑，晨心獨喜。"

（4）楊統、楊厚。《華陽國志》（中）："楊統，字仲通，新都人也。事華里先生炎高，高戒統曰：'漢九世王出《圖》《書》，與卿適應之。'建武初，天下求通《内讖》二卷者不得。永平中，刺史張志舉統方正。司徒魯恭辟掾，與恭共定音律，上家法章句及二卷解說。遷侍中、光祿大夫。以年老道深，養於辟雍，授几杖爲三老，卒。《内讖》二卷竟未詳。"又，"楊厚弟子雒昭約節宰、緜竹寇歡文儀、蜀郡何萇幼正、侯祈升伯、巴郡周舒叔布及任安、董扶等皆徵聘辟舉，馳名當世"。《後漢書·楊厚傳》："楊厚字仲桓，廣漢新都人也。祖父春卿，善圖讖學，爲公孫述將。漢兵平蜀，春卿自殺，臨命戒子統曰：'吾綈帙中，有先祖所傳秘記，爲漢家用，爾其修之。'統感父遺言，服闋，辭家從犍爲周循學習先法，又就同郡鄭伯山受《河洛書》及天文推步之術。建初中爲彭城令，一州大旱，統推陰陽消伏，縣界蒙澤。太守宗湛使統求爲郡求雨，亦即降澍。自是朝廷災異，多以訪之。統作家法章句及《内讖》二卷解說，位至光祿大夫，爲國三老。年九十卒。統生厚……厚少學統業，精力思述。初，安帝永初二年太白入北斗，雒陽大水。時統爲侍中，厚隨在京師。朝廷以問統，統對年老耳目不明，子厚曉讀圖書，粗識其意。鄧太后使中常侍承制問之，厚對以爲'諸王子多在京師，容有非常，宜亟發遣各還本國'。太后從之，星尋滅不見。又克水退期日，皆如所言。除爲中郎。太后特引見，問以圖讖，厚對不合，免歸。復習業犍爲……永建二年，順帝特徵，詔告郡縣督促發遣。厚不得已，行到長安，以病自上，因陳漢三百五十年之厄，宜蠲漢改憲之道，及消伏災異，凡五事。制書褒述，有詔太醫致藥，太宮賜羊酒。及至，拜議郎，三遷爲侍中。"

（5）翟酺。《後漢書·翟酺傳》："翟酺字子超，廣漢雒人也。四世傳《詩》。酺好《老子》，尤善圖緯、天文、曆算……著《援神》《鉤命》解詁十二篇。"注："《益部耆舊傳》曰：時詔問酺陰陽失序，水旱隔並，其設銷復興濟之本。酺上奏陳圖書之意曰：'漢四百年將有弱主閉門聽讒之禍，數在三百年之間。宜升曆改憲，行先王至德要道，奉率時禁，抑損奢侈，宣明質模，以延四百年之難。'帝從之。"

（6）李雲。《後漢書·李雲傳》："李雲字行祖，甘陵人也。性好學，善陰陽。"《三國志·魏志·文帝紀》裴松之注："太史丞許芝條魏代漢見讖緯於魏王曰：'……故白馬令李雲上事曰："許昌氣見於當塗高，當塗高者當昌於許。"當塗高者，魏也，象魏者，兩觀闕是也，當道而高大者魏，魏當代漢。'"

（7）姜合。《三國志·魏志·文帝紀》注："《獻帝傳》載禪代衆事曰：左中郎將李伏表魏王曰：'昔先王初建魏國，在境外者聞之未審，皆以爲拜王。武都李庶、姜合羈旅漢中，謂臣曰："必爲魏公，未便王也。定天下者，魏公子桓，神之所命，當合符讖，以應天人之位。"臣以合辭語鎮南將軍張魯，魯亦問於合知書所出？合曰："孔子《玉版》也。天子曆數，雖百世可知。"是後月餘，有亡人來，寫得册文，卒如合辭。合長於內學，關右知名。'"

（8）周群。《三國志·蜀志十二》："周群字仲直，巴西閬中人也。父舒，字叔布，少學術於廣漢楊厚，名亞董扶、任安。數被徵，終不詣。時人有問：'《春秋讖》曰代漢者當塗高，此何謂也？'舒曰：'當塗高者，魏也。'鄉黨學者私傳其語。群少受學於舒，專心候業。"

由這些人的傳記中，我們可以看出他們是如何迷信讖記的；而所謂讖記也真的言則屢中，容易引起他們迷信。還有我們當注意的是，緯學在東漢影響於經學的也有極重要的幾件事情：

Ⅰ．以緯正經。例如：

(a)《東觀漢記·顯宗孝明皇帝》："孝明皇帝尤垂意於經學，即位，刪定擬議，稽合圖讖……親自制作五行章句。"

(b)《後漢書·樊儵傳》："儵，字長魚……永平元年，拜長水校尉，與公卿雜定郊祠禮儀，以讖記正《五經》異說。"

(c)《隋書·經籍志》："漢時，又詔東平王蒼，正五經章句，皆命從讖。"

(d)《隸釋十一·高陽令楊著碑》："窮七道之奧……特以儒學詔書敕定經東觀順言丘之指蠲歷世之疑。"（《四庫全書·史部十四·隸釋》）

Ⅱ．以緯淆經。例如：

（a）《後漢書·張純傳》："純以聖王之建辟雍，所以崇尊禮義，既富而教者也。乃案七經讖、明堂圖、河間《古辟雍記》、孝武太山明堂制度，及平帝時議，欲具奏之。"

（b）《後漢書·曹襃傳》："曹襃字叔通，魯國薛人也。父充，持《慶氏禮》……顯宗即位，充上言：'漢再受命，仍有封禪之事，而禮樂崩闕，不可爲後嗣法。五帝不相沿樂，三王不相襲禮，大漢當自制禮，以示百世。'帝問：'制禮樂云何？'充對曰：'《河圖括地象》曰："有漢世禮樂文雅出。"《尚書璇璣鈐》曰："有帝漢出，德洽作樂，名予。"'帝善之，下詔曰：'今且改太樂官曰太予樂，歌詩曲操，以俟君子。'拜充侍中。作章句辯難，於是遂有慶氏學。襃少篤志……結髮傳充業……徵拜博士。會肅宗欲制定禮樂……章和元年正月……襃既受命，及次序禮事，依準舊典，雜以五經讖記之文，撰次天子至於庶人冠婚吉凶終始制度，以爲百五十篇，寫以二尺四寸簡。其年十二月奏上……襃博物識古，爲儒者宗……作《通義》十二篇，演經雜論百二十篇，又傳《禮記》四十九篇，教授諸生千餘人，慶氏學遂行於世。"

（c）《後漢書·祭祀志上》："乃詔松等復案索《河》《洛》讖文言九世封禪事者。松等列奏，乃許焉。"

（d）《後漢書·景鸞傳》："景鸞字漢伯，廣漢梓潼人也。少隨師學經，涉七州之地。能理《齊詩》《施氏易》，兼受《河》《洛》圖緯，作《易說》及《詩解》，文句兼取《河》《洛》，以類相從，名爲《交集》。又撰《禮內外記》，號曰《禮略》。又抄風角雜書，列其占驗，作《興道》一篇。及作《月令章句》。凡所著述五十餘萬言。"

（e）《後漢書·樊英傳》："樊英字季齊，南陽魯陽人也。少受業三輔，習《京氏易》，兼明《五經》。又善風角、星算，《河》《洛》七緯，推步災異……著《易章句》，世名樊氏學，以圖緯教授。潁川陳寔，少從英學……陳郡郄巡，學傳英業，官至侍中。"

Ⅲ．**以緯注經**。例如：

（a）何休注《公羊傳·襄二十九年傳》引孔子曰："三皇設言民不違，五帝畫象世順機，三王肉刑揆漸加，應世黠巧姦僞多。"語出《孝經鉤命決》。

（b）鄭玄注三《禮》，多引緯說爲注。

Ⅳ．**爲緯作注**。如：

（a）楊統"作家法章句及內讖二卷解說"。

（b）翟酺"著《援神》《鉤命解詁》十二篇"。

（c）張寧著《河洛解》。

（d）何休"注訓《孝經》《論語》、風角、六日七分"。

（e）鄭玄所著有《中候乾象曆》等。

（f）宋均有《詩緯》諸注（蔣氏云："案，本傳不言注緯，而《隋志》題魏博士宋均，似別一人，然《册府元龜》卷六百五稱宋均撰《孝經皇義》一卷，注《詩緯》十八卷，注《禮記默房》二卷，注《樂緯》二卷，注《孝經鈎命訣》六卷，注《孝經援神契》七卷，注《論語讖》八卷。後爲河内太守。叔庠無疑矣。"（《册府元龜》）

（g）宋衷亦有緯注（蔣氏云："案，《隋書志》有宋衷注《周易太玄》《法言》諸書，不言注緯，而《文選》李善注時引宋衷緯注"）。

（h）《隋書·經籍志》："漢末，郎中郗萌，集圖緯讖雜占爲五十篇，謂之《春秋災異》。"

由以上所述的看來，東漢時讖緯無論在政治上抑或是在學術上勢力都極龐大，但是這種不合理的迷信決不能如此維持長久，所以終於引起張衡、荀爽他們的反對。不過正式由政府下令禁止，則在晉代。據《晉書·石季龍載記》上說："禁郡國不得私學星讖，敢有犯者誅。"《晉書·苻堅載記》上說："及王猛卒，堅置聽訟觀於未央之南。禁《老》《莊》、圖讖之學。"《魏書·高祖紀》："（魏孝文帝太和）九年春正月戊寅，詔曰：'圖讖之興，起於三季。既非經國之典，徒爲妖邪所憑。自今圖讖、秘緯及名爲《孔子閉房記》者，一皆焚之。留者以大辟論。'"《隋書·高祖紀》："（開皇十三年）丁酉，制：私家不得隱藏緯候圖讖。"《隋書·經籍志》更總說之云："至宋大明中，始禁圖讖，梁天監已後，又重其制。及高祖受禪，禁之愈切。煬帝即位，乃發使四出，搜天下書籍與讖緯相涉者，皆焚之，爲吏所糾者至死。自是無復其學，秘府之内，亦多散亡。"這流傳甚久之緯讖，到了隋、唐才真正日就衰歇。不過這些緯說還有些保存於六朝人所爲"義疏"之中，唐人因六朝人疏爲之《九經正義》，並未加以刪削。我們現在所以能於漢人緯說中得之一二者，全賴這《九經義疏》以及其他類書中所徵引的詞句。宋歐陽修曾請刪去《九經正義》中讖緯，不過這事是當時執政者不甚主張之事，竟不行。

第五章

古文經傳之出現

第一節　古文經傳出現之原因

今文經學在西漢流傳都是立於學官的，在今經之外自然還有許多篇籍，例如《禮經》外之《禮記》，左丘明之《國語》流傳在民間，前者有些可據以解釋禮文，後者叙述春秋時之史事，都有益於經傳，可以立於學官。更有一些私學，其說足以名家，頗有糾正今文學的地方。這些經傳，或本爲先秦舊籍，或自謂早有傳授，或實爲漢儒授述，到了成帝、哀帝之世，因劉向、劉歆典校秘籍，於是劉歆有建立古文經傳、《左氏春秋》及《毛詩》、逸《禮》、《古文尚書》皆立於學官之事，及來劉歆依附王莽，更有《周禮》《樂經》這些經傳，有的來歷不明，有的頗有竄改，有的實爲僞記，其流傳較今文經傳爲晚，而驟然以古文爲號而大批地出現，自然引起當時很多儒生的反對與懷疑。而自東漢起至近今，這問題還不算解決。但是古文經傳爲僞，本爲一般人所指摘，非一家之意見，即如古文經師，在東漢如馬融、鄭玄，在近今如章炳麟等，也無意中流露出古文經傳不足信。這樣我們可以說，這一樁公案，已接近於解決；在本章中我們可更提出比較嚴密的方法，對於本問題之解決做更進一步的試探。現在我們爲方便起見，對於古文經傳興起之始末暫分別來叙述，俾於本問題可藉以明瞭。

一　志傳之記載

關於古文經傳之興起，其事發生在西漢末，在《史記》中叙述既少，而且有一二處不免有後人竄改的嫌疑，其最早的記載，存於今者，要算《漢書·藝文志》。《志》云：

>　　昔仲尼没而微言絶，七十子喪而大義乖。故《春秋》分爲五，《詩》分爲四，《易》有數家之傳。戰國從衡，真僞分争，諸子之言紛然淆亂。至秦患之，乃燔滅文章，以愚黔首。漢興，改秦之敗，大收篇籍，廣開獻書之路。迄孝武世，書缺簡脱，禮壞樂崩，聖上喟然

而稱曰："朕甚閔焉！"於是建藏書之策，置寫書之官。下及諸子傳說，皆充秘府。至成帝時，以書頗散亡，使謁者陳農求遺書於天下。詔光祿大夫劉向校經傳諸子詩賦，步兵校尉任宏校兵書，太史令尹咸校數術，侍醫李柱國校方技。每一書已，向輒條其篇目，撮其指意，錄而奏之。會向卒，哀帝復使向子侍中奉車都尉歆卒父業。歆於是總群書而奏其《七略》，故有《輯略》，有《六藝略》，有《諸子略》，有《詩賦略》，有《兵書略》，有《術數略》，有《方技略》。今刪其要，以備篇籍。

這裏敘"《春秋》分爲五，《詩》分爲四，《易》有數家之傳"，與《史記·儒林列傳》所述漢初經傳不同，《漢書·藝文志》於《易》列十三家，無古文經，但云：

及秦燔書，而《易》爲筮卜之事，傳者不絶。漢興，田何傳之。訖於宣、元，有施、孟、梁丘、京氏列於學官，而民間有費、高二家之説。劉向以中古文《易經》校施、孟、梁丘經，或脱去"无咎""悔亡"，唯費氏經與古文同。

於《書》，首列《尚書》古文經四十六卷，云爲五十七篇，與今經二十七卷不同。云：

秦燔書禁學，濟南伏生獨壁藏之。漢興亡失，求得二十九篇，以教齊魯之間。訖孝宣世，有歐陽、大小夏侯氏，立於學官。《古文尚書》者，出孔子壁中。武帝末，魯共王壞孔子宅，欲以廣其宮，而得《古文尚書》及《禮記》《論語》《孝經》凡數十篇，皆古字也。共王往入其宅，聞鼓琴瑟鐘磬之音，於是懼，乃止不壞。孔安國者，孔子後也，悉得其書，以考二十九篇，得多十六篇。安國獻之。遭巫蠱事，未列於學官。劉向以中古文校歐陽、大小夏侯三家經文，《酒誥》脱簡一，《召誥》脱簡二。率簡二十五字者，脱亦二十五字，簡二十二字者，脱亦二十二字，文字異者七百有餘，脱字數十。

於《詩》，列六家，有《毛詩》二十九卷，《毛詩》故訓傳三十卷，不冠以古文，云：

又有毛公之學，自謂子夏所傳，而河間獻王好之，未得立。

於《禮》首列《禮古經》五十六卷，又有《周官經》六篇，《周官傳》四篇，計百三十一篇，《明堂陰陽》三十三篇，《王史氏記》二十一篇，上並未冠古字。云：

《禮古經》者，出於魯淹中及孔氏，與十七篇文相似，多三十九篇。及《明堂陰陽》《王史氏記》所見，多天子諸侯卿大夫之制，雖不能備，猶愈倉等推《士禮》而致於天子之説。

於《樂》，首列《樂記》二十三篇，未冠古字。云：

> 漢興，制氏以雅樂聲律，世在樂官，頗能紀其鏗鏘鼓舞，而不能言其義。六國之君，魏文侯最爲好古，孝文時得其樂人竇公，獻其書，乃《周官·大宗伯》之《大司樂》章也。武帝時，河間獻王好儒，與毛生等共采《周官》及諸子言樂事者，以作《樂記》，獻八佾之舞，與制氏不相遠。其内史丞王定傳之，以授常山王禹。禹，成帝時爲謁者，數言其義，獻二十四卷記。劉向校書，得《樂記》二十三篇，與禹不同。

於《春秋》，首列《春秋》古經十二篇，又有《左氏傳》三十卷，《鄒氏傳》十一卷，《夾氏傳》十一卷，云：

> 周室既微，載籍殘缺，仲尼思存前聖之業，乃稱曰："夏禮吾能言之，杞不足徵也；殷禮吾能言之，宋不足徵也。文獻不足故也，足則吾能徵之矣。"以魯周公之國，禮文備物，史官有法，故與左丘明觀其史記，據行事，仍人道，因興以立功，就敗以成罰，假日月以定歷數，藉朝聘以正禮樂。有所襃諱貶損，不可書見，口授弟子，弟子退而異言。丘明恐弟子各安其意，以失其真，故論本事而作傳，明夫子不以空言説經也。《春秋》所貶損大人當世君臣，有威權勢力，其事實皆形於傳，是以隱其書而不宣，所以免時難也。及末世口説流行，故有《公羊》《穀梁》，鄒、夾之《傳》。四家之中，《公羊》《穀梁》立於學官，鄒氏無師，夾氏未有書。

於《論語》，首列《論語》古二十一篇（原注：出孔子壁中，兩《子張》，如淳曰："分《堯曰》篇及子張問'何如可以從政'以下爲篇，名曰《從政》"）。

又《孝經》古孔氏一篇（注：二十二章。師古曰："劉向古文字也，《庶人》章分爲二也，《曾子敢問》章爲三，又多一章，凡二十二章"）。《爾雅》三卷二十篇。則未爲古文於名經，云：

> 經文皆同，唯孔氏壁中古文爲異。"父母生之，續莫大焉""故親生之膝下"，諸家説不安處，古文字讀皆異。

據《漢書·藝文志》所載，《易》費氏出於民間，但與中古文同；《古文尚書》《禮記》《論語》《孝經》則由武帝末魯共王壞孔子宅，得之於孔壁；《毛詩》不言出處，但云河間獻王好之。《禮古經》則云出古淹中，《樂》則由於竇公所獻，《樂記》則由毛生等采《周官》及諸子言樂事者而成，而二十三篇之《樂記》則又由劉向校書所得。《左氏春秋》亦不言其出處。此《志》所云，於古經之出處及出現之時間，實欠明瞭。我們再試一檢魯共王及河間獻王傳，《漢書·景十三王傳·河間獻王傳》云：

> 河間獻王德以孝景前二年立，修學好古，實事求是。從民得善書，必爲好寫與之，留其真，加金帛賜以招之。繇是四方道術之人不遠千里，或有先祖舊書，多奉以奏獻王者，故得書多，與漢朝等。是時，淮南王安亦好書，所招致率多浮辯。獻王所得書皆古文先秦舊書，《周官》《尚書》《禮》《禮記》《孟子》《老子》之屬，皆經傳說記，七十子之徒所論。其學舉六藝，立《毛氏傳》《左氏春秋》博士。修禮樂，被服儒術，造次必於儒者。山東諸儒多從而游。武帝時，獻王來朝，獻雅樂，對三雍宮及詔策所問三十餘事。其對推道術而言，得事之中，文約指明。立二十六年薨。

《魯恭王傳》説：

> 魯恭王餘以孝景前二年立爲淮陽王。吳楚反破後，以孝景前三年徙王魯。好治宮室苑囿狗馬，季年好音，不喜辭，爲人口吃難言……恭王初好治宮室，壞孔子舊宅以廣其宮，聞鐘磬琴瑟之聲，遂不敢復壞，於其壁中得古文經傳。

這兩傳所云，於古經出處亦不甚顯明，其他處的記載則有：

(1)《説文解字》云："魯恭王壞孔子宅而得《禮記》《尚書》《春秋》《論語》《孝經》。"又云："北平侯張蒼獻《春秋左氏傳》。"

(2) 許冲《上〈説文解字〉表》云："《古文孝經》者，昭帝時魯國三孝所獻。"

(3)《論衡·案書篇》云："《春秋左氏傳》者，蓋出孔子壁中。孝武皇帝時，魯共王壞孔子教授堂以爲宮，得佚《春秋》三十篇，《左氏傳》也。"

(4) 馬融《周官傳》云："秦自孝公以下用商君之法，其政酷烈，與《周官》相反……孝武帝始除挾書之律，開獻書之路，既出於山巖屋壁，復入於秘府，五家之儒，莫得見焉。"

(5) 鄭玄《六藝論》云："後得孔子壁中河間獻王《古文禮》五十六篇，《記》百三十一篇，《周禮》六篇，其十七篇與高堂生所傳同，而字多異。"

(6)《經典釋文·序錄》則云："河間獻王開獻書之路，時有李氏上《周官》五篇，失《事官》一篇。乃購，千金不得。取《考工記》以補之。"

古文經傳的出處大致有三：一曰發之孔壁，《説文解字·叙》謂其"所得共有《尚書》《禮記》《春秋》《論語》《孝經》"是也。二曰獻自故老,《漢志》所云孝文時樂人竇公獻其書,《河間獻王傳》所云《周官》《尚書》《禮記》許冲上,《説文解字》所云《古文孝經》魯國三老所獻是也。三曰傳自民間,《漢志》民間有費、高二家之説,《釋文·序録》所謂"李氏上《周官》一篇",殆亦此類。四曰出自魯淹中,淹中據《漢書》注,蘇林云"爲里名",非發自孔壁,亦非獻自故老,故屬於此類。以時間論,則自惠文王至武、昭,世莫不有。以經而論,則《易》《書》《詩》《禮》《樂》《春秋》莫不有,篇卷較今文多,其流傳之寫本,則據王國維《漢時古文本諸經傳考》,凡有:

(1)《周易》有:(a) 中秘本,(b) 費氏本;

(2)《尚書》有:(a) 伏生本,(b) 孔壁本,(c) 河間本;

(3)《毛詩》有:河間本;

(4)《禮經》有:(a) 淹中本,(b) 孔壁本,(c) 河間本;

(5)《禮記》有:河間本;

(6)《周官》有:河間本;

(7)《春秋》經有:孔壁本;

(8)《春秋大氏傳》有:中秘本;

(9)《論語》有:孔壁本;

(10)《孝經》有:孔壁本。

王氏云以上十種,十有五本,王氏不信《周官》有李氏本、《左傳》有孔壁本,但《孝經》魯國三老所獻之本,則不容即以爲孔壁本。王氏又有《漢時古文諸經有轉寫本説》云:

> 上既述漢時諸經傳古文本矣,夫今文學家諸經,當秦漢之際,其著於竹帛者,固無非古文。然至文、景之世,已全易爲今文。於是魯國與河間所得者,遂專有古文之名矣。古文家經如《尚書》《毛詩》《逸禮》《周官》《春秋》《左氏傳》《論語》《孝經》,本皆古文,而《毛詩》《周官》,後漢已無原書。惟孔壁之《尚書》《禮經》《春秋》《論語》《孝經》,及張蒼所獻《春秋左氏傳》尚存,於是孔壁之書遂專有古文之名矣。然漢時古文經傳蓋已有傳寫本,雖無確證,然可得而懸度也。《河間獻王傳》言獻王"從民得善書,必爲好寫與之,留其真"。此就真本可得者言之,若真本不可得,則必降而求寫本矣。《傳》記獻王所得古文舊書,有《尚書》《禮》,此二書者皆出孔壁,或出淹中,未必同時更有別本出。而獻王與魯恭王,本係昆弟;獻王之薨僅前於恭王二年,則恭王爲書之時,獻王尚存,不難求其副本。

故河間之《尚書》及《禮》，頗疑即孔壁之傳寫本。此可懸擬者一也。又魯恭王得孔壁書，當在景、武之際，而孔安國家獻《古文尚書》，乃在天漢之後（《漢書·劉歆傳》及荀悅《漢紀》），魯國三老獻《古文孝經》更在昭帝時（許沖《上〈說文解字〉表》）。安國雖讀古文以今文，未必不別爲好寫藏之，而後獻諸朝。其遲之又久而始獻者，亦未必不因寫書之故。此可懸擬者二也。杜林於西州得漆書《古文尚書》一卷，此卷由來，迄無可考。雖後漢之初，秘府《古文尚書》已亡《武成》一篇，然杜林所得，未必即秘府所亡。又西州荒裔，非齊魯比，則此卷又不能視爲西州所出，疑亦孔壁之傳寫本。此可懸擬者三也。兩漢《古文尚書》及《春秋》《左氏傳》人間均有傳業。《後漢書·賈逵傳》：“帝令逵自選《公羊》嚴顔諸生高才者二十人，教以《左氏》，與簡紙經傳各一通。”是當時授業皆有經本，且其經本，猶當爲古文。觀漢代古學家，如張敞、杜林、衛宏、徐巡、賈逵、許慎等，皆以小學名家，蓋以傳古學者，均須研究古文字故，此可懸擬者四也。後漢古文學家如衛宏、賈逵、許慎、馬融，或給事中，或領秘書，或校書東觀，故得見中秘古文；然如鄭玄平生未嘗窺中秘，而其注《尚書》《周官》，頗引逸書。又其注《禮經》，也不獨以古文校今文，且其所據之古文亦非一本，如《聘禮》“繅三采”注云：“古文繅或作藻，今文作璪。”《公食大夫禮》設洗如饗，又皆如“饗拜”注，皆云：“古文饗或作鄉。”《士喪禮》“設決麗於”注云：“古文麗亦爲連。”《既夕禮》“夷牀輁軸”注云：“古文輁或作拱。”《士虞禮》“祝入尸謖”注云：“古文謖或爲休。”又“明日以其班祔”注云：“古文班或爲辨。”又“中月而禫”注云：“古文禫或爲導。”凡言某古文或爲某者八，是其所據古文，必非一本，且皆非中秘之本。夫兩漢人未聞有傳古文《禮》者，而傳世之古文《禮》尚有數本，則《古文尚書》《左氏傳》等，民間本有是學者，其有別本可知。此可懸擬者五也。衛恒《四體書勢》言魏初傳古文者出於邯鄲淳；恒祖敬侯嘗寫淳《尚書》以示淳，而淳不別，是淳有《古文尚書》寫本。《隋書·經籍志》亦言“晉秘府有《古文尚書》經文”。此種既不能視爲壁中原本，當係由壁中本轉寫。此可懸擬者六也。立此六義，則漢時古文經皆有別本甚明。由是現之，不獨魏三體石經之古文具有淵源，既梅賾之僞書，其古字亦非全出杜撰也。

據王氏此説，可見兩漢古文本轉寫本之多，有多幾樣的轉寫本，我們可據以對比今古文本之孰優孰劣、孰真孰僞了。

二　真僞之紛爭

在劉歆爭立古文經傳時，"哀帝令歆與五經博士講論其義，諸博士或不肯置對……以《尚書》爲備，謂《左氏》爲不傳《春秋》"，而且"奏歆改亂舊章，非毀先帝所立"（《漢書·劉歆傳》），或説他"顛倒《五經》，毀師法，令學士疑惑"（《漢書·王莽傳》）。

到東漢時，如范升則謂"《左氏》不祖孔子，而出於丘明，師徒相傳，又無其人"（《後漢書·范升傳》）。對於《周禮》，"何休亦以爲六國陰謀之書"，並非"周公致太平之道，跡具在斯"（《周禮正義·天官》）。

到了唐代，則趙匡的《五經辨惑》，陸淳的《春秋集傳纂例》，都認爲《周官》是"後人附益"，《左氏》乃是"後代學者""編次年月以爲傳記"（參見《唐人辨僞集語》）。

宋代大儒如朱子則以"《書》百篇之序，出孔氏壁中"；"頗依文立義而亦無所發明"（《晦庵先生朱文公文集》卷六五、《朱子全書》）。"《詩序》漢儒所作，有可信處絶少。"（《朱子語類》卷八三）至於《左傳》，則林黃中謂"《左傳》君子曰是劉歆之辭"。朱子也以爲"《左傳》'君子曰'最無意思"（《朱子語類》卷八三）。清儒如方苞《周禮辨僞》直以"《周禮》爲劉歆作"，姚際恒《周禮通論》亦以爲"出於西漢之末"（《古今僞書考及其他一種》，《叢書集成初編》）。後來劉逢禄作《左氏春秋考證》，謂："《左氏》後於聖人，未能盡見列國寶書，又未聞口授微言大義。惟取所見載籍，如晉《乘》、楚《檮杌》等相錯編年爲之，本不必比附夫子之經。故往往比年闕事，劉歆強以爲傳《春秋》，或緣經飾説，或緣左氏本義前後事，或兼采他書以實其年。"（《古今僞書考及其他一種》，《叢書集成初編》）於《左氏》名稱則謂："《左氏春秋》，猶《晏子春秋》《吕氏春秋》也，直稱《春秋》，太史公所據舊名也。""曰《春秋左氏傳》則劉歆所改也。"於《左氏》傳授則謂"亦歆附會"。於《左氏》體裁、於《左氏》義例，則謂"凡書曰之文，皆歆所增益"，斷定《左傳》是劉歆強以爲傳《春秋》。

劉氏又有《書序述聞》，謂逸《書》十六篇爲"不足信"，謂劉歆之造逸《嘉禾》篇，假王莅政，咸和天下之文以附會居攝，且出逸十六篇之外，則其作僞亦何不至？宋翔鳳亦不信逸十六篇之説，攻《左氏》與《周禮》（詳下）。龔自珍於《説中古文》則謂："成帝命劉向領校中《五經》秘書，但中古文之说余所不信。"凡立有十二證，凡爲或即劉歆所自序之言如此，記於其文並無此事。於《周禮》則謂"《周官》晚出，劉歆始立……後世稱爲經是爲述劉歆"。於《左氏》則於"其劉歆竄益《左氏》，顯然有跡者，爲《左氏》抉疣一卷"（《己亥雜詩》）。邵懿辰撰《禮經通論》，於逸《書》、逸《禮》並指爲僞，謂"劉歆曰魯共王得古文壞壁之中，逸《禮》有三十九篇，《書》十六篇，天漢之後孔安國獻之，此劉歆之姦言"。魏氏作《詩古微》《書古微》，他雖仍信逸《書》多十六篇，而以"西漢今古文本即一家"，但於"世之矯誣（詩）三家者""皆一一破其疑，起其墮"。謂《毛詩》"傳授源流""展轉附會""自謂子夏所傳，自言云者，人不取信之詞"。而"《書古微》乃所以發明西漢《尚書》今古文之微言大義，而辟東漢馬、鄭古文之鑿空無師傳"，他還是要盡黜僞古文十六篇，並盡黜馬、鄭之説（《書古微序》）。他在《兩漢經師今古文家法考序》中，更説東漢初劉歆、杜林、衛宏、賈逵、馬融、鄭玄又別創古文之學，也還是以古學張於劉歆。廖平作《今古學考》《古學考》，也以爲今學傳於游、夏，古學張於劉歆；今學傳於周秦，古學立於東漢（《古學考》）。這些説法都是力攻古文，凡劉歆所主張建立的《左氏春秋》《毛詩》《逸禮》《古文尚書》種種僞證，都爲劉、龔、邵、魏諸家提出，到康有爲作《新學僞經考》，更發明河間獻王及魯共王無得古文經之事，將劉歆作僞的總根據一一爲之推翻。他在《新學僞經考》卷四中説：

> 按：古學惑人最甚，移人最早者，莫若《漢書》。自馬融伏東閣受讀後，六朝、隋、唐傳業最盛。二千年來，學者披藝受學，即便誦習，先入人心，積習生常，於是無復置疑者，古學所以堅牢不可破也。余讀《史記·河間獻王》《魯共王世家》，怪其絕無獻王得書、共王壞壁事，與《漢書》絕殊。竊駭此關《六藝》大典，若誠有之，史公何得不叙？及讀《儒林傳》，又無《毛詩》《周官》《左傳》，乃始大疑。又得魏氏源《詩古微》，劉氏逢祿《左氏春秋考證》，反復證勘，乃大悟劉歆之作僞；而卒無以解《漢書》也，以爲班固校書，本從古學而然耳。今按葛洪《西京雜記》，謂"《漢書》本劉歆作，班固所不取不過二萬許言"，劉知幾《史通·正史篇》，亦謂劉歆續《太史公書》，即作《漢書》也。蓋葛洪去漢不遠，猶見《漢書》舊本。乃知《漢書》實出於歆，故皆爲古學之僞説，聽其顛倒杜撰，無之不可，其第一事則僞造河間得書、共王壞壁也。後人日讀古文僞經及《漢書》，重規迭矩，掩蔽無跡；故千載邈邈，群盲同暗室，衆口爭晝日，實無見者，豈不哀哉！

《太史公自序》稱："於是漢興，蕭何次律令，韓信申軍法，張蒼爲章程，叔孫通定禮儀，則文學彬彬稍進，《詩》《書》往往間出矣。自曹參薦蓋公言黃、老，而賈生、晁錯明申、商，公孫弘以儒顯。百年之間，天下遺文古事靡不畢集太史公；太史公仍父子相續纂其職。"則天下凡有佚書出者，史遷莫不見之。故《自序》云："紬史記石室金匱之書，罔羅天下放失舊聞，厥協六經異傳，整齊百家雜語。"《自序》又曰："講業齊、魯之都，觀孔子之遺風，鄉射鄒、嶧。"則山東諸儒之學，蓋皆詳訪而熟講之矣。

今考《史記·河間獻王世家》，但云"好儒學，被服造次必於儒者，山東諸儒多從之游"十九字，下即敘卒。若爲《漢書》所敘，獻王得書等於漢朝，史遷好學，不應絕不一敘。至於得《周官》，立《毛氏詩》《左氏春秋》博士，尤爲藝林殊功重事，何以史遷於《獻王世家》絕不一敘？而總括《六藝》作《儒林傳》，遍詳諸經，於《詩》則魯、齊、韓，於《禮》則唯有高堂生《士禮》，於《春秋》則《公羊》《穀梁》，未嘗知天下有所謂《毛氏詩》《周官》《左氏春秋》者，何哉？若謂河間雖得古文先秦舊書，而史遷不獲見之，則史遷少講業齊、魯之都，《毛氏詩》《左氏春秋》既立博士，山東諸儒從之游者，必皆熟聞。遷生後三十餘年，親與山東諸儒講業，豈有《六藝》大業不獲一聞其名者！又身爲太史，百年之間，《詩》《書》間出，天下遺文古事靡不畢集太史公，《毛詩》《左氏春秋》，河間既立博士，彰明顯徹，自必集於太史公，何以不獲一見？且左氏之書，則云"左丘失明，厥有國語"；《漢書·司馬遷傳贊》敘其作《史記》所援據之書，亦曰據《左氏國語》與《世本》《戰國策》《楚漢春秋》等，皆爲敘事之書。可知左氏之書，分國爲體，並非編年而爲《春秋》作傳；故《儒林傳》敘《春秋》之學，有《公羊》《穀梁》而無左氏，以其紀事而不釋經，與《春秋》絕不干預。《太史公自序》尊《春秋》至矣；其爲《世家》《列傳》，多據《左氏》，其熟精《左氏》至矣；使《左氏》有經文釋義，史遷博達，宜扶微學，何昧昧焉誣其爲《國語》，置之與《世本》《戰國策》《楚漢春秋》同列，而黜之於《公羊》《穀梁》之外哉！其事至明，淺學者一加詳考，未有不失笑其紕漏嗤點者也。

按：《史記·魯共王世家》無共王壞孔子宅得古文經傳事。史遷好學，又爲太史，天下遺文古事畢集，不應共王得古文經傳而不知其事，不見其書。正與《獻王傳》同，皆歆之僞竄者也。本傳但云"得古文經傳"，不著何經。《藝文志》稱"武帝末，魯共王壞孔子宅，欲以廣其宮，而得《古文尚書》及《禮記》《論語》《孝經》凡數十篇，皆古字也"，則共王與獻王同得《尚書》《禮記》。然即使獻王在武帝初，共王在武帝末，相距數十年，則獻王之《古文尚書》應大行，何以山東諸儒未嘗有之，俟共王得書後，而孔安國乃傳之哉？其自相矛盾，作僞日勞，抑可概見。且按以共王本傳，二十八年而薨，爲元光六年，正在武帝初年，下距巫蠱事將四十年，不知安國何以久不獻也！其誣妄支離，不待辨矣！

　　據《藝文志》《劉歆傳》《河間獻王傳》，《古文書》《禮》《禮記》，共王與獻王同得，而皆不言二家所得之異同，豈殘缺之餘，諸本雜出，而篇章文字不謀而合？豈有此理！其爲虛誕，即此已可斷。然《藝文志》又言"《禮古經》者，出於魯淹中及孔氏，與十七篇（依劉敞校）文相似，多三十九篇"，是《古文禮》淹中又得。淹中及孔氏所得，與十七篇同一相似，同一多三十九篇，不謀而同，絶無殊異。焚餘之書，數本雜出，而整齊畫一如是，雖欺童蒙，其誰信之！而欺紿數千年，無一人發其覆者，亦可異也。

　　他這幾段，叙明他受劉、龔等諸家啓發，因而疑及《史記》無河間獻王、魯共王得古文經事，用《史記》《漢書》對照的方法，而發得劉歆作僞的巢穴。而據《史記·自序》："天下遺文古事靡不畢集太史公"，以見史遷好學，不應不叙古學了，作《儒林傳》不應不及古文，如左氏本釋《春秋》，不應誣爲《國語》，又爲獻王之書應大行於世，何以必俟共王得書後，而孔安國乃傳之；故《尚書》《禮》《禮記》共王、獻王同得，何以殘缺之餘，諸本雜出而篇章文字乃不謀而合？他以爲"雖欺童蒙，其誰信之"？在該書卷三《漢書藝文志辨僞》中，更以爲《易》學爲歆亂僞之説有三，壁中古文之事其僞凡十，《毛詩》其僞十五，《禮經》十七篇自西漢諸儒無以爲不全者，於《春秋》也說："於《春秋》則《公羊》《穀梁》，未嘗知天下有所謂……《左氏春秋》者"；《河間獻王世家》無得《左氏春秋》立博士事，馬遷作史多采《左氏》，若丘明誠傳《春秋》，史遷安得不知？《儒林傳》述六藝之學彰明較著，可爲鐵案。又《太史公自序》稱"講業齊、魯之都，天下遺文古事莫不畢集太史公"，若河間獻王有是事，何得不知？雖有蘇、張之舌不能解之者也。從古文經的流傳來看，如史公好古文，應當視爲一件大事，而種種地方，並不加以叙述，一若無知。這實在是一件離奇至極的事情，我們不奇認爲康氏之說爲有理由的，不過康氏説劉歆之僞古文發源於《左氏》，成於《周官》，遍僞諸經爲之佐證；又劉歆僞撰古經，由於總校書之任，故得託名中書恣其竄亂。説劉歆一人而遍僞羣經，而且託名中書恣其竄亂，以一人之智力、文采已不易做到，而時間、情勢又未必許可，所以康氏書出，贊成他的意見的固多，而攻駁之者亦不乏人。康氏又好説劉歆揣合王莽之意"僞爲經記，以獎莽篡"，這也未免將理由説得太簡單而不盡合於事實。

繼續康氏辨古文最力者又有崔適，其所著有《史記探源》《春秋復始》《五經釋要》諸書。《史記探源卷一·序證》提出：《春秋》古文，謂《史記》之文，凡與《左氏傳》同者，有眞出自左丘明者，列國世系及政事典章之屬是也；出自劉歆者，有：①終始五德，②十二分野，③變象互體，④告則書，⑤官失之。他認爲《左傳》《史記》中有關於此五者都係劉歆竄入，《春秋復始·卷一》亦云左丘明不傳《春秋》，更謂《穀梁》亦古文學，更於卷三十八提出《左氏》之言與《春秋》無所繫屬。而與先秦古書相剌謬或自相矛盾者如：（1）鑿空謂關於少皞、重、該、修、熙、眛、文格、臺駘、共工、句龍、劉累、劉氏、周廟、周公等事廟皆係劉歆竄入；（2）誤析一事爲二事，共舉晉楚之盟、游氏廟、羊舌虎、羊舌食我、子産間晉侯疾四事；（3）分野；（4）互體等類。崔氏這些説法，在許多地方對康有爲重爲證明，但與康氏也犯了同樣的毛病，好説劉歆處處竄僞，一樣地引起許多人的不滿。不過崔氏是有見而云然，對於康氏《僞經考》雖認爲字字精確，對於康氏《孔子改制考》則認爲巨謬，他也並非阿其所好。

從劉歆起，古文家對於今文家所提出的論證也都有相當的答辯，清末古文家眼見今文家對於古經肆力攻擊，在治古文經的，自然也要辨誣，對於劉逢祿《穀梁廢疾申何》的反駁，則有柳興恩《穀梁大義述》；對於邵懿辰之攻《逸禮》，則有丁晏《逸禮抉微》。儀征劉氏三世治《左氏春秋》，劉師培在《左盦集》中有《春秋三傳先後考》《左氏不傳春秋辨》。前者根據《史記·十二諸侯年表》序，《漢書·藝文志》《劉歆傳》，爲"此二傳後於《左傳》之證"，又根據桓譚《新論》、鄭君《釋廢》所説，爲此"公羊後於《穀梁》"之證，對於康有爲説《史記·河間獻王世家》無立《左氏春秋》一概無駁。後者謂近人劉申受之儔，均以《左傳》書法、凡例及"君子曰"以下增於劉歆。今觀《國策》言罪虞則書法、凡例、《左傳》舊文，又《韓非子·外儲》説述高渠彌弒君事，語同《左傳》，復言"君子曰昭公知所惡"則"君子曰"以下非歆所益；此均劉氏等所未考也，所提出"君子曰"見《韓非子》當屬相當證明。劉氏又有《周季諸子述左傳考》《左氏學行於西漢考》兩文，以爲周季諸子、西漢諸儒引用《左傳》，但是所引既非《左傳》原文，更不知其是否爲引左氏原本，對於康、崔所提出的問題，仍無解答。

劉氏後在《國粹學報》更有《漢代古文學辨誣》諸文，但對於康氏的"河間獻王、魯共王無得古文經事"仍無如何解答。章炳麟是治古文的，他有《春秋左傳讀》一書，其《叙錄》乃是駁劉逢祿《左氏春秋考證》的；章氏又有《與康長素書》《駁皮錫瑞三書》等文，但持論均不佳，對於康氏所説並未駁倒。在本編中，我們只看所引章説，可助證古文經爲僞也。可見是非實在是愈久而愈明。此外劉漢章著有《今古文家法述》，駁辨龔自珍之《説中古文周禮不僞證》《儀禮行於春秋時證》等文，其方法既不嚴密，而且又未明瞭諸書所引並非原文（此論證詳前），他們都是在用魏源説的"梅賾之《古文尚書》其亦三代經傳襲用梅氏"這種例裝論證，這些實還不足以爲古文迴護。

本來經今古文問題是一椿極不容易解决的公案，康氏提出"《史記》無河間獻王、魯共王得古文經事"，我們用班、馬異同的方法來看，他這話確是不錯的。只是他説劉歆"恣其改亂，顛倒五經"，這些則未免武斷；他又好説劉歆"僞爲經記，以獎莽篡"，這些也不合事實。他所用的《史記》《漢書》對照的方法終竟是在史文上面下功夫，而不曾在經文上用功；他未注意將今古經文字和今古文解説加以對照辨析，在方法上還欠嚴密，亦不夠全面，這也需要我們再作一番探索的功夫，再提出比較好的證明。今古文的不同，章炳麟曾説："今古文底區別，本來只在文字版本上……也不過像近代今版古版的分别罷了。今文所記憶，和古文所發現底篇幅的多少，已有不同，今文家所主張和古文家所説根本上又有不同，因此分道揚鑣。"（《國故學討論集》第二集）錢玄同先生也曾説："古文家對於今文家的態度是這樣：我的篇章比你的多，我的文字比你準，我的解釋比你的古；我有你所没有的書，而你有的我却一概都有。"（《古史辨》）

我們現在如要證明今文古文孰真孰僞，盡可用今古文的版本對照的方法，看看何者爲真古本，何者爲僞古本，這比康、崔之《史記》《漢書》對照當然要準確而毫無可辯駁。至於二者主張的不同，我們也可以將今古文的立説不同對照一下，看看孰先孰後，孰是孰非，由其所代表之背景來作判斷。這些根本上的問題解决，其他枝節上的問題自然也可以隨着解决。

三 真實的背景

在本編中，依着上面所提出解决今古文本真僞的方案，在下兩節之中，我們對照今古經文篇第文字之異同，以及各經今古兩派釋解之異同，我們盡量采用古文家言以及無今古文成見之人的說法來作判斷。我們由文字與解釋來看，只能得出古文本不惟不是秦漢以前流傳下的真正古籍，而且其篇第不如今文之古，文字也不如今文之古，說解也不如今文之古之結論。古文並非真古本，而是假裝看我的篇章比你的多，我的文字比你的準，我的解釋比你的古；其篇幅之真正多的不過古《書》、逸《周禮》《左傳》，然而這些在東漢古文家如馬融、鄭玄以及清代古文家如戴震、江聲、朱駿聲、章炳麟，都無意地流露出一些懷疑的論斷，可籍以證明經古文之僞；比康、崔之只在史傳上做功夫而用今文家一曲之偏見來立論，在方法與論證上都比較地客觀一些。現在爲了易於了解起見，我們可先將問題的癥結先爲質疑問難，再於當時的背景更略分別以說明。這兩點都可以有助於了解本問題的真相。關於前者，我們的疑問是：

（1）古經如果爲真古本，何以與古籍中所引經文不盡相合？如《論語》引詩有"素以爲絢兮"，《左傳》引《盤庚》有"惡之易也"一語，與傳世古經並不相同？

（2）古經如果爲真古本，何以《書》《易》晚出之篇，亦並列爲古文？如《尚書·泰誓》，馬融曾疑爲僞；《易》之《說卦》，戴震謂出經師，皆本今文，而亦列入古文？

（3）古經如果爲真古本，何以古經篇章仍有脫誤，一如今文？如《尚書·盤庚》三篇，上篇、中篇實係互倒；《康誥》篇首四十八字，實爲錯簡，何以古經亦然？

（4）古經如果爲真古本，何以古經篇章，按其次第不與古合？如《毛詩》之《草蟲》《采蘋》，次第與《儀禮》經不合，《尚書》之《多士》《多方》次第，鄭玄亦以爲疑？

（5）古經如果爲真古本，何以分篇分卷，貌爲增多，而實不多？如《詩》多《六笙》詩，《春秋》分閔於莊，《論語》有兩《子張》，實並未增多。

（6）古經如果爲真古本，何以增多篇章，漢宋諸儒並多攻駁？如《詩序》《書序》《左氏》《周禮》歷代諸儒，多不之信，甚者以爲僞作？

（7）古經如果爲真古本，何以古經經義，治古文者，並多懷疑？此如許慎《五經異義》駁《周禮》，直云"五經無說，庶人、工商有贄"；鄭玄於《左傳》"歲聘問朝"直云"說無所出"，並質疑於古經經文。

（8）古經如果爲真古本，何以古經經說，較之今文，轉覺不古？此如章炳麟論《尚書》直云："古文家亦不盡有徵。"據王國維説《商頌》："以今文說，長於毛說遠矣！"爲古說不古之明徵。

（9）古經如果爲真古本，何以古經文字，如洲、沚、趾、櫛，多後起字？

此在徐養原於《儀禮》之今古，趙坦於《春秋》之今古，並不以古文爲是？

（10）古經如果爲真古本，何以古經文字，較之今文，並不準確，此如江聲説《尚書》"在治忽"，朱駿聲論《左氏》"君氏卒"，亦不以古文爲是？

（11）古經《毛詩》，謂有傳授，何以按其體制，注重故訓，實爲晚出？此如日本學者本田成之亦已懷疑及此，非今文家一家之言。此又何也？

（12）古經《尚書》亦謂有傳授，何以劉歆議立學官，孔光亦不之助，此在攻擊康、崔最有力者亦無從加以恰當之解釋。抑又何也？

（13）古經《左氏》夙有傳授，何以賈、服諸儒仍須由《公羊》以釋經？章炳麟亦云其"自己違背的地方很多"，可見左氏"師徒相傳，並無其人"，故迄東漢猶不能不借《公羊》爲説也。

（14）古經文字並不難識，何以《逸書·湯征》，見於《史記》，古經無有？江聲云"此《湯征》篇則孔《逸書》所無"；徐時棟《尚書逸湯誓考》更謂"有二《湯誓》"（《序録》第九）。然則古文之非真古本，此亦明驗也。

（15）古經文字既不難識，何以《逸書》絶無師説並無大段徵引？《古文尚書》非無傳授，何至有目無書？不知治古文者於此作何説解？

（16）古經文字既不難識，何以《逸禮》亦無師説，而其篇目從無著録？《漢志》《移書》極詆今文，極言議《禮》，而此並曰亦未有。不知治古文者又將何説？

（17）古經如果爲真古本，何以所發現者，盡爲六國文字寫本？秦以前文字並未統一，古本當籀文寫本，何以並無？

（18）古經如果爲真古本，何以孔壁藏本，獨無殷周文字寫本？古本原本，當用籀文，孔門並無改用古文必要，何以並無？

（19）古經如果爲真古本，何以不由記憶口授，文字仍不一律？例如馬、鄭《易注》《尚書注》，師、弟之間文字即不盡同？

（20）古經如果爲真古本，何以各處發現之本殘缺乃竟一律？如有殘缺，何以此一處所發現者，恰相同於他處？

（21）如謂今文由記憶而傳，古文由發現而得，何以《詩》三家之所記，三百五篇皆同，而又同忘《六笙》詩篇名，如此巧合，豈非異事？

（22）如謂今文由記憶而傳，古文由發現而得，何以《易》本卜筮之書，未經秦火之劫，而諸家並脱去"无咎""悔亡"？如此巧合，豈非異事？

（23）諸子不聞因秦火殘缺，何以六經公藏私藏俱有，而竟殘缺？豈非異事？

（24）諸子不聞因秦火殘缺，何以六經當秦漢有傳授，而竟殘缺？豈非異事?

(25)《史記》無河間獻王、魯共王得古經事;《世家》《儒林列傳》並未敘及;其稱《左傳》,每云《國語》。史公健忘,一至於此?如此異事,是何情理?

(26)《史記》記秦焚六經,明云博士書不焚;伏生當時正爲博士,而《儒林傳》何以又云"秦時焚書,伏生壁藏",如此矛盾,如何可信?

(27)《漢書》記河間獻王得古文經本,修學好古,並立《毛詩》《左氏春秋》博士,獻王既曾來朝漢廷,又獻雅樂,對三雍宮,當即言於漢廷,而無所云。如此異事,豈合情理?

(28)《漢書》記魯共王壞孔子宅因得古文經傳,漢高過魯猶且敬禮孔子,何共王以私慾好治宮室而必壞孔子宅?且聞樂聲,遂止不壞,語涉神怪。如此異事,豈合情理?

(29)《史記》《漢書》之《儒林傳》載武帝制詔,但云禮壞樂崩,劉歆《移書》,並以"書缺簡脱"四字誣爲詔語,果何爲者?

(30)《漢書·王莽傳》中,明云"發得《周禮》,以明殷鑒",歆、莽之時,更立《樂經》。《移書》所無,突然而出,歆之好古,竄僞之跡,果何爲者?等等。

由於這些疑問,我們更參照賈、馬、許、鄭及歷代諸儒,如戴震、江聲、孫星衍、徐養原、朱駿聲、章炳麟、王國維等對古文之議論,古文家言猶有一偏之見,頗難令我們信古文爲真古本,更參照康南海所云劉歆竄僞之跡,我們仍覺古文爲歆所僞。不過我們當然也不能完全贊同康説,硬指劉歆"恣其私意,處處竄入"。在論證上,我們也不能以《史記》《漢書》對照爲完滿的方法,因爲那所舉出的不過是歷史上的證據,而未在經文上做過功夫,結論不見得足以服人,而且康、崔對劉歆之爭立古文經的背景也未予以較充分之説明。

關於後者,即古經之背景,我們更可以進一步加以分析:

Ⅰ. 學術文化的背景 這一點更可分爲兩層來説明:

(a) 是博士之增立。本來五經只五博士,在宣帝時增爲十二,至元帝時,又立京《易》。經有數家,家有數説,只要别自名家,就可以立博士。如此利禄之路,自易啓人覬覦。所以有的古經不過是"冀分博士之地盤"而造成的,説不上是古本,不過因爲爭立學官,假託之爲古文,其書亦無若何奥義,實在不及今文,只不過有的地方故與今文立異而已。《毛詩》《穀梁》,可説屬於此類。

(b) 是僞書之迭見。《漢書·藝文志》説"至成帝時,以書頗散亡,使謁者陳農求遺書於天下",這時又求遺書,正可予作僞書者以良好之機會,有些書或正由於此時造出。而即皆充秘府,所謂河間獻王、魯共王得古文經事,或者是由他們造出也未可知。《漢書·儒林傳》說:"世所傳《百兩篇》者,出東萊張霸,分析合二十九篇以爲數十,又采《左氏傳》《書叙》爲作首尾,凡百二篇。篇或數簡,文意淺陋。成帝時求其古文者,霸以能爲《百兩》徵,以中書校之,非是。霸辭受父,父有弟子尉氏樊並。時太中大夫平當、侍御史周敞勸上存之。後樊並謀反,乃黜其書。"張霸僞《百兩篇》而公然以《百兩》徵,據《論衡·佚文篇》說:"孝成皇帝讀百篇《尚書》,博士、郎吏莫能曉知,徵天下能爲《尚書》者。東海張霸通《左氏春秋》,案百篇序,以《左氏》訓詁,造作百二篇,具成奏上。成帝出秘《尚書》以考校之,無一字相應者。成帝下霸於吏,吏當器辠大不謹敬。成帝奇霸之才,赦其辠,亦不滅其經,故百二《尚書》傳在民間。"這樣子"赦其辠,亦不滅其經",無異於獎勵其作僞,告人以有機可乘。造作僞經以分地盤,這也是極可能的。康氏誤認爲僞經由劉歆一人所僞造成,這實在未免看得太簡單。當時已有緯書出現,還有"成帝時,齊人甘忠可詐造《天官曆》《包元太平經》十二卷,以言'漢家逢天地之大終,當更受命於天……'忠可以此道教重平夏賀良、容丘丁廣世、東郡郭昌等,中壘校尉劉向奏忠可假鬼神罔上惑衆,下獄治服,未斷病死"(《漢書·眭兩夏侯京翼李傳》)。僞造詐造讖書,罪並不大,成則爲博士家世傳業,敗亦不過下獄,罪不至死,這樣的勾當,自然有人敢於嘗試。古文之僞,是投機的事業,不過這不能以證劉歆。劉歆還有較好的見地與動機。他或者看見當時今文經師用陰陽五行來解經,實在有些不合理性,掃除這些烏烟瘴氣,更進一步在故訓上謀合理的解釋,實屬急需,這樣也逼着人僞造古經。就"經"而言,其真僞是一個問題,而是非是又一問題,不是古文千慮而無一得,康、崔對於古文經也未免太蔑視。我們對於任何事件,應當仔細地、全面地分析,我以爲古文經雖屬僞託,但其出現有種種的理由,有相當的價值,祇可惜不是以創作的形式發表,而要假託爲古文的形式以僞亂真!

Ⅱ.政治經濟的背景 這一點也可分爲幾層來說明:

(a)禮制之改革。今文經學的發達,由於漢武帝之"内多欲而外施仁義"(《史記·汲鄭列傳》),他要安内攘外,改制應變,不得不重經學。古文經學的發生,除了上述學術的背景外,其原因也在改革當日國家的許多大事。在本篇第三章中,我們曾舉出王吉、貢禹、匡衡諸儒復古的議論,講求"述舊禮,明王制"(《漢書·禮樂志》),"承衰救亂,矯復古化"(《漢書·貢禹傳》),不過他們雖主張"述舊禮",而實際上他們的意見也不盡相同。據《漢書·郊禩志》説："元帝好儒，貢禹、韋玄成、匡衡等相繼爲公卿。禹建言漢家宗廟祭禩多不應古禮，上是其言。"後韋玄成、匡衡皆承禹意持論，甚至建議成帝大大簡省了高祖時定立的祭禩制度。然而，由於"古今異制，經無明文，至尊至重，難以疑説正也。前始納貢禹之議，後人相因，多所動援"（同上），所以一旦出現自然災異等，便"衆庶多言不當變動祭禩者"，學者於此也莫衷一是，於是"天子復親郊禮如前。又復長安、雍及郡國祠著明者且半"（同上）。其後建平三年，劉歆等重申匡衡議，復長安南北郊。僅從禮制改革的反復過程，即可見在當時對於解決現實問題的一些新的説法和解釋，已經成爲社會的迫切需要。

《漢書·郊禩志》説匡衡承貢禹意，其實所見並不盡同（參看本篇第三節）。例如劉向、劉歆父子在禮制改革上的意見之異，也正是他們在舊禮上並無依據。父子之間，學有異同，不能謂凡向者皆是，凡歆則盡非也。但是爲了爭勝起見，自然要有依據才好。這是王肅攻鄭而自己又僞作《聖證論》的道理。劉歆領校中書，利用一些斷簡零篇，記爲古文自是可能，劉歆《移書》明明提出"國家將有大事，若立辟雍、封禪、巡狩之儀，則幽冥而莫知其源"。爲了禮制因而改造古經，這在劉歆《移書》中説得極其顯明。不過他説是古經，而其實就體例等等看，那並不是真古經。

(b) 經濟大變革。在漢武帝興兵攻伐四夷以後，國用日益不足，民生日益憔悴，我們試看《漢書·張敞傳》："伏聞膠東、勃海左右郡歲數不登，盜賊並起，至攻官寺，篡囚徒，搜市朝，劫列侯。吏失綱紀，姦軌不禁。"《漢書·孔光傳》："陰陽錯繆，歲比不登，天下空虛，百姓饑饉，父子分散，流離道路，以十萬數。而百官群職曠廢，奸軌放縱，盜賊並起，或攻官寺，殺長吏。"還有《漢書·鮑宣傳》所云："民有七亡，又有七死。"可見當日民不堪命，至於鋌而走險，攻官寺，殺長吏，情形已頗嚴重。所以在哀帝初即位，即有詔議田宅奴婢限列之事，詔云："制節謹度以防奢淫，爲政所先，百王不易之道也。諸侯王、列侯、公主、吏二千石及豪富民多畜奴婢，田宅亡限，與民爭利，百姓失職，重困不足。其議限列。"（《漢書·哀帝紀》）在王莽始建國元年，也下詔禁買賣田宅奴婢。這是當日經濟情形所引起的一種改革。王莽又新設五均六筦之令，這也是一種改革。據《漢書·食貨志》説："莽性躁擾，不能無爲，每有所興造，必欲依古得經文。國師公劉歆言周有泉府之官，收不讎，與欲得，即《易》所謂'理財正辭，禁民爲非'者也。莽乃下詔曰：'夫《周禮》有賒貸，《樂語》有五均，傳記各有斡焉。今開賒貸，張五均，設諸斡者，所以齊衆庶，抑並兼也。'遂於長安及五都立五均官……皆自占司市錢府，順時氣而取之。又以《周官》稅民：凡田不耕爲不殖，出三夫之稅；城郭中宅不樹藝者爲不毛，出三夫之布；民浮游無事，出夫布一匹。其不能出布者，冗作，縣官衣食之。諸取衆物、鳥、獸、魚、鱉、百蟲於山林、水澤及畜牧者，嬪婦桑蠶、織絍、紡績、補縫，工匠、醫、巫、卜、祝及它方技、商販、賈人坐肆、列里區、謁舍，皆各自占所爲於其所之縣官，除其本，計其利，十一分之，而以其一爲貢。敢不自占、自占不以實者，盡沒入所采取，而作縣官一歲。"我們看到此處，可知王莽對於一切興造"必欲依古得經文"，在迎合莽意者自當爲之設法，發得《周禮》以明殷鑒，背景甚明。劉歆僞《周禮》以迎合莽意，有《食貨志》語爲證，無論做如何解釋，一個是必欲依古的經文，一個在六經所無的條件之下偏能替他尋出經文，使之更好以《周禮》稅民，這痕跡豈不顯然？康有爲說劉歆僞經以助莽篡，在動機上，歆不見得即助王莽，不過在莽篡漢的過程中，歆爲之提供經文的依據，這一點也不誣劉歆。

第二節　今古經傳文字之異同

古文經傳真僞之紛爭，在康有爲用《史記》《漢書》對照的方法，提出《河間獻王傳》《魯共王傳》得古文經事，在《史記》並無其事；更用劉逢祿、魏源、龔自珍、邵懿辰之説，提出種種證僞，以明古文經爲劉歆所僞。他所欠缺的地方則一在武斷地硬説劉歆徧僞群經，而且説他竄改其他的典籍；一在尚未能用今古文對照的方法，以鑒定古文是否爲真古本。我們試更切實地將兩者對照一下，便知古文絕不是真古本，而且是不如今文。兩者立説，則古説尤爲晚出，這樣庶幾可更明瞭。不過兩漢的今古文，流傳至今都難免有傳寫訛誤之處，我們還須慎重將二者釐清。

吳承仕在《尚書今古文説》一文云：

清儒分別今古文者，每以兩漢博士治歐陽《尚書》載在今用，因謂詔策章奏所引皆爲今文，緯書作於哀、平，碑板俱依時制，亦今文也。此乃無慮之言。不能刻定何者？古文引《書》，每有訓詁《易經》之例，一也；斷章取義，不盡依據本經，二也；引經之文多有刪易改更，三也；隨意用字，頗以假音造之，四也；而唐寫宋刊輾轉訛變，違離本真，猶不在此數。論者不察見爲同屬今文，而引經歧見互遝，謂此夏侯、彼歐陽，此今文通説、彼今文異義，憑臆想畸形兒軏斷，了無準的，徒滋糾紛，名寔不應是其蔽也。今古文説與今古文字異撰，《白虎通》説"九族"用歐陽、夏侯義，而"無逸"不妨作

"亡逸","儩皮"不妨作"離皮"。故承仕謂今古文說之異當據明文；今古文字之異當據古文。原平若據後師所引以別今古，則徒滋外行而已。

吳承仕這個意見自然是很慎重的說法，但在章炳麟即深不以其說爲然。章氏與吳承仕《論尚書今古文答吳檢齋書》則云：

> 昔人傳注本與經文別行。古文家每傳一經，計有三部，與近世集鐘鼎款識者相類。其原本古文，經師摹寫者，則猶彼之摹寫款識也。其以今字迻書者，則猶彼之書作今隸也；其自爲傳注，則猶彼之釋文也。但彼於一書中分作三列，而此乃分爲三書耳。伏《書》舊簡，蓋未嘗傳之其徒。所傳聲祇其迻書今字之本，孔《書》舊簡雖入秘府，而摹寫古文之本與迻書今字之本，必並存之……古文傳至鄭氏，則亦等於今文而已。古文家所以異於博士者，其故書在也。《說文》錄古經文字至衆，鄭仲師康成亦時有所授引，若不迻寫古文，尋檢形狀，何以能委悉如此。且邯鄲淳受古文《尚書》於度尚，其後卒能成石經，則知尚之所以傳淳者，非徒隸書訓說，其眞本自在也。

他這裏以爲"古文傳至鄭氏，則亦等於今文""孔書舊簡雖入秘府，而撰寫古文之本與迻書今字之本，必並存之"。這種說法，可見古文在東漢不止一種本子，而且在鄭玄時古文的眞本還存在，則是鄭氏所注明，何者爲古文，何者爲今文，因其所據不止一本，而且又曾得見眞本，當然比較可信。我們正可以由鄭氏說以分別今古，此其在鄭氏及孔書以"詁訓《易經》"，或"斷章取義"，或"删易改更"，以及"以叚音造之"，因爲尊經的關係已不甚多見。經史諸書傳寫之本雖多，但其文字異同有釋文、音義、諸書爲證。吳氏所考慮之四點，仍然無法補救清儒所云，亦非亡慮之言。我們仍有分別之法，此其二。不過我們所當考慮的唐寫宋刊實有不免輾轉訛變之處，但是如字句今古果鄭有明注，或有其他引文旁證，還是可以信任。而且如屬篇章異同，大段脫簡錯簡這尤不是訓詁易經、斷章取義或以假音造之而删易更改的。我們就今古文經文字異同看來，還是可分別出孰爲眞古本，孰爲僞古本。現在我們試先將群經今古文又一一表列，然後再加以說明，便可知由版本文字來看，實是解決今古文問題方案之一。我們更可先舉一例，即由《周禮》故書與今書之對照，我們可以看來所謂古文有故書的是如何的現象，而所謂今書即改讀以後之今文是如何的現象。我們僅將《周禮》今書與故書對照便可知：

I.**《周禮》故書有文字少於今書者**。此有四例：

（1）"酒正奉之"。鄭玄注云："故書酒正無酒字。"鄭司農云："正奉之，酒正奉之也。"徐養原《周官故書考》云："故書無酒字，今書有酒字，其特載先鄭之説者。欲見故書、今書初無異義也。"（《續修四庫全書》第八十一册）

（2）"'各掌其族之戒令政事。月吉，則屬民而讀邦法……'鄭注：'故書上句或無事字。'杜子春云：'當爲正月吉。'書亦或爲'戒令政事，月吉則屬民而讀邦法'（《周禮注》，《十三經注疏》）。段玉裁《周禮漢讀考》卷一云："杜易政爲正，下屬讀之。鄭君不從者州長正月之吉，讀法黨；正四時孟月吉日，讀法族師則每月吉日，皆讀亡於義爲長，不得族師轉同於州長也"。（同上）

（3）"司烜氏"。鄭注："烜，火也，讀如衛侯毁之毁，故書毁爲垣，鄭司農云：'當爲烜'。"徐考云："按，此節疑義頗多，説文爟、烜同字，《周禮》分爲二官，一疑也；既合爟、烜爲一字又以司爟爲取火於日之官，與司烜無別，二疑也；經非司烜，注云：故書毁爲烜。經、注不相應，三疑也；凡言讀如者，必字異而音義相近，故改此從彼，烜之與毁聲類不同，衛侯毁乃人名，無義可取，四疑也；今謂爟、烜同字，許君未必妄言取大於日當作取大於木，蓋偶然筆誤。""爟、烜同字而《周禮》分爲二官"（同上），實今書增竄之一例。説已詳前。

（4）"十分寸之一謂之枚"，鄭注："故書'十'與上'二'合爲'二十'字。"杜子春云："當爲四尺者二十分寸之一。"賈公彦疏："故書十與上二合爲廿字，則二十、三十、四十字，一字爲兩讀。因有之，子春不從者，文理俱周乃合於義。若以十合二爲廿，是則於文字得矣；若讀以分，向下讀之，其義安在？故子春經爲正也。"（同上）

以上四例除了（3）是屬於增竄而尚待其他的決定的證明外，（1）（2）（4）是很明顯的增字。我們可知古文家有於經文任意增字之實例，而且在杜子春、鄭大夫、鄭司農都可臆改今文，隨即可以認爲定奪。這種校改因有故書，可明知其爲校訂，可明知其非僞，然如無鄭注標明故書，豈不也要令今人認改本爲古本而真僞不分？

II.《周禮》故書文字之多於今書者。此有二例：

（1）"僕左左執轡"鄭注："杜子春云：'文當如此，左不當重，重非是。'"《書》亦或如子春言，此故書多一左字，今書自杜子春減省删去其複重。（徐養原《周官故書考》卷三，《續修四庫全書》第八十一册）

（2）"則掌行人之勞辱事焉，使則介之"。鄭注："故書曰夷使。鄭司農云：'夷使，使於四夷……'。玄謂夷，發聲。"王引之曰："焉字屬上爲句。

使則介之,故書'使'上有'夷'字,夷乃發聲……《周官》一書用焉字者多矣,皆句末語助,無爲句首發聲者。"(徐養原《周官故書考》卷三《續脩四庫全書》第八十一册)又"輈"注:"則利準準,利準則久,和則安。"鄭注:"故書準作水,鄭司農云:'注則利水,謂轅脊上雨注,令水去利也。'玄謂利水重讀,似非也。注則利,謂輈之揉者形如注星,則利也。準則久,謂輈之在輿下者平如準,則能久也。"(徐養原《周官故書考》卷四《續脩四庫全書》第八十一册)此亦故書字多而未經杜子春、鄭司農改讀,故今書仍重讀,後鄭之較晚,未改爲今書而已。

由比二例可見古文家校改經文可文義減省一、二字,不必據有古本,而所改本后世即奉爲定本。

Ⅲ.《周禮》故書之顯然倒易者。此亦有二例:

(1)"觿撻罰之事"。鄭注:"故書或言'觿撻之罰事'。杜子春云:'當言觿撻罰之事。'"段考云:"所以必從杜者,嫌觿撻之外別有罰事也。"徐考云:"事非一端,不止於觿撻罰,故讀'罰'在'之'上。"(徐養原《周官故書考》卷一)

(2)"薦加豆籩"。鄭注:"故書爲'籩豆'。鄭司農云:'謂婦人所薦。'杜子春云:'當爲豆籩。'"段考云:"下文兩言豆籩,不當乖異,故杜據以改易。"(徐養原《周官故書考》卷二)

故書倒誤,今書爲之改正。其倒誤者爲真古本,不倒誤者,實非真本,不能明其文義,合即視爲真古本也。

Ⅳ.故書文字之顯然訛誤者。此類之例甚多:

(1)"六曰廉辨"。鄭注:"杜子春云:'廉辨或爲廉端。'"賈《疏》云:"端亦正,與廉正爲重,故不從。"

(2)"掌冰止,歲十有二月"。鄭注:"故書'正'爲'政'。鄭司農云:'掌冰政,主藏冰之政也。'杜子春讀掌冰爲主冰也。'政'當爲'正'。正謂夏正。"段考云:"考《周禮》今書言正歲者皆謂寅月,言歲終,歲十有二月者皆謂丑月,凡言歲者皆謂夏正也。言歲十有二月則爲夏正已顯明,不必加正字以混於。全書内之謂寅月者。司農從故書爲長。"王引之《經義述聞》:"段說是也……若建丑之月則當謂之歲終,何得謂之正歲乎?"(徐養原《周官故書考》卷一,《皇清經解》卷二六九)

(3)"諸侯則共熊侯、豹侯"。鄭注:"故書'諸侯則共熊侯虎侯',杜子春云:'虎當爲豹。'"段考云:"《説文》侯字下曰:'天子射熊虎豹,服猛也;諸侯射熊豕虎;大夫射麋,麋惑也;士射鹿豕,爲田除害也……'此從故書。但今書經文天子侯以虎居首故杜知其最貴。"徐考云："……蓋《周禮》傳本甚多,許所據之本或杜、鄭所未見。杜、鄭本王虎、熊,諸侯熊、虎,次序顛倒,故須改虎爲豹。若如《說文》,則不煩改字矣。夫虎熊豹同爲猛獸,孰貴孰賤?以經之序次爲憑,非別有他義。然則許、鄭二家並存可也……古書改者多矣,杜子春則可,吾則不可。"(徐養原《周官故書考》卷一)

(4)"乃分地域而辨其守"。鄭注:"故書域爲邦,杜子春云:'當爲域。'"徐考云:"按《說文》或邦也,或又從土作域。然則邦、域義同,杜必改邦爲域者。"段氏曰:'邦者統詞,域者別詞。'鄭云:'分地域謂建邦國,造都鄙,制鄉遂也。今按《大司徒》以天下土地之圖周知,九州之地域與此經地域同義。'"(徐養原《周官故書考》卷一)

(5)"世奠系"。鄭注:"故書奠或爲帝。……杜子春云:'帝讀爲定,其字爲奠,書亦或爲奠。世奠系,謂帝系,諸侯卿大夫世本之屬是也。'"徐考云:"按帝與定形聲俱不相近,故必轉爲奠,然後可讀爲定也。故書或爲帝,或爲奠,義乃不同。"(徐養原《周官故書考》卷二)

(6)"以授射甲革、椹質者"。鄭注:"故書椹爲鞎,鄭司農云:'椹字或作鞎,非是也。《圉師職》曰:"射則充椹質。"又此《司弓矢職》曰:"澤,共射椹質之弓矢。"言射椹質自有弓,謂王、弧弓也。以此觀之,言鞎質者非。'"此據上下文校勘之一例。(徐養原《周官故書考》卷三)

(7)"鉶二十有八"。鄭注:"公鉶四十二,侯伯二十八,子男十八,非衰差也。二十八,書或爲'二十四',亦非也。其於衰,公又當三十,於言又爲無施。禮之大數,鉶少於豆,推其衰,公鉶四十二,宜爲三十八,蓋近之矣。"(徐養原《周官故書考》卷三)

(8)"撟角欲孰於火而無燂"。鄭注:"故書燂或作'朕',鄭司農云:'字從燂。'"徐考云:"燂與朕形聲迥別,無由致誤。"(徐養原《周官故書考》卷四)

以上八例,足見今書之與故書以類訛誤,蓋因形聲相近之所導致。如:

(9)"七事,故書七爲小"。

(10)"禽獸,故書爲獸爲獻"。

(11)"粉餈,故書餈爲茨"。

(12)"陛柂,故書柂爲櫃"。

(13)"二事,故書二爲三"。

(14)"醇制,故書醇爲敦"。

(15)"玉盝,故書玉爲王"。

(16)"鉶焉，故書焉爲馬"。

(17)"婴柳，故書婴柳爲接柳"。

(18)"廛人，故書廛爲壇"。

(19)"泉府，故書泉爲錢"。

(20)"祭酺，故書酺爲步"。

改正者有僅從文義校訂者，如（1）（7）兩例；有從上下文而改定者，如（3）（6）兩例；有故書字本無誤但加修飾之者，如例（4）；有故書字本未誤而改訂轉誤者，如例（2）；有形聲俱不相近而輾轉改訂之者，如例（5）；有形聲無由致誤而亦能改訂之者。我們看了這些例證，固佩服古文家校勘之精，然其結果，所改之本既喪失原本之真面目，而時不免有誤，或不如不改真經文。這種改法結果縱好，然不能不會發生"古書改者多矣，杜子春則可，吾則不可"之嘆。在清儒徐養原之崇奉古文學猶且如是，以爲失真，何況我們更明瞭，古書之不當任意校改的。《周禮》今書是依故書改訂而成，改訂以後沒有"正奉之""戒合政""僕左左執轡""夷使""政歲""地邦"等等不好念的詞句，但是那畢竟是改本，不是真本。古文經也正如《周禮》今書之比，僅有一二種是依古文舊書改訂，其他大約是依今文校訂而成。我們試用今文、古文對照，一樣也可以發現其字數多於今文者有之，但多者未必是真多；其文字少於今本者有之，其少者亦未必本當少；其例易重複之處有之，但其所例易重複者亦未必是；其單字之改訂者亦有，但其所改定者亦不必準。今文流傳日久，非若《周禮》之晚出於武、宣以後，又經過劉歆之竄易，所以古文本改訂今文之例較多。因其較多，我們更可以見其謬誤迭出而非真古。再由（1）其篇卷之多寡，以古文而雜有晚出之偽篇；（2）自以爲古文經而實與《左》《國》《孟》《荀》所引不合；（3）自以爲有傳授，而其傳授之跡乃極不可信，更可以決定其文字之進步非真本，乃係校訂今本而成。未經整個地、詳細地對照，偶見今文字句乖異，古文文義完備，自信古文爲真古本，不知字句乖異實保存着本來面目，文義完備反不必爲真古本。這經古文問題由於版本對照，正可顯見何爲真古，何爲贗古。

關於經今文篇卷之多寡，在本書第二篇第八章論《群經篇第之異同》已加詳論；關於古文經與《左》《國》《孟》《荀》所引經文不同，在第四篇第一章《列國士大夫之稱誦詩書》、第四章《孟、荀諸子之傳經》已舉例證；關於古文經之傳授系統，在第四篇第三章《游夏參商諸弟子之傳經》亦有明說。下文將更由版本對照明今古經文字之異同，以考見古文經之真贗。

一 《詩》今古文文字之異同

《詩》今古文文字之異同，首先在篇章上可析爲四點來看：

（1）《毛詩》之多於三家者，有六《笙詩》與《都人士》首章，我們已引用洪邁、章炳麟諸家之説，以見六《笙詩》只有名目，没有内容，乃是《毛詩》故爲增多，非真古本。

（2）《毛詩》之少於三家者，如《衛風》中《碩人》"素以爲絢兮"，《唐風》中《揚之水》"妨其躬身"等句，我們已引用陳喬樅、段玉裁諸家之説，以見《毛詩》所少亦不合於古真本。

（3）關於《毛詩》篇次之倒誤者，如《草蟲》《采蘋》之例，置鄘、衛諸風詩之誤，我們已引用曹粹中、龔橙諸家之説，以見《毛詩》篇卷倒誤之不合於古。

（4）更於《毛序》於《詩》之謬妄，引用各家之説，列舉十端以明之。這已足見《毛詩》之非真古本了。

在文句方面也可析爲四點來看：

a. 《毛詩》文字之多於三家者。

《詩》因爲是樂歌以吟誦，"遭秦而全"，不獨在竹帛不易任意校增竄僞，所多者僅六《笙詩》及《都人士》首章四句，辨已見前，兹不贅論。

b. 《毛詩》文字之少於三家者。

《毛詩》中字句少者，在第一篇第二章所舉有三例，辨已詳前。此外還有如：

（1）《魏風·陟岵》之"父曰：嗟！予子行役"，據漢《石經·魯詩》，"'父'下有'兮'字"。（王先謙：《詩三家義集疏》）

（2）《豳風·鴟鴞》之"予維音曉曉"，據詩"注"，三家詩爲"予維音之曉曉"，"音"字下多一"之"字。（同上書）

（3）《小雅·節南山》之"誰秉國成"句，據《禮記》："《齊（詩）》'誰'下有'能'字。""《禮記·緇衣》引《詩》云：'誰能秉國成，不自爲正'。"（同上書）

（4）《小雅·蓼莪》之"鮮民之生"句，據《大戴記》及"注"云："《齊（詩）》'生'下有'矣'字。"（同上書）

（5）《大雅·卷阿》之"似先公酋矣"句，據《爾雅》郭注："《魯（詩）》'公'下多'爾'字。"（同上書）

（6）《周頌·天作》之"子孫保之"句，據《説苑·君道》篇："《詩》

云'子孫其保之'。"注:"《魯(詩)》一本'孫'下多'其'字。"(同上書)

(7)《魯頌·有駜》之"歲其有"句,據《孔疏》:"《三家》'有'下多'年'字。""詒孫子"句,據《列女傳》:"《魯(詩)》'詒'下有'厥'字。"(同上書)

這些都是《三家》多一二字而《毛詩》少一二字的,不是《毛詩》脫誤,就是《毛詩》經有意改削。《毛詩》字少而較《三家》修整,但古詩作者的技巧不高,作者亦不一律,可說愈修整愈不是是古本。此所舉十餘例中如(1)(2)兩例不合《論語》《荀子》,在極端崇信古文之段玉裁尚認《毛詩》有訛脫,則《毛》本並非真古本,不待詳說。

c.《毛詩》文字之故爲複迭與倒誤者。

《毛詩》文字與三家比較,在多與少兩方面看來,俱足見其非真;由其例誤之字句看來,更見《毛詩》非真古本。例如:

(1)《周南·關雎》之"鐘鼓樂之"句,"《(韓詩)外傳》五引《詩》曰'鼓鐘樂之'"(同上書,卷一)。"……即此語推之,知聖人所見《詩經》必作'鼓鐘',而'鐘鼓'乃後出誤本"。(同上)清儒皮錫瑞於此論曰:"《外傳》言,古者天子左五仲、右五鐘,而不及鼓。侯包《韓詩翼要》曰:'后妃房中樂有鐘磬',亦不及鼓,是《韓詩》不作'鐘鼓'甚明。《周禮·磬師》'教縵樂、燕樂之鐘磬',鄭注:'燕樂,房中之樂,所謂陰聲也。二樂皆教其鐘磬。'《疏》:'云"燕樂,房中之樂"者,此即《關雎》二《南》也。謂之房中者,房中謂婦人。后妃以風喻君子之詩,故謂之房中之樂。'據此則古《周禮》說與《韓詩》合,皆謂房中樂有鐘磬而無鼓。鐘磬清揚,於房中宜。鼓音重濁,於房中不宜。或據《薛君章句》'鼓人上堂',謂《韓詩》亦當兼言鼓。不知鼓人上堂,不入房中,不與鐘磬並列,仍不當兼言鼓。'鼓鐘'之'鼓'訓'擊',是虛字,是一物。'鐘鼓'之'鼓'是實字,是二物。毛作'鐘鼓',與古禮不合,此毛不及《韓詩》者一。"(皮錫瑞:《經學通論二·詩經·論毛義不及三家略舉典禮數端可證》)

(2)《魏風·碩鼠》之"逝將去女,適彼樂土。樂土樂土,爰得我所""逝將去女,適彼樂國。樂國樂國,爰得我直"。《韓詩》引"樂土樂土",但作"適彼樂土";"樂國樂國",但作"適彼樂國"。劉向《新序·雜事》引同張慎儀《詩經異文補釋》卷五云:"劉習《魯詩》,引與《韓》同,益見古本多重上句。"《詩三家義集疏》注:"《韓(詩)》……'適彼樂土'重句,不作'樂土樂土。'""盧文弨云:……後'適彼樂土'亦重上句,蓋重上句者

是古本，後人以《毛詩》改之。"則《毛詩》非古本可知。（《詩三家義集疏》，卷七）

（3）《大雅·皇矣》："維此二國，其政不獲。維彼四國，爰究爰度。"《左傳》引作"惟彼二國""惟此四國"。張慎儀云："《左》於此句'此'字引作'彼'，於下文'維彼四國''彼'字引作'此'，或古本如是。"則《毛》本與古本異可知。

（4）（同上）"維此王季"張氏《補釋》云："《左·昭二十八年》引《詩》'唯此文王'，《中論·務本》引詩'惟此文王'。按《詩正義》云，今王肅注及《韓詩》亦作'文王'。以經文考之，作文王爲是。自鄭箋《禮》注誤作'王季'，而各本因之。"此亦《毛詩》不合於古本之顯證。

（5）（同上）"帝謂文王，詢爾仇方，同爾弟兄。以爾鈎援，與爾臨冲，以伐崇墉。"周壽昌在《後漢書注補正》中評之云："《伏湛傳》湛上疏曰：'臣聞文王受命而征伐五國，必先詢之同姓，然後謀於群臣，加占蓍龜，以定行事；故謀則成，卜則吉，戰則勝。其《詩》曰："帝謂文王，詢爾仇方，同爾弟兄，以爾鈎援，與爾臨冲，以伐崇廊。"崇城守先退後伐，所以重人命，俟時而動，故參分天下有其二。'壽昌案：湛之祖理受《齊詩》，學於匡衡。湛少傳父業，此應是《齊詩》說也，與《毛傳》義略同，惟《毛傳》'仇，匹也'。鄭《箋》云：'怨耦曰仇'，仇方謂旁國，爲暴亂大惡者，女當謀征討之，以和協女兄弟之國。《正義》云：'當詢謀於汝匹己之臣，以向其伐人之方和同女之兄弟。'似箋、傳意微異。伏引《詩》作'弟兄'，與方爲韻，必《齊詩》如此。《毛詩》作兄弟，陳奐《毛詩傳疏》亦改此作'弟兄'。然觀鄭《箋》及《正義》俱作'兄弟'，知《毛詩》固如此，不得妄改也。"（《叢書集成》本，卷三）《毛詩》爲真古本，必不當爲不如《齊詩》之作"同爾弟兄"，與方爲韻，《毛》本與《左》《國》《孟》《荀》所引不同，又不及《三家詩》，從此數例看來亦可獲有明證。

（6）《大雅·蕩》："不明爾德，時無背無側。爾德不明，以無陪無卿。"《漢書·五行志》引作"爾德不明，以亡陪亡卿；不明爾德，以亡背亡仄"與《毛詩》互易。《毛詩》改"以"爲"時"，又不似《齊詩》之隔句用韻，應爲晚出。

（7）《小雅·采芑》："征伐玁狁，蠻荊來威。"《漢書·韋玄成傳》"蠻荊"作"荊蠻"。王氏《詩考》引《漢書》同。

（8）《小雅·雨無正》之"周宗既滅"。《左傳·昭公十六年》引詩"宗周既滅"，《北堂書鈔》十六引詩同。陳奐云："周宗當作宗周。正月傳，宗周鎬京也。此及《黍離》箋皆同。則鄭所據經本作宗周。"

(9)《小雅·何人斯》之"不愧於人，不畏於天"。張氏《補釋》云："《後漢書·殤帝紀》作'不畏於天，不媿於人'。或《三家》與《毛》異讀。"（卷九）

(10)《小雅·采菽》之"樂只君子，殿天子之邦。樂只君子，萬福攸同"句，張氏《攸補釋》云："《左·襄十一年傳》引詩'樂旨君子，殿天子之邦。樂旨君子，福祿攸同'。按此章前後兩言'福祿'，此應從《左》引作'福祿'爲當。"（卷十一）

此諸例亦既顯見《毛詩》之非古本。

d.《毛詩》文字之訛誤與顯係修訂者。

此類之例甚多，兹略舉以見之：

(1)"溥天之下。"張釋云："《左傳·昭七年傳》《國策·東周策》《孟子·萬章》《荀子·君子篇》《韓非子·忠孝》《吕氏春秋·慎人》《新書·匈奴》《史記》《漢書·司馬相如傳》《漢書·王莽傳》《白虎通·封公侯喪服》《三國志·吳志·孫權傳》注、《韓詩外傳》各引《詩》'普天之下'；《文選·班孟堅〈東都賦〉》當詩注，《太平御覽》六百四十引《會稽典錄》各引詩同。"按朱駿聲云："《說文》：'溥'，大也。從水，敷聲。本義爲水之大，轉注爲凡大之稱。經傳多以'普'爲之。'普'，日無色也。今隸作'普'，《說文》亦讀若普。"（卷十）《毛詩》作'溥'爲以本字易假借字，而不知古本俱作"普"。凡先秦漢初所引無同於《毛詩》者，《毛詩》爲校改之古本，其何説之辭？

(2)《小雅·大田》之"興雨祁祁"句。張釋云："《釋文》'興雨'本作'興雲'，唐石經、南宋石經、相臺本山井鼎考文古本作'興雨祁祁'。《初學記》一、白帖二各引詩同。王氏《詩考》引《韓詩外傳·小雅》爲'興雲祁祁'。《吕氏春秋·務本》《漢書·食貨志》《藝文類聚》、唐韓鄂《歲華紀麗》各引詩同。趙明誠《金石錄》載'無極山碑'亦同。按馬瑞辰云，'祈祈'各本作'祁祁'，惟監本作'祈祈'。嚴可均謂'避明帝諱也'。韓奕詩'祁祁如雲'，則此詩從《韓詩》作'興雲祁祁'爲是。"（卷十）"興雨"，《吕覽》《韓詩》俱作"興雲"，則先秦漢初之本不誤，而《毛詩》改作"興雨"，然以詩文證之，"興雨"實屬非是。馬氏治《毛詩》者亦不能諱《毛詩》之非古本，其何説之辭。

此外如：

(3)《鄘風·君子偕老》之"玉之瑱也"，"邦之媛也"《三家》本"也"

俱作"兮"。

(4)《陳風·墓門》之"歌以訊之",《三家》"之"作"止"。

(5)《秦風·權輿》之"吁嗟乎,不承權輿"句,《三家》"乎"作"胡"。

(6)《小雅·巷伯》之"慎爾言也"句,《三家》本"也"作"矣"。

(7)《小雅·谷風》之"無草不死,無木不萎"句,《三家》本"無"俱作"何"。

(8)《小雅·菀柳》之"無自瘵焉"句,《三家》本"焉"作"也"。

這些地方《毛》本易"兮"爲"也",易"也"爲"兮"等等,在意義或音節長於《三家詩》,使人誤信《毛》本爲佳。但我們試由篇卷次第、章句多寡看來,《毛》本爲改訂今文而成,不合於古。則這些地方自亦是竄易,故反不如《三家》之古拙。至於如:

(9)《周南·關雎》之"在河之洲"句,《毛》本用"洲",《三家》用"州"。

(10)(同上)"輾轉反側"句,《毛》本用"輾"三家用"展"。

(11)《周南·葛覃》之"服之無斁"句,《毛》本用"斁",《三家》用"射"。

(12)《周南·兔罝》之"赳赳武夫"句,《毛》本用"赳",三家用"糾"。

(13)《召南·野有死麕》之"白茅純束"句,《毛》本用"純",《三家》用"屯"。

(14)《邶風·谷風》之"湜湜其沚"句,《毛》本用"沚"《三家》用"止"。

(15)《邶風·簡兮》之"赫如渥赭"句,《毛》本用"渥",《三家》用"屋"。

(16)《邶風·靜女》之"說懌女美"句,《毛》本用"懌",《三家》用"釋"。

(17)《鄘風·君子偕老》之"邦之媛也"句,《毛》本用"媛",《三家》用"援"。

(18)《衛風·河廣》之"跂予望之"句,《毛》本用"跂",《三家》用"企"。

(19)《鄭風·大叔於田》之"火烈具舉"句,毛本用"列"三家用"烈"。

(20)《鄭風·清人》之"河上乎逍遥"句,《毛》本用"逍遥",《三家》本作"消搖"。

(21)《魏風·伐檀》之"不稼不穡"句,《毛》本用"穡",《三家》用"嗇"。

(22)《唐風·揚之水》之"揚之水"句,《毛》本用"揚",《三家》用"楊"。

(23)《秦風·駟驖》之"駟驖孔阜"句,《毛》本用"駟驖",《三家》用"四載"。

(24)《小雅·蓼蕭》之"壽考不忘"句,《毛》本用"忘",《三家》用"亡"。
(25)《秦風·黃鳥》之"惴惴其慄"句,《毛》本用"慄",《三家》用"栗"。
(26)《秦風·無衣》之"與子偕行"句,《毛詩》作"偕",《三家》作"皆"。
(27)《陳風·澤陂》之"傷如之何"句,《毛》本用"傷",《三家》用"陽"。
(28)《豳風·七月》之"四之日舉趾"句,《毛》本用"趾",《三家》作"止"。

證例太多,舉不勝舉。所謂古本竟多用后起字本字,而與《左》《國》《孟》《荀》引經不同,《左》《國》《孟》《荀》反與《三家詩》合。如前舉"溥天之下""儀式刑文王之典"諸例,是真子夏所傳、荀卿所授的古本,豈有如是之怪現象?由這樣的實證兩兩對照下來,《毛》本爲依今文而修訂之古本亦大可明。由篇章上、由文句上、由古書之徵引上、由傳授之系統等等看來,都不見其爲獲有真古本而加以校訂之現象。此所以《漢志》於《毛詩》不冠以"古"字之原因。鄭玄在東漢時爲《毛詩》作《箋》,亦不如其爲《儀禮》《論語》作注標明今文古文。《毛詩》似與《儀禮》《周禮》等書不同,並無古文寫本。

《毛詩》在文字上不惟與古書所引本不合,與歷年來出土之鐘鼎彝器上之文字亦不合,例如近出之函皇父鼎(按:1933年出土於陝西省扶風縣,周厲王時器。其釋文:"函(函)皇父乍(作)琱(周)嫊(妘)般(盤)盉(尊)嫊、器,鼎𣪘(簋)(嫊)(具)。自豕鼎降十又、𣪘(簋)八、兩罍、兩鎞(壺)。琱(周)嫊(妘)甘(其)萬年子子孫孫永寶用。"),其中"琱""妘"等字,《毛詩》中就完全未有出現。

附: 《詩》今古文異同表

古文 毛詩	今 文		
	魯	齊	韓
關關雎鳩	鴡鳩	鴡鳩	
在河之洲	州	州	州
君子好逑	仇	仇	
參差荇菜	參差荇菜	參差荇菜	參差荇菜
輾轉反側	展	展	展
左右芼之			覒
鐘鼓樂之			鼓鐘
葛之覃兮	蕈		

续表

毛詩\古文	今文		
	魯	齊	韓
集於灌木	樌木		
是刈是濩	鑊		
服之無斁	射	射	
歸寧父母		以晏	以晏
采采卷耳	菤		
不盈傾筐			頃
我馬虺隤	瘣頹	瘣頹	瘣頹
我姑酌彼	夃	夃	夃
陟彼砠矣		岨	岨
云何吁矣	盱		
南有樛			朻
葛藟累之	虆之		
螽斯羽	螽蝨	螽蝨	螽蝨
詵詵兮	鮮鮮	鮮鮮	鮮鮮
薨薨兮			肱肱兮
揖揖	集集		集集
赳赳武夫			糾糾
施於中逵			中馗
采采芣苢			芣苡
不可休息			休思
江之永矣	漾		漾
不可方思	舫		
言刈其蔞	采		
遵彼汝墳			濆
惄如調饑	朝	周	愵
魴魚赬尾			赦
王室如燬			毀
於嗟麟兮			吁
麟之定	顁		

續表

古文 毛詩	今文		
	魯	齊	韓
於以采蘩		繁	
被之僮僮	童童	童童	童童
趯趯阜螽	蠡螽		
憂心忡忡		冲冲	
亦既覯止		遘止	
於以湘之			鬺之
有齊季女			
蔽芾甘棠			茀
勿翦勿伐	鬋		劃
召伯所茇	邵		廢
勿翦勿拜			扒
厥涊行露	湆		湆
委蛇委蛇		逶迤	逶迤、祎佁
素絲五緎	馘		
殷其雷			
莫敢遑息			皇
摽有梅	蔈	蔈	蔈
頃筐墍之			傾、摡
嘒彼小星			暳
寔命不同			實
抱衾與裯			
江有汜	洍	汜	洍
其嘯也歌	謌	謌	
白茅純束	屯	屯	屯
舒而脫脫	娧	娧	娧
無感我帨	撼	撼	撼
何彼襛矣			茙
壹發五豝	一	一	一
於嗟乎	吁	吁	吁

續表

毛詩 \ 古文	今文		
	魯	齊	韓
耿耿不寐	炯炯		
如有隱憂	殷	殷	殷
不可選也	算	算	算
覯閔既多	遘愍	遘愍	遘愍
寤辟有摽	啎	啎	擗
胡迭而微			載
以勖寡人	畜	畜	
報我不述		遹	術
終風且暴		瀑	
惠然肯來	冐來		
願言則嚏	即	即	
喤喤其陰		壹	
擊鼓其鏜		鼞	
死生契闊		挈	
於嗟洵兮			敻
悠悠我思	遙遙		
匏有苦葉		枯	
深則厲		砅、濿	
雝雝鳴雁	噰噰	雍雍、鴈	
旭日始旦			煦日
卬須我友	婗		
無以下體			禮
黽勉同心	密勿		密勿
不遠伊邇		爾	
湜湜其沚	止	止	止
不我屑以		已	
我躬不閱	今	今	今
遑恤我後	皇	皇	皇
匍匐救之	扶服捄之	扶服救之	

續表

古文 / 毛詩	今文		
	魯	齊	韓
不我能畜	能不我慉	能不我慉	能不我慉
賈用不售		庸、讎	
胡爲乎中露	路		
旄丘之葛	堥丘	堥丘	堥丘
必有以也		似	
流離之子	留		
碩人俁俁			扈扈
左手執籥			鸙
右手秉翟			狄
赫如渥赭	屋	屋	屋
毖彼泉水			秘
出宿於泲	齊		
飲餞於禰			坭
已焉哉			亦
交徧讁我	適		謫
交徧摧我			誰
其虛其邪	徐	徐	
雨雪其雱	霏霏		
靜女其姝	袾	袾	
我於城隅	乎		
愛而不見	薆	僾	如
搔首踟躕		躊	蹢
說懌女美	釋	釋	釋
洵美且異			瘱
新臺有泚	玼	玼	玼
河水浼浼		瀰	
燕婉之求	嬿		嬿
新臺有灑			漼

續表

古文 毛詩	今文		
	魯	齊	韓
河水浼浼			浘浘
蘧篨不殄	腆	腆	腆
得此戚施			黿黽
中心養養		洋洋	
髧彼兩髦		紞、髳	紞、髳
之死矢靡它	他		
實維我特			直
墻有茨		薺	薺
不可詳也			揚
委委佗佗	袆袆它它		
不屑髢也	鬄	鬄	
玉之瑱也	珥	珥	珥
是紲袢也	褻	褻	褻
邦之媛也		㛪	援
鶉之奔奔	賁賁	賁賁	
鵲之彊彊	姜姜	姜姜	
人之無良			人而
作於楚宮	爲	爲	爲
終焉允臧	終然永臧		
蟋蟀在東	蟀		
朝隮於西		躋	
如之人也	兮		兮
人而無儀	亡儀		
不死何爲	胡爲		
不死何俟			胡
胡不遄死	何	何	何
孑孑干旄	竿	竿	竿
何以予之	奧		
大夫跋涉		軷	

續表

古文 毛詩	今文		
	魯	齊	韓
視爾不臧			我
言采其虳	茵		
瞻彼淇奧	隩	隩、澳	
綠竹猗猗			
有匪君子	斐	斐	邲
如切如磋	瑳	瑳	瑳
如琢如磨		摩	
赫兮咺兮	烜	喧	宣
不可諼兮		誼	
充耳琇瑩	璓	璓	璓
會弁如星	冠		䯤
寬兮綽兮			婥
猗重較兮	倚	倚	倚
考盤在澗	盤	盤	盤
碩人之軸	逐		
衣錦褧衣	絅	絅	苘
譚公維私	覃		
領如蝤蠐	蠀		
齒如瓠犀	栖		
螓首蛾眉	娥		
說於農郊			稅
朱幩鑣鑣			儦儦
翟茀以朝	蔽	蔽	蔽
施罛濊濊	罟		
鱣鮪發發	潑	鲅	鲅
庶姜孽孽			巘
庶士有朅			桀
邛之蛬蛬			嗟嗟
泣涕漣漣	波		

續表

毛詩＼古文	今文		
	魯	齊	韓
體无咎言		履	履
於嗟女兮			吁
信誓旦旦	悬		
淇水㵽㵽	油油		
芄蘭之支	枝		
垂帶悸兮			萃
能不我甲			狎
一葦杭之	斻		
跂予望之	企	企	
伯兮朅兮			杰
焉得諼草	萱		諼
有狐綏綏		文文	
中心搖搖	愮愮	愮愮	
悠悠蒼天			倉
雞棲於桀	樧		
其樂只且			旨
揚之水		楊	
暵其乾矣		鸂	
啜其泣矣			惙
大車檻檻			轞
毳衣如璊	𦗖	𦗖	𦗖
火烈具舉	列		
襢裼暴虎	袒	袒	膻
駟介旁旁	騯騯	騯騯	騯騯
二矛重喬			鷮
河上乎逍遙		之乎	消搖
左旋右抽	搯	搯	搯
洵直且侯			恂
彼其之子	巳		巳

續表

古文　今文	魯	齊	韓
毛詩			
舍命不渝			偷
邦之彥兮	喭		
顏如舜華	蕣		
佩玉將將	鏘鏘		
隰有游龍	游		
裳錦褧裳	絅	絅	
有踐家室			靖
風雨淒淒	湝湝	湝湝	湝湝
雞鳴膠膠	嘐嘐	嘐嘐	嘐嘐
寧不嗣音	詒		詒
聊樂我員			魂
清揚婉兮			青、宛
方渙兮兮	汍	灌	洹
方秉蕑兮		菅	
洵吁且樂	訏		恂盱
瀏其清矣			漻
子之還兮		營	嫙
乎猺之間		嶩	
從兩肩兮	豜		
謂我儇兮			婘
雄狐綏綏			文文
衡從其畝	橫	橫	由
取妻如之何			娶
析薪如之何		伐柯	
維莠驕驕	喬喬		
盧令令	泠泠	泠泠	泠泠
其魚魴鰥	鯤	鯤	鯤
其魚唯唯			遺遺

續表

古文 毛詩	今文		
	魯	齊	韓
抑若揚兮			卬、陽
猗嗟名兮		覭	
舞則選兮			纂
四矢反兮			交
摻摻女手			纖纖
好人提提			媞媞
宛然左辟	如、僻	如、僻	如、僻
維是褊心	惟		
父曰	父兮曰		
夙夜無已	毋		
上慎旃哉	尚		
陟彼屺兮		峐	
猶未無棄	猷		
桑者泄泄	詍詍	詍詍	呭呭
坎坎伐檀	欿欿	竷竷	
置之河之干		諸	
清且漣猗	瀾兮		
不稼不穡		嗇	
不素餐兮	飧	飧	
無食我黍	毋		
三歲貫女	宦		汝
逝將去女			汝
適彼樂土			
日月其慆			陶
山有樞	蓲		
弗曳弗婁	摟		摟
他人是愉	偷	偷	
何不日鼓瑟	胡		

續表

古文 毛詩	今文		
	魯	齊	韓
揚之水	楊		
素衣朱襮	綃	宵	
云何不樂	胡		
我聞有命	國有大命		
不敢以告人	不可以告人		
見此邂逅	覯		
獨行煢煢	惸		
噬肯適我	遾		逝
有車鄰鄰	轔轔	轔轔	
寺人之令			伶
駟驖孔阜	四載	四載	四載
惴惴其慄		栗	
如可贖兮		也	
鴥彼晨風	鷐		鶉
鬱彼北林	宛	溫彼	
山有苞櫟	枹		
與子同仇			讎
與子同澤		襗	
與子偕行		皆	
曰至渭陽	至於		
夏屋渠渠	蘧蘧		
於嗟乎不承權輿		胡不承	
子之湯兮	蕩		
穀旦於差			嗟
越以鬷邁			從邁
可以樂饑	療饑		療饑
墓門有梅	棘		
歌以訊之	誶止		誶止

續表

古文 / 毛詩	今文		
	魯	齊	韓
誰侜予美			娓
邛有旨鷊	虉	虉	虉
有蒲與荷	茄		
碩大且儼			㘝
輾轉伏枕	展		展
棘人欒欒	臠臠		
猗儺其華	旖旎		
匪車偈兮		揭	揭
中心怛兮		㥽	㥽
誰將西歸	孰		
衣裳楚楚	黼黼	黼黼	黼黼
蜉蝣掘閱	娭	娭	娭
何戈與祋		荷、綴	
彼己之子			其
三百赤芾			紱
不濡其咮			噣
薈兮蔚兮	鄶		
慘我瘖嘆	慨		嘅
一之日觱發	滭	潑	畢
四之日舉趾		止	
蠶月條桑			挑
曰爲改歲		聿	
六月食鬱及薁	蒮		蒮
黍稷重穋	種稑		種稑
四之日其蚤	早	早	
萬壽無疆		受福	
恩斯勤斯	殷		
徹彼桑土			杜
風雨所漂搖	飄	飄	飄

續表

古文 / 毛詩	今文		
	魯	齊	韓
予維音嘵嘵	音之曉曉	音之曉曉	音之曉曉
慆慆不歸	滔悠	滔悠	滔悠
零雨其濛	霝、蒙	霝	
蜎蜎者蠋	蜀	蜀	蜀
烝在栗薪			蓼
皇駁其馬	騜		
四國是吪	訛		
袀衣繡裳	綉		
載疐其尾		躓	躓
赤舄几几	擊擊，己己	擊擊，己己	擊擊，己己
視民不恌	示、偷	示、偷	示、佻
君子是則是效	效	詨	
周道倭遲		鬱夷	威夷
嘽嘽駱馬	疼疼	疼疼	疼疼
不遑啟處	偟		
皇皇者華	煌煌		
駪駪征夫	侁侁		莘莘
周爰咨謀	謨		
常棣之華	棠		夫栘
鄂不韡韡	萼		萼煒
兄弟孔懷	昆		
原隰裒矣	捊		
儐爾籩豆			賓
飲酒之飫			醧
和樂且湛			沈
樂爾妻帑	孥		
嚶其鳴矣	鸎		
伐木許許	滸滸	所所	

續表

毛詩\古文	今文		
	魯	齊	韓
釃酒有藇	醹	醹	醹
坎坎鼓我	竷竷	竷竷	
蹲蹲舞我	墫墫		
俾爾單厚	亶		
何福不除	胡		
吉蠲爲饎	圭惟	圭	
我行不來	勑		
彼爾維何	薾	薾	薾
小人所腓	芘	茈	
豈不日戒		日	
載渴載饑		饑	
莫之我哀		知	
我出我車	輿		
王命南仲		中	
出車彭彭	俾		
玁狁於襄	攘	攘	
檀車幝幝	綫		繟繟
期逝不至	胡誓		
物其旨矣	指		
維其偕矣	唯		
維其時矣	唯		
烝然罩罩	淖淖		
嘉賓式燕以樂	燕		
烝然汕汕		潹潹	潹潹
嘉賓式燕以衎		晏	
厭厭夜飲	愔愔		愔愔
菁菁者莪			蓁
我是用急		戒	

續表

古文 毛詩	今文		
	魯	齊	韓
鑿居焦穫	護		
白茇央央	帛旆英英		
朱芾斯皇	韍		
有瑲葱珩	衡	衡	衡
振旅闐闐		鞠	嗔
克壯其猶	猷		猷
嘽嘽焞焞	推		
東有甫草	圃	圃	圃
搏獸於敖	狩		
四牡奕奕	駃駃		
赤芾金舄	韍		
決拾既佽	次		
助我舉柴	骴	掣	掣
儦儦俟俟	駓		
庭燎晣晣	晢		
鸞聲噦噦	鑾		鉞
可以爲錯	厝		
祈父，予王之爪牙			維
有母之尸饔			雍
在彼空谷		穹	穹
言采其蓫		蓄	蓄
不思舊姻	惟因		
約之閣閣	格格		
椓之橐橐	樸樸		
君子攸芋	宇		
如跂斯翼	企		
如矢斯棘			朸
如鳥斯革			翮

續表

古文 毛詩	今文		
	魯	齊	韓
維熊維羆	惟		
朱芾斯皇	紼		
載衣之裼			裼
或寢或訛			訛
衆維魚矣	惟		
室家溱溱	蓁		
維石巖巖	惟		
憂心如惔			炎
天方薦瘥	瘥		
維國之氐	底		
秉國之均		鈞	
天子是毗		痹	
俾民不迷	卑		
昊天不傭			庸
誰秉國成	誰能秉國		
不自爲政	不自爲正		
家父作誦	嘉父	嘉父	嘉父
憂心愈愈	瘐瘐		
視天夢夢		芒芒	
不敢不局	局		局
維號斯言	惟		
不敢不蹐		蹐	
有倫有脊		蹐	
胡爲虺蜴		蜥	
燎之方揚		陽	
寧或滅之		能	
褒姒威之	威		
亦孔之照	昭		

續表

古文 毛詩	今文		
	魯	齊	韓
佌佌彼有屋		佝	佝
蔌蔌方有穀	速速方轂		
天夭是椓	夭加		
哀此惸獨	㷀		
番惟司徒		皮	繁
仲允膳夫		中術	
聚子内史		掫	
蹶爲司馬		𣨼	
楀惟師氏	踽	萬	
艷（剡）妻煽方處	閻、扇	偏熾	
俾守我王	屏		
黽勉從事	密勿		
讒口嚻嚻	嗸嗸		嗸嗸
噂沓背憎	傳	傳	傳
悠悠我里	攸攸		㾒
雨無正	政		雨無其極，傷我稼穡。
弗慮弗圖	不		
淪胥以鋪	熏胥		勳、痡
莫肯用訊	誶		
聽言則荅	對		
謀猶回遹		穴	𣪠沄
潝潝訿訿	歙歙呰呰		㑁
是用不集			就
民雖靡膴			朕
或哲或謀		悊	
翰飛戾天			厲
念昔先人		彼	
壹醉日富	一		

續表

古文 毛詩	今文		
	魯	齊	韓
螟蛉負之	蜾		
題彼脊令	相		鶺鴒
毋忝爾所生	無	無	無
哀我填寡			疹
宜岸宜獄			犴
怒焉如擣			疛
假寐永嘆			寱
維憂用老	惟		唯
萑葦淠淠	芫		雚
不知所屆	瘚		
譬彼壞木	瘣		
尚或墐之			殣
僭始既涵	譖減	譖減	譖減
秩秩大猷	載	繇	繇
聖人莫之		漠	謨
躍躍毚兔		趯趯	趯趯
蛇蛇碩言	虵虵		
居河之麋	湄		
既癙且癙	微、瘨	微、瘨	微、瘨
不見其身	人		
我心易也			施
姜兮斐兮			緀
哆兮侈兮	謻		
緝緝翩翩	咠		繢
慎爾言也			矤
倢倢幡幡	喋喋	捷捷	咠咠
驕人好好	旭		
勞人草草	慅		

續表

古文　毛詩	今文		
	魯	齊	韓
彼譖人者	讒		
寘予於懷	我		
棄予如遺	我		
維山崔嵬	惟		岑原
無草不死	何		
無木不萎	何		
缾之罄矣	瓶、䃄	瓶、䃄	瓶、䃄
鮮氏之生		生下有矣	
拊我畜我	撫	撫	撫
昊天罔極	皥		
佻佻公子	茗		嬥
鞙鞙佩璲	琄	絹珮	絹珮
不以服箱	不可以	不可以	不可以
東有啓明	啟	啟	啟
載翕其舌			吸
百卉具腓			俱
亂離瘼矣	斯瘭		斯莫
冬日烈烈			栗
侯栗侯梅	維維	維維	維維
維以告哀	唯		
溥天之下	普	普	普
或燕燕居息	宴宴	宴宴	宴宴
或盡瘁國事	領	領	領
念彼共人		恭	
睠睠懷顧	眷眷	眷眷	眷眷
靖共爾位	靖恭	靜共	靜恭
無恒安息		毋常	

續表

毛詩 \ 古文	今文		
	魯	齊	韓
憂心且妯			陶
靖共爾位	靖恭	静共	静恭
無恒安息		毋常	
憂心且妯			陶
祝祭於祊	閟	鬃	鬃
禮儀卒度			義
苾芬孝祀			馥
維禹甸甸			陙
雨雪雰雰	紛紛	紛紛	紛紛
疆場有瓜			壇
倬彼甫田			尃
或耘或耔		蕓、芋	
黍稷薿薿		儗儗	
以我覃耜	剡耜		剡耜
秉畀炎火			卜畀
有渰萋萋	晻	黤、淒	弇
興雨祈祈	興雲		
鞹鞃有䩞	䩞		
裳裳者華	常		常
維其有之	唯		
彼交匪傲		匪敖	
先集維霰	霓		
樂酒今夕	昔		
辰彼碩女	展		
以慰我心			愠
營營青蠅	營營	營營	營營
止於樊	藩	蕃蕃	棥
讒人罔極	言		
殽核維旅	核惟	核	

續表

古文 毛詩	今文		
	魯	齊	韓
威儀反反			昄
威儀怭怭	佖	佖	佖
屢舞傞傞	娑	娑	娑
有頍其首	䕒		
豈樂飲酒	愷		
又何予之	與		與
觱沸檻泉	濫		渾濫
赤芾在股	紼		
彼交匪舒	匪交		
平平左右			便
紼纚維之	縭		
福祿脺之			胐
優哉游敖			柔
民胥佽矣	斯効		
如食宜饇	儀饇		
雨雪瀌瀌	麃		麃
見晛曰消	咽晛聿消		咽晛聿消
莫肯下遺	隧		隤
上帝甚蹈			陶
上帝甚蹈	帝神		
無自瘵焉	也		
垂帶而厲	若	如	
終朝采綠	菉		
薄言觀者			靚
英英白云			泱
滮池北流	淲沱		
視我邁邁			怖
月離於畢	麗		

續表

古文 毛詩	今文		
	魯	齊	韓
俾滂沱矣	比		
牉羊墳首	羵首		
陳錫哉周	載		載
無念爾祖	毋		
聿修厥德	述		
宜鑒於殷		儀	
駿命不易		峻	
上天之載	縡		
儀刑文王	形		
萬邦作孚		國	
天難忱斯	諶		諶
曰嬪於東	聿		
大任有身	娠	娠	娠
維此文王		惟	唯
聿懷多福		允	
倪天之妹			聲
其會如林		旝	旝
無貳爾心		毋二	
駟騵彭彭		四	
涼彼武王	亮		亮
肆伐大商	襲		
會朝清明			澮
自土沮漆		杜	
陶復陶穴	㝛	㝛	㝛
來朝走馬			趣
周原膴膴			腜
爰契我龜		挈	
縮版以載		板	

續表

古文 毛詩	今文		
	魯	齊	韓
乃立皋門			高
皋門有伉			閌
應門將將	鏘鏘		
混夷駾矣	突	突	突
維其喙矣	呬		
予曰有疏附	聿（四）	胥	
予曰有奔奏	走輳		
勉勉我王	亹		亹
瑟彼王瓚	恤	恤	恤
遐不作人	胡		
施於條枚			延
豈弟君子		凱	愷悌
求民之莫	瘼	瘼	
維此二國	惟		
乃眷西顧	睠		
此維與宅	予度		
其菑其翳			殪
天立厥配	妃		
維此王季	文王	文王	文王
貊其德音	莫		
克順克比	俾	俾	
比於文王	俾	俾	
無然畔援		換	換援
密人不恭	共		
不知不識	弗		
同爾兄弟		弟兄	
與爾臨冲			隆
白鳥翯翯	皜皜		

續表

古文 毛詩	今文		
	魯	齊	韓
鼉鼓逢逢	韸韸		
蒙瞍奏公	功、工		
孝思維則	惟		
應侯順得	慎		
昭茲來許	哉御	哉御	哉御
繩其祖武	慎	慎	慎
遹觀厥成	吷	吷	吷
築城伊淢	洫		洫
匪棘其欲		亟	
遹追來孝		聿	
自西自東		東、西	
考卜維王		惟	
宅是鎬京		度	
武王豈不仕		事	
詒厥孫謀	貽		
以燕翼子		宴	
時維姜嫄	惟	原	
以弗無子	祓	祓	祓
克岐克嶷			
蓺之荏菽			戎
禾役穟穟	穎	穎	穎
瓜瓞唪唪	菶菶	菶菶	菶菶
茀厥豐草			拂
有邰家室	臺	嫠	臺
誕降嘉種	谷	谷	谷
維秬維秠	惟	惟	惟
維穈維芑	蘴		
或舂或揄	舀	舀	舀、扰

續表

古文 毛詩	今文		
	魯	齊	韓
釋釋叟叟	浙溞		
蒸之浮浮	烰		
后稷肇禩	兆		
維葉泥泥	惟、柅		苨
敦弓既句	雕彀		
黃耇台背	鮐		
釐爾女士	士女		
公尸來止熏熏	燕醺		
假樂君子		嘉	
顯顯令德		憲	
保右命之		佑	
穆穆皇皇		煌煌	
不愆不忘		騫	
率由群匹		仇	
民之攸墍	呬		
乃造其曹	告	告	告
於豳斯館	觀		
汭鞠之即	芮陉		芮陉
豈弟君子	愷悌	凱弟	愷弟
似先公酋矣	嗣先公爾矣		
離離嗜嗜	嚹嚹		
汔可小康	迄		
憯不畏明	慘	曆	曆
以謹惽恢	謹嘵		
下民卒癉		瘯癉（亶）	
無然泄泄	泄泄	呭呭	呭呭
聽我囂囂	敖		
老夫灌灌	懽		

續表

古文 毛詩	今文		
	魯	齊	韓
小子蹻蹻	矯矯		
多將熇熇	塙塙		
民之方殿屎	吚		
天之牖民	誘	誘	誘
價人維藩	介惟		
蕩蕩上帝	盪盪		
其命匪諶	諶		
曾是強御	圉		
不明爾德，時無背無側；爾德不明，以無陪無卿	爾德不明，吕亡陪亡卿；不明爾德，吕亡背亡仄		
式號式呼		譁	
本實先撥	敗		
殷鑒不遠	監		
靡哲不愚	無		
無競維人	惟伊		
有覺德行	一	梏	
維民之則	惟	惟	惟
荒湛於酒		沈	愖
克共明刑	拱		拱
灑埽庭內			灑
修爾車馬	輿		
弓矢戎兵	戈		
用戒戎作	作則		
用逷蠻方	逖		
質爾人民	告	誥	告
白圭之玷	珪		珪
無言不讎	酬	酬	酬
於乎			嗚呼

續表

古文 毛詩	今文		
	魯	齊	韓
我心慘慘	懆		
誨爾諄諄	忳忳		
聽我藐藐	邈邈	眊眊	邈邈
曰喪厥國			聿
取譬不遠	辟		
其下侯旬	洵		
國步斯矉頻	瀕	瀕	瀕
憂心慇慇	隱		
自獨俾臧	卑		
胡斯畏忌	此		
大風有隧	泰		隊
王曰於乎		嗚呼	
饑饉薦臻		薦	
蘊降蟲蟲	爞爞		鬱炯
滌滌山川	莜莜	莜莜	莜莜
如惔如焚	炎	炎	炎
黽勉畏去。胡寧瘨我以旱	密勿	密勿 疹	密勿
有嘒其星	讞、聲	讞、聲	讞、聲
崧高維岳	嵩	嵩	嵩
駿極於天	峻	峻	峻
四國於蕃			藩
王纘之事	薦		踐
於邑於謝	序		
錫爾介圭	玠		
既入於謝	徐		
天生烝民			蒸
民之秉彝	夷		
古訓是式	故		

續表

毛詩 \ 古文	今文		
	魯	齊	韓
肅肅王命		赫	
夙夜匪解	懈		懈
征夫捷捷			倢倢
有倬其道			晫
王錫韓侯	賜	賜	
諸娣從之	姪		
魴鱮甫甫	詡詡		
武夫洸洸	僙	潢	趪
矢其文德		弛	
洽此四國		協	
鋪敦淮濆		敦彼敷	
王旅啴啴		師驒	
徐方既來		倈	
懿厥哲婦	噫		
維厲之階	惟		
鞫人忮忒	伎		
伊胡爲慝			媳
舍爾介狄	逖		
無忝皇祖	爾		
式救爾後	訛		
我居圉卒荒			御
皐皐訿訿	𧧙		
草不潰茂	匯		
如彼栖苴	柤	柤	柤
不云自頻	濱		
駿奔走在廟		逡	
無射於人斯		斁	
維天之命	惟		

續表

古文 毛詩	今文		
	魯	齊	韓
假以溢我			誐謐
維周之禎	祺		
子孫保之	孫其保		
夙夜基命宥密	謐	其	
刑文王之典		德	德
薄言震之			振
莫不震迭			振
及河喬岳	嶠		
鐘鼓喤喤	鍠	鍠	鍠
磬筦將將	管磬瑲瑲	鏘	蹡
降福穰穰	禳		
威儀反反	板		
立我烝民	蒸		
貽我來牟	釐、䅣	詒、䅣	嘉、䅣
無此疆爾界			介
率時農夫			帥
駿發爾私		浚	
在此無斁			射
以永終譽	衆		衆
以洽百禮		祫	
降福孔皆	偕	偕	偕
潛有多魚	琛		涔
和鈴央央	鉠		
鞗革有鶬	鶬	瑲	鶬
耆定爾功	武		
嬛嬛在疚	煢、㷀	煢	㷀㷀
念茲皇祖		我	
陟降庭止		廷	

續表

古文 毛詩	今文		
	魯	齊	韓
維予小子	惟		
佛時仔肩		弗	
示我顯德行	視		
莫予荓蜂	甹、夆	拼螽	
自求辛螫	赦		
拼飛維鳥			翻
其耕澤澤	郝		
有略其耜			
驛驛其達	繹		
緜緜其麃	穗		民
有椒其馨	馥	馥	馥
其饟伊黍		餉	
其鎛斯趙		椆提	
以薅荼蓼	茠滌		
積之栗栗	穦秩		
載弁俅俅	戴、頍		戴、頍
自羊徂牛			來
不吳不敖	虞驁		
於皇時周	明		
墮山喬岳	墮		
時周之命	"三家"該句下有"於繹思"句，與《周頌·賚》篇同。		
駉駉牧馬	駫	駫	駫
在坰之野	駉	駉	駉
有驈有皇	騜		
歲其有	"三家"其下有"下有年"		
詒孫子	"詒"下有"厥"字		
鸞聲噦噦	鑾	鑾、鐬鐬、鉞鉞	鐬鐬、鉞鉞
狄彼東南		鬄	

續表

古文 毛詩	今文		
	魯	齊	韓
不吳不揚	虞、陽		
憬彼淮夷	獷		獷
閟宮有侐			
王曰叔父		謂	
戎狄是膺	應		
荊舒是懲	荼		
黃發台背	鮐		
魯邦所詹	魯侯是瞻		
奄有龜蒙	弇		
遂荒大東	憮		
保有鳧繹	嶧		
黃髮兒齒	齯		
新廟奕奕	寢繹	寢繹	
湯孫奏假	假		
鼗鼓淵淵	濼濼	濼濼	濼濼
庸鼓有斁	鏞		
鬷假無言		奏	
宅殷土芒芒	殷社芒芒		
奄有九有			域
大糦是承			饎
玄王桓撥			發
率履不越	禮	禮	禮
聖敬日躋		齊	
敷政優優	布、憂	布	
百祿是遒	揫		
受小共大共	珙、拱		
爲下國駿厖	駿蒙	恂蒙	
何天之龍	寵		

續表

古文 毛詩	今文		
	魯	齊	韓
敷奏其勇	傅		
武王載斾	發		發
則莫我敢曷	遏		遏
苞有三蘖		包、栟	
九有有截			域
商邑翼翼	京	京	京
四方之極	是則	是則	是則
方斲是虔	棧		

二 《書》今古文文字之異同

《書》今古文文字之異同，在篇章上，關於：

（1）《古文尚書》篇數之多於今文者，如《盤庚》《顧命》《康王之誥》分篇，我們已引用俞樾、戴震説以見其非；如《舜典》《湯誓》《湯征》等篇，我們已引用孫星衍、江聲、徐時棟諸家之説以見古文之並不得其貫，顯非古本。

（2）《古文尚書》之誤用今文者，如漢世所得之《泰誓》《金縢》《亳姑》佚文，《酒誥》脫簡"王曰，又曰"等例，我們引用馬融、鄭玄、孫星衍、江聲諸家之説，以明古文本不當爲古。

（3）《古文尚書》篇卷之例誤者，如《盤庚》上中兩篇之次，《大誥》《康誥》《多方》之次，我們亦引用俞樾、江聲諸家之説以見古本之次第失真。

（4）更由《書序》之可疑，引用朱熹、蔡沈諸家之説，以明《書序》乃贋作。

綜此四點及所引諸古文家説，非一偏之見，已足以顯示古本不古。在文字上，也還有許多的證明，亦可分爲四項以言之：

A.《古文尚書》文字之多於今文者。

在《古文尚書》中，有些詞句較今文字數爲多，如就其所多之字句細究起來，並非古本真多，實係校增而成。例如：

（1）"帝曰：咨！汝羲暨和"。《堯典》："帝曰：'咨，汝羲暨和，朞三百有六旬有六日，以閏月定四時成歲。'"《史記·五帝本紀》作"歲三百六十六日，以閏月正四時"；《漢書·律曆志》作"歲三百有六旬有六日"。據皮錫瑞《今文尚書考證》說："蓋三家之本不同。而皆無上文'帝曰咨汝羲暨和'七字，蓋今文《尚書》本無之，非省文也。"（卷一）

《古文尚書》多此七字，但此七字，《史記》等所引俱無，據上文其是否"分命羲仲""分命和仲"而校增，殊屬疑問。因上文"乃命羲和，欽若昊天"並無"帝曰"等語，下文更無如命鯀之"帝曰：'往欽哉。'"等語，頗疑其為校增。

（2）"湯湯洪水方割"。《堯典》："帝曰：'咨，四岳，湯湯洪水方割，蕩蕩懷山襄陵，浩浩滔天……'"今文作"湯湯鴻水滔天，浩浩懷山襄陵"，皮氏《今文尚書考證》云："《史記》作'湯湯洪水滔天，浩浩懷山襄陵'。臧琳說：'……古文《尚書》"蕩蕩洪水"，今文《尚書》"湯湯洪水"。孔本不當別出"湯湯"字，蓋於"懷山襄陵"上誤衍"蕩蕩"兩字，俗人欲區別之，因據今文改上"蕩蕩"為"湯湯"。今文無"方割"，或史公所略也。……經是倒句，《史》以義讀順之……'，錫瑞謹案："臧云'蕩蕩'誤衍，是也。云'經是倒句，《史》以義讀順之'，則非。據《史記》文，則今文《尚書》直當作'湯湯鴻水滔天，浩浩懷山襄陵'耳。《皋陶謨》曰：'鴻水滔天，浩浩懷山襄陵。'此經當與《皋陶謨》同，特其上多'湯湯'二字。若'方割'字，蓋今文《尚書》本無之，非史公省文。無'方割'二字，文義為順。臧云'《史》以義讀順之'，斷'滔天浩浩'為句，安見經文非即與《皋陶謨》同耶？《論衡·感虛》篇曰：'堯之時，洪水滔天，懷山襄陵。帝堯吁嗟，博求賢者。'此今文《尚書》以'鴻水滔天，懷山襄陵'為句之證。仲任引經，惟省去'湯湯''浩浩'四字耳。"（卷一）

（3）"夔曰：'於，予擊石拊石'"。《尚書·皋陶謨》"夔曰：'於，予擊石拊石'"，孫星衍《尚書今古文注疏》云："'夔曰'，鄭注《周禮·大司樂》引作'夔又曰'，知古文有此二'夔曰'。蒙上文，故云'又'也。《史記》並此'夔曰'俱無者……以禹、伯夷、皋陶相與語帝前時，本無夔，此文又已見《堯典》，不應重出也。"時本無"夔"而有"夔曰"，古文本重出此八字，益足以見非真古本。

（4）《尚書·甘誓》："左不攻於左，汝不恭命。"皮氏考證云："《史記》'左不攻於左'下無'女不共命'句。《墨子》引《書》亦無，疑古本無之。"此《古文尚書》非真古本之顯證；校增一句，文較順適，然不知其適足見其非古本也。

（5）"方興沈酗於酒"。《尚書·商書·微子》："天毒降灾荒殷邦，方興沈酗於酒，乃罔畏畏，咈其耇長舊有位人。今殷民乃攘竊神祇之犧牷牲"，《史記·宋世家》作"天篤下菑亡殷國，乃毋畏畏，不用老長。今殷民乃陋淫神祇之禩"。皮氏考證云："方興沈酗，今文當作'並興沈湎'，説見上。《史記》無'並興沈湎於酒'句，此句之文皆見於上，不應重出，疑今文本無之。無'舊有位人'句，疑今文亦無之，或經師以舊訓老，以有位人訓長，誤入正文也。"（同上）。《古文尚書》多"方興沈酗於酒"句，皮氏云皆見於上，不應重出；上文以"方興"形容"相爲敵讎"，此文以"方興"形容沈酗於酒，實與史實未必吻合，皮氏所見甚是。《古文尚書》云："人以殷民乃攘竊神祇之犧牷牲"，亦不如今文作"今殷民乃陋淫神祇之禩"之合於古。足見《古文尚書》實經校補而失真也。

（6）"一五行"。《洪範》："一五行"。孫星衍云："史公無'一'字，古今文《尚書》《熹平石經》'爲天下王''三德'相連，則今文皆無'一''二''三''四''五''六''七''八''九'可知。古文《尚書》蓋有之。《釋文》及《疏》皆不言，馬、鄭本異於孔本也。""《説苑·修文》篇云：'書曰："五事：一曰貌。"……''五事'上亦無'二'字"，《古文尚書》相較於今文本還要淺顯明白，這是古文本的可疑之點。

（7）《洪範》："曰時五者來備"，今文作"五是來備"，《古文尚書》文義較爲明，然而不合於古；《史記》、《後漢書》、李雲、荀爽俱引今文。

（8）"以庶邦惟正之供"。《無逸》："以庶邦惟正之供""以萬民惟正之供"。今文無"以庶邦""以萬民"等字。《國語·楚語》左史倚相引《周書》："文王至於日中昃，不皇暇食，惠於小民，唯政之恭。"《漢書·谷永傳》引"經曰：'繼自今嗣王，其毋淫於酒，毋逸於游田，惟正之共。'"《熹平石經》亦作"……酒，毋勮於游田，維□□共。"皮錫瑞云："石經與《谷永傳》引下文皆無'以萬民'三字，《楚語》引此文亦無'以庶邦'三字，蓋今文《尚書》本無之。《楚語》與今文合"，《古文尚書》轉與《楚語》不合。亦足見其非真古本。"毋淫於酒，毋勮於游田"，古文作"則其毋淫於觀、於逸、於游、於田，以萬民惟正之供"，亦係以意校改。

（9）"三年不言。其惟不言，言乃雍"。今文無"其惟不言"句，《史記》《大傳》《論語·憲問》《禮記》之《檀弓》《喪服》《四制》及《論衡·儒增》所引並無。皮氏云："以文義論，古文《尚書》亦不當有。惟《禮·坊記》引：'高宗云："三年其惟不言，言乃讙。"'鄭注：'高宗，殷王武丁也，名篇，在《尚書》。'案：《書序》有《高宗之訓》，《高宗》即《高宗》之訓也。"（卷二十）知此句乃作僞古文者增竄。

（10）"乃汝盡遜，曰時叙"。《康誥》："乃汝盡遜，曰時叙，惟曰未有遜事。"《荀子》之《致士》《君道》兩引均無此句，此《古文尚書》與《荀子》所見古本不合。可知其非真古。

B.《古文尚書》文字之少於今文者。

此類亦有：

（1）"帝曰：'我其試哉。'"《尚書·堯典》："帝曰：'我其試哉。'"皮氏考證云："《論衡》所引經，與今本同。臧琳説：'今文《尚書》作"吾其試哉。觀其德於二女"。'其説非是。《史記》《論衡》皆有'堯曰'，則今文《尚書》有'帝曰'二字，馬、鄭、王本皆無'帝曰'，由當時庸生之徒漏之，直以'我其試哉'爲四嶽語，其義殊不可通。古文《尚書》不如今文《尚書》，即此可證。段玉裁偏執古文爲是，尤非也。"（同上）《史記》《論衡》所引皆有"堯曰"，馬、鄭、王本明無"帝曰"，《古文尚書》直以"我其試哉"爲四嶽説，自不通。古文少"帝曰"二字且不如今文，此證甚爲明顯。

（2）《舜典》："望秩於山川。"今文《尚書》作"望秩於山川，徧於群神"。《古文尚書》少"徧於群神"四字。

（3）"如西禮"。《堯典》："至於北嶽，如西禮。"今文《尚書》更有"還至嵩，如初禮"。伏生實以嵩山列五嶽之中，《古文尚書》故爲删去，然於實際殊不合也。

（4）"脩五禮、五玉"。《堯典》："脩五禮、五玉、三帛"，《漢書·郊祀志》作"脩五禮五樂"，孫星衍云："《大傳》'五玉'作'五樂'……《郊祀》'五玉'亦作'五樂'，是今文有'五樂'，在'五禮'之下，或即'五玉'之異文。"陳喬樅云："《王制》云：'禮樂制度衣服正之。'則其所據《尚書·堯典》必有'脩五禮五樂'之文"，皮錫瑞云："據《大傳》與《漢志》，今文有'五樂'字無疑。然帛所以薦玉，下有'三帛'字，無'五玉'則文義不完，經文'五樂''五玉'皆當有之。"（卷一）此足見《古文尚書》少此"五樂"二字之非。

（5）"帝乃殂落"。《尚書·舜典》："帝乃殂落"，段氏《證異》云："《孟子》《春秋繁露》《帝王世紀》皆作'放勛'字，董子用今文《尚書》者，許叔重、皇甫士安用古文《尚書》者，疑古文作'方勛'，今文作'放勛'，皆不作'帝'也。《説文》無'落'字，當是古文《尚書》。《孟子》《繁露》《爾雅》《白虎通》有'落'字，則同今文《尚書》。"《古文尚書》不與《孟子》同，今文《尚書》反與《孟子》同，可見古《書》實非古本。

（6）《尚書·益稷》："帝曰：……無若丹朱傲……禹曰：予……娶於塗山"，《史記》云："帝曰：'毋若丹朱傲，維慢游是好。'"《正義》云："此二字及下'禹曰'，《尚書》並無。太史公有四字，帝及禹相答極爲次序，當應別見書。"皮錫瑞云："要以今文有此四字爲長。"（卷二）

（7）《尚書·微子》："殷其弗或亂正四方。"今文作"殷其不有治政，是不治四方。"孫星衍曰："史公'四方'上又有'不治'二字者，言殷其不有治政，是不治四方也。"（據孫星衍《尚書今古文注疏》）今文多二字而語意圓融，古文削去二字，雖覺簡古，而於文法實不合，貌爲古本，而實失真。

（8）《尚書·微子》："用亂敗厥德於下。"據《史記》曰："婦人是用，亂敗湯德於下"。皮氏考證云："今文《尚書》多'婦人是'三字，於'用'字絕句。'厥德'作'湯德'，則亦史公易之使人易曉也。《漢書·谷永傳》灾異對曰：'湛湎荒淫，婦言是從。'又黑龍見東萊對曰：'臣聞三代所以隕社稷喪宗廟者，皆由婦人與群惡沈湎於酒。'《五行志》成帝永始二年星隕如雨，谷永對曰：'臣聞三代所以喪亡者，皆繇婦人群小湛湎於酒。'是子雲所據今文《尚書》有'婦人是用'句，與《史記》合。《列女·殷紂妲己傳》曰：'比干諫曰："不修先王之典法而用婦言，禍至無日。"'不修先王典法，所謂敗湯德也。孫星衍說：'按：《大誓》："紂乃斷棄其先祖之樂，乃爲淫聲，以説婦人。"則史公言"婦人是用，敗湯德於下"，正謂棄其先祖之樂，爲淫聲。'"（同上）今文《尚書》多'婦人是'三字，於用字句絕，不惟有《史記》與《谷永傳》《列女傳》足證，更有《泰誓》足證，可見今文《尚書》有本，《古文尚書》删去此三字以求文從字順，實非古本，由《泰誓》言之，其證甚確也。

（9）"昏棄厥肆禩弗答"。《牧誓》："昏棄厥肆禩，弗答；昏棄厥遺王父母弟不迪。"據《史記》引爲"自棄其先祖肆禩不答，昏棄其家國，遺其王父母弟不用"，皮錫瑞云："案：今文《尚書》多'先祖'字與'家國'字，於'國'字絕句。'厥'作'其'，'迪'作'用'，故訓字。"（卷十）今文《尚書》多先祖字，據《泰誓》："遺厥先宗廟弗禩"；《墨子·天志中》引《太誓》："棄厥先神祇不禩"；《非命上》引《太誓》："禍厥先神禔不禩。"《牧誓》《太誓》文多相同，今文《尚書》多"先祖"字實較有本，《古文尚書》之非真古本，於此亦可見。

（10）"日月之行"。《書·洪範》："日月之行，則有冬有夏。"今文作"則有冬有夏，有寒有暑"，蓋古文故删"有寒有暑"四字以表示其與今本不同，爲古本也。

(11)"六伐七伐"。《書·牧誓》"不愆於四伐、五伐、六伐、七伐，乃止齊焉。"江聲云："《樂記》注引此經，云：'不過四伐五伐。'《曲禮》疏、《樂記》疏引此經，皆無'六伐七伐'字。此注云'多者五伐'，疑鄭本古文《尚書》無'六伐七伐'。但《史記》及《石經》皆有此四字。"今文《史記》、《石經》傳者多此四字，《古文尚書》轉無此四字，則頗疑《古文尚書》其未必爲真古本

(12)"克明德慎罰"。《書·康誥》："惟乃丕顯考文王克明德慎罰。"《尚書大傳》引作"惟乃丕顯考文王，克明俊德……此之謂慎罰"。今文《尚書》"克明德"本作"克明之德"，不單作"克明德"的。《荀子·正論》引作"克明之德"，皮氏考證云："《荀子·正論》篇：'《書》曰："克明明德。"'謂王道貴宜明，不當以玄而難知使人疑。《荀子》在焚書前，其所引《書》可據。大、小戴《記》與大、小夏侯《尚書》同出自夏侯始昌，而《大學》引《康誥》曰'克明德'，與《大傳》異者，蓋《大傳》多'俊'字，乃歐陽異文。段玉裁云：'"俊"字當是本作"明"，淺人所改。'恐未可據。"（卷十四）由《荀子》看來，《古文尚書》本作"克明明德"，更有《大傳》爲證；今本《古文尚書》但作"克明德"，與《荀子》不合，其非真古本，此亦一證。

(13)"無作怨"。《康誥》："無作怨，勿用非謀、非彝，蔽時忱。"今文作"毋作怨，毋俷德"。皮氏考證："《史記·三王世家》燕王旦策文曰：'毋作怨，毋俷德。'……《漢書·武五子傳》燕王旦策文曰：'毋作怨，毋作棐德。'……段玉裁説：'"毋俷德"疑亦用《康誥》"勿用非謀、非彝，蔽時忱，丕則敏德"等語。'"（卷十四）《古文尚書》少此一語，與今文《尚書》不合，恐《古文尚書》亦係由删訂使然。

(14)"罔弗憝"。《康誥》："殺越人於貨，暋不畏死，罔弗憝。"《孟子·萬章下》引作"殺越人於貨，閔不畏死，凡民罔不憝。"比《古文尚書》多"凡民"二字，此《古文尚書》與《孟子》不合之證。

(15)"舊爲小人，作其即位"。《尚書·無逸》："舊爲小人，作其即位，爰知小人之依"，今文作"久爲小人，於外，知小人之依"。《古文尚書》據上文增"作其位"句，其實雖無此句，文義亦明。

以上所舉十五例雖非具有明證，然從（1）（3）（6）（9）（10）（13）等證看來，《古文尚書》或與《墨子》《荀子》《繁露》等書不合，係晚出校訂本，可知其非真古本。

C.《古文尚書》之故爲誤倒複迭者。

《古文尚書》與今文之異同，更有重迭與顛倒之文，如：

(1)《堯典》:"肇十有二州,封十有二山,浚川。"《尚書大傳》:"壇四奧,沈四海,封十有二山,兆十有二州,浚川。"鄭注:"兆,域也,爲營域以祭十二州之分星也。壇、沈、封、兆,皆因所宜爲之名。"江聲《音疏》云:"先儒以肇之言始,解爲始分十二州,殊未安也。聲竊謂十二州蓋自古有之,此當如《大傳》作'兆十有二州',皮氏考證云:"鄭以兆爲垗之假借,蓋今文家說如是,故'兆十有二州'在'封十有二山'之下。"(皮錫瑞《今文尚書考證》卷一)

(2)《益稷》:"帝曰:吁,臣哉鄰哉,鄰哉臣哉!"皮氏考證《史記》曰:"帝曰:'臣哉,臣哉。'""《三國・魏紀》何晏奏曰:'舜戒禹曰:"鄰哉,鄰哉。"言甚所近也。'蓋皆今文《尚書》與古文異。"(皮錫瑞《今文尚書考證》卷二)以上二例,今文文句似遠不及古文,實因《古文尚書》既非真古本,而其文句有脩飾,詞義或不及,則出於《古文尚書》之脩飾可知。

(3)《盤庚下》:"今予其敷心腹腎腸,歷告爾百姓於朕志。"據《正義》云:"夏侯等《書》'心腹腎腸'曰'憂''優'之誤。腎'賢'之誤。腸,'揚'之誤。"今文"心腹腎腸"作"優賢揚"與下"歷"字爲句。《三國志・魏書・管寧傳》:"太僕陶丘一等薦寧曰:'優賢揚歷,垂聲千載。'"裴松之注云:"今文《尚書》曰'優賢揚歷',謂揚其所歷試。"《文選》左太冲《魏都賦》曰:"優賢著於揚歷"(皮錫瑞《今文尚書考證》卷六)張載注曰:"《尚書・盤庚》曰:'優賢揚歷。'歷,試也。""今文《尚書》'優賢揚'雖誤爲'憂腎腸',然其說不誤,其義亦不誤。《古文尚書》改爲'心腹腎腸',治古文者以古文易於明瞭而訕笑今文因夏侯之'優賢揚'爲非是。"(《文選注》)其實,這明是古文的修訂。我們如細思:①說到"敷心腹",如後來所常用之"敢布腹心"也就夠了,並無説到腎腸之必要,後來人亦但用"腹心","心腹腎腸"四連用於意義已不類。②依《古文尚書》"歷當下屬爲"句作"歷告爾百姓於朕志","歷告"在下文"亦但"說"今我既羞告爾於朕志",始用"羞告",不用在《盤庚上》,更只云"格汝衆,予告汝訓汝",更無所謂"羞告""歷告",依古文本,"歷"字是大不好講的。③既云"今""予其敷心腹腎腸",則下文亦不當云"歷告爾百姓於朕志"。"今"只代表現在,"歷"顯代表較長之時間的。④下文云"予其懋簡相爾,念敬我衆""式敷民德,永肩一心",正是"優賢",《盤庚下》篇所云一切亦正是"揚歷"。由此四點看來,《今文尚書》所云與下文合,《古文尚書》所改辭既重迭義亦不合,古文家只看見"心腹腎腸"好懂而詆今文,殊不知今文說並不誤,而古文實訛誤。

(4)《洪範》:"五曰思……思曰睿。"今文《尚書》"五曰思","思"下多"心"字,"思曰睿"作"思心曰睿"。皮氏《考證》引錢大昕説云:"容與恭、從、聰爲韵。康成以爲之訛,破容爲睿,晚出古文因之,未必鄭是而伏非。……若睿哲之義,已於明聰中該之矣。"(皮錫瑞《今文尚書考證》卷十一)《古文尚書》"容"作"睿"於韵於義並不合,錢氏治古文崇鄭學,亦不能爲之諱也。

(5)"惟辟作福,惟辟作威"。《洪範》:"惟辟作福,惟辟作威,惟辟玉食。臣無有作福、作威玉食。臣之有作福作威玉食",據《漢書》之《王嘉傳》《楚元王傳》《王商傳》,《後漢書》之《李固傳》《襄楷傳》《張衡傳》《荀爽傳》《第五倫傳》《王震傳》《蔡邕傳》所引《書》語看來,漢人所引此段文皆先"威"後"福",《古文尚書》與今文之次第不同,當亦係有意爲之,故爲立異。

(6)"恐沈於衆"。《盤庚上》:"恐沈於衆。"孫星衍云:"引下文有云'惡之易也',恐惡衆易。字形相似,或古文作'惡之易'三字,未敢定之。"(《尚書今古文注疏》卷六)這是《古文尚書》與古傳不相合的地方。《古文尚書》是否爲真古本,在孫星衍亦以爲未敢定之。

(7)"曰圛"。《洪範》:"曰雨,曰霽,曰蒙,曰圛……"江聲《尚書集注音疏》云:"圛……《正義》本改作圛,《説文》及《周禮注》皆引作圛。……《説文》口部引此經曰:'圛,而説之雲圛,升雲半有半無,是其説也。許叔重受學於賈侍中逵,所纂《説文解字》頗用師説,此經圛字古文作悌,賈君從今文定爲圛。'"(據《清經解 清經解續編》卷三九四。)古文爲悌,賈氏從今文定"圛",則古本之字亦未必更準於今文。

(8)"在治忽"。《益稷》:"予欲聞六律五聲八音。在治忽。"《史記》作"來始滑",《漢書》作"七始咏","忽"又或作"曶",鄭康成曰:"笏也。"江聲云:"'在治忽'今文作'采政忽'。案:鄭君傳古文,據鄭君注,古文作'在治',非忽也。兹不從古文者,以'七始咏'之誼,實精於'在治忽',吾擇善而從焉。據《書大傳》,有'六律五聲八音七始'之文,則'七始咏'之本,乃當時博士所傳,其原出於伏生者,實是今文矣。而《索隱》乃云今文作'采政忽',蓋當時今文家有三,其本容有互異。"(《尚書集注音疏》,《清經解 清經解續編》卷三九一)江氏明云"七始咏"之誼實精於"在治忽",孫星衍亦據《國語·楚語》等書云"可證今文之有本",可見古文本確非原本,不如今文,江、孫二氏立説並同。皮錫瑞云:"疑《班志》用今文作'七始訓',《史記》則作'來始曶',文異而義不異。……《班志》今訛作'咏',蓋因《班志》下云'順以歌咏五常之言',淺人遂改'訓'爲'咏'耳。"(皮錫瑞《今文尚書考證》卷二)

除上舉數例外，尚有：

(9)《盤庚中》："后胥戚鮮"，今文本"戚"作"高"。

(10)《盤庚中》："自怒曷瘳。"今文本"怒"作"怨"。

(11)《盤庚中》："汝有戕則在乃心。"今文本"戕"作"近"。

(12)《盤庚中》："各設中於乃心。"今文本作"各獻中於乃心"。

(13)《盤庚上》："汝無老侮成人"，今文本作"汝無禽侮成人"。

(14)《盤庚上》："有佚罰。"今文本作"是有逸罰"。

(15)《盤庚下》："無戲怠，懋建大命。"今文作"無戲怠，女罔台民"。

(16)《洪範》："天乃錫禹，洪範九疇"，今文本"洪"作"鴻"。

(17)《洪範》："沉潛剛克"，今文本"潛"作"漸"。

(18)《梓材》"戕敗人，宥。王啓監，厥亂爲民。"今文本爲"強人有王，開賢厥率化民"。

(19)《君奭》："割申勸寧王之德"，今文本作"厥亂勸寧王之德"。

(20)《堯典》："欽明文思"，今文本"思"作"塞"。

(21)《堯典》："靜言庸違"，今文本作"靖言庸回"。

(22)《舜典》："汝后稷"，今文本"后"作"居"。

(23)《舜典》："惟刑之恤哉。"今文本"恤"作"謐"。

(24)《舜典》："朕堲讒說殄行"，今文本"讒"作"齊"，"行"作"偽"。

(25)《益稷》"戛擊鳴球。"今文"戛擊"作"拮隔"。

(26)《皋陶謨》："庶明勵翼"，今文本"勵"作"高"。

(27)《禹貢》："厥篚厱絲。"今文本作"厱"作"會"。

(28)《湯誓》："夏罪其如台。"今文本"夏"作"有"。

(29)《盤庚上》："惟汝含德"，今文本"含"作"舍"。

(30)《盤庚上》："相時憸民"，今文本"憸"作"散"。

(31)《盤庚上》："器非求舊"，今文本"求"作"殺"。

(32)《盤庚中》："爾謂朕"，今文本"謂"作"惠"。

(33)《微子》："今殷其淪喪"，今文本"淪"作"典"。

此三十餘例，如例(1)(5)(6)(8)，江聲所認古文非而今文是；例(2)，孫星衍以爲古文不合；例(4)，錢大昕以爲古文不合；例(14)(16)(17)等則《古文尚書》不合於《左傳》《國語》《呂氏春秋》等書。《古文尚書》與古書所引本不合，而文義又多謬誤，其非真古本，甚顯明。昧者不察，以其校改之處易於了解，不如今文之多難明而誤信爲真古，甚非也。此外，《古文尚書》與《今文尚書》文字多寡之異同，尚有：

(1)《皋陶謨》:"亦言其人有德",今文無"人"字。
(2)《益稷》:"既益奏庶鮮食",今文"鮮"上多一"稻"字。
(3)《益稷》:"又歌曰",今文作"帝又歌曰"。
(4)《皋陶謨》:"予敢動用非罰",今文"敢"上多一"不"字。
(5)《盤庚中》:"汝不憂朕心",今文"汝"上多一"今"字。
(6)《高宗肜日》:"惟天監下民",今文作"惟天監下"。
(7)《高宗肜日》:"民中絕命",今文作"中絕其命"。
(8)《微子》:"我祖底遂陳於上",今文無"底"。
(9)《微子》:"我用沈酗於酒",《今文尚書》少一"用"字。
(10)《微子》:"若涉大水,其無津涯",《今文尚書》作"昔涉水,無津涯"。
(11)《洪範》:"於其無好德。"《今文尚書》本作"於其毋好"。
(12)《洪範》:"身其康强,子孫其逢吉"。《今文尚書》作"而身其康强,而子孫其逢吉"。
(13)《金縢》:"惟爾元孫某",《今文尚書》作"惟爾元孫王發"。
(14)《金縢》:"亦永有依歸",《今文尚書》作"亦永有所依歸"。
(15)《金縢》:"今我即命",《今文尚書》作"今我其即命"。
(16)《洛誥》:"揚文武烈",今文作"揚文武之德烈"。
(17)《洛誥》:"和恒四方民",今文作"和恒萬邦四方民"。
(18)《多士》:"時惟天命,無違",《今文尚書》作"維天命元"。
(19)《多士》:"王曰多士",今文本作"王曰告爾多士"。
(20)《無逸》:"七十有五年"。今文本作"七十五年"。
(21)《無逸》:"嗣王,其監於茲",今文本作"嗣王監於茲"。
(22)《立政》:"謀面用丕訓德",今文本作"亂謀面用丕訓德"。
(23)《立政》:"惟克厥宅心",今文作"維厥度心"。
(24)《立政》:"不訓於德",今文本作"不訓德"。
(25)《吕刑》:"劓刵椓黥(劓刖)"。今文本作"臏宫劓割頭庶剠"。
(26)《吕刑》:"皇帝清問下民",今文本作"帝清問下民"。

此二十餘例,《古文尚書》比今文多一二字或少一二字,這有一種很大的可能就是據上下文增補删削而成,我們只看上舉"帝乃徂落""汝不恭命""恐沈於衆""六伐七伐""克明德慎罰""以庶邦惟正之共"等等不合於《孟子》《墨子》《左傳》《國語》《荀子》等書,《古文尚書》在有古人徵引的文句中都任意删削增補,則可無疑於此二十餘條之究爲真本抑未必爲原文了。

附： 《尚書》今古文文字異同表

古文	今文			
	歐陽	大夏侯	小夏侯	今文
曰若稽古			曰若	粵若
帝堯曰放勳（注一）	勳			勳
欽明文思	欽思			聰塞
安安	晏晏			
允恭克讓	讓		攘	
光被四表廣		光橫	光橫	廣
格於上下（注二）	假			格
克明俊德	馴迻		峻	俊
平章百姓	辨辨		辨乎	便章
協和萬邦	恊、國		恊、國	葉
於變時雍			蕃	卞
乃命羲和	曦		乃羲	
敬授人時	民		民	
宅嵎夷	度鐵		度嵎鐵	鬱夷
曰暘谷	湯		崵	
平秩東作	辨秩		平秩	便程
以殷仲春	中			中
鳥獸孳尾	字微			
宅南交	度			
平秩南爲	辨、僞			便程、爲
以正仲夏	中			
分命和仲	中			
宅西	度西			
曰昧谷	椰谷	椰谷		
寅餞納日	入			
平秩西成	辯秩			便程
宵中星虛	夜			夜
以殷仲秋	正中			正中

續表

古文	今文			
	歐陽	大夏侯	小夏侯	今文
厥民夷	易			
鳥獸毛毪	毪			
宅朔方	北方			
平在朔易	辯在			便在
以正仲冬	中			
厥民隩				奥
鳥獸氄毛	毳		毺	
帝曰咨汝羲暨和	（均無此七字）			
朞三百有六旬	歲		歲	朞
以閏月定四時			定	正
庶績咸熙	咸熙			咸喜
帝曰疇咨	訓咨			疇咨
若時登庸	徵			
胤子朱啓明	開			
帝曰吁嚚訟	頑凶			
驩兜曰都	謹		謹	歡
共工方鳩僝功	旁		旁僝	
靜言庸違	靖言庸回			靖
象恭滔天	恭			龔
咨四嶽	咨嶽			咨嶽
湯湯洪水方割蕩蕩懷山襄陵浩浩滔天	湯湯鴻水滔天浩浩懷山襄陵		襄山、襄陵	
有能俾乂	艾			
僉曰於鯀哉			鯀	
方命圯族	放		方	
績用弗成	不			
咨四嶽	嶽			
巽朕位	踐			
否德忝	鄙			

續表

古文	今文			
	歐陽	大夏侯	小夏侯	今文
明明揚側陋	側		仄	
有鰥在下	鰥			矜
象傲	弟			
以孝烝烝	蒸蒸		蒸蒸	
乂不格奸	艾			
我其試哉	帝曰我其試哉			
納於百揆	入			
百揆時叙	序			
納於大麓	入		納錄	
烈風雷雨弗迷	不			列
底可績三載				年
弗嗣	不台		不台	
在璇機玉衡	旋		璇璣	璇機、璇璣
肆類於上帝	肆遂		遂	
禋於六宗	湮、烟			禋
望於山川	望秩		望秩	
徧於群神	班、辯		徧班辯	辯
輯五瑞	揖		揖	
既月乃日	擇吉月日		擇吉月日	
覲四嶽群牧	見四嶽諸		見四嶽諸	
班瑞於群后	牧班瑞		牧班瑞	
歲二月東巡守	狩		守	
至於岱宗柴	柴		祡	
望秩於山川	望秩於山川徧於群神		望秩於山川班於群神	
肆覲東後	遂覲		遂見	
協時月正日	協		葉	
同律度量衡			乃同	
修五禮五玉	五禮五樂		五禮五樂	

續表

古　文	今　文			
	歐陽	大夏侯	小夏侯	今文
二生	牲		牲	
贄	爲摯		爲贄	
至於南嶽	嶽			
至於西嶽	嶽			
至於北嶽	嶽			
如西禮	如西禮還白 嵩如初禮		如西禮還白 嵩如初禮	
歸格於藝祖	假禰祖		祖禰	
五載一巡守			狩	歲狩
敷奏以言	傅		傅	
肇十有二州， 封十有二山濬川	封十有二山兆 十有二州濬川		肇十有二	州、決川
眚災肆赦	烖過			
惟刑之恤哉	謐		恤	
流共工於幽州	都州			
帝乃殂落	放、勛			
三載	三年			
汝后稷	居			
五品不遜	訓		訓	馴
敬敷五教	而敬敷			祗、傅
在寬	五教在寬			
蠻夷猾夏	滑、猾		猾	
寇賊姦宄	姦宄、姦軌		姦軌	姦軌
汝作士				士師
五流有宅五宅三居	度			
惟明克允	維明			維明維允
殳斨暨伯與			朱、譽	
僉曰益哉	禹			
咨四嶽	嶽			

續表

古　文	今　文			
	歐陽	大夏侯	小夏侯	今文
僉曰伯夷			柏夷	
咨伯			咨爾伯	
夙夜惟寅	維			
直哉惟清	維			
帝曰夔	夔		夔	歸
教胄子	育		冑	
寬而栗	栗	栗	栗	栗
歌永言，聲依永	永		哥咏	
無相奪倫	無			毋
予擊石拊石				磬
堲讒說殄行震驚朕師	振、偽			振（齊說）
命汝作納言夙夜出納朕命	入納		入	
惟時亮天功	工		工	
三載考績	歲			載
三考黜陟幽明				載
庶績咸熙				喜
舜生三十徵庸	用			
三十在位，五十載陟方乃死	二			
惇叙九族	序		叙	
庶明勵翼				高
禹拜昌言	昌	黨	讜	
惟帝其難之	帝其難		帝其難	帝難
知人則哲			悊	
能哲而惠	能			能（且）
皋陶曰都	俞、都			
亦言其人有德	其、有			
願而恭	共			
彰厥有常	章			

續表

古　文	今　文			
	歐陽	大夏侯	小夏侯	今文
夙夜浚明有家	蚤			
日嚴祗敬六德	振			
亮采有邦	國			
翕受敷施	普			
俊乂在官	乂		艾	
無教逸欲有邦	教			教
兢兢業業	兢兢			矜矜
一日二日萬幾				機
無曠庶官	毋		毋	
天工人其代之	功		功	
五刑五用哉	用		庸	
戀哉戀哉	茂			
天明畏	威			
達於上下	通			
予未有知	余			
帝予何言	予何言			
予思日孜孜	孳			孳
洪水滔天	鴻			
予乘四載	予陸行乘車水行乘舟泥行乘橇山行乘檋		陸行載車水行乘舟泥行乘毳山行則梮	陸行乘車水行載舟泥行蹈毳山行即橋
隨山刊木（本）	栞			
暨益奏庶鮮食	暨益奏庶稻鮮食			
浚畎澮	浚			
戀遷有無	貿		楙、茂	
烝民乃粒（注三）	立			
萬邦作乂	國、艾			
師汝昌言	斯			

續表

古　文	今　文			
	歐陽	大夏侯	小夏侯	今文
其弼直	愩			
臣哉鄰哉				
藻火	藻			璪
彰施於五色	章			
在治忽以出	七始訓		七始咏	黎始昌
納五言汝聽	入女		内女	
萬邦黎獻				儀
共惟帝臣				具
敷納以言	傅		傅	賦
明庶以功			試	
車服以庸	畢、有			車、以
無若丹朱傲	帝曰毋傲			
惟慢游是好	維			
罔晝夜頟頟				鄂鄂
朋淫於家	風			
娶於塗山	禹曰予娶			
啓呱呱而泣	開			
苗頑弗即工	不、功			
惟叙	序			
皋陶方祗厥叙	旁、緒			
方施象刑惟明	旁、維			
夔曰戛擊鳴球				拮隔
祖考來格	假			
下管鼗鼓			鼗	
合止祝柷	柷敔			祝圉
鳥獸蹌蹌	鶬鶬			
夔曰於予擊石拊石	（無此八字）			（無此八字）
敕天之命	陟			

續表

古 文	今 文			
	歐陽	大夏侯	小夏侯	今文
惟時惟幾	維			
揚言曰	揚			
又歌曰	帝又歌曰			
禹敷土	傅		敷	
隨山刊木	栞		栞	
至於岳陽	岳		岳	
至於衡漳			章	
厥賦惟上上錯	賦上上		厥賦上上	
厥田惟中中	田中中		厥田中中	
島夷皮服	鳥		鳥	
入於河	海		河	
濟河惟兗州	維沇		沇	
灉沮會同	雍		雍	
是降丘宅土	民乃度			
厥草惟繇	草、繇		蘨	
厥木惟條	木條		木條	
厥田惟中下	田中下		厥田中下	
厥賦貞	賦貞		賦貞	
十有三載乃同	年		年	
厥篚織文	其篚		柒	
浮於濟漯	濟		沇	
達於河	通		通	
海岱惟青州	維		惟	
嵎夷既略	禹鐵			禹鐵
濰淄其道	既		惟甾	
海濱廣斥	濱烏		瀕烏	
厥田惟上下	田上下			
厥賦中上	賦中上			

續表

古　文	今　文			
	歐陽	大夏侯	小夏侯	今文
厥貢鹽絺			貢鹽絺	
海物惟錯	維			
厥篚檿絲	筐		棐檿	
達於濟	通濟		通泲	
惟徐州	維		惟	
大野既豬	都		壄	
厥田惟上中	田上中			
厥賦中中	賦中中			
厥貢惟土五色	貢維		貢	
羽畎夏翟			狄	
泗濱浮磬	瀕			
淮夷蠙珠暨魚	㟷		㟷	玭珠㟷
厥篚玄纖縞	筐		棐	
達於河	通、河		菏	
淮海惟揚州	惟、楊		惟、楊	揚
彭蠡既豬	都		豬	豬
陽鳥攸居	攸		逌	
震澤厎定				振
筱簜既敷	竹箭既布		竹箭既敷	筱簜既敷
厥土惟塗泥	厥土塗泥			
厥田唯下下	田下下			
厥賦下上，上錯	賦下上上		賦下上	
厥貢惟金三品	貢金三品			
瑤琨筱簜	竹箭瑤琨		瑤瑻筱簜	
齒革羽毛惟木	齒革羽旄		齒革羽旄	
島夷卉服	鳥		鳥	
厥篚織貝	筐		棐	
沿於江、海	均		均	

續表

古　文	今　文			
	歐陽	大夏侯	小夏侯	今文
達於淮、泗	通			
及衡陽惟荊州	維		惟	
沱潛既道	汷潛既道		灉	
雲土夢作乂	艾		艾	
厥土惟涂泥	厥土涂泥			
厥田惟下中	田下中		田下中	
厥賦上下	賦上下		賦上下	
厥貢羽毛齒革	貢羽旄			
惟金三品	金三品			
杶幹栝柏			干	芚
礪砥砮丹			厲	
惟菌簵楛	維		維	惟箭足杆
三邦厎貢厥名	國		國	
九江納錫大龜	入賜		納錫	
厥篚玄纁璣組			棐	
浮於江沱潛漢	汷於漢		灉漢	
踰於洛	踰雒		踰雒	
荊河惟豫州	維		惟	
伊洛瀍澗	雒		廛	
滎波既豬	播、都			炎
導菏澤	道菏澤		道菏澤	
被孟豬	孟諸		盟豬	明都
厥土惟壤	厥土壤		厥土維壤	
厥田惟中上	田中上		田中上	
厥賦錯上中	賦錯上中		賦錯上中	
厥貢漆枲絺紵	貢漆絲		貢漆枲	
厥篚纖纊			棐	
浮於洛達於河	雒通			

續表

古　文	今　文			
	歐陽	大夏侯	小夏侯	今文
華陽黑水惟梁州	維		惟	
岷嶓既藝	汶、埶		岷、蓺	
沱、潛既道	涔		灊	
厥土青黎	驪		黎	
厥田惟下上	田下上		田下上	
厥賦下中三錯	賦下中		賦下中	
西傾因桓是來	傾來		傾倈	
浮於潛踰於沔	涔踰		灊踰	
黑水西河惟雍州	維		惟	
灃水攸同			酆、逌	
終南惇物	敦		惇物	
至於豬野	都野		豬壄	
三危既宅	度			
厥土惟黃壤	土惟黃壤			
厥田惟上上	田上上			
厥賦中下	賦中下			
厥貢惟球琳	貢球琳		貢球琳	
織皮昆崙析支	昆侖		昆侖	
渠搜西戎即叙	搜、序		叟、序	
導岍及岐	道九山		道	
踰於河	踰		踰	
至於太嶽	嶽		嶽	
厎柱析城	砥		厎	
太行恒山	常		恒	
西傾朱圉	傾		傾圉	
至於陪尾	負		倍	
導嶓冢	道		道	
岷山之陽	汶		緡	

续表

古　文	今　文			
	歐陽	大夏侯	小夏侯	今文
至於敷淺原			傅	
導弱水	道九水		道	
至於合黎				離
導黑水	道		道	
導河	道		道	
南至於華陰	南至華陰			
東至於厎柱	東至厎柱			
又東至於孟津	盟		盟	
東過洛汭	雒		雒	
至於大伾	邳		伾	岯
北過降水	絳		絳	
同爲逆河	迎			
入於海	渤海			
嶓冢導漾	道漾		道漾	
東爲滄浪之水	蒼		滄	
至於大別	入		至	
岷山導江	汶、道		嶓、道	
又東至於澧	醴		醴	
導沇水	道			
東流爲濟	東爲濟		東流爲沛	
溢爲榮	泆		軼	
東出於陶丘北	東出陶丘北			
又東至於菏	荷		荷	
又北東入於海	東北		北東	
導淮	道		道	
導渭	道			
東會於澧	醴			
又東會於涇	東北至於		東會於	

續表

古　文	今　文			
	歐陽	大夏侯	小夏侯	今文
導洛	道雒			
又東北入於河				
九州攸同	攸		逌	
四隩既宅	奧度		奧度	
九山刊旅	栞		栞	甄
九川滌源	既疏			
九澤既陂	既灑			
六府孔修	六府			大府三事
中邦	國		國	
百里賦納總	納		內	
二百里納銍	納		內	
三百里納秸服	納		內夏服	
二百里男邦	任國		男國	
朔南暨聲教	臮			
天用剿絕其命	剿		剿	操或剿
惟恭行天之罰	維共		共	龔
左不攻於左	左不攻左			左不共於左
汝不恭命	左右不攻			左
右不攻於右	於右汝不			右不共於
汝不恭命	共命			右
御非其馬之正	正			正
汝不恭命	共			共
弗用命，戮於社	不僇			
予則孥戮汝	奴僇女		奴僇女	
格爾眾庶悉聽	格女衆庶			
朕言非台小子	未悉聽朕			
敢行稱亂，有夏	言匪台小			
有夏多罪天命殛之	子敢行舉			

續表

古文	今文			
	歐陽	大夏侯	小夏侯	今文
今爾有衆，汝曰	亂有夏多			
我后不恤我衆	罪予維聞			
舍我穡事而割	汝成言夏			
正夏予惟聞	氏有罪予			
汝衆言夏氏有罪	罪上即不			
予畏上帝不敢不正	敢不正今有夏多罪天命殛之今爾有衆汝曰我后不恤我衆舍我穡事而割正夏			
今汝其曰夏罪其如台	汝其曰有罪其如台			
率割夏邑	奪國		割邑	
曰時日曷喪				害
予及汝皆亡				偕
爾尚輔予一人	及			
爾無不信	汝			
爾不從誓言	汝			
予則孥戮汝	奴僇			
罔有攸赦	無			
盤庚	般			
率吁衆戚	戚		戚	
顛木之有由蘗			粵櫱	
格汝衆			裕女	
王播告之			譒	
今汝聒聒			懖懖	
惟汝含德	女舍			
不惕予一人			施	
予亦拙謀				炪

續表

古文	今文			
	歐陽	大夏侯	小夏侯	今文
服田力穡			嗇	
不昬作勞	昏		昏	
汝悔身何及	命			
相時憸民	散			
恐沈於衆	於衆惡之易也			
若火之燎於原	若火			
人惟求舊	人維舊			
器非求舊	救			
胥及逸勤	肆			
予敢動用非罰	予不敢			
予不掩爾善	絕			
茲予大享	予享			
爾祖其從與享之	從享			
若射之有志	矢			
汝無侮老成人	毋翕侮成人		無老侮成人	
無弱孤有幼	流			
用德彰厥善				章
邦之臧				國
惟汝衆				則維汝衆
邦之不臧				國
惟予一人				則維余
有佚罰				是有逸
各恭爾事	共			
度乃口	爾			
后胥戚	高			
予將試以汝遷	爾			
安定厥邦	國			
汝不憂朕	今女			

續表

古 文	今 文			
	歐陽	大夏侯	小夏侯	今文
不其或稽	迪			
自怒曷瘳	怨			
汝誕勸憂	永			
恐人倚乃身	踦			
予丕克羞爾	不			
高后丕乃崇降罪疾	不、知			
汝有戕則在	近			
迪高后丕乃崇降	興			
弗祥嗚呼	不永若戲			
丕乃告我高后				乃祖乃父
汝分猷念	女比猶			
各設中於乃心	翕			
無戲怠	女罔臺民			
戀建大命	勖			
今予其敷心腹	我		優	
腎腸，歷告爾百姓		賢揚	揚	
嘉績於朕邦	綏			
爾謂朕	今爾惠朕			
曷震動	祇			
尚皆隱哉	乘			
予其懋簡相爾	勖蔄			
保居				萃
越有雊雉			粵	
惟先格王			假	
惟天監下民	維天監下			
民中絕命	中絕其命			
天既孚命正厥德	付		付	附
嗚呼王司敬民	嗣			嗚呼

續表

古文	今文			
	歐陽	大夏侯	小夏侯	今文
無豐于昵				禮、棄道
西伯戡黎	戕耆		黎	戡饑
格人元龜	假		爾	
罔敢知吉	無		罔	
惟王淫戲	維、虐			
今我民罔弗欲喪	不			
大命不摯	至			
乃罪多參在上	繫			
父師少師	大師			
殷其弗或亂正	不有治政			
亂正四方	不治四方			
我祖厎遂陳於	我祖遂陳			
我用沈酗於酒	我沉湎於			
用亂敗厥德於下	婦人是用			
殷罔不小大	既			
凡有辜罪	皆有罪辜			
乃罔恒獲	乃無維獲			
今殷其淪喪	典			
若涉大水	若涉水			
其無津涯	無津涯			無舟航
父師少師	大			
我其發出狂	往			
吾家耄遜於荒	保於喪			於是家
今爾無指告	告			
父師若曰王子	大			
天毒降災荒殷邦，方興沈酗於酒。乃罔畏畏，咈其耇長、舊有位人。今殷民，乃攘竊神只之犧牷牲	天篤下災亡殷國乃無畏畏不用老長今殷民乃陋淫神祇之祀			

續表

古文	今文			
	歐陽	大夏侯	小夏侯	今文
我舊云刻子	我舊云孩子			
王子弗出	不			
自靖				清
時甲子昧爽	正月			
王朝至於商郊	武王			
我友邦冢君	有國			
御事司徒	司徒			
古人有言曰	言		言曰	
惟家之索	維		惟	
今商王受	殷紂		殷紂	
惟婦言是用	維		惟	
昏棄厥肆祀	自棄先祖肆祀			
昏棄厥遺王父母弟不迪	昏棄厥家國厥遺王			厥遺任
以姦宄於商邑	軌			
惟恭行天之罰	維共			龔
不愆於四伐五伐六伐七伐	六伐七伐			
如虎如貔	如虎如羆			
如熊如羆	豺、嵩			如豺如離
弗迓克奔	不禦			
洪範	鴻			
惟十有三祀	維			
王乃言曰嗚呼	於乎		乃、烏譁	
惟天陰騭	維		惟	
彝倫攸叙	序		迺叙	
鯀堙洪水	伊鴻		陻洪	陻
汩陳其五行	曰汩		汩	汩
帝乃震怒不畀洪範九疇	鴻		乃、弗	

續表

古文	今文			
	歐陽	大夏侯	小夏侯	今文
彝倫攸斁			逌	斁
天乃錫禹洪範九疇彝倫攸叙	鴻、序		乃、逌	
敬用五事			羞	
協用五紀			葉	
建用皇極	王		皇	皇
乂用三德	艾		艾	
向用五福	鄉		向	向
威用六極	畏		畏	畏
土爰稼穡	曰		爰	
五曰思	思心			
思曰睿	思心曰容			
從作乂	艾			
皇建其有極	王			
用敷錫厥庶民	傅			敷
惟時厥庶民	維			
無有淫朋	無			毋
惟皇作極	維王			
不協於極不罹於咎	葉、麗			
惟皇之極	維			
無虐煢獨	毋侮矜寡		無侮鰥寡	
使羞其行	羞		修	
而邦其昌	國		國乃	
汝弗能使	女不			
於其無好德	毋			
汝雖錫之福	女			
其作汝用咎	女			
無有作好遵王之道	毋		無或	

續表

古　文	今　文			
	歐陽	大夏侯	小夏侯	今文
無有作惡遵王之路	毋		毋或、素	
無偏無黨王道蕩蕩	毋		無、不	
無黨無偏王道平平	毋		無、不，便便	
皇極之敷言	王、傅			
是彝是訓	夷、順			
彊弗友剛克	不			
燮友柔克	內			
沈潛剛克	漸			
惟辟作福惟辟作威	維		惟	
臣無有作福作威玉食	毋		無/亡	
凶於而國	而凶		凶	
人用側頗僻	辟			
曰雨曰霽	曰雨曰濟			
曰蒙曰驛	曰涕曰霧			
卜五，占用二	五占之用			
衍忒	貣			
三人占			議	
汝則有大疑	女	女		
謀及庶人	民			
汝則從	女			
身其康強	而身			
子孫其逢吉	而子			
汝則從	女			
汝則逆	女			
曰雨曰暘曰燠	陽、奧			
曰時五者來備	五是		五氏	
各以其叙	序			
庶草蕃廡	繇		中、蕪	

续表

古文	今文			
	歐陽	大夏侯	小夏侯	今文
一極無凶	亡			
曰乂時暘若		艾、陽		
曰晰時燠若	奥	悊奥		
曰僭恒陽若		陽		
曰豫恒燠若	荼、奥		舒	
曰蒙恒風若	霧	霧	雺、瞀	
曰王省惟歲	王眚維			
歲月日時無易	毋			
乂用明			艾	
俊民用章	畯			
乂用昏不明			艾	
俊民用微	畯			
庶民惟星	維			
日月之行則 有冬有夏	有冬有夏 有寒有暑			
一曰壽二曰富			一曰富	
猷大誥爾多邦			大誥猷	
弗吊天降割			不、喪	
弗造哲			不、悊	
能格知天命			往	
已予惟小子			熙	
敷賁敷前人			奔傅	
予不敢閉於			閉	
西土人亦不静			靖	
誕敢紀其叙			犯、序	
知我國有疵			告	
反鄙我周邦			圖、國	
民獻有十夫		儀	儀	
爾庶邦君			國	

續表

古 文	今 文			
	歐陽	大夏侯	小夏侯	今文
王害不違			王	
嗚呼			烏虖	
予造天役			遭	
不卬自恤			邱	
義爾邦君			國	
己予惟小子			熙	
不敢替上帝命			僭	
興我小邦周			國	
寧王惟卜用			惟卜	
嗚呼			烏虖	
天明畏			威	
弼我丕丕基			其	
爾丕克遠省			不	
天閟毖我成功			毖勞	
天棐忱辭			諶	
其考我民			累	
予曷其不於			害敢	
勤毖我民			勞	
攸受休畢			弼	
厥子乃弗肯堂	不克		不克	
予曷敢不越卬			害	
民養其勸弗救			長	
嗚呼			烏虖	
爽邦由哲			國	
越天棐忱			粵	
罔敢易法			定	
若穡夫			嗇	
予曷敢			害	

續表

古　文	今　文			
	歐陽	大夏侯	小夏侯	今文
敢弗於從			不卜	
有指疆土			旨	
王有疾弗豫	不			
公乃自以爲功	質			
植璧秉珪	戴圭			
史乃册祝	策	策		
惟爾元孫某	王發			
遘厲虐疾	勤勞阻疾			
是有丕子之責	負			
以旦代某之身	王發			
予仁若考	旦巧			
乃元孫不若旦	王發如			
用能定爾子孫	女			
罔不祇畏嗚呼	敬畏			
天之降寶命	葆			
亦永有依歸	有所依歸			
今我即命	我其即命			
我其以璧與珪	圭			
歸俟爾命	以歸			
啓籥見書	開			
乃並是吉	逢			
體王其罔害	王其無			
予小子	旦			
惟永終是圖	維			
茲攸俟	道			
乃納册於金縢	策			
王翼日乃瘳	翊			
名之曰"鴟鴞"	命			

續表

古　文	今　文			
	歐陽	大夏侯	小夏侯	今文
王亦未敢誚公	訓			
天大雷電	雨			
邦人大恐	國			
以啟金縢之書	開			
百執事			士	
信噫	噫			
其勿穆卜	繆			
惟予沖人	幼			
其新逆	其逆			
天乃雨反風	止雨			
二公命邦人	國			
惟三月哉生魄		哉霸	載魄	
侯甸男邦	任國			
克明德慎罰	克明俊德		克明明德	
祇祇威威	畏畏			
殪戎殷			壹	
冒聞於上帝				
弘於天若			宏覆乎天	
德裕乃身	矜			
天畏棐忱	威諶			
往盡乃心	悉			
無康好逸豫	毋侗毋桐			
乃其乂民	艾			
已汝惟小子	熙			
嗚呼			於戲	
小罪非眚			匪省	
式爾			戒	
非終乃惟眚灾			匪、省我	

續表

古文	今文			
	歐陽	大夏侯	小夏侯	今文
時乃不可殺			亦	
惟民其敕懋和			力	
若有疾			而	
若保赤子			如	
惟民其康乂			艾	
又曰劓刵人			聏	
茲殷罰有倫				
勿庸以次汝封			即	
乃汝盡遜曰時敘			（《荀子》引無）	
惟曰未有遜事			順	
已汝惟小子			熙	
瞽不畏死			閔	
罔弗憝			凡民罔不譈	
則予一人以懌	擇		擇	
無作怨	毋作怨，毋佛德		毋作怨，毋作德	
王若曰			成王	
無彝酒			毋	
德將無醉	毋			
遠服賈用				
孝養厥父母			欽	
成王畏相			正	
侯甸男衛邦伯			任衛作國	
人無於水監			毋、鑒	
當於民監			鑒	
汝勿佚			失	
盡執拘以歸			盡執拘獻	
戕敗人宥	強人有			
王啓監	王開賢			

續表

古　文	今　文			
	歐陽	大夏侯	小夏侯	今文
厥亂爲民	厥率化民			
至於敬寡	鰥			
至於屬婦	嫋			
皇天既付中國			附	
已			熙	
惟二月既望			維	
越六日乙未			粵	
惟太保	維大			
越若來三月			粵	
惟丙午朏			維、蠢	
越三日戊申			粵	
太保朝至於洛			大雒	
若翼日乙卯			翊	
周公朝至於洛			雒	
則達觀於新邑營			通	
越三日丁巳			粵	
越翼日戊午			粵、翊	
越七日甲子			粵（任國）	
嗚呼			於戲	
無遺壽耇			無遺耇老	
監於有夏			鑒	
監於有殷			鑒	
越友民			有	
洛誥			雒	
伻來來視予			辨、示	
王肇稱殷禮		肇修		
禋於新邑		祀新邑		
汝其悉自教工	學功			

續表

古　文	今　文			
	歐陽	大夏侯	小夏侯	今文
孺子其朋其往			慎其往	
已汝惟冲子			熙	
惟曰不享		惟曰	曰	
揚文武烈	武之德烈			
奉答天命	對			
和恒四方民	萬邦四方			
明光於上下	光明			
勤施於四方	施四方			
迂衡不迷			御	
公無困哉			毋、我	
作册逸祝册		策		
初於新邑洛				雒
上帝引逸	佚			
有夏不適逸	佚			
誕淫厥泆	佚			
時惟天命無違	維天命元			
予惟率肆矜爾	夷憐			
時惟天命	維			
王曰多士	王曰告爾			
於茲洛	雒			
予惟四方罔攸賓亦惟爾多士攸服	維、罟，維			
維				
有年於茲洛	雒			
無逸	毋劮		毋佚	
嗚呼			於戲	
君子所其無逸	毋佚			
知稼穡之艱難	嗇			

續表

古 文	今 文			
	歐陽	大夏侯	小夏侯	今文
乃逸	乃佚			
不知稼穡之艱難	嗇			
乃逸乃諺	劮、憲			
既誕否則	延、丕			
嗚呼我聞曰	於戲			
在殷王中宗	太			
天命自度	亮			
治民祇懼	祇		震	
肆中宗之享國	饗			
七十有五年	七十五年			
時舊勞於外	久			
爰暨小人	爲			
乃或亮陰	梁闇	涼陰、諒闇	有亮、諒陰	
三年不言其惟不言言乃雍	三年不言、言乃讙			
嘉靖殷邦至於			密國	
小大無時或怨			小大無怨	
肆高宗之享國	饗			
五十有九年	百年		五十五年	
其在祖甲	殷土太宗			
不義惟王	維			
舊爲小人	久			
作其即位爰知	於外知			
能保惠於庶民	施小			
不敢侮鰥寡	不侮			
肆祖甲之享國	饗		(太宗)	
生則逸生則逸	佚			
稼穡之艱難	嗇			

續表

古文	今文			
	歐陽	大夏侯	小夏侯	今文
不聞小人之勞	知之勞苦			
惟耽樂之從	唯、維諶			
亦罔或克壽	有			
或四三年			三四	
周公曰嗚呼			於戲	
厥亦惟我			維	
徽柔懿恭	柔共		恭	
懷保小民	人			
惠鮮鰥寡	於矜		鰥	
自朝至於日中昃	日仄		稷	
不遑暇食	暇		夏	
盤於游田	游田		盤	
庶邦惟正之供	維正之共			
厥享國五十年	饗			
周公曰嗚呼			於戲	
則其無淫於觀	酒			
於逸於游於田	毋劮於游			
以萬民惟正之供	田維正之共			
無皇曰	毋兄曰			
無若殷王受之	毋、紂			
酗於酒德哉	湎			
周公曰嗚呼			於戲	
民無或胥	無或			
譸張為幻	舟		侜、輈	
此厥不聽	聽			
人乃訓之；乃變	人訓乃變			
亂先王之正刑	亂正刑			
周公曰嗚呼			於戲	

續表

古 文	今 文			
	歐陽	大夏侯	小夏侯	今文
自殷王中宗及			太宗	
高宗及祖甲			中宗、高宗	
則皇自敬德	兄曰			
此厥不聽			聖	
周公曰嗚呼	於戲			
王其監於茲	王監			
其終出於不祥	道、詳			
嗚呼	於戲			
我後嗣子孫			嗣事	
大弗克恭			不克共	
遏佚前人光			過失	
不知天命不易			命不易	
天難諶			天應棐諶	
乃其墜命			亡	
格於皇天	假		假	
時則有若保衡			（今文無）	
格於上帝	假			
巫咸乂王家	咸	戉	咸	
則有若甘盤	般	般		
率惟茲有陳			維	
天惟純佑			醇	
矧咸奔走	轙			
故一人有事於四方			迪使四方	
在昔上帝		昔在		
割申勸寧王	厥亂			
有若泰顛	大	大		
無能往來			亡	
亦惟純佑秉德			醇	

續表

古　文	今　文			
	歐陽	大夏侯	小夏侯	今文
冒聞於上帝			勖	
昭武王惟冒		勖		
爾曷不			害	
至於再至於三			至於再三	
乃有不用			有不用	
越惟有胥伯	維賦			
小大多正	正			
常伯常任準人	辟			
綴衣		贅		
虎賁			奔	
嗚呼			於戲	
宅乃事宅乃牧			度	
宅乃準			度、辟	
謀面用丕訓德	亂謀面用			
則乃宅人茲乃三宅			度	
三有宅克即宅			度	
三有俊克即俊			會	
三宅三俊			度、會	
嗚呼其在受德暋			於戲、紂	
克知三有宅心			度	
灼見三有俊心	會			
準夫			辟	
虎賁綴衣			奔、贅	
夷微盧烝			鑢	
惟克厥宅心		維厥度心		
率惟敉功			維	
受此丕丕基	茲、其			
嗚呼		於戲		

續表

古 文	今 文			
	歐陽	大夏侯	小夏侯	今文
準人牧夫			辟	
時則勿有間之	物			
我則末惟成德			維	
嗚呼予旦			於戲	
已受人之徽言	前、微亶			
準人則克宅之			辟、度	
克由繹之			猶	
不訓於德	訓德			
是罔顯在厥世	哉			
其惟吉士			維	
用勱相我國家			勖	
惟有司之牧夫			維	
方行天下		?		
以覲文王之耿光	勤、鮮			
揚武王之大烈	訓			
嗚呼			於戲	
其惟克用常人			維	
惟四月哉生魄			霸	
王不懌			有疾不豫	
王乃洮頮水			沬	
憑玉几			馮	
彤伯		師		
師氏虎臣		龍		
既彌留			流	
用克達殷集大命	通、就			
在後之侗				
弗興弗悟			不	
茲既受命還	即			

續表

古文	今文			
	歐陽	大夏侯	小夏侯	今文
出綴衣於庭			贅	
翼日乙丑王崩		翌日、成王		
仲桓南宮毛		中、髦		
虎賁百人逆子釗			奔、迎	
入翼室恤宅宗		度	翌	
黼扆綴衣	衣		贅	
牖間南向			向	
敷重篾席			布、莫	
陳寶			葆	
天球河圖在東序	杸			
綴輅			贅	
二人雀弁	爵	爵		
上宗奉同瑁	銅	同	銅	
皇后憑玉几			馮	
再拜興答曰		對		
太保受同			銅	
王答拜			對	
皆布乘黃朱		黼黻衣黃		
侯甸男衛			任	
心罔不在王室			無	
呂刑	甫			
惟呂命王	甫			
享國百年			饗	
耄荒度作刑	荒眊度時			
鴟義姦宄			消	
奪攘矯虔	敚撟			
苗民弗用靈	命		匪命	
劓刵椓黥	臏宮割劓頭庶剌			

續表

古　文	今　文			
	歐陽	大夏侯	小夏侯	今文
泯泯棼棼	涵棼			
庶戮，方告無辜	僇			
於上	天帝			
報虐以威	用	以		
皇帝清問下民	帝			
德威惟畏			威	
伯夷降典	典禮	典		
折民惟刑	以	悊惟		
主名山川			命	
士制百姓			爰	
於刑之中			衷	
乃明於刑之中			衷	
罔有擇言在身	躬		而罔躬	
播刑之迪			不迪	
五刑之中			衷	
天齊於民	乎人			
俾我一日	假			
爾尚敬逆天命			迎	
兆民賴之		萬	萬	
有邦有土	國			
告爾祥刑在今	爾女詳			
兩造具備	遭			
惟來其罪惟均	求、鈞			
其審克之		核		
惟貌有稽	惟䜭			
不聽具嚴天威	疑共			
墨辟疑赦	墨罰	墨罰	黥	
其罰百鍰	饌	選	率	
劓辟疑赦			罰	
其罰惟倍			倍灑	

續表

古文	今文			
	歐陽	大夏侯	小夏侯	今文
劓辟疑赦	臏		罰	
宮辟疑赦			罰	
其罰六百鍰			五率饌選	
大辟疑赦			大辟之罰	
其罰千鍰			率饌選	
墨罰之屬千		辟		
劓罰之屬千		辟		
剕罰之屬五百		臏辟	臏	
宮罰之屬三百		辟		
大辟之罰其屬二百		之屬		
其審克之	一		核	
上刑適輕下服	挾			
下刑適重上服	挾			
惟齊非齊			維	
人極於病			佞	
哀矜折獄	哲	鰥哲		
明啓刑書			開	
其審克之			核	
報以庶尤			訧	
昭升於上	登	登	登	
敷聞在下	傅	鋪	布	
惟時上帝			維	
集厥命於文王			文武	
造天丕愆			遭	
罔或耆壽		克		
俊在厥服		咎在厥躬		
永綏在位			其	
汝多修扞我於艱		捍		
盧弓一，盧矢百	旅弓矢千		旅弓矢千	
費誓	鮮			

續表

古文	今文			
	歐陽	大夏侯	小夏侯	今文
無敢越逐			勿	
祇復之			振	
踰垣墻			墻垣	
魯人三郊三遂			隧	
無敢不多			反	
予誓告汝				
詢兹黄髪			黄髪之言	
則罔所譽			無	
番番良士			皤皤	
惟截截	戔戔	諓諓	諓諓	
善諞言	靖		静	
俾君子易辭	怠		怠	
我皇多有之	兄		况	
如有一介臣	個		介	
斷斷猗		兮	焉	
其心休休焉			其心休休	
其如有容		如容焉	能有容	
如自其口出		若		
是能容之		寔		
亦職有利哉	亦尚	亦尚		
冒疾以惡之		媢		
而違之俾不達		通		
是不能容		寔		
子孫黎民，亦曰殆哉				
邦之杌陧		阢陧		

（注一）《説文》："勛，古文作勳。"伏生今文亦有古文。

（注二）《説文》所引夏侯書也。

（注三）漢時通行今文，至"乃"則與古書多不合也。

三 《禮》今古文篇章文句之異同

三《禮》只《儀禮》有今古文之分,《周禮》《禮記》俱屬古文,《禮》經今古文異同之對照,我們只能專就《儀禮》經記着手。關於《儀禮》:①古文比今文多的有逸《禮》三十九篇,然而這三十九篇已逸,據各書所徵引的單詞剩句看來,即令是真的,也不是《儀禮》這一類的東西。在《引論》中,我們已引用邵懿辰、皮錫瑞諸家之說,證明逸《禮》三十九篇爲不可信。至於②《儀禮》十七篇今古文次第不同,在《引論》中,我們亦引用邵氏說,指出《別錄》之次第不如大戴之次第。古文本果係真古本,實不應所有次第反與《禮運》《昏義》諸篇不合。③在《引論》中,我們更指出今文十七篇中尚有逸篇與《易》之《說卦》,《書》之《太誓》同出。此亦本漢儒所爲,而古文經亦有是篇。以漢儒之作,而亦有古文,這豈不也是奇跡。十篇今古文在篇章雖無大異,然而就其次第與逸篇看來,其是否爲真古本,實甚顯見。我們由文句的對照,尤可以將真相明瞭。

現在流傳的《禮經》,由鄭注之標明今古異同,今古文本來面目猶可窺見,未大喪失,比《詩》《書》之今古文須由各書徵引之文來看,尤有依據。鄭注於古文不盡遵從,實由於古文不盡可信;只不過鄭爲古文之名所欺,仍舊信爲古本。其實兩兩對照,我們可以看出:

A. 古文字句之多於今文者。

例如:

(1)《士冠禮》:"賓曰",古文作"賓對曰"。
(2)《士冠禮》:"冠而字",古文作"冠而字之"。
(3)《士昏禮》:"婦贊祭",古文作"婦贊成祭"。
(4)《士昏禮》:"又不敦",古文作"又弗能敦"。
(5)《士相見禮》:"請見",古文作"請終賜見"。
(6)《士相見禮》:"其將見",古文作"某將走見"。
(7)《士相見禮》:"某不依於贄",古文作"某也不依於贄"。
(8)《士相見禮》:"某固辭,不得命",古文作"某也固辭,不得命"。
(9)《士相見禮》:"某非敢求見",古文作"某也非敢求見"。
(10)《士相見禮》:"某既得見矣",古文作"某也既得見矣"。
(11)《士相見禮》:"彌蹙以爲儀",古文作"容彌蹙以爲儀"。
(12)《士相見禮》:"執玉",古文作"執玉者"。

這一類的古文本比今文本多一二字,但這一二字之增加特爲文義較足外並無他義。胡承珙《儀禮古今文疏義》於例（1）云："案，上文戒賓、賓辭及賓許皆有對，此宿賓亦當有對，故不從今文。"於例（2）云："鄭從古文有之者，取其文備。"於例（3）云："此'婦贊成'，《祭義》'重於成'，故鄭從古文。"於例（4）云："案，下文《納吉》對曰：'某之子不教，蓋至納吉。'則事已定而情彌親，故其辭徑遂，此《納采》則禮初行而情未愜，故其微婉耳。"於例（5）云："鄭從古文，有終賜者蓋以辭謙爲得禮耳。"於例（6）引舊《疏》云："無走於文義不足，故不從今文。"於例（7）（8）（9）（10）云："案，此四節皆從古文作某也者，取其配文足句，非有他義。"於例（11）云："若無'容'字則於義不明，《孟子·萬章上》：'其容有蹙'，古文有'容'義長，故鄭從之。"於例（12）云："案，上文云'凡執幣者不趨'，此'執玉者'文相配，亦當有者。"在這十二例中，古文所多於今文之字如例（4）、例（12）可以案上下文而得；或如例（3）、例（11）可以以意增補，然多半是爲配文足句，非有他義，此類多一二字不必真有古本，即可更定。試看：

(13)《士昏禮》："某得以爲昏姻之故"，古文以爲"某得以爲外昏姻之故"。

(14)《士相見禮》："固請"，古文作"固以請"。

(15)《士相見禮》："將走見"，古文作"某將走見"。

(16)《鄉飲酒禮》："少立"，古文作"少退立"。

(17)《鄉射禮》"拜受爵"，古文作"再拜受爵"。

(18)《鄉射禮》："酬者不拜"，古文作"受酬者不拜"。

(19)《鄉射禮》："遂命倚旌"，古文作"又命獲者倚旌"。

(20)《大射儀》："阼階下再拜稽首"，古文作"阼階下北面再拜"。

(21)《大射儀》："遂卒爵"，古文作"卒爵不拜"。

(22)《聘禮》："公答拜"，古文作"公答再拜"。

(23)《燕禮》："使某固以請"，今文無"使某"。

(24)《燕禮》："與卿燕，則大夫爲賓。與大夫燕，亦大夫爲賓。"今文無"則"，下無"燕"。

(25)《聘禮》："上介奉幣，皮先，入門左，奠皮"，古文重"入"。

(26)《鄉飲酒禮》："至於階，讓"，古文作"至於階，三讓"。

(27)《聘禮》："迎於門外"，古文作"迎於外門外"。

(28)《公食大夫禮》："以辨擩於醢"，今文無"於"。

(29)《燕禮》："主人北面於東楹東答拜"，古文曰"東楹之東"。

(30)《有司徹》："主人就筵"，古文作"主人升就筵"。

這一類三十例中，古文所多之一二字，概不合於文義。如：例（13）胡氏《疏義》云："上言自以得爲婚姻之驟，故謙而言外，下言得其胥以我爲婚姻之故，故親而不言外。"古文多一"外"字，是否爲真古本，已屬疑問。於例（14）胡氏云："古文蓋涉下文'賓對之辭有固以請'而誤衍耳。"於例（15）云："於上已云'某也固辭不得命'，於下不須云某，於文便，古文更云'某將走見'，文迭，故不從也。"此古文本更有不如今本之處。如於例（16）云："鄭以《鄉飲》《燕禮》《大射》決知當從今文作'少立'也。"於例（17）云："案，《大射儀》'獻服不。服不俟西北三步，北面拜受爵'，與此'獻獲者'事同，知古文'再'字衍也。"於例（18）云："案，此酬者謂堂上酬堂下者，注云：'言酬者不拜者，嫌酬當拜也。下乃云受酬者不拜受，則此古文受字衍也。'"於例（19）引舊《疏》云："司馬命張侯與命倚旌基事相因，故云遂明，同是西階前，然則今文不言獲者，從可知也。"於例（20）云："……蓋凡拜君無不稽首……《大射儀》云：'長致者阼階下再拜稽首'，注亦云：'再拜稽首，重君命'。鄭以彼決之，故不從古文。"於例（21）云："案，上文'主人獻工……一人拜受爵……卒爵，不拜……'，此衆工更賤，受爵且不拜矣，言遂受爵勿庸更言不拜。《大射儀》亦云'衆工不拜受爵，坐祭，遂卒爵。'鄭以彼決之，故不從古文。"於例（22）云："此經注疑有脫誤，經文當是'公答再拜'，注云：'古文曰公答拜'。蓋凡曰再拜稽首公皆答以再有，但言公答拜者省文。"於例（23）云："鄭從古文，有使某者取其文義備。"於例（24）云："鄭從古文，有'則'字'燕'字者亦取其文義備。"於例（25）云："鄭云'皮先者介隨執皮者而入也入門左，介至揖位而立，執故者奠皮，以有不敢授之義'。承珙案，注義甚明，古文重入字衍也。"於例（26）引鄭云："讓不言三，不成三也。……客但一辭或再辭，俟主人一再讓即升，不成其爲三讓，故經祇言讓而不言三，……以賓先升，不能成三讓也。"於例（27）云："上文'歸饔餼'云，'賓皮弁，迎大夫於外門外'，鄭以彼決此，故不從今文，無外字。""案，敖繼公《儀禮集說》云：'案，《聘禮》則舍惟有一門而已。此雖有外門外之文，然以其行禮之節，求之絕無可以爲二門之徵。（徐養原《儀禮古今文異同》卷三）古文於《覲禮》亦言門外此多一外字，不能見其必爲是。'"（同上）於例（28）胡氏云："案云：案下文云：'……主人北面於東楹東答拜，'鄭從彼決此，故從今文。"（《儀禮古今文疏義》卷十七）於例（29）云："案，下文云'主人北面於東楹東答拜'，鄭以彼決此，故從今文。"（《儀禮古今文疏義》卷十七）於例（30）云："既云就則，升字可省。故鄭從今文。"(《儀禮古今文疏義》卷十七)這一類古文句字之多者,在鄭玄、胡承珙輩或以爲衍文,或以爲文迭,或以爲與文義不合,或以爲與上下文不合,古文所多的字,不過配足文句,非有他義。而所謂配足文句,竟有時增字太多了,至有文衍、文重之誤,較不如今文本;古文本之若爲真古本,在古今文對照之下,真只有今人較覺其不如今文本的所在。

B. 古文本文字之少於今文者。

上文我們舉古文在字句中比較今文多者爲證,較覺其不如今文本;現由古文本字句少於今文者看來,古文本亦不可信,試看:

(1)《士相見禮》:"若君賜之爵",古文本作"若賜之爵"。

(2)《士冠禮》:"賓服鄉服",古文作"賓鄉服"。

(3)《鄉飲酒之禮》:"其笙則獻諸西階上",古文本作"其笙則獻諸西階"。

(4)《鄉射禮》:"釋獲者執餘獲進告:'左右卒射',如初",古文本作"升告"。

(5)《鄉射禮》:"以翿旌獲",古文作"翿旌獲"。

(6)《鄉射禮》:"士鹿中翿旌以獲",古文無"以獲"。

(7)《聘禮》:"庭實入設",古文作"庭實設"。

(8)《公食大夫禮》:"宰東夾北西面南上",古文本作"宰東夾北西面"。

(9)《士喪禮》:"兆基無有後艱",古文作"期無有後艱"。

(10)《士虞禮》:"賓長以肝從",古文作"賓以肝從"。

(11)《有司徹》:"主婦南面立於席西",古文作"主婦立於席西"。

這十一例。據胡氏《疏義》看來,古文本不當少字。胡氏於例(1)云:"案,無'君'字則不明所賜,且此上下與《玉藻》文略同,《玉藻》有'君'字,此不當異。"(《儀禮古今文疏義》卷三)於例(2)云:"朱了曰:'注云,今文曰"賓服鄉服",明古文經"賓"下無服,今有之衍文也。'"(《儀禮古今文疏義》卷四)胡氏此條未有案語,然古文去上一"服"字不過爲求文省,非必當少也。於例(3)云:"案,經言主人獻笙於西階上,《鄉射禮》記其'笙則獻諸西階上',此亦當有'上'字,故從今文。"(《儀禮古今文疏義》卷四)於例(4)云:"此云'升告左右卒射如初',亦是告於賓,不言可知。猶《大射》於再射時既云卒射,釋獲者遂以所執除獲適阼階下北面告於公,曰:'左右卒射'。其後三射既畢,亦但云釋獲者執除獲進告,'左右卒射如初',不復言告於公矣。"(《儀禮古今文疏義》卷五)此與例(2)同,古文少二字亦可也。於例(5)云:"古文無'以',文不備,故又從今文。"

(《儀禮古今文疏義》卷五)於例(6)云:"案,'無以獲'則文不備,故鄭亦不從。"(《儀禮古今文疏義》卷五)於例(7)云:"案,上文賓問卿云,'庭實設,揖讓如初',不云入設。鄭以彼決此,故從古文。"(《儀禮古今文疏義》卷八)然徐養原《儀禮古今文異同疏證》引敖氏曰:"此庭實云入設,方見庭實,既出而復入之意,若無入字則文不明白矣,宜從今文。"此亦今文是而古文非。於例(8)云:"注云:'宰,宰夫之屬也。'《疏》云:'以經云,南上則非止一人,但宰官之內有宰夫之等,是以下有宰夫之官,皆於此立可知。……此節但言宰即兼宰夫之屬在內,故必以西面南上之文見之……'故鄭從今文,有南上也。"(《儀禮古今文疏義》卷九)而例(9)云:"案,上文云'主人皆往兆南北面',則此宜有'北'字。鄭云:'基,始也,古文作期者,借期為之。或謂古文作期當屬下句';'期無有後艱'猶言'庶幾無後艱'。敖繼公云:'當從古文,無北字而基亦宜作其屬下句皆非也。'"(《儀禮古今文疏義》卷十二)於例(10)云:"案,《少牢饋食禮》云:'尸祭酒啐酒,賓長羞牢肝,用俎',鄭以彼決此,故於'啐酒'從古文,於'賓長'從今文也。"(《儀禮古今文疏義》卷十五)於例(11)云:"案,今文但云'南面立於席西',無主婦則文義不明,故鄭從古文。"(《儀禮古今文疏義》卷十七)胡氏此說實誤,今文非無主婦二字。徐氏《疏證》云"敖氏曰:'宜從今文入南面字。'"養原"案,設席南面,則主婦南面立可知,故不從今文。"(徐養原《儀禮古今文異同》卷五)

由上舉十一例看來,古文本用字少於今文者,除一二例古文所少具有相當理由外,其餘則今文是而古文非。古文本後出,非今文校古本而有進步,實古文本不如今文本。這不能說古文本是偶爾脫誤,偶爾脫誤不會脫離到恰巧可解釋的程度,而如例(8)之少"南上"二字,例(9)之少一"兆"字,在極端信古之胡承珙亦不以古文為是,不為古文迴護。然則古文由其字少於今文者看來,亦令我們感其非真古本,故在多少兩方面俱有不如今文本者。

C. 古文本文字之顯然倒易者

古文本文字顯然例誤者亦有數例可以證明其不如今文,例如:

(1)"賓與大夫坐反奠於其所",古文"坐反"二字誤例為"反坐"。胡氏《疏義》云:"案,此賓與大夫當舉觶者奠於薦右之時,既坐受觶以興矣,至此乃坐,而反奠於其所。反奠者謂還奠於薦右,上文一人舉觶,亦云舉觶解者西階上拜送賓,反奠於其所。彼不言坐者省文,然反奠連文與此正同。古文作'反坐'者誤倒,鄭所不從。"(《儀禮古今文疏義》卷五)

(2)"射人內賓",今文曰"擯者"。胡氏《疏義》云:"案,鄭云'射人爲擯者也'，此經'請賓命賓皆射人'，若如今文云，擯者納擯，則嫌異人。故鄭從古文。"（《儀禮古今文疏義》卷六）徐氏《疏證》云："案，《大射》作'擯者'。"（徐養原《儀禮古今文異同疏證》卷二）"《大射》作'擯者'"，則今文本與《大射》合，爲較古之本；古文本不與《大射》合，容爲校訂而成。

（3）"還右乃降"，今文曰"右還"。胡氏《疏義》："鄭云：'還右'還君之右也，猶出下射之南，還其後也。"賈《疏》云："……不從右還者若右還，則右還於上射，不得還君。故不從也。……當以《注疏》爲正。"（《儀禮古今文疏義》卷七）徐氏《疏證》："敖氏曰：'還右，圍右物也……'盛氏世佐曰：'今文曰右還，義似長蓋由右物之南適西階，即右還也。'養原案，'注云，還君之右，敖氏、盛氏並言還右物，與注不合，姑存其説以俟考。'"（徐養原《儀禮古今文異同疏證》卷二）

（4）"明日問大夫"，古文曰"問夫人"。胡氏云："古文曰'問夫人'者，蓋涉下文'夕，夫人歸禮'而誤耳。"（《儀禮古今文疏義》卷八）此古文之顯然二字並誤者。

（5）"賓立於階西"，今文曰"西階"。胡氏云："案，賓位本在西階之西，諸禮皆無賓立於西階上者，故鄭從古文。"（《儀禮古今文疏義》卷九）

（6）"由門入升自阼階"，今文曰"入門自阼階"，無"升"。胡氏云："鄭從古文者，亦以其文義僞。"（《儀禮古今文疏義》卷九。按，原文作"其文義備。"）此古文文義雖僞，然較之今文，實爲淺近。

（7）"主婦洗爵酌，致爵於主人"，今文曰"主婦洗酌爵"。胡氏云："案，《有司徹》云：'主婦答拜受爵酌以致於主人'，鄭蓋約彼文知今文爵酌二字誤倒，故從古文。"（《儀禮古今文疏義》卷十五）

在以上七例之中，第（1）（2）（4）三例顯爲古文之誤；第（3）例疑莫能明；第（6）例則今文不誤，而鄭從古文，不過以其文義備，然文從字順，反令人覺其不古，不如今文；第（5）（7）兩例今文亦非絕對爲誤，由上二節證明古文非真古本看來，由古文本之每有訛誤，並非絕對勝於今文看來，此二例縱是，然亦當屬改訂而成。

D. 古文本文字之顯然訛誤者

在古文本中，例當用古字，但我們由《儀禮》之古文看來，其中用今字者實多，以徐養原《儀禮古今文異同疏證》書中所舉，例如：

（1）古文"櫛"爲"節"。徐氏云："按'節'爲'櫛'之省文，……以齊爲立助績。"（徐養原《儀禮古今文異同疏證》卷一）

（2）古文"哗"爲"呼"。徐氏云："按，'呼'乃字之誤。《説文》（口部），哗，小歙也。段氏'若膺'注引此注云：'呼'與'哗'音、義皆隔，當是哗之誤。（徐養原《儀禮古今文異同疏證》卷一）

（3）古文'止'爲'趾'。徐氏云："按《左傳·桓十三年》，'舉趾高'，惠氏補注：'趾，《漢書》引作止。師古曰：止，足也。'今按《説文》無'趾'字，'止部：止，下基也。象草木出有址。'故以'止'爲足。然則古固借'止'爲'趾'也，此經今文作'止'，古文作'趾'，豈古文自有'趾'字？至今文始借'止'爲'趾'字乎？疑不能明也。"（徐養原《儀禮古今文異同疏證》卷一）

（4）古文"始"爲"姑"。徐氏云："按，上言'婦餕姑之饌'，故此句古文亦作'姑'，然與錯義不合，知爲'始'字之誤。"（徐養原《儀禮古今文異同疏證》卷一）

（5）今文"於"爲"於"。徐氏云："按，《説文》（虧部）'虧，於也。象氣之舒，虧從丂從一。一者，其氣平之也。'又，（烏部）'於，象古文烏省'（古文烏作'𤰞'），於即烏之重文，音與虧同，故借爲虧字，今世猶然。《禮經》内'於''於'甚多，注不盡疊，古今文者以二字古今俱通用，彼此互見，不欲煩言也。"（徐養原《儀禮古今文異同疏證》卷五）今文用"於"，實比古文用"虧"爲古，此實古文本不真古之證。

（6）古文"聲"爲"磬"。徐氏云："《説文》：聲，音也。從耳，殸聲。殸，籀文磬。蓋古文從簡，聲省作殸，殸乃聲字，非磬字也。至籀文始以殸爲聲，傳古文者直書作磬，失其初意矣。"（徐養原《儀禮古今文異同疏證》卷二，《皇清經解續編》卷五二一）

（7）古文"而后"作"後"，非也。徐氏云："按，《禮記》（《曲禮下》）：'再拜稽首，而后對又（《檀弓上》）拜，而后稽顙。'《大學》一篇皆作'後'。《禮記》乃今文也，《緯書》亦今文説，'後'乃本字，'后'爲假借。古文多假借，今文多用本字。此經今文作'后'，而古文翻作'後'，故知非也。蓋漢世傳寫古文者之失也。"（徐養原《儀禮古今文異同疏證》卷二，《皇清經解續編》卷五二一）鄭氏不以爲傳寫古文者之失，徐氏故爲迴護，其實適足以見古文之非真古本。（參看胡氏説，見《疏義》卷五）

（8）今文"無終賜"。徐氏云："按，《士相見禮》亦有'請終賜見'之文，注不迭今文，則今文亦有也。彼有此蓋脱誤耳。"（徐養原《儀禮古今文異同疏證》卷一，《經解本》卷五二〇）

（9）"某不敢爲儀，固請吾子之就家也"。注云："今文不爲非，古文云'固以請'（疏云：非敢於義不便，故不從今文）云'固以請'，有'以'字，於文賒緩，故不從古文。"養原按："古文衍'以'字，因下文相涉而誤。"（徐養原《儀禮古今文異同疏證》卷一，《皇清經解續編》卷五二一）

（10）"某將走見"，注云："今文無走。"疏："無'走'於文義不足，故不從。""將走見"，注云："古文曰'某將走見'，疏：上已云'某也，固辭不得命'，更云'某將走見'，文迭，故不從。"養原按："古文衍某字，亦因上文相涉而誤，又注於上文'走'字，訓往此經，'走'字訓出，文同而義別。"（同上，卷五二一）（徐養原《儀禮古今文異同》卷一）

（11）古文"且"爲"阻"。徐氏云："惠氏棟曰：古文'祖'字皆作'且'，如祖乙卣、盉和鐘、文王命屬鼎、師毀敦，皆以'且'爲'祖'，故曾子曰：'祖者，且也。'今按，'祖'字既通作'阻'，又通作'且'，故'阻'亦通'且'矣。"（徐養原《儀禮古今文異同疏證》卷二，《皇清經解續編》卷五二一）

（12）古文"獲"皆作"護"，非也。徐氏云："'護'乃字之誤，蓋傳古文者失之。"（徐養原《儀禮古今文異同疏證》卷二，《皇清經解續編》卷五二一）

（13）古文"羹"作"羔""飪"作"腍"。徐氏云："按，'羔'乃'羹'字之爛。《說文》無'腍'字，《食部》：'飪，大熟也。'古文作'飪'，亦作'恁'，《禮記·郊特牲》：'腥、肆、爓、腍祭'，注：'腍，孰也'。《釋文》：'腍而審反，腍與飪音義俱同'。蓋即一字因飪字恁字形相涉而誤。"（徐養原《儀禮古今文異同疏證》卷三，《皇清經解續編》卷五二二）

（14）今文無"冠布纓"。徐氏云："按，《喪服》一篇，古今文不同者惟《齊衰期》章'冠布纓'三字，古有今無爲異，至《傳》則更無一字異同，何也？疑《傳》非古今兼有者也，但不知其爲古文乎？爲今文乎？注《喪服》經傳始於馬融，融專治古文者也。始《傳》爲今文，則融不注之矣。《斬衰》章'冠繩纓'，《傳》曰：'冠六升齊衰三年冠布纓。'《傳》曰：'冠者，沽功也。'《齊衰期》章《傳》又發'何冠'之問，蓋經每言冠，則《傳》必詳升數以示區別，經不言冠，則《傳》不空發，若今文期章無此三字，則《傳》何不於《三年》章統釋之乎？又《大功九月》章鄭注云：'正言三月者，天子、諸侯無大功，主於大夫、士也。'此雖有君爲姑姊妹女子嫁於國君者，非内喪也，古文依此禮也。戴氏震校李氏《集釋》言，'古文下疑有脱誤'。今按，下經'君爲姑姊妹女子嫁於國君者'，《傳》曰：'何以大功也，尊同也。尊同則得服其親。'然則所謂'古文依此禮'者，正指此傳而言。謂古文説'尊同得服其親'，服乃依諸侯外喪禮也。《傳》爲古文，此亦一證，但無明文，終不敢決耳。"（徐養原《儀禮古今文異同疏證》卷四，《皇清經解續編》

卷五二三)

(15) 今文"銘"皆爲"名"。徐氏云："按，《説文》無'銘'字。小祝故書作'銘'，此經古文作'銘'，則'銘'字自古有之矣。竊疑'明旌'與器物不同，'明旌'當作'名'，器物當作'銘'，此經乃'明旌'之'名'，古文作'銘'，假借也。今文作'名'，正字也。"(徐養原《儀禮古今文異同疏證》卷四，《皇清經解續編》卷五二三)

(16) 今文"笏"作"忽"。徐氏云："按，《説文》有曶、㫚(籀作曶曶，隸作曶)二字，曶，出氣詞也。從曰，象氣出形。《春秋傳》曰：'鄭太子曶。'㫚，籀文曶。一曰佩也，象形。曶㫚同字。'《説文》雖以佩之一訓注㫚字下其實曶亦訓佩，故《尚書》(《咎繇謨》)'在治忽'鄭本作'曶'，云曶者，臣見君所秉書，思對命者也。諸書'曶'字俱通作'忽'，《論語》'仲忽'，《古今人物表》作'仲曶'；揚雄《甘泉賦》：'翕赫曶霍'，《河東賦》：'蠁曶如神'，師古曰：'曶讀與忽同'是也。其訓'佩'者，亦當通作忽，其別作'笏'，其字不見於《説文》，必非古文所有。此經當云今文'曶作忽'，今本爲妄人臆改，殆非鄭氏之舊。惠定宇云：'今文當作古文傳寫之誤'，其意以古文多假籍故也。然'曶'字甚古，未必不在籀文之前，其通作'曶'當起於漢世耳。"(徐養原《儀禮古今文異同》卷四，《皇清經解續編》卷五二三)

(17) 今文"免"皆作"絻"。徐氏云："按，《説文》'絻'在糸部，即'冕'之或字也。蓋古文止作免，今文加'糸'不覺與'冕'之或體同，然止借'絻'不借'冕'也。《説文》無'免'字，(子部)'㝃'，生子免身也，從子從免。段氏注云：'據此條則必當有免字，偶然逸之。'今按，段説是也。此經古文作免，則其字非始於漢矣。"(徐養原《儀禮古今文異同疏證》四，《皇清經解續編》卷五二三)

(18) 古文"角觶"爲"角柶"。徐氏云："按，大斂用'角觶木柶'，故此不從古文。"(徐養原《儀禮古今文異同疏證》卷四，《皇清經解續編》卷五二三)

(19) 古文"堊"作"塈"。徐氏云："按，'塈'，白飾也。木車無飾，爲飾之以白而已。"(徐養原《儀禮古今文異同疏證》卷四) 胡氏云："鄭注'巾車'云：'素車以白土堊車，此古文作塈，溷於素車。故鄭從今文。'"(《儀禮古今文疏義》卷十三)

(20) 古文"特"爲"俎"。徐氏云："按，上言'俎二以成'，此言特謂無偶也，言'俎'則不辭，故定從今文。"(徐養原《儀禮古今文異同疏證》卷四，《皇清經解續編》卷五二三)

(21) 古文曰"左股上"此字從肉殳聲。徐氏云："'股'與'脄'形聲絕不相類……而'股'與'嗌'尤不類,無因致誤。故鄭釋其偏傍以志疑耳。"(徐養原《儀禮古今文異同疏證》卷四,《皇清經解續編》卷五二三)

古文"常"爲"祥"。徐氏云:"按,下經云'薦此祥事',則此當爲'常'。"(徐養原《儀禮古今文異同疏證》卷四,《皇清經解續編》卷五二三)

(22)古文"穀"皆作"穀"。徐氏云:"'穀'爲字之誤。"(徐養原《儀禮古今文異同疏證》卷五,《皇清經解續編》卷五二四)

(23)古文"甑"爲"蒸"。徐氏云:"按,'蒸'爲聲之誤。"(徐養原《儀禮古今文異同疏證》卷五,《皇清經解續編》卷五二四)

(24)古文"干"爲"肝"。徐氏云:"按,'肝'。爲聲之誤。又因下文'賓長羞牢肝相涉'而誤。又,《釋名》(形體)'肝,干也。於五行屬木。'故其體狀有枝榦也。凡物以木爲榦也。然則以'肝'爲'干',似亦有理。"(徐養原《儀禮古今文異同疏證》卷五,《皇清經解續編》卷五二四)

(25)古文"傅"爲"傅"。徐氏云:"傅爲字之誤。"(徐養原《儀禮古今文異同疏證》卷三,《皇清經解續編》卷五二四)

(26)"綏"或作"授"。"授"讀爲"墮",古文"墮"爲"肵"。徐氏云:"按,《禮經》《墮祭》今文作'綏',鄭皆不從。惟《士虞禮》'不綏祭',鄭注'但云綏,當爲隋。'……疑古文偶脫此簡,遂無從校正耳。此經及下經其'綏祭'古文皆作'肵',《有司徹》'其綏祭'古文作'挼'。《說文》無'肵'字,《特牲》'肵俎',鄭注以爲'心、舌之俎',《釋文》音'肵',與隋之音義絕不相類。鄭於《士虞禮》詳論'墮祭',不言經有作'肵'者。《疏》備舉五名,亦不及'肵',殊屬可疑。竊意'肵'乃'隋'字之誤耳。"(徐養原《儀禮古今文異同疏證》卷五,《皇清經解續編》卷五二四)此非假借之例,實古文不如今文,古本不必爲真古本也。

胡承珙《儀禮今古文疏義》一書中,亦多有指出古文文字的訛誤之處,例如:

(27)"古文'黍'爲'稷'"。胡氏云:"此經云'贊爾黍授肺脊皆食。以涪醬。'注:'皆食',食黍也,是鄭義。此《昏禮》'爾敦惟爾黍'而不及稷。下文'三飯卒食'注云:'同牢示親,不主爲食起,三飯而成禮也。'此可知不必遍食黍稷矣,且黍重於稷,下文'婦饋舅姑'有黍無稷,故此'爾敦'不及稷。古文作稷,鄭所不用。"(《儀禮古今文疏義》卷二)

(28)古文曰"陳樂此首"。胡氏云:"後可言首,需不可言首。故鄭從今文。"(《儀禮古今文疏義》卷二)

(29)今文"饗"皆爲"鄉"。胡氏云:"《周禮》《禮記》'饗燕'字多作'饗',《左傳》則多作'享',此古今文又有作'鄉'者,則又因'饗'

而借，鄭所不從。"（《儀禮古今文疏義》卷八）

（30）古文"肆"爲"肄"。胡氏云："古'肆''肄'字多互訛，《周禮·小宗伯》'肄儀爲位'注：'肄，習也。故書肄爲肆。'杜子春讀'肆'當爲'肄'，此爲肆之肆。鄭云：'肆猶陳列也，非肄習之義。'故不從古文。"（《儀禮古今文疏義》卷八）

（31）"義之至也"今文"至"爲"砥"。胡氏云："案，'砥'本'底'之或字，《說文》：'底從厂，氏聲。或從石作砥。'《爾雅》：'底，致也。'《詩·祈父》：'靡所底止'《傳》，《小旻》'伊於胡底'《箋》，並云'底，至也。'鄭以當文易曉，故不從今文。"（《儀禮古今文疏義》卷八）

（32）古文"止"作"趾"。胡氏云："《說文》：'止，下基也。象草木出有阯，故以止爲足。'段氏玉裁曰：'此引伸假借之法，凡以韋爲皮韋，以朋爲朋黨，以來爲行來之來，以西爲東西之西，以子爲人之稱，皆是也。以止爲人足之稱，與以子爲人之稱，正同許書無趾字。止即趾字，許同鄭從今文，故不錄趾字……趾當爲今文名，止當爲古文……止者古文也，明趾者後出之古文也……古本出於周，從後出之古文；今本行於漢，轉從最初之古文，猶隸、楷之體時或有舍小篆用古籀體者也。'"（《儀禮古今文疏義》卷二）本例與"徐氏云"之例義同。"古本出於周，從後出之古文；今本行於漢，轉從最初之古文"，此爲古本不真之顯證。古文本以古文寫，如不用古文，適足以證其非古本也。

（33）今文"奠"爲"委"，古文"待"爲"持"。胡氏《疏義》："敖氏繼公曰：'奠於鼎西'之'奠'，後篇皆作'委'，宜從今文。"胡氏云："又，古文'待'作'持'者，'待''持'古同聲，猶《昏禮》古文'侍'又作'待'也。《周禮》：'服不氏以旌居，乏而待獲'，杜子春云：'待書亦或爲持'，是二字古多假借，此時俎猶未入，當云'待載'，故鄭從今文。"（《儀禮古今文疏義》卷九）

（34）古文曰"外昏姻"。胡氏云："上文'某以得爲外昏姻之數，某之子未得濯溉於祭饌，是以未敢見。'《注疏》數字無解釋，文亦不爲數字作音，敖氏疑上言之數，下言之故，必有一誤。王氏引之曰：'數之言驟也。言前此驟爲婚姻，其時未久，某之子尚未濯溉於祭饌，是以未敢往見吾子也。此解甚諦，然則上言自以得爲婚姻之驟，故謙而言外；下言得其婿，以我爲婚姻之故，故親而不復言外。邵氏晉涵謂上言"外昏姻"此不宜異，非也。'"（《儀禮古今文疏義》卷二）此非有他義，尤足見今本非不如古本，古文特貌爲增多。

（35）古文曰"某將走見"。胡氏云："此迭。古文不從者，以上第一番請賓主，皆無不敢爲儀，第二番賓及主人皆云不敢爲儀。文句既異，若不云某於文不便，故須云某也。此三番於上已云某也，固辭不得命，於下不須云某，於文便。古文更云'某將走見'，文迭，故不從也。"（《儀禮古今文疏義》卷三）此亦貌爲增多之一例。

（36）今文無"也"。胡氏《疏義》云："'賓對曰：某也不依於摯，不敢見''賓對曰：某也固辭不得命，敢不敬從''賓對曰：某也非敢求見，請還摯於將命者''賓對曰：某也既得見矣，敢辭'；案，此四節皆從古文作'某也'者，取其配文足句，非有他義，然亦足見鄭君於經文一句一字可謂審慎不苟矣。"（《儀禮古今文疏義》卷三）此與上一例亦貌爲增多。

（37）古文曰"少退立"。胡氏云："案，《鄉飲酒禮》云：'司正實觶，降自西階，階間北面坐奠觶。退共，少立。'注云：'共，拱手也。少立，自正慎其位也。'《燕禮》云：'司正降自西階，南面坐，取觶，升酌散。降，南面坐奠觶。右還，北面少立。'注云：'少立者，自嚴正慎其位。'《大射儀》云：'司正降自西階，南面坐，取觶，升酌散。降，南面坐奠觶，興右還，北面少立。'蓋此所奠之觶，將以察儀，須少立，自慎而後取觶，以副司正之義。故言少者以爲立節，非以爲退節。少下立上，不當有'退'字。鄭以《鄉飲酒》《燕禮》《大射》決，知當從今文作少立也。"（《儀禮古今文疏義》卷五）

（38）古文曰"反坐"。胡氏云："案，此賓與大夫當舉觶者奠於薦右之時，既坐受觶以興矣。至此乃坐而反奠於其所反奠者，謂還奠於薦右。上文一人舉觶，亦云舉觶者西階上拜送賓，返奠於其所。彼不言坐者，省文。然返奠連文與此正同。古文作'反坐'者，誤倒，鄭所不從。"（《儀禮古今文疏義》卷五）

（39）古文曰"受酬者不拜"。胡氏云："案，此酬者謂堂上酬堂下者。注云：言酬者不拜者嫌酬堂下異位當拜也。下乃云受酬者不拜受此。古文'受'字衍也。"（《儀禮古今文疏義》卷五）

（40）古文"更"爲"受"。胡氏云："惠氏棟曰：'《周禮·巾車》云：歲時受讀。'杜子春云：'受當爲更。《春秋·昭廿九年傳》云，以更豕韋之後。《史記》更作受，知古文更字皆爲受。'承珙案，鄭注：'更爵者不敢襲至尊也。'《特牲》注云：'主人更爵自酢，男子不承婦人爵也；賓更爵自酢，亦不承婦人爵。''更'與'受'音義皆不相近，古文作'受'者字之誤，鄭所不從。"（《儀禮古今文疏義》卷六）

（41）古文云"阼階下北面再拜"。胡氏云："案，上文'媵爵者阼階下北面再拜稽首'注云：'再拜稽首，拜君命也。'又云：'若君命，致則序進，奠觶於篚，阼階下皆再拜稽首。'蓋凡拜君無不稽首者，此一人致爵與上皆致同爲拜君，不應獨無稽首。《大射儀》云：'長致者阼階下再拜稽首'，注亦云：'再拜稽首重君命。'鄭以彼決之，故不從古文。"（《儀禮古今文疏義》卷六）

（42）古文曰"卒爵不拜"。胡氏云："案，上文'主人獻工一人拜受爵卒爵不拜'，注云：'一人工之長者，賤不備禮，是工之長者以賤，故只受爵拜，卒爵不拜。此衆工更賤，受爵且不拜矣。言遂卒爵無庸更言不拜。'《大射儀》亦云：'衆工不拜受爵坐祭，遂卒爵。'鄭以彼決之，故不從古文。"（《儀禮古今文疏義》卷六）

（43）古文曰"降造阼階下"。胡氏云："《禮經》多用適少用造……鄭意，以'造'字義別，故於此不從古文。"（《儀禮古今文疏義》卷七）

由以上四十餘例，我們可以看出古文本文字之以古文而用今字，及形誤、聲誤以至於形聲絕不相類無因致誤的地方，在相信古文爲真古本的鄭注也不得不發出"古文'而后'作'後'，非也"，"古文'獲'皆作'護'，非也"等公允的評判。在胡承珙、徐養原輩雖一再以爲"傳古文者失之""傳古文者失其初意"，然於古文而用今字，終不能不説"疑莫能明"，而不得不以"《禮經》多用適，少用造""後可言首，需不可言首""言'俎'則不辭，故定從今文""古文作堊，涩於素車"等等。試問古文本如爲真古本，何以其訛誤如是之多？胡承珙説："鄭以當文易曉，故不從今文。"古文本在許多地方比今文本更"當文易曉"，然則其出之孰先孰後，可以察知；其非真古本，本甚易明，特世儒以其擁有古文之名而不敢輕議之耳。《荀子·大略》篇引《聘禮志》曰："幣厚則傷德，財侈則殄禮"；今《儀禮·聘禮》記作"多貨則傷於德，幣美則没禮"。古文本《儀禮》如果爲真古本，何以與《荀子》所引不同？又《士喪禮》"澡濯棄於坎"，鄭注古文"'澡'作'緣'，荆沔之間語。"（參看胡氏《儀禮古今文疏義》卷十二）《有司徹》："二手執桃匕枋，以挹湆"，鄭注："桃謂之歃，讀如'或舂或抌'之抌。字或作'桃'者，秦人語也。今文'桃'作'抌'，'挹'皆爲'扱'。"（《儀禮古今文疏義》卷十七）古文本文字所表示的方言是"荆沔之間語"，是秦人語，然則古文本出於孔壁，出於魯淹中，豈不又爲虛語？證之以文字則不"古"，證之以文義則不"準"，證之以古本亦不"古"，證之以方言亦不"準"。綜之七十餘例看來，古文本如果爲真古本，是否當有如此可疑之現象？

同時，在以上四類七十餘例之外，古文本文字較今文本多或少者，尚有"皆入左"，古文本作"皆入門左""坐奠於篚下"，古文本作"坐奠爵於篚下""介右拜送爵"，古文本作"介右北面拜送爵""主人前西面坐"，古文本作"主人阼階前西面坐""不殄酒"，古文本作"不腆之酒""馬北面"，古文本作"馬則北面""負右房立"，古文本作"負右房而立""如之何"，古文本作"如曰之何";這些古文本字多今文者都是在校訂之時盡可據上下文增補或竟以意增補。多一"之"字,多一"則"字,多一"而"字,多一"曰"字,只是令人感覺文從字順。即如多一"門"字,多一"爵"字,以及多"北面""阼階"等字樣,亦不過爲"當文易曉",其實如有傳說而不輕易增補仍然"易曉",而可不失本真。《士虞禮》:"用專膚爲折俎",鄭注:"今文字爲'折俎'而說以爲'胙俎',亦已誣矣。"今文有師授,故不須易字仍舊保存本來面目,正如古文盡管有誤字流傳至今,然仍可辨明;當時古文家如獲有古本而多加校訂,以致失真,此已非是,何況其所謂古文本,乃係依本經之上下文及其他傳說校改而成以求勝於今文,而茲千古之疑,誠非是也。古文本中如《鄉射記》之"獻工與笙"多"與笙"二字,《喪服》"疏衰裳齊,牡麻絰,冠布纓,削杖,布帶,疏屨期者"多"冠布纓"三字,實覺勝於今文,然前者可據經文"遂獻笙於西階上"及《鄉飲酒》《禮記》"獻工與笙"而增補(參看《儀禮古今文疏義》卷五)後者則因"疏衰已下與前章不殊""故須重列七服""既須重列七服不應獨無冠布纓"(參看《儀禮古今文疏義》卷十一),亦非必有真古本而後始能知,在這兩點,古文似覺勝於今文的地方仍不覺古文之爲真古,實在是由以上四類七十餘例看來,古文所多所少倒誤訛誤之處太多,不是真古本所當有的現象。

附錄: 《儀禮》今古文異同表

今 文	古 文
士冠禮第一	
闑西閾外	槷西蹙外
旅占	臚占
熏裳	纁裳
側尊一甒醴	側尊一廡醴
各一匴執以待於西坫南	各一篹執以待於西襜南
兄弟畢袗玄	兄弟畢均玄
將冠者采衣紛	將冠者采衣結
贊者盥於洗西	贊者浣於洗西
贊者奠纚笄櫛於筵南端	贊者奠纚笄節於筵南端
壹揖壹讓升	一揖一讓升
覆之面葉	覆之面揭

續表

今 文	古 文
加柶，面柄	加柶，面枋
筵末坐啐醴	筵末坐呼醴
束帛儷皮	束帛離皮
再醮，攝酒	再醮，聶酒
設扃鼏	設肩密
蝸醢	蠃醢
主人阩而迎賓	主人結而迎賓
醴於阼	禮於阼
某有子某	謀有子謀
以病吾子	以秉吾子
賓曰	賓對曰
眉壽萬年	麋壽萬年
嘉薦亶時	嘉薦瘅時
孝友時嘏	孝友時格
冠而字	冠而字之
章斧（父）殷道也	章甫（父）殷道也
士昏禮第二	
賓升西階，當庪	賓升西階，當阿
授，如初禮	授，如初醴
授校	授挍
面葉	面揚
玄纁	纁
臘一肫	臘一鈞
髀不升	脾不升
設扃鼏	設肩密
大羹汁	大羹涪
皆南柄	皆南枋
姆加憬	姆加景
贊開會	贊啓會
却於敦南	袷於敦南

續表

今　文	古　文
贊爾黍	贊爾稷
主人税服於房	主人說服於房
婦税服於室	婦說服於室
北止	北趾
媵待於戶外	媵侍於戶外
贊見婦於舅姑	贊見婦於咎姑
舅即席	咎即席
並南上	並南上
婦贊祭	婦贊成祭
於是與始飯之錯	於是與姑飯之錯
酬以束錦	酬以束帛
加於鎬	加於橋
又不教	又弗能教
至於某之室	至於某之室
我與在	我豫在
夙夜毋違命	夙夜無違命
示諸衿鞶	視諸衿鞶
請見	請終賜見
某得以爲昏姻之故	外昏姻
士相見禮第三	
奉之	左頭奉之
某將見	某將走見
某非敢爲儀	某不敢爲儀
固請吾子之就家也	固以請
某非敢爲儀，固以請	某不敢爲儀，固以請
將走見	某將走見
某不依於摯	某也不依於摯
某也固辭	某也固辭，不得命
某既得見矣	某也既得見矣
某非敢求見	某也非敢求見

續表

今　文	古　文
一拜其辱也	一拜其辱也
左脰	頭
君答一拜	一拜
妥而後傳言	綏而後傳言
毋改終皆若是	無改。衆皆若是
若甫則游目，毋上於面，毋下於帶	若父，則游目，無上於面，無下於帶
君子欠伸，問日之早晏	君子欠信，問日之蚤晏
膳葷	膳熏
咕嘗膳	遍嘗膳
若賜之爵	若君賜之爵
彌麿以爲儀	容彌麿以爲儀
執玉	執玉者
舉前拽踵	舉前曳踵
託者在邦	宅者在邦
草茅之臣	草苗之臣
鄉飲酒禮第四	
賓揖介入門左介揖厭衆賓	賓厭介入門左介厭衆賓
衆賓皆入左	衆賓皆入門左
爵於篚下	奠爵於篚下
主人一揖、一讓，升	主人一揖一讓，升
坐捝手，遂祭酒	坐說手，遂祭酒
介進，受爵，復位	介進，北面受爵，復位
衆賓遍有脯醢	衆賓辯有脯醢
賓揖介升，介揖衆賓升	賓厭介升，介厭衆賓升
遍有脯醢	辯有脯醢
遍有脯醢	辯有脯醢
衆受自左	衆受酬者受自左
賓受於其所	賓介奠於其所
僕（全）者降席	遵者降席
稅屨	說屨

續表

今 文	古 文
賓服鄉服以拜賜	賓鄉服以拜賜
主人釋服	主人舍服
賓介不與	賓介不預
介俎脊脅肺骼肺	介俎脊脅肺胳肺
其笙，則獻諸西階上	其笙，則獻諸西階
磬，階閒縮霤	磬，階閒麛霤
鄉射禮第五	
賓揖眾賓	賓厭眾賓
主人前西面坐	主人阼階前西面坐
盥洗	浣洗
一揖一讓以賓升	一揖一讓以賓升
坐挩手	坐說手
大夫若有僎者	大夫若有遵者
皆升，就序	皆揖，就序
少立	少退立
坐取觶	進坐取觶
坐奠之拜	坐奠觶拜
兼挾乘矢	兼接乘矢
某御於子	某從於子
弟子稅束	弟子說束
阼階下之東，堂前三笴	阼階下之東南，堂前三笴
序則鈎楹內	豫則鈎楹內
適序西	適堂西
執旌負侯而立	執旌負侯而俟
挾弓矢而後下射射	挾弓矢而後下射射
不貫不釋	不關不釋
尚握焉	上握焉
十純則縮而委之	十純則麛而委之
獲者負侯，北面拜受爵	獲者負侯，北面再拜受爵
各與其耦進	各以其耦進

續表

今　文	古　文
作升射如初	作上射如初
執餘獲，升告於賓	執餘獲，升告左右卒射
視數，如初	視筭，如初
賓與大夫坐反	賓與大夫反坐
酬者不拜	受酬者不拜
賓爵	觶
大夫之爵	大夫之觶
卒受者以虛爵降，奠於篚	卒受者以虛觶降，奠於篚
賓之反奠於賓與大夫	執觶者洗，升賓觶，反奠於賓與大夫
賓不與	賓不豫
五臧（植）祭半臧（植）	五蔵，祭半蔵
獻工	獻工與笙
遂命倚旌	遂命獲者倚旌
則以白羽與朱羽縮	則以白羽與朱羽糅
以鴻脰翻上，二尋	以鴻脰韜上，二尋
衆賓不與射者不降	衆賓不豫射者不降
侯道五十肱	侯道五十弓
君射，則爲下	君射，則爲下射
則繁竪中，以翿旌獲	則皮樹中翿旌獲
白羽與朱羽繺	白羽與朱羽糅
士，鹿中，翿旌以獲	士，鹿中，翿旌
唯君有射於國中	唯君又射於國中，其余否
君在，大夫則肉袒	君在，大夫射則肉袒
燕禮第六	
幂用綌若錫	幂用綌若錫
擯者納賓	射人納賓
坐取觚洗	坐取觶洗
主人坐奠觚於篚	主人坐奠觶於篚
賓洗南坐奠爵	賓洗南坐奠觚
主人辭	主人辭降
更爵洗，升	受爵洗，升

續表

今　文	古　文
升媵觚於賓	升媵觶於賓
大夫遍受酬	大夫辯受酬
主人以虛爵降	以虛爵降奠於篚
更爵洗	受爵洗
阼階下再拜稽首	北面再拜
遂卒爵	卒爵不拜
大夫升拜受觚	大夫升拜受觶
主人拜送觚	主人拜送觶
賓降洗象觚	賓降洗象觶
公坐取賓所媵觚	公坐取賓所媵觶
公答拜	公答再拜
以賜鐘人於門內霤	錫
寡君有不腆酒	寡君有不珍之酒
固以請	使某固以請
與卿大燕大夫爲賓	與卿燕則大夫爲賓
與大夫亦大夫爲賓	與大夫燕亦大夫爲賓
大射儀第七	
頌磬東面	庸磬東面
冪用錫（緆）若絺（綌）	冪用錫若絺
綴諸箭	綴諸晉
更爵洗刀酌散以降	受爵洗升酌散以降
媵觚於賓	騰觚於賓
降適阼階下	降造阼階下
大夫遍受酬	大夫辯受酬
後首	後手
挾乘矢於弓	接乘矢於弓
士御于大夫	士御於大夫
皆適次而待	皆適次而俟
不異侯	不辭侯
三耦立于次北	三耦俟於次北

續表

今　文	古　文
至乏，聲止	至乏，磬止
授獲者退立於西方。獲者興，共而俟	授護者退立於西方。護者興，共而俟
獲而未釋獲	獲而未舍獲
且左還	阻左還
既拾取矢捆之	既拾取矢魁之
揚觸，捆復	揚觸魁復
不貫不釋	不關不釋
司射去撲阼階下	司射去撲，適阼階下
右還	還右
以袂循左右隈	以袂順左右隈
公親揉之	公親紐之
遂以所執餘獲適阼階下	遂以所執餘筭適阼階下
十純則縮而委之	十純則蘖而委之
賓升就筵	賓升就席
師命獲者	司馬師命獲者
士長升拜受觚	士長升拜受觶
媵觚於公	媵觶於公
公答拜	公答再拜
聘禮第八	
帥眾介多	率眾介多
管人敷幕於寢門外	官人布幕於寢門外
加其卷於左皮上	加其奉於左皮上
馬北面	馬則北面
使者載旜	使者載膳
垂璪	垂繰
介皆與，北面西上	介皆豫北面西上
陳皮北首西上	陳幣北首西上
卿爲上大夫爲承士爲紹出請事	卿爲上擯，大夫爲承擯，士爲紹擯。擯者出請事
介皆入左	介皆入門左
裼，降立	賜，降立

續表

今 文	古 文
公側受几於序端	公升，側受几於序端
賓進梧受几於筵前	賓進，訝受几於筵前
公壹拜送	公一拜送
上介奉幣，皮先，入門左	上介奉幣，皮先入門左
歸（饋）饗餼五牢	歸饗餼五牢
皆二以並	皆二以並
車秉（踊）有五籔	車秉有五籔
至於階，讓，大夫先升一等	至於階，三讓，大夫先升一等
至於階，讓，賓升一等	至於階，三讓，賓升一等
庭實入設	庭實設
賓拜醴於朝	賓拜禮於朝
一食，再鄉	一食，再饗
燕與羞，倪獻，無常數	燕與羞，淑獻，無常數
致之以侑幣	致之以宥幣
迎於門外	迎於外門外
帥大夫以入	率大夫以入
升由自西階，自左受圭	升自西階自左南而受圭
醴玉	禮玉
君使卿贈，如覿幣	公使卿贈，如覿幣
朝服，載旃	朝服，載膳
訃者未至	赴者未至
問幾月之資	問幾月之賚
釋軷	釋祓
圭與瑑皆九寸	圭與繅皆九寸
（約）組	絢組
俟於郊，爲肆	俟於郊，爲肆
義之砥也	義之至也
賓入門皇	賓入門王
皮馬相閒可也	皮馬相干可也
賄，在聘於賄	悔，在聘於悔

續表

今　文	古　文
醴不拜至	禮不拜至
擯者立於闑外以相拜	擯者立於麋闑外以相拜
負右房立	負右房而立
不禮	不醴
賜饗，唯羹飪	賜饗，唯羹飪
如饋食禮	如饋食之禮
肦肉及庋、車	紛肉及庋、車
明日，問大夫	明日，問夫人
夕，夫人饋禮	夕，夫人歸禮
既致饗	餼致饗
日如其饗既之數	日如其饗餼之數
賄反幣	無行，則重賄反幣
十六斗曰䉛	十六斗曰籔
十筥曰稯	十筥曰緵
公食大夫禮第九	
設扃鼏	設肩密
設洗如饗	設洗如饗（鄉）
宰，東夾北，西面，南上	宰，東夾北，西面
坐委於鼎西	坐奠於鼎西
左人待載	左人持載
倫（論）膚七	倫膚七
卒盥，公壹揖、壹讓	卒盥，公一揖、一讓
賓立於西階	賓立於階西
昌本南糜麋	昌本南糜臡
以西菁菹、鹿麋	以西菁菹、鹿臡
宰夫設黍、稷六簋於俎西	宰夫設黍、稷六軌於俎西
二以並，東北上	二以並，東北上
大羹汁不和	大羹湆不和
入門自阼階	由門入，升自阼階

續表

今 文	古 文
以辯擩醢	以辯擩於醢
壹以授賓	一以授賓
腳以東臐、膮、牛炙	香以東熏、膮、牛炙
醢、牛鮨	醢、牛鮨
從者梧受皮	從者訝受皮
魚、臘不與	魚、臘不豫
庶羞，西東毋過四列	庶羞，西東無過四列
二以並，北陳	二以竝，北陳
二以並，南陳	二以竝，南陳
皆如饗拜	皆如饗（鄉）拜
侑幣、錦也	侑幣、束錦也
加莞席尋	加萑席尋
牛霍、羊芐	牛霍、羊苦
簠有蓋冪（幕）	簠有蓋冪
覲禮第十	
天子錫舍	天子賜舍
伯父帥乃初事	伯父率乃初事
侯氏裨絻	侯氏裨冕
以瑞圭，有繅（璪）	以瑞玉，有繅
伯父寔來，予一人智之	伯父實來，予一人嘉之
迎於外門外，再拜	迎於門外
大史是右	大史氏右
尚左	上左
四傳擯	四傅擯
祭地，瘞	祭地，殪
喪服第十一	
疏衰裳齊、牡	疏衰裳齊、牡麻
絰削布杖	絰冠布纓、削杖
帶疏屨期者	布帶、疏屨期者

續表

今　文	古　文
士喪禮第十二	
對足用燕几	綴足用燕几
爲名，各以其物	爲銘，各以其物
書名於柹	書銘於末
爲垼於西墻下，東面	爲垼於西墻下，東鄉
不綪	不精
布巾，環幅，不鑿	布巾，還幅，不鑿
幎目，用緇	幎目，用涓
緩中方寸	牢中旁寸
決，用正王棘，若澤棘	決，用正玉棘，若檡棘
祿衣	緣衣
竹忽	竹笏
抠用巾	振用巾
澳濯棄於坎	緣濯棄於坎
鬠用組	括用組
洗貝以入	洗貝，執以入
宰洗柶，建於米以從	宰洗柶，建於米，執以從
設韐、帶、搢笏	設合、帶、搢笏
設決，麗於掔	設決，麗（連）於捥
設冒，橐之	設冒，櫜之
幎用疏布，久之	密用疏布，久之
幎用葦席	密用葦席
幂奠用功布	幂尊用功布
其實特豚，四剔	其實特豚，四鬄
去蹄，兩迫	去蹄，兩胉
設肩鼏	設肩密
二人以併	二人以竝
主人髻髮，袒	主人括髮，袒
主人綄於房	主人免於房

續表

今　文	古　文
男女奉尸，夷於堂	男女奉尸，侇於堂
抽鉉予左手，兼執之	抽扃與左手，兼執之
取鼏，委於鼎北	取密，委於鼎北
乃朼，載，載兩髀於兩端	乃匕，載，載兩脾於兩端
兩迫亞	兩胉亞
進胝，執而俟	進柢，執而俟
襚者以褶，則必有裳	襚者以襲，則必有裳
蝸醢。兩籩無縢	蠃醢。兩籩無甸
魚左首，進鬐	魚左手，進者
踴出	成踴出
婦人踴，主人送	婦人踴，主人拜送
啓會，面足	敦啓會，面足
執之，南面受命	兼執之，南面受命
度兹幽宅兆基，無有後艱	度兹幽宅期，無有後艱
不述命	不術命
席於闑西閾外	席於槸西蹙外
占曰某日從	占曰某日從
既夕禮第十三	
請開期，告於賓	請啓期，告於賓
商祝絻袒	商祝免、袒
取名置於重	取銘置於重
設藩	設披
緇淺，有幅	緇翦，有幅
幂用疏布	密用疏布
甒二，醴、酒	廡二，醴、酒
兩桿	兩杅
賓奠幣於輁棧左服出	賓奠幣於棧左服出
髀不升	脾不升
蝸醢	蠃醢

續表

今　文	古　文
特鮮獸	俎鮮獸
執筭從	執筴從
商祝執功布御柩	商祝執功布以御柩
屬引	燭引
乃封	乃窆
如之何	曰如之何
士居適寢，寢東首於北墉下	士處適寢，寢東首於北墉下
設床第，當牖	設床茨，當牖
楔，貌如厄，上兩末	楔，貌如軛，上兩末
校在南	枝在南
訃曰："君之臣某死。"訃母、妻、長子	赴曰："君之臣某死。"赴母、妻、長子
坅坎	掘坎
塈用塊	役用塊
凡絞用布	凡絞紟用布
倫如朝服	輪如朝服
實角觶四，木柶二	實角柶四，木柶二
主人稅髦	主人説髦
主人乘惡車	主人乘堊車
白狗幦	白狗幦
御以蒲茇	御以蒲驪
大服	犬服
木錣	木錔
木鑣	木苞
馬不齊毛	馬不齊髦
啟之昕，外內不哭	開之昕，外內不哭
夷床、輁軸饌於西階東	夷床、輁（拱）軸饌於西階東
序如初	序從如初
革靻，載旆	革殺，載膳
潦車，載蓑笠	槀車，載蓑笠

續表

今　文	古　文
抗木，刊	抗木，竿
弓矢之新，古功	弓矢之新，沽功
有柲	有枈
設依、銚焉	設依、撻焉
士虞禮第十四	
藉用葦席	席用葦席
設鉉鼏	設肩鼏（密）
東縮	東蹙
左人抽鉉鼏	左人抽肩密
魚亞	魚亞之
佐食出，立	佐食出，立於户西
命佐食開會	命佐食啓會
開會，却於敦南	啓會，却於敦南
祝命佐食綏祭	祝命佐食墮祭
尸飯，播餘於篚	尸飯，半餘於篚
酌酒酳尸	酌酒酳尸
祝取肝	祝取肝擩鹽
祝入，尸謖	祝入，尸謖（休）
虞，沐浴	虞，沐，不櫛
殺於門西	殺於廟門西
膚祭三，取諸左膉上	膚祭三，取諸左股上
皆設鉉鼏，陳之	皆設肩密，陳之
載猶進胵，魚進鬐	載猶進柢，魚進者
鉶芼，用苦（苄），若薇，有滑	鉶芼，用枯，若薇，有滑
尸坐不說屨	尸坐不說屨
聲三，開户	聲三，啓户
明粢醱酒	明齊溲酒
哀薦合事	哀薦祫事
它用剛日	他用剛日
未徹，乃餞	未徹，乃踐

續表

今　文	古　文
尊兩甒於廟門外之右	尊兩廡於廟門外之右
饌籩豆，脯四脡	饌籩豆，脯四挺
有乾肉折俎，二尹縮	有乾肉折俎，二尹蹙
尸謖，從者奉篚哭從之	尸休，從者奉篚哭從之
丈夫稅絰帶於廟門外	丈夫說絰帶於廟門外
入徹，主人不與	入徹，主人不豫
猶出，几席設如初	猶出，几筵設如初
來日某齊祔爾於爾皇祖某甫	來日某隮祔爾於爾皇祖某甫
婦曰孫婦於皇祖姑	婦曰孫婦於皇祖姑某氏
明日，以其胖祔	明日，以其班（辨）祔
沐浴、櫛、搔翦（蚤揃、鬋）	沐浴、櫛、搔翦
用專膚爲折俎，取諸脰膉	用專膚爲折俎，取諸頭嗌
普薦、醙酒	普薦、溲酒
期而小祥	基而小祥
薦此常事	薦此祥事
中月而禫	中月而禫（導）
特牲饋食禮第十五	
不詛日	不諏日
席於門中，闑西，閾外	席於門中，槷西，蹙外
乃宿（速、肅）尸	乃羞尸
占曰吉，宿	占曰吉，敢宿
陳鼎於門外，北面北上，有鼏	陳鼎於門外，北面北上，有密
主婦視餴爨於西堂下	主婦視糟爨於西堂下
藉用萑	藉于萑
佐食升肵俎，鼏之	佐食升肵俎，密之
祝命綏祭	祝命授祭
設大羹湆於醢北	設大羹湆於醢北
主人洗角，升，酌，酳尸	主人洗角，升，酌，酯尸
尸祭酒，啐之	尸祭酒，啐酒
賓長以肝從	賓以肝從

續表

今　文	古　文
尸以醋主人	尸以酢主人
佐食授挩祭	佐食授妥祭
挂於季指	卦於季指
主婦洗酌爵	主婦洗爵，酌
坐挩手	坐說手
主人更爵，酌	主人受爵，酌
更爵，酢於主人	受爵，酢於主人
賓辭	賓辭洗
尸備答拜焉	尸復答拜焉
舉觶者皆奠於薦右	舉觶者皆奠觶於薦右
祝命嘗食，簀者	祝命嘗食，餕者
铏芼，用苄，若薇	铏芼，用苦，若薇
執匜者西面潎沃	執匜者西面淳沃
切肺三	刌肺三
主婦俎，觳折	主婦俎，谷折
少牢饋食禮第十六	
宿。前宿一日，宿戒尸	羞。前羞一日，羞戒尸
廩人概甑、甗、匕與敦於廩爨	廩人概㸑、甗、匕與敦於廩爨
司馬升羊右胖，髀不升	司馬升羊右辯，脾不升
皆二骨以並	皆二骨以並
卒脀，皆設扃鼏	卒脀，皆設扃密
司宮尊兩甒於房戶之間	司宮尊兩廡於房戶之間
皆有冪	皆有冪
乃開二尊之蓋冪	乃啓二尊之蓋冪
覆之，南柄	覆之，南枋
長枇	長匕
心皆安下刌上	心皆安下切上
舌皆刌本末	舌皆切本末
主婦被錫衣移袂	主婦被錫衣移袂

續表

今　文	古　文
執葵菹、蝸醢以授主婦	執葵菹、蠃醢以授主婦
主婦入於房	主婦興，入於房
尸取韭菹，遍於三豆	尸取韭菹，辯於三豆
上佐食舉尸牢干	上佐食舉尸牢肝
北面酌酒，乃酳尸	北面酌酒，乃酳尸
縮執俎，肝亦縮	蹙執俎，肝亦蹙
上佐食以綏祭	上佐食以挼祭
以嘏於主人曰	以格於主人曰
使女受禄於天	使女受福於天
眉壽萬年	微壽萬年
勿嚳（替）引之	勿袂（戴）引之
挂於季指	卦於季指
其綏祭如主人之禮	其挼祭如主人之禮
祝拜受	祝拜，坐受爵
賁黍於羊俎兩端	資黍於羊俎兩端
司士乃遍舉	司士乃辯舉
主人答一拜	主人答壹拜
有司徹第十七	
司宮聶酒	司宮攝酒
乃燅尸俎	乃尋尸俎
乃議侑於賓，以異姓	乃議宥於賓，以異姓
西縮。二俎皆設於二鼎西，亦西縮	西蹙。二俎皆設於二鼎西，亦西蹙
陳于羊俎西竝	陳於羊俎西併
羊肉汁	羊肉湆
二手執枕匕枋以扱湆	二手執桃匕枋以挹湆
主人北面於東楹東答拜	主人北面於東楹之東答拜
婦贊者執糦、賁	婦贊者執二籩糦、賁
取糗與斷修	取糗與殷修
主婦，主人之北答拜	主婦主人之北、西面答拜

續表

今　　文	古　　文
南面立於席西	南面主婦立於西席
坐挩手	坐說手
衆賓門東，北面，皆答壹拜	衆賓門東北面，皆答一拜
羊骼一	羊胳一
宰夫贊主人酌，如是以遍	宰夫贊主人酌，若是以辯
其脀體，(肞)（議）也	其脀體，儀也
主人受酌降	主人受爵降
主人就筵	主人升就筵
兄弟之後生者舉觶於其長	兄弟之後生者舉爵於其長
臘辯，無髀	臘辯，無脾
乃摭於魚、臘俎	乃攓於魚、臘俎
其綏祭，其嘏	其挼祭，其嘏
尸以酢（醋）主婦	尸以酌主婦
婦也贊者執棗	婦人贊者執棗
乃餕，如儐	乃餕，如儐
右幾，厞用席	侑幾，茀用席

四　《易》今古文文字之異同

《易》之篇次或據《漢志》，今古文在表面上無若何差異，但就篇章看來，古文《易》不當有《説卦》三篇，這在《引論》已爲叙明。戴震之説非今文家之言，尤可據依。以古文本而雜有晚出之《説卦》，其非真古本可知。我們再由《易》今古文文字之異同，亦足以證見古本之非。在清儒中辨《易》今古文異文者，有李富孫《易經異文釋》，李氏論“可與幾也”，古本“幾”上有“言”字云：“李鼎祚《集解》本山井鼎《考文》引足利學，古本足利本與下並有‘言’字。案，崔憬云：‘可與言微也，則崔本有言字。山井鼎所稱往往與古書合，當爲舊本之遺，惟經文語助字與今本多寡甚夥，其舛異不足據，兹不復引。’”（《皇清經解續編》卷一）李氏未詳列古今文字數之多寡，現在我們但就李氏所引可信爲今古文之異者列下，以明古文《易》之非真。

A. 古《易》文字之多於今文者　如：

（1）"比之匪人"，《經典釋文》云："王肅本作'匪人凶'。"李氏云"案《魏志·王肅傳》云：'肅善賈、馬之學而不好鄭氏……撰定父朗所作《易傳》，此當即其父所傳之本。'"案，王朗習京《易》，或今文本如是，"匪人凶"較"比之匪人"爲有意義，古文《易》似屬校訂而成。

（2）"小狐汔濟，濡其尾"，李釋云："《春申君列傳》引作'狐涉水，濡其尾'。案，漢初時或別本如此，或史公以詁訓竄易之。"今案，李氏後說非是。《戰國策》亦引作"狐涉水，濡其尾"，古本與今不同，古文《易》非古本即此，已足證明。

（3）"而爲罔罟"，《釋文》作爲罟云，黄本作網罟，云"取獸曰網，取漁曰罟"。李氏云："《乾鑿度》同《集解》，引虞無'網'字，《繫傳》引作'網'。案，《說文》云：'網，庖犧所結繩以漁'，或體作（罔），今隸變作'罔'。"似古《易》多一"網"字，然《說文》據孟《易》，則今文亦有"網"字。

B. 古《易》文字之少於今文者　如：

（1）"利禦寇"，蔡邕《明堂月令論》引作"利用禦寇"，足利古本同。李氏云："蔡引作'利用'，古本當如此，或亦涉《象傳》之文。"（卷一）蔡習今文，是古文《易》删此一"用"字以見其爲古本也。

（2）"需於沙"，李氏云："何氏《訂詁》引孟喜本，'沙'下有'衍'字……《穆天子傳》云：'天子東征，渴於沙衍'，注云：'沙衍，水中有沙者。'依此《象傳》'衍'字屬上讀，則爻當亦有'衍'字。"（卷一）此孟《易》勝於古《易》之證。

（3）"位當也"，《釋文》云："本或作'當位實'，非也。《集解》本作'當位實'。"李氏云："案，陸氏以'位當'與上當、長音協，故言'當位實'爲非。然古讀實如至，與下謂、内亦協……據荀、虞注，皆作'當位實也'。惠氏曰：陽爲實，四正，故當位；應初，故云實。"（卷二）古《易》少如此一"實"字，實未當也。

（4）"默而成之"。李釋云："《釋文》無'之'字，云本或作'成之'。《集解》本同。晁氏《易》云：'九家本無之字'。案，第八章虞注有'之'字，依上下文似當有'之'字。"（卷五）

（5）"吉之先見者也"。《漢書·楚元王傳》引作"吉凶"，《公羊傳·昭公廿一年》注引作："事之先見。"李氏云："案，漢時諸家本俱存，故所引與今本多不同。《正義》云：'諸本或有凶字，其定本則無也。'"（卷六）

(6)"能研諸侯之慮"。李釋云:"《易》略例,《集解序》作'能研諸慮。'邢璹注作'諸侯之慮'。案,《集解》引虞云:'震爲諸侯,故能研諸侯之慮'。韓康伯本《正義》皆有此二字。王昭素云:'侯之'二字必是王輔嗣以後,韓康伯以前錯,然虞翻已如此,則古本有此二字。"(卷六)

(7)"故水火相逮,雷風不相悖"。《漢書·郊禩志》引作"水火不相逮,雷風不相悖"。《釋文》作"不相逮",云:"鄭、宋、陸、王肅、王廙無不字。"《集解》本、唐石經同。案,定本不從鄭、陸諸家玩(説),上節"雷風相薄(悖)"二句,定本爲長。(同上)鄭所習爲古文,古文少一"不"字。

以上(1)(2)(3)(6)(7)諸例,是足見古文本不合於古,不如今文。

C. 古《易》之故爲倒置與複迭者,此類亦有數例,如:

(1)"雷電噬嗑",説辭引漢石經作"電雷"。李氏云:"案,晁公武云:'六十四卦大象無倒置者',程、朱説同。據'宋哀侯果俱作雷電',宋在後漢時亦不與石經同。"(卷二)古文倒置"電雷",與他卦雖一律,然與今文不一律,正以不經修飾,猶存古真。

(2)"無攸遂"。在《中饋》《大戴禮記·本命》注"攸"引作"由",《漢書·谷永傳》引作"在中饋,無攸遂"。李氏云:"案,'由'與'攸'以同音相雜,《説文》云:'饋,餉也。'饋,吳人謂祭曰饋。二字義本異,後多假借通用,引經當亦偶倒爾。"(卷三)此文是否爲偶倒不可知,然古文《易》如此,實足證其非真古本。以《恒卦》:"初六,浚恒,貞凶,無攸利";《遯卦》上九:"肥遯無不利";《大壯卦》:"上六,羝羊觸藩,不能退,不能遂,無攸利";《家人卦》:"初九,閑有家,悔亡"等例之,谷永引經非倒,或係古真如此。

(3)《姤卦》:"后以施命誥四方",《説文·后部》作'施令以告四方'。《後漢·魯恭傳》引作'施令'……《魯恭傳》云:'君以夏至之日,施命令止四方行者。'"(卷三)此文古文《易》"以"字亦倒置。

(4)"剛柔者,晝夜之象也"。《釋文》云:"虞作'晝夜者,剛柔之象也'。"李氏云:"案以上吉凶、悔吝、變化例之,當作'剛柔者'。韓注亦作'晝夜'者,是與虞本同。"原注:"《説卦》虞注又同今本。"(卷五)

(5)"盛衰之始也"。"《音訓》引《釋文》云,鄭、虞作衰盛(今本脱),《集解》本、影宋本同"。李氏云:"案,虞云:'損泰初益上,衰之始;損否上益初,盛之始。則作衰盛爲是。'"(卷六)虞傳孟《易》鄭氏蓋用今文以易古文,足見今文是而古文實非。

以上五例中,(1)(2)(3)(5)諸例並足爲古文本不必爲真古本之顯證。

D. 古《易》之故爲修飾與訛誤者

古文《易》之文字頗有與古本不合，古文用本字，今文用假借之例，如：

(1) "亢龍有悔"。《說文·心部》引作"忼龍"，李氏引段氏曰："許君作'忼'，當爲孟氏《易》。忼之本義，爲忼慨。《易》則假忼爲亢，亢，高也。是'亢'爲正字，'忼'假借字。"（卷一）此古文用本字之例。

(2) "君子體仁，足以長人"。《釋文》云："京房、荀爽、董遇本作'體信'。"李氏云："案，《說文》'信'古文作'㒰'，與'仁'字形相似，故易淆爾。"（同上）。今案，《說文》古文"仁"作"忎"，與"㒰"並不易淆。

E.《易》今古文異文

《易》在篇次上今古文無若何差異，只是古文《易》不當有《說卦》，這在前文已敘明，可勿贅論。茲將《易》今古文之異足以證明古文《易》非真古本者，錄李富孫《易經異文釋》說以見之：

(1) "善之長也"。李富孫云："'善之長也'，《左氏襄九年傳》作體之（下文嘉會作嘉德）。案，夫子言'述而不作'，此言四德即述穆姜之語，惟體字德字爲異。然《昭十二年傳》子服、惠伯所稱亦作'善之長'，是亦古相傳之文也。《左氏》疏云與《易》文言唯二字異耳，其意亦不異也。元是體之長，以善爲體，知亦善之長也。身有美德，動與禮合嘉德，足以合禮也。"（《易經異文釋》卷一）今案，此足見古本《易》"善"作"體"，"嘉會"作"嘉德"，古文《易》不必爲真古本，故不與古《左氏》合。

(2) "坤"。李富孫云："'坤'本又作☷。☷，今字也。案，☷字《說文》不錄，《隸釋·華山廟碑》云：'乾☰定位如此作'則爲隸體。《大戴記·保傅》'坤'字作'☷'，《詩·采薇》箋《釋文》云'坤'本亦作'☷'，《天作》箋《釋文》'坤'作'☷'，《廣雅》亦有'☷'字，此皆從隸體《乾鑿度》以八卦之畫爲古文天、地、風、山、坎、火、雷、澤字，是古'坤'作'☷'，此即轉橫畫而爲'☷'耳。"（同上）今案，此足見今文《易》所用爲古"☷"字，而古文《易》所用者爲今"坤"字。

(3) "輿說輻"。李富孫云："《說文·車部》引作'輿脫輹'，云'輹，車軸縛也'；《釋文》云：'輻本亦作輹，音服'；《集解》引虞作'車說輻'。……《老子》云'三十輻共一轂'，輻非可脫之物。今本作輻，傳寫之訛。項氏安世曰：'輻以利輪之轉，輹以利軸之轉。然輻無說，理必輪破轂裂而後可說。若輹則有說，時車不行則說之矣。'"（同上）此亦足見古文《易》不如今文之得當。

(4)"勿恤"。李富孫云："《說文·目部》引作'勿卹'。案,《說文》卹、恤並訓憂,音義皆同。段氏曰:古書多用卹字,後人多改爲恤。疑古祇有卹,恤其或體。"(同上)此亦古文《易》用晚出字,未必爲真古本之一證。

(5)"謙"。李富孫云："'謙',《子夏》作'嗛',云'嗛,謙也'。案,《說文》云:'嗛,口有所銜也。'與'謙'字義別。《漢書·藝文志》云:'《易》之嗛嗛',師古曰:'嗛'與'謙'同。《司馬相如傳》注、《文選·魏都賦》注並云:'嗛,古謙字。'漢簡云:'《史記·樂書》及馮煥殘碑皆以嗛爲謙,此並通借字。'錢氏曰:'古書言旁字與口旁字生生相通,故謙或爲嗛。'段氏曰:'嗛假借爲歉字,《商銘》"嗛嗛之食,嗛嗛之德"是也。'亦假借爲謙字,如《子夏傳》《漢書》《謙卦》作'嗛'是也。"(同上,卷二)今案,此與上同例,真古本當作"嗛"不當作"謙"也。

(6)"顛頤拂經"。李氏云："《釋文》云:'拂,《子夏傳》作弗,云輔弼也。'《玉篇·口部》引作咈,云違也。《晁氏易》云:'劉表、一行作弗。弗,古弼字。'案,《孟子》:'法家拂士',趙注云:'輔弼之士,《音義》拂,音弼。'《子夏》從省作'弗',訓爲輔弼,亦別一義。《說文》云:'拂,過擊也。'《書》'拂其耆長',《說文》引作'咈',訓違,與《玉篇》義正同。段氏曰:'今《易》作拂,蓋誤。'"(同上)段氏亦云"今《易》作拂蓋誤",然《釋文》不言馬、鄭之異,則古文本《易》作'拂'本不合於古也。

(7)"納約自牖"。李氏云："晁氏《易》云:'納,京一行作内,云内自約束。'《集解》引虞云:'坎爲納。'《釋文》云:'牖,陸作誘。'案,《周禮》'鐘師納夏'注云:'故書納作内'。杜子春云:'内當爲納'。《書》'百里賦納總',《漢·地理志》作'内總'。蓋古'納'字皆作'内'。"(同上)然今古文本"内"作"納",非古字也。

(8)"罔孚"。李氏云："《說文·衣部》引作'有孚'。案,'罔'與'有'或以字形相雜,然從許書義較長。段氏曰:'虞、王作網,未知許所據孟《易》獨異,與抑字訛與。'"(同上,卷三)從許書義較長,孟《易》爲是,古文非也。

(9)"未退聽也"。李氏云："《集解》本作'違聽',虞云'坎爲耳,故未違聽也。'案,'退'與'違'亦字形相似,作'違'字義較長。"(同上,卷四)

(10)"所樂而玩者"。李氏云："《釋文》云:樂、虞本作'變'(下'樂天知命'《釋文》樂、虞作'變'),'玩',鄭作'翫';《集解》本作'變';虞云:'舊作樂字,誤。'案,下言'動則觀其變',又云'爻者言乎

變',當從虞爲長。"(同上,卷五)

(11)"以行其典禮"。李氏云:"《釋文》云:'京作等禮'。案《晉語》曰'從其等禮。'韋注云:'從尊卑之等謂之禮'。《大戴·立言》曰'聖人等之以禮'。京氏正依此義。《說文》典古文作箽,與等字亦形聲相近。"(同上,卷五)

(12)"不見利不勸"。李氏云:"《集解》引虞說,勸作動,云坎爲動。……案:坎當作震,動與勸亦以字形相似而異。"(同上卷六)

以上四者皆以形近而異,而古文《易》並不如今文孟、京《易》,則古文之爲古本實爲可疑矣。

附: 《易經》今古文異同表

古文	孟《易》	京《易》	今文
夕惕若厲	夤		厲
飛龍在天			蜚
亢龍有悔	忼		
反復道也			覆
大人造也		造	聚
善之長也嘉會			德
體仁足以長人		信	
利物足以和義	之	之	
確乎其不可拔	隺		
可與幾也			與言幾
貴而无位			亡
與四時合其序			叙
坤		巛	
乃終有慶			乃
地勢坤			墜
蓋言順也			遜
陰疑於陽	凝		
爲其嫌於无陽	兼		
動乎險中			儉

續表

古　　文	孟《易》	京《易》	今文
雷雨之動滿盈	形		
天造草昧			中
盤桓			般
屯如邅如	趁驙		亶
乘馬般如	班		般
匪冠婚媾	婚媾		冓
即鹿無虞	麓		麗
君子幾			機
泣血漣如	涕連		連
匪我求童蒙	僮		
童蒙求我	來求		
以往吝	遴		
包蒙		彪	
勿用取女			娶
利禦寇	利用		
需於沙		沙衍	
致寇至			戎
丈人吉			丈
叱之匪人			匪人凶
邑人不誡	戒		
輿說輻	脫輹		
有孚攣如			戀
尚德載	得	得	得
月幾望		近	近
愬愬終吉	虩虩		愬愬
包荒	亢		
無平不陂			頗
勿恤	鄉		

續表

古　文	孟《易》	京《易》	今文
六四翩翩篇	翩翩		翩翩
城復於隍	隍		堭/湟
不可榮以祿	營		榮
大車以載			笑
公用亨於天子	享	享	
匪其彭	尪		旁
明辯哲也	折		
謙			嗛
天道虧盈而益謙			毀
鬼神害盈而福謙		富	
撝謙		揮	
而四時不忒		貣	
殷薦之上帝		隱	
以配祖考			享
盱豫悔		汙	紆
朋盍簪	戠	撍	簪
位當也	當位實也		
當實也		上	
雷電噬嗑		電雷	雷電
明罰敕法			飭
噬干肺			脯
賁如濡如	嬬	嬬	嬬
賁如皤如	蹯		蹯
束帛戔戔	殘殘		殘
剝之无咎			剝无咎
剝床以膚			簠
朋來无咎		崩	崩
无妄	無妄	无望	毋望
篤實輝光日新		暉	

續表

古　　文	孟《易》	京《易》	今文
能止健		健止	
君子以多識前言	志		志
良馬逐		逐	逐
曰閑輿衛	日		
童牛之牿	僮告		牿
觀我朵頤		揣	朶
顛頤拂經			弗
虎視眈眈			
其欲逐逐	悠悠		攸、浟
枯楊生稊			禘
習坎		欿	
水洊至		臻	
納約自牖	內	內	
祇既平	禔	禔	
寘於叢棘			湜
草木麗乎土	麗於地		
日昃之離	昗		
大耋之嗟		經	
突如其來如	厶		
戚嗟若			喊
咸亓拇			其踇
憧憧往來		僮僮	
咸亓脢			其脢
咸其輔頰舌	俠		
滕口説也	媵		騰
恒其德貞			德偵
振恒	楮恒		震恒
肥遯			飛肥
羸其角	累		

續表

古　　文	孟《易》	京《易》	今文
喪羊於易			埸
晉			齊
以自昭明德			照
罔孚	有		網
晉如鼫鼠			碩鼠
失得勿恤	矢		
夷於左股		睇	睇
用拯馬壯	抍		抍
箕子之明夷			荄茲
無攸遂在中饋		在中無攸遂	
婦子嘻嘻			喜喜
其牛掣	挈		觢
其人天且劓	劕		
後説之弧	壺	壺	
往蹇來連末	連		
救過宥罪		尤	
君子維有解	惟		
懲忿窒欲	恎谷		
已事遄往	以事		以祀
偏辭也	徧		
其行次且	趑趄		
牽羊悔亡			擎
莧陸	莧睦		
以施命誥四方	施令以告四方		
繫於金柅	柅		鈮
有隕自天			賈
萃亨	萃享		
賫咨涕洟	資		
君子以順德			慎

續表

古　　文	孟《易》	京《易》	今文
積小以高大	以成		
允升	㽙		
剛捄也	弅		
來徐徐			荼荼
劓刖		劓劊	
於臲卼	槷䠂		
井渫不食			井泄不食
可用波		以	以
井收勿幕			甓
其文蔚也			斐
享鉽也	鉽		
其形渥	刑剭	刑剭	
億喪貝			噫
震遂泥		隧	
未退聽	違		
列其夤厲熏心	裂胐熏	裂胐熏	腏危熏
言有序	孚		
日中則昃	稷		
遇其配主	妃		
日中見斗	主		
豐其沛			芾
日中見沬	昧		昧
豐其屋	寷		寷
闃其无人	窒		
天際翔也	降祥		
自藏	戕	戕	戕
得其資斧	齊	齊	齊
旅人先笑			咲
巽	顨		

續表

古　　文	孟《易》	京《易》	今文
豚魚	遯		
吾與爾靡之	縻	劘	縻
婦喪其茀	髢		髢
繻有衣袽	襦絮	絮	襦茹
小狐清濟			狐涉水
剛柔相摩		磨	
八卦相盪	蕩	蕩	蕩
坤作成物	化		
剛柔者晝夜之象也	晝夜者剛柔		
易之序也	象		
所取樂而玩者	度		
原始反終	及		
旁行而不流		留	
藏諸用			臧
其靜也翕			脅
以見天下之賾	嘖	嘖	
以行其典禮		等禮	
幾事不密			機
作易者	爲		
慢藏誨盜	悔		
冶容誨淫	野		
故再扐而後挂	卦	卦	
是故可與酬酢		醋	
參伍以變		五	
遂成天地之文	爻	文	
極深而研幾			機
易以貢	工	工	
聖人以此洗心	先	先	
而不殺者	哀		
莫大乎蓍龜			善

續表

古　文	孟《易》	京《易》	今文
聖人象之		則	
洛出書			雒
又以尚賢也	有		
其易之緼邪	韞		
隤然示人簡矣	退		
像此者也	象	象	象
聖人之大寶	保		
何以守位曰仁		仁	仁
包犧	伏羲	伏羲	
而爲罔罟	爲罟		
以佃以魚	田魚		
揉木			煣
耒㩊之利	耨		
服牛乘馬	犕		
重門擊柝	、		
葬之中野			臧
百官以治	百工以乂		百官以理
不見利不勸	動		
知小而謀大	少		
力小而任重	少		少
吉之先見者也			吉凶
天地絪縕	害壹		氤氳
萬物化醇			化涽
雜而不越			
初率其辭	帥		
兼三才而兩之	材		
能研諸侯之慮	諸侯		
參天兩地			
易六位而成章	畫		

續表

古　文	孟《易》	京《易》	今文
妙萬物而爲言	眇		
莫熯乎火	嘆離		
故水火相逮			火不相
坎爲豕		彘	
爲瘠馬		柴	
爲龍		駹	
爲勇		專	
爲羿足		朱	
爲的顙	駒		時
爲反生	阪		
爲矯輮		柔	
爲贏		螺	
爲科上槁	折		
爲果蓏		墮	
爲狗	枸拘		
爲羊	羔（養）		
剥，窮上反下			剥之不可以遂盡也
必反其家	於		
終動止外			動動必
盛衰之始也	衰盛		
謙輕而豫怠也	怡	治	

五　《春秋》今古文之異同

(一)《春秋》今古文篇章之異同

在本書第一篇《引論》中，我們已引用章炳麟等諸家說以明，《春秋左氏》經雖多十二卷，而實貌爲增多，依古本分篇卷之情形，閔公篇本不當分卷。就此已足見《左氏》本身並非傳經之作。其他關於《春秋》今古文篇章之異同可不論。

(二)《春秋》今古文字之異同

孔子因魯史作《春秋》，有史實，有微言，有大義，故後有《公羊》《穀梁》《左氏》三傳。三傳俱已入經，故《春秋》今古文字之異同，皆在三傳之中。因爲三傳殊論，在此兹僅錄趙坦《春秋異文箋》、朱駿聲《春秋三家異文覈》諸家之論，以見其非一家之私言。如：

(1)（隱公五年春）"公矢魚於棠"。趙氏云："《左氏傳》以陳釋矢與觀魚義通古，方音支真部。有通轉者，真諄、臻文、欣元、魂痕、寒桓、删山、先仙同爲一部，則觀之通矢亦無足異。朱子、王伯厚釋'矢魚'爲射魚，其説似新，存以備考。"（《皇清經解》卷一三〇三）

(2)（隱公十一年）"夏五月，公會鄭伯於時來"。案，《左氏》脱"五月"二字。趙氏云："謹案，'來'古音'釐'，《公羊》作'祁'，'黎'亦假音。《左氏傳》作'郲'，又時來之，合言耳。"（同上，卷一三〇三）

(3)（莊公二年）"（《左氏》）冬十有二月公人姜氏會齊侯於禚""（《公羊》）冬十有二月公人姜氏會齊侯於郜"，趙氏云："謹案，《説文·示部》無'禚'字，禾部有之。'禚'從羔得聲，與'郜'音相近，故《公羊》假'郜'爲'禚'"

又引莫濰山先生云："案，'禚'字《廣韵·藥部》注曰'齊地名'，又《廣韵·沃部》'郜'字音古沃切，又有穛字，亦古沃切。注云：'禾皮又地名'。《玉篇·禾部》'穛'注云之弱，枯督二切，末皮也又齊地名。《左》《穀》作'禚'，似因'穛'字誤作'禚'，《説文》無'禚'字也。'穛'與'郜'有同音之互用。"（同上，卷一三〇五）

(4)（莊公六年）"（《左氏》）冬，齊人來歸衛俘"。趙氏曰："《傳》，'冬，齊人來歸衛寶，文姜請之也。'注：《公羊》《穀梁》經傳皆言'衛寶'，此傳亦言'寶'，唯此經言'俘'，疑經誤俘因也。《正義》釋例曰：齊人來歸衛寶，《公羊》《穀梁》經傳及《左氏傳》皆同，唯《左氏經》獨言'衛俘'。考三家經傳，有六而其五皆言'寶'，此必《左氏經》之獨誤也。案，《説文》，'保：從人呆，省聲'。古文保（𠊻）不省。然則古字通用'寶'，或'𠊻'字與'俘'相似，故誤作'俘'耳。杜既爲誤而又解'俘'，爲囚是其不敢正決，故且從之。"（同上，卷一三〇五，頁六）孔穎達亦云：《左氏經》作"俘"乃"保"字之訛。（《春秋左傳正義·釋例》）

(5)（《穀梁·莊公十六年》）"冬十有二月，會齊侯、宋公、陳侯、衛侯、鄭伯、許男、曹伯、滑伯、滕子，同盟於幽"。趙氏云："案，《左氏》無'公'

字，杜氏以爲使微者會，夫以齊桓之盛，而魯敢使微者與之會，於理未可信，當是脱文。《左氏》無'曹伯'二字，亦脱漏。《古經解鈎沈·十六》引折衷云：'《左氏》《穀梁》無公字，闕文也。'"（同上，卷一三〇五）

（6）（莊公二十八年）"（《左氏》）冬築郿。""（《公羊》）冬築微"（《穀梁》同《公羊》）《釋文》："微，《左氏》作麋。"趙氏云："謹案，《公》《穀》'郿'作'微'，或假音字。《水經注》則以'微'爲是《公》《穀》。《釋文》云：'《左氏》作麋，麋、郿古字通。'"（同上，卷一三〇五）

（7）（莊公三十年）"（《左氏》）夏次於成"。趙氏云："謹案，《左氏·莊三年傳》：凡師一宿爲舍，再宿爲信，過信爲次。則次爲師再宿以後之辭，此年經《左氏》無'師'字或脱字。"（同上，卷一三〇五）

（8）（僖公九年）"（《左氏》）甲子，晉侯詭諸卒"。趙氏云："謹案，經書：'九月戊辰，諸侯盟於葵邱。甲子，晉侯詭諸卒。'杜氏云：甲子九月十一日，戊辰十五日也。書在盟後從赴然。《左氏傳》云：'秋齊侯盟諸侯於葵邱。曰：凡我同盟之人，既盟之及言歸於好。宰孔先歸，遇晉侯，曰：可無會也。齊侯不務德而勤遠略，故北伐山戎，南伐楚，西爲此會也。東略之，不知西則否矣。其在亂乎君務，靖亂無勤於行。晉侯乃還。九月，晉獻公卒。'據此則獻公之卒實在盟後，《公羊》作甲戌，爲九月二十一日，似得其實。《左》《穀》經作'甲子'，或訛一字。（同上，卷一三〇七）

（9）（宣公五年）"（《左氏》）秋九月，齊高固來逆叔姬"；"（《公羊》）秋九月，齊高固來逆子叔姬"。趙氏引："《傳》：秋九月，齊高固來逆女，自爲也，故書曰逆叔姬。卿自逆也。"（同上，卷一三〇九）謹案，《左氏》脱"子"字，此自傳爲證。

（10）（成公八年）"（《左氏》）秋七月，天子使召伯來賜公命"；"（《公羊》秋七月，天子使召伯來錫公命"；《穀梁》同《公羊》）。趙氏云："謹案，'賜''錫'音（形）相近，然古器物款識多作'錫'，則《公》《穀》作'錫'，亦得。（同上，卷一三一〇）

（11）（襄公十一年）"（《左氏》）秋七月己未，同盟於亳城北"；"（《公羊》）秋七月己未，同盟於京城北"；（《穀梁》同《公羊》）。趙氏云："謹案，亳是宋地，去鄭迂遠。經文上書伐鄭，下書同盟，則同盟之地當屬鄭邑。《公》《穀》及服氏皆作'京城北'，於義爲得，作'亳'者字之訛。《公羊古義》棟案，'京'，鄭地。在滎陽。《隱元年傳》謂之'京城大叔'是也。亳城無考。此傳寫之訛，當從《公》《穀》是正。"（同上，卷一三一一）

（12）（襄公十六年）"（《左氏》）己未，衛侯出奔齊"；"（《公羊》）己未，衛侯衎出奔齊"；(《穀梁》同《左氏》）趙氏云："謹案，《禮記》曰：
'諸侯失地名'。《左氏傳》云：'定姜曰，告亡而已，無告無罪，則諸侯之策
當書衛侯名爲得。'《左》《穀》或脫'衎'字。"（同上，卷一三一一）

(13)（昭公三十二年）"（《左氏》）冬，……曹人、莒人、薛人、杞人、
小邾人城成周"；"（《公羊》）冬，……曹人、莒人、邾婁人、薛人、杞人、小
邾婁人城成周"；"（《穀梁》）曹人、莒人、薛人、杞人、小邾人城成周"。趙氏
云："謹案，……《左氏》'莒人'下脫'邾人'二字。"（同上，卷一三一一）

(14)（定公四年）"（《左氏》）夏四月庚辰，蔡公孫姓帥師滅沈，以沈
子嘉歸殺之"；"（《公羊》）夏四月庚辰，蔡公孫歸姓帥師滅沈，以沈子嘉歸
殺之"；（《穀梁》同《左氏》）趙氏云："謹案，昭公元年經：'會於虢'，
《左》《公》《穀》皆作'蔡公孫歸生'。此經《左》《穀》無歸字，或闕文。"
（同上，卷一三一三）

(15)"'隱三年，君氏卒。'《左氏》謂隱公母聲子。《公》《穀》'君'
皆作'尹'，而以爲周大夫。按聲子當年卒於惠公娶仲子之前；周大夫如文三
年之王子虎，當赴以名，皆非確詁。明季氏本云：《左·隱十一年傳》：'隱公
之爲公子也，與鄭人戰於狐壤，止焉，囚之尹氏。賂尹氏而遂與歸焉。'則此
尹氏，鄭大夫而居魯者。有德於公，故臨其喪而書卒。說有根據，實剩三傳"。

(16)"'桓二年，杞侯來朝。三年，公會杞侯於郕。'《公羊》'杞'皆作
"紀"。按《左傳》'七月，來朝，不敬；九月，入杞討之。'不敬則當時辱之
可也，而遽興師，恐無是理。按，春秋初年，魯、紀有婚姻，故朝會相繼。紀
畏齊九世之讎，處心積慮謀之，故既託於魯爲婚姻，又託於周爲婚姻，思有以
自固，而不知周、魯咸弱，不能保一小國。至莊公四年卒爲強齊所滅而大去其
國也。《公羊》是而《左氏》誤。"

(17)"'莊元年，單伯送王姬。'《公》《穀》'送'作'逆'，按此即
'何彼襛矣'之詩所咏'平王之孫，齊侯之子'也。周大夫有單氏后，經皆稱
'子'。魯自有單伯，是年至文公十五年，經凡四見。文公時計已百歲外，未
知即此一人否。以周言，則爲'送'；以魯言，則爲'逆'。雖皆可通，疑
《公》《穀》是而《左氏》非也。"

(18)"'僖九年九月甲子，晉侯佹諸卒。'《公羊》作'甲戌'。按，是月
甲寅朔，甲子爲十一日。經書'戊辰諸侯盟於葵邱'，是十五日。據《左傳》
'宰孔先歸，遇晉侯，晉侯乃還。'則獻公實卒於盟後。甲戌爲二十一日，《公
羊》得其實，而《左》《穀》誤也。"

(19)"'僖九年，殺其君之子奚齊。'《公羊》'殺'作'弒'，是也。"

(20)"'文十七年,葬我小君聲姜。'《公羊》'聲'作'聖'。按,'聲''聖'同音,通寫。據'隱公母謚聲',或宜變異宜,《公羊》是也。"

(21)"'成十五年,宋世子成',《公羊》'成'作'戌'。'昭公十年,宋成公卒',同按此,宋平公也。《左氏·昭二十年傳》:'公子城',杜預注'平公子,若父名。'成子不應名城也,《左》《穀》皆誤。字當作"戌",其先世有丁公申。"

(22)"'襄五年,救陳。'《公》《穀》皆有莒、邾、滕、薛四國,在齊前。按此,《左氏春秋》經誤脫也。"

(23)"'襄十一年,同盟於亳城北'。《公》《穀》'亳'皆作'京'。按,亳在今河南偃師縣,當時爲周地,去鄭甚遠,此京即叔段所居之京,在今河南滎陽縣。'亳''京'字形近而訛,《公》《穀》是而《左氏》非也。"

(24)"'襄十四年,衛侯出奔齊'。《公羊》'侯'下有'衎'字,是也。《左傳》脫誤。杜注非是。"

(25)"'昭三十二年,城成周。'《公》《穀》'莒人'下有'邾人'。《左氏》經脫誤也。"

(26)"'定四年,蔡公孫姓'《公羊》作'公孫,歸姓'。案,'昭元年,會虢',三家皆作'蔡公孫歸生。''生''姓'周聲通寫,《左》無歸字,脫也。"

以上二十餘例,皆可見古文的《左》《穀》訛誤並不少,古文未必爲真古本矣。

附: 　　　　　　《春秋》今古文異同表

《春秋》	《左傳》	《公羊》	《穀梁》
(隱公元年)公及邾儀父盟于蔑	公及邾儀父盟于蔑	邾婁　盟于眛	盟于眛
(二年)無駭帥師入極	司空無駭入極	無駭	無侅
九月,紀裂繻來逆女	九月,紀裂繻來逆女	紀履緰	紀履緰
紀子帛莒子盟於密	紀子帛莒子盟於密	紀子伯	紀子伯
(三年)夏四月辛卯,君氏卒	夏,君氏卒	尹氏卒	尹氏卒
癸未,葬宋穆公	八月庚辰宋穆公卒	葬宋繆公	葬宋繆公
(四年)衛州吁弒其君完	衛州吁弒桓公而立	衛州吁	衛祝吁

續表

《春秋》	《左傳》	《公羊》	《穀梁》
衛人殺州吁於濮	右宰丑涖殺州吁於濮	殺州吁	殺祝吁
（五年）春，公矢魚於棠	春，公將如棠觀魚	觀魚於棠	觀魚於棠
秋，衛師入郕	衛師入郕	衛師入盛	衛師入郕
（六年）春，鄭人來渝平	鄭人來渝平	輸平	輸平
（八年）三月，鄭伯使宛來歸祊	鄭伯使宛來歸祊	歸邴	歸邴
公及莒人盟於浮來	公及莒人盟於浮來	盟於包來	盟於包來
無駭卒	無駭卒	無駭	無侅
（九年）挾卒		俠卒	俠卒
冬，公會齊侯於防。	公會齊侯於防	於邴	於防
（十年）宋人、蔡人、衛人伐戴	伐戴	伐載	伐載
齊人、鄭人入郕	入郕	入盛	入郕
（十一年）夏，公會鄭伯於時來	會鄭伯於郲	夏五月，公會鄭伯於祁黎	夏五月，公會鄭伯於時來
（桓公二年）秋七月，杞侯來朝	杞侯來朝	紀侯來朝	紀侯來朝
（三年）六月，公會杞侯於郕	公會杞侯於讙，杞求成也	會紀侯於盛	會杞侯於郕
（五年）天王使仍叔之子來聘		仍叔之子	任叔之子
螽		螽蝝	螽
（六年）夏四月，公會紀侯於成	夏，會於成	公會紀侯於成	公會紀侯於郕
（十一年）公會宋公於夫鐘		於夫童	於夫鐘
（十二年）公會杞侯、莒子盟於曲池	夏，盟於曲池	盟於毆蛇	盟於曲池
公會宋公於虛	又會於虛	於郯	於虛
（十四年）鄭伯使其弟語來盟	鄭子人來尋盟	語來盟	御來盟
宋人以齊人、蔡人、衛人、陳人伐鄭	宋人以諸侯伐鄭	齊人，衛人，蔡人、陳人	齊人、蔡人、衛人、陳人
（十七年）公會邾儀父，盟於趡	乃邾儀父盟於趡	公及邾婁儀父盟於趡	公及邾儀父盟於趡
夏五月丙午，及齊師戰於奚	夏，及齊師戰於奚	五月丙午，及齊師戰於奚	及齊師戰於郎

续表

《春秋》	《左传》	《公羊》	《穀梁》
（十八年）公与夫人姜氏遂如齐	公将有行，遂与姜氏如齐	公夫人姜氏	公与夫人姜氏
（庄公元年）夏，单伯送王姬		单伯逆王姬	单伯逆王姬
（二年）夫人姜氏会齐侯于禚	冬，夫人姜氏会齐侯于禚	会齐侯于郜	会齐侯于禚
（三年）冬，公次于滑。	冬，公次于滑	公次于郎	公次于郎
（四年）夫人姜氏享齐侯于祝丘		飨齐侯	飨齐侯
冬，公及齐人狩于禚		狩于郜	狩于郜
（五年）秋，郳犁来来朝	郳犁来来朝	倪黎来来朝	郳黎来来朝
（六年）春王正月，王人子突救卫	春，王人救卫	王三月，王人子突救卫	王三月，王人子突救卫
冬，齐人来归卫俘	齐人来归卫宝	齐人来归卫宝	齐人来归卫宝
（七年）夏四月辛卯，夜，恒星不见。夜中，星陨如雨	夏，恒星不见	夜，恒星不见，夜中，星陨如雨	辛卯昔，恒星不见
（八年）甲午，治兵	春，治兵于庙	甲午，祠兵	甲午，治兵
夏，师及齐师围郕，郕降于齐师	围郕。郕降于齐师	围城，成降于齐师	围郕。郕降于齐师
（九年）公及齐大夫盟于既	盟于既	盟于暨	盟于暨
夏，公伐齐纳子纠	公伐齐，纳子纠	公伐齐纳纠	公伐齐纳纠
（十年）以蔡侯献舞归	以蔡侯献舞归	以蔡侯献舞归	以蔡侯献武归
（十二年）八月甲午，宋万弑其君捷	宋万弑闵公于蒙泽	弑其君接	弑其君捷
（十三年）春，齐侯、宋人、陈人、蔡人、邾人会于北杏	春，会于北杏，以平宋乱	齐侯、宋人、陈人、蔡人、邾娄人会于北杏	齐人、宋人、陈人、蔡人、邾人会于北杏
（十五年）秋，宋人、齐人、邾人伐郳	秋，诸侯为宋伐郳	宋人、齐人、邾娄人伐儿	宋人、齐人、邾人伐郳
（十六年）冬十有二月，会齐侯、宋公、陈侯、卫侯、郑伯、许男、滑伯、滕子同盟于幽	冬，同盟于幽，郑成也	公会齐侯、宋公、陈侯、卫侯、郑伯、许男、曹伯、滑伯、滕子同盟于幽	会齐侯、宋公、陈侯、卫侯、郑伯、许男、曹伯、滑伯、滕子，同盟于幽
（十七年）春，齐人执郑詹	齐人执郑詹	齐人执郑瞻	齐人执郑詹
夏，齐人歼于遂	……齐人歼焉	瀸于遂	歼于遂

續表

《春秋》	《左傳》	《公羊》	《穀梁》
秋，鄭詹自齊逃來		鄭瞻自齊逃來	鄭詹自齊逃來
（二十年）冬，齊人伐戎		齊人伐戎	齊人伐我
（廿二年）春王正月，肆大眚		肆大省	肆大眚
陳人殺其公子禦寇	陳人殺其大子禦寇	陳人殺其公子禦寇	陳人殺其公子禦寇
（廿六年）春，公伐戎		公伐戎	春，公伐戎
（廿八年）公會齊人、宋人救鄭		公會齊人、宋人、邾婁人救鄭	公會齊人、宋人救鄭
冬，築郿（麋）	築郿	築微	築微
（三十年）夏，次於成		師次於成	師次於成
（三十二年）春，城小穀	春，城小穀	春，城小穀	春，城小穀
冬十月己未，子般卒	冬十月己未，共仲使圉人犖賊子般於黨氏	冬十月乙未，子般卒	冬十月乙未，子般卒
（閔公元年）秋八月，公及齊侯盟於落姑	盟於落姑	盟於洛姑	盟於洛路
（僖公元年）夏六月，邢遷於夷儀	夏，邢遷夷儀	邢遷於陳儀	邢遷於夷儀
八月，公會齊侯、宋公、鄭伯、曹伯、邾人於檉	盟於犖	於朾	於檉
九月，公敗邾師於偃	九月，公敗邾師於偃	公敗邾婁師於纓	公敗邾師於偃
冬十月壬午，公子友帥師敗莒於酈。獲莒挐	公子友敗諸酈，獲莒子之弟挐	公子友帥師敗莒師於犁，獲莒挐	公子友帥師敗莒師於麗，獲莒挐
（二年）虞師、晉師滅下陽	晉里克、荀息帥師會虞師伐虢，滅下陽	虞師、晉師滅夏陽	虞師、晉帥滅夏陽
秋九月，齊侯、宋公、江人、黃人盟於貫	秋，盟於貫	盟於貫澤	盟於貫
（三年）冬，公子友如齊位盟	冬，公子友如齊位盟	如齊涖盟	如齊涖盟
（四年）齊人執陳轅濤涂	執轅濤涂	執陳袁濤涂	執陳袁濤涂
葬許穆公	許穆公卒於師，葬之以侯	葬許繆公	葬許繆公
冬十有二月，公孫茲帥師會齊人、宋人、衛人、鄭人、許人、曹人侵陳	冬，叔孫戴伯帥師，會諸侯之師侵陳	公孫慈帥師	公孫茲帥師

續表

《春秋》	《左傳》	《公羊》	《穀梁》
（五年）公及齊侯、宋公、陳侯、衛侯、鄭伯、許男、曹伯會王世子於首止	會於首止	會王世子於首戴	會王世子於首戴
（七年）秋七月，公會齊侯、宋公、陳世子款、鄭世子華盟於寧母	秋，盟於寧母	盟於寧毋	盟於寧母
曹伯班卒		曹伯般卒	曹伯班卒
（八年）春王正月，公會王人、齊侯、宋公、衛侯、許男、曹伯、陳世子款盟於洮	春，盟於洮	……陳世子款、鄭世子華盟於洮	……陳世子款，盟於洮
（九年）春王三月丁丑，宋公禦說卒	春，宋桓公卒	宋公禦說卒	宋公禦說卒
甲子，晉侯佹諸卒	九月，晉獻公卒	甲戌，晉侯詭諸卒	甲子，晉侯詭諸卒
冬，晉里奚克殺其君之子奚齊	冬十月，里克殺奚齊於次	晉里克弒其君之子奚齊	晉里克殺其君之子奚齊
（十年）晉里克弒其君卓及其大夫荀息		弒其君卓子及其大夫荀息	弒其君卓及其大夫荀息
冬，大雨雪		冬，大雨雹	冬，大雨雪
（十一年）春。晉殺其大夫丕鄭	晉侯使以平鄭之亂來告	晉殺其大夫丕鄭父	晉殺其大夫丕鄭父
（十二年）冬十有二月丁丑，陳侯杵臼卒		陳侯處臼卒	陳侯杵臼卒
（十四年）夏六月，季姬及鄫子遇於防。使鄫子來朝	鄫季姬來寧……以鄫子之不朝也……而使來朝	季姬及鄫子遇於防，使鄫子來朝	季姬及繒子遇於防，使繒子來朝
（十五年）公孫敖帥師及諸侯之大夫救徐		公孫敖率師	公孫敖帥師
（十六年）春王正月戊申朔，隕石於宋五	春，隕石於宋五	霣石於宋五	隕石於宋五
是月，六鷁退飛過宋都	六鷁退飛過宋都	六鷁退飛過宋都	六鶂退飛過宋都
（十八年）春王正月，宋公、曹伯、衛人、邾人伐齊	春，宋襄公以諸侯伐齊	宋公會曹伯、衛人、邾婁人伐齊	宋公、曹伯、衛人、邾人伐齊
（十九年）夏六月，宋公、曹人、邾人盟於曹南		宋人、曹人、邾婁人	宋公、曹人、邾人
鄫子會盟於邾		鄫子會於邾婁	繒子會盟於邾
冬，會陳人、蔡人、楚人、鄭人盟於齊	冬，盟於齊	公會陳人、蔡人、楚人、鄭人	會陳人、蔡人、楚人、鄭人

續表

《春秋》	《左傳》	《公羊》	《穀梁》
（廿一年）秋，宋公、楚子、陳侯、蔡侯、鄭伯、許男、曹伯會於盂	秋，諸侯會宋公於盂	會於霍	會於雩
（廿二年）春，公伐邾，取須句	春，伐邾，取須句	公伐邾婁，取須朐	公伐邾，取須句
（廿三年）春，齊侯伐宋，圍緡	春，齊侯伐宋，圍緡	齊侯伐宋，圍緡	齊侯伐宋，圍閔
夏五月庚寅，宋公茲父卒	夏五月，宋襄公卒	宋公慈父卒	宋公茲父卒
（廿六年）春王正月，己未，公會莒子、衛寧速盟於向	春，王正月，公會莒茲、衛寧莊子盟於向	公會莒子、衛寧漱盟於向	公會莒子、衛寧速，盟於向
齊人侵我西鄙，公追齊師，至酅，不及		公追齊師至嶲，弗及	公追齊師，至嶲，弗及
秋，楚人滅夔，以夔子歸	楚成得臣、斗宜申帥師滅夔，以夔子歸	楚人滅隗，以隗子歸	楚人滅夔，以夔子歸
（廿八年）冬，公會晉侯、齊侯、宋公、蔡侯、鄭伯、陳子、莒子、邾人、秦人於溫	冬，會於溫	公會晉侯、齊侯、宋公、蔡侯、鄭伯、陳子、莒子、邾婁子、秦人於溫	公會晉侯、宋公、蔡侯、鄭伯、陳子、莒子、邾子、秦人於溫
天王狩於河陽	天王狩於河陽	天王狩河陽	天王守於河陽
（廿九年）夏六月，會王人、晉人、宋人、齊人、陳人、蔡人、秦人盟於翟泉	夏，公會王子虎、晉狐偃、宋公孫固、齊國歸父、陳轅濤塗、秦小子憖，盟於翟泉	盟於狄泉	盟於翟泉
（三十二年）夏四月己丑，鄭伯捷卒		鄭伯接卒	鄭伯捷卒
（三十三年）夏四月辛巳，晉人及姜戎敗秦師於殽	夏四月辛巳，敗秦師於殽	晉人及姜戎敗秦師於殽	晉人及姜戎敗秦師於殽
公伐邾，取訾婁	公伐邾，取訾婁	公伐邾婁，取叢	公伐邾，取訾樓
隕霜不殺草		實霜不殺草	隕霜不殺草
（文公元年）二月癸亥，日有食之		二月癸亥朔，日有食之	二月癸亥，日有食之
冬十月丁未，楚世子商臣弒其君頵		楚世子商臣弒其君髡	楚世子商臣弒其君髡
（二年）夏六月，公孫敖會宋公、陳侯、鄭伯、晉士穀盟於垂隴	六月，穆伯會諸侯及晉司空士穀盟於垂隴	盟於垂斂	盟於垂斂

續表

《春秋》	《左傳》	《公羊》	《穀梁》
（三年）晉陽處父帥師伐楚以救江	晉陽處父伐楚以救江	晉陽處父帥師伐楚救江	晉陽處父帥師伐楚救江
（五年）三月辛亥，葬我小君成風。王使召伯來會葬	召昭公來會葬	王使召伯來會葬	王使毛伯來會葬
（六年）八月乙亥，晉侯歡卒	八月乙亥，晉襄公卒	晉侯歡卒	晉侯驩卒
晉狐射姑出奔狄	賈季奔狄	晉狐射姑出奔狄	晉狐夜姑出奔狄
（七年）三月甲戌，取須句	三月甲戌，取須句	取須朐	取須句
夏四月，宋公王臣卒	夏四月，宋成公卒	宋公王臣卒	宋公壬臣卒
戊子，晉人及秦人戰於令狐。晉先蔑奔秦	己丑，先蔑奔秦	晉先眛以師奔秦	晉先蔑奔秦
（八年）乙酉，公子遂會洛戎盟於暴		公子遂會伊雒戎盟於暴	公子遂會雒戎，盟於暴
公孫敖如京師，不至而復。丙戌，奔莒		公孫敖如京師，不至復。丙戌，奔莒	公孫敖如京師，不至而復。丙戌，奔莒
（九年）冬，楚子使椒來聘	冬，楚子越椒來聘	楚子使椒來聘	楚子使萩來聘
（十年）楚子、蔡侯次於厥貉	冬，遂及蔡侯次於厥貉	楚子、蔡侯次於屈貉	楚子、蔡侯次於厥貉
（十一年）春，楚子伐麇	春，楚子伐麇	楚子伐圈	楚子伐麇
（十二年）春王正月，郕伯來奔	春，郕伯卒，郕人立君。大子以夫鐘與郕邦來奔	盛伯來奔	郕伯來奔
秦伯使術來聘	秦伯使西乞術來聘	秦伯使遂來聘	秦伯使術來聘
季孫行父帥師城諸及鄆	城諸及鄆	季孫行父帥師城諸及運	季孫行父帥師，城諸及鄆
（十三年）邾子蘧蒢卒	五月，邾文公卒	邾婁子蘧蒢卒	邾子蘧蒢卒
大室屋壞		世室屋壞	大室屋壞
冬，公如晉。衛侯會公於沓	冬，公如晉，朝，且尋盟。衛侯會公於沓	冬，公如晉。衛侯會公於沓	冬，公如晉。衛侯會公於沓
（十四年）晉人納捷菑於邾。弗克納	晉趙盾以諸侯之師八百乘納捷菑於邾	晉人納接菑於邾婁，弗克納	晉人納捷菑於邾。弗克納
（十六年）六月戊辰，公子遂及齊侯盟於郪丘	公使襄仲納賂於齊侯，故盟於郪丘	公子遂及齊侯盟於犀丘	公子遂及齊侯盟於師丘
冬十有一月，宋人弒其君杵臼	十一月甲寅，宋昭公將田孟諸，未至，夫人王姬使帥甸攻而殺之	宋人弒其君處臼	宋人弒其君杵臼

續表

《春秋》	《左傳》	《公羊》	《穀梁》
（十七年）夏四月癸亥，葬我小君聲姜	夏四月癸亥，葬聲姜	葬我小君聖姜	葬我小君聲姜
（宣公元年）宋公、陳侯、衛侯、曹伯會晉師於棐林，伐鄭	會於棐林，以伐鄭也	會晉師於斐林，伐鄭	會晉師於棐林，伐鄭
冬，晉趙穿帥師侵崇	冬，趙穿侵崇	晉趙穿帥師侵柳	晉趙穿帥師侵崇
（二年）秋九月乙丑，晉趙盾弒其君夷皋	趙穿攻靈公於桃園。宣子未出山而復，大史書曰"趙盾弒其君"。	晉趙盾弒其君夷獋	晉趙盾弒其君夷皋
（三年）楚子伐陸渾之戎	楚子伐陸渾之戎	楚子伐賁渾戎	楚之伐陸渾戎
葬鄭穆公		葬鄭繆公	葬鄭穆公
（五年）秋九月，齊高固來逆叔姬	齊高固來逆女	齊高固來逆子叔姬	齊高固來逆子叔姬
（八年）戊子，夫人嬴氏薨		夫人熊氏薨	夫人熊氏薨
楚人滅舒蓼	楚爲衆舒叛，故伐舒蓼，滅之	楚人滅舒蓼	楚人滅舒鄝
冬十月己丑，葬我小君敬嬴	冬，葬敬嬴	葬我小君頃熊	葬我小君頃熊
（十年）公孫歸父帥師伐邾，取繹	師伐邾，取繹	公孫歸父帥師伐邾婁，取蘱	公孫歸父帥師伐邾，取繹
（十一年）夏，楚子、陳侯、鄭伯盟於辰陵	夏，楚盟於辰陵，陳、鄭服也	盟於辰陵	盟於夷陵
丁亥，楚子入陳。納公孫寧、儀行父於陳	書曰：楚子入陳，納公孫寧、儀行父於陳	納公孫寧、儀行父於陳	納公孫寧、儀行父於陳
（十三年）春，齊師伐莒	春，齊師伐莒	齊師伐衛	齊師伐莒
冬，晉殺其大夫先縠	晉人討邲之敗……歸罪於先縠而殺之	晉殺其大夫先縠	晉殺其大夫先縠
（十五年）仲孫蔑會齊高固於無婁		仲孫蔑會齊高固於牟婁	仲孫蔑會齊高固於無婁
（十六年）夏，成周宣榭火	夏，成周宣榭火	夏，成周宣謝災	成周宣榭災
（十八年）秋七月，邾人伐鄫子於鄫	秋，邾人戕鄫子於鄫	邾婁人戕鄫子於鄫	邾人戕繒子於繒
甲戌，楚子旅卒	楚莊王卒	楚子旅卒	楚子呂卒
歸父還自晉，至笙。遂奔齊	及笙……遂奔齊	至檉，遂奔齊	至檉，遂奔齊
（成公元年）秋，王師敗績於茅戎	秋，王人來告敗	王師敗績於貿戎	王師敗績於貿戎

續表

《春秋》	《左傳》	《公羊》	《穀梁》
（二年）……曹公子首……		曹公子手	曹公子手
秋七月，齊侯使國佐如師。己酉，及國佐盟於袁婁	秋七月，晉師及齊國佐盟於爰婁	盟於袁婁	盟於爰婁
庚寅，衛侯速卒		衛侯漱卒	衛侯速卒
（成公三年）辛亥，葬衛穆公		葬衛繆公	葬衛穆公
晉郤克、衛孫良夫伐嗇咎如	晉郤克、衛孫良夫伐嗇咎如	伐將咎如	伐牆咎如
（四年）三月壬申，鄭伯堅卒		鄭伯臤卒	鄭伯賢卒
（五年）夏，叔孫僑如會晉荀首於穀	夏，晉荀首如齊逆女，故宣伯餫諸穀	叔孫僑如會晉荀秀於穀	叔孫僑如會晉荀首於穀
（六年）晉欒書帥師救鄭	晉欒書救鄭	晉欒書率師侵鄭	晉欒書帥師救鄭
（八年）秋七月，天子使召伯來賜公命	秋，召桓公來賜公命	天子使召伯來錫公命	天子使召伯來錫公命
（十年）冬十月		無"冬十月"三字	冬十月
（十一年）晉侯使郤犨來聘，己丑，及郤犨盟	郤犨來聘，且莅盟	晉侯使郤州來聘。己丑，及郤州盟。	晉侯使郤犨來聘。己丑，及郤犨盟
（十二年）夏，公會晉侯、衛侯於瑣澤		公會晉侯、衛侯於沙澤	公會晉侯、衛侯於瑣澤
（十三年）曹伯盧卒於師	曹宣公卒於師	曹伯盧卒於師	曹伯盧卒於師
（十五年）癸丑，公會晉侯、衛侯、鄭伯、曹伯、宋世子成、齊國佐，邾人同盟於戚		……邾婁人同盟於戚	……邾人同盟於戚
（十六年）九月，晉人執季孫行父，舍之於苕丘	九月，晉人執季文子於苕丘	晉人執季孫行父，舍之於招丘	晉人執季孫行父，舍之於苕丘
（十七年）春，衛北宮括帥師侵鄭	衛北宮括救晉，侵鄭	衛北宮結率師侵鄭	衛北宮括帥師侵鄭
壬申，公孫嬰卒於貍脤	壬申，（聲伯）至於貍脤……之莫而卒	公孫嬰齊卒於貍軫	公孫嬰齊卒於貍蜃
（十八年）晉侯使士魴來乞師	晉士魴來乞師	晉侯使士彭來乞師	晉侯使士魴來乞師
（襄公元年）夏，晉韓厥帥師伐鄭		晉韓屈帥師伐鄭	晉韓厥帥師伐鄭
仲孫蔑會齊崔杼、曹人、邾人、杞人次於鄫	東諸侯之師次於鄫，以待晉師	……邾婁人、杞人次於合	……邾人、杞人，次於鄫
（四年）秋七月戊子，夫人姒氏薨	秋，定姒薨	夫人弋氏薨	夫人姒氏薨

續表

《春秋》	《左傳》	《公羊》	《穀梁》
八月辛亥，葬我小君定姒		葬我小君定弋	葬我小君定姒
（五年）仲孫蔑、衛孫林父會吳於善道	孟獻子、孫文子會吳於善道	會吳於善稻	會吳於善稻
公會晉侯、宋公、衛侯、鄭伯、曹伯、齊世子光救陳	冬，諸侯戍陳……十一月甲午，會於城棣以救之	公會晉侯、宋公、衛侯、鄭伯、曹伯、莒子、邾婁子、滕子、薛伯、齊世子光救陳	公會晉侯、宋公、衛侯、鄭伯、曹伯、莒子、邾子、滕子、薛伯、齊世子光，救陳
（七年）鄭伯髡頑如會，未見諸侯，丙戌，卒於鄵	鄭僖公……及鄵，子駟使賊夜弒僖公	鄭伯髡原如會，未見諸侯，丙戌卒於操	鄭伯髡原如會，未見諸侯；丙戌，卒於操
（八年）鄭人侵蔡，獲蔡公子燮	鄭子國、子耳侵蔡，獲蔡司馬公子燮	鄭人侵蔡，獲蔡公子燮	鄭人侵蔡，獲蔡公子濕
（九年）春，宋災	春，宋災	春，宋火	九年春，宋災
秋八月癸未，葬我小君穆姜		葬我小君繆姜	葬我小君穆姜
（十年）夏五月甲午，遂滅偪陽	五月庚寅，荀偃、士匄帥卒攻偪陽，親受矢石。甲午，滅之	遂滅逼陽	遂滅傅陽
冬，盜殺鄭公子騑、公子發、公孫輒	尉止……帥賊以入，晨攻執政於西宮之朝，殺子駟、子國、子耳	盜殺鄭公子斐……	盜殺鄭公子斐……
（十一年）秋七月己未，同盟於亳城北	秋七月，同盟於亳	同盟於京城北	同盟於京城北
（十二年）春王二月，莒人伐我東鄙，圍臺	春，莒人伐我東鄙，圍臺	春王三月，莒人伐我東鄙，圍臺	王三月，莒人伐我東鄙，圍郓
季孫宿帥師救臺，遂入鄆	季武子救臺，遂入鄆	季孫宿帥師救臺，遂入運	季孫宿帥師救郓，遂入鄆
夏，晉侯使士魴來聘	夏，晉士魴來聘	晉侯使士彭來聘	晉侯使士魴來聘
（十三年）夏，取邿	夏，邿亂，分為三。師救邿，遂取之	夏，取詩	夏，取邿
（十四年）春王正月，季孫宿、叔老會晉士匄、齊人、宋人、衛人、鄭公孫蠆、曹人、莒人、邾人、滕人、薛人、杞人、小邾人會吳於向	春，吳告敗於晉。會於向	季孫宿、叔老會晉士匄、齊人、宋人、衛人、鄭公孫囆、曹人、莒人、邾婁人、滕人、薛人、杞人、小邾婁人會吳於向	季孫宿、叔老會晉士匄、齊人、宋人、衛人、鄭公孫蠆、曹人、莒人、邾人、滕人、薛人、杞人、小邾人，會吳於向
己未，衛侯出奔齊	四月己未，子展奔齊	衛侯衎出奔齊	衛侯出奔齊

續表

《春秋》	《左傳》	《公羊》	《穀梁》
（十七年）春王二月庚午，邾子卒		邾婁子瞷卒	邾子瞷卒
秋，齊侯伐我北鄙，圍桃	秋，齊侯伐我北鄙，圍桃	齊侯伐我北鄙，圍洮	齊侯伐我北鄙，圍桃
高厚帥師伐我北鄙，圍防	高厚圍臧紇於防	齊高厚帥師伐我北鄙，圍防	齊高厚帥師伐我北鄙，圍防
（十八年）秋，齊師伐我北鄙	秋，齊侯伐我北鄙	齊師伐我北鄙	齊侯伐我北鄙
（十九年）春王正月，諸侯盟於祝柯	春，諸侯還自沂上，盟於督揚	諸侯盟於祝阿	諸侯盟於祝柯
秋七月辛卯，齊侯環卒	夏五月壬辰晦，齊靈公卒	七月辛卯，齊侯瑗卒	七月辛卯，齊侯環卒
鄭殺其大夫公子嘉	甲辰，子展、子西率國人伐之，殺子孔而分其室	鄭殺其大夫公子喜	鄭殺其大夫公子嘉
（廿年）春王正月辛亥，仲孫速會莒人盟於向	孟莊子會莒人，盟於向	仲孫遬會莒人盟於向	仲孫速會莒人，盟於向
蔡殺其大夫公子燮	公子燮求從先君以利蔡，不能而死	蔡殺其大夫公子燮	蔡殺其大夫公子濕
陳侯之弟黃出奔楚	（陳）公子黃出奔楚	陳侯之弟光出奔楚	陳侯之弟光出奔楚
（廿一年）公會晉侯、齊侯、宋公、衛侯、鄭伯、曹伯、莒子、邾子於商任。	會於商任，錮欒氏也	公會晉侯、齊侯、宋公、衛侯、鄭伯、曹伯、莒子、邾婁子於商任	公會晉侯、齊侯、宋公、衛侯、鄭伯、曹伯、莒子、邾子於商任
（廿二年）冬，公會晉侯、齊侯、宋公、衛侯、鄭伯、曹伯、莒子、邾子、薛伯、杞伯、小邾子於沙隨	冬，會於沙隨	公會晉侯、齊侯、宋公、衛侯、鄭伯、曹伯、莒子、邾婁子、滕子、薛伯、杞伯、小邾婁子於沙隨	公會晉侯、齊侯、宋公、衛侯、鄭伯、曹伯、莒子、邾子、滕子、薛伯、杞伯、小邾子於沙隨
（廿三年）夏，邾畀我來奔		邾婁鼻我來奔	邾畀我來奔
八月，叔孫豹帥師救晉次於雍榆	叔孫豹帥師救晉次於雍渝	叔孫豹帥師救晉，次於雍渝	叔孫豹帥師救晉，次於雍渝
（廿五年）公會晉侯、宋公、衛侯、鄭伯、曹伯、莒子、邾子、滕子、薛伯、杞伯、小邾子於夷儀	晉侯濟自泮，會於夷儀	公會晉侯、宋公、衛侯、鄭伯、曹伯、莒子、邾婁子、滕子、薛伯、杞伯、小邾婁子於陳儀	公會晉侯、宋公、衛侯、鄭伯、曹伯、莒子、邾子、滕子、薛伯、杞伯、小邾子於夷儀
冬，鄭公孫夏帥師伐陳	冬十月，子展相鄭伯如晉……子西復伐陳	冬，鄭公孫囆帥師伐陳	鄭公孫夏帥師伐陳
十有二月，吳子遏伐楚		吳子謁伐楚	吳子謁伐楚

續表

《春秋》	《左傳》	《公羊》	《穀梁》
（廿六年）秋，宋公弑其世子痤	（宋）大子痤……乃縊而死	宋公殺其世子痤	宋公殺其世子座
（廿七年）夏，叔孫豹會晉趙武、楚屈建、蔡公孫歸生、衛石惡、陳孔奐、鄭良霄、許人、曹人於宋		叔孫豹會……陳孔瑗、鄭良霄、許人、曹人於宋	叔孫豹會……陳孔奐、鄭良霄、許人、曹人於宋
衛侯之弟鱄出奔晉		衛侯之弟鱄出奔晉	衛侯之弟專出奔晉
（廿九年）仲孫羯會晉荀盈、齊高止、宋華定、衛世叔儀、鄭公孫段、曹人、莒人、滕子、薛人、小邾人城杞		仲孫羯會晉荀盈、齊高止、宋華定、衛世叔齊、鄭公孫段、曹人、莒人、邾婁人、滕人、薛人、小邾婁人城杞	仲孫羯會晉荀盈、齊高止、宋華定、衛世叔儀、鄭公孫段、曹人、莒人、邾人、滕人、薛人、小邾人城杞
（三十年）王正月，楚子使薳罷來聘	楚子使薳罷來聘	楚子使薳頗來聘	楚子使薳罷來聘
五月甲午。宋災。宋伯姬卒	甲午，宋大災。宋伯姬卒	宋災，伯姬卒	宋災。伯姬卒
天王殺其弟佞夫	五月癸巳，尹言多、劉毅、單蔑、甘過、鞏成殺佞夫	天王殺其弟年夫	天王殺其弟佞夫
秋七月，叔弓如宋，葬宋共姬	秋七月，叔弓如宋，葬共姬	叔弓如宋葬宋共姬	叔弓如宋，葬共姬
（昭公元年）叔孫豹會晉趙武、楚公子圍、齊國弱、宋向戌、衛齊惡、陳公子招、蔡公孫歸生、鄭罕虎、許人、曹人於虢	正月乙未……遂會於虢	叔孫豹會晉趙武、楚公子圍、齊國酌、宋向戌、衛石惡、陳公子招、蔡公孫歸生、鄭軒虎、許人、曹人於漷	叔孫豹會晉趙武、楚公子圍、齊國弱、宋向戌、衛齊惡、陳公子招、蔡公孫歸生、鄭罕虎、許人、曹人於郭
三月，取鄆	季武子伐莒，取鄆	三月取運	三月，取鄆
晉荀吳帥師敗狄於大鹵	晉中行穆子敗無終及群狄於大原	晉荀吳帥師敗狄於大原	晉荀吳帥師敗狄於大原
莒展輿出奔吳	展輿奔吳	莒展出奔吳	莒展出奔吳
冬十有一月己酉，楚子麇卒	十一月己酉，公子圍至，入問王疾，縊而弑之	楚子卷卒	冬，十有一月己酉，楚子卷卒
（三年）春王正月丁未，滕子原卒	丁未，滕子原卒	滕子泉卒	滕子原卒
（四年）春王正月，大雨雹		大雨雪	大雨雪

续表

《春秋》	《左传》	《公羊》	《穀梁》
秋七月，楚子、蔡侯、陈侯、许男、顿子、胡子、沈子、淮夷伐吴，执齐庆封，杀之。遂灭赖	执齐庆封而尽灭其族	执齐庆封杀之……遂灭厉	执齐庆封杀之……遂灭厉
（五年）戊辰，叔弓帅师败莒师于蚡泉	戊辰，叔弓败诸蚡泉	叔弓帅师败莒师于濆泉	叔弓帅师败莒师于贲泉
（六年）楚薳罢帅师伐吴	楚子……使薳泄伐徐	楚薳颇帅师伐吴	楚薳罢帅师伐吴
（七年）三月，公如楚。叔孙婼如齐莅盟		叔孙舍如齐莅盟	叔孙婼如齐莅盟
（八年）冬十月壬午，楚师灭陈。执陈公子招，放之于越。杀陈孔奂。		楚师灭陈，执陈公子招，放之于越。杀陈孔瑗	楚师灭陈。执陈公子招，放之于越。杀陈孔奂
（九年）夏四月，陈灾	夏四月，陈灾	四月，陈火	四月，陈火
（十年）夏，齐栾施来奔		晋栾施来奔	齐栾施来奔
秋七月，季孙意如、叔弓、仲孙貜帅师伐莒	秋七月，平子伐莒	季孙隐如、叔弓、仲孙貜帅师伐莒	季孙意如、叔弓、仲孙貜帅师伐莒
十有二月甲子，宋公成卒	十二月，宋平公卒	宋公戌卒	宋公成卒
（十一年）春王二月，叔弓如宋。葬宋平公	二月，叔弓如宋，葬平公	正月，叔弓如宋。葬宋平公	二月，叔弓如宋。葬宋平公
仲孙貜会邾子，盟于祲祥	孟僖子会邾庄公，盟于祲祥	仲孙貜会邾娄子盟于侵羊	仲孙貜会邾子盟于祲祥
秋，季孙意如会晋韩起、齐国弱、宋华亥、卫北宫佗、郑罕虎、曹人、杞人于厥憖		季孙隐如会晋韩起、齐国酌、宋华亥、卫北宫佗、郑轩虎、曹人、杞人于屈银	季孙意如会晋韩起、齐国弱、宋华亥、卫北宫佗、郑罕虎、曹人、杞人于厥憖
冬十有一月丁酉，楚师灭蔡，执蔡世子有以归，用之。	冬十一月，楚子灭蔡，用隐大子于冈山	楚师灭蔡，执蔡世子有以归用之	楚师灭蔡，执蔡世子友以归，用之
（十二年）楚杀其大夫成熊		楚杀其大夫成然	楚杀其大夫成虎
冬十月，公子慭出奔齐		公子整出奔齐	公子慭出奔齐
（十三年）楚公子弃疾杀公子比		楚公子弃疾弑公子比	楚公子弃疾杀公子比
（十五年）春王正月，吴子夷末卒		吴子夷昧卒	吴子夷末卒
夏，蔡朝吴出奔郑	夏，蔡人遂朝吴。朝吴出奔郑	蔡昭吴奔郑	蔡朝吴出奔郑

續表

《春秋》	《左傳》	《公羊》	《穀梁》
（十六年）楚子誘戎蠻子殺之	楚子聞蠻氏之亂也，與蠻子之無質也，使然丹誘戎蠻子嘉殺之，遂取蠻氏	楚子誘戎曼子，殺之	楚子誘戎蠻子殺之
（十七年）八月，晉荀吳帥師滅陸渾之戎	九月丁卯，晉荀吳帥師涉自棘津，使祭史先用牲於洛。陸渾人弗知，師從之。庚午，遂滅陸渾	晉荀吳帥師滅賁渾戎	晉荀吳帥師滅陸渾戎
（廿年）夏，曹公孫會自鄸出奔宋	三月，大子建奔宋	曹公孫會自鄸出奔宋	曹公孫會自夢出奔宋
秋，盜殺衛侯之兄縶		盜殺衛侯之兄輒	盜殺衛侯之兄輒
冬十月，宋華亥、向寧、華定出奔陳	戊辰，華、向奔陳	宋華亥、向寧、華定出奔陳	宋華亥、向寧、華定出奔陳
（廿一年）宋華亥、向寧、華定自陳入於宋南里以叛		宋華亥、向寧、華定自陳入於宋南里以畔	宋華亥、向寧、華定自陳入於宋南里以叛
八月乙亥，叔輒卒	八月，叔輒卒	叔痤卒	叔輒卒
冬，蔡侯朱出奔楚	蔡侯朱出奔楚	蔡侯朱出奔楚	蔡侯東出奔楚
（廿二年）大蒐於昌間		大蒐於昌奸	大蒐於昌間
（廿三年）戊辰，吳敗頓、胡沈、蔡、陳、許之師於雞父，胡子髡、沈子逞滅，獲陳夏齧		吳敗頓、胡、沈、蔡、陳、許之師於雞父。胡子髡、沈子楹滅，獲陳夏齧	吳敗頓、胡、沈、蔡、陳、許之師於雞甫。胡子髡、沈子盈滅
冬，公如晉，至河，有疾，乃復	公爲叔孫故如晉，及河，有疾而復	公如晉，至河，公有疾乃復	公如晉，至河，公有疾乃復
（廿四年）婼至自晉	二月，婼至自晉	叔孫舍至自晉	婼至自晉
丁酉，杞伯鬱釐卒		丁酉，杞伯鬱釐卒	杞伯鬱釐卒
（廿五年）夏，叔詣會晉趙鞅、宋樂大心、衛北宮喜、鄭游吉、曹人、邾人、滕人、薛人、小邾人於黃父	夏，會於黃父	叔倪會晉趙鞅、宋樂世心、衛北宮喜、鄭游吉、曹人、邾婁人、滕人、薛人、小邾婁人於黃父	叔倪會晉趙鞅、宋樂大心、衛北宮喜、鄭游吉、曹人、邾人、滕人、薛人、小邾人於黃父
有鴝鵒來巢	今鴝鵒來巢，其將及乎？	有鸜鵒來巢	有鴝鵒來巢
九月己亥，公孫於齊，次於陽州	己亥，公孫於齊，次於陽州	公孫於齊，次於楊州	公孫於齊……次於陽州

续表

《春秋》	《左传》	《公羊》	《穀梁》
（廿六年）尹氏、召伯、毛伯以王子朝奔楚。	召伯盈逐王子朝，王子朝及召氏之族、毛伯得、尹氏固、南宫嚚奉周之典籍以奔楚	尹氏、召伯、毛伯以王子朝奔楚	尹氏、召伯、毛伯以王子朝奔楚
（廿八年）夏四月丙戌，郑伯宁卒		四月丙戌，郑伯宁卒	四月丙戌，郑伯宁卒
秋七月癸巳，滕子宁卒		秋七月癸巳，滕子甯卒	七月癸巳，滕子宁卒
（三十年）冬十有二月，吴灭徐，徐子章羽奔楚	己卯，灭徐。徐子章禹断其发……遂奔楚	冬十有二月，吴灭徐，徐子章禹奔楚	十有二月，吴灭徐。徐子章羽奔楚
（三十一年）季孙意如会晋荀跞于适历		季孙隐如会晋荀栎于适历	季孙意如会晋荀跞于适历
冬，黑肱以滥来奔	冬，邾黑肱以滥来奔	黑弓以滥来奔	黑肱以滥来奔
（三十二年）冬，仲孙何忌会晋韩不信、齐高张、宋仲几、卫世叔申、郑国参、曹人、莒人、薛人、杞人、小邾人城成周	己丑，士弥牟营成周	仲孙何忌会晋韩不信、齐高张、宋仲几、卫世叔申、郑国参、曹人、莒人、薛人、杞人、小邾娄人城成周	仲孙何忌会晋韩不信、齐高张、宋仲几、卫大叔申、郑国参、曹人、莒人、邾人、薛人、杞人、小邾人，城成周
（定公三年）二月辛卯，邾子穿卒	春二月辛卯，邾子……遂卒	三月辛卯，邾娄子穿卒	三月辛卯，邾子穿卒
冬，仲孙何忌及邾子盟于拔。	冬，盟于郯，修邾好也	仲孙何忌及邾娄子盟于枝	仲孙何忌及邾子盟于拔
（四年）夏四月庚辰，蔡公孙姓帅师灭沈，以沈子嘉归，杀之。	夏，蔡灭沈	夏四月庚辰，蔡公孙归姓帅师灭沈，以沈子嘉归，杀之	夏四月庚辰，蔡公孙姓帅师灭沈，以沈子嘉归，杀之
五月，公及诸侯盟于皋鼬		五月，公及诸侯盟于浩油	五月，公及诸侯盟于皋鼬
杞伯成卒于会		杞伯戊卒于会	杞伯成卒于会
晋士鞅、卫孔圉帅师伐鲜虞		晋士鞅、卫孔圉帅师伐鲜虞	晋士鞅、卫孔圉帅师伐鲜虞
冬十有一月庚午，蔡侯以吴子及楚人战于柏举，楚师败绩	十一月庚午，二师陈于柏举	蔡侯以吴子及楚人战于伯莒，楚师败绩	蔡侯以吴子及楚人战于伯举。楚师败绩
庚辰，吴入郢	庚辰，吴入郢	庚辰，吴入楚	庚辰，吴入楚
（五年）春王三月辛亥朔，日有食之		正月辛亥朔，日有食之	正月辛亥朔，日有食之

續表

《春秋》	《左傳》	《公羊》	《穀梁》
（六年）春王正月癸亥，鄭游速帥師滅許，以許男斯歸	春，鄭滅許，因楚敗也	鄭游遬帥師滅許	鄭游速帥師滅許
（七年）齊侯、衛侯盟於沙		齊侯、衛侯盟於沙澤	齊侯、衛侯盟於沙
（八年）晉士鞅帥師侵鄭，遂侵衛	秋，晉士鞅會成桓公，侵鄭，圍蟲牢，報伊闕也。遂侵衛	晉趙鞅帥師侵鄭，遂侵衛	晉士鞅帥師侵鄭，遂侵衛
（九年）夏四月戊申，鄭伯蠆卒		四月戊申，鄭伯囆卒	四月戊申，鄭伯蠆卒
（十年）夏，公會齊侯於夾谷	夏，公會齊侯於祝其，實夾谷	公會齊侯於頰谷	公會齊侯於頰谷
齊人來歸鄆、讙、龜陰田	齊人來歸鄆、讙、龜陰之田	齊人來歸運、讙、龜陰田	齊人來歸鄆、讙、龜、陰之田
秋，叔孫州仇、仲孫何忌帥師圍郈	武叔懿子圍郈	叔孫州仇、仲孫何忌帥師圍費	叔孫州仇、仲孫何忌帥師圍郈
宋樂大心出奔曹		宋樂世心出奔曹	宋樂大心出奔曹
宋公子地出奔陳	公子地奔陳	宋公子池出奔陳	宋公子地出奔陳
冬，齊侯、衛侯、鄭游速會於安甫		齊侯、衛侯、鄭游遬會於鞌	齊侯、衛侯、鄭游速會於安甫
宋公之弟辰暨仲佗、石彄出奔陳	冬，母弟辰暨仲佗、石彄出奔陳。	齊公之弟辰暨宋仲佗、石彄出奔陳	宋公之弟辰暨宋仲佗、石彄出奔陳
（十二年）冬十月癸亥，公會齊侯盟於黃		公會齊侯盟於晉	公會齊侯、盟於齊
（十三年）春，齊侯、衛侯次於垂葭	春，齊侯、衛侯次於垂葭	齊侯、衛侯次於垂瑕	齊侯次於垂葭
冬，晉荀寅、士吉射入於朝歌以叛	丁未，荀寅、士吉射奔朝歌	晉荀寅及士吉射入於朝歌以叛	晉荀寅士吉射入於朝歌以叛
（十四年）春，衛公叔戍來奔。衛趙陽出奔宋	春，衛侯逐公叔戍與其黨，故趙陽奔宋，戍來奔	衛公叔戍來奔。晉趙陽出奔宋。	衛公叔戍來奔。晉趙陽出奔宋
二月辛巳，楚公子結、陳公孫佗人帥師滅頓，以頓子牂歸	頓子牂欲事晉，背楚而絕陳好。二月，楚滅頓	三月辛巳，楚公子結、陳公子佗人帥師滅頓，以頓子牂歸。	二月辛巳，楚公子結、陳公孫佗人帥師滅頓，以頓子牂歸
五月，於越敗吳於檇李	吳伐越。越子句踐御之，陳於檇李	於越敗吳於醉李	於越敗吳於檇李
公會齊侯、衛侯於牽	公會齊侯、衛侯於脾、上梁之間	公會齊侯、衛侯於堅	公會齊侯、衛侯於牽

續表

《春秋》	《左傳》	《公羊》	《穀梁》
（十五年）鄭罕達帥師伐宋	鄭罕達敗宋師於老丘	鄭軒達帥師伐宋	鄭罕達帥師伐宋
齊侯、衛侯次於渠蒢	齊侯、衛侯次於蘧挐	齊侯、衛侯次於籧篨	齊侯、衛侯次於渠蒢
秋七月壬申，姒氏卒	秋七月壬申，姒氏卒	七月壬申，姒氏卒	七月壬申，弋氏卒
丁巳，葬我君定公，雨不克葬。戊午日下昃，乃克葬	葬定公。	丁巳，葬我君定公，雨不克葬，戊午日下昃，乃克葬	丁巳，葬我君定公，雨不克葬。……戊午，日下稷，乃克葬
辛巳，葬定姒	葬定姒	辛巳，葬定姒	辛巳，葬定弋
（哀公元年）鼷鼠食郊牛，改卜牛		鼷鼠食郊牛，改卜牛	鼷鼠食郊牛角，改卜牛
（二年）秋八月甲戌，晉趙鞅帥師及鄭罕達帥師戰於鐵，鄭師敗績	大子復伐之，鄭師大敗，獲齊粟千車	晉趙鞅帥師及鄭軒達帥師戰於栗，鄭師敗績。	晉趙鞅帥師及鄭罕達帥師戰於鐵。鄭師敗績
（三年）季孫斯、叔孫州仇帥師城啓陽		季孫斯、叔孫州仇帥師城開陽	季孫斯、叔孫州仇帥師城啓陽
（四年）春王二月庚戌，盜殺蔡侯申	春，蔡昭侯……公孫翩逐而射之	三月庚戌，盜殺蔡侯申	三月庚戌，盜弒蔡侯申
晉人執戎蠻子赤歸於楚	蠻子聽卜，遂執之，與其五大夫，以畀楚師於三戶	晉人執戎曼子赤歸於楚	晉人執戎蠻子赤歸於楚
六月辛丑，亳社災		六月辛丑，蒲社災	六月辛丑，亳社災
（五年）春，城毗		春，城比	春，城毗
秋九月癸酉，齊侯杵臼卒	秋，齊景公卒	九月癸酉，齊侯處臼卒	九月癸酉，齊侯杵臼卒
（六年）春，城邾瑕		春，城邾婁葭	春，城邾瑕
齊陳乞弒其君荼		齊陳乞弒其君舍	齊陳乞弒其君荼
（八年）夏，齊人取讙及闡	夏五月，齊鮑牧帥師伐我，取讙及闡	齊人取讙及僤	齊人取讙及闡
（十年）薛伯夷卒		薛伯寅卒	薛伯夷卒
（十一年）夏，陳轅頗出奔鄭	夏，陳轅頗出奔	陳袁頗出奔鄭	陳轅頗出奔鄭
（十二年）秋，公會衛侯、宋皇瑗於鄖	秋，衛侯會吳於鄖	公會衛侯、宋皇瑗於運	公會衛侯、宋皇瑗於鄖
（十三年）夏，許男成卒		夏，許男成卒	夏，許男成卒
晉魏曼多帥師侵衛		晉魏多帥師侵衛	晉魏曼多帥師侵衛
盜殺陳夏區夫		盜殺陳夏彄夫	盜殺陳夏區夫

六 《論語》今古文之異同

在本書《引論·第二章》中，對於《論語》今古文篇章之異同，於《論語》古二十一篇，分《堯曰》篇後，"子張問何如可以從政"以下爲篇名曰《從政》。我們已引用徐養原説，指出《堯曰》篇在《論語》中爲篇幅較短之一篇。而古論復分爲兩篇，實屬故爲增多。如《春秋》之分閔於莊之比，自屬贋古。其古論中所多"孔子曰不知命"一章附於篇末，明係依《韓詩》校增。其所少之一章，乃因《魯論》重此一章，故爲删去。《古論》有妄易文字之處，章數之多寡自亦可妄加增減，不必爲真古本。《論語》編定甚晚，亦未必真有古文本。至於《論語》今古文文字之異同，據桓譚《新論》説"《論語》今古文異者四百余"；據徐養原《論語魯讀考》所收鄭注魯古之分及《石經》與今本之異看來，亦可見其贋古。

A. 古《論》文字之多於《魯論》者。此類有：

（1）"車中不内顧"之"不"；
（2）"今之從政者殆而"之"而"；
（3）"孔子曰：不知命無以爲君子也"章；
（4）"亦不可行也"之"可"；
（5）"起予者"之"者"；
（6）"無惡也"之"也"；
（7）"好仁者"之"者"；
（8）"於父母乎"之"乎"；
（9）"君子亦有惡乎"之"亦"；
（10）"子曰有惡"之"惡"；
（11）"惡居下流而訕上者"之"流"；
（12）"曰是也，曰是知津矣"之"也""曰"；
（13）"以告夫子"之"夫"
（14）"吾聞諸夫子"之"夫"；
（15）"萬方有罪罪在朕躬"之"罪"。

這十五例，《古論》所多並不足以見《古論》之是而《魯論》之非，如：例（1）"車中不内顧"，據《文選·東京賦》"車中内顧"薛綜注："内顧謂不外視，臣下之私也。"車中外視是通常的狀態，故云應當内顧，若不内顧，則是孔子教人伸首四望，於情理更不合。例（2）"今之從政者殆而"，《古論》多一"而"字，與《莊子》不合，説詳下節。例（3）"孔子曰：不知命無以爲君子也"章，《古論》多此一章。由《古論》之貌爲增多，則知是章爲依

《韓詩外傳》校增，非古真有之。説已詳前。例（9）（10）（11），徐養原云："魯讀無'亦'字'惡'字，視今本爲簡當。"又引惠氏論"下流"字曰："當因《子張篇》'惡居下流'涉彼而誤。"《鹽鐵論》大夫曰："文學居下而訕上"；《漢書·朱雲傳》云："小臣居下訕上"。漢以前皆無"流"字，可見"流"字實不當有。例（4）（5）（6）（7）（8）諸例，《古論》多"可""也""者""乎"等語助字，不過取配文義，文從字順，似比《魯論》爲優，然而不古，古本在文字上是應較拙劣些的。例（12）徐考云："魯讀無'也''曰'二字，亦較今本爲簡捷"。例（15）據阮元《十三經注疏校勘記》云："漢《石經》皇本、高麗本不重'罪'字。案，《書·湯誥》云：'其爾萬方，有罪在予一人'；《國語·周語》引《湯誓》云'萬夫有罪，在余一人'；《墨子·兼愛下》亦云：'萬方有罪，即當朕身'；《吕氏春秋·季秋紀》云：'萬夫有罪，在余一人'；《説苑·貴德篇》云：'百姓有過，在予一人'；與此並大同而小異，核其文義，俱不重'罪'字。"《魯論》與《尚書》《國語》《墨子》《吕覽》等並合。

此所舉十五例，具足見《魯論》之爲真古本，而《古論》反不必爲真古本。

B．《古論》文字之少於《魯論》者。此類有：

(1) "子曰：父在觀其志，父殁觀其行"章；
(2) "何而德之衰也"之'而''也'二字；
(3) "往者無可諫也，來者猶可追也"之二"也"字；
(4) "執輿者爲誰子"之"子"字；
(5) "如之何其慶之也"之"也"字。

由這五例看來，例（1）《衛靈公》篇，《古論》無"父在觀其志，父殁觀其行"章，蓋因此章已見《學而》篇而删去。例（2）（3），則今本作"鳳兮鳳兮，何德之衰？往者不可諫，來者猶可追；已而已而，今之從政者殆而"，比《魯論》文字整潔，然而實非古本。《莊子·人間世》："孔子適楚，楚狂接輿游其門曰：'鳳兮鳳兮，何如德之衰也！來世不可待，往世不可追也。'"亦有兩"也"字。"如"與"而"古代字通，《魯論》與《莊子》接近，《古論》則與《莊子》相遠。《人間世》下云："已乎已乎，臨人以德！殆乎殆乎，畫地而趨。"《魯論》作"期斯已矣，今之從政者殆。"《魯論》上句既無"而"字，故下句亦無"而"；《古論》因魯"期斯已矣"語意不明而改作"已而已而，今之從政者殆而"，説《古論》就《莊子》改"乎"爲"而"，則是其實《古論》並不與《莊子》合（參看徐考，頁七）。例（4）（5），則《古論》自亦可以意去一"子"字、"也"字。總此五例，由（2）（3）二例，

《古論》之不合於《莊子》，足證其非真古本。

C. 古論文字之顯然倒誤者 此類有：

（1）"可謂好學已矣"。今本"已矣"作"也已"；

（2）"人未有自致也者"。今本"也者"作"者也"；二例，又

（3）《史記·孔子世家》：引"夫子之言性與天道"作"夫子之言天道與性命"；

（4）引"朝，與下大夫言，侃侃如也；與上大夫言，誾誾如也"，作"朝，與上大夫言，誾誾如也；與下大夫言，侃侃如也"；

（5）《史記·仲尼弟子列傳》引"言語：宰我、子貢。政事：冉有、季路"作"政事：冉有、季路。言語：宰我、子貢"；

（6）引"柴也愚，參也魯，師也辟，由也喭"作"師也辟，參也魯，柴也愚，由也喭"。

此數例中，《魯論》"已矣""也者"俱不如今本之文從字順，可證《魯論》實爲古本。《史記·孔子世家》所引先天道而後命，先上大夫而後下大夫，先政事而後語，次第較合，"辟魯愚喭"雖不及"愚魯辟喭"之類次，但先師、參而後柴、由，亦極有理。《史記》所引本非《古論》，而今本出於《古論》，《古論》之非真古本亦可知。

D. 古論文字之顯然訛誤者

由《魯論》與《古論》文字比較看來，《古論》訛謬之處尤多。崔適《論語足徵記序》云：

> ……《論語》之出也晚。漢宣帝時，自齊人王吉傳者曰《齊論》，魯人殷奮傳者曰《魯論》。西京之末，始出《古論》，以科斗之，謂爲先秦人書，欲以凌駕齊、魯《論》之爲今文；實則劉歆所造，託之孔安國所傳，並爲作注以徵之爾。今又得一確證。古者字少，一字恒管數義，故多假字；後世各造本字分用之。故有古人用假字，後世易以本字者。魯、古異讀，率魯用假字，古用本字。如"可使治其賦也"爲"其傳"，則"傳"假字，"賦"本字；"吾未嘗無誨焉"，魯讀爲"無悔"，則"悔"假字，"誨"本字，皆是。或曰"讀爲"者，改其字也，義當從所讀之字。曰，此說誠然。然此二句從"傳"字"悔"字之本義，於經義豈可解釋，乃知"魯讀爲'傳'、爲'悔'者"，猶言《魯本論語》作此字耳。以爲魯用假字，古用本字，則文從字順然則《古論》之出後於《魯論》明甚，其爲贗古亦明甚。

此所舉爲（1）"傳"（2）"悔"二例，《古論》反不如《魯論》之古，其

他如（3）"哀公問主於宰我"，崔氏云："案，作'問主'者今文也，作'問社'者古文也。《春秋·文二年》'練主用栗'，《解詁》曰：'夏后氏以松，殷人以柏，周人以栗'。《疏》曰：'出《論語》也。'而鄭氏注云：'謂社主'，正以《古文論語》'哀公問社於宰我'故也。《今文論語》無'社'字，是以何氏以爲廟主耳。"徐氏《魯讀考》云："鄭於經文雖不從古，而其義則以古文參之，知'問主'者，問社主也。"（《清經解續編》）（4）"未知焉得仁"。崔氏云："案，《釋文》'知'如字，鄭音'智'，下同。班《（漢）書·古今人表》引'未知焉得仁'之語，《表》中所列九品，智人下仁人一等。師古曰：'言智者雖能利物，猶不及仁者所濟遠也。'《論衡·問孔》篇曰'子文智蔽於子玉'，《皇疏》引李充曰'子玉之敗，子文之舉；舉以敗國，不可爲智也'。陳文子所之，驟稱其亂，不如甯子之能愚。蘧生之可卷，亦未可爲智也。然則班固、王充、鄭君，皆以孔子論子文、文子，謂未得爲智人，焉得爲仁人也。何晏引爲孔安國注曰：'未知其仁也'。故《釋文》知先音如字，果爾，則未知下豈應增'焉得'二字。孟武伯問'子路仁乎'，子曰：'不知其仁也'。不曰'不知'，焉得仁也。《集注》從之，誤矣。"（卷上）第（5）（6）（7），'崔'字《魯讀考》爲'高'，崔氏云："案，《釋文》據鄭引《魯》《古》異讀，計二十三條，異義者三之一，義同者三之二，皆《魯》用假字，《古》易以本字。猶《史記》引經，用訓詁字易經文也。如可使治其賦也。《魯》讀'爲其傅'，則'傅'假字，'賦'本字也。'吾未嘗無誨焉'，《魯》讀爲'無悔'，則'悔'假字，'誨'本字也。'君子坦蕩蕩'，《魯》讀爲'坦湯'；《詩·毛傳》：'湯，蕩也。'則'湯'假字，'蕩'本字也。'好行小慧'，注：'慧，才智也。'《魯》讀爲'小惠'，則'惠'假字，'慧'本字也。然則'崔高'亦其例，《魯》讀'高'爲假字，《古》易以本字，故作'崔'爾。'崔''高'有此異讀者，或以族同，猶《史記》'秦'亦每稱'趙'；或以義近，如以聲轉而，如《易卦》'晉'亦作'齊'之比。或曰'讀爲'者，改其字也，義當從所讀之字。案，此經從所讀之字，其義有必不可通者。若作'由也，可使治其傅也；自行修束以上，吾未嘗無悔焉'，豈可解乎？且'齊崔杼弑其君光'，見於襄二十五年《春秋》經文，豈有弑君之高子乎？（8）《魯論》"三分天下有其二"上有"文王爲西伯"句，崔氏云："案，高誘注《呂氏春秋·古樂篇》云：'《論語》曰，文王爲西伯，三分天下有其二，以服事殷。'是高氏所見《論語》。'三分天下'句上，有'文王爲西伯'句也。《集解》：'包威曰，殷紂淫亂，文王爲西伯而有聖德，天下歸周者三分有二，而猶以服事殷。'案，此注'殷紂淫亂'句，乃述經文緣起。'文王爲西伯'五字,是述經文。不然,何與高氏引經無一字差別耶?是包氏所見《論語》'三分天下'句上,亦有'文王爲西伯'句也。魏以後脱。不信文王稱王之事者,引此節爲證,幾於南山可動。此案爲不可移矣。"(9)"瓜祭",《魯》讀爲"必"。徐氏云:"'瓜''必'形相似,易至混淆。《魯讀》義似較長"(頁四)。崔氏云:"《釋文》鄭云:'《魯》讀瓜爲必。'案,先有《魯論》,後《古論》。此古改'必'爲'瓜',非古改'瓜'爲'必'也。其改爲'瓜祭',正以《玉藻》有此文。謂可附會也。好贗鼎者正墮其彀中耳。"案,"羹食"大名,"瓜"則小名,三者並列,義頗不倫。且均薄物,既有瓜,何無果?而《曲禮》所載,醢醬葱瓜之屬,亦在祭品,經何不及之?但舉一瓜,轉嫌挂漏,何如舉蔬食菜羹,已足包括其餘耶?若疏食也,菜羹也,瓜也,三者並舉,於義理爲不倫,於文章爲不順。顏黃門曰:"吾嘗笑許純儒不達文章之體,愚謂此訓詁家通病。"《古論》此條亦是也。且《玉藻》云:"子卯稷食菜羹",程瑤田《九穀考》曰:"凡經言稷食者,疏食也。稷形大,故得疏稱,然則此云'疏食菜羹',即《玉藻》之'稷食菜羹'也。彼'菜羹'下不連'瓜'字。"此亦當然。證'瓜'可連'稷'於《玉藻》,何不證'菜羹'不連'瓜'於《玉藻》乎?朱子從魯,毛奇齡意主駁朱,故以《玉藻》爲證。今仍以《玉藻》破之。"(10)《魯》讀"躁"爲"傲"。徐氏云:"'躁''傲'"雖同在"蕭""宵""肴""豪"韵,各爲一義,不相假借也。"躁",《説文》作"趮",在"走"部。徐氏曰:"今俗別作'趮',非是。然則此'躁'字亦非孔子壁中原文。"(11)魯讀"傳"爲"專"。(12)"儺獻"。(13)"生"爲"牲"。(14)"仍"爲"仁"。(15)"折"爲"制"。(16)"廉"爲"貶"。(17)"室"爲"至"。皆《魯》用假借字,《古》用本字。崔氏謂"爲贗古其説"誠不誣也。

《論語》今古文之異同,比較下來,亦可見《古論》之非真古本,所謂古文"俱屬贗鼎"可知。徐氏《論語魯讀考序》云:"陸氏《釋文》曰:"鄭校周之本以齊古讀,正凡五十事,鄭本或無此注者,然《皇覽》引《魯讀》六事,則無者非也。案,鄭所據者《張侯論》,《張侯論》不純乎魯而言《魯讀》者,以魯爲主也。所讀正五十事,見於《釋文》者二十三事而已,皆從古者也。其從齊者當有二十七事,而《釋文》不載何邪?豈陸氏時鄭注已多佚脱,《魯讀》或尚有之,而《齊讀》盡缺邪?《新論》言《古論》文異者四百餘字,則鄭之從古亦僅矣。"《古論》如真爲古本,鄭氏所采者當更多,而如徐氏之信古者之流,亦必不以"必祭",説《魯讀》"義似較長"及認定"躁"字"非孔子壁中原文"。

附： 《論語》今古文異文表

	古《論語》	魯《論語》		古《論語》	魯《論語》
1	傳不習乎	專	31	可謂好學也已	止矣
2	可使治其賦也	傅	32	吾十有五而志於學	乎
3	崔子弒其君	高	33	無達	毋
4	吾未嘗無誨焉	悔	34	書云孝乎	於
5	五十以學易	亦	35	起於者	起予
6	正唯弟子不能學也	誠	36	邦君爲兩君之好	國
7	君子坦蕩蕩	湯	37	無惡也	無惡
8	弁衣裳者	絻	38	好仁者惡不仁者	好仁惡不仁者
9	下如授	趨	39	夕死可矣	也
10	瓜祭	必	40	於父母乎	父母
11	鄉人儺	獻	41	君子亦有惡乎	有
12	君賜生	性	42	子曰有惡	有
13	車中不內顧	車中內顧	43	惡居下流而訕上者	下
14	仍舊貫	仁	44	年四十而見惡焉	卅
15	咏而饋	歸	45	何德之衰	何而衰也
16	片言可以折獄	制	46	往者不可諫，來者猶可追	諫也、追也
17	好行小慧	惠	47	執輿者爲誰	車誰子
18	（古皆無此章）	子曰：父在觀其志	48	曰是也曰是知津矣	是
19	（古皆無此章）	父沒觀其行	49	辟世之士	避
20	謂之躁	傲	50	耰而不輟	不
21	饋孔子豚	歸	51	子路行以告夫子	以告子
22	古之矜也廉	貶	52	植其杖而耘	置、薑
23	天何言我	夫	53	義如之何其廢之	禮之也
24	惡果敢而窒者	室	54	其斯而已矣	以乎
25	已而已而	期斯已矣	55	夷逸	佚
26	今之從政者殆而	殆	56	其不可拒者	距
27	孔子曰不知命	（《魯論》無此章）	57	子游	斿
28	抑與之與	意予	58	聞諸夫子	諸子
29	子貢	贛	59	未有自致者也	也者
30	亦不可行也	亦不行也	60	不若是之甚也	是其

續表

	古《論語》	魯《論語》		古《論語》	魯《論語》
61	未墜於地	墜	89	便便言惟謹爾	辯
62	賢者識其大者	志	90	朝與下大夫言侃侃如也與上大夫言誾誾如也	朝與上大夫言誾誾如也與下大夫言侃侃如也（世）
63	譬之宮墻	辟諸墻			
64	無以萬方	毋	91	不使勝食氣	既（説）
65	萬方有罪罪在朕躬	在		執圭鞠躬如也	窮（鄭）
66	未有貧而樂	樂道	92	仲弓問仁	政
67	而衆星共之	拱（鄭）	93	現弁者	絻
68	有酒食先王饌	餕（鄭）	94	朋友死無可歸曰於我殯	朋友無所歸至於我乎飯死於我乎殯
69	從之能如也	縱（世）			
70	無適也	敵	95	言語宰我子貢政事	（白）政事冉有季路言語
71	夫子之言性與天道不可得而聞也	天道與性命弗聞已			
			96	冉有季路	宰我子貢
72	不可得而聞也	也已矣（世）	97	南容三復白圭	珪
73	未知焉得仁	智（論）	98	毋吾以也	已
74	不知所以裁之	吾不	99	柴也愚參也魯師也	師也辟參也魯柴也
75	命矣夫斯人也而有斯疾也斯人也而有	命也夫斯人也而有	100	辟由也喭	愚也有喭
			101	國之以饑饉	饑
76	斯疾也	斯疾命也夫	102	吾與點也	黨（説）
77	文質彬彬	份份（説）	103	子之迂也	於（鄭）
78	予所否者	不（世）鄙（論）	104	故君子名之必可言也言之必可行也	夫君子爲之必可名言之必可行（世）
79	子之燕居	晏（鄭）			
80	加我數年	假（世）	105	吾黨有直躬者	弓（鄭）
81	其爲人也發憤忘食	也學道不倦誨人不厭（世）	106	硜硜然小人哉	悻（孟）
			107	朋友切切偲偲	即即（毛）
82	揖巫馬期而進之	旗	108	兄弟怡怡	熙熙（毛）
83	民無得而稱焉	德（鄭）	109	子貢方人	
84	而不與焉	豫（白）	110	有荷蕢而過孔氏之門者	臾（説）
85	空空如也	悾（鄭）	111	高宗諒陰三年	闇（公）（鄭）
86	夫子循循然善誘人	恂（孟）	112	在陳絕糧	粻（鄭）
87	沽之哉我待賈者也	賈、價（白）	113	小人窮斯濫矣	尷（説）
88	恂恂如也	逡（索）	114	必先利其器	厲（文）

續表

	古《論語》	魯《論語》		古《論語》	魯《論語》
115	友便佞	論（説）	123	滔滔者天下皆是也	悠（文）
116	邦君之妻	旺（白）	124	來張	倈（鄭）
117	邦人稱之	旺（白）	125	身中清	
118	涅而不緇	泥淄（史）	126	廢中權	
119	無所不至矣	亡至（漢）	127	百工居肆以成其事	致（白）
120	天下之通喪也	義（史）	128	君子之道焉可誣也	憮（文）
121	惡徼以爲知者	紋（鄭）	129	衛公孫朝向問於子貢	陳子禽問
122	齊人歸女樂	饋（鄭）	130	敢昭告於皇皇后帝（弟）	天上（白）

七　《孝經》今古文之異同

《孝經》今古文篇章之異同，在《孝經》古孔氏一篇是二十二章，據《隋志》云："漢初，芝子貞出之，凡十八章，而長孫氏、博士江翁、少府后蒼、諫議大夫翼奉、安昌侯張禹，皆名其學。又有《古文孝經》，與《古文尚書》同出，而長孫有《閨門》一章，其餘經文，大較相似，篇簡缺解，又有衍出三章，並前合爲二十二章，孔安國爲之傳。至劉向典校經籍，以顏本比古文，除其繁惑，以十八章爲定。鄭衆、馬融，並爲之注。"古文本多出四章，劉向等尚且不從，亦可見其貌爲增多，明爲贋古。由此一點看來，古文本之非真古本，已可決定。我們再由今行古文經與《今文孝經》對照，亦可決知其真贋。不過據《隋志》説，《古文孝經》亡於梁亂，"至隋，秘書監王劭於京師訪得《孔傳》，送至河間劉炫。炫因序其得喪，述其議疏，講於人間，漸聞朝廷，後遂著令，與鄭氏並立。儒者喧喧，皆云炫自作之，非孔舊本，而秘府又先無其書"。可知《古文孝經》在隋代已有僞中之僞之嫌疑，在唐代這古文已廢不行。現在我們所能見的《古文孝經》是由日本傳入，《四庫提要》已攻其僞，這更是僞中之僞了。但黃氏日鈔謂古文分《三才》章，"先王見教之可以化民"以下爲一章，與顏師古引劉向説《庶人》章分爲二不合。黃氏所云或係劉炫僞作，今本《古文孝經》不如是，則或如《提要》所云"傳"僞而"經"不僞。但無論如何，我們可將今古異文對照以覘其作僞之術。在《古史辨》第四册中，曾載王正己《孝經今考》一文，於古文之僞曾分別論之甚詳，兹録其説以見古文之僞，所以攻之者衆，非一人之私見。王考云：

（一）由文字方面來看——今古文《孝經》文字的差異，從前節所列三個表觀察：

（A）古文比今文所少的有二十二個語助詞"也"字及兩個連詞、兩個代名詞、一個介詞，固然古文之所以爲古文，助詞、連詞等的省略是一特徵，然而《孝經》却省的不是地方。換句話說，《孝經》文字如果省却了這些"也"字，讀起來倒反覺得不古，有時語氣簡直落不下。若同今文比較一讀，一定知其爲故意矯揉造作的，而且前於《孟子》《莊子》《中庸》《大學》等書，未見得對虛字抹殺得這樣厲害。那是自然的古奧，而《孝經》是倔强的造作，所以古文是由今文節省而來。其僞證一。

（B）古文比今文所多的，多半是無關緊要的代名詞，在意義上不占重要位置。換句話說，這多添的字有無皆可，而且加上更足以減却古香古色的氣味。例如古文："仲尼閒居，曾子侍坐，子曰'參，先王有至德要道以安天下。'"反不如今文作"仲尼居，曾子侍，子曰'先王有至德要道以安天下'"有些古味。多添"閒"字"坐"字和無用的"參"字，同今文一比較，更覺其不古。而且在這幾個字的意義上，看增加的都不得當，既云"閒居"，何以說是"講孝"？既然"講孝"就便不是"閒居"了。其實"仲尼居"的意義就是孔子在那里坐着，如果曾子是在孔子跟前站着的話，何須再加"坐"字？加"坐"字明明是把曾子的動作限制出來。古文固略字，而意義晦隱，這是不能避免的，而添上的"閒""坐"二字來限制和補足文意，在文法上是進步了，然而却不像古文。至於兩人對面談話何須叫名？《論語》中不見此例。不明古人情節而妄行加字，這明是漢代人之僞加字之及反不如今文之古，這是顯而易見的。其僞證二。

（C）古今文所不同的，不過是字的改裝換樣而已，意義絕對一樣。如今文的"無""不""云"古文作"毋""弗""曰"，"是以"改爲"是故"，固然古氣了，可是"則"字換"而"，"祿位"換"爵祿"，豈非"朝三暮四"換"朝四暮三"嗎？至於動詞"思"字改爲"斯"字，真是古奧得不可解了。無怪乎朱子說"至有不成文理處也"，這樣的亂改是其僞證三。

（D）《孝經》今古文本是一種。《隋書》云："長孫氏有《閨門》一章。"可知漢初的今文家是有《閨門》章的，在消極方面，這也足以證明古文是從今文蛻變出來的。其僞證四。

（二）由引書的例證來看——《孝經》的文字他書早有徵引，如

《吕氏春秋·察微篇》:"《孝經》曰:'高而不危,所以長守貴也;滿而不溢,所以長守富也。'"完全是與今文相同的,而古文是沒有兩個"也"字的,這足以證明古文在漢以前是沒有的,所以古文是漢初人依今文而改的。其僞證五。

(三)由漢初知識界的趨勢來看——《漢書·儒林傳贊》曰:"自武帝立《五經》博士,開弟子員,設科射策,勸以官祿,訖於元始,百有餘年,傳業者浸盛,支葉蕃滋,一經說至百餘萬言,大師衆至千餘人,蓋祿利之路然也。"可見漢初經學之盛,是由於升官發財的利祿在那里做誘餌。知識界爲要求把利祿拿到手,對於經學上,就不得不僞造新說,使立言不同,以資標榜。漢人僞《古文孝經》,大概是出於這種目的,其僞證六。

對於以上六證,王氏總結云:"由此看來,《古文孝經》在漢前是沒有的,其爲漢初人依託《今文孝經》所作,毫無疑義。"這一結論也應是確論。

附: 　　　　　　　《孝經》今古文異文表

今　文	古　文
仲尼居	閒居
曾子侍	侍坐
子曰先王有至德	子曰:參,先王
教之所由生也	所由生
無念爾祖	勿念
蓋夫子之孝也	之孝
所以長守貴也	守貴
長守富也	守富
諸侯之孝也	之孝
用天之道	子曰:用天之道
故自天子至於庶人	自天子以下
夫孝天之經也,地之義也,民之行也	"經、義、行"後均無"也"
故明王之以孝治天下也	治天下
無以加於孝乎	其無以
各以其職來祭	來助祭
天性也,君臣之義也	"性、義"後均無"也"

續表

今　文	古　文
故不愛其親	子曰：不愛其親
而皆在於凶德	皆在凶德
君子不貴也	不貴
言思可道，行思可樂	斯可道，行斯可樂
而行其政令	而行政令
三者不除	此三者
此之謂要道也	要道
爲人父者也	爲人父者
爲人兄者也	爲人兄者
爲人君者也	爲人君者
是以行成於内	是故
敢問子從父之令	敢問從父之令
子不可以不爭於父	"不"均爲"弗"
臣不可以不爭於君	"不"均爲"弗"
君子之事上也	事上
故上下能相親也	能相親
詩云	詩曰
孝之喪親也	喪親
此哀戚之情也	之情
此聖人之政也	之政
示民有終也	有終
（今文無此章）	子曰閨門之内其禮矣乎嚴父嚴兄妻子臣妾猶百姓徒役也

第三節　今古經傳解説之異同

一　今古經傳説義之異同

在上文中，我們舉出吳承仕《尚書今古文説》的意見："今古文説之異，當據明文。今古文之異，當據古文原本，若據後師所引，以別今文，則徒滋糾紛。"（《中大季刊》）所以兼用篇章的同異，如《齊詩》之先《采蘋》而後《草蟲》；據《儀禮》合樂臺南，《鵲巢》《采蘩》《采蘋》同奏，證明古文

《毛》本不如今文；用《禮經》之古文亦有脱簡，證明古文本不如今文本。這不是一字一句的關係，不是就後師引本立論，而是就古文原本立論，可確見古文本不如今文本。現在我們更從今文解説來作比較，也可以見古文本不如今文本。爲比較客觀起見，我們就各方所引的許慎《五經異義》先詳列一表：

今古文經傳説解異同表

	《五經異義》	今　文	古　文	許、鄭異同
1	田税	今《春秋》公羊説，十一而税，過於十一，大桀小桀；減於十一，大貊小貊。十一税，天子之正（蒙文通案：當作天下之中正，文見《公羊》宣十五年傳）。十一行而頌聲作。	《左氏》説，山林之地，九夫爲度，九度而當一井；藪澤之地，九夫爲鳩，八鳩而當一井；京陵之地，九夫爲辨，七辨而當一井；淳鹵之地，九夫爲表，六表而當一井；疆潦之地，九夫爲數，五數而當一井；偃豬之地，九夫爲規，四規而當一井；原防之地，九夫爲町，三町而當一井；隰皋之地，九夫爲牧，二牧而當一井；衍沃之地，九夫爲井。賦法，積四十五井，除山川坑岸，三十六井定出賦者九井，則千里之畿，地方百萬井，除山川坑岸，三十六萬井，定出賦者，六十四萬井，長轂萬乘。（《禮記》十一《王制》正義）	許從古，鄭今。
2		《禮》戴説《王制》云：五十不從力政，六十不與服戎。《易》孟氏、《韓詩》説年二十行役，三十受兵，六十還兵。　謹案，五經説各不同，是無明文可據。漢承百王，而制二十三而役，五十六而免；六十五已老，而周復徵之，非用民意。	古《周禮》説，國中自七尺以及六十，野自六尺以及六十有五，皆徵之。　鄭駁之云：《周禮》是周公之制，《王制》是孔子之後大賢所記。先王之事，《周禮》所謂皆徵之者，使爲胥徒，給公家之事，如今之正衛耳。六十而不與服戎，胥徒事暇，坐息之間，多其五歲，又何大違之云？徒給公家之事，云非用民意耶？《王制》所云力政挽引築作之事，所謂服戎，謂從軍爲士卒。二者皆勞於胥徒，故早舍之。（《禮記》十三《王制》正義）	許，今；鄭，古。今是古非。
3	天號	今《尚書》歐陽説，春曰昊天，夏曰蒼天，秋曰旻天，冬曰上天，總爲皇天。（蒙案：《毛詩》正義無此四字）《爾雅》亦然。	古《尚書説》云，天有五號，各用所宜稱之，尊而君之，則曰皇天。元氣廣大，則稱昊天。仁覆愍下，則稱旻天。自上監下，則稱上天。據遠視之蒼蒼然，則稱蒼天。	許兩不從。古説進步。鄭從《爾雅》。
4	罍制。	《韓詩説》：金罍，大夫器也。天子以玉，諸侯大夫皆以金，士以梓。	《毛詩説》：金罍，酒器也，諸臣之所酢。人君以黄金飾，尊大一碩，金飾龜目，蓋刻爲雲雷之象。	許從古説，不從今説。古是今非。

續表

《五經異義》		今文	古文	許、鄭異同
5		今《韓詩說》，一升曰爵。爵，盡也，足也。二升曰觚。觚，寡也，飲當寡少。三升曰觶。觶，適也，飲當自適也。四升曰角。角，觸也，飲不能自適觸罪過也。五升曰散。散，訕也，飲不能自節，爲人所謗訕也。總名曰爵，其實曰觴。觴者，餉也。觚亦五升	古《周禮》說爵一升，觚二升，（〔蒙案〕二當爲三字之誤。）獻以爵，而酬以觚。一獻而三酬，則一豆矣。食一豆肉，飲一豆酒，中人之食。《毛詩》說觥大七升。謹案，《周禮》云一獻三酬當一豆。若觚二升，不滿一豆。又觥罰不過一，一飲而七升，爲過多。（《左傳》成十四年正義，引此下有當謂五升四字，當補。）	許從《周禮》，不從《毛》說。古同今說。
6		《公羊》說祭天無尸	左氏說晉祓夏郊，以董伯爲尸。《虞夏傳》云舜入唐郊，以丹朱爲尸。	許從左說。
7	類祭典	今《尚書》夏侯、歐陽說：類，祭天名也。以事類祭之奈何？天位在南方，就南郊祭之，是也。	古《尚書》說：非時祭天謂之類，言以事類告也，肆類於上帝，時舜攝，非常祭。許慎謹案：《周禮》郊天無言，類者知類，非常祭。從古《尚書》說。《五經異義》曰：夏至，天子親祓方澤。侍中騎都尉賈逵說曰：魯無圜丘方澤之祭者，周兼用六代禮樂，魯用四代，其祭天之禮亦宜損於周，故二至之日不祭天地也。	許從古。古是今非。
8		《春秋公羊》說：禮郊及日，皆不卜，常以正月上丁也；魯於天子並事變禮，今成王命魯使卜，從乃郊，不從即已，下天子也；魯以上辛郊，不敢與天子同也。	孟春正月，乘大路，祓帝於郊；又云魯用孟春建子之月，則與天子不同，明矣；魯數失禮，牲數有災，不吉，則改卜后月。（《禮記》二《曲禮上》正義）	古非今是。
9			古《詩》毛說以龍旗承祓爲郊祓。	
10		今《尚書》歐陽、夏侯說：六宗者，上不及天，下不及地，旁不及四方，居中央，恍惚無有神助陰陽變化。	古《尚書》說：六宗，天地神之尊者，謂天宗三，地宗三；天宗日月星辰，地宗岱山河海日月。	許從古。古似進步。鄭自有說。

續表

	《五經異義》	今 文	古 文	許、鄭異同
11		今《孝經説》曰：社者，土地之主；土地廣博，不可遍敬，封五主以爲社。	古左氏説共工氏有子曰句龍，爲后土；后土爲社。	許古鄭今。今是古非。
12		今《孝經説》：稷者，五穀之長，穀衆多，不可遍敬，故立稷而祭之。	古左氏説：列山氏之子曰柱，死，祀以爲稷；稷是田正，周棄亦爲稷	今是古非
13		謹案：《叔孫通》宗廟有日祭之禮，知古而然也。	古《春秋左氏》説：古者，先王日祭於祖考，月薦於曾高，時享及二祧，歲禱於壇，禘及郊，宗石室。	許古
14		今《春秋公羊》説，宗廟筮而不卜，傳曰禘祫不卜。	古《周禮》説：《大宗伯》曰，凡祀大神，享大鬼，祭大祇，率執事而卜。	許從古，鄭無駁。
15			左氏説，凡君薨，祔而作主，特祀主於寢，畢三時之祭：期年然後烝嘗禘於廟。	左氏説與《禮》同，鄭無駁。
16		《詩》魯説：丞相匡衡以爲殷中宗、周成宣王皆以時毀。	古文《尚書》説，經稱中宗，明其廟宗而不毀。謹案：《春秋公羊》御史大夫貢禹説，王者宗有德，廟不毀；宗而復毀，非尊德之義。	許從實古。
17		《禮》戴引此。《郊特牲》云，諸侯不敢祖天子，大夫不敢祖諸侯。又匡衡説，支庶不敢薦其禰，下土諸侯不敢專祖於王。	古《春秋左氏》説，天子之子，以上德爲諸侯者，得禰所自出。魯以周公之故，立文王廟。《左氏傳》宋祖帝乙，鄭祖厲王，猶上祖也。	許從古，鄭無駁。
18		今《春秋公羊》説，祭有主者，孝子之主繫心，夏后氏以松，殷人以柏，周人以栗。	《周禮》説，虞主用桑，練主以栗，無夏后氏以松爲主之事。	
19		《公羊》説，卿大夫非有土之君，不得祫享昭穆，故無主；大夫束帛依神；士結茅爲蕆。	《春秋左氏傳》曰：衛孔悝反祏於西圃。祏，石主也，言大夫以石爲主。	許從古説，鄭依《儀禮》。

續表

	《五經異義》	今 文	古 文	許、鄭異同
20		戴《禮》及《公羊》説，虞主埋於壁，兩楹之間。一説，埋之於廟北廊下。	《春秋左氏傳》曰徙主祐於周廟，言宗廟有郊宗石室，所以藏栗主也。虞主所藏，無明文也。	
21		《公羊》説虞而作主。	古《春秋左氏》説既葬反虞……既虞，然後祔死者於先死者；祔而作主，謂桑主也。	許從古説，與《禮記》同。
22			《左氏》説脤社祭之肉，盛之以蜃。宗廟之肉，名曰膰。	
23		《公羊》董仲舒説，躋僖公，逆祀，小惡也；	《左氏》説爲大惡也。	許從古説，今是。
24	告朔朝廟	《公羊》説每月告朔朝廟，至於閏月不以朝者，閏月殘聚余分之月，無正，故不以朝。經書閏月猶朝廟，譏之。	古《春秋左氏》説，閏以正時，時以作事，事以厚生，生民之道於是乎在；不告閏朔，棄時政也，棄時政則不知其所行。	許從古説；鄭駁朝廟告朔之異，從今。
25	竈神	今《禮》戴説引此燔柴盆瓶之事。……竈者，老婦之祭。	古《周禮》説，顓頊氏有子曰黎，爲祝融，禩以爲竈神。	
26	明堂制	今《禮》戴説，《禮盛德記》曰：明堂自古有之，凡有九室，室有四户八牖，三十六户七十二牖，以茅蓋屋，上圓下方，所以朝諸侯。其外有水，名曰辟雍明堂。	古《周禮》《孝經》説：明堂，文王之廟；夏后氏世室，殷人重屋，周人明堂，東西九筵，筵九尺，南北七筵，堂崇一筵，五室，凡室二筵，蓋之以茅。	
27		《公羊》説天子三臺，諸侯二。天子有靈臺以觀天文，有時臺以觀四時施化，有囿臺，觀鳥獸魚鱉。諸侯當有時臺、囿臺。諸侯卑，不得觀天文，無靈臺。皆在國之東南二十五里。東南少陽用事，萬物着見；用二十五里者，吉行五十里，朝行暮反也。《韓詩》説辟雍者，天子之學，圓如璧，壅之以水示圓；言辟，取辟有德；不言辟水言辟雍者，取其雍和也，所以教天下春射秋饗，尊事三老五更；在南方七里之內，立明堂於中，五經之文所藏處，蓋以茅葦，取其潔清也。	《左氏》説：天子靈臺在太廟之中，壅之靈沼，謂之辟雍；諸侯有觀臺，亦在廟中，皆以望嘉祥也。《毛詩》説靈臺不足以監視；靈者，精也，神之精明稱靈，故稍臺曰靈臺，稱囿曰靈囿，稱沼曰靈沼。	許云：《公羊傳》《左氏》説，皆無明文。

續表

	《五經異義》	今 文	古 文	許、鄭異同
28		《公羊》說：諸侯比年一小聘，三年一大聘，五年一朝天子。	《左氏》說：十二年之間，八聘，四朝，再會，一盟。	許云：《公羊》說虞夏制，《左氏》說《周禮》。
29	朝名	《公羊》說，諸侯四時見天子及相聘，皆曰朝，以朝時行禮；卒而相逢於路，曰遇。	古《周禮》說春曰朝，夏曰宗，秋曰覲，冬曰遇。	
30	天子聘諸侯	《公羊》說：天子無下聘義。	《周禮》說：間問以諭諸侯之志。	許從古說。
31	禮約盟不	今《春秋公羊》說古者不盟，結言而退。故《穀梁傳》云誥誓不及五帝，盟詛不及三王，交質子不及二伯，詛（〔蒙案〕詛，舊作且訛。）盟非禮。	古《春秋左氏》云周禮，有司盟之官，殺牲歃血，所以盟事神明。又云凡國有疑盟，詛其不信者。是知於禮得盟。	許從《左氏》。
32	盟牲所用	《韓詩》云：天子諸侯以牛豕，大夫以犬，庶人以鷄。	《毛詩》說：君以豕，臣以犬，民以鷄。《左傳》云鄭伯使卒出豭，行出犬鷄，以詛射潁考叔者。	許古鄭今。
33		《公羊》說曰：師出曰祠，兵入曰振旅。祠者，祠五兵，矛戟劍楯弓鼓及祠蚩尤之造兵者。	《左氏》說：治兵爲授兵於廟。	許從古說，鄭俱不從。
34		今《禮》戴說：男子陽也，成於陰，故二十而冠。	古《尚書》說云武王崩時，成王年十三，後一年管蔡作亂，周公東辟之，王與大夫盡弁，以開《金縢》之書。時成王年十四，言弁，明知已冠矣。	
35	周公冠記無樂	《春秋傳》說：君冠必以金石之樂節之。		
36	諸侯娶同姓	今《春秋公羊》說：魯昭公娶於吳，爲同姓也，謂之吳孟子。	《春秋左氏》說，孟子非小君也，不成其喪，不當譏。	
37		《禮》戴說：天子親迎。《春秋公羊》說：自天子至庶人娶，皆親迎。	《左氏》說：天子至尊無敵，故無親迎之禮。	
38	人君年幾而娶	今大戴《禮》說：男子三十而娶，女子二十而嫁，天子已下及庶人同禮。	《左氏》說：人君十五生子，禮三十而娶，庶人禮也。	

續表

	《五經異義》	今　文	古　文	許、鄭異同
39		《公羊》説：殷三千諸侯，周千八百諸侯。	古《春秋左氏傳》説：禹會諸侯於塗山，執玉帛者萬國。唐虞之地萬里，容百里地萬國，其侯伯七十里，子男五十里，餘爲天子閒田。	
40		今《尚書》歐陽、夏侯説：中國方五千里。	古《尚書》説：五服方五千里，相距萬里。	許從古説。
41		《公羊》説：存二王之後，所以通天，三統之義。《禮·郊特牲》云：天子存二代之後，猶尊賢也。尊賢不過二代。	古《春秋左氏》説：周家封夏殷二王之後以爲上公，封黄帝堯舜之後謂之三恪。	許不從《左氏》説。
42	朝宿之邑，湯沐之邑	《公羊》説：諸侯朝天子，天子之郊，皆有朝宿之邑，從泰山之下，皆有湯沐之邑。	《左氏》説：諸侯有功德於王室，京師有朝宿之邑，泰山有湯沐之邑。魯周公之後，鄭宣王母弟，此皆有湯沐邑，其餘則否。	
43	刑不上大夫	戴説：刑不上大夫。	古《周禮》説：士尸肆諸市，大夫尸肆諸朝，是大夫有刑。	許古，鄭今。
44		夏侯、歐陽説：云墨罰疑赦、其罰百率，古以六兩爲率。	古《尚書》説：百鍰，鍰者率也，一率十一銖二十五分銖之十三也，百鍰爲三斤。	
45		今《論語》説鄭國之爲俗，有溱洧之水，男女聚會，謳歌相感，故云鄭聲淫。	《左氏》説煩手淫聲謂之鄭聲者，言煩手躑躅之聲，使淫過矣。	
46		《公羊》説：樂萬舞以鴻羽，取其勁輕，一舉千里。	《毛詩》説：萬以翟羽……《爾雅》説：翟，鳥名，雉屬也；知翟，羽舞也。	
47		《公羊》説：譏二名，謂二字作名，若魏曼多也。	《左氏》説：二名者，楚公子棄疾弒其君，即位之後，改爲熊居，是爲二名。	許從《左氏》。
48		今《禮》戴、《尚書》歐陽説：云九族乃異姓有屬者。	古《尚書》説：九族者，從高祖至玄孫，凡九，皆同姓。	許今鄭古。
49		《詩》齊魯韓、《春秋公羊》説：聖人皆無父，感天而生。	《左氏》説：聖人皆有父。	許古鄭今。
50	天子有爵不	《易》孟、京説：《易》，有君人五號：帝，天稱，一也；王，美稱，二也；天子，爵號，三也；大君者，興盛行異，四也；大人者，聖人德備，五也。是天子有爵。	古《周禮》説：天子無爵，同號於天，何爵之有？	許古鄭今。

續表

	《五經異義》	今 文	古 文	許、鄭異同
51		今《尚書》夏侯、歐陽説：天子三公，一曰司徒，二曰司馬，三曰司空；九卿，二十七大夫，八十一元士，凡百二十。在天爲星辰，在地爲山川。	古《周禮》説：天子立三公，曰太師、太傅、太保，無官屬，與王同職，故曰坐而論道，謂之三公，又立三少，以爲之副，曰少師、少傅、少保，是爲三孤；冢宰、司徒、宗伯、司馬、司寇、司空，是爲六卿之屬；大夫士庶人在官者，凡萬二千。	許從古説，云：五帝三王不同物。
52		《春秋》公羊、穀梁説：王使榮叔錫魯桓命，追錫死者，非禮也。	《春秋左氏》譏其錫篡弑之君，無譏錫死者之文也。	許從古説。
53	天子駕數	《易》孟、京，《春秋公羊》説：天子駕六。	《毛詩》説：天子至大夫同駕四，士駕二。	許從今説。
54		禮《王度記》曰，天子駕六，諸侯與卿同駕四，大夫駕三，士駕二，庶人駕一。説與《易》《春秋》同。	《周禮》説五玉摯，自公卿以下，執禽。	
55		《禮》戴説：在衡爲鸞，在軾爲和（《大戴禮記・保傅》）。	《毛傳》説：在軾曰和，在鑣曰鸞。	許從古説。
56	卿得世不	《公羊》《穀梁》説：卿大夫世，則權並一姓，妨塞賢路，事（案，當作專，寫誤。）政犯君，故經譏周尹氏、齊崔氏也。	《左氏》説：卿大夫得世禄，不得世位，父爲大夫死，子得食其故采，而有賢才，則復升父故位。	許從古説，鄭同。
57		《公羊》説：諸侯不純臣。	《左氏》説：諸侯者，天子藩衛純臣。	
58		《公羊》説：云質家立世子弟，文家立世子子，而《春秋》從質，故得立其弟。		
59	未踰年之君，立廟不	《春秋公羊》説：云未踰年君，有子則書葬立廟，無子則不書葬，恩無所録也。	《左氏》説：云臣之奉君，悉心盡恩，不得緣君父有子則爲立廟，無子則廢也。	
60	諸侯未踰年，出朝會與不出會何稱	《春秋公羊》説：云諸侯未踰年，不出境，在國中稱子，以王事出亦稱子，非王事而出會同，安父位不稱子。	《左氏》説：諸侯未踰年，在國內稱子，以王事出則稱爵，詘於王事，不敢伸其私恩，	

續表

	《五經異義》	今 文	古 文	許、鄭異同
61	未踰年之君繫父不	《公羊》說云：未踰年之君皆繫於父，晉里克殺其君之子奚齊，是也。	《左氏》說：未踰年之君，未葬繫於父，殺奚齊於次，時父未葬，雖未踰年稱子；成爲君，不繫於父。	
62	妾母之子爲君，得尊其母爲夫人不	《春秋公羊》說：妾子立爲君，母得稱夫人，故上堂稱妾屈於嫡，下堂稱夫人尊行國家，則士庶起，爲人君母，亦不得稱夫人。	《穀梁》說：魯僖公立妾母成風爲夫人，入宗廟，是子而爵母也，以妾爲妻，非禮也。古《春秋左氏》說：成風得立爲夫人，母以子貴，禮也。	許從《公》《左》。
63	諸侯有妾母喪，得出朝會不	《春秋公羊》說：妾子爲諸侯，不敢以妾母之喪，廢事天子大國。出朝會，禮也。	《左氏》說：云妾子爲君，當尊其母，有三年之喪，而出朝會，非禮也。	許古鄭今。
64		《公羊》說：天王喪，赴者至，諸侯哭，雖有父母之喪，越紼而行事，葬畢乃還。	《左氏》說：王喪，赴者至，諸侯既哭，問故，遂服斬衰，使上卿弔上卿，會葬。	許從古，鄭從今。
65	諸侯自相奔喪	《禮》《公羊》說：遣大夫弔，君會其葬。	《左氏》說：諸侯之喪，士弔，大夫會葬	許古，鄭同。
66	諸侯夫人喪	《公羊》說卿弔，君自會葬。	《左氏》說：諸侯夫人喪，士弔，士會葬；文、襄之霸，士弔，大夫會葬。	許古鄭今。
67		今《春秋公羊》說諸侯曰薨，赴於鄰國，亦當稱薨。經書諸侯言卒者，《春秋》之文，王魯，故稱卒以下魯。	古《春秋左氏》說：諸侯薨，赴於鄰國，稱名，則書名稱卒。卒者，終也，取其終身，又以尊不出其國。	許古鄭今
68		《公羊》說：臣子先死，君父猶名之。	《左氏》說：既沒，稱字而不名。	許古，鄭同。
69		《公羊》說：雨不克葬。	《穀梁》說：葬既有日，不爲雨止。《左氏》說：卜葬，先遠日。	許同《公》《左》
70		《公羊》說：國滅君死，正也。故《禮》云君死社稷，無去國之義。	《左氏》說昔太王居豳，狄人攻之，乃踰梁山，邑於岐山，故知有去國之義也。	許從今說。
71		《公羊》說：復百世之仇。	古《周禮》說：復仇可盡五世之內。	
72	凡君非理殺臣	《公羊》說：子可復仇，故子胥伐楚春秋賢之。	《左氏》說：君命天也，是不可復仇。	許古鄭今。
73	衛輒拒父	《公羊》以爲孝子不以父命辭王父之命，許拒其父。	《左氏》以爲：子而拒父，悖德逆倫，大惡也。	許古鄭今。

續表

	《五經異義》	今文	古文	許、鄭異同
74		妻甲，夫乙毆母，甲見乙毆母而殺乙。《公羊》說甲爲姑討夫，猶武王爲天誅紂。	鄭駁之云，乙雖不孝，但毆之耳，殺之太甚。凡在官者未得殺之，殺之士官也。（《禮記》十《檀弓》下正義）	鄭不從此。
75		戴《禮》及《韓詩》說：八尺爲板，五板爲堵，五堵爲雉；板廣二尺，積高五板爲一丈；五堵爲雉，雉長四丈。	古《周禮》及《左氏》說：一丈爲板，板廣二尺，五板爲堵，一堵之墻長丈高丈；三堵爲雉，一雉之墻，長三丈高一丈。以度其長者用其長，以度其高者用其高也。	
76		《今文尚書》歐陽說：肝，木也；心，火也；脾，土也；肺，金也；腎，水也。	古《尚書》說：脾，木也；肺，火也；心，土也；肝，金也；腎，水也。	許古鄭今，今是古非。
77		《公羊》說：哀十四年獲麟，此受命之瑞，周亡失天下之異。	《左氏》說：麟是中央軒轅大角獸，孔子備（案備當爲作字之誤）《春秋》者，禮修以致其子，故麟來，爲孔子瑞。	許古鄭今，今是古非。
78		《公羊》說：麟，木精。	《左氏》說：麟，中央軒轅大角之獸。陳欽說：麟是西方毛蟲。	許古。
79		今《詩》韓、魯說：騶虞，天子掌鳥獸官。	古《毛詩》說：騶虞，義獸，白虎，黑文，食自死之肉，不食生物；人君有至信之德，則應之。《周南》終《麟趾》，《召南》終《騶虞》，俱稱嗟嘆之，是麟與騶虞皆獸名。	許古。
80		《公羊》以爲，鸛鵒，夷狄之鳥，穴居，今來至魯，之中國，巢居，此權臣欲自下居上之象。《穀梁》亦以爲夷狄之鳥來中國，義與《公羊》同。	《左氏》以爲，鸛鵒來巢，書所無也。	許今，鄭變從今。
81		今《易》京氏說：臣動養君，其義，理也。必望利下，弗養以道，厥妖，國有被髮於野祭者。		
82			《穀梁》說云：隕石於宋五，象宋公德劣，國小，陰類也，而欲行霸道，是陰而欲陽行也；其隕，將拘執之象也，是宋公欲以諸侯行天子道也。	
83		《公羊》說：后夫人之家，專權擅世，秉持國政，蠱食百姓，則蟲飛反墜。		

本表所列共有八十餘例，兩兩對照，今古文說各不相同，極為顯明。我們由這八十餘例中分析看來，可以見出：（一）古說所反映之時代；（二）古說是而今說非者；（三）古說似是而實非者；（四）古說之不及今說者；（五）古說之自相違異者；（六）許、鄭之懷疑於古文許多有趣的事例。這些都可以幫助我們檢定今古說之真偽與是非。下分項討論之：

二 附 說

（一）古說所反映之時代

在上列八十餘例中，我們對於今古異同最易察覺出來的有兩點：一是古文說所表示的疆域較大。如表（38）（39）所云，諸侯多寡，方化千里。《公羊》所說："殷三千諸侯，周千八百諸侯。"據《逸周書·殷祝解》："湯放桀，而復薄，三千諸侯大會"，及《尚書大傳·洛誥傳》："天下諸侯之悉來進受命于周，退見文武尸者，千七百七十三諸侯"，看來並非無根之談。《左氏》說在許慎"謹案"引《易》曰"萬國咸寧"，《書》曰"協和萬邦"來看，也並非毫無依據。不過"萬"表虛數，不是實有萬國。古文以為真有萬國，則殊錯謬。鄭玄駁云："諸侯多少，異世不同，萬國者謂唐虞之制也"；"周公制禮之後，準王制千七百七十三國而言，周千八百者舉其全數"。這種調和之論，實在講來，較之《王制》的一七七三國比較近真。古說的"八州凡九千六百國，其餘四百國在圻內"（《尚書皋陶》疏引鄭玄），足足一萬，實為理想制度，自然進化之跡決不如此。古文家從漢時疆域看來，以為古來地域真足"五服方五千里，相距萬里"，許慎謹案："以今漢地考之，自黑水至東海，衡山之陽至於朔方，經略萬里。"對此，"鄭玄無駁"。他們實以為中國版圖之大，可以容納萬國，故以為五服實方五千里，相距萬里。鄭玄《王制注》云："《春秋傳》云：'禹會諸侯於塗山，執玉帛者萬國。言執玉帛者，則是唯謂中國耳；中國而言萬國，則是諸侯之地有方百里，有方七十里，有方五十里，禹承堯、舜而然矣。要服之地，內方七千里乃能容之。夏末既衰，夷狄內侵，諸侯相并，土地減，國數少。殷湯承之，更制中國方三千里之界，亦分為九州，而建此千七百七十三國焉。周公復唐虞之舊域，分其五服為九，其要服之內亦方七千里，而因殷諸侯之數，廣其土，增其爵耳。《孝經》說曰：周千八百諸侯布列五千里內，此文改周之法，關盛衰之中，三七之間以為說也。終此說之意，五五二十五，方千里者二十五，其一為畿內，餘二十四州，各有方千里者三，其餘諸侯之地，大小則未得而聞。"鄭玄明知"中國而言萬國"，則須"要服之地，内方七千里乃能容之"，乃造爲"夏末既衰""殷湯承之，更制中國方三千里之界"；及"周公復唐虞之舊域""而因殷諸侯之數，廣其土，增其爵"。他這種論調，實忘了《禹貢》的疆域，並無"要服之内亦方七千里"的痕跡，而"周公復唐虞之舊域"歷史更無記載。周初分五服爲九服，並非實有其事。古經所說是虛數的，是理想的，那是古經欲改今制以合漢家天下。古文學者見漢疆域之擴大，以爲這是真的如此，不知其實悖謬於史乘也。

古經古說所想象的疆域比今經今說較大，故古經所主張之官職多於今經，如三公九卿、二十七大夫、八十一元士，今文以爲只有百二十官職。古文家這樣以三倍遞進的規定，固然是符合集權制度下擴充官職以加強統治需要的趨勢，但其實也是爲更便於進入仕途製造了理論根據。他們按《周禮》理想制度，改變三公三孤六卿，凡萬二千的人數，則屬晚出，而似比今說合乎實用，故合於漢後儒者的想法。不過今文以司徒、司馬、司空爲三公，較合於古，《周禮》說的則無依據。同樣，卿不得世，是《春秋》的理想制度，而《左氏》說卿大夫得世禄，不得世位。這種世禄如官職過多，也頗難維持，非疆域較大不可。《左氏》說十二年之間八聘四朝再會一盟，及《周禮》說"春朝夏宗秋覲冬遇"，也正是因爲古經所云疆域較大，交通較便，人事較繁，往復較頻，因而改訂的制度。古《周禮》十二年一巡狩，今《王制》五年一巡，反將巡狩期間延長的原因，則一由於疆域較大，事務較繁，帝王能夠外出的時間有限，且天子至尊，故天子不能常外出而諸侯朝聘時則增多。其實十二年巡狩之說與表（28）（29）所云是站在同一立場而假定的，鄭玄對於朝聘朝名，於《左氏》《周禮》之說並極懷疑，不知這些制度本有的是理想的，並不是那一代的禮。

同時，因爲疆域大，故田稅制不同表（1）田稅，今《春秋公羊》說"十一而稅"，我們無論《公羊》說是否爲理想制度，但在《孟子》中有，是比較有據的；《周禮》分爲"園廛二十而一，近郊十一，遠郊二十而三，甸稍縣都皆無過十二，唯其漆林之徵，二十有五"（《周禮·地官司徒·載師》）等，比較詳細，實爲後出轉精之說。許慎案："漢制收租，田有上、中、下，與《周禮》同義。"《周禮》這種制度，是因秦漢社會立說，此極爲明顯。鄭玄駁云"玄之聞也，《周禮》制稅法，輕近而重遠者，爲民城道溝渠之役，近者勞，遠者逸故也。其授民田，家所養者多，與之美田；其所養者少，則與之薄田，其調均之而是，故可爲常法。漢無授田之法，富者貴美且多，貧者賤薄且少，美薄之收不通相倍蓰，而非上中下也，與《周禮》同義，未之思也。又《周禮》六篇，無云軍旅之歲，一井九夫百畝之稅，出禾芻秉釜米之事，何以得此言乎？"（《周禮注疏·卷十三》下）這里鄭玄駁許慎説，可以看出古説之是，但其所以是者，不在其合於古代社會，而在其合於漢之社會，所以似是而實非。鄭云"《周禮》六篇無云軍旅之歲，一井九夫百畝之税，出禾芻秉釜米之事"，可見當日《周禮》學者還在努力制造不依經的創説。如（23）"躋僖公，逆祀"。《左氏》説以爲大惡，更尊君父；（36）"天子不親迎"，《左氏》説以爲天子至尊無敵；（49）"天子有爵不"，《周禮》説以爲"天子無爵，同號於天"；（56）"諸侯不純臣"《左氏》説："諸侯者，天子藩衛純臣"；（71）"凡君非理殺臣"，《左氏》説"君命天也，是不可復仇"；（72）"衛輒拒父"，《左氏》以爲"子而拒父，悖德逆倫，大惡也"。這些地方，對於君父比今文經都較尊崇，没有戰國時的"'趣前！'趣亦曰：'王前！'"、漢高時"群臣飲酒争功，醉或妄呼，拔劍擊柱"等君臣間那樣的没有規矩的現象，不像今文家那樣的隨便説"天下乃天下之天下""官爵乃天下之官爵"那樣重民輕君。古文經的解説，也顯見是去古較遠，受君主專制淫威較久而産生，或有意維護君主專制而産生的經説。我們知道，春秋時之華夏文化南不過洞庭湖，可見周初中國疆域尚未向南擴展。鄭玄則云："周公復唐虞之舊域，分其五服爲九"（《禮記注疏》卷十一），他這是忽然一想就想到周公復唐虞之舊域，然而是武功呢，還是德化呢？他並不問事實，而即云然。殊不知周昭王南征不返，還只是漢水流域，並没有到衡山。西漢人所説周公時代的疆域，也不過只《禹貢》所及；春秋時期中原政權所治並没有自黑水至東海、衡山之陽至於朔方，並不如古文家所説。同時，對於帝王，如眭弘謂"雖有繼體守文之君，不害聖人之受命"；蓋寬饒謂："不得其人，則不居其位"；京房云："陛下視今爲治邪，亂邪？"谷永云："陛下輕奪民財，不愛民力"；等等。那樣的不忌諱，顯見殘留着先秦時期君臣間關係的風氣，對於君主的錯誤敢於直言批評也極明顯。這兩點在古文經説都只合於時而不合於古，尤其是疆域等制度，明見經文，足見經文之晚出。這是《周禮》在近人多以爲六國末所作之重要原因。而就種種制度看來，實是武、宣以後之作，且頗有劉歆所作的嫌疑。這在前篇已説明了。

（二）古説是而今説非者

例如（3）"天號"，今説"春曰昊天，夏曰蒼天，秋曰旻天，冬曰上天，總爲皇天"，將昊天、蒼天、旻天、上天分配在四時，其實不如古説之各用所宜稱之。所以許慎"謹案：'《尚書》堯命羲和，欽若昊天，總敕四時，知昊天不獨春。《春秋左氏》曰：夏四月己丑，孔子卒，稱旻天不弔，時非秋天。'"今説再有理由，實不及古説之圓融而有根據。再如（4）"罍制"亦然，《韓詩》説"金罍，大夫器也。天子以玉，諸侯大夫皆以金，士以梓"，似乎是有等級的制度；但是此説既不如《毛詩》説"金罍，酒器也"之圓融，而且正如許慎"謹案：'天子以玉，經無明文。'"《韓詩》説不如《毛詩》實在很明顯。再如（7）"類祭"、（10）"六宗"的解釋，古文説都比今文説進步。今文説以事類祭的解釋雖能講通，但以類爲祭天，不如古説之非時祭天來得準確。"六宗"的解釋，歐陽、大小夏侯説的真若恍兮惚兮，賈逵等説的"天宗三，地宗三"，比較進步多了。他如（30），《公羊》説"天子無下聘義"，實不及《周禮》説"間問以諭諸侯之志"，因爲有"下聘"確實合情理些。許慎"謹案：《禮》，'臣疾，君親問之。'"斷定"天子有下聘之義"。據《春秋》來看，亦實當如此。孔廣林曰："《春秋》王使宰，周公聘於魯。經無貶詞"（陳壽祺《五經疑義疏證》引）。可見古説依據"諸侯不純臣"之義，不惟合情理，而且有根據。再如（42）"刑不上大夫"，今説終是理想制度，許慎"謹案：'《易》曰：鼎折足，覆公餗，其刑渥凶'，無刑不上大夫之事。"其實我們從《春秋》看來，列國諸侯殺大夫之事正多，古《周禮》説"肆諸市""肆諸朝"，是否有據且不論，但大夫有刑，史載良多，確是不錯的。再如（41）"朝宿之邑""湯沐之邑"，古文説也較合理。許慎"謹案：'京師之地皆有朝宿邑，周千八百諸侯，京師地不能容之，不合事理之宜。'"是符合史實的。（51）"追錫之事"。依《公羊》説，追錫死者非禮。但《左氏》説，追魯桓公命桓爲簒弑之君，不當追錫尤明。《公羊》説雖不誤，而《左氏》説據孔廣林云："其生有勛力於王室者，死更追錫之，若後世哀策，在古則高圉亞圉死爲追命矣。於禮無乖，當從《左氏》。"（陳壽祺《五經疑義疏證》引）並非不合於理。這些地方是古文説確比較爲合理的，而且有依據的解釋，以上所舉的八例，古説在許多地方實比今説進步，其進步爲有依據且合情理。今文説所云，有一些無根據不合理的地方，實在需要古文經傳出而爲之糾正。真僞是一問題，是非則又是另一問題。

（三）古説之似是而非者

由異義中比較今古文説，我們又可以察覺古説有許多似是而非的地方。例如：表（40）之"三恪"，許慎"謹案云：治《魯詩》丞相韋玄成，治《易》施犨，説引外傳曰：'三王之樂，可得聞觀乎？知王者所封三代而已。'不與《左氏》説同。"（44）"鄭聲淫"。許慎"謹案云：'鄭詩三十一篇，説婦人者十九，故鄭聲淫也。'"（47）之九族。許慎"謹案云：'《禮》緦麻以上服恩之所及,《禮》爲妻、父母有服,明在九族中,不得但施於同姓。'"此三者許氏均不從古説,鄭玄於"鄭聲淫"亦不從古説,可見古説是求進步改今説,而不知其似是而實非。(48)關於"感天而生",驟然看來今説真夠荒謬絶倫,許慎"案云:'《堯典》以親九族,即堯母慶都感赤龍而生堯',堯安得九族而親之禮。"讖云唐五廟,知不感天而生,這是很合理的批判,但是鄭玄執拗偏見,他根據《商頌》的"天命玄鳥,降而生商",提出聖人感生見於經之明文。神話當中可能的有感生之説,今説比較近古,故猶保存一些古時的説法。《左氏》説聖人皆有父,當然確合理得多,但也表明比今説晚出。表(59)《左氏》説"以王事出則稱爵",雖云出於王事,實似是而非,不如稱"子"。(62)"妾子尊母而不出朝會",似是而非,故鄭不從。(69)、(70)古《左氏》《周禮》説都不及《公羊》説之嚴正,故許、鄭於(69)從今文説。於(70),《公羊》云:"九世猶可以復讎乎?雖百世可也。"是就國體言,講君、國之讎;《周禮》説:"復讎可盡五世之内,五世之外,施之於己則無義,施之於彼則無罪。"也是求合理而談,然而並没有其合理性的依據,理由很勉强,仍是似是而非。但我們要注意,上舉八例有些古説本依經而立説如三恪、復讎等,都是經有明文,我們可見這些經文在《周禮》《左傳》中的,必定也如其解釋一樣比今文經晚出,爲着合理,爲着進步,古文家們要造出一些古文來與今文對抗。

(四)古説確不及今説者

例如(6)《公羊》説"祭天無尸",許慎引魯《郊禮》曰:"祝延帝尸,從左氏之説。"好像古説爲是。但這雖許、鄭用古説,而古實不及今。孔廣林説:"尸,神象也。天無象,何以尸爲?況丹朱之不肖耶?郊之有尸,配帝之尸耳。舜郊嚳,丹朱嚳孫,益知丹朱爲帝嚳之尸非天尸矣。《周禮》人祝大禘禩逆尸即配尸也,或援以證上帝有尸,誤。"(同上引)許、鄭雖用古説,但這古説尚有商量餘地。又關於(10)"六宗"的,在許、鄭異同中又有涉及三望四望之地方。許慎"案云:歐陽、夏侯説云:宗實一而有六,名實不相應。《春秋》魯郊祭三望,言郊天,日、月、星、河、海、岱,凡六宗"。這是《春秋》之三望指河、海、岱而言。據《漢書·郊禩志》:王莽引《周官》大合樂,禩四望,釋之曰四望,"蓋謂日、月、星、海也。"這是《周禮》中"四望"的解釋,與《春秋》不同的。"望"在《尚書》中明云"望於山川",鄭司農注《周官·大宗伯》云"四望,日月星海",與王莽説同。没有山在内,這顯然錯誤。《左氏》説則賈逵、服虔以爲"三望,野之分星,國之山川"(《左傳·僖公三十一年》注:"分野之星,國中山川,皆因郊禘,望而祭之。"),都是不合於《尚書》經"望於山川"的明文。我們可以比較,古説反不如今《公羊傳》所云"望祭,祭太山河海"。後來鄭玄以"海、岱、淮"爲三望,改變《公羊傳》説,但也並非無商量之餘地的。(11)(12) 古《左氏》説:"社稷都是人神",鄭駁許説以爲"社者,五土之總神;稷者,原隰之神"。鄭説與《白虎通》《孝經緯》相合,其實鄭駁許氏《異義》頗用《周禮》"大司徒五地之物""宗伯以血祭祭之社稷五祀五嶽",《大司樂》"五變而致介物及土示",斷定土示爲五土之總神,即謂社也。又據"六樂於五地無原隰而有土祇。則土祇與原隰同用樂也",引"《詩·信南山》云:'畇畇原隰',下云'黍稷彧彧',原隰生百穀,稷爲之長……然則稷者原隰之神。"《左傳·昭公二十九年》云:"共工氏有子曰句龍,爲后土"及"列山氏之子,曰柱,死祀,以爲稷",在鄭駁都不從。無論如何,《左傳》《周禮》必有一誤。但我們就鄭引各經來看,就蠻野社會來看,社稷的神不當是人神。《左氏》説不及如今文家説,《周禮》比《左氏》説較妥當些。(22) 太學所在地址,今説謂在南郊,古説謂在太廟。鄭駁之謂"《王制》與《詩》,其言察察,亦足以明之矣","《大雅·靈臺》一篇之詩,有靈臺,有靈囿,有靈沼,有辟雍。其如是也,則辟雍及三靈皆同處在郊矣"。此古説不如今説。(63) 古説不如今説,鄭駁均佳(説詳下方)。鄭氏直云"説《左氏》者""自違其傳"。可見古説之非。(75) 關於"五行",許慎"案云:《月令》'春祭脾,夏祭肺,季夏祭心,秋祭肝,冬祭腎',古《尚書》同"。鄭駁之云:"《月令》祭四時之位,乃其五藏之上下次之耳。冬位在後,而腎在下;夏位在前,而肺在上;春位小前,故祭先脾;秋位小却,故祭先肝。腎也,脾也,俱在鬲下。肺也,心也,肝也,俱在鬲上。祭者必三,故有先後焉,不得同五行之義。今醫病之法,以肝爲木,心爲火,脾爲土,肺爲金,腎爲水。則有瘳也,若反其術,不死爲劇。"(《説文解字注》"肉部,肺")我們只看以古文説,以古文説"不死爲劇",可見古説之確不如今説。

以上所舉八例,雖多屬古説,然如(11)(12)兩例,却牽涉經文,《左傳》那一段,與《周禮》不合,或係劉歆之流治古學者所竄入。這是古史上的一個問題,我們另行討論。

(五) 古説有自相違異者

在八十餘條《五經異義》中,我們更可以看出古説有些是無根之談,例如(13)的古《春秋左氏》之説,日祭之制實與祭法不合。據《禮記正義》

"祭法"説:"此經祖、禰月祭,《楚語》云'日祭祖禰',非鄭義,故《異義》駁鄭所不用"。孔廣林説:"記云:'虞而立尸,有几筵,卒哭而諱,生事畢而鬼事始已。'日祭祖考,漢之寢日上食也,是從人道事神明,不應禮制。"(陳壽祺《五經疑義疏證》引)《國語》與《祭法》説自相違異,二者必有一不合於古制。又(21)《毛詩》説:"盟牲所用,君以豕,臣以犬,民以雞。"在《周禮·夏官·戎右》"職云:'若盟,則以玉敦辟盟,遂役之,贊牛耳、桃茢。'"《左傳·哀公十七年》曰:"(孟)武伯問於高柴曰,諸侯盟,誰執牛耳?"《毛詩》説也有不合《周禮》《左氏》的地方。(32)"祠兵"。《左氏》説:"甲午治兵,為授兵於廟。"這在《周禮·大司馬》職説"仲夏教茇舍,仲秋教治兵"下云:"如戰之陣""仲冬教大閲,修戰法,虞人萊所田之野,乃為之"。"治兵"在《周禮》為習戰,與《左氏》説也不合。(34)"《禮·公冠記》:"冠時無樂。"《春秋傳》説:"君冠必以金石之樂節之。"兩説亦自相違異。孔廣林曰:"盧辯《公冠》注云:'成人代父始宜盡孝子之感,不可以歡樂。取之孔子曰娶婦之家三日不舉樂,思嗣親。'若然無樂是也。故《周禮》備詳樂事,獨不及冠樂。彼《春秋》之文,乃衰世變禮耳。"可見《春秋傳》又與《周禮》不相合。

從這所舉數例來看,古文也並非有定説。這自然是因作者不同,然亦可見出古説所代表的時世不同。

(六) 評鄭之懷疑古文説

在許慎《五經異義》、鄭《駁五經異義》中,最有趣味的是我們由他們的駁難中,看出他們也對於古經傳説的不滿。例如(26)明堂制度。許慎説:"今《禮》、古《禮》,各以其義説,無明文以知之。"鄭玄云:"《禮》戴所云,雖出《盛德記》,及其下,顯與本章異。九室,三十六户,七十二牖,似秦相呂不韋作春秋時説者,所益非古制也。"這是許、鄭對於今古説不滿之一,《盛德記》是古文,並非真大戴書。(28)朝聘制度。許慎以為"《公羊》説,虞夏制;《左氏》説,《周禮》","三代不同物,明古今異説"。鄭玄駁云"三年聘,五年朝,文襄之霸制,《周禮·大行人》'諸侯,各以服數來朝,其諸侯歲聘間朝之屬'(按:《左傳·昭公十三年》云:歲聘以志業,間朝以講禮,再朝而會以示威,再會而盟以顯昭明),説無所出。晉文公強盛諸侯耳,非所謂三代異物也。"(29)關於朝名。鄭玄對於古《周禮》的朝宗覲遇頗不信任,他説:"此皆有似不為古者。案,《覲禮》云:'諸侯前朝皆受舍於朝',朝通名。又説朝通名也,秋之言覲。據時所用禮。"他不惟不從古《周禮》

説，而且説是"皆有似不爲古昔"。《王制》引《左傳・昭公十三年》孔疏云："賈逵、服虔自以爲朝天子之法，崔氏以朝霸主之法，鄭康成以爲不知何代之禮。"然則《周禮》不是周公所制之古禮了。（52）天子駕數。鄭玄駁云："《王度記》云：'今天子駕六者，自是漢法，與古異。大夫駕三，於經無以言之。'"（53）"五玉摯"。許慎云："禮不下庶人，工商又無朝儀，五經無説庶人工商有摯。"對於《周禮・大宗伯》"以禽作六摯，以等諸臣……庶人摯鶩，工商摯雞"也。鄭反駁直云："庶人工商又無朝儀，五經無説庶人工商有摯。"（《御覽》卷339）。對於《周禮》也夠不信任的了。（62）鄭玄駁《異義》云："喪服緦麻，庶子爲後，爲其母。此義自天子下至庶人同，不得三年……因是言妾子立，母卒得爲之三年，於禮爲通乎？"（63）鄭駁云："天子於諸侯無服，諸侯爲天子斬衰三年，尊卑有差。案魯夫人成風薨，王使榮叔歸含且賵，毛伯來會葬，傳曰禮也。襄王崩，叔孫得臣如周葬襄王。天子於魯，既含且賵，又會葬，爲得禮，則是魯於天子一大夫會，爲不得禮可知。"這兩條雖足駁《左氏》説，然亦可見其"師徒相傳並無其人"。（76）許慎"案云：'《禮運》云，麟、鳳、龜、龍，謂之四靈；龍，東方也；虎，西方也；鳳，南方也；龜，北方也；麟，中央也。'鄭玄駁云："古者聖賢言事，亦有效三者，取象天地人；四者，取象四時；五者，取象五行。今云麟、鳳、龜、龍，謂之四靈，則當四時，明矣。虎不在四靈中，空言西方虎者，則麟中央，得無近誣乎？"這一條也是駁《左氏》説，可見古説在許多地方真是"向壁虛造"，即治古文者亦對之有不滿之詞。

　　古文説之不可信，在章炳麟與吳承仕《論尚書今古書文》也説："若乃立説同異，古文家亦不盡有徵，非徒成周之制不可以説四代，經文簡質，行事不盡詳。古文師所説事狀，其果有根抵否也？《大傳》爲今文之祖，伏生生秦時，其言或有徵，顧古事異論，自周末諸子已然。伏生視諸師差前，於諸子則晚，其所記録，亦猶蒙恬述周公事矣。"章炳麟明説"伏生生秦時，其言或有徵""古文家亦不盡有徵"，他懷疑"古文師所説事狀，其果有根抵否也"。古文經説不如今文，不僅在説，實在於"經"不止《尚書》一經如是，即他經亦莫不如是。章炳麟尚如此説，可知今古文之真僞問題究竟如何了。

　　《詩》申公爲荀子再傳，《禮》之《王制》作於文帝之時，《易》之施、孟源出於田何，《春秋》之《公羊》其著竹帛，皆視古文諸師差前，其所論自不同古文諸師。之果否有根抵，則今文説自優於古文説，不過有些地方想改正今文説，覺得比較合理，而其實正如章炳麟所説："古文家不盡有徵"，即"成周之制不可以説四代"，則所謂周公制作之《周禮》，正如鄭玄所云："此皆有不似爲古昔者"。這是《周禮》之所以有疑義。章炳麟又説"治《左傳》的，漢末有服虔，只解'傳'不解經的，晉有杜預，兩家雖非大不同，其中却也有抵觸之處。原來漢人治《左氏》，多引《公羊》，並由《公羊》以釋經，自己違背的地方很多。杜預《春秋釋例》將漢人學説一一駁倒"（章炳麟《國學的派別》第一節《經學的派別》）。這可見東漢人攻擊《左氏》"師徒相傳又無其人"實在不誣。則《左傳》之有疑問亦甚明。漢代古文家如許、鄭，清代古文家如江聲、章炳麟，對於古文也無意流露出許多疑問，證明今文家言不誣。則經之今古文問題，關於何爲古本，何者真有傳授，可以迎刃而解。不過真僞是一問題，是非是又一問題，我們不能將其相混淆。

第六章

古文經學之流傳遷變

第一節　古文經學之傳授

在上章中，我們雖證明古文諸經其非真古本，但其立説頗有勝於今文者，所以我們主張真僞是一問題，是非是又一問題。古文諸經在兩《漢書》之《儒林傳》中，俱曾叙述其傳授，有的固屬依託，有的則是實事，現在我們也分經爲之叙述：

（一）《詩》

《漢書·儒林傳》云：

> 毛公，趙人也。治《詩》，爲河間獻王博士，授同國貫長卿。長卿授解延年。延年爲阿武令，授徐敖。敖授九江陳俠，爲王莽講學大夫。由是言《毛詩》者，本之徐敖。

《後漢書·儒林傳》云：

> 趙人毛萇傳《詩》，是爲《毛詩》，未得立……衛宏字敬仲，東海人也。少與河南鄭興俱好古學。初，九江謝曼卿善《毛詩》，乃爲其訓。宏從曼卿受學，因作《毛詩序》，善得《風》《雅》之旨，於今傳於世。後從大司空杜林更受古文《尚書》，爲作訓旨。時濟南徐巡師事宏，後從林受學，亦以儒顯，由是古學大興。光武以爲議郎。宏作《漢舊儀》四篇，以載西京雜事；又著賦、頌、誄七首，皆傳於世。中興後，鄭衆、賈逵傳《毛詩》，後馬融作《毛詩傳》，鄭玄作《毛詩箋》。"

（二）《書》

《漢書》云：

> 孔氏有古文《尚書》，孔安國以今文字讀之，因以起其家逸《書》，得十餘篇，蓋《尚書》兹多於是矣。遭巫蠱，未立於學官。

安國爲諫大夫，授都尉朝，而司馬遷亦從安國問故。遷書載《堯典》《禹貢》《洪範》《微子》《金縢》諸篇，多古文說……都尉朝授膠東庸生。庸生授清河胡常少子，以明《穀梁春秋》爲博士、部刺史，又傳《左氏》。常授虢徐敖。敖爲右扶風掾，又傳《毛詩》，授王璜、平陵涂惲子眞。子眞授河南桑欽君長。王莽時，諸學皆立。劉歆爲國師，璜、惲等皆貴顯。世所傳《百兩篇》者，出東萊張霸，分析合二十九篇以爲數十，又采《左氏傳》《書叙》爲作首尾，凡百二篇。篇或數簡，文意淺陋。成帝時，求其古文者，霸以能爲《百兩》徵，以中書校之，非是。霸辭受父，父有弟子尉氏樊並。時太中大夫平當、侍御史周敞，勸上存之。後樊並謀反，乃黜其書。

《後漢書》云：

又魯人孔安國傳《古文尚書》，授都尉朝，朝授膠東庸譚爲《尚書》古文學，未得立。……尹敏字幼季，南陽堵陽人也。少爲諸生。初習《歐陽尚書》，後受《古文》，兼善《毛詩》《穀梁》《左氏春秋》。建武二年，上疏陳《洪範》消災之術。時世祖方草創天下，未遑其事，命敏待詔公車，拜郎中，辟大司空府。

……與班彪親善，每相遇，輒日旰忘食，夜分不寢，自以爲鍾期、伯牙，莊周、惠施之相得也。後三遷長陵令。永平五年，詔書捕男子周慮。慮素有名稱，而善於敏，敏坐繫免官。及出，嘆曰："喑聾之徒，眞世之有道者也。何謂察察而遇斯患乎？"十一年，除郎中，遷諫議大夫。卒於家。周防字偉公，汝南汝陽人也。父揚，少孤微，常修逆旅，以供過客，而不受其報。防年十六，仕郡小吏。世祖巡狩汝南，召掾史試經，防尤能誦讀，拜爲守丞。防以未冠，謁去。師事徐州刺史蓋豫，受《古文尚書》。經明，舉孝廉，拜郎中。撰《尚書雜記》三十二篇，四十萬言。太尉張禹薦補博士，稍遷陳留太守，坐法免。年七十八，卒於家。子舉，自有傳。

孔僖，字仲和，魯國魯人也。自安國以下，世傳《古文尚書》、《毛詩》。曾祖父子建，少游長安，與崔篆友善。及篆仕王莽爲建新大尹，嘗勸子建仕。對曰："吾有布衣之心，子有袞冕之志，各從所好，不亦善乎！道既乖矣，請從此辭。"遂歸，終於家。僖與崔篆孫駰復相友善，同游太學，習《春秋》。……元和二年春，帝東巡狩，還過魯，幸闕里。以太牢祠孔子及七十二弟子，作六代之樂，大會孔氏男子二十以上者六十三人，命儒者講《論語》。僖因自陳謝。帝曰："今日之會，寧於卿宗有光榮乎？"對曰："臣聞明王聖主，莫不尊師貴道。今陛下親屈萬乘，辱臨敝里，此乃崇禮先師，增輝聖德。至於光榮，非所敢承。"帝大笑曰："非聖者子孫，焉有斯言乎！"遂拜僖郎中，賜襃成侯損及孔氏男女錢帛，詔僖從還京師，使校書東觀。冬，拜臨晉令，崔駰以《家林》筮之，謂爲不吉，止僖曰："子盍辭乎？"僖曰："學不爲人，仕不擇官，凶吉由己，而由卜乎？"在縣三年，卒官，遺令即葬。二子長彥、季彥，並十餘歲。蒲坂令許君然勸令反魯。對曰："今載柩而歸，則違父令；舍墓而去，心所不忍。"遂留華陰。長彥好章句學，季彥守其家業，門徒數百人。延光元年，河西大雨雹，大者如斗。安帝詔有道術之士極陳變眚，乃召季彥見於德陽殿，帝親問其故。對曰："此皆陰乘陽之徵也。今貴臣擅權，母后黨盛，陛下宜修聖德，慮此二者。"帝默然，左右皆惡之。舉孝廉，不就。三年，年四十七，終於家。初，平帝時王莽秉政，乃封孔子後孔均爲襃成侯，追謚孔子爲襃成宣尼。及莽敗，失國。建武十三年，世祖復封均子志爲襃成侯。志卒，子損嗣。永元四年，徙封襃亭侯。損卒，子曜嗣。曜卒，子完嗣。世世相傳，至獻帝初，國絕。

楊倫字仲理，陳留東昏人也。少爲諸生，師事司徒丁鴻，習《古文尚書》。爲郡文學掾。更歷數將，志乖於時，以不能人間事，遂去職，不復應州郡命。講授於大澤中，弟子至千餘人。元初中，郡禮請，三府並辟，公車徵，皆辭疾不就。後特徵博士，爲清河王傅。是歲，安帝崩，倫輒棄官奔喪，號泣闕下不絕聲。閻太后以其專擅去職，坐抵罪。順帝即位，詔免倫刑，遂留行喪於恭陵。服闋，徵拜侍中。是時邵陵令任嘉在職貪穢，因遷武威太守，後有司奏嘉臧罪千萬，徵考廷尉，其所牽染將相大臣百有餘人。倫乃上書曰："臣聞《春秋》誅惡及本，本誅則惡消；振裘持領，領正則毛理。今任嘉所坐狼藉，未受辜戮，猥以垢身，改典大郡，自非案坐舉者，無以禁絕奸萌。往者湖陸令張迭、蕭令駟賢、徐州刺史劉福等，豐穢既章，咸伏其誅，而豺狼之吏至今不絕者，豈非本舉之主不加之罪乎？昔齊威之霸，殺奸臣五人，並及舉者，以弭謗讟。當斷不斷，《黃石》所戒。夫聖王所以聽僮夫匹婦之言者，猶塵加嵩岱，霧集淮海，雖未有益，不爲損也。惟陛下留神省察。"奏御，有司以倫言切直，辭不遜順，下之。尚書奏倫探知密事，激以求直。坐不敬，結鬼薪。詔書以倫數進忠言，特原之，免歸田里。陽嘉二年，徵拜太中大夫。大將軍梁商以爲長史。諫諍不合，出補常山王傳，病不之官。詔書敕司隸催促發遣，倫乃留河內朝歌，以疾自上，曰："有留死一尺，無北行一寸。刎頸不易，九裂不恨。匹夫所執，強於三軍。固敢有辭。"帝乃下詔曰："倫出幽升高，寵以藩傳，稽留王命，擅止道路，託疾自從，苟肆狷志。"遂徵詣廷尉，有詔原罪。倫前後三徵，皆以直諫不合。既歸，閉門講授，自絕人事。公車復徵，遜遁不行，卒於家。中興，北海牟融習《大夏侯尚書》，東海王良習《小夏侯尚書》，沛國桓榮習《歐陽尚書》。榮世習相傳授，東京最盛。扶風杜林傳《古文尚書》，林同郡賈逵爲之作訓，馬融作傳，鄭玄注解，由是《古文尚書》遂顯於世。

(三)《禮》

《後漢書·儒林傳》：

《前書》魯高堂生，漢興傳《禮》十七篇。後瑕丘蕭奮以授同郡后蒼，蒼授梁人戴德及德兄子聖、沛人慶普。於是德爲《大戴禮》，聖爲《小戴禮》，普爲《慶氏禮》，三家皆立博士。孔安國所獻《禮》古經五十六篇及《周官經》六篇，前世傳其書，未有名家。中興已後，亦有《大戴》《小戴》博士，雖相傳不絕，然未有顯於儒林者。建武中，曹充習慶氏學，傳其子褒，遂撰《漢禮》……董鈞字文伯，犍爲資中人也。習《慶氏禮》。事大鴻臚王臨。元始中，舉明經，遷廩犧令。病去官。建武中，舉孝廉，辟司徒府。鈞博通古今，數言政事。永平初，爲博士。時草創五郊祭祀，及宗廟禮樂，威儀章服，輒令鈞參議，多見從用，當世稱爲通儒。累遷五官中郎將，常教授門生百餘人。後坐事左轉騎都尉。年七十餘，卒於家。中興，鄭衆傳《周官經》，後馬融作《周官傳》，授鄭玄，玄作《周官注》。玄本習《小戴禮》，後以古經校之，取其義長者，故爲鄭氏學。玄又注小戴所傳《禮記》四十九篇，通爲《三禮》焉。

(四)《易》

《漢書》云：

田何傳《易》授丁寬，丁寬授田王孫，王孫授沛人施讎、東海孟喜、琅邪梁丘賀，由是《易》有施、孟、梁丘之學。又東郡京房受《易》於梁國焦延壽，別爲京氏學。

　　費直字長翁，東萊人也，治《易》爲郎，至單父令。長於卦筮，亡章句，徒以《彖》《象》《繫辭》十篇文言解説《上下經》。琅邪王璜平中能傳之，璜又傳《古文尚書》。高相，沛人也。治《易》與費公同時，其學亦亡章句，專説陰陽災異，自言出於丁將軍。傳至相，相授子康及蘭陵毋將永。康以明《易》爲郎，永至豫章都尉。及王莽居攝，東郡太守翟誼謀舉兵誅莽，事未發，康候知東郡有兵，私語門人，門人上書言之。後數月，翟誼兵起，莽召問，對"受師高康，莽惡之，以爲惑衆，斬康。繇是《易》有高氏學。高、費皆未嘗立於學官。

《後漢書》云：

　　又有東萊費直，傳《易》，授琅邪王橫，爲費氏學。本以古字，號《古文易》。又沛人高相傳《易》，授子康及蘭陵毋將永，爲高氏學。施、孟、梁丘、京氏四家皆立博士，費、高二家未得立……建武中……陳元、鄭衆皆傳《費氏易》，其後馬融亦爲其傳。融授鄭玄，玄作《易注》，荀爽又作《易傳》，自是《費氏》興，而《京氏》遂衰。

(五)《春秋》

《漢書》云：

　　漢興，北平侯張蒼及梁大傅賈誼、京兆尹張敞、太中大夫劉公子皆修《春秋左氏傳》。誼爲《左氏傳》訓故，授趙人貫公，爲河間獻王博士，子長卿爲蕩陰令，授清河張禹長子。禹與蕭望之同時爲御史，數爲望之言《左氏》，望之善之，上書數以稱説。後望之爲太子太傅，薦禹於宣帝，徵禹待詔，未及問，會疾死。授尹更始，更始傳子咸及翟方進、胡常。常授黎陽賈護季君，哀帝時待詔爲郎。授蒼梧陳欽子佚，以《左氏》授王莽，至將軍。而劉歆從尹咸及翟方進受。由是言《左氏》者本之貫護、劉歆。

　　瑕丘江公受《穀梁春秋》及《詩》於魯申公，傳子至孫，爲博士。武帝時，江公與董仲舒並。仲舒通《五經》，能持論，善屬文。江公吶於口，上使與仲舒議，不如仲舒。而丞相公孫弘本爲《公羊》學，比輯其議，卒用董生。於是上因尊《公羊》家，詔太子受《公羊春秋》，由是《公羊》大興。太子既通，復私問《穀梁》而善之。

其後浸微。唯魯榮廣王孫、皓星公二人受焉。廣盡能傳其《詩》《春秋》，高材捷敏，與《公羊》大師眭孟等論，數困之。故好學者頗復受《穀梁》。沛蔡千秋少君、梁周慶幼君、丁姓子孫皆從廣受。千秋又事皓星公，為學最篤。宣帝即位，聞衛太子好《穀梁春秋》，以問丞相韋賢、長信少府夏侯勝及侍中樂陵侯史高，皆魯人也，言穀梁子本魯學，公羊氏乃齊學也，宜興《穀梁》。時千秋為郎，召見，與《公羊》家並說，上善《穀梁》說，擢千秋為諫大夫給事中，後有過，左遷平陵令。復求能為《穀梁》者，莫及千秋。上愍其學且絕，乃以千秋為郎中戶將，選郎十人從受。汝南尹更始翁君本自事千秋，能說矣，會千秋病死，徵江公孫為博士。劉向以故諫大夫通達待詔，受《穀梁》，欲令助之。江博士復死，乃徵周慶、丁姓待詔保宮，使卒授十人。自元康中始講，至甘露元年，積十餘歲，皆明習。乃召《五經》名儒太子太傅蕭望之等大議殿中，平《公羊》《穀梁》同異，各以經處是非。時《公羊》博士嚴彭祖、侍郎申挽、伊推、宋顯，《穀梁》議郎尹更始、待詔劉向、周慶、丁姓並論。《公羊》家多不見從，願請內侍郎許廣，使者亦並內《穀梁》家中郎王亥，各五人，議三十餘事。望之等十一人各以經誼對，多從《穀梁》。由是《穀梁》之學大盛。慶、姓皆為博士。姓至中山太傅，授楚申章昌曼君，為博士，至長沙太傅，徒眾尤盛。尹更始為諫大夫、長樂戶將，又受《左氏傳》，取其變理合者以為章句，傳子咸及翟方進、琅邪房鳳。咸至大司農，方進丞相，自有傳。

《後漢書》書云：

又瑕丘江公傳《穀梁春秋》，三家皆立博士。梁太傅貫誼為《春秋左氏傳訓詁》，授趙人貫公。丁恭字子然，山陽東緡人也。習《公羊嚴氏春秋》。恭學義精明，教授常數百人，州郡請召不應。建武初為諫議大夫博士，封關內侯。十一年，遷少府。諸生自遠方至者，著錄數千人，當世稱為大儒。太常樓望、侍中承宮、長水校尉樊鯈等皆受業於恭。二十年，拜侍中祭酒、騎都尉，與侍中劉昆俱在光武左右，每事諮訪焉。卒於官。

周澤字稺都，北海安丘人也。少習《公羊嚴氏春秋》，隱居教授，門徒常數百人。建武末，辟大司馬府，署議曹祭酒。數月，徵試博士。中元元年，遷黽池令。奉公克己，矜恤孤羸，吏人歸愛之。永平五年，遷右中郎將。十年，拜太常。澤果敢直言，數有據爭。後北地太守廖信坐貪穢下獄，沒入財產，顯宗以信贓物班諸廉吏，唯澤及光禄勳孫堪、大司農常沖特蒙賜焉。是時京師翕然，在位者咸自勉勵。

堪字子稺，河南緱氏人也。明經學，有志操，清白貞正，愛士大夫，然一毫未嘗取於人，以節介氣勇自行。王莽末，兵革並起，宗族老弱在營保間，堪常力戰陷敵，無所回避，數被創刃，宗族賴之，郡中咸服其義勇。建武中，仕郡縣。公正廉潔，奉禄不及妻子，皆以供賓客。及爲長吏，所在有迹，爲吏人所敬仰。喜分明去就。嘗爲縣令，謁府，趨步遲緩，門亭長譙堪御吏，堪便解印綬去，不之官。後復仕爲左馮翊，坐遇下促急，司隸校尉舉奏免官。數月，徵爲侍御史，再遷尚書令。永平十一年，拜光禄勳。堪清廉，果於從政，數有直言，多見納用。十八年，以病乞身，爲侍中騎都尉，卒於官。堪行類於澤，故京師號曰"二稺"。十二年，以澤行司徒事，如真。澤性簡，忽威儀，頗失宰相之望。數月，復爲太常。清潔循行，盡敬宗廟。常卧疾齋宮，其妻哀澤老病，窺問所苦。澤大怒，以妻干犯齋禁，遂收送詔獄謝罪。當世疑其脆激。時人爲之語曰："生世不諧，作太常妻，一歲三百六十日，三百五十九日齋。"十八年，拜侍中騎都尉。後數爲三老五更。建初中致仕，卒於家。

鍾興字次文，汝南汝陽人也。少從少府丁恭受《嚴氏春秋》。恭薦興學行高明，光武召見，問以經義，應對甚明。帝善之，拜郎中，稍遷左中郎將。詔令定《春秋》章句，去其複重，以授皇太子。又使宗室諸侯從興受章句。封關内侯。興自以無功，不敢受爵。帝曰："生教訓太子及諸王侯，非大功邪？"興曰："臣師於恭。"於是復封恭，而興遂固辭不受爵，卒於官。

甄宇字長文，北海安丘人也。清净少欲。習《嚴氏春秋》，教授常數百人。建武中，爲州從事，徵拜博士，稍遷太子少傅，卒於官。傳業子普，普傳子承。承尤篤學，未嘗視家事，講授常數百人。諸儒以承三世傳業，莫不歸服之。建初中，舉孝廉，卒於梁相。子孫傳學不絕。

樓望字次子，陳留雍丘人也。少習《嚴氏春秋》。操節清白，有稱鄉閭。建武中，趙節王栩聞其高名，遣使賷玉帛請以爲師，望不受。後仕郡功曹。永平初，爲侍中、越騎校尉，入講省内。十六年，遷大司農。十八年，代周澤爲太常。建初五年，坐事左轉太中大夫，後爲左中郎將。教授不倦，世稱儒宗，諸生著錄九千餘人。年八十，永元十二年，卒於官，門生會葬者數千人，儒家以爲榮。

程曾字秀升，豫章南昌人也。受業長安，習《嚴氏春秋》，積十餘年，還家講授。會稽顧奉等數百人常居門下。著書百餘篇，皆《五經》通難，又作《孟子章句》。建初三年，舉孝廉，遷海西令，卒於官。

張玄字君夏，河內河陽人也。少習《顏氏春秋》，兼通數家法。建武初，舉明經，補弘農文學，遷陳倉縣丞。清净無欲，專心經書，方其講問，乃不食終日。及有難者，輒爲張數家之説，令擇從所安。諸儒皆伏其多通，著錄千餘人。

玄初爲縣丞，嘗以職事對府，不知官曹處，吏白門下責之。時右扶風琅邪徐業，亦大儒也，聞玄諸生，試引見之，與語，大驚曰："今日相遭，真解矇矣！"遂請上堂，難問極日。後玄去官，舉孝廉，除爲郎。會《顏氏》博士缺，玄試策第一，拜爲博士。居數月，諸生上言玄兼説《嚴氏》《冥氏》，不宜專爲《顏氏》博士。光武且令還署，未及遷而卒。

李育字元春，扶風漆人也。少習《公羊春秋》。沉思專精，博覽書傳，知名太學，深爲同郡班固所重。固奏記薦育於驃騎將軍東平王蒼，由是京師貴戚爭往交之。州郡請召，育到，輒辭病去。常避地教授，門徒數百。頗涉獵古學。嘗讀《左氏傳》，雖樂文采，然謂不得聖人深意，以爲前世陳元、范升之徒更相非折，而多引圖讖，不據理體，於是作《難左氏義》四十一事。

建初元年，衛尉馬廖舉育方正，爲議郎。後拜博士。四年，詔與諸儒論《五經》於白虎觀，育以《公羊》義難賈逵，往返皆有理證，最爲通儒。再遷尚書令。及馬氏廢，育坐爲所舉免歸。歲餘復徵，再遷侍中，卒於官。

何休字邵公，任城樊人也。父豹，少府。休爲人質樸訥口，而雅有心思，精研《六經》，世儒無及者。以列卿子詔拜郎中，非其好也，辭疾而去。不仕州郡。進退必以禮。

太傅陳蕃辟之，與參政事。蕃敗，休坐廢錮，乃作《春秋公羊解詁》，覃思不窺門，十有七年。又注訓《孝經》《論語》、風角七分，皆經緯典謨，不與守文同説。又以《春秋》駁漢事六百餘條，妙得《公羊》本意。休善曆算，與其師博士羊弼，追述李育意以難二傳，作《公羊墨守》《左氏膏肓》《穀梁廢疾》。黨禁解，又辟司徒。群公表休道術深明，宜侍帷幄，幸臣不悦之，乃拜議郎，屢陳忠言。再遷諫議大夫，年五十四，光和五年卒。

服虔字子慎，初名重，又名祇，後改爲虔，河南滎陽人也。少以清苦建志，入太學受業。有雅才，善著文論，作《春秋左氏傳解》，行之至今。又以《左傳》駁何休之所駁漢事六十條。舉孝廉，稍遷，中平末，拜九江太守。免，遭亂行客，病卒。所著賦、碑、誄、書記、《連珠》《九憤》，凡十餘篇。

潁容字子嚴，陳國長平人也。博學多通，善《春秋左氏》，師事太尉楊賜。郡舉孝廉，州辟，公車徵，皆不就。初平中，避亂荆州，聚徒千餘人。劉表以爲武陵太守，不肯起。著《春秋左氏條例》五萬餘言，建安中卒。

謝該字文儀，南陽章陵人也。善明《春秋左氏》，爲世名儒，門徒數百千人。建安中，河東人樂詳條《左氏》疑滯數十事以問，該皆爲通解之，名爲《謝氏釋》，行於世。仕爲公車司馬令，以父母老，託病去官。欲歸鄉里，會荆州道斷，不得去。少府孔融上書薦之曰："臣聞高祖創業，韓、彭之將征討暴亂，陸賈、叔孫通進説《詩》《書》。光武中興，吳、耿佐命，范升、衛宏修述舊業，故能文武並用，成長久之計。陛下聖德欽明，同符二祖，勞謙厄運，三年乃歡。今尚父鷹揚，方叔翰飛，王師電鷙，群凶破殄，始有櫜弓卧鼓之次，宜得名儒，典綜禮紀。竊見故公車司馬令謝該，體曾、史之淑性，兼商、偃之文學，博通群藝，周覽古今，物來有應，事至不惑，清白異行，敦悦道訓。求之遠近，少有疇匹。若乃巨骨出吳，隼集陳庭，黄熊入寢，亥有二首，非夫洽聞者，莫識其端也。雋不疑定北闕之前，夏侯勝辯常陰之驗，然後朝士益重儒術。今該實卓然比跡前列，間以父母老疾，棄官欲歸，道路險塞，無自由致。猥使良才抱樸而逃，踰越山河，沉淪荆楚，所謂往而不反者也。後日當更饋樂以釣由余，克像以求傅説，豈不煩哉？臣愚以爲可推録所在，召該令還。楚人止孫卿之去國，漢朝追匡衡於平原，尊儒貴學，惜失賢也。"書奏，詔即徵還，拜議郎。以壽終。

建武中，鄭興、陳元傳《春秋左氏》學。時尚書令韓歆上疏，欲爲《左氏》立博士，范升與歆爭之未决，陳元上書訟《左氏》，遂以魏郡李封爲《左氏》博士。後群儒蔽固者數廷爭之。及封卒，光武重違衆議，而因不復補。

(六)《語》《孟》《孝經》《爾雅》

《語》《孟》《孝經》《爾雅》由經文看來，都是有古文的，《論語》《孝經》《爾雅》之有古文在《漢志》中均已叙明。《孟子》之有古文，據陳漢章《經學通論》説："漢文所立博士，皆爲今文。漢河間獻王所得書皆古文，先秦舊書《周官》《尚書》《禮記》《孟子》《老子》之屬。則《孟子》亦如諸經別有古文。今見於樊準、樂松及許君、應劭諸家所引者，類與趙注本不同，或即以今古文故歟。趙氏言傳授衆多，惜多遺佚矣。"不過，《語》《孟》《孝經》在東漢也正如西京一樣，並無專門名家。唐晏《兩漢三國學案》云："《古論語》……西漢習者已鮮，至東漢祇有泠長一人。"（唐晏《兩漢三國學案》）

可見當時經師治《論語》《孝經》者，多半是兼及此二經，即如《孟子》，後漢趙岐、程曾既不是古文家，也不是專攻《孟子》的。至於《爾雅》，唐氏稱："《爾雅》，古小學也。考《大學》曰：'物格而後知致'，自漢逮宋，解者紛如亂絲，無從是正。然古人爲學未聞'格物'之説。《論語》二十篇，亦未以'格物'訓學者……古人學文，果從何書入手乎？然則，《爾雅》蓋有取焉爾。學者，幼學固必先通小學，必先識字；識字則先讀《爾雅》，是不易之宗旨也。然則大學之'格物'亦謂正於一名一物，以開其知識之先聲焉耳。然則格物者，格此也；正名者，正此也；學文者，學此也。所從言之有異，而其旨一也。故《爾雅》者，六藝之關鍵也。"（唐晏《兩漢三國學案》）

第二節 古文經學之演變

古文經學的興起，在上章我們從篇章文句説解，推證其本晚出於西漢之末，就古文經學之傳授看來，也以起於西漢之末的成分爲最多。《毛詩》自謂子夏所傳，而至東漢衛宏、徐巡其傳始盛；《書》《禮》於前漢並無名家，而所謂孔氏世傳《古文尚書》，就孔霸、孔光之習今文而絕不言古文，亦未必古文在西漢有傳授；《禮》之傳授不著，尤爲明顯；《易》之費氏，據"王璜爲成帝時人"，可見其傳甚晚；《春秋左氏》雖記始於張蒼，《穀梁》雖記始於瑕邱江公，然在劉歆争立古文經以前之傳授，也經劉逢祿、崔適諸人指摘爲不足信。無論如何，古文經的流傳就其晚出於山巖屋壁這一點看來，師承授受，絕不如今文經年代的長久，學者之衆多的。但是雖説如此，古文經學在東漢也並非一成不變，這一點我們仍需詳爲考察。現在也分爲六項來説明。

(一) 經文之演變

今文經在前漢有續出之篇，如《泰誓》《説封》等篇，古文經在後漢也正與今文相若，有續出之篇。例如《毛詩序》首句以下，頗有續出的嫌疑。《尚書》本爲四十六卷五十八篇，據顔師古《漢志》注引鄭玄《叙贊》云，後又亡其一篇，爲五十七篇。《武成疏》引鄭玄云："《武成》逸篇，建武之際亡"，這是《尚書》逸篇又有亡逸減少之一例。已於《左氏》中"其處者爲劉氏"一語，則《左氏正義》明明提出。

(二)《詩》之演變

《毛詩》説之演變最顯經的，是《小序》之下又有《續序》，這明非一人作，我們在論《毛序》之僞已略叙及。但這一些猶可諉爲經文的演變。至於《毛序》與《毛傳》立説並不同，鄭《箋》與《毛傳》尤更多相異之處，這實是説解的演變。關於前者，我們試看：

(1)《出其東門》邱光庭曰："先儒言《詩序》並《小序》子夏所作，或曰毛萇所作，明曰：非毛萇所作也。何以知之？按《鄭風·出其東門序》云：'民人思保其室家。'經曰：'縞衣綦巾，聊樂我員。'《毛傳》曰：'願其室家，得相樂也。'據此《傳》意，與《序》不同，自是又一取義也。"（(唐)邱光庭：《詩序不作於毛公辨》，《全唐文》卷一九九）

(2)《羔羊》曹粹中曰："'羔羊之皮，素絲五紽。'《毛傳》謂'古者素絲以英裘，不失其制，大夫羔裘以居。'其説如此而已，而《序》云'在位皆節儉正直，德如羔羊。'且以退食爲節儉，其説於康成，毛無此意也。"（(宋)曹粹中：《放齋詩説》）

(3)《鵲巢》曹氏云："'維鵲有巢，維鳩居之'。《毛傳》謂'鳩不自巢，居鵲至成巢'，其説如此而已。而《序》云：'德如鳲鳩，乃可以配焉。'"（同上）

(4)《君子偕老》曹氏云："'君子偕老，副笄六珈'。《毛傳》云：'能與君子偕老，乃宜居尊位，服盛服。'而《序》云：'故陳人君亡德，服飾盛，宜與君子偕老。'則與《傳》意先後顛倒矣。《序》若出於毛，亦安得自相違戾如此。要知《毛傳》初行之時，猶未有《序》也。"（同上）

(5)《關雎》曹氏云："《關雎序》云：'憂在進賢……思賢才。'《傳》云：'后妃有關雎之德，乃能共荇菜，備庶物，以事宗廟也。'《傳》無進賢思賢之意，與序不合。"（同上）

(6)《葛覃》曹氏云:"《葛覃序》云:'后妃在父母家,則志在於女功之事。'《傳》云:'大夫命婦……庶士以下各衣其夫。……父母在則有時歸寧耳。'《傳》無在父母家之意。"(同上)

(7)《芣苢》曹氏云:"《芣苢序》云:'和平則婦人樂有子矣。'《傳》云:'芣苢……車前也。宜懷姙焉。'車前非宜懷姙者,此傳誤也。《傳》猶無樂有子之義,《序》並承傳之訛,而實不合。"(同上)

(8)《采蘋》曹氏云:"《采蘋序》云:'大夫妻能循法度也。'《傳》云:'古之將嫁女者,必先禮之於大宗室。'《傳》之所言,大夫女學祭事也,無大夫妻之義,與序合。"(同上)

(9)《小星》曹氏云:"《小星序》云:'夫人無妬忌之行,惠及賤妻。'《傳》云:'命不得同於列位也,夫人賤妾,不得言同列位。'蓋《傳》猶知《小星》爲奉使言勞之詩,《序》所云乃爲大謬矣。"(同上)

(10)《靜女》曹氏云:"《靜女序》云:'刺時也。衛君無道,夫人無德。'《傳》云:'既有靜德,又有美色,可以配人君也。'《傳》無刺時之義,且與《序》意無道無往相反。顯自遺戾。"(同上)

(11)《竹竿》曹氏云:"《竹竿序》云:'衛女思歸也。適異國而不見答。'《傳》云:'舟楫相配得水而行,男女相配得禮而備。'無'不見答'之義,與《序》不合。"(同上)

(12)《東方之日》曹氏云:"《東方之日序》云:'君臣失道,男女淫奔,不能以禮化也。'《傳》云:'日出東方,人君明盛。'則非失道之謂;《傳》云:'姝者初昏之貌。'則非淫奔之謂。與《序》顯相遣矣。"(同上)

(13)《綢繆》曹氏云:"《綢繆序》云:'國亂則昏姻不得其時焉。'《傳》云:'男女待禮而成,……三星在天,可以嫁娶。'《傳》意謂得其時,與《序》所云正違。"(同上)

(14)《無衣》曹氏云:"《無衣序》云:'刺用兵也。秦人刺其君……不與民同欲。'《傳》云:'上與百姓同欲,則百姓樂致其死。'《傳》釋詩無刺義,與《序》不合。

毛爲《詩傳》,不釋《詩序》,很明顯的《序》出在後而與《傳》相違戾。這自是一種演變。至於鄭《箋》易毛,人所皆知,這里姑不一一舉例。

(三)《古文尚書》說之演變

關於《尚書》,馬、鄭立說也頗大不相同。而鄭玄則在許多方面優於馬,亦可見古文經學之演進,例如:

（1）"粤若稽古"。《三國志·魏志四·三少帝紀》："帝幸太學……講《易》畢，復命講《尚書》。帝問曰：'鄭玄曰"稽古同天，言堯同於天也"。王肅云"堯順考古道而行之"。三義不同，何者爲是？'博士庾峻對曰：'先儒所執，各有乖異，臣不足以定之。然《洪範》稱"三人占，從二人之言"。賈、馬及肅皆以爲"順考古道"。以《洪範》言之，肅義爲長。"（《皇清經解》卷三九〇）

（2）"群后四朝"。鄭云："巡守之年，諸侯朝於方嶽之下，其間四年，四方諸侯分來朝於京師，歲遍。"江聲云："……鄭君注《王制》云：'虞夏之制，諸侯歲朝。'據此文也。《釋文》引馬、王之解，'四朝'皆云四面朝於方嶽之下。案，朝於方嶽即是肆覲之事。上既有其文，此不應重見。其說非也。"（同上）

（3）"流宥五刑"。馬曰："流，放也。宥，三宥也。鄭曰：'三宥，一曰不識，二曰過失，三曰遺忘。'江聲云：'馬注：此下《申論》三宥有云，一曰幼弱，二曰老耄，三曰蠢愚。'案，《司刺職》云'一宥曰不識，再宥曰過失，三宥曰遺忘。一赦曰幼弱，再赦曰老旄（俗作耄），三赦曰蠢愚。'馬君所云，乃是三赦，非三宥也。"（同上）

（4）"五宅三居"。馬云："三等之居，大罪投四裔，次九州之外，次中國之外。"鄭云："三居者，自九州之外至於四海，三分其地以爲遠近，若周之夷鎮蕃也。"江聲云："九州以內爲中國，九州之外即中國外。馬君分之以當三居之二，亦非也。"

（5）"典朕三禮"。馬曰："三禮，天神、地祇、人鬼之禮。"鄭曰："天事、地事、人事之禮。"江聲云："鄭云……與馬略同，而比馬爲賅備。"（《皇清經解》卷三九〇）

（6）"奏庶艱食"。馬云："根生之食，謂百穀。"鄭云："禹復與稷教民種澤物菜蔬，難厄之食，授以水之衆。"江聲云："鄭本作艱，馬本作根，各如其字爲說。但馬、鄭皆傳古文，而字有異，蓋古文有二本也。說雖不同，不可偏替。"（同上，卷三九一）

（7）"流之爲雕"。馬云："雕，鷙鳥也。"鄭云："雕當爲雅，雅，烏也。"江聲云："《書》說、《禮》說……武王之端實是烏，非雕也。鄭有明據，故不從馬說，其說優於馬矣。"（同上）

（8）"卜五占之用"。鄭曰："'卜五占之用'，謂雨濟圛霧克也。二衍忒謂貞，悔也。卦象多變，故言衍忒同。"江聲云："《釋文》引馬注云，占筮也是與占屬，貞悔，則馬以占之用二爲句矣。鄭不從之。"（同上）

(9)"成王若曰"。馬曰:"言成王者未聞也。俗儒以爲成王骨節始成,故曰成王;或曰以成王爲少成二聖之功,生號曰成王,歿因爲謚。衛、賈以爲戒成康叔以慎酒,成就人之道也。"(同上)

(10)"維四月哉生魄"。鄭云:"此成王廿八年。"江聲云:"劉歆《三統曆》云:'成王元年正月己巳……後三十年四月庚戌朔,十五日甲子哉生魄……'是則謂成王即位三十年而崩也。鄭君不從之者,蓋《三統曆》索引《尚書》年月,皆率意妄説,全不可信,且以'哉生魄'爲月之十五日,尤大謬也。鄭君焉肯據之哉?"(同上)

在以上所舉十例中,鄭玄不惟與賈、馬之説不同,而且亦不從劉歆,這是古文説的演進。我們由馬、鄭之異同,亦可見古文説在東漢仍在創造中。

(四)《禮》學之演變

古文《禮》學以《周禮》爲宗周禮,在鄭玄前有杜子春、鄭興、鄭衆、馬融等説,但鄭玄《周禮注》頗有與他們不合的地方,鄭《注》所説也每每有與賈逵不同的地方。關於後者,我們爲方便計,試引陳壽祺《五經異義疏證》數段爲例加以説明:

(1)"九夫"。陳壽祺云:"《左氏傳》襄二十五年《正義》引賈逵注,説賦稅差品與《異義》同,是許所引《左傳》説,即賈逵説也。《周禮·小司徒》云:'乃經土地而井牧其田野。'先鄭注:'井牧,即《春秋傳》所謂井衍、沃牧、隰皋者也。'後鄭注云:'隰皋之地,九夫爲牧,二牧而當一井。今造都鄙授民田,有不易,有一易,有再易,通率二而當一,是之爲井牧。'是二鄭與賈、許説井牧也。然《左氏》説九等,與《周禮》《禹貢》又各有別,孔穎達《王制正義》曰:'如《異義》此説,則方十里凡百井,三十六井爲山川坑岸,六十四井爲平地出税。'案,鄭注《小司徒》:'成方十里,緣邊一里,治爲溝洫,則三十六井;其餘方八里爲甸,六十四井出田税。'與《異義》不同者,《異義》所云,通山林藪澤九等而言之;鄭注《小司徒》者,據衍沃千里而言之也。《異義》九等者,據大略國中有山林至衍沃之等言之;《周禮》九等者,據授民地肥瘠有九等也。《尚書·禹貢》注(此鄭康成注)云:'一井上上,出九夫税;上中,出八夫税;上下,出七夫税;中上,出六夫税;中中,出五夫税;中下,出四夫税;下上,出三夫税;下中,出二夫税;下下,出一夫税。'所以又有此九等者,以《禹貢》九州有上中下九等,出没不同,故以井田計之,以一州當一井。假令冀州上上出九百萬夫之税,兗州下下出一百萬夫之税,是九州大較相比如此,非謂冀州之民皆出上上、兗州

之民皆出下下，與《周禮》九等又不同也。"（《清經解》卷三四）

（2）"郊祭"。陳壽祺云："鄭君謂周郊以寅月，魯郊日以王以建子月。注《郊特牲》云：'三王之郊，一用夏正。魯以無祭天於圜丘之事，是以建子之月郊天，示先有事也。'注《大司樂》：'冬日至圜丘之祭，以爲禘其祖之所自出'，皆與賈侍中說不同。"（同上）

《左氏》說"九等"與《周禮》《禹貢》又各有別，賈、鄭對於《周禮》"郊祭"之說解釋各異，也可見古文家說在東漢正在創造的時期。關於前者我們只看鄭氏《周禮注》中，例如：

（3）"三農九穀"。鄭司農云："三農，平地、山、澤也。九穀，黍、稷、秫、稻、麻、大小豆、大小麥……玄謂三農原、隰及平地。九穀無秫、大麥而有粱、菰。"（同上）

（4）"九賦"。鄭司農云："邦中之賦，二十而稅一，各有差也。幣餘，百工之餘。"玄謂："賦，口率出泉也，今之算泉，民或謂之賦，此其舊名與。鄉大夫以歲時登其夫家之衆寡，辨其可任者，國中自七尺以及六十，野自六尺以及六十有五，皆徵之。《遂師》之職亦云'以徵其財徵'，皆謂此賦也。邦中在城郭者，四郊去國百里，邦甸二百里，家削三百里，邦縣四百里，邦都五百里，此平民也，關市山澤，謂占會百物，幣餘謂占賣國中之斥幣，皆未作當增賦者，若今賈人倍算矣。"（同上，卷一）

（5）"宮刑"。杜子春云："宮皆當爲官。玄謂宮刑在王宮中者之列。"（同上，卷二）

（6）"政役傅別"。鄭司農云："政謂軍政也……傅別，謂券書也，聽訟責者以券書決之。傅，傅着約束於文書；別，別爲兩，兩家各得一也。……傅別故書作'傅辨'，鄭大夫讀爲'符別'，杜子春讀爲'傅別'。玄謂政謂賦也，凡其字或作'正'，或作'徵'，以多言之，宜從'徵'。如《孟子》'當徵利'云。傅別，謂爲大手書於一紮，中字別之。"（同上，卷二）

（7）"王宮之士，庶子"。鄭司農云："庶子，宿衛之官。……玄謂，王宮之士謂王宮中諸吏之適子也，庶子其支庶也。"（同上，卷二）

（8）"祭祼共蕭茅"鄭大夫云："'蕭字或爲茜，茜讀爲縮者，束茅立之祭前，沃酒其上，酒滲下，若神飲之，故謂之縮。'縮，浚也。故齊桓公責楚不貢包茅，王祭不供，無以縮酒。杜子春讀爲'蕭'。'蕭'，香蒿也，玄謂詩所云'取蒿祭脂'，《郊特牲》云：'蕭合黍稷，臭陽達於牆屋'。故既奠，然後焫蕭合馨薌。'合馨薌'者，是蕭之謂也。茅以共祭之苴，亦以縮酒，苴以藉祭。縮酒，泲酒也，醴齊縮酌。"（同上，卷三）

(9)"小宗伯兆五帝於四郊"鄭注:"兆爲壇之營域。五帝,蒼曰靈威仰,太昊食焉;赤曰赤熛怒,炎帝食焉;黄曰含樞紐,黄帝食焉;白曰白招拒,少昊食焉;黑曰汁光紀,顓頊食焉。黄帝亦於南郊。"鄭司農云:"四類,三皇、五帝、九皇、六十四民,咸禖之。""玄謂四望,五嶽、四鎮、四竇。四類,日、月、星、辰,運行無常,以氣類爲之位。兆日於東郊,兆月與風師於西郊;兆司中、司命於南郊,兆雨師於北郊。"(同上,卷二)

(10)"挈壺氏"《周禮・夏官・挈壺氏》:"凡軍事,縣壺以序聚柝。凡喪,縣壺以代哭者,皆以水火守之,分以日夜。"鄭司農曰:"縣壺以爲漏者,爲漏也;以火守壺者,夜則視刻數也;分以日夜者,異晝夜漏出也;漏之箭,晝夜共百刻,冬夏之間有長短焉,太史立成法有四十八箭。"(同上,卷一七)

(五)《易》學之演變

古文《易》學據《漢書・儒林傳》費氏《易》是本無章句的,《隋志》著録有《費直注》四卷,陸德明《釋文叙録》及新舊《唐書・志》都列有《費直章句》四卷,與本傳所稱之章句徒以彖象文言解說上下經者不合。這《章句》雖疑爲費學者附益之,實足以證明《費易》在後來的演變。據《隋書・經籍志》所載,又有《易林》二卷,《易内神筮》二卷,《易筮占林》五卷,都明云費直撰。在《晉書・天文志》引有"費直《周易分野》,壽星起軫七度""起氐十一度""起尾九度""起斗十度""起女六度""起危十四度""起奎二度""起婁十度""起畢九度""起井十二度""起柳五度""起張十三度",説是據費氏分野。則是《費易》不惟有章句而且,又講占候分野,這也與《漢書》本傳不合,當是後人附益。然而也可證明古《易》在費氏本身上就有演變,徒以彖象解經是不能明於象數之學的。在東漢陳元、鄭衆、馬融、鄭玄、荀爽皆號稱爲傳《費易》。陳元治《易》,不見本傳;鄭衆《易》學,今亦不傳;馬融傳説其《易》治費氏,與陳元、鄭衆並名於世,但在荀悅《漢紀》即云"馬融著《易》解,頗生異説"。顏延之《庭誥》云"馬、陸得其象數,取之於物;荀、王舉其正宗,得之於心"。所謂"頗生異説""得其象數",可見馬氏在許多地方都不守費氏學的固説。荀爽治《費氏易》,但是據荀悅説:"叔父故司徒爽,著《易傳》,據爻象,承應陰陽變化之義,以十篇之文解説經意,由是兗、豫之言《易》者,咸傳荀氏學。"(《漢書・孝成皇帝紀二》)。

據紀磊《漢儒傳易源流》説:"《後漢書》謂荀氏之《易》亦出費氏,然荀氏注隨,大亨,貞无咎,謂隨者震之。《歸魂》又注:雷雨作而百果草木皆甲坼,謂解者震世,則京氏説也。又謙三勞、謙君子,謂體坎爲勞,則用互體矣。

蒙亨以亨行時中也，謂此本艮卦也。案，二進三，三降居二，剛柔得中，故能通發。蒙時令得時中矣，則用卦變矣。《費易》已不可考，豈費亦同於京，而互體卦變皆所不廢矣。"（《長編》，頁九）荀氏也不是盡守《費易》，而參用孟京以及互體卦變改變《費易》。荀氏又自創爲陰陽升降之説，他於《易》學更能自名一家。據惠棟《易漢學七説》説：

> 荀慈明論《易》，以陽在二者，當上升坤五爲君；陰在五者當降居乾二爲臣，蓋乾升爲坎，坤降爲離。成既濟定，則六爻得位。乾象所謂各正性命，保合太和，利貞之道也。坎爲性，離爲命，二者乾坤之游魂也。乾坤變化，坎離不動，各能還其本體，是各正之義也。此説得之京房。《左傳》《史》《墨》論魯昭公之失民，季氏之得民。云在《易卦》，雷來乾曰大壯天之道，言九二之大夫當升，五爲君也。慈明之説，有合於古之占法，故仲翔注《易》亦與之同。（惠棟《易漢學》卷七《荀慈明易·乾升坤降》）

他這乾升坤降之説，是取材於《左氏》，古之占法，一變而爲荀氏創説。鄭玄是傳《費易》的，但他也有"爻辰之説"，與《費易》亦不盡同。惠棟《易漢學》卷六，載鄭氏《周易爻辰圖》：

> 爻辰之説是取材《周易·乾鑿度》，據《乾鑿度》云："乾，陽也；坤，陰也。並治而交錯行，乾貞於十一子左行，陽時六；坤貞於六月未右行，陰時六。以奉順成其歲，歲終次從於屯蒙。"（孫瑴《古微書》卷十六）又云："陰卦與陽卦同位者，退一辰以爲貞，其爻右行，間辰而治六辰。"

爻辰以乾坤十二爻值十二辰，當然可由十二辰值十二月。惠棟論之曰：

> 《乾鑿度》之説與十二律相生圖合。鄭於《周禮·太師》注云："黄鐘，初九也，下生林鐘之初六；林鐘又上生太簇之九二，太簇又下生南呂之六二，南呂又上生姑洗之九三，姑洗又下生應鐘之六三，應鐘又上蕤賓之九四，蕤賓又下生大呂之六四，大呂又上生夷則之九五，夷則又下生夾鐘之六五，夾鐘又上生無射之上九，無射又下生中呂之上六。"《周語》韋昭注云："十一月黄鐘，乾初九也；十二月大呂，坤六四也；正月太簇，乾九二也；二月夾鐘，坤六五也；三月姑洗，乾九三也；四月

圖一 （《續經解》一四四，頁二十一）

中吕，坤上六也；五月蕤賓，乾九四也；六月林鐘，坤初六也；七月夷則，乾九五也；八月南呂，坤六二也；九月無射，乾上九也；十月應鐘，坤九三也。"鄭氏注《易》、陸績注《太元》，皆同前説。是以何晏《文言》注以初九當十一月，九二當正月，九三當三月，九四當五月，九五當七月，上九當九月也。(《續經解》一四四)

由十二月又可以推之以值二十八宿。惠氏《易漢學》又有爻辰所值二十八宿圖，云：

右圖朱子發云："子、寅、辰、午、申、戌，陽也，乾坤之六位；未、巳、卯、丑、亥、酉（原注：此亦誤。當云未、酉、亥、丑、卯、巳，所謂右行陰時六也）陰也，坤之六位；位之升降不違少時。故曰大明終始六位時成。"棟案，康成注《月令》云："正月宿直尾、箕，八月宿直昴、畢，六月宿直鬼，九月宿命直奎，十月宿直營室。又云，卯宿直房、心，申宿直參、觜。又注'季冬'云，此月之中月歷虛、危，《參同契》曰：'青龍處房六分，春花震東卯，白虎在昴七分，秋芒兑西酉，朱雀在張二分，離南午。'又云，含元虛、危，播精於子，皆與圖合。"（同上）

圖二　（同上，頁二下）

鄭氏有了這爻辰值月與宿之説，他可以利用之以釋《易》中與時月有關之事例。如：

"比卦：初六，有孚，比之无咎，有孚盈缶。"注云："爻辰在未，上值東井，井之水人所汲，用缶汲器。"（同上）

"泰六五：帝乙歸妹，以祉，元吉。"注云："五爻辰在卯，春爲陽中，萬物以生。生育者，嫁娶之。仲春之月，嫁娶男女之禮，福禄大吉。"（同上）

鄭氏又有用互訓釋《易》的地方，例如：

《大過》注云："大過者，巽下兑上之卦，初六在巽，本巽爲本，上六位，在己巳當巽位，巽爻爲木，二木在外以夾四陽，四陽互體爲二乾，乾爲君、爲父，二木夾君，父是棺椁之象。"（同上）

"坎：六四，樽酒簋貳用缶，納約自牖，終无咎。"注曰："六四上承九五，又互體在震上，爻辰在丑，丑上值斗，可以斟之象。斗上有建星，建星之形似簋貳副也。建星上有弁星。"（同上）

(六)《春秋》學之演變

古文《春秋左傳》是從劉歆起引傳以解經，這在《劉歆傳》有明文足證。劉歆的大弟子雖有桓譚、鄭興、賈徽諸人，但一直傳至賈逵，才於《左傳》有章句訓詁，而且還是釋傳不釋經的。鄭玄未爲《左傳》作注，據《世說新語》，說他因聞服虔注《左傳》與他的意見相同，所以鄭玄以爲自己不必再爲《左傳》作注。賈逵、服虔之注，現均亡佚，清儒李貽德有《春秋左傳賈服注輯述》一書。就李氏所輯的看來，賈逵的注解，有許多不正確的地方，服虔又加之以修正，例如：

(1) "周之宗盟"。賈曰："宗，尊也。"服曰："宗盟，同宗之盟。"（《續經解》七五八頁）

(2) "大雩"。賈曰"言大雩者，別於山川之雩。"服曰："大雩，夏祭天名雩，遠也。遠爲百穀求膏雨也。"（同上）

(3) "初服振振"。賈曰："初，同也。"服曰："初，黑服也。"（同上）

(4) "謂之檮杌"。賈曰："檮杌，頑凶無匹儔之貌。謂鯀也。"服曰："案，《神異經》云：檮杌狀似虎，毫長二尺，人面虎足，猪牙，尾長丈八尺，能鬥不退。"（同上，七六四頁）

(5) "見叔牂曰"。服曰："賈逵云：叔牂，宋守門大夫。華元既見叔牂，牂謂華元曰：'子見獲於鄭者，是由子之馬使然也。'華元對曰：'非馬自奔也，其人爲之也，爲羊斟驅入鄭也。'奔，走也。言宋人贖我之事。既和合，而我即來奔耳。鄭衆云：'叔牂即羊斟也，在先得歸，華元見叔牂，牂即誣之曰奔入鄭軍者子之馬然也，非我也。華元對曰非馬也，其人也，言是女軀之耳。叔牂既與華元會語，而即來奔魯。'又一說，叔牂，宋人，見宋以馬贖華元，謂元以贖得歸。謂之曰：子之得來當以馬贖故然。華元曰：'非馬也，其人也'，言已不由馬贖，自以人事來耳。贖事既合，而我即來奔。"（同上，七六五頁）

(6) "王室之不懷，繄伯舅是賴。"賈作"不壞"。服曰："懷，柔也。"（同上，七六七頁）

(7) "見衛在城上，號之，乃下。問守備焉，以無備告。揖之，乃登。"賈曰："衛下與齊侯語，齊侯以衛告誠，揖而禮之，欲生之也。衛志於戰死，故不順。齊侯之揖而還，登城。"服曰："齊欲誅衛，呼而下，與之言。固可取之。無爲揖之復令登城。仲博以爲齊侯號，衛之慚而下。云問守備焉，問衛之守高唐者，衛無恩信，故令守者以無備告齊侯。善其言，故揖之乃命士卒登城。此說近亡。"

(8) "民人痛疾，而或燠休之"。賈曰："燠，厚也；休，美也。"服曰："燠休，痛其痛而念之。若今時小兒痛，父母以口就之曰'燠休'，代其痛也。"（同上，七七〇頁）

(9) "好以大屈"。賈曰："大屈，寶金，可以爲劍。大屈，金所生地名。"服曰："一曰：大屈，弓名。"魯連書曰："楚子享魯侯於章華之臺，與大曲之弓，既而悔之。蒍啓强見魯侯，魯侯歸之。大屈即大曲也。"（同上，七七一頁）

(10) "今兹火出而章，必火入而伏"。服本曰："火出而章，必火火入而伏。"重火，別句。賈氏舊文無重火字。（同上，七七三頁）

(11) "琴張聞宗魯死"。賈曰："子張即顓孫師。"服曰："《七十子傳》云：'子張少孔子四十餘歲'，孔子是時四十，知未有子張。鄭、賈之說不知所出。"（同上，七七三頁）

(12) "遂濟窮桑"。賈曰："處窮桑以登爲帝，故天下號曰'窮桑'"。服曰："窮桑，顓頊所居。"

以上所舉十六例，爲賈、服意見不同之處，其實服、鄭對於《春秋》，當然也不是那樣的認同，據趙坦《寶甓齋札記》云：

《世說新語》云："鄭玄欲注《春秋傳》，尚未成，時行與服子慎（虔）遇，宿客舍，先未相識。服在外車上與人說己注《傳》意，玄聽之良久，多與己同。玄就車與語曰：'吾久欲注，尚未了。聽君向言，多與吾同。今當盡以所注與君。'"……愚案，服注雖本鄭氏，然時與鄭違，如鄭注《尚書·微子》篇以箕子爲紂之諸父，服氏以爲紂之庶兄；鄭注《禮祀·內則》篇以《左氏傳》鞶厲爲鞶裂，益謂鞶囊裂帛爲之飾。服氏以鞶爲大帶，厲是大帶之垂者。鄭注《明堂位》篇云，"周公曰太廟，魯公曰世室，群公稱宮"。服注《左傳》"太室屋壞"云："太廟之室。"鄭注《雜記》引《春秋傳》曰：齊晏桓子卒，晏嬰麤縗斬，苴、絰帶、杖、菅屨，食粥，居倚廬，寢苫枕草，其老曰："非大夫之禮也。"曰："惟卿爲大夫。"此平仲之謙也。言己非大夫。故爲父服士服耳。注又云："惟大夫以上乃能備儀盡飾。"鄭意益以麤衰，即疏衰平仲謙抑不盡大夫禮來服斬衰之麻爾。服注："《左傳》亦與鄭違。"是服氏不盡本鄭氏也。《世說》所記，或未可深信……又《左氏僖四年傳》管仲曰："昔召康公命我先君太公曰：五侯九伯，汝實征之，以夾輔周室。"服注云："五侯：公、侯、伯、子、男，九伯：九州之長，大公爲王宮之伯，掌司馬職。以九伐之法征討邦國，故得征之。"鄭云："五侯，侯爲川牧也。九伯，伯之爲州伯也。一州一牧，二伯佐之。太公爲王官之伯，二人共分陝而治。自陝以東，當四侯半，一侯不可分，故言五侯。九伯則九人……"《左氏昭四年傳》："西陸朝覿而出之。"服虔以二月日在婁四度，春分之中，奎始晨見東方，蟄蟲出矣……鄭答孫皓云："'西陸朝覿'，謂四月立夏之時……《詩·小雅·四月》《大雅·生民》下及《卷阿》《小雅·南有嘉魚》下及《菁菁者莪》，周公、成王之詩也。"《左氏襄二十九年傳》爲吳季札歌《小雅》，服注云："自《鹿鳴》至《菁菁者莪》，道文武修小政，定大亂，致太平。"是服氏以《小雅》無成王之詩。傳又云："爲之歌《大雅》。"服虔注云："陳文王之德、武王之功，自《文王》以下至《鳧鷖》，是爲正《大雅》。是服氏以《生民》《行葦》《既醉》《鳧鷖》爲武王詩，皆與鄭異。（《清經解》一三一六）

我們只看趙氏所舉之例，服、鄭不同之處甚多，尤其是關於《毛詩》大小《雅》正夏之說，服、鄭之見亦並不合。所謂漢儒守家法一成不變，不知求進步，這實在是很謬誤的觀念。在此處我們就李氏所輯劉歆及賈、服、鄭之說，絕無徵引及於賈誼、張敞之說，又可以爲《左傳》師徒相傳本無其人的佐證，所謂《左傳》學行於西漢，那真是捕風捉影之說。

第三節　古文經學之精神

漢代的古文經師，因爲他們所習的是古文經，並沒有成爲官方的政治思想指導和官方的意識形態。他們不能像西漢今文經師之側重於舉大義，他們對於文字故訓不得不特別注重，所以他們對於哲學思想，尤其是像西漢經師所講的天人之學，他們是不願意多談論的。他們傾向通小學、重故訓。東漢的古文經學，畢竟還是民間之學，未立於學官，一二特出之古文經師也未必即參與政治，所以他們對於政治思想亦不能有好的貢獻。但是他們所研習的《周禮》，本是一部託古改制的書，他們對於禮制與政制，自不能有一番比較的研究。所謂通小學、重訓詁與禮制時制之注重，都需要找歷史的依據，所以東漢古文經師頗注重於史學，對於經義喜以史事來相附會，這也是他們與今文家不同的。至於道德思想，他們也沒有若何的貢獻，他們的精神實在是頗與今文經師異趣，這些只要稍一讀古文經師的傳記與其著述就可明瞭。在此，也將古文經學的根本精神略爲分述如下。

（一）小学之注重

古文经师注重小学，在汉经师家法考中已略说明，我们现在就《周礼》郑玄注中表现出的特点略举数例：

（1）（《天官·冢宰》）"小宰之职掌建邦之宫刑"。郑注："杜子春云：'宫皆当为官，玄谓宫刑在王宫中者之刑。'"孙诒让《周礼正义》云："注，杜子春云'宫皆当为官'者，子春，河南缑氏人，刘歆弟子，郑大夫、郑司农皆从受学，详贾序《周礼废兴》引《马融传》、马、郑《序》，皆不云杜有诂释之书，'射人先'郑注，引子春说而纠之，则注中所述杜义疑皆先郑所口受，著之解诂者，后郑又传录之也。杜意此节三'宫'字，及职末乃退以宫刑，宪禁于王宫，诸'宫'字并当为'官'以大宰八法、大司寇五刑，并有官刑，无宫刑。'宫''官'字形又相近，故破'宫'为'官'。段玉裁云，凡易字之例，于其音之同部或相近而易之，曰'读为'，其音无关涉。而改易字之误，则曰'当为'，或音可相关，义绝无关者，定为声之误，则亦曰'当为'，云玄谓'宫刑在王宫中者之刑'名，郑不从杜易字也。"（卷二）

（2）（《天官·冢宰》）"四曰廉正……六曰廉辨"郑注："辨，辨然，不疑惑也。杜子春云，'廉辨或为廉端。'"孙诒让《正义》云："杜子春云'廉辨或为廉端'者，贾疏云：'经本或为廉端，后郑不从者。若为端，端亦正与廉正为重，故不从。'"段玉裁云："或为者志其本之异也。子春乃刘歆弟子，而所见之本已有乖异不同之处。"（卷二）

（3）（《天官·庖人》）"共丧纪之庶羞，宾客之禽献"。郑注："'献'，古文为'獸'，杜子春云'当为献'。"孙氏《正义》云："段玉裁云，'此字之误也，故曰当为'。徐养原云：'獸'为字误。古文即故书也。案，注云：'古文者惟此经与卓氏两见。'"徐谓'占文即故书'，是也。此即谓旧本，非古文大篆，与《仪礼》古文亦异。"

（4）（《周礼·外府》）"共其财用之币斋"。郑注："郑司农云：'斋或为资'，今《礼》家定斋作资。玄谓斋、资同耳，其字以齐次为声，从贝变易，古字亦多或。孙氏《正义》云：'郑司农云，斋或为资者。'《典妇功》注，故书斋为资，杜子春读为资者，典集注，故书斋作资。《考工记》注，'故书资作斋'，杜子春云：'斋当为资'。古斋、齐、资并通用。云'今礼家定斋作资'者，先郑据《聘礼》记今文作'资'，与古文异，今《礼》家，即谓《礼》今文家也，云'玄谓斋、资同耳'，其字以齐次为声。从贝变易。'古字亦多或'者，段玉裁云：'此司农说礼家定斋当作资，而郑君非之，谓二字皆可用。'齋從貝，齊聲；資從貝，次聲；實一字也。'古字亦多或'者，謂字多或體，如《説文》多云，某或某字者，是也。《説文》貝部：'資，貨也'；'齎，持遺也'；不云是一字。似較鄭君爲長。"（卷四）

以上四例由音、形、義三者來辨正舊書、舊注的訛誤，在劉歆的弟子杜子春已然，可見古文經師對於小學之注重，非一朝一夕之故，其所由來者甚早。鄭注《儀禮》亦然。例如：

（5）（《士虞禮》）"膚祭三，取諸左腢上""鄭注：'腢，胉肉也。古文曰左股上。此字從肉殳，殳矛之殳聲'。疏云：'鄭疊古文，從經今文又説古文解之者，鄭欲兩從故也。'但字從肉義可知，而以殳與股不是形聲之類，其理未審。段氏玉裁曰：'鄭意謂股者，髀也。《禮經》多言髀，不升則取諸左股爲膚祭，非也。尋古文用字之例，假股爲腢，正與假脾爲髀、假肫膊爲膞、假胳爲骼、假頭爲脰，皆以異物同音相假借。股與腢當是同音，益從肉役省聲，如投、疫、殳皆從役，省聲之比。役與益同部，此股非股肱，字注當云此字從肉，從役省聲，非從殳矛之殳聲。'今本脱誤不完，據賈疏云：'鄭以殳與股不是形聲之類，其理未審。'賈實錯解，而可證有非字，今本又奪非字，則更不可通矣。"（胡承珙《儀禮古文今文疏義》,)

（6）（《士喪禮》）"久之"。鄭注："久當爲灸"。胡氏《疏義》云："《周禮》廬人灸諸牆，以眡其橈之，均也。注云：'灸猶柱也。'《説文》：'久從後灸之，象人兩脛，後有距也。'《周禮》曰：'久諸牆以觀其橈'，此引《周禮》作'九'，不作'灸'。蓋二《禮》古文皆當作'久'，'灸'訓'灼'，與柱距義無涉。鄭本《周禮》作'灸'者，乃借字。《儀禮》作'久'者，爲正字。鄭云：'久讀爲灸'者，必當時人讀九，距之久音，如灸灼之灸，故因其聲讀，使學者易曉，是借灸，明久非破久，從灸。注讀爲當作，讀如《既夕禮》注'當爲'，亦應作'讀如'。《説文》從後灸猶云從後久之，亦取灸聲，不取灸義。段氏玉裁曰：'久灸迭韵。火部灸，灼也，灼灸也。灸有迫箸之義，故以灸訓久。'承珙案，鄭注《士喪禮》'久之'云，'謂以蓋塞鬲口也'；注《既夕禮》'皆木桁久之'云，'桁所以皮苞筍。瓮，甀也，久當爲灸，灸謂蓋塞其口。'注《周禮》'廬人'云，'灸猶柱也，以柱兩墻之間，挽而納之，本末勝負可知也。正於墻，墻澀。'考《廣雅》'柱，距也'。鄭云'云者，謂以矛載柄橫兩頭距墻於中間掣而引之，以知其體之強弱。'又，《説文》'距，槍也。'堂椊，距也。距與椊距同，堂椊與掌同先。鄭注《考工記·弓人》'云，椊讀如掌'，距之掌是鄭以久爲柱，許以久爲象，後距楷柱抵距皆與案塞義近。段以'灸有迫箸之義'，故以'灸'訓'久'，非也。"（同上，

卷十二)

(7)(《士喪禮》)"幎目"鄭注:"幎,讀若《詩》云'葛藟縈之'之'縈',古文'幎'爲'涓'。"鄭云:"幎目,覆面者也。"胡氏《疏義》云:"……此'幎目'《荀子》作'儇目',《禮論》云:'設掩面儇目,鬠而不冠笄矣。'楊倞注云:'幎讀如縈。縈與還義同。'承珙案:"古從'熒'、從'睘'、從'冃'之字以聲近,每多通借。"(同上書)

(8)(《喪服》)"冠六升"。鄭注:"布八十縷爲升,'升'字當爲'登'。"鄭云:"'登',成也。今之《禮》皆以'登'爲'升'俗誤已行久矣。"胡氏《疏義》云:"疏云,'布八十縷爲升'者,此無正文,師師相傳言之。是以今亦云八十縷謂之宗,宗即古之升也。鄭注《儀禮》之時,古今二禮並觀,迻古文者則從經今文,若迻今文者則從經古文。此注云'今之《禮》皆以登爲升',則今古《禮》皆作'升'字。若然《論語》云'新穀既升','升'亦訓爲'成'。今從'登',不從'升'者,凡織紝之法皆縷縷相登上乃成繒布。'登'義強於'升',故從'登'也。"承珙案:"《說文·禾部》'布八十縷爲稯',《王莽傳》'十緵布二匹'。孟康云:'緵,八十縷也。《說文》有稯無緵,蓋此無正字。故賈疏又謂之'宗稯',宗、登、升皆一語之轉。"(同上書)

這都是由形、聲、義的通假上作訓釋,字形的構造、音義的轉變都是有相當的講究。王國維說東漢古文學家多小學家,在原則上這話是不錯的。

(二) 歷史之注重

史學在東漢比較發達,東漢古文經師之解經,也多援引史事說經。本來古文經如《古文尚書》《左氏春秋》原是以史料爲多,求爭勝於今文,《周禮》中史之職官也占居多數,古文經的精神,真是具有"六經皆史"的意味的。他們改定群經之次第,爲《易》《書》《詩》《禮》《春秋》是按着他們所認定的著述時代排列而成;他們改定篇目的次第,如《詩·十月之交》等四篇也是按照他們所認定的著作年代重新排列。但是《古文尚書》《左氏傳》《春秋》《周禮》等之用歷史的眼光來研究本無不可,而古文家對於一切的一切都好用歷史來附會,則實在未免矯誣。例如,解釋《詩》之美刺,完全依照先後之次,絕不思詩篇之次。本不依時代排列,附和史事,自然謬誤叢生。朱子《詩序辨》說云:"詩之文義事類,可以思而得,其時世、名氏則不可強以推。……爲《小序》者,……於不知其時者,必強以爲某王某公之時;不知其人者,必強以爲某甲某乙之事,於是傅會書史,依託名諡,鑿空妄語,以誑後人。"古文經説像這樣附會的地方，則不惟不是對歷史注重，而且是偽造些古史以欺後世之人，這是我們對於古文經與經説有不能盡信的地方。

但我們也還有一事當注意的，即是古文經師如劉歆、衞宏等固有"鑿空妄語，以詤後人"之處，但後出的經師，也正有不從劉歆、衞宏的地方，例如馬融辨《泰誓》，以爲偽作；鄭玄辨《爾雅》以爲悉信亦非，以及許、鄭對於《周禮》《左氏傳》之云"説無所出""此皆有不似爲古昔者"，他們也仍有求真的態度。又，先鄭、後鄭之注《周禮》，每喜引史事爲證明，這一種重佐證的態度，我們也不可以忽視。

在《周禮》中，我們可以從一些例證中看到這種情況，如：

（1）"九曰物貢"。鄭司農云："物貢，九州之外，各以其所貴者爲摯。肅慎氏貢楛矢之屬是也。"（卷一）

（2）"象魏"。鄭司農云："象魏闕也，故魯災季桓子禦公立於象魏之外，命藏象魏曰：'舊章不可忘'。"（卷二）

（3）"外府掌邦布之出入"。鄭玄注云："布，泉也。……泉始蓋一品，周景王鑄大泉而有二品，後數變易，不復識本制。"（卷四）

（4）"外史掌外令，掌四方之志"。鄭注："志，記也。謂若魯之《春秋》、晉之《乘》、楚之《檮杌》。"（卷十五）

（5）"司爟：季春出火，民咸從之。季秋内火，民亦如之"鄭注："火，所用以陶冶。民隨國而爲之。鄭人鑄刑書，火星未出而出火，後有災。"鄭司農云："以三月本時昏心星見於辰上，使民出火；九月本黃昏心星伏在戌上，使民内火。"（卷十六）

（6）"大行人：間問以諭諸侯之志。歸脤以交諸侯之福，賀慶以贊諸侯之喜。致禬以補諸侯之災。"鄭注："此四者，王使臣於諸侯之禮也，間問者，間歲一問諸侯。謂存省之屬，諭諸侯之志者。諭言語，諭書名，其類也，交或往或來者也。贊，助也。致禬凶禮之致禬，凶禮之弔禮……補諸侯災者，若《春秋》澶淵之會，謀歸宋財。"（卷二十）

以上數例可以看出，古文家引用史實説經，其方法與引他經以證經，引本經以證經，引師説以解經等作用正同，這一點也是清儒考漢師家法者所未言，而這確比引緯注經、引律注經俱爲重要。

鄭玄於《詩》著有《詩譜》，於《禮》著有《三禮目録》，譜、録都是有關於歷史的，不過鄭氏於《詩》從毛氏説，其所作《詩譜》恐無真據。

（三）禮制之注重

古文經的爭立，據劉歆《移書讓太常博士》説："若國家將有大事，若立辟雍巡狩封禪之儀,則幽冥而莫知其原。"可見古文經師正以他們說禮制是比較今文經師之抱殘守闕不同。古文經除了《周禮》是今文經所本無而外,《儀禮》則古文要多三十九篇,《禮記》雖有些篇數是今文也有的,但其數量也不及古文之多。古文經師在材料方面有了這些假古本,自然很容易向這一方發展。我們只看東漢古文家多為《禮》學家,也就可以知道了。在上列表中,我們可以看出古文經師本為劉歆一傳、再傳乃至於數傳之弟子,其系統一為劉歆、鄭興、鄭眾,一為劉歆、賈徽、賈逵,一為劉歆至馬融、鄭玄,這三大系中都傳三《禮》。鄭眾兼治《詩》《易》《春秋》,賈逵兼治《詩》《書》《春秋》,馬、鄭兼通《詩》《書》《易》《春秋》,《書》《易》鄭眾、賈逵可不兼治,而《三禮》則鄭眾、賈逵兼治。我們由此也可見其中之盈虛消息。在《周禮》鄭玄注中,例如:

(1)(《周禮·地官》)《小司徒》:"乃經土地而井牧其田野。九夫為井,四井為邑。四邑為丘。四丘為甸。四甸為縣。四縣為都,以任地事而令貢賦。凡稅斂之事……"鄭注:"此謂造都鄙也。采地制井田,異於鄉遂,重立國。小司徒為經之,立其五溝五涂之界,其制似井之字,因取名焉。《孟子》曰:'夫仁政必自經界始。經界不正,井地不均,穀祿不平;是故暴君污吏必慢其經界。經界既正,分田制祿,可坐而定也。'鄭司農云:'井牧者,《春秋傳》所謂井衍、沃牧、隰皋之地。'鄭玄云:'隰皋之地,九夫為牧,二牧而當一井。今造都,鄙授民田,有一易者,有再易者,通率二而當一,是之謂井牧。昔少康在虞,思有田一成,有眾一旅,一旅之眾,而田一成,則井牧之法,先古然矣。九夫為井者,方一里,九夫所治之田也,此制小司徒經之,匠人為之,溝洫相包乃成耳。邑丘之屬相連比,以出田稅。溝洫為除水害。四井為邑,方二里,四邑為丘,方四里。四丘為甸,甸之言乘也,讀如衷甸之甸。甸方八里,旁加一里,則方十里,為一成。積白井,九百夫,其中六十四井。五百七十六夫。出田稅三十六井。三百二十四夫。治洫。四甸為縣。方二十里,四縣為都。方四十里,四都方八十里。旁加十里。乃得方百里,為一同也。積萬井,九萬夫,其四千九十六井,三萬六千八百六十四夫,出田稅:二千三百四井,二萬七百三十六夫治洫;三千六百井,三萬二千四百夫治澮。井田之法,備於一同。今止於都者,采地食者皆四之一。其制三等:百里之國凡四都,一都之田稅入於王;五十里之國凡四縣,一縣之田稅入於王;二十五里之國凡四甸,一甸之田稅入於王。地事謂農牧衡虞也,貢謂九穀山澤之材也,賦謂出車徒給徭役也。《司馬法》曰六尺為步,步百為畮,畮百為夫,夫三為屋,屋三為井,井十為通,通出匹馬,三十家、士一人、徒二人。通十為成,成百井,三百家,革車一乘，士十人，徒二十人。成十爲終，終千井，三千家，革車十乘，士百人，徒二百人。十終爲同，同方百里，同萬井，三萬家，革車百乘，士千人，徒二千人。'"

（2）（《周禮·地官》）《載師》："以廛里任國中之地，以場圃任園地，以宅田、士田、賈田任近郊之地，以官田、牛田、賞田、牧田任遠郊之地，以公邑之田任甸地，以家邑之田任稍地，以小都之田任縣地，以大都之田任疆地。"鄭注："故書，廛或作壇，郊爲蒿，稍或作削。鄭司農云：'壇讀爲廛。'市中空地未有肆，城中空地未有宅者。民宅曰宅，宅田者，以備益多也。士田者，士大夫之子得而耕之田也。賈田者，吏爲縣官賣財與之田。官田者，公家之所耕田牛田者，以養公家之牛。賞田者，賞賜之田。牧田者，牧六畜之天。《司馬法》曰：'王國百里爲郊，二百里爲州，三百里爲野，四百里爲縣，五百里爲都。'杜子春云：'蒿讀爲郊，五十里爲近郊，百里爲遠郊。'玄謂'廛里者，若今云邑居里矣，廛民居之區域也，里居也。圃，種果蓏之屬。季秋，於其中爲場。樊圃謂之園。宅田者，致仕之家所受田也'。《士相見禮》曰：'宅者在邦，則曰市井之臣；在野，則曰草茅之臣。士讀爲仕，仕者亦受田，所謂圭田也。'孟子曰：'自卿以下，必有圭田，圭田五十畝。'賈田，在市賈人其家所受田也。官田，庶人在官者，其家所受田也。牛田，牧田，畜牧者之家所受田也。賞田者，賞賜之田。公邑謂六遂餘地，天子使大夫治之，自此時以外皆然。二百里三百里，其大夫爲州長；四百里五百里，其大夫如縣正，是以或謂二百里爲州，四百里爲縣云。遂人亦監焉，家邑大夫采地，小都卿采地，大都公采地，王子弟所食邑也，疆五百里，王畿界也。皆言任者，地之形實不方平如圖，受田邑者，遠近不得盡如制。其所生育賦貢取正於是耳，以廛里任國中，而《遂人職》授民田，夫一廛，田百畝，是廛里，不謂民之邑居在都城者與，凡王畿内方千里，積百同，九百萬夫之地也，有山陵、林麓、川澤、溝瀆，城郭宮室塗巷三分去一，餘六百萬夫，又以田不易、一易、再易，上中下相通，定受田者三百萬家也。遠郊之内，地居四同，三十六萬夫之地也。三分去一，其餘二十四萬夫，六鄉之民七萬五千家，通不易、一易、再易，一家受二夫，則十五萬夫之地，其餘九萬夫。廛里也，場圃也，宅田也，士田也，賈田也，官田也，牛田也，賞田也，牧田也，九者亦通受一夫焉，則半農人也，定受田十二萬家也。《食貨志》云，農民户一人已受田，其家衆男爲餘夫。亦以口受田如比。士工商家受田五口，乃當農夫一人，今餘夫在遂地之中，如此則士工商以事入在官，而餘夫以力出耕公邑，甸稍縣都，合居九十六同，八百六十四萬夫之地，城郭宮室差少，塗巷又狹，於三分所去六而存一焉，以十八分之十三率之，則其餘六百二十四萬夫之地，通上中下六家，而受十三夫，定受田二百八十八萬家也，其在甸七萬五千家爲六遂，餘則公邑。"

（3）（《周禮·地官》）《遂人》："凡治野，夫間有遂，遂上有徑，十夫有溝，溝上有畛，百夫有洫，洫上有塗，千夫有澮，澮上有道，萬夫有川，川上有路，以達於畿。"鄭注："十夫，二鄰之田。百夫，一酇之田。千夫，二鄙之田。萬夫，四縣之田。遂、溝、洫、澮，皆所以通水於川也。遂，廣、深各二尺，溝倍之，洫倍溝。澮，廣二尋，深二仞，徑、畛、塗、道、路，皆所以通車徒於國都也。徑容牛馬，畛容大車，塗容乘車一軌，道容二軌，路容三軌。都之野塗與環塗同，可也。萬夫者，方三十三里少半里，九而方一同。以南畝圖之，則遂從溝橫，洫從澮橫，九澮而川，周其外焉。去山陵、林麓、川澤、溝瀆、城郭、宮室、塗巷三分之制，其餘如此，以至於畿，則中雖有都鄙，遂人盡主其地。"

（4）（《周禮·春官》）《大宗伯》："以肆獻祼享先王，以饋食享先王，以祠春享先王，以禴夏享先王，以嘗秋享先王，以烝冬享先王。"鄭注："宗廟之祭，有此六享。肆獻祼、饋食，在四時之上，則是祫也，禘也。肆者，進所解牲體，謂薦孰時也。獻，獻醴，謂薦血腥也。祼之言灌，灌以鬱鬯，謂始獻尸求神時也。《郊特牲》曰：'魂氣歸於天，形魄歸於地，故祭所以求諸陰陽之義也。殷人先求諸陽，周人先求諸陰。'灌是也。祭必先灌，乃後薦腥薦孰。於祫逆言之者，與下共文，明六享俱然。祫言肆獻祼，禘言饋食者，著有黍稷，互相備也。魯禮，三年喪畢，而祫於大祖；明年春，禘於群廟。自爾以後，率五年而再殷祭，一祫一禘。"

（5）（《周禮·春官》）大司樂："以六律、六同、五聲、八音、六舞大合樂，以致鬼神示，以和邦國，以諧萬民，以安賓客，以說遠人，以作動物。"鄭注："六律，合陽聲者也。六同，合陰聲者也。此十二者以銅爲管，轉而相生。黃鐘爲首，其長九寸，各因而三分之，上生者益一分，下生者去一焉。《國語》曰：'律所以立均出度也。古之神瞽，考中聲而量之，以制度律均鐘。'言以中聲定律，以律立鐘之均。大合樂者，謂遍作六代之樂，以冬日至作之，致天神人鬼，以夏日至作之，致地祇物魅。動物，羽臝之屬。《虞書》云：'夔曰：戛擊鳴球、搏拊、琴瑟以咏，祖考來格，虞賓在位，群后德讓，下管鼗鼓，合止柷敔，笙鏞以間，鳥獸蹌蹌，《簫韶》九成，鳳皇來儀。'夔又曰：'於，予擊石拊石，百獸率舞，庶尹允諧。'此其於宗廟九奏效應。"

（6）《大司樂》："凡樂，圜鐘爲宮，黃鐘爲角，大蔟爲徵，姑洗爲羽，靁鼓靁鼗，孤竹之管，雲和之琴瑟，《雲門》之舞，冬日至，於地上之圜丘奏之，若樂六變，則天神皆降，可得而禮矣。凡樂，函鐘爲宮，大蔟爲角，姑洗爲徵，南呂爲羽，靈鼓靈鼗，孫竹之管，空桑之琴瑟，《咸池》之舞，夏日至，於澤中之方丘奏之，若樂八變，則地示皆出，可得而禮矣。凡樂，黃鐘爲宮，大呂爲角，大蔟爲徵，應鍾爲羽，路鼓路鼗，陰竹之管，龍門之琴瑟，九德之歌，《九磬》之舞，於宗廟之中奏之，若樂九變，則人鬼可得而禮矣。"鄭注："此三者，皆禘大祭也。天神則主北辰，地祇則主昆侖，人鬼則主后稷，先奏是樂以致其神，禮之以玉而祼焉，乃後合樂而祭之"。《大傳》曰："王者必禘其祖之所自出。"《祭法》曰："周人禘嚳而郊稷。"謂此祭天圜丘，以嚳配之。圜鐘，夾鐘也。夾鐘生於房心之氣，房心爲大辰，天帝之明堂。函鐘，林鐘也。林鐘生於未之氣，未坤之位，或曰天社在東井輿鬼之外，天社，地神也。黃鐘生於虛危之氣，虛危爲宗廟。以此三者爲宮，用聲類求之，天宮夾鐘，陰聲，其相生從陽數，其陽無射。無射上生中呂，中呂與地宮同位，不用也。中呂上生黃鐘，黃鐘下生林鐘，林鐘地宮，又不用。林鐘上生大蔟，大蔟下生南呂，南呂與無射同位，又不用。南呂上生姑洗。地宮林鐘，林鐘上生大蔟，大蔟下生南呂，南呂上生姑洗。人宮黃鐘，黃鐘下生林鐘，林鐘地宮，又辟之。林鐘上生大蔟，大蔟下生南呂，南呂與天宮之陽同位，又辟之。南呂上生姑洗，姑洗南呂之合，又辟之。姑洗下生應鐘，應鐘上生蕤賓，蕤賓地宮林鐘之陽也，又辟之。蕤賓上生大呂。凡五聲，宮之所生，濁者爲角，清者爲徵羽。此樂無商者，祭尚柔，商堅剛也。鄭司農云："雷鼓、雷鼗，皆謂六面有革可擊者也。雲和，地名也。靈鼓、靈鼗，四面。路鼓、路鼗，兩面。九德之歌，《春秋傳》所謂水、火、金、木、土、穀謂之六府，正德、利用、厚生謂之三事，六府三事謂之九功，九功之德皆可歌也，謂之九歌也。"玄謂雷鼓、雷鼗八面，靈鼓、靈鼗六面，路鼓、路鼗四面。孤竹，竹特生者。孫竹，竹枝根之末生者。陰竹，生於山北者。雲和、空桑、龍門皆山名。"九磬"讀當爲"大韶"，字之誤也。

（7）（《周禮·夏官》）《序官》："凡制軍，萬有二千五百人爲軍，王六軍，大國三軍，次國二軍，小國一軍，軍將皆命卿；二千有五百人爲師，師帥皆中大夫；五百人爲旅，旅帥皆下大夫；百人爲卒，卒長皆上士；二十五人爲兩，兩司馬皆中士；五人爲伍，伍皆有長。"鄭注："軍、師、旅、卒、兩、伍，皆衆名也。伍一比，兩一閭，卒一旅，旅一黨，師一州，軍一鄉，家所出一人。將、帥、長、司馬者，其師吏也。言軍將皆命卿，則凡軍帥不特置，選於六官、六鄉之吏。自鄉以下，德任者使兼官焉。鄭司農云："王六軍，大國三軍，次國二軍，小國一軍，故《春秋傳》有大國、次國、小國，又曰：'成國不過半天子之軍。周爲六軍，諸侯之大者三軍可也。'《詩·大雅·常武》曰：'赫赫明明，王命卿士，南仲大祖，大師皇父，整我六師，以修我戎，既徹既戒，惠此南國。'《大雅·文王》曰：'周王於邁，六師及之。'此周爲六軍之見於經也。《春秋傳》曰：'王使虢公命曲沃伯以一軍爲晉侯。'此小國一軍之見於傳也。百人爲卒，二十五人爲兩，故《春秋傳》曰：'廣有一卒，卒偏之兩。'"

(8)（《周禮·冬官·考工記》）《匠人》："周人明堂，度九尺之筵，東西九筵，南北七筵，堂崇一筵，五室，凡室二筵。"鄭注："明堂者，明政教之堂。周度以筵，亦王者相改。周堂高九尺，殷三尺，則夏一尺矣，相參之數。禹卑宮室，謂此一尺之堂與？此三者或舉宗廟，或舉王寢，或舉明堂，互言之，以明其同制。"

(9)（《周禮·天官》）《凌人》："大喪，共夷盤冰。"鄭注："夷之言尸也。實冰於夷盤中，置之尸床之下，所以寒尸。尸之盤曰夷盤，床曰夷床，衾曰夷衾，移尸曰夷於堂，皆依尸而爲言也。《漢禮器制度》大盤廣八尺，長丈二尺，深三尺，漆赤中。"

(10)（《周禮·天官》）《內司服》："掌王后之六服。"鄭注："鄭司農云：褘衣，畫衣也。《祭統》曰：'君卷冕立於阼，夫人副褘立於東房。'揄狄，闕狄，畫羽飾。展衣，白衣也。《喪大記》曰：'復者朝服，君以卷，夫人以屈狄，世婦以襢衣。'屈者音聲與闕相似，襢與展相似，皆婦人之服。鞠衣，黃衣也。素沙，赤衣也。"玄謂狄當爲翟。翟，雉名，伊雒而南，素質，五色皆備成章曰翬；江淮而南，青質，五色皆備成章曰搖。王后之服，刻繒爲之形而采畫之，綴於衣以爲文章。褘衣畫翬者，揄翟畫搖者，闕翟刻而不畫，此三者皆祭服。從王祭先王則服褘衣，祭先公則服揄翟，祭群小祀服闕翟。今世有圭衣者，蓋三翟之遺俗。鞠衣，黃桑服也，色如鞠塵，象桑葉始生。《月令》："三月薦鞠衣於上帝，告桑事。"展衣以禮見王及賓客之服，字當爲襢，襢之言亶，亶，誠也。《詩·國風》曰"玼兮玼兮，其之翟也"。下云"胡然而天也，胡然而帝也"，言其德當神明。又曰"瑳兮瑳兮，其之展也"。下云"展如之人兮，邦之媛也"，言其行配君子。二者之義與禮合矣。《雜記》曰："夫人復稅衣、揄狄。"又《喪大記》曰："士妻以襢衣。"言襢衣者甚衆，字或作稅。此緣衣者，實作襢衣也。襢衣，御於王之服，亦以燕居。男子之襢衣黑，則是亦黑也。六服備於此矣。褘、揄、狄、展，聲相近，緣，字之誤也。以下推次其色，則闕狄赤，揄狄青，褘衣玄。婦人尚專一，德無所兼，連衣裳不異其色。素沙者，今之白縛也。六服皆袍制，以白縛爲裏，使之張顯。今世有沙縠者，名出於此。"

(11)（《周禮·天官》）《追師》："追師掌王后之首服。"鄭注："鄭司農云：追，冠名。《士冠禮記》曰：'委貌，周道也。章甫，殷道也。母追，夏后氏之道也。'追師，掌冠冕之官，故並主王后之首服。副者，婦人之首服。《祭統》曰：'君卷冕立於阼，夫人副褘立於東房。'衡，維持冠者。《春秋傳》曰：'衡紞紘綖。'玄謂副之言覆，所以覆首爲之飾，其遺象若今步繇矣，服之以從王祭祀。編，編列髮爲之，其遺象若今假紒矣，服之以桑也。次，次第髮長短爲之，所謂髲鬄，服之以見王。王后之燕居，亦纚笄總而已。追猶治也。《詩》云：'追琢其璋'。王后之衡笄皆以玉爲之。唯祭服有衡，垂於副之兩旁，當耳，其下以紞縣瑱。《詩》云：'玼兮玼兮，其翟也。鬒髮如雲，不屑鬄也，玉之瑱也。'是之謂也。笄，卷髮者。外內命婦衣鞠衣、襢衣者服編，衣褖衣者服次。外內命婦非王祭祀賓客佐后之禮，自於其家則亦降焉。《少牢饋食禮》曰：'主婦髲鬄衣侈袂'，《特牲饋食禮》曰"主婦纚笄宵衣"是也。《昏禮》女純衣，攝盛服耳。主人爵弁以迎，侈袂，褖衣之袂。凡諸侯夫人於其國，衣服與王后同。"

（12）（《周禮·秋官·司寇》）《朝士》："朝士掌建邦外朝之法，左九棘，孤卿大夫位焉，群士在其後。右九棘，公侯伯子男位焉，群吏在其後。面三槐，三公位焉，州長衆庶在其後。左嘉石，平罷民焉。右肺石，達窮民焉。"鄭注："樹棘以爲位者，取其赤心而外刺，象以赤心三刺也。槐之言懷也，懷來人於此，欲與之謀。群吏，謂府史也。州長，鄉遂之官。鄭司農云：'王有五門，外曰皋門，二曰雉門，三曰庫門，四曰應門，五曰路門。路門一曰畢門。外朝在路門外，內朝在路門內。左九棘，右九棘，故《易》曰：繫用徽纆，寘於叢棘。'玄謂《明堂位》説魯公宮曰：'庫門，天子皋門。雉門，天子應門。'言魯用天子之禮，所名曰庫門者，如天子皋門。所名曰雉門者，如天子應門。此名制二兼四，則魯無皋門、應門矣。《檀弓》曰：'魯莊公之喪，既葬，而絰不入庫門。'言其除喪而反，由外來，是庫門在雉門外必矣。如是，王五門，雉門爲中門，雉門設兩觀，與今之宮門同。閽人幾出入者，窮民蓋不得入也。《郊特牲》譏繹於庫門內，言遠，當於廟門，廟在庫門之內，見於此矣。《小宗伯職》曰：'建國之神位，右社稷，左宗廟。'然則外朝在庫門之外，皋門之內與？今司徒府有天子以下大會殿，亦古之外朝哉。周天子諸侯皆有三朝，外朝一，內朝二。內朝之在路門內者，或謂之燕朝。"

從以上十數例"鄭注"中，可以看出，古文學家是將《周禮》看作是一種社會組織形態和社會禮制規則的，因此必須爛熟於心，努力將之付諸社會實踐，並影響和普及到民間。這種對於禮制的注重，則順理成章，古文學家是必定要極爲重視並要努力掌握《周禮》的。

第七章

今古文經學之紛爭

第一節　西漢末三次之紛爭

在上兩章中，1. 由版本和文字異同的對照，證明古文經傳是依據一種傳本加以校訂修飾而成，校訂修飾並有訛誤，並非真正之古本，故可定其爲僞撰。2. 由師說的演進，我們看出古文經說其出甚晚，係由賈、馬、許、鄭之異同以及賈、服注《左氏》之異可以看出，古文眞是"師徒相傳，並無其人"。由文字與説解看來，古文本均不及今文，這樣的僞古本要爭立於學官，在社會上流行，自不免有明眼之人發覺其可疑而加以攻擊。所以今古文之紛爭，在古文經初出世時即釀成很嚴重的糾紛，在西漢末，古文經爲輿論所不容，已遭受二三次的排擠。在此分述於下：

（一）劉歆與太常博士之爭

這可以說是第一次之紛爭，在劉歆爭立古文經傳列於學官之時。據《漢書·劉歆傳》説：

> 歆及向始皆治《易》，宣帝時，詔向受《穀梁春秋》，十餘年，大明習。及歆校秘書，見古文《春秋左氏傳》，歆大好之。時丞相史尹咸以能治《左氏》，與歆共校經傳。歆略從咸及丞相翟方進受，質問大義。初《左氏傳》多古字古言，學者傳訓故而已，及歆治《左氏》，引傳文以解經，轉相發明，由是章句義理備焉。歆亦湛靖有謀，父子俱好古，博見强志，過絶於人。歆以爲左丘明好惡與聖人同，親見夫子，而公羊、穀梁在七十子後，傳聞之與親見之，其詳略不同。歆數以難向，向不能非問也，然猶自持其《穀梁》義。及歆親近，欲建立《左氏春秋》及《毛詩》《逸禮》《古文尚書》皆列於學官。哀帝令歆與《五經》博士講論其義，諸博士或不肯置對，歆因移書太常博士，責讓之曰：
>
> "昔唐虞既衰，而三代迭興，聖帝明王，累起相襲，其道甚著。

周室既微而禮樂不正，道之難全也如此。是故孔子憂道之不行，歷國應聘。自衛反魯，然後樂正，《雅頌》乃得其所；修《易》，序《書》，制作《春秋》，以紀帝王之道。及夫子没而微言絕，七十子終而大義乖。重遭戰國，棄籩豆之禮，理軍旅之陳，孔氏之道抑，而孫吳之術興。陵夷至於暴秦，燔經書，殺儒士，設挾書之法，行是古之罪，道術由是遂滅。漢興，去聖帝明王遐遠，仲尼之道又絕，法度無所因襲。時獨有一叔孫通略定禮儀，天下唯有《易》卜，未有他書。至孝惠之世，乃除挾書之律，然公卿大臣絳、灌之屬咸介冑武夫，莫以爲意。至孝文皇帝，始使掌故鼂錯從伏生受《尚書》。《尚書》初出於屋壁，朽折散絕，今其書見在，時師傳讀而已。《詩》始萌芽。天下衆書往往頗出，皆諸子傳說，猶廣立於學官，爲置博士。在漢朝之儒，唯賈生而已。至孝武皇帝，然後鄒、魯、梁、趙頗有《詩》《禮》《春秋》先師，皆起於建元之間。當此之時，一人不能獨盡其經，或爲《雅》，或爲《頌》，相合而成。《泰誓》後得，博士集而讀之。故詔書稱曰：'禮壞樂崩，書缺簡脫，朕甚閔焉。'時漢興已七八十年，離於全經，固已遠矣。

及魯恭王壞孔子宅，欲以爲宮，而得古文於壞壁之中，《逸禮》有三十九，《書》十六篇。天漢之後，孔安國獻之，遭巫蠱倉卒之難，未及施行。及《春秋》左氏丘明所修，皆古文舊書，多者二十餘通，臧於秘府，伏而未發。孝成皇帝閔學殘文缺，稍離其真，乃陳發秘臧，校理舊文，得此三事，以考學官所傳，經或脫簡，傳或間編。傳問民間，則有魯國桓公、趙國貫公、膠東庸生之遺學與此同，抑而未施。此乃有識者之所惜閔，士君子之所嗟痛也。往者綴學之士不思廢絕之闕，苟因陋就寡，分文析字，煩言碎辭，學者罷老且不能究其一藝，信口說而背傳記，是末師而非往古，至於國家將有大事，若立辟雍、封禪、巡狩之儀則幽冥而莫知其原。猶欲保殘守缺，挾恐見破之私意，而無從善服義之公心，或懷妒疾，不考情實，雷同相從，隨聲是非，抑此三學，以《尚書》爲備，謂《左氏》爲不傳《春秋》，豈不哀哉！

今聖上德通神明，繼統揚業，亦閔文學錯亂，學士若兹，雖昭其情，猶依違謙讓，樂與士君子同之。故下明詔，試《左氏》可立不，遣近臣奉指銜命，將以輔弱扶微，與二三君子比意同力，冀得廢遺。今則不然，深閉固距，而不肯試，猥以不誦絕之，欲以杜塞餘道，絕滅微學。夫可與樂成，難與慮始，此乃衆庶之所爲耳，非所望士君子也。且此數家之事，皆先帝所親論，今上所考視，其古文舊書，皆有徵驗，外內相應，豈苟而已哉！

夫禮失求之於野，古文不猶愈於野乎？往者博士《書》有歐陽，《春秋》公羊，《易》則施、孟，然孝宣皇帝猶復廣立《穀梁春秋》，《梁丘易》，《大小夏侯尚書》，義雖相反，猶並置之。何則？與其過而廢之也，寧過而立之。傳曰：'文武之道未墜於地，在人；賢者志其大者，不賢者志其小者。'今此數家之言所以兼包大小之義，豈可偏絕哉！若必專己守殘，黨同門，妒道真，違明詔，失聖意，以陷於文吏之議，甚爲二三君子不取也。"

其言甚切，諸儒皆怨恨。是時名儒光祿大夫龔勝以歆移書上疏深自罪責，願乞骸骨罷。及儒者師丹爲大司空，亦大怒，奏歆改亂舊章，非毀先帝所立。上曰："歆欲廣道術，亦何以爲非毀哉？"歆由是忤執政大臣，爲衆儒所訕。

看這一段所述，劉歆自信滿滿地攻擊當時博士"信口說而背傳記，是未師而非往古，至於國家將有大事，若立辟雍、封禪、巡狩之儀，則幽冥而莫知其原。猶欲保殘守缺，挾恐見破之私意，而無從善服義之公心，或壞妒疾，不考情實，雷同相從，隨聲是非"。但是我們依據劉歆《移書》看來，在他自己說的話裏面即可看出種種破綻：

(1) 他說在"在漢朝之儒，唯賈生而已。至孝武皇帝，然後鄒、魯、梁、趙頗有《詩》《禮》《春秋》先師，皆起於建元之間。"由這幾句看來可見孝武前之張蒼傳《左氏》爲不可信，他這裏也不說賈誼傳《左傳》，足見其僞託。

(2) 他述武帝詔書中說"禮壞樂崩，書缺簡脫，朕甚閔焉"等語，實在並非詔書原文，是他有意改作。辨已詳前。

(3) 他說，"天漢之後，孔安國獻之"。《漢書·藝文志》云"武帝末，魯共王壞孔子宅，欲以廣其宮，而得《古文尚書》及《禮記》《論語》《孝經》凡數十篇"，"安國獻之。遭巫蠱事，未列於學官"。我們由魯共王死在武帝初年，"巫蠱之難"起於武帝末年，這中間經過了三十餘年的長時期，而又在武帝表章六經之時，不應該在天漢之後才由孔安國獻之；而且《史記·孔子世家》提到"安國爲今皇帝博士，至臨淮太守，早卒"，也不會有"天漢之後，孔安國獻之"之事。清儒爲《漢志》彌縫說是"孔安國家獻之"，這就成了改歷史了，因爲總不應《漢志》有誤，《劉歆傳》有誤，而《文選》所選《移書》也有誤。

劉歆的《移書》所云已極不可信。

（4）他說"傳問民間，則有魯國桓公、趙國貫公、膠東庸生之遺學與此同，抑而未施"。據桓、貫、庸三家皆傳《書》《禮》之學者，也可見《左傳》云傳授並無其人。如果有人，他何以不敘及尹咸、翟方進而獨舉異學民間之儒生？且說"遺學與此同"，也未免太誤會了！

由劉歆《移書》中已可看若干作僞之跡，則當時博士之不肯置對，龔勝上疏願乞骸骨，師丹奏歆改亂舊章；孔光爲孔安國之後，亦不加以援助。這自是歆所爭立之古文經傳顯有破綻，令人疑惑，近人或謂民間本有古學，而又謂歆僞書必待中秘，因以時間考之，謂歆僞書不如是之速，殊乏卓識。這時劉歆祇提出孔壁中祇有《逸禮》和古《書》，古書中秘祇《左氏春秋》，並無《毛詩》，在王莽居攝時，他們更引有《尚書》逸《嘉禾》篇；居攝三年九月，莽母功顯君死，時劉歆與博士諸儒七十八人議功顯君服，又說"發得《周禮》，以明因監"，可見他們任意僞造古文，所以引發出了第二次紛爭。

（二）公孫禄之奏劾劉歆

據《漢書·王莽傳》：

> 莽召問群臣擒賊方略……故左將軍公孫禄徵來與議，禄曰："太史令宗宣典星曆，候氣變，以凶爲吉，亂天文，誤朝廷。太傅平化侯飾虛僞以偷名位，'賊夫人之子'。國師嘉信公顛倒《五經》，毀師法，令學士疑惑。明學男張邯、地理侯孫陽造井田，使民棄土業。羲和魯匡設六筦，以窮工商。説符侯崔發阿諛取容，令下情不上通。宜誅此數子以慰天下！"

公孫禄所云"國師嘉信公"劉歆之"毀師法"這可證明其"顛倒《五經》"正是顛倒經文，其"毀師法"則是毀師說，令學士疑者不止一人。不過爲莽勢所獨，而劉歆他們作僞也非一人，到這時所僞諸經不止《佚禮》、古《書》《左氏春秋》三種，又有《費易》《禮記》《樂經》《論語》《孝經》，這些在《移書》中並未提出，而且其明説過"陳發秘藏，校理舊文，得此三事"，《費易》《周官》《禮記》《樂經》等書後出，是極明顯的。《毛詩》中有與《周官》《禮記》《左氏春秋》相合者，《毛詩序傳》後出，亦極明顯。公孫禄説他"顛倒《五經》"，比師丹説他"改亂舊章"更嚴重。

（三）胥君安之議《左氏傳》

據《華陽國志·十下》引《春秋穀梁傳》首《序》云：

成帝時議立三《傳》博士，巴郡胥君安獨駁《左氏》不祖聖人。

這裏説"成帝時議立三《傳》博士"，與《漢書》不合，成帝或爲哀帝之誤。這也是西漢末今古文紛爭之一例。據《漢書》説，《公羊》與《穀梁》有過紛爭，無論如何，今古文紛爭在西漢至少應有三次，《穀梁》在西漢之立概不可信。《華陽國志》所載無爲胥君安作僞之意，所記時代雖有訛誤，然事實應比較可信。兹姑附列於此。

第二節　東漢時今古文之紛爭

東漢時今古文之爭，以年限論，其次數自較西漢末爲多。兹列於下：

（一）韓歆與范升

據《後漢書·儒林傳》説：

建武中，鄭興、陳元傳《春秋左氏》學。時尚書令韓歆上疏，欲爲《左氏》立博士，范升與歆爭之未决，陳元上書訟《左氏》，遂以魏郡李封爲《左氏》博士。後群儒蔽固者數廷争之。及封卒，光武重違衆議，而因不復補。

據《後漢書·范升傳》云：

時尚書令韓歆上疏，欲爲《費氏易》《左氏春秋》立博士，詔下其議。四年正月，朝公卿、大夫、博士，見於雲臺。帝曰："范博士可前平説！"升起對曰："《左氏》不祖孔子而出於丘明，師徒相傳又無其人，且非先帝所存，無因得立。"遂與韓歆及太中大夫許淑等互相辯難，日中乃罷。

這是就《左氏》之傳授以及過去之未立學官來立論。

范升退又奏曰："孔子曰：'博學約之，弗叛矣夫。'夫學而不約，必叛道也。顏淵曰：'博我以文，約我以禮。'孔子可謂知教，顏淵可謂善學矣。《老子》曰：'學道日損。'損，猶約也。又曰：'絶學無憂。'絶末學也。今《費》《左》二學，無有本師，而多反異；先帝前世有疑於此，故《京氏》雖立，輒復見廢。疑道不可由，疑事不可行。《詩》《書》之作，其來已久，孔子尚周流游觀至於知命，自衛反魯，乃正《雅》《頌》。今陛下草創天下，紀綱未定，雖設學官，無有弟子，《詩》《書》不講，禮樂不修，奏立《左》《費》，非政急務。孔子曰：'攻乎異端，斯害也已。'《傳》曰：'聞疑傳疑，聞信傳信，而堯舜之道存。'願陛下疑先帝之所疑，信先帝之所信，以示反本，明不專己。天下之事所以異者，以不一本也。《易》曰：'天下之動，貞夫一也。'又曰：'正其本，萬事理。'《五經》之本，自孔子始。"

由這裏所說的看來，"《費》《左》二學，無有本師，而多反異"，"奏立《左》《費》，非政急務"，韓歆、范升並非專爲《春秋》之《公》《左》爭辯，實牽涉《費易》而起。范升"奏《左氏》之失凡十四事"，及古文學家則以《史記》多引《左氏》反駁，"升又上太史公違戾《五經》，謬孔子言，及《左氏春秋》不可録三十一事"。這是東漢時第一次今古文之爭，韓、范之爭的結局是古學的失敗。

（二）陳元與范升

韓、范之爭雖然古學失敗，但即有陳元詣闕上書力主《左氏》。據《後漢書·陳元傳》說：

時議欲立《左氏傳》博士，范升奏以爲《左氏》淺末，不宜立。元聞之，乃詣闕上疏曰：

"陛下撥亂反正，文武並用，深愍經藝謬雜，真偽錯亂，每臨朝日，輒延群臣講論聖道。知丘明至賢，親受孔子，而《公羊》《穀梁》傳聞於後世，故詔立《左氏》，博詢可否，示不專己，盡之群下也。今論者沉溺所習，玩守舊聞，固執虛言傳受之辭，以非親見實事之道。《左氏》孤學少與，遂爲異家之所覆冒。夫至音不合衆聽，故伯牙絶弦；至寶不同衆好，故卞和泣血。仲尼聖德，而不容於世，況於竹帛餘文，其爲雷同者所排，固其宜也。非陛下至明，孰能察之。

臣元竊見博士范升等所議奏《左氏春秋》不可立，及太史公違戾凡四十五事。案升等所言，前後相違，皆斷截小文，媟黷微辭，以年數小差，掇爲巨謬，遺脫纖微，指爲大尤，抉瑕摘釁，掩其弘美，所謂'小辯破言，小言破道'者也。升等又曰：'先帝不以《左氏》爲經，故不置博士，後主所宜因襲。'臣愚以爲若先帝所行而後主必行者，則盤庚不當遷於殷，周公不當營洛邑，陛下不當都山東也。往者，孝武皇帝好《公羊》，衛太子好《穀梁》，有詔詔太子受《公羊》，不得受《穀梁》。孝宣皇帝在人間時，聞衛太子好《穀梁》，於是獨學之。及即位，爲石渠論而《穀梁氏》興，至今與《公羊》並存。此先帝後帝各有所立，不必其相因也。孔子曰：'純，儉，吾從衆；至於拜下，則違之。'夫明者獨見，不惑於朱紫，聽者獨聞，不謬於清濁，故離朱不爲巧眩移目，師曠不爲新聲易耳。方今干戈少弭，戎事略戢，留思聖藝，眷顧儒雅，采孔子拜下之義，卒淵聖獨見之旨，分明白黑，建立《左氏》，解釋先聖之積結，洮汰學者之累惑，使基業垂於萬世，後進無復狐疑，則天下幸甚。

臣元愚鄙，嘗傳師言。如得以褐衣召見，俯伏庭下，誦孔氏之正道，理丘明之宿冤；若辭不合經，事不稽古，退就重誅，雖死之日，生之年也。"

書奏，下其議，范升復與元相辯難，凡十餘上。帝卒立《左氏》學，太常選博士四人，元爲第一。帝以元新忿爭，乃用其次司隸從事李封，於是諸儒以《左氏》之立，論議讙譁，自公卿以下，數廷爭之。會封病卒，《左氏》復廢。

陳元疏裏所說的"《左氏》孤學少與"頗不合乎事實，《左氏》在東漢是與《毛詩》《古書》《周禮》《費易》相符合的。謂"年數小差""遺脫纖微"，可見《左氏》年數確有小小的差誤，文字也有纖微的遺脫，並不是真古本與真爲《春秋》之"傳"。陳元、范升辯難多次，《左氏》雖可以立，但是"論議讙譁，公卿大夫數廷爭之"，仍不爲輿論所容，終於"《左氏》復廢"。

（三）李育與賈逵

到明、章時，有李育與賈逵之爭。據《後漢書·李育傳》說：

（育）少習《公羊春秋》……頗涉獵古學。嘗讀《左氏傳》，雖樂文采，然謂不得聖人深意，以爲前世陳元、范升之徒更相非折，而多引圖讖，不據理體，於是作《難左氏義》四十一事。建初元年，衛尉馬廖舉育方正，爲議郎。後拜博士。四年，詔與諸儒論《五經》於白虎觀，育以《公羊》義難賈逵，往返皆有理證，最爲通儒。

這第三次的爭辯，是由《公羊》家提出。賈逵的答復是：

臣謹擿出《左氏》三十事尤著明者，斯皆君臣之正義，父子之紀綱，其餘同《公羊》者十有七八，或文簡小異，無害大體。至如祭仲、紀季、伍子胥、叔術之屬，《左氏》義深於君父，《公羊》多任於權變，其相殊絕，固以甚遠，而冤抑積久，莫肯分明。臣以永平中上言《左氏》與圖讖合者，先帝不遺蒭蕘，省納臣言，寫其傳詁，藏之秘書。建平中，侍中劉歆欲立《左氏》，不先暴論大義，而輕移太常，恃其義長，詆挫諸儒，諸儒內懷不服，相與排之。孝哀皇帝重逆衆心，故出歆爲河內太守。從是攻擊《左氏》，遂爲重讎。至光武皇帝奮獨見之明，興立《左氏》《穀梁》，會二家先師不曉圖讖，故令中道而廢。凡所以存先王之道者，要在安上理民也。今《左氏》崇君父，卑臣子，强幹弱枝，勸善戒惡，至明至切，至直至順。且三代異物，損益隨時，故先帝博觀異家，各有所采。《易》有施孟，復立梁丘，《尚書》歐陽，復有大、小夏侯；今三《傳》之異亦猶是也。又《五經》家皆無以證圖讖，明劉氏爲堯後者，而《左氏》獨有明文。《五經》家皆言顓頊代黃帝，而堯不得爲火德。《左氏》以爲少昊代黃帝，即圖讖所謂帝宣也。如令堯不得爲火，則漢不得爲赤，其所發明，補益實多。陛下通天然之明，建大聖之本，改元正曆，垂萬世則，是以麟鳳百數，嘉瑞雜沓。猶朝夕忪勤，游情六藝，研幾綜微，靡不審核。若復留意廢學以廣聖見，庶幾無所遺失矣。《春秋序》云：'孔子覽史記，就是非之説立素王之法'。(《左氏長經章》，《東漢文紀》明梅鼎祚編第二部分)

上一次陳、范的爭辯是因多引圖讖，《左氏》獲得勝利；這一次賈逵又明説獨有《左氏》有明文，明劉氏爲堯後。《左氏》之興，由於圖讖，由此可見。然而《李育傳》説："育以《公羊》義難賈逵，往返皆有理證，最爲通儒"，興論上還是擁護李育的。

(四) 馬融與劉

在安帝時，有馬融與劉璟之爭。據《後漢書·鄭玄傳》説：

　　初，中興之后，范升、陳元、李育、賈逵之徒爭論古今學，後馬融答北地太守劉璟及玄答何休，義據通深，由是古學遂明。

馬融與劉璟之爭僅見《鄭玄傳》，其所爭爲何經，現無從詳考。

(五) 羊弼、何休與鄭玄、服虔

在桓、靈時，何休因廢錮而閉户著書，以《春秋》駁漢事六百餘條，妙得《公羊》本意。又與其師羊弼追述李育意，作《公羊墨守》《左氏膏肓》《穀梁廢疾》，以難《左》《穀》二《傳》。他們這裏以《春秋》駁漢事六百餘條，是依據《公羊》而立説，自易引起治古文學者之反駁，我們只看服虔有《春秋左氏膏肓釋痾》，又以《左傳》駁何休之所駁漢事六十餘條，爲《春秋漢議駁》(《隋志》有十卷，《唐志》五卷)。這是何、服今古之爭。鄭玄也有《發墨守》《鍼膏肓》《起廢疾》三書，專爲答復何休而作。據《後漢書·鄭玄傳》説：

时任城何休好《公羊》学,遂著《公羊墨守》《左氏膏肓》《穀梁废疾》,玄乃发《墨守》,鍼《膏肓》,起《废疾》。休见而叹曰:"康成入吾室,操吾矛,以伐我乎!"

这是何、郑今古之争。何休对於《周官》也有抨击之词,贾公彦《序周礼废兴》说:"何休以《周礼》为六国阴谋之书"。郑、服於此则并未作答。马融、刘瓌、何休、服虔、郑玄这几次的争辩都是在民间的,时古学尽管未立学官,但在民间还是免不了为人所攻击。

(六) 临硕与郑玄

据《郑玄传》,郑又著有《答临孝存周礼难》,贾公彦《序周礼废兴》说:"林孝存以为武帝知《周官》末世不验之书,故作《十论》《七难》以排之。"是郑玄与林孝存对於《周礼》也有过争论。《后汉书·孔融传》《三国志·魏志》裴松之注引《续汉书》,并云北海、临孝存,临孝存即林硕,林、郑之争在《周礼·春官·女巫》《夏官·叙官》《诗·卫风·伯兮》《诗·大雅·棫朴》《礼记·王制》孔疏中,各引有佚文。我们试引几条来看:

(1)《周礼·春官·女巫》贾疏说:"按,林硕难曰:'凡国有大灾,歌哭而请。鲁人有日食而哭。'《传》曰:'非所哭,哭者哀也,歌者是乐也。有哭而歌,是以乐灾,灾而乐之,将何以请?哀乐失所,礼又丧矣。'孔子曰:'哭则不歌,歌哭而请,道将何为?'玄谓:'日食,异者也,於民无困,哭之为非,其所灾害,不害穀物,故歌必礼也。董仲舒曰:'雩,求雨之术,呼嗟之歌。《国风·周南》《小雅·鹿鸣》《燕礼》《乡饮酒》《大射之歌》焉。然则《云汉》之篇,亦大旱之歌。'《考异邮》曰:'集《二十四旱志》,玄服而缓云,刑理,察挺罪,赦过,呼嗟哭泣以成发气。'此数者非大灾歌哭之证也。多灾哀也,歌者乐也,今丧家挽歌亦谓乐,非。孔子哭则不歌,是出何经?《论语》曰:'子於是日哭则不歌'。谓一日之中既以哀事哭,又以乐而歌,是为哀乐之心无常,此所以讥此礼。若然,此云歌者夏愁之歌,若《云汉》之诗是也。"

(2) 同书《夏官·序官》贾疏说:"郑答林硕云:'军者,兵之大名,军礼重言军,为其大悉,故《春秋》之兵,虽有累万之众,皆听师。《诗》云六师,即六军也。'然军旅卒两皆众名,独举师者,故《易·师·象》云:'师:贞,丈人吉,无咎。'军二千五百人为师,丈之言长也,以法度为人之长,故吉无咎。谓天子诸侯而主军,军将皆命卿,天子六军,兵众之名移矣。正言师者,出兵而多,以军为名,次以师名,少旅为名,言众,举中言之也。"

（3）《毛詩》"周王于邁，六師及之"。孔疏説："臨碩並引《詩》三處六師之文，以難《周禮》。鄭釋之云：'《春秋》之兵，雖累萬之衆，皆稱師。《詩》之六師，謂六軍之師。'總言三文，六師皆云六軍，是亦以此爲六軍之意也。"（《毛詩正義》卷十六）

（4）"《伯兮》，刺時也……衛宣公之時，蔡人、衛人、陳人從王伐鄭"。"《公羊傳》曰：'其言從王伐鄭何？從王，正也。'鄭答臨碩引《公羊》之文，言'諸侯不得專征伐，有從天子及伯者之禮。'"（《毛詩正義》卷三）

還有臨碩指出《孟子》與《王制》關於"王者之制禄爵"的不同，鄭答臨碩云："孟子當赧王之際，《王制》之作，復在其後。"（《禮記正義》卷十一）。

僅以上幾例，可以看出臨碩是以《公羊傳》等今文之説來攻擊《周禮》等古文説，鄭玄則從古文説角度予以回應，然其總貌若何，亦已無考。

（七）東漢末今古之紛爭

以上所舉韓歆、陳元、賈逵、鄭玄、服虔與范升、李育、何休、羊弼、臨碩的爭辯，是有主名可考見的，據《周禮疏》説："《士燮傳》更説：'聞京師古今之學，是非忿爭。'"可見在東漢末年，今古之爭仍甚激烈，並未稍息。可以説，在東漢一朝，今古學之爭自始至終從未停息，此起彼伏，從經學發展的角度看，已經需要各取所長，有所糅合統一了。所以荀悦在《申鑒·時事篇》中説："古今文不同，而皆自謂真本經，古今先師，義一而已。異家别説不同，而皆自謂古今。仲尼邈而靡質，昔先師殁而無聞。先師已喪義無所聞，將誰使折之者？秦之滅學也，書藏於屋壁，義絶於朝野，逮至漢興，收摭散滯，固已無全學矣。文有磨滅，言有楚夏，出有先後。或學者先意有所借定，後進相仿，彌以滋蔓，故一源十流，天水違行，而訟者紛如也。執不俱是，比而論之，必有可參者焉。"荀悦所説的"將使誰折之者？"又説"比而論之，必有可參者焉"。可見他是主張糅合今古，而今古文之糅合，到東漢後期時實感覺有其必要。

第八章

今古文經學之雜糅

第一節　西漢末葉今古文經學之雜糅

在劉歆爭立古文經前後，據《漢書》所載各經師傳文看來，有好多人已在引用古文經。例如《梅福傳》明引"《穀梁傳》曰：'其不稱名姓，以其在祖仕尊之也'"，"《禮記》曰：'丘也，殷人也'"；《韋玄成傳》載：元帝時，"玄成等四十四人奏議曰：……《祭義》曰：'王者禘其祖自出，以其祖配之，而立四廟。'"所引《祭義》雖有各別文字缺誤（今按，原文爲"王者禘其祖之所自出"），實《禮記·喪服·小記》文。又"哀帝即位……太僕王舜、中壘校尉劉歆議曰：……《禮記·王制》及《春秋穀梁傳》……其文曰：'天子三昭三穆，與太祖之廟而七；諸侯二昭二穆，與太祖之廟而五。'故德厚者流光，德薄者流卑。《春秋左氏傳》曰：'名位不同，禮亦異數。'自上以下，降殺以兩，禮也。"他們又引有《禮記·禘典》《春秋外傳》，周壽昌説："西漢奏議內引《左氏傳》始見此及《翟方進傳》"，他們所引《禘典》之文，則在今《禮記·祭法》中（翟方進引《左傳》已詳本篇第二章）。古文經在西漢徵引之者甚少，説不上有什麼雜糅，只有劉歆、王莽等人喜於徵引，以爲議禮之據，若元帝永光四年韋玄成等議，以"春秋之義，父不祭於支庶之宅，君不祭於臣僕之家，王不祭於下土諸侯，請勿復修"。（《漢書·韋賢傳》）這不出於《公羊》，亦非見於《左氏》，不能説是引《左傳》。即如"諫大夫龔勝等十四人以爲'《春秋》之義，姦以事君，常刑不舍。魯大夫叔孫僑如欲顓公室，譖其族兄季孫行父於晉，晉執囚行父以亂魯國，《春秋》重而書之。'"（《漢書·薛宣朱博傳》）這裡未明言引自《左傳》，我們不得臆斷推測，以爲是引《左傳》。因爲漢儒每有稱引《春秋》而我們往往查考不出他的出處。我們知道，在賈誼《新書》、桓寬《鹽鐵論》之中都引有《春秋》，西漢今文家別有所依據，我們更不能以此爲今古雜糅。我們可認爲雜糅今古者，則二戴於《士禮》中加有古文的一段，這或是當時今文學家所爲；而西漢古文家將今文《泰誓》《王制》亦加入古文《書》《禮》之中，這倒是雜糅今古之例。《爾雅》一書有今文説,有古文説;緯讖之中,有今文説,有古文説;這也可以説是今古雜糅之一例。古文的材料並不多,解釋也並不好,不得不仍援用今文,盡管王莽、劉歆那樣好依周公之禮,王莽還是要説"孔子作《春秋》以爲後世法。"(《漢書·王莽傳》)要"莽以《周官》《王制》之文,置卒正、連率、大尹,職如太守"。他們没有辦法,不能不用今文。劉歆解《春秋左氏傳》,於"齊人降鄣"條,也還是要依二傳,以"鄣,紀之遺邑"(莊公三十年《正義》引劉、賈)。今古文之雜糅是勢所必然的,皮錫瑞説:

"後漢……風氣益開,性靈漸起;其過於前人之質樸而更加恢張者在此,其不及前人之質樸而未免雜糅者亦在此。"

皮氏此論,實未憭於經説本已有今古雜糅的傾向,而就經文而論,更早有今古雜糅的古經,這並不是某一個人的意見。

第二節　東漢經師今古文經學之雜糅

(一) 經文之雜糅

經學發展過程中,今古文之雜糅既有其不得不然之趨勢,如劉歆、王莽且不能不雜糅古今,到了東漢,這傾向自然更變本加厲。儒生們因今古經之異同擇善而從,所以對於經文將兩種不同的本子合而爲一。例如《尚書》《春秋》,賈逵於《書》有《古文尚書同異》三卷,於《春秋》有《三家經本訓詁》十二卷,《春秋左氏經傳朱墨列》一卷;馬融於《春秋》有《春秋三傳異同説》;劉陶有《中文尚書》;荀爽有《尚書正經》,是校正經文異同,雜糅今古之作。《後漢書·劉陶傳》説:"劉陶字子奇,一名偉,潁川潁陰人,濟北貞王勃之後……陶時游太學……明《尚書》《春秋》,爲之訓詁。推三家《尚書》及古文,是正文字三百餘事,名曰《中文尚書》。"他這種《中文尚書》雖不流傳於世,然他不謂爲"今文""古文",而獨謂爲《中文尚書》,則是他雜糅經文尤明顯。至於鄭玄,他的《詩箋》雜糅今古,自謂"注詩宗毛爲主,毛義若有隱略,則更表明;如有不同,即下己意,使可識别也"。(《經典釋文·毛詩音義上》引鄭玄《六藝論》)是今古文之《詩》有雜糅。鄭玄之注《儀禮》,於《禮》今古文雜糅爲一本。他的《論語注》,據《釋文·序録》説:"安昌侯張禹受《魯論》於夏侯建,又從庸生、王吉受《齊論》,擇善而從,號曰'張侯論',最後而行於漢世。禹以《論》授成帝,後漢包咸、周氏並爲章句,列於學官。鄭玄就《魯論》張、包、周之篇章,考之《齊》《古》,爲之注焉。""鄭本《論語》又參合《古》《齊》《魯》三書定之,非張、包、周之舊"。經文之雜糅，在東漢末葉，《詩》《書》《禮》《易》《春秋》《論語》諸經都有其跡象可見的。

(二) 經義之雜糅

東漢古文經師多先習今文，後及古文。鄭興父子本是先習《公羊》，晚善《左氏》，賈逵也是先習《夏侯尚書》。許慎是賈逵的弟子，而其所著《説文》，則於《易》用孟本，於《書》也間用歐陽、夏侯説。鄭玄更是先治《京易》《韓詩》《公羊春秋》的。服虔是習《韓詩》的。他如《後漢書·儒林傳》所記，古文學家如尹敏、丁鴻諸人，都是先習今文，然後及於古文的。後漢的今文家亦未嘗不涉獵古學，李育、何休均曾研誦《左氏》，這從其本傳與其著作都可以看出來。我們更要注意的是，《白虎通奏議》雖説出於今文十四博士，然其中實有依用古文的地方。當時的《禮》家，如張純、曹充、曹襃、董鈞等都有依用古文説之處，他們已不似西漢今文家那樣壁壘森嚴。古文家因爲師徒相傳並無其人，更不得不暗襲今説，如賈逵之《春秋左氏傳解詁》，在唐人《正義》中即曰"病其雜取《公羊》《穀梁》以解《左氏》"，謂之"以冠雙履，將絲綜麻"。

就《舊疏》等書所引賈逵的佚説看來，例如：

(1) "經：（僖公）三年春王正月，不雨。夏四月，不雨。"賈氏云："《穀梁傳》曰：'一時言不雨者，閔雨也。閔雨者，有志乎民者也。六月，雨。雨雲者，喜雨也。喜雨者，有志乎民者也。'《文二年傳》曰：'自十有二月不雨，至於秋七月。歷時而言不雨，文不憂雨也。不憂雨者，無志乎民也。'言僖有憂民之志，故每時一書；文無憂民之志，是以歷時總書。"（《春秋左氏傳解詁》卷上）

(2) "成十七年九月辛丑，用郊。"賈氏云："《公羊》口：'用者何？用者不宜用也。九月，非所用郊也。'《穀梁傳》曰：'夏之始，可以承春。以秋之末承春之始，蓋不可矣。九月用郊，用者不宜用也。'諸言'用'，皆不宜用，反於禮者也。"（同上）

(3) "襄十六年三月，公會晉侯、宋公、衛侯、鄭伯、曹伯、莒子、邾子、薛伯、杞伯、小邾子於溴梁。戊寅，大夫盟。"賈氏云："《公羊》以爲溴梁之盟，君若贅旒然。《穀梁》云：'溴梁之會，諸侯失正矣。諸侯會而曰大夫盟，正在大夫也。諸侯在而不曰諸侯之大夫，大夫不臣也。'不曰諸侯之大夫者，刺大夫不臣也。言惡大夫專，而君失權也。"（同上）

(4) "襄十九年春。王正月……取邾田，自漷水。"《左傳》"（經）取邾田,自漷水,歸之於我。"賈氏云:"傳《公羊傳》曰:'取邾婁田自漷水。其言自漷水何?以漷爲竟也。何言乎以漷爲竟?漷移也。'其意言邾、魯以漷水爲竟,漷水移入邾界,魯隨而有之。言刺晉偏而魯貪。"(同上)

(5)"昭九年……夏四月,陳火。"賈氏云:"《穀梁傳》曰:'國曰災,邑曰火。火不志,此何以志?閔陳而存之也。'言愍陳不與楚,故存陳而書之,言陳尚爲國也。"(同上)

(6)"昭十二年……冬十月,晉伐鮮虞"。賈氏云:"《穀梁傳》曰:'其曰晉,狄之也。其狄之何也?不正其與夷狄交伐中國,故狄稱之也。'"(同上)

(7)"定五年……夏,歸粟於蔡"。賈氏云:"《公羊傳》曰:'孰歸之?諸侯歸之。曷爲不言諸侯歸之?離至不可得而序,故言我也。'《穀梁傳》亦然。不書所會後也。"(同上)

以上數例,都是明引《公》《穀》之文,其後馬融作《春秋三傳異同說》,於文十八年"秦伯罃卒"引"《穀梁傳》曰:'云秦伯偃'";於昭四年"大雨雹"引《穀梁》作"大雨雪"(《玉函山房輯佚書》,頁四);服虔作《春秋左氏傳解誼》;於僖四年"楚屈完來盟於師"引用《公羊傳》說(卷二);於襄十六年"戊寅,大夫盟"也是用《公羊傳》說(卷);昭十二年"晉代鮮虞",更引用《穀梁》說(卷四);《公羊傳》昭三十二年《疏》,更引有服氏《春秋成長說》引《公羊傳》:"五分之,然後受之"。也是引用今文雜糅今古之一例。

(三)鄭玄與今古文之雜糅

在這裏我們所特別要注意的,是鄭玄之雜糅今古。他和鄭興、賈逵一樣,在經文、經義上都有雜糅,而且實在比他們來得更進一步。他本是今古兼治的學者,他曾說明他治學的態度是要"既知今,亦當知古"(《鄭志疏證》二)。他又說:"天下之事,以前驗後,其不可合者何可悉信?是故悉信亦非,不信亦非。"(《鄭志疏證》三)他的思想本已具有綜合今、古擇善而從的作風,他注三《禮》《論語》,都在箋詩之前。據《詩·邶風·燕燕》之《疏》引《鄭志》:"答炅模云:'初爲記注,後得《毛傳》,不復改之。時直執就盧君先師,亦然,後乃得毛公傳,既古書義,又宜然,記注已行,不復改之。'"(《鄭志疏證》三)。"答劉琰云:'《論語注》人間行久,義或宜然,故不復定。是其所著書先後不合,並非有意矛盾,故示參差之跡,正可考見經學門户之廣,去聖人久遠,記者各尊所聞,今古文皆有師承,不可偏廢,有前所據而後追改者矣，亦有前所據而後不必追改者矣。'"

據此可知注三《禮》、注《論語》並在箋詩之前。《禮記·檀弓疏》引《鄭志》答張逸云："當爲注時在文綱中，嫌引秘書，故諸所牽圖讖皆謂之説。"則鄭注《尚書》亦在箋詩前。據皮錫瑞輯本《鄭志疏證》看來，鄭云：

（1）答趙商云：成王崩之時在西都，文王遷豐作靈臺、辟雍而已，其餘猶諸侯制度，故喪禮設衣物之處，寢有夾室與東西房也。周公攝政太平，制禮作樂，乃立明堂於王城。（《鄭志疏證》二）

（2）答張逸云："周公制禮建國上"中，《洛誥》："王入太室，祼。"是也。《顧命》："成王崩於鎬京，承先王宮室耳。宣王承亂未必如周公之制。"（同上）

（3）答云：《禮記》後人所集。據時而言，或諸侯同天子，或天子與諸侯等所施不同，故難據《王制》之法，與周異者多，當以經爲正。（同上）。

（4）答曰：《爾雅》之文雜，非一家之注，不可盡據以難《周禮》。（同上）

（5）答曰：族師之職：周公新制禮，使民相共敕法。《康誥》之時，周法未定，天下又新誅三監，務在尚寬以安天下，先及異時，各有云爲，乃謂是錯也。（同上）

（6）答："《職方氏》四夷八蠻，七閩九貉，五戎六狄之人民"。趙商問："職方氏掌四夷八蠻，七閩九貉，五戎六狄之數。注云：周之所服國數，《禮記·明堂位》曰，周公六年制禮作樂，朝諸侯於明堂，有朝位服事之國，數夷九蠻八戎六狄，五禮文事異，未達其數。鄭答：《職方氏》四夷四方夷狄也，即九夷在東方，八蠻在南方，閩其別也。戎狄之數，或六或五，兩文異。《爾雅》惟有其數耳，皆無別國之名，校未甚明，放不定。（同上）

（7）答趙商曰：是殷禮。若周禮則奔喪曰云師哭諸廟門外。（同上）

（8）答曰：葬乃朝廟當周之正禮也，其末世諸侯國何能同也？《傳》合不合當解《傳》耳，不及難經。（同上）

（9）答云：祭法，《周禮·王制》之云或以夏、殷雜，不合周制。（同上）

（10）《禮記》之云，何必皆在《春秋》之例。（同上）

（11）答云：古者據時而道，前代之言，唐、虞之禮，五載一巡守；夏、殷之時，天子蓋六年一巡守，諸侯聞而朝天子，其不朝，罷朝，五年再朝。似如此別禮典，不可得而詳。（同上）

（12）不可以《國語》亂周公所定法。（同上）

可以看出，鄭玄每以時代之先後、地域之分別爲言，今古經説矛盾之處，他全可以用此特殊之法來爲之綜合。例如"田制"，《孟子》説"百畝之田，毋失其時"。《禮記·王制》篇則說"制農田百畝",並無等級之差。《周禮·大司徒》職云:"不易之地家百畝,一易之地家二百畝,再易之地家三百畝"。《遂人》職則謂"上地夫一廛,田百畝,萊五十畝,餘夫亦如是;中地夫一廛,田百畝,餘夫亦如之;下地夫一廛,田百畝,萊二百畝,餘夫亦如之。"《大司徒》與《遂人》所列不同,鄭《注》於《大司徒》則謂"此都鄙之制",於《遂人》則"此六遂之制"。《大司徒》引鄭衆注云:"不易之地歲種之,地美,故家百畝;一易之地休一歲乃復種,地薄,故家二百畝;再易之地休二歲乃復種,故家三百畝;因上中下而有休與不休之分。"《周禮》的二百畝、三百畝還是等《王制》的一百畝,但《遂人》之地仍多於《王制》與《大司徒》。鄭《注》則云:"六遂之民,奇受一廛,雖上地猶有萊,皆可以饒遠人也。"他又以遠近之分,將《周禮》自相互矛盾之處解釋得很圓滿。關於稅制也是如此,《載師》職謂"國宅無徵,園廛二十而一,近郊十一,遠郊二十而三,甸、稍、縣、都皆無過十二,唯其漆林之徵,二十而五。"此與古者謂"什一之稅"亦不合。鄭《注》說道"周稅輕近而重遠,近者多役也。園廛亦輕之者,廛無穀園少利也。《周禮》稅制所以輕近而重遠者,爲民城道溝渠之役,近者勞,遠者佚故也。"關於爵土之制,《周禮》封土公、侯、伯、子、男爲方五百至方百里,而《王制》則"公、侯之田方百里,伯七十里,子、男五十里",五等、三等不同。鄭玄又因緯文殷、周之分而有夏、殷、周之分,《王制注》云:

> 此地,殷所因夏爵三等之制也。殷有鬼侯、梅伯,《春秋》變周之文,從殷之質,合伯、子、男以爲一,則殷爵三等者,公、侯、伯也。異畿內謂之子。周武王初定天下,更立五等之爵,增以子、男,而猶因殷之地,以九州之界尚狹也。周公攝政致大平,斥大九州之界,制禮成武王之意,封王者之後爲公,及有功之諸侯,大者地方五百里,其次侯四百里,其次伯三百里,其次子二百里,其次男百里。所因殷之諸侯,亦以功黜陟之。其不合者,皆益之地爲百里焉。是以周有爵尊而國小、爵卑而國大者。

又云:

> 《春秋傳》云:"禹會諸侯於塗山,執玉帛者萬國。"言執玉帛,則是惟謂中國耳。中國而言萬國,則是諸侯之地,有方百里,有方七十里,有方五十里者。禹承堯、舜而然矣,要服之內,地方七千里,乃能容之。夏末既衰,夷狄內侵,諸侯相並,土地減,國數少。殷湯承之,更制中國方三千里之界,亦分爲九州,而建此千七百七十三國

焉。周公復唐、虞之舊域，分其五服爲九，其要服之内，亦方七千里，而殷諸侯之數，廣其土，增其爵耳。

關於溝洫之制，在《遂人》與《匠人》不同，鄭注："《匠人》云：'此畿内采地之制。九夫爲井，井者，方一里，九夫所治之田也。采地制井田，異於鄉遂及公邑。'"他這樣的注解，將《周禮》一書自相矛盾之處，就"時"與"地"之差，也都予以綜合的解釋，這是鄭玄所以令人欽佩的地方，同時也是他受人攻擊的地方。例如鄭氏所作《毛詩箋》，據陳奐《詩毛氏傳疏》和《鄭氏箋考徵》說："鄭康成習《韓詩》，兼通齊魯，最後治《毛詩》，《箋詩》乃在注《禮》之後。以《禮》注《詩》，非墨守一氏，《箋》中有用《三家》申《毛》者，有用《三家》改《毛》者，例不外此二端……《毛》古文，鄭用《三家》從今文，於以知毛與鄭固不同術也。"這還不是過激之論，李申耆《序張金吾〈五經博士考〉》說："今之所謂漢學者，獨奉一康成氏焉耳。而不知康成氏者漢學之大賊也。西漢經師大抵各爲一說，不能相通，就其不相通而各適於道也，此正聖人微言大義殊塗同歸之所存也。康成兼治衆家而必求通之，於是望文穿鑿，惟憑私臆以爲兩全，徒成兩敗……惜哉！漢學亡而所存者獨一不守家法之康成也。"李氏所云，直是一語中的。兩漢今古文學經鄭玄之糅合，《詩》今文受其影響，《三家》中《韓詩》雖在唐初猶未亡，終於經文次第散佚。《毛詩》之失，又因鄭說暴露於世，使我們感覺《毛詩》之不可信任，至今遂無一適當之善本。《書》今古文經說俱亡；《禮》因僞《孔傳》之出現，而今古文僅保存于鄭注；《易》學京氏雖尚保存一些異說，但是漢儒象數之學亦均相繼湮沒不彰。今古文因雜糅合流而至諸多經文、經義散失，"以爲兩全，徒成兩敗"，李氏這話真是極平允的評價。只是鄭玄本人因其雜糅今古，溝通諸經之義，頗受後世推崇。東漢以後，一些學者對此也頗有議論，如《舊唐書·元行冲傳》曰：

初，有左衛率府長史魏光乘奏請行用魏徵所注《類禮》，上遽令行冲集學者撰《義疏》，將立學官。行冲於是引國子博士范行恭、四門助教施敬本檢討刊削，勒成五十卷。十四年八月奏上之。尚書左丞相張說駁奏曰："今之《禮記》，是前漢戴德、戴聖所編錄，歷代傳習，已向千年，著爲經教，不可刊削。至魏孫炎始改舊本，以類相比，有同抄書，先儒所非，竟不行用。貞觀中，魏徵因孫炎所修，更加整比，兼爲之注，先朝雖厚加賞賜，其書竟亦不行。今行冲等解徵所注，勒成一家，然與先儒第乖，章句隔絕，若欲行用，竊恐未可。"上然其奏，於是賜行冲等絹二百匹，留其書貯於内府，竟不得立於學官。行冲恚諸儒排己，退而著論以自釋，名曰《釋疑》。其詞曰：

客問主人曰："小戴之學，行之已久；康成銓注，見列學官。傳聞魏公，乃有刊易；又承制旨，造疏將頒。未悉二經，孰爲優劣？"主人答曰："小戴之禮，行於漢末，馬融注之，時所未睹。盧植分合二十九篇而爲說解，代不傳習。鄭因子干，師於季長。屬黨錮獄起，師門道喪，康成於竄伏之中，理紛拏之典，志存探究，靡所咨謀，而猶緝述忘疲，聞義能徙，具於《鄭志》，向有百科。章句之徒，曾不窺覽，猶遵覆轍，頗類刻舟。王肅因之，重玆開釋，或多改駁，仍按本篇。又鄭學之徒有孫炎者，雖扶玄義，乃易前編。自後條例支分，箴石間起。馬伷增革，向踰百篇；葉遵刪修，僅全十二。魏公病群言之錯雜，紬衆説之精深。經文不同，未敢刊正；注理睽誤，寧不芟薙。成畢上聞，太宗嘉賞，貴縑千匹，錄賜儲藩。將期頒宣，未有疏義。聖皇纂業，耽古崇儒，高曾規矩，宜所修襲，乃制昏愚，甄分舊義。其有注移往說，理變新文，務加搜窮，積稔方畢。具錄呈進，敕付群儒，庶能斟詳，以課疏密。豈悟章句之士，堅持昔言，特嫌知新，欲仍舊貫，沉疑多月，擯壓不申，優劣短長，定於通識，手成口答，安敢銓量。"客曰："當局稱迷，傍觀見審，累朝銓定，故是周詳，何所爲疑，不爲申列？"答曰："是何言歟？談豈容易！昔孔安國注壁中書，會巫蠱事，經籍道息。族兄臧與之書曰：'相如常忿俗儒淫詞冒義，欲撥亂反正而未能果。然雅達通博，不代而生；浮學守株，比肩皆是。衆非難正，自古而然。誠恐此道未申，而以獨智爲議也。'則知變易章句，其難一矣。

"漢有孔季產者，專於古學；有孔扶者，隨俗浮沉。扶謂產云：'今朝廷皆爲章句內學，而君獨修古義，修古義則非章句內學，非章句內學則危身之道也。獨善不容於代，必將貽患禍乎！'"則知變易章句，其難二矣。

"劉歆以通書屬文，待詔官署，見《左氏傳》而大好之，後蒙親近，欲建斯業。哀帝欣納，令其討論，各遷延推辭，不肯置對。劉歆移書責讓，其言甚切，諸博士等皆忿恨之。名儒龔勝，時爲光祿，見歆此議，乃乞骸骨；司空師丹，因大發怒，奏歆改亂前志，非毀先朝所立。帝曰：'此廣道術，何爲毀耶？'由是犯忤大臣，懼誅，求出爲河南太守，宗室不典三河，又徙五原太守。以君實之著名好學，仲公之深博守道，猶迫同門朋黨之議，卒令子駿負謗於時。"則知變易章句，其難三矣。

"子雍規玄數十百件，守鄭學者，時有中郎馬昭，上書以爲肅繆。詔王學之輩，占答以聞。又遣博士張融案經論詰，融登召集，分別推處，理之是非，具《呈證論》。王肅酬對，疲於歲時。則知變易章句，其難四矣。

"卜商疑聖，納誚於曾輿；木賜近賢，貽嗤於武叔。自此之後，唯推鄭公。王粲稱伊、洛已東，淮、漢之北，一人而已，莫不宗焉。咸云先儒多闕，鄭玄道備，粲竊嗟怪，因求其學。得《尚書注》，退而思之，以盡其意，意皆盡矣。所疑之者，猶未喻焉。凡有兩卷，列於其集。又王肅改鄭六十八條，張融核之，將定臧否。融稱玄注泉深廣博，兩漢四百餘年，未有偉於玄者。然二郊之祭，殊天之禩，此玄誤也。其如皇天祖所自出之帝，亦玄慮之失也。及服虔釋《傳》，未免差違，後代言之，思弘聖意，非謂揚己之善，掩人之名也。何者？君子用心，願聞其過，故仲尼曰'過也人皆見之，更也人皆仰之'是也。而專門之徒，恕己及物，或攻先師之誤，如聞父母之名，將謂亡者之德言而見壓於重壞也。故王劭《史論》曰：'魏晉浮華，古道夷替，洎王肅、杜預，更開門戶。歷載三百，士大夫恥爲章句。唯草野生以專經自許，不能究覽異義，擇從其善。徒欲父康成，兄子慎，寧道孔聖誤，諱聞鄭、服非。然於鄭、服甚憒憒，鄭、服之外皆仇也。'則知變易章句，其難五也。

"伏以孔安國《尚書》、劉歆《左傳》，悉遭擯於囊葉，見重於來今。故知二人之鑒，高於漢廷遠矣。孔秀產云：'物極則變。比及百年外，當有明直君子，恨不與吾同代者。'於戲！道之行廢，必有其時者歟！僕非專經，罕習章句，高名不著，易受輕誑。項者修撰，殆淹年月，賴諸賢輩能左右之，免致愆尤，仍叨賞賚，內省昏朽，其榮已多。何遽持一己之區區，抗群情之嘩嗜，舍勿矜之美，成自我之私，觸近名之誡，興犯眾之禍？一舉四失，中材不爲，是用韜聲，甘此沉默也。"

其所謂"變易章句"竟有五"難"。而鄭學竟能暫時統一，這是最易引起爭執的，今古經學的雜糅統一自然也是很不容易的事。鄭玄的思想本具有綜合古今、擇善而從的意味，這從他的《周禮注》采輯杜子春、衛次仲、鄭興、鄭衆諸家之說，實在一部《周禮》"集解"。不過"集解"之名未興，他仍標題爲"注"。服虔的《左氏解誼》也是采輯劉歆、賈逵、許淑、穎容諸家之説，與鄭注《周禮》的作風相同，也並不標明爲"集解"。鄭玄的《毛詩箋》實是一種"義疏"，他不惟解經，而兼及"傳""注"，這與後來的"義疏"奉一家之注爲主，作風正同。六朝人的義疏也有不守注説，有不名爲"疏"的，内容也極相近。我們不可因鄭"箋"之名爲"箋"，而忽略其"義疏"之雛形。這些容在下篇中再爲詳細討論。

第九章

熹平石經之建立及其影響

（闕）

第十章

兩漢經學之異同及其影響

第一節　兩漢經學之異同

（一）專經與通經

兩漢經學流傳共約四百餘年，在前漢與後漢，由今古文經學之分歧以及師法、家法之不同，其精神與方法自有一些不同之點。皮錫瑞撰《經學歷史》對於兩漢之異同曾舉出一些實例來說明。他說：

> 後漢經學盛於前漢者，有二事：一則前漢多專一經，罕能兼通。經學初興，藏書始出，且有或爲《雅》，或爲《頌》，不能盡一經者。若申公兼通《詩》《春秋》，韓嬰兼通《詩》《易》，孟卿兼通《禮》《春秋》，已爲難能可貴。夏侯始昌通五經，更絶無僅有矣。後漢則尹敏習《歐陽尚書》，兼善《毛詩》《穀梁》《左氏春秋》；景鸞能理《齊詩》、施氏《易》，兼受河洛圖緯，又撰《禮內外說》。何休精研六經，許慎五經無雙，蔡玄學通五經。此其盛於前漢者一也。

皮氏這種說法只可以說是一種大概的情形。他說前漢"經學初興，藏書始出，且有或爲《雅》，或爲《頌》，不能盡一經者"，這是根據劉歆《移書》立論，其實據《史》《漢》所載，《詩》三家在漢初並無如此情形。劉歆之言別有用意，不必可信。皮氏說像"夏侯始昌通五經，更絶無僅有矣"，這尤不合於當時的情形。據《漢書·儒林傳》："武帝時江公與董仲舒並，仲舒通五經，能持論，善屬文。"（卷八十八頁四）《兒寬傳》："梁相褚大通五經，爲博士"；

《王吉傳》:"吉兼通《五經》,能爲騶氏《春秋》,以《詩》《論語》教授,好梁丘賀《易》,令子駿受焉。"(卷七十)《兩龔傳》:"舍亦通五經,以《魯詩》教授"(同上)。《儒林傳·鄭寬申》:"嚴然總《五經》之眇論,立師傅之顯位"(卷八十八)。是前漢之通五經者,尚有賈誼、董仲舒、司馬遷、褚大、王吉、龔勝、龔舍、鄭寬申諸儒,董仲舒於其著作中也可考見。西漢末又有劉向、劉歆、揚雄等人。前漢之通五經者,實不可以說像夏侯始昌那樣的絕無僅有。我們最多只能說後漢通五經者較多於前漢,這是經學在發達的塗徑上應有的現象,由專經到通儒不能說是絕對的異同。

(二) 篤守與注述

兩漢經學之異同由表面上看來,似乎前漢多篤守遺經,而後漢多有所撰述,這也是經學在發達的塗徑上所必有的現象。皮錫瑞《經學歷史》說:

> 一則前漢篤守遺經,罕有撰述。章句略備,文采未彰。《藝文志》所載者,說各止一二篇,惟《災異孟氏京房》六十六篇爲最夥。董子《春秋繁露》,《志》不載。韓嬰作《內外傳》數萬言,今存《外傳》。后倉說《禮》數萬言,號曰《后氏曲臺記》,今無傳者。後漢則周防撰《尚書雜記》三十二篇、四十萬言。景鸞作《易說》及《詩解》,又撰《禮略》及作《月令章句》,著述五十餘萬言。趙曄著《吳越春秋》《詩細》《歷神淵》。程曾著書百餘篇,皆五經通難,又作《孟子章句》。何休作《公羊解詁》,又訓注《孝經》《論語》,以《春秋》駁漢事六百餘條,作《公羊墨守》《左氏膏肓》《穀梁廢疾》。許慎撰《五經異義》,又作《說文解字》十四篇。賈逵集《古文尚書同異》三卷,撰齊、魯、韓《詩》與毛氏異同,並作《周官解故》。馬融著《三傳異同說》,注《孝經》《論語》《詩》《易》、三《禮》《尚書》。此其盛於前漢者二也。風氣益開,性靈漸啓;其過於前人之質樸而更加恢張者在此,其不及前人之質樸而未免雜糅者亦在此。至鄭君出而遍注諸經,立言百萬,集漢學之大成。

皮氏此說也有許多謬誤。《漢書·儒林傳》說:"自武帝立《五經》博士,開弟子員,設科射策,勸以官祿,訖於元始,百有餘年,傳業者浸盛,支葉蕃滋,一經說至百餘萬言,大師衆至千餘人,蓋利祿之路然也。"在解經時"一經說至百餘萬言",這比鄭玄遍注群經立言百萬只有更不質樸更恢張的。我們更看東漢傳《齊詩》之伏恭,以父伏黯章句繁多,乃刪減浮詞,定爲二十萬言;傳《韓詩》之杜撫受業於薛漢,定《韓詩章句》;傳歐陽《尚書》之張奂，將牟長所著的《尚書章句》原書四十五萬餘字刪節成九萬字；傳《春秋公羊》之鍾興受"詔令定《春秋章句》，去其複重"；樊儵以讖記述五經異說，刪定嚴氏章句；張霸也有減定嚴氏章句。東漢初的經師對於所流傳下來的章句一刪再刪，還有數十萬言，足見班固所說"一經說至百餘萬言"之不誣。揚雄也說"今之學也，非獨爲之華藻也，又從而繡其鞶帨"（《法言·寡見》）。在西漢末，經師之不篤守遺經而有所撰述其事至明。皮氏所云，是未曾紬按兩《漢書》中經師本傳立論，後漢儒林未列張奂、樊儵、張霸之刪減章句，以爲東漢著述始繁，西漢多守遺經。其實這只是皮相之談。

（三）大義微言與章句訓詁

皮氏《經學歷史》又說："治經必宗漢學，而漢學亦有辨。前漢今文說，專明大義微言；後漢雜古文，多詳章句訓詁。章句訓詁不能盡饜學者之心，於是宋儒起而言義理。此漢、宋之經學所以分也。"皮氏此說以大義微言與章句訓詁分別兩漢經學，這自然也不是鴻溝之界，不能說前漢絕不講訓詁，後漢絕不講大義。關於這一點，錢玄同先生《重論經今古學問題》一文中曾大加以指摘，他說：

> 近人或謂今文家言"微言大義"，古文家言"訓故名物"，這是兩家最不同之點，此實大謬不然。今文家何嘗不言訓故名物？《漢書·藝文志》於《詩》有《魯故》《魯說》《齊后氏故》《齊孫氏故》《韓故》諸書，於《書》有《大小夏侯解故》諸書，都是言訓故名物的。（漢師說經，"解故"以外，尚有"章句"，《書》之歐陽、大小夏侯，《易》之施、孟、梁丘，《春秋公羊傳》《藝文志》皆有著錄章句之書。章句雖非專言訓故名物，然亦並非絕不言訓故名物也）至於"微言""大義"本是兩詞，近人合爲一詞，謂凡今文經說，專務發揮微言大義，而近代今文家亦多以發揮微言大義之責自承。其實此兩詞絕不見於西漢今文家的書中。最早用此兩詞的是古文家的始祖劉歆。他的《移讓太常博士書》中有云："夫子沒而微言絕，七十子終爲大義乖。"又《漢書·藝文志》爲劉歆《七略》之要刪其篇首即云："昔仲尼沒而微言絕，七十子喪而大義乖。"是當以此兩詞歸之古文家方爲適當耳。若云"微言大義"即指《公羊傳》所言"春秋之義"，則《孟子》《公羊傳》《史記》《春秋繁露》中言及"春秋之義"皆無微言大義之稱，且古文家之劉歆亦曾造有僞《左》的。"春秋之義"即可謂"五十凡"，等等是也。古文家何嘗不言"微言大

義"乎？"微言""大義"兩詞既爲古文家所創，則稱"五十凡"等等爲"微言大義"更爲切合大槩。劉歆亦正指此耳。（《古史辨》第五册）

錢氏此說是不錯的。在《漢志》中說《左傳》者，還有《左氏微》《鐸氏微》《張氏微》《虞氏微》等，當正指微言而言，不止是講大義，講今文的倒沒有以"微"爲書名的。後漢初，桓譚是"徧習五經，皆詁訓大義，不爲章句"；後漢末還有程秉"與劉熙考論大義"，可見古文學家更不是不講大義。以"微言大義"與"章句訓詁"分別前漢今文、後漢古文，這顯然不合實情。不過皮氏雖創此說，但他還無大誤。

皮氏又說

"惟前漢今文學能兼義理訓詁之長。武、宣之間，經學大昌，家數未分，純正不雜，故其學極精而有用。以《禹貢》治河，以《洪範》察變，以《春秋》決獄，以《三百五篇》當諫書，治一經得一經之益也。當時之書，惜多散失，傳於今者，惟伏生《尚書大傳》多存古禮，與《王制》相出入，解《書》義爲最古；董子《春秋繁露》，發明《公羊》三科九旨，且深於天人性命之學；《韓詩》僅存《外傳》，推演詩人之旨，足以證明古義。"

他說前漢今文能兼義理訓詁之長，而所舉實例仍是講義理之著述，此所以讀皮氏書者，仍多誤會以"微言大義"與"章句訓詁"分前後漢今古經學也。

（四）今文與古文

兩漢經學的異同，由專經與通儒、篤守與撰述、義理與故訓這三點看來，都不能作爲絕對的區分標準，現在我們可以略略信任的只有前漢盡從今文、後漢雜以古文之說比較合於實際。依今文家說，古文爲僞乃出自劉歆，是前漢無所謂古文，不過到了劉歆才有古文；依古文家說，古文雖在前漢有傳授，但只傳在民間，而且並未興盛，劉歆爭立古文且遭受諸儒之排擠，則前漢無所謂古文，亦甚明。到了後漢，古文家如陳元、鄭興、鄭衆、賈逵都是在朝之儒，當時國家有立古文於學官之傾向，且令教授太學，與前漢對於古文的態度不同。後漢的今文家從張純、曹充、尹敏、丁鴻起，已兼習古文經，後漢諸儒兼從古文是很顯明的。今文之名是因有了古文而後才起，在前漢今文古文之名不如後漢之顯見，這也正是前漢專從今文、後漢兼用古文之確證。近人或以前漢無今古文之名而遂謂前漢亦無今古文之分，實是大謬不然。但是兩漢經學雖因今古文而略有異同，今古文家均可以不專一經而兼通五經，均可以不專篤守而有撰述，均可以於義理故訓並重不悖。今古文是因版本、文字、說解而大相徑庭，所以以前三者區分兩漢經學，不如以今古文劃分爲較可信。

第二節 兩漢經學之影響

(一) 在教育上之影響

兩漢經學因國家之尊崇，而有博士制度之設置利祿之路，使當時經學因以昌明，從學者亦因以衆多。在武帝時，爲博士官置弟子五十人，昭帝時增至百人，宣帝時倍增之，元帝設員千人，平帝時增至三千人，東漢順帝時游學增盛至三萬餘人。國家立學作育人才，而從學者日衆，至於經師轉相傳授門徒之衆，亦有多至數千人以致萬餘人的。就下列經師傳授弟子人數表看來，即可見於一斑：

(A)《詩》學：

1. 申公　弟子千餘人（《漢書·儒林列傳》）；
2. 魏應　弟子著録於册者數千人（《後漢書·儒林列傳》）；
3. 薛漢　教授常數百人（同上）；
4. 杜撫　弟子千餘人（同上）；
5. 伏理　教授數百人（同上）；
6. 李恂　教授諸生常數百人（《後漢書·李陳龐陳橋列傳》）；
7. 夏恭　習《韓詩》及孟氏《易》，爲講授門徒常千餘人（《漢書·儒林列傳》）；
8. 鍾皓　教授門生千餘人（《後漢書·荀韓鍾陳列傳》）；

(B)《書》學：

1. 歐陽歙　教授數百人（《後漢書·儒林列傳》）；
2. 曹曾　門徒三千餘人（同上）；
3. 牟長　諸生講學常有千餘人著録，前後萬人（同上）；
4. 牟紆　諸生講學者常有千餘人（同上）；
5. 宋登　教授數千人（同上）；
6. 丁鴻　遠方至者數千人（《後漢書·桓榮丁鴻列傳》）；
7. 桓榮　數百人（同上）；
8. 桓焉　數百人（同上）；
9. 桓典　數百人（同上）；
10. 張酺　聚徒以百數（《後漢書·袁張韓周列傳》）；

11. 張奐　弟子千人（《後漢書·皇甫張段列傳》）；
12. 吳章　弟子千餘人（《漢書·儒林列傳》）；
13. 王良　教授諸生千餘（《後漢書·宣張二王杜郭吳承鄭趙列傳》）；
14. 楊厚　門徒三千餘人（《後漢書·卷三十·蘇竟楊厚列傳》）；
15. 張楷　門徒常數百人（《後漢書·鄭范陳賈張列傳》）；
16. 孔季彦　門徒數百人（《後漢書·儒林列傳》）；
17. 周盤　門徒常千餘人（《後漢書·劉趙淳于江劉周趙列傳》）；
18. 楊倫　弟子至千餘人（《後漢書·儒林列傳》）；
19. 索盧放　教授千餘人（《後漢書·獨行列傳》）；
20. 鮑永　數十人（《後漢書·申屠剛鮑永郅惲列傳》）；

(C)《禮》學：

1. 劉茂　教授門生常數百人（《後漢書·獨行列傳》）；
2. 董鈞　常教授門生百餘人（《後漢書·儒林列傳》）；
3. 曹襃　教授諸生千餘人（《後漢書·張曹鄭列傳》）；
4. 馬融　教養諸生，常有千數（《後漢書·馬融列傳》）；
5. 鄭玄　學徒相隨已數百千人（《後漢書·張曹鄭列傳》）；

(D)《易》學

1. 劉昆　教授皇太子及諸王小侯五十餘人，教授弟子恒五百餘人（《後漢書·儒林列傳》）；
2. 洼丹　徒衆數百人（同上）；
3. 楊政　教授數百人（同上）；
4. 張興　弟子自遠至者，著録且萬人（同上）；
5. 董春　遠方門徒學者常數百人（同上）；
6. 摯恂　教授數百人（同上）；
7. 虞翻　門徒常數百人（同上）；
8. 劉表　學者歸者千數（《後漢書·袁紹劉表列傳下》）；

(E)《春秋》學

1. 嬴公　門生睦孟弟子百餘人（《漢書·儒林列傳·嚴彭祖傳》）；
2. 丁恭　弟子著録數千人（《後漢書·儒林列傳》）；
3. 周澤　門徒常數百人（同上）；
4. 甄宇　教授常數百人（同上）；
5. 甄承　教授常數百人（同上）；
6. 樓望　諸生著録九千餘人（同上）；

7. 程曾　弟子等數百人（同上）；
8. 張霸　郡中習經以千數（《後漢書卷·鄭范陳賈張列傳》）；
9. 張玄　著錄千餘人（《後漢書·儒林列傳》）；
10. 李育　教授門徒數百（同上）；
11. 潁容　聚徒千餘人（同上）；
12. 謝該　門徒數百千人（同上）；

（F）其他：

1. 蔡玄　門徒常千人，其著錄者萬六千人（《後漢書·儒林列傳》）；
2. 徐子盛　諸生數百人（《後漢書·宣張二王杜郭吳承鄭趙列傳》）；
3. 史弼　聚積同學數百人（《後漢書·吳延史盧趙列傳》）；
4. 劉淑　明五經……諸生常百餘人（《後漢書·章帝八王傳》）；
5. 李膺　教授學生常達千人（《後漢書·黨錮列傳》）；
6. 趙典　弟子自遠方至，受業百有餘人（《後漢書·宣張二王杜郭吳承鄭趙列傳》）；
7. 姜肱　就學者三千餘人（《後漢書·周黃徐姜申屠列傳》）；
8. 唐檀　教授常百餘人（《後漢書·方術列傳》）；
9. 法真　弟子……范丹等數百人（《後漢書·逸民列傳》）；
10. 楊宣　教授弟子以百數（《華陽國志·廣漢士女·楊宣傳》）

弟子以千餘計者，有申公、杜撫、夏恭、鍾皓、牟紆、吳章、王良、周盤、楊倫、索盧放、曹襃、馬融、劉表、丁恭、張霸、張玄；弟子以數千計者有宋登、丁鴻、張奐、楊厚、鄭玄，曹曾門徒三千人，姜肱就學者著錄三千人，樓望諸生著錄九千餘人，有牟長、張興弟子數皆踰萬，蔡玄弟子著錄至萬六千餘人。在一些不著名的經師門徒之衆猶且如此，益可知當日從學者之多，必尚有許多為史籍所不及傳載者。這在文化教育上應發生有極良好的影響。皮錫瑞《經學歷史》云：

> 後漢取士，必經明行脩，蓋非專重其文，而必深考其行。前漢匡、張、孔、馬皆以經師居相位，而無所匡救。光武有鑒於此，故舉逸民，賓處士，褒崇節義，尊經必尊其能實行經義之人。後漢三公，如袁安、楊震、李固、陳蕃諸人，守正不阿，視前漢匡、張、孔、馬大有薰蕕之別。《儒林傳》中所載如戴憑、孫期、宋登、楊倫、伏恭等，立身皆可有觀。范蔚宗論之，以為："所談者仁義，所傳者聖法也。故人識君臣父子之綱，家知違邪歸正之路。自桓、靈之間，君道秕僻，朝綱日陵，國隙屢啟。自中智以下靡不審其崩離；而權強之臣

息其窺盜之謀，豪俊之夫屈於鄙生之議者，人誦先王言也，下畏逆順勢也。……跡衰敝之所由致，而能多歷年所者，斯豈非學之效乎！"顧炎武以范氏爲知言，謂："三代以下，風俗之美，無尚於東京者。"然則，國家尊經重學，非直肅清風化，抑可撐拄衰微。無識者以爲經學無益而欲去之，觀於後漢之時，當不至如秦王謂儒無益人國矣。

的確，在中國自有史以來，人才之盛，風俗之美，少有過於東漢者。這是經學之盛對於教育文化上所發生極良好的影響。經學所蘊藏的是道德的教訓，而國家取士又在德行上注意，自然易收"違邪歸正"之效，不提倡氣節而氣節自提倡，這不得不歸功於當日經學之教育。皮氏又云：

《漢書·儒林傳》贊曰：'自武帝立《五經》博士，開弟子員，設科射策，勸以官祿，訖於元始，百有餘年。傳業者浸盛，支葉蕃滋，一經說至百餘萬言，大師衆至千餘人，蓋祿利之路然也。'案經學之盛，由於祿利，孟堅一語道破。在上者欲持一術以聳動天下，未有不導以祿利而翕然從之者。漢遵《王制》之法，以經術造士，視唐、宋科舉尚文辭者爲遠勝矣。大師衆至千餘人，前漢末已稱盛；而《後漢書》所載……比前漢爲尤盛。所以如此盛者，漢人無無師之學，訓詁句讀皆由口授；非若後世之書音，音訓備具，可視簡而誦也。書皆竹簡，得之甚難，若不從師，無從寫錄；非若後世之書，購買極易，可兼兩而載也。負笈雲集，職此之由。至一師能教千萬人，必由高足弟子傳授，有如鄭康成在馬季長門下，三年不得見者；則著錄之人不必皆親受業之人矣。

這一段話，皮氏所見猶有未瑩之處。兩漢書籍購買雖不如現代之易，但至少前漢末書籍已商品化。據《御覽》五三四引《三輔黃圖》說"……諸生朔望會此市，各持其郡所出貨物，及經書傳記、笙磬樂器與買賣，雍容揖讓，或論議槐下"。（《漢書補注》九十九上）將"經書傳記……與買賣"一定說是"若不從師，無從寫錄"，這實未必盡然。不過這種書籍商品化之促成，或係由於當日從學者之衆多。這也當是經學之盛所發生的影響。又因爲經學之盛而中國之文化傳播漸遠，如《漢書·文翁傳》載："文翁……景帝末爲蜀郡守，仁愛好教化。見蜀地僻陋有蠻夷風……乃選郡縣小吏開敏有材者張叔十餘人，親自飭厲，遣詣京師，受業博士，或學律令。減省少府用度，買刀布蜀物，齎郡吏以遺博士。數歲，蜀生皆成就還歸……又修起學宮於成都市中，招下縣子弟以爲學宮弟子，爲除更繇。縣邑吏民見而榮之，數年，爭欲爲學宮弟子，富人至出錢以求之。由是大化，蜀地學於京師者比齊魯焉。"《後漢書·西南夷列傳》載:"桓帝時,郡人尹珍,自以生於荒裔,不知禮義,乃從汝南許慎、應奉受經書圖緯,學成,還鄉里教授,於是南域始有學焉。"(後漢書·西南夷列傳)他們所處的是中國邊徼地帶,而因嚮慕經學來至內地,又傳播經學於其本地,則此種文化之傳播亦不得不歸功於經學的興盛。

(二) 在律法上之影響

皮錫瑞《經學歷史》論兩漢經學曾說:"武、宣之間,經學大昌,家數未分,純正不雜,故其學極精而有用。以《禹貢》治河,以《洪範》察變,以《春秋》決獄,以《三百五篇》當諫書,治一經得一經之益也。"漢代的經學與後來之專講經學的義理、故訓不同,他們實在是很注重通經致用的。所謂以《禹貢》治河,在《漢書·溝洫志》所述的,有許商"治《尚書》,善為算,能度功用"。"許商以為:'古說九河之名,有徒駭、胡蘇、融津……'公卿皆從商言。""哀帝初,平當使領河堤,奏言:'九河今皆寘滅,按經義治水,有決河深川,而無堤防壅塞之文。'"都是以明引經義指導治水。在王莽時,還有賈讓、關並、張戎、韓牧、王橫等人也是治《尚書》的,但所謂以《禹貢》治河,以《洪範》察變,在我們現在看來,關係實不甚大。較重要的還是以《春秋》決獄及所謂"國有大疑,輒引《春秋》為斷",例如前漢武、昭之時的雋不疑引《春秋》大義以決國家大疑,解決了昭帝時有人冒充衛太子一案,"天子與大將軍霍光聞而嘉之,曰:'公卿大臣當用經術明於大誼(義)。'"

漢代以經釋法,猶如在秦法的外殼內,注入儒學的思想,對漢代法律的更張及對後世法制原則的影響是極為巨大和深遠的。漢始建立,僅是在惠帝、文帝時廢除了如"挾書律""三族罪""妖言令"等,總體來說沿用了秦代的法律。而秦代法律,是法家思想的體現,輕罪重判、嚴刑酷法,極易激化社會矛盾,是促使秦代短命而亡的重要因素之一,這一點在漢初的人已經看得十分清楚。漢代前期因實行的是"與民休息""無為而治"的道家方略,社會矛盾尚不十分突出,而慾使統治牢固,達到長治久安的目的,則必須有法律制度的"更化",這也是漢武帝最迫切需要解決的政治難題。

破解這一難題的首推董仲舒。他除了在"天人三策"中系統地提出政治指導理論"更化"為儒術外,同時也開始在法律層面實行"更化",即"《春秋》決獄"。《後漢書·應劭傳》曰:"故膠西相董仲舒老病致仕,朝廷每有政議,數遣廷尉張湯親至陋巷,問其得失。於是作《春秋決獄》二百三十二事,動以經對,言之詳矣。"可見"《春秋》決獄"就是在具體的法律案例中,以儒家經義來解釋法律,使法律不再是冰冷生硬、不近人情的條文,而有了理論

的說明並與倫理原則相結合。《春秋決獄》書已佚,《太平御覽》和《通典》等書收錄了董仲舒以經義決獄的幾個案例,如:

時有疑獄曰:"甲無子,拾道旁棄兒乙養之,以爲子。及乙長,有罪殺人,以狀語甲,甲藏匿乙,甲當何論?"仲舒斷曰:"甲無子,振活養乙,雖非所生,誰與易之!《詩》云:'螟蛉有子,蜾蠃負之'。《春秋》之義,父爲子隱,甲宜匿乙,昭不當坐。"(《通典》六十九東晉成帝成和五年散騎侍郎喬賀妻於氏上表引)

在這裡,孔子所云"父爲子隱"成爲正當的理由,並不因包庇而獲罪,"親親相隱"較爲符合人之常情,使得法律多了一絲人情味。再如:

君獵得麑,使大夫持以歸。大夫道見其母隨而鳴,感而縱之。君慍,議罪未定,君病恐死,欲托孤,乃覺之,大夫其仁乎,遇麑以恩,況人乎,乃釋之,以爲子傅。於議何如?仲舒曰:"君子不麛不卵,大夫不諫,使持歸,非義也。然而中感母恩,雖廢君命,徙之可也。"(《白帖》二十六引)

這裡,董仲舒認爲大夫未執行君的命令,並且知道"君子不麛不卵",對君的不恰當行爲應進諫而無進諫,是有過錯的,應受到懲罰;大夫爲麑母子情深所感,而放了麑子,雖然違背了君命但情有可原,因此,按照《春秋》"原心定罪"之義,不當升遷,從輕發落即可。再如:

甲父乙與丙爭言相鬥,丙以佩刀刺乙,甲即以杖擊丙,誤傷乙,甲當何論?或曰:"毆父也,當梟首。"議曰:"臣愚以父子至親也,聞其鬥,莫不有怵悵之心,扶杖而救之,非所以欲詬父也。《春秋》之義,許止父病,進藥於其父而卒,君子原心,赦而不誅。甲非律所謂毆父也,不當坐。"(《太平御覽》卷六四〇)

在這裡,董仲舒強調甲的動機是爲救父乙,致誤傷,按《春秋》"原心定罪"之義,"不當坐"。犯罪事實須符合犯罪動機,既無此動機,又有父子之情,即無罪。再如:

甲有子乙以乞丙,乙後長大,而丙所成育。甲因酒色謂乙曰:"汝是吾子"。乙怒杖甲二十。甲以乙本是其子,不勝其忿,自告縣官。仲舒斷之曰:"甲生乙,不能長育,以乞丙,於義已絕矣。雖杖甲,不應坐。"(《通典》六十九東晉成帝成和五年散騎侍郎喬賀妻於氏上表引)

在這裡,董仲舒認爲甲未曾養育乙,生父子關係"於義已絕",因此"不應坐"。再如:

甲夫乙將船，會海風盛，船沒溺流死亡，不得葬。四月，甲母丙即嫁甲，欲皆何論？或曰："甲夫死未葬，法無許嫁，以私爲人妻，當棄市。"議曰："臣愚以爲《春秋》之義，言夫人歸於齊，言夫死無男，有更嫁之道也。婦人無專制擅恣之行，聽從爲順，嫁之者歸也，甲又尊者所嫁，無淫行之心，非私爲人妻也。明於決事，皆無罪名，不當坐。"（《御覽》六百四十引）

在這裡，董仲舒認爲甲夫死於海中，"不得葬"，是沒辦法的事，而"婦人無專制擅恣之行，聽從爲順"，《春秋》之義"有更嫁之道也"，"非私爲人妻也"。因此"皆無罪名"。既考慮到前因後果，又看到整個過程，從而避免了其被"棄市"，這就非常客觀並具有人情味。還有一些案例，不一一列舉了。

這些例證之中，可以清楚地看到，在董仲舒等儒生的努力下，經義成爲法律的一種理論來源，董仲舒"表《春秋》之義，稽合於律，無乖異者"（王充《論衡·程材》），漢代的法律制度由此被增添進大量的人性化因素，秦法實際被架空，刑罰因此明顯減輕。這當然容易被臣民所理解和接受，這等於是在強制性力量之外，使法律又多了一些倫理的感情色彩，整體社會矛盾由此可以得到緩解，這對於鞏固集權專制的國家政權，無疑是極爲有效的維護手段。同時，在漢代廣大的鄉村地區，以血緣關係爲紐帶的宗族勢力是極爲強大的，經義融入法律，使得國家法律和社會倫理道德的基本原則，如父爲子隱、君子大居正、以功覆過、不娶同姓、大義滅親、誅首惡而已、逐君側之惡、子不報仇非子也等，成爲社會習俗及宗族家庭的倫理支柱，這無疑更成爲維護統治秩序和社會穩定的強有力的內在力量。

漢世以經釋法，在當時已蔚爲風氣，這從其他執法案例中可窺見。《漢書·終軍傳》："徐偃使行風俗，偃矯制，使膠東、魯國鼓鑄鹽鐵。御史大夫張湯劾偃矯制大害，法至死。偃以爲大夫出疆，有可以安社稷，存萬民，專之可也。有詔下軍問狀，軍詰偃曰：'古者諸侯國異俗分，百里不通，時有聘會之事，安危之勢，呼吸成變，故有不受辭造命專己之宜；今天下爲一，萬里同風。偃巡封城之中，稱以出疆，何也？且鹽鐵，郡有餘藏，國家不足以爲利害，而以安社稷存萬民爲辭，何也？偃直矯作威福，以從民望，干名採譽，此明聖所必加誅也。'偃窮詘。"可見當時以經釋法也是反對生搬硬套的，徐偃生硬引經爲自己辯護，而終軍則以歷史和現實的變化對經義加以符合實際的解讀，終使"偃窮詘"。可說"通經致用"是包含著一定的進步作用的。

從這些方面來看，實足以見經術在當日對於政治發生了極良好的影響。《後漢書·何敞傳》云：敞"以寬和爲政，舉冤獄，以《春秋》義斷之，是以郡中無怨聲。"後儒亦認爲"元成以後，刑名漸廢，上無異教，下無異學，皇帝詔書，群臣奏議，莫不援引經義以爲據依。國有大疑，輒引《春秋》爲斷，一時循吏多能推明經意，移易風化，號爲以經術飾吏事。漢治近古，實由於此，蓋其時公卿大夫、士吏未有不通一藝者也。"（皮錫瑞《經學歷史》）故而漢武帝"獨尊儒術"絕不是偶然的，兩漢必要推崇經學之士亦是必然。

當然亦應看到，"原心定罪"，以經釋法，亦使得法律增添了不少主觀隨意，甚至"人情"可以從多方面干擾法律的情況。但以經術更化了秦法，並指導了社會生活的方方面面，起到了穩固皇權統治秩序的作用，這在漢代已是政治上的巨大成功。故兩漢的立法原則流傳後世，終未能改，已足見經學對兩漢乃至後世政治的巨大影響。

（以下無文）

附錄：1

張西堂

《經學史綱》（寫作大綱）

第一篇 引 論

第一章 經名數及其次第
 第一節 經名之起源及其意義
  （1）歷來經名之解釋
  （2）經名起源之時代
  （3）經名所含之意義
 第二節 經數發展及其次第
  （1）由一經至二十四經所表示之內容
  （2）今古文經學家排列群經之異同
第二章 經之起源與編訂
 第一節 群經起源之分析
  （1）《詩》《書》《禮》《易》《春秋》之起源
  （2）《語》《孟》《孝經》《爾雅》之起源
 第二節 群經編訂之年代
  （1）《詩》《書》《禮》《易》《春秋》刪定之年代
  （2）《語》《孟》《孝經》《爾雅》編訂之年代
第三章 群經內容之分析
 第一節 群經編第之異同
  （1）《詩》《書》《禮》《易》《春秋》篇第之異同
  （2）《語》《孟》《孝經》《爾雅》篇第之異同
 第二節 群經內容之分析
  （1）經學與哲學
  （2）經學與史學
  （3）經學與文學

　　　　（4）經學與小學

　　　　（5）經學與政治（無）

第四章　經學之流傳派別

　　第一節　經學之重要派別

　　第二節　經學演變之大勢

第五章　經學研究之方法

第二篇　殷周經學之始傳

第一章　殷周以前之經學

　　第一節　所謂古之六經之真際

　　　　（1）殷周前之《詩》《書》《禮》《樂》

　　　　（2）六經本爲周禮之六經

　　　　（3）根本無所謂古之六經

　　第二節　甲金文中的思想與哲學

　　　　（1）甲骨文中思想與哲學

　　　　（2）殷周金文中思想與哲學

第二章　西周時代之經學

　　第一節　文王、周公與經學

　　　　（1）文王演易説

　　　　（2）周公制禮説

　　　　（3）殷周之制度

　　　　（4）周公之著述

　　第二節　西周中葉之經學

　　　　（1）詩篇之創作

　　　　（2）書篇之述作

　　　　（3）卦辭之記載

　　　　（4）春秋之萌芽

第三篇　春秋戰國時期經學之發展

第一章　春秋初至中葉之經學

　　第一節　東遷以後經學之背景

　　第二節　列國大夫之稱頌詩書

　　　　（1）賦詩

　　　　（2）引書

第二章　孔子與六經之刪定

第一節　孔子之刪《詩》《書》定禮樂
　　（1）孔子無刪《詩》《書》之事
　　（2）孔子對於禮樂之修訂
第二節　孔子之贊《易》與修《春秋》
　　（1）孔子無作《十翼》之事
　　（2）孔子有修《春秋》之功
第三節　孔子在經學上之貢獻
　　（1）孔子在經學上地位之崇高
　　（2）孔子之貢獻在《論語》與《春秋》
第三章　孔門弟子之傳經
　第一節　參、商諸子與經學之傳授（附表）
　　（1）子夏
　　（2）曾子
　　（3）子游
　　（4）子張
　　（5）子貢
　第二節　再傳至五傳弟子之傳授
　　（1）子思
　　（2）世子
　　（3）公孫龍子
　　（4）魏文侯
　　（5）其他
第四章　晚周諸子之傳經
　第一節　墨家稱經之異同
　　（1）墨家引《詩》之異同
　　（2）墨家引《書》之異同
　第二節　孟、荀諸子之傳經
　　（1）孟子對於經學之發展
　　（2）荀子對於經學之發展
　　附：孟、荀引經異文表
第五章　晚周經學（諸經）之影響
　第一節　《呂氏春秋》之采用經說
　第二節　道、法諸家之反對經說（今按文中爲"儒學"）

第四篇　秦代經學之中絕

第一章　秦焚書坑儒與經學上之影響
　　第一節　秦代焚書之始末（原因）
　　　　（1）歷來之政策
　　　　（2）李斯之主張
　　　　（3）帝王之思想（當時之情形）
　　第二節　秦代焚書之影響
　　　　（1）六經因秦火而殘缺說
　　　　（2）六經不因秦火殘缺說
　　　　（3）康氏八證之重新證明
第二章　秦廢棄古文與經學之影響
　　第一節　關於古文之種種解釋
　　　　（1）古文非大小篆
　　　　（2）古文非科斗書
　　　　（3）古文非即舊書
　　　　（4）戰國時秦用籀文而六國用古文
　　　　（5）古文爲劉歆所僞造
　　第二節　秦滅去古文說之真際
　　　　（1）秦滅去古文之疑問
　　　　（2）秦滅去古文之影響
　　　　（3）關於秦代經學之點點滴滴

第五篇　兩漢經今古文學之發達、紛爭與糅合

第一章　兩漢經學發達之背景
　　第一節　歷史之積因
　　　　（1）必然之趨勢
　　　　（2）中庸之思想
　　　　（3）時代之要求（A 安內，B 攘外，C 改制，D 應變）
　　第二節　大師之提倡
　　　　（1）董仲舒之前驅
　　　　（2）董仲舒之對策
　　　　（3）董仲舒之繼承
　　第三節　帝王之尊崇
　　　　（1）西漢時之帝王與經學

（2）東漢時之帝王與經學
　　　（3）最重要之原因
第二章　博士制度與師法家法
　第一節　博士制度之建立與增強
　　　（1）博士之名義
　　　（2）博士之起源
　　　（3）博士之增損
　　　（4）博士之職務
　第二節　師法與家法之異同
　　　（1）師法家法之起源
　　　（2）師法之名義與內容
　　　（3）家法之名義與內容
　　　（4）兩漢經師之家法
第三章　今文經學之流傳遷變
　第一節　今文經學之傳授
　　　（1）《詩》學之傳授（附表）
　　　（2）《書》學之傳授（附表）
　　　（3）《禮》學之傳授（附表）
　　　（4）《易》學之傳授（附表）
　　　（5）《春秋》學之傳授（附表）
　　　（6）《語》《孟》《孝經》《爾雅》之傳授（附表）
　第二節　今文經學之演變
　　　（1）《詩》學之演變
　　　（2）《書》學之演變
　　　（3）《禮》學之演變
　　　（4）《易》學之演變
　　　（5）《春秋》學之演變
　　　（6）群經經文之演變
　第三節　今文經學之精神
　　　（1）哲學思想（A 天人關係論之進展，B 陰陽五行說之進展）
　　　（2）政治思想（A 公天下，B 大一統，C 重民思想——崇本去末、抑商濟貧、薄稅減役；D 德治思想——尊賢隆古、尚德緩刑）
　　　（3）道德思想（A 性情論、B 綱紀論）
　第四節　今文經學之大師
　　　（1）《詩》學大師

（2）《書》學大師

（3）《禮》學大師

（4）《易》學大師

（5）《春秋》學大師

第四章　緯學之興起及其流傳

　　第一節　緯學之名義與類別

　　第二節　緯學之起源與編訂

　　第三節　緯學之內容與分析

　　第四節　緯學之流傳與燔禁

第五章　古文經與經說之出現

　　第一節　古文經學興起之原因

　　　　（1）志傳之記載

　　　　（2）寫本之流傳

　　　　（3）真僞之考訂

　　　　（4）真實之背景（A. 學術文化的；B. 政治經濟的）

　　第二節　今古傳經文字之異同（附表）

　　　　（1）《詩》今古異文表（附說）（今古文字之異同）

　　　　（2）《書》今古異文表（附說）

　　　　（3）《禮》今古異文表（附說）

　　　　（4）《易》今古異文表（附說）

　　　　（5）《春秋》今古異文表（附說）

　　第三節　今古經傳說義之異同

　　　　（1）今古傳經異議表

　　　　（2）附說——A. 古說所反映之時代，B. 古說是而今說非者，C. 古說之似是而非者，D. 古說之不如今說者，E. 古說之自相違異者，F. 許、鄭之懷疑古文說

第六章　古文經學之流傳遷變

　　第一節　古文經學之傳授

　　　　（1）《毛詩》之傳授（附表）

　　　　（2）古《書》之傳授

　　　　（3）古《易》之傳授

　　　　（4）《三禮》之傳授

　　　　（5）古文《春秋》之傳授

　　　　（6）《語》《孟》《孝經》《爾雅》之傳授

第二節　古文經學之演變
　　（1）經文之演變
　　（2）《詩》學之演變
　　（3）《書》學之演變
　　（4）《禮》學之演變
　　（5）《易》學之演變
　　（6）《春秋》學之演變
第三節　古文經學之精神
　　（1）小學之注重
　　（2）史學之注重
　　（3）禮制之注重
第四節　古文經學之大師
第七章　今古經學之紛爭
　第一節　西漢末三次之爭辯
　　（1）劉歆與太常博士
　　（2）公孫禄之奏劾劉歆
　　（3）胥君安之議《左氏傳》
　第二節　東漢時八次之爭辯
　　（1）范升與韓歆
　　（2）陳元與范升
　　（3）李育與賈逵
　　（4）馬融與劉瓌
　　（5）羊弼、何休與鄭玄、服虔；
　　（6）羊弼、何休與鄭玄
　　（7）臨碩與鄭玄
　　（8）東漢末今古文之紛爭
第八章　今古文經學之雜糅
　第一節　西漢末今古文經學之雜糅
　第二節　東漢經師今古文經學之雜糅
　　（1）經文之雜糅
　　（2）經義之雜糅
　　（3）鄭玄與今古文之雜糅
第九章　熹平石經之建立及其影響
第十章　兩漢經學之異同及影響
　第一節　兩漢經學之異同

(1) 舉大義與通小學

(2) 專經與通經

(3) 論天人與通古今

(4) 政治與政制

第二節　兩漢經學之影響

(1) 教育上之影響

(2) 政治上之影響

(3) 經濟上之影響（以下無文）

第六篇　魏晉南北朝經學之巨變與分立

第一章　魏晉南北朝經學之背景

(1) 文化的

(2) 政治的

(3) 經濟的

第二章　魏晉南北朝博士之增損

第一節　魏晉時代博士之增損

第二節　魏晉而後之國學制度

第三章　鄭學統一與鄭王之爭

第一節　鄭學統一與今文經說之衰替亡佚

(1) 鄭學統一之真際

(2) 今文經學之衰替

(3) 今文經傳之亡佚

第二節　三王鄭學之爭與偽古文書之出現

(1) 王粲與鄭玄

(2) 王弼與鄭玄

(3) 王肅與鄭玄

(4) 虞翻與鄭玄

(5) 李撰與鄭玄

(6) 偽古文《尚書》

(7) 偽古文《論語》

(8) 偽古文《孝經》

第四章　集解之興起及其影響

第一節　集解之興起及其起源

(1) 鄭玄《周禮注》以前之集解

(2) 鄭注《周禮》與集解之內容

第二節　集解之種類
　　　　（1）標題爲注之集解
　　　　（2）杜預之經傳集解
　　　　（3）范甯之《穀梁》集解
　　　　（4）（未詳）
第五章　南北朝經學分立之眞際
　　第一節　玄學與北朝之影響
　　第二節　南北朝經學之異同
第六章　義疏學之發達及其影響
　　第一節　義疏發達之原因
　　第二節　義疏體例之演進
第七章　魏晉南北朝之重要經師
第八章　魏晉南北朝義疏之影響

第七篇　唐代經學之統一

第一章　唐代經學之背景
第二章　唐代之國學制度
第三章　唐代之九經正義
第四章　唐代經學之演變
第五章　唐代之經學與史學
第六章　唐代之經學與文學
第七章　唐代之經學大師
第八章　唐代經學之影響

第八篇　宋代經學之革新

第一章　宋代經學之背景
第二章　宋代之書院制度
第三章　宋代注疏之續修
第四章　宋代經學之派別
第五章　宋代經學之演變
第六章　宋儒之疑古與復古
第七章　宋儒之經學與理學
第八章　宋代經學之大師
第九章　宋代集注之修撰

第九篇　元明經學之中衰

第一章　元明經學之背景
第二章　元明之科舉制度
第三章　明代之五經大全
第四章　元明經學之演變
第五章　元明之經學大師
第六章　元明經學之影響

第十篇　清代經學之復興

第一章　清代經學之背景
第二章　清代之國家與經學
第三章　清代經學之流別
第四章　清初諸儒之經學
第五章　乾嘉時代之經學
第六章　晚清之今文經學
第七章　清代經學之特徵
第八章　清代之經學大師
第九章　清儒新疏之修撰
第十章　清代經學之影響

第十一篇　近三十年來之經學

第一章　近三十年經學之演變
第二章　近三十年經學之特徵

第十二篇　結　論

第一章　經學應有之趨勢
第二章　經學研究之方法

附　錄：2

1. 經學年表
2. 經傳集目錄
3. 經傳集目
4. 各章篇首引文出處（書目）

兩漢三國傳經通經表

張西堂 著

（作者説明：此係副本，曾經柳翼謀（詒徵先生）一閲。在此間承友人陳進宜（直）先生爲從新出土漢碑中補充若干條，在正本中，未移錄於此。此本中有誤字，亦未校正。1956年11月西堂記）

（整理者按：正本已散亂不堪，只能依此副本整理校正，故陳直先生補充之若干條亦無法錄入。惜乎！）

（陳直先生跋評）

體大思精，綱舉目張，遠出畢書之上，實爲研究漢魏傳經最完善之宏著。閲者管見，籤列書眉。鎮江陳直拜讀　時同客西安　五六年九月

凡 例

一、兩漢經學，號爲極盛，經師傳授，至於三國，猶可考見。傳世洪亮吉代畢沅所爲《傳經表附通經表》（以下省稱《畢表》）自云"較明朱睦㮮《授經圖》（以下省稱《朱圖》）、國朝朱彝尊《經義考師承》（以下省稱《朱考》）一篇，詳實倍之"。然其遺漏既多，訛誤亦尚多有，兹故更立爲斯表以明之。

二、本表以史傳《朱圖》《朱考》《畢表》爲主，更參之：（1）紀磊：《漢儒傳易源流》（吴興叢書本；以下省稱《紀流》）；（2）陳喬樅：《今文尚書經説考》（續經解本，以下省稱《陳考》）；（3）《魯詩遺説考》（同上，以下省稱《魯考》）；（4）《齊詩遺説考》（同上，以下省稱《齊考》）；（5）《韓詩遺説考》（同上，以下省稱《韓考》）；（6）江藩《隸經文公羊先師考》（以下省稱《江考》）；（7）趙維序《漢儒傳經記》（安徽叢書本；以下省稱《趙記》）；（8）吴之英《漢師傳經表》（壽櫟廬叢書本；以下省稱《吴表》）；（9）唐晏《兩漢三國學案》（龍溪精舍叢書本；以下省稱《唐案》）；（10）田普光《後漢書儒林傳補逸》（鄜齋叢書本；以下省稱《田補》）；（11）徐乃昌《續後漢書儒林傳補逸》（鄜齋叢書本；以下省稱《徐續》）；（12）徐炳昶《兩漢經師傳授系統表》（《國故學討論集第二集》；以下省稱《徐表》）；（13）錢大昭《補續漢書藝文志》（史學叢書本；以下省稱《錢志》）；（14）侯康《補後漢書藝文志》（史學叢書本；以下省稱《侯補》）；（15）顧櫰三《補後漢書藝文志》，（金陵叢書本；開明《二十五史補編》本，下同。省稱《顧志》）；（16）姚振宗《漢書藝文志拾補》（以下省稱《姚拾》）；（17）姚振宗《補後漢藝文志》（以下省稱《姚補》）；（18）曾樸《補後漢藝文志並考》（以下省稱《曾考》）；（19）侯康《補三國藝文志》（以下省稱《侯志》）；（20）姚振宗《三國藝文志》（以下省稱《姚志》）；（21）王國維《漢魏博士題名考》（以下省稱《王考》）諸書，表列而成，庶幾既免訛誤，且無遺漏之虞，蓋必博稽衆籍，乃可祛此弊也。

三、本表於《易》《書》《詩》《禮》《春秋》經師傳授，概分六表列之。表（一）以列漢初經師之傳授分明者；表（二）至（五）以列各派經師之傳授；以傳授分明者隸之（甲），以傳授不明者列之（乙），僅有二三者之傳授亦入表（乙）；（六）列流派不明之經師。然如《尚書》經師則以（甲）列今文經師，《禮》經則以（乙）列三《禮》經師，《春秋》則以（甲）列《公羊》經師，以便稽覽。其他《論語》《孝經》《孟子》《爾雅》説經師，略用斯例。表七則收所治經已先考之經師，不更列目錄，以免妄立名目。

　　四、《朱考》《畢表》於經師之時代概不注明，於所依之出處亦不注明，致令不便考核，顧難知其究竟。兹於人名前以括號注明時代，而於其下綴以出處。如遇爲博士者，更以數字爲識，遇有疑義之處，則更以附注注明之。

　　五、本表草創，歷經五載，舛漏之處，知有不免，補苴之功，容候異日。

漢川　張西堂

一 《易》

(一)

【齊】田何（子"莊）（注一）
　——【東武】王同（子仲）
　　　——【菑川】楊何（叔元）
　　　　　——京房君明（注三）
　　　　　　　——（宣）【琅琊】梁丘賀長翁——梁丘臨
　　　　　　　——【河東龍門】司馬談
　　　——【廣川】孟但
　　　——【齊】即墨成
　　　——【魯】周霸
　　　——【莒】衡胡
　　　——【齊國臨菑】主父偃
　——【齊】服生（注二）
　——【雒陽】周王孫
　　　——【衛】蔡公
　——【梁】項生
　　　——【梁】丁寬（子襄）
　——【梁】丁寬（子襄）（四一）
　　　——【碭】田王孫
　　　　　——（宣）【沛】施讎（長卿）(注四)……
　　　　　——【東海蘭陵】孟喜（長卿）……
　　　　　——（宣）【琅琊】梁丘賀（長翁）……
——……………………【沛】高相

(二)

(甲)
【沛】施讎（長卿）

----【琅琊】梁丘臨
----【河內軹】張禹（子文）
　　----【淮陽陽夏】彭宣（子佩）
　　----【沛】戴崇（子平）
----【琅琊】魯伯
　　----【泰山】毛莫如（少路）
　　----【琅琊】邴丹（曼容）

（乙）
………【沛】①戴賓（注五）
　　----【陳留東昏】②劉昆（桓公）
　　　　----劉軼③（君文）
　　　　----明帝
………【廣漢梓潼】④景鸞（漢伯）

（三）

（甲）
【東海蘭陵】孟喜（長卿）
　　----【東海蘭陵】白光（少子）
　　----【沛】翟牧（子兄）（注六）
　　----（宣）【魏郡】蓋寬饒（次公）
　………【蜀】趙賓
　………（傳一）【梁】焦延壽（贛）
　　----（昭、元）【東郡頓丘】京房（君明）
　　　　（注七）………

（乙）
………（成、光）【南陽育陽】洼丹（子玉）
11………④（傳六）（平、光）【汝南汝陽】袁良（安祖）
　　----⑤（明、章）袁安（邵公）
　　　　----⑥（傳八）袁京（仲譽）
　　　　　　----⑧（傳九）袁彭（伯楚）
　　　　　　　　----（傳十）袁閎（夏甫）

　　　　　　——⑨（傳九）（桓）袁湯（仲何）

　　　　　　——⑦（傳八）袁敞（叔平）

3………⑤（光）【梁國蒙】夏恭（敬公）

　　　　　　——【梁國蒙】夏牙（注八）

5………（明）【中山山陽】觟陽鴻（孟孫）

7………（光）【臨淮】袁太伯

8………【下邳國相】甘容（注十）

10……（和、安）【汝南召陵】許慎（叔重）

　　　　　　——【夜郎毋斂】尹珍（道真）

9………（桓）【廣陵海西】徐淑（伯進）（12）

　　　　　　——（獻）【廣陵海西】徐璆（孟本）（注九）

4………⑩（明）【安定烏氏】梁竦（叔敬）

11……（明、桓）【廣漢】楊厚（仲桓）

　　　　　　——（安、獻）【廣漢綿竹】任安（定祖）

　　　　　　　　——20（傳一）【蜀】【梓潼涪】杜微（國輔）

………【蜀】張超（注十）

　　　　　　——【廣漢鄭】馮顥（叔宰）（注四二）

………【東平】虞叔雅………【歙】方儵

………（順、靈）【南陽安衆】宗資（叔都）

　　　　　……4【歙】方儲（聖公）（注十二）

　　　　　………5【歙】方儕

　　　　　……6【歙】方儼

12……（順、桓）【南郡華容】胡碩（季叡）（注十一）

13……（傳一）【會稽餘姚】虞光

　　　　——（傳二）虞成

　　　　　——（17）（傳三）虞鳳

　　　　　　——（18）（傳四）虞歆

　　　　　　　——（19）（傳五）（桓、靈）虞翻（仲翔）

（四）續

（甲）

（昭元）〔東郡頓丘〕京房（君明）

────【東海】殷嘉（注十三）
　　　────【河東】姚平
　　　────【河南】乘宏（注十四）
　　　────【吳郡】任良
（昭、元）【東郡頓丘】京房（君明）────張博
　　　　　　　────董春（紀陽）
　　　　　　　────（傳三）【吳郡】周敞

（乙）
1………1（元）【長安】谷永（子雲）
2………②（新）【涿郡安平】崔篆
　　　　　────崔毅（注十二）
　　　　　　────（和）崔駰（亭伯）
　　　　　　　　────（章、順）⑦崔瑗（子玉）
　　　　　　　　　　────崔寔（子真）（注十二）
　　　　　　　　　　────蘇祇（注十二）
3………③（光）【汝南平輿】戴憑（次仲）③
3………（明）【南陽】魏滿（叔牙）④
6………⑤（明）【沛】劉輔
7………（傳一）（安）【北海安丘】郎宗（仲綏）⑧
　　　　　────（傳二）（順）郎顗（稚光）
7……4（光、安）【弘農華陰】楊震（伯起）
　　　　　────（和、桓）楊秉（叔節）
　　　　　────（靈）楊賜（伯獻）（注十五）
　　　　　　　────【東海郯縣】王朗（景興）
8………8（安、順）【南陽汝陽】樊英（季齊）⑩
　　　　　────（安、靈）【陳留外黃】范冉（史雲）
15………16（順）【豫章南昌】唐檀（子產）（11）
14………15（順、獻）【任城樊】何休（邵公）（注一六）
16………17（順、獻）【河內林慮】杜喬（叔榮）
11………12（傳三）【京兆】第五元先（12）
　　　　　────③（傳四）（順、獻）【北海高密】鄭玄（康成）
13………14（安、靈）【弘農華陰】劉寬（文饒）⑩（注一六補）

————【北地靈州】傅燮（南容）

17………19（靈）【京兆】韋著（休明）（16）

12………13（安、靈）【豫章南昌】徐穉（孺子）（14）

18………18（順、獻）【濟陰城武】孫期（仲彧）⑤

14………20（獻）韓宗

————（桓、吳）【廣陵】張紘（子綱）

9………19（安、桓）【山陽湖陸】度尚（博平）（18）

22………【廣漢雒】折象（伯式）（4）

9………（安、順）【南陽鄹】李昺（子然）（15）

10………11（安、獻）【陳留外黃】申屠蟠（子龍）（注一六）

21………【東平】田君

23………9【陳留己吾】張鶱（公方）（注一六補）

23………譙敏（漢達）（注一六補）

23………16（19）北唐子真（注一七）

25………（吳）【吳郡】陸績（公紀）

26………【蜀】任熙（伯遠）

26………【昆陵】陸璿（仲芳）

（甲）

【琅琊諸】梁丘賀（常翁）

————【琅琊諸】梁邱臨

————【琅琊】王駿

————五鹿充宗（君孟）（注一八）

————【平陵】士孫張（仲方）（注一九）

————【沛】鄧彭祖（子夏）

————【齊】衡咸（長賓）

————【陽陵】馮商（子高）

（乙）

………（6）（光）（傳三）【潁川鄢陵】張興（君上）

————①（傳四）【潁川鄢陵】張魴

2………①（光、明）（傳一）【代】范升（辯卿）

————（章）（傳二）【京兆】楊政（子行）

3·········②（光）梁恭

4·········③（光）呂羌

5·········4、⑧（光）【南陽宛】張堪（君游）

6·········3、⑨（章）【京兆】祁聖元

7·········⑨杜暉（慈明）

（五）

（甲）

【東萊】費直（長翁）
　　　——【琅琊】王璜（平中）

（乙）

1·········1（光）【南陽】韓歆（翁君）

3·········4、②（光）【蒼梧廣信】陳元（長孫）（注二〇）

3·········4（章）【河南開封】鄭衆（仲師）（注二〇）
　　　——【沛】桓騮

4·········5【京兆】摯恂（季直）
　　　·····③（章、桓）【扶風茂陵】馬融（季長）
　　　——⑤（順、獻）【北海高密】鄭玄（康成）
　　　——【樂安】國淵（子尼）
　　　——（昭光）【樂安】任嘏（昭光）
　　　——【河內】趙商
　　　——【山陽高平】郗慮（鴻豫）
　　　——【東萊】王基（伯興）
　　　——【清河】崔琰（季珪）
　　　——【北海】張逸
　　　——泠剛
　　　——田瓊
　　　——炅模
　　　——焦喬
　　　——王權
　　　——鮑遺
　　　——陳鏗
　　　——崇精

6………3【魏郡】許淑（惠卿）（注廿一）

（六）

………（高、文）【楚】陸賈（注廿二）

………【燕】韓嬰

　　　　——○——韓商

　　　　　　……【涿】韓生

　　　　　　　　——【魏】蓋寬饒（次公）（注四）

………【豐】劉安

3………3（宣）【濟陰定陶】魏相（弱翁）

　　　　………（武）【平原厭次】東方朔（曼倩）（注廿二補）

　　　　………弘成子（注廿二）

　　　　　　——五鹿充宗（君孟）（注廿四）

4………2（傳一）白子友

　　　　——（元）【魯，徙平陵】朱雲（游）

　　　　　　——（傳三）【九江】嚴望

　　　　　　　　——（傳四）嚴元（仲能）（注廿六）

　　　　　　　　——（傳四）【長安】惠莊（注廿六）

6………4（宣）【汝南】桓寬（次公）

5………5、（4）（宣）【上黨潞縣】馮逡（子產）

5………6（昭、哀）【豐】劉向（子政）

　　　　——劉伋

　　　　——（宣、更）劉歆（子駿）

8………7（宣、平）【蜀郡郫】何武（君公）

　　　　——（傳八）王莽（巨君）

………8（元）【沛國銍】徐宣（傳七）

　　　　——（傳八）徐憲

　　　　——（傳九）徐防（謁卿）

10……9（成）【巴郡閬中】譙玄（君黃）（傳十）

　　　　——（傳十一）譙瑛

　　　　——明帝

10……12【蜀郡】嚴遵（君平）

　　　　——【蜀郡成都】揚雄（子雲）

………【沛】高相

　　　——（平、新）高康

　　　——【蘭陵】毋將永

11……11（平）【扶風平陵】蘇竟（伯況）

13……13（平、明）【南陽宛人】任延（長孫）

　　　……15 于陵欽（注二八）

14、16……17（新、光）（17）【河內朝歌】向長（子平）

　　　……伏萬壽（注二八）

　　　……救仁（注二八補）

15……17、18a【舞陰】李生（傳五）

　　　——（傳六）（光）【南陽冠軍】賈復（君文）

　　　　　　——〇——【南陽冠軍】賈宗（武儒）（注二九補）

16………19（明）【樂浪讇邯】王景（仲通）

　　　……（安）鄧宏【南陽新野】（叔紀）

　　　　　——【南陽新野】鄧廣德

　　　　　——【南陽新野】鄧甫德

18………20（光、和）【扶風】班固（孟堅）

19………21（章）【扶風茂陵】馬廖（敬平）

18………23（安、順）【安定臨涇】王符（節信）

18b………【南陽新野】鄧晨（注三〇補）

23b………【江西餘干】張遐（子遠）（注三一補）

20………24【山陽高平】王暢（叔茂）

　　　　　——18【山陽高平】劉表（景升）

26………【平原】王君公

27………張滿（注三一）

28………張巨君

　　　　——14 許峻（季山）（注三一）

　　　　　　　——〇——15 許曼

28………12【蜀郡成都】楊由（哀侯）

………32【彭城】蔡景君（注三三）

30………【廣漢新都】段翳（元章）

………33 翟子玄（注三二）

31………（桓）【會稽上虞】魏伯陽

　　　　　——徐氏
　　　　　32b——淳于叔通
　　　　　　　　——【陳國長平】潘乾（元卓)(注三二補）
25………（靈、獻）【北海】徐幹（偉長）
36………（獻、魏）【潁川長社】鍾繇（元常）
　　　　　　——（魏）鍾會（士季）（傳十三）
　　　　　　——【利漕】郭恩（義博）（傳十二）
　　　　　　——【平原】管輅（公明）（傳十三）
　　　　　　　　——劉邠（令先）（注三四）
39………⑩【山陽高平】王弼（輔嗣）
37………（獻、魏）【東海蘭陵】王肅（子雍）
21…35【南陽章陵】宋衷（仲子）（注三〇）
　　　　——【梓潼涪】尹默（思潛）
　　　　　　——【梓潼涪】尹宗（注三四）
　　　　——【梓潼涪】李仁（德賢）
　　　　　　——李譔（欽仲）
25………（桓、靈）【安定朝那】皇甫規（威明）
38………【南陽宛】何晏（平叔）
42………（魏）【樂安】孫炎（叔然）
　　　　——【吳興】姚信（元直）
　　　　——賀邵（注三五）
50………范平
43………（魏）淳于俊
………26（魏）【潁川潁陰】荀融（伯雅）
………27（魏）【潁川潁陰】荀輝（景文）
44………（魏）【陳留尉氏】阮籍（嗣宗）
　　　　——【陳留尉氏】阮渾（長成）
　　　　——【陳留尉氏】阮咸（仲容）
45………（魏）【譙郡銍】嵇康（叔夜）
48………24（安、順）【廣漢綿竹】杜真（孟宗）
49………24、9李孟元
47………（蜀）【蜀郡】常寬（泰恭）（注三六）
46………（蜀）【南陽】許慈（仁篤）

51………（吴）【河南】徵崇（子和）

16………（光）【弘農】辛繕（公文）

52………【晉陽】郭琦（公偉）
　　　——王游

12………14（新）【長安】國由

55、C………32 丁鲂（叔河）（注三七）

24………（安）【汝南安城】周燮（彥祖）（注三七）

54………12（平）【南陽安衆】宋勝之（即子）

55、B………33、22 景鸞

58、A……33 洞沐孟陽

56、A……33 尚廣（注三八）

59、A……33 張氏（注三九）

60、E……33 朱氏（注四〇）

5………⑥（順、獻）【潁川潁陰】荀爽（慈明）（注二九）
　　　——（桓、獻）【潁川潁陰】荀悦（仲豫）

7………40（獻）【弘農】董遇（季直）

41………（獻、吳）【汝南南頓】程秉（德樞）

附注：

一、《畢表》於田何前列孔子、商瞿、公孫段、橋庇、馯臂子弓、周醜、孫虞凡七人。按《漢書·儒林傳》云：“自魯商瞿子木受《易》孔子，以授魯橋庇子庸。子庸授江東馯臂子弓，子弓授燕周醜子家。子家授東武孫虞子乘，子乘授齊田何子裝。及秦禁學，《易》爲筮卜之書，獨不禁，故傳受者不絕也。漢興，田何以齊田徙杜陵，號杜田生。”據此，可知田何實生於漢前。《高士傳》亦云：“田何字子莊，齊人也。自孔子授《易》，五傳至何。及秦禁學，以《易》爲卜筮之書，獨不禁，故何傳之不絕。漢興，田何以齊諸田徙杜陵，號曰杜田生，以《易》授弟子。東武王同子仲、洛陽周王孫、丁寬、齊服生等皆顯當世。惠帝時，何年老家貧，守道不仕，帝親幸其廬以受業，終爲《易》者宗。”何至惠帝時已年老，尤爲明證。茲以田何爲始，何以前考不錄。《史記·仲尼弟子列傳》云：“孔子傳《易》於瞿，瞿傳楚人馯臂子弘，弘傳江東人矯子庸疵，疵傳燕人周子家豎，豎傳淳于人光子乘羽，羽傳齊人田子莊何，何傳東武人王子中同，同傳菑川人楊何。何元朔中以治《易》爲漢中大夫。”《史》《漢》弘、弓、矯、橋、疵、庇、豎、醜、光、羽、孫、虞、莊、裝之異，蓋以音形相近而訛。《史》《漢》駐臂、矯庸次第互倒，實當從《史記》之說也。《畢表》從《漢書》，實甚誤。

二、《畢表》作"服光"。按《漢志》有《服氏》二篇，注引劉向《別錄》云："服瓦，齊人，號服光。"《畢表》蓋即從《別錄》直作"服光"，今仍依《漢書·儒林傳》。

三、《漢書》顏師古注云："自別一京房，非焦延壽弟子爲課吏法者，或書字誤耳，不當爲京房。"

四、《紀流》於施讎前列此四人，茲從其說。《畢表》直以涿韓生爲韓嬰三傳，按《漢書》但云"孝宣時，涿郡韓生其後也"，並未著其爲商之子，茲從《徐表》。

五、戴賓受學何人，兩《漢書》無明文，惠棟云："賓蓋崇之後"，亦作疑詞。《畢表》於"戴賓"下云"戴崇授"；《唐案》於戴崇下直云子賓，俱非。

六、諸書俱作"子兄"，《紀流》引作"子況"。《唐案》云："李氏《周易集解》有翟元，未詳其人，此傳之翟牧，字子兄，疑當作子元。"殊屬臆測，茲不從之。

七、《畢表》以贛爲名，延壽爲字，明與《漢書》違牾，殊屬非是。延壽云"當從孟喜《周易》"，則焦、京《易》突出孟氏，茲先列於孟《易》下，再另列京氏《易》，以表明之。

八、《夏恭傳》云："子牙，少習家業。"則牙實傳父恭之學，《畢表》《唐案》《紀流》俱未列入，非是。

九、案，璆爲淑子，《唐案》列之《明經文學列傳》中，蓋其父乃習孟氏《易》者，今列於此，以略見其家學，明無確據，他經不更列之。

十、見《任安傳》中，茲錄入表，以見任安之師承。

十一、見蔡邕《集胡碩碑》云："交趾都尉之孫，太傅安樂侯少子也。""治孟氏《易》、歐陽《尚書》、韓氏《詩》。"

十二、《紀流》但列崔篆孫駰、曾孫瑗，《唐案》列瑗於京《易》，而列篆於不知宗派中，茲補入此三人，蘇祗爲瑗門生，明見《瑗傳》也。

十三、《畢表》云："《儒林傳》：'京房授東海殷嘉'。《藝文志》：'《京氏段嘉》十二篇。'注：蘇林曰：東海人。按，當是一人，傳寫誤耳。"又按，段肅在班固集中作段，《（後）漢書》固傳作殷，與此正類。

十四、《畢表》：乘或作桑。

十五、《秉傳》中有"少傳父業"之說，《賜傳》亦然。茲增錄此二人。

十六、今按：《何休傳》言其注訓《孝經》《論語》、風角七分，江藩《隸經文·公羊先師考》亦謂其取京房之占，則何休實精通《京易》者，兹入吾表。諸家漏列。十六補，《唐案》於劉寬後復列有宗資，按謝承《書》，但云宗氏治孟氏《易》，《唐案》實誤。亦見《徐續》。十六補，又《高士傳》明言申屠蟠學治京氏《易》，兹錄入表。諸家漏列。

十七、《朱考》北唐子真列治京氏《易》下，附注云，"唐韶德"。《畢表》但列"唐子真"，無"北"字。今檢唐韶入聲廿五"德北"下注云："漢有北唐子真，治京氏《易》"。《世本》云："晉有高人隱於北唐，因認爲氏。"北唐乃複姓甚明。《畢表》訛誤殊甚。

十八、《朱考》《畢表》並以五鹿充宗爲代郡人。案《漢書》云："至少府賀傳子臨，臨代五鹿充宗君孟爲少府"，非以充宗爲代郡人，兹從蓋闕。

十九、《紀流》以士孫爲一人，張仲芳爲一人（頁五），案《漢書》云："繇是梁丘有士孫鄧衡之學"，則知士孫張仲芳實一人，士孫複姓，仲芳字也。

二○、《紀流》不列韓歆，於陳元云："陳元本傳不言受《易》。"

廿一、《畢表》統通二經者有許淑，云治費氏《易》《左氏》。兹從補入。《紀流》漏列。

廿二、《唐案》有此二人。《紀流》於王同下云："劉向《別錄》：《九師道訓》者，淮南王安所造。王聘善爲《易》者九人，從之採獲，故中書著曰《淮南九師書》。"則九師皆漢初說《易》者。傳記不載姓名，高誘序以爲蘇飛、李尚、左吳、田申、雷被、毛被、伍被、晉昌八人。洪邁謂壽春有八公山，正安所延致客之處。因傳受未明，姑附志於此。諸書漏列，兹以增錄。

廿三、《紀流》：魏相《上宣帝疏》有"東方之卦不可以治西方，南方之卦不可以治北方；春興'兑'治則饑，秋興'震'治則華，冬興'離'治則洩，夏興'坎'治則雹"之語，蓋亦治《孟易》者。

廿四、《紀流》："張華曰：五鹿充宗受《易》於弘成子。成子少時，嘗有人遇之，授以文石，大如燕卵。成子吞之，遂大明悟，爲天下通儒。成子後病，吐出此石，以授充宗，充宗又爲碩學也。"

廿五、《紀流》云從白子友受《易》，蓋傳孟《易》者也。

廿六、《朱考》《畢表》並以允字仲能，按《朱雲傳》云："其教授，擇諸生，然後爲弟子。九江嚴望及望兄子元，字仲，能傳雲學，皆爲博士。"玩其語氣，似元之字爲仲，"能"乃着重其能傳學，與上文"擇諸生，然後爲弟子"，下文"皆爲博士"相呼應。《徐表》已有論說，兹更爲之證明。

廿七、《西京雜記》卷二云："長安有儒生曰惠莊，聞朱雲折五鹿充宗之角，乃嘆息曰：'繭栗犢反能爾耶？吾終耻溺死溝中。'遂裹糧從雲。雲與言，莊不能對，逡巡而去。柎心謂人曰，'吾口不能劇談，此中多有。'"

廿八、《紀流》：于陵欽著《易吉凶》，《漢志》蓍龜家廿三卷。伏萬壽，著《易集林》，《隋志》五行家十二卷。據《姚拾》增補。

廿九、《朱考》以荀爽、宋忠、董遇、王肅、王弼並列入治費氏《易》中，實不可從。觀《紀流》云：《後漢書》謂荀氏之《易》亦出費氏，然荀氏注"隨大亨貞，无咎"，謂"隨"者震之歸魂；又注"雷雨作而百果草木皆甲坼"，謂解者震也，則京氏說也。又，"謙三勞謙，君子謂體坎爲勞"，則用互體矣；"蒙亨以亨行時中也"，謂此本艮卦也，二進居三，三降居二，剛柔得中，故能通發蒙時，令得時中矣。費《易》已不可考，言費已同於京，而互體卦變，皆所不廢歟？則知荀氏亦不盡乎費《易》。荀悅云："臣悅叔父故司徒爽著《易傳》，據爻象承應陰陽變化之義，以十篇之文解說經意。由是兗、豫之言《易》者咸傳荀氏學。"固不言其治費氏《易》也。《畢表》僅以宋忠、董遇爲治費氏《易》，然又以宋忠列於不名誰家中，可知忠亦非本費《易》，《唐案》則以王肅、董遇入治《京易》中，固爲巨謬，然足見以諸家治《費易》爲無據也。兹並不從，列此類中。兹依《田補》增。

三〇、襄亦作忠，《畢表》析爲二人，非是。兹依《田補》增。

三一、《紀流》：許曼著《周易林》。朱彝尊曰：張滿未詳何代人，《唐志》列於許峻之前，姑附於此。又張巨君傳許峻，而峻孫曼傳祖業，諸家論列張巨君、許峻二人，非是。兹依《顧補》增。

三二、《紀流》作翟玄，朱彝尊曰，九家《易》作翟高元。依《徐續》補增。

三三、《紀流》：虞氏嘗引彭城蔡景君說。

三四、《管輅別傳》："故郡將劉邠字令先，清和有理思，好《易》而不能精，與輅相見，自說注《易》將訖，今明府欲勞不世之神，經緯大道，誠富美之秋。然輅以爲注《易》之急，急於水火，水火之難，登時之驗，《易》之清濁，延於萬代，不可不先定其神而後垂明思也。"是邠嘗從輅請益，故附於此。《紀流》有尹默，兹更補入默子宗。

三五、《吳志·陸遜傳》："遜外生顧譚、顧承、姚信，並以親附太子，枉見流徙"；又《孫和傳》："寶鼎二年冬十月，遣守丞相孟仁、太常姚信等備官僚中軍步騎二千人，以靈輿法賀，東迎神於明陵。"又《晉書·范平傳》："平字子安，研覽《墳》《索》，徧識百氏，姚信、賀邵之徒皆從受業。"

三六、《華陽國志·後賢志·常寬》言其"尤耽意大《易》"，諸家漏列。

三七、《隸釋》載"丁魴治《易》,周爕傳言其專精《禮》《易》",諸家漏列。

三八、《紀流》:著《周易雜占》九卷,見《隋志·五行家》。

三九、《紀流》:朱彝尊曰:"按張氏《易》見《九家易注》,不詳其名。陸氏《釋文》載有張倫平直方大,上有'《易》曰'二字,未審即其人否。考之《叙錄》,又未列其姓氏,不敢臆定也。"按陸氏《經典·釋文》:"《周易音義》直方大,不習無不利,則不疑其所行。"張璠本此上有"《易》曰"二字,此作張倫,疑有誤。又荀九家,如荀爽、京房、馬融、鄭玄、宋衷、虞翻、陸績、姚信、翟子元皆漢魏時人,張璠亦非所及(璠爲東晉人)。漢儒張姓前後通《易》者有張禹、張典、張魴、張衡、張滿諸人,疑不能定,姑闕之。

四〇、《紀流》:朱彝尊曰,按李鼎祚《周易集解》引諸家《易》中有朱仰之,疑即其人也。按張、朱二氏,並未詳其名,因見荀爽九家《易》,知爲漢人,故錄之。

整理者注:四一、梁項生隨田何學《易》,時丁寬是梁項生的隨從,讀《易》精敏,才能超過梁項生,於是事奉田何。後丁寬至雒陽,又跟周王孫學古義,號稱《周氏傳》(見《漢書·儒林傳》)。原稿此處以斜綫標明丁寬從學田何與周王孫的關係,今無法表示,在此說明。

四二、馮顥少時從楊厚學《易》,後又拜蜀郡張光超、東平虞叔雅爲師。原稿此處以斜綫標明馮顥從學張光超與虞叔雅的關係,今無法表示,在此說明。

整理者附記:1.《史》《漢》書中,通假字不同者甚多,如田何字子莊,《漢書》中作"子裝";王同字子仲,《漢書》作"子中",等等。在本表中只取其一,其餘通假字不另注明。

2. 本表人名前有阿拉伯數字,先父于《凡例》中云"如遇爲博士者,更以數字爲識"。然看起來更似表示傳授代系,又有括弧內的阿拉伯數字似表示傳授關係,但於表中未有說明,不敢妄測,謹遵原稿附列。

二 《尚書》

(甲)

（一）

（周、文）【濟南】伏勝（子賤）（注一）
　　——【子】（注二）
　　　　——孫——○
　　　　　　——（武）伏孺——○——○
　　　　　　　　——（元、成）伏理
　　　　　　　　　　——（光）【琅琊東武】伏湛（惠公）（注三）
　　　　　　　　　　——（光）伏隆（伯文）
　　　　　　　　　　　——伏瑗
　　　　　　　　　　　——伏咸
　　　　　　　　　　　——伏翕
　　　　　　　　　　　　——伏光
　　　　　　　　　　　　　——伏晨
　　　　　　　　　　　　　　——（順）伏無忌
　　　　　　　　　　　　　　　——伏質
　　　　　　　　　　　　　　　　——伏完
　——（文、景）【潁川】晁錯
　　　——（景、宣）【汝陰】何比干（少卿）（注四）——
　　　　○——○—○—○——（章）【扶風平陵】何敞（文高）
　——【濟南】張生
　　　——【魯】夏侯都尉
　　　　　——（武）〔族子〕夏侯始昌
　　　　　　——（武、宣）〔族子〕夏侯勝（長公）
　　　　　　　……
　　　　　　　——昌邑王

──【千乘】歐陽容（和伯）（注五）
　　──【千乘】倪寬
　　　　──蕳卿──（武、宣）【東平】夏侯勝（長公）（注五二）
　　　　──歐陽生子（注六）──○
　　　　　　──（武、昭）歐陽高（子陽）(注六)……
　　　　──武帝

(乙)
──【魯】周霸（注七）
──【魯】孔安國（子國）（注八）
　　　　──〔兄子〕孔延年
　　　　　　──（宣、元）【魯】〔子〕孔霸（次孺）
　　　　──（景、昭）【河東龍門】司馬遷（子長）(注九)
──【雒陽】賈嘉（注七）

（二）

(甲)
(武、宣)【魯】夏侯勝（長公）（注十）
　　　　──夏侯兼
　　　　　　──夏堯
　　　　　　　　──夏侯蕃（注十二）
──〔弟子〕夏侯賞
　　　　──夏侯定國
──（宣）【齊】周堪（少卿）
　　　　──【固城】張猛
　　　　──【長安】許商（長伯）
　　　　　　──【沛】唐林（子高）
　　　　　　──（平）【平陵】吳章（偉君）
　　　　　　　　──（更始）【平陵】雲敞（幼孺）
　　　　　　　　──王宇
　　　　　　──【重泉】王吉（少音）
　　　　　　──【齊】炔欽（幼卿）
　　　　──班伯

────牟卿
　　　────（宣、平）孔光
────（宣）【淮陽陽夏】黃霸（次公）
────（宣、元）【魯】孔霸（次孺）
　　　────（宣、平）孔光（子夏）
　　　　────孔放
　　　　────〔兄子〕孔永
　　　　────平帝
　　　────孔喜
　　　────孔捷
　　　────孔福
　　　　────孔房
　　　　　────孔均
　　　────元帝
　　　　────○────○────○────○────○────孔昱
────【隴西上邽】孝昭上官后（注十一）
────（宣）〔族子〕夏侯建（長卿）……

（乙）

1………（光）【齊】吳良（大儀）
2………（傳一）【南陽安衆】宋京（孟孫）（注十三）
　　　────⑧（明、和）宋意（伯意）
5……（明、章）【北海安丘】牟融（子優）
3……（明）【山陽】鮭陽鴻（孟孫）（注十四）
4………③（光、和）【扶風平陵】賈逵（景伯）
6………⑤（獻）【濟陰定陶】張馴（子雋）

（三）

（甲）
（昭、宣）【魯】夏侯建（長卿）
　　────夏侯千秋
　　　────（宣）【平陵】張山拊（長賓）
　　　　────【平陵】李尋（子長）

——（宣）【陳留】假倉（子驕）
　　　——（元）【平陵】鄭寬中（少君）
　　　　——【扶風】班伯
　　　　——（哀）【東郡】趙玄
　　　　——成帝
　　　——【山陽】張無故（子儒）
　　　　——（新）【沛】唐尊
　　　——【都信】秦恭（延君）
　　　　——【魯】馮賓

(乙)
1………（傳一）【蜀郡新都】楊仲續
　　　——（傳二）○
　　　　——（傳三）（光）楊春卿
——傳四（章）楊統（仲通）（注十四）
　——（傳五）（明宣）楊厚（仲桓）
　　——（傳六）【廣漢綿竹】任安（定祖）
　　　——（傳七）【涪】杜微（國輔）
　　　——（傳七）【成都】杜瓊（伯瑜）
　　　——（傳七）【郫】何宗（彥英）（注十四）
　　　　——（傳六）【閬中】周舒（叔布）
　　　——（傳七）周郡（仲直）
　　　　——（傳八）周巨（注十五）
2………（新、光）【東海蘭陵】王良（仲子）
3………②【成陽】閭葵廉（仲潔）（注十六）

(四)

(甲)
(武、昭)【千乘】歐陽高（子陽）
　——○——（元）歐陽地餘（長賓）
　　——（新）歐陽政
　　　——（光）歐陽歙（正思）
　　　　——歐陽復

　　　　　　　——【平原】禮震（仲威）（注十七）
　　　　　　　——【濟陰】曹曾（伯山）
　　　　　　　　　——曹祉
　　　　　　　——【汝南新息】高獲（敬公）
　　　——元帝
　　　——【魯】夏侯建（長卿）
——【濟南】林尊（長賓）
　　　——【梁】陳翁生
　　　　——【琅邪】殷崇
　　　　——（宣、新）【楚】龔勝
——（哀）【平陵】平當（子思）
　　　——（新）平晏
　　　——【九江彭城】朱普（文公）
　　　　　——彭閎（作明）
　　　　　　——（光、明）【沛郡龍亢】桓榮
　　　　　（春卿）
　　　　　　　——（明）【汝南細陽】張酺（孟侯）
　　　　　　　　——張蕃
　　　　　　　　　——張磐
　　　　　　　　　　——張濟（元江）
　　　　　　　　　　——張根
　　　　　　　　　　　——張喜
　　　　——章帝
　　　　——和帝
　　　　——【豫章】何湯（仲公）
　　　　——（明）【穎川定陵】丁鴻（孝公）
　　　　　　——丁湛
　　　　　　　——丁浮
　　　　　　　　——丁夏
　　　　——【陳留】陳弇（叔明）
　　　　——【彭城】劉愷
　　　　——【北海】巴茂

──【九江】朱倀
──【九江】鮑駿
──【九江】胡憲
──（章）【趙國襄國】張禹（伯達）
──桓雍
──（明、章）桓鬱（仲思）
　　──【兄子】桓泛
　　──【弘農】楊震（伯起）
　　　　──（和、桓）楊秉（叔節）
　　　　　　──虞放
　　　　　　──陳翼
　　　　　　──楊牧
　　　　　　　　──（靈）楊奇
　　　　　　　　──楊亮
　　　　　　　　──楊奉
　　　　　　　　──楊敷
　　　　　　　　──楊眾
　　　　　　　　──楊賜（伯獻）
　　　　　　　　──楊彪（文光）
　　　　　　　　──楊脩（德祖）
　　　　　　　　──靈帝
　　　　──【東海】王朗（景興）
　　　　　　──桓帝
──章帝
──和帝
──【京兆杜陵】朱寵（仲威）
　　──（和、靈）【敦煌酒泉】張奐（然明）
　　　　──張芝（伯英）
──桓普
──桓延
──（安、順）桓焉（叔元）
　　──（章、桓）【江夏安陸】黃瓊（世英）
　　　　──〇

　　　　　　　——（順、獻）黃琬（子琰）

　　　　——楊賜

　　　　——桓衡

　　　　——桓順

　　　　　　——（獻）桓典（公雅）

　　　　——安帝

　　　　——順帝

　　——桓俊

　　——桓酆

　　　　——桓麟（元鳳）

　　　　——（順、靈）桓彬（秀林）

——明帝

　　　—桓良

　　　　——（安、靈）桓鸞（始春）——桓曄（文林）

——（吳）皋宏（奉卿）

　　　——皋徽

——（新）【上黨長子】鮑宣（子都）

　　——（更、光）鮑永（君長）

　　　　——（光）鮑昱（文泉）

　　　　　　——鮑德

——鮑升（注十八）

（乙）

1………（傳一）【盧江】許子威

　　　——（傳二）韓生

　　　　　——（汝南細陽）張充——○

　　　　　　——張酺……

　　　　　　　——光武

3………鄧禹

　　　　——鄧訓

　　　　　——傳一（安）鄧弘

　　　　　　——鄧廣德

　　　　　——（傳二）鄧甫德

4………③（光、明）【南陽堵陽】尹敏（幼季）

2……（哀、光）【弘農華陰】楊寶

　　　——（光、安）楊震（注二〇）

5………④（傳三）【樂安臨濟】牟長（君高）

　　　　——牟紆

8………④（順）【京兆長安】宋登（叔陽）

11………⑨（桓）【河內林慮】杜喬（叔榮）

7………（安、靈）【弘農華陰】劉寬（文饒）

　　　　——【北地靈州】傅燮（南容）

7………（安、靈）【豫章南昌】徐穉（孺子）

　　　　——徐胤（季登）

16………⑩（順、靈）【南陽安衆】宗資（叔都）

14………【汝南平輿】廖扶（文起）

　　　　——謁煥

　　　　——廖孟舉

　　　　——廖偉舉

15………（獻）韓宗

　　　　——（獻、吳）【廣陵】張紘（子綱）

16………2、(14)【任城】景君

　　　　——(15) ○——

　　　　　　——(16) 景君（注廿一）

9………3、(11)（安、桓）鄭固（伯堅）

17………熊範

　　　——熊師

　　　　——4、(12) 熊喬

　　　　　——熊□（注廿二）

18………董扶（茂安）（注廿三）

19………劉宏（子高）

20………5、(13)【成陽】闟葵龔（叔謙）（注廿六）

21………6、(17) 王政（季輔）

22………7、(18) 陳宣（彥威）

13………【蜀郡郫】何隋（季葉）（注廿五）

12………（靈）【南郡華容】胡碩（季叡）（廿四）

（五）

（甲）
【魯】孔安國（子國）（注四二）
　　——司馬遷
　　——倪寬
　　——孔延年
　　——孔霸（次孺）
　　　　——孔福
　　　　　　——孔房
　　　　　　　　——孔均
　　　　　　　　　　——孔志
　　　　　　　　　　　　——孔損
　　　　　　　　　　　　　　——孔曜
　　　　　　　　　　　　　　　　——孔完
　　　　——孔光（子夏）
——都尉朝
　　　　——【膠東】庸譚
　　　　　　——【清河】胡常（少子）
　　　　　　　　——【虢】徐敖——琅琊王璜（子中）
　　　　　　　　——【平陵】涂惲（子真）
　　　　　　　　　　——【河南】桑欽（君長）
　　　　　　　　　　　　——【扶風】賈徽（元伯）
　　　　　　　　　　　　　　——（光、和）賈逵（景伯）
　　　　　　　　　　　　　　　　——（安）【汝南召陵】許慎（叔重）
　　　　　　　　　　　　　　　　　　——【夜郎毋斂】尹珍（道真）
——（新）孔子建—○—○—
　　　　——（章）【魯國魯】孔僖（仲和）
　　　　　　——孔長彥（注四二）
　　　　　　——（章、安）孔季彥
………孔驥
………孔昱

(乙)

1………1（昭、哀）【豐】劉向（子政）
　　　　——（宣、更）劉歆（注四三）

2………2 王君仲
　　　　——（成）【會稽】董春（紀陽）

4………5【扶風茂陵】杜林（伯山）
　　　　——【東海】衛宏
　　　　　　——【濟南】徐巡

3………3（成、平）【九江壽春】梅福（子真）（注四四）

5………4（傳一）蓋豫
　　　　——（光、明）【汝南汝陽】周防（偉公）
　　　　　　——周舉（宣光）

6………6（光、明）【南陽堵陽】尹敏（幼季）

7………7（明）【潁川】丁鴻（孝公）
　　　　——【陳留東昏】楊倫

8………8（章、桓）【扶風茂陵】馬融（季長）
　　　　——【涿郡涿】盧植【子幹】

9………9【東郡】張恭祖
　　　　——（順、獻）【北海高密】鄭玄（康成）（注五三）
　　　　　　——【汝南南頓】程秉（德樞）

12………【濟陰成武】孫期（仲彧）

10………10　⑤（和、安）【汝南安成】周磐（堅伯）

12………13　⑤（桓）【蜀郡成都】張楷（公超）

14………②（靈）【中山安國】劉佑（伯祖）

15………④【宛】孔喬（子松）

11………11（安、桓）【山陽湖陵】度尚（博平）

16………【梓潼涪】李仁（德賢）
　　　　——李譔（欽仲）

17………（獻、魏）【東海蘭陵】王肅（子雍）

(六)

(甲)

1………1【楚】陸賈

2………2（高、文）【雒陽】賈誼

5………5【廣川景武】董仲舒（注廿八）

6………【燕】韓嬰

………（文、武）【沛郡豐】劉安

5……7（武）【平原厭次】東方朔（曼倩）（注廿七）

7……10（宣）【梁】戴德（延君）（注三二）

8……11【梁】戴聖（次君）（注三三）

8………（昭）【魯國番】眭弘（孟）（注十）

9………【東郡頓丘】京房（君明）

10………12（宣）【汝南】桓寬（次公）

6………6（景、宣）【彭城】韋賢（長孺）

9………13（昭、哀）【豐】劉向（子政）（注三一）

………（宣、新）【蜀郡成都】揚雄（子雲）（注四五）

12………22（更）劉恭

14………（元）【長安】谷永（子雲）

13………23（光）【豐】劉嘉（孝孫）

14………24（光）【沛國相】桓譚（君山）

………（傳一）【舞陰】李生

　　──（傳一）（光）【南陽冠軍】賈復（公文）

　　　　──○──賈宗（武孺）（注三四補）

28………36【扶風茂陵】馬續（季則）

29……【代】范升（辯卿）（注三五）

28………30（光、安）【扶風平陵】魯丕（叔陵）

29………42（順、桓）【巴郡宕渠】馮允

25………31（光、安）【汝南安成】周磐（堅伯）

18………28（光、安）【魯國薛】寒郎（伯奇）

36………46（桓、獻）【陳留圉】蔡邕（伯喈）

32………43（順、獻）【潁川】荀爽（慈明）

　　──（獻）（兄子）荀悅（仲豫）

　　　　──（兄子）荀彧（文若）

16………26（光）【東郡】索盧放（君陽）

24………34【漢中南鄭】李頡

　　　　──（和、安?）李合
　　　　　　──（和、桓）李固（注三五）

27………39（安、順）【南陽魯陽】樊英（季齊）

25………47（桓、獻）【會稽山陰】韓說（叔儒）

17………27（光）【扶風郿】井丹（大春）

30………48（桓）（傳一）【潁川潁陰】劉陶（子奇）

36………49、7（順、獻）【陳國武平】虞詡（升卿）

32………45（順、獻）【涿郡涿】盧植（子幹）

23………35（和）【廣漢郪】王渙（稚子）

26………40（安）【南陽蔡陽】劉珍（秋孫）

35………（明、和）【沛國銍】徐防（謁卿）

77………21（平、光）【扶風平陵】蘇竟（伯況）（注三四）

22………32（光、和）【會稽上虞】王充（仲任）（注三六）

31………44（順、獻）【任城樊】何休（邵公）（注四〇）

36………41（殤、獻）【京兆長陵】趙岐（邠卿）（注三九）

6…………賈讓（注三三）

7…………【平陵】關並（子陽）（注三三）

………20【琅琊】王橫（平仲）（注三三）

………19【臨淮】韓牧（子臺）（注三三）

………18【長安】張戎（仲功）（注三三）

………15 解光（注三三）

4………33（光、和）【扶風安陵】班固（孟堅）（注三七）

（乙）

1………1（成）【上黨潞】馮參（叔平）

2………2（成）【涿郡高陽】王尊（子贛）

4………5【南陽新野】陰慶

6………（章）【東平任城】鄭均（仲虞）

7………a【陳留外黃】范冉（史雲）（注四六補）

7………b【扶風平陵】梁鴻（伯鸞）（注四六補）

8……（靈、獻）【北海】徐幹（偉長）（注四六）

9………（靈、獻）【汝南南頓】應劭（仲遠）（注四七）

10………（靈、獻）董巴（注四八）

12┈┈┈┈（靈、獻）【山陽高平】王粲（仲宣）

12┈┈┈┈a【河南偃師】孟郁（敬達）（注四七補）

12┈┈┈┈b譙敏（漢達）（注四七補）

13┈┈┈┈（魏）【潁川鄢陵】庾峻（山甫）（注四九）

15┈┈┈┈a田瓊（注四九補）

15┈┈┈┈b韓益（注四九補）

15┈┈┈┈c范順（注四九補）

15┈┈┈┈d劉毅（注四九補）

┈┈┈┈16（獻、蜀）【南陽】許慈（仁篤）

┈┈┈┈17（蜀）【蜀郡江原】常勖（脩業）（注五十）

┈┈┈┈18（蜀）【蜀郡】常寬（泰恭）

┈┈┈┈19（桓、靈）【會稽餘姚】虞翻（仲翔）

┈┈┈┈20（靈、吳）【琅琊】諸葛瑾（子瑜）（注五十）

┈┈┈┈15（魏）【諸暨】程遐（注五十）

┈┈┈┈20【臨淮淮陰】步騭（子山）

┈┈┈┈21（吳）【彭城】嚴峻（曼才）（注五十）

┈┈┈┈22（吳）【昆陵】陸瑋（仲芳）

┈┈┈┈（魏）【潁川長社】鍾會（注五十）

┈┈┈┈【巴西西充】譙岍（榮始）

　　　　──【巴西西充】譙周（允南）

　　　　　　──【巴西安漢】陳壽（承祚）

　　　　　　　　──譙同

┈┈┈┈┈（安、靈）夏承德

┈┈┈┈┈（新）唐昌

┈┈┈┈┈王鮪

┈┈┈┈┈張霸父

　　　　──【東榮】張霸

　　　　　　──【尉氏】樊並（注五一）

┈┈┈┈┈【閬中】趙岌（溫柔）

《尚書》附注：

一、《史》《漢》《儒林傳》並不著伏生名字，據《後漢書·伏湛傳》云："九世祖勝，字子賤，所謂濟南伏生也。"是伏生名勝，字子賤。《顏氏家訓·

書證篇》云：" 孔子弟子虙子賤爲單父宰，即虙羲之後，俗字亦爲'宓'，或復加'山'。今兖州永昌郡城，舊單父地也，東門有《子賤碑》，漢世所立，乃曰：'濟南伏生，即子賤之後。'是虙之與伏，古來通字，誤以爲宓，較可知矣。"《徐表》："據此，則伏生乃子賤之後。《後漢書》中之字子賤，或因其爲子賤之後而誤傳，亦未可知。"《徐表》又云："《畢表》：按，《洞冥記》謂勝受《書》於秦博士李克。徧查《洞冥記》，並無此語。第二卷中雖歷見李克名，然一謂其爲漢武時人，一謂其自言三百歲，並不言其爲秦博士。且《洞冥記》亦一僞書，非郭憲所作，即實有此説亦未可據。"按，《朱考》已云，按郭子橫《洞冥記》謂伏生受《書》於秦博士李克，然不見於他書。未敢深信。《畢表》固不當以疑傳疑也。

二、《陳考》於伏生後列伏生女，蓋以衛宏定《古文尚書序》有："伏生老，不能正言，言不可曉也，使其女傳言教錯。齊人語多與潁川異，錯所不知者凡十二三，略以其意屬讀而已。"今案，閻若璩《尚書古文疏證》已引馮班（定遠）辨："顏注《伏生傳》，晁錯往受《書》事，引衛宏《定古文尚書序》爲妄。"衛説既不可信，則仍當列伏生子也。茲故不從《陳考》。

三、《徐表》：《後漢書·伏湛傳》稱湛之："九世祖勝，字子賤，所謂濟南伏生也。湛高祖父孺……父理……" 建立伏博士始末，（在平津館叢書中）引伏氏譜："始祖勝，二世三世闕名；五世孺，六世七世闕名，八世理，九世鳳、湛。"與《後漢書》合。畢氏誤將伏孺列於第六世，伏理、伏湛列於第八世、第九世，則伏孺爲伏湛之曾祖，與《後漢書》不合（伏氏譜似據《後漢書》）。

四、《後漢書·何敞傳》："何敞字文高，扶風平陵人也。其先家於汝陰。六世祖比干。學《尚書》於晁錯。"

五、《後漢書集解》引《歐陽氏譜》云："歐陽欽，字子敬。生三子：曰容，曰述，曰性，同受業於伏生。谷爲博士，生子曰巨，巨生遠，遠生高，高生仲仁，仲仁生地餘，地餘生政，政生歙。"歐陽脩云："漢氏以歙爲和伯八世孫，今譜無生而有容，疑漢世所謂歐生者，有其經師謂之生、如伏生之類，而其實名容，容字和伯，於義爲通。"

六、《畢表》以歐陽生列二世，歐陽世列四世，歐陽高列七世，歐陽論列十一世。孟誤讀《儒林傳》"寬授歐陽生子，世世相傳，至曾孫高子陽，爲博士"，而誤以世爲歐陽生子，名世也。以歐陽高列第七世，則高爲歐陽生玄孫，非曾孫矣。舛誤實甚，宜採《徐表》之抨彈也。高，許氏《説文》引作"喬"。

七、《徐表》云：夏侯勝初從夏侯始昌受《書》，又從同郡蕳卿受，畢氏將薊卿誤作歐陽生。夏侯勝初受業於始昌，始昌學於夏侯都尉，都尉爲張生之弟子，而張生、歐陽生同爲伏生之弟子，夏侯勝與歐陽生年代不相及，其訛誤不辨自明。今按，《畢表》以夏侯勝又從歐陽生受固誤，然夏侯勝又從歐陽氏問，則《漢書》勝本傳所載甚明。歐陽氏非歐陽和伯，或爲歐陽生子，或爲歐陽高，茲疑不能明，謹附志之於此。

八、《朱考》以孔安國爲伏氏弟子，云："按子國少學《詩》於申公，受《尚書》於伏生，見《家語》後序。"今按，《家語》王肅所僞，實不足信。且據《兒寬傳》："寬以郡國選詣博士，受業孔安國，補廷尉文學卒史。"時在武帝元朔三年乙卯，史遷稱"安國爲今皇帝博士，至臨淮太守，蚤卒"。則安國爲博士時，年不過二十有餘，在武帝初年不過十歲，其不得奉事伏生甚明。茲故以乙表録之。

九、《陳考》：又云：按，遷當從孔安國問《尚書》，孔氏家世傳業，安國、延年皆以治《尚書》爲武帝博士。安國得壁中書後治古文，實先通《今文尚書》，則遷之兼習《左》今文從可知矣。

十、《徐表》謂賈嘉與張霸爲張生授，但《漢書·儒林傳》止言魯周霸、雒陽賈嘉頗能言《尚書》，《史記·儒林列傳》亦言"自此之没，魯周霸、孔安國、雒陽賈嘉頗能言尚書事"。亦未言三人受學誰氏。按，以賈嘉、周霸爲張生弟子，《朱考》已如是。茲從徐表，以乙表録之。

十一、《徐表》云：《畢表》孝昭帝及孝昭上官后條下，皆言從夏侯勝受《尚書》，但《漢書·孝昭帝紀》《夏侯勝傳》《外戚傳》皆無此文。今按：《夏侯勝傳》明言"勝復爲長信少府，遷太子太傅。受詔撰《尚書》《論語説》，賜黄金百斤。年九十卒官，賜冢塋，葬平陵。太后賜錢二百萬，爲勝素服五日，以報師傅之恩"。《畢表》於孝昭上官后條下云從夏侯勝受《尚書》，實不誤也。其爲太子太傅則當是以《書》授元帝。茲列上官后於勝下。

十二、《漢書·夏侯勝傳》云夏侯蕃爲其曾孫，曾任郡守、州牧、長樂少府，是傳其家學。茲録入。

十三、依《朱考》《畢表》録，未知何據。

十四、依《畢表》録。陳壽《益都耆舊傳》楊統本傳但言代修儒學，以夏侯《尚書》相傳，未明言其傳小夏侯之學也。

十五、《三國志·蜀書·周群傳》云："父舒，字叔布，少學術於廣漢楊厚，名亞董扶、任安。數被徵，終不詣。""群少受學於舒""群卒，子巨頗傳其術。"茲録入。

十六、《朱考》《畢表》並以此作，《唐案》作閻邱葵，殊誤。

十七、按,《後漢書·儒林傳·歐陽歙》:"自歐陽生傳《伏生尚書》,至歙八世,皆爲博士。歙既傳業……子復嗣。"則復亦當傳歐陽《尚書》者,諸書並漏列復,非是。

十八、《陳考》《唐案》並列鮑宣子永、孫昱,《陳考》並列昱子德,而於永弟升漏列。按升當亦傳鮑宣之學者,兹爲補列。

十九、《陳考》於《堯典》:"契,百姓不親,五品不遜。汝作司徒,敬敷五教,在寬。"引《鄧禹傳》云:"案,《鄧禹傳》言其孫弘少治《歐陽尚書》,授帝禁中,諸儒多歸附之。"帝者,安帝也。然則鄧氏家世亦習《歐陽尚書》矣。《叙錄》未列鄧禹,兹從增補。

二十、《畢表》以楊寶爲陳翁生授。按,《後漢書·楊震傳》但云"父寶,習《歐陽尚書》,哀、平之世,隱居教授。"兹不從畢氏説。

二十一、《唐案》但列"景君"二字。按,《朱考》列有"河南尹任城景君""步兵校尉景君""郊令景君",注云:"三世傳業。"《陳考》亦引洪適《隸釋·漢郊令景君闕銘》:"治《歐陽尚書》。祖父,河南尹。父,步兵校尉。業門徒上錄三千餘人。"《唐案》殊誤。

二十二、《唐案》《朱考》列有綏民校尉領曲江長熊喬漢舉,《唐案》則有"熊師,上計掾。熊喬,字漢舉,師之子,五官中郎將。熊口,喬之子,曲江長綏民校尉,治《歐陽尚書》"。《陳考》列有熊範,並引《隸釋·綏民校尉熊君碑》"高祖義篝,口祖父旻,曾祖父範,治《歐陽尚書》,六日七分。祖父師口君口喬,字漢舉"。並云:"案,喬上缺一字,必父也。高、曾之間又有祖父旻,其上闕文葢伯叔祖,惜熊君名皆殘闕,歐陽永叔以喬爲即綏民,非也。"兹合《宋考》《陳考》《唐案》列熊師、熊喬、熊範、熊口四人,庶稍完備。

二十三、《唐案》以董扶列入小夏侯氏派。案,陳壽《益部耆舊傳》明云:"扶善《歐陽尚書》。"《唐案》非是。

二十四、蔡邕《胡碩碑》明云:碩"治《孟氏易》《歐陽尚書》《韓詩》。"諸書並漏列,兹並錄入。

二十五、常璩《華陽國志》明云:"隨治《韓詩》《歐陽尚書》。"諸書並漏列,並錄入。

二十六、《朱考》作間葵龔,《畢表》作間丘龔,《唐案》但作間龔,非是。

二十七、《陳考》:"《堯典》'日中星鳥,以殷仲春'下,引《淮南子·主術訓》云,按淮南王時,《尚書》唯有歐陽氏傳伏生之學,初立博士,《主術訓》之云，皆用今文家《尚書》説也。"

二十八、《陳考》：《洪範》"稼穡作甘"下，引《春秋繁露·五行順逆篇》云："案，董子此篇與《洪範五行傳》説大體相同。……董子生於漢初，爲世大儒，於《尚書》之學，自必精通。……今故采其通論五行者列入伏生《大傳》後。"案，仲舒學通五經，其治《尚書》，在古文未出前，必今文説。兹列於此。

二十九、案，《韋賢傳》云"兼通《禮》《尚書》，以《詩》教授"，是賢亦治《尚書》也。其在古文未出以前，必今文説，故列於此。

三十、《陳考》：《洪範》"稼穡作甘"引《漢書·五行志》"是以攬仲舒、别向、歆，傳載眭孟、夏侯勝、京房、谷永、李尋之徒所陳行事"，眭孟、京房、谷永所陳《洪範》五行皆今文家言。《陳考》：《無逸》"惠鮮鰥寡"下引《漢書·谷永傳》云。《隸釋》載漢石經殘碑文與《漢書·谷永傳》同，尤是谷永諸家皆治今文家言。羅列眭孟、京房、谷永三家於此。

三十一、《陳考》：《堯典》"車服以庸"下引《説苑·脩文》云，按，《説苑》所稱，即録《尚書大傳》之文，皆今文《尚書》之言也。又，《洪範》"睿作聖"下引《漢書·五行志》云，子政亦嘗據《中古文尚書》考其同異，而其傳仍與夏侯等同。足見劉向治今文家説，兹列於此。

三十二、《陳考》：《堯典》"帝堯曰放勛"下引《大戴禮·五帝德》篇云："夏侯始昌爲伏生三傳弟子，兼通五經，后蒼事始昌，亦通《詩》《禮》，爲博士。戴德、戴聖皆其弟子，大、小戴《禮記》與大、小夏侯《尚書》並出自始昌。師傳既同，則其所述師説宜無不同。"二戴通今文家《尚書》，師傳既同，兹故從陳説，列二戴於此。

三十三、《陳考》：《禹貢》"入於渤海"下，引《溝洫志》云："李尋師事張山拊，治《小夏侯尚書》，而解光所言與之同，則光當亦治小夏侯之學也。"又云："賈讓於《尚書》雖不知其習何家，然觀其所言，與平當之意正相同，當亦治歐陽之學也。"又云："師古注引桓譚《新論》云：（平陵關）並字子陽，材智通達也。"又云："今據仲功（張戎）此言，與李尋意亦相同，則皆習《小夏侯尚書》之學也。"又云："今據韓牧言，與許商意合，知其爲《大夏侯尚書》之學也。"又云："今詳（王）横言，亦與賈讓所奏意合，知其皆習《歐陽尚書》也。"兹據陳説，列解光、賈讓、關並、張戎、韓牧、王横六人於此。

三十四、《陳考》：《太誓》"至於孟津之上"引《後漢書·蘇竟傳》云："平帝世，竟以明《易》爲博士，講《書》祭酒。"章懷注云："竟爲講《尚書》祭酒。"是竟通今文《尚書》。

三十五、《陳考》：《堯典》"曰若稽古，帝堯曰放勳"下引《後漢書·范升傳》《李固傳》云："李固解説'稽古'之義，亦承天言之，與范博士同。是皆以古爲天，用今文《尚書》之訓故，皆述所聞之言也。……升非好古學者，故知於《尚書》必習三家今文也。"兹列范升並綴李固於李頡、李合下。

三十六、《陳考》：《堯典》"第一"下云："案，《論衡·書解篇》云：著作者爲文儒，説經者爲世儒，世儒當時雖尊，不遭文儒之書，真跡不傳。《詩》家魯申公，《書》家千乘歐陽、公孫，不遭太史公，世人不傳。喬樅謂仲任著書立説，於《詩》三家獨稱魯申公，《書》三家獨稱千乘歐陽氏。"此是習《魯詩》及《歐陽尚書》之明徵也。

三十七、《陳考》：《康誥》"王若曰孟侯朕其弟小子封"下引《漢書·地理志》云："案《漢志》以孟侯爲康叔號，誼與伏生不同，蓋小夏侯之説也。……固之從祖，班伯從鄭寬，中受《小夏侯尚書》，固修其世葉，當亦習小夏侯之學也。"

三十八、《陳考》：《堯典》"震驚朕師"下引《漢書·賈捐之傳》、王符《潛夫論》云："賈、馬引《書》，亦三家之異文。"又，《皋陶謨》"賦内以言"下引《潛夫論》云："《潛夫論》引《書》……當亦今文《尚書》，與古文之不同也。"又，《西伯戡黎》"假爾元龜"下引《潛夫論》云："王符所引殆《小夏侯尚書》歟。"兹據陳説，王符實治今文《尚書》者。

三十九、《陳考》：《皋陶謨》"禹拜讜言"引《孟子》趙岐注云："此所引《尚書》據今文。"

四十、《陳考》：《堯典》"還至嵩，如初禮"下，何休《公羊傳·隱八年》"解詁"云"段玉裁云：何所據者今文《尚書》，其説六宗用今文説"，可證。兹列何氏於此。

四十一、《陳考》：《洪範》"稼穡作甘"引高誘注《吕覽》云："高誘亦用今文《尚書》説。"

四十二、《畢表》於孔安國前有"一、孔子，二、漆雕開、孔鯉，三、孔伋，四、孔帛，五、孔木，六、孔箕，七、孔穿，八、孔順，九、孔鮒，十、孔襄，十一、孔忠"，十二世以孔武、孔安國並列，兹略錄。《唐案》有僖子季彦而無長彦，按長彦當亦傳家學，兹繫僖下。

四十三、歆治古文，諸書漏列。

四十四、梅福似亦治今文者，説見《陳考》。

四十五、《陳考》：《禹貢》"荆及衡陽維荆州"引揚雄《荆州牧箴》云

"蓋皆本今文《尚書》說",茲列於此。

四十六、《陳考》:《無逸》"治民祗懼"下引徐幹《中論》云:"徐幹生於漢末,時《古文尚書》已盛行,學者誦習務廣涉獵,不爲顓家之學,故引書多參用古文今文。"茲列於此。四六補依《田補》增。

四十七、《陳考》:《洪範》"睿作聖"下引《漢書·五行志》應劭注云:"東漢以來,《古文尚書》已顯於世,通儒多涉獵之,故應劭時亦兼採古文家說也。"四十七補依《徐續》增。

四十八、《陳考》:《洪範》"稼穡作甘"引《續漢書·五行志》云:"案,司馬彪《續漢志》云:'……故泰山太守應劭,給事中董巴,散騎常侍譙周,並撰建武以來災異,今合而論之,以續前《志》云',則其義皆東漢經師舊說,亦今家《尚書》之學也。"今按董巴、譙周與應劭同,當亦兼糅古文家言,茲俱列此。譙周治史,《尚書》當爲家學,茲並列其父子。

四十九、《魏志》:"高貴鄉公幸太學,問《尚書》義,博士庾峻對。"峻當是治《尚書》者,諸書漏列,非是。四九補依《侯補》《侯志》增。

五十、俱見本傳。諸書並漏列,茲録入吾表。《畢表》治《尚書》者有秋故其人,其生年或言在春秋時,茲故略去。

五十一、霸傳僞《百兩篇》,茲附録此。

整理者注:五十二、夏侯勝"從始昌受《尚書》及《洪範五行傳》""好學,爲學精孰,所問非一師也"。原稿此處以斜綫標明夏侯勝從學始昌與蕳卿的關係,今無法表示,在此說明。

五十三、鄭玄曾入太學,並從張恭祖學《古文尚書》《周禮》和《左傳》等,最後從馬融學古文經。原稿此處以斜綫標明鄭玄從學張恭祖與馬融的關係,今無法表示,在此說明。

三 《詩》

（一）

（甲）
【齊】浮丘伯（注一）
　　——（高）楚元王交（游）
　　——【魯】穆生
　　——【魯】白生
　　——【魯】申培公（注二）
　　　　——劉富（注四）
　　　　　——劉辟彊
　　　　　　——劉德
　　　　　　　——劉向
　　　　　　　　——劉伋
　　　　　　　　——劉賜（注五）
　　　　　　　　——劉歆
　　——【楚元王子】劉郢（注三）
　　【魯】中公　　——楚王戊
　　——孔安國
　　　……○……孔霸
　　　　——孔光（注六）
　　　——司馬遷（注六）
　　——【蘭陵】王臧
　　——【代】趙綰
　　——【魯】周霸
　　——夏寬
　　——【碭】魯賜（叔疆）
　——【蘭陵】繆生

──徐偃

──【鄒】闕門慶忌

──（武）瑕丘江公

　　──【魯】榮慶

　　　　──江翁

　　　　　　──江生（注七）

　　　　　　　　──（宣、光）【南陽宛】卓茂（子康）

　　──（景、宣）【魯國鄒】韋賢（長孺）（注六五）

　　　　──韋弘

　　　　　　──韋賞（注八）

　　　　　　　　──○──【扶風平陵】韋彪（孟達）

　　　　　　　　　　──韋順（叔文）

　　　　　　　　　　──韋豹（季明）

　　　　　　　　　　──韋義（季節）

　　　　──韋玄成（少翁）

　　　　　　──哀帝

　　　　──昭帝

　　　　──義倩（注九）

　　　　──……○……【嘉祥】武榮（含和）

──【魯】許生

──【免中】徐公

　　──（昭）【東平新桃】王式（翁思）

　　　　──【山陽】張長安（幼君）

　　　　　　──（宣、元）【山陽】張游卿

　　　　　　　　──【陳留】許晏

　　　　　　　　──【琅邪】王扶

　　　　　　　　──元帝

　　　　──【沛】褚少孫

　　　　──（宣）【沛郡相】薛廣德（長卿）

　　　　　　──（宣新）【楚國彭城】龔勝（君賓）

　　　　　　　　──高暉

　　　　　　──【楚】龔舍

　　　　　　──【東平】唐長賓（長卿）

　　　　──昌邑王

（乙）

1………1（高）【魯】叔孫通（注十一）

2………2（高）【鄒】韋孟
　　　　　　——○——○——○——韋賢

3………3（高、文）【雒陽】賈誼
　　　　　　——○——賈嘉
　　　　　　　　……賈捐之（注十二）

4………4（文）【潁川】賈山（注十三）

5………5（文、武）淮南王安（注十四）

6………6（武）【平原厭次】東方朔（曼倩）

7………8（元）【平原般】（傳一）高嘉
　　　　　　——傳二（哀、平）高容
　　　　　　　　——傳三（平、光）高詡（季回）
　　　　　　——元帝

9………9（元）【長安】谷永（子雲）（注十五）

10………10（元）【南陽杜衍】杜欽（子夏）（注十一）

11………11（哀）【扶風茂陵】杜鄴（子夏）（注十六）

8………7（宣）【蜀郡】王襃（子淵）（注十七）

12………12（宣、新）【蜀郡成都】揚雄（子雲）（注十一）

14………14 許晃
　　　　　　………【廣漢梓潼】李業（巨游）

13………13【長安】右師細君
　　　　　　——（哀、明）【會稽曲阿】包咸（子良）
　　　　　　　　——包福
　　　　　　　　　　——黃讜子

15………15（新）【上黨長子】鮑宣（注十八）

19………20（傳一）【任城】魏應（君伯）
　　　　　　——（傳二）〔千乘王〕劉伉

19………18（11）【扶風平陵】魯恭（仲康）
　　　　　　——李郃
　　　　　　　　——（和、桓）李固（注十九）

18………19（光、安）【扶風平陵】魯丕（叔陵）
　　　　　　——章帝

26………16【豫章宜春】陳重（景公）

21………17（新、光）【豫章鄱陽】雷義（仲公）

16……21（15）（光）【沛國蕭】陳宣（子興）

24………24（章）【陳留圉】蔡朗（仲明）

23………22（光、和）【會稽上虞】王充（仲任）………

22………23（光、安）【弘農華陰】楊震（伯起）

　　　　——（和、桓）楊秉（叔常）

　　　　　　——楊賜（伯獻）

25……25（29）（安、順）【南陽西鄂】張衡（平子）

26……24（25）（和、安）【安定臨涇】王符（節信）（注十一）

30……29（30）（順、獻）【宣城】王逸（叔師）（注十一）

33……34（35）（靈）【河間鄚】張超（子並）（注二十）

31……30（31）（順、獻）【任城樊】何休（邵公）（注廿三）

32……31（32）（順、獻）【陳留圉】蔡邕（伯喈）（注十一）

36……32（33）（桓、靈）【汝南西平】李咸（元章）

34……35（36）【涿郡】高誘（注十一）

37………41【鄭】李炳（子然）

35………36（靈、獻）【汝南南頓】應劭（仲遠）（注二〇）

　　　………（安、靈）【山陽昌邑】魯峻（仲巖）

26……27、28（殤、獻）【京兆長陵】趙岐（邠卿）（注廿一）

25……26、27（和、桓）【南陽宛】朱穆（公叔）（注廿二）

33……34、35（桓）【上谷昌平】寇榮（注廿四）

39………39（武）（壺關三老）令狐茂（注廿五）

37……38、40（靈、獻）【北海】徐幹（偉長）（注廿一）

40………41【犍爲敝邑】舍人（注十一）

42………42 樊光（注十一）

43………43 李巡（注十一）

（三）

（甲）

齊轅固生（注廿六）

　　——（武）【魯】夏侯始昌

　　　　——昌邑王

──【東海郯】后蒼（近君）
　──白奇
　──（武、元）【東海蘭陵】蕭望之（長倩）
　　──蕭育（次君）
　　──蕭咸（仲）
　　──蕭由（子驕）
　──（元）【東海下邳】翼奉（少君）
　──（元）【東海承】匡衡（稚圭）
　　──【琅邪東武】師丹（公仲）
　　　──（成）【扶風】班伯
　　　　──（平、光）班彪（叔皮）（注廿八）
　　　　　──（光、和）班固（孟堅）（注廿八）
　　　　　──（光、和）班超（仲升）（注廿八）
　　　　　──班昭（惠班）（注廿八）
　　──匡咸
　　──（元、成）【琅邪東武】伏理（斿君）
　　　──伏黯（稚文）
　　　　──（哀、章）伏恭（叔齊）（注廿八）
　　　　　──伏壽（注廿七）
　　　──（光）伏湛（惠公）
　　　　──（光）伏隆（伯文）
　　　　　──伏瑗（注廿七）
　　　　　　──伏咸（注廿七）
　　　　　　　──伏翕（注廿七）
　　　　　　　──伏光（注廿七）
　　　　　　──伏晨
　　　　　　　──（順）伏無忌
　　　　　　　　──伏質（注廿七）
　　　　　　　　　──（獻）伏完（注廿七）
　　　──成帝
──【潁川】滿昌（君都）
　──【九江】張邯
　──【琅邪】皮容

——（成、光）【扶風茂陵】馬援（文淵）

  ——（新、和）馬嚴

    ——馬續

（乙）

1·········（武）【廣川】董仲舒（注三〇）

  ——【趙】吾丘壽王（子贛）（注三〇）

4·········（昭、宣）【東平】夏侯勝（長公）（注三一）

3·········（昭）【東海】澓中翁（注三二）

  ——宣帝

6·········（宣、成）【梁】戴德（延君）（注三一）

7·········（宣、成）【梁】戴聖（次君）（注三一）

8·········【沛】慶普（孝公）（注三一）

9·········（宣）【汝南】桓寬（次公）（注三一）

2·········【梁國睢陽】焦贛（延壽）（注三一）

11·········【平陵】李尋（子長）（注三三）

5·········（武、元）【琅邪】貢禹（少翁）（注三四）

10·········【東海郯】薛宣（贛君）（注三二）

12·········（傳一）【涿郡】崔發

  ——（傳二）【荊州】申屠建

13·········孫氏

14·········（平、明）【南陽新野】鄧禹（仲華）

16·········（章、和）【魯國薛】曹褒（叔通）（注三五）

15·········（明）【潁川】丁鴻（孝公）（注三三）

17·········【沛國洨】陳忠（伯始）（注三六）

19·········（順）【北海安邱】郎顗（雅光）（注三七）

21·········（安、順）【南陽涅陽】左雄（伯豪）（注三八）

22·········（明）【會稽山陰】鍾離意（子阿）（注四〇）

20·········（桓）（傳一）【京兆長陵】欒恢（伯奇）

  ——（傳二）趙牧

23·········（光）【南陽安眾】宋均（叔庠）（注四一）

24·········（桓）【廣陵】劉瑜（季節）（注四二）

  ——劉琬

27………（魏）【中山】張晏（子博）（注四三）
18………20【潁川許】陳寔（仲躬）（注四四）
　　　　　——【潁川許】陳紀（元方）
　　　　　　　——【潁川許】陳群
　　　　　　　　　——【潁川許】陳諶
　　　　　——【太原】王烈（彥方）
　　　　　——【潁川定陵】賈彪（偉節）
　　　　　——（安、靈）【潁川襄城】李膺（元禮）
　　　　　——【潁川舞陽】韓融（元長）
　　　　　——（順、獻）【潁川】荀爽（慈明）
　　　　　　　——（桓、獻）（兄子）荀悅（仲豫）
25………【廣漢梓潼】景鸞（漢伯）
26………【蜀郡繁】任末（叔本）
28………（魏）【安平廣宗】孟康（公休）

（四）

（甲）
（文、武）【燕】韓嬰
　　　——〇——韓商
　　　　　……（宣）【涿郡】韓生
　　　——【河內】趙子
　　　　　——【河內溫】蔡誼
　　　　　　　——【河內】食子公
　　　　　　　　　——【泰山】栗豐
　　　　　　　　　　　——【山陽】張就
　　　　　　　——（宣、元）【琅邪皋虞】王吉（子陽）
　　　　　　　　　——王駿
　　　　　　　　　　　——王崇
　　　　　　　　　——【淄川】長孫順
　　　　　　　　　　　——【東海】髮福
　　　　　　　　　——昭帝
　　　——【淮南】賁生

（乙）

1………（傳一）【淮陽】薛方丘

　　　　——（光、明）（傳二）薛漢（公子）

　　　　　　——（章）（傳三）【犍爲武陽】杜撫（叔和）

　　　　　　　　——馮良（君卿）

　　　　　　　　——【會稽山陰】趙曄（長君）

　　　　　　　　——【鉅鹿】韓伯高

　　　　　　　　——【會稽】澹臺恭（敬伯）

　　　　　　　　——（傳三）【京兆杜陵】廉範（叔度）

　　　　　　　　——尹勤

2………（新、光）【汝南西平】郅惲（君章）

　　　　——郅壽

　　　　——明帝

　　　　——劉彊（注五二）

3………（光）【平陵】朱勃（叔陽）

4………【南陽】張匡（文通）

5………【梁國蒙】夏恭（敬公）——夏牙

6………（光、明）【京兆杜陵】馮衍（敬通）

　　　　——馮豹（仲文）（注四六）

8………（明）【九江壽春】召馴（伯春）

　　　　——章帝

10………（章）【安定臨涇】李恂（叔英）

11………【巴郡宕渠】馮煥

　　　　　　——（順、桓）【巴郡宕渠】馮緄（鴻卿）（注四七）

9………（明）【巴郡閬中】楊仁（文義）

15………（順）【豫章南昌】唐檀（子產）

16………（順）【安定烏氏】梁商（伯夏）

17………（順、獻）【河內林慮】杜喬（叔榮）

　　　　　　——【山陽】張匡（文通）（注四七補）

18………（桓）【濟陰己氏】祝睦（元德）

23………（桓）梁景

24………（桓）武梁（綏宗）

19………（桓）【濟陰乘氏】馬江（元海）

29………（桓）【南陽湖陽】樊安（子佑）
12………【東郡】張恭祖
　　　　——（順、獻）【北海高密】鄭玄（康成）
　　　　　　——（魏）【清河東武】崔琰（季珪）
21………【汝南南頓】應奉（世叔）（注四六）
27………【河南滎陽】服虔（子慎）（注五一）
7………（光、安）【汝南安成】周磐（堅伯）（注五〇）
25………（靈）【扶風平陵】韋著（休明）
26………（靈）【南郡華容】胡碩（季叡）
13………（安、靈）【弘農華陰】劉寬（文饒）
14………（安、獻）【廣漢綿竹】任安
　　　　——【蜀郡成都】杜瓊（伯瑜）
　　　　　　——【蜀郡江原】高玩（伯珍）
25………【陳留外黃】濮陽闓
　　　　——（桓、吳）【廣陵】張紘（子綱）
　　　　　　——張尚
29………【汝南平輿】廖扶（文起）
　　　　——謁煥（注四七）
30………【北海膠東】公沙穆（文乂）
　　　　——公沙孚
33………陳囂（君期）
35………侯包（注四八）
34………丁魴（叔河）
31………【蜀郡郫】何隨（季業）
32………【會稽】陳脩（君遷）
33………【犍爲】楊定
　　　　——【蜀】王阜（世公）（注五七）
36………朱輔（注四九）
39………【關中】田君
29………（桓）【東平】田君
40【京兆】隗禧（子牙）（注五三）
　　　　——魚豢（注五三）
41………（獻、魏）【沛國譙】曹植（子建）

42………和熹鄧后綏（注五五）

43………順烈梁后妠（注五六）

…………夏侯恭（注五七補）

（五）

（甲）

——河間獻王

——（武）【趙】毛萇（注五八）

　　——【趙】貫長卿

　　　　——解延年

　　　　　　——【虢】徐敖

　　　　　　　——【九江】陳俠

　　　　　　　　——【九江】謝曼卿

　　　　　　　　　——【扶風平陵】賈徽（元伯）

　　　　　　　　　　——（光和）賈逵（景伯）

　　　　　　　　　　　——（和、安）【汝南召陵】許慎（叔重）

　　　　　　　　　　　　——【牂牁毋斂】尹珍（道真）

　　　　　　　　　　　——【東海】衛宏（敬仲）

　　　　　　　　　　　　——【濟南】徐巡

（乙）

1………孔子建——○——○——（章）孔僖（仲和）

2………（章）【河南開封】鄭衆（仲師）

3………（光、明）【南陽堵陽】尹敏（幼季）

4………（章、桓）【扶風茂陵】馬融（季長）

　　——（順、獻）【北海高密】鄭玄（康成）

　　　　——【東萊曲城】王基（伯輿）

　　　　　——【樂安】孫炎（叔然）

5………【潁川陽翟】司馬徽（德操）

　　——【梓潼涪】李仁（德賢）

　　　——李譔（欽仲）

6………劉熙（六〇）

　　——【南陽】許慈（仁篤）

7……（獻）【東平】劉楨（公幹）
……【東海蘭陵】王肅（子雍）
8……【諸暨】程遐
9……【巴郡臨江】文立（廣休）
10……【廣漢綿竹】司馬勝之（興先）
11……【蜀郡江原】常勖（脩業）
12……【廣漢鄭】王化（伯遠）
13……【蜀郡成都】任熙（伯遠）
14……【蜀郡江原】常騫（季慎）
15……【蜀郡江原】常寬（泰恭）
16……（靈、吳）【琅邪陽都】諸葛瑾（子瑜）
……（吳）【吳郡雲陽】韋昭（弘嗣）
……（吳）【吳郡】陸璣（元恪）
……（吳）【豫章】徐整（文操）

（六）

1……【魯】丙吉
2……（宣、成）【上黨潞】馮野王（君卿）
3……（平、明）【南陽宛】任延（長孫）
6……【扶風茂陵】耿況（俠游）
　　——（平、明）耿弇（伯昭）（注六一）
9……（安、順）【廣漢雒】翟酺（子超）
10……（桓）【東萊牟平】劉方
9……（甲）呂叔玉（注六二）
7……（和、靈）【安定朝那】皇甫規（威明）
5……（章、桓）【潁川長社】鍾皓（叔明）
4a……（光）【弘農】辛繕（公文）
12……【汝南安成】周燮（彥祖）
13……（魏）【潁川長社】鍾會（士季）
14……（蜀）【廣漢鄭】李毅（允剛）
15……（吳）【彭城】嚴畯（曼才）
16……（吳）【陳郡扶樂】袁準
8……（安、靈）夏承（仲兗）

9（乙）………【扶風平陵】梁鴻（伯鸞）（注六二補）
9（丙）………（靈）【陳國長平】潘乾（元卓）（注六三補）
9（丁）………譙敏（漢達）（注六三補）
9（戊）………朱育（注六四）
15………【淮陰臨淮】步騭（子山）（注六三）

《詩經》附注：

注一、《畢表》《陳考》於浮丘伯前列孔子、子夏、曾申、李克、孟仲子、根牟子、孫卿凡七人。茲不錄入。《史記·儒林列傳》云："高祖過魯，申公以弟子從師入見高祖於魯南宮。呂太后時，申公游學長安，與劉郢同師。"《漢書·楚元王傳》亦云："高后時，浮丘伯在長安，元王遣子郢客與申公俱卒業。"是《魯詩》之傳，始浮丘伯，伯於漢初猶存也。

注二、《史記·儒林列傳》云："言《詩》，於魯則申培公"，韋昭曰："培，申公名。"

注三、《漢書》作郢客。

注四、《陳考》於郢客後列紅侯劉辟彊，陽城侯劉德，劉向，劉歆，而遺劉富。案，《漢書·楚元王傳》云："元王好詩，諸子皆讀詩……景帝即位……富爲休侯……乃更封爲紅侯。""富子辟彊等四人供養，仕於朝"。是紅侯乃富之爵號，辟彊受之於富，富受之元王，傳文所載章章可考。《陳考》既失劉富，又以辟彊爲紅侯，並失疏舛，茲爲補正。

注五、賜爲向子，其習何經固不可考，然傳元王之《魯詩》則可信也。茲與歆並綴向下。《畢表》《陳考》俱無，似非。

注六、《陳考》云："以《史記》證之，其傳儒林首列申公，敘申公弟子首列孔安國，據是以斷，《史記》所載《詩》必爲魯説無疑矣。"今案，《漢書·儒林傳》言史遷從安國問故，則史遷《魯詩》之傳，當亦得之安國。今即將史遷綴安國下。又《漢書·孔光傳》：光爲霸子，霸者，安國從孫也。霸、光宜傳家學，《畢表》漏列，今茲錄入。

注七、博士江生見《後漢書·儒林傳》，諸家皆不列博士江生。今案，前《漢書·儒林傳》言瑕邱江公傳子至孫爲博士，是瑕邱江公者大江公，博士江公者大江公之子，《卓茂傳》之博士江生則大江公之孫也。由大江公四傳而至後漢卓茂時，亦猶韋賢四傳而至哀帝也。若以元王六傳而至劉歆，許生、徐生五傳而至元帝例之，則大江公尤不能三傳而至卓茂時矣。諸家多混博士江公與博士江生爲一，未有能正其失者，茲故表而出之。

注八、韋賞之承家學，果爲何人所授，《漢書》未有明說。《毛詩》李黃《集解》以爲韋賢所授，《畢表》以爲博士江公所授，近或以玄成所授，俱無明據。今按，《韋賢傳》云："遺子黃金滿籝，不如一經。"又，洪邁《隸釋》載《武榮碑》云："治《魯詩》韋君章句。"《魯詩》爲韋氏家學，宏亦必受魯詩，賞當受之於宏，此甚可信者也。兹列宏於表，綴賞於其下，賞子孫彪、豹等，亦必傳家業者，並録入表。

注九、《漢書·韋玄成傳》明載："賢病篤……賢門下生博士義倩等與宗家計議。"《畢表》以義倩爲瑕丘江公授，殊誤。

注十、《畢表》從《御覽四九六·陳留風俗傳》："許晏字偉君，授《魯詩》於琅琊王政學"，及《經典釋文·序録》，"扶授許晏"，列許晏於王扶下。今案，《漢書·儒林傳》、陸璣《毛詩草木疏》俱以許晏爲辥卿門人。兹從《儒林傳》説。

注十一、從《陳考》，《魯詩遺説考·自序》録入。《楊賜傳》云"少傳家學"，兹綴賜於楊震、楊秉之下（參看《陳考》《鶴鳴篇》）。

注十二、《陳考》，《騶虞篇》云："賈時惟有《魯詩》。"《采芑篇》云："捐之賈誼曾孫，《誼傳》言，'孝武初立，舉賈生之孫二人至郡守。賈嘉最好學，世其家'。君房之爲誰子，其本傳不詳，要其上承家學，當亦習《魯詩》也。兹從《陳考》。"

注十三、見《陳考》，《桑柔篇》。

注十四、見《陳考》，《卷耳篇》。

注十五、見《陳考》，《羔羊篇》。

注十六、見《陳考》，《棠棣篇》。

注十七、見《陳考》，《甘棠篇》。

注十八、見《陳考》，《尸鳩篇》。

注十九、《陳考》，《板篇》云："考《華陽國志》，李合師事魯恭，固爲合子，習《魯詩》無疑。"兹從陳説。

注二〇、見《陳考》，《關雎篇》。

注廿一、見《陳考》，《兔罝篇》。

注廿二、見《陳考》，《邶·柏舟篇》。

注廿三、《陳考》，何邵公述《破斧》詩義，與《白虎通》合。公羊家用《齊詩》，邵公則用《魯詩》也。

注廿四、見《陳考》，《青蠅篇》。

注廿五、見《陳考》，《小弁篇》。

注廿六、《陳考》：《叙録》云，"陸璣《毛詩草木疏》云，公孫弘亦事固，然則公孫固亦固之弟子也。"今按，《史記·儒林列傳》曰："固之徵也，薛人公孫弘亦徵，側目而視固。"《漢書》"視"訛作"事"，因致《陸疏》之誤，説不可從。

注廿七、《漢書·儒林傳》云："（伏）理高密太傅，家世傳業。"《後漢書·伏湛傳》云："自伏生以後，世傳經學。"伏氏子孫世傳經學，《畢表》僅列湛、黯恭、雲、忌，《陳考》僅增列晨隆，今據湛、隆等傳，增翕、光、完、壽、咸、瑗於表。

注廿八、《陳考》，《關雎篇》云："班固《漢書》多用《齊詩》。"又云："曹大家言《關雎》與匡衡義同，蓋用《齊詩》説，傳其從祖班伯之學也。"於《淇奥》《民勞》等篇，援引班彪、班超用詩，今録彪、固、超、昭入表。

注廿九、《陳考》，《十月篇》云："嚴爲文浦兄子，文淵習《齊詩》，則嚴承其家學，亦當爲《齊詩》也。"於馬續亦云然。今據增嚴、續於援下。

注三〇、見《陳考·自序》與《青蠅篇》。

注三一、俱見《陳考·自序》。

注三二、見《陳考》，《伐木篇》。

注三三、見《陳考》，《十月篇》。

注三四、見《陳考》，《大明篇》。

注三五、見《陳考》，《閟宮篇》。

注三六、見《陳考》，《鼓鐘篇》。

注三七、見《陳考》，《關雎篇》。

注三八、見《陳考》，《正月篇》。

注四〇、見《陳考》，《鹿鳴篇》。

注四一、見《詩三家義集疏·關雎篇》。

注四二、見《陳考》，《采薇篇》，兹更綴琬。

注四三、據《陳考》，《宛丘篇》。

注四四、見《陳考·叙録》及《思齊篇》。

注四五、見《陳考》，《羔羊篇》。

注四六、見《陳考》，《關雎篇》。

注四七、據《陳考·叙録》增。

注四八、"包"一作"苞"。

注四九、見《陳考》，《天作篇》。

注五〇、見《陳考》，《汝墳篇》。

注五一、見《詩·小雅·都人士》孔疏。《陳考》以服虔習《魯詩》，殊誤，茲據魏源《詩古微》說訂正。

注五二、《郅惲傳》云："令惲授皇太子《韓詩》，侍講殿中。"今案，皇太子者，東海泰王彊也。時明帝尚未立爲太子，明帝從包咸習《魯詩》，《陳考》以爲習《魯詩》，殊誤，茲爲訂正。

注五三、見《陳考》，《伐檀篇》。

注五四、見《陳考》，《黍離篇》。

注五五、見《陳考》。

注五六、見《陳考》，《螽斯篇》

注五七、據《唐案》，《田補》錄。阜與第五倫同時。五七補據《朱考》錄。

注五八、《畢表》於毛萇前錄一孔子、二子夏、三曾申、四李克、五孟仲子、六根年子、七孫卿、八毛亨，又列一孔子、二子夏、三高行子、四薛倉子、五帛妙子、六毛亨，云"按此自孔子五傳即至大毛公，較前差遠，故另列。"茲並從略。

注五九、按，《李譔傳》云："父仁，字德賢，與同縣尹默俱游荆州，從司馬徽、宋忠等學。譔俱傳其業。"考譔治古文《易》《尚書》《毛詩》《三禮》《左氏傳》，其《易》與《左傳》，蓋受之宋忠；其《尚書》不知何人所傳；《毛詩》《三禮》，蓋受之司馬徽，茲錄徽於此，以見仁、譔之師承。

注六〇、《慈傳》云："師事劉熙"，今姑錄熙於此。

注六一、參看《畢表》。

注六二、《朱考》姚拾有之。六二補、田補錄入。

注六三、本傳云："治《詩》《書》《三禮》"，茲錄入表。六三補、依《徐續》增。

注六四、依《侯補》增。

整理者注：注六五、韋賢及江翁曾從學於瑕丘江公與魯許生，原稿以斜綫標明，於此說明。

四　三《禮》

（一）

【魯】高堂伯（注一）
　　——【瑕邱】蕭奮（注二）
　　　　——【東海】孟卿
　　　　　　——【東海郯】后蒼（近君）
　　　　　　　　——（宣）【沛】聞人通漢（子方）……
　　　　　　　　——（宣、成）【梁】戴德（延君）
　　　　　　　　——（宣、成）【梁】戴聖（次君）
　　　　　　　　——【沛】慶普（孝公）
　　　　　　　　——【魯】閭丘卿
　　　　——（文）【魯】徐生（注二）
　　　　　　　　——桓生
　　　　　　　　——單次
　　　　　　　　——公戶滿意
　　　　　　　　——○——延
　　　　　　　　——○——襄

（二）

（甲）
【梁】戴德（延君）——【琅邪】徐良（斿卿）

（三）

（甲）
【梁】戴聖（次君）——【梁】橋仁（季卿）
　　　　　　　　—○—○—○—○—○—○—○—
　　　　　　　　——（安、靈）橋玄（公祖）

——【梁】楊榮（子孫）

（乙）

1……（和）淳于登
2……（章桓）【扶風茂陵】馬融（季長）
　　　——4【涿郡涿】盧植（子幹）——高誘
　　　——【北海高密】鄭玄（康成）
　　　　　——○——鄭小同
　　　　　　　——【安樂】孫炎（叔然）
3……【東郡】張恭祖
5……（順、靈）【陳留圉】蔡邕（伯喈）
7……（桓、靈）【汝南西平】李咸（元卓）
4……（桓）【廣陵西海】徐淑（伯進）
9……（順、獻）【潁川】荀爽（慈明）
10……（靈）【中山安國】劉祐（伯祖）
6……（安、獻）【陳留外黃】申屠蟠（子龍）
9……【陳留外黃】濮陽闓
　　　——（桓、吳）【廣陵】張紘（子綱）
11……【東海蘭陵】王肅（子雍）
12……【梓潼涪】李仁（德賢）
　　　——【梓潼涪】李譔（欽仲）
14……【彭城】射慈（孝宗）
13……【彭城】嚴畯（曼才）
15……【杜陵】杜寬（務叔）

（四）

（甲）

【沛】慶普（孝公）——【魯】夏侯紋
　　　　　　　——【族子】慶咸

（乙）

……1 王臨——2【犍爲資中】董鈞（文伯）
……3【魯國薛】曹充——4 曹褒（叔通）

(五)

(甲)

——【河南緱氏】杜子春

【豐】劉歆（子駿）——【河南開封】鄭興（少贛）

　　　　　　　　——（章）鄭眾（仲師）

　　　　　　　　——【扶風平陵】賈徽（元伯）

　　　　　　　　　——6（光、和）賈逵（景伯）

　　　　　　　　　　——（和、安）【汝南召陵】許慎（叔重）

　　　　　　　　　　　——【夜郎毋斂】尹珍（道真）

(乙)

1……2 王莽（巨君）

3……衛次仲（注九）

4……呂叔玉

5……【南郡華容】胡廣（伯始）

　　　——（章、順）【南陽西鄂】張衡（平子）

6……（章、桓）【扶風茂陵】馬融（季長）

　　——【涿郡涿】盧植（子幹）

　　——（順、獻）【北海高密】鄭玄（康成）

7……【東郡】張恭祖

9……（章）【廣陵海西】徐淑（伯進）

8……（桓、靈）【汝南西平】李咸（元卓）

13……（靈、獻）【山陽高平】仲長統（公理）

11……【東海蘭陵】王朗（景興）

　　——（獻、魏）王肅（子雍）

12……【陳郡扶樂】袁準（孝尼）（注十一）

1（甲）………陳參

1……河間獻王（九甲）

(六)

(甲)

……【韓】張良（子房）

……【薛】叔孫通

……（武、宣）【魯】夏侯勝（長公）（注四）

……（景、宣）【鄒】韋賢（長孺）（注三）

……（武、元）【東海蘭陵】蕭望之（長倩）（注五）

　　　——【東海下邳】翼奉（注六）

……【太原晉陽】劉茂（子衛）（注二）

　　　——【扶風平陵】梁鴻（伯鸞）（注十一補）

……（新、光）【陳留東昏】劉昆（桓公）

　　　………臨碩（孝存）

6……（宣、光）【南陽宛】卓茂（注七）

　　……王孫滑（注七補）

10……（哀、光）【京兆杜陵】張純（伯仁）

　　　——張奮（稺通）

12……（順、獻）【任城樊】何休（邵公）

14……（獻）【山陽高平】劉表（景升）

13……（桓）【南陽湖陽】樊安（子仲）（注十一）

15……（光）【南陽安衆】宋均（叔庠）（注十一）

16b……孔丹（伯本）（注十三）

11a……呂植（注十四）

16b……蔣濟（注十五）

16c……繆襲（注十五）

17……【廣漢梓潼】景鸞（漢伯）

16……【汝南安城】周燮（彥祖）

18……【泰山平陽】高堂隆

19……察静（八）

………【陳留】蘇林（孝友）（注八）

21……（獻、晉）【巴西西充】譙周（允南）

22……【零陵湘鄉】蔣琬（公琰）

23……【廣漢郪】李毅（允剛）

24……【會稽山陰】闞澤（德潤）

20……田琰

8……（新）宗伯鳳

9……（新）陳咸

（乙）

1……丙吉

2……【豫章鄱陽】雷義（仲公）

3……（平、明）【扶風茂陵】耿弇（伯昭）（注十）

4……（章、桓）【扶風茂陵】馬融（季長）

　　——【涿郡涿】盧植（子幹）

　　——（順、獻）【北海高密】鄭玄（康成）

　　　　——〇——鄭小同

　　　　——【樂安】孫炎（叔然）

8……【梓潼涪】李仁（德賢）（注十一）

　　——李譔（欽仲）

5……（章）【廣陵海西】徐淑（伯進）

7……（獻、魏）【東海蘭陵】王肅（子雍）

9……【南陽】劉熙

　　——【南陽】許慈（仁篤）

　　　　——許勛（十甲）

……（吳）【沛郡竹邑】薛綜（敬文）

10……【巴郡】文立（廣休）（注十一）

11……【廣漢綿竹】司馬勝之（興先）（注十一）

12……【廣漢郪】王化（伯遠）

13……【蜀郡汜原】常騫（季慎）（注十一）

14……【蜀郡】常寬（泰恭）

　　——【淮陰臨淮】步騭（子山）

………【陳留】阮諶（士信）

16……王孫滑

《禮記》附注：

注一、《畢表》於高堂生前列一孔子、二曾子，孺悲三，檀弓、公孫尼子、青史氏、王氏、史氏八人，茲從略。《朱考》於高堂生下列"侍其生得十七篇"，附注云，"與《漢·藝文志》《七錄》所說不同，要是一書。"《畢表》則以高堂生下附注云："按，侍其生得十七卷"，茲亦從略。《史記索隱》謝承云："'秦氏季代有魯人高堂伯'，則'伯'是其字。云'生'者，自漢已來儒者皆號'生'，亦'先生'省字呼之耳。"

注二、《朱圖》《萬派》《畢表》皆以蕭奮係於高堂生。《朱圖》所引章俊卿《考索圖》則以蕭奮係於徐生下。《朱考》則以徐生、蕭奮爲治《儀禮》，並不列之高堂生下。《畢表》於徐生亦云未詳所受。《吳表》則以徐生係高堂生下，而以蕭奮係徐生下。今案，《漢書·儒林傳》云，"漢興，魯高堂生傳《士禮》十七篇，而魯徐生善爲頌。孝文時，徐生以頌爲禮官大夫，傳子至孫延、襄。襄，其資性善爲頌，不能通經；延頗能，未善也。襄亦以頌爲大夫，至廣陵內史。延及徐氏弟子公户滿意、桓生、單次皆嘗爲漢禮官大夫。而瑕丘蕭奮以《禮》至淮陽太守。"此文驟讀之，似蕭奮爲徐生弟子，而徐亦非傳高堂生之學者。然細按其文，則於徐生孫襄云不能通經，則徐氏家學非不傳經者。而《孟卿傳》云，事蕭奮以授后蒼，由是衍爲二戴慶氏之學，蕭奮之傳《士禮》十七篇尤明。徐生、蕭奮之傳經，由漢興高堂生傳《士禮》十七篇言之，則明爲高堂生所授也。瑕丘蕭奮以《禮》傳孟卿，孟卿傳后蒼，由其世數考之，亦不當爲授之徐生。孟由奮再傳至后蒼，例之《齊詩》之由轅固生再傳而至后蒼，《易》之由田何三傳而至孟喜（喜爲孟卿子，與后蒼同時），蕭奮似不當爲徐生弟子。如爲徐生弟子，則由徐生三傳而至后蒼，徐生必與田何年相若乃可也。由蕭奮之傳《禮》言之，蓋必由高堂生三傳而至后蒼，是則蕭奮非徐生弟子可如也。據《史記》"諸學者多言《禮》，而魯高堂生最本。""於今獨有《士禮》，高堂生能言之。"及"言禮自魯高堂生"諸文觀之，則蕭奮與徐生實皆爲高堂生之弟子，《史記》特未明言之耳，茲綴蕭奮、徐生於高堂生下而附說於此。

注三、韋賢本傳云，"兼通《禮》《尚書》"，諸書漏列。

注四、夏侯勝本傳云，"善說禮服"諸書漏列。《史記正義》引《七錄》"古經於魯淹中博士，傳其生得十一篇。"

注五、蕭望之本傳云，"又從夏侯勝問《論語》《禮服》"，諸書漏列。

注六、本傳載（翼奉）上書云："《禮經》避之"，知必習禮也。諸書漏列。"

注七、卓茂本傳云，"習《詩》《禮》及曆算，究極師法"。諸書漏列。

注七補，《元和姓纂（五）》引《陳留耆舊傳》："王孫滑治《三禮》，爲博士。諸書漏列。

注八、《魏書·高堂隆傳》云："從光祿勳隆、散騎常侍林、博士靜，分受四經《三禮》。"則知林、靜亦必習《禮》者。諸書漏列。

注九、《畢表》云，見鄭玄《周官序》，亦官議郎，與議郎衛敬仲應是二人。九補、據姚拾補。

注十、本傳云，習《魯詩》《春秋公羊傳》《三禮》。諸書漏列。十補、劉熙、許勛等《畢表》列入"不名何經"中，今案，慈、綜俱治《三禮》，必傳熙學，勛亦當傳慈學，茲並列此。熙有《謚法》三卷，尤足見其治《三禮》也。

注十一、諸書漏列十人，俱依本傳所述增入吾表。十一補、據《田補》增。

注十二、據《姚志》增。

注十三、參看《徐續》。

注十四、見《田補·跋》。

注十五、據《侯補》增。

五 《春秋》

（一）

（景）【齊】胡毋生（注一）
　　　——（高武）【淄川薛】公孫弘
【廣川】董仲舒——【蘭陵】褚大
　　　——【東平】嬴公
　　　　　——（武、光）【琅邪】貢禹（少翁）
　　　　　——【東海】孟卿
　　　　　　——（宣）【東海蘭陵】疏廣（仲翁）
　　　　　　——【兄子】疏受
　　　　　　——【琅邪】筦路（注六）
　　　　　　——元帝
　　　　　——（昭）【魯國蕃】眭弘（孟）
　　　　　　——【東海下邳】嚴彭祖（公子）……
　　　　　　——【魯國薛】顏安樂（公孫）……
　　　　　　——【琅邪】貢禹（少翁）
　　　　　　　——【潁川】堂溪惠
　　　　　　　　——【泰山】冥都
　　　——【廣川】段仲（注三）
　　　——【溫】呂步舒
　　　——【趙】吾丘壽王（子贛）
　　　——鮑敞（注四）
　　　　　　——【左馮翊夏陽】司馬遷（子長）（注五）

（二）

（甲）
【東海下邳】嚴彭祖（公子）——（元）【琅邪】王中

──【琅邪】公孫文
──【琅邪】東門雲

(乙)

1……(光)【琅邪姑幕】徐子盛
　　──【琅邪姑幕】承宮
2……(光)【山陽東緍】丁恭（子然）
　　──(光、和)【陳留雍丘】樓望（次子）
　　──(光)【南陽湖陽】樊儵（長魚）
　　　　──(和)【蜀郡成都】張霸（伯饒）
　　　　　　──(桓)張楷（公超）
　　　　──孫林
　　　　──劉固
　　　　──段著
　　──【潁川】李脩
　　──【九江】夏勤（伯宗）
　　──(光)【汝南汝陽】鍾興（次文）
　　　　──明帝
3………(新、光)【汝南西平】郅惲（君章）
4………(光、明)【北海安丘】周澤（穉都）
5………(光)【北海安丘】甄宇（長文）
　　　──甄普
　　　　──(章)甄承
6………(光)【河內】李章（第公）
………【梁】橋玄（公祖）（注八補）
………【豫章南昌】徐穉（孺子）
……(章)【豫章南昌】程曾（秀升）
　　　　──顧奉
……(桓)【濟陰己氏】祝睦（元德）
……(靈)【中山安國】劉祐（伯祖）
……【閶】葵班（注七）
……【閶】葵讓（注七）
……(安、獻)【陳留外黃】申屠蟠（子龍）（注八）

……嚴訢（少通）
……（靈、獻）樊敏（升達）
……（和、桓）【魯】孔宙（季將）
　　　——【鉅鹿廮陶】張雲（子平）
　　　——【鉅鹿廮陶】趙政（元政）
　　　——【鉅鹿廣宗】捕巡（升臺）
　　　——【東平寧陽】韋勛（幼昌）
　　　——【魏郡館陶】張上（仲舉）
　　　——【魏郡館陶】王時（子表）
　　　——【魏郡陰安】張典（少高）
　　　——【魏郡魏】孟忠（待政）
　　　——【魏郡魏】李鎮（世君）
　　　——【魏郡館陶】吳讓（子敬）
　　　——【魏郡館陶】文儉（元節）
　　　——【魏郡館陶】鄉瑱（仲雅）
　　　——【魏郡鄴】暴香（伯子）
　　　——【東郡東武陽】梁淑（元祖）
　　　——【東郡】趙恭（和平）
　　　——【東郡東武陽】張表（公方）
　　　——【東郡東武陽】滕穆（奉德）
　　　——【東郡樂平】桑演（仲厚）
　　　——【東郡樂平】靳京（君賢）
　　　——【東郡樂平】梁布（叔光）
　　　——【東郡樂平】桑顯（伯異）
　　　——【陳留平丘】司馬規（伯昌）
　　　——【安平下博】張祺（叔松）
　　　——【安平下博】張朝（公房）
　　　——【安平下博】蘇觀（伯臺）
　　　——【安平堂陽】張琦（子異）
　　　——【北海安丘】齊納（榮謀）
　　　——【北海都昌】呂升（山甫）
　　　——【北海劇】秦麟（伯麟）
　　　——【北海劇】如盧浮（遺伯）

——【北海劇】薛顗（勝輔）

——【北海劇】高冰（季超）

——【濟南梁鄒】趙震（叔政）

——【濟南鄒】徐璜（幼文）

——【濟南東平陵】吳進（升臺）

——【甘陵廣川】李都（元章）

——【甘陵貝丘】賀曜（升進）

——【魏郡清淵】許祺（升明）

——【魏郡館陶】史崇（少賢）

——【魏郡館陶】孫忠（府文）

——【東郡樂平】盧脩（子節）

——【任城】□□（景漢）

——【安平下博】張忠（公直）

——【北海劇】陸遏（孟輔）

——【陳留襄邑】樂禹（宣舉）

——【下邳】朱班（宣□）

——【東平寧陽】周順（承□）

——【沛國小沛】周升（仲甫）

——【魯國汶陽】陳裦（聖博）

——【汝南平輿】謝洋（子讓）

——【山陽瑕丘】丁瑶（實堅）

——【魯國】戴璋（元珪）

——【魯國卞】亓政（漢方）

……【魯】孔龢

……華松（十一）

……馮君（注九）

……孔裦（文禮）（注九補）

……孔謙（德讓）（注九補）

（三）

(甲)

【魯國薛】顏安樂（公孫）——【淮陽】泠豐（次君）

　　　　　　　　　　——【豐】劉向（子政）（注十三）

　　　　　　——【東海戚】馬宮（游卿）（十四）
　　　　　　——【琅邪】左咸
　　　——【淄川】任公
　　　——【平原】管輅公明
　　　　　　　　——（平）【潁川鄢陵】孫寶（子嚴）
　　　——【泰山】冥都
　　　——王彥（十二）

(乙)
1……（光）【河內河陽】張玄（君夏）
2……【豫章鄱陽】陳重（景公）
3……【豫章宜春】雷義（仲公）
4……（章）【扶風漆】李育（元春）
　　　　……羊弼
　　　　　　——【任城樊】何休（邵公）（注十五）
6……【豫章南昌】唐檀（子產）（注十六）
7……（安、靈）【山陽昌邑】魯峻（仲巖）
8……【汝南】干□
8……【沛】丁直
10……【魏郡】馬萌
11……【渤海】呂圖
12……【任城】吳盛
13……【陳留】誠屯
14……【東郡】夏侯弘

(四)

【楚】陸賈——
(甲)
【魯】申公（培）（廿六）——【瑕丘】江公
　　——皓星公——（宣）【沛】蔡千秋（少君）
　　　　——【瑕丘】江翁
　　　　　　——【瑕丘】江生
　　　　　　　——劉向（注廿七）

────【清河】胡常（少子）
　　　　────（新）【梁】蕭秉（君房）
　────【魯】榮廣（王孫）
　　　────【梁】周慶（幼君）
　　　────（宣）蔡千秋
　　　　　────【汝南】尹更始（翁君）
　　　　　　　────尹咸
　　　　　　　────【汝南上蔡】翟方進（子威）
　　　　　　　　　────翟宣（太伯）
　　　　　　　────【琅邪不其】房鳳（子元）
　　　　　　　────（成、光）【河南密】侯霸（君房）
　　　────丁姓（子孫）
　　　────【楚】申章昌（曼君）（注廿八）
　────衛太子

(乙)
………王亥（廿九）
………（成、平）【九江壽春】梅福（子真）
………（光、明）【南陽堵陽】尹敏（幼季）（注三〇）
………【扶風】段肅
………【會稽烏陽】陳脩（奉遷）
………鍾寧（君律）
………【東海】糜信（南山）
………（吳）【丹陽】唐固（子正）

（五）

(甲)
(周景)【武陽】張蒼
　　　─○─賈嘉
　　　　　─○─○─○─（新、光）【扶風平陵】賈徽（元伯）
　　　　────（光、和）賈逵（景伯）
　　　　　　────○────賈伯升（注三六）
　　　　────堂溪典

　　　　　——延篤
　　　　　　——許慎（叔重）
　　　　　　　——【夜郎毋斂】尹珍（道真）
　　　　　——崔瑗
（高、文）【雒陽】賈誼
　　　——（趙）貫公（注三二）
　　　　　——貫長卿
　　　　　　——【清河】張禹（長子）
　　　　　　　——【汝南】尹更始（翁君）
　　　　　　——尹咸
　　　　　　——【汝南上蔡】翟方進（子威）
　　　　　　　——翟宣
　　　　　　　——田終術
　　　　　　　——（宣、更)【豐】劉歆（子駿）
　　　　　　　　——（光）【扶風茂陵】孔奮（君魚）
　　　　　　　　　——孔嘉
　　　　　　　　　——孔奇（注三二）
　　　　　　　　——【河南開封】鄭興（少贛）
　　　　　　　　　　——（章）鄭眾（仲師）
　　　　　　　　　　——鄭安世
　　　　　　　　——【沛國相】桓譚（君山）
　　　　　　　　——李守
　　　　　　　　——丁隆
　　　　——【清河】胡常（少子）
　　　　——（哀）【黎陽】賈護（季君）
　　　　　——（哀）【蒼梧廣信】陳欽（子佚）
　　　　　　——（光）陳元（長孫）
　　　　　　　——（新、和）【扶風】馬嚴
　　　　——王莽（巨君）
劉公子（三一）——【扶風茂陵】張敞（子高）（注三三）
　　　　　——張吉
　　　　　　——（哀）【扶風茂陵】杜鄴（子夏）
　　　　　　　——（光）杜林（伯山）

（乙）

1………柏公（三七）

2………【琅邪不其】房鳳（子元）（注三六）

3………【山陽高平】王龔（伯宗）

4………（哀）【無錫】虞俊（仲卿）

5………金子嚴——【河南開封】鄭興（少贛）

6………（光）【潁川父城】馮異（公孫）

7………（光）【上谷昌平】寇恂（子翼）

8………【南陽】韓歆（翁君）

9………（光）李封

11………（光、明）【南陽堵城】尹敏（幼季）（注三九）

13………（章、桓）【扶風】馬融（季長）

　　　　——【南陽犨】延篤（叔堅）

14………【東郡】張恭祖

　　　　——【北海高密】鄭玄（康成）

　　　　——【東萊曲城】王基（伯輿）

15………（靈）【弘農】楊賜（伯獻）

　　　　——【陳國長平】潁容（子嚴）

12………（光、安）【汝南安城】周磐（堅伯）

　　　　——【東海蘭陵】王朗（景興）

　　　　——王肅（子雍）

16………【潁川潁陰】劉陶（子奇）

　　　　——【蒼梧廣信】士燮（威彥）

22………（獻）【南陽章陵】謝該（文儀）

　　　　——【河東】樂詳（文載）

………【南陽章陵】宋忠（子仲）

　　　　——【梓潼涪】李仁（德賢）

　　　　　　——李譔（欽仲）

　　　　——【梓潼涪】尹默（思潛）

　　　　　　——尹宗（注四〇）

　　　　——【武陵漢壽】潘浚（承明）

　　　　　　——蜀後主（注四〇）

………（獻）【濟陰定陶】張馴（子儁）

28………【南陽宛】孔喬（子松）
25………【南陽新野】來歙（君叔）
　　　　……來敏（敬達）
　　　　　——來忠
26………【陳留外黃】濮陽闓
　　　　　——（桓、吳）【廣陵】張紘（子綱）
27………白侯子安——（桓、吳）【彭城】張昭（子布）
18………（獻）【潁川許】陳紀（元方）
　　　　　——【北海朱虛】管寧（幼安）
　　　　　　——管邈（注四〇）
………（靈）【河南滎陽】服虔（子慎）
10………【魏郡】許淑（惠卿）
29………【汝南】彭汪（仲博）
………武榮（含和）
33………王玢
23………【陳留浚儀】邊讓（文禮）
　　　　　——【獲嘉】楊俊（季才）
24………（桓、魏）【潁川長社】鍾繇（元常）
　　　　　——鍾會（士季）
　　　　　——【利漕】郭恩（義博）
25………【弘農】董遇（季直）
36………【京兆新豐】賈洪（叔業）
37………（魏）【山陽鉅野】李典（曼成）
38………（魏）【譙國】嵇康（叔夜）
39………曹耽
43………【犍爲武陽】李密（令伯）
44………【蜀郡成都】壽良（文叔）
42………【河東解】關羽（雲長）
46………（靈、吳）【琅邪陽都】諸葛瑾（子瑜）
　……（吳）【河南】徵崇（子和）
39………（魏）【諸暨】程遐
21………【汝南】許公
　　　　——（靈）【吳郡無錫】高彪（義方）

──（吳郡）高岱（孔文）

41………（魏）【河東襄陵】賈逵（梁道）

34………周生烈

32………【扶風】許伯升

48………【杜陵】杜寬（務叔）

45………李敏

（六）

（甲）

1………（武）【齊國臨淄】主父偃（注十六）

2………（景、武）【廬江舒】文翁（仲翁）（注十七）

3………【鉅鹿東里】路溫舒（長君）（注十七）

4………（武）【吳】朱買臣（翁子）（注十七）

5………【蜀郡成都】張寬（叔文）（注十七）

6………【會稽吳】嚴助（注十七）

7………（昭）【勃海】雋不疑（曼倩）（注十七）

8………楊惲（注十七）

15………【汝南】桓寬（次公）

10………（宣、元）【上黨潞】馮奉世（子明）（注十七）

　　　　──○──馮衍（敬通）（注十八）

　　　　　　　──馮豹（仲文）（注十八）

………【上黨潞】馮立（聖卿）（注十七）

9………（昭、元）【東海郯】于定國（曼倩）（注十七）

11………伊推（注十九）

12………申挽（注十九）

13………宋顯（注十九）

14………許廣（注十九）

16………（哀）【河內河陽】息夫躬（子微）（注十七）

18………（新、光）【北海都昌】逢萌（子康）

19………（新、光）【太原廣武】周黨（伯況）（注十七）

17………（哀）【無錫】虞俊（仲卿）

22………【河南開封】鄭興（少贛）

23………【沛】劉輔

26………【魯國魯】孔僖（仲和）（注二〇）
22………（平、光）【扶風】班彪（叔皮）
　　　　——（光、和）班固（孟堅）
　　　　——班超（仲升）
　　　　——【會稽上虞】王充（仲任）
　　　　　　——（光、和）【會稽山陰】謝夷吾（堯卿）
　　　　　　　　——第五倫子（注廿三）
25………【京兆】第五元先
　　　　——鄭玄……【漢中南鄭】李固（廿三甲）
35………【北海】公沙穆……王輔（廿三乙）
30………（桓、靈）【北海西平】李咸（元卓）
28………（章）【廣陵海西】徐淑（伯進）
29………（順、獻）【潁川】荀爽（慈明）
33………【東莞】綦毋君
　　　　——【琅邪】趙昱（元達）
31………（桓、靈）【河南雒陽】孟光（孝裕）注（廿四）
32………【濟北剛】戴宏（元襄）
34………閔因
36………（魏）【馮翊】嚴幹（公卿）（注廿四）
37………（蜀）【蜀郡成都】張裔（君嗣）
38………【廣漢鄠】王化（伯遠）（注廿五）
39………杜暉（慈明）
27………（安、靈）尹宙

（乙）

3………（光）【豐】劉嘉（孝孫）
5………（明）【豐】劉睦
6………（明、和）【蜀郡成都】楊終（子山）
1………（成）【巴郡閬中】譙玄（君黃）（注四一）
　　　　——譙英
2………（平、明）【南陽宛】任延（長孫）（注四一）
　　　　——孔驥（四一甲）
7………（和）【涿郡安平】崔駰（亭伯）（注四一）

8a──【扶風平陵】梁鴻（伯鸞）（注四二）
4………（光、順）【犍爲武陽】張皓（叔明）
　　　　──（光、順）張綱（文紀）（注四一）
8e……任棠（季卿）（注四二）
8………焦永──（京兆長陵）欒恢（伯奇）
　　　　　　──【長安】趙牧（仲師）
　　　　　　──何融
14………【蜀】張寧──【什邡】朱倉（雲卿）
3a………（光武）【弘農】辛繕
11………【昌邑】虞溥（允源）
11………李齊（注四三補）
12………丁魴（叔河）（注四一）
13………孫炎
9………【南陽隆】婁壽（元考）（注四三）
9……杜真
16………【巴西安漢】陳壽（承祚）（注四一）
15………【吳郡】沈珩（仲山）
8a………【成皋】屈伯彥（注四二）
　　　　──【介休】郭泰
　　　　──【介休】宗仲
8b………郤巡（仲信）（注四二）
　　　　──【會稽上虞】魏朗（少英）
8c………郤萌
9a………【山陽防東】侯成（伯盛）（注四三）
9b………孔融（注四四）
9c………王純（伯敦）（注四三）
16………韓益（注四五）
17………顧啓期（注四五）
18………黃復（注四五）
20………丁季（注四五）

《春秋》附注：
注一、《畢表》於"《公羊》學"胡毋生前列孔子、子夏、公羊高、公羊平、公羊地、公羊敢、公羊壽七人，按，《史》《漢》並不言公羊壽於漢初傳《春秋》，茲不具錄。

注二、《朱考》胡毋生弟子僅列公孫弘一人，《畢表》則列嬴公、公孫宏、褚大、段仲、呂步舒，而於褚大下注云："此下三人歸董仲舒下"，其説不同。《吳表》則更似同《畢表》而致深疑於《漢書》，其説曰："《漢志》胡毋子都治《公羊春秋》，爲景帝博士，爲董仲舒同業，年老歸教於齊，齊之言《春秋》者宗之，公孫宏亦頗受焉。"而董生爲江都相。《史記·儒林列傳》董仲舒於胡毋生之前云："以治《春秋》，爲孝景博士。"又云，"弟子遂者：蘭陵褚大，廣川殷忠，溫呂步舒"。班固以三人皆胡毋生弟子，而入董仲舒於胡毋生傳中。既云仲舒著書稱其德，又云董生爲江都相自有傳，與他傳叙弟子例同。固蓋不知董學所出而闌入之也。史遷稱：言《春秋》於齊魯自胡毋生，於趙自董仲舒，蓋漢初《公羊》先興，實二家開之，異時同業，非師弟也。遷於《儒林傳序》先胡而傳先董者，後人刊訂之錯簡也。瑕丘江公傳屬胡毋生後，且多叙董事，不倫。知當並入董傳，叙中唯稱申、轅、韓、伏、高、田、胡、董八師，江公不在列，考真傳亦如叙之列，唯高堂生、田生屬伏生傳，不列標首，則亦刻誤也。然則胡傳當次董前，江公當附董傳明矣。今據史遷胡師後增董師，亦糾班謬。今案，《吳表》以胡毋生、董仲舒"異時周業，非師弟也"，其説容是。然據李固引仲舒語："胡毋子都賤爲布衣，貧爲匹夫，然而樂義好禮，正行至死，故天下尊其身而俗慕其聲。甚可榮也。"（《文館詞林》六九九；唐晏《兩漢三國學案》）則《漢書》謂仲舒著書稱其德，語實不誣。《漢書》於仲舒下云"弟子遂之者，蘭陵褚大，東平嬴公，廣川殷仲，溫呂步舒"。則褚大、嬴公等，無論其是否先事胡毋生，而四人實皆仲舒弟子則甚明，《畢表》於嬴公不歸仲舒，則甚誤也。按《眭弘傳》云，"從嬴公受《春秋》"，又稱"先師董仲舒"，弘爲董仲舒再傳弟子，固甚明也。《畢表》《吳表》於仲舒下不列嬴公，而反以嬴公爲胡毋生弟子，俱屬舛誤。《畢表》猶知以眭弘綴於仲舒下，然《眭弘傳》云，"長乃變節，從嬴公受《春秋》"，恐不得逮事仲舒也。仲舒以元狩二年（前121）免膠西相，眭弘以元鳳三年（前78）被殺，相距已四三年。使眭弘卒年六十，則仲舒免相之時，猶不過十七歲，恐尚未從嬴公受《春秋》也。茲定眭弘爲董仲舒再傳弟子，而從《漢書》《朱考》以嬴公系仲舒下，胡毋生下則從《史記》《朱考》列公孫弘一人，而著其説於此。

注三、《吳表》從《史記》作殷忠，云班固《漢書·儒林傳》以褚大、殷仲、呂步舒爲胡毋生弟子，殷形近段，忠、仲同聲，蓋古字作仲，實一人也。

注四、《朱考》《畢表》並有，《唐案》以之入《嚴氏春秋》，誤。

注五、據《史記·自序》稱"余聞董生曰"，則史遷當得董生之傳者，茲以司馬遷系董生下。

注六、諸家漏列。按《漢書》載，廣兄子受爲少傅，廣謂受曰："豈如父子歸老故鄉，以壽命終，不亦善乎？"廣視受猶子也。受必傳《疏氏春秋》者。

注七、《唐案》載此二人，而不列之《嚴氏春秋》傳授之中，殊屬疏舛。

注八、諸家漏列。按本傳明云，治《京氏易》《嚴氏春秋》《小戴禮》。八補、參看田補。

注九、《畢表》云：《隸釋·漢嚴新碑》，政和中出於下邳，云治《嚴氏春秋·馮君章句》。兩漢傳《春秋嚴氏》無姓馮者，蓋史之闕文。今按，《後漢書·馮緄傳》引謝承書，"緄學《公羊春秋》"，但不著誰家。杜佑《通典》引《公羊》說，或向高堂隆曰，昔馮君八萬言章句云云，下言馮君繫說《公羊春秋》者，亦不着家數，馮君或即是緄，未可和，但不敢臆斷，姑附表於此。九補參看《徐續》，依孔寅、孔穌習《嚴氏春秋》列此。

注十、《隸釋》明云新治《嚴氏春秋》，《畢表》以入治《公羊》中，殊誤。

注十一、《唐案》僅列華松其人而無傳，云見謝承書。

注十二、《朱考》《畢表》並列王彥爲顏安樂弟子，未知所據。

注十三、《朱考》《畢表》並以向爲泠豐弟子，未知所據。

注十四、《畢表》云，按本傳言宫治《春秋嚴氏》，《儒林傳》言顏安樂授泠豐，豐授馬宫、琅邪左咸。恐當以《儒林傳》爲正。

注十五、江藩《隸經文·公羊先師考》云："前漢時嚴、顏之學盛行，皆仲舒之學也。胡毋生之弟子爲公孫弘一人，余無聞焉。爰及東京，多治嚴氏《春秋》……治顏氏《春秋》者，惟張君夏一人，張氏兼說嚴氏、冥氏（冥，《後漢書》誤作宣），亦非專治顏氏之學者。至於李育，雖習《公羊》，然不知其爲嚴氏之學歟？顏氏之學歟？"何休之師，則博士羊弼也。傳稱休與弼追述李育意明難二傳，作《公羊墨守》，則休之學出於李育，無所謂嚴氏、顏氏矣。吳表《東漢傳經表》則云，育意不宗嚴、顏，蓋自爲季氏學也。又曰，何休邵公作《春秋公羊解詁》，題曰何氏學，亦不主嚴、顏。《唐案》則云："近代惠氏以《石經》考定何休爲顏氏家言，故列之於顏氏派下。"又云："按：嚴氏、顏氏二家皆出於董仲舒，本一家也。然以《石經》考之，知蔡邕所書嚴氏本也，何休所注顏氏本也。二本間有不同，《石經》已明言之。是以《石經》於顏氏本有無不同之處，往往注出，是真歧中之歧也。"至於漢儒，習嚴氏者多，習顏氏者鮮，至何氏注行而嚴本亡矣。茲以李育、羊弼、何休並列於《顏氏春秋》中。

注十六、諸書漏列，茲據本傳所云增輔。

注十七、此十三人，《畢表》似入之治《春秋》中，《唐案》爾然，案此皆系前漢時人，其時《左》《穀》未立學官，當並爲治《公羊》者也。

注十八、《唐案》列有馮豹，茲更增入馮衍，以見馮氏家學。

注十九、《唐案》伊推、申挽、宋顯入《嚴氏春秋》中，許廣則入治《公羊》中，《畢表》俱入治《公羊》中。今案，《畢表》不誤。

注二〇、《唐案》孔僖入顏氏派中，殊無據。茲爲訂正。

注廿一、諸書不列范升，案《升傳》言左氏不祖孔子，亦當爲治《春秋》學者，茲入吾表。

注廿二、《唐案》以班超入治《公羊》中，而以班固入治《春秋》中。今案，班固非尚古學者，宜入治《公羊》中，其傳《春秋》，當亦家學，故增班彪一人。《王充傳》云："師事班彪。"今案，充不傳班氏《夏侯尚書》《齊詩》之學，茲列於此。謝夷吾薦充才，充於《春秋》，蓋傳彪之學矣。

注廿三、《唐案》有謝夷吾，其本傳云，第五倫遣子從受《春秋》，茲更增入第五倫子。廿三甲、據《公館詞林》補。廿三乙、據本傳增。

注廿四、《畢表》三人入治顏氏中，殊無據，茲從《唐案》。

注廿五、諸書漏列。

注廿六、《畢表》申公前列有孔子、子夏、穀梁赤、孫卿四人，説未可信。茲以申公爲始。

注廿七、《朱考》《唐案》江生弟子有劉向，《畢表》漏，非是。

注廿八、《唐案》以申章爲一人，昌曼君爲一人，殊爲巨謬，辨已詳明。

注廿九、《唐案》於《穀梁》派列有王龔、庸潭、嚴彭祖、夏侯勝、韋賢、史高諸人，案，王龔、庸潭、嚴彭祖、夏侯勝、韋賢、史高之治《穀梁》，史無明文。《畢表》於王亥前亦列史高，茲並此六人不入表，以符史實。

注三〇、《唐案》治《穀梁》有賈逵，茲從李育不入《左氏》，馬融不入治《公羊》之例，不錄入表。

注三一、《畢表》於張蒼前列孔子、左邱明、曾申、吳起、吳期、鐸椒、虞卿、荀卿八人，茲從略。又《朱考》《畢表》並以張蒼傳賈誼，《畢表》云，按，《梁書·武帝答劉之遴詔》云："張蒼之傳《左氏》，賈誼之襲荀卿。"則《左傳》亦淵源於荀卿，疑即張蒼所授。今按，張蒼傳賈誼之説，《漢書·儒林傳》並無明文，兹不從朱、畢説。

注三二、《朱考》以賈公爲賈嘉弟子，以從《經典釋文》。《畢表》則以賈嘉、貫公並列於賈誼下，與《漢書》合。兹從《畢表》。

注三三、《朱考》《畢表》以張敞爲貫長卿弟子，此《經典釋文》之説，與《漢書》不合，兹不從。

注三四、《畢表》以田終術列方進下，按田終術從方進學星歷，不必爲《左氏》也。兹姑從《畢表》而附列於此。

注三五、《畢表》但以孔奮列爲劉歆弟子，今按，奮弟奇亦治《左氏》者，當亦爲歆弟子，兹列奇以劉歆下。

注三六、《釋文》有堂溪典受《左氏春秋》於賈逵之孫伯升之説，兹綴伯升等於逵下，以明其傳。

注三七、《朱考》云，按劉歆書有魯國柏公，《畢表》亦列有柏公。今按，依劉歆書，"柏"相實作"桓"。

注三八、《朱考》治《左氏》者列有嚴彭祖、房鳳，《畢表》並略去。今案，彭祖治《公羊》，固不當列。若房鳳則與王龔同爲助歆者，既列王龔，則當列房鳳也。

注三九、《尹敏傳》明云"善《左氏春秋》"，諸書漏列，

注四〇、諸書漏列。

注四一甲、據《姚拾》補。

注四一、諸書漏列。

注四二、參看《田補》。

注四三、參看《徐續》。四三補、參看《顧補》。

注四四、參看《錢補》。

注四五、參看《錢補》。

六 《論語》

（一）

………（宣、元）【琅邪皋虞】王吉（子陽）
　　——（宣、成）【河內】張禹（子文）
　　　　——班伯
………宋畸
……（元）【琅邪】貢禹（少翁）
………五鹿充宗（君孟）
………【膠東】庸生
　　——張禹
　　　　——班伯
………【琅邪】王卿

（二）

………龔奮
………（東平）夏侯勝（長公）
　　………【東海蘭陵】蕭望之（長倩）
　　　　——【魯】朱雲（游）
——【族子】夏侯建（長卿）
　　——【河內】張禹（子文）
　　　　——【扶風】班伯
………（昭、宣）【鄒】韋賢（長孺）
　　——（元）韋玄成（少翁）
………【魯】扶卿
………【琅邪皋虞】王駿
………【長安】右師細君
　　——（平、明）【會稽曲阿】包咸（子良）

————包福
　　————黃讜子

（三）

【魯】孔騰（子襄）
　　………孔安國（子國）
　　………【汝南召陵】許慎（叔重）

（四）

………【涿郡高陽】王尊【子贛】
　　……盍氏
………【南陽堵陽】尹敏（幼季）
　　……毛氏
……【代】范升（辯卿）……周氏
………【豐】劉輔
………【扶風平陵】賈逵（景伯）
………【河南開封】鄭衆（少師）
………（扶風茂陵）馬融（季長）
　　————【北海高密】鄭玄（康成）
………【扶風茂陵】馬續（季則）
………【穎川】荀爽（慈明）
　　————○————荀顗（景倩）
………【任城樊】何休（邵公）
………【汝南安城】周燮【彥祖】
………【南陽】樊安（子仲）
………【敦煌】周生烈（文逸）
………武榮（含和）
………【江源】李幾（孟元）
………麻達
………【東海蘭陵】王肅（子雍）
………【青州樂安】孫邕（宗儒）
………【滎陽】鄭冲（文和）
………曹羲

………【宛】何晏（平叔）

………【山陽】王弼（輔嗣）

………【潁川許】陳群（長文）

………【汝南南頓】程秉（德樞）

………【清河東武】崔琰（季珪）

………【南陽】許慈（仁篤）

………【巴西西充】譙周（允南）

………【會稽餘姚】虞翻（仲翔）

………【彭城】張昭（子布）

………【雲陽】韋昭（宏嗣）

注一：《華陽國志》卷十上。

注二：《經義考》卷二百十一：漢有麻達注《論語》。

七 《孝經》

（一）

……董仲舒
……長孫氏
……瑕丘江公
……【東海郯】后倉（近君）
　　——【東海承】匡衡（稺圭）
　　——【東海下邳】翼奉（少君）
……【河內】張禹（子文）

（二）

【河間】顏芝
　　　——〔子〕貞
【魯】孔騰子〔襄〕
　　………孔安國〔子〕國

（三）

………王玄
　　………孫熙（注一）
附注一：依《侯補》錄入

八 《孟子》

………【京兆長陵】趙岐（邠卿）
………【豫章南昌】程曾（秀升）
　　　——顧奉
………【北海】劉熙（成國）
………【北海高密】鄭玄（康成）
………【涿】高誘
………劉復（注一）

附注：注一、依《顧補》錄。

九　《爾雅》

………郭舍人
………【豐】劉歆（子駿）
………樊光
………李巡
………【樂安】孫炎（叔然）（注一）

附注：注一、依《田補》録。

十　群經

·········【邛】胡安
　　　　——司馬相如
·········林間翁（孺）
　　　　　——【蜀郡成都】揚雄（子雲）
　　　　　——【鉅鹿】侯芭
·········【扶風】呂叔公
·········【南陽】朱明叔
　　　　　——【梓潼】楊充（盛國）
·········【潁川】白仲職
·········【漢中南鄭】李頡
　　　——李郃（孟節）
　　　　　——李固（子堅）
　　　　　　　——【渤海】王調
　　　　　　　——【朗陵】郭亮（恒直）
　　　　　　　——【潁川】杜訪
　　　　　　　——【河內】趙承
　　　　　　　——【汝南】鄭遂
　　　　　——王成
　　　　　　　——李燮（德公）
　　　　——【漢中南鄭】李歷（季子）
　　　　——【上黨】馮冑（世威）
·········【彭城廣戚】姜肱（伯淮）
　　　——【陳留】劉操
·········【汝南平輿】陳蕃（仲舉）
　　　——【會稽】周昕（大明）
·········【潁川潁陰】荀淑（季和）
　　——李固
　　　——【襄城】李膺（元禮）

　　　　——【蜀郡】景顧
　　　　——【浚儀】符融（偉明）
………【安平觀津】樂隱
　　　　——【安平觀津】牽招（子經）
　　　——史路
………【東海】申君
　　　　——【濟北剛】戴封（平仲）
………【南陽魯陽】樊英（季齊）
　　　　——【陳郡陽夏】郤巡
　　　　——【潁川許】陳寔（仲弓）
　　　　　　——【太原】王烈
　　　　　——荀爽（慈明）
　　　　　——賈彪
　　　　　——李膺（元禮）
………【扶風郿】法真（高卿）
　　　　——【陳留外黃】范冉（史雲）
………【山陽湖陸】度尚（博平）
　　　　——【潁川陽翟】邯鄲淳（子禮）
………皇象
　　——張融
　　——張溫
………郤仲信
　　　　——【會稽上虞】魏朗（少英）
………【成皋】屈伯彥
　　　　——【太原介休】郭泰（林宗）
………【扶風平陵】竇武（游平）
　　　　——【桂陽】胡騰
……何蕤
　　——楊班
　　——羅衡
………楊序
　　——侯祈
　　　……周循
　　　……鄭伯山

　　　　　　　——楊統
　　　　——寇歡
　　　　　　……【汝南召陵】許慎（叔重）
………楊宣
　　　　——嚴象
　　　　　　……【汝南南頓】應奉（世叔）
　　　　　　　　——尹珍（道真）

　　　　——昭絢
　　　　　　……【會稽】焦貺
　　　　　　　　——【山陰】鄭宏（巨君）
　　　　——趙翹
　　　　　　……韓子方
　　　　　　　　——張貞
………樊志張
　　　——【南鄭】衛衡（伯梁）
……祝恬——【江夏竟陵】劉焉（君郎）
………【潁川】司馬徽（德操）
　　　　——【襄陽宜城】向朗（巨達）
……濮陽闓
　　　——韓宗
　　　——【廣漢】張紘
　　　——【汝南】趙達
　　　　　——尹默——尹宗
　　　　　——李仁——李譔
………【京兆】摯恂（季直）
　　　——【扶風茂陵】馬融（季長）
　　　　　——【涿郡涿】盧植（子幹）
　　　　　　　——劉德然
　　　　　——【涿】高誘
　　　　　　　——【遼西令支】公孫瓚（伯圭）
　　　　　——【南陽犨】延篤（叔堅）
　　　　　——【扶風茂陵】馬日磾（翁叔）
　　　——范冉（史雲）

　　　　　　——楊充
　　　　　　——鄭玄（康成）
　　　　　　　　——郄慮等十五人（注一）
　　　　　　　　——孫炎（叔然）
　　　　　　　　　　　——劉宣
　　　　　　　　——公孫方
　　　　　　　　【吳郡富春】——孫皓（元奈）
　　　　　　　　——【汝南南頓】程秉（德樞）
　　　　　　　　——馬昭
………【襄陽】楊慮
　　　——許洗
………【陳留】韓子助
　　　——【北海朱虛】邴原（根矩）
………【長安】欒文博
　　　——石德林
………【餘干】張遐
　　　——諸葛瑾
　　　——陸遜
………黃生
………公孫臣
………公孫光
………狄山
………【杜陵】張安世（子孺）
………桑遷
………【泰山剛】鄭昌（次卿）
………【泰山剛】鄭宏（穉卿）
………金涉
………金欽
………夏侯常
………第八矯
………【濟南】王咸
………【琅邪】紀逡（王思）
………【齊】薛方（子容）
………【太原】郇越（臣仲）

………【太原】郇相（稚賓）
………【齊】栗融（容卿）
………【北海】禽慶（子夏）
………【北海】蘇章（游卿）
………曹竟（子期）
………【琅邪】左咸
………鄭崇
………鄭立【鄭崇弟】
………【河內】王仲翁
………【河內溫】傅喜（稚游）
………【東海】申咸
………贛遂
………張安
………閻崇
………驅勝
………薛順
………【扶風】班斿【班伯弟】
………【扶風】班嗣
………胥君安
………【天水成紀】隗囂（季孟）
………吳柱
………【豐】劉復【臨邑侯】
………【豐】劉毅【平望侯】
………【豐】劉騊駼【劉復子】
………【豐】劉敏【甘里侯】
………【茂陵】董崇
………【新野】鄧嗣
………【南陽舞陰】賈宗（武孺）
………【南陽宛】朱祐（仲先）
………郭涼
………【平陵】竇瓌
………【扶風平陵】竇章（伯向）
………【南陽宛】劉宣（子高）
………黃景

………【長安】宋漢（仲和）
………【平原隰陰】襄楷（公矩）
………席廣
………【新野】陰嵩
………【烏氏】梁松（伯孫）
………【烏氏】梁扈（松子）
………【桂陽】劉常
………【東萊】司馬均（少賓）
………【陳】汝鬱（叔異）
………張佚
………成封
………【沛國蘄】趙孝（長平）
………【豐】劉般（伯興）
………【燕】趙暢
………趙咨
………【京兆】郭基
………【南陽宛】朱暉（文季）
………【南陽宛】朱頡【暉子】
………【南陽】趙康（叔盛）
………【廬江舒】周榮（平孫）
………周興
………【潁川陽翟】郭禧（公房）
………【沛國洨】陳寵（昭公）
………趙博
………【下邳淮浦】陳球（伯真）
………【山陽湖陸】單揚（武宣）
………鍾僅
………【會稽山陰】賀純（仲真）
………【蜀郡成都】趙戒（志伯）
………【蜀郡成都】趙典
………耿伯
………【太原祁】王允（子師）
………【高唐】劉瓚（文理）
………成璠（幼平）

………【泰山梁父】羊陟（嗣祖）
………【山陽瑕丘】檀敷（文有）
………【潁川鄢陵】庾乘（世遊）
………【晉陽】王澤（季道）
………【陳留考城】仇覽（季智）
………【會稽餘姚】黃昌（聖真）
………良史
………袁遺
………【緱氏】孫堪（子穉）
………（光）【琅邪】徐業
………【江夏安陸】黃香（文強）
………劉梁
………魯平
………【陳留】李充（大遜）
………【沛國譙】華佗（元化）
………【南陽葉】高鳳（文通）
………謝廉
………趙建
………周仲文
………薛苞
………【漢中成固】陳綱（仲卿）
………陳宗
………【蜀郡梓潼】寇祺（宰朝）
………【蜀郡涪】王晏（叔博）
………尹方
………陳髦
………【扶風】士孫瑞（君策）
………【昆明】許叔
………【上黨】良燮（惟和）
………（和）【鬱林州】養奮（叔高）
………貿充國（德卿）
………環濟
………玄訢

………左立
………孫表
………黃伯思
………趙賦
………劉宏
………張文
………蘇陵
………傅楨雜
………侯瑾
………郭整
………衛嵩
………逢汾
………逢絲
………【山陽昌邑】涼茂（伯方）
………【鉅鹿】張犕（子明）
………【潁川】胡昭（孔明）
………【天水】薛夏（宣聲）
………【鄭】卑湛
………【東海】繆斐（文雅）
………【任城】孫該（公達）
………傅祗
………澹臺恭
………比人交
………【魏郡】胡潛（公興）
………【漢中】陳術（申伯）
………【陰濟】馬普
………盛沖
………【南陽棘陽】岑晊（孝公）（注二）
………【京兆】王況（高卿）
………【沛國蘄】施延（君子）
………【河內武德】王奐（子昌）
………【汝南南頓】蔡玄（叔陵）
………【齊臨淄】鄒陽

………【山陽南平陽】龔遂（少卿）
………【九江壽春】召信臣（翁卿）
………【京兆杜陵】韓延壽（長公）
………【琅邪】諸葛豐（少季）
………【扶風平陵】王嘉（公仲）
………【東海蘭陵】毋將隆（君房）
………【潁川潁陽】祭遵（弟孫）
………【馮翊櫟陽】景丹（孫卿）
………【河內懷】蔡茂（子禮）
………【南陽穰】郭丹（少卿）
………【扶風郿】井丹（大春）
………【南陽】樊準（幼陵）
………【漢中南鄭】李法（伯度）
………【汝南項】蔡衍（孟喜）
………【東萊牟平】劉丕
………【東萊牟平】【丕子】劉寵（祖榮）
………【陳留考城】史弼（公謙）
………【河間樂成】劉淑（仲承）
………【汝南細陽】范滂（孟博）
………【魏郡鄴】霍諝（叔智）
………【陳留外黃】爰延（季平）
………【吳郡吳】陸康（季寧）
………【東海郯】劉虞（伯安）
………【太原晉陽】王昶（伯舒）
………【天水冀】姜維（伯約）
………【吳郡武進】華覈（永先）
………孫晨（允公）（注二）
………杜安（伯夷）（注二）

附注：

注一、郅惲等十五人已見《易》。

注二、依《田補》錄。

《傳經表》附録

通二經諸儒

主父偃　《易》《春秋》
劉昆　《施易》《禮》
夏牙　《孟易》《韓詩》
夏恭　《孟易》《韓詩》
任安　《孟易》《小夏侯尚書》
杜微　《孟易》《小夏侯尚書》
楊厚　《孟易》《小夏侯尚書》
五鹿充宗　《梁丘易》《論語》
杜暉　《梁丘易》《公羊春秋》
孫期　《京易》《古文尚書》
宗資　《京易》《歐陽尚書》
韋著　《京易》《韓詩》
李昺　《京易》《公羊春秋》
董春　《京易》《古文尚書》
陸璆　《京易》《尚書》
關中田君　《京易》《韓詩》
王璜　《費易》《古文尚書》
朱雲　《易》《論語》
李生　《易》《尚書》
賈復　《易》《尚書》
鄧宏　《易》《尚書》
鄧甫德　《易》《歐陽尚書》
董扶　《易》《歐陽尚書》
虞翻　《易》《論語》
黃瓊　《易》《尚書》

王弼	《易》《論語》
何晏	《易》《論語》
董遇	《易》《左氏春秋》
鍾繇	《易》《左氏春秋》
徵崇	《易》《左氏春秋》
丁魴	《易》《韓詩》
譙玄	《易》《春秋》
譙英	《易》《春秋》
杜真	《易》《春秋》
李孟元	《易》《論語》
皇甫規	《易》《詩》
郭思	《易》《春秋》
王基	《易》《詩》
度尚	《京易》《古文尚書》
韓宗	《京易》《歐陽尚書》
夏侯建	《尚書》《論語》
何隨	《歐陽尚書》《韓詩》
廖扶	《歐陽尚書》《韓詩》
張馴	《大夏侯尚書》《左氏春秋》
杜瓊	《夏侯尚書》《韓詩》
杜林	《古文尚書》《左氏春秋》
衛宏	《古文尚書》《毛詩》
徐敖	《古文尚書》《毛詩》
徐巡	《古文尚書》《毛詩》
孔子建	《古文尚書》《毛詩》
梅福	《古文尚書》《穀梁春秋》
賈嘉	《尚書》《春秋》
王尊	《尚書》《論語》
孫寶	《尚書》《公羊春秋》
劉嘉	《尚書》《春秋》
伏理	《尚書》《齊詩》
劉陶	《尚書》《春秋》
夏承	《尚書》《詩》

常勘　《尚書》《毛詩》
士爕　《尚書》《左氏春秋》
申公　《魯詩》《春秋》
江生　《魯詩》《孝經》
卓茂　《魯詩》《禮》
右師細君　《魯詩》《論語》
包咸　《魯詩》《論語》
陳重　《魯詩》《顏氏春秋》
翼奉　《齊詩》《論語》
匡衡　《齊詩》《論語》
樂恢　《齊詩》《春秋》
趙牧　《齊詩》《春秋》
魯駿　《魯詩》《顏氏春秋》
韓嬰　《韓詩》《易》
韓商　《韓詩》《易》
涿郡韓生　《韓詩》《易》
公沙穆　《韓詩》《公羊春秋》
馮緄　《韓詩》《嚴氏春秋》
陳修　《韓詩》《穀梁春秋》
崔琰　《韓詩》《論語》
祝睦　《韓詩》《嚴氏春秋》
郅惲　《韓詩》《嚴氏春秋》
東平田君　《韓詩》《孝經》
貫長卿　《毛詩》《左氏春秋》
宗廣　《詩》《穀梁春秋》
丙吉　《詩》《禮》
耿弇　《詩》《禮》
馮豹　《詩》《禮》
宋均　《詩》《禮》
李毅　《詩》《禮》
孟卿　《禮》《春秋》
杜寬　《禮記》《論語》
鄭小同　《禮》《孝經》

貢禹　　《公羊春秋》《論語》
唐固　　《公羊春秋》《穀梁春秋》
虞俊　　《公羊春秋》《左氏春秋》
尹更始　《穀梁春秋》《左氏春秋》
尹咸　　《穀梁春秋》《左氏春秋》
房鳳　　《穀梁春秋》《左氏春秋》
韓歆　　《左氏春秋》《費易》
陳元　　《左氏春秋》《費易》
周生烈　《左氏春秋》《論語》
張昭　　《左氏春秋》《論語》
孔喬　　《左氏春秋》《左氏春秋》
張楷　　《古文尚書》《嚴氏春秋》

通三經諸儒

司馬遷　《易》《尚書》《春秋》
張禹　　《施易》《論語》《孝經》
景鸞　　《施易》《齊詩》《禮記》
胡碩　　《孟易》《歐陽尚書》《韓詩》
范升　　《梁丘易》《論語》《孝經》
崔駰　　《京易》《齊詩》《春秋》
崔瑗　　《京易》《齊詩》《春秋》
徐穉　　《京易》《歐陽尚書》《嚴氏春秋》
唐檀　　《京易》《韓詩》《顏氏春秋》
杜喬　　《京易》《歐陽尚書》《韓詩》
劉堯　　《京易》《歐陽尚書》《韓詩》
楊震　　《京易》《歐陽尚書》《魯詩》
楊秉　　《京易》《歐陽尚書》《魯詩》
任延　　《易》《詩》《春秋》
周霸　　《易》《尚書》《魯詩》
王符　　《易》《尚書》《魯詩》
荀悅　　《易》《齊詩》《春秋》
辛繕　　《易》《詩》《春秋》
袁準　　《周易》《詩傳》《論語》

孔霸	《夏侯尚書》《魯詩》《春秋》
孔光	《夏侯尚書》《魯詩》《春秋》
李尋	《易》《夏侯尚書》《齊詩》
班伯	《夏侯尚書》《齊詩》《論語》
胡常	《古文尚書》《穀梁春秋》《左氏春秋》
孔僖	《古文尚書》《毛詩》《春秋》
周磐	《古文尚書》《詩》《左氏春秋》
劉祐	《古文尚書》《禮》《嚴氏春秋》
陸賈	《尚書》《詩》《穀梁春秋》
賈誼	《尚書》《詩》《左氏春秋》
馬續	《尚書》《詩》《論語》
韋玄成	《魯詩》《禮》《論語》
后倉	《齊詩》《禮》《論語》
蕭望之	《齊詩》《禮》《論語》
濮陽闓	《韓詩》《禮記》《左氏春秋》
江公	《魯詩》《穀梁春秋》《論語》
諸葛瑾	《毛詩》《尚書》《左氏春秋》
程遐	《毛詩》《尚書》《左氏春秋》
韋昭	《毛詩》《論語》《孝經》

通四經諸儒

徐淑	《孟易》《周禮》《禮記》《公羊春秋》
楊賜	《京易》《歐陽尚書》《魯詩》《左氏春秋》
延篤	《易》《尚書》《禮》《左氏春秋》
周燮	《易》《禮》《詩》《論語》
孔安國	《尚書》《詩》《論語》《孝經》
韋賢	《尚書》《魯詩》《禮》《論語》
夏侯勝	《夏侯尚書》《齊詩》《禮》《論語》
庾譚	《古文尚書》《穀梁春秋》《左氏春秋》《論語》
賈徽	《古文尚書》《毛詩》《周禮》《左氏春秋》
高誘	《尚書》《詩》《禮》《孟子》
盧植	《尚書》、三《禮》
陳壽	《尚書》《春秋》三傳

武榮　《魯詩》《左氏春秋》《論語》《孝經》
樊安　《韓詩》《禮》《論語》《孝經》
常騫　《毛詩》、三《禮》
文立　《毛詩》、三《禮》
司馬勝之　《毛詩》、三《禮》

通五經諸儒

董仲舒　《儒林傳》："仲舒通五經，能持論，善屬文"。
夏侯始昌　"通五經，以《齊詩》《尚書》教授"。
褚大　"通五經，從胡毋生治《春秋》"。
龔勝　通五經。
龔舍　"通五經，以《魯詩》教授"。
桓譚　"徧習五經，皆詁訓大義，不爲章句"。
魯丕　"兼通五經，以《魯詩》《尚書》教授"。
魯恭
魏應　本傳："會京師諸儒於白虎觀，講論《五經》同異"。
丁鴻　與桓鬱、賈逵等論定五經同異於白虎觀。
張霸　從樊儵受嚴氏《公羊春秋》，遂博覽五經。
張恭祖　通《古文尚書》《韓詩》《周禮》《禮記》《左氏春秋》。
姜肱　博通五經，兼明星緯。
張衡　通五經，貫六藝。
申屠蟠　博貫五經，兼明圖緯。
劉淑　明五經，講授諸生常百餘人。
蔡玄　學通五經，門徒常千人，其著錄者萬六千人。
李邰　通五經，善河洛風星。
樊英　習京氏《易》，兼明五經。
韓說　博通五經，尤善星緯之學。
井丹　少受業太學，通五經。
法真
王況　謝承《書》："該總五經，志節高亮"。
胡廣　同上：學究五經，古今藝術皆畢覽之。
施延　同上：明於五經，星官風角靡有不綜。
朱穆　同上：少有英才，學明五經。

劉虞　同上：學通五經。
王奐　同上：明五經，負笈追業。
李固　同上：學五經，積十餘年，博覽古今。
李咸　通《魯詩》、三《禮》、《公羊春秋》。
尹默　學通五經，尤精《左氏春秋》。
王化　通《毛詩》、三《禮》、《公羊春秋》。
李仁　通《古文易》《毛詩》、三《禮》。
劉表　撰定《五經章句》。
魏朗　從博士郤仲信學《春秋》、圖緯，又詣太學受五經。
折像　《時人爲折像賓客諺》曰："折氏客誰？朱雲卿、段節英，中有佃子趙仲平，但說天文論五經。"
嚴畯　通《尚書》、三《禮》。
任嘏　"誦五經，皆究其義"（嘏別傳見《三國志·魏書·王昶傳》注）。
王朗　通《易》《歐陽尚書》《周禮》《春秋》《孝經》。
桓鬱　與丁鴻、賈逵等論定五經同異於白虎觀。
樊儵　與公卿雜定封禪禮儀，以讖記正五經異說。
周舉　博學洽聞，爲儒者宗。京師語曰："五經縱橫周宣光"。
雷義　通《魯詩》《顏氏春秋》、三《禮》。

通六經諸儒

鄭寬中　本傳："總五經之眇論。"
王吉　兼通五經，能爲《騶氏春秋》，以《詩》《論語》教授。
劉向　著有《五經要義》五卷，見《舊唐書》，又《孟子注》見《文選注》。
揚雄
鄭衆　通《費易》《毛詩》《周禮》《左氏春秋》《論語》《孝經》。
尹敏　通《古文尚書》《毛詩》《左氏春秋》《穀梁春秋》《論語》。
程曾　本傳："著書百餘篇，皆五經通難，又作《孟子章句》。"
程秉　博通五經，著《周易摘》《尚書駁》《論語弼》，凡三萬餘言。
蔡邕　與五官中郎將堂谿典，光祿大夫楊賜，諫議大夫馬日磾，議郎張馴、韓說，太史令單揚，奏求正定六經文字。
譙周　本傳："研精六經，尤善書札。"

通七經諸儒

張寬

劉輔　善說《京氏易》《孝經》《論語傳》及圖讖，作《五經論》，時號之曰《沛王通論》。

班固　博貫載籍，九流百家之言，無不窮究……綴集所聞，以爲《漢書》。……傍貫《五經》，上下洽通。

賈逵　通《古文尚書》《大、小夏侯尚書》《毛詩》《周禮》《穀梁春秋》《左氏春秋》。

李育　與諸儒講五經異同於白虎觀。

許慎　與諸儒講五經異同於白虎觀。

荀爽　通《易》《尚書》《詩》《禮》《公羊春秋》《左氏春秋》《論語》。

楊充　《梓潼志》："受古學於扶風馬季長、呂叔公、南陽朱明叔、潁川白仲職，精研七經。"

趙典　謝承《書》："典學孔子《七經》《河圖》《洛書》，內外藝術，靡不貫綜"。

許慈　通《鄭氏易》《尚書》《毛詩》、三《禮》、《論語》。

李譔　通《古文周易》《尚書》《毛詩》、三《禮》、《左氏春秋》。

通八經諸儒

劉歆　通《易》《尚書》《詩》《周禮》《公羊春秋》《左氏春秋》《穀梁春秋》《爾雅》。

孫炎　通《易》《毛詩》《周禮》《禮記》《春秋》三傳、《爾雅》。

通九經諸儒

王肅　通《易》《尚書》《詩》、三《禮》、《左氏春秋》《論語》《孝經》。

通十經諸儒

何休　本傳："精研《六經》，世儒無及者……作《春秋公羊解詁》……又注訓《孝經》《論語》、風角七分……作《公羊墨守》《左氏膏肓》《穀梁廢疾》。"六經加《論語》《孝經》《左氏》《穀梁》是通十經也。

通十一經諸儒

馬融　《周易》《尚書》《詩》、三《禮》、《左氏》《公羊》《穀梁》《論語》《古文孝經》。

通十二經諸儒

鄭玄　從第五元先通《京氏易》《公羊春秋》，又從張恭祖受《周官經》《禮記》《左氏春秋》《韓詩》《古文尚書》，凡玄所注《周易》《尚書》《毛詩》《儀禮》《禮記》《論語》《孝經》，又著《六藝論》《駁許慎五經異義》《答林孝存周禮難》，又鍼《左氏膏肓》，發《公羊墨守》，起《穀梁廢疾》，又《周禮疏》引玄《爾雅注》，玄實通《易》《書》《詩》、三《禮》、《春秋》三傳、《論語》《孝經》《爾雅》十二經。

樸學研究論集

古書辨僞方法

一

現在辨訂古代僞書的方法，胡適之先生在《中國哲學史大綱》上已經提出五條了，梁任公先生在《中國歷史研究法》上又擴充爲十數條。這兩位先生所舉之方法是很可采用的；但我們不可自以爲滿足，説是"淋灕詳書"，而不再討論了。大概方法愈加嚴格，產生之結果必定真實；方法愈加詳細，產生之證據必益加多。我以爲嚴格的方法，正確的標準，至少尚有許多地方該加討論、説明。我們應當精益求精才是。

我平日很注意這個問題，故於梁、胡二先生所説之外，尚有上十條意見，現在將這些條意見分別寫出，並附帶地討論諸子考證的一些問題。這篇文字實有兩個目的，希讀者注意。但我要聲明兩件事：第一，我覺得古書辨僞的事業是很重要的，故我大膽地提出這複雜的問題，其中當然不免有些誤處與偏見，我希望讀者不客氣地批評、指教。第二，因爲我沒有關於以"史事""來歷"爲考訂方法的意見，現在只討論以"思想""文字""文體""旁證"爲辨僞的一些方法。缺漏之處，尚請原諒。茲摘抄梁、胡各條於前（同者不録），再附以新增各條於後，分爲四層説明。

二

（梁）各時代之思想，其進化階段，自有一定。若某書中所表現之思想與其時代不相銜接者，即可斷其爲僞。

（胡）凡能著書立説成一家言的人，他的思想學説，總有一個系統可尋，決不致大相矛盾，故看一部書裏面的學説是否能聯絡貫串，也可幫助證明那書是否是真的。……大凡一種重要的新學説產生以後，決不會完全沒有影響。

（增）大凡哲學家之思想，必有個性可見，由此亦可證明古書之真僞。

（增）大凡思想矛盾衝突之處，宜加審查，不可驟然確定古書之真僞。

在辨訂古書真僞之方法中，我以爲最重要的莫如思想，故列爲第一項。爲什麽呢？先秦的古書，有許多不是自己編定的；流傳既久，難保無竄亂的地方，這在現存古書中，很可察見的。我們現在如若僅根據文字、史事等類辨訂古書的真僞，恐不免有些冤枉。且一段一節的文字，有時在文字上、史事上，查不出證據來，我們單恃思想就是可做確鑿的證據了。但是孫星衍說："凡稱子書，多非自著。"（《晏子春秋序》）嚴可均說："先秦諸子，皆門弟子，或賓客，或子孫撰定，不必手著。"（《鐵橋漫稿·書管子後》）他們的話是不錯的，他們拿來辯護《晏子春秋》《管子》這一類却錯了。我們須注意思想，須不以"凡稱子書，多非自著"而没減旁的證據。

凡是哲學的著作，必定出於個體精神之努力，在哲學家之著作中，很易見出個性來。我們讀王充的《論衡》，處處見得有批評的精神；我們讀《莊子》的《內篇》，亦能見出有浪漫的意味。《論語》上見得有孔子的個性，《孟子》上見得有孟子的個性。故哲學思想不合個體精神，至少總是假造的證明之一。譬如一部《管子》，我們決不能見出個體精神來的。《論語》上說："管氏有三歸，官事不攝，焉得儉？"又說："邦君樹塞門，管氏亦樹塞門；邦君爲兩君之好，有反坫，管氏亦有反坫。管氏而知禮，孰不知禮？"管子的見解，祇是如此，其個性可以想見，他哪是提倡"禮義廉恥，國之四維"的政治家！梁任公先生說："《管子》書中許多奧衍的法理，我絕對承認是由後人引申放大，但這種引申放大的話，爲什麼不依託令尹子文，不依託狐偃、趙衰，不依託子產，獨獨依託管仲？便可推想管仲和這些思想的淵源，一定有些瓜葛。"梁先生是怕把"祖宗遺産蕩去一大半"，故有此話。但是我們實在不能"刀下留人"，只有對於《管子》"宣告死刑"罷？（注一）此外僞書，如《鬼谷子》《鶡冠子》，都是看不出個體精神，惟有《商君書》似有個性存在，但須另加討論其真僞。

思想是活潑的東西，不能絕對沒有變遷，也不能說沒有似乎矛盾的地方；我們憑活潑的思想作史料的考證，應當以慎重的態度處之。思想之矛盾，有因年代之關係而發生，茲以《論語》爲例。廖季平說："《論語》少壯、晚年之語俱有，故不一律。"又說："《論語》'周監於二代，郁郁乎文哉，吾從周。'此孔子初年之言，'古'學所祖也；'行夏之時，乘殷之輅，服周之冕，樂則韶舞'。此孔子晚年之言，'今'學所祖也。"（《今古學考》）如不明白年代之關係，必以爲孔子之思想有矛盾，某句不是孔子之言了。有人以爲"述而不作，信而好古，竊比於我老彭"，不是孔子的，因爲孔子實在作了《春秋》。其實如明白年代的關係，絕不致有此種疑問。思想之矛盾，有因特別事故而發生的，請以廖季平爲例。廖季平於"今""古"劃分甚嚴，後來因受賄而自駁其說。他自己也說過："舊用東漢法，於'今''古'分割甚嚴。壬辰以後，化去'今''古'之跡；丁酉以後，乃著'小''大'之分。"（《穀梁古義疏·凡例》）假使千百年後，人們不知道他思想之變遷，一定疑惑《穀梁古義疏》或《今古學考》不是廖季平的了。胡適之先生說："如《韓非子》第一篇勸秦王攻韓，第二篇勸秦王存韓，這是絕對不相容的。司馬光不仔細考察，便罵韓非請人滅他自己的祖國，死有餘辜，豈不是冤煞韓非了！"故說："《韓非子》的第一篇是張儀說秦王的書。"《中國哲學史大綱·導言》其實這一篇不是張儀的，前人如王應麟早已說過了：篇中"華軍之勝"在秦昭王三十四年，長平之勝在昭王四十七年。張儀死在秦武王元年，在長平之戰前五十一年，張儀哪能見到這次大戰呢？這種思想之不相容發生在《韓非子》，我們也無法說是不是韓非子的，我們於古人思想有不相容處，宜審慎處之才是！

注一：以《論語》證《管子》，是略本朱子之說而變其意的。關於《商君書》之真偽，另有討論。

三

（胡）一時代有一時代的文字，不致亂用。作偽書的人，多不懂這個道理，故往往露出作偽的形跡來。

（增）在音韻上有一音之誤用，即可見出古書之真偽。

（增）在意義上有一義之誤用，即可見出古書之真偽。

（增）在文法上有一字之誤用，即可見出古書之真偽。

文字在考證古書上是很重要的，偽造古書的人們，雖能假裝得十分像是真的，但於一音一義一字之分別上，決不甚留心的。鍾文烝說："《春秋》言'降'後言'下'，《春秋》言'取'後言'拔'，《春秋》言'敗'後言'破'，《春秋》言'滅'後言'屠'，《春秋》言'伐'後言'擊'。"（《穀梁補注》）黃楚望說："《左氏》成於春秋，無戰國'拔某城''下某邑''大破之'等詞。"（趙汸《春秋師說》）這都是以一字為考證古書的方法的先例。梁任公先生說："不必從字句上求枝葉之反證。"其實又何妨從字句上求枝葉之反證呢？豈不較確鑿着些？我恐怕繁瑣的證據格外使人心服些罷！漢學家考訂一字之意義，有不惜費數千萬言之筆墨的，考證祇求精確，不管他枝葉也好，瑣屑也好。故我今於文字一項，更細分為三層。

音韻之變遷是以時代為轉移，故即因音韻之時代，以見書籍竄偽之時代，亦是一種方法。老子是孔子以後的人物，其書是戰國時代的出產，可以一字之音為證。《老子》是有韻之文，如"谷神不死，是謂玄牝；玄牝之門，是謂天地根。緜緜若存，用之不勤"，如"道常無爲而無不爲，侯王若能守之，萬物將自化"，這都極合古韵。但是據顧亭林的考證，"離"字音就不同了，"離"古音同"羅"，戈歌韻；而《老子》的"離"字竟用在支韻，讀若今音了！顧亭林在《唐韻正》上説："按《老子》'載營魄抱一，能無離乎？專氣致柔，能嬰兒乎？滌除玄覽，能無疵乎？愛民治國，能無知乎？天門開闔，能無雌乎？明白四達，能無爲乎？''知其雄，守其雌，爲天下谿；爲天下谿，常德不離，復歸於嬰兒。'《莊子·馬蹄篇》'同乎無知，其德不離'，《在宥篇》'若彼知己，乃是離之'。始以'離''爲'二字，與'知'爲韻。"顧氏明知古音支、歌二部，"在古詩截然不相入，《楚辭》亦然"（在《楚辭》有例外）。因爲不敢説《老子》是後人作的，和《莊子·馬蹄》《莊子·在宥》都靠不住，竟認"離""知"在孔子前之"老子"時已合用了！現在我們知道老子在孔子後，由這"離"字，又加一層説明了。《易經》的《雜卦》也是靠不住的。顧亭林説："《易·雜卦傳》：'咸，速也；恒，久也；渙，離也；節，止也。''久'與'止'爲韻。猶之'大有，衆也；同人，親也；革，去故也；鼎，取新也；小過，過也；中孚，信也。''親''新''信'爲韻，'離'字亦不入韻也。"這也有可疑的地方。總之，以一字之音爲準，我們也可作爲辯訂古書之方法。（段玉裁《六書音均表》上，亦與顧亭林有同樣之錯誤，不可信。）

在意義上一字之誤用，亦可見出古書之真僞，譬如"徼"字在《説文》上訓爲"循也"，"王弼注《老子》'始'作'歸終'也"。於今《列子》書上有"死也者，德之徼也"這句，把"徼"字當"終"解，可見"《列子》一定是假造的書"。（參看《列子僞書考》）閻百詩作《古文尚書疏證》，以一二字鑒別僞古文之處甚多，如《五子之歌》中之"鬱陶"二字，即其一例。《爾雅·釋詁》："鬱陶，繇喜也。"郭璞注引《孟子》"鬱陶思君"，《禮記》"人喜則斯陶，陶斯詠，詠斯猶"，"猶"等於"繇"。邢昺疏説："皆謂歡悦也，鬱陶者，心初悦而未暢之意。"總之，"鬱"和"陶"都無憂意，今僞古文竟把它們誤了！（看原書五十七）這種意義上一字之誤用，是極明白淺顯的證據，研究文字學即知。

古代的文字與現今的文字，在文法上有許多不同的地方，譬如"然而"古作"如是而"講，在現今就不同了。清儒的文字，很有討論古今用字之區別的，胡適之先生在《爾汝篇》《吾我篇》亦説過古代文法一字之使用，有謹嚴之區別。故今就文法上一字之誤用，來考訂古書之真僞。胡先生説："《尚書·大禹謨》曰：'天之歷數在汝躬。'《論語·堯曰篇》引此語乃作'在爾躬'。此可見《尚書》之不可靠。"這是據"汝"字袛用爲單數對稱詞主格賓格的結論考證古書。我常以爲《老子》書中多用"此"字，亦是老子在孔子後之明證。顧亭林考見《論語》多用"斯"字而不用"此"字，至《孟子》纔用"此"字不用"斯"字。假如老子在孔子以前，何以書中多用"此"呢？（《老子》書用"此"字例很多，無須詳舉例證）此文法上指示代名詞之一字可爲證明之例。又《列子·楊朱篇》曰："但伏羲以來，三十餘萬歲，賢愚好醜，成敗是非，無不消滅；但遲速之間耳。"在古書上用"但"字爲連接字的，似乎沒有，而此篇竟連用二"但"字，恐怕也是作僞之明證罷！"但"在古時作"袒"字講，但"袒，肉袒也"，我們現在作"袒裼"，古祇用"但裼"；現在的用法，祇是後人引申的，古來並不如此。這也不和"責""債"，"畐""逼"等古今字相同，說這"但"字是後人改的，我們可以引爲證明無礙，此亦就一字之使用而見古書之真僞。

　　梁任公先生說："各時代之社會狀態，吾儕據各方面之資料，總可以推見崖略，若某書中所言其時代之狀態，與情理相去懸絕者，即可斷爲僞。"社會之風俗、習慣，以及所使用之器具等類，皆可由一字上見出來的；但是不是文字自身的，祇應列入史事一項上說。我在上面所舉一字之證，我想很可推用，如若中國文字學者、文法學者，能考見字之使用的時代更詳細些，則考證書必可更加詳明。我希望研究國學的人們，對於此事注意。證據是愈複雜愈不能駁倒，我們還只有從枝葉的瑣屑的方面求複雜的證據。

四

　　（梁）各時代之文體，蓋有天然之界劃，多讀書者，自能知之，……但一望其文體，即能斷其僞者。

　　（胡）不但一個時代有一個時代的文體，一個人也有一個人的文體。……

　　（增）文體從地域上看去，亦有區別。故若發見有不合處，即可斷其爲僞。

　　中國的地域廣大，故此（習）慣、風俗民性，向有南北之分，故學者亦不免有地方色彩，這是沒有什麼疑問的。文學之有地方的色彩，在詩詞曲上他們有很多的例子；故從地域方面着眼，以見文體之區別，因而考證全書或一篇之真僞，當然也是可能的事了。譬如《左傳》的作者，《史記》上說是魯君子左丘明，這話固不可靠（參《新學僞經考》），其不可靠之處，正由文體之地域上的區別看出來。鄭樵《六經奧論》說："《左氏》之書，序晉、楚事最詳，如'楚師熸''猶拾瀋'等語，則左氏爲楚人。"其實《左傳》中之文體，靡麗浮夸，決不是北方之魯人樸直剛強，所能描叙出來的。我們由文體的地方色彩着眼，我相信總可作爲一個證據。我這種意見，可以適用到兩方面去：第一，看書中描寫的社會情形，屬於哪種區域最多；凡使用時器具、生活的狀態，如此等類，可見出作者是屬於何方人物，因此以考證之各種不同的說法。如墨子究竟是宋人呢，還是魯人呢？這個問題或者可以在文體之地方色彩上尋出根據。第二，思想之發生，或與地域上也有關係，這話說的甚多。我以爲因緣主客都可以說有些許之牽連的，故持以考訂書籍之真僞，雖說似乎隔一層，其實不無可能之處。這兩層是我現在極其相信的，我將來總要嘗試證明一下。

五

（胡）還有一些證據，是從別書裏尋出來的，故名爲旁證。旁證的重要，有時竟與內證等。

（增）旁證之來歷，須加審查，然後引用。

（增）旁證之內容，須加鑒別，方可徵信。

（增）孤證不能爲定說，須求複雜之證據。

我們搜求旁證，原以作根據爲目的，如其來歷有許多不可靠處，我們何必拿來自欺欺人呢？旁證之來歷不可靠的約有兩種：第一是後人臆度之言。譬如左丘明這人，《史記·孔門弟子列傳》中並無他的大名，《十二諸侯年表序》上也祇說是魯君子左丘明，劉歆一般《左氏》學者，更未說過左丘明是孔子弟子，受經於仲尼。但杜預作《春秋左氏傳叙》偏說"左丘明受經於仲尼"，而錯認爲孔門弟子。後來《左傳》學者，也不問這句話的來歷，究竟《史記》說過沒有？劉歆說過沒有？竟將杜預的話奉若天經地義，作爲根據，和人辨難，豈不冤哉！又如晁公武《郡齊讀書志》說老子以周平王四十二年授書關尹喜，這也是無根據的推想，如以爲證明老子時代之資料，雖再旁徵博引些，我恐怕祇是欺騙人罷！我以爲凡屬於後世的臆度之談，都須加以一番審查或證明，然後纔可引用。

第二類的來歷不可靠的東西，是後世編造的書籍。偽造的書籍，拿來作旁證，當然是等於無證，這不必說。就是雜抄的書，如《戴記》《說苑》之類，亦須加以審查。如《戰國策》把《韓非子·初見秦篇》當作張儀的，是不可相信的。如《荀子·勸學篇》《禮論》《樂論》，我以爲祇是《戴記》抄《荀子》，恐怕不是《荀子》抄《戴記》等書，他們本是抄別人的東西而編成，胡適之先生以爲"究竟不知誰抄誰"，這話未免過於懷疑了。我們祇拿《荀子》各篇對照一下就知道了。如《樂論》上非墨的意見，與《荀子》別篇的思想相同，這分明是別人抄他的東西。有許多旁證，其來歷並非後人的臆度，而出於較可靠之古書上，我們也不可盡信。譬如《呂氏春秋》是比較可信之古書，其《本味篇》引伊尹説湯的一段，如"肉之美者，猩猩之脣"等類，一定是託古自重的人們的話，我們若據此依託之言以證明"伊尹割烹要湯"一事，雖有參驗，亦不免"非愚則誣"的譏評。又如《左傳疏》引《嚴氏春秋》引《孔子家語·觀周篇》説："孔子將修《春秋》，與左丘明乘，如周觀書於周史。"這一段話，我們無法證明這《家語》是王肅僞造，或《嚴氏春秋》本有可疑。但我們如問果是真的，劉歆何以不徵引？杜預何以不徵引？直至《注疏》才徵引呢？我們據種種證明，見得左丘明是六國時人，據這可疑的《觀周篇》，便能推翻這種種的證明嗎？其實這《嚴氏春秋》所引祇有靠不住的（看皮錫瑞《春秋通論》）。故我們對於旁證，應加鑒別；有許多像是鐵證，其實盡有不能信任之處。

我爲什麼主張孤證不足爲定説呢？我們中國的古書，幾無一種没有竄亂的痕跡，如以一種孤證就斷言全書之僞，這恐怕有些冤枉。我並不是要替古代僞書辯護，我不過想用暫時取保的辦法，等我們搜集了許多旁的證據，再傳訊，再宣告死刑就是的。人們考證古書，我希望不以一條證據，就以爲滿足，請他另多的搜集些，以求更複雜之明證。比如胡適之先生説王充的《論衡》之不可全信，我的意見亦復如是。但他説："但其中如《亂龍篇》極力爲董仲舒作土龍致雨辯護，與全書宗旨恰相反。篇末又有'《論衡》終之，故曰亂龍，亂者，終也'的話，全無道理。明是後人假造的。"《亂龍篇》確是與全書宗旨相反，但王充那樣信命運，也與全書宗旨相反。人們説這是因他自己遭遇不時，故極信命運，我們又安知他信"土龍致雨"没有特別理由？我們又怎敢擔保他是一個主張徹底的學者？他所説的能"全有道理"？如以篇末舉出篇名、書名爲可疑，則《論衡》書中如《謝短篇》曰："《程材》《量知》，言儒生、文史之材不能相過。"又曰："《論衡》訓之，將使悵然各知所之（乏）。"自稱書名、篇名，恐怕也不是强證罷！王充本説過"《論衡》篇以十數，亦以言也，曰'疾虚妄'"，但他以爲命運不虚不妄。要説他以"土龍致雨"必虚必妄，這也有討論之必要。我不過提出這個問題，以證明孤證之難爲定説，我們應當再搜尋證據，以討論這種問題。我這段話似與梁任公先生説的"無極强之反證，足以判定某書爲僞者，吾儕只得暫以爲真"相同；但我的主旨在於辨僞，而梁先生之意在於求真，且尚有旁的不同的地方。

六

現在我請提出三個重要的事情。

第一，我們不要祇注意整個的贗品，我們對於片斷的假貨，也要加以檢查。現在所謂輯軼、鈎沉的書籍頗不少見。作輯軼、鈎沉的事業者，祇顧搜集材料而不鑒別來源，其中不無假造的東西和錯誤之處，我們若不個別的審查之，其害將與偽書同。最顯著的例子，如現今的《尸子》，決不是尸佼的作品，然而已公然取得哲學史料的第一等地位了！《慎子》的佚文有許多不是慎到的，田駢自己決不會説出"田子貴均"。然而如馬國翰《玉函山房輯佚書》之類，不曾加以檢查，我們須要認明這假冒的招牌。

第二，我們決不怕把祖宗遺産蕩去大半，如果我們一方面將可認為之真書考訂出來，另一方面的辨偽也就等於同時在進行了。我以為辨偽與求真是一樣的重要，應當一樣的努力去做。不辨偽則哲學史、文化史固成了《述異記》《靈異經》之類，不求真則哲學史、文化史也成了"斷爛朝報"似的東西，不完全了。我們若欲不將祖宗遺産蕩去大半，若欲構成一部完全無缺陷的文化史之類，則考訂一方面可認為真書的事業，勢不容緩。求真的方法，可以從辨偽的方法中采用，祇變換其目的便是。我要請大家注意這一件"廢物利用"的事業，把它變成精製品。

第三，我希望人們多做些這類枯燥無味的考證事業，我以為如不把這些"古董"一件一件問出"娘家"來，則整理國故的事業必勞而無功。近來講老子哲學的文章不少，但在不明瞭"老子在孔子後"的時期，對於老子的解釋，簡直是廢話。由此可見現在考訂"古董"之重要。記得黃楚望曾説："宋氏諸儒，經學極深，然考古之功却疏。若以宋儒之精，用漢魏晉儒考古之功，則全美矣。"我們不要像宋儒祇講義理，而不究來源，或望文生義，使整理之功白費去，那就好了。疑點正多，考訂急需，此我之所望於青年之研究國學者。我是不願意作使"書受我之益"的工夫的，但處現在時代而講古時學問，我以為不能免去這種苦功。

最後，我們有見於辨偽求真之必要，而偏有一般人用欺騙的手段，曲解證據、隱匿證據來哄我們，這是要大張撻伐的。我們更不要自己做出這種"不德"的事。國學研究界中批評太少，我希望能多有些批評，尤其是對於使用欺騙的手段的加以嚴格之批評。

十四年二月十三日寫於太原

（原載《國故學討論集·第三集》）

詩三百篇之詩的意義及其與樂之關係

一

詩三百篇之"詩"的意義是什麼，在從前研究《詩經》的學者是很少用專篇來解釋的。在唐以前，據現存的古籍來看，釋詩之義的有二三十説之多，而自唐代以來，如成伯璵的《毛詩指説》，吕祖謙的《吕氏家塾讀詩記》，嚴粲的《詩緝》，范家相的《詩審》，陳啓源的《毛詩稽古編》，乃至如俞正燮《癸巳存稿・論詩》，雖略有片斷的解釋，然而因爲歷史限制了他們，都没有得到探源溯本之論。現在我們所要討論的雖祇是詩三百之"詩"，也是應當作比較詳細些的解釋，兹先將唐及唐以前各家之説一一列舉於下。

（1）《尚書・堯典》："詩言志。"

（2）《管子・山權數》："詩者，所以記物也。"

（3）《左傳》：（a）僖二十七年："《詩》《書》，義之府也。"（b）襄二十七年："詩以言志。"

（4）《國語・魯語下》："詩所以合意，歌所以咏詩也。"

（5）《毛詩序》："詩者，志之所之也，在心爲志，發言爲詩。"

（6）《莊子・天下篇》："詩以道志。"

（7）《意林》引《慎子》："詩，往志也。"

（8）《荀子・儒效篇》："詩言是其志也。"

（9）《荀子・勸學篇》："詩者，中聲之所止也。"

（10）《新書・道德説》："詩者，志德之理而明其指，令人緣之以自成也。故曰：詩者，此之志者也。"

（11）《淮南子・泰族訓》："温惠柔良者，詩之風也。"

（12）《春秋繁露・玉杯篇》："《詩》《書》序其志。"

（13）《史記・滑稽列傳》："詩以達意。"

（14）《禮記・樂記》："詩言其志也。"

（15）《説苑・修文篇》："詩言其志。"

（16）劉歆《七略》："詩以言情，情者性之符也。"（《御覽》六〇九）

(17)《揚子法言·寡見篇》:"説志者莫辯乎詩。"

(18)《詩緯·含神霧》:(a)"孔子曰:'《詩》者,天地之心,君德之祖,百福之宗,萬物之户也。'"(b)"詩三百五篇,詩者,持也。在於敦厚之教,自持其心,諷刺之道,可以扶持邦家者也。"(c)"上以風化下,下以風刺上;主文而譎諫,言之者無罪,聞之者足以戒……治世之音温以裕,其政平;亂世之音怨以怒,其政乖,詩道然也。"

(19)《樂緯·稽耀嘉》:"先王之德澤在民,民樂而歌之,以爲詩,説而化之,以爲俗。"

(20)《樂緯·動聲儀》:"詩人感而後思,思而後積,積而後滿,滿而後作。言之不足,故嗟嘆之;嗟嘆之不足,故詠歌之;詠歌之不厭,不知手之舞之足之蹈之也。"

(21)《春秋説題詩》:"《詩》者,天地之精,星辰之度,人心之操也。在事爲詩,未發爲謀,恬淡爲心,思慮爲志,故詩之爲言志也。"

(22)《漢書·藝文志》:"誦其言謂之詩,咏其聲謂之歌。"

(23)《説文·言部》:"詩,志也。從言,寺聲。訨,古文詩省。"

(24)《吕氏春秋·慎大覽》高注:"詩,考也。"

(25)《禮記·内則》:"詩負之。"鄭注:"詩之言承也。"

(26)鄭玄《六藝論》:"詩,弦歌諷喻之聲也。"

(27)劉熙《釋名》:"詩,志也。"

(28)《廣雅·釋言》:"詩,志也。"

(29)《毛詩指説》:"梁簡文云:'詩者,思也。辭也,發慮在心謂之思,言見其懷抱者也。'"

(30)《文心雕龍·明詩篇》:"詩者,持也,持人性情;三百之蔽,義歸'無邪',持之爲訓,有符焉爾。"

(31)《毛詩詩譜序疏》:"詩有三訓:承也,志也,持也。"

(32)《毛詩·關雎序疏》:"誦言爲詩。"

(33)《禮記·孔子閒居疏》:"詩者,歌詠歡樂也。"

(34)《穀梁傳序疏》:"詩者,樂章也。"

(35)成伯璵《毛詩指説·解説第二》:"在辭爲詩,在樂爲歌,其本一也。"

以上列舉的三十五説之中,(18)的(a)及(21)的前一部分,主張由詩可以推見天地之間一切的事物,這是一種天人相應的神秘的説法,這種解釋當然是不正確的。(2)及(21)的"在事爲詩"主張詩是可以描寫客觀事物的。(3)(10)是主張詩可以一樣地包含着義理的。除了這三種極少數的主張外,其餘都可以歸納到"詩爲樂章"。(9)(26)(33)(34)(35)持"詩有三訓"——志、持、承這幾種説法。這些説法。在我們現在看來,當然是意義不甚完整,界限不甚分明,或專就作用而言,或專就目的而言,如(2)(3)(10)(18)之類,但是合起這些説法來看,與近人所下詩的定義"詩是文學裏用順利和諧帶有音樂性的文字和簡練美妙的形式,主觀地發表一己心境間所感現,或客觀地叙述描寫一種事實而都能使讀者引起共鳴的情緒"。雖然詳略不同,而所謂"詩以言志""記物""在事""弦歌諷喻之聲",也正是説詩是主觀地發表一己的感情,客觀地叙述外界的事物,而能順利和諧帶有可歌可誦有音樂性的文字;不過前人所説多半偏而不全,不及今人綜合前人之説而下的定義而已。

這些説法,多數的訓詩爲志,而有的又訓爲持,這是什麼緣故呢?從唐代的成伯璵一直到清代的俞正燮都没有説出其所以然來。段氏的《説文解字注》,王氏的《説文句讀》以及朱氏之《説文通訓定聲》等書是專釋字義的,也是如此。章太炎先生是近今的小學大師,他在《國故論衡·辨詩》上説:

> 《春官》瞽矇,掌九德六詩之歌。然則詩非獨六義也,猶有九歌。其隆也,官箴卜繇皆詩,故《詩序》《庭燎》稱"箴",《沔水》稱"規",《鶴鳴》稱"誨",《祈父》稱"刺",明《詩》外無官箴。……揚榷道之,有韻者皆爲詩,其容至博。其殺也,孔子删詩,求合於《韶》《武》,賦、比、興不可歌,因以被簡……《七略》序賦爲四家,其歌詩與之别……要之,《七略》分詩賦者,本孔子删詩意,不歌而誦,故謂之賦,葉於簫管,故謂之詩。

這裏他雖分詩爲隆、殺——廣狹之二義,而從他的狹義看來,他也主張《詩經》所録全爲樂歌,似乎比從前人要進步些,但是從"寺"聲的"詩",從訨聲的"訨"是爲什麼要訓爲志?詩有三訓——志、持、承,究以何説爲是,何説爲非?詩三家是怎樣解釋詩的?他在這一篇中也並未提到。這是我們現在所要討論的問題,我們必須明瞭詩的確詁,然後可以判斷古説之是非,同時我們也可以考察詩三家對於詩的解釋。我以爲:

(一)從文字的聲義看來,篆文詩與古文訨都祇當訓爲志的。

(二)從三家的遺説看來,原來都訓爲志而後才有訓爲持的。

(三)從《禮記》的本文看來,詩三百篇的"詩"本是不當訓爲承的。

三訓之外的解釋也有極合理的,現在依次説明於下:

(一)篆文"詩"與古文"訨"都本當訓爲"志"。有人説"篆文詩從寺聲，此詩之所以必有節奏也。古文'詩'從之聲，此詩之所以表示意志也。……詩從寺得聲，而聲亦兼義，寺訓法度，法度即節奏之謂"。這裏他雖然想從文字的聲義來解釋，其實是望文生義，很錯誤的。"之"訓爲"志"，他也沒有找到積極的證據。我以爲篆文的"詩"從"寺"聲，古文的"䛦"從"之"聲，在金文中是有"寺""之"相通用的明證，在《墨子》中也有"之"假爲"志"的明證。𡪹侯簠云："𡪹侯作叔姬寺男媵簠。"（羅振玉：《夢鄣草堂吉金圖續編》頁十三）周𨥏鐘云："永保用寺。"（《西清續鑒甲編》卷十七，注一）。邾公牼鐘："分器是寺"（《集成》01.14）。這裏"寺男"即是"之男"，"永保用寺"即是"永保用之"，"分器是寺"即是"分器是之"。此"寺""之"兩字在古代通用的明證，"寺"從"又"，"之"聲，"寺""之"古音同。《墨子·天志篇》中曰："是故子墨子之天之意也。"孫氏《閒詁》云："'天之意'本作'天之'，'天之'即'天志'，本篇之名也。古'志'字通作'之'。"又《號令篇》曰："常司上之。"孫氏《閒詁》云："'之'讀爲'志'，《墨子》書或以'之'爲'志'。"此"之""志"兩字在古代通用的明證。"志"從"心"，"之"聲，"之""志"古亦同音。"寺""之""志"三字在古代互相借用，而且這三字在古代都同音。所以古文"䛦""從言，之聲"，固是聲以兼義，表示"詩以言志"；即篆文詩之"從言，寺聲"，循聲以求其義，也當是説"詩以言志"，而不當訓爲節奏。所以從文字的聲、義來看，篆文"詩"與古文"䛦"都本當訓爲"志"（"不當祇訓爲言"之的）。"詩"的原始的意義，祇是主觀的表現一己的情志而已。

（二）詩三家的釋詩原來也祇訓爲志。《毛詩序》説："詩者，志之所之也，在心爲志，發言爲詩。"是主張"詩以言志"的。《齊詩》最初的説解本亦訓"詩"爲"志"，董仲舒是學《齊詩》的，他説："《詩》《書》序其志"。班固也是治《齊詩》的，他説："詩言志，歌永言。"緯候多是齊學，而《春秋説題辭》亦謂："故詩之爲言志也。"足見《齊詩》之説本亦訓爲志。《詩緯·含神霧》説"詩者持也"，這當是齊説中的另一義；"詩"從"寺"聲，寺、持相通。邾公華鐘："至於萬年，分器是寺。"（《積古齋鐘鼎彝器款識》卷三，阮元云："寺，持之者。"）。"分器是寺"即是"分器是持"，在古代是有通用的明證。但以"詩"爲"持"，這是翼奉、郎顗一般人所倡導的，他們以爲詩有"六情""五際"，可以推見治亂興衰之由，所以主張"詩者持也""可以扶持邦家者也"。董仲舒未有此説，而班固亦不之從，這顯見是後起的一説了。荀子、劉向都是傳《魯詩》之學的，《儒效篇》説："詩言是其志也。"《説苑·修文篇》説："詩言其志。"《魯詩》對於詩的解釋也是主張"詩以言志"

的。《廣雅·釋言》:"詩,志也。"《廣雅》是兼述魯、韓之義的,《韓詩》無異說,當與《魯詩》同。所以從漢初傳詩的三家看來,原來都衹訓詩爲"志"。晚出的《毛序》以爲"志之所之",表面上似乎説的明白些,實在是將詩的朔義"詩言志"曖昧化了。

(三)詩三百篇的詩本不當訓爲"承"。《禮記·内則》"詩負之"鄭注:"詩之言承也。"就古聲韻來説,"詩"屬"之"部,"承"屬"蒸"部,陰陽對轉;詩屬審母,承屬禪母,古同舌聲;當然可以通假的。但在《内則》原文上本是説"國君世子生,告於君,接以大牢,宰掌具。三日,卜士負之……詩負之",本不是説詩歌的詩的。這正如《公羊》襄十三年經"取詩"之"詩"假爲"邦";《祭義》"文王之詩也","詩"爲"謂"之誤,與詩歌的詩本是無關的。《内則》孔穎達疏也衹説"以手維持,則承奉之義,謂以手奉下而抱負之"。《詩譜序疏》乃以爲"作者承君政之善惡,述己志而作詩,爲詩所以持人之行,使不失隊(墜)"。殊不知《内則》鄭注本不是説詩歌的意義的,這種説法當然是不對的。即令鄭玄有此説,於古也無明據,最多衹能説是一種後起之義,這是我們應當注意的。

綜上所説,詩有三訓,衹有"詩以言志"乃是古義,持、承二訓,並是後起,在古代大概衹認詩爲抒情的作品。他如説詩"記事""在物""志德之理""義之襯也",這些説法是認詩爲現在所謂叙事詩、詠史詩或哲學詩之流,雖然有的是客觀的叙述,但也脱不了主觀的情志的。所以就意義説,"詩以言志"雖是極籠統的説法,然而是比較正確的。至於以詩爲樂章的,那是專就詩三百篇的實質來説,我們一檢討古籍所載詩與樂的關係,就知其本是完全入樂的。其詳且待下節分解。

二

現在流傳下來的詩三百篇,本來全是樂歌,這是我們研究它第一當知道的要義。就《詩經》的編纂來説,是如此的;就詩歌的原則來説,也是如此的。關於前者,《史記·孔子世家》述孔子删詩書,定禮樂,詩、樂是連叙的。《孔子世家》説:

> 孔子語魯大師:"樂其可知也。始作翕如,縱之純如,皦如,繹如也,以成。""吾自衛反魯,然後樂正,《雅》《頌》各得其所。"……三百五篇孔子皆弦歌之,以求合《韶》《武》《雅》《頌》之音。禮樂自此可得而述。

鄭樵在《通志·樂略·正聲序論》上也説:

樂從詩爲本，詩以聲爲用，……仲尼編詩，爲燕享祭祀之時用以歌，非用以說義也。……得詩而得聲者三百篇。則繫於《風》《雅》《頌》，得詩而不得聲者則置之。

這都是就詩的編定而言，認爲詩、樂本來是不分的。關於後者，范家相在《詩瀋》卷一《聲樂》上說：

生於心而節於音謂之詩，一言詩而樂自寓焉。委巷小兒，聯歌拍臂，皆可以配管弦；優伶俗樂，吹竹彈絲，亦能別翻聲調，一言樂而章曲自生焉。

這裏他以爲"委巷小兒，聯歌拍臂，皆可以配管弦"，足見無論什麼詩詞，沒有不可以入樂的。"一言詩而樂自寓焉"，足見詩與聲樂本不可分，詩三百篇在原則上本來都是樂歌的。現在《詩經》所錄全爲樂歌，依下列的十說看來，也是很顯明的：

(1)《墨子·公孟篇》："誦詩三百，弦詩三百，歌詩三百，舞詩三百。"

(2)《荀子·勸學篇》："詩者，中聲之所止也。"

(3)《儀禮·鄉飲酒禮》："正歌備……鄉樂唯欲。"鄭注："鄉樂者，風也。"

(4)《左》襄二十九年傳："吳公子札來聘，請觀於周樂……使工爲之歌《周南》《召南》，……爲之歌《邶》《鄘》《衛》……爲之歌《王》……爲之歌《鄭》，……爲之歌《齊》，……爲之歌《豳》，……爲之歌《秦》，……爲之歌《魏》，……爲之歌《唐》，爲之歌《陳》，……自《檜》以下無譏焉。……"

(5)《史記·孔子世家》："三百五篇，孔子皆弦歌之，以求合《韶》《武》《雅》《頌》之音。"

(6)《鄭風·青衿（子衿）》毛傳："古者教以詩樂，誦之、弦之、歌之、舞之。"

(7)《漢書·食貨志》："行人振木鐸徇於路，以采詩，獻之大師，比其音律。"

(8)《公羊》宣十五年傳注："男女有所怨恨，相從而歌，饑者歌其食，勞者歌其事。男年六十、女五十無子者，官衣食之，使之民間求詩。"

(9)《鄭志·答張逸》云："國史采衆詩時，明其好惡，令瞽矇歌之，其無所主，皆國史主之，令可歌。"

(10)《困學紀聞》卷三："《杜夔傳》舊雅樂四曲：一曰《鹿鳴》，二曰《騶虞》，三曰《伐檀》，又加《文王詩》，皆古聲辭。《琴操》曰，古琴有詩

歌五曲,曰《鹿鳴》《伐檀》《騶虞》《鵲巢》《白駒》。"(注二)

在這十說之中,由《墨子》《荀子》《儀禮》《史記》等書看來,足見詩三百五篇,無論《南》《風》《雅》《頌》,在古代都是入樂的。《食貨志》與《公羊傳》注所述采詩的傳說雖不足盡信,然而從詩的搜集看來,也當是全入樂的。而《伐檀》在變風中亦可歌,更足以證明風詩之入樂,所以直至唐代還以"詩為樂章",以為《詩經》所錄全是樂歌的。

到了宋程大昌作《詩論》十七篇,他說:"《詩》有《南》《雅》《頌》,無國風。其曰'風'者,非古色。"因而他祇以《南》《雅》《頌》為樂名,至於邶、鄘、衛、王、鄭、齊、魏、唐、秦、陳、檜、曹、豳這十三國的詩雖然都可以采,而聲不入樂,不過祇算得徒詩而已。在他《詩論·二》說:

> 春秋戰國以來,諸侯卿大夫賦詩道志者,凡詩雜取無擇;至考其入樂,則自邶至豳,無一詩在數。事之用《鹿鳴》,《鄉飲酒》之笙《由庚》《鵲巢》,射之奏《騶虞》《采蘋》,諸如此類,未有或出《南》《雅》之外者。然后知《南》《雅》《頌》之為樂詩,而諸國之為徒詩也。

他根據《左傳》以為自邶至豳十三國的詩"直以徒詩繫之本土",季札所見,周工所歌的,"單舉國名,更無附語,知本無國風"。他卻忘了《左傳》還有"是其《衛風》乎"這一句。他根據《儀禮》的《鄉飲》《鄉射》,以為詩之入樂未有出《南》《雅》之外者,他卻忘了《鄉飲》《鄉射》在"明日息司正"之下還有"鄉樂惟欲"這一句。他的證據本不十分可靠的,但是後來朱熹、焦竑、顧炎武都是贊同他的說法,而且更進一步地又附會《毛詩》正變之說,以為變風、變雅都不入樂。朱子說:

> 二《南》正風,房中之樂也。二《雅》之正雅,朝廷之樂也。商、周之《頌》,宗廟之樂也。變雅則衰國卿士之作,以言時之得失,而邶、鄘以下,則太師所陳以觀民風者耳,非宗廟燕享之所用也。(《日知錄》卷三引)

朱子這一說,顯然是受了程大昌的影響。馬端臨在《文獻通考》上曾駁他說:

> 夫《左傳》言季札來聘,請觀周樂,而所歌者,邶、鄘、衛、鄭皆在焉,則諸詩固雅樂矣。使其為里巷狹邪所用,則周樂安得有之?

馬端臨的意見是很好的,祇是所舉證據太少。所以焦竑的《國史經籍志》仍用程大昌之說,直用程氏原文"至考其入樂,自邶迄豳,無一在數"。不承認風詩為樂歌。所以顧炎武在《日知錄》也主張詩有入樂不入樂之分,說:

《鼓鐘》之詩曰："以《雅》以《南》。"子曰："《雅》《頌》各得其所"。夫二《南》也，豳之《七月》也；《小雅》正十六篇，《大雅》正十八篇，《頌》也，詩之入樂者也。邶以下十二國之附於二《南》之後而謂之風，《鴟鴞》以下六篇之附於豳而亦謂之豳，《六月》以下五十八篇之附於《小雅》，《民勞》以下十三篇之附於《大雅》，而謂之變雅，詩之不入樂者也。(《日知錄》卷三)

清儒治經是好抨擊宋人的，而且《毛詩序傳》也沒有"詩不入樂"之說，所以大多數都是反對程大昌之說的。陳啓源是主張"詩與樂實分二教"的，他在《毛詩稽古篇舉要》上說：

三百十一篇，皆古樂章也。……魯人歌周樂，則十三國繼二《南》之後，《周禮·籥章》迎寒暑則籥豳、雅，《祭蜡》則籥豳、雅。《大戴·投壺禮》稱可歌者八篇，則《魏風》《文王》並列，十三國變風之入樂，又歷歷可據也。

他在這裏用《周禮》和《大戴記》來反對變風不入樂，證據自然還不十分充足。但在他之後的如胡承珙的《毛詩後箋》，陳奐的《毛詩傳疏》都沒有更進一步的駁論，而馬瑞辰的《毛詩傳箋通釋》却對於程大昌之說辨訂極其明晰。他在卷一"詩入樂"上說：

詩三百篇，未有不入樂者。《虞書》曰："詩言志，歌永言，聲依永，律和聲。"歌聲律皆承詩遞言之。《毛詩序》曰："在心爲志，發言爲詩。"又曰："言之不足，故嗟嘆之，嗟嘆之不足，故詠歌之。"此言詩所由作，即《虞書》所謂"聲依永，律和聲"也。若非詩皆入樂，何以被之聲歌，且協諸音律乎？《周官》太師教六詩，而以"六德爲之本，六律爲之音"，是六師皆可以調六律也。《墨子·公孟篇》曰："誦詩三百，弦詩三百，歌詩三百，舞詩三百。"《鄭風·青衿》毛傳云："古者教以詩樂，誦之、歌之、弦之、舞之。"其說正本《墨子》，是三百篇皆可誦歌弦舞已。若非詩皆入樂。則何以六詩皆以六律爲音，又何以同是三百篇，而可誦者即可弦可歌可舞乎？《左傳》吳季札請觀周樂，使工爲之歌《周南》《召南》，並及於十二國；若非入樂，則十四國之詩，不得統之以周樂也。《史記》言"詩三百五篇，孔子皆弦歌之，以求合於《韶》《武》《雅》《頌》"。若非入樂，則詩三百五篇，'不得皆求合於《韶》《武》《雅》《頌》也。《六藝論》云：'詩，弦歌諷喻之聲也。'《鄭志·答張逸》云：國史采衆詩時，明其好惡，令瞽矇歌之，其無所主，皆國史主之，令可歌。"

據此，則鄭君亦謂詩皆可入樂矣。程大昌謂《南》《雅》《頌》爲樂詩，自邶至豳不入樂爲徒詩，其説非也。

在這一篇之中，他更提出《尚書》《墨子》《左傳》《史記》《毛傳》《鄭志》爲驗，比陳啓源之專據《周禮》《大戴記》立説，證據要可靠的多了！俞正燮《癸巳存稿·詩入樂篇》也提出不少的證明。他説：

> 《史記》云：三百篇皆可弦誦，謂弦歌皆詩。三代時，宵戚歌"碩鼠"，衛太史歌"巧言"之卒章，魯爲吳公子札歌風、雅、頌，師乙言歌商、歌齊，漢時雅樂可歌者八篇，有《白駒》《伐檀》，不必如笙詩正小雅也。東漢曹氏時，樂工肄歌《鹿鳴》《騶虞》《伐檀》《文王》，魏太和中，惟傳《鹿鳴》一篇，則其調不傳。……賦詩誦詩，本對歌詩言之，詩不可歌，則不採矣。

後來魏源雖主張"詩有爲樂作不爲樂作"二分，但他在《詩古微·夫子正樂論》上也以爲"周時無不入樂之詩"，康有爲《新學僞經考·漢書藝文志辨僞上》關於詩樂是多半采取魏氏之説，亦謂"晉魏時大雩祈旱皆歌《雲漢》之章，漢時雅樂可歌者八篇，變風之《伐檀》，變雅之《白駒》在焉，尤可見詩皆入樂之證"。皮錫瑞《詩經通論·論詩無不入樂〈史〉〈漢〉與〈左氏傳〉可證》更以爲：

> 詩之入樂，有一定者，有無定者，如《鄉飲酒禮》"間歌《魚麗》，笙《由庚》；歌《南有嘉魚》，笙《崇丘》；歌《南山有台》，笙《由儀》，合樂《周南》《關雎》《葛覃》《卷耳》，《召南》《鵲巢》《采蘩》《采蘋》。《鄉射禮》合樂同，《燕禮》間歌歌鄉樂與《鄉飲酒禮》同，《大射》歌《鹿鳴》三終。"《左氏傳》云："《湛露》，王所以晏樂諸侯也；《彤弓》，王所以燕獻功諸侯也；《文王》，相見之樂也；《鹿鳴》《四牡皇華》，嘉鄰君勞使臣也。"此詩之入樂有一定者也。《鄉飲酒禮》正歌備後有無算樂，《注》引《春秋》襄二十九年吳公子季札來聘，請觀於周樂，此國君之無算。然則《左氏傳》載列國君卿賦詩言志，變風變雅，皆當在無算樂之中，此詩之入樂無一定者也。若惟正風、正雅入樂，而變風、變雅不入樂，吳札焉得而觀之？列國君卿焉得而歌之乎？至宋儒乃有詩不入樂之説，……錫瑞案：謂詩不入樂，與《史》《漢》皆皆不合，亦無解於《左氏》之文。古者詩教通行，必無徒詩不入樂者。唐人重詩，伶人所歌皆當時絶句；宋人重詞，伶人所歌皆當時之詞，元人重曲，伶人所歌亦皆當時之曲；有朝脱稿而夕被管弦者。宋歌詞不歌詩，於是宋之詩爲徒

詩，元歌曲不歌詞，於是元之詞爲徒詞，明以後歌南曲不歌北曲，於是北曲亦謂徒曲。……周時詩方通行，必不如是宋人與顧氏之說，竊未敢謂然也。

他根據《史記‧孔子世家》"孔子皆弦歌之"，以爲孔子時詩無不入樂者；根據《漢書‧食貨志》"獻之太師，比其音律"，以爲孔子前詩無不入樂，又以周時詩方通行，必無徒詩不入樂者。從各方面推翻了程、顧之說了！詩與樂的關係，由"三百篇全爲樂章"之說到宋儒"諸國爲徒詩"之說算是兩個對立的意見。皮氏的"詩之入樂有一定者有無定者"，與陳啓源的"詩樂實分二教"，魏源的"詩有爲樂作不爲樂作之分"，都是來融合這兩個對立的意見的。

但是以上我們所舉的陳啓源、馬瑞辰、俞正燮、皮錫瑞諸家之說，他們主張詩全入樂，不過是就《墨子》《荀子》《左傳》《史記》這些傳說來證明詩三百篇無不入樂，對於詩三百篇本文是否爲樂歌的形式，尚未說到。近年顧頡剛先生撰《論詩經所錄全爲樂歌》一文，就春秋時的徒歌與詩三百篇本文來作比較的研究，從《詩經》的本身上證明《詩經》是樂歌。而漢代《樂府》的分地著錄，好像是承接着《國風》一樣，古代流傳下來的無名氏的詩歌也都是樂歌，這都足以證明《詩經》所錄全爲樂歌的。在那一篇長文之中，他簡單地下結論說：

> 春秋時的徒歌是不分章段的，詞句的復沓也是不整齊的，《詩經》不然，所以《詩經》是樂歌。凡是樂歌，因爲樂調的復奏，容易把歌詞鋪張到多方面；《詩經》亦然，所以《詩經》是樂歌。兩漢六朝的樂歌很多從徒歌變來，那時的樂歌集又是分地著錄，承接着《國風》，所以《詩經》是樂歌；徒歌是向來不受人注意的，流傳下來的無名氏詩歌亦皆爲樂歌；春秋時的徒歌不會特使人注意而結集入《詩經》，所以《詩經》是樂歌。（《古史辨》第三冊）

他從《詩經》章段的劃分，詞句復沓的整齊，以及因爲樂調的復奏，而歌詞多方面鋪張，來證明《詩經》所錄全爲樂歌，這是極確切的。他所舉的《桑中》《揚之水》更是極好的例證。《桑中》一詩，說在一地期會三個女子，除非認爲樂歌，當然是不可解的。例如我們曲解爲"男子發抒渴想女子的熱情，說孟姜、孟弋、孟庸泛代比一切美貌的女子，名雖三稱，實際上詩人所期待的祇是他理想中一個美好女子"，這是無由證明其爲泛代與理想的。而且這位詩人不從美好上面來鋪張，而祇在名稱上變更，而都總結在桑中上宮同一地點的幽會，情緒沒有深淺，進行沒有程序，假如不認爲是歌，那這一首詩未免太無技術與內容而且太令人難解了！至於《揚之水》雖不是同時戍申、戍甫、又成許，而從"曷月予還歸哉"這一句看來，決不是"征夫一年之中遷戍幾個地方的口氣"。如若不認爲樂章的重沓，而認爲叙述一人之事的，那也不可理解。所以由這兩個例證看來，我是極贊成顧先生之説的。我以爲現存的詩三百篇中，有的是詩人所作而後被之管弦，有的是由徒歌而後變成樂歌的。關於前者，可以借用范家相的"委巷小兒，聯歌拍臂，皆可以配管弦"來作爲理論的説明；關於後者，則顧先生在《論〈詩經〉所録全爲樂歌》一文中已詳細地説明徒歌如何變爲樂歌；這裏都無須詳述了。我之認爲《詩經》所録全爲樂歌還有四個理由：

第一，由詩三百篇的搜集看來，《詩經》所録當全爲樂歌。

第二，由風詩之絶非徒歌看來，《詩經》所録當全爲樂歌。

第三，由古代歌舞的關係看來，《詩經》所録當全爲樂歌。

第四，由古代"詩""樂"的關係看來，《詩經》所録當全爲樂歌。

現在依次説明於下：

第一，由詩三百篇的采集看來，《詩經》所録當全爲樂歌。現在的詩三百篇本是誰采集的，我們已無從知其詳。在唐以前，關於采詩的傳説，約有七八説之多。有以爲是國史的，有以爲是遒人的，有以爲是輶車使者、遒人使者，有以爲古有采詩之官；但是比較早的説法則以爲是太師陳風。這些説法，在現在看來固都不可靠，但也決不是如崔述《讀風偶識》上所説："美斯愛，愛斯傳，……偶遇文學之士，録而傳之。"這是後世的事，不能以推證古代的。我們知道孔子"反魯正樂之時，年已六十有九，而前此言詩，皆曰三百"，足見詩並不是孔子删的。孔子説："吾自衛返魯，然後樂正，《雅》《頌》各得其所。"又説："師摯之始，關雎之亂，洋洋乎盈耳哉"！即就這兩句話看來，足見《雅》《頌》《南》之爲樂歌，且是與當日的樂師發生關係的。由孔子説的"鄭聲淫"足知風詩亦爲樂歌，也當與當日的樂師發生關係的。詩與聲樂既有關係，在孔子時，猶爲樂師所掌，則是詩的采集，本是樂師因爲職業的關係而去采詩而配管弦而變徒詩爲樂歌；所以最早而最多的傳説以爲太師采詩。這傳説由《論語》的證明是比較的可信，不過不必是歲有定時"徇於路以采"而已。故從詩的職掌及其采集看來，詩三百篇應當是經過最有關係的樂師的搜集或配以管弦或變爲樂歌，然則現在《詩經》所録當是全爲樂歌了。（本節所引諸説之出處並詳《采詩删詩辨》）

第二，由風詩之決非徒歌看來，《詩經》所録當全爲樂歌。關於這一點，我們更可分爲四層來説：

（1）在前面所列的自《墨子》至《困學紀聞》十説中，由《墨子》《荀子》看來，三百篇全入樂的。在後漢雅樂郎杜夔所傳舊曲之中有變風的《伐檀》，而蔡邕的《琴操》中也有《伐檀》《白駒》兩歌曲，這都是變風變雅的鐵證，所以在漢魏時猶有舊曲的流傳。

（2）風詩的體制最近於二《南》，也有與大小《雅》相似的。《南》《雅》《頌》即全爲樂歌，風詩就其體制看來，異於《左傳》中之徒歌，而同於二《南》、大小《雅》，也應當是全爲樂歌的。

（3）風詩的"風"祇可釋爲聲調；《大雅·崧高》篇説"吉甫作頌，其詩孔碩，其風肆好"。《左》成九年傳"鐘儀操南音"，范文子説是"樂操土風"，這都是極好的證明。（此外我還有別的例證，詳見《説南風雅頌》）風就是聲調的意思，風詩也當是全爲樂歌的。

（4）《論語·衛靈公》篇："放鄭聲……鄭聲淫"。《陽貨》篇："惡鄭聲之亂雅樂也。""鄭聲"的意思，後來雖有用爲代表土樂的，但在漢儒釋經，仍以爲是鄭國的鄭。《五經異義》："《魯論》説：'鄭國之俗，有溱洧之水，男女相聚會，謳歌相感，故云鄭聲淫。'《左傳》説：'煩手淫聲，謂之鄭聲者，言煩手躑躅之聲，使淫過矣'，謹案：鄭詩二十一篇，説婦人者十九，故鄭聲淫也。"許氏治古學的，也從《魯論》之説。然則亂雅的鄭聲，實是入樂的鄭詩，風詩之當全爲樂歌，在《論語》上也可以得證明的。

從舊曲的流傳，風詩的體制看，風是聲調的意思，與所謂"鄭之亂雅"，都是見風詩並非徒歌，然則《詩經》所録當全爲樂歌了！

第三，由古代歌舞的關係來看，《詩經》所録當全爲樂歌。我們知道古代社會歌與舞是離不開的，現在更試從古代的樂舞、歌舞、歌詩、樂器這四點來看，也足見詩三百篇之當全爲樂歌。

（Ⅰ）我們從（1）《簡兮》的"公庭萬舞，……左手執籥"；（2）《君子陽陽》的"左執翿，右招我由敖"；（3）《猗嗟》的"舞則選兮，射則貫兮"；（4）《宛丘》的"坎其擊鼓，宛丘之下，無冬無夏，值其鷺羽"；（5）《伐木》的"坎坎鼓我，蹲蹲舞我"；（6）《賓之初筵》的"籥舞笙鼓，樂既和奏"；（7）《有駜》的"鼓咽咽，醉言舞"；（8）《那》的"庸鼓有斁，萬舞有奕"。從這些地方看來，知道古代舞蹈的風氣是極盛的。同時也可以看出舞蹈時所奏的樂器有"籥""鼓""笙""鏞"之類；鼓最多，籥次之。其樂調則有"敖""房"（《君子陽陽》）等，在西周時，歌舞之際，已不僅是夾雜着簡陋的音樂了！

（Ⅱ）我們再從歌舞看來，在詩三百篇中只有《車舝》"式歌且舞"連叙歌舞。但在傳世的彝器中，雖不見有用"詩"的（據《金文編》），而在楚余義鐘却有:"樂我父兄,飲飢訶舞(歌舞),孫孫用之,後民是語(娛)"(《攗古錄》三之二,《周金文存一》)訶舞二字連叙。在較晚的《楚辭》上,《九歌》有"展詩兮會舞";《招魂》中有"起鄭舞些,……發激楚些",這都足以證明在古代歌舞同時。這是不容否認的事實:在跳舞的時候,一面步伐應着樂節,一面還唱着歌。

(Ⅲ)我們更從歌、詩的關係來看。在《大小雅》中,如:(1)《四牡》的"是用作歌,將母來諗";(2)《何人斯》的"作此好歌,以極反側";(3)《巷伯》的"寺人孟子,作爲此詩,凡百君子,敬而聽之";(4)《四月》的"君子作歌,維以告哀";(5)《卷阿》的"來游來歌,以矢其音";(6)《卷阿》的"矢詩不多,維以遂歌";(7)《桑柔》的"雖曰匪予,既作爾歌";(8)《崧高》的"吉甫作誦,其詩孔碩"。所用歌、詩二字,直若毫無判別。二《雅》本是樂歌,而説"作爲此詩""其詩孔碩""矢詩不多,維以遂歌",足見當時所謂之"詩",都是以可以被之管弦的樂歌。

(Ⅳ)我們從當時的樂器來看。如(1)《靈臺》的"虡業維樅,賁鼓維鏞……鼉鼓逢逢,矇瞍奏公";(2)《有瞽》的"設業設虡,崇牙樹羽。應田縣鼓,鞉磬柷圉。既備乃奏,簫管備舉",都是證明當時樂器是很發達。這些詩既然不是假造的,而叙述當代的事實,也非後世推測前代。就上所列兩詩中的簫、笙、簫管以及他篇琴、瑟、壎、篪之類,發聲都不是單純的音調,而又有專門的樂工,歌樂當然也是發達的,孔子在齊聞《韶》,"三月不知肉味",幾乎弄得這位老先生要成"音樂迷",也足見古代音樂之決不簡陋,徒歌之變爲樂歌在當時是可能的。

總之,在殷代已有文字的發明,而且農業又如是之發達,就古代社會發展的聯繫的情形看來,至遲"鐵的發現,論理應該是在周初"的;無論如何,在東周時,豈止不是石器時代,恐怕已經邁過了金石器時代了。這時有了精細的樂器,有了專門職業的樂工,則徒歌之變爲樂歌,在當時實是可能的(這當然不是説所有的樂歌都是由徒歌變的)。而由樂舞、歌舞、歌詩看來,所謂詩即是樂歌,與舞與樂都有很密切的不容否認的關係,現在的詩三百篇,又是由樂師流傳,其本來面目祇是一些樂歌,在孔子以後,方成爲儒家的經典的。然則《詩經》所錄本當全爲樂歌了。

第四,由古代"詩""樂"的關係看來,《詩經》所錄當全爲樂歌。古來《樂》本無經的,所謂樂歌就是詩。邵懿辰在《禮經通論》上説:"《樂》本無經也。'詩言志,歌永言,聲依永,律和聲'。故曰:'《詩》爲樂心,聲爲樂體。'……樂之原在《詩》三百篇之中,樂之用在《禮》十七篇之中,故曰:

'興於詩，立於禮，成於樂'；'子所雅言，《詩》《書》、執禮'，不言樂也。"他這話雖没什麽發明，然而却是極其有道理的，在《四庫全書總目提要·樂類叙録》上也説過："沈約稱樂經亡於秦，考諸古籍，惟《禮記·經解》有'樂教'之文，伏生《尚書大傳》引'辟雝舟張'四語，亦謂之樂，然他書均不云有樂經。大抵樂之綱目具於禮，其歌詞具於詩，其鏗鏘鼓舞則傳在伶官，漢初制氏所記，蓋其遺譜，非别有一經，爲聖人手定也。"在《提要》中顯白地闡明"樂之原在詩三百篇之中"，樂本無經，並非清末經今文學者的私説。這些雖是清儒的推證，而實際上是合於古的（别詳《樂本無經補證》）。要之，在先秦所謂的樂歌，實在就是詩三百篇，而在詩三百篇以外也不多見别的樂歌；尤其是詩三百篇本爲樂歌的明證。故從古代"詩""樂"的關係來看，《詩經》所録也當全爲樂歌的。

以上所舉的四個理由，第一是就詩三百篇的來源來看，第二是就詩三百篇的體制來看，第三是就詩與歌舞的關係來看，第四是詩與《樂經》的關係來看。我覺得祇要有一個理由能成立，便足以見詩三百篇之當全爲樂歌。

注一：參看《北平圖書館館刊》五卷六號，吴其昌：《䚅羌鐘補考》。《説文》："旹古文時，從之日。"《漢無極山碑》"時"亦作"旹"，《殷虚書契前編·六》，頁四十三，有旹，與古文同；並足證古"寺""之"二字相通。

注二：《晉書·樂志上》："魏武平荆州，獲漢雅樂郎河南杜夔，能識舊法，以爲軍謀祭酒，使創定雅樂。"又"杜夔傳舊雅樂四曲：一曰《鹿鳴》，二曰《騶虞》，三曰《伐檀》，四曰《文王》"。"《琴操》……《白駒》。"見《太平御覽》卷五百七十八。

（原載《北平師範大學學報》1934 年第 14 期）

《周頌·時邁》本爲周《大武》樂章首篇説

周《大武》樂章是我們祖國流傳下來的一個比較古老比較大型的音樂詩歌與跳舞相結合的樂歌。這個樂章,據《左傳》和《禮記》的記載,是分着六個階段演唱出來的。第一個階段是開始曲,演唱着周武王的志願,他們開始出征;第二個階段演唱着他們討滅了殷王朝;第三個階段演唱着他們折而向南,征伐南國;第四個階段演唱着南國也歸入了版圖;第五個階段演唱着"周公左,召公右",分封而治;第六個階段演唱着他們功成,回歸原位。這個樂章,依照它演唱的情節和歌詞看來,無疑地是爲了歌頌周武王伐殷,統一了中國而創造出來的樂歌。周武王伐殷,統一了中國,在我們現在看來,不過是以暴易暴,他們同是舊統治階級,全是剥削人民的。但就當時情況看來,殷代是奴隸制社會,殷王朝的血腥統治是殘酷無比的。從卜辭看來,臣、妾、奚、奴、僮、僕全是遭受酷刑的奴隸,奴隸主一次殺人之數可以達到數千,人不僅可以用來殉葬,也用作祭褋;戰争極爲頻繁而劇烈,在卜辭中常見有與"土方""呂方"等等戰争以及"寇周"之事,人民的苦難是異常嚴重的。《尚書·盤庚》説:"我其劓殄滅之,無遺育。"盤庚尚且露由如此的猙獰面目,像殷紂這樣的暴君,拿人命開玩笑,慘酷到無以復加的程度更是可以想象了。周的滅殷,殺伐了凶殘的紂王,遏止了殺人流血的悲劇;他們更主張對殷民"今予惟不爾殺,予惟時命有申""勿庸殺之,姑惟教之";允許他們"宅爾宅,畋爾田",周之伐殷,是比較開明些,顯然是將歷史推進了一步。《大武》樂章雖是頌揚武士的功德,但詩中宣稱着"勝殷遏劉",希望着"綏萬邦,屢豐年",因之,在某些地方是比較有意義,值得我們探討的。

《大武》樂章以六個階段演唱出來,應當有六首詩歌保存在今日的《詩經》中,但因文獻記載有令人誤會之處,兩千年來,講求《左傳》《禮記》《詩經》的人,都祇能舉出其中的四首,《武》《賚》《酌》《桓》在《周頌》中;其餘的無明説。到了近代,王國維先生作《周大武樂章考》纔提出另兩首,《昊天有成命》《般》,屬於周《大武》樂章,而且主張前者是《大武》樂章的第一篇。他這意見並不完全正確。他的弟子陸侃如作《中國詩史》,不贊成他這種説法,主張《周頌》中《我將》是第一首。我對這兩個説法始終是懷疑的。前年我讀到友人高亨先生所寫的《周代大武樂考釋》一文，他贊同《大武》首篇是《我將》。高先生學問是我所欽佩的，但是這個意見，我却不敢苟同。我主張《大武》的第一篇應該是《時邁》。爲了論述方便，先將王、陸諸家之説略爲迻録，次申述我的意見，再將《大武》樂歌全部加以譯解，最後略就全詩作一簡短的評價。現在分述如下。

一

關於《大武》樂章及其詩歌，在《左傳》《禮記》《樂記》和《毛詩》中都略有記載，但至今《周頌》中哪一首詩是《大武》第一篇還須加以剖辨。王國維先生首先提出這問題，在《周大武樂章考》一文中他説：

《樂記》："夫武，始而北出，再成而滅商，三成而南，四成而南國是疆，五成而分，周公左、召公右，六成復綴以崇"，是《武》之樂凡六成，其詩當有六篇也。據《毛詩序》，於《武》曰："奏《大武》也。"於《酌》曰："告成《大武》也。"則六篇得其二。《春秋左氏·宣十二年傳》，楚莊王曰："武王克商……作《武》，其卒章曰'耆定爾功'。其三曰：'鋪時繹思，我徂求定。'其六曰：'綏萬邦，屢豐年。'"是以《賚》爲《武》之三成，以《桓》爲《武》之六成；則六篇則其四。其餘二篇，自古無説。（《觀堂集林》卷二）

由這段話我們可以看出，《大武》樂章所演唱的詩，有兩篇自古無説。這是現在所存在的問題。王氏更進一步舉出其餘二篇之名説：

案，《祭統》云："舞莫重於武宿夜"，是尚有《宿夜》一篇。鄭注："《宿夜》，《武》曲名也"。……案，"宿"古"夙"字，……是《武·宿夜》即《武·夙夜》，其詩中當有"夙夜"二字，因以名篇，如《時邁》有"肆於時夏"語，因稱《肆夏》矣。……《大武》六篇，其四篇皆在《周頌》，則此篇亦當於《頌》中求之。今考《周頌》三十一篇，其有"夙夜"字者凡四：《昊天有成命》曰："夙夜基命宥密。"《我將》曰："我其夙夜，畏天之威。"《振鷺》曰："庶幾夙夜，以永終譽。"《閔予小子》曰："維予小子，夙夜敬止。"而《我將》爲禘文王於明堂之詩，《振鷺》爲二王之後助祭之詩，《閔予小子》爲嗣王朝廟之詩，質以《經》文，《序》説不誤。惟《昊天有成命·序》云："郊禘天地也。"然郊禘天地之詩，不應詠歌文物之德；又，郊以后稷配天，尤與文武無涉。蓋作《序》者見此詩有"昊天"字，而望文言之。若《武·夙夜》而在今《周頌》中，則舍

此篇莫屬矣。(《觀堂集林》卷二)

他在這裏以《昊天有成命》當《大武》的一篇。又說：

如此，則《大武》之詩已得五篇，其餘一篇，疑當爲《般》。何則？《酌》《桓》《賚》《般》四篇，次在《頌》末，又皆取詩之義以名篇，前三篇既爲《武》詩，則後一篇亦宜然。此《武》詩六篇之可考者也。(《觀堂集林》卷二)

他更考定這六篇的次第是《昊天有成命》《武》《酌》《桓》《賚》《般》。他這個考證，將《昊天有成命》認爲是《大武》的首篇，不過是從"夙夜"二字來看問題，但是《武·夙夜》是舞曲之名，是有聲無詞的曲調，不一定可爲證明。從思想内容看來，這一篇也不能當《大武》的第一篇。這一篇中有"成王不敢康"一語，成王明是人名；《國語》叔向引此詩以爲"是道成王之德也，成王能明文昭、定武烈者也"。足見這詩不能是歌頌武王的詩。所以王氏的弟子陸侃如作《中國詩史》，又根據"宿夜"即"夙夜"之說，推定《大武》首篇是《我將》，他的理由是《我將》中有"儀式型文王之典，日靖四方"一語，很合於《大武》"始而北出"的語氣。高亨先生在《周代大武樂考釋》一文中就支持了此說，他說：

《大武》詩的第一章王先生認爲是《宿夜》，是對的；而認爲《宿夜》是《昊天有成命》是錯的，應該是《我將》。……根據《樂記》，《大武》第一章象徵武王出征。而《我將》篇說："我將我享，維羊維牛，維天其右之！"周人出征，必先禋上帝，祈求上帝的保佑，《我將》這三句正是說這回事。《我將》篇又說："儀式刑文王之典，日靖四方，伊嘏文王，既右饗之。"周人出征也必先祭禋祖先，祈求祖先的保佑，而且武王出征，軍中載着文王的木主，《史記·周本紀》說："武王上祭於畢，東觀兵於盟津，爲文王木主，載以車，中軍。"《集解》："馬融曰：畢，文王墓地也。"《楚辭·天問》說："武發殺殷，何所悒？載尸集戰，何所急？"王注："尸，主也。言武王伐紂，載文王木主。"就是明證。《我將》這兩句正是說這回事。文王時代，伐犬戎，伐迷須，伐耆，伐邗，伐崇(見《史記·周本紀》)，即所謂"日靖四方"。武王伐殷正是繼承文王的事業，所以說："儀式刑文王之典。"《我將》又說："我其夙夜，畏天之威，於時保之。"按殷朝後期，殷與周的矛盾更尖銳了。殷王常壓迫侵略周國，甲骨文幾次記載"寇周"的占卜，便是明證。文丁囚死周王季歷(見《竹書紀年》)，紂曾囚文王於羑里。因此周對殷常存警惕。

認爲殷有滅周的企圖，所以武伐殷，在周人的觀念是自衛。《我將》這幾句話正是這個觀念的反映。由此可見，《我將》篇的内容與《大武》舞第一場所象徵的故事，完全相符的。(《山東大學學報》二卷二期)

高先生這一段話疏證了《我將》中的詞句，認爲《我將》是象徵武王出征的故事。乍看起來，實在覺着是持之有故，言之有理，而且證據甚多，不得不引起人的信任。但是我們細按起來，仍覺問題多端。因爲，從消極一方面說，"武宿夜"是否就是《夙夜》，是否可當《詩經》的一篇，這頗成爲問題。假令可當《詩》的一篇，《我將》是否竟真的象徵武王出征，這也成爲問題。從積極一方面說，從《左傳》看來，《大武》首篇應是《時邁》，不是《我將》；從《禮記》看來，《大武》首篇也應是《時邁》而不是《我將》。再就《大武》其他五篇看來，《大武》首篇也應是《時邁》而不是《我將》。這樣，我們便可以將問題弄清楚了！

二

(一) 現在，我們先檢查"武宿夜"是否應即《夙夜》，《夙夜》是否可當《詩經》的一篇這個問題。

1. 王國維先生說，"案，《祭統》云：'舞莫重於武宿夜。'是尚有《宿夜》一篇。鄭注：'《宿夜》，武曲名也'"。"武宿夜"是《武宿夜》，將"武宿夜"簡稱爲"宿夜"，是王先生錯覺上的主張。鄭注《禮記》本是"武宿夜，武曲名也"，並未將"武宿夜"簡稱爲"宿夜"，王先生引的《鄭注》丟掉一個"武"字，這證明祇是王先生纔如此說。

2. "武宿夜"是武曲名，我們知道，古代有有聲無詞的曲調，這如六笙詩，下管的《新宮》，金奏的《九夏》，都是有聲無詞的。"武宿夜"是武曲名，不一定是詩，王先生以爲即《夙夜》，而且拿它當《大武》的一篇，這在前提上也成問題（請參看拙作《逸詩篇句表附考》，《西北大學學報》1958年第1期）。

3. 王先生說，"武宿夜"即《武夙夜》，其詩當有《夙夜》二字，因以名篇，如《時邁》有"肆於時夏"語，因稱《肆夏》矣。在我們看來，以《時邁》爲《肆夏》，祇不過是呂叔玉一人之說，並非公論。即假令如《時邁》有"肆爲時夏"語，因稱"肆夏"，在詩中應有"武夙夜"三字，而王先生何以斷言其詩祇當有"夙夜"二字？王先生從《周頌》中有"夙夜"二字的四篇來考察哪一篇是《武宿夜》，這個方法也是不夠正確的。

4.《禮記》這書，其中有漢代人的作品，《祭統》這篇是什麽時間的作品，也很可疑。王先生根據晚出的文獻，割裂原來的曲名，硬說"武宿夜"就是《夙夜》，這方法在前提上已大大成問題。

5. 我們再就《夙夜》是《我將》來說，據《左傳》："鄭六卿餞韓宣子於郊。……宣子皆獻馬焉，而賦《我將》。"在春秋時，《我將》並無異名，如若說《我將》一開頭是"我將"，所以春秋人稱作"我將"；後面有"夙夜"兩個字，所以戰國人稱"武宿夜"，這是不足怪的。我們試想，詩三百篇的流傳，後來改名的甚少，我更想不出爲什麽"我將"這名稱不好而戰國人偏要改名爲"宿夜"或"武宿夜"，令後人搞不清楚。所以，從上面五點看來，"武宿夜"是否應即《夙夜》，《夙夜》又是否可當《頌》詩的某一篇，《祭統》這篇文獻是否十分可靠等等，都是有問題的。以《夙夜》爲《昊天有成命》或《我將》，這在方法上，前提上，都是一樣靠不住。

（二）我們再就《我將》一詩來檢查一下。它是否可以當作《大武》的首篇。

上面我們從"武宿夜"並非就是《夙夜》等等來說明不可因就"夙夜"二字來判定詩中某篇屬於《大武》，這不等於說《我將》不可當作《大武》的首篇。因爲，很可能的，《我將》的思想内容符合於《大武》首篇。高先生對《我將》全詩的疏證確是持之有故，言之成理。但我們讀起這詩來，總覺它不像象徵武王克殷的開場曲，總覺它的氣勢不够雄偉宏壯，不足以當《大武》首篇之任。這是我們不得不首先懷疑的。我們檢查了一下在《禮記·樂記》中說到《武》的時候首先有這幾句話：

夫樂，象成者也。總干而山立，武王之事也。發揚蹈厲，太公之志也。《武》亂皆坐，周、召之治也。

"總干而山立"，是《大武》開始演奏的情況，孔《疏》說這是"將舞之時舞人總持干盾以正立，似山不動摇"。我們可以想象這"總干而山立""發揚蹈厲"，氣象是威武雄偉的，而《我將》全篇不過祇說祭禘文王，摹仿文王，這個題目太小，將武王克殷，奄有天下的意願及其成功，絲毫没有表達出來，與《樂記》所說的情形不相符合。《我將》一詩，開始三句說的是祭天，結尾三句說的是畏天之威，祇有中間四句提到文王，究竟是祭文王的詩，還是祭天而以文王配祭的詩，很難判定。王靜安先生也認爲這是禘文王於明堂的詩，不是《大武》的一篇。這裏面也並没有武王載木主出征的事，我們讀起這詩來，很難相信它就是《大武》的第一篇。我們更有鐵證可以說明《時邁》是大武的首篇，那麽，不是《我將》是極顯明的。

（三）從《左傳》上看來，我們可以說《時邁》是《大武》的第一篇。這個問題在《左傳》中已明明白白地告訴我們。《左傳·宣十二年》説：

> 楚子曰：非爾所知也。夫文，止戈爲武。武王克商。作《頌》曰："載戢干戈，載櫜弓矢。我求懿德，肆於時夏，允王保之。"又作《武》，其卒章曰："耆定爾功。"其三曰："鋪時繹思，我徂維求定。"其六曰："綏萬邦，屢豐年。"夫武，禁暴、戢兵、保大、定功、安民、和衆、豐財者也。故使子孫無忘其章。今我使二國暴骨，暴矣；觀兵以威諸侯，兵不戢矣。暴而不戢，安能保大？猶有晉在，焉得定功？所違民欲猶多，民何安焉？無德而强爭諸侯，何以和衆？利人之幾，而安人之亂，以爲己榮，何以豐財？武有七德，我無一焉，何以示子孫？其爲先君宫，告成事而已。武非吾功也。

楚莊王這一段話，"夫武，禁暴、戢兵、保大、定功、安民、和衆、豐財"，是綜合《時邁》《武》《賚》《桓》四篇的思想內容而言，他所說的"武有七德"是將《時邁》也計算在内的"武"，很明顯，《時邁》是武的第一篇。"禁暴、戢兵"是就《時邁》中的"載戢干戈，載櫜弓矢"而言。"保大"是就《時邁》中的"我求懿德，肆於時夏，允王保之"句而言。"定功"是就《武》篇的"耆定爾功"而言。"安民"是就所引《賚》篇的"鋪時繹思，我徂維求定"而言。"和衆、豐財"是就《桓》篇的"綏萬邦、屢豐年"而言。孔穎達《左傳正義》也一再告訴我們説："傳言克商作頌者，包下三篇，皆述武王之事。"又説："楚子既引四篇，乃陳七德，則四篇之内，有此七者之義：戢干戈，櫜弓矢，禁暴戢兵也。時夏，保之，保大也。耆定爾功，定功也。我徂求定，安民也。綏萬邦，和衆也。屢豐年，豐財也。我徂求定，是能安民，故往求定也；綏萬國，由德能和衆，故萬國安也。"孔《疏》雖未明言《時邁》在《大武》中，但説四篇之内，有此七者之義，可見是將此篇也作爲《大武》詩的一篇的。楚莊王説的這一段話，必定是包含《時邁》一篇在内，所以才能説出"武有七德"。不然，"保大"一詞將無所指。孔《疏》是没有弄錯的。後人因爲《國語》上説《時邁》是周文公之詩，因而誤會《時邁》與《大武》樂章不是一回事，更因楚莊王説"又作武"，不瞭解"又"是"接着"的意思（《穀梁傳》成七年："又，有繼之辭也。"《詩·小宛》："天命不又"；《賓之初筵》"室人入又""矧敢多又"。毛傳皆解釋爲"復"。《禮記·文王世子》："以俟又語"，《鄭注》："又語，後復論説也。"）楚莊王説的"又作武"，是接着作第二篇《武》的意思，是有繼之詞，並不是將這篇與武王克商作頌分爲兩回事。這個"又"字的古義不明，於是後人遂誤以爲《武》

《賚》《桓》三篇與《時邁》不是一事。一些學者，祇看上文，不看下文，或者看到下文，忘了上文，將"克商作頌"與"武有七德"分了家，那麼，楚莊王所說"武有七德"，"禁暴、戢兵、保大"，不包括在《武》以內，這是如何說得通呢？所以從這一點看來，《時邁》必是周《大武》樂章的首篇，既不是《昊天有成命》，也不是《我將》，這是再明白也沒有了！高先生也說過："《左傳》是一部先秦時代的史書，《左傳》作者記載楚莊王的話必有當時史料作爲根據，那個時代，《大武》舞還在演奏，《詩經》的本子總是接近原樣，楚莊王所見六章的次第，當然具有很大的可靠性。"從楚莊王這一段話，尤其"武有七德"這幾句話，千真萬確地是包含《時邁》一篇在內，是以《時邁》爲首篇，這是鐵的證明。比起王國維先生從"武宿夜"來斷定《昊天有成命》，或者相信王先生"武宿夜"即《夙夜》之說而斷定《我將》爲《大武》的第一篇，那是可靠多了！

（四）我們還可以從《禮記·樂記》來證明《大武》六篇其中必須將《時邁》計算在內，不是《昊天有成命》，也不是《我將》。也可見《左傳》所載楚莊王的話是不錯的。《禮記·樂記》在敘述"武樂"那一節中有這樣一段話：

> 且汝獨未聞牧野之語乎！武王克殷反商（鄭注：反當爲及，字之誤也），未及下車，而封黃帝之後於薊，……庶民弛政，庶士倍祿。濟河而西，馬散之華山之陽而弗復乘，牛散之桃林之野而弗復服，車甲釁而藏之府庫而弗復用，倒載干戈，包之以虎皮，將帥之士，使爲諸侯，名之曰建櫜，（鄭注：建讀爲鍵，字之誤也……鍵櫜言閉藏兵甲也。《詩》曰："載櫜弓矢。"）然後天下知武王之不復用兵也。

這裏是敘說《大武》樂舞而說到"車甲釁而藏之府庫而弗復用，倒載干戈，包之以虎皮，……名之曰鍵櫜。然後天下知武王之不復用兵也"。如果《大武》樂歌中沒有"載戢干戈，載櫜弓矢"這兩句話，這些話又是從何說起？《樂記》本也是《禮記》的一篇，本來也不一定是可靠的史料，但這篇既說到《武》的六成復綴，詳細地談到舞容，可見這篇作者是知道《大武》的舞容，聽到關於《大武》的傳說的，從他所說的"倒載干戈，包之以虎皮"等看來，是可以看出《大武》樂章首篇本來是《時邁》。《時邁》中才有"載戢干戈"二語，與《樂記》所說相符合，與楚莊王所說的禁暴、戢兵也相符合。由於這段話，可以證實《左傳》所說之不誣，而《時邁》本爲《大武》首篇益明，這是很好的佐證。相反，《樂記》中也完全沒有提到武王載木主伐紂之事，這在消極一方面看來，《我將》決不會是《大武》的第一篇。

（五）我們更從《時邁》這一詩的本身來考察，也足見這詩應爲《大武》的首篇。這詩開始說"時邁其邦，昊天其子之"（"邁"與"萬"通，"子"讀爲"慈"，說並詳下）。這是說成千上萬的國家，老天爺都是很愛護他們的，這與《桓》篇所要求的"綏萬邦"的意思是相合的。這是其一。下面說"實右序有周。薄言震之，莫不震疊"（"右"與"佑"通，"序"與"予"通。震，動也；疊，懼也。說並詳下）。這是說昊天保佑周人，將天命給予了周人，這樣就很快震動了他們，他們也莫不震動畏伏。這是說他們出兵征伐是受了天命，也很快地做到《武》篇所說的"勝殷遏劉"，達到《賚》篇所說"我徂維求定"的目的。這是其二。下面說，"懷柔百神，及河喬嶽"，這是所謂"望於山川，遍於群神"，與《般》篇的"墜山喬嶽，允猶翕河"大意相同。這是其三。下面說"明昭有周，式序在位"，這說的是分封序爵，與《酌》篇的"蹻蹻王之造，載用有嗣，實維爾公允師"（"造"當爲"曹"，"嗣"與"司"通，說更詳下）大意也相同。這是其四。下面是戢兵，是保大，這與《桓》篇的要求"綏萬邦，屢豐年"，以及"保佑厥士（士，當爲土），於以四方，克定厥家"，也正是相合的。這是其五。這一篇是《大武》的開場曲，它的思想內容與下五篇是相合的，而這是第一篇，"履端於始，則撮辭以舉要"，提綱挈領地將全部《大武》樂歌的主題思想說出，全文也極氣勢充沛，這詩是這個樂章的首篇，應無疑義。

以上我們從消極方面來看，以"武宿夜"爲《夙夜》，爲《昊天有成命》或《我將》，證據都不甚確。假定說是，那也詞旨軟弱，不像表揚武功的詩歌的首唱。王、陸二家之說同是不確而且不能令人滿意，他們是沒有好好地檢查一下《左傳》和《禮記》的原文，看上文不看下文，主觀下的判斷。我們更從《左傳》的"武有七德"來考查，那就知道《時邁》本爲《大武》樂章首篇，從《禮記·樂記》來看，《大武》中也是當有《時邁》一篇；而從《時邁》本身考查，所有詞旨都與下五篇相應，《時邁》本爲《大武》樂章首篇，這真是鐵案如山，搖不動矣！

《時邁》是《大武》樂章的首篇，從《左傳》《禮記》等書看來，證據十分確切，不可搖動，我們再根據《時邁》來考查王國維氏所說的其他的一篇是《般》，這却可以證明是正確的。王氏所舉的證據還不太好，鐵證還是《時邁》有"及河喬嶽"一語，而《般》篇的"墜山喬嶽，允猶翕河"與之相應，其他的意思也相應，所以可信《般》是《大武》的另外一篇。《三家詩·般》篇末也有"於繹思"一語，與《賚》篇相同，可以作爲佐證。再則是《般》與《武》《賚》《酌》《桓》都是以詩義名篇，所以這詩可信爲《大武》的一篇。《大武》六篇，自來祇能舉其四篇，其餘二篇，自古無説，現在總算是被我們發覺出來了。

這六篇的次第，除把《時》列入第一章外，其他次第我完全擁護高亨先生的説法，即：1.《時邁》；2.《武》；3.《賚》；4.《般》；5.《酌》；6.《桓》。《般》在《酌》前，從《時邁》先説"及河喬嶽"，後説"明昭有周，式序在位"，也是一個很顯著的證明。高先生説："'普天之下'，包括當時的邊疆，都遵奉周朝的命令。很明顯是中國統一的景象，是征服南國後的景象。詩的內容和《大武》舞第四場所象徵的故事如此相符合，那麼，《般》篇是《大武》舞第四場所唱，是《大武》詩的第四章，也很明顯的。"這些話是不錯的。

三

爲了進一步將本問題搞清楚，我現在將全部《大武》樂歌譯爲現代文，以便我們再加分析。現在將原詩、譯文並附以簡單的注解列述如下：

(一) 時邁

時邁其邦，①	這成千上萬的國家，
昊天其子之。②	老天爺都愛護他們。
實右序有周，③	就這樣保佑了周人，將天命給予了我們。
薄言震之，④	就很快地震動了他們，
莫不震疊。⑤	他們也全都驚動懾伏。
懷柔百神，⑥	更來安定一切的神靈，
及河喬嶽，⑦	奔放的河流，高大的山陵。
允王維后。⑧	真正地成爲天下的帝王國君。
明昭有周，⑨	光明照耀着我有周，
式序在位。⑩	就分封班爵給予在位臣工，
載戢干戈，⑪	就聚集起那些干盾戈矛，
載櫜弓矢。⑫	就收藏起那一些箭和弓。
我求懿德。⑬	我們是要求美好的德行，
肆于時夏，⑭	這樣我們就壯大起來了，
允王保之。⑮	真正地王天下保有天下。

注釋：

① 《爾雅》：時，是也。"邁"與"萬"古通用。古金文"萬年"多作"邁

年"（參看林義光《詩經通解》，以下簡稱《通解》）。

② 鄭《箋》："天其子愛之。""子"讀爲"慈"，"慈"與"子"古通用。

③ "右"通作"佑"。《通解》："序讀爲付予之予。《桑柔》：'誨爾序爵。'《墨子》引作'予'，是其證。"

④ 薄，迫也，很快的意思。"言"與"焉"音近，猶言於是也。

⑤ 《毛傳》："疊，懼也。"《通解》：'懼'讀爲'慴'。"《説》："慴疊懼也，讀若疊。"

⑥ 《毛傳》："懷，來；柔，安。"

⑦ 案："及"當與"急"同義，"急"從心及聲。《釋名》："急，及也。"二字音同義近。喬，高也。

⑧ 鄭《箋》："允，信也。案：'維'訓爲'與'，説見王引之《經傳釋詞》。"

⑨ "昭"與"照"古通用。

⑩ 序是排定次序的意思。依《樂記》之"將帥之士，使爲諸侯"，故此處意譯作分封班爵。

⑪ 《毛傳》："戢，聚。"

⑫ 《毛傳》："櫜，韜也（收藏）。"

⑬ 《毛傳》："夏，大也。"《通解》："遂於是大也。"

⑭ 允：亦信也。

（二）武

於！皇武王，①	啊！光明偉大的武王，
無競維烈。②	你的功業没人比上。
允文文王，③	真的有文德啊文王，
克開厥後。④	能够繁榮他的後代。
嗣武受之，⑤	接着武王繼承他的事業，
勝殷遏劉，⑥	戰勝了殷人，停止了流血，
耆定爾功。⑦	到底能够成就你的功業。

注釋：

① 於：贊嘆的聲音，讀如"啊"。《説文》："皇，大也。"《風俗通》："皇者，中也，光也。"皇字兼有光明偉大之意。

② "無競"與"無疆"通用。《毛傳》："烈，業也。"鄭《箋》："無疆乎其克商之功業也。"

③ 鄭《箋》："信有文德哉文王也。"

④ 鄭《箋》："嗣子武王受文王之業。"

⑤ 鄭《箋》:"遏,止也。"《毛傳》:"劉,殺也。"
⑥ "耆"是到底的意思。《毛傳》:"耆,致也。"《通解》:"'耆'讀爲'底',《祈父傳》云:底,至也。"

(三) 賚

文王既勤止,①	文王已經有了勤勞,
我應受之;②	我們應當繼承纘好;
敷時繹思!③	普遍的都是歡欣快樂。
我徂維求定;④	我們去是求人民安定,
時周之命,⑤	這是周人接受的天命,
於!繹思!	啊!好不歡欣快樂!

注釋:

① 《毛傳》:"勤,勞。"
② 《毛傳》:"應,當。"《通解》:"應讀爲膺。"說亦通。
③ 敷猶徧也。《通解》:"敷"讀爲"溥",是普遍的意思。繹,讀如"悅懌"之"懌"(此用高說)。時,是也。不當作時代講。
④ 此句依《左傳》當爲安民之意。
⑤ 《爾雅》:"時,是也。"時周之命:鄭《箋》:"是周之所以受天命。"

(四) 般

於!皇時周,①	啊!光明的是我們有周,
陟其高山,②	我們可以登上那些山丘,
嶞山喬嶽,③	那些蜿蜒的山,崇高的嶽,
允猶翕河。④	奔放的流水,湍疾的河流。
敷天之下,	普天之下,
裒時之對,⑤	聚集的都是周的臣民,
時周之命。⑥	這是周人所接受的天命,
於!繹思!⑦	啊!好不快樂!

注釋:

① 皇,光也,時,是也。
② 陟,升也。
③ 嶞山,《爾雅·釋山》:郭注:"謂山形長狹者。"嶞山應即是"蜿蜒的山"。

④ 允讀爲駿（《通解》："允讀爲駿，長也。"金文作"畎"，故又訛省爲"允"），"猶"通作"游"，游是流水，駿游應即是奔放的流水。"翕"當爲"渝"，（《小旻》"渝渝訾訾"，《爾雅》渝作翕。《説文》：渝，水疾聲）"渝河"應即是湍疾的河流。《時邁》篇云"及河喬嶽"，此篇云"允猶翕河"，其意相若。

⑤ 哀，鄭《箋》："聚也。"時，是；承上"時周"言。對，鄭《箋》："配也。"哀時之對整句應是在普天之下，聚集是那些與周室相配合的臣民，是所謂"率土之濱，莫非王臣"之意。

⑥ 與上篇第五句同意。

⑦ 據陸德明《經典釋文》，三家有此一句。據《樂記》："三成而南，四成而南國是疆。"此二篇相連屬，以有此句爲是。

（五）酌

於！鑠王師，①	啊！輝煌美好的王師，
遵養時晦；②	跟着去討滅那些黑暗的統治。
時純熙矣，③	時代現在已經光明了，
是用大介。④	這是非常好的情形。
我龍受之，⑤	我們榮幸的接受這個任務。
蹻蹻王之造，⑥	多麼矯健啊這些王家的軍人，
載用有嗣，⑦	就任用他們作公侯和官吏，
實維爾公允師！⑧	這是你們的功勞，忠實的王師！

注釋：

① 於：嘆辭。《毛傳》："鑠，美。"鑠是光明美好的意思。

② 《爾雅》："《釋詁》：遵，率循也。"《毛傳》："養，取也。"養字古有取義，參看馬瑞辰《毛詩傳箋通釋》。時晦，那些暗昧的國家。《左傳·宣十二年》晉隨武子引此句，下云："耆（攻）昧也。"是古人原如此解，如作養晦韜光講，與當時實情也並不合。

③ 《通解》："純熙"皆訓爲"光明"。

④ 《釋詁》："介，善也。"

⑤ 鄭《箋》：龍，寵也。

⑥ 《毛傳》："蹻蹻，武也。""造"讀爲"曹"，曹，群也。

⑦ 有嗣，有司也。金文多如此作。

⑧ "公"與"功"同，允，信也。亦即忠實之意。

（六）桓

綏萬邦！	安定了這成千上萬的國家，
婁豐年。①	還希望常常地都是大豐年。
天命匪解！②	這是天命啊，不可以懈怠！
桓桓武王，③	英勇的武王，
保有厥士，④	擁有英勇的兵將，
于以四方，⑤	安撫了天下四方，
克定厥家。	周室安定興旺。
於！昭于天！⑥	啊！光明照耀的天！
皇以間之！⑦	光明地照耀着人間！

注釋：

① 婁當爲屢。《齊詩》作"屢"。

② 《釋文》："解音懈，今作懈。"

③ 《廣雅》："《釋訓》：桓桓，武也。"

④ 士，惠棟、馬瑞辰並云"士"當爲"上"。

⑤ 於是而保有四方，"以"與"有"同意。

⑥ "於"讀爲"乎"。《通解》："嘆美天下之光明昭昭乎也。"

⑦ 《爾雅》："《釋言》：間，倪也。"《說文》："倪，間見也。"（此用高說）

從上面《大武》的六首詩看來，我們不覺有這樣的印象：這些詩第一篇《時邁》頗能總括全詩六首之意，而且全詩也組織頗嚴密，"首尾圓合，條貫統序"，在寫作技巧上是費了氣力的。從前我很奇怪《盤庚》上、中、下三篇，每篇都有《小序》，每篇都分着"起、中、訖"三段寫出來，組織的很好，認爲殷人不能有此等作品。現在看到《大武》這六首詩，組織的也很好，則殷末周初的人在寫作技巧上已達到相當的成就可知，這也是我們讀到這些詩應當加以探索的地方。

（原載《人文雜志》1959 年第 5 期）

逸詩篇句表（附考）

詩三百篇，至孔子時，已具有成數。三百篇外，或有在孔子前全篇已逸亡者，三百篇後，至六國之滅亡，亦未必全無詩。昧者不察，乃以諸書引詩不見三百篇者，舉謂爲逸詩。其所據書之情僞不詳考，其所引詩之風格不一辨；笙詩本無辭，而謂爲逸亡；下管者吹蕩，附會爲有辭；逸詩之説，至今爲梗；删詩之説，乃無定論。兹既明删詩之事不足信，乃更表列逸詩之篇句，各附以考辨，以見其非必詩三百篇之逸，則庶幾於孔子删詩之説，亦可以瞭然矣。

一 篇名與逸句俱亡者

《商頌》七篇

《國語·魯語下》："閔馬父……曰：昔正考父校商之名頌十二篇於周太師，以《那》爲首。"《毛詩·那序》："微子至於戴公，其間禮樂廢壞，有正考父者，得《商頌》十二篇於周之太師，以《那》爲首。"（《箋》："自正考父至孔子之時，又無七篇矣。"）《後漢書·曹褒傳》李注引薛君《章句》："正考父，孔子之先也，作《商頌》十二篇。"（王先謙《詩三家義集疏》："孔子編《詩》時；又佚其七篇也。"）

案：《史記·宋世家》、揚雄《法言》、《後漢書·曹褒傳》，並謂"考父詠殷"作《商頌》。《國語》謂之"校"（當讀爲效，效者獻也），其説頗難信。（説詳魏源《商頌魯韓發微》，皮錫瑞《商頌美宋襄公證》，王國維《説商頌》上、下。錢玄同《答顧頡剛書》）如果有逸篇者，其逸當在孔子以前，非必三百篇之逸也。（《毛詩正義》亦有此説）

《商齊》七篇

《大戴記·投壺》："凡《雅》二十六篇，其八篇可歌。歌《鹿鳴》《貍首》《鵲巢》《采蘩》《采蘋》《伐檀》《白駒》《騶虞》。"（孔廣森《大戴禮記補注》："《小雅》之材七十四，《大雅》之材三十一，此唯二十六篇；又《鵲巢》諸詩，今皆在《風》，亦以爲《雅》，蓋出漢人之記。……"）"八篇廢不可歌，七篇《商齊》可歌也。"（《補注》："《樂記》曰：'商者，五帝之遺聲也。……齊者，三代之遺聲也。'……七篇之名未聞。"）"三篇間歌。"

(《補注》:《鄉飲酒》"歌《魚麗》,笙《由庚》;歌《南有嘉魚》,笙《崇丘》;歌《南山有台》,笙《由儀》"是也)"《史辟》《史義》《史見》《史童》《史謗》《史賓》《拾聲》《叡挾》。"(《補注》:"此八篇廢不可歌。")

案:《大戴記》所云,以《風》爲《雅》,所舉篇數,又不合於大、小雅,非傳聞之誤,必漢人所僞託。不可信。五帝三代之遺聲,而謂之曰"商"曰"齊",就其名稱觀之,說亦不足置信,然則《商齊》七篇,非刪詩之逸,可知。

以上篇名與逸句俱亡者共爲十四篇。《商頌》七篇,逸在孔子之前;或本無逸篇。《商齊》七篇,據《大戴記》觀之,其說尤難置信。此十四篇本非孔子刪《詩》之逸。

二 篇名存而句已亡者

《南陔》《白華》《華黍》《由庚》《崇丘》《由儀》

《儀禮·燕禮》:"笙入立於縣中,奏《南陔》《白華》《華黍》……乃間歌《魚麗》,笙《由庚》,歌《南有嘉魚》,笙《崇丘》,歌《南山有台》,笙《由儀》。"《鄉飲酒禮》:"笙入堂下,磬南北面立,樂《南陔》《白華》《華黍》……乃間歌《魚麗》,笙《由庚》,歌《南有嘉魚》,笙《崇丘》,歌《南山有台》,笙《由儀》。"(鄭注:"間,代也。謂一歌則一吹。")乃合樂《周南》:《關雎》《葛覃》《卷耳》;《召南》:《鵲巢》《采蘩》《采蘋》。(朱子《詩集傳》:"曰笙,曰樂,曰奏,而不言歌,則有聲而無辭明矣。")

案:六笙詩無辭,宋儒頗詳言之。清儒姚際恒《儀禮通論》、牟庭《詩切序》、皮錫瑞《詩經通論》發揮斯義,尤爲明晰。竊謂笙管奏者,皆有聲而無辭,觀《儀禮》不言歌,《周禮》言"教樂儀",後漢管《新宮》而辭不傳,叫知。凡此類非逸詩。(參看下"新宮"條)(關於姚際恒、牟庭、皮錫瑞三家之說,皮氏《通論》,早有刊本;牟氏之說,可參看一九三四年《清華學報》許維遹《棲霞牟默人先生著述考》一文;姚氏《儀禮通論》,未有刊本,余從顧頡剛氏得借閱其所藏鈔本姚氏《儀禮通論》,茲將姚氏原文轉錄於此以備參考)

姚氏云:"《南陔》《白華》《華黍》《由庚》《崇丘》《由儀》,此六詩自來不得其解,迄無定論。此乃作樂者撰此六詩,用以吹笙,而非三百篇之詩也。古惟以三百篇爲歌之用,而施於匏竹諸器者,則準之律呂,制爲詩焉。故《儀禮》本文以《鹿鳴》諸詩曰'歌',以《南陔》諸詩曰'樂',可驗。《郊特牲》云:'歌者在上,匏竹在下,貴人聲也。'樂以人聲爲貴,匏竹爲賤;

以堂上爲貴，堂下爲賤。故歌於堂上，用三百篇之詩；笙於堂下，用此六詩。既取其協助於律呂，且亦不敢襲用三百篇之意也。《南陔》之三，則獨奏之；《由庚》之三，則閒歌之；至於閒歌之後，歌《周南》之三，《召南》之三，衆樂於之並作，是爲合樂，乃將終而極盛者也。當時之歌樂如此，其後禮壞樂崩，笙詩散佚，假如列三百篇，豈有亡者？其名篇之義，亦無由考。自序《詩》者見前世有此六詩，誤以爲三百篇之散亡者而以其篇名攔拾於三百篇中，以《南陔》三篇名列於《小雅·魚麗》之後，薈萃一處，悉本《儀禮》，蓋序《詩》者之妄也。孔子曰'詩三百'，此舉成數言之，漢龔遂爲昌邑王曰：'大王誦詩三百五篇。'又王式曰：'臣以三百五篇諫'，此舉實數之。然則或言三百，或言三百五篇，未有言三百十一篇者，此可按驗而知也。不然，以《詩》言，何以三百五篇皆不亡，而經《儀禮》所用爲笙之六篇獨亡乎？以《儀禮》言，何以用三百篇爲歌之詩皆不亡，而用三百篇爲笙之詩獨亡乎？所謂亡者，或並連數簡而亡之，今《白華》之三，在《魚麗》《南有嘉魚》之中；《由庚》之三，在《南山有台》《蓼蕭》之中，又何以兩處前後皆不亡，而兩處中間三詩獨亡乎？此尤必無之事，亦至明而易曉者矣。乃後人羣然以此爲三百篇之詩，或妄説其義（《小序》），或謂有其義亡其辭（《毛傳》），或謂詞與義皆亡（鄭氏），或求之不得其故乃創爲異説，音《毛傳》'亡'字作'無'，謂本有聲而無辭（宋劉原父、鄭漁仲諸説而朱仲晦從之），而駁之者又謂有辭然後有聲，既有篇名，安得無辭？（明郝氏諸説），如是者紛紛幾二千矣，可慨也夫！"

《陔》《驁》

《儀禮·鄉飲酒禮》："賓出，奏《陔》。"《鄉射禮》："賓興，樂正命奏《陔》。"《大射儀》："賓醉，北面坐，取其薦脯以降，奏《陔》。……公入《驁》。"（鄭注：《陔夏》，樂章也。又：《驁夏》，亦樂章也。以鐘鼓奏之）

案：《陔》《驁》非必《陔夏》《驁夏》，然以鐘鼓奏之，以爲出入之節，則此亦當爲有聲無辭者，非逸詩也。

《肆夏》《采薺》

《儀禮·燕禮記》："若以樂納賓，則賓及庭，奏《肆夏》。……公拜受爵而奏《肆夏》。"《大射儀》："公升即席，奏《肆夏》。"《郊特牲》："賓入大門而奏《肆夏》。"《周禮·樂師》："教樂儀。行以《肆夏》，趨以《采薺》。"（鄭注："教樂儀，教王以樂出入於大寢朝廷之儀。……"鄭司農云："《肆夏》《采薺》皆樂名，或曰皆逸詩。……若今時行禮於大學，罷出以鼓《陔》爲節。"）《禮記·玉藻》："趨以《采齊》。（鄭注：路門外之樂節也。門外謂之趨。齊，當爲《楚薺》之薺）行以《肆夏》，（鄭注：登堂之樂節）……然後玉鏘鳴也。"《大戴記·保傅》："步中《采茨》，趨中《肆夏》。"（補注："舊本云，茨一作薺。"）《保傅》又云："行以《采茨》，趨以《肆夏》。"

案：《肆夏》爲登堂之樂節，《采薺》爲門外之樂節，鄭司農云："皆樂名"是也。或以爲皆逸詩，非也。行禮罷出，鼓《陔》爲節，鼓而不歌，則實無辭，傳於漢世者猶如是，則知《陔》《騖》並本無辭，《肆夏》《采薺》並非歌詩。凡言奏皆有聲無辭，此鐵證不可移者也。其非逸詩，因無待言。

九夏（《三夏》附）

《國語·魯語下》："金奏《肆夏》《樊》《遏》《渠》，天子所以饗元侯也。"《左傳·襄四年》："穆叔如晉。晉侯享之。金奏《肆夏》之三，不拜；工歌《文王》之三，又不拜；歌《鹿鳴》之三。……對曰：'《三夏》，天子所以享元侯也'。"（《周禮注疏》卷二十二："鄭司農云：《肆夏》《采薺》，皆樂名。《左傳·襄四年》杜注：《肆夏》一名《樊》……《昭夏》一名《遏》……《納夏》一名《渠》。"）《周禮·大司樂》："王出入則令奏《王夏》，尸出入則令奏《肆夏》，牲出入則令奏《昭夏》。"（鄭注：《三夏》皆樂章名）《周禮·鐘師》："以鐘鼓奏《九夏》：《王夏》《肆夏》《昭夏》《納夏》《章夏》《齊夏》《族夏》《祴夏》《騖夏》。"（鄭注："杜子春云：祴讀爲陔鼓之陔。王出入奏《王夏》，尸出入奏《肆夏》，牲出入奏《昭夏》，四方賓來奏《納夏》，臣有功奏《章夏》，夫人祭奏《齊夏》，族人侍奏《族夏》，客醉而出奏《陔夏》，公出入奏《騖夏》。"）呂叔玉云："《肆夏》《繁遏》《渠》，皆《周頌》也。《時夏》，《時邁》也；《繁遏》，執競也；《渠》，思文也。"

案：《三夏》《九夏》，《左》《國》與《周禮》說不同，然《夏》則言金奏，《文王》則言工歌，則知《三夏》《九夏》皆非歌詩，出入奏之以爲節耳，《肆夏》，《繁遏》，《渠》，呂叔玉說與杜亦不同。附會《周頌》，實無明據。汪琬《詩問·九夏非周頌》曰："先儒謂《肆夏》一名《樊》，《時邁》也；《昭夏》一名《遏》，執競也；《納夏》一名《渠》，思文也。……皆臆說也。吾未聞一詩而三名者也。且《時邁》有'肆於時夏'一語，適與《肆夏》合，猶可借之以相附會。若《昭》《納》二夏，則於執競、思文悉取焉？孔子、子夏不言也，《儀禮》《左氏傳》不言也，後人何從知之？"據此，足知《三夏》《九夏》並非逸詩，凡言鐘鼓奏者，並有聲而無詞。

《新宮》

《儀禮·燕禮記》："升歌《鹿鳴》，下管《新宮》，笙入三成。"（鄭注："管之入三成，謂三終也。"）《大射禮》："乃歌《鹿鳴》三終。……乃管

《新宫》三终。"（鄭注："管謂吹簜以播。《新宫》之樂，其篇亡，其義未聞。"）《左傳·昭二十五年》："叔孫婼聘於宋，……宋公享昭子，賦《新宫》……"《後漢書·明帝紀》："（永平二年）冬十月壬子，幸辟雍，初行養老禮。詔曰：'……暮春吉辰，初行大射；令月元日，復踐辟雍。'……升歌《鹿鳴》，下管《新宫》，八佾具脩，萬舞於庭。"（《後漢書集解》："惠棟曰：'案此則後漢《新宫》之樂尚存。'"）

案：此當亦爲有聲無詞者。《集傳》謂《新宫》即《斯干》，其說非是。後漢永平二年猶知下管《新宫》，其聲曲至後漢猶存，如有其辭，必無不傳。如果爲《斯干》，漢儒當有言之者，不待朱子始云然也。此以管播其聲無詞之鐵證。管奏俱無辭，則六笙詩，亦可見其本無詞矣。

《象》

《禮記·文王世子》："反，登歌《清廟》……下管《象》……"（鄭注："《象》，周武伐紂之樂也。以管播其聲，又爲之舞，皆於下堂。"）《明堂位》："升歌《清廟》，下管《象》。"（鄭注："《象》謂《周頌·武》也。"）《祭統》："夫人嘗禘，升歌《清廟》，下而管《象》。"（鄭注："管《象》，吹管而舞《武》《象》之樂也。"）《仲尼燕居》："升歌《清廟》，示德也；下而管《象》，示事也。"《毛詩序》："《維清》，奏《象》舞也。"

案：《象》以管播其聲，與《新宫》同，亦有聲無詞者。《毛詩序》謂"《維清》，奏《象》舞也"，說未可信。孫希旦《禮記集解》曰："以《詩》及《儀禮》考之，歌、笙同用之詩，其篇皆相比次。升歌《清廟》三終，當爲《清廟》《維天之命》《維清》；下管《象》三終，當爲《維清》《烈文》《天作》。然如此則升歌之第三篇，即下管之第一篇，疑其非是。"竊謂孫氏之說，猶可以今詩次第非古之次第以曲解之。下管之本無詞，《新宫》實其鐵證，且升歌者言《鹿鳴》《清廟》，皆與詩之篇名相合，而下管者言《新宫》與《象》，無一合於今詩篇者，然則其非歌詩，本有聲而無詞，亦可以知之矣。要之，非逸詩也。

《武宿夜》

《禮記·祭統》："聲莫重於升歌，舞莫重於《武宿夜》。"（鄭注："《武宿夜》，武曲名也。"）

案：《武宿夜》本舞曲名。"舞莫重於《武宿夜》"，與升歌對舉，猶之升歌《清廟》，下管《象》，非歌辭也。魏源《詩古微》以爲即《周頌》之《酌》，無確證。王國維謂即《昊天有成命》，說並非。（別詳余《周頌時邁爲大武樂章首篇考》一文中）

《史辟》八篇（篇名詳下）

《大戴禮·投壺》："凡《雅》二十六篇。……八篇廢不可歌也。"（《大戴禮記補注》："《史辟》以下八篇之名，當即此，訛舛在下。"）"七篇《商》《齊》可歌也，三篇間歌。《史辟》《史義》《史見》《史童》《史謗》《史賓》《拾聲》《叡挾》。"（孔廣森《補注》："此八篇廢不可歌。"）

案：《大戴記》明云"廢不可歌"，則非逸詩，尤非刪後之逸。《大戴》説亦不可俱信，詳見前文。

《桑林》

《左傳·襄十年》："宋公享晉侯於楚丘，請以《桑林》。荀罃辭。荀偃、士匄曰：'諸侯宋、魯，於是觀禮。魯有禘樂，賓祭用之。宋以《桑林》享君，不亦可乎？'（洪亮吉《左傳詁》："《莊子》'湯有桑林之舞'。司馬彪注：'《桑林》，湯樂也。'……杜注：'殷天子之樂名。'蓋已取諸此。皇甫謐云：'殷樂'一名《桑林》。'"）《莊子·養生主》："合於桑林之舞"。《墨子·明鬼》："宋有《桑林》，……此男女所屬而觀也。"

案：《桑林》明爲樂舞之名，墨、莊二子所言足證，然則非逸詩也。《荀子·大略篇》及《尚書大傳》所載《桑林》禱辭，非詩之類，今不錄。

《三象》

《呂氏春秋·古樂》："商人服象，爲虐於東夷。周公以師逐之，至於江南，乃爲《三象》，以嘉其德。"

案：《呂覽》所言者爲古樂，則《三象》當是古樂名，以爲逸詩，則非是也。

《鳩飛》《河水》

《國語·晉語四》："秦伯賦《鳩飛》，公子賦《河水》。"（韋注：《鳩飛》，《小雅·小宛》之首章也。……"河"，當爲"沔"，字相似，誤也）《左傳·僖二十三年》："公子賦《河水》。"（杜注："《河水》，逸詩。義取朝宗於海。"）。

案：韋昭謂《鳩飛》即《小宛》，《河水》當爲沔水。則非逸詩，證以詩義，其説近是。或其詩本不足傳，至孔子之時已逸。則其逸句亦並不傳，非刪詩之逸也。

《茅鴟》

《左傳·襄二十八年》："叔孫穆子食慶封，慶封氾祭，穆子不説，使工爲之誦《茅鴟》……"（杜注："《茅鴟》，逸詩，刺不敬。"）

案：《茅鴟》云"誦"不云"賦"，疑非三百篇之類。姑闕疑。

《明明》《崇禹》《生開》

《逸周書·世俘解》："籥人奏《武》。王入、進萬、獻《明明》三終，……奏《崇禹》《生開》三終。"（朱右曾《逸周書集訓校釋》："《武》《明明》，皆詩篇名。……孔曰：《崇禹》《生開》，皆詩篇名。愚案：《國語》：武王克殷作《飫歌》曰：'天之所支，不可壞也'……豈即《禹》乎？"）

案：《逸周書》甚難信，此言"獻"言"奏"，或本爲樂名，非三百篇之類。要之，周武王時不能有是，不可以謂之爲逸詩。

《九德之歌》

《周禮·大司樂》："《九德之歌》，《九磬》之舞，於宗廟之中奏之。若樂九變，則人鬼可得而禮矣。"（鄭注："鄭司農云，……《九德之歌》，《春秋傳》所謂水、火、金、木、土、穀，謂之六府，正德利用厚生，謂之三事……九功之德，皆可歌也。"）

案：《周禮》一書，本不可信。則是《九德之歌》，亦未可遽認爲逸詩。

以上三十九篇，惟《鳩飛》以下七篇似爲逸詩之名，餘則皆有聲無詞之樂，或本廢不可歌者，非逸篇也。《明明》《崇禹》《生開》《九德之歌》，俱不可信，《鳩飛》或即《小宛》，《河水》或即《沔水》，疑爲逸篇名者，惟《茅》耳。不過一篇似爲篇名存而逸句亡者。

三　篇名與逸句俱存者

《貍首》

《儀禮·大射儀》："樂正命太師曰：'奏《貍首》。'間若一。"（鄭注："《貍首》，逸詩《曾孫》也。……《射義》所載詩曰'曾孫侯氏'是也。"）《小戴記·射義》："其節：太子以《騶虞》爲節，諸侯以《貍首》爲節。……故詩曰：'曾孫侯氏，四正具舉，大夫君子，凡以庶士，小大莫處，御於君所，以燕以射，則燕則譽。"《大戴記·投壺》："曾孫侯氏，今日泰射。（補注：'此以下《貍首》之詩也。泰射，大射也。'）于一張，侯參之曰：'今日泰射，四正具舉（補注：'今日泰射'，衍句也，'于一'、'曰'三字亦衍'）大夫君子，凡以庶士。大小莫處，御於君所。以燕以射，則燕則譽，……弓既平張，四侯且良，決拾有常，既順乃讓。乃揖乃讓，乃隮其堂。乃節其行，既志乃張。射夫命射，射者之聲，御車之旌，既獲卒莫。"（補注："亦《貍首》詩也。《小戴》篇末記《貍首》鼓節云：'取半以下，爲投壺禮；盡用之，爲射禮。'此不與前章相屬，所謂'半以下'與？……志，志所中也。……莫音暮，與'射'爲韻。"）"……嗟爾不寧侯，爲爾不朝於王所，故亢而射女，强食，爾食曾孫，侯氏百福。"（補注："《考工記》曰：……其辭曰：'唯若寧侯，無或若女不寧侯，不屬於王所，故亢而射女，强飲强食，貽女曾孫，諸侯百福。'視此文爲備。……諸侯不臣，謂之不寧……此《貍首》之首章也，天子大射歌之以祭侯。曾孫其次章，諸侯以爲射節。"）鄭君《儀禮注》曰："貍之言不來也。其詩有'射諸侯首不朝者'之言，即此章是也。"《禮記·檀弓下》："貍首之班然，執女手之卷然。"

案：《貍首》之詩，似爲樂章。《儀禮》於《鄉射》云："奏《騶虞》，間若一。是則《貍首》之詩，當亦《騶虞》之類。今傳《貍首》，以《大戴》所記爲最詳，共百十五字，以較《騶虞》，約四倍之。此其可疑者一也。且《騶虞》屬二《南》，《貍首》逸詩，則略近二《雅》，此其可疑者二也。又大小《戴》及《考工記》所載之詞並不盡同，此其可疑者三也；且此詩首章，如云"嗟爾不寧侯，爲爾不朝於王所，故亢而射女。强食，食爾曾孫侯氏百福"。其遣詞用韻，並與三百篇不同，疑非三百篇之類。謂爲逸詩，未可深信。劉敞《七經小傳》曰："諸侯以《貍首》爲節，鄭玄以《射義》所引'曾孫侯氏'爲《貍首》之詩；非也。《騶虞》《采蘋》《采蘩》，皆在二《南》，則《貍首》者，亦必其儔矣。疑《原壤》所歌'貍首之班然，執女手之卷然'，即是其章首，但仲尼删詩之時，樂正已亡此篇，而諸侯朝覲之禮久絕，惡《貍首》之害己，又皆除其籍，故使不在二《南》也。"或曰："《貍首》，《鵲巢》也，篆文貍似鵲，首似巢。《鵲巢》之詩，御之將之成之，此亦時會之通。"劉氏謂《貍首》爲《原壤》所歌，又引或說謂《貍首》爲《鵲巢》，並無確據。（《經義考》引鄒肇敏謂《瓠葉》詩云"有兔斯首"即係《貍首》。亦非）或樂正已早亡此篇，或本非三百篇之類，非删詩之逸也。

《支》

《國語·周語下》："周《詩》有之曰：'大之所支，不可壞也。其所壞，亦不可支也。'昔武王克殷而作此詩也，以爲飫歌，名之曰《支》。"

案：此與三百篇不甚相似，亦未必爲武王所作，蓋《采薇》詩之類，非逸詩也。

《祈招》

《左傳·昭十二年》："昔穆王欲肆其心，周行天下……祭公謀父作《祈招》之詩，以止王心，王是以獲没於祇宫……其詩曰：'祈招之愔愔，式昭德者。思我王度，式如玉，式如金。形民之力，（《左傳詁》：王肅云：刑，形之誤）而無醉飽之心。'"

案：此詩之意，並無以止王心之辭，且穆王欲周行天下，非欲醉飽也。此詩詩意，與傳說異。蓋亦《采薇》詩之流，詩句雖古質，然與詩三百篇之句爲樂章究不同，非三百篇之類，則亦無所謂刪詩之逸。

《轡之柔矣》

《左傳·襄二十六年》："國子賦《轡之柔矣》。"（《杜注》："逸詩，見《周書》。"）《逸周書·太子晉解》："師曠蹶然起曰：'瞑臣請歸。'王子賜之乘車四馬，曰：'太師亦善御之？'師曠對曰：'御，吾未之學也。'王子曰：'汝不爲夫詩？《詩》曰："馬之剛矣，轡之柔也；馬亦不剛，轡亦不柔。志氣麃麃，取予不疑。"以是御之。'"（《集訓校釋》："取予猶馨控也。"）

案：《逸周書》雖見《漢志》，然後儒頗有詆爲僞者。趙坦《孔子刪詩辨》亦云："若《逸周書·太子晉解》引'馬之剛矣'等句，鄙野已甚，直僞託爾。"則是《轡之柔矣》諸詩，不可視爲詩三百篇之逸，固極明甚。

《無射》《嶠》

《逸周書·太子晉解》："師曠歌《無射》曰：'國誠寧矣，遠人來觀。修義經矣，好樂無荒。'……王子歌《嶠》曰：'何自南極，至於北極？絕境越國，弗愁道遠？'"

案：《無射》與《嶠》，其遣詞用韻並與三百篇殊，亦非三百篇之逸。

《徵招》《角招》

《孟子·梁惠王下》："景公悅，大戒於國，出舍於郊……召大師曰：'爲我作君臣相說之樂。'蓋《徵招》《角招》是也。其詩曰：'畜君何尤？'"

案：此所云《徵召》《角招》，其所以不傳於世者，未詳其故。或至孔子時，其詩早已亡逸。此君臣相說之樂，必不至於見刪也，故此亦非刪詩之逸。

《驪駒》

《漢書·儒林傳》："王式，……博士江公世爲《魯詩》宗，……心嫉式，謂歌吹諸生曰：'歌《驪駒》。'式曰：'聞之於師：客歌《驪駒》，主人歌《客毋庸歸》。今日諸君爲主人，日尚早，未可也。'"注："見《大戴禮》。……其辭云'《驪駒》在門，僕夫俱存；《驪駒》在路，僕夫整駕'。"（案：又見《文選》馬融《舞賦》、曹植《責躬詩》，應休璉《與蒲公書注》）

案：此詩今不在《大戴禮》，《漢書注》所引《驪駒》之詞，其詞氣亦與三百篇不類，且不必爲三百篇之逸也。（案：《客毋庸歸》，亦當是歌詩篇名，而其詞已逸者）。

以上九篇，惟《貍首》與《徵召》《角招》三篇爲略可信，餘六篇皆不似爲詩三百篇之逸，而疑爲《采薇》詩之類。然《貍首》三篇，亦不能遽定爲三百篇之逸也。

四　篇名亡而逸句存者

《左傳》：左邱明述孔子之言所引逸詩三條。

（一）成九年"《詩》曰：'雖有絲麻，無棄菅蒯；雖有姬、姜，無棄蕉萃；凡百君子，莫不代匱。'"（《左傳詁》："《詩·東門之池》《正義》引《傳》作'憔悴'。"）

（二）襄五年"《詩》曰：'周道挺挺，我心扃扃。講事不令，集人來定。'"（《左傳詁》："《爾雅》：'頲，直也。'《廣雅》：'侹，直也。'……'挺''頲''侹'音義並同。……'扃''炯'字同。"）

（三）宣二年："我之懷矣，自詒伊慼。"（《左傳詁》："王肅云：'此《邶風·雄雉》之詩。'"）

案：前人所謂爲逸詩者，或本《三家詩》之歧句。趙翼《陔餘叢考》謂襄三十年引詩"淑慎爾止，毋庸爾僞"爲逸詩，魏源《詩古微》辨之以爲《抑》篇之歧句。此所引"我之懷矣，自詒伊慼"，亦《邶風·雄雉》之歧句。襄五年、成九年所引者，果爲逸詩，抑爲歧句，疑莫能明。

《左傳》列國公卿自引詩四條。

（一）莊二十二年："詩曰'翹翹車乘，招我以弓。豈不欲往，畏我友朋。'"

（二）襄八年："《周詩》有之曰：'俟河之清，人壽幾何？兆云詢多，職競作羅。'"（杜注："兆，卜。詢，謀也。職，主也。言既卜且謀多，則競作羅網之難。"）

（三）昭四年："《詩》曰：'禮義不愆，何恤於人言？'"

（四）昭二十六年："《詩》曰：'我無所監，夏后及商。用難之故，民卒流亡。'"

案：此所引爲逸詩，抑爲《三家》之歧句，疑莫能明。昭四年所引者亦見《荀子》，作"禮義不愆兮！何恤人之言兮！"與三百篇不類，昭二十六年所引者，其遣詞亦不類三百篇。"左氏浮夸"，此所援引，可信者亦惟二條耳。

大小《戴記》所引逸詩三條：

（一）《禮記·坊記》："相彼盍旦，尚猶患之。"（注："盍旦，夜鳴求旦之鳥也。"）

（二）《緇衣》："《詩》云：'昔吾有先正，其言明且清。國家以寧，都邑以成，庶民以生。誰能秉國成！不自爲政，卒勞百姓。'"

（三）《大戴記·用兵》："《詩》云：'魚在在藻，厥志在餌。''鮮民之生矣，不如死之久矣！''校德不塞，嗣武孫武子。'"

案：《坊記》《緇衣》所引，俱非逸詩，《詩古微》已辨之。《大戴記》所引末四句與《蓼莪》《玄鳥》合，首二句當亦三百篇之歧句，非逸詩也。

《荀子》所引逸詩七條：

（一）《王霸》：《詩》曰："如霜雪之將將，如日月之光明；爲之則存，不爲之則亡。"

（二）《臣道》：《詩》曰："國有大命，不可以告人，妨其躬身。"

（三）《解蔽》：《詩》曰："鳳凰秋秋，其翼若干，其聲若簫，有鳳有皇，樂帝之心。"

（四）《解蔽》：《詩》云："墨以爲明，狐貍而蒼。"

（五）《正名》：《詩》曰："長夜漫兮，永思騫兮。大古之不漫兮，禮義之不愆兮，何恤人之言兮。"

（六）《法行》：《詩》曰："涓涓源水，不雍不塞。轂已破碎，乃大其輻。事已敗矣，乃重太息。"

（七）《天論》：《詩》曰："何恤人之言兮。"

案：此所引詩七條，《臣道》篇所引乃《唐揚之水》之異文，自餘六篇所引，皆與三百篇之風格不甚相合，朱彝尊《經義考》已詳辨之。此非三百篇之逸或三百篇以後戰國至秦之詩，亦未可知。

《呂氏春秋》所引逸詩五條：

（一）《愛士》："此《詩》之所謂曰：'君君子則正，以行其德；君賤人則寬，以盡其力'者也。"

（二）《權勛》篇："《詩》曰：惟則定國。"

（三）《音初》："《詩》曰：'燕燕往飛。'"

（四）《行論》："《詩》曰：'將欲毀之，必重累之。將欲踣之，必高舉之。'"

（五）《原亂》："《詩》曰：'毋過亂門'。"

案："君君子"二句，及《行論》篇所引四句，《國策》引作《周書》，趙氏翼已辨其非詩。《音初》篇引詩，"燕燕往飛"則似《邶風》"燕燕於飛"之異文。《原辟》篇所引詩，《左氏傳》引作諺。《權勛》篇所引詩，亦不必《三百篇》之逸。

《戰國策》所引逸詩五條：

（一）《秦武王篇》甘茂引詩曰："行百里者半於九十。"

（二）《秦昭襄王篇》客卿造引詩曰："樹德莫如滋，除害莫如盡。"

（三）《秦策四》黃歇引詩曰："大武遠宅而不涉。"

（四）《秦策三》范睢引詩曰："木實繁者披其枝，披其枝者傷其心，大其都者危其國，尊其臣者卑其主。"

（五）《趙武靈王篇》："詩曰：'服亂以勇，治亂以知，事之計也；立傳以行，教少以學，義之經也。'"

案：此所引詩五條，趙翼曰："按行百里句本古語，見賈誼策，'樹德'二句，姚本作引《書》，則《泰誓》也。'木實'二句，吳師道謂是古語，則皆非詩也。"今案："木實"二句，又見《逸周書·周祝解》"大武遠宅不涉"，即《逸周書·大武》篇"遠宅不薄"。然則此所引五條，趙氏已辨其三條不似詩，其實餘二條亦不似逸詩。

《管》《墨》《列》《莊》諸子所引逸詩八條：

（一）《管子·小問》篇："浩浩者水，育青者魚，未有室家，而安召我居？"

（二）《墨子·所染》篇："詩曰：'必擇所堪，必謹所堪。'"

（三）《墨子·尚賢》中："《周頌》道之曰：'聖人之德，若天之高，若地之普，其有昭於天下也。若地之固，若山之承，不坼不崩。若日之光，若月之明，與天地同常。'"

（四）《墨子·兼愛》下："周詩曰：'王道蕩蕩，不偏不黨。王道平平，不黨不偏。其直若矢，其易若底，君子之所履，小人之所視。'"

（五）《墨子·非攻》中："詩曰：'魚水不務，陸將何及乎？'"

（六）《列子·湯問》篇："良弓之子，必先爲箕；良冶之子，必先爲裘。"

（七）《莊子·外物》篇："青青之麥，生於陵陂。生不布施，死何含珠爲！"

（八）《晏子春秋》："樂矣君子，直言是務。"

案：《管》《晏》《列》三書，本屬僞託，其所引詩，可勿具論。《墨子》之《所染》《非攻》所引之詩，其辭與三百篇殊；《尚賢》中所引者，如"聖人之德，……其有昭於天下也"諸句，亦與詩三百不同，蓋本非三百篇之類。《兼愛》下所引者，前四句與今《洪範》略相近，或本引《書》而謂爲《詩》，如《戰國策》引《泰誓》而以爲詩，《呂覽》引《周書》亦以爲詩者。然《洪範》晚出，亦未可據占。然則《墨子》所引此四句，亦如《所染》諸篇之所引，本非三百篇之類，而或爲晚出之詩也。其所引後四句，見《小雅·大東》篇，《墨子》特雜引之以成文耳。《莊子》所引，蓋亦三百篇後之詩，不必爲詩之逸句也。

其他諸書所引逸詩十四條。

（一）《史記·商君列傳》："《詩》曰：'得人者興，失人者崩。'"

（二）《漢書·武帝紀》元朔元年詔："《詩》云'九變之貫，知言之選'。"

（三）（同上）元鼎元年詔："……《詩》云'四牡翼翼，以征不服。'親者邊陲，用事所極。"

（四）《尚書大傳》："舟張辟雍，鶬鶬相從，八風回回，鳳皇喈喈。"

（五）《鹽鐵論·結和》篇："《詩》云：'雍雍鳴鴈，旭日始旦。'登得前利，不念後咎。"

（六）《説苑·尊賢》篇："綿綿之葛，在於曠野，良工得之，以爲絺紵，良工不得，枯死於野。"

（七）《説苑·權謀》篇："《詩》云'皇皇上帝，其命不忒，天之與人，必報有德。'"

（八）《列女傳·辨通》篇："浩浩白水，鯈鯈之魚。君來召我，我將安居。國家未定，從我焉如。"

（九）《白虎通·禮樂》篇："《詩》曰：'大夫士，琴瑟御。'"

（十）《周禮·春官·樂師》鄭司農注："敕爾瞽，率爾衆工，奏爾悲誦。肅肅雍雍，毋怠毋凶。"

（十一）《中論·貴驗》篇："古之人歌曰：'相彼玄鳥，止於陵阪。仁道在近，求之無遠。'"

（十二）《後漢書·楊終傳》："《詩》曰：'皎皎練絲，在所染之。'"

（十三）《晉書·束皙傳》："逸詩云：'羽觴隨波。'"

（十四）《集韻》："佞人之蠅"。

案：此皆秦以後諸書所引，或三百篇以後之詩，不能謂爲三百篇之逸也。詩三百篇，終於《下泉》，至秦之亡，約數百年。此數百年間，未必無詩也，而全謂爲三百篇之逸，此理之所不必然者。且如《史記》《漢書》諸書所引，多不類三百篇之詞，《白虎通》所引詩，直以傳註之文，《中論·貴驗》所引，本爲古人之歌；其見於《晉書》《集韻》者，則尤不可以據信矣，皆不當以逸詩論。

以上篇名逸而句猶存者，共約四十九條。左氏邱明自引者，惟二條爲逸句，列國公卿所引者，惟三條疑爲逸句。大小《戴記》所引本三家之歧句；《荀子》所引七條，一條爲異文外，餘並不類詩句。《呂覽》所引，一條疑有異文，一條疑莫能明，餘則並非逸詩。《國策》所引五條，無一似爲逸詩者：《管子》《墨子》諸子所引，惟《墨子》所引之《周詩》四句，或者《三百篇》之逸；其餘若秦以後學者所引則更疑非逸詩。四十九條之中，可疑爲逸詩者，《左傳》所引五條而外，《吕覽》一條，《墨子》一條，共惟七條耳。然《吕覽》《墨子》兩書所引猶可疑也。

綜上所列逸詩篇名：

（一）篇名與逸句俱亡者十四篇，無一可信爲三百篇之逸。

（二）篇名存而已亡者三十九篇，惟《茅鴟》一篇似爲逸篇，然《左氏》工謂之工誦，非必三百篇之類。

（三）篇名與逸句俱存者九篇，所可疑爲逸詩者，惟《徵招》《角招》二篇，或本足以傳世，不必三百篇之逸也。

（四）篇名亡而聚猶存者四十九條，惟《左氏》所引五條略似爲逸詩，自餘則疑非三百篇之類。綜計逸篇凡一百一十條；其略可信者乃不過五條，猶恐爲三家歧句，或本《左氏》所僞託，是逸詩之數雖所至百餘條，直無所謂三百篇之逸也。

學者不察，每以逸詩爲俱可信，此皆未詳其非是也，更以詞采風格證之，則可以無疑矣。

（一）傳世宗周彝器，其所用之成語，頗多與三百篇相似，足以證其時世相當。《邶風·緑衣》曰："俾無訧兮。"《鄘風·載馳》曰："無我有尤。"大豐敦亦曰："天亡尤王。"（詳見阮、吴、鄒、羅諸家書，兹不具引）《周南·葛覃》曰："服之無斁。"毛公鼎亦曰："絲（肆）皇天亡㫃（無斁）。"《小雅·小旻》曰："旻天疾威。"《雨無正》曰："降喪饑饉。"師匋敦亦曰："天疾畏（威）降喪。"《衛風·淇澳》曰："寬兮綽兮。"蔡姞敦亦曰："綽綰永命。"《大雅·文王》曰："有周不顯，帝命不時。"宗周鐘亦曰："以召各（昭格）不顯祖考文王。"《小雅·天保》曰："萬壽無疆……貽爾多福。"井㠯妄鐘亦曰："降余厚多福亡疆。"《小雅·六月》曰："有嚴有翼。"虢叔旅鐘亦曰："嚴在上，翼在下。"自餘如三事、四方、舍命、配命之類，三百篇之用詞，與金文相似者，蓋不可以枚舉。然而觀於逸詩之篇句，其數多至一百餘條，而與金文之用詞略相似者不一見。此足證其時世之不相當，明驗一也。

（二）朱彝尊《經義考》云："《荀子》引《詩》多矣！如云'墨以爲朗，狐狸而蒼'。又云'如霜雪之將將，如日月之光明，爲之則存，不爲之則亡'。又云：'鳳凰秋秋，其翼若干，其聲若簫，有鳳有皇，樂帝之心'。又云：'長夜漫兮！永思騫兮，太古之不漫兮'。其辭則不類三百篇中語。"今案：《荀子》所引諸詩，其體製頗近於《楚辭》，而不似逸詩，固不待辨矣。竊謂《墨子》所引"必擇所堪，必謹所堪""魚水不務，陸將何及乎"，《荀子》所引

"涓涓流水，不雍不塞。轂既破碎，乃大其輻。事以敗矣，乃重太息"，《莊子》所引"青青之麥，生於陵陂。生不布施，死何含珠爲"，《列子》所引"良弓之子，必先爲箕；良冶之子，必先爲裘"，皆似諺語格言，不類詩之詞。蓋猶"無過亂門"一語，《左氏傳》本引作諺，而《呂覽》則引爲詩，此皆不類三百篇也。且古籍所引之詩，頗有本爲僞託者，《呂氏春秋·介立》篇曰："介子推不肯受賞，自爲賦詩曰：'有龍於飛，周徧天下。五蛇從之，爲之丞輔。龍反其鄉，得其所處。四蛇從之，得其露雨。一蛇羞之，橋死於中野。'懸書公門而伏於山下。"此所云與《左氏》不合，其所賦詩亦是僞託。推此則知《支》非武王所作，《祈召》非祭公作，雖《左》《國》之所引，亦未可遽信也。持《支》與《周頌》相較，持《祈招》與《大雅》比，其非武王詩，非西周時詩，風格之殊，灼然易辨。此亦足證逸詩之本非逸，明驗二也。昧者不察，乃並笙管奏之本無辭者，舉以爲逸詩，乃並《逸周書》之類所引者亦以爲逸詩："詩""樂"不分，真贗莫辨，復不知三家異文，乃以凡載籍所引詩皆爲逸詩，故惟知逸詩篇句之數多，而不知其本非三百篇之逸也。不知其本非三百篇之逸，乃以孔子於詩嘗有所刪削，故有逸詩，吾故曰"逸詩之説，至今爲梗，刪詩之説，乃無定論"也。

茲篇所舉逸詩，略依朱彝尊《經義考·逸經》及王崧《説緯》爲斷。朱氏所已列而王氏不錄入者，今從王氏。王晚於朱，説較允也。朱氏列嘏辭，嘏辭實非詩。朱氏列《韓詩》《齊詩》遺句，及《論語》"素以爲絢兮""唐棣之華，偏其反而，豈不爾思，室是遠而"諸句，則三家歧句，非必逸詩也。（説詳魏源《詩古微·夫子正樂論》）朱氏復以襄八年《左傳》引詩"兆云詢多，職競作羅"下云："謀之多族，民之多違，事滋無成"三句爲逸詩，則本引詩者之語，非詩之逸句也。又，《左氏》引"優哉游哉，聊以卒歲"，《家語》："子路初見引作歌，"則非逸詩也，茲亦不錄。近考逸詩者，又有以《國策·秦策》："削株掘根，無與禍鄰，禍乃不存"三句爲逸詩者，則本作"且臣聞之曰"，非逸詩也。又有以《説文·璨》下云："玉粲之瑶兮，其璨猛也。"二句爲逸詩者，則本引逸《論語》，亦非逸詩也。自餘本非逸詩而以爲逸詩者，茲並不入錄，亦不爲詳辨。

（注）此篇與拙著《采詩刪詩辨》同爲一九三三年之舊作，去年拙著《詩經六論》付印時，本擬譯爲語體文，作爲附錄發表；因舊疾復發，趕寫不及，遂作罷。茲謹先以投登《學報》，請求讀者評正，將來當更用語體文改寫成篇。

《西北大學學報》注：爲排印方便計，原用表格形式，現改作橫行排。

（原載《西北大學學報（人文科學）》一九五八年第一期）

《詩辨妄》序

鄭樵的《詩辨妄》是攻駁《毛詩》的一部極重要的著述；因爲他力詆《毛序》之妄，才引起朱子的《詩序辨說》；這幾百年以來，學者之疑《毛詩》，能使詩三百篇的真相慢慢地顯露出來，這是不得不令人想到鄭樵的功勞的。此書傳世不久，不幸就散亡了！十年以前，顧頡剛先生從周孚《非詩辨妄》等書中輯出許多條來，編入《辨僞叢刊》，使與世人相見。顧先生又作《鄭樵傳》《鄭樵著述考》，使我們更明瞭鄭氏之生平及其述作，這也是一件極有功於學術的事，自不待我個人揄揚的。這書早經印就，祗待作序就可出版；現在國難日亟，本書更望早些出版；顧先生因爲忙於別的工作，讓我來作這一篇序。現在我請將鄭氏對於《詩經》各種問題的見解評述一下，來當作本書的《序》，藉以請教於顧先生和本書的讀者。

孔子刪詩的問題，是在《詩經》學上最爲聚訟不決的。鄭氏的《詩辨妄》專論《毛詩》之得失，他是否談到刪詩，現在全書既不可見，我們自不敢臆定。但是鄭氏在《通志·樂略》上說：

樂以詩爲本，詩以聲爲用，八音六律爲之羽翼耳。仲尼編《詩》，爲燕享祀之時用以歌，而非用以說義也。……得詩而得聲者三百篇，則繫於"風""雅""頌"，得詩而不得聲者則置之，謂之"逸詩"。

據此看來，鄭氏對於孔子刪詩是承認的。但是他在《六經奧論》上說：

刪詩之說，與《春秋》始"隱"終"獲麟"之事，皆漢儒倡之。（《刪詩辨》）

然則他對於孔子刪詩又不承認了。《六經奧論》這書，"實即'莆陽二鄭先生《六經雅言圖辨》'，其書非出一人手，且係鄭氏早年所爲"（見《古史辨》第一册）。《通志》是鄭氏死前一年脫稿的（參看《鄭樵傳》），這話當然可靠多了！大概鄭氏結果還是爲漢儒之說所騙，所以他有仲尼編《詩》之言。

依我的拙見看來，"孔子刪詩"的傳說本出於《史記·孔子世家》，而《孔子世家》上面的話恐怕根本就是後人竄入的。我的理由是：

一、《史記·宋微子世家》說，"襄公之時，修行仁義，欲爲盟主。其大夫正考父美之，故追道契、湯、高宗，殷所以興，作《商頌》"。這裏明說《商頌》是宋襄公的大夫正考父作的，而《孔子世家》上仍說："古《詩》三千餘篇，及至孔子，去其重，取可施於禮義，上采契、后稷……"這顯然與《宋微子世家》不合，不是"追道契、湯、高宗"的意思。

二、再說"取其可施於禮義"這一句，則如《肆夏》《采齊》《貍首》《新宫》《陔》《驁》《祈招》之類，此又何不可施於禮義而孔子必删之？朱彝尊在《曝書亭集·詩論一》所告訴我們的話是不錯的。故說"孔子删詩，取其可施於禮義"，這話也靠不住。

三、再說"及至孔子，去其重"這一句，如果古詩三千餘篇，删後纔祇三百五篇，那是在原本上十重其九，樂師矇瞍必不遍爲諷誦，何至等到孔子手裏纔去其重？纔十去其九呢？就情勢而論，這句話已不可信了！再就逸詩來說，現在羣經諸子所引逸詩，據趙翼《陔餘叢考》及王崧《說緯》所舉的不過四五十條，而與今三百篇似爲重複的不過五條——（據趙坦《孔子删詩辨》）——祇是十與一之比，也不像十重其九的（余別有《逸詩篇句表附考》，可參看）。更就《史記》本身來說，"去其重"不是去其不可施於禮義，"取其可施於禮義"也不止是"去其重"，就意義上來看，這兩句話也不能並立。如此，《史記》"去其重"的話也就不可信了。

四、據上述的三個理由，可見《史記》"古詩三千"之說在理論上是不足信的！《孔子世家》述《易》的一段，康有爲《僞經考·卷二》認爲"序彖繫象說卦文言"這八個字是後人加入的。前面述《書》《禮》的一段，崔適《史記探源》卷六認爲"序書傳"至"編次其事"這十七字誤在"曰夏禮"句上。這樣看來，《史記》本有後人竄入，《孔子世家》尤有竄亂；在述《易》，述《書》《禮》中間的述《詩》的一段，如是之講不通，又與《宋微子世家》不合，恐怕也是後人竄改的吧？

總之，删詩說出於《史記》，而《史記》不可信。然而這話無人道破，近如皮錫瑞的《詩經通論》也還以爲孔子删詩是"去其重"；魏源《詩古微》中說："曰'去其重'者，謂重複倒亂之篇。"更無怪鄭樵一方面不信漢儒，一方面還要說是"仲尼編詩"了！鄭氏生在南北宋之交，他繼續歐陽脩等的工作而疑《毛詩》，但其結果也正如歐陽脩一樣，不信《詩序》，却信删詩。

鄭氏最大的功績是攻擊《毛序》之妄。在本書的《詩序辨》中，除掉周孚《非詩辨妄》所駁的（12）（16）（38）幾條而外，差不多條條都很對的，而且有的是清代抨擊《毛序》最力的人，如崔述、康有爲等所不能出其範圍的。他說：

> 設如子夏所傳之《序》，因何齊魯間先出，學者却不傳，反出於趙也？

崔述《讀風偶識》卷一也是説："子夏之門人在魯者不乏矣！……何以齊魯兩家之詩均不知有此《序》，而獨趙人乃得之乎？"和他的論調一致。他説：

作《序》者有可經據則指言其人，無可經據則言其意。

又説：

諸風皆有指言當代之某君者，惟魏、檜二風無一篇指言某君者；以此二國，《史記》世家、年表、書傳不見有所説，故二風無指言也。

康有爲《僞經考》卷十也是説："《國風小序》，於《史》有《世家》者，皆傅之惡謚，至魏、檜之史無世家者，則但以爲'刺某君''刺某大夫'，而無一謚號世次之可傅會。"與他的主張正一樣。他這種議論真是千古卓識，所以後人都不能出其範圍。朱子説："鄭漁仲謂《詩小序》祇是後人將史傳去揀，並看謚，却附會作《小序》美刺。"（《朱子語類》卷八十）而朱子《詩序辨説》中於《柏舟序》説是"依託名謚，鑿空妄語"。於《將仲子序》明引鄭氏謂"無與於莊公叔段之事"。於《鷄鳴序》説是"哀公未有所考，豈亦以惡謚而得之？"於《蟋蟀序》説是"所謂刺僖公者，蓋特以謚得之"。於《宛邱序》説是："幽公特以謚惡，故得爲游蕩無度之詩"（《東門之枌》，同上；《衡門序》説略同）。《下泉序辨》説是："序因《候人》而遂以爲共公。"這些都是明用鄭氏説，或受鄭氏之影響的。他承受了鄭氏站在歷史的立場上來觀察《毛序》之妄的結論。

鄭氏説："《詩序》……皆是村野妄人所作。"這句話好像是很過火，很令人懷疑的。朱子也説："向見鄭漁仲有《詩辨妄》，力詆《詩序》，其間言語太甚，以爲'皆是村野妄人所作'，始亦疑之"（《語類》卷八十）。黄震在《黄氏日抄》上也説："雪山王質，夾漈鄭樵，始去《序》言《詩》，與諸家之説不同。晦菴先生因鄭公之説，盡去美刺，探求古始，其説頗驚俗，雖東萊先生不能無疑。"但我以爲細看《毛序》所説，並不見得鄭氏的話太過；的確，《毛序》之妄是很多的！鄭書既非全豹，我請雜用他家之説來證明《詩序》爲"村野妄人所作"之不過火。其犖犖大者，約有十端：

（一）雜取傳記。如《關雎序》用《樂記》而不及《樂記》（參看熊朋來《熊氏經説》），《抑》之《序》用《國語》而以爲刺厲王（詳見朱子《詩序辨説》），他如《鴟鴞序》出於《金縢》，《都人士序》出於《緇衣》之類（詳見葉夢得《衛宏詩序説》），都是雜取傳記而不盡合詩意的。

（二）傅會書史。如本書所舉《宛邱》《東門之枌》《蜉蝣》諸序（頁七）。凡以世次傅會謚號的都是。

（三）不合情理。如朱子所説"《卷耳》之《序》以求賢審官、知臣下之勤勞爲后妃之志，固不論矣，況詩中所謂'嗟我懷人'，非后妃所得施於使臣者"（《語類》卷八十）。方玉潤對於《兔罝序》所説"章章牽涉后妃，此尤無理可厭"（《詩經原始》卷一），俱是。

（四）妄生美刺。如《簡兮》本非刺詩而以爲刺（本書頁五），《雄雉序》以爲刺宣公，但詩中亦並無刺意（詳見姚際恒《詩經通論》卷三）。

（五）强立分別。如謂《風》有"正""變"（參看本書頁八），以及《周南》《召南》分繫二公等説（詳見汪琬《詩問》"《風》有正變"，"二《南》非繫周公召公"）。

（六）自相矛盾。如"《騶虞序》則'天下純被文王之化'，於《行露序》則反有'强暴之男侵陵正女'而爭訟，其前後自相牴牾，無所適從。"（用歐陽脩《詩本義》卷二語）。

（七）曲解詩意。如本書所云《芣苢序》《將仲子序》，"凡《頌》中有'成王'及'成康'字者，例皆曲爲之説。"（用朱子《辨説》語）

（八）誤用傳説。如《日月序》以爲莊姜傷己不見容於先君，由於誤解《春秋傳》文，謂莊姜無子由於莊公之不答。（參看崔述《讀風偶識》）

（九）望文生義。如本書所云《雨無正》《何人斯》《召旻》《蕩》諸序（頁九）。

（十）疊見重複。如《江有汜》《載馳》諸序。"詩之《序》多有重複，惟《關雎》爲尤甚。"（用《毛詩李黃集解》李樗説）

《毛詩序》之謬妄，其大端約爲此十點；而在此十點中，鄭氏已看出五點來。或者他所見尚多，不過本書佚得太多了，我們苦於無由知其詳。即此看來，他以爲"是村野妄人所作"，這話也自有其真實性罷！朱子每説"《序》之淺拙""未識文意""首尾衡決，不相承應，亦非文字之體也""失是非之正，害義理之公，以亂聖經之本指，而壞學者之心術"（詳見《詩序辨説》）。又以爲"不是老師宿儒之言"（見《語類》卷八十）。歐陽脩也曾説過：

> 至於二《南》，其《序》多失；而《麟趾》《騶虞》所失尤甚，特不可以爲信。疑此二篇之《序》，爲講師以已説汩之；不然，安得謬論之如此也。

前乎鄭氏的歐陽脩已指《毛序》爲謬論，無怪鄭氏更進一步了！

關於《詩序》的作者，也是歷代紛紛聚訟不決的，我曾計算後儒的推測，有十五六樣的主張。鄭氏雖以爲"《詩序》……是村野妄人所作"，但同時又有兩三處説是衛宏作的。他説：

> 劉歆《三統曆》妄謂文王受命九年而崩，致誤衛宏言"文王受命作周"也。

這裏認定《毛序》作者是受過劉歆的影響，當然他不是劉歆以前的人物。鄭氏以爲即是衛宏所作，這話却還有商量的餘地。康有爲《僞經考·卷九》因爲《毛序》多合《左傳》，也主張《毛序》首句爲劉歆所僞，其下乃是衛宏所續。但是，我看首句下也多用《左傳》，更有許多用《周禮》的，如《蒹葭序》言"未能用周禮"，《東方未明序》"挈壺氏"之類，這却未見得必是衛宏所作的。因爲：

1.《漢志》本於《七略》，已載有《毛詩》二十九卷，似乎是並《序》計算的（用《經義述聞》卷七、《詩毛氏傳疏》《漢書補注》說），然則在衛宏之前已有《序》了！

2.《序》中既言"國史明乎得失之跡"，又喜言美刺，這似乎是治《春秋》的人，喜言褒貶的人所作的，但衛宏並不治《春秋》。

3. 據《後漢書·儒林傳》，衛宏兼治《尚書》，而今《詩序》附會《尚書》處極少。

4. 後漢學者喜言讖緯，賈逵略與衛宏同時，也免不了受影響；而今《詩序》不見有雜引讖緯的地方。

5. 據范家相《詩瀋》卷二說，《毛序》行於新莽之世，衛宏不能明目張膽以作僞。且如果是衛宏所作，在當時必有傳說。

讀此，可見如果認爲衛宏所作，尚有許多不合符的地方。而且《毛序》不像是兩人合作的（此崔述說），也不好說是劉歆、衛宏合作。我以爲劉歆還未必如是之妄，或者是劉歆的黨徒，當時的古學之徒所作的，不過現在難以質證而已！

鄭氏對於"風""雅""頌"的見解，直到如今，還是不刊之論。他說：

"風""雅""頌"皆聲，如"風"本風雨之"風"，"雅"本烏鴉之"鴉"，"頌"本頌容之"頌"。

近來學者的主張，如顧頡剛先生在《論詩經所錄全爲樂歌》中說"風字的意義似乎就是聲調"。章太炎先生在《大疋小疋說下》說："大小疋者，其初秦聲烏烏。"王國維先生在《說周頌》中說："風、雅、頌之別，當於聲求之""頌之聲較風、雅爲緩"。這些新近的主張都與他的意見相同；而他這幾句話，詞意都很精當。

第一，他論"雅"雖不及太炎先生所說："疋之爲足跡，聲近雅，故爲烏烏；聲近夏，故爲夏聲：一言而函數義。"但是"雅"釋爲跡，便不是以聲別了！如說它是"秦聲烏烏"，那與《秦風》既無分別，也不見得奏雅樂時，正如李斯所說"擊瓮叩缶，彈筝博髀"那樣子的"歌呼烏烏"，祇能說是聲近"烏烏"而已。祇就本義說"雅本烏鴉之鴉"，那是沒有錯的。

第二，他論"頌"既說是聲，又說是"頌容之頌"，兼有阮元釋《頌》之意。恐怕《頌》之所以異於《風》《雅》，亦在聲，亦在容。三《頌》各章雖不盡爲舞容，然而確有舞容；他的命名之意當本與容有關。

這樣看來，他的措辭雖較含混，然而沒有瑕疵。他不主張二《南》的獨立，也是這樣。

他既經主張《風》《雅》《頌》皆聲，則其對於大、小《雅》的分別當然是主音的。姚際恆說："大、小《雅》之分，或主政事，或主道德，或主聲音，唯嚴氏主辭體者近之"（《詩經通論》卷九）。其實嚴粲說："詠'呦呦鹿鳴，食野之蘋'，便會得《小雅》興趣；誦'文王在上，於昭於天'，便識《大雅》氣象"（《詩輯》卷一）。說"詠"說"誦"，也逃不了聲音的關係。姚際恆之解《詩》，還是不明白《詩》在於聲的。

"賦""比""興"的意義，以"興"爲最難明白。鄭氏在本書雖有兩處說到"興"，但不及《六經奧論》卷首《讀詩易法》上所說的：

  凡興者，所見在此，所得在彼，不可以事類推，不可以理義求也。

"興"祇是一種起頭，本不與下文相關。"雎鳩"是魚鷹，與"窈窕淑女"並無相似之點；"鳩"之居"鵲巢"，也與"百兩""於歸"不同。詩之如此作法，是不能拿理義來推測的。詩人的"興"，往往講不通。例如"凱風自南，吹彼棘心"，何以見得凱風祇吹"棘心"？如不依馬瑞辰釋"心"爲"刺"（詳見《毛詩傳箋通釋》），則"凱風"如何吹到棘的"心"？又如："牆有茨，不可掃也"，何以見得決不可"掃"？"蝃蝀在東，莫之敢指"，何以見得無人去"指"？既可以說："山有榛，隰有苓"，也可以說："采苓采苓，首陽之巔。"既可以說："山有漆，隰有栗"，也可以說："東門之栗，有踐家室。"這些都很難拿理來講的。這正如"孔雀東南飛，五里一徘徊"也是"興"，然而在事實上未必真是五里。又如《吳歌》中的："螢火蟲，夜夜紅"（《吳歌甲集》第二十首），這也是"起興"，螢火蟲當然不是夜夜紅的。這樣看來，"興"與下文固不必相關，就是"興"的本身也未必合理，祇是聲音上的關涉而已。不然，采苓何以要在"首陽之巔"，采苦何以要在"首陽之下"，采葑何以要在"首陽之東"，如何可以這樣地確定呢？既是聲音上的關係，則拿聯想或象徵來解釋"興"，當然還有講不通的地方；至多祇能說偶然有的像是聯想或象徵而已。鄭氏說："詩在於聲，不在於義"（《通志·樂略·正聲序論》），所以他說："不可以事類推，不可以理義求"。"不可以事類推"，大概是不贊成以聯想或象徵來解釋"興"。不過他說：

  雎在河中洲上不可得也，以喻淑女不可致之義。

這仍不免以事類推，以理義求。他的見解還不能算是徹底的。

他於詩篇時代的懷疑，以《節南山》《正月》爲桓王詩，其是其非，顧先生已在《非詩辨妄·跋》中說過。我常感覺《十月之交》篇說："曰予不戕，禮則然矣！"極力詆毀用禮教來壓迫人。又説："下民之孽，匪降自天；噂沓背憎，職競由人"，不惟對天的信仰薄弱，而且主張事由人定。像這樣不滿於禮教，又不認一切由於天定，就這些思想看來，時代好像是很晚的。《毛序》既不可信，大概大、小《雅》中有許多詩是平王以後的，不過現在書缺有間，難以質證而已。鄭氏大膽的説法，未見得是失敗罷！

在本書的《傳箋辨》中，他攻擊毛、鄭之失，却遠不及《詩序辨》中所説的。這也許是他所説的"非害理之甚者"，故不爲周孚所"攝取"。可惜那許多合理的話，現在已無從知道了！

他説《三家詩》比《毛詩》好，這也未盡然。《三家詩》解《芣苢》道："衛人傷夫有惡疾也"；解《靜女》説："媵俟迎而嫡作詩也"（詳見王先謙《詩三家義集疏》），其誤正與毛氏等。漢人的《詩》説本來秖是一丘之貉，"事無兩造之辭，則獄有偏聽之惑"！

他信《本草》，不信《爾雅》，故謂"鳥獸草木之名，惟陶隱居識其真；如《爾雅》，錯失尤多"。但如"螽斯羽"解爲"螽之此羽"，這話甚屬不詞。《方言》有"舂黍謂之蚣蝑"；《廣雅·釋蟲》説："蚣蝑，蜙黍也"；陸璣《疏》説："幽州人謂之舂箕"；郭璞《方言注》説："江東呼爲虴蜢"；王先謙説："螽斯，蚣蝑，舂箕，舂黍，一物數名，並字隨音變"（俱見《詩三家義集疏》）。鄭氏錯認了隻螽一名了！但他信《本草》，不信《爾雅》，這種接近科學的精神和他對於舊説的懷疑，可説是不可多得的態度。

在這幾十條中，有許多是值得借鑒的，如説"后妃"二字的構成（頁四）及六亡詩但有譜（頁十六），還有許多不合理的意見，如周孚《非詩辨妄》所舉的（3）（5）等條，現在不及細説，也不必細説了！

張西堂
二十二年五月於武昌珞珈山

（宋）鄭樵《詩辨妄》，顧頡剛校點，景山書社一九三三年出版

説曰若稽古

《尚書·堯典》，以"曰若稽古"發端，傳注浩繁，其意義實猶未明。"稽古"之訓，説解紛歧；"曰若"之釋，尤待考定。《桓譚·新論》云：

> 秦延君能説《堯典》，但"説曰若稽古"三萬言。（陳喬樅《今文尚書經説考》云：秦延君傳《小夏侯尚書》，見《漢書·儒林傳》。）

説"曰若稽古"至於三萬言，可謂詳矣！今窺其意，蓋以"稽古"即爲承天，《後漢書·范升傳》云：

> 升遷博士，奏光武曰："臣聞主不稽古，無以承天"。

又《李固傳》云：

> 及固在事，奏免百餘人……遂共作飛章……曰："臣聞君不稽古，無以承天。"

范升、李固，並習《今文尚書》，以"稽古"爲承天，蓋襲秦君之説。西漢諸儒，喜爲陰陽災變之説，天人相應，亦可藉以感格君心；《尚書·璇璣鈐》云："《書》務以天言之"。此秦延君所以能誘飾其辭，但説"若曰稽古"至三萬言也。其後賈、馬諸儒，雖以"若稽古"爲"順考古道"：而鄭玄注《尚書》仍云：

> 稽，同也；古，天也；言能順天而行之，與之同功。

陳壽《三國志·魏書·三少帝紀》曰：

> 帝（高貴鄉公）幸太學，命博士講《易》畢，復命講《尚書》，帝問曰："鄭玄云'稽古同天，言堯同於天也'。王肅云堯順考古道而行之。二義不同，何者爲是"？博士庾峻曰："先儒所知執，各有乖異，臣不足以定之。然《洪範》稱'三人占，從二人之言'，賈、馬及肅皆以爲順考古道，以《洪範》言之，肅義爲長。"帝曰："仲尼言惟天爲大，惟堯則之。堯之大美，在乎則天，順考古道，非其至也。今發篇開義以明聖德，而舍其大，更稱其細，豈作者之意也耶？"

高貴鄉公博學好古，以鄭説其善，"頗能申鄭恉"，與博士問難，使詞窮無以應；則稽古同天，其説似乎是矣。然實不如以"稽古"爲"考古"之愜人意。降及清代，江聲爲《尚書集注音疏》，以鄭説爲長，云：

先鄭司農注《周禮·小宰》職云："稽猶計也，合也。"《説文·同部》云："同，會合也。"則"稽""同"皆有合誼，故云稽同。稽又與禾通，禾者木之曲頭止不能上也，是極上而止，則亦上同之誼也。《逸周書·周祝解》曰"天爲古"，又《詩·商頌》云："古帝命武湯。"古帝謂天地也，故云"古，天也"。

此以稽古同天之説爲是者也。孫星衍《尚書今古文注疏》則云：

《經》將述堯盛德，先言"稽古"者，《春秋繁露·楚莊王第一》云："春秋之道，奉天而法古，故聖者法天，賢者法聖。……"《詩譜》引《摛雒貳》云："曰若稽古，周公旦……"《文選·揚雄〈劇秦美新〉》云："故若古者稱堯舜，威侮者陷桀紂。"是聖人爲政，必先稽古也。……張載注《魯靈光殿賦》"粤若稽古帝漢祖宗"云："若，順也；稽，考也；言能順天地考行古之道者，帝也。"案，本經《皋陶謨》云："曰若稽古，帝漢祖宗。"云："曰若稽古。"不得訓爲同天者，《白虎通·號篇》引《禮記·謚法》曰："德象天地稱帝。"《詩·商頌》云："古帝命武湯。"傳云："古帝，天也。"《周書·武穆解》云："曰若稽古，昭天之道"。上既云"古"，下又云"天"，明古義不得兼天。

以本經《皋陶謨》《周書·武穆解》觀之，古義不得兼天，證驗甚確。"稽古"之爲"考古"可無疑義。然揚雄、賈、馬諸儒以"若"爲"順"，孫氏注疏，似從其説。簡朝亮《集注述疏》、王先謙《孔傳參正》諸書亦無異義。以"曰"爲發聲字，以"若"（順）稽古連文，於詞義猶未安，則"曰""若"二字，其釋解如何，猶當更爲考定。近楊筠如《尚書覈詁》云：

曰，《文選·李善注》引作粤，粤、曰通用字。《爾雅·釋詁》："粤，曰也。"曰若，詞之惟也。《逸武成》（《逸周書·武穆解》）："粤若來三月。"小盂鼎："雩若翌乙亥。"《漢書·王莽傳》："越若翊辛丑。"《召誥》："越若來三月。"雩，古文粤字。粤、越古亦通用，曰、若兩字同義。用在文中者，並猶及也；《召誥》："越翌日乙卯。"又曰"越翌日戊午"。王引之謂皆及義，是也。用在文首時，則並與惟同；《大誥》"越予小子"，猶惟予小子也。"越予冲人"，猶惟予冲人也。《吕刑》："若古有訓"，言惟古有訓也。《吴語》："伯父令女來，明紹享余一人，若予嘉之"，言惟予嘉之也。單用、連用並同，可證，楊君以"曰若"二字連用，證之《逸武成》《小盂鼎》《王莽傳》及

《召誥》，其說甚是。然以"曰若"二字同義，"同在文中者並猶及"，"用在文首者則並與惟同"，則非。如《召誥》"若翌日乙卯""越翌日戊午"，"若""越"並在句首；《大誥》"越予小子"，《吕刑》"若古有訓"，諸句並在文中；二字同義，於例未諦；"曰若，詞之，惟也"，其非確詁，亦可知矣。

愚謂"若曰"之"曰"，《文選注》引作"粵"，《逸武成》亦作"粵"，其本字亦實當爲"粵"。此證之小盂鼎，"雩若翌乙亥"；麥尊："雩若二月侯見於宗周。"古文均作"雩"不作"曰"可知，《說文》："粵，於也。從寀（粵的上一半）從於。"雩，古文粵，從雨於聲，然則從粵、雩之"從於""於聲"言之，"曰"當訓爲"於"，可無疑義。"若"當訓"此"；《論語》："君子哉若人，尚德哉若人"，"若"並訓"此"（見《論語正義·公冶長及《憲問》篇），《荀子·王霸篇》："亦可以察若言矣"楊注"若言，如此之言。"均其證明。然則"曰若"者，"於此"也。此亦訓"是"。《廣雅》云："是，此也。"其謂"曰若"亦猶言"於是"也。小盂鼎："雩若翌乙亥"，言"於是翌日乙亥"；《王莽傳》："越若翌辛丑"，謂"於是翌日辛丑"；《召誥》："越若來三月"，言"於是至三月"。孫星衍《召誥疏》云："越同粵，於也"；若者，鄭注《周禮》云："而讀爲若，聲之誤也。"則"若"與"而"聲相近。"來"者，《釋詁》云："至也。""越若來三月，言於是而至三月也。"實較王引之說"越若亦及也，《召誥》'越若來三月'，言及至三月也"爲允。惜以"若與而聲相近"則尚未達一同耳，然則可備爲一說。

（據西北大學中文系主辦、張西堂主編《文史》雙周刊第十九期，一九四八年）

《尚書·盤庚》篇今譯簡解

　　《尚書·盤庚》上、中、下三篇是流傳至今最古老的幾篇文獻。據郭沫若先生在《先秦天道觀之進展》一書（現收入其《青銅時代》）中，説這三篇是周初改定的作品。後來他的《十批判書》又以爲確是殷代的文獻。他説："以前我把它們的價值評判過低，現在可以承認是錯了。那三篇東西確是殷代的文獻。"他這前後兩説雖不同，但我們可以看出這幾篇確是殷史，至多有經過周初的改定的嫌疑，這幾篇確是我們祖國傳下來的最古的幾篇文獻。這三篇文章寫作技巧很高，每篇正文都有"起"、有"中"、有"結"，在前面還有小序。在正文中，有形象的描寫，有對比的詞句，在公元前十幾世紀就出現了這樣的文章，這是值得我們學習的。這三篇文章寫得雖好，但是"次序可是紊亂了。現在的《盤庚》上篇是告衆戚的，是遷殷以後相當久的事；《盤庚》中篇是將遷時告民衆，《盤庚》下篇是遷徙後不久告百姓。"（借用郭沫若《十批判書》語，清人俞樾《羣經平議》已有此説）這一篇對於古史的研究關係更大，但文字寫得很早，到了現在，更是難懂，而且字句的解釋也有不同的説法，使我們很難正確瞭解。現在我依靠語法，依靠全篇的分析，將這三篇譯成白話文，並附以簡單的解釋、分析，説明何以必要這樣的譯，現將原文、譯文、簡解分段列出如下：

《盤庚》上篇

原文：

　　盤庚遷於殷①，民不適有居②，率籲衆慼③，出矢言④，曰："我王來⑤，既爰⑥宅於兹；重我民，無盡劉⑦！不能胥匡⑧以生，卜稽曰："其如台⑨？"先王有服⑩，恪謹⑪天命，兹⑫猶不常寧，不常厥邑，于今五邦⑬。今不承於古⑭，罔知天之斷命⑮，矧⑯曰其克從先王之烈⑰。若顛木之有由蘖⑱，天其永⑲我命兹新邑。紹復先王之大業⑳，底綏四方㉑。"

　　盤庚斅㉒于民，由乃在位，以常舊服㉓，正法度，曰："無或敢伏小人之攸箴。"㉔王命衆，悉㉕至於庭。王若㉖曰：

譯文：

盤庚遷到殷了，人民不安於所居住的地方，相率呼籲那些貴族出來發言（反對），說："我們的王來了，既搬家到這裏來了，希望着重我們人民，不要使我們盡受殺傷！不能相互幫助來謀生存，（請）卜筮在那里真是怎樣呢？先前國王有事，都是小心勤勞於天命，這樣還不得常安寧，不常在一個地方居住，到如今遷移了五個地方。現在如若不能繼續古人的勤勞，不知天將要拋棄我們，何況說是追隨先王的功業？現在好像一棵倒下了的樹木又重生了枝葉，希望天能永保我們的命運在這個新的地方，能繼續恢復先王的事業，安定四方。

盤庚也教導給人民。由於那些在位的人，用古老的習俗來定法度，說"不要聽那些小民所箴諫的。"盤庚命令衆人全都到庭院來，他這樣地說：

簡解：

① 盤庚：殷湯第十一世孫。其時代約當殷代的中葉，盤庚至紂凡七代十一王，殷始亡。殷，地名，現在河南安陽。

② 適：喜悅，安適；"有居"就是居；有，助詞。

③ 率吁：是相率地呼籲。舊注以率爲語詞。慼的正字是戚，衆戚是當時貴族大臣。

④ 矢是陳列，矢言是陳言，意譯爲發言。這一句是兼語式，率吁的句主是上文的民，衆戚是率吁的賓語，出矢言的主語。這一句話不當解釋爲盤庚於是喚來許多貴戚近臣，因爲這以下至"底綏四方"是衆戚向盤庚的陳言，"王若曰"以下是盤庚答復衆戚的。這也足見率吁衆戚的主語是民，不是盤庚。這一段話不是盤庚喚衆戚時說的。

⑤ 我王：盤庚。

⑥ 爰宅：就是遷居。（俞樾云："爰，易也。《左傳》僖公十五年：'晉於是乎作爰田'，服注'爰，易也'。"）

⑦ 劉：殺。

⑧ 胥：相；匡：救。

⑨ 依俞樾《群經平議》："當以'卜稽曰其如台'六字爲句。曰其猶越其也。傳曰'卜以決疑，不疑何卜？'……盤庚之遷，蓋不用卜。""越其"是"在那兒"的意思。"如台"，猶如我們說"奈何""怎樣"。盤庚不信占卜，所以人民用占卜所說的結果如何來抱怨他。

⑩ 服：事。

⑪ 恪：敬；謹：依王國維說當即"勤"之借字。

⑫ 兹：此、如此、這樣。
⑬ 五邦：楊筠如《尚書覈詁》（以下省稱《楊詁》）：亳、囂、相、奄及殷。《竹書紀年》記載商王仲丁"自亳遷於囂"、河甲"自囂遷於相"、祖乙"居庇"、南庚"自庇遷於奄"、盤庚"自奄遷於北蒙，曰殷"。遷都五次。
⑭ 承：繼。
⑮ 罔：不；斷命：斷絕命運。
⑯ 矧：況。
⑰ 烈：業。
⑱ 顛：倒；由：依《說文》作"粤"，木生條的意思；蘖，已經砍了的樹木餘留下來的。
⑲ 永：長。
⑳ 紹：繼。
㉑ 厎：定；綏：安。
㉒ 敦：教。
㉓ 舊服：舊制度。
㉔ 句中"伏"字，舊注都以爲是"伏，藏也"。這是不了解這一篇全文之意而下的注解。這一篇上文有"出矢言"，下文又說"今汝聒聒，起信險膚，予弗知乃所訟。"說他們聒聒不休，"起信險膚"；可見並不是隱藏着"小人之攸箴"。下文更有"汝曷弗告朕，而胥動以浮言"，更可見他們並沒有藏着"小人之攸箴"。說"伏"是"藏也"，不合於全篇之意。這個伏字是懾伏或屈服的意思。古字伏與服通，伏小人之攸箴是信服了"小人"所說的，或屈服於小人所說的。又《史記》"（項）籍所擊殺數十百人，一府中皆懾伏莫敢起。"懾伏是害怕了的意思，也可以講得通。盤庚的意思是要衆戚不聽從百姓的話，不是說不要藏着小百姓的話。
㉕ 悉：盡也。
㉖ 若：此也；"王若曰"是王這樣地說。

從篇首到"王若曰"是這一篇的小序，叙述盤庚遷殷以後雖然安定了人民的居處（詳見《盤庚下》篇），但是人民不安於所居處的地方，呼籲衆戚出來說話。從"我王來"至"厎綏四方"記的是他們發言的內容。下文叙盤庚聽了他們的話，也叫衆戚悉至於庭對他們講話。盤庚是要用老辦法糾正他們，叫他們不要服從或屈服於老百姓的話，在"王若曰"以下纔是盤庚的講話，當時史臣用"以常舊服王法度，曰，毋或敢伏小人之攸箴"，將全篇講話的大意概括出來，這篇序文簡明扼要，文筆簡練。

原文：

　　格！汝衆①！予告汝，訓汝猷，黜乃心②，無傲從康③。古我先王，亦惟圖任舊人共政④。王播告之⑤，脩不⑥匿厥指⑦。王用丕欽⑧，罔有逸言，民用丕變⑨。今汝聒聒⑩，起信險膚⑪，予弗知乃所訟。

譯文：

　　來！你們這些人！我告訴你們，教育你們，要想法子拋棄你們的成見，不要驕傲、貪圖安逸。古來我們君王，就是任用舊人共理政事。王告訴衆人，從來不藏着他的意旨，王因此而特別注意，沒有過言，人民也異常歡樂。現在你們偏聒聒不休，相信險邪膚淺之詞，我不知道你們究竟爭吵的是些什麼？

簡解：

① 格：來。
② 猷：謀，想法子。黜：去掉。
③ 從：追逐，貪圖。
④ 圖：謀；任：用；共政：共同執行政事。
⑤ 播：《說文》引作"譒"，譒，敷也。敷是普遍之意。
⑥ 脩：長，是長久或從來之意。
⑦ 匿：藏；指：意旨。
⑧ 丕：大；欽：敬。
⑨ "變"與"忭"通，是歡樂的意思（參看《楊詁》）。
⑩ 《一切經音義》："聒，擾亂耳孔也。"
⑪ 險：惡；膚，膚淺（《楊詁》：膚是戲的假借字，戲邪也）。

　　以上是盤庚講話正文的"起"段，在這段中說，"亦惟圖任舊人共政"，說"今汝聒聒，起信險膚"，已經透露出他要"以常舊服正法度"，不贊成衆戚屈服於"小人之攸箴"的意思，也寫出盤庚不耐煩的心理活動。

原文：

　　非予自荒茲德①，惟汝含德②，不惕予一人。予若觀火③，予亦拙謀④，作乃逸。若網在綱，有條而不紊；若農服田力穡，乃亦有秋。汝克黜乃心，施實德于民，至于婚友，丕乃⑤敢大言，汝有積德。乃不畏，戎毒于遠邇⑥，惰農自安，不昏⑦作勞。不服田畝，越其罔有黍稷。汝不和⑧吉言于百姓，惟汝自生毒，乃敗禍姦宄⑨，以自災於厥身。乃既先惡于民，乃奉其恫⑩，汝悔身何及！相時憸民⑪，猶胥顧于箴言，其發有逸口⑫，矧予制乃短長之命，汝曷弗告朕，而胥動以浮言，恐沈⑬于衆？若火之燎于原。不可嚮邇，其猶可撲滅？

則惟汝衆自作弗靖⑭，非予有咎。

譯文：

不是我荒廢了這個（任用舊人的）德行，而是你們舍棄了德行不施給我一人，我好像看見火光一樣，我也是明明白白地計劃來造作你們的安逸。好比網結在綱上，才能有條有理，毫不紊亂；好比農夫耕田，盡力勞作才能有了收穫。你們如若能抛棄你們的成見，實實在在地將德行（好處）給於人民，乃至於親友，你們才敢説你們有積德。但是你們不怕有大的毒害，在遠處（將來），在近處（現在），自貪安逸，怠惰農事，不努力地勞動，不從事於田畝，在那樣情形之下，是不會有收穫的。你們不宣傳好話給予百姓，那是你們自生毒害，那就必有奸邪破壞，結果是你們自己害了自己。那是你們先叫人民厭惡，結果你們自己就要承當這個痛苦，你們當身雖悔也來不及了！看看那些好説話的人，還相互地顧忌於箴規之言，豈肯説出錯話？何況我操縱了你們的死生之命，你們爲什麽不告訴我，就用浮言來煽動，來擾亂人心？正好像火燒在草原上，不能面向着它，那還可以撲滅？這是你們自己的不討安寧，不是我有什麽不好。

簡解：

① 荒：亂也，敗也。

② 含：《史記》引作舍，去也。下文："汝克黜乃心，……丕乃敢大言汝有積德"，可見盤庚原不以他們有含德，《史記》引作舍，此較合理。譯文從《史記》作舍。

③ 觀火：表示其見之明。

④ 拙：《説文》引作"灿"，云："火光也"。舊注多以拙謀爲自咎其謀，這不合理。上文説的觀火，説他的見解明白，"拙謀"正是説他明明白白地謀劃，不是自咎其謀。"灿"是火光，正如"朏"指月出一樣，是明的意思。這個"拙"字應依《説文》作"灿"。

⑤ 丕乃：古之轉語，猶言乃也（參看《楊詰》）。

⑥ 戎：大。

⑦ 昏：音憫（mǐn），依鄭玄説，"昏讀爲敯，勉也"。

⑧ 古字"和"與"宣"可通用（用俞樾説），"和吉言"是傳布好言。

⑨ 敗禍姦宄：敗，敗露；宄，作惡。四字平列成文。

⑩ 奉：承；恫：痛。

⑪ 相：視；時：是；憸：邪佞。

⑫ 其：豈；逸口：錯話。

⑬ 沈是搖動之意，參看孫星衍《尚書今古文注疏》（以下簡稱《孫疏》）。
⑭ 靖：安，善。

以上是正文"中"段的前半，是責備衆戚對百姓不宣傳好話，反以浮言互相煽動，就是序文所說的要他們"毋或敢伏小人之攸箴"。

原文：

遲任①有言曰："人惟求舊，器非求舊，惟新。"古我先王，暨②乃祖乃父，胥及逸勤③，予敢動用非罰？世選④爾勞，予不掩爾善。茲予大享于先王，爾祖其從與享之，作福作災，予亦不敢動用非德。予告汝于難⑤，若射之有志⑥，汝無老侮成人，無弱孤有幼⑦，各長於厥居，勉出乃力。聽予一人之作猷⑧，無有遠邇，用罪伐厥死，用德章厥善；邦之臧⑨，惟汝衆；邦之不臧，惟予一人有佚罰⑩。

譯文：

從前遲任有一句名言："人惟求舊，器非求舊，惟新。"你們的祖父同我古代先王，相與勤勞，我豈敢動用不正當的責罰，世世代代，都在計算着你們的功勞，我也不能埋沒你們的好處，現在我就要大祭禓於先王，你們的祖先也將陪着受祭禓，作威作福，我也不敢動用不正當的德行。我把困難告訴你們，好像射箭有一定的標準一樣。你們不要欺侮成人，更不要輕忽幼年人，各人生長在各人的居處，努力盡你們的力，聽我個人的一切計謀。無論遠近，有罪就要討伐你們的罪行；有德就要表揚你們的善行。國家好，由於你們衆人；國家不好，是我個人有失察。

簡解：

① 遲任：古之賢人。
② 暨：與。
③ 胥：相；及：與；逸：漢碑引作"肆"，肆，勞也，勞、勤同義。
④ 選：古"選"字與"算"字通用。
⑤ 于：猶以也。
⑥ 志：是標準，靶子。
⑦ 老侮、弱孤：都是輕忽之意。今本"老侮'作"侮老"錯了，應該改過來。
⑧ 猷：止；作猷：或行或止。
⑨ 臧：善。
⑩ 佚：過失。

以上是正文"中"段的後半,用"人惟求舊"來引起他也要圖任舊人共政,以常舊服正法度。當時史官把盤庚講話的正文用"以常舊服正法度,曰,毋或敢伏小人之攸箴"這兩句話概括出來,可說是得到了"要領"。盤庚的意思側重在"毋或敢伏小人之攸箴";由於以常舊服,不是重點,所以說的比較簡略,這也是實際的情形。

原文:

凡爾衆!其惟致①告,自今至于後日,各恭②爾事,齊乃位,度③乃口,罰及爾身弗可悔。

譯文:

所有你們大衆!這是我最後一次的公告,從現在到將來,每個人都要各盡職守,整齊在你們的崗位,閉着你們的嘴(不要亂說),罰到你們身上,那是不可追悔的!

簡解:

① 致:與至極的"至"同義,是最後一次的意思,不是轉達的意思。下篇"今我既羞告爾民於朕志,"羞告是進一步告;此篇"致告"是最後一次的告;從下文盤庚命令他們閉着嘴巴,不許亂說話,可知。

② 恭:《孫疏》:恭與共通。"恭爾事"就是恪盡你們的職守。

③ 度:即"杜",《說文》引作杜,閉也。

這是上篇的最後的一段——正文中的小結。從這一個小結中,我們可以看出盤庚要那些衆戚從今以後都閉嘴不許亂說話,並且警告要罰他們,他已經不耐煩了,這位奴隸主的猙獰面目又出現了,從他的態度以及"其惟致告"一語都可以看出這一篇是盤庚三篇中最後的一篇。從他的猙獰面貌也可以看出他決不會因"民不適有居"就自動地喚來許多貴戚近臣,出來說話,所以這篇實是人民呼籲衆戚"出矢言"之後,盤庚不耐煩了,叫他們"悉至於庭",又告誡他們一番的講話。

《盤庚》中篇

原文:

盤庚作①,惟②涉河以民遷。乃話民之弗率③,誕告用亶④,其有衆咸造⑤,勿褻⑥在王庭。盤庚乃登⑦進厥民,曰:

譯文：

盤庚興起執政了，想着把人民都遷到河北，於是召集那些不順從的人民，好好地告訴（他們）實際的情形。那些民眾都來了，在王庭中，不敢怠慢。盤庚於是登上高處，招呼他們靠前一些，對他們説：

簡解：

① 作：興起（俞樾説，讀如《孟子》"賢聖之君六七作"之"作"）。

② 惟：思維，想。這是一個倒裝句，可作"惟以民遷涉河"。"以民遷"是"處置式"用法。

③ 話：與佸、括通，是聚會的意思。率，聽從。

④ 誕：大；亶：與坦通，誠也。

⑤ 咸：皆、全；造：至。

⑥ 勿褻：《一切經音義》引作"勿媟"，媟，慢也。

⑦ 登：升也。

盤庚中篇是盤庚即位以後，想要遷到黃河以北，他勸導人民所作的一次講話。這一篇正文前也有小序，正文也有起，有中，有結，這一段是正文前的小序，叙述盤庚聽見人民有不滿意、不聽從的，他召集民眾來聽他的講話。

原文：

明①聽朕言，無荒②失朕命，嗚呼！古我先后，罔不惟民之承保。③后胥慼鮮④，以不浮⑤于天時。殷降大虐，先王不懷厥攸作⑥，視⑦民利用遷。汝曷弗念我古后之聞，承汝俾汝⑧，惟喜康共⑨。非汝有咎，比于罰。予若籲⑩懷兹新邑，亦惟汝故，以丕從厥志。

譯文：

你們要聽清楚我的話，不要忽視我的命令。啊！從前我們的先君，没有不愛護人民的，（他們）總是尋覓高原地方來住，爲的是不受天時的責罰，國家若是降了大災害，他們不安於所做的都邑，考察民眾的利益而遷徙。你們爲什麽不想一想我們古后的政績舉措，那是保護你們的，而却祇貪圖安寧呢？這不是你們有什麽過錯，好像要受什麽責罰似的，我呼籲你們遷向那個新地方，也祇是爲你們的緣故，並且遠遵先王的意願。

簡解：

① 明：明明白白地，也可作"勉力"講（王引之説）。

② 荒失：荒廢。

③ 罔不：無不；承保兩字連文，承受保護之意。（舊從承字下斷句，非。參看《楊詁》）

④ "后"與"厚"通；"感"，漢石經作"高"；"鮮"的本字應寫作"𪩘"。江聲《尚書集注音疏》云："胥高謂相度高山；鮮者，詩云'度其鮮原'下篇所謂'適於山'也。"江聲這個說法，以下篇的"適於山"爲證，是理解了盤庚所以要遷都到河北的原因，而後作的解釋。這個說法是正確的。

⑤ "浮"應與"俘"同音通用。（《孫疏》：如江氏說，高誘注《淮南》云，猶罰也）

⑥ 懷：安；攸：所。

⑦ 視：示。

⑧ 承汝俾汝：承俾即承保也。（參看《楊詁》）

⑨ "共"與"拱"通，固也。惟喜康共：猶如惟喜安固。

⑩ 若籲：若，指的你們，若籲是籲若的倒裝。

這是這篇正文的起段，說明他要遷移正是沿用他們祖先的辦法，也正是計劃永遠安康穩妥的辦法，不是要害他們，而正是認從了他們的意願來作的計劃。在這一段中已含有下文要用利害的關係及祖先的意願來勸導人民的意思。

原文：

今予將試以汝遷，安定厥邦。汝不憂朕心之攸困，乃咸大不宣①乃心。欽念以忱②，動③予一人，爾惟自鞠④自苦，若乘舟，汝弗濟，臭⑤厥載。爾忱不屬⑥，惟胥以沈⑦。不其或稽⑧，自怒曷瘳⑨？汝不謀長，以思乃災，汝誕勸憂⑩。今其有今罔後，汝何生在上，今予命汝一⑪，無起穢以自臭；恐人倚⑫乃身，迂乃心。予御續乃命于天⑬，予豈汝威，用奉畜汝衆。

譯文：

現在我將要把你們遷移過去，使國家安定。你們不想想我內心的困難，你們的心竟然都很不和順，不用誠心來仔細地想，同意我一人。這是你們自尋苦惱；好像坐船一樣，不渡過去，那你們所裝載的東西就會腐臭。你們誠心不合作，那祇有一起沉下去。那些不聽從我的人，他們將自怨自怒，沒有完的。你們不從長計議來思考你們的災害，你們太可憐了！你們祇顧現在，不顧將來，你們將如何生活在此地呢？現在我要求你們一心一意，不要傳播謠言來敗壞自己，恐怕有人將牽住你們的身體，迷惑你們的心思。我向上天勸說延續你們的生命，我豈是來危害你們，不過是來奉養你們大衆而已。

簡解：

① "宣"與"和"通用，參上篇"汝不和吉言於百姓"注。
② 忱：誠。
③ 動：與"同"通用。（參看《楊詁》。）
④ 鞠：窮。
⑤ 臭：腐氣。
⑥ 屬：附屬，連屬，貫注。
⑦ 胥以沉：相與沉沒。
⑧ 不其：其不、那些不。稽：漢石經作"迪"；迪，進也，從也。
⑨ 怒：漢石經作"怨"；瘳：病已痊愈。
⑩ 誕：漢石經作"永"；勸憂：依王國維說，"勸"疑當讀爲"懽"，《爾雅》："懽懽愮愮，憂無告也。"
⑪ 命汝一：根據上文"動予一人"及下文"獻同心"，此處應從一字斷句。
⑫ 倚：同"掎"，《說文》："掎，偏引也。"（參看《孫疏》）
⑬ 御：迎迓；續：延續。

以上是本篇正文中段的前半，主要的意思是拿長久的利益來勸導衆民，說不遷居將要後悔。他要求人們同他一樣，不要受旁人的牽掣。

原文：

予念我先神后之勞爾先，予丕克羞爾①，用懷爾；然失于政②，陳于兹③，高后丕乃崇降罪疾④，曰："曷虐朕民"？汝萬民乃不生生⑤，暨予一人獻同心⑥，先后丕降與汝罪疾，曰："曷不暨朕幼孫有比⑦？"故有爽德⑧，自上其罰汝，汝罔能迪⑨。古我先后，既勞乃祖乃父，汝共作我畜民。汝有戕則在乃心⑩，我先后綏乃祖乃父⑪，乃祖乃父，乃斷棄汝，不救乃死。兹予有亂政同位⑫。具乃貝玉⑬，乃祖乃父丕乃告我高后曰："作丕刑于朕孫"。迪高后丕乃崇降弗祥⑭。

譯文：

我想起我的先王曾經煩勞你們的祖先，我要不能貢獻你們什麼，使你們全都能安寧，反而對於政事有了過失，長久就在這兒（不遷），先王就要大降罪戾於我，說："爲什麼虐害我的人民？"你們這些人假如不和我同心同德，先王也會大降罪戾給你們，說："爲什麼不和我的孫兒同心同德呢？"因此，有了過錯，上天就要責罰你們，你們是不能長久的。從前，我的先王既經勞動你們的祖和父，你們又都作了我的畜養的人民，你們要有殘賊在你們心中，我先王就要告訴你們的祖先和父輩,他們就要舍棄你們,不救你們的死亡。現在,要是我有貪污的官長同在官位,占有你們的財物,你們的祖先和父輩也將要告訴我的先王,說:"作一個大刑罰給我們的子孫",於是先王也要大降不祥。

簡解:
① 羞:進,供獻。
② 然:與"而"同。
③ 陳:陳舊,長久。
④ 崇:重。
⑤ 乃:猶若也。(王引之說)
⑥ 猷:即下文"有比"之"有"(《楊詰》)。
⑦ 幼孫:指盤庚言;此:同也。
⑧ 爽:差。
⑨ 迪:進,從,行。
⑩ 戕則:戕,賤;則:爲"賊"之假借字(王國維說)。
⑪ 綏:告。下篇:"綏爰有衆",是其證。
⑫ 亂政:"政"與"正"通,是長官的意思。亂政是貪亂的官長。
⑬ 具:具有,占有。
⑭ 此處"迪"與"攸"同;用也,由也。

以上是這篇正文"中"段的後半,是用"古我先后"的在天之靈,和聽衆的祖宗的在天的靈,來勸告他們。這裏我們要注意的是,那些在天之靈是平等的,由此可以見得這些聽衆决不是奴隸,而是貴族或是自由民。不要將《盤庚》篇的"民"誤會爲奴隸。整個中段的意思:先以利誘,後以威逼,又拿鬼神嚇人,這是這大奴隸主的真實面貌。

原文:
嗚呼,今予告汝不易。永敬大恤①,無胥絶遠。汝分猷念以相從②,各設中于乃心。乃有不吉不迪,顛越不恭,暫遇姦宄③,我乃劓殄滅之④,無遺育,無俾易種于兹新邑⑤。往哉生生!今予將試以汝遷,永建乃家。

譯文:
啊!現在,我告訴你們這個困難,要永遠警惕大的憂患,不要互相隔絶遠離。你們要同心相從,各設中道在你們心中。假如有不善良的,不聽從的,墮落了的,不小心的,或者是欺詐奸邪,我是要消滅他們的,不留下他們的後代，不讓他們在那個新地方延續種族。去謀生產生存吧！現在我將率領你們遷移過去，來建立你們長久的家園。

簡解：

① 恤：憂。

② 分：漢石經作"比"，是同的意思。猷念猶如謀念。

③ 暫遇：都是姦邪之意。（王引之說，暫讀爲漸，漸，詐欺也。遇讀"隅差智故"之隅，皆姦邪之稱）

④ 劓：《說文》作"劖"，斷也；殄：絕也。

⑤ 俾：使；易種：蔓延他的種子。"易"與"施""延"音近通用。

以上是這篇正文最後的一段——小結。他要求他們同心相從，聲明對於那些不馴從的，他將要斬盡殺絕，不讓在新地方蔓延他們的種族，他的猙獰面貌畢竟顯現出了！但是，盡管如此，他還是怕人民的"共怒"（下篇），怕人民出"矢言"，人民永遠是有力量的。

《盤庚》下篇

原文：

盤庚既遷，奠厥攸居①，乃正厥位②，綏爰有眾，曰：

譯文：

盤庚已經遷都了，奠定了他們的居所，更奠定了他們的宗廟朝廷之位，又告訴大眾說：

簡解：

① 奠：定；攸：所。

② 正位：正宗廟朝廷之位。

這一節是《盤庚》下篇的小序。下篇記錄的是盤庚在遷都定居後所作的一個簡短的講話，其時間在中篇未遷居時之後，在上篇已遷殷"民不適有居"之前；這一篇文字雖短，在前面也有這樣的小序，以下方是正文。

原文：

無戲怠①，懋建大命②，今予其敷心腹腎腸③，歷告爾百姓于朕志，罔罪爾眾，爾無共怒，協比讒言予一人。

譯文：

不要嬉戲怠慢，要勤勉地建立我們宏大的功業，現在我將表揚一些賢者，舉出他們的經歷，來把我的意思告訴你們。不是要加罪於你們衆人，你們大家不要發怒，共同對我個人說不滿的話。

簡解：

① 無戲怠：即不要嬉戲怠慢。

② 懋：勉也。

③ 敷心腹腎腸：依《今文尚書》當作"優賢揚"連下"歷"字，共四字一句，與《古文尚書》不同。（《尚書正義》引夏侯等書作"憂腎陽"。《文選·魏都賦注》引《尚書·盤庚》曰"優賢揚歷"。原文應如此）大約是因形式相近而錯成這樣的。如若依今本，説"敷心腹"就夠了，又何必多説腎腸呢？而且下文還祗是説"羞告爾百姓於朕志"，進一步告，何以這裏就説出"歷告"，屢次的告呢？如依"優賢揚歷"講，優賢是贊美那些賢者，是舉出優點；揚歷是表揚他們的經歷，是總結經驗，下文正是舉出前人的優點，表揚他們經過，這正是這一篇的主旨所在。依《今文尚書》作"優賢揚歷"講，既合古本，又合實際。今本《尚書》應是誤文。

④ "於"與"以"同。"告爾百姓於朕志"，就是現代漢語"把（將）我的思想告訴你們百姓"。"於"是"處置式"的用法。

⑤ 協比：是"和同"的意思，是協和起來、共同起來。

這一段是下篇正文的"起"段，"優賢揚歷"是全篇的綱領，在他們講話的起頭，已將下文的意思暗示出來。

原文：

古我先后，將多于前功①，適于山，用降我凶德②，嘉績于朕邦③。今我民用蕩析離居，罔有定極④，爾謂朕曷震動萬民以遷，肆上帝將復我高祖之德⑤，亂越我家⑥。朕及篤敬⑦，恭承民命⑧，用永地于新邑。肆予沖人⑨，非廢厥謀，弔由靈各⑩，非敢違卜⑪，用宏兹賁⑫。

譯文：

古來我們先王，想要超過前人的功績，跑到高山上住，來減輕我們不好的獲得，更加有成績在我們的國家。現在我們人民都動蕩分散地居住着，沒有固定的住所，你們説我爲什麽要驚動萬民來遷居，這就是上帝要恢復我高祖的德行，來光大我們的國家。我是積極地切實小心注意，恭恭敬敬地保護人民的生命，來永遠居在新都，這是我所以爲年輕人，並非不贊成你們的計劃，而是因善是由神靈賜與的，並不是敢違背卜辭，是要發揚光大神靈的美好指示。

簡解：
① 多是加多，此處是超過的意思。（古字"多""賢"意近）
② 降：降低，減少。德與得通，凶德是不好的獲得，即是灾難。
③ 嘉與加古字通。
④ 定極：一定的極點。
⑤ 肆：今也，故也。
⑥ 亂：此處亂字作治字講。（《爾雅·釋詁》："亂，治也。"）"越"與"於"同。"亂越我家"即是治於我家。
⑦ 及：此處"及"是"汲汲"的意思。（《孫疏》：《公羊隱元年傳》云："及猶汲汲也。"）篤：厚、切實。
⑧ 承，同拯。（《孫疏》）
⑨ 沖人：《謚法》："幼小在位曰沖。"
⑩ 弔古淑字；淑，善也；由，由於；靈，神靈；各，古格字，格，至也。
⑪ 非敢違卜：（依俞樾説，盤庚之遷，蓋不用卜）這是盤庚自己辯護的話。（舊注以前"各"字連此句讀，玆移屬上）
⑫ 宏：大；賁：美。

這一段是正文中段的前半，"古我先后，將多於前功，適於山"。就是盤庚所舉出的前人的優點，並且以爲他這次主張遷都是上帝將"復我高祖之德"，他要趕緊挽救民命。他不贊成一些人民的意見，所以説"非廢厥謀"；他也不聽從占卜的意思，所以説"非敢違卜"。（如卜筮的結果贊成遷都，人民將無所借口，盤庚也不會屢屢講話的）

原文：
嗚呼！邦伯師長百執事之人①，尚皆隱哉②，予其懋簡相爾③，念敬我衆，朕不肩好貨④，敢恭生生⑤，鞠人謀人之保居⑥，敘欽⑦。

譯文：
啊！邦伯師長一切執事的人，姑且全依著我吧！我要盡力考察你們惦念民衆的情況。我是不能貪圖財貨的，祇能小心地謀生產生存，鞠養人們，計劃人們的安居，依次（順序）地小心注意的！

簡解：
① 邦伯：猶言邦長（《楊詁》）；師：衆也。
② 隱：漢石經作"乘"，都是憑借、依靠的意思。
③ 懋：勉；簡：閱；相：視。
④ 肩：勝也。
⑤ 生生：生息也（江聲說）。
⑥ 鞠：養（《鄭注》）。
⑦ 叙：次序。

這一段是正文中段的後半，祇是補充前半，完成前半未盡之意，說明他的主遷，不是爲了好貨，是爲了謀生。

原文：
今我既羞告爾于朕志①，若否，罔有弗欽②，無總于貨寶③。生生自庸，式敷明德④，永肩⑤一心。

譯文：
現在我已經把內心的好惡告訴你們，順從與否全要小心注意。不要聚斂財寶，要謀生產生存，來想於自己有用，由此以敷布明德，永遠與民衆同心。

簡解：
① 羞：進也；"于朕志"："猶以朕志"。
② 若，順；若否：順從與否。
③ 總：《說文》："總，聚束也。"
④ 敷，布。
⑤ 肩：勝也；也可以說是"能"。

這一段是這篇正文中的小結，盤庚進一步將他的意思說明，要求人們全都小心注意，他表明他不願聚斂財寶，是爲了生產生存；他要求普遍都注重明德而且要永遠能一心。

(原載《人文雜志》一九五八年第六期)

"春秋大義"是什麼

這篇文字是專論《春秋》在孔子哲學中的地位，和說明"《春秋》大義"的概略的。我研究《春秋》一經，絕對地嚴守《公羊》之說，我祇承認《公羊》是《春秋》的真傳。我何故守《公羊》，棄《左》《穀》，俟將來再說明；但我希望對《公羊》懷疑的人，先看梁任公的《歷史研究法》《要籍解題》這一類的書。對於《穀梁》，近年無多人說，祇好先看崔觶甫的《春秋復始》了。

一

大概是要研究孔子的哲學，至少也得知道《春秋》的大義，才能得其真，得其全。《春秋》大義是什麼呢？我可以不遲疑地回答說：是孔子的哲學之全部。這是如何重要的書籍，但是有許多人不承認《春秋》有大義，而當歷史傳記看了。有許多人不知道"大義"是哲理，而當為褒貶善惡看了。有許多人對於《春秋》，不知其重要，即專門研究《春秋》的，也有許多人不甚明白，實在是可太息的事情了。本篇所說，意在明《春秋》之有"大義"，說"大義"就是哲學，並論《春秋》是極關重要而已。

我以為《春秋》大義不能講究明白，慢說研究孔子哲學，要受很大的影響；就是先秦哲學的思想綫索，恐怕也連帶的不能講透徹，故我先寫出這篇文字，求大家的注意和批評。

二

《孟子》說："晉之《乘》，楚之《檮杌》，魯之《春秋》，一也。其事則齊桓、晉文，其文則史。孔子曰'其義，則丘竊取之矣。'"這是《春秋》有"大義"的明證。現在且詳說之：

（一）由於孔子著述《春秋》的旨趣，可以看出《春秋》一定是含有深意大義的。古來傳說《春秋》的旨趣的，約有三種，大概都極可信。

孟夫子說：

> 世衰道微，邪說暴行有作。臣弒其君者有之，子弒其父者有之。

孔子懼，作《春秋》。《春秋》，天子之事也；是故孔子曰："知我者，其惟《春秋》乎！罪我者，其惟《春秋》乎！"

董仲舒説：

> 周道衰廢，孔子知言之不用，道之不行也，是非二百四十二年之中，以爲天子儀表。……子曰："我欲載之空言，不如見之行事之深切著明也。"

司馬遷説：

> 子曰："弗乎弗乎！君子疾没世而名不稱焉。吾道不行矣！吾何以自見於後世哉！"乃因史記作《春秋》，上至隱公，下訖哀公十四年，十二公。"據魯""親周""故殷"；運之三代，約其文辭而指博。

在這三説之中，什麽世道、是非，什麽"爲天下之儀表，以自見於後世"，足見孔子作《春秋》，一定含有深意大義的。但是我們最要留意之一語是："我欲載之空言，不如見之行事之深切著明也。"孔廣森《公羊通義·自序》説："理不窮其變，則不深；事不當其勢，則不切；高論堯舜之道，而無成敗之效，則不著不明。故近取諸《春秋》，因亂時之事，季俗之情，漸裁以正道。庶賢者易勉，不肖者易曉，亦致太平之所由基也。"廣森這幾句話，算是將"深切著明"四字解釋清楚了。但是最關緊要的是："載之空言，不如見之行事"十字，皮錫瑞《春秋通論》説：

> 載之空言，不如見之行事，後人亦多稱述，而未必人人能解。《春秋》一書，亦止是載之空言，如何説是見之行事？即後世能實行《春秋》之法，見之行事，亦非孔子所及見，何以見其深切著明？此二語，看似尋常之言，有令人百思而不得其解者。

這句話的關鍵，依我看來，就在"見"字。"見"字是表現的意思。孔子的意思是：用空話來説理，不如表現之於實事上，理由和證據能夠互相發明。故《春秋》這部書，祇是假史明義，因事窮理；義理就是大義，不是一條一條的史文，一件一件的事實了。皮錫瑞又説："……即專著一書，説明立法之義如何，仍是託之空言，不如見之行事，使人易曉。猶今之《大清律》，必引舊案，以爲比例，然後辦案乃有把握。故不得不借當時之事，以明襃貶之義，即襃貶之義，以爲後來之法。"這幾句話，是説何以假史明義，因事窮理的。可以答復："孔叟既有爾許微言大義，何妨別著一書，而必淆亂歷史上事實，以惑後人"的疑問。總之，孔子著作《春秋》之旨趣，祇是傳義，不是傳事，這是很明顯的。

（二）由於孔子著述《春秋》的體例，可以看出《春秋》一定是含有深意大義的。《春秋》即是假客觀的歷史，表主觀的哲學，自然和原來史記大異其趣了。《春秋》不詳事實之真象，不重先後之次序；應記的反不記，應不記的反記；該詳的反不詳，該不詳的反詳；這都是《春秋》非史的明證。分明是晉文公召見天子，《春秋》却説是"天王狩於河陽"（僖公二十八年）；分明大國先而小國後，《春秋》却要説"虞師晉師滅夏陽"（僖公二年）；分明"夫椒之戰"是件大事，《春秋》却不登載（此據胡安國《春秋傳説》，事在哀公元年）；分明"丹桓宫楹"是件小事，《春秋》却要記録（·〔莊公二十三年〕）；一個梁國亡了，應詳而反略（《春秋》衹書"梁亡"二字（僖公十九年）；一個宋伯姬事，應略而反詳，《春秋》所書共有八條（至成公七年至襄公三十年）。還有無其事的，反要書上，譬如襄公七年的"十有二月，公會晉侯、宋公、陳侯、衛侯、曹伯、莒子、邾子於鄬。鄭伯髠頑如會，未見諸侯，丙戌，卒於鄵"。這一條，未見諸侯就死了，《春秋》偏要説他"如會"。《春秋》中如此類甚多，可見孔子修《春秋》，衹是傳義，不是傳事，由《春秋》的體例上看來，當然《春秋》是有很多大義可考的。

　　如若我們説《春秋》是史，那《春秋》真是不倫不類的東西了！王安石肇錫以嘉其名曰"斷爛朝報"，梁任公復加之徽號曰"流水賬簿"，那都是絶妙的形容詞了！但是孔子説："君子之於言也，無所苟而已矣！"如孔子脩《春秋》，他豈肯作出這不倫不類的東西嗎？我們看《春秋》，若是用"屬詞比事"的方法，或細看《公羊傳·注》的解釋，可以確信《春秋》例義是異常嚴整的，並非不倫不類。《春秋》重義不重事，是經不是史，千萬不可拿歷史的眼光看待《春秋》；如拿歷史的眼光看待《春秋》，那就真是"斷爛朝報""流水賬簿"了！梁任公先生説："蓋《春秋》而果為史者，則豈惟如王安石所譏之'斷爛朝報'；恐其穢乃不減魏收矣！"我們知道孔子不真那樣無知識、無道德的人，孔子決不至於作出這樣的書來！家鉉翁在《春秋詳説·自序》上説："《春秋》非史也！謂《春秋》為史者，不明乎《春秋》者也！"這是一點也不會錯的。

　　（附説）近來反對"《春秋》非史"之説的，當然以章太炎先生最為有力了。其實太炎先生不過有門户之見，故不得不如此説罷。《國故論衡·原經》上面的話，理由不甚充足，不可為訓。

三

　　從孔子到於今，説《春秋》者，大概有數十百家，有些人已經告訴我們"《春秋》大義"是哲學的。他們對於《春秋》的考語，又可以見得《春秋》是經不是史，傳義不傳事；但是他們都無系統的説明，故至今"《春秋》大義"，還是不昌明，被烏烟瘴氣遮蔽滿了！現在選出時代最古的、學問最深的幾家，來作代表，看他們說"《春秋》大義"是什麼。爲方便起見，分爲兩組看。

第一組：

莊子　《春秋》以道名分。

史遷　《易》本隱之以顯，《春秋》推見以致隱；《易》與《春秋》，天人之道也。

揚雄　說理者，莫辨於《春秋》。

邵子　《春秋》，盡性之書也。

程子　《春秋》一句即一事，是非便見於此，乃窮理之要，學者祇觀《春秋》，亦可以盡道矣。

程子　觀聖人之書，而知《論語》之安仁，書於《春秋》者，無非此理。

朱子　《易》以形而上者，說出在那形而下者上；《春秋》以形而下者，說上在那形而上者去。

朱子　《春秋》本是正誼明道之書。

第二組：

子貢　《春秋》切而爲國家資。

子夏　有國家者，不可以不知《春秋》。（《繁露》）

董君　《春秋》正是非，故長於治人。

周子　《春秋》正王道，明大法也。

程子　《春秋》聖人之用。聖人之用，全在此書，……乃窮理之要。

胡氏　百王之法度，萬世之準繩，皆在此書。……學是經者，信窮理之要矣；不學是經而處大事、決大疑，能不惑者，鮮矣！

胡氏　其於格物脩身齊家治國，施諸天下，無所求而不得，亦無所處而不當，何莫學夫《春秋》！

由第一組看來，前人對於《春秋》，已看出有論知識，論人生等類地方。莊周、揚雄之言，是說有孔子的名學思想，史遷、朱子之言，是說有孔子的玄學思想，其餘如盡性、安仁、正誼明道，是說有孔子的倫理思想，或是孔子哲學的根本觀念。故可見"《春秋》大義"，即是孔子的哲學思想。

由第二組看來，前人對於《春秋》，不惟是承認有孔子之政治思想，且將這種思想，恭維得有些太過。《春秋》本因當時之政治史跡，表現其個人意見，這是毫無可疑之處。但政治論之根本，還在人生論的思想；前人對於這一點，未曾看出；故大半以爲《春秋》祇是長於治人了。總之，"《春秋》大義"

是孔子哲學之全部，這是可信任的。

以上由前人之言論，證明《春秋》大義是孔子哲學，現在請將自己的意見說出來。

《春秋》不是史文，而祇傳義理，這義理當然是孔子的思想，或是孔子的哲學。既是哲學思想，當然有根本觀念，有出發點，有歸宿處；豈是毫無系統，毫無組織，而可稱爲哲學家之思想？《春秋》大義，雖分見於各條，但我們能研究出有系統之孔子哲學思想的。在《春秋》中表現之孔子哲學思想，最要者約有五項。請略述之：

（一）正名。孔子正名之業，在於《春秋》，這是人人所知道的。由《春秋》之中，我們可以看出正名主義，至少有：正名實、明是非、示分義、別嫌惑這四種觀念。此外示人以求知的方法的，尚有所謂《春秋》"屬詞比事之教"，亦是很關重要。因此我們相信孔子對於理智，並不輕視。

（二）愼微。司馬遷說："《春秋》推見以至隱"，這是《春秋》之要義。由《春秋》之中，我們可以看出愼微主義，無論在正名實、原心意、安仁恕、明政治這幾條要旨上，都很重要。至於愼微之方法，如重本愼始，防微杜漸，亦可察見，《春秋》中表現知幾其神的意味是很明切的。

（三）原心。董仲舒說："《春秋》之論事，莫重於志"，可知《春秋》有行爲動機論。動機不是專爲揚榷誠僞，明辨善惡，其實尚有重要的意義。人們的略述誅心論，大概是出於《春秋》尚有許多應當討論的地方，但必從《春秋》研究，才能得其真義。總之，行爲動機論，實是孔子哲學的重要觀念。

（四）安仁。仁是萬善之總名，是孔子哲學的根本觀念。《春秋》之中，亦是如此。凡正名、愼微、原心、明政，這些思想，都出發於仁，歸宿於仁。黃楚望說："《春秋》本是一貫之道，天子以一理裁萬物，洪纖高下，各有攸當，而學者竟未知其爲一貫也。"（趙汸《春秋師說》）一貫之理，祇有仁了。

（五）明政。《春秋》興滅繼絕，尊周攘夷，誅暴討亂，愛民輕君，這都是根本於仁，歸宿於仁的政治思想。在《春秋》中，政治思想佔居全書最大部分，故董君說："《春秋》辨是非，故長於治人。"我們如祇認《春秋》有政治思想，推尋淵源，亦可見出孔子哲學之全部了。

這五種思想，大概也足見《春秋》大義之一般了！《春秋》沒有什麼論宇宙之來源或論宇宙之本體的。孔子哲學，根本沒有這種宇宙論的思想；中國哲學，大半如此，《春秋》自然不是例外。但如參天地、盡物性等，本是孔子哲學的要義，其實這種思想，《春秋》之中也含有的，不能因此否認"《春秋》大義"即是孔子哲學。

從前研究《春秋》的學者，對於"《春秋》大義"，有兩種誤會之處。第一，他們認錯了"《春秋》大義"。譬如研究《公羊傳》的人們，他們最喜歡把什麼"張三世"、通"三統"，當作"《春秋》大義"。其實那些玩意兒，都是無關宏旨，至多也不過在政治論上有些微之關係，祇能説是"小"義，哪能比得正名、慎微等那些"大"義呢？人們因爲那些玩意在《春秋》上有些特別，故大講而特講，講明白了，也與孔子哲學無若何之關係。第二，他們錯講了"《春秋》大義"。他們把"《春秋》大義"，祇看爲一條一條的，他們未説出系統來，故不能把"《春秋》大義"，視爲孔子之整個的哲學。

《春秋》本無一字褒貶之説，而人們偏以爲《春秋》"寓褒貶""別善惡"。趙汸《春秋屬辭》説："《春秋》所以別嫌疑、明是非，而非褒貶之謂也。……學者弗能深考，一字褒貶之説，蓋由是生焉；夫既以變文爲貶矣，而不變者非褒也，由是有貶無褒之説生焉。"朱子説："今人看《春秋》，必要謂某字譏某人，則是孔子專任私意，妄爲褒貶。"（《語類》三十八）看這兩段話，就知道《春秋》不重褒貶了。孔子不是計較利害、論人長短的人。"既往不咎"，孔子又褒貶什麼呢？把《春秋》當褒貶看，實在是大錯了。

四

試看"《春秋》大義"之重要！

現在我們研究孔子哲學，祇有根據《周易》《春秋》《論語》三書，餘如《詩》《書》《三禮》，大概都不可信靠。在《周易》《春秋》《論語》三書之中，我以爲祇有《春秋》一類，比《周易》《論語》，無可疑處。《周易》本是伏羲、文王、周公、孔子四聖合作，現在雖有人否認《周易》有文王、周公的成分（參看皮錫瑞《經學通論》），但也不能否認有伏羲的成分；我們是否能將《周易》完全認作孔子的哲學，這是第一個問題。相傳孔子之作《十翼》，自歐陽脩《傳易圖序》、葉水心《習學記言》辨別以後，我們才知道《十翼》並不是孔子之作，是《易經》尚有竄僞的部分。我們是否能完全相信爲孔子哲學，這是第二個疑問。至於《論語》一書，本是曾子弟子紀錄出來的（柳子厚《論語辨》），廖季平説："《論語》少壯、晚年之語俱有"（《今古學考》），康南海説："《論語》盡是曾門小康之道，（《論語注序》）。《論語》在思想方面，盡有難信之處，我們有了第一個疑問了。《論語》上有許多竄亂之處，且有許多不是孔子的話，從韓退之到袁隨園，已有不少的發見。《論語》在文字上面，又有難信之處。這是我們第二個疑問了。最好是拿"《春秋》大義"作爲資證，才能研究《易經》《論語》。

再從《春秋》方面立説，《春秋》是極可相信。《三傳》的並傳，雖使"《春秋》大義"湮没了兩千年，但一方面却保證了《春秋》無竄亂的地方。

《春秋》雖是口說相傳，到漢景帝時，纔著竹帛，然而是沒有闕漏的。（劉紹攽《春秋筆削微旨》說："夫所謂闕文者，果傳寫之誤乎？抑舊史之闕乎？以爲傳寫之誤，則一傳可闕，不容三傳具闕也。以爲舊史之闕，則'西狩獲麟'，乃孔子所目睹，何難考驗而得其日月，而但書時不書月？"）《公羊傳》的文字簡古謹嚴，正合《春秋》的筆法，其傳授也極可靠（朱子說："《公羊》是個村樸秀才，《穀梁》又狡黠得些。"），在文字上是沒有疑問。其實思想亦洽合《春秋》，不過後世因爲有許多"非常異義可怪之論"，故不甚相信。《公羊》經清儒的解釋，已經"撥云霧而睹青天"，我們對於《春秋公羊傳》之大義，絲毫不用懷疑。

在《春秋》之中，有四條要旨，是《易經》《論語》所未有，或雖有而不明顯詳細的。這是我們研究孔子哲學，有研究"《春秋》大義"之必要。

（一）正名主義。在孔子哲學中，佔有重要的地位。但是正名的宗旨，正名的方法，祇有《春秋》表現得最詳盡，在《論語》書中所有的，不過一兩條罷！《春秋》屬辭比事之教，在《易經》《論語》上都是沒有的。"屬"就是綜合的意思，"比"就是比較的意思，內中含有歸納法的求同、求異諸術，我們如不研究《春秋》，就不能知道孔子哲學有這種地方了！此"《春秋》大義"根本上之重要之一。

（二）孔子哲學是唯心派，故有動機論。但是在《論語》《易經》上所說的祇有幾條，不能得見其全。在《春秋》上關於論行爲之動機的就多了！在《論語》上決不能見出原心論有行恕、安仁的意義，而在《春秋》上却表現得極明顯。故我們不研究《春秋》，不能知道孔子哲學有這些地方了！此"《春秋》大義"根本上之重要之二。

（三）正誼明道的思想，在《論語》《易經》上本有甚多的議論，但我想《春秋》本是正誼明道之書，在《春秋》上自然講得格外明顯清晰，條目自然多了。董仲舒首先提出："正其誼不謀其利，明其道不計其功。"他是《春秋》學者，故能見得如此。此《春秋》大義根本上之重要之三。

（四）《春秋》是評論當日之政治事務和政治行爲的。譬如"譏世卿"是打破貴族政治，誅暴君是發揮民本政治，這些都是在《易經》《論語》上不可多見的。蕭楚在《春秋辨疑》上說："《孟子》曰……'民爲貴，君爲輕'，此《春秋》之義也，……故《春秋》所書，大致亦以民事爲重。"如不研究《春秋》，能見得《孟子》的話是有淵源的嗎？孔子政治哲學，實祇傳在《春秋》，此《春秋》大義根本上之重要之四。

此外尚有許多處所，亦很重要。譬如顯著幾微，明察人倫，這兩種思想，祇要是研究《易經》《論語》就可知道的，但是《春秋》上表現得格外深切著明，很容意提醒人的。孔子哲學，本關於正心脩身的方面較多，這種深切著明的大義，讀之，於我們的身心上必有很大的益處。我在上面說的，可以印證《易經》《論語》，可以見得孔子哲學之"真"之"全"，這不過算一件末事罷！

五

在結論中，我請對於"《春秋》大義"之懷疑者加以解釋。我請以朱子之語爲代表。

朱子是一個博學的孔子之徒，他以爲"《春秋》煞有不可曉處"，他對於《春秋》沒有什麼著述，他覺得《春秋》之研究有不可能的地方，他說：

> 今祇眼前朝報差除，尚未之朝廷意思如何，況生乎千百載之下，欲逆推乎千百載上聖人之心？況自己之心，又未如得聖人，如何知得聖人肚裏事？……除非是孔子還魂親說出，不知如何。（《語類》八十三）

朱子對於《春秋》這樣的懷疑，極可敬佩，其實未免矜慎過度了罷！我對於朱子所說，有三層解答。第一，朱子說過："孔子修《春秋》，當時亦須與門人講說，所以《公》《穀》《左氏》得一個源流……若是全無傳授，如何鑿空撰得？"我們現在雖居在孔子千百年之後，如根據孔子親自傳授的《公羊》研究《春秋》，那是孔子的真意，有何不可呢？（朱子不信《公羊》，故如此說）第二，朱子以爲必須孔子還魂，才能再講《春秋》，這是萬辦不到的事。但是我們能否將《春秋》束之高閣，存而不問呢？將正名、原心、明政之旨置之不理，孔子之學，又不得其全，我們就因噎廢食嗎？第三，朱子以爲研究《春秋》，不免有"猜謎"的嫌疑。老實說罷，研究古時的學問，都不免於"猜謎"。譬如"子貢方人"四字，有說是子貢"謗"人，有說是子貢"止"人，朱子說是子貢"比"人，這三說那個對呢？朱子能擔保"比"人猜對了嗎？何以研究他種書籍，不怕猜謎的嫌疑，對於《春秋》，又說如何知得聖人肚裏事呢？研究《春秋》，又何嘗是像朱子說的那樣呢？我請鄭重聲明：《公羊》是孔子親自傳授下來的，我們祇用嚴謹的方法研究《春秋》罷了！對於朱子這種懷疑，沒有什麼表同情的地方！

最後，我請引朱子的這一句話告結束："孔子之事，莫大於《春秋》"——《孟子注》。

今年元夜時，在太原改作
（原載《國故學討論集》第三集）

"春秋大義"與孔子哲學思想

《春秋》之筆削。《春秋》本是魯史，經過孔子筆削而成，但是孔子做這樣一件事情，在《論語》上並不曾提過，到了孟子才行提出。自來的學者，都沒有異議。即如以疑古爲能事的人，如姚際恒、崔述之流，也都是擁護"孔子作《春秋》"之說的。崔述說："《春秋》孔子之所自作，其文謹嚴簡質。"都在積極方面承認《春秋》爲孔子所作。開始懷疑孔子不修《春秋》的要算錢玄同先生。他在民國十二年《努力》增刊、《讀書》雜誌第十期《答顧頡剛先生書》（此文今收入《古史辨》第一册）中，以爲《論語》中無記載關於《春秋》之事。他說：

《論語》之中……關於《春秋》的話，簡直一句也沒有。"答子張問十世"和"顏淵問爲邦"兩節，今文家最喜徵引，說這是關於《春秋》的微言大義，但我們仔細讀這兩節話，覺得真是平淡無奇，一點也看不出什麽"非常異議可怪之論"，而且《春秋經》《公羊傳》《春秋繁露》中也並沒有和這兩節相同或相近的話。這樣一件大事業，《論語》中找不出一點材料來，不是極爲可疑的嗎？

又說：

《春秋》王安石（有人說不是他）說它是"斷爛朝報"，梁啓超說它像"流水賬簿"，都是極確當的批語。孟軻因爲要借重孔丘，於是造出"《詩》亡然後《春秋》作"，"孔子成《春秋》而亂臣賊子懼"的話，就這部斷爛朝報，硬說它有"義"，硬說它是"天子之事"。……

從實際上說，"六經"之中最不成東西的是《春秋》。但《春秋》因爲經孟軻的特別表彰，所以兩千年中，除了劉知幾以外，沒有人敢對它懷疑的。孟軻是第一個講"道統"的人，他的全書的末章，由堯、舜、湯、文王、孔子，敘到他的時候，明明有"獨力肩道統"的意思。他全書中講到《春秋》，共有三處（沒有仔細查，不知有無遺漏）：

A 孟子曰：世衰道微，邪說暴行有作，臣弑其君者有之，子弑其父者有之；孔子懼，作《春秋》。《春秋》，天子之事也；是故孔子曰："知我者其惟《春秋》乎！罪我者其惟《春秋》乎！"……孔子成《春秋》而亂臣賊子懼。……（《滕文公下》）

　　B 孟子曰：王者之跡熄而《詩》亡，《詩》亡然後《春秋》作。晉之《乘》，楚之《檮杌》，魯之《春秋》，一也。其事則齊桓、晉文，其文則史；孔子曰："其義則丘竊取之矣。"（《離婁下》）

　　C 孟子曰：《春秋》無義戰。（《盡心下》）

B 的話實在不通，《詩》和《春秋》的系統關係，無論如何說法，總是支離牽強的。我以爲這三則都是孟軻要將自己的學説依託孔丘，正與朱熹自己的"格物窮理説"和王守仁自己的"致良知説"要依託《大學》同樣的心理。他要辟楊、墨，爲了他們是"無君無父"的學說，所以有 A 説；他是貴王賤霸的，所以有 B 説；他是説"善戰者服上刑"的，所以有 C 説。A 的後面，有"吾爲此懼，閑先聖之道"和"我亦欲正人心，息邪説，距詖行，放淫辭，以承三聖者"等語，則依託孔丘以肩道統之意昭然若揭了。前人講《春秋》，很相信孟軻的話，很不相信孫復的"《春秋》尊王發微"的話。其實照孟軻的意思，必須像孫復那樣講法才能圓滿的。（《古史辨》第一册七七至七九頁）

他這一封書中，雖説孔丘無刪述或制作《六經》之事，但他對於"孔子作《春秋》"亦不過認爲"可疑而已"。整個的《六經》當然不是孔子刪述或制作，但是以孔子與《春秋》毫無關係，而對於孟子的説法一概抹殺，這也是不盡然的。錢先生在民十四年，十，十四，《北京大學國學門周刊》中又發表他的《論春秋性質書》："以爲此書祇有兩個相反的説法可以成立：（一）認它是孔二先生的大著……（二）認定是歷史……"他説："我近年來主張後一説的。但是又以爲如其相信孔子作《春秋》之説，則惟有依前一種那樣講還有些意思。"他對於《春秋》是否爲孔子所作，實是疑莫能定。他在二十五年五月《北平師範大學國學叢刊》一卷二期所發表的《左氏春秋考證書後》，更由鐘鼎款識以及《春秋》本身，斷定《春秋》是經過"筆削"。他説：《春秋》一定是一部"託古改制"的書。你看它對於當時的諸侯各國，稱某某爲公，某某爲侯，某某爲伯，某某爲子，某某爲男，用所謂"五等封爵"也者把他們都限定了，不能隨便亂叫。今取鐘鼎款識考之，知道全不是那麼一回事；原來"王、公、侯、伯、子、男"六個字都是國君的名稱，可以隨便用的。然則《春秋》中那樣一成不變的稱謂，一定是儒家的"託古改制"，特地改了來表示"大一統"和"正名"的理想的。又如"公子慶父如齊，齊仲孫來""公朝於王所，天王狩於河陽""孟子卒"等等，都是用特殊的"書法"

以明"義",不是普通記載事實的態度。所以《春秋》的原本雖是魯國的真歷史,但既經"筆削",則事實的真相一定改變了許多,斷不能全認爲史料。

他這裏說:"《春秋》一定是一部'託古改制'的書",有許多"都是用特殊的'書法'以明'義'""不是普通記載事實的態度",所以"《春秋》的原本雖是魯國的真歷史",但是經過了"筆削","則事實的真相一定改變了許多,斷不能全認爲史料"。他這種態度,既不認《春秋》是一部歷史,而是"孔二先生的大著"。他個人也曾對我說過。當他說《春秋》與孔丘毫無干係的時候,不過是有爲而發,也不一定主張孔子未曾筆削過《春秋》,其實這種意見是完全不正確的。現在我請提出八證以明《春秋》之必經孔子之"筆削":

(一)從《孟子》書來看,《孟子》曾說"由孔子而來至於今,百有餘歲,去聖人之世,若此其未遠也;近聖人之居,若此其甚也。"(《盡心下》)孟子距離孔子時世與鄉里都極相近,他說:"孔子懼,作《春秋》""晉之《乘》,楚之《檮杌》,魯之《春秋》,一也。其事則齊桓、晉文,其文則史;孔子曰:'其義則丘竊取之矣。'"他說的話,我們不容不信。而且,孟子的弟子公孫丑曾問孟子說:"昔者竊聞之,子夏、子游、子張,皆有聖人之一體;冉牛、閔子、顏淵,則具體而微,敢問所安?"曰:"姑舍是。"(《公孫丑上》)孟子之志願是:"乃所願,則學孔子也。"(同上)他對於孔門的大弟子如顏淵、閔子騫、冉伯牛、子夏之流,都是看不起的。假如《春秋》未經孔子筆削,而是孔門弟子或其他的人物所假託的,他決不會認定地說:"孔子懼,作《春秋》。"他距離孔子的時間與地域都很相近的,如若有僞託,他不會不知道,而且屢屢地以爲孔子作《春秋》。所以孟子的話,在其他方面,縱有不可信的地方,然而關於《春秋》,我們是不容不信的。此其一。

(二)從《荀子》書來看。《荀子·勸學篇》說:"《禮》之敬文也,《樂》之中和也,《詩》《書》之博也,《春秋》之微也,在天地之間者畢矣。"又說:"《禮》《樂》法而不說,《詩》《書》故而不切,《春秋》約而不速。"荀子在此篇認儒家之業祇有《詩》《書》《禮》《樂》《春秋》,絕不及《易》。從"在天地之間者畢矣"一語看來,可見荀子是頗得當日之實情的;荀子所說《春秋》之"微"與"約",又正合"《春秋》推見以至隱"的要旨;足見《春秋》在當日已成爲儒家的經典,而其"微言大義"在當日已有了傳授。荀子晚於孟子不過數十年,又曾在齊國三爲祭酒,距離孔子時世、里居也不甚遠,如《春秋》果非孔子所筆削,他應當一反孟子之說的。我們知道,《荀子》的《非十二子篇》是攻擊子思、孟軻的"案往舊造說謂之五行,甚僻違而無類，幽隱而無說，閉約而無解，案飾其詞而祇敬之，曰：此真先君子之言也"。如若"孔子懼而作《春秋》"是子思、孟軻偽託之言，荀子是必定加以攻擊。又，《非十二子篇》說："是子張氏之賤儒也""是子夏氏之賤儒也""是子游氏之賤儒也"，荀子是一樣地看不起孔門弟子，如若《春秋》不是孔子所筆削，而是孔門弟子或孔子再傳弟子所偽託，荀子距離孔子的時間與地域都很相近，必不至即以《春秋》爲儒家之經典而加以崇奉的。故由荀子看來，一方面足證孟子之言爲可信，一方面也可足證《春秋》爲孔子筆削之說爲可信。

（三）從《春秋》的内容來看。《春秋》原本是魯國的史記，在莊公七年《公羊傳》說："《不修春秋》曰：'雨星不及地尺而復'，君子修之曰：'星霣如雨'。"《公羊傳》也是以《春秋》有原本的。但《春秋》的原本是歷史，而《春秋》則是一部"託古改制"的書，錢先生說得好："你看它對於當時的諸侯各國……用所謂'五等封爵'也者把他們都限定了，不能隨便亂叫。今取鐘鼎款識考之，知道全不是那麼一回事。……又如'慶父如齊，齊仲孫來''公朝於王所，天王狩於河陽''孟子卒'等等，都是用特殊的'書法'以明'義'，不是普通記載事實的態度。"我們再看《春秋》中祇用"王正月""王二月""王三月"，而不像鐘鼎文中連"王九月""王十月""王十二月"都有，這可見《春秋》的體例，確是經過一番整理，不是如後所譏的"斷爛朝報"。據文法的統計看來，《春秋》中所用之"于"無一字與"於"字相混，不像戰國時期的作品。而其中所含的思想確具有"正名"的意思，可決知其出於孔子，或略後於孔子之人，不是前於孔子或孔子同時之史官所爲。不過就《孟子》看，如《春秋》非孔子所爲，孟子必不至於許爲孔子所作。而據定元年《公羊傳》說："定、哀多微辭，主人習其讀而問其傳，則未知己之有罪焉爾。"是《春秋》有譏切時事的地方，不像晚於孔子的人所作的。這樣看來，《春秋》既非前於孔子或與孔子同時之史官記載史跡的作品，就時代背景、思想内容等方面看來，亦不似晚於孔子之人所爲，且有人託爲孔子所爲，孟、荀諸子必不貿然信之，我們如說現在流傳下來的《春秋》不是孔子所脩，無論從哪一方面講來都不能正確。

（四）從《春秋》的背景看。《春秋》是一部託古改制的著作，許多地方都是用特殊的筆法以表示其微言大義，不是普通記載歷史的態度與方法，這由鐘鼎款識與"《春秋》書法"可以得到確切地證明。我們由《春秋》所代表的時代背景也可以看出《春秋》是孔子時的作品的。《春秋·宣十五年》記"初稅畝"，而在哀十一年記"用田賦"，這是兩重納稅，與《論語·顏淵》篇

"哀公問於有若曰：'年饑，用不足，如之何？'有若對曰：'盍徹乎？'曰：'二，吾猶不足，如之何其徹也？'"情形正合，大約是舊時田制與稅則俱破壞，而魯君又令人民二重納稅的現象。在《春秋》中，尊王攘夷的觀念頗濃厚，《史記·孔子世家》敘孔子脩《春秋》曾説："乃因史記作《春秋》，上至隱公，下訖哀公十四年，十二公。據魯，親周，故殷，運之三代。約其文辭而指博。故吳楚之君自稱王，而《春秋》貶之曰'子'；踐土之會實召周天子，而《春秋》諱之曰'天王狩於河陽'。"這種尊周攘夷的觀念，在稍後的儒家，因爲時移世易，即不會發生的。例如，孟子總算是貴王賤伯的，他説："五霸者，三王之罪人也；今之諸侯，五霸之罪人也。"（《告子下》）然而在他的書中，却不見有如何維護周室尊嚴的論調。后來有人嘲笑孟子説："當日尚有周天子，如何聲聲竟王齊？"可見在孟子時已不覺地忘了尊王攘夷的觀念了！這正足見時代不同，則思想因之而異，如説《春秋》是孔子以後、孟子以前的人所作，則既與所處之時代不同，自然也不會産生尊王攘夷觀念，"吳、楚之君自稱王，而《春秋》貶之曰'子'"。故由其思想之背景看來，《春秋》也不像孔子以後的所筆削。這些都是很確切的證明。

（五）就《春秋》的"原料"看。《春秋》是以魯國史筆削而成，不是可以任意向壁虛造的。假如不是孔子所脩，而爲孔子以後之人所僞託，則他從何處能得來魯史已頗成問題。故必如孔子生於魯國而且又身居顯位，才能得見魯史，才能僞爲"筆削"之業。儒家的後輩在魯國居顯位的，除子思外，實無他人。如爲子思所作，則必爲荀子所攻擊，而且也不必有《春秋》"正名""尊王攘夷"等觀念。如非子思所爲，則從原料一方面看來，既有點不可能，而且也不必有《春秋》"正名""尊王攘夷"等等觀念，因爲時代總是不同了，必有露出馬脚的地方。

（六）就《左傳》的續經看。《春秋》本是終於哀十四年春"西狩獲麟"，但在《左傳》中則有續經至"哀十六年夏四月己丑，孔丘卒"。這三年中，《左氏》續經爲數不多，但在這爲數不多的續經之中，據劉逢禄《左氏春秋考證》看來，已有很多與《春秋》不同的地方，例如：

《哀公篇·證續經之繆》：

"夏四月，齊陳恒執其君，置於舒州。""六月，齊人弑其君壬於舒州。"

證曰："……弑君之罪重矣！何暇詳其先幽後弑哉！'執'爲中國討罪之詞，豈可以臣下施之君上！既曰'陳恒'，又曰'齊人'；孔穎達引僞例曰：'齊君無道'，以縱釋陳恒之罪，大違夫子請討之義。"（《考證》頁四一至四二）

"有星孛"

證曰:"《經》無此闕疑法。"(同上)

"成叛"。

證曰:"《經》無此書法。"(同上)

僅兩年的續經中就有這些毛病,纂修《春秋》,本出一人之手,若稍有僞竄,也並非易事,很易受後人"不謹嚴"的批評。由這一點看來,也似必爲孔子所脩的。

(七)從《公羊傳》來看。《公羊傳》的著作年代,我們不能斷言其早,但是《公羊傳》似乎未曾"見過"孟子,這一點是可以推證的。《孟子》說:"晉之《乘》,楚之《檮杌》,魯之《春秋》,一也。其事則齊桓、晉文,其文則史;孔子曰:'其義則丘竊取之矣。'"在昭十二年《公羊傳》解釋"齊高偃帥師納北燕伯於陽"說:"伯於陽者何?公子陽生也。子曰:'我乃知之矣。'(何注:'子謂孔子。乃,乃是歲也。時孔子年二十三,俱知其事,後作《春秋》。案《史記》,知公誤爲伯,子誤爲於陽在,生刊滅缺。')在側者曰:'子苟知之,何以不革。'曰:'如爾所不知何?《春秋》之信史也,其序則齊桓、晉文,其會則主會者爲之也,其詞則丘有罪焉耳。'"其文辭與《孟子》不同。在《孟子·告子下》篇說:"五霸桓公爲盛,葵丘之會,諸侯束牲載書而不歃血。初命曰:'誅不孝,無易樹子,無以妾爲妻。'再命曰:'尊賢育才,以彰有德。'三命曰:'敬老慈幼,無忘賓旅。'四命曰:'士無世官,官事無攝,取士必得,無專殺大夫。'五命曰:'無曲防,無遏糴,無有封而不告。'曰:'凡我同盟之人,既盟之後,言歸於好。'"這在《公羊傳》是記在僖公三年秋"齊侯、宋公、江人、黃人會於陽穀"的,《公羊傳》說:"此大會也,曷爲末言爾?桓公曰:'無障谷,無貯粟,無易樹子,無以妾爲妻。'"而在僖公九年九月"戊辰,諸侯盟於葵丘"下則云:"桓之盟不日,此何以日?危之也。何危爾?貫澤之會,桓公有憂中國之心,不召而至者江人、黃人也。葵丘之會,桓公震而矜之,叛者九國。震之者何?猶曰振振然。矜之者何?猶曰莫若我也。"這尤可見《公羊傳》上都有記載,不過說法稍有不同,《孟子》非取之於《公羊》,《公羊》亦非取自《孟子》,而是各有其所依據,並非無根之談。

(八)從《論語》一書來看。"答子張問十世"和"答顏淵問爲邦"兩節,錢先生說:"今文家最喜徵引,說這是關於《春秋》的微言大義,但我們仔細讀這兩節話,覺得真是平淡無奇,一點也看不出什麼'非常異議可怪之論',而且《春秋經》《公羊傳》《春秋繁露》中也並沒有和這兩節相同或相近的話。這樣一件大事業,《論語》中找不出一點材料來,不是極爲可疑的嗎?"

依我個人的意見看來，這也殊不盡然。講《公羊傳》的人講起《論語》來，有的頗好附會《春秋》的"微言大義"，例如《顏淵》篇，"樊遲從游於舞雩之下，曰：'敢問崇德、脩慝、辨惑。'子曰：'善哉問！先事後得，非崇德與？攻其惡，無攻人之惡，非脩慝與？一朝之忿，忘其身，以及其親，非惑與？'"他們以爲這是就魯昭公二十五年秋七月上辛"大雩"，季辛又"雩"，魯昭公利用雩聚衆攻季氏而言，樊遲之問，孔子之答，都是有爲而發。不過這也不是證明孔子與《春秋》的關係，祇可説這是他們"游於舞雩"的感想。不過在《衛靈公》篇，"子曰：'吾猶及史之闕文也，有馬者，借人乘之，今亡矣夫！'"這可見得孔子確曾見過《不修春秋》，這一章當與孔子"修《春秋》"有關。至於《論語》明不載孔子修《春秋》，則《論語》中所未載的事情正多，殊難以作證明。這不像删《詩》《書》，就《詩》《書》的本身看來，就其傳説起於西漢看來，那樣的不可信。所以《論語》雖未明顯記載，然而是可以無疑義的。

近人因《論語》中没有記載孔子之筆削《春秋》，或以《孟子》説的"其義則丘竊取之矣"，而以爲祇"取"其義，而非"作"其義，"孟子此説，與他的孔子'作《春秋》'之説不合，而却近於事實"。又説："孔子主張正名，是《論語》上説過的。不過按之事實，似乎不是因主張正名而作《春秋》，如《傳》所説；似乎孔子取《春秋》等書之義而主張正名，《孟子》所説：'其義則丘竊取'者是也。"這一個解釋是很好的。但絶不能説祇"取"其義，就不能"作"《春秋》，因爲"取"與"作"並不是矛盾的。或者孔子因爲讀到"不修"的《春秋》而感覺其義可"取"，感覺歷史也是一種很好教的教訓，因取《不修春秋》而"作"之。《孟子》此説，與他的"孔子作《春秋》"之説，並没有什麽不合。至於或因《孟子》之説多不可信，而不信"孔子作《春秋》"，這在我們要看事論事，不能因《孟子》之説有不可信的地方而否認其一切可信的地方。《春秋》曾經孔子筆削，從種種方面都可以推證出來，而且那位使人誤會了他要取消他的真姓而以"疑古"爲姓的錢玄同先生也説："《春秋》一定是一部'託古改制'的書"，"不是普通記載事實的態度"，是"經筆削"過了的，則我們也大可看出孔子"作《春秋》"之説是毋庸置疑的。不過，話能如此，但漢儒謂"孔子脩《春秋》，筆則筆，削則削，游、夏之徒不能贊一詞"，這樣地以"修《春秋》"是如何的神秘的説法，似乎渲染過甚，我們當仍視爲無根之談。

三國六朝經學上的幾個問題

三國六朝三百餘年來是經學史上發生很大的變遷的時代。這時今文經學的流傳漸漸的減少，古文經學的流傳也頓改舊觀，博士由分經而不分經，經傳本文則多由分而合，經的釋解由簡而繁，由集解式的演進到義疏式的，說經之義則更雜以玄學、佛學的色彩，直以"玄""佛"的眼光來說經。這種種的變遷，比起後漢經學今古文的紛爭與雜糅，此起唐宋《五經正義》之統一及其反動，其花樣之多是有過之而無不及的。這時期的經學，從表面上看來，不及漢宋兩代之盛，所以從來不為人所注意，不惟不為人所注意，有些地方簡直為人所誤解了！例如《隋書·經籍志》以為"晉時……《穀梁》范甯傳：……俱立國學"。《北史·儒林傳》以為"其《公羊》《穀梁》二傳，儒者多不厝懷"。陸德明《經典釋文》說："《齊詩》魏代已亡。"皮錫瑞《經學歷史》直以"李業興素不玄學"為"北重經學不雜玄學"之證。這些說法都是不合乎當日的實際情形的。從唐宋的學者一直到清儒，對於三國六朝這一時代的經學，頗有沒有把握着當日之真相的，也可以說是怪有趣味的事情了！在這一篇文字之中，對於這一時期的經學不能加以整個的詳細的叙述，現在所要說明的祇是關於這時期的：

1 所謂玄學對於經學的影響。
2 魏晉以降太學博士的增損。
3 經傳的分合與經傳的集解。
4 義疏的興起與義疏之內容。
5 所謂《三傳》之學及其他。

為節省篇幅起見，對於上列的五項，也祇是略說而已，其有不備之處，則亦惟有俟諸異日也。

一　所謂玄學對於經學的影響

三國六朝的時候本是"儒""玄""文""史"並行發達的時期，經學的發展受"玄""文""史"的影響是極顯明的。建安時代的文學，正始時代的玄風所給予經學的影響，在干寶《晉紀·總論》說：

學者以老莊爲宗而黜六經，讀者以虛蕩爲辨而賤名儉（《晉書·武帝紀》作檢）。

《晉書·儒林傳序》説：

有晉始自中朝，迄於江左，莫不崇飾華競，祖述虛玄，擯闕里之典經，習正始之餘論，指禮法爲流俗，目縱誕以清高。

《宋書·臧燾徐廣傅隆傳論》説：

自魏氏膺命，主愛雕蟲，家棄章句，人重異術，………自黄初至於晉末百餘年中，儒教盡矣！

《南齊書·劉瓛傳論》説：

江左儒門，參差互出，雖於時不絶，而罕復專家。晉世以玄言方道，宋氏以文章閒業，服膺典藝，斯風不純，二代以來，爲教衰矣！

《南史·儒林傳序》説：

洎魏正始以後，更尚玄虛，公卿士庶，罕通經業，……自是中原横潰，衣冠道盡，逮江左草創，日不暇給，以迄宋、齊。

以上所謂"魏氏膺命，主愛雕蟲""晉世以玄言方道，宋氏以文章閒業"，足見玄學文學之風之盛，竟使"百餘年中，儒教盡矣"，其變遷真可謂劇烈了！

但是所謂玄學也者，最初固祇指老莊的玄虛而言，後來又指所謂三玄（老、莊、易）而言，後來實又兼指着佛理而言（詳見《高僧傳》《出三藏集記》等書）。魏晉之際，如何晏、王弼等人之以老莊之旨説經，這裏且不詳細説他。《南史·儒林傳》説是：（A）"伏曼容，……善《老》《易》，……嘗與袁粲罷朝相會言玄理，時論以爲一臺二絶。"（B）"子（伏）暅，……幼傳父業，能言玄理。"（C）"嚴植之，少善莊老，能玄言，精解《喪服》。"（D）"太史叔明，少善莊老。"（E）"全緩……通《周易》《老》《莊》，時人言玄者推之。"（F）"張譏，……篤好玄言，講《周易》《老》《莊》而教授焉。"（G）"顧越，……特善老莊，尤長論難。"（H）"龔孟舒，亦通《毛詩》，善言名理。"可見後來南學實深受老莊的影響。但是佛學之影響於經學，其程度是決不亞於《老》學，這是必不可忽視的。《宋書·隱逸傳》説：

周續之，字道祖，雁門廣武人也。其先過江，居豫章建昌縣。……豫章太守范甯，於郡立學，招集生徒，遠方至者甚衆。續之年十二，詣甯受業，居學數年，通五經並緯候，名冠同門，號曰"顏子"。既而閒居，讀《老》《易》，入廬山，事沙門釋慧遠，……通《毛詩》六義及《禮論》《公羊傳》，皆傳於世。

雷次宗，字仲倫，豫章南昌人也。少入廬山，事沙門釋慧遠，篤志好學，尤明《三禮》《毛詩》。

范甯下的"顏子",善講《喪服》的雷次宗,都是釋慧遠的弟子。而范甯本人,據《世說新語·言語篇》說:

> 范甯作豫章,八日請佛有板,衆僧疑,或欲作答。有小沙彌在坐末曰:"世尊默然,則爲許可。"衆從其義。

也與佛學是有交涉的,可見當日的經生對於佛學的關係的密切。(尚有他證)

梁武帝是提倡經學的人,而"兼篤信正法,尤長釋典,制《涅槃大品》、《淨名三慧》諸經義記復數百卷,聽覽餘閒,即於重雲殿及同泰寺講說,名僧碩學四部聽衆常萬餘人"。簡文帝著有《法寶連壁》三百卷。元帝著有《內典博要》一百卷。《昭明太子傳》說:"高祖大弘佛教,親自講說,太子亦崇信三寶,遍覽衆經,乃於宮內別立慧義殿,專爲法集之所,招引名僧,談論不絕,太子自立'三諦法身義',並有新意。"上有好者,下必甚焉(詳見《宏明集》卷十一),皇侃《論語義疏》說:

> 周孔之教,不得無殺,因殺止殺,故同物有殺也。(《述而》篇)

外教無三世之義,見乎此句也。周孔之教,惟說現在,不明過去未來。(《顏淵》篇)

孔穎達《周易正義序》說:

> 江南義疏,十有餘家,皆辭向虛玄,義多浮誕。原夫《易》理難窮,雖復玄之又玄,至於垂範作則,便是有而教有。若論住內住外之空,就能就所之說,斯乃義涉於釋氏,非爲教於孔門也。

這都足以見南方經學之受佛學的影響。北方之於佛、老,其情形也相同,現在多舉幾條證據來說:

(1)《魏書·釋老志》:"太祖平中山,經略燕趙,所逕郡國佛寺,見諸沙門道士,皆致精敬,禁軍旅無有所犯。帝好黃老,頗覽佛經。……太宗踐位,遵太祖之業,亦好黃老,又崇佛法。"

(2)同上《世祖紀下》:"太平真君……三年,春正月甲申,帝至道壇,親受符籙,仿法駕,旗幟盡青。"

(3)同上《高祖紀下》:"雅愛讀書,手不釋卷,五經之義,覽之便講,學不師受,探其精奧。史傳百家,無不該涉。善讀《莊》《老》,尤精釋義。"

(4)同上《世宗紀》:"雅愛經史,尤長釋氏之意,每至講論,連夜忘疲。"

(5)同上《刁雍傳》:"好尚文典,……篤信佛道,著《教誡》二十餘篇。"

(6) 同上《盧玄傳》："元丕第五弟元明，……性好玄理，作《史子新論》數十篇。"

(7) 同上《趙柔傳》："隴西王源賀採佛經幽旨，作《祇洹精舍圖偈》六卷，柔爲之注解。"

(8) 同上《程駿傳》："師事劉昞………駿謂昞曰，'今世名教之儒，咸謂老莊其言虛誕，不切實要，弗可經世，駿意以爲不然。夫老子著抱一之言，莊生申性本之旨，若斯者可謂至順矣。'"

(9) 同上《崔光傳》："肅宗親釋奠國學，光執經南面，百寮剖列，每爲沙門朝貴請講《維摩詰十地經》，聽者常數百人，即爲《二經義疏》三十餘卷。"

(10) 同上《裴叔業傳》："植字久遠，叔業兄叔寶子也。少即好學，覽綜經史，尤長釋典，善談理義。"

(11) 同上《高崇傳》："子謙之，……專意經史，………好文章，留意《老》《易》……涼國盛事佛道，爲論貶之，……當世名士，競以佛理來難。"

(12) 同上《鹿悆傳》："好兵書陰陽釋氏之學。"

(13) 同上《儒林傳》：（A）"劉獻之，……每講《左氏》，盡隱八年便止，云義例已了，不復須解，……六藝之文，雖不悉注，然所標宗旨，頗異舊義。注《涅槃經》未就而卒。"（B）"孫惠蔚，………先單名蔚，正始中侍講禁內，夜論佛經，有愜帝旨，詔使加惠，號'惠蔚法師'焉。"（C）"盧景裕，……所注《易》大行於世，又好釋氏，通其大義。"（D）"李同軌，………學綜諸經，多所治誦，兼讀釋氏。"

(14)《北齊書·杜弼傳》："弼性好名理，探味玄宗，自在軍旅，帶經從役，注《老子道德經》二卷，表上之，……詔答云，……卿才思優洽，業尚通遠，息棲儒門，馳騁玄肆，既啓專家之學，且暢釋老之言。"

(15) 同上《崔暹傳》："魏梁通和，要貴皆遣人隨聘使交易，暹惟寄求佛經，梁武帝聞之，爲繕寫以幡花寶蓋贊唄送至館焉。"

(16)《周書·蘇綽傳》："少好學，博覽群書，………又著《佛性論》《七經論》，並行於世。"

(17) 同上《薛善附傳》："太祖雅好談論，並簡名僧深識玄宗者一百人於第內講說，又命慎等十二人兼學佛義，使內外俱通，由是四方競爲大乘之學。"

(18) 同上《儒林傳》：（A）"盧光，………解鐘律，又好玄言，……撰《道德經章句》行於世。"（B）"沈重，……學業該博，爲當世儒宗，至於陰陽圖緯、道經釋典，無不通涉。"

（19）《隋書·張照傳》："父羨，……撰《老子莊子義》，名曰'道言'，五十二篇。"

（20）同上《長孫熾傳》："建德初，武帝尚道法，尤好玄言，求學兼經史善於談論者爲通道學士，熾應其選。"

（21）《北史·儒林傳》：（A）"辛彥之，……崇信佛道，於城内立浮圖二所，並十五層。"（B）"何妥，……撰……《莊子義疏》四卷，與沈重等撰《三十科鬼神感應等大義》九卷。"

據以上所列的看來，北學窮經之士之録善釋老的，真是其數非一，《儒林傳》中的人物有劉獻之、孫惠蔚、盧景裕、李同軌、盧光、沈重、辛彥之、何妥等輩，盧何對於莊老並有著述，北之經學亦雜玄學，其證據是再顯明也没有了。皮錫瑞等據李業興一人之"少爲書生，止習五典………素不玄學，何敢輒酬"，而抹煞其他的證據，這種説法，真是太不合於當日的實際情形了。《魏書·釋老志》説："世祖即位，富於春秋，既而鋭志武功，……帝既忿沙門非法，……詔誅沙門長老，焚破佛像。"《周書·武帝紀》説："（建德三年）初斷佛、道二教，經像悉毁，罷沙門道士，並令還民，並禁諸淫祀，禮典所不載者盡除之。"在北朝，所謂佛教的"三武之厄"已占有其二，這固然有的是因爲三教之争，而所謂玄學——道佛之學——仍極典盛，實是很明顯的事實。因爲南北兩方的玄學都極盛，所以成爲：

（1）六朝義疏的發達的原因之一。因爲義疏多用講疏之名，或是由於受佛教説法的影響而然的。

（2）北學之並入南學的原因之一。因爲南學固是極帶有玄學的色彩，而北學也是傾向於玄學的。

（3）《周禮》《儀禮》之學不甚發達的原因之一。因爲《周禮》《儀禮》説理的地方較少而不合於談論之風的。（注一）

（4）三國六朝學者思想自由的原因之一。因爲玄學之風既盛而學者對於疑經疑聖可無顧慮的。

前人祇認爲三國六朝的學風與"玄"有關係而不甚理會其與"佛"亦有相當的關係，所以不知義疏的發達是多少要受佛教説法的影響的。他們既認爲北重經學不雜玄學，所以以爲北學並入南學，祇是北學向慕南學的緣故，而不知二者既道一風同，自然有此傾向的。《周禮》《儀禮》之學不甚發達，當時學者思想之極自由，在他們既不甚注意，更不説其因果了！這些且待下面再爲申説。

史學的發達，在後漢已然，據清儒姚振宗《補後漢書藝文志》所著錄的已可分十五類之多；在姚氏的《補三國藝文志》，關於史學的著述，著錄的有一八四部；黃逢元的《補晉書藝文志》關於史學的著述錄的有三二一部，四五八九卷。錢大昕《元史藝文志》說："自劉子駿校理秘文，分群書爲六略……是時固無四部之名，而史家亦未別爲一類也。晉荀勖撰《中經簿》，始分甲乙丙丁四部，而子猶先於史。至李充爲著作郎重分四部，五經爲甲部，史記爲乙部，諸子爲丙部，詩賦爲丁部，而經、史、子集之次始定。"史學在三國六朝之時之發達，真是附庸蔚爲大國，使目錄的分類，由七略而四部，其影響於經學的，當然是很可觀的。朱彝尊《經義考》上說：

胡一桂曰："干寶《周易傳》十卷，宣和四年蔡攸上其書曰：'其學以卦爻配月，或以配日，時傳諸人事，而以前世已然之跡證之，訓議頗有所據。'"

這是以史事說經，足以爲證明者一也。《宋書·隱逸傳》說：

元嘉十五年，徵（雷）次宗至京師，開館於雞籠山，聚徒教授，置生百餘人。時國學未立，上留心藝術，使丹陽尹何尚之立"玄學"，太子率更令何承天立"史學"，司徒參軍謝元立"文學"，凡四學並建。

"凡四學並建"此足爲證明者二也。史學的發達，使當時人士多了一條治學的出路，經學的發展自當受其影響，這也是值得注意的。

二　魏晉以降太學博士的增損

後漢的十四博士分掌今文諸經，這在《續漢書·百官志》有很顯明的記載。魏晉的博士，據《晉書·職官志》說：

晉初承魏制，置博士十九人，……及江左初，減爲九人。元帝末，增《儀禮》《春秋公羊》博士各一人，合爲十一人。後又增爲十六人，不復分掌《五經》，而謂之太學博士也。孝武太元十年，損國子助教員爲十人，而謂之太學博士也。

據《宋書·百官志》說：

博士，……：魏及晉西朝置十九人，江左初減爲九人，皆不知掌何經。

《魏志·杜幾傳注》引魚豢《魏略·儒宗傳》說：

樂詳，黃初中徵拜博士，於時太學初立，有博士十餘人。

《魏略》與《宋書》所說，都是較早的記載，已不得知其詳了。《魏志·

文帝紀》謂：

> 黃初……五年……夏四月立太學，制五經課試之法，置《穀梁春秋》博士。

> 初，肅善賈、馬之學，而不好鄭氏，采會同異，爲《尚書》《詩》《論語》《三禮》《左氏》解，及撰定父朗所作《易傳》，皆列於學官。

據這兩處所説，則魏代的博士，有掌《穀梁春秋》及王肅所注的八經的。《晉書·荀崧傳》説：

> 轉太常。時方脩學校，簡省博士，置《周易》王氏，《尚書》鄭氏，《古文尚書》孔氏，《毛詩》鄭氏，《周官》《禮記》鄭氏，《春秋左傳》杜氏、服氏，《論語》《孝經》鄭氏博士各一人，凡九人。其《儀禮》《公羊》《穀梁》及鄭《易》皆省不置。崧以爲不可，乃上疏曰："……世祖武皇帝應運登禪，崇儒興學，……太學有《石經》古文，先儒典訓，賈、馬、鄭、杜、服、孔、王、何、顔、尹之徒章句傳注衆家之學；置博士十九人。九州之中，師徒相傳，學士如林。……伏聞節省之制，皆三分置二，博士舊置十九人，今五經合九人，準古計今，猶未能半。……今九人以外猶宜增四，……宜爲鄭《易》置博士一人，鄭《儀禮》博士一人，《春秋公羊》博士一人，《穀梁》博士一人。"……詔曰："《穀梁》膚淺，不足置博士，餘如奏。"會王敦之難，不果行。

如若依此及《晉書·職官志》《宋書·百官志》之説，則是晉承魏制，魏的十九博士似有分掌賈、馬、鄭、杜、服、孔、王、何、顔、尹所注的各經的。不過這十九人之分掌何經，現在實在很難以詳細地確定。王静安先生在他所著的《漢魏博士考》上説：

> 《王肅傳》明言其所注諸經，皆列於學官，則鄭注五經，亦列於學官可知。然則魏時所立諸經，已非漢代之今學，而爲賈、馬、鄭、王之古學矣。……今以荀崧所舉家數，與沈約所舉魏博士員數參次之，魏時除《左傳》杜注未成，《尚書》孔傳未出外，《易》有鄭氏、王氏，《書》有賈、馬、鄭、王氏，《詩》及《三禮》鄭氏、王氏，《春秋左傳》服氏、王氏，《公羊》顔氏、何氏，《穀梁》尹氏，適得十九家，與博士十九之人數相當。沈約之説，雖他無所徵，蓋略近之矣。此十九博士之中，惟《禮記》《公》《穀》三家爲今學，餘皆古學，於是西京施、孟、梁邱、京氏之《易》，歐陽、大小夏侯之

《書》，齊、魯、韓之《詩》，慶氏、大戴之《禮》，嚴氏之《春秋》，皆廢於此數十年之間，不待永嘉之亂，而其亡可決矣。學術變遷之在上者，莫劇於三國之際，而自來無能質言之者，此可異也。

這裏所謂"學術變遷之在上者，莫劇於三國之際"，這話是一點也不錯的；因爲王肅所注諸經皆列於學官，祇此一點已足證明其變遷之劇。但是這裏王靜安先生所列的十九博士，也祇能説是"蓋略近之矣"。因爲：

(1) 據《王肅傳》來説，他所注的《論語》，也"皆列於學官"，江左博士減爲九人之時，《孝經》《論語》尚且列於學官，然則王肅所注《論語》之列學官，在他本傳所説的應當是事實。現在於十九博士中不列王注的《論語》，是否合於當日實際的情形，是很有疑問的。

(2) 據《南齊書·陸澄傳》，陸澄與王儉書説："《左氏》泰元取服虔而兼取賈逵，服傳無經，雖在注中，而傳又有無經者故也。"服虔之注，既如此之不便，服氏之注，也未必爲當時所重；當日王肅既善賈、馬之學，則是十九博士之中，應當列賈逵注的《左傳》，而是否列服注《左氏》，也應當是有疑問的。

(3) 鄭氏之學，據《舊唐書·元行冲傳》説："行冲著《釋疑論》曰：'王粲稱伊雒以東，淮海以北，康成一人而已，莫不宗焉。咸云先儒多闕，鄭氏道備，粲竊怪歡，因求其學，得《尚書注》，退而思之，以盡其意，意皆盡矣，所疑之者，猶未喻焉。凡有二卷，列於其集。'"鄭學雖受當世宗仰，而如王粲、王肅、王弼、虞翻、鍾會、李撰（注二）等人，他們都是對鄭氏加以駁難的，鄭注五經是否完全立於學官，也應當是有一點疑問的。

(4) 就荀崧的上疏所説："太學有石經古文，先儒典訓，賈、馬、鄭、杜、服、孔、王、何、顏、尹之徒章句傳注衆家之學；置博士十九人。九州之中，師徒相傳，學士如林，猶選張華、劉寔，居太常之官，以重儒教。"賈、馬、鄭、杜、服、孔、何、顏、尹之徒章句傳注衆家之學，是否與下文"置博士十九人"有極密切的關係已是很有疑問的。而且晉之博士十九人分掌何經也難考定，則魏博士十九人分掌何經也當是難考定的。

我們現在真是祇能説"蓋略近之矣"，很難以詳細地確定十九博士之分掌何經了！魏時的今文經學，除了"益部多貴今文"而外，實遠不如古文經學之盛，但陸德明《經典釋文》説"《齊詩》魏代已亡"，這却不盡然的。據《魏略·儒宗傳》説："隗禧，字子牙，京兆人也⋯⋯蒙因從問《詩》，禧説齊、韓、魯、毛四家義，不復執文，有如諷誦。"隗禧説四家義（注三），《齊詩》實在是還未亡的。

晉初博士十九人，後來簡省爲九人，誠如《晉書·職官志》《宋書·百官志》所云，在上引荀崧的疏中也可以見出的。《南齊書·陸澄傳》說：

時國學置鄭、王《易》，杜、服《春秋》，何氏《公羊》，麋氏《穀梁》，鄭玄《孝經》，澄謂尚書令王儉曰："《孝經》小學之類，不宜列在帝典。"乃與儉書論之曰："……晉太興四年，太常荀崧請置《周易》鄭玄注博士，行乎前代，於時政由王、庾，皆雋神清識，能言玄遠，舍輔嗣而用康成，豈其妄然？太元立王肅《易》，當以在玄、弼之間。元嘉建學之始，玄、弼兩立，逮顏延之爲祭酒，黜鄭置王，意在貴玄，事成敗儒。今若不大弘儒風，則無所立學。衆經皆儒，惟《易》獨玄，玄不可棄，儒不可缺。謂宜並存，所以合無體之義。且弼於注經中已舉《繫辭》，故不復別注，今若專取弼《易》，則《繫》說無注。《左氏》太元取服虔，而兼取賈逵經，服《傳》無經，雖在注中，而《傳》又有無經者故也。今留服而去賈，則經有所闕。案杜預注《傳》，王弼注《易》，俱是晚出，並貴後生。杜之異古，未如王之奪實；祖述前儒，特舉其違；又《釋例》之作，所弘惟深。《穀梁》太元舊有麋信注，顏益以范甯，麋猶如故。顏論閺分范注，當以同我者親。常謂《穀梁》劣，《公羊》爲注者又不盡善，竟無及《公羊》之有何休，恐不足兩立；必謂范善，便當除麋。世有一《孝經》，題爲鄭玄注，觀其用辭，不與注書相類，案玄自序所注衆書，亦無《孝經》。"儉答曰："《易》體微遠，實貫群籍，……豈可專據小王，便爲該備，依舊存鄭，高同來說。……"

陸澄與王儉的這一封書，使我們明瞭許多的事情：

（1）是關於《周易》的。《隋書·經籍志》說："梁、陳鄭玄、王弼二注列於國學，齊代唯傳鄭義，至隋王注盛行，鄭學浸微，今殆絕矣。"這裏的記載明說時國學置鄭、王《易》，則是《隋志》所云："齊代唯傳鄭義。"這話是不可信的。《北史·儒林傳序》說："大抵南北所爲章句，好尚互有不同，江左《周易》則王輔嗣，《尚書》則孔安國，《左傳》則杜元凱；河洛：《左傳》則服子慎，《尚書》《周易》則鄭康成。"這一封書中明說"舍輔嗣而用康成""依舊存鄭，高同來說"。是則說是"江左《周易》則王輔嗣"，這話也祇是"大抵"而已。王肅《易》在南朝也立過學官。《北史·儒林傳》又說："河南及青、齊之間，儒生多講王輔嗣所注。"並足證"南北所爲章句，好尚互有不同"，祇是一般的傾向。

（2）是關於《穀梁》的。《隋書·經籍志》說："晉時杜預又爲《經傳集解》。《穀梁》范甯注,《公羊》何休注,《左氏》服虔、杜預注,俱立國學;然《公羊》《穀梁》,但試讀文而不能通其義,後學三傳通講,而《左氏》唯傳服義,至隋杜注盛行,服義及《公羊》《穀梁》浸微,今殆無師說。"據這一封書看來,《穀梁》范甯注的立於國學,是在顏延之爲祭酒之時,在晉時是尚未立的。至於所謂"《公羊》《穀梁》但試讀文,而不能通其義","《左氏》唯傳服義",這話是更錯了!(注三)《四庫總目〈隋書〉提要》說:"惟《經籍志》編次無法,述經學源流,每多舛誤。"提出關於伏生《尚書》、衛宏《詩序》、小戴《禮記》三事爲證。實在《隋志》是"每多舛誤"的。

(3) 是關於《孝經》鄭注的。陸澄以爲"觀其用辭,不與注書相類",懷疑其非鄭玄所注。這是關於此書第一次的爭辯。劉知幾、司馬貞在唐代也爭辯過。(《唐會要》七十七),王應麟《困學紀聞》說:"《孝經》鄭氏注,陸德明云:'與康成注五經不同'。今按,康成有'六天'之說(見《禮記·郊特牲正義》),而《孝經注》云:'上帝,天之別名',故陸澄謂不與注書相類。"《孝經鄭注》雖立學官,委實是可疑的。清儒如鄭珍、皮錫瑞皆對此書極其袒護,然而還是不曾解決的。

要之,這一段記載是談東晉、宋、齊博士與經注的關係所不可不知的。

《南齊書·百官志》說:"博士謂之太學博士,國子祭酒一人,博士二人,助教十人。……總明觀祭酒一人……泰始六年以國學廢,初置綜明觀'玄''儒''文''史'四科,科置學士各十人……建元中掌治五禮,永明三年國學建,省。"《隋書·百官志》說:"國學有祭酒一人,博士二人,助教十人。太學博士八人。又有限外博士員。天監四年置五經博士各一人。舊國子學生限以貴賤,帝欲招來後進,五館生皆引寒門雋才,不限人數。"《魏書·儒林傳》說:"道武初定中原,立太學,置五經博士。"《劉芳傳》說:"太和二十年發敕立四門博士,於四門置學。"這些則祇足見博士增損之跡而已。

三 經傳的分合與經傳的集解

在魏晉的時候,經學的發展上,有一可注意的事件,則經典傳的合併是也。本來在《漢志·六藝略》著錄的各經:《周易》是十二篇,上下經及《十翼》,是各自分開的;《尚書》古文經是四十六卷,今文經是二十九卷,不論除《書序》計或是加《書序》計,《書序》與本文也是分開的;《三家詩》二十八卷,《毛詩》二十九卷,《毛序》與《詩經》原來也是分開的;《儀禮》的記,或者原附於經;《春秋左氏》經十二篇,《公羊》經十一卷,與《左氏傳》三十卷,《公羊傳》十一卷,《穀梁傳》十一卷,也是分開計算的。除了

《毛詩》，據《鄭箋》説，"其義則與衆篇之義合編，毛公爲詁訓傳，乃分衆篇之義各置於篇端"。其《序》與經相合較早而外，《書》《易》《春秋》經、傳、序的合併，應該是在這時期纔完成的。據《魏志·高貴鄉公紀》説：

> 帝幸太學，……問曰："孔子作《彖》《象》，鄭玄作注，雖聖賢不同，其所釋經義一也。今《彖》《象》不與經文相連，而注連之何也？"俊對曰："鄭玄合《彖》《象》於經者，欲使學者尋省易了也。"
> 帝曰："若鄭玄合之，於學誠便，則孔子曷爲不合以瞭學者乎？……"

高貴鄉公之問，明言"今《彖》《象》不與經文相連"，則是當時經與《彖》《象》還未合並的。以《彖》《象》合於經，實始於王弼注。孔穎達《周易正義》説：

> 夫子所作《象》辭，元在六爻經辭之後，真自卑退，不敢於亂先聖正《象》之辭。及至輔嗣之意，以爲《象》者本釋經文，宜相附近，其義易了。故分爻之《象》辭，各附其當爻下言之，猶如元凱注《左傳》，分經之年與傳相附。

《正義》這個説法極其明瞭，《魏志》所説實是錯了的。清儒李遇孫的《六朝經術流派論》説："此時方論《彖》《象》不與經連，何轉云合之耶？方疑《鄭注》與經文相連，何忽及《彖》《象》之合不合耶？此史家承上文有《彖》《象》二字而誤之耳。"這種説法，甚有理由。但是他還未舉出極好、極強有力的證據。陸德明《經典釋文·序錄》説：

> 鄭玄注十卷。錄一卷，《七錄》云："十二卷"。
> 王弼注七卷；注《易》上下經六卷，作《易略例》一卷。

後來的《崇文總目》也説：

> 《周易》一卷，鄭康成注。今惟《文言》《説卦》《序卦》《雜卦》合四篇，餘皆逸。

大概《七錄》所列，或是鄭注原本，經上下及《十翼》共十二卷，是《鄭注》不合《彖》《象》的明證。後來的人又有所改易，所以《隋志》與《七錄》不同。《崇文總目》的《鄭注》中《文言》猶是單行，更可爲《鄭注》不合《彖》《象》的旁證。要之，《易》的經、傳的合併，自王弼注而始完成如今之式，這是可無疑義的。

《尚書》的序與經文相連自僞《孔傳》始，僞孔安國《尚書序》云：

> 《書序》序所以爲作者之意，昭然義見，宜相附近，故引之各冠其篇首。

是《書》序與經文相連，始於王肅的僞《孔傳》。杜預《左氏春秋經傳集解》云：

> 分經之年與傳之年相附，比其義類，各隨而解之，名曰《經傳集解》。

是《左氏傳》與經文相附，始於杜預的《左氏春秋經傳集解》。經與傳的合併，大都是魏晉人所爲是很明顯的。孔穎達《毛詩疏》説："漢初爲傳訓者，皆與經別行，三傳之文，不與經連，故《石經》書《公羊傳》皆無經文。……毛爲詁訓，亦與經別也。及馬融爲《周禮》之注，乃云欲省學者兩讀，故具載本文。然則後漢以來，始就經爲注，未審此詩引經附傳，是誰爲之？"陳立《公羊義疏》説："蔡邕《石經》《公羊》殘碑無經，《解詁》亦但釋傳也。分經附傳，大抵漢後人爲之。"試看《隋志》王愆期的《春秋公羊經傳》十三卷，范甯的《春秋穀梁傳》十二卷，這兩種都是經傳並注的，晉時《公》《穀》經傳當已相連。（《四庫穀梁注疏提要》："范甯《集解》乃並經注之，疑即甯之所合。"）大概經、傳併合，魏晉人所爲者居多。我們如説三國六朝經學的發展，使經傳的篇籍漸漸地由分而合，這大概總是可以的。

現在再請説一説當日的集解。

(1) 標題爲注的集解。集解的意義，依何晏的《論語集解叙》説："今集諸家之善説，記其姓名，有不安者，頗爲改易，名曰《論語集解》。"則是鄭玄的《周禮注》，采取鄭興、鄭衆、杜子春三家之説，而在諸家注下或用己意以破諸家，名雖爲注，已是集解的體例了。這是一種名爲注而實爲集解的。後來當然更多。

(2) 何晏的《論語集解》。《論語集解叙》下署："光禄大夫關内侯臣孫邕，光禄大夫臣鄭沖，散騎常侍中領軍安鄉亭侯臣曹羲，侍中臣荀顗，尚書駙馬都尉關内侯臣何晏等上。"《四庫總目論語義疏提要》説："晉書載鄭沖與孫邕、何晏、曹羲、荀顗等共集《論語》諸家訓詁之善者，義有不安，輒改易之，名《集解》。亦兼稱五人。今本乃獨稱何晏，……何晏以親貴總領其事歟？"據此，何晏式的集解，並非晏一人所爲，這可以説是一種官修式的集解。現在我們引用何晏《集解》，如若認爲何晏一人之意，而大講其哲學思想，實在是還有問題的。

(3) 杜預的《經傳集解》。杜預的《自叙》説："分經之年與傳之年相附，比其義類，各隨而解之，名曰《經傳集解》。"孔穎達的《疏》説"杜言集解，謂聚集經傳爲之作解，何晏《論語集解》乃聚集諸家義理以解《論語》，言同而意異也"。

(4) 劉兆的《三家集解》。《晉書·儒林傳》説："劉兆，……武帝時，五辟公府，三徵博士，皆不就。……以《春秋》一經而三家殊途，諸儒是非之議紛然，互爲讎敵。乃思三家之異，合而通之。《周禮》有調人之官，作《春秋調人》七萬餘言，皆論其首尾，使大義無乖。時有不合者，舉其長短以通之。又爲《春秋左氏解》，名曰《全綜》，《公羊》《穀梁》解詁皆納經傳中，朱書以別之。"劉兆的著作，在《隋志》題爲《春秋公羊穀梁傳》，在《舊唐志》題爲《春秋公羊穀梁左氏集解》，在《新唐志》題爲《三家集解》。"三家集解"或非本名，然而《劉兆傳》上明說"《公羊》《穀梁》，解詁皆納經傳中"，則明明是三家集解了。他在武帝時對於《春秋》三傳已有"舉其長短以通之"的說法，他實是開范甯的擇善而從之風的。《隋志》又說："梁有《春秋集三師難》三卷，《春秋集三傳經解》十卷，胡訥撰。今亡。"嚴可均《全晉文編》曰："胡訥，永和末太學博士。"《通典》五十九："升平元年八月，符問：迎皇后大駕應作樂不？胡訥議婚不舉樂。"升平是晉穆帝永和之末改的年號。范甯《穀梁傳集解自序》說："升平之末，歲次大梁，先君北蕃迴軫，頓駕於吳，乃帥門生故吏，我兄弟子姪，研講六籍，……"范甯的《集解》比較劉兆的固晚，比胡訥的也晚，有人以爲范甯的"擇善而從"是具有革命精神，殊不知劉兆、胡訥更要算是這革命的急先鋒的。

（5）無主名的集解。這一類無主名的集解，《隋志》著錄的如：（A）《周易馬鄭二王四家集解》十卷。（B）《周易荀爽九家注》十卷。（C）梁有《尚書音》五卷，孔安國、鄭玄、李軌、徐邈等撰。（D）梁有《毛詩》二十卷，鄭玄、王肅合注。亡。（E）梁有《毛詩音》十六卷，徐邈等撰。（F）《春秋穀梁傳》四卷，殘缺，張、程、孫、劉四家集解。這一類的集解，明是魏晉以後學者，雜取諸儒之說，集而錄之以爲集解。陳振孫《書錄解題》以《周易荀爽九家注》就是《淮南九師說》（《漢志》：《淮南道訓》二篇，淮南王安聘明《易》者九人，號九師說）。朱震以爲是荀爽所集的，這都是錯誤的。陸德明《經典釋文》說："不知何人所集，稱荀爽者，以爲主故也。"惠棟《易漢學七》謂："九家易，魏晉以後人所撰，其說以荀爽爲宗，朱氏遂謂爽所集，失之。"這一類的集解祇是便於講誦的一種"合本"，與其他《集解》是不可相提並論的。

（6）陸德明的《經典釋文》。爲經籍作音訓也是三國六朝經學發展上很可注意之事。陸德明《經典釋文》主張"孫炎始爲反語"，因而他主張"漢人不作音"；後鄭玄對於《書》《詩》作音，祇是"後人所託"，但他對於王肅作音則並不懷疑的。其實依據前儒及近來的考訂，"反切"實不始於孫炎，鄭玄對於羣經作音，本來是可以信任的（參看吾友劉盼遂先生《文字音韻學論叢》

之《反切不始於孫叔然辨》，人文書店出版）。各經的音義，在鄭玄、王肅以後，學者頗多專爲注釋的，這自然要有人出而采集魏晉以降各經音訓而爲之"集解"了；陸德明《經典釋文》實在就是做這種工作的。在他的《條例》中說："其音堪互用，義可並行，或字存多音，衆家別讀，苟有所取，靡不畢書，各題姓氏，以相甄識。"這與何晏所謂"集諸家之善説，各姓記名"，其辦法正是相同的。所以陸氏的《經典釋文》也可以説是集解的一種，不過他所集的祇是音義，一部份的集解而已。

要之，三國六朝經學的發展，因爲注釋經的較多了，逐漸有集解式的説經的書，這實在是一種進步，至其式樣有五六種之多，則更足以見其發達之盛。

四　義疏之興起及義疏之内容

義疏的發達在南北朝是很顯見的，但是義疏究竟起於何時，以及義疏興起的原因，這是舊來所不注意的問題。近來有的以爲義疏的興起完全歸之佛教的影響，這實在是不對的。依據《隋志》來看，《隋志》説：

梁有《尚書義疏》四卷，晉樂安王友伊説撰，亡。

梁有《毛詩義疏》十卷，謝沈撰，亡。

《毛詩草木蟲魚疏》二卷，烏程令吳郡陸璣撰。

現在祇就這三種來看，馬上就告訴我們至少義疏起於晉代，"疏"名起於陸璣。伊説的《尚書義疏》，在新、舊《唐志》雖作《釋義》，而《隋志》據《七録》作"義疏"，其性質必是合乎義疏的。《晉書·文六王傳》："樂安平王鑒，武帝踐祚，封樂安王，帝爲鑒及燕王機高選師友"。"伊説當即師友中之明經者"。（用黄逢元《補晉書經籍志》語）《晉書·謝沈傳》説，"康帝即位，徵爲太學博士"。謝氏的義疏，則是成於東晉時。《釋文·叙録》謂陸璣爲吳太子中庶子烏程令，則璣爲三國時人，陸疏與後來的疏雖不同，然而已用疏的名稱，則三國時已有疏之名了！皮錫瑞《經學歷史》於《經學分立時代》説："南北諸儒，……倡爲義疏之學，有功於後世甚大。"殊不知在晉武帝時已有伊説的義疏，三國時已有疏之名的，並非"南北諸儒"纔"倡爲義疏之學"！

如果再進一步的考察，恐怕所謂疏也者，就其實質上來説，在後漢之末已經發生了！《後漢書·孔奮傳》説："奮晚有子嘉，官至城門校尉，作《左氏説》云。"章懷太子《注》説："説，猶今之疏也。"隋、唐《志》都不著録孔嘉的《左氏説》，《釋文·序録》則謂"侍中孔嘉字山甫，扶風人，注解《左氏傳》"。章懷太子的話是未必可信的。但是"疏"是解"注"的，如若依此體裁來看，則所謂鄭玄的《詩箋》，在實際上已是具有"疏"的性質的一部書。我們決不可因爲他叫做"箋"而不叫做"疏"，於是將其内容忽略過去的。所謂《毛傳》者，其實就是"注"。孔穎達《尚書疏》說："大率秦漢之際，多名爲'傳'；於後儒者，以其傳多，或有改之，別云'注解'者；仍有同者，以當時之意耳。"賈公彦《周禮疏》說："注者於經之下自注己意，使經義可申，故云'注'也，孔君、王肅之等則言'傳'，傳者使可傳述；若然，或云注，或云傳，不同者，立意有異，無義例也。"《毛傳》與"注"是没多大分別的，鄭康成的"箋"《詩》，無論如何，他不惟是釋經而且是釋注（傳）的。《六藝論》說："注《詩》宗毛爲主，其義若隱略，則更表明，如有不同，即下己意，使可識别也。"《毛詩疏》說："鄭以毛學實備，遵暢厥旨，所以表明毛意，記識其事，故特稱'箋'，餘經無所遵奉，故謂之'注'。""以毛爲宗，表明毛意"，正是後來疏家奉某注爲宗，而更加以疏通證明的辦法。不過後來的"疏"，解釋的較多，而大半用什麽"義""疏""講疏""述義""大義"等等名稱，不多用所謂"箋"，遂使我們忘了《鄭箋》實是義疏的一種。《毛詩》"關關雎鳩，在河之洲"，《鄭箋》說："摯之言至也，謂王雎之鳥，雌雄情意至，然而有别。"這裏不釋經文，祇解《毛傳》"摯而有别"，不是"疏"的體裁，他總應當有一句話釋經的了！後來的疏，也有不注重專釋注文的，也有不一定尊注如經的（詳下），拿鄭玄的《詩箋》與這一類的疏相比，其程度之差異實相去不甚遠，我們如謂《鄭箋》爲義疏之濫觴，實未嘗不可也。

義疏的興起，說早一點，是在漢末；說晚一點，則在晉初；其發達的原因不是受佛教的影響是極顯明的。那而是因爲要專主一家的注來講經，注意隱晦之處則不得不加以疏解。論其興起，也當是由於不得不然之勢。佛教在漢末以至晉初，約當三國六十餘年間，在中國尚未十分發達，此時的經學是没有受到佛經的什麽影響的。

至於義疏的發達，在南北朝的時代，算是最盛的時候。但是義疏爲什麽這麽這樣發達，至少也有兩個原因可說：

1. 從經學本身上來說

（A）關於《詩》的，有鄭、王之爭，《釋文·叙録》說："魏太常王肅，更述毛申鄭，荆州刺史王基駁王肅申鄭義，晉豫州刺史孫毓爲《詩評》，評毛、鄭、王肅三家異同，朋於王，徐州從事陳統難孫申鄭。《隋志》著録的又有魏秘書郎劉璠的《毛詩義》四卷、《毛詩箋傳是非》二卷。

（B）關於《書》的，如王粲的《尚書問》二卷（見《舊唐書·元行沖傳》），田瓊、韓益的《尚書釋問》四卷（據《隋、唐志》、《新唐書·藝文志》），是鄭玄、王粲之爭；如《隋志》的"《尚書義問》三卷，鄭玄、王肅及晉五經博士孔晁撰。梁有《尚書王氏傳問》二卷，《尚書義》二卷，范順問，吳太尉劉毅答"。是鄭玄、王肅之爭。

（C）關於《禮》的，姑以《聖證論》來說，有馬昭的《聖證論難》，張融的《聖證論評》，孔晁的《聖證論答》（馬國翰《輯本序》：今以諸引馬昭、張融參孔晁說而黨於王，則晁固王學輩之首選也），也是鄭、王之爭。

（D）關於《易》的，干寶《搜神記》說："弼注《易》，笑鄭康成爲老奴。"《宋書·隱逸傳》說："關康之，……少而篤學，晉陵顧悅之難王弼《易》義四十餘條，康之申王難顧，遠有情理。"《魏志·鍾會傳》："嘗論《易》無互體。"《隋志》："梁有《周易無互體論》三卷，鍾會撰。"而《晉書·荀顗傳》說"顗難鍾會《易互體》，見稱於世。"這是《易》也有爭論的。

（E）關於《春秋》的，則有服、杜之事，如崔靈恩與虞僧誕（《梁書·儒林傳》），王元規之與梁代諸儒（《南史·儒林傳》），衛冀隆之與劉休和賈思同（《魏書·賈思同傳》）（注四），姚文安、秦道靜之與李崇祖（《北史·儒林傳》），當時學者對於注家有所爭持，他們要疏解他們之注是必然的。

2. 從講學的風氣來說

當時的義疏，很多以講疏爲名的。如《隋志》："《周易義疏》十九卷，宋明帝集群臣講。梁又有《國子講易議》六卷，《宋明帝集群臣講易義疏》二十卷，《齊永明國學講周易議疏》二十六卷。"足見這些義疏是開講的講稿，或是講後的記載（《出三藏記集》卷八《毗摩羅詰提經義疏序》："是以即於講次，疏以爲記。"可以參證）。《南史·儒林傳》說："……（嚴）植之館在潮溝，生徒常百數，講說有區段次第，析理分明。每當登講，五館生畢至，聽者千餘人。""（崔）靈恩聚徒講授，聽者常數百人，……解析精理，甚有精致。……除國子博士，講衆尤盛。"一般講學的風氣也與後漢不同，決不是"鄭玄在馬融門下，三年不得相見，高足弟子傳授而已"的情形了。講說要有區段次第，析理分明，而於經又奉一家之注爲主，這也是促成義疏的發達的。惟是這種講經之法，或緣於當時佛教說法的影響，或是受當時喜言名理的影響，證以老、莊的講疏在當時也發達，則是由於經學本身的原因要少，而受當時玄學的原因爲多。但是經學的發展，在本身上也可以促成義疏的發達，若一概地歸之於玄學的原因，那就未免看得太簡單了。

以上說的義疏的興起及義疏的發達，以下再說義疏的內容。

六朝義疏的內容，因爲見存者少，亡佚者多，在現在是很難以詳細地說明的。但是我們可以由皇侃的《論語義疏》以考見"南學"義疏的大概,我們似乎也可以用北齊時的《公羊徐疏》(注五)以考見"北學"義疏的大概,最好的方法是利用唐人各經義疏對於六朝義疏的批評和唐人各經義疏所用六朝義疏的地方來考見六朝義疏的内容,這樣子是可以比較多得一點當日的情形的。現在先將《五經正義》對於六朝義疏的批評抄列於下方:

(1)《周易正義序》:"其江南義疏,十有餘家,皆辭尚虛玄,義多浮誕。原夫易理難窮,雖復玄之又玄,至於垂範作則,便是有而教有,若論住内住外之空,就能就所之説,斯乃義涉於釋氏,非爲教於孔門也。……又不顧其注,妄作異端。"

(2)《尚書正義序》:"其爲正義者,蔡大寶、巢猗、費甝、顧彪、劉焯、劉炫等,其諸公旨趣,多或因循怗釋注文,義皆淺略,惟劉焯、劉炫,最爲詳雅,然焯乃織綜經文,穿鑿孔穴,詭其新見,異彼前儒……炫嫌焯之煩雅……義更太略,辭又過華。"

(3)《毛詩正義序》:"其近代爲《義疏》者有全緩、何胤、舒瑗、劉軌思、劉醜、劉焯、劉炫等……然焯、炫等負恃才氣,輕鄙先達,同其所異,異其所同,或應略而反詳,或宜詳而更略,準其繩墨,差忒未免,勘其會同,時有顛躓。"

(4)《禮記正義序》:"其爲義疏者,南人有……皇甫侃等,北人有……熊安(生)等……熊則違背本經,多易外義,猶之楚而北行,馬雖疾而去踰遠矣。又欲釋經文,唯聚難義,猶治絲而棼之,手雖繁而絲益亂也……皇氏雖章句詳正,微稍繁廣,又既遵鄭氏,乃時乖鄭義……此皆二家之弊,未爲得也。"

(5)《春秋左氏傳正義序》:"其爲義疏者,則有沈文阿、蘇寬、劉炫。然沈氏於義例粗可,於經傳極疏;蘇氏則全不體本文,唯旁攻賈、服;……劉炫於數君之内,實爲翹楚,然……其理致難者,乃不入其根節,又意在矜伐,性好非毁,規杜氏之失,凡一百五十餘條,習杜義而攻杜氏,猶蠹生於木而還食其木,非其理也。"

由以上(1)的"斯乃義涉於釋氏,非爲教於孔門也……又不顧其注,妄作異端",我們知道六朝的玄學,漸漸由老莊而傾向於佛,所以就是王弼以老莊之旨注《易》,後來也瞧不起,而大談其"住内住外"之空的佛理了!所以他們的疏對於注旨是無意遵守的。由(2)"詭其新見,異彼前儒,……炫嫌焯之繁雜……義更太略,辭又過華",我們知道當日的風氣,是好有新的意見,而思想比較自由。劉炫的"辭又過華""雖爲文筆之善",也足以見"北學"之亦有文學的色彩,所謂明經之士也不免於右文的。由(3)的"或應略而反詳，或宜詳而更略，準其繩墨，差忒未免"，我們知道當日的義疏並無一定的規矩準繩，而其内容決不像《五經正義》之比較有體例。《五經正義》在内容上雖未必比六朝義疏進步，而在體例上，據其評論前人，應當比較進步的。由(4)的"熊則違背本經經，多引外義……欲釋經文，唯聚難義……皇氏雖章句詳正，微稍繁廣"，我們知道《北史·儒林傳序》所云"北學深蕪，窮其枝葉"，這話在熊氏的義疏中也可以看出來的。"多引外義""唯聚難義"，這確是不畏深蕪，窮其枝葉的表現。由(5)的"於義例粗可，於經傳極疏"，則亦可推見《北史》所云"南學約簡，得其英華"的大概。"於經傳極疏"可以說是好約簡；"於義例粗可"，或是得其英華。《五經正義》對於六朝義疏的批評雖極簡略，不惟告訴我們内容的一斑，而且告訴我們南北的風氣了！但是我們所要注意的是：(1)的"妄作異端"，(2)的"詭其新見"，(3)的"輕鄙先達"，(4)的"遵鄭氏而時乖鄭氏"，(5)的"習杜而攻杜氏"，這些都是思想極端自由的表現，在各經的學者都是如此的。所以劉炫的《左氏述議》能有"其處者爲劉氏"不是《左氏》的原文（《左傳·文公十三年》正義），"《國語》非邱明所作"（《左傳·襄公二十九年》正義），這樣大膽的意見。劉毓崧《尚書舊疏考證》說：

　　唐人作疏，不敢輕議注家，豈敢疑經疑聖。此（"靜言庸違，象恭滔天"）疏云："虞史欲彰舜德，歸過前人"，是疑《尚書》也。又云："《春秋》史克以宣公比堯舜，辭頗增甚。"是疑《春秋傳》也。又云："知此等並作下愚，未有大惡"，是疑堯舜也。以此疏推之，他疏凡疑本經，疑他經，疑聖人者，皆六朝舊疏，非唐人筆也。

在唐初的《五經正義》中有此"疑經""疑聖"的論調，而《尚書》等《正義》"名爲新義，實襲舊文"，這種論調當然是沿襲六朝舊疏的。那時思想自由，敢於疑經非聖，自是因受玄學的影響而然。這種風氣，經唐人《五經正義》的傳播，加以唐人思想也很自由，於是有劉子玄之"疑古""惑經"，於是有啖助、趙匡之排棄三傳，而影響到韓、柳之"以識古書之眞僞爲年之進退"，更影響到宋儒之"疑古""考古""改注"等等運動，眞是"論先河後海之義，亦豈可忘篳路藍縷之功乎"？

皇侃的《論語義疏》對於注文並不完全作疏，如《學而》篇"其爲人也孝弟"章，《先進》篇"從我於陳、蔡者"章，例證甚多，而他采集四五十家之說，好像是擴大的集解一般。在他稍前的雷次宗的《略注喪服經傳》一卷（《隋書》），在梁僧慧皎《高僧傳》說：

　　慧遠內通佛理，外善群書，時講《喪服經》，雷次宗、宗炳等並執卷承旨。次宗後別著《義疏》，首稱雷氏，宗炳因寄書嘲之曰：
"昔與足下共於釋和尚間面受此義，今便卷首稱雷氏乎？"……

在梁僧的心目之中，"義疏"竟與"略注"無別，可知所謂義疏也者，在先原與箋注之意義與形式無大分別。而皇侃《論語義疏》是比較進步的，且保留着集解的意味，傳注、集解、箋疏演進之跡，我們於此固可見其大略；說鄭玄《〈毛詩傳〉箋》具有義疏的雛形，於此更可以確切的證明的。

徐彥《公羊傳疏》援引賈、服經說以正經文同異，兼言"聲勢""反語"以正經傳音讀，可爲"北學深蕪，窮其枝葉"之證。與皇侃《論語義疏》的"自形器以上，名之爲無，聖人所體也；自形器而還，名之爲有，賢人所體也。"（《爲政》篇"吾與回言"章）指尚虛玄，文多儷偶，是不大相同的。這裏爲篇幅所限，對於二者且不多說了。

五　所謂三傳之學及其他

《北史·列傳第六十九》說："漢世鄭玄並爲衆經注解，服虔、何休各有所說。玄《易》《詩》《書》《禮》《論語》《孝經》，虔《左氏春秋》，休《公羊傳》，大行於河北。"這話是並不錯的。但是又說："河北諸儒，能通《春秋》者，並服子慎所注……河外儒生，俱伏膺杜氏。其《公羊傳》《穀梁傳》二傳，儒者多不厝懷。"這話則有些不盡然。但是《經典釋文序錄疏證》也說："二傳近代無講者，恐其學遂絕。"《隋志》也說："然《公羊》《穀梁》，但試讀文，而不能通其義。後學三傳通講……服義及《公羊》《穀梁》浸微，今殆無師說。"真令人覺得《公》《穀》之學在六朝時竟無人去理會他們的。皮錫瑞更謂："《北史》……《儒林傳》載習《公羊春秋》者，止有梁祚一人，而劉蘭且排毁《公羊》。則此所云《公羊》大行，似非實錄。"皮氏也正是因《經典釋文序錄疏證》《隋志》之說而誤信《北史》後說"《公羊》《穀梁》二傳，儒者多不厝懷"而然的。這一點實不可以不辨。現在略爲分述於下：

（1）"休《公羊傳》，大行於河北。"《魏書·高允傳》說："尤好《春秋公羊》。"《劉芳傳》說："芳撰……何休所注《公羊音》。"《隋書》有"《春秋公羊解序》一卷"，鮮于公撰，又有"《春秋公羊疏》十二卷"。鮮于公當即《北史·列傳第六十九》的鮮于靈馥。徐彥《公羊傳疏》近來也考定爲北齊人作的。好《公羊傳》的不止梁祚一人，唯一的疏又出於河北，此外更有三傳並習的人，這已足見《公羊傳》之大行了！劉蘭排毁《公羊傳》，《北史·列傳第六十九》說："由是見譏於世。"可見當時興論是贊成《公羊傳》的，這也足見"大行於河北"之說並不算錯。皮氏以爲似非實錄，未免太武斷了！

(2)"《公羊》《穀梁》二傳，儒者多不厝懷"。三傳通習者，《魏書·列傳第三十三·辛紹先》有辛馥，《北史·列傳第六十九》有劉獻之、孫惠蔚，《列傳逸士第七十八》有李謐。《北齊書·儒林》有李鉉、張雕、孫靈暉、潘叔度。《周書》有陳達、熊安生。《隋書·列傳第四十》有房暉遠、劉炫，《隋書·列傳第三十一·郎茂》有郎茂、張率禮，《隋書·列傳第四十二·隱逸》有張文詡。説是"儒者多不厝懷"，這祇能説是一個大概情形，皮氏據以爲實，也是錯了的。南方儒者，如周續之之於《公羊傳》，孔默之之於《穀梁傳》（《宋書·隱逸傳》），劉之遴之《三傳同異十科》（《梁書》本傳），崔靈恩之《公羊穀梁文句義》，沈文阿之治三禮三傳。也不是"近代無講者，但試讀文而不能通其義"的。

這時的三傳之學，據以上所列，或者南不如北之盛，南不如北之兼及《公羊傳》《穀梁傳》者多。到了唐代才真是《左氏》盛行，二傳幾絶。

三禮之學在六朝是盛而又盛的，但是治《周禮》《儀禮》的遠不及治《禮記》者之多，《北史·儒傳林序》説："諸生盡通《小戴禮》，於《周禮》《儀禮》兼通者十二三焉。"其實不止北朝如此，在南方也是這樣的。後來唐《五經正義》祇有《禮記》的正義而無《周禮》《儀禮》的正義，其原因正在此，鄭樵説："孔穎達奉詔撰《五經正義》……獨疑《周禮》《儀禮》非周公書，不爲義疏。"這話殊無以見其然。

南北學之分合，除了玄學的這一原因外，當然還有政治的、經濟的等等原因。而南學所用的注本實在比北學要好，要方便，要完全（在當時看來），所以早就在河南及青、齊之間，儒生多講王輔嗣所注。而"杜預注《左氏》，預玄孫坦，坦弟驥於劉義隆世並爲青州刺史，傳其家業，故齊地多習之。"（《魏書·列傳儒林第七十二》）北方之採用南學已非一日，南北學之合併是漸變的，當然隨着政治局面的統一，經濟狀況的進步等等，而北方亦要全講南學，很容易構成統一的局面的！皮錫瑞説："天下統一，南併於北；而經學統一，北學反併於南，此不隨世運爲轉移者也。"他還是對於"北學所以併入南之故，尚未瞭然"！

注：

注一：《世説新語·言語第二》載："劉尹與桓宣武共聽講《禮記》，桓云：'時有入心處，便覺咫尺玄門。'"足爲《禮記》與玄相近之證。

注二：《尚書左文疏證》載："撰著古文《易》《尚書》……皆依準賈、馬，異於鄭玄，與王氏殊隔。"

注三：關於此點，陳漢章《經學通論》已略有説。

注四：自來對於此事多不甚注意，茲將原文錄如下："國子博士遼西衞冀隆爲服氏之學，上書難杜氏《春秋》六十三事，思同復駁冀隆乖錯者十一條，互相是非，積成十卷，詔下國學，集諸儒考之。未竟而思同卒。後魏郡姚文安、樂陵秦道靜復述思同意。冀隆亦尋物故，浮陽劉休和又持冀隆義。至今未能裁正焉。"

注五：詳見《師大國學叢刊》一卷一號吳承仕先生《公羊徐疏考》。

（原載北平《師大月刊》第十八期，一九三五年四月）

校點《古學考》序

　　井研廖季平先生是清末的一位經學大師。他在一八八六年（清光緒十二年丙戌）刊行所著《今古學考》；隔了八年之後，在一八九四年（清光緒二十年甲午），因爲他的《今古學考》"歷經通人指摘"，他又作成這一部《古學考》來"辨明古學之僞"。這書主張"今學傳於游、夏，古學張於劉歆；今學傳於周秦，古學立於東漢；此今古正變之分，非秦漢以來已兩派兼行也"。這樣子一反其舊說，其態度略與康有爲《新學僞經考》相同（康書刊行於一八九一年），且有兩處（本書頁一九，二九）明用康氏之說的。

　　這書在許多地方對於他的舊說都大加以改訂，實在是比較地有進步之作，但是也還有一些地方未說到的。例如在《今古學考·今古學宗旨不同表》中，他以爲"先秦子書皆今學"，而在《兩戴記·今古學分篇目表》中，又將從《荀子·禮論》篇抄出來的《三年問》列在古學一類，這是很顯然的一個矛盾。在《今古學統宗表》中，他以爲"《穀梁》全同《王制》"，而其實《穀梁傳》《王制》是不盡相合的。《王制》說："天子諸侯無事則歲三田。"《穀梁傳·桓公四年》却說："四時之田，皆爲宗廟之事也。春曰田，夏曰苗，秋曰蒐，冬曰狩。"《王制》與《公羊傳》："春曰苗，秋曰蒐，冬曰狩"歲三田正相合，與《穀梁傳》不合的。在《今古學考》卷下，他說："《公羊》說：'臣子先死，君父名之。'《左氏》說：'既沒，稱字而不名，'許（慎）以爲《穀梁》同《左氏》。按此皆後師附會之說，於經傳無明文，同異……"實則《穀梁傳·桓公二年》明說："子既死，父不忍稱其名；臣既死，君不忍稱其名。"廖氏以爲傳無明文，自是一時間的疏忽。這些地方在這書中都未加脩正，或者因爲這不是重要得了不得的問題。

　　至於經今古文的問題，這本是一件很不容易解決的公案；這一問題如若重新提出討論之時，是應當：第一，對於這兩派最初爭論的要點——古文經傳的真僞問題，予以謹嚴的考辨；第二，對於這兩派因經立說的主旨——今古經說的同異問題，予以詳細的劃分。這兩派的發生，實在是各有各的時代背景，各有各的相當立場，而其興替變化，都是有不得不然之勢的；如若不明了這一點，對於這一問題也是無從獲得解決的途徑的。廖氏在兩書中所用的方法都欠精密，當然他的立說是不免有許多錯誤和混淆不清的地方，然而這不是說他無相當的成功。

本來古文經傳的真偽問題，在劉歆爭立古文經的時候，師丹謂其"改亂舊章，非毀先帝所立"（《漢書·劉歆傳》）；後來公孫祿又說他是："顛倒《五經》，毀師法，令學士疑惑。"（《漢書·王莽》）在當時已人言嘖嘖，懷疑他的甚多，並非無一人識其詐者，這一種情形是當注意的。我們再試看漢人之作偽，如後得之偽《泰誓》，張霸之偽《百兩篇》，後者雖當時敗露，前者則漢世通行，足見作偽是不必要校書中秘的。

劉歆以帝王之懿親，憑借着淵源的家學，他可以利用民間的三家《詩》而偽《毛詩》，利用民間的春秋《國語》而偽《左氏春秋》，雜采篇記而偽《逸禮》，雜采書傳而偽《古書》；他之偽造古文經傳，更無須要校書中秘的；而他曾領校秘書，更有作偽的可能。《史記·五宗世家》中"河間王""魯恭王"並無得古文經之事，而當時之人言嘖嘖說他是"改亂舊章""顛倒五經"，真是"事出有因"，並非"查無實據"；如若不信劉歆作偽，則未免太忽略史實了。廖氏在《今古學考》中以爲"今，孔子晚年之說；古，孔子壯年主之"，而此書則就劉歆"移書"以證《左氏》學不行於西漢，其書"實不獨傳《春秋》"（本書頁四三），"《毛傳》與杜林《周禮訓》相同，但明訓故而已，非西漢以前之師說"（本書頁三二），《周禮》"乃劉歆本《佚禮》羼臆說揉合而成……爲王莽以後之書"（本書頁三八等）。他算是對於古文經真偽問題比較地明瞭一些，所以才能有"今學傳於游夏，古學張於劉歆；今學傳於周秦，古學立於東漢"的結論。

在《毛傳》中，"《大雅》和《商頌》等神話詩全然成了合理的解釋；又拿他和齊、魯、韓三家《詩》來相比較，而《毛詩》這斷定是不安穩的，此其一。又前漢諸儒的經注大概是疏疏落落的，沒有像《毛傳》這樣的整齊和簡潔。凡簡潔的，大抵是改訂前人的注說纔有。如《尚書》的《偽孔傳》，《論語》的何晏《集解》，就是這榜樣。《毛傳》很簡潔而整齊，就那點，像由後漢以來的改纂，此其二"（用本田成之《經學史·論語》，據譯本頁二〇九）。《毛傳》的體例，真是像"東京作章句，必曲曲以敷陳"；而不像"西漢尚微言，不字字而比傅"（皮錫瑞語）。其著述之風與後漢接近，而所謂"六詩"與《周禮》相合，史的意義之濃厚也相合，應當是歆與其黨徒所爲，否則不當有這樣濃厚的史的意味的。

《左氏》學不行於西漢，劉歆始引傳以解經，《劉歆傳》已明言其事，則凡例自是他作的。有人以爲賈誼、張敞曾引《左氏》，不知"賈書則楚惠王等八事，不知采自何書……本與《左傳》絲毫無涉……自古人異事同，傳記所載，何止一端?"（章炳麟《春秋左傳讀·叙錄》語），我們不可說賈、張諸人之所引即是《左傳》，而謂《左氏傳》在劉歆以前就有的。廖氏據《移書》以證其並無傳授，則在劉歆前，祇有不解經的原本《左氏》而已。《公羊傳》《穀梁傳》並是經、傳别行，而没有人説治《公羊傳》《穀梁傳》者之引傳以解經，因爲《公羊傳》《穀梁傳》本是解經的體例呵。《漢書·劉歆傳》説歆"引傳以解經"，這正足以證明原本《左氏》之不解經，同時也是劉歆作凡例的極好的明證。

廖氏以《逸禮》即《周禮》之原文，這話是不足以令人信從的。但是《周禮·大司樂》："冬日至，於地上之圜丘奏之……則天神可降……夏日至，於澤中之方丘奏之……則地示皆出。"這種冬至祭天、夏至祭地的説法，在《吕覽》《月令》和《淮南·時則》上是都没有的。大概這種理想正是受了漢成帝建始元年始作長安南北郊的影響。《周禮·大宗伯》有所謂"以血祭祭社稷、五祀、五嶽"，"五嶽"這一詞之應用是很晚的。而在《周禮·大司徒》上又説："以土宜之法，辨十有二土之名物……辨十有二壤之物。"在《吕覽》的《有始覽》上，祇説"天有九野，地有九州，土有九山，山有九塞，澤有九藪"。《淮南子·天文訓》也祇説："天有九野"，"天地之間，九州八柱；土有九山，山有九塞，澤有九藪。"《周禮》這種十有二土，十有二壤的説法，應當是漢武帝部十三州以後纔能有的。

《周禮·鼓人》"救日月則詔王鼓"，對日食、月食一樣地重視，這在其他書中是少有的，而與《左傳·莊公二十五年》"非日月之眚不鼓"相同。這正是劉歆的凡例所云，足證兩者是同出於一門。在《周禮》中以"雞人"屬《春官》，"羊人"屬《夏官》，與《吕覽·月令》不合，與《尚書大傳·洪範五行傳》相合，則其著作時代也當在武、宣以後。就《周禮》的其他制度來看，也多是西漢末的社會制度的反映（別詳拙著《經學史講義》），這都足見其爲劉歆時之作品。

《逸禮》據邵懿辰説來是有僞造的嫌疑的，而在東漢古文盛行之時，馬、鄭所注的《尚書》祇是"伏生所誦"，則孔氏之本豈不是怪可疑的？當時的人之疑劉歆，真是"事出有因"，並非"查無實據"。僞證昭昭，如何抵賴？但是廖氏在本書中，一方面説"《漢書》以《周禮》《毛詩》並傳於河間，藏在秘府，《左傳》皆有師傳授受；《後漢書·儒林傳》以建武立《毛詩》博士，皆六朝以後僞説行世，校史者據誤説所屢改。……《古文尚書》《毛詩》爲賈逵、謝曼卿始創之説"（本書頁三七），這種説法既嫌證據薄弱，也未免太矯枉過正。而一方面又謂"孔氏寫定《尚書》，以今文篇數推其異者寫成隸字耳。毛公《詩》，班云'自以爲子夏所傳'，此二家亦今學也"，"《左傳》及《官禮》皆爲今學也"。（本書頁四五）他畢竟是上了這位"作僞名手"劉歆的大當了！

關於今古經說同異的問題，廖氏在本書說："今古之分，師說訓詁，亦其大端。今學有授受，故師說詳；古學出於劉歆，故無師說。……西漢長於師說，東漢長於訓詁。"（本書頁四一）這比《今古學考》說的多了一點。但是這也是不完全對的；因爲東漢後來也有師說，而西漢也非絕對不講訓詁。關於這一點，近來錢玄同先生在《重論經今古學問題》一文中曾將近人所謂"今文家言'微言大義'，古文家言'訓詁名物'，這是兩家最不相同之點"，與或又謂"古文家言'六經皆史'，今文家言'六經皆孔子所作'"——地加以糾正了。廖氏此說以師說訓詁分今古，與以"微言大義""訓詁名物"分今古是差不多的。今人或謂"今文學視孔子爲哲學家、政治家、教育家，古文學視孔子爲史學家"。並且說是"今古文家對於六經次第的排列是有意義的，古文家的排列次序是按六經產生時代的早晚，今文家却是按六經內容程度的淺深"。這是誤會了康有爲《新學僞經考》中"其有舍史遷儒林傳而顛倒六經之序者可引此案以决之"的誤說而然的。在古文家，劉歆亦謂"孔子憂道不行，歷國應聘……制作《春秋》，以記帝王之道"，並不是祇認孔子爲史學家的。我們知道《樂》本無經，《樂》的內容決不比《詩》《書》還要深，《書》的內容也未必比《禮》《樂》都淺；西漢初六經的次第本是無一定的，更無以見得今文家對於六經的排列是按六經內容程度的淺深。所以說今文家祇視孔子爲哲學家、政治家、教育家，這也是不對。

今古之分，是應當從各方面來想法子的。然而在西漢的今文說與東漢的古文說都不是一成不變的，所以就是詳細地來設法也是很不容易的事情。如若勉强地說，則廖氏《今古學考》中就禮制來分今古學的異同是值得注意的，因爲禮制範圍甚廣，無妨詳細地分，而且同時也可以看出時代背景來。他如篇數的多寡、文字的異同、說解的變遷，都是今古經說同異中的問題，而後者是尤其值得我們注意。在西漢今文家之分化，與東漢今古說之揉合，及今古兩派的爭論，都是互相有影響的。這又是因人而異了。在本書中，廖氏以爲：

> 舊以今、古同重。李命三以爲古不如今，其說是也。……今學既爲正宗，而謂別派亦精準詳審，與之相比，固非情理所有。若能精思果力，再補義例，突過前賢，亦勢所能。若謂足敵今學，則恐終難。

這實在很難以籠統地來說的。

至於今古之分，其所以產生之故，是由於不得不然之勢。我們祇看小夏侯從大夏侯分化出來，如"大麓"之釋爲"大録"，及"孟侯"之釋爲"諸侯之長"，實是基於一種合理的要求，而且後者是比較有根據的，兩者都不外爲有進步的説法。即如孟喜之改師法，那也是能立一新説，故雖有假冒的嫌疑，而結果仍立諸學官。要求進步，要求合理，這是一定會有的趨勢，所謂不得不然之勢。今文家的分化，可以如此看去，不必是爲的利祿之路，也不一定是故意立異；古文家的産生，也有的是如此，一半固是因爲別有作用，也有爲的是"合理的"解釋。但是那些新説往往太合理了而不合於古，往往又脱不了那産生的時代所與的影響的。所以今文家説、古文家説，在現在看來都是各有短長；而古文經説，因爲根據僞的本子，雜采僞的傳説，在這些地方是不及今文經説的。在西漢末，明知孟喜之改師法而亦立於學官，明知張霸之僞造百兩而"奇霸之才，赦齊辜亦不滅其經"，這是無異於獎勵作僞，結果引起了劉歆的大批作僞，這好像也有一點不得不然之勢的。所以依所謂利祿之路與合理的要求，今文家的分化與漢庭的措施等看來，劉歆之作僞當比王肅之僞《家語》、僞《孔叢》，乃至於僞《古文尚書》等等有理由得多了！

廖氏在這書中改訂他的舊説，因而確認劉歆之僞古文諸經，雖然不免還有些不徹底的地方，然而確是一部較有進步的作品。這書在"六譯館叢書"中，沒有單行本的流傳，學者知是書者較少。顧頡剛先生本打算將這書校點行世，他差不多已經標點過三分之一了。因爲很盼望這書早一點出版，在暑期中由我將這書校點完成，現在更不自揣量地來寫這一篇序。

一九三四年除夕之前一夕，張西堂謹序
時寓居於北平中南海居仁堂之西四所

（選自廖平《古學考》，張西堂校點，一九三六年景山書社出版）

《左氏春秋考證》序

顧頡剛先生曾發大願，編印《辨僞叢刊》，現已出版的有許多種了。這一部顧頡剛先生標點劉逢禄的《左氏春秋考證》（後簡稱劉氏《考證》）在兩年前已經付印，祇待作序就可裝訂成帙的。顧先生因爲還有《詩辨妄》《書序辨》等書亟待作序出版，同時他還有別的許多文章要寫，因爲我曾著有《穀梁真偽考》，便命我代作本書的序。顧先生對於《春秋》是極有研究的，當然是他自己作序最好。我對於《左氏春秋》並没有很深的研究，我何敢來代他作這一篇序！但是爲了本書早與讀者相見的關係，爲了顧先生別的大作早與讀者相見的關係，不得已我祇得勉强地爲本書略作一介紹，來請教於顧先生和本書的讀者了！

現在，我請：一，先略説《左氏春秋》的大概；二，述劉氏《考證》的幾個特點；三，述康南海、崔觶甫對於劉氏《考證》所補正的地方；四，述章太炎對於劉氏《考證》的反駁，附以我之答辯；五，再説我所感覺現在研究《左氏春秋》應當注意的幾個問題。

一

《左氏春秋》這部書本來是與《春秋》没有什麽關係的。它不是解釋《春秋》的專書，開卷便可見出。例如《春秋》經文的第一條："元年春王正月"，這看來似乎不須煩釋，但是真爲《春秋》作傳時是不當毫無解釋的。《公羊傳》説："元年者何？君之始年也。春者何？歲之始也。王者孰謂？謂文王也。曷爲先言王而後言正月？王正月也。何言乎王正月？大一統也。"《公羊傳》的解釋是否得當，我們且不管它，但它總算很鄭重地爲《春秋》作傳了！《春秋》，據現在所知的鐘鼎文字看來，它的記事方法頗與金文不同。金文中每月皆可以書王，而《春秋》祇限於"王二月""王三月"（詳見沈彤《左傳小疏》、陳立《公羊義疏》）；金文中用"初吉""既望""既生霸""既死霸"之類，而《春秋》一概不用；金文中很少用春、夏、秋、冬（參看郭沫若《金文叢考·金文所無考》），而"《春秋》編年，四時具然後爲年"（《公羊傳》語）。這種記事方法的大變更，如若左氏是親見夫子的，或者是真有傳授的，他不應該毫無說明。現在他對於這一條絲毫不加釋解，還不及《公羊傳》所說之多（《公羊傳》於"王二月""王三月"復有"三統"之說，見隱三年注）。開卷便可見它不是解經的。

這一條"元年春王正月"，《左氏》的傳文作"元年，春，王周正月"；杜預注說："言周，以別夏、殷。"其實《春秋》奉周正朔，何須說出"周"字！即使說出，也不當放在"春王"之下。劉逢祿說他"不辭"，這是一點也不錯的。我們仔細看去，原來《左氏》多用夏正，如隱公六年"冬，宋人取長葛"，《左氏》作"秋，宋人取長葛"（詳見劉敞《春秋集傳》、葉夢得《春秋考》等書）。《左氏》既多用夏正，所以解經多一"周"字，好使人知道它與經的區別。這些地方，一方面可使"讀者最易混看"（《春秋大事表》語），一方面也可證明它本別是一書，開卷便可想到它本不是爲經而發的。

現在《左氏春秋》變成了《春秋》三傳之一了！在它里面確有不少解經的地方；但我們祇要細心考察，它的解經的地方實在有很多說不通的：不是不合事實，便是自相矛盾。例如隱公元年"不書即位"，它說："不書即位，攝也。"這樣子的解釋，好像真有其事，其實這話極不合道理，而且違反當日的情勢。劉敞在《春秋權衡》上說：

> 若云隱、莊初不即位，《傳》當但云："公不即位，攝也""公不即位，文姜出故也"。

這是要證明隱公在當日確乎即過位的。《春秋左傳正義》也說："舊說賈、服之徒以爲四公皆實即位，孔子修經，乃有不書。"到了杜注才認爲"假攝君政，不修即位之禮，故史不書於策"。但《左氏》之以爲攝，是絕對講不通的。崔東壁在《無聞集·魯隱公不書即位論》上說：

> 魯隱之元年，《春秋》不書"即位"，先儒以爲"攝"。歐陽子曰："隱實爲攝，孔子決不書公。孔子書爲公，則隱決非攝。"古之人之"攝"有三：舜，君臣而攝也；伊尹、周公，君諒陰而攝也；共和，君在外而攝也。皆不爲君，故謂之"攝"。今也隱既君乎魯矣，即使果授國其弟，亦不過如宋宣公、元武宗焉已爾；即使果自老於菟裘，亦不過如趙武靈、魏獻文、宋高宗焉已爾，豈得謂之攝！

徐庭垣的《春秋管窺》也說：

> 不書即位，《左》以爲"攝"。夫攝者，行其事而不居其位之謂；若伊之相太甲，周之輔成王是也。今隱自稱寡人，臣民君之，天子聘之，大國會之，小國朝之，孰曰非君也者，而豈得謂之"攝"！

就隱公方面說，"攝則不稱公，稱公則非攝"，這是毫無可疑的。華學泉在《春秋疑義》上説：

> 隱不書"即位"，《傳》曰："攝也。"開章第一義，便與群經相戾。《傳》稱"惠公薨，有宋師，太子少，葬故有闕，是以改葬"。或遂疑惠公之時，桓公已正太子之位，隱承父命，攝以奉桓。審若此，則桓爲君，隱爲臣，隱攝以奉太子，太子立而謂之篡，可乎？故隱爲攝則桓不當爲篡，桓之立爲篡則隱不當爲攝，二者不待辨而明也。……設惠公時，桓公果正太子之位，則隱爲篡，羽父爲忠，桓之立爲反正，而《春秋》誅亂賊，隱公其首也。然而《春秋》深惡桓，何也？

就桓公方面説，"隱爲攝則桓不當爲篡，桓之立爲篡則隱不當爲攝"，這更是確切的證明。《左氏》説"羽父請殺桓公，將以求太宰……羽父懼，反譖公於桓公而請弒之……使賊弒公於寪氏"。它的口吻也是隱讓桓篡，如何能説隱公是攝呢！近來崔觶甫在《春秋復始》上説：

> 然攝亦非不行即位之禮者。《魯周公世家》曰："踐阼代成王攝行政當國"，是攝政必踐阼矣！《祭統》曰："君袞冕立於阼"，則踐阼即踐君位，踐位即即位也。隱公果攝，亦必即位，即位則行即位之禮。是則《左氏》所謂"攝"，不但非《春秋》所謂攝，亦非《史記》所謂攝也。

更證明隱公果攝，亦必行即位之禮；《左氏》所謂之"攝"，於禮也講不通。然則《左氏》"不書即位，攝也"的解釋，在任何方面都是極不合道理，而且違反當日的情勢，則很顯然易見了！

又，《左氏》解釋"鄭伯克段於鄢"那一條説：

> 書曰："鄭伯克段於鄢。"段不弟，故不言"弟"；如二君，故曰"克"；稱"鄭伯"，譏失教也；謂之鄭志。不言"出奔"，難之也。

這幾句話夾在上下文本相銜接的敍事文之間，顯然是出於後人加入的。這幾句話，無一處無毛病，無一處是講得通的。劉敞《春秋權衡》上説：

> 非也。若段得出奔他國，則鄭伯有伐弟之惡，非兄殺弟，《春秋》但當云"鄭伯伐段於鄢"……何以改"伐"爲"克"哉？《傳》例又曰："得儁曰克"。若太叔出奔共，是不"得儁"也，何以書"克"耶？此年十月《傳》曰："共叔之亂，公孫滑奔衛。"公孫滑爲是段子，父子宜相從。今於《傳》數見段子，不見段身；蓋段見殺之後，其子出奔，《左氏》所據記注誤云段身出奔爾。又云："如二君，故曰克。"《春秋》二君相伐多矣，皆曰伐，不曰克。不知所據

而認爲二君言克邪？……

程端學《春秋三傳辨疑》引戴氏曰：

> 段不言公子及公弟，《傳》謂失子弟之道。嘗觀楚比弑君稱"公子"，宋辰叛國稱"弟"，豈復有子弟之道？

劉逢祿在本書上也說：

> 《春秋》有"殺世子母弟目君"之例，謂視專殺大夫重耳。若譏失教，則晉侯殺申生亦失教乎？斯不然矣！曰"謂之鄭志"，"謂之宋志"，若云親見百二十國書耳。

《左氏》這幾句話，如是的自相矛盾，如是的說不通；所謂"不言出奔，難之也"，與它以《春秋》記事都是從赴的原則相衝突。段如果出奔，《春秋》何以不記下來？劉原父說是"左氏所據記註誤云段身出奔"，這話是很有理由的。《左氏》釋經之紕繆叢出，我們祇看這一二顯明的例證也可以概其餘了！

《左氏》受人尊信的緣故，祇是它記載史事異常豐富；所以對它懷疑的人也還認定它是很重要的。啖助對於"三傳"都不信任，然而他說："《左氏》……比餘《傳》，其功最高，博采諸家，敘事尤備，能令百代之下頗見本末。"葉適也說："《公》《穀》末世口說流傳之學，空張虛義；自有《左氏》，始有本末，而簡書具存，大義有歸矣。"但是《左氏》所記事實，有許多都算不了信史；有的不合情理，有的自相矛盾，我們必須仔細地加以審查、鑒定，然後才可以信任它。茲將先儒所已考出來的略舉數事以爲證。

哀公十年《左氏》說：

> 公會吳子、邾子、郯子伐齊南鄙，師於鄎。齊人弑悼公，赴於師。吳子三日哭於軍門之外。

葉夢得在《春秋三傳讞》上駁他道：

> 邾子、郯子會伐而經不書，杜預以爲"兵屬於吳，不列於諸侯"，尤非是。且是時邾隱公方奔在齊，豈能從吳反伐齊乎！其妄尤可見，則知敘齊、吳事皆不足據。

程端學《春秋三傳辨疑》引黃氏說：

> 既謂吳伐齊，齊人弑悼公以說於吳，吳子安得三日哭？無此理也。

由這兩說看來，《左氏》此傳所敘之事自是不合情理，而且並非事實。

哀公八年《左氏》說：

> 齊悼公之來也，季康子以其妹妻之，即位而逆之。季魴侯通焉，女言其情，弗敢與也。齊侯怒。夏，五月，齊鮑牧帥師伐我，取讙

及闡。

這裏所叙，齊國因一女子的細故，舉兵伐魯，及至到了魯國，忽然變更目的，多搶地盤。這種辦法，恐怕是《左氏》僞造的謡言罷！

程端學在《三傳辨疑》上説：

> 《經》書："公入邾，以邾子益來"；繼書"吳伐我"，又書"齊人取讙及闡"。屬辭比事，大義昭然。《左氏》乃以康子妻妹之事當之，此與桓公侵蔡爲蔡姬蕩舟之事相類。當以《經》爲正。

《左氏》往往將當時侵伐的大事歸之於兒女私情與其他瑣屑的原因，程端學在這裏所指摘的真是恰中肯綮。吕大圭《春秋五論》説："齊桓將伐楚，必先有事於蔡；晉文將攘楚，必先有事於曹、衛；此事實也。而《左氏》不達其故，於侵蔡則曰爲'蔡姬'故，於侵曹伐衛則曰爲'觀浴，與塊'故。此其病在於推尋事由……未可盡據也。"《左氏》所述像這一類不合當日情勢的叙事，實在不可以説"能令百代之下頗見本末"。最可笑的，《左氏》還有許多自相矛盾的記載，就是極其推尊它的人也不免引起懷疑。汪中《經義知新記》中有一段説：

> 哀元年《左傳》：陳逢滑曰："吳日敝於兵，暴骨如莽。"楚子西曰："闔閭食不二味（云云），勤恤其民而與之勞逸，是以民不罷勞，死知不曠。"闔閭一人之事，《左氏》叙述又同在一年，而矛盾如此，是可異也。

汪容甫是《左氏》的信徒，也不得不認它自相矛盾。又：桓公二年《左氏》説："宋華父督見孔父妻於路，目逆而送之，曰：'美而艷。'"桓公二年《左氏》説："宋督攻孔氏，殺孔父而取其妻；公怒，督懼，遂弑殤公。"程端學對於這一事批評道：

> 葉氏曰："孔父事，《公羊》言之是已。所謂'義形於色'者，此非獨《公羊》之辭，其傳之必有自；《左氏》亦竊聞之而不能詳，故誤以色爲美色之色，因附會以爲督見孔父妻而萌其惡。孔父，宋之卿，督其大夫；殺卿取妻，猶居位不去，待君怒而後始懼，其不近人情已甚。"愚謂《左氏》之言亦自相戾。後言"宋殤公立，十年十一戰，民不堪命。孔父嘉爲司馬，督爲太宰，故因民之不堪命，先宣言曰：'司馬則然。'已殺孔父而弑殤公，召莊公於鄭而立之。"前後異辭矣！

《左氏》後段所叙才是比較真的事實，稍可相信，如照前段所説，不惟不近人情，且在春秋初年，大夫如是之囂張，弑君如是之兒戲，也是不合乎當日的情形。所謂"目逆而送之，曰：'美而艷。'"真是道聽途説之辭，也不像一個卿的夫人與一個"不可徒行也"的大夫所做的事情。然而《左氏》不顧自相矛盾，也將這一段話拿來解經；像這樣的史實，《左氏》所記雖多，對於《春秋》祇是"非徒無益而又害之"，算不了信史的。

《左氏》書中有將一事重複記載的。例如昭公三十二年冬十一月"晉魏舒、韓不信如京師，合諸侯之大夫於狄泉"，與定公元年春正月所記大體相同（這話是啖助説的，詳見陸淳《春秋集傳辨疑》。顧棟高《春秋大事表·一》也提到了）。有誤析一事為二事的。例如"晉、楚之盟""羊舌虎、楊食我"之類。在現在《左氏》之中，我們更可看出它將一事分配在兩三年之中，令人看了好像每年都有傳，而其實並非每年都有的。例如華督殺孔父的事，分配在桓公二、三兩年。又如：

莊公二十三年《左氏》："晉桓、莊之族逼，獻公患之。士蒍曰：'去富子，則群公子可謀也已。'公曰：'爾試其事。'士蒍與群公子謀，譖富子而去之。"

莊公二十四年《左氏》："晉士蒍又與群公子謀，使殺游氏之二子。士蒍告晉侯曰：'可矣。不過二年，君必無患！'"

莊公二十五年《左氏》："晉士蒍使群公子盡殺游氏之族，乃城聚而處之。冬，晉侯圍聚，盡殺群公子。"

這本來祇是一件事，將它分配在三年之中，令人看了好像年年有傳，實在它是比年有闕文的（詳下）。這些地方，雖説是杜預"分經之年與傳之年相附"的結果，然而很可見出《左氏》本是一段一段的史文，後來將它分類改編，所以免不了記載重複，分析錯誤；就是很明顯的矛盾的地方，也都編輯在一塊兒的。書中所叙頗多荒唐神怪之言，無論何等人都有先知的能力（詳見郝敬《春秋非左》）。書中害教傷義之論，更是不遑枚舉。呂大圭《春秋五論》説："然《左氏》雖曰備事……往往論其成敗而不論其是非，習於時世之所趨，而不明乎大義之所在。周、鄭交質，而曰'信不由中，質無益也'。論宋宣公立穆公，而曰'可謂知人矣'。鬻拳強諫，楚子臨之以兵，而謂鬻拳為愛君。趙盾亡不越境，返不討賊，而曰'惜也，越境乃免'。此其皆不明理之故，而其叙事失實者尤多。"（參看皮錫瑞《師伏堂春秋講義》及本書《附錄一》）。總之，《左氏》這書，很令人想到它本是近於稗官野史之流，道聽途聞之説，經後人編次年月，加以篡改，然後成為今本的《左傳》的。這樣子，自然引起許多人的懷疑，要考證它，要追究出它的本來面目來。

二

原來《左氏春秋》這一部書根本與《春秋》沒有關係；在《史記·儒林列傳》里，根本就衹有《公羊傳》《穀梁傳》兩家，沒有《左氏》。《史記·太史公自序》和《報任安書》，都衹是說"左丘失明，厥有《國語》"；《報任安書》下又說："乃如左丘明無目，孫子斷足，終不可用，退論書策以抒其憤。"三次提到左丘明，都衹說他作《國語》。《漢書·司馬遷傳》也衹說："司馬遷據《左氏》《國語》，采《世本》《戰國策》，述《楚漢春秋》。"但有《國語》，無所謂《左氏春秋》（詳見本書《附錄一》）。在《漢書·劉歆傳》里纔很清楚地說：

> 初《左氏傳》多古字古言，學者傳訓故而已，及歆治《左氏》，引傳文以解經，轉相發明，由是章句義理備焉。

這裏明說劉歆引《傳》文以解《經》，"《傳》自解《經》，何待歆引？歆引以解，則非《傳》文"，可見解經的《左氏春秋》從劉歆才有的，在《漢書》上說得再明白不過了。當時諸儒謂"《左氏》不傳《春秋》"，及"儒者師丹奏歆改亂舊章，非毀先帝所立"，公孫祿議曰："國師嘉新公顛倒五經，毀師法，令學士疑惑，宜誅以慰天下。"（詳見本書卷下所引），個中消息，很可見出《左氏》是劉歆雜采諸書，一手編成，所以弄得群情憤激，大家對於他要痛下攻擊了！

但是《左氏》記載繁博，文辭淹富，東漢的時候，鄭、賈之流更將條例、訓詁、章句，漸漸增加完備，雖有范升、李育們攻擊"左氏不祖孔子而出於丘明，師徒相傳，又無其人"，但多數人則已受了它的欺騙了！後來杜預在《春秋左傳序》上說：

> 左丘明受經於仲尼，以爲《經》者，不刊之書也。故《傳》或先經以始事，或後經以終義，或依經以辯理，或錯經以合異，隨義而發。

這種說法，直得將《左氏》與《春秋》不相合的地方，如：無《經》之《傳》，不釋《經》之《傳》，好多都遮掩了！也在注中又多迴護，使得《左氏春秋》更盛行起來！後來劉知幾《史通·六家篇》說：

> 予觀《左氏》之釋《經》也，言見《經》文而事詳《傳》內，或《傳》無而《經》有，或《經》闕而《傳》詳，其言簡而要，其事詳而博，信聖人之羽翮而述者之冠冕也。

他的《申左篇》更說："《左氏》之義有三長，二傳之義有五短。"他將《左氏》的價值擡得比《春秋》和《公羊傳》《穀梁傳》都要高些了。不過這樣的冒牌的貨色，終瞞不了明眼人的觀察。歷來道破他本來面目的，也自不少（詳見本書《附錄一》）。但是真正對於《左氏》攻擊最力的要自唐之啖、趙起。啖助說：

> 予觀《左氏傳》，自周、晉、齊、宋、楚、鄭等國之事最詳。晉則每出一師，具列將佐。宋則每因興廢，備舉六卿。故知史策之文，每國各異。左氏得此數國之史，以授門人，義則口傳，未形竹帛。後代學者，乃演而通之，總而合之，編次年月，以爲傳記，又廣采當時文籍，故兼與子産、晏子及諸國卿佐家傳，並卜書夢書及雜占書，縱橫家小說諷諫等雜在其中，故叙事雖多，釋意殊少，是非交錯，混然難證。（陸淳《春秋集傳纂例·三傳得失議》）

趙匡也說：

> 啖氏依舊說，以左氏爲丘明，授經於仲尼。今觀《左氏》解經淺於《公》《穀》，誣謬實繁。若丘明才實過人，豈宜若此？……夫子自比，皆引往人……丘明者，蓋夫子以前賢人，如史佚、遲任之流。……焚書之後，莫得詳知，學者各信胸臆，見《傳》及《國語》俱題左氏，遂引丘明爲其人。……所謂傳虛襲誤，往而不返者也。

他們一個提出了左氏不是親見夫子，好惡與夫子同的；一個說《左氏》是後代學者編次年月所作的傳記，這比范升所說的證據確然可靠得多了！到了宋朝，葉適說：

> 《左氏》有全用《國語》文字者；至吳、越語則采取絕少，齊語復不用。蓋合諸國記載，成一家之言；惜他書不存，無以遍觀也。（據《經義考》引）

羅壁說：

> 《左傳》《春秋》，初各一書，後劉歆治《左傳》，始取《傳》文解經，晉杜預注《左傳》，復分經之年與傳之年相附，於是《春秋》《左傳》二書合爲一。（據《經義考》引）

這兩位更差不多將《左傳》的原本和他的改編者完全發現了。從啖、趙起，考證《左氏》的書如陸淳《春秋集傳辨疑》、劉敞《春秋權衡》、葉夢得《春秋三傳讞》、程端學《春秋三傳辨疑》，有的攻駁《左氏》的條例，有的批評他所述的義理，有的考證他所記載的事實，都有不少的發現。明末郝敬的《春秋非左》更是專對於《左氏春秋》而發的。《左氏春秋》的真相一天比一天暴露了！

劉逢禄的《左氏春秋考證》，正是繼續他們的努力來考訂《左氏》，而且是最有成績的一部書。劉氏發前人所未發的，約有四點：

第一，他發現了《左氏傳》之舊名爲《左氏春秋》。他認爲《史記·十二諸侯年表》上祇有魯君子左丘明作《左氏春秋》的話，無所謂《左氏傳》。他說：

> 《左氏春秋》，猶《晏子春秋》《呂氏春秋》也。直稱《春秋》，太史公所據舊名也。冒曰《左氏春秋》，則東漢以後之以訛傳訛矣。

又說：

> 曰"魯君子"，則非弟子也。曰《左氏春秋》，與《鐸氏》《虞氏》《呂氏》並列，則非傳《春秋》也。故曰《左氏春秋》，舊名也；曰《左氏春秋傳》，則劉歆所改也。

他這種話，雖不及後來康有爲、崔適見到《十二諸侯年表序》已經是劉歆改了的，雖不及康有爲根據《史記·儒林列傳》《史記·五宗世家》《史記·太史公自序》等篇，證明史遷所據無所謂《左氏春秋》；然而《左氏春秋傳》這個名稱，經他如此的破壞，它的威信已全失了。我們知道《左氏傳》的名稱之不可靠，它這部書當然也有問題了。所以，劉氏雖没有像康、崔二氏作進一步的證明，這發現也是很有價值的。

第二，他證明了《左氏傳》體例與《國語》相似。他在本書桓公十一年說：

> 《楚屈瑕篇》年月無考，固知《左氏》體例與《國語》相似，不必比附《春秋》年月也。（本書卷上）

又在桓公十七年說：

> 左氏後於聖人，未能盡見列國寶書，又未聞口授微言大義，惟取所見載籍，如晉《乘》、楚《檮杌》等，相錯編年爲之，本不必比附夫子之經，故往往比年闕事。劉歆強以爲傳《春秋》，或緣經飾說，或緣《左氏》本文前後事，或兼采他書以實其年。如此年之文，或即用《左氏》文，而增春、夏、秋、冬之時，遂不暇比附經文，更綴數語。要之，皆出點竄，文采便陋，不足亂真也。（本書卷上）

他這話比葉水心更進一步了！葉氏祇說"《左氏》有全用《國語》文字者"，尚未從體例上着想；他歷舉《左氏》比年闕事，年月無考，證明他與《國語》相似，提出《左氏》本不必比附夫子之經的確證了！康有爲說他"雖未悟《左傳》之攘於《國語》，亦知由他書所采附，亦幾幾知爲《國語》矣！"這確是他的第二個大貢獻。我們必須知道《左氏春秋》原本的體例，然後纔想出他的"原料"是什麽，這樣子的過程是再重要不過的。

第三，他攻破了偽造的《左氏傳》傳授系統。《史記》中無所謂《左氏春秋傳》，在《漢書·儒林傳》却有了《左氏傳》傳授的源流；孔穎達《春秋疏》、陸德明《經典釋文》也都（未）載有；忽然左氏師徒相傳又有其人了！這當然是劉歆之徒所妄造的。劉氏將他們一一地駁斥了！現在引崔適《春秋復始》上一段話來證明：

> 劉逢祿曰：" 《張蒼傳》曰'著書十八篇，言陰陽律術'而已，不聞脩《左氏傳》也。《賈誼傳》曰'頗通諸家之書'而已，亦未聞其脩《左氏傳》也。所著述存者五十八篇，皆與《左氏傳》不合。《張敞傳》曰'本治《春秋》'；其所陳說以'春秋譏世卿''君母下堂則從傅母'，皆《公羊》義。《蕭望之傳》曰'治《齊詩》'，曰'從夏侯勝問《論語》禮服'。其《雨雹對》謂'季氏專權，卒逐昭公'，伐匈奴對謂'大夫匄之不伐喪'，亦《公羊》義，未聞引《左氏》也。"適案：尹更始與韋玄成上《罷郡國廟議》，亦引《公羊傳》文；文見上篇。《翟方進傳》曰"受《春秋》"，則與《公孫丞相》《董生》《張蒼傳》所云無異，皆謂《公羊傳》也。無一人可見其爲《左氏》學者。

這種傳授系統很令人引起偶像的崇拜；劉歆之徒爲了使人尊信起見，爲了避免攻擊起見，所以要託之於張蒼、賈誼。其實他們至多不過見到《左氏》的原本《國語》及其他，並非現在的《左傳》；否則他們的傳上不會每個都遺漏的。劉氏將這偽傳授系統一一打破，我們更可明白《左氏》之不傳《春秋》了！

第四，他辟出了一條考訂偽經的新途徑。從前考訂《左氏》的人，他們大都是："以傳考經之事跡，以經別傳之真偽。"（用程子語）啖、趙所愛用的方法是"當據《經》文爲正"，程端學所愛用的方法也是"當以《經》爲正"，這當然是很狹隘的。劉氏的考證便不同了！

（一）他用對照的方法，援引《魯周公世家》《宋微子世家》《陳杞世家》《晉世家》《衛康叔世家》《齊太公世家》，證明《史記》所采《左傳》舊文多與現在的《左氏》不合。他援引《列女傳》以證明文字之有異同，服、杜以後之尚有改竄。這種方法，後來如魏源在《詩古微》上證明《左氏》書中"息夫人不言"那一事與《史記》《列女傳》不合，康有爲在《新學偽經考》上所用之《史記》《漢書》對照法，都似乎受了他的影響的。

（二）劉氏考證《左氏》，極重《左氏》作偽的痕跡與其增竄之凡例。他辨"不書即位，攝也"說："此類皆襲《公羊》而昧其義例。"辨"鄭伯克段於鄅"説:"凡'書曰'之文皆歆所增益。"其他如云"此類釋《經》,皆增飾之游詞""此類皆無稽之言""凡例皆坿益之辭",將劉歆作僞之術完全道破了!

(三) 劉氏説:"《河間獻王傳》言獻雅樂,不言獻《左氏》《周官》也。"這幾乎是把康有爲《僞經考》所説"《史記》無之,則爲劉歆之僞竄無疑"的鐵證發現了。

關於這些,固然他不免受了閻百詩《尚書古文疏證》的影響,但在清代,他確是考訂劉歆僞古學的急先鋒。康有爲在《新學僞經考·〈漢書·河間獻王魯共王傳〉辨僞》上説:"余讀《史記·河間獻王魯共王世家》,怪其絶無獻王得書、共王壞壁事,與《漢書》絶殊。……又得魏氏源《詩古微》,劉氏逢禄《左氏春秋考證》,反復證勘,乃大悟劉歆之作僞。"可見康氏受他的影響之深。康氏所説的"姦破覆露,霾開日中。發得巢穴,具告童蒙",實在劉氏已差不多發現了!我們説劉氏辟出了一條考訂僞經的新途徑,這話他可以當之無愧的。

總之,他這部書不惟揭穿了《左氏春秋》的黑幕,舉凡假冒的招牌,粗劣的原料,不清的來路,一一地發現,而且開出了一條考訂僞經的新路綫。幾幾乎把新學僞經的真贓實證都道破,這書的價值不可想見嗎!戴望在所撰《劉氏行狀》(《謫麐堂遺集》)上説:

> 先生論《春秋左氏傳》,據《太史公書》,本名《左氏春秋》,若《晏子春秋》《吕氏春秋》比;自王莽時,國師劉歆增設條例,推衍事跡,強以爲傳《春秋》,冀奪《公羊》博士師法。所當以《春秋》歸之《春秋》,《左氏》歸之《左氏》,而刪其"書法""凡例",及論斷之繆於大義,孤章斷句之依附經文者……更成《左氏春秋考證》二卷。知者謂與閻、惠之辯《古文尚書》等。

近來錢玄同先生在重印《新學僞經考·序》上也説:

> 他這部《左氏春秋考證》辨僞的價值,實與閻若璩的《尚書古文疏證》相埒。閻書出而僞《古文尚書》之案大白;劉書出而僞《春秋左氏傳》之案亦大白。

這些話的確是公正的評論。

三

但是一個人的智力終是有限的,劉氏考證《左氏春秋》,尚有許多不徹底的地方;後來經過康有爲《僞經考》,崔適《史記探源》《春秋復始》的補正,劉歆僞《左氏》的一案才慢慢的定讞。這正如閻氏疏證《尚書》古文，有了惠棟的《古文尚書考》、丁晏的《尚書餘論》而後纔定案一樣。

第一，關於《左氏春秋》的名稱問題。康有爲認爲不惟《春秋左氏傳》是冒名，就是《左氏春秋》這名稱也是假的。康氏說：

> 或據《史記·十二諸侯年表》云"魯君子左丘明，懼弟子人人異端，各安其意，失其真，故因孔子史記具論其語，成《左氏春秋》"以相難，則亦歆所竄入者，辨見前。……而謂"《左氏春秋》猶《晏子春秋》《呂氏春秋》也，直稱'《春秋》'，太史公所據舊名也，冒曰'《春秋左氏傳》'，則東漢以後之以訛傳訛者矣"，蓋尚爲歆竄亂之《十二諸侯年表》所惑，不知其即《國語》所改。……不得其根原也（本書《附錄一》）。

據康氏所述，則《左氏春秋》也是劉歆所僞造的假名稱，《十二諸侯年表》也是爲劉歆所已竄亂的。後來崔適在《史記探源》中更立七證以證明康氏此說（本書《附錄二》），關於《左氏春秋》的名稱的問題總算可以確定了！

第二，關於《左氏春秋》與《國語》的問題。康有爲又將這個騙局的本源發現，比劉氏《考證》徹底得多了！康氏說：

> 《國語》僅一書，而《志》以爲二種，可異一也。其一，"二十一篇"，即今傳本也，其一，劉向所分之"《新國語》五十四篇"；同一《國語》，何篇數相去數倍？可異二也。劉向之書皆傳於後漢，而五十四篇之《新國語》，後漢人無及之者，可異三也。蓋五十四篇者，左丘明之原本也；歆既分其大半凡三十篇以爲《春秋傳》，於是留其殘賸，掇拾雜書，加以附益，而爲今本之《國語》，故僅得二十一篇也。考今本《國語》，《周語》《晉語》《鄭語》多春秋前事；《魯語》則大半敬姜一婦人語；《齊語》則全取《管子·小匡篇》；《吳語》《越語》筆墨不同，不知掇自何書：然則其爲《左傳》之殘餘而歆補綴爲之至明。

這是用《漢志》的篇數來證劉歆分《國語》爲《春秋傳》的事實。《左氏》原來就是《國語》的改本，這確是一個驚人的發現。現在《國語》也是"掇拾雜書，加以附益"，然則我們對於《國語》也不可過於信任；《左氏》與《國語》的詳略互有不同，這也是將一書瓜分二的顯證（錢先生說，詳見下方）。近來瑞典人珂羅倔倫著《左傳真偽考》（陸侃如有譯本），由文法上的統計，證明《左氏》的文法不同於《論語》、《孟子》——珂羅倔倫所謂之"魯

語",證明《左氏》的作者不是魯人。他説:

  在周秦和漢初書內,沒有一種和《左傳》相同的文法組織的,最接近的是《國語》,此外便沒有第二部書在文法上和《左傳》這麽相近的了!

這一段話既證明《史記》"魯君子左丘明作《左氏春秋》"那一段話是竄入的,又是《左氏》和《國語》本是一書的一個很強有力的證據。《左氏》的騙局,總算可以定案了!

這兩點,確是劉氏考證中未發明而必須後人爲之補正的。此外,他尚未想到崔適在《春秋復始·外篇》《史記探源·序證》中所述"終始五德""十二分野""變象""互體"各項也出於竄亂(詳見本書附錄二、附錄三)。除了這一二點遺漏之外,劉氏這書是可以説不受什麽批評的。所以我們要説:"劉書出而僞《春秋左氏傳》之案亦大白。"

四

但是閻氏《尚書古文疏證》出,就有毛奇齡、洪良品他們的反駁出來;劉氏這書一出,在古文學家的眼中當然是不歡迎的,當然是要設法推翻它的。章太炎先生是當今的古文學大師,他在所著《春秋左傳讀·叙錄》中將劉氏《考證》的下一卷痛駁了! 太炎先生之爲人與其對於古音學上的貢獻是我所極欽仰的,不過他老先生的主張,有些我實在不敢贊同。顧頡剛先生曾説過:

  他在經學上,是一個純粹的古文家,所以有許多在現在已經站不住的古文家之説,也還要替他們彌縫。他在歷史上,寧可相信《世本》的《居》篇、《作》篇,却鄙薄彝器錢物諸譜爲瑣屑短書;更一筆抹煞殷墟甲骨文字,説全是劉鶚假造的。……在許多地方,都可證明他的信古之情比較求是的信念強烈得多,所以他看家派過於真理,看書本重於實物。他衹是一個從經師改裝的學者。(《古史辨》第一册《自序》)

頡剛先生的批評實在是一點也不錯。太炎先生之駁劉氏衹是"看家派過於真理",要將這已經站不住的《左氏傳》替它彌縫罷了! 他衹將劉氏的下卷反駁,而關於劉氏在上卷所舉極重要的本證,章氏的駁辨説是"散在牘中",我們無由拜讀。現在衹有將章書所述的重要的地方附以答辨,分別地介紹在下面了。

第一,《左氏》的名稱問題。關於這一點,章氏以爲名稱是沒有什麽關係的。他以爲:"名者實之賓,《左氏》自釋《春秋》,不在其名《傳》與否也。

正如《論語》命名，亦非孔子及七十子所定……乃扶卿所名，無害其爲孔子語也。"他在總結論上說：

> 《左氏春秋》之名，猶《毛詩》《齊詩》《魯詩》《韓詩》《孟氏易》《費氏易》《京氏易》《歐陽尚書》《夏侯尚書》《慶氏禮》《戴氏禮》，舉《經》以包《傳》也。以爲不傳孔書而自作《春秋》者，則諸家亦自作《詩》《書》《易》《禮》乎？

章氏這種見解確具相當的理由。但在西漢時祇有《公羊傳》本名"《春秋》"，其餘一概算不了《春秋》（詳見《春秋復始》）。一個真的名稱可說是沒有關係，一個假冒的名稱却應當追究的。《齊詩》《魯詩》之類，是因爲家派多了，不得不加地域或氏姓以示區別；如果左氏真是親受之夫子，他何須用"左氏"二字來表區別？《左氏春秋》之不同於《左傳》，正如《魯詩》之不同於《魯故》《魯說》，《齊詩》之不同於《齊后氏故》《齊后氏傳》，《歐陽尚書》之不同於《歐陽章句》，《大小夏侯尚書》之不同於《大小夏侯章句》；不能一概說是"舉《經》以包《傳》也"。《左氏春秋》是解經的，它的命名應該先確定，不能拿《論語》來作比。這個假冒的名稱，劉氏追究出來了，使《春秋左氏傳》冒名的真相暴露出來，是有價值的；何況連《左氏春秋》這個名稱根本就是假的呢？所以，章氏的駁辨，仔細看來，至多具有相當的理由，而不能使我們完全贊同。

第二，《左氏》的體例問題。關於這一點，章氏以爲："所謂傳體者如何？惟《穀梁傳》《儀禮·喪服》《夏小正傳》與《公羊傳》同體耳！毛公作《詩傳》，則訓故多而說義少，體稍殊矣。伏生作《尚書大傳》，則叙事八而說義二，體更殊矣。《左氏》之爲《傳》，正與伏生同體。然諸家說義雖少，而宏遠精括，實《經》所由明，豈必專尚'裁辨'，乃得稱《傳》乎？"他說：

> 凡言《傳》者，有傳記，有傳注……同此《傳》名得兼傳記、傳注一用。亦猶裴松之注《三國志》，撰集事實，以見同異；間有論事情之得失，訂舊史之是非，無過百分之一；而解詁文義，千無二三。今因《左氏》多舉事實，謂之非傳，然則裴松之於《三國志》亦不得稱《注》耶？且《左氏》釋經之文，科條數百，固非專務事實者，而云非《傳》之體，則《尚書大傳》將又何說？

章氏在這裏所說的意見，表面上看來似乎理由充足，但是這些話實在都是極牽強的。《春秋》這部書是孔子所作："'筆則筆，削則削'，兩'則'字見得極快……蓋褒貶予奪，因事裁制，非一端所可拘，唯化裁因心者能之。"（劉紹攽《春秋筆削微旨》語）"《春秋》言是其微也""《春秋》推見至隱"，替它作《傳》的，當然不能像《尚書大傳》"叙事八而説義二"，將《春秋》中重要的微言大義忽略過去。"書以道事"，故《尚書大傳》説義甚少；《左氏傳》是不應當如此的。"《左氏》之爲《傳》，正與伏生同體"，這正是《左氏》不傳《春秋》的明證。裴松之注《三國志》，是"奉詔采三國異同"，左氏却未聞受命采取異同。《左氏》記事，將許多重要的大事失於記載，或者兼有錯誤，如記齊桓霸業之簡略而失真，這也是不可與裴松之注《三國志》同日而語的。《左氏》釋《經》之荒謬，縱有科條數百，也正是不傳《春秋》的明證。章氏以爲"《經》無而《傳》有者，悉皆《經》之微言"。然則《左氏》所記與《經》毫不相干的話，如怪力亂神之類（詳見《春秋非左》下），與《經》之微言有什麽干係？左氏好惡與孔子不同，硬要説他就是左丘明，能親見夫子，蔑視一切的鐵證，這未免太牽强了！

　　第三，《左氏》傳授的問題。關於這一點，章氏費了許多力量，來證明張蒼、賈誼等之引用《左氏》，確都治過《左氏》的，《左氏傳》是真有傳授的。祖護《左氏》的人們大都如此説法。劉師培《左盦集》中也有兩篇《周季諸子述左傳考》《左氏學行於西漢考》，這一類的文章，他們用力雖勤，而其結果之不足信還是毫無疑義。我們祇看劉歆《讓太常博士書》便可以知道了。劉歆移書是爲《逸禮》《古文尚書》，尤其是《左氏春秋》而力争的。他説："得此三事，以考學官所傳……傳問民間，則有魯國貫公、趙國桓公、膠東庸生遺學與此同。"他祇舉桓、貫、庸三家傳《書》《禮》之學者，而不舉出當時的《左氏》學者來；他連民間的儒生桓、貫、庸三家都要提到，而不引據朝廷執政的《左氏》大師如張丞相、尹咸、翟方進來説：個中消息，不够使我們知道當時《左氏》並無師傳，張丞相、尹咸、翟方進等傳授之説是確實靠不住的麽！（參看廖平《古學考》） 劉歆既未説出，則《漢書·儒林傳》之謂張蒼、賈誼等傳《左氏》當然是僞託的了！張、賈等既經劉逢禄、崔適證明其"無一人可見其爲《左氏》學者"，而章氏、劉氏不問所根據的材料是否真實，有無竄亂，究竟張、賈之引用《左氏》，是現行的《左氏》，還是《左氏》的舊文及其他，而一概認爲是治過《左氏》的。這是不足信的。劉氏説："蒼均有書，惜不可考。"足見張蒼之治《左氏》是有疑問的。劉氏説："賈子新書足補《左氏》之缺"，章氏也以爲"賈書……楚惠王等八事，不知采自何書。各記别事，本與《左傳》絲毫無涉……又有《左傳》所不載者。……自古人異事同，傳記所載何止一端"。足見賈書所説的事不一定是根據《左氏》，賈誼之治《左氏》也是有疑問的。章氏、劉氏以爲在他們書中有許多與《左氏》相同的話，便認定他們是治過《左氏》的，那我們也可以説："梅賾之

《古文尚書》，其亦三代經傳襲用梅氏！"（魏源《詩古微》語）這未免太不足信了！

第四，其他重要的問題。要詳細介紹章氏的話，在本篇是不可能的。現在姑就我所感覺的不得不説的幾點來説：

（一）《漢書·河間獻王傳》不言獻《左氏》《周官》，這當然是極重要而駁不了的證據。章氏却説："《傳》不言獻《左氏》《周官》，亦猶張、賈本傳不言脩《春秋》也。"他將一件小事來比一件大事，不想張、賈本傳之不言修《春秋》的關係極小，而獻《左氏》《周官》，對於民間古學之興的關係極大，不可相提並論的。遁辭知其所窮，於此可見一斑。

（二）"師丹爲大司空，亦大怒，奏'歆改亂舊章，非毀先帝所立'"，這也是一件不可否認的事實。章氏却説："丹雖大儒，耄荒喪志。據《丹傳》：丹上書曰：'臣聞天威不違顏咫尺'，則固引《左氏》語矣。……一議兩歧，豈足以定丹之取舍？"這所説好像是不錯的。但如章氏攻擊《公羊傳》，而無形中又許《公羊傳》"裁辨"（引見前），我們能説不足以定章氏之取舍嗎？章氏極端相信《漢志》，而不信《漢志》所説《毛詩》"自謂子夏所傳"的話，是否一議兩歧？我們能因此否認章氏所有在學術上的貢獻嗎？據當時的情形看來，説《左氏》不傳《春秋》，不是一個人的意思。師丹即取《左氏》一二語，《左氏》之不傳《春秋》還是毋庸置疑的。

（三）《史記·儒林列傳》云："申公獨以《詩》經爲訓以教，無傳疑……"章氏以爲"'疑'字衍，《漢書》無"。他説："《漢書·楚元王傳》云：'申公始爲《詩傳》。'……然據《藝文志》……仍不謂《魯詩》有《傳》也。夫以學官所習，博士所誦，而有《傳》無《傳》尚有異同之辭，況《左氏》素非所習，其云不傳《春秋》，可據以爲證哉！"這是以《魯詩》有傳無傳的疑問來證明"《左氏》不傳《春秋》"的不可信；其實《魯詩》是有傳的，"疑"字並非衍文（詳見馬瑞辰《毛詩傳箋通釋》），不能因《魯詩》之有疑問而將博士所説"《左氏》不傳《春秋》"的話也推翻的。章氏又以爲"孔子自有書傳""《公羊傳》亦以《春秋》始作即有傳，若舍《左氏》即無傳之可言"。這都是曲解證據，不可以取信的。

總之，章氏所駁劉氏《考證》的話，實際上並没有將他駁倒，而往往自陷於矛盾。一方面極端信任《漢志》，一方面却又信《漢志》所鄙薄的《毛詩》。更謂"《史記·儒林列傳》不見《左氏》的傳授，自是文略"，却不想到如果《左氏》真有傳授，史公年十歲誦古文，正當特別對《左氏》加以叙述，決不會忽略過去的。章氏這樣牽強説話，反駡"妄人魏源、康有爲輩，鄙儒不考，無足致辨"。顧先生説他"看家派過於真理""在現在已經站不住的古文家之説，也還要替他們彌縫"，這種批評真是很够證明了。

五

現在我請略説我們此時研究《左氏春秋》應當注意的問題，舉其犖犖大者約有兩端，分述於下：

（一）《左氏春秋》與《國語》的關係。這個問題，雖由康有爲、珂羅倔倫他們的主張證明《左氏》是由《國語》分化出來的，《左氏》的文字和《國語》最相接近，但仍不免有懷疑這問題的人。最近錢玄同先生在《重印〈新學僞經考〉序》上説：

《左傳》與今本《國語》，既證明爲原本《國語》所瓜分，則瓜分之跡必有可考者。此事當然須有專書考證，我現在姑舉出一點漏洞來：

1.《左傳》記周事頗略，故《周語》所存《春秋》的周事尚詳（但同於《左傳》的已有好幾條）。

2.《左傳》記魯事最詳，而殘餘之《魯語》所記多半是瑣事；薄薄的兩卷中，關於公父文伯的記載竟有八條之多。

3.《左傳》記齊桓公霸業最略，所謂"管仲相桓公霸諸侯，一匡天下"的政績竟全無記載，而《齊語》則專記此事。

4.《晉語》中同於《左傳》最多，而關於霸業之犖犖大端記載甚略，《左傳》則甚詳。

5.《鄭語》皆春秋以前事。

6.《楚語》同於《左傳》者亦多，關於大端的記載亦甚略。

7.《吴語》專記夫差伐越而卒致亡國事，《左傳》對於此事的記載又是異常簡略，與齊桓霸業相同。

8.《越語》專記越滅吴的經過，《左傳》全無。

你看，《左傳》與今本《國語》二書，此詳則彼略，彼詳則此略，這不是將一書瓜分爲二的顯證嗎？至於彼此同記一事者，往往大體相同，而文辭則《國語》中有許多瑣屑的記載和支蔓的議論，《左傳》大都没有，這更露出删改的痕跡來了！

錢先生這一段話，確是極重要的説明。兩書記載一事，有的時間不同：如"晉惠公卒"，《左氏》以爲九月（僖公二十四年），《晉語》以爲十月。有的人名不同：如"《常棣》之詩"，《左氏》以爲召穆公作，《周語》以爲周文公作。有的地名不同：如"宋之大城"，《左氏》以爲蕭亳（昭公十一年），《楚語》以爲蕭蒙。有的事實不同：例如"晉楚爭盟"，《左氏》以爲"乃先晉人"（哀公十三年），《吳語》以爲吳公先歃。這確見《左氏》是經過刪改的。它往往采取《國語》的一二句或一段而敷衍成篇，如"曹劌論戰"之類（《魯語》，《左氏》莊公十年），《左氏》的文章，在藝術上比《國語》好得多了！我們根據現在的《國語》和《左傳》，說它們完全出於一人之手，這是不可能的了！但是，我們根據現在的《國語》和《左氏》，說它們是兩部各不相干的書，這也是不盡然的。從篇數上、詳略上看來，它們是同出一源；從文字上看來，它們是很相接近，它們畢竟是很有關係的兩部書，我請更舉兩個例來談談：

> 齊孝公來伐，臧文仲欲以辭告病焉，問於展禽。對曰："獲聞之，處大教小，處小事大，所以禦亂也，不聞以辭。若爲小而崇，以怒大國，使加己亂，亂在前矣，辭其何益？"文仲曰："國急矣！百物惟其可者，將無不趨也。願以子之詞行賂焉，其可乎？"……"恃二先君之所職業。昔者成王命我先君周公及齊先君太公曰：'女股肱周室以夾輔先王，賜女土地，質之以犧牲，世世子孫無相害也。'君今來討弊邑之罪，其亦聽從而釋之，必不泯其社稷；豈其貪壤地而棄先王之命，其何以鎮撫諸侯？恃此以不恐。"（《魯語》上）

> 公使展喜犒師，使受命於展禽。……"恃先王之命，昔周公、太公股肱周室，夾輔成王，成王勞之而賜之盟曰：'世世子孫無相害也。'載在盟府，太師職之。桓公是以糾合諸侯而謀其不協，彌縫其闕而匡救其災，昭舊職也。及君即位，諸侯之望曰：'其率桓之功'，我敝（蔽）邑用是不敢保聚，曰：'豈其嗣世九年而棄命廢職，其若先君何？君必不然。'恃此以不恐。"（僖廿六年）

這裏《國語》所敘，將魯國連遭兵禍，國家危急，所以要以辭行賂的原因說出，與後來"公子遂如楚乞師""公以楚師伐齊取穀"是聯貫的（參看《春秋經》）。而《左傳》的改本則未將原因說明，忽然地"公使展喜犒師"，並且要慎重的"使受命於展禽"，而退兵的話則比《國語》說的明白多了，但是責齊太過，也不甚合情理。中間加入"載在盟府，太師職之"八字，是《國語》所未有，《左氏》憑空加入的。（顧氏補正："太師，周之大師，主司盟官。"《左傳詁》引《武儀》云："師，當作史。"）他的意思，可想而知。又：

> 莒太子僕弒紀公，以其寶來奔。宣公使僕人以書命季文子曰："……爲我與之邑。……"里革遇之而更其書曰："……爲我流之於夷。……"公執之，對曰："……毀則者爲賊，掩賊者爲臧，竊寶者爲宄，用宄之財者爲姦。……"乃舍之。（魯語上）

僕因國人以弒紀公，以其寶玉來奔，納諸宣公。公命與之邑。……季文子使司寇出諸竟。……公問其故。季文子使太史克對曰："……先君周公制《周禮》曰：'則以觀德，德以處事，事以度功，功以食民。'作誓命曰：'毀則爲賊，掩賊者爲藏，竊賄爲盜，盜器爲姦。主臧之名，賴姦之用，爲大凶德。……是以去之。昔高陽氏有才子八人……謂之'八愷'。高辛氏有才子八人……謂之'八元'。此十六族也……舜臣堯……流四凶族……投諸四裔……"（《左氏》文公十八年）

這裏《國語》所叙祇有《左氏》的四分之一的樣子；兩處人物多不相同，《國語》中里革所説的，在《左氏》中變成了"先君周公制周禮曰""作誓命曰"，意義既較明顯，文辭也美得多了！我們讀到這裏，大可以明瞭周公之禮是如何產生的了，《左氏傳》是如何改編的了！所謂"十六族""四凶"，我們從前總認爲是真的，崔觶甫告訴我們說："於《堯典》人名無一同者，是於禹、契爲蔽賢，於'十六族'爲攘功。"（本書附録三）看來祇是改編的一段欺騙人的謊話罷了！

由此看來，《左氏》是由《國語》改編，時間、地點、人物、事實叙述之不同，或者就是他删改的憑證；所加入的新材料，或是別有所本，或是向壁虛造，這却是我們現在所當努力去研究的事情了。我們不可以隨便說兩書完全出於一人之手，或者以爲是兩部各不相干的書；因爲作僞者有時故意與所採的原料持相反的論調，如《國語》"民可近也，不可上也"，在僞《古文尚書》中作"民可近，不可下"，上下相反了。康氏說："掇拾雜書，加以附益，而爲今本之《國語》。"如《左氏》所述關於"五體"者甚多，而《國語》中也有一二條，這就是所謂"加以附益"。我們如因此而認定《國語》晚於《左氏》，這也似乎是不應當的。

（二）《左氏春秋》與史料的關係。這一點，我在前面已經說過，《左氏》的記事是靠不住的；現在我請再舉一二重要的例證以見《左氏》記事非仔細審查不可的理由。

（1）隱公四年《左氏傳》："宋殤公之即位也，公子馮出奔鄭，鄭人欲納之。及衛州吁立，將脩先君之怨於鄭，而求寵於諸侯，以和其民。……故宋公、陳侯、蔡人、衛人伐鄭，圍其東門，五日而還。"程端學《春秋三傳辨疑》說：

> 葉氏曰："前言穆公屬殤公而使公子馮出居於鄭，則馮固已自處鄭矣，安得殤公即位而後出奔也？愚謂《左氏》或本其初而言，義亦可通；但'圍其東門'之事未必有也。"

葉氏又曰："《經》書'夏，宋公、陳侯、蔡人、衛人伐鄭'，'秋，翬帥師會宋公、陳侯、蔡人、衛人伐鄭。'《左氏》謂'宋公、陳侯、蔡人、衛人伐鄭，圍其東門，五日而還。秋，宋公來乞師，翬固請以師會而行；諸侯之師，敗鄭徒兵，取其禾而還。'自《左氏》言之，則疑以爲實；以《春秋》法言之，則非。何者？前伐果'圍東門'而還，自當書'圍'，後果'敗鄭徒兵'而還，則當書'戰'，何爲但書'伐'而已乎？且'乞師'亦當見《經》。蓋《左氏》不曉翬不書氏之義，又不曉帥師之義，故於此言'翬帥師，公不許，翬固請而行。'後翬帥師會齊、宋伐鄭，言'翬先會'，皆以專行爲帥師之義，而實無有也。"

《春秋經》再書"伐鄭"，是"書之重，辭之複"，其中是有深意存在的。（此點參看張洽《春秋集注》；清儒孔廣森《公羊通義》於文十年曾暗襲其言，陳立《義疏》引之，未悟也）《左氏》誤會爲兩件事，看它說來言之鑿鑿，其實都是虛構的，它說："故書曰'翬帥師，'疾之也"，隱元年"公子豫請往，公弗許，遂行"，也是非公命的，何以反書疾翬而不疾豫呢？它之虛構事實，結果還是自相矛盾。像這裏所述"圍其東門""敗鄭徒兵"，這種記載當然不可視爲信史。

　　（2）宣公十年"崔氏出奔衛"。《左氏》以爲是崔杼。家鉉翁在《春秋詳說》上說：

　　　　《左傳》以爲"崔杼有寵於惠公，高國畏其偪，因惠死而逐之，書崔氏，非其罪也"。愚以歲月考之，是歲至杼弒君，蓋五六十年；使杼得年七十，此時方在弱冠，不應權勢已甚，爲人所畏。

　　這一件可疑的事，差不多許多人都知道的。《左氏》所述何嘗不像真有其事呢？但是這事之不合情理，就其結果而言，很可見得這出奔的崔氏不是崔杼，《左氏》所述當然沒有信史的價值。這些都是有應當注意的必要的。我們應該對於《左氏》的記載重新加以檢查。

　　以上兩點，是我所感覺我們現在研究《左氏春秋》應當注意的問題，希望這兩個重要的問題能於最短期間解決，能令我們早早地看得一個水落石出來！

二十一年十一月十一日，張西堂序

（選自劉逢祿《左氏春秋考證》，顧頡剛校點，一九三三年樸社出版。另，本文亦發表於《古史辨》第五冊）

《孝經通考》序

　　《孝經》一書，《呂覽·察微》已見徵引其文；漢代傳授，又寔廣於五經；然以其書作於孔、曾，在《史記》《漢書》即已異説，兩宋諸儒研尋文義，更以爲雜出後人附會。迄於近今，猶無定論，此當詳考者一也。《孝經》有今古文，其真贗與是非及傳授之先後，清儒甚尠論及。《孔傳》晚出，始作俑於王肅，雖屬定讞；《鄭注孝經》，是否出於康成，猶爲疑案，此當詳考者二也。《孝經》傳授，在昔雖廣，然多兼治，甚少專門。歷代著述之存逸，説義疏注之良楛，降及近今，實無總計，此當詳考者三也。

　　當明《孝經》成書，雜出後人附會，朱晦庵、姚首源所論，實多未融。《諫諍章》"争臣七人、五人、三人"，雖似出自《荀子·子道》，尤似襲之韓傳《外傳》；《子道》作"四人、三人、二人"，《外傳》作"七人、五人、三人"，《孝經》與《外傳》人數尤相近。《孝經》成書於何時，此可疑者也。《孝經鄭注》，皮錫瑞疏，據王肅難鄭已稱引《鄭注》，斷其出自康成。然《鄭注》與五經不同，陸澄諸儒親見其書，既已獻疑；而據劉肅《大唐新語》引鄭《自序》云："念昔先人餘暇，述夫子之志。"康成先人多屬微賤，所謂"念昔先人"云者，實無所指。則是否出於康成，亦未可遽定也。

　　比年以來，在平任教，師大同學蔡君汝堃，耽研經籍，頗留意於《孝經》一書，課餘撰爲《孝經通考》，其持論甚新穎而平允。謂《孝經》始作，在《呂覽》以前，漢儒複雜取傳記以成書。既不以爲成於先秦，無以釋朱晦庵、姚首源之所疑；亦不以《呂覽》所引爲注文，而强謂秦以前無《孝經》一書；如時論所云者。於《鄭注》之真僞，亦不遽爲斷案；於歷代《孝經》述造，則考之甚詳且明。近以殺青屆邇，屬余爲弁一言。頗感近來承學之士，識見寡淺，習氣惰慢，如蔡君之勤於鑽研，固不多覯；而依經立説者，其取材富而折衷當，如蔡君之於是書者，亦屬尠見；不覺如聞足音跫然而喜也。是爲序。

二十五年十一月十七日張西堂撰

　　（《孝經通考》，蔡汝堃著。（上海）商務印書館國學小叢書，民國二十六年五月初版）

諸子名誼考

一

古者男子，通稱曰"子"；考其自來，約有數變：

（一）子者，《說文》云："子，十一月，陽氣動，萬物滋。人以爲稱，象形。（段玉裁注曰：'象物滋生之形，亦象人首與首足之形也。'）凡子之屬皆從子。（段玉裁注：凡言以爲者，皆許君發明六書假借之法。子本陽氣動萬物滋之稱，萬物莫靈於人，故因假借以爲人之稱）♀，古文子，從巛，象髮也。籀文子，囟有髮，臂、脛在几上也。"由是言之，其在古初，子蓋人子之稱（據古籀文，甲骨文多作并其證明）且兼男女而言（《儀禮·喪服侍》鄭注），或用以爲干支之名，本無尊卑之別也。

（二）至於其後，或借以爲爵號之稱。《白虎通義·爵》篇曰："天子者，爵稱也。爵所以稱天子者何？王者父天母地，爲天之子也。"《春秋穀梁傳》曰："獨陰不生，獨陽不生，獨天不生，三合然後生。故曰母之子也可，天之子也可，尊者取尊稱焉……"《詩》曰："昊天齊子之。"（《周頌·時邁》）古以帝王天子，故"子"亦可爲尊稱。復以嗣子王子之稱，而有"子""男"爵號之名。殷爵惟三等，微子、箕子者，以王子貴，爲圻内子爵，故謂之子。（《禮記·王制》疏引《鄭志》是其證也）至於姬周，乃以子之爵號，爲士大夫通稱（《春秋公羊傳·宣公六年》何注）。《禮記·王制》："天子之大夫視子男。"《穀梁傳》："公子之童視大夫，大夫命以報公子"（莊公二十二年），故曰子以尊之。由是而"子"爲男子之尊稱。

（三）往古之世，民智未啓，學術或掌於王官，賢哲多居於尊位，官師合一，仕學不異。（《說文》："仕，學也。"）學而優則仕，仕而優則學。有學之人，必從政之人；求學之地，亦從政之地。學者之師事，多爲當時大夫，秦以吏爲師者，猶其流風也。爲弟子者，以其師之在位，故稱以大夫之稱，而尊號之曰"子"，（或曰"夫子"，詳見下節）或以"子"題其述造。此以"子"稱師之爲大夫者。

（四）然晚周諸子，以"子"之稱。題其書者，要皆當時之卿大夫。老子爲周大夫，管子爲齊大夫，墨子爲宋大夫，尸、呂之流，申、韓之徒，或仕諸侯，或顯於世，要皆有爵位之尊。至於後世，乃有本爲隱逸之士，而弟子亦稱之爲"子"，且有以"子"自稱者，漸忘其爲"大夫稱"矣。

此諸子稱名之由來也。

二

古者稱師，或曰"夫子"。皇侃《論語義疏》曰："《禮經》：身經爲大夫者，則得稱爲夫子。"孔子爲魯大夫，故弟子呼之爲夫子也。（邢疏亦曰："孔子所以夫子者，孔子當爲魯國大夫。"）汪容甫《述學》曰：

> 古者孤，卿，大夫皆稱"子"。子者，五等之爵也。……《春秋傳》："列國之卿，當小國之君。"小國之君，則子、男也。子、男同等，不可以並稱，故著子去男，從其尊者。（堂案：《白虎通義·爵》曰："合伯子男以爲一爵。或曰：'合從子，貴中也。'"是亦着"子"去"男"之故）稱子而不成詞，則曰"夫子"。夫者，人所指名也。……凡爲大夫，自適以下，皆稱之曰"夫子"。孟獻子，穆伯之孫，穆伯之二子，親爲其諸父，而曰"夫子"；崔成、崔疆稱其父，皆曰"夫子"。故知爲大夫者，例稱夫子，不以親別也。孔子爲魯司寇，其門人稱之曰"子"、曰"夫子"，後世沿襲，以爲師長之通稱，而莫有原其始者。（《釋夫子》）

劉光漢《小學發微補》曰：

> 夫子之稱，見於《左傳》《國語》者，以十餘計，大抵皆卿士大夫之稱也。而弟子稱師亦爲夫子者，則以古人術學出於官府，仕學同流共貫，諸子之學，各出於一官。古者稱卿大夫曰子，亦曰夫子。儒者肄業於司徒之官，而卿大夫之職，亦各受教法於司徒，退而頌之卿吏。州長諸官，下至族黨比閭之吏，亦皆以治民之權，兼教士之權，是牧長與師儒無別。故士民受業師儒者，亦稱爲夫子。而士之自爲師長者，亦得循列而有此稱。（《國粹學報》第一年第六期）

章太炎《諸子學〔略〕説》曰：

> 古之學者，多出王官世卿用事之時，百姓當家，則務農商畜牧，無所謂學問也。其欲學者，不得不給事官府爲之胥徒，或乃供灑掃爲僕役焉。故《曲禮》云："官學事師。"學字本或爲御；所謂宦者，謂其爲官寺也；所謂御者，謂其爲僕御也。故事師者，以灑掃進退爲職，而後車從者，纔比於執鞭拊馬之徒。觀春秋時，世卿皆稱夫子。

夫子者，猶今言老爺耳。孔子爲魯大夫，故其徒尊曰夫子，猶是主僕相對之稱也。(《國粹學報》第二年第八期)

今案：夫子之"夫"，蓋指大夫而言，且爲男子美稱，汪氏之釋，以爲"人所指名"，則非郅篤之論。

(一)《春秋穀梁傳》曰："父猶傅也，男子之美稱也。"(隱公元年) 鍾文烝曰："傅，讀爲夫。《毛詩傳》曰：'夫，傅相也。'鄭君《郊特牲》注曰：'夫或爲傅。'明夫、傅古通用。……夫爲男子美稱。"(《春秋穀梁經傳補注》)夫也者，以知師人者也(《禮記·郊特牲》)；春秋時多以"夫"爲名者(如孫良夫)，"夫"爲美稱，於古實然。《白虎通義·爵》曰："大夫之爲言大扶(舊脱此字，據《太平御覽》《孝經》補)進人者也，故《傳》曰：'進賢達能，謂之大夫也'。"陳立《白虎通疏證》曰："下《五行篇》曰：'大者，大也。'《嫁娶篇》曰：'夫者，扶也。'《廣雅·釋詁》：'大夫君也。'"大夫即卿大夫之總稱號。《王制》疏引作"大夫者達人"，謂扶達於人也。夫之言"扶"，且爲男子美稱，故大夫之號，即取義於是，而夫子之稱，亦取義於是。蓋謂其爵則"子"，而言官則"大夫"，能"進達於人"，故合而言之，謂之夫子。猶之"夫人""公子"之稱，其上一字亦有取義，非稱"子"不成詞，則漫謂之"夫子"也。

(二) 證之古籍，尤見其然。《論語》："曾晳曰……'夫子何哂由也？'"(《先進》)"子貢曰：'夫子自道也。'"(《憲問》)"子游對曰：'昔者偃也聞諸夫子……'"(《陽貨》)"子路曰：'昔者由也聞諸夫子……'"(同上)皆直對問孔子，而稱之曰夫子。如云人所指名，則將焉用"指"矣！其在《左傳》《國語》，亦有是例。(《左傳·文公元年》秦伯稱孟明："孤實貪以禍夫子……"《國語·晉語一》：士蒍告里克，"夫子誡之")足見"夫子"二字，皆指大夫而言，故弟子之稱師，亦曰夫子也。

三

古者諸子，身爲卿士大夫，故其述造，每由弟子集成；或記答問之辭，或傳口授之義，遂以尊師之稱，題其師之篇籍。諸子身膺繁難，既無撰述之暇，當時所用簡册，又非楮墨之便，其身自造作者，蓋百無十一焉。孫星衍曰："凡稱子書，多非自著……"(《問字堂集·晏子春秋序》) 嚴可均曰："先秦諸子，皆門弟子，或賓客，或子孫撰定，不必手著。"(《鐵橋漫稿》卷八《書管子後》) 此子之爲稱，又移以爲書名也。

觀於先秦子籍，稱名約有十類。

（一）或以職官，如《關伊子》《青史子》，是也。

（二）或以爵謚，"魏文侯""公子牟"，是也。

（三）或以別號，《鶡冠子》《鄭長者》，是也。

（四）或以宗派，《墨子》，"神農"，是也。（墨亦別派之稱，神農則六國時農家言）

（五）或以氏名，《尹文子》《鄒奭子》，是也。

（六）或以私名，《內業》《呂氏春秋》，是也。

（七）或以姓繫子，《孟子》《莊子》，是也

（八）或以字繫子，"子思""孫卿子"，是也。

（九）或於氏上，復冠"子"字，《子晚子》，是也。

（十）或舉姓名，而不稱"子"，"李克"，《寧越》，是也。

凡兹十類，雖無準則，考其跡象，則諸大家之篇籍，弟子尊之，以子題其述造，甚可信也。西漢以後，諸家儒如賈誼、董仲舒、劉向、揚雄所序；道如曹羽、郎中嬰齊；法如晁錯；雜如淮南、東方朔；陰陽如張蒼、公孫渾邪；縱橫如鄒陽、主父偃；農如董安國、氾勝之，《漢志》皆錄其名氏，甚少稱之以子者。是知子之爲稱，多屬先秦諸子，官守之尊，口授之傳，有以使之然也。

其"子"著於"字"上者，春秋時已有之（如子夏、子思），上下皆稱子者，《墨子》中有"子墨子"；《荀子·天論》中有"子宋子"；《呂覽》中有"子華子"（《貴生》）；《公羊傳》中有"子沈子"（隱公十一年，何休注曰："沈子稱'子'冠'氏'上者，著其爲師也；其不冠'子'者，他師也。"）冠子以稱本師，或起戰國之世。

諸者，詞之總也（釋慧琳《一切經音義》廿四引《聲類》）都而舉之，故曰"諸子"。

（原載《學文》第一卷第二期，一九三一年）

荀子思想概要

一、荀子之生卒年代

《史記·孟子荀卿列傳》説："荀卿，趙人。年五十始來遊學於齊。騶衍之術迂大而閎辯；奭也文具難施；淳于髡久與處，時有得善言。故齊人頌曰：'談天衍，雕龍奭，炙轂過髡。'田駢之屬皆已死。齊襄王時，而荀卿最爲老師。齊尚脩列大夫之缺，而荀卿三爲祭酒焉。齊人或讒荀卿，荀卿乃適楚，而春申君以爲蘭陵令。春申君死而荀卿廢，因家蘭陵。"劉向《別録》也説："是時孫卿有秀才，年五十，始來遊學。諸子之事，皆以爲非先王之法也。孫卿善爲《詩》《禮》《易》《春秋》。至齊襄王時，孫卿最爲老師。"但在應劭《風俗通·窮通篇》則謂："孫卿有秀才，年十五始來遊學。"而晁公武《讀書志》引《史記》也作"年十五"，年五十與年十五，在近人的考證，是主張各不同的。但《史記》謂春申君以爲蘭陵令，則在《春申君列傳》也説："春申君相楚八年，爲楚北伐滅魯，以荀卿爲蘭陵令……春申君相二十五年……楚考烈王卒，李園果先入，伏死士……刺春申君，斬其頭。"荀卿仕楚爲蘭陵令在考烈王八年，西紀元前二五五年，依《史記》的"荀卿最爲老師……乃適楚"。假定仕楚之時已有六十歲，則荀子生年當在前三一五年左右，如説年五十遊齊，則當在齊襄王末年至齊王建初年（前二六五年至二六〇年之間），齊王建元年適當前二六四年，如説年十五遊齊，則當在前三〇〇年，齊湣王二十四年，則與"遊學"（此游宦異）"三爲祭酒"情形更合。楚考烈王二十五年春申君廢，正當紀元前二三六年，荀卿不過八十歲，他的卒年則當在此後數年間。《韓非子·難四》説："燕王噲賢子之而非荀卿，故身死爲僇。"燕王噲讓國子之在前三一六年，這時荀子剛生，韓非之説自不可信。或據韓非此文而謂荀子生年更早，因疑荀子不及見春申君，但在《史記》説"荀卿卒，因葬蘭陵"。劉向《別録》説："蘭陵多善爲學，蓋以荀卿也，長老至今稱之。曰蘭陵人喜字爲卿，蓋以法荀卿。"荀卿之在蘭陵，應在晚年而且較久，所以才得蘭陵人的崇敬，若"燕王噲賢子之而非荀卿"是事實，荀卿生年，必且更早，則仕蘭陵時當百餘歲了！又桓寬《鹽鐵論·毀學》説："方李斯之相秦也，始皇任之，人臣無二。然而荀卿爲之不食，睹其罹不測之禍也。"李斯相秦爲始皇三十四年（前二一三年），這時荀卿將近百歲，《鹽鐵論》之説恐亦不足信。

二、荀子各篇之真僞

現行的《荀子》三十二篇，有的是雜亂湊成的，楊倞的《荀子注》已説《大略》篇是"弟子雜錄荀卿之語"，《宥坐》篇、《子道》篇、《法行》篇、《哀公》篇、《堯問》篇各篇是"荀卿及弟子所引記傳雜事"，在《堯問》篇篇末更説"自爲説者以下，荀卿弟子之辭"，這足見《大略》篇等六篇不是荀卿的真著。近來對於《荀子》懷疑的人比較的多，胡適《中國哲學史大綱》説：

《漢志》：《孫卿子》三十二篇，又有賦十篇，今本《荀子》三十二篇，連賦五篇，詩兩篇在内，大概今本乃係後雜湊成的，其中有許多篇，如有《大略》《宥坐》《子道》《法行》等，全是東拉西扯拿來湊數的。還有許多篇的分段，全無道理，如《非相》篇的後兩章，全與非相無干。又如《天論》篇的末段，也和天論無干。又有許多篇，如今都在《大戴》《小戴》的書中（如《禮論》《天論》《勸學》諸篇），或在《韓詩外傳》之中，究竟不知誰抄誰的？大概《天論》《解蔽》《正名》《性惡》四篇，全是荀卿的精神所在，其餘的二十餘篇，即是真不是他的，也無關緊要了。

梁啓超在《要籍解題及其讀法》上説：

今案讀全書，其中大部分固可推定爲荀卿自著，然如《儒效》篇、《議兵》篇、《强國》篇皆稱"孫卿子"，似出門弟子記錄。内中如《堯問》篇末一段純屬批評荀子之語，其爲他人所述尤爲顯然。又《大略》以下六篇，楊倞已指爲荀卿弟子所記卿語，及雜錄傳記，然則非全書悉出卿手蓋甚明。

他對於大、小戴兩《禮記》文多與《荀子》相同的地方，則謂"凡此皆當認爲《禮記》采《荀子》，不能謂《荀子》襲《禮記》，蓋《禮記》本漢儒所裒集之叢編，雜采諸各家著述耳。然因此可推見兩《戴記》中，其摭拾荀卿緒論而不著其名者或尚不少。而《荀子》書中，亦難保無荀卿以外之著作攪入，蓋《荀子》亦由漢儒各自傳寫，諸本共得三百餘篇，未必本本從同，劉向將諸本冶爲一爐，但删其重複，其曾懸何種標準以鑒別真僞，則向所未言也"。楊筠如《荀子研究》説："用一般的觀察，大致以《正名》《解蔽》《富國》《天論》《性惡》《正論》《禮論》（起首一段）幾篇，真的成分多。所以我主張：（一）與大小戴《記》《韓詩外傳》相同的文字，暫時祇得割愛；

（二）與前面所舉幾篇中主要思想矛盾的地方也最好不采；（三）凡是稱孫卿子的各條，爲慎重起見，也最好不要用爲荀子學說的資料。"

我個人對於荀子各篇，作如下的見解：

（一）真《荀子》文，間有一段由他篇錯入者：《性惡》篇、《正名》篇、《解蔽》篇、《天論》篇、《正論》篇、《富國》篇、《禮論》篇、《勸學》篇、《脩身》篇、《不苟》篇、《非十二子》篇、《王制》篇、《王霸》篇、《天論》篇，共十四篇。

（二）是《荀子》文，然篇中有數段俱可疑者：《榮辱》篇、《非相》篇、《君道》篇、《臣道》篇，共四篇。

（三）非荀子文，疑爲荀卿弟子所撰述者：《儒效》篇、《議兵》篇、《疆國》篇，共三篇。

（四）非荀子文，思想與文字俱不足信者：《仲尼》篇、《致仕》篇、《君子》篇，共三篇。

（五）與《荀子》本書無關者：《成相》篇、《賦》篇，共二篇。

（六）漢儒所雜錄之辭者：《大略》篇以下六篇。

在《荀子》全書中，大體可信的共有十四篇，《榮辱》篇、《非相》篇等四篇，也有一半是可信（其理由別詳拙著《荀子真偽考》）。祇認《正名》篇、《解蔽》篇、《富國》篇、《天論》篇、《性惡》篇、《正論》篇、《禮論》篇七篇真的成分較多，未見懷疑過甚。《荀子》與《戴記》《外傳》相同的地方，多半是《戴記》《外傳》抄《荀子》，這些地方，兩兩對照一下，都極其明顯的。本篇述《荀子》，即以（一）項所列十四篇爲準，而輔以（二）、（三）所列各篇。

三、荀子所生之時代

荀子與孟子不同，他是主張性惡論者；荀子與宋子不同，他是反對情欲寡的；他極不贊成墨子的節用，而主張開發當日的財源；這些思想之所以產生，與他所生的時代實有密切關係。在《王制》篇說：

> 王者之法（法字依王念孫增）：等賦，政事（原在養萬民上，依劉臺拱移此），財萬物，所以養萬民也。田野什一，關市幾而不徵，山林、澤梁以時禁發而不稅，相地而衰〔差〕政〔徵〕，理道之遠近而致貢，通流財物粟米，無有滯留，使相歸移也，四海之內若一家。故近者不隱其能，遠者不疾其勞。無幽閒隱僻之國，莫不趨使而安樂之。夫是之謂人師，是王者之法也。

又說：

北海則有走馬吠犬焉，然而中國得而畜使之。南海則有羽翮齒革曾青丹干焉，然而中國得而財之。東海則有紫紶魚鹽焉，然而中國得而衣食之。西海則有皮革、文旄焉，然而中國得而用之。故澤人足乎木，山人足乎魚，農夫不斲削不陶冶而足械用，工賈不耕田而足菽粟。故虎豹爲猛矣，然君子剝而用之。故天之所覆，地之所載，莫不盡其美致其用，上以飾賢良，下以養百姓而安樂之。夫是之謂大神。

據這兩段看來，如云"四海之內若一家""無幽閒隱僻之國，莫不趨使而安樂之"；以及東西南北的出產中國都得而用之；澤居的人不缺之燃料，山居的人不至於有食無魚之嗟。這足以表現是一個疆域比較廣大，交通比較便利，物產比較豐富的社會。這一篇又説：

論百工，審時事，辨功苦，尚完利，便備用，使雕琢文采不敢專造於家，工師之事也。……脩采清，易道路，謹盜賊，平室律（郝懿引説：律當爲肆），以時順脩，使賓旅安而貨財通，治市之事也。

《王霸》篇又説：

關市幾而不徵，質律禁止而不偏，如是，則商賈莫不敦愨而無詐矣。百工將時斬伐，佻其期日而利其巧任，如是，則百工莫不忠信而不楛矣。……商賈敦愨無詐則商旅安，貨財通（財原在通下，依王校改正），而國求給矣。百工忠信而不楛，則器用巧便而財不匱矣。

這兩段不惟足見工商業的發達，而且主張依"貨財通"而使"國求給"，"器用巧"而"財不匱"。荀子所生的時代，正是物質文明比較從前進步，有了使用"利器"的手工業，可以使生産"佻其期日"。有了遠行的商旅的往來，可以使貨財相通，他不必要像墨子那樣"憂天下之不足"，主張節用，他可以説使百姓都能有餘，與墨子相反，而重生産。戰國之時，合縱連橫，更使人感到分工合作的力量，使國家富足也可以如此辦理，情欲不怕不能滿足，他當然要反對"情欲寡"的主張，但是情欲本無窮盡，而争亂也永無已時；文明既已進步，機心亦隨之而發達；加以縱橫之局，欺詐百出，名、墨之争，詭辯多端；他真不能同孟子一樣，還可主張性善，他要主張性惡論了！他主張以禮治以未治，他主張重人爲以戡天，從倫理、心理上入手以糾正當日的論調。提出各家的學説來加以相當的批評；種種議論，都是感覺物質文明，人力能以征服自然而發出的。故他雖然是儒家，而又略似法家，不崇古，不賤今，而説"禮者法之大分"，竟是儒法合流了。這些，自然都是新的社會、新的時代所賜予的。

四、荀子之宇宙觀

荀子的時代，手工業的"器用巧便"能使生產擴大，商業因交通發達而供求相應，人力能以征服自然，所以他不像從前那樣信天命、法自然，而主張戡天。他說：

> 天行有常，不爲堯存，不爲桀亡，應之以治則吉，應之以亂則凶。強本而節用，則天不能貧；養備而動時，則天不能病；脩道而不貳，則天不能禍。故水旱不能使之饑渴，寒暑不能使之疾，袄怪不能使之凶。……其道然也。故明於天人之分，則可謂至人矣。……唯聖人爲不求知天。

天是有常道的，但人爲可勝天，故我們第一要明白天人之分；天道也難測，我們祇須盡力知道，不必要知天的。故說"官人守天而自爲守道"，他一切都是"人爲主義"的。道的解釋，在《儒效》篇曾有"道者，非天之道，非地之道，人之所道也"。這篇雖不必是他所說的，然而可信爲合於荀學的解釋。他是主張"故君子敬其在己者，而不慕其在天者"。他以爲"星隊木鳴，國人皆恐……是天地之變，陰陽之化，物之罕至者也，怪之可也，而畏之非也。夫日月之有蝕，風雨之不時，怪星之黨見，是無世而不常有之"。也不畏天，而且以爲：

> 大天而思之，孰與物畜而制之。從天而頌之，孰與制天命而用之。望時而待之，孰與應時而使之。因物而多之，孰與騁能而化之。思物而物之，孰與理物而勿失之也。願於物之所以生，孰與有物之所以成。故錯人而思天，則失萬物之情。

這裏主張制天化物，真可說是"戡天主義"。說"錯人而思天，則失萬物之情"，更可見祇有天地而無人，則一切事物的作用都喪失了；所以他一切都是"人爲主義"的。人有參天之功的。所以說：

> 天有其時，地有其財，人有其治，夫是之謂能參舍其所以參而願其所參，則惑矣。

人有役物之力，所以說：

> 聖人清其天君，正其天官，備其天養，順其天政，養其天情，以全其天功。如是，則知其所爲，知其所不爲矣，則天地官而萬物役矣。

他的"戡天主義"，他的人爲主義，是具有兩重意義的，以人力來征服自然，是人應有的參天的職務，否則是"失萬物之情"。他說"知其所爲""以全天功"，他主張用智慧，尚功利，在他的宇宙觀中已可見其大略。

五、荀子之人生論

在《性惡》篇首，荀子就說："人之性惡，其善者僞也。"他與告子生之謂性，性無善無不善的意見相接近，與其他的對於"性"的解釋是不同的，他在《禮論》篇上說：

性者，本始材樸也；僞者，文理隆盛也。

《正名》篇說：

生之所以然者謂之性，生（原作性，依王先謙校改）之和所生，精合感應，不事而自然謂之性。性之好、惡、喜、怒、哀、樂謂之情，情然而心爲之擇謂之慮。心慮而能爲之動謂之僞。（劉念親《荀子正名篇詁釋》：謂之僞當作謂之能，此能爲之動。能字亦當讀形態之態，態爲之動，心爲之擇對文，謂之能與謂之慮對文，下緊承以慮積焉，能習焉而後成。能、慮並舉可證）慮積焉，能習焉而後成謂之僞。

《性惡》篇說：

凡性者，天之就也，不可學，不可事。禮義者，聖人之所生也，人之所學而能，所事而成者也。不可學、不可事，而在人者，謂之性；可學而能、可事而成、之在人者，謂之僞；是性僞之分也。

性是本來的，樸質的，所以是"生之所以然"，僞是人爲的，隆理的，要經過性的好惡，心的選擇，形的動作，所以是"慮積焉，能習焉，而後成"。性祇可說是天生就如此的。他以爲：

今人之性，生而有好利焉，順是，故爭奪生而辭讓亡焉；生而有疾惡焉，順是，故殘賊生而忠信亡焉；生而有耳目之欲有好聲色焉，順是，故淫亂生而禮義文理亡焉。然則從人之性，順人之情，必出於爭奪，合於犯分〔文〕亂理而歸於暴。故必將有師法之化，禮義之道，然後出於辭讓，合於文理，而歸於治。用此觀之，然則人之性惡明矣，其善者僞也。

他以人生就有好利疾惡之情，耳目聲色之欲，從這一點看，人性是惡的。又說：

故枸木必將待檃栝烝矯然後直；鈍金必將待礱厲然後利；今人之性惡，必將待師法然後正，得禮義然後治。今人無師法，則偏險而不正；無禮義，則悖亂而不治。古者聖王以人性惡，以爲偏險而不正，悖亂而不治；是以為之起禮義、制法度、以矯飾人之情性而正之，以擾化人之情性而導之也。使皆出於治，合於道者也。今之人，化師法、積文學、道禮義者、為君子，縱性情、安恣睢、而違禮義者、為小人。用此觀之，然則人之性惡明矣，其善者偽也。

他又以人性必將"待師法然後正，得禮義然後治"，來證明其本惡。又說：

今人之性，饑而欲飽，寒而欲暖，勞而欲休，此人之情性也。今人饑，見長而不敢先食者，將有所讓也；勞而不敢求息者，將有所代也。夫子之讓乎父，弟之讓乎兄；子之代乎父，弟之代乎兄，此二行者，皆反於性而悖於情也；然而孝子之道，禮義之文理也。故順情性則不辭讓矣，辭讓則悖於情性矣。用此觀之，然則人之性惡明矣，其善者偽也。

這是以禮義善而反性悖情，更足以證明人性本惡而善者偽。從反面來看，不是善性的。他又說：

凡人之欲為善者，為性惡也。夫薄願厚，惡願美，狹願廣，貧願富，賤願貴，苟無之中者，必求於外；故富而不願財，貴而不願勢，苟有之中者，必不及於外。用此觀之，人之欲為善者，為性惡也。今人之性，固無禮義，故強學而求有之也；性不知禮義，故思慮而求知之也。然則生而已，則人無禮義，不知禮義。人無禮義則亂，不知禮義則悖。然則生而已，則悖亂在己。用此觀之，人之性惡明矣，其善者偽也。

這又由人之欲善來說明人性本惡，"苟無之中者，必求於外"，算是他的理由。我們試看他的論證，他以"生之所以然謂之性"，這是可以說得過去的。如從人生就有好利疾惡之情，耳目聲色之欲來看，則主張性善者正以"人心之所同然者理也，義也"作為人性善的根據。如說人性必將師法然後正，得禮義然後治，則主張性善者正以仁義禮智，非由外鑠我也，我固有之也，師法禮義不過是擴充盡才的。如說禮義善而反性悖情，則主張性善者正以"恭敬之心人皆有之；是非之心人皆有之"，禮義並不反性悖情；如說人性欲善，正因人之性惡，則主張性善者，更可以說人之欲善，正因人之性善的。性惡論與性善論，都祇見到片面的。

荀子以為所謂性善者，必是"不離其樸而美之，不離其資而利之也"。必是"夫資樸之於美，心意之於善，若夫可以見之明不離目，可以聽之聰不離耳"，如同目明耳聰，是不可以學的。主張性善而又主張學，是離開本質說，不是"性者天之就也，不可學，不可事"了。所以他以為孟子不懂得性偽之分。他又駁孟子説："凡古今天下所謂善者，正理平治也；所謂惡者，偏險悖亂也；是善惡之分也已。今誠以人之性固正理平治耶，則有惡用聖王，惡用禮義哉？雖有聖王將曷加於正理平治也哉？"他始終以爲性善則絲毫不用人爲的師法禮義，有了人爲的師法禮義，則正是以證明人之性本惡。他比較孟子確注意於性僞之分，注重後天的、客觀的、物質的一方面的。

但是説人性惡，則禮義是如何產生呢？荀子以爲這是"生於聖人之僞，非故生於人之性也"。正如"陶人埏埴而爲器，然則器生於工人之僞，非故生於人之性也"。又如"工人斲木而成器，然則器生於工人之僞，非故生於人之性也"。他以爲"堯、舜之與桀、跖，其性一也；君子之與小人，其性一也"。一切的禮義，並不是人性，以爲"是人之性，故聖人能生之"，也不對的。他説：

> "涂之人可以爲禹"，曷謂也？曰：凡禹之所以爲禹者，以其爲仁義法正也。然則仁義法正有可知可能之理，然而涂之人也，皆有可以知仁義法正之質，皆有可以能仁義法正之具，然則其可以爲禹明矣。今以仁義法正爲固無可知可能之理邪？然則唯禹不知仁義法正，不能仁義法正也。將使涂之人固無可以知仁義法正之質，而固無可以能仁義法正之具邪？然則涂之人也，且內不可以知父子之義，外不可以知君臣之正。不然。今涂之人者，皆內可以知父子之義，外可以知君臣之正，然則其可以知之質，可以能之具，其在涂之人明矣。

他既主張性惡，而以"涂之人可以爲禹"，看來好像與孟子的"人皆可以爲堯舜"一樣。但他祇以無論何人都有"可以知之質，可以能之具"，不過"伏術爲學，專心一志，思索孰察，加日懸久，積善而不息，則通於神明，參於天地"。並不與孟子以性中有善端相同。性祇是自然的，善是有待而然的。他不認天就是善，而又很重視人欲；宇宙觀與心理學，在孟、荀兩家的看法不同，人性論自是不同的。戴震説："此於性善之説，不惟不相悖，而且若相發明。"（《孟子字義疏證·卷中·性》）陳澧説："涂之人可以爲禹，即孟子所謂人皆可以爲堯舜，但改堯舜爲禹耳，如此則何必自立一説乎？"這都是誤會了《荀子》的意思。荀子以人性爲惡，所以他是以"有心知則學以進於神明"，重知重欲，《勸學》篇以誘人日進於智；《富國》篇以使人得遂其欲，重禮樂，正名實，無非是要參天役物，化性起僞。

六、荀子之心理學

荀子論性，主張化性起僞；性與情欲有關，情與心知有關，所以他對於心理是極注重的，關於心理的狀態與作用也説得比較詳細。在《正名》篇他曾説："性之好、惡、喜、怒、哀、樂謂之情，情然而心爲之擇謂之慮。心慮而能爲之動謂之僞。慮積焉，能習焉而後成謂之僞。"僞由於慮積能習，慮積能習由於心爲之擇，心的重要極其顯明。在《正名》篇説：

> 心也者，道之工宰也。

在《解蔽》篇説：

> 心者，形之君也，而神明之主也，出令而無所受令。自禁也，自使也，自奪也，自取也，自行也，自止也……是之則受，非之則辭。

> 故曰：心容其擇也，無禁必自見。

心爲"形之君""心生而有知"。可以"知道""可道""守道""非道"（詳見《解蔽》篇），"喜、怒、哀、樂、愛、惡、欲以心異"（《正名》篇語），所以心不惟是神明之主，而且是道之工宰，權衡禮義，制裁情欲，所以心與化性起僞極有關係。荀子從知與欲兩方面來論心，關於知的，他説："凡萬物異則莫不相爲蔽，此心術之公患也。"世間事物之多，人心不能無蔽。蔽的種類也很多，例如：

> 欲爲蔽，惡爲蔽，始爲蔽，終爲蔽，遠爲蔽，近爲蔽，博爲蔽，淺爲蔽，古爲蔽，今爲蔽。

蔽的來源也有種種，例如：

> 從山上望牛者若羊，而求羊者不下牽也，遠蔽其大也；從山下望木者，十仞之木若箸，而求箸者不上折也，高蔽其長也。……

> 凡觀物有疑，中心不定，則外物不清，吾慮不清，則未可定然否也。冥冥而行者，見寑石以爲伏虎也，見植林以爲後（立）人也，冥冥蔽其明也。醉者越百步之溝，以爲蹞步之澮也，俯而出城門，以爲小之閨也，酒亂其神也。厭目而視者，視一以爲兩；掩耳而聽者，聽漠漠而以爲哅哅，勢亂其官也。……

> 心不使焉，則白黑在前而目不見，雷鼓在側而耳不聞，況於使者乎！

環境與精神與心理都可以爲蔽。而通常的人，若"蔽於一曲，則闇於大理"，而且："夫道者，體常而盡變，一隅不足以舉之。曲知之人，觀於道之一隅而未之能識也，故以爲足而飾之，內以自亂，外以惑人，上以蔽下，下以蔽上；此蔽塞之禍也。"

"道者，體常而盡變，一隅不足以舉之"，我們不如立定權衡，使心能知這個權衡。他説：

> 聖人知心術之患，見蔽塞之禍，故無欲無惡，無始無終，無近無

遠，無博無淺，無古無今，兼陳萬物而中縣衡焉。是故眾異不得相蔽以亂其倫也。何謂衡？曰：道。故心不可不知道。

我們有了這個權衡，這個道，固可以守道以禁非道，但是心何以能知道呢？

曰：虛壹而靜。心未嘗不臧也，然而有所謂虛；心未嘗不滿也，然而有所謂一；心未嘗不動也，然而有所謂靜。人生而有知，知而有志。志也者，臧也，然而有所謂虛，不以所已臧害所將受謂之虛。心生而有知，知而有異，異也者，同時兼知之。同時兼知之，兩也，然而有所謂一，不以夫一害此一謂之壹。心，臥則夢，偷則自行，使之則謀。故心未嘗不動也，然而有所謂靜，不以夢劇亂知謂之靜。未得道而求道者，謂之虛壹而靜。作之，則將須道者之虛則人，將事道者之壹則盡，盡將思道者靜則察。知道察，知道行，體道者也。虛壹而靜，謂之大清明。萬物莫形而不見，莫見而不論，莫論而失位。坐於室而見四海，處於今而論久遠，疏觀萬物而知其情，參稽治亂而通其度……夫惡有蔽矣哉！

虛壹而靜，在荀子看來，固是知道的方法，也是解蔽的方法。人若蔽於一曲，不免要以己所臧害所將受，所以必定要虛。而不"壹"不"靜"之弊，荀子則說得極明顯：

人心譬如槃水，正錯而勿動，則湛濁在下而清明在上，則足以見鬚眉而察理矣。微風過之，湛濁動乎下，清明亂於上，則不可以得大形之正也。心亦如是矣。故導之以理，養之以清，物莫之傾，則足以定是非，決嫌疑矣。小物引之則其正外易，其心內傾，則不足以決庶理矣。故好書者眾矣，而倉頡獨傳者，壹也；好稼者眾矣，而后稷獨傳者，壹也……自古及今，未嘗有兩而能精者也。

心不靜不壹，則易為眾異所蔽，這也是他主"壹"主"靜"的理由，與老子之所謂"致虛極，守靜篤"，雖似受其影響，而其實不同的。

再說荀子對於欲的意見，他不主張縱欲，但也反對情欲寡淺，他以為"聖人縱其欲，兼其情，而制焉者理矣"，以理化欲而主張節欲，他是性惡論者，是認為天性有欲，心為之節制而已。他說：

凡語治而待去欲者，無以道欲而困於有欲者也。凡語治而待寡欲者，無以節欲而困於多欲者也。……欲過之而動不及，心止之也。心之所可中理，則欲雖多，奚傷於治！欲不及而動過之，心使之也。心之所可失理，則欲雖寡，奚止於亂！故治亂在於心之所可，亡於情之所欲。……欲雖不可盡，可以近盡也；欲雖不可去，求可節也。所欲雖不可盡，求者猶近盡；欲雖不可去，所求不得，慮者欲節求也。道者，進則近盡，退則節求，天下莫之若也。

"進則近盡，退則節求"，他對於欲，絕對的不以爲是多大的惡的，所以他主張"富國"以養人之欲，給人之求。但他是主張重己以役物，而求心理上的愉樂，不贊成以己徇物，仍側重於"心爲形之君"的觀念。他説：

心憂恐，則口銜芻豢而不知其味，耳聽鐘鼓而不知其聲，目視黼黻而不知其狀……欲養其欲而縱其情，欲養其性而危其形，欲養其樂而攻其心，欲養其名而亂其行……夫是之謂以己爲物役矣。

心平愉，則色不及傭而可以養目，聲不及傭而可以養耳，蔬食菜羹而可以養口，麤布之衣、麤紃之履而可以養體……故無萬物之美而可以養樂，無勢列之位而可以養名。如是而加天下焉，其爲天下多，其和樂少矣，夫是之謂重己役物。

己與物比較起來，仍是己比物重要，而且心理上不快樂，就在物質上也不能享受，所以荀子轉到以心爲工宰。他要學聖人，要"止諸至足"，他説：

故學也者，固學止之也。惡乎止之？曰：止諸至足。曷謂至足？曰：聖也。聖也者，盡倫者也；王也者，盡制者也。

聖人比士君子是最爲知聖王之道的，他還是側重於知的一方面，而且人之性惡，必待禮義積僞才合於善，他不得不特別重視教育，勸學脩身，以禮樂來陶冶人性，這是他必然的主張。

七、荀子之教育思想

荀子主張性惡，故必將有師法之化，禮義之道，然後出於辭讓，合於文理，而歸於治；他的教育思想，自是要有師法之化，禮義之道。《勸學》篇説：

學惡乎始？惡乎終？曰：其數則始乎誦經，終乎讀禮；其義則始乎爲士，終乎爲聖人。真積力久則入，學至乎没而後止也。故學數有終，若其義則不可須臾舍也。爲之，人也；舍之，禽獸也。

這裏將教育的宗旨，學科的範圍，學習的方法，大致説明。他的目的是終乎爲聖人，這裏説過，《解蔽》篇也説過，《禮論》篇也説：

聖人者，道之極也。故學者固學爲聖人也。

聖人能以產生禮義，化性積僞，爲道之極，故即以聖人爲目的。至於學科，《勸學》篇更謂：

故《書》者，政事之紀也；《詩》者，中聲之所止也；《禮》者，法之大分，類之綱紀也，故學至乎《禮》而止矣。夫是之謂道德之極。《禮》之敬文也，《樂》之中和也，《詩》《書》之博也，《春秋》之微也，在天地之間者畢矣。

那時《易》還不成儒家的經典，故在天地之間者，祇有《詩》《書》《禮》《樂》，足以爲教材。

至於方法，則第一，要專一。《勸學》篇說：

> 螾無爪牙之利，筋骨之强，上食埃土，下飲黃泉，用心一也。蟹六跪而二螯，非蛇蟺之穴無可寄託者，用心躁也。……目不能兩視而明，耳不能兩聽而聰。螣蛇無足而飛，梧鼠五技而窮。……故君子結於一也。

第二，貴努力。《勸學》篇開宗明義即說："學不可以已。"又說：

> 騏驥一躍，不能十步；駑馬十駕，功在不舍。鍥而舍之，朽木不折；鍥而不舍，金石可鏤。

以及上文所引的"學至乎没而後止也"，都是教人勉力的。

第三，重積漸。這一篇所謂：

> 積土成山，風雨興焉；積水成淵，蛟龍生焉；積善成德，而神明自得，聖心備焉。故不積跬步，無以至千里；不積小流，無以成江海。

以及上文所引的"真積力久則入"，都是教人慢慢積善的。

第四，重環境。《勸學》篇謂：

> 故君子居必擇鄉，遊必就士，所以防邪僻而近中正也。物類之起，必有所始。榮辱之來，必象其德。肉腐出蟲，魚枯生蠹。怠慢忘身，禍災乃作……君子慎其所立乎！……

> 學莫便乎近其人。《禮》《樂》法而不說，《詩》《書》故而不切，《春秋》約而不速。方其人之習君子之說，則尊以遍矣，周於世矣。故曰學莫便乎近其人。

《性惡》篇也有"求賢師而事之，擇良友而友之"，都是講注重環境的。

第五，重興趣。如謂：

> 君子知夫不全不粹之不足以爲美也，故誦數以貫之，思索以通之，爲其人以處之……及至其致好之也，目好之五色，耳好之五聲，口好之五味，心利之有天下。是故權利不能傾也，群衆不能移也，天下不能蕩也。生乎由是，死乎由是，夫是之謂德操。

要養成學者對於所學發生了趣味，而生乎由是，死乎由是，與一般之注重興趣原理者也略不同。

第六，重實行。第一篇說：

> 君子之學也，入乎耳，箸乎心，布乎四體，形乎動靜，端而言，蠕而動，一可以為法則。小人之學也，入乎耳，出乎口。口耳之間則四寸耳，曷足以美七尺之軀哉！古之學者為己，今之學者為人。君子之學也，以美其身；小人之學也，以為禽犢。

學是要布乎四體，形乎動靜，所以說"不聞不若聞之，聞之不若見之，見之不若知之，知之不若行之；學至於行之而止矣"（《儒效》篇）。荀子注重禮樂，他當然注重實踐的。

《禮》《樂》都是荀子所推崇的學科，在《勸學》篇又說："將原先王，本仁義，則禮正其經緯蹊徑也。若挈裘領，詘五指而頓之，順者不可勝數也。"禮是仁義蹊徑綱領，比空洞的仁義道德都有效用的，荀子不多談仁義道德而好言禮，這是與孔孟不大相同的。《禮》的起源，據《荀子·禮論》篇說：

> 人生而有欲，欲而不得，則不能無求；求而無度量分界，則不能不爭；爭則亂，亂則窮。先王惡其亂也，故制禮義以分之，以養人之欲，給人之求。使欲必不窮乎物，物必不屈於欲，兩者相持而長，是禮之起也。

> 故禮者，養也。芻豢稻粱，五味調香（盉），所以養口也；椒蘭芬苾，所以養鼻也；雕琢、刻鏤、黼黻、文章，所以養目也；鐘鼓、管磬、琴瑟、竽笙，所以養耳也；疏房、檖貌、越席、床第、几筵，所以養體也。故禮者，養也。

> 君子既得其養，又好其別。曷謂別？曰：貴賤有等，長幼有差，貧富輕重皆有稱者也。

禮的起源，由於爭亂，這種說法不是宗教的，而是唯物的，重要之點，即在"制禮義以分之，以養人之欲，給人之求"，禮不止是制裁爭亂的，人的欲求也可因禮而得，精神是"分"，功用是"養"。《非相》篇說："辨莫大於分，分莫大於禮。"《正論》篇說："夫禮義之分盡矣。"《禮論》篇說："既得其養，又好其別。"又說："禮豈不至矣哉！……至文以有別，至察以有說。"禮與"分"的關係極大。本來禮是起於爭亂，而爭亂是由於求而無度量分界。禮是制裁爭亂，當然要注意於"分"，而且既是制禮，則必是等級差別，其精神自是重在"分"了。且荀子論禮，又略同於法，如《勸學》篇謂"禮者法之大分"，《王霸》篇謂"而禮法之大分也"。禮、法連用，法是規定分的，一方面是制裁暴亂，一方面是賦予人權，荀子論禮，精神在"分"，功用在

"養"，在他以爲禮爲法之分是必然有的意見。

荀子是注重化性起僞的，禮可以制裁人，樂可以感化人，禮以養人之欲，給人之求，樂也是"人情之所必不免也"。這是荀子於隆禮外兼重樂的理由。《樂論》篇説：

> 夫樂者，樂也，人情之所必不免也……而可以善民心，其感人深，其移風易俗，故先王導之以禮樂而民和睦。
>
> 夫民有好惡之情而無喜怒之應則亂。先王惡其亂也，故脩其行，正其樂，而天下順焉。

樂是調節性情的。荀子主張性惡，主張導欲，固當發生如此主張；而他的時代工商業發達，不必如墨子憂天下之不足，他更可主張：

> 樂行而志清，禮脩而行成，耳目聰明，血氣和平，移風易俗，天下皆寧，美善相樂。故曰：樂者，樂也。君子樂得其道，小人樂得其欲。以道制欲，則樂而不亂；以欲忘道，則惑而不樂。故樂者，所以道樂也。金石絲竹，所以道德也。樂行而民鄉方矣。

樂以"道樂""道德""樂行而民鄉方"，在性善論者則不必有此説法。

八、荀子之政治思想

荀子的政治思想，是見於《王制》篇、《富國》篇等篇。《富國》篇是他的經濟思想所在，他以爲天地間的物産本是有餘的，祇在人力善於治理，節流開源，就是國計民生要略。他説：

> 墨子之言，昭昭然爲天下憂不足。夫不足，非天下之公患也，特墨子之私憂過計也。今是土之生五穀也，人善治之則畝數盆，一歲而再獲之，然後瓜桃棗李一本數以盆鼓，然後葷菜百疏以澤量，然後六畜禽獸一而剸車，黿鼉、魚鱉、鰍鱣以時別，一而成群，然後飛鳥鳧雁若烟海，然後昆蟲萬物生其間，可以相食養者不可勝數也。夫天地之生萬物也，固有餘足以食人矣；麻葛、繭絲、鳥獸之羽毛齒革也，固有餘足以衣人矣。夫（夫下原有"有餘"二字，依王校刪）不足，非天下之公患也。

又説：

> 下貧則上貧，下富則上富。故田野縣鄙者，財之本也；垣窌倉廩者，財之末也；百姓時和、事業得叙者，貨之源也；等賦府庫者，貨之流也。故明主必謹養其和，節其流，開其源，而時斟酌焉，潢然使天下必有餘而上不憂不足。如是則上下俱富，交無所藏之，是知國計

他注重開發財源，努力生產，在中國經濟思想史是很少有的論調。他主張導欲的節欲的，自然不以儉是怎樣美德，要像墨子那樣的非樂節用。而且他正要利用人類心理上的好惡來執行賞罰，假使祇在非樂節用，則必至於賞罰不行，政治無法維持，所以基於一般人對政治的欲望也不可不注意於開發財源，努力生產。他以田野縣鄙爲財之本，仍是重農主義，但他却知道所謂分工合作的道理的。他說：

> 故百技所成，所以養一人也。而能不能兼技，人不能兼官，離居不相待則窮，群居而無分則爭。窮者患也，爭者禍也，救患除禍，則莫若明分使群矣。強脅弱也，知懼愚也，民下違上，少陵長，不以德爲政，如是，則老弱有失養之憂，而壯者有分爭之禍矣。事業所惡也，功利所好也，職業無分，如是，則人有樹事之患，而有爭功之禍矣。

"百技所成，以養一人"，正是合作之效，故說離居不相待則窮，但不能兼技，人不能兼官，故必要分工，明分使群，正是分工合作的道理。《王制》篇說：

> 水火有氣而無生，草木有生而無知，禽獸有知而無義，人有氣、有生、有知，亦且有義，故最爲天下貴也。力不若牛，走不若馬，而牛馬爲用，何也？曰：人能群，彼不能群也。人何以能群？曰：分。分何以能行？曰：義。故義以分則合，合則一，一則多力，多力則強，強則勝物……君者，善群也者。群道當則萬物皆得其宜。

分工合作更有力量可以勝物，政治祇是要使人群居和一之理，即所謂王者之制，王者之法，也不外以禮治之，使人群居和一。《富國》篇所謂節用以禮，裕民以政，其注重之點也是如此的，荀子的政治思想，實不外使群道當則萬物得其宜。

九、荀子之正名論

荀子所生的時代，正當惠施、公孫龍辯者之徒的論辯盛行之時；他感覺到"今聖王沒，名守慢，奇辭起，名實亂，是非之形不明，則雖守法之吏，誦數之儒，亦皆亂也"。(《正名》篇)是非不明，名實俱亂，故他提出正名的意見，他說：

> 若有王者起，必將有循於舊名，有作於新名。然則所爲有名，與所緣以同異，與制名之樞要，不可不察也。

這是他正名的方法。第一是循舊名，他說："後王之成名：刑名從商，爵名從周，文名從《禮》。散名之加於萬物者，則從諸夏之成俗曲期，遠方異俗之鄉則因之而通。"商周禮與諸夏之成俗曲（周）期（約），大概是他的循舊名的標準。因爲這是後王之成名，可因襲素定之名也。第二是作新名，他分析爲三層說：

（一）"異形離心交喻，異物名實玄紐，貴賤不明，同異不別，如是則志必有不喻之患，而事必有困廢之禍。故知者爲之分別，制名以指實，上以明貴賤，下以辨同異。貴賤明，同異別，如是則志無不喻之患，事無困廢之禍，此所爲有名也。"沒有名則志有不喻之患，事有困廢之禍，所以必須要以名來分別的。

（二）"然則何緣而以同異？曰：緣天官。……心有徵知。徵知則緣耳而知聲可也，緣目而知形可也，然而徵知必將待天官之當簿其類然後可也。五官簿之而不知，心徵之而無說，則人莫不然謂之不知，此所緣而以同異也。"所緣以同異實在是有兩種，一是緣天官，聲色臭味觸所入之官有同異；二是緣徵知，當簿其類與未嘗簿其類也有同異。

（三）"然後隨而命之：同則同之，異則異之，單足以喻則單，單不足以喻則兼，單與兼無所相避則共，雖共，不爲害矣。知異實者之異名也，故使異實者莫不異名也，不可亂也，猶使異實者莫不同名也。故萬物雖衆，有時而欲遍舉之，故謂之物。物也者，大共名也。推而共之，共則有共，至於無共然後止。有時而欲遍舉之，故謂之鳥獸。鳥獸也者，大別名也。推而別之，別則有別，至於無別然後止。名無固宜，約之以命，約定俗成謂之宜，異於約則謂之不宜。名無固實，約之以命實，約定俗成謂之實名。名有固善，徑易而不拂，謂之善名。物有同狀而異所者，有異狀而同所者，可別也。狀同而爲異所者，雖可合，謂之二實。狀變而實無別而爲異者，謂之化。有化而無別，謂之一實。此事之所以稽實定數也，此制名之樞要也。"

這一段所述有四層意思 1. 至"猶使異實者莫不同名也"，是說名因實之同異而定，不可相亂。2. 至"至於無別然後止"，是說名當有共別之差異，當以類舉。3. 至"謂之善名"，是說有的名是從而定，求其徑易。4. 至"此事之所以稽實定數也"，是說名當依實物的存在，如狀態偶變而無大區別，則不可另有名，否則妨礙稽實數。這些話在現在看來雖不精密，然比《墨經》之名達類私固無多遜色。他又批評當日之惑於"用名以亂名""用實以亂名""用名以亂實"，茲姑從略。

老子思想概要

一　老子之年代

　　老子是相傳在孔子以前的人物，但經崔述《洙泗考信録》、汪中《老子考異》以及近人的考證，《老子》書實是戰國時人所作，且有懷疑根本上没有這個人的。《史記·老子韓非列傳》説："老子者，楚苦縣厲鄉曲仁里人也，姓李氏，名耳，字聃。"老子姓李而稱爲老子，共有八種不同的解釋：

　　（一）鄭玄《禮記·曾子問》注説："老聃，古壽考者之號也。"

　　（二）葛玄《老子道德經序訣》序説："生即皓然，號曰老子。"

　　（三）張守節《史記正義》引張君相説："老子者是號，非名。老，考也。子，孳也。考教衆理，達成聖孳，乃孳生萬物，善化濟物無遺也。"

　　（四）姚鼐《老子章義序》説："老子者，宋人。子姓，老其氏，子之爲李，語轉而然。"

　　（五）江瑔《讀子卮言》説："老子老而隱，故自稱老子，蘇而曰聃，人更合而稱之曰老聃。"

　　（六）胡適《中國哲學史大綱》説："老或是字""本名耳，字聃，一字老"。

　　（七）又謂："老或是姓，姓老而氏李。"

　　（八）近高亨《老子正詁》則以爲："老子一聲之轉，老子原姓老，後以音變李"，證以孔墨大師皆舉其姓，古人姓氏多無本字，老、李二音古本相近。這一説比較地更有理由，我們對於老子姓氏，似可以無須懷疑的。

　　《史記》叙老子的事跡，説："居周久之，見周之衰，乃遂去。至關，關令尹喜曰：'子將隱矣，强爲我著書。'於是老子乃著書上下篇，言道德之意五千餘言而去，莫知其所終。""老子百有六十餘歲，或言二百餘歲。""自孔子死之後百二十九年，而史記周太史儋見秦獻公⋯⋯或曰儋即老子，或曰非也，世莫知其然否。"又説："老子，隱君子也。老子之子名宗，宗爲魏將，封於段干。宗子注，注子宫，宫玄孫假，假仕於漢孝文帝。而假之子解爲膠西王卬太傅。"有些地方《史記》自身都不能確定，而如叙老子的世系又像是真的。在這一傳中，最令後人聚訟不絕的，是關於所記孔子適周將問禮於老子，在《孔子世家》也説："魯南宮敬叔言魯君曰：'請與孔子適周。'魯君與之一乘車，兩馬，一竪子俱，適周問禮，蓋見老子云。"在《莊子》的《天道》《天運》《天地》《外物》《知北遊》等篇都有孔子、老子相見的記載。《天運》篇且説："孔子行年五十有一而不聞道，乃南之沛見老聃。"《吕氏春秋·當染》篇也説："孔子學於老聃、孟蘇夔、靖叔。"《禮記·曾子問》篇也有"孔子曰：昔者吾從老聃助葬於巷黨，及堩，日有食之，老聃曰：'丘！止柩就道右，止哭以聽變。'"似乎孔子真見過老子的，但以時間言：

（一）《史記·孔子世家》説在魯昭公二十年；

（二）《史記》司馬貞索隱説在魯昭公二十四年；

（三）《老子銘》《水經注》並言孔子年十七，適周問禮於老聃。據梁玉繩《史記志疑》，以爲魯昭公二十四年南宫敬叔才年十四，未能至周。這三説都不可信的。

（四）《莊子·天運》篇説在孔子五十一歲時，這時正當魯定公九年，孔子在魯國任中都宰。這一説也不可以信。

（五）近黄方剛《〈老子〉年代之考證》謂魯定公十五年孔子復見老子。尤無確據。

而以地點言：

（一）《史記》説西適周，見老聃；

（二）《天運》篇説南之沛，見老聃；

（三）據《曾子問》，像是在魯國。也無一定之説。

可見，孔子與老子相見，就時間、地點而言，都是令人疑莫能決的。然則《史記》中所叙老子的事跡，實在難以令我們全信，最多祇能夠説：老子是相傳在孔子以前的人物而已。

二 老子《道德經》

老子《道德經》一書，在近來雖説有的仍以爲是孔子以前的老聃所作；有的以爲是老子即太史儋，而其書必在孔子後、莊子前；有的以爲《老子》的成書時代要遲在《吕氏春秋》以後的。我個人的意見是《老子》一書當成在《莊子》以後。我曾提出過以下幾點意見：

（一）《老子》書中多用"玄"字，如"玄之又玄""滌除玄覽""微妙玄通""玄德""玄同"等等，而《莊子·内篇》則没有。《莊子·大宗師》的"玄冥"，祇是表示顔色之意，似未受《老子》的影響。

（二）"無爲"是老子的主張，如説"無爲而無不爲""道常無爲而無不爲""上德無爲而無不爲""爲無爲則無不治"等等；莊子則祇在《大宗師》中有"逍遥乎無爲之業"一句，至於"無爲而無不爲"，在《內篇》中絕對没有。這種重要的思想，在《內篇》似毫無感受。

（三）《老子》書中，常用"焉"爲句首，如"大道廢，焉有仁義""智慧出，焉有大偽""故信不足，焉有不信"等等（此依古本，參看馬叙倫《老子覈詁》）。這在《莊子·內篇》也没有的。以"焉"字爲句首（以下三十三字損毁）……

（四）……不常有的現象。

（五）《老子》書中用"離"字入支韻，如十章的"載營魄抱一，能無離乎？專氣致柔，能如嬰兒乎？滌除玄覽，能無疵乎？愛民治國，能無爲乎？天門開闔，能爲雌乎？""離"與"兒""疵""雌"爲韻，這種用法也比較晚，到《楚辭》中才稍見的。

（六）"夫唯"二字老子常用，如"夫唯弗居""夫唯不爭""夫唯不相識""夫唯相盈"之類，在《莊子·內篇》也没有；在《楚辭》中，如"夫唯捷徑以窘步""夫唯靈脩之故也"，才比較多。這些詞匯，通過統計，並比較其用詞之先後，可以看出《老子》《莊子》兩書之早晚的（請參看民國二十年《學文》第一卷第四期拙作《老、莊先後的問題》）。

其他如梁任公所舉"萬乘""取天下"等詞，固不像孔子以前的老聃所説的（《老子》中謂："大國以下小國，則取小國；小國以下大國，則取大國"。兩"取"字絕不能曲解爲"治"）。

我個人的意見以爲，《老子》成書當在《莊子·內篇》後，在《莊子·外篇》《莊子·雜篇》前，或與《莊子·外篇》《莊子·雜篇》相去不甚遠；從文法的統計以及從思想的影響來看，似乎是如此的。不過這種看法，"亦難爲必定無誤"，現在姑且依此先叙述《老子》和《莊子》。

三 《老子》書中所見之時代

……（前闕）工商業更要發達，借貸亦隨之發生，賦税加重，人民貧困，但是民智日開，更覺難以治理，在下列各章中都可以看出來的。

天下多忌諱，而民彌貧；民多利器，國家滋昏；人多伎巧，奇物滋起；法令滋彰，盜賊多有。（五十七章）

和大怨，必有餘怨，安可以爲善？是以聖人執左契，而不責於人。有德司契，無德司徹。天道無親，常與善人。（七十九章）

民之饑，以其上食税之多，是以饑。民之難治，以其上之有爲，是以難治。民之輕死，以其上求生之厚，是以輕死。（七十五章）

古之善爲道者，非以明民，將以愚之。民之難治，以其智多。故以智治國，國之賊；不以智治國，國之福。（六十五章）

這裏所述如"奇物""左契""食税之多""而民彌貧"，都足以表現當時的……人民也愈加困（以下缺損二十餘字）……可見人民還有不少鋌而走險的，"法令滋彰，盜賊多有"，更令人感覺"爲之斗斛以量之，則並與斗斛而竊之"（《莊子·胠篋》）。壓力愈大，反抗愈甚；愈是有爲，愈覺難治；如若要積極地去維護社會穩定，復禮正名，倒不如消極地返之於自然，返樸無爲。

是非善惡的問題，也要因之而發生，是也不盡是，非也不盡非，真好的未必真有用，不好的未必真無用。法令何嘗不好？而可引起盜賊；……更可見事物的發展變化必是"物極必反"，發展到極點必一變而爲其反面的。所以要説：

天下皆知美之爲美，斯惡矣；皆知善之爲善，斯不善已。（二章）

唯之與阿（呵），相去幾何？善之與惡，相去若何？（二十章）

是非善惡既無所謂，自然可以主張吃飽了飯什麼也不幹，而且還會説：

是以聖人之治，虛其心，實其腹，弱其志，強其骨。常使民無知無欲，使夫智者不敢爲也。（三章）

五色令人目盲，五音令人耳聾，五味令人口爽，馳騁畋獵令人心發狂，難得之貨令人行妨。是以聖人爲腹不爲目，故去彼取此。（十二章）

像老子的思想，真是感覺對於當日社會沒有辦法，而且爲了事件的發展至與自身相反，而不知不覺要走到消極的一方面的。

四　《老子》書中對於天道的觀念

當時社會的情形，使得《老子》的作者感到，積極有爲，加以人力，轉不如消極的無爲，任其自然。他以爲：

飄風不終朝，驟雨不終日。孰爲此者？天地。天地尚不能久，而況於人乎？（二十三章）

天之道其猶張弓乎？高者抑之，下者舉之；有餘者損之，不足者與之。天之道，損有餘而補不足。人之道則不然，損不足以奉有餘。（七十七章）

在宇宙間好像也是有一個定則的。他主張：

> 有物混成，先天地生。寂兮寥兮，獨立而不改，周行而不殆，可以爲天下母。吾不知其名，字之曰道，强爲之名曰大。（二十五章）
>
> 道之爲物，惟恍惟惚。惚兮恍兮，其中有象。恍兮惚兮，其中有物。窈兮冥兮，其中有精。其精甚眞，其中有信。（二十一章）

這個原則他名之爲"道"，是絕對的、永久的、普遍的。由這個原則可以產生一切事物。他説：

> 大道氾兮，其可左右。萬物恃之以生而不辭，功成而不名有。愛養萬物而不爲主。（三十四章）
>
> 人法地，地法天，天法道，道法自然。（二十五章）
>
> 道之尊，德之貴，夫莫之命而常自然。（五十一章）
>
> 道常無爲，而無不爲。侯王若能守，萬物將自化。（三十七章）

這樣看來，所謂宇宙間的原則，也不過自然而已。但是……（以下佚缺二十二字）……無。故説：

> 天下之物生於有，有生於無。（四十章）

但"道"能生事物，亦非絕對的"無"，所以"道"兼有無；"無"言其體，"有"言其用。故此他又説：

> 道，可道，非常道；名，可名，非常名。無名，天地之始；有名，萬物之母。故常無，欲以觀其妙；常有，欲以觀其徼。此兩者同，出而異名，同謂之玄。玄之又玄，衆妙之門。（一章）

"有""無"爲"道"的兩方面，所以説"此兩者同出而異名"。又説：

> 道生一，一生二，二生三，三生萬物。萬物負陰而抱陽，冲氣以爲和。（四十二章）

這裏，"道生一"之"一"，相當於《莊子·天下篇》的"建之以常無有，主之以太一"。"一"或道之有，或是天地未分之元素。"二"即天地；"三"即陰陽與"冲氣以爲和"。《孔子家語·禮運》篇説："夫禮，必本於太一，分而爲天地，轉而爲陰陽。"《吕氏春秋·大樂》篇曰："太一生兩儀，兩儀生陰陽。"《易·繫辭傳》："易有太極，是生兩儀。"都與"一生二，二生三"的意思相去不遠，不過没有説"冲氣以爲和"的。

五　《老子》書中對於人生的觀念

天道是法自然，人生則要法地、法天、法道。故説：

> 孔德之容，惟道是從。（二十一章）
>
> 道生之，德畜之，物形之，勢成之。是以萬物莫不尊道而貴德。

道之尊，德之貴，夫莫之命而常自然。（五十一章）

大德的行動，祇是要從道，"物形之，勢成之"，足見事物也有其必然的原則，故説："夫莫之命而常自然。"所以在理論方面更要知道這個自然的原則。老子很注重"常"字，好像"常"就是就是定則的。在《韓非子·解老》篇説："夫物之一存一亡，乍生乍死，初盛而後衰者，不可謂常。唯夫與天地之剖判也俱生，至天地之消散也不死不衰者，謂'常'。"但我們也要注意老子的説法的。《老子》十六章則謂：

致虛極，守靜篤。萬物並作，吾以觀其復。夫物芸芸，各歸其根。歸根曰靜，靜曰復命；復命曰常，知常曰明。不知常，妄作凶。知常容，容乃公，公乃王（《老子覈詁》：王本字作周），王乃天（《老子覈詁》：疑天字乃大字之訛），天乃道，道乃久，没身不殆。

這裏以"復命"曰"常"，而就是歸根。這裏老子對於"常"的解釋也是不容忽視的。"常"固是永久不易，又在於復命歸根，所以老子極重"觀復"。並且又説：

反者，道之動；弱者，道之用。（四十章）

這兩句話更可謂貫穿全書之旨，也是極重要的。他特解釋"反"的意義説：

大曰逝，逝曰遠，遠曰反。（二十五章）

所論歸根復命，觀復知常，都是見得一事物若發達至於極點，則必變而爲自身的反對者，所以説：

禍兮福之所倚，福兮禍之所伏。孰知其極！其無正耶？正復爲奇，善復爲妖。（五十八章）

曲則全，枉則直；窪則盈，敝則新；少則得，多則惑。（二十二章）

將欲歙之，必固張之；將欲弱之，必固强之；將欲廢之，必固興之；將欲取之，必固與之。（三十六章）

故物，或損之而益，或益之而損。（四十二章）

他以爲是"正言若反"，在一般人是要覺着他以退爲進，打算盤，用機心的。他又主張：

道常無名。樸雖小，天下莫能臣也。侯王若能守之，萬物將自賓。天地相合，以降甘露，民莫之令，而自均。始制有名，名亦既有，夫亦將知止，知止可以不殆。（三十二章）

知其雄，守其雌，爲天下谿。爲天下谿，常德不離，復歸於嬰兒。知其白，守其黑，爲天下式。爲天下式，常德不忒，復歸於無極。知其榮，守其辱，爲天下谷。爲天下谷，常德乃足，復歸於樸。（二十八章）

常使民無知、無欲，使夫智者不敢爲也。爲無爲，則無不治。（三章）

是以聖人後其身而身先，外其身而身存。非以其無私邪！故能成其私。（七章）

是以聖人去甚、去奢、去泰。（二十九章）

知足不辱。知止不殆。可以長久。（四十四章）

見其小曰明，守柔曰強。用其光，復歸其明，無遺身殃。是爲習常。（五十二章）

故聖人云：我無爲而民自化，我好靜而民自正，我無事而民自富，我無欲而民自樸。（五十七章）

無名返樸，無知、無欲、無爲，去甚、去奢、去泰，外身無私知足，知止守柔好靜，這些無一不與"反"或"弱"有關係。

六　《老子》書中關於政治的思想

《老子》書中，祇見到事物發展至極點必變爲其反面，但他並不要求由反面再進一步，所以他的思想，主張祇要守着消極的一方面，而自然可以成爲積極的一方面，即"無爲而無不爲"。

他於政治、社會祇是主張無爲、無事，不加干涉。他說：

天下神器，不可爲也，爲者敗之，執者失之。（二十九章）

取天下常以無事，及其有事，不足以取天下。（四十八章）

以正治國，以奇用兵，以無事取天下。（五十七章）

其政悶悶，其民淳淳。其政察察，其民缺缺。（五十八章）

此外，還有愚民、棄法、崇儉、非戰等等的議論。他的理想的社會則是：

小國寡民。使有什伯之器而不用，使民重死而不遠徙。雖有舟輿，無所乘之；雖有甲兵，無所陳之。使民復結繩而用之。甘其食，美其服，安其居，樂其俗。鄰國相望，雞犬之聲相聞，民至老死不相往來。（八十章）

這成了一種似原始非原始的（以下佚闕）……

（原載張西堂主編《文史》第二十六期，一九四八年）

尹文子哲學通論

一　引　言

在中國古代哲學之中，尹文子哲學，最是呈現異樣色彩的一家。尹文子生在先秦哲學思想極隆盛的時代，他的思想是要調和各派的紛爭，所以他主張是非不是絕對的東西，實用才是唯一的標準，他的哲學，是我們中國的實驗主義——實用主義。他對於名分的解釋，法律的效用，也有新創的見地；而在政治思想上，他主張的共治主義——分職互助，更是先秦哲學中絕無僅有的議論。眞是所謂前三世紀中一個很重要的學派，值得我們注意與研究的。

《漢書·藝文志》中，《尹文子》一篇，列在名家。班固注曰："說齊宣王，先公孫龍。"師古注曰："劉向云：'與宋銒俱遊齊稷下。'"《呂氏春秋·正名》篇，又有尹文子與齊湣王相問答的事情。高誘注曰："尹文，齊人，作名書一篇。在公孫龍子前，公孫龍稱之。"尹文子所生的時代和地點，我們所知只此。但是我們現存的《尹文子》，卻變爲《大道》上、下二篇，比原本多了一篇。今本上有魏山陽仲長氏的《序》，說："余黃初末，始到京師，繆熙伯以此書見示，意甚玩之，而多脫誤。聊試條次，撰定爲上下篇，亦未究其詳也。"由此看來，書中既有條次撰定的地方，我們不便用文字來考訂其眞僞，只有就思想上來說了。依我的淺見看來，書中所討論的是非問題，實用問題，決不是漢後務虛談、崇儒術的學者所能注意到的。就思想產生的階段說，這一點已足證其非僞。

尹文子生在孔、墨、惠、莊、申、商之後，他實在受了儒、墨、名、法各家學說的影響，那時正是"此亦一是非，彼亦一是非"的時代，所以莊子說："故有儒墨之是非，以是其所非，而非其所是。"又說："仁義之端，是非之塗，樊然殽亂，吾惡能知其辨？"（《齊物論》）所以慎子主張："舍是與非，苟可以免；棄知去己，而緣不得已，至於莫之是莫之非而已矣。"（《天下》篇）可見當時很注重這個是非問題了。至於實用問題，本由墨子交相利就是兼相愛提起來的，再加申、商一般法家的狹義功利主義，所以產生尹文子的實用主義了。惠施、商鞅，名、法兩派已產生，所以尹文子能以折衷羣言，兼具衆善，自成一家之言。漢唐之間，雖說黃老刑名之學復興，無此背景，決不能依託出這樣的不朽之作。

以下將尹文子哲學分別敍述，敬求讀者之注意與批評。

二　尹文子之正名主義

尹文子的正名主義，是尹文子哲學的方法。約有三點，此儒墨兩家說得透澈些。第一是名實互相的檢察，第二是名與分的區別，第三是法律上的應用。這三點在當時都有很大的進步。尹文子說：

> 名者名形者也，形者應名者也，然形非正名也，名非正形也，則形之與名居然別矣。不可相亂，亦不可相無。……今萬物具存，不以名正之則亂；萬名俱列，不以形應之則乖。……故善有善名，惡有惡名，聖賢仁智，命善者也；頑嚚凶愚，命惡者也。今即聖賢仁智之名，以求聖賢仁智之實，未之或盡也；即頑嚚凶愚之名，以求頑嚚凶愚之實，亦未或盡也。使善惡盡然有分（胡適之《中國哲學史大綱》以"盡然"之"盡"疑當作"畫"，非是。古有"盡然"之詞，《莊子·齊物論》曰："萬物盡然而以是相蘊"。《呂氏春秋·貴當》篇曰："百事也盡然"。是其例也。此正承上文言，不誤。），雖未能盡物之實，猶不患其差也。故曰：名不可不辯也。

這一大段說名、實本是兩事，不過萬物俱存，無名則亂。但名雖不能盡實，然而不可不利用它。只像孔子"必也正名"，墨子"以名舉實"，那是不行的。所以他說：

> 有形者必有名，有名者不必有形。形而不名，未必失其方圓黑白之實，名而不可（孫詒讓曰：名而下當有"無形"二字，各本並脫。名而無形，與上文形而不名，正相對。案：此不如從兩句相連而誤脫例，增"不可"二字，其意尤深也。），不可不尋名以檢其差。故亦有名以檢形，形以定名，名以定事，事以檢名。察其所以然，則形名之與事物，無所隱其理矣。

"名以檢形，形以定名"，是由名以察實；"名以定事，事以檢名"（胡適之謂當作"名以檢事，事以正名"，非是），是由實以察名；是互相檢定的方法，比較起來，完備得多了。《尸子》書上也說"正名去偽，事成若化；以實覆名，百事皆成。"名實之間，是非互相的檢定不可，這是尹文子的一個進步。

正名主義本有明分的意思在內。但是春秋時只說正名，戰國時才說明分。例如《春秋》是孔子正名的書，莊子卻說"《春秋》以道名分"。可見明分的重要，到後來才發明。《尸子》書說："天生萬物，聖人裁之。裁物以制分，使事以立官，君臣、上下、長幼、貴賤、親疏，皆得其分曰治。愛得分曰仁，施得分曰義，慮得分曰治，動得分曰適，皆得其分，而後曰成人。"由此可見分的重要，與名相等了。有什麼名，就有什麼分；名一變了，分也就變了。名是分的外表，分是名的內容，這是兩件事情。尹文子說：

> 今親賢而疏不肖，賞善而罰惡，賢不肖善惡之名宜在彼，親疏賞罰之稱宜屬我。我之與彼，又復一名，名之察者也。名賢不肖為親疏，名善惡為賞罰；合彼我之一稱而不別之，名之混者也。故曰名稱者，不可不察也。……名宜屬彼，分宜屬我，我愛白而憎黑，韻商而舍徵，好膻而惡焦，嗜甘而逆苦。白黑商徵，膻焦甘苦，彼之名也；愛憎韻舍，好惡嗜逆，我之分也。定此名分，則萬事不亂也。

其名在彼，其分在我，彼是客觀的，稱是主觀的；名代表事物的性質，分表示心理的觀念，所以有名定要有分。假使只有外部的客觀的分別，而無內部的心理的分辨，也是名存實亡。所以名、分還須分別規定，不可相混，還要心裏明白，不可專靠外表。才是正名明分。尹文子說：

> 名定則物不競，分明則私不行。物不競非無心，由名定故無所措其心；私不行非無欲，由分明故無所措其欲。

名規定什麼是是非善惡，分規定什麼當去就取捨。不惟客觀的事物有分別，並使人們的心理也明瞭。這樣子並重，當然是進一步的說法。

分是什麼，拿現在的術語解釋，就是我們當享的權利，當盡的義務。這與法律是極有關係的。本書引彭蒙曰："雉兔在野，眾人逐之，分未定也；雞豕滿市，莫有志者，分定故也。"這兩個"分"字，就含有權利的意思。權利沒有規定，所以聚人逐之；權利已屬於人，所以莫有志者。本書又說："全治而無闕者，大小多少，各當其分。"這個"分"字，就含有義務的意思，就是無論什麼人都要盡他的義務。由此看來，"明分"的意思，是要將權利義務，劃分清楚。這樣子非假手法律不為功了。有了法律，才能名定分明。所以尹文子說：

> 以名稽虛實，以法定治亂。
>
> 君不可與臣業，臣不可侵君事。上下不相侵與，謂之名正，名正而法順也。

先正名明分，而後立法；名分既有了一定的標準，法律也極有效用。尹文子真可謂名法兩家溝通之樞紐，他將正名主義，應用到法律上來了。名分是法律的源泉，法律是名分的實施，這種主張，當然比"刑不上大夫，禮不下庶人"的意見高一些了。

由名而至實，由實而至分，由分而至法，這是先秦哲學思想進化的階段，到尹文子才算完成。

三　尹文子之根本觀念

在《尹文子》全書之中，我們可以尋出他的一個基本觀念來，那就是"分"。《莊子・天下》篇說："不累於俗，不飾於物，不苟於人，不忮於衆。願天下之安寧，以活民命。人我之養，畢足而止，以此白心。古之道術有在於是者，宋鈃、尹文聞其風而悅之，作爲華山之冠以自表，接萬物以別宥爲始。""接萬物以別宥爲始"，就是要首先將事物分別清楚的意思。《呂氏春秋・去宥》篇說："夫人有所宥者，固以晝爲昏，以白爲黑，以堯爲桀。……故凡人必別宥然後知，別宥則能全其天矣。"顛倒黑白，俾晝作夜，當然沒有分別清楚。所以尹文子的根本觀念，是要將宇宙間事物，分別出來，它的效用，自然就顯見了。尹文子說：

> 大要在乎先正名分，使不侵雜。

> 接萬物使分，別海內使不雜，見侮不辱，見推不矜，禁暴息兵，救世之門。此人君之德，可以爲主矣。守職分不亂，慎所任而無私，饑飽一心，毀譽同慮，賞亦不忘，罰亦不怨。此居下之節，可以爲臣矣。

尹文子見得天下之所以亂，正由事物、心思，都是雜亂不明白的。所以他要正名明分，使外物內心，都分辯明白。所以他主張人君之德，就是要能分別海內萬物；居下之節，就是要能安職守分不亂。君分之，臣守之，如此，天下便治了。所以尹文子的根本觀念，只是一個分的觀念。其他的不過是分的方法，分的實用，只用"分"字，可以尋出他思想的系統來。

尹文子是很推重大道的，但是這個大道也就是他所謂的"分"，並不是什麼老莊之道、儒墨之道，我們極容易證明出來的。他說：

> 道行於世，則貧賤者不怨，富貴者不驕，愚弱者不懾，智勇者不陵，定於分也。法行於世，則貧賤者不能怨富貴，富貴者不能陵貧賤，愚弱者不敢冀智勇，智勇者不敢鄙愚弱，此法之不及道也。

他以爲"道行於世"，就是"定於分也"。"分"（去聲）是"分"（平聲）的結果，也可見道就是分，分就是道。這是極顯見的第一個證據。他又說：

> 物不競非無心，由名定故無所措其心。私不行非無欲，由分明故無所措其欲。然則心欲人人有之，而得同於無心無欲者，制之有

道也。

這裏尹文子所謂"制之有道",就是正名明分,就是分別,可見道就是分,分就是道,這是很顯見的第二個證據。後來人不明白尹文子所謂道就是分的意思——尹文子的根本觀念,所以對於尹文子是那一流派,也就一人一義,十人十義了。劉歆說是"其學本於黃老";晁公武說他是"誦法仲尼";《周氏涉筆》以為他是"自道以至名,自名以至法";胡適之說他是墨家的一支,還有特別討論他的流派的。這都是誤會了尹文子的意思,不知道他的道是什麼,他的根本觀念是什麼。

現在試用這個"分"的根本觀念,來解釋他的正名主義、實驗主義和政治思想,也是一致的。

(一)尹文子說:"名稱者,別彼此而檢虛實者也,自古及今,莫不用此而得,用彼而失。失者由名分混,得者由名分察。"可見正名主義,是他分的手段,是分別彼此、檢察虛實的方法。故說"定此名分,萬事不亂也"。分別的方法,再沒有比正名明分好了。

(二)尹文子的實用主義,是辨別是非的一種標準,但是如何去實用,也非有分別的精神不可。他說:

> 圓者之轉,非能轉而轉,不得不轉也。方者之止,非能止而止,不得不止也。因圓者之自轉,使不得止;因方之自止,使不得轉;何苦物之失分?故因賢者之有用,使不得不用;因愚者之無用,使不得用。用與不用皆非我"也",因使"可"用("也""可"二字據《治要》改),與不可用,而自得其用,奚患物之亂乎?

看他兩說用"苦物之失分","奚患物之亂乎",這兩句話可見得是注重分別的精神了。實驗主義,本極注重各個事項,當然基本上要有分別的觀念才行。

(三)尹文子的政治思想,主張人君之德,就是"接萬物使分,別海內使不雜。"他要以政治的手段,來實現他的主強的,所以他認定政治上根本的錯亂,就是沒有分別。他說:

> 治王之典,必有所先誅。先誅者,非謂盜,非謂姦,此二惡者,一時之大害,非亂政之本也。亂政之本,下侵上之權,臣用君之術,心不畏時之禁,行不軌時之法,此大亂之本也。

看他這種議論,亂政之本,只是下侵上權,臣用君術,將法令所規定的分別,都汩亂了。可見政治上需要的也是分別了。

但是分別出來的是非善惡等等,全是相對的,不是絕對的,所以尹文子又折衷之於實用主義。

四　尹文子之實驗主義

尹文子說："小人亦知言損於治，而不能不言；小人亦知能損於事，而不能不爲。故所言者極於儒、墨是非之辯，所爲者極於堅僞偏抗之行，求名而已，故明主誅之。"尹文子對於當時儒者之闢墨，墨者之非儒，當然是感覺不安的。所以他將儒、墨是非之辨，以實驗主義來解決，便成了相對的、歷史的真理論。他以爲是非是隨時隨地可以改變的，只要能合於實用的，就是真理。這種思想，是墨子的實利主義的蛻化，而實是儒墨相爭的時代所應產生的結果。所以尹文子的實驗主義，實是時代的產物。且看他的議論何如：

（一）時間的關係　天下之是非，有時間的關係在內，合乎時代的就是"是"，不合時代的就是"非"，只要於我們有用就是"是"、尹文子說：

> 凡天下萬理，皆有是非，吾所不敢誣。是者常是，非者常非，亦吾所信。然是雖常是，有時而不用；非雖常非，有時而必行。故用是而失有矣，行非而得有矣，是非之理不同，而更興廢，翻爲我用，則是非焉在哉！觀堯、舜、禹、湯之成，或順或逆，得時則昌；桀、紂、幽、厲之敗，或是或非，失時則亡。

細看他這一段的意思，世間上的是非，雖有許多是天經地義的，不可改變，但是因爲時代的關係，是有時而不用，非有時而必行，所以是非是完全相對的，不是絕對的。不管他是"是"也好，是"非"也好，只要合乎實用，就是真理。所以是非不過是要使獲得最後勝利的一種工具，沒有什麼可以爭論的了。這話《莊子·秋水》篇也說過："昔者堯、舜讓而帝，之、噲讓而絕，湯、武爭而王，白公爭而滅。由此觀之，爭讓之禮，堯、桀之行，貴賤有時，未可以爲常也。"這也是主張真理是隨時勢變遷的。不過莊子既不主張實用，而認定是非之彰，就是道之所以虧，所以中國哲學史中的實驗主義，到尹文子才算完成。

（二）空間的關係　是非的變遷，在空間上的關係，比時間上的尤爲複雜。這一點是多少人不甚注意的。尹文子說：

> 己是而舉世非之，則不知己之是；己非而舉世是之，亦不知己所非。然則是非隨衆賈而爲正，非己所獨了。則犯衆者爲非，順衆者爲是。故人君處權乘勢，處所是之地，則人所不得非也。

這裡說是非的問題，有時因爲多數的意見才決定，有時因爲地位的關係而決定。人與地的關係，只有比時間性還複雜的。例如"滑鐵盧戰事的細目，同樣的確定，可是英國人看了是大成功，法國人眼中是大失敗。所以同一宇宙，樂觀的學者以爲是一成功，悲觀的就以爲是一個失敗。"（用譯本《實用主義》語）

再如《列子》書說："越之東有輒木之國，其長子生，則鮮而食之，謂之宜弟。其大父死，負其大母而棄之，曰鬼妻不可以同處。"（《湯問》）這些事情，在我們中國便以爲非了。尹文子見得這些道理，所以說"是非隨衆賈而爲正，非己所獨了"，只有處所是之地，則人所不得非也。這也是尹文子要不累於俗與任法重勢的理由。

（三）實用的意義　尹文子對於是非的意見是"而更興廢，翻爲我用。"他是以功用判定一切的是非善惡，以構成他的實驗主義。他說：

> 故有理而無益於治者，君子弗言；有能而無益於治者，君子弗爲。君子非樂有言，有益於治，不得不言；君子非樂有爲，有益於事，不得不爲。故所言者不出於名法權術，所爲者不出於農稼軍陳，用務而已。

這種狹義的功利論，與後來荀子所語的"凡事行有益於理者立之，無益於理者廢之，夫是之謂中事。凡知說有益於理者爲之，無益於理者舍之，夫是之謂中說"相同。這是當時的傾向。全由墨子"兼利"的學說而來的。因爲他們要周務，所以產生共治分工合作的種種道理，這是他們的價值。尹文子拿是非問題與功利主義一齊說，更要完備多了。他說：

> 仁、義、禮、樂、名、法、刑、賞，凡此八者，五常三世治世之術也。故仁以道之，義以宜之，禮以行之，樂以和之，名以正之，法以齊之，刑以威之，賞以勤之。故仁者所以博施於物，亦所以生偏私；義者所以立節行，亦所以成華僞；禮者所以行恭謹，亦所以生惰慢；樂者所以和情志，亦所以生淫放；名者所以正尊卑，亦所以生矜篡；法者所以齊衆異，亦所以生乖分；刑者所以威不服，亦所以生陵暴；賞者所以勸忠能，亦所以生鄙爭。凡此八術，無隱於人而常存於世，非自顯於堯舜之時，非自逃於桀紂之朝。用得其道，則天下治；用失其道，則天下亂，過此而往，雖彌綸天地，籠絡萬品治道之外，非羣生所餐挹，聖人措而不言也。

這一段是尹文子實驗主義的總論，大約分三層意思。第一，仁義禮樂名法刑賞，都有利有弊，有是有非；可見世間上沒有絕對的東西，都是相對的真理。第二，這些理論，都可以作爲我們的工具，不過我們要用得其道則天下治。第三，治道之外的事物，聖人措而不言，這便成狹義的功利論了。不過我們所要注意的，就是用得其道的"道"字。"道"的意思，也就是分，我們須要注重各個事項（正名），心中有了分辨（明分），然後用在一定範圍之內，使得有實際上之效果，這便是用得其道了。尹文子說因彼可用與不可用而自得其用。就是一個證明。實驗主義是很注重實際上的分別的，而尹文子哲學的基本觀念，就是分別一切，其原因正是先要有了分別，才能實用。

現在將傑姆士的實用主義，與尹文子的實驗主義，拿來比較一下。第一，他們的起源相同。傑姆士是因為哲學上的現在的兩難，經驗主義的剛性者，與唯理主義的柔性者，他們互相的反動，所以拿實用主義作為一種調和思想的方法（參看孟憲承譯《實用主義》第一章）。尹文子也是因為先秦儒墨是非之辨，非常的激烈，所以他也以實驗主義的思想，來調和他們的爭論。第二，他們的內容相近。傑姆士說："實驗主義常注重各個事項，與唯名論相同。他最重實用上的狀況，和功利論又符合的。至於他鄙棄字面的解決，無用的問題，玄學的抽象區別，與實證論又更相契合的。"（參看《實用主義》第二篇：《實用主義的意義》）尹文子也是注重名以檢形，形以定名，很注重各個事項的。他對於實用上的狀況，尤其注重，他與狹義功利主義相同。所以在內容上他們很相近。第三，傑姆士說："你可以說他是真的，因為他是有用的，你也可以說他是有用的，因他是真的。"（參看《實用主義》第六篇：《實用主義的真理概念》）尹文子說："而更興廢，翻為我用，則是非焉在哉。"尹文子同傑姆士全以"用"為是非的標準，他們的真理論更相去不遠。但是他們的時代不同，傾向不同，當然不能等量齊觀。當然尹文子的實驗主義，不及傑姆士、杜威甚遠。只要有許多相近的地方，也足見思想的發生，東西有相同之點了。

當然尹文子哲學的價值，在他的實驗主義上面，後世不知道注意這一點，故說他是名家或是法家，哪知道他對於名法任何那一派，都只有相對的滿意，他的確是一個實驗主義的哲學家。

五 尹文子之政治思想

《莊子·天下》篇論尹文子說："其為人太多，其自為太少，曰：'請欲固置五升之飯足矣。先生恐不得飽，弟子雖饑，不忘天下。'日夜不休。曰：'我必得活哉！'圖傲乎救世之士哉！曰：'君子不為苛察，不以身假物。'以為無益於天下者，明之不如已也。以禁攻寢兵為外，以情欲寡淺為內。"依此看來，尹文子是一個實行家，是一個救世主義者。他對於政治的設想，確有許多高妙的見解。大約他的政治思想，有兩點是需要我們所注意的。一是法治主義，一是共治主義。

第一，法治主義

（一）客觀主義　尹文子主張分別事物，正名明分來治天下。假如沒有固定的標準，就不能有實際的效用，故尹文子主張立法。他說：

> 故人以度審長短，以量受多少，以衡平輕重，以律均清濁，以名稽虛實，以法定治亂，以簡制煩惑，以易禦險難，以萬事皆歸於一，百度皆準於法。歸一者簡之至，準法者易之極，如此，則頑嚚聾瞽，可與察慧聰明同其治也。

正名明分，雖有客觀上、主觀上的分辨，但是賢者過之，不肖者弗及，沒有令之必行的效力。立法來作名分的標準，就是客觀主義，使人必行，這是行法治的第一個原因。

（二）淑世主義　立法不只是要有了標準，使人民好遵守，而且是國家的威權所寄託，有使人民非奉行不可的力量，所以能改善一切。尹文子說：

> 上之所以率下，乃治亂之所由也。故俗苟渗，必爲法以矯之；物苟溢，必立制以檢之。累於俗、飾於物者，不可與爲治矣。

由此看來，立法之後，不惟有循名責實之效力，而併有改變社會的制度（物），矯正人民的習俗（俗）的力量，（這就）不是消極的，而是積極的了。因此尹文子和慎子一樣，也主張用勢，他以爲"勢者，制法之利器，羣下不可妄爲。"故說"人君處權乘勢，處所是之地，則人所不得非也"，這完全是法家的精神。

（三）法治主義　尹文子受了申不害、商鞅的影響，認定法是治天下國家唯一的工具，一切德治禮治，都不必須，與儒、墨完全不同了。他說：

> 聖王知民情之易動，故作樂以和之，制禮以節之，在下者不得用其私。故禮樂獨行，則私欲寢廢；私欲寢廢，則遭賢之與遭愚，均矣。若使遭賢則治，遭愚則亂，是治亂繫於賢愚，不繫於禮樂；是聖人之術，與主而俱沒；聖主之法，逮易世而莫用。則亂多而治寡；亂多而治寡，則賢無所貴，愚無所賤矣。

由此可見，尹文子是一個法治主義者，遭賢則治，遭愚則亂，正道破人治主義的弊病。尹文子的法律思想之可貴，不惟在他的法理方面，而又在他的法治主義。

第二，共治主義

尹文子的共治主義，是分職主義與互助主義聯合而成。

（一）分職主義　凡是主張功利主義的人，他們唯一的主張，當然是要功效愈大，利益愈多才好。無論什麼，總要利之中取大，害之中取小。尹文子的根本觀念，是要分別一切；而他的實驗主義，又與功利主義相近；所以他的政治思想，主張分職分工，好使功效愈大些。他說：

> 天下萬事，不可備能。責其備能於一人，則賢聖其猶病諸。設一人能備天下之事，能左右前後之宜（王時潤曰：下能字屬下，爲句當讀爲則），遠近遲疾之間，必有不兼者焉。苟有不兼，於治闕矣。全治而無闕者，大小多少，各當其分。農商工仕，不易其業；老農長商，習工舊仕，莫不存焉。則處上者何事哉！

細看他這一段的意思，扼要的地方，就在"大小多少，各當其分"這兩句話，這是他主張分職主義的目的。不但消極的不許一人兼治，凡是國民，都要各盡其能，要作到野無遺賢，人無棄材的地步。是政治上的大分工制度，這種思想，真是登峰造極了。

（二）互助主義　凡是主張分工的，其目的是合作互助，這是必然的傾向。尹文子的共治主義，既主張分職分工，所以也要合作互助。他說：

> 爲善使人不能得從，此獨善也；爲巧使人不能得從，此獨巧也，未儘巧善之理。爲善與衆行之，爲巧與衆能之，此善之善者，巧之巧者也。故所貴聖人之理者，不貴其獨治，貴其能與衆共治也。所貴工倕之巧者，不貴其獨巧，貴其能與衆共巧也。今世之人，行欲獨賢，事欲獨能，辯欲出群，勇欲絕衆。夫獨行之賢，不足以成化；獨能之事；不足以周務；出群之辯，不可爲戶說；絕衆之勇，不可與正陣。凡此四者，亂之所由生也（也字據治要增）。是以聖人任道以通其險，立法以理其差，使賢愚不相棄，能鄙不相遺。能鄙不相遺，則能鄙齊功；賢愚不相棄，則賢愚等慮，此至治之術也。

這一段所說，"不貴其獨治"，"與衆共治"，將所有特殊的變爲普通的，獨佔的變爲互助的，消極的消弭一切鬥爭，積極的增加功用的效率，當然是我們理想中的要求。這裏所說的"能鄙不相遺，則能鄙齊功；賢愚不相棄，則賢愚等慮"，正是合作互助不二的法門。恐怕不是不同之世，不易辦到罷！

共治主義是尹文子政治思想的精華，也是他的哲學思想的結晶，包含著正名明分、實用法治這些觀念在內。這一段議論似乎有些德謨克拉西的精神，而其實不是。姑用尹文子的"共治"二字，名之曰共治主義。

六　結　論

從前黃東發說："《尹文子》二篇，以'大道'自名，而所學乃公孫龍子之說。……因緣白馬非馬之說，而生好牛好馬之說，復掇拾名實相亂之事以證之。無理而迂,不足言文,……道表俗壞,士有謬用其心如此者。"(黃震《黃氏日抄》)沈欽韓說:"以大道爲書,而雜以山雞鳳凰,字長子曰盜,字次子曰毆,亦恢嘲無稽甚矣!"(《漢書疏證》)尹文子哲學的價值,在中國久沒有人知道了。直至最近,胡適之說:"尹文的學說,據現有的《尹文子》看來,可算得當時一派重要的學說。尹文是中國古代一個法理學大家。"梁任公說:"法家成爲一有系統之學派、爲時甚晚,蓋自慎到、尹文、韓非以後。"又說:"尹文子則墨法兩家溝通之樞紐。"依我看來,他對正名明分解釋得十分透澈,他以實用主義解決是非問題,他以分職互助而創立共治主義,他實在是在先秦哲學思想中應有的實驗主義者,實在是中國哲學史中最呈異樣色彩的一家。

(原載《哲學月刊》第二卷第五期,一九三〇年三月)

書評：

《尹文子校正》

校正者王愷鑾　二十四年十二月商務印書館出版　定價一角五分

　　現存《尹文》一書，本非《漢志》之舊，近今論者，多謂其爲僞作，然雖力加評彈，亦以其書僞則僞矣，而其言嗇意豐，文簡理富，折衷群說，兼攬眾長，大體固亦整齊博贍。其書文字稍淺，故傳寫之譌誤亦較少，清代錢熙祚、汪繼培、嚴可均、孫詒讓、陶鴻慶，咸有校訂，至民國初年王時潤集錢、汪、孫三家之說，間下己意，成爲《尹文子校錄》一書，雖未及採嚴、陶二家，然不失爲一較佳之注本也。民十左右，北大研究所羅君曾有《尹文子校釋》，聞其搜羅甚富，功力甚勤，顧只列爲成績，而未印爲專書，則未知其何故。忽忽至今，又十餘年，不意是書乃先羅釋而印行問世，據《自序》所言，則甲戌之夏，始屬稿也。

　　是書所據以爲校正者爲《四部叢刊》覆江南圖書館藏明刊本，清儒之說則只採取錢熙祚、汪繼培、孫詒讓三家。王氏校錄，亦多採取。首著者自序，次仲長氏序，次《大道》上，《大道》下，次《附錄》。《附錄》共析爲四：一、事實，二、卷帙，三、逸文，四、集說。粗讀一過，覺其可議之處甚多，而其不可掩者則爲：

　　（一）見聞弇陋　王氏校錄於各家校記未收者，有嚴可均之校《道藏》本，是書於民十四五年間，已由上海中國書店印行，爲校訂《尹文子》之要籍，校正作者，乃弗之知。如《大道上》"處名位雖不肖，不患物不疏己，親疏係於勢利，不係於不肖與仁賢。" 嚴校《道藏》本於 "雖不肖" 下據《文選》任昉爲《蕭揚州薦士表》注補 "不患物不親己，在貧賤雖仁賢" 十二字，而《校正》乃云："此段脫誤甚多，《文選》任彥昇爲《蕭揚州薦士表‧注》引此作 '處名位，雖不肖，不患物不親己，在貧賤，不患物不疎己，親疎係乎勢利，不係乎不肖與仁賢也。' ……" 既不知嚴校已補 "雖仁賢" 三字，而其所云，實一本於王時潤之校錄，乃並王氏之名亦不著。他如 "宣王如射"，嚴校《道藏》本實作 "宣王好射"；"其實所用不過二石"，嚴校《道藏》本實作 "三石"。《大道下》 "雖君子之郵，亦君子之怒也。" 王氏《校錄》云：

"郵與尤通，怒當作恕"；嚴校《道藏》本正作"亦君子之恕也"，足見嚴氏校本之善，今著者之爲校正，乃不知有此本。於"如射"之當作"好射"，則云宜據《呂氏春秋》改爲"好"字；於"二石"之當作"三石"，則云"當據下文'宣王用不過三石'句改正。"於極易得之嚴校本尚不之知，而即輕易著述，亦足見其陋矣。

陶鴻慶《讀諸子札記》十六，據湖海樓校訂《尹文子》者共十二則：如《大道上》篇"形而不名，未必失其方圓黑白之實，名而，不可不尋名以檢其差。"陶氏云"'名而'下當有'不形'二字，'名而不形'與'形而不名'相對爲文，即上所謂'有名者未必有形也'。"此與孫氏《札迻》所云"名而下當有'無形'二字"說雖不同，可以互相印證。嘗見某君依俞氏《古義疑義舉例》兩句相連而誤脫例說"名而"下當補"不可"二字，亦足備一說，且較陶、孫之以意補爲有據也。又《大道上》"使善惡盡然有分，雖未能盡物之實，猶不患其差也"；陶氏云"'盡然'當作'畫然'，以形似又涉上下文，'盡'字屢見而誤。"以"盡然"當作"畫然"，在胡適之《中國哲學史大綱》亦如是云，然"盡然"二字，亦非不可通也。又《大道上》"世有因名以得實，亦有因名以失實"，陶氏云"此當云'世有因名以失實，亦有違名以得實'，二義正相反也。下文云：'宣王悅其名而喪其實'，又云：'此違名而得實矣'，皆承此言。"此與王氏《校錄》說同，亦可取爲參證，以見其必可從。陶氏《札記》於《大道上》篇"我之與彼，又復一名，名之實者也。"云："又復疑各得二字之誤。上文云'賢不肖善惡之名宜在彼，親疏賞罰之稱宜屬我'，彼我各有所宜，是各得一名也。"其說甚精，其他各條，亦足以備一說。陶氏《札記》，今頗有流傳，而《校正》作者乃不之知，其見聞之弇陋亦可知矣。

(二) 校訂疏略　著者是書校正文字之處，雖小有一二出自己見者，然而大體疏略，頗有當舉正而未舉正者，如：

(1)《大道上》"大道治者"句，王氏《校錄》據下文"以名法儒墨治者"謂當作"以大道治者"。下文云"是道治者，謂之善人；藉名法儒墨者，謂之不善人。"竊謂"是道治者"，當依下文作"是藉道治者"；"藉名法儒墨者"當依上文作"藉名法儒墨治者"。

(2) "因圓之自轉，使不得止；因方之自止，使不得轉"。嚴校《道藏》本據"治要"作"因圓者之自轉"，"因方者之自止"。上文云"圓者之轉"，"方者之止"此實當補二"者"字也。

(3) "智不能得誇愚，好不能得嗤醜"，兩"得"字並疑爲衍文。

（4）"此俗之所齊，物之所飾；故所齊不可不慎，所飾不可不擇"。兩"飾"字並當讀爲"飭"。

（5）"咸以爲真鳳凰，貴欲以獻之，遂聞楚王，王感其貴買欲獻於己"（據嚴校本）。"貴欲以獻之"，語意不甚合，當據下文作"貴買欲以獻之"。

（6）"楚衆我寡，請其未悉濟而擊之。"此數語本依《左氏傳》，則"請"下亦當依《左氏傳》補"即"字。

（7）《大道下》"三者獨立，無致親致疏之所。""致"當讀爲"至"，"所"當詁爲"時"。

（8）"治世非爲矜窮獨貴賤而治，是治之一事也。亂世亦非侮窮獨貴賤而亂，亦是亂之一事也。""亂世亦非"下亦宜據上文增一"爲"字。凡此皆不必據古本及清儒校記而可以上下文推證之也。《校正》著者，云於甲戌之夏，取上海涵芬樓四部叢刊《尹文子》讀之，反覆校讎，迄秋脫稿。則爲時甚暫。無怪其疏略如是也

（三）攘善掠美　著者亟於成書，不免多襲前說。如：

（1）《大道上》"老子曰'道者萬物之奧，善人之寶，不善人之所寶'"《校正》云："所引老子語，見《道德經》第六十二章，次'寶'字彼作'保'。王弼注云：'保以全也'，寶、保二字古通"實襲錢校語。

（2）"設復言好人，則彼屬于人矣。"《校正》云："汪繼培曰：'彼疑復'。孫詒讓曰：'宋本正作復'。"全襲王校語。此類甚多，難以枚舉。著者之意，豈謂讀者未必取王校諸書一一對照之，而欲一手掩盡天下耳目耶？然攘人之善，實爲不德，果欲躋於著作之林，則不當如是也。

雖然，此書亦間有可取者，如《大道上》"楚人擔山雉者"，王氏《校錄》以爲"擔上宜增'有'字"，而此書據華希閔《廣事類賦注》引此"擔"上有"有"字，宜據補，則足證王說之不謬。他處亦有引《事類賦》《玉賦注》以爲說者，然如"田父稱家大怖"，錢校謂"'稱'字誤，《御覽》引作'其'，無'田父'二字。"《事類賦》九引與《御覽》同，而校正獨不知徵引，而曲從王氏《校錄》之說，以爲"稱猶舉也"，實不如作"其家大怖"之爲愈。要之，是書非無一善足取，在商務"國學小叢書"中，尚非至惡劣之作。王氏《校錄》流傳甚少，有是書以備初學閱讀，亦未必大誤人。余以夙好《尹文子》，頗留心關於《尹文子》之撰述，故因是書而備論之，亦非謂是書之絕不可一讀也。

（原載《大公報》圖書副刊，一九三六年十二月三日）

公孫龍哲學

（一）公孫龍之年代

《史記·孟子荀卿列傳》說："趙亦有公孫龍，爲堅白同異之辯。"（劉向校讎《孫卿書錄》亦云："趙亦有公孫龍，爲堅白同異之辭。"）《漢書·藝文志》自注也說他是趙人（師古曰：即爲堅白之辯者）。又說："毛公，趙人，與公孫龍等並遊平原君趙勝家。"高誘《呂氏春秋·審應覽·應言》篇注則說："龍，魏人也"。《莊子·徐無鬼》篇：莊子謂惠子曰："儒、墨、楊、秉四，與夫子爲五"。成玄英疏云："秉者，公孫龍子也。"段敬順《列子釋文》也說："公孫龍，平原君之客，字子秉，趙人。"由這些看來，公孫龍爲趙人，是比較可信的，高誘說是魏人，段敬順說"字子秉"，似乎是沒有多少根據。《史記·仲尼弟子列傳》別有一公孫龍，字子石，少孔子五十三歲。張守節《史記正義》說："《家語》云：衛人""《孟子》云：趙人"。司馬貞《史記索隱》說："龍即仲尼弟子也。此云'趙人'，《弟子傳》作'衛人'，鄭玄云：'楚人'，各不能知其真。"司馬貞認爲二者爲一人是錯了的。據《呂氏春秋·應言》篇，公孫龍說燕昭王以偃兵，而謂"日者大王欲破齊……其卒果破齊以爲功"。燕昭王是在二十八年破齊，至三十三年而卒。公孫龍游燕，當在此五年間，這時正當周赧王三十一至三十六年間，西紀公元前二八四至二七九年。我們如假定這時公孫龍已有二十歲，其生當在前三一五年左右。《戰國策·趙策》："侵攻趙，平原君使人請救於魏，信陵君發兵至邯鄲城下，秦兵罷。虞卿爲平原君請益地……公孫龍聞之，見平原君曰……不如勿受便。"《史記·平原君列傳》也有相應的記載。邯鄲之圍在趙孝成王九年，正當周赧王五十八年，西紀前二五七年。《史記·平原君列傳》又謂："平原君厚待公孫龍……及鄒衍過趙，言至道，乃絀公孫龍。"據《平原君列傳》《六國年表》，平原君卒於孝成王十五年，西紀前二五一年。公孫龍被絀定在此年前。則在平原君卒年，他還不過六十餘歲。他在此時，未必即故去，不過他的事跡則書缺有間已不可考。

（二）公孫龍之著述

揚子《法言·吾子》篇曰："公孫龍詭辭數萬以爲法"，但《漢志》所著錄的《公孫龍子》則祇有十四篇，而現存的則僅祇有六篇：《跡府》第一，《白馬論》第二，《指物論》第三，《通變論》第四，《堅白論》第五，《名實論》第六。第一篇《跡府》，宋陳振孫《直齋書錄解題》早已謂其叙孔穿事，文意重複。該篇絕非公孫龍所自著，似由後人割裂群書，薈萃而成。因爲：（1）本篇開始就説："公孫龍，六國時辯士也。"中段又説："公孫龍，趙平原君之客也。"自著之書，不應有如此口氣的。（2）篇中對孔穿先教後師之語，上下重複，明非出於一手。（3）篇中尹文論士一段，見《吕氏春秋·先識覽》；孔子論楚人一段，見《孔叢子·公孫龍第十二》，可見此篇本爲掇輯而成。（4）"白馬非馬"已有專篇論之，而此篇又反複説之，覆床疊架，於例未合，也足見其非本人所爲。這一篇雖有人仍認爲公孫龍所作，但實在是不可信任。成玄英《南華真經注疏》説："堅白，公孫龍守白論也。孔穿之徒，堅執此論，當時獨步，天下無敵。"（《天地》）又説："龍禀性聰明，率才宏辯，著守白之論，以博辯知名。"（《秋水》）"公孫龍著守白論，見行於世。"鮑彪《戰國策注》也説："公孫龍，趙人，著守白論。"本書（《公孫龍子》）《跡府》篇亦謂："爲守白之論……以守白辯。"則在原來，《守白論》也當是本書的篇名，至少也當是《白馬論》或《堅白論》的異名。

（三）公孫龍思想之淵源

在《公孫龍子》中，《白馬論》《堅白論》都是很重要的著述，"白馬非馬""堅白石二"，是他的重要的學説。《莊子·秋水》篇説："公孫龍問於魏牟曰：'龍少學先王之道，長而明仁義之行；合同異，離堅白；然不然，可不可；困百家之知，窮衆口之辯。'"《淮南子·齊俗訓》説："公孫龍折辯抗辭，别同異，離堅白。"劉向《別錄》説："公孫龍及其徒綦毋子之屬，論'白馬非馬'之辯。"（《史記》卷七十六《集解》引）桓譚《新論》説："公孫龍，六國時辯士也……爲'守白'之論。假物取譬，以'守白'辯，謂白馬爲非馬也。"（《太平御覽》四六四引）劉向《別錄》更謂："公孫龍持白馬之論以度關"。（《初學記》七引）《吕氏春秋·審應覽·淫辭》高誘注也説："（龍）乘白馬，禁不得度關，因言馬白非白馬。"據這些地方看起來，白馬、堅白之論似乎是他的創論，但在《莊子·齊物論》篇説："惠子之據梧也……彼非所明而明之，故以堅白之昧終。"在《德充符》篇也説："據槁梧而瞑，天選子之形，子以堅白鳴。"則似堅白之辯，未必是惠施所倡導。不過惠施是主張"同"的，莊子說"以堅白之昧終"，他未必有如公孫龍之"堅白石二"之傾向於"異"的主張。至於"白馬非馬"，在《戰國策·趙策二》蘇秦說秦王，有"夫刑名之家，皆曰白馬非馬也已，如白馬實馬，乃使有馬之為也"。《韓非子·外儲說左上》篇又有："兒說，宋人善辯者也，持'白馬非馬'也，服齊稷下之辯者，乘白馬而過關，則顧白馬之賦。故籍之虛辭，則能勝一國；考實按形，不能謾於一人。"似乎白馬之論發生得也很早。但《戰國策》的那一段，應當是追述的文字，蘇秦時"刑名之家，皆曰白馬非馬"，時期既早而又普遍，恐非真情。"兒說"據《呂氏春秋·審分覽·君守》篇說："夫一能應萬、無方而出之務者，唯有道者能之。……故如兒說之弟子者，以'不解'解之也。"也不像是刑名之家言（《淮南子·人間訓》所述略同）。韓非子的說法，恐怕也說傳訛，至多在施、龍間偶有"白馬非馬"之說，如因此而認定公孫龍之說完全是因襲的，這又是過於信任不可深信的傳說了。

（四）公孫龍之根本觀念

惠施的思想是傾向於唯物論一方面的，他的觀點注重於個體的物，個體的物，不是永久不變的，故他的主張是"萬物畢同畢異"，而歸結於"泛愛萬物天地一體"。而公孫龍的思想是傾向於觀念論一方面的，他的觀點注重於物的共相，而物的共相則是永久不變的。他在白馬論中主張的"白馬非馬"，在堅白論中主張的"堅白石二"，在變通論中主張的"二無一""變非變"，在指物論中主張的"物莫非指"，在名實論中主張的"彼彼之於彼，此此止於此"，都是所謂"折辯抗辭，別同異，離堅白"，而落腳於"審其名實，慎其所謂"。他的根本觀念所在，可以貫通全書之旨。即於《呂氏春秋·淫辭》篇所載："孔穿、公孫龍相與論於平原君所，深而辯，至於藏三牙。公孫龍言藏之三牙甚辯。"許慎在《淮南鴻烈·詮言訓》間詁所謂："公孫龍以白馬非馬、冰不寒、炭不熱為論"。這些議論都不煩言而解。同書許慎間詁又說他："好分析詭異之言，以白馬不得合為一物，離而為二也。"（《淮南鴻烈·齊俗訓》注）所謂"分析"與"離"，確是他的精神所在，《公孫龍子·堅白論》說："離也者，天下故獨而正。"他的思想，確是異於惠施的主"同"而主"異"，異於《墨經》之主"盈"而主"離"的。

（五）公孫龍子之《白馬論》

在《公孫龍子·跡府》篇，公孫龍子自謂："龍之所以為名者，乃以白馬之論耳。"而又有持白馬之論以度關以及與孔穿、鄒衍爭辯的傳説,"白馬論"實爲公孫龍子思想中的重要學説,《公孫龍子·白馬論》開篇即説:

　　"白馬非馬",可乎?

　　曰:可。

　　曰:何哉?

　　曰:馬者,所以命形也;白者,所以命色也。命色者非命形也。

故曰:白馬非馬。

這幾句是表明白馬之非馬,在"形""色"上即不得並爲一物,不得以命形的即是命色的,因爲馬是一種共相,而白又是一種共相,在類別上並不相同,故曰"白馬非馬"。他又説:

　　曰:求馬,黃、黑馬皆可致;求白馬,黃、黑馬不可致。使白馬乃馬也,是所求一也。所求一者,白者不異馬也。所求不異,如黃、黑馬有可有不可,何也?

　　可與不可,其相非明。故黃、黑馬一也,而可以應有馬,而不可以應有白馬,是白馬之非馬,審矣!

這是就周延不周延來立論,"馬"是周延的,能包括一切馬類的外延全體,故爲周延。白馬爲馬之色白者,在衆馬之中,祇占一類。除白馬外,尚有黑、黃等類的馬,是不周延的。詞類既不相同,故白馬之非馬,審矣。以圖表之:

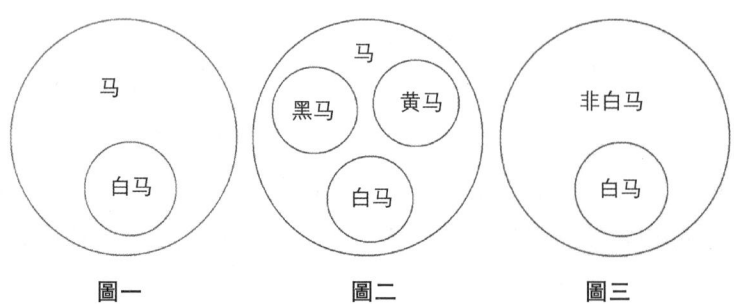

圖一　　　　圖二　　　　圖三

白馬祇是馬的一類,其範圍、大小並不同(圖一)。在衆馬之中,除白馬以外,可有黃、黑等色馬(圖二)。然而無論其爲馬也好,爲黃、黑馬也好,要之總是非白馬。而就白馬而言,非白馬所占的範圍相當於馬(圖三、圖一)。非白馬相當於馬,則白馬自非馬矣。

他又説:

　　馬固有色,故有白馬。使馬無色,有馬如已耳,安取白馬?故白者非馬也。白馬者,馬與白也;馬與白馬也,故曰:白馬非馬也。

　　有白馬,不可謂無馬者,離白之謂也。是離者有白馬不可謂有馬也。(俞曰："不可謂有馬也"句，"有馬"當作"無馬"，涉下文三言有馬而誤耳）故所以爲有馬者，獨以馬爲有馬耳，非有白馬爲有馬。故其爲有馬也，不可以謂"馬，馬也"。

依公孫龍看來，白馬是"白"和"馬"這一形一色所構成的，有白馬之不可謂爲有"馬"，在普通人也祇以"馬"爲"有馬"，非以"白馬"爲"有馬"。從形、色爲二來説，則其意義更爲顯明。"白馬非馬"之論，第一步即在使人明確"形"與"色"是兩個完全不同的概念。他更推論：

> 白者不定所白，忘之而可也。白馬者，言定所白也。定所白者，非白也。馬者無去取於色，故黄、黑皆所以應。白馬者，有去取於色，黄、黑馬皆所以色去，故唯白馬獨可以應耳。無去者非有去也。故曰：白馬非馬。

這裹"定所白者非白也"，是説自己爲白馬之白，則更非普通之白，白、馬兩字連用，"白"的意義也變遷的。這是他注重"離""異"的一説。

（六）公孫龍子之《堅白論》

"白馬論"以説"白"以命色，"馬"以命形，離白與馬，以具"馬"，"白""白馬"各有其獨立的共相，不容絲毫混淆。"堅白論"更就共同的潛存及與感覺的分離，從知識論上入手，以見共相的獨立存在。這一篇説：

> 堅、白、石，三可乎？曰：不可。曰：二可乎？曰：可。曰：何哉？曰：無堅得白，其舉也二；無白得堅，其舉也二。曰：得其所白，不可謂無白；得其所堅，不可謂無堅。而之石也之於然也，非三也？曰：視不得其所堅而得其所白〔得其所白〕（"得其所白"四字，依俞校增）者，無堅也；拊不得其所白，得其〔所〕堅〔者〕（原作"得其堅也"，依俞校改），無白也。

石之有堅有白，一是石之性質，一是石之色彩，在常識上看來，明明與石爲三。這裹祇認爲二，"堅"與"石"爲二，"白"與"石"爲二，故説"無堅得白，其舉也二；無白得堅，其舉也二"。堅爲白得來的時候不同，一與視覺有關，一與觸覺有關，"視不得其所堅而得其所白；拊不得其所白而得其所堅"，從感覺上來立論，以見"堅""白"兩共相不可混爲一談，與"白馬非馬"之單就形色來説又不同。但得其所白而無堅，是否即是無"堅"的存在？得其所堅而無白，是否即是無"白"的存在？對此他説：

> 有自藏也，非藏而藏也。曰：其白也，其堅也，而石必得以相盛盈，其自藏奈何？曰：得其白，得其堅，見與不見，離不見離，一二不相盈（原作不見"一二不相盈"，依俞校、孫校改）故離。離也

者，藏也。

目不見堅，手不得白，"堅""白"是自然地潛存，而非故意地潛藏。得"堅"得"白"，衹在見不見上分曉，故説"見與不見，離不見離"，而其實這種"離"，"堅""白"仍然是潛存的。所以他説：

> 於石，一也；堅白，二也，而在於石。故有知焉，有不知焉；有見焉，〔有不見焉〕。故知與不知相與離，見與不見相藏。藏故，孰謂之不離？曰：目不能堅，手不能白，不可謂無堅，不可謂無白。其異任也，其無以代也。堅白域於石，惡乎離？曰：堅未與石爲堅，而物兼未與〔物〕爲堅而堅，必堅其不堅，石物而堅，天下未有若堅而堅藏。白固不能自白，惡能白石物乎？若白者必白，則不白物而白焉。黄、黑與之然。石其無有，惡取堅、白、石乎？故離也。離也者，因是。

謝希深《注》説："堅者不獨堅於石，而亦堅於萬物。故曰未與石爲堅，而物兼也。亦不與萬物爲堅，而固當自爲堅，故曰'未與物爲堅，而堅必堅也'。天下未有若此獨立之堅而可見，然亦不可謂之爲無堅，故曰而堅藏也。"這幾句説明共相雖不可見而潛存，很合公孫龍"堅藏"之意的。白不能自白，則不能使石與物白；白能以自白，即不與石與物白，也與黄、黑一樣，可以獨立存在。"天下未有無色而能見之石，則石復何有？"所以堅、白更可以説是獨立存在。依公孫龍的意見，一切的事物都要分析來看，一切的共相也都分離而獨存，故此篇的結論爲：

> 離也者，天下故獨而正。

（七）公孫龍子之《通變論》

"白馬論""堅白論"從形色、知見上立論，以見共相之獨立的存在，此篇則由個體雖變而共相不變，以見共相之獨立的存在。篇中更説到類別的關係，尤可見公孫龍之注意於共相，則他與惠施主"同"不同，而主"異"，其原因所在尤覺明顯。他説：

> 曰：二有一乎？曰：二無一。曰：二有右乎？曰：二無右。曰：二有左乎？曰：二無左。曰：右可謂二乎？曰：不可。曰：左可謂二乎？曰：不可。曰：左與右可謂二乎？曰：可。

二衹可以謂之二，非左非右亦非一。二雖非左非右，但左與右相加，則其數可爲二。然左衹可謂左，右衹可謂右，左不可謂爲二，右不可謂爲二，故二無左，二無右，左與右纔可謂爲二。共相非個體，個體非共相，這一點先要明白的。他又説：

　　　　曰：謂變非變，可乎？（原作"謂變非不變可乎"，俞云："既謂之變則非不變可知，此又何足問邪？疑不字衍文也"）曰：可。曰：右有與，可謂變乎？曰：可。曰：變奚？（原作祇，依俞校改）曰：右。曰：右苟變，安可謂右？曰：苟不變，安可謂變？曰：二苟無左，又無右，二者左與右，奈何？

　　變有時也並非變的，例如"右有與"，可以説是變，但從左與右爲二的觀點來看，右雖然變了也仍舊是右。假使是右變而爲左，則二者都無左或無右，則二者爲左與右又是什麼意思呢？他更從類別的同與不同加以證明"二無一""變非變"：

　　　　曰：羊合牛非馬，牛合羊非鷄。曰：何哉？曰：羊與牛唯異，羊有齒，牛無齒，而羊之非羊也、牛之非牛也，未可。是不俱有而或類焉。羊有角，牛有角，牛之而羊也，羊之而牛也，未可，是俱有而類之不同也。羊牛有角，馬無角，馬有尾，羊牛無尾，故曰羊合牛非馬也。非馬者，無馬也。無馬者，羊不二，牛不二，而羊牛二，是而羊而牛非馬，可也，若舉；而以是猶類之不同若左右。猶是舉，牛羊有毛，鷄有羽。謂鷄足一，數足二，二而一故三；謂牛羊足一，數足四，四而一故五。牛羊足五，鷄足三，故曰牛合羊非鷄，非有以非鷄也。與馬以鷄寧馬。材不材，其無以類審矣！舉是亂名，是謂狂舉。

　　這是説共相的存在不因爲些微的同異而改變的，例如一羊有齒，一牛無齒，而即因這一點的差異，而説牛即非羊、完全不同，是不對的。因爲"是不俱有而或類焉"。又如羊有角，牛有角，這一點雖然相同，而説"牛之而羊"，完全相同，也是不對的，因爲"是俱有而類之不同也"。可見共相決不因些微的變遷或同異而改變。羊的共相與牛的共相也正和左右一樣，相加而爲二，不能合而爲馬，不能合而爲鷄。馬固稍接近於牛羊，鷄稍不接近於牛羊，如認牛羊爲鷄或馬，這也是亂名狂舉的。類別的重要，共相的潛存，於此都很顯然，他主"異"的原因也正在此。

（八）公孫龍子之《指物論》

　　以形色、性質、類別

　　　　物莫非指，而指非指。天下無指，物無可以謂物。非指者，天下無物（無物原作而物，依俞校改），可謂指乎？

　　依公孫龍的名實論，"天地與其所産焉，物也。物以物其所物而不過焉，實也。實以實其所實而不曠焉，位也。出其所位，非位。位其所位焉，正也。以其所正，正其所不正，不以其不正（此句依王校增），疑其所正。其正者，正其所實也。正其所實者，正其名也。"以物爲實，名實相對，"指"是就物的共相而言的。本篇也説："天下無指，物無可以謂物。""指"實是"謂物"的。就物的共相而言，表示物之通性；就人的心理而言，則是所謂"意指"（概念）。物之本體不可知，借物莫非指也。天下無指，而物不可謂謂指者，非有非指也。非有非指者，物莫非指也；物莫非指者，而指非指也。

固然天下無指，而物不可謂指，所以不可謂，正因目之非指，但是若就潛在物中之指而即謂非指，正是所謂"物莫非指"，而且固然天下無指，而物不可謂指，但非有物而非指也，如此則仍"物莫非指"。不過物以其指而見，指亦因物而有，故曰物莫非指者，而指非指也。他又謂：

> 天下無指者，生於物之各有名，不爲指也。不爲指而謂之指，是無（無原作兼，依俞校改）不爲指。以有不爲指之無不爲指，未可。

他所謂天下無指者，由於物之各有其名，名可以代表實，可以代表共相，而物則非即共相的。所以説不爲指而謂之指，是無不爲指，以有不爲指之無不爲指，未可。公孫龍子則云：

> 指者，天下之所兼，天下無指者，物不可謂無指也；不可謂無指者，非有非指也；非有非指者，物莫非指。指非非指也，指與物非指也。
>
> 使天下無物，指誰徑謂非指？天下無物，誰徑謂指？天下有指無物指誰，徑謂非指？徑謂無物非指？

他重申前意而更闡發物、指的關係，"指"本是"指"，而非"非指"，"指"是因物才自身不成爲"指"的。假使無物，則無所謂"指"與"非指"；假使祇有"指"而無"物指"，誰能説"非指"呢？誰能説無"物指"，物莫"非指"呢？故更結以：

> 且夫指固自爲非指，奚待於物而乃與爲指？

總而言之，"指"爲"物"缺一不可，使天下有"指"無"物"，則"指"之自身不爲"指"；使天下有"物"無"指"，則物之實體不可知。故説"物莫非指"，而"指"非指，正以證"物""指"都有關係。這一篇首二句爲全篇綱領，公孫龍之意，謂以"物""指"都存在，而相依以行，相須而用，缺一不可。這種主張，與柏拉圖以"物"與"意"爲"二實"相似，"指"就是柏拉圖所謂的"意"，但柏拉圖謂二者相符，公孫龍則以二者各有其存在，是他們的不相同之點。

（原發表於張西堂主編《黎明日報·文史副刊》一九四八年第廿七、廿八期）

老莊先後的問題

近來在《大公報·文學副刊》上，很有幾篇討論《老子》年代問題的文章，我對於這個問題，向來也很注意的，不過因爲忙於無聊的工作，始終未將我的意見發表，現在趁熱鬧在這"補白"中略説幾句罷！

有一次翻到王柏的《書疑》，他用"玄"字來證明《舜典》中的"玄德升聞"不是當時的原文，使我聯想到《老子》中的"玄"字了。我覺着《莊子·内篇》中似没有單獨用"玄"字的地方，結果在《莊子·内篇》中找着三處用"玄"的，都是"玄冥""玄宫"這一類，實在不過同《禮記》上的"尊有玄酒"之"玄"一樣，不像《老子》中所用的"玄之又玄"，含有明顯深刻的玄學的意味。可見《莊子·内篇》似在《老子》之前，没有受過所謂五千言的影響。《莊子·外篇》《莊子·雜篇》便不同了，顯見是受了影響的。

因此我就注意到《老子》中的術語，如"天門""玄牝"一類的名詞，在《莊子·内篇》中没有這樣的東西，在《淮南子》《文子》《列子》中都有，這更是一個顯明的證據。

關於文法上的證據，《老子》中有用"焉"字爲句首而當"乃"字講的。如"信不足，焉有不信"，《莊子·内篇》中没有這個用法，《詩》《書》《易》《論語》中也都没有（此有統計）。還有"夫惟"二字連用，在《老子》中是常見的，《莊子·内篇》中似乎没有，《離騷》上才有"夫惟好脩之故也"的句法，這也是一種證明。

在發現這些證據以前，我時常感覺到《老子》中不應當有"法令滋彰"這一類的句頭，《莊子》前的老子，不應説出這話；因爲"法令"二字連用是很晚的（此有統計），重令的觀念似在戰國中世才有。就思想上説，應該如此的。

根據這些證據，與其他的證據，我的意思想來決定《老子》《莊子》先後的問題，雖然有些地方尚需我們的重新發現，我還先要擁護一部古書。關於這個詳細的説明，祇好留之以待來年了。

二十，八，五

（原載《學文》第一卷第四期）

《古史辨》第六册序

羅雨亭先生編著的《古史辨》第四册，彙集近人考證諸子的文章爲一編，使研究諸子的人們感到很大的便利，這一次他繼續着編著《古史辨》第六册，以考據諸子者爲上編，考據《老子》者爲下編，新收近年考證諸子的文章又將近五十萬言。而他去年開始編這一册的時候，約好我來寫一篇序，自覺學識謭陋，本不打算來多饒舌，不過近來我稍有一點感想，祇好乘此機會來略一陳述。

這一册的下編是專收考據《老子》的文章，據羅先生說："關於考據《老子》年代的文章，止第四册及此册新收，就有三十五六萬言。"這個問題在近多少年來真可以說是一個聚訟不決的問題。本來學術上的懸案，到現在還沒有解決的，正不知有多少。我因此聯想到《僞古文尚書》一案，從宋到清，七百多年的時間，經過多少人的考證，好像大家認爲有了定讞，毫不遲疑地說是僞古文，其實擁護僞古文的也大有人在。明末清初的陳第、毛奇齡且不說他。祇在毛氏以後，以江昱的《尚書私學》，王劼的《尚書後案駁正》，張崇蘭的《古文尚書私議》，趙翼的《陔餘叢考》，林春溥的《開卷偶得》，洪良品的《古文尚書四種》，吳光耀的《古文尚書正辭》，王照的《表章先正正論》，以及方苞、齊召南、翁方綱、王植諸家，都是擁護僞古文的。我曾遇見過贊成洪良品之說的人；錢玄同先生也說有一位"三湘人士"是相信僞古文的。看來這一案，在一方面固可說是有了定讞，在另一方面也可以說還是懸案。"證《老子》之僞，其事不如證《僞古文尚書》之易"，在現在就想有一致的意見，大家認爲解決，這自是不容易的事情。

問題的癥結自然是在有無真憑實據。攻僞古文者因爲獲得真憑實據，所以比較得到大多數人的同情。毛奇齡、洪良品那樣爲僞古文鳴冤，因爲沒有駁倒那些真憑實據，所以信從之者畢竟沒有多少人。現在考證《老子》年代問題，在主張老在孔後者，自然還需要重新提出真憑實據；在主張老在孔前者，亦未嘗不可將懷疑老子年代的所舉的證據一一駁倒，問題自有水落石出的一日。

據我所知，現在主張老在孔後者，真憑實據也未必完全舉出，既就音韻一項而論，我曾提出《老子》書中"離"與"知"韻爲晚出之現象（見民國十四年三月《學燈》拙作《古書辨偽方法》,又見《國故學討論集》第二集)。我不是專門研究音韻學的,亦未敢以自信。後來聽得錢玄同先生說:"即《老子》書中所用韻例,亦足證其書之晚出。"(參看本書)吾友劉盼遂先生也說:"就《老子》書中所韻看來,頗有晚出的嫌疑。"(參看本書)但是從音韻上考《老子》的專文,至今尚未提出。此外當然還可以找出一些可靠的證據來供人們裁判,壁壘愈堅,自不易爲人攻破。

　　反之,在主張老在孔前的,盡可以將懷疑老子的所舉的證據一個一個地駁倒。例如從前梁任公先生提出"仁義"是孟子的專賣品。但"仁義"二字在《左傳》中對舉的已經不少;《左傳》寫定時期固有疑問,在與孟子同時而未受孟子若何影響之莊子亦說:"仁義之端,是非之涂,樊然殽亂,吾惡能知其辨?"(《齊物論》)可見"仁義"並非孟子的專賣品,在別人也會說的。梁先生又曾提出用"王侯""侯王""王公"來爲老在孔後之證。在《易》蠱七九有"不事王侯",則說"王侯""侯王""王公"實不足爲老在孔後的確證。這種反證一經指出,自然可以令人信服。但是現在實在還有一些是更應加以反駁的。例如梁先生所提出的"萬乘之主"一證,在主張《老子》書爲老聃遺言的也還在引用,以爲"這顯然不是春秋末年所有的"(參看本書)。這當更進一步提出反駁以免再爲人所引用,這樣子才可以釋群疑而息群喙。

　　不過我們所要注意的是:在提出一個證據與反駁一個證據的時候,最好是盡量地檢查自己所提出的證據後再出來應用,以免增加許多無謂的糾紛。"思想綫索""文字文體""時代術語",都要盡量地檢查,已經站不住的"仁義""侯王"等證再不要提出來了。有的所依據的材料在本身上還有問題,如兩《戴記》的一些篇——《曾子問》《郊特牲》之類,在沒有確定其時代以前,也當謹慎地用。有的話頭,在表面看來好象相同而其含義未必相同的,例如"社會"二字,在宋儒所用的含義與現在所用的含義並不相同,不要等量其觀。更希望的是:一方面不要立異以爲高,一方面不要什麼也"特殊",實事求是地去做,不惟老子年代的問題,可以早有一個水落石出的日子,即如考證其他諸子,也可以省去一些糾纏。

　　羅先生在《古史辨》第四冊的中收了我的一篇《尸子考證》,一篇《陸賈新語辨偽》。前者是我在民國十四年發表的,後來將它附入拙著《穀梁真偽考》;本來很想加以脩正,因爲當時匆匆南下,未得更張,以至於今。羅先生的大著出版以後,在《圖書評論》第二卷第三期中獲讀孫次舟先生的《再評〈古史辨〉第四冊》一文,內容是論《尸子》與《新語》的,恰好與我的兩篇文章都有關係。孫先生的意見也是懷疑《尸子》與《新語》,與我對於這兩書懷疑的態度正相似，不過立論不大相同，又有一些誤會拙文的地方。孫先生的這一篇文章，羅先生已收入本册，現在因爲本册做序，不容不再略述拙見。

孫先生的這一篇的第一部分是論尸子的真僞，其一，關於尸子人的考定，孫先生以爲"尸子似有二人"。這與我所說的："其實拿文字時代表作證，商君的先師的尸子，與儒家的後輩的尸子，很容易見出是兩人的"（第四册），結論是一樣的。不過我是依據輯本《尸子》本文來作證，孫先生則説：

以意推之，尸子之年輩後於穀梁赤，故穀梁後學著《穀梁傳》於竹帛時，而以其言與穀梁相次也。……穀梁魯人也，尸子亦當爲魯人。其名不可知，著書與否不可詳。此一尸子也。至於《史記》《別錄》，暨《漢書》所載，當爲另一人，即商鞅先師尸佼也——非《穀梁傳》中之尸子。

孫先生在下文更申述其理由曰：

何以知之？考《史記》通例，凡古人之有著作大行於漢代者，列傳中率不論其書。……今《尸子》之書既在司馬遷"不論"之列，則彼《漢書·藝文志·雜家》所著錄之《尸子》二十篇，即爲司馬遷所不論之書，明矣。《漢志》本諸劉氏《錄》《略》，則史遷所不論之《尸子》書，亦即劉向《別錄》中所著錄者矣。由此以言，則《史記·孟荀列傳》、劉向《別錄》、《漢書·古今人表》，以及《藝文志》所言之尸子，實爲一人，即商鞅之師尸佼是也。

孫先生以爲"尸子似有二人"，這意見是對的。不過依我的拙見看來，孫先生對於《穀梁傳》中尸子是"以意推之"，而斷其爲"此一尸子"，我覺得仍不如依本證來説，似比"以意推之"，稍覺妥當。孫先生以爲《尸子》之書在司馬遷"不論"之列，故斷定"《史記·孟荀列傳》、劉向《別錄》、《漢書·古今人表》，以及《藝文志》所言之尸子，實爲一人"。殊不知《漢志》不必與《史記》盡相吻合，淳于髡書亦在史遷"不論"之列，而《漢志》竟未著錄，即其一例。孫先生即據史遷"不論"，而斷定《孟荀列傳》所言之尸子決非孫先生所謂"著書與否不可詳"之尸子，我覺得也不如依本證來説，似比考據史遷，較爲妥當。最奇怪的是，孫先生在前面既説：

尸子之見於記載者，以《穀梁傳》爲最朔；其次爲《史記》《別錄》與《漢書》。

而又説：

夫《穀梁傳》之著竹帛也，既甚晚矣，而其所言之尸子，徒有其姓，則與《史記》諸書所言之尸子，當非一人。

一方面以"尸子之見於記載者,以《穀梁傳》爲最朔";一方面又説:"夫《穀梁傳》之著竹帛也,既甚晚矣"。而又即以記載之早晚判定其"當非一人",孫先生這樣子的説法,更是我所不得其解的。不過,我總覺得關於人的考訂,還是不如依據本書來做判斷。

其二,《尸子》書的流傳,孫先生對於拙文評道:"今張西堂氏以爲輯本《尸子》中有儒家思想,遂斷其非商鞅之師所做;又以其有貶損尸子之辭,則又疑其頗似商鞅之師之語;而結論更謂其中尚有穀梁傳尸子之思想,是殆忘却尸子之爲雜家歟?"其實我曾説:"《尸子》本列雜家,但我們不可以這尸子是雜家,就可以認爲儒家後輩的尸子就可以非聖誣孔了!"(第四册)我並非忘却尸子之爲雜家,但我以爲如果就儒家後輩的尸子來看,他是不當如此説的。我的原文本甚顯明,祇是孫先生沒有注意到而已。最可惜的是,孫先生一面説我忘却尸子之爲雜家,一面仍然蹈了我的覆轍,也説:

> 夫《尸子》既與《公孫龍子》等書同科,"非先王之法""不循孔氏之術",而今輯本《尸子》多有祖述仲尼,憲章堯舜之辭,何也?設尸佼其人,果如今輯本之祖述仲尼,憲章堯舜者,恐商鞅不能與之共事也。

孫先生明知尸子爲雜家,且説"所謂雜家……其書固有儒家之言",而仍不免蹈我之覆轍,亦以"今輯本《尸子》多有祖述仲尼,憲章堯舜之辭"爲疑,豈孫先生亦"殆忘却尸子之爲雜家歟"?

其三,論輯本《尸子》,孫先生列舉輯本《尸子》之"尤乖謬者"共爲八證,"以見其非尸佼之舊"。其第七、第八兩證明引"張西堂曰",是用的拙見。第一證就是蹈我之覆轍以輯本《尸子》中有儒家思想而斷其非商鞅之師所作,也是同於拙見的。其他孫先生所舉的五證。在我細按起來,覺其(3)(4)兩證頗有問題。孫先生的第(3)證説:

> 《爾雅》成書,當在漢初。然今輯本《尸子·廣澤》篇曰:"天、帝、皇、后、辟、公、弘、廓、宏、溥、介、純、夏、幠、冢、晊、昄、皆大也",辭出《爾雅·釋詁》。尸佼著書,何由濫入《爾雅》之辭?

"《爾雅》成書,當在漢初",這話也很難説,這裏也不必説。即就《尸子·廣澤》篇論,實恐《爾雅》是抄《尸子》。《爾雅·釋詁》的原文是:"林、烝、天、帝、皇、王、后、辟、公、侯,君也。弘、廓、宏、溥、介、純、夏、幠、厖、墳、嘏、丕、奕、洪、誕、戎、駿、假、京、碩、濯、訏、宇、穹、壬、路、淫、甫、景、廢、壯、冢、簡、箌、昄、晊、將、業、席,大也。"如係僞造《尸子》者抄《爾雅》，不應將詁爲"君"的"天、帝、皇、后、辟、公"改屬"大"，且《爾雅》說"大"的不止十餘名，而輯本《尸子》仍說"十有餘名而實一也"，好像未見過《爾雅》似的。必說辭出《爾雅》，其實甚有疑問。在本册中收有金德建先生《尸子作者與〈爾雅〉》一文，是專就《尸子》作者與《爾雅》的關係立論的，以爲"宜即《爾雅》采自前此《尸子》"，其立論正與孫先生相反。我們周知《尸子》不是尸佼所作，然據《爾雅》以證《尸子》，則在證據本身上還有問題的。孫先生的第（4）證說：

> "仁義"之說，倡於孔孟。……梁啓超謂"義"爲孟子之專賣品，非嚳言也。今尸佼乃商鞅之師，其年輩先於孟子，而書中乃"仁義"並重，何哉？

"仁義"本非孟子之專賣品，以此爲證，亦有問題。此而前面已爲申述，兹不複贅。

孫先生第（2）證與第（6）證也並非無討論的餘地的。因爲第（2）證是就"《曾子》之成書既晚，必非尸佼所克見"而言，孫先生以爲"設先秦已有《曾子》書，史遷不能不言"。故斷定"其成書必甚晚"。但我們知道《吕氏春秋》之《勸學》《孝行》兩篇並引《曾子》，我們實不好說"先秦古籍無道及者"。如就《大戴》記《曾子》十篇而言，兩《戴記》中的各篇多半是頗有問題，必須詳加考證乃能確定其時代的。孫先生謂：

> 今輯本《尸子·勸學》篇引曾子曰："父母愛之，喜而不忘；父母惡之，懼而無咎"，蓋出《大戴禮·大孝》篇，（"懼而無咎"，《大孝》篇作"懼而無怨"）……又《大戴禮·曾子立争》篇曰："臨事而懼者，鮮不濟矣"，乃撰《曾子》者剽竊《論語·述而》篇孔子語。……今輯本《尸子·發蒙》篇孔子曰："臨事而懼，希不濟。"又易曾子語爲孔子語矣。抄襲僞誤，足證其僞。

《尸子》的"懼而無咎"，《大戴》作"懼而無怨"，比較進步。《尸子·發蒙》篇的下文是："《易》曰：'若履虎尾'，終之吉"。正恐其上文"孔子曰：'臨事而懼'，希不濟"，上句爲孔子語，下句乃尸子之語，與《左傳·莊八年》的"《書》曰'皋陶邁種德'，德乃降"，上句爲引《書》語，下句爲魯莊語，情形相同。纂《戴記》者，不明此種引書文例，乃誤會爲曾子語。在未確定《戴記》著作時代之前，其與《尸子》之關係，實當慎重地論定。至於第（6）證謂：

> 荀子倡"性惡"之說，又以"心"爲人之主宰。……《尸子·

貴言》篇……"故曰：心者，身之君也"，當即引荀子"心者，形之君"，尤非尸佼書之所克有也。

這是很有理由的懷疑。《尸子》中像這樣可疑的地方正多，如《分篇》之極端重"分"，《發蒙》之言"名""分""是非"，都可以說是有晚出的嫌疑，但這些不是顛撲不破的證據。因爲這些是就"思想綫索"而言，"是一把兩面鋒的劍，可以兩面割的"，必須與別的強有力的證據連起來，才能決定向哪一面割去的。這第（6）證雖是很有理由的懷疑，但在自身上並非不可動搖的。

孫先生的第（5）證確是很好的證據。在所舉五證之中，以這一個爲最佳，但這一證仍不如第七第八兩證文不怕"特殊"的解釋。孫先生在第（7）證中引拙文後加以按語曰：

> 按張氏誤以現行《尸子》中有穀梁傳尸子之思想在內，誠屬非是，而此處之疑現行《尸子》非尸佼所著，尚足稱爲有識，故取以左證焉。

我覺得孫先生獲得一個可靠的憑據，說我"立論尚欠堅確""亦欠正確結論"，倒不打緊，而一則說我"結論更謂其中有穀梁尸子之思想"，再則說我"誤以現行《尸子》中有穀梁傳尸子之思想在內"，未免有一點"深文周內"。我的原文是說："我承認《穀梁傳》上的尸子，在當日或確有其人，不過他決不是尸佼這人；現行的《尸子》上面，或者至少有他的學說思想在內。現在的《尸子》或者至少又有後人的依託部分在內。"在拙文草就之時，並未斷言《穀梁》之僞，自不敢斷言《穀梁》中之尸子爲無其人，亦不敢謂確有其人；故連用"或""或者"以示審慎之意，何嘗斷言其有？孫先生的文章作在拙作《穀梁真僞考》行世之後，且非不贊同拙考，亦說：

> 穀梁魯人也，尸子亦當爲魯人，其名不可知，著書與否不可詳。

亦未斷言《穀梁傳》中之尸子未曾著書，既不能真言其未曾著書，則我在當日說或者有其思想在內，這一種審慎的態度，我以爲我們是可以有的。

孫先生的文章論陸賈《新語》部分，亦以《新語》爲僞，與拙見略相近，我是很願意見到孫先生所舉的例證之比我所舉的更多的。因爲所牽扯者非止拙文，我想在這裏就不再多說了。

總之，考證《老子》也好，考證其他諸子也好，我想我們應當注意的是，盡量地檢查自己所提出的證據，以免增加許多無謂的糾纏。不要立異以爲高，不要什麼也"特殊"，問題總可比較早一點兒解決。

二六、五、九

清代思想的一個特徵

　　清代思想的潮流是對於宋明理學的一個大反動而"以復古為其職志"的。這潮流的趨勢又可以說是："厭倦主觀的冥想，而傾向於客觀的考察""排斥理論，提倡實踐"。我們說清代思想的特徵，一是"務實"，一是"好古"，這兩點都是不錯的。

　　但是清代的思想，我以為另外還有一個特徵。這一個特徵可以說是"原情"，這是主張"縱情遂欲"（戴震云為"達情遂欲"或"通情遂欲"），由宋明理學引起來的一種"反理欲二元論的傾向"，這不但是對於宋明理學的一個大逆動，而且正是繼續宋明理學而要解決他們所遺留下的問題的。

　　兩宋的理學，到了朱子，可以說是集其大成。朱子對於理欲的見解是："人欲云者，正天理之反耳""有個天理，便有個人欲"。他們主張"私欲淨盡，天理流行"。他們會說"餓死事小，失節事大"。理、欲在他們看來是絕對的對立的。明代的思想家本有一元論的傾向，尤其是王陽明，《明儒學案·師說》上說："先生承絕學於訓詁詞章之後，一反求諸心。……即知即行，即心即物，即動即靜，即體即用，即工夫即本體，即下即上，無之不一，以救學者支離眩鶩，務華而絕根之病。"許多在他是"無之不一"的，而他對於天理人欲的意見還是與朱子相差不多。我們祇看《傳習錄》上他說："心即理也，此心無私欲之蔽，即是天理。""天理人欲不並立，安有天命為主，人欲又從而聽命者。""祇要去人欲、存天理，方是工夫。靜時念念去人欲、存天理，動時念念去人欲、有天理""聖人之所以為聖，祇是其心純乎天理，而無人欲之雜"。理、欲在他看來也還是對立的。這一種理、欲絕對不相容的見解，彌漫了宋、明的理學界，支配了六百年的人心。到了清代，似乎不得不加以清算了。無論這樣嚴格的界限有無流弊，在理論上也難以講通的。明代的思想家，打破了宋學的理氣二元論而傾向於氣的一元論；打破了宋儒的心性二元論而傾向於心性一元論，氣質之性並非不善，而且情也不一定惡。清代的思想家，繼承着這一元論的傾向，自然會要討論他們所遺留下的問題，因而發生這一種反理欲二元論的傾向。這在清初的思想家已經如此，不必要等到所謂漢學家如戴東原之流才開始，我們很可以說這是出於不得不然之勢的。

清代的大思想家，嚴格地説來，在初期是王船山、顏習齋，在中葉是戴東原、焦里堂，在清末是康有爲、譚嗣同，這六家的思想無一不是反理欲二元論的。其他的人，如黄梨洲、陳乾初、顧亭林、李剛主、費密、唐甄，如程瑶田、阮元、汪中、俞正燮，如袁枚、崔述、洪亮吉、龔自珍，他們的議論，或是很顯明的反理欲二元論，或是主張原情，主張通情遂欲，差不多二十家的説法都有這一種傾向。清代思想的特徵，除了"務實""好古"而外，還有"原情""通情遂欲""反理欲二元論的傾向"，這在一般的趨勢上也可以看出來的。

現在請略舉這二十家之説以證此義。

在明末清初接近王學一派的人，如黄梨洲、陳乾初就是有這一種傾向的。黄、陳都是劉宗周的門人，劉宗周就是主張心性一元論的。他説："凡所云性，衹是心之性，決不得心與性對；所云情，可云性之情，決不得性與情對。"又説："人心惟危，道心惟微，道心即在人心中看出，始見得心性一而二，二而一。"（《語錄》）又説："人心道心，衹是一心，氣質義理，衹是一性。"（《天命章》説）他這裏認情性合一，而且與東林學派的高攀龍、孫慎行一樣，主張"人心道心，衹是一心"，已不像宋儒認人心爲私欲、説情是惡了。黄梨洲是要篤守師説的，他在《明儒學案》上也説："自來儒者以未發爲性，已發爲情，其實性情二字，無處可容分析。性之於情，猶理之於氣，非情何以見性？"（《明儒學案》卷十九《江右王門學案》）而在《南雷文約》卷二《陳乾初先生墓志銘》上説：

> 乾初深痛"《樂記》人生而静以上不容説，才説性便已不是性"之語，謂……彼言既發謂之情，才出於氣，有善有不善者，非也。又云：人心本無所謂天理，人欲恰好即天理。其主於無欲者，非也。乾初論學，雖不合於諸儒，顧未嘗背於師門之旨，先師亦謂之疑團而已。

這一段話正可見陳乾初積極地主張"人欲恰好即天理"，很鮮明地反對理欲二元論，而黄梨洲在消極的方面説他"未嘗背於師門之旨"，他對於乾初之説也不加以否認的。這是理氣一元論、心性一元論所引起的一種不得不然趨勢，所以在東林學派主張"人心明即是天理"（高攀龍語）、"人心道心非有兩項心"（孫慎行説），而劉宗周，而陳乾初竟至於發出"人欲恰好即天理"的主張來。梨洲説"先師亦謂之疑團而已"，其實"人心道心衹是一心"，自可以產生"人欲恰好即天理"的主張，真可説無背師門之旨的。

顧亭林是極其崇拜朱子的，在《文集》卷四《復張又南書》《與人書二十二》、卷五《華陰縣朱子祠堂上樑文》、卷六《下學指南序》這幾篇中都可看出來的。他提倡名教，獎勵廉恥，但是他說："昔人之言曰名教、曰名節、曰功名，不能使天下之人以義爲利，而猶使之以名爲利，雖非純王之風，亦可以救積汚之俗矣。"（《日知錄》卷十三《廉恥》）又說："今日貪取之風，所以膠固於人心而不可去者，以俸給之薄而無以贍其家也。"（同上，卷十二《俸禄》）他是最注重正人心善風俗的，但是他說："今將靜百姓之心而改其行，必在制民之産，使之甘其食、美其服，而後教化可行，風俗可善。"（同上，《人聚》）又說："非任土以成賦，重稽以帥民，而欲望教化可行，風俗之美，無是理矣。"（同上卷十一《以錢爲賦》）他這種樂利主義的色彩已與朱子不同的，他處處不忘"養人之欲，而給人之求"（卷六《庶民安則財用足》）。而最奇怪的是他說：

> 自天下爲家，各親其親，各子其子，而人之有私，固情之所不能免矣。故先王弗爲之禁，弗惟弗禁，且從而恤之，建國親侯，胙土命氏，畫井分田，合天下之私，以成天下之公，此所以爲王政也。至於當官之訓，則曰以公滅私。然而禄足以代其耕，田足以供其祭，使人無將母之嗟，室人之誚，又所以恤其私也。世之君子，必曰有公而無私，此後代之美言，非先王之至訓矣。（《日知錄》卷三《言私其豵》）

這裏明說有公而無私是"後代之美言，非先王之至訓矣"，很明顯的是對宋明以來天理人欲、公私之辨加以反駁的。他所主張的還不止於通情遂欲，在一個朱子的信徒能說出這樣的話，真算是難得了。

王船山也是比較地崇拜程、朱而深惡陸、王的。他曾說："天下之大防二：中國、夷狄也，君子、小人也"，而這兩個大防，祇是"義利之分"。（《讀通鑑論》卷十四）然而在一方面他固然主張嚴義利之辨，在一方面他却是主張理欲一元的。他說：

> 天理充周，原不與人欲相爲對壘。理至處，則欲無非理。欲盡處，理尚不得流行。（《讀四書大全說·卷六》）私欲之中，天理所寓。（《四書訓義》卷二十六）

天理人欲並非絕對的對立，而私欲之中且爲天理所寓，這比陳乾初的"人欲恰好即天理"的話更進步了！他曾說過"天理即在人欲之中，無人欲則天理亦無從發見"。這兩句話是常爲譚嗣同《仁學》所稱引的（詳後）。關於這種議論，在他的著述中很多。他說：

> 以我愛人之心，而爲愛人之理，我與人同乎其情也，則亦同乎其

道也。人欲之大公，即天理之至正矣。由此思之，則吾之與人相酬酢者，即人人各得之理，是即斯人大共之情，爲道之所見端也。（《四書訓義》卷三）

禮雖純爲天理之節文，而必寓於人欲以見；（原注：飲食，貨男女，色）雖居靜而爲感通之則，然因乎變合以章其用。（原注：飲食變之用，男女合之用）唯然，故終不離人而別有天，終不離欲而別有理也。離欲而別爲理，其唯釋氏爲然。蓋厭棄物則，而廢人之大倫矣。今云"然後力求所以循天理"，則是離欲而別有所循之理也，非釋氏之詖辭哉！五峰曰"天理人欲，同行而異情"，韪哉！能合顏、孟之學而一原者，其斯言也夫！即此好貨、好色之心，而天之以陰騭萬物，人之以載天地之大德者，皆其以是爲藏之用……於此聲色臭味，廓然見萬物之公欲，而即爲萬物之公理……孟子承孔子之學，隨處見人欲，即隨處見天理。學者循此以求之，所謂"不遠之復"者，又豈遠哉？（《讀四書大全說》卷八）

這兩段說"人欲之大公，即天理之至正""萬物之公欲，即萬物之公理"，在他祇是主張付之廓然大公。他以爲"仁者天理之流行，是推其私而私皆公，節其欲而欲皆理"的（《四書訓義》卷十八）。但他雖然反對個人的懲忿窒欲（《周易外傳》卷三），然而也不贊成徇情縱欲的（《詩廣傳》卷四），以爲縱欲祇是過欲，也與旁人意見不同。他在《四書訓義》卷二十六上更說：

王者之道，固與清心寡欲爲本，而抑非恬淡無欲，爲與萬物相忘之，遂足推思於四海也。……孟子所言之王政，天理也，無非人情也，人情之通天下而一理者，即天理也。非有絶己之意欲以徇天下，推理之清剛以宰制天下者也。

這裏反對"推理之清剛以宰制天下"，這與後來戴東原說宋儒以理殺人，其意見也相接近，王船山於理欲之辨，在種種方面都有特殊的見地的。可見一時代思想的潮流，因爲背景相去不遠，思想家的言論，雖然各不相謀，而其說法是多半相同的。

顏習齋是主張必"破一分程朱，始入一分周孔"的。他常常"習恭""演禮"，主張"學要學聖人"，他在當時已有聖人之稱（《年譜》四十二歲），他是"貌古言莊，論議古今，毫無假借"的人（據尹會一《健餘文集·顏習齋先生墓表》），這樣的"聖人"雖說攻擊宋儒的"半日讀書，半日靜坐"，他是不會攻擊宋儒的理欲二元論的。的確，他說："理欲之界若一毫不清，則明德一義先失。"（《言行錄·理欲第二》）"寡欲以清心，寡染以清身，寡言以清口。"（同上，《齊家第三》）"制欲爲吾儒第一功夫，明倫爲吾儒第一關節。"（同上，《法乾第六》）。"夫人目之於色，耳之於聲，口之於味，四肢之於安佚，皆欲也，須是强制他；若一任之，將何所不至哉！"（同上，《世情第十七》）據這些話看來，好像他真是和宋儒一般見解了。但他終是樂利主義者，他對於理欲雖說要分清，而說：

> 陽剛陰柔而天下定，陽下陰上而天下和；反而求之，家也，身也，心也，無不同也。今夫心天理，陽念也，常令剛；人欲，陰念也，常令柔，吾心有不定乎！天理雖爲主，而常合乎人情，陽下也；人欲雖無能絶，而常循乎天理，陰上也，吾心有不和乎！（《言行錄·理欲第二》）

這裏衹說天理要合乎人情，人欲要循乎天理，與宋儒的私欲净盡天理流行終不同的。他論性主張才情也都是善的，而且說："孝子之情濃，忠臣之情盛，熾亦何害？"（《存性編一》）又說："順性中度之謂禮，反性賊情之謂辜。"（《言行錄·學問第二十》）這些地方都與講"私欲净盡"的宋儒不同。他又要講功利，《言行錄》載：

> 郝公函問："董子'正誼明道'二句，似即'謀道不謀食'之旨，先生不取，何也？"曰："世有耕種，而不謀收穫者乎？世有荷網持鈎而不計得魚者乎？抑將恭而不望其不悔，寬而不計其得衆者乎？這'不謀''不計'，兩'不'字，便是老無、釋空之根；惟吾夫子'先難後獲''先事後得''敬事後食'三'後'字無弊。蓋'正誼'便謀利，'明道'便計功，是欲速，是助長；全不謀利計功，是空寂，是腐儒。"

這不"全不謀利計功"，與宋儒也不同。他的弟子李剛主則說道：

> 先儒指人心爲私欲皆誤；"人心維危"，謂易引於私欲耳，非即私欲也。

> 陽明又有格去物欲之說，近宗之者直訓物爲私欲，謂同《孟子》"物交物"、《祭統》"不齊則於物無防""物"字。夫去欲乃誠意條如惡惡臭之功，非格物事也。且所引證物字亦非。己之物，耳目是也，今指己之耳目而即謂之私欲可乎！外之物，聲色是也，今指工歌美人而即謂之私欲可乎！其失在引蔽二字，謂耳目爲聲色所引蔽而邪僻也。不然，形色天性，豈私欲邪！

> 宋儒專言去私，……遂使二氏翦除六賊之說得以相雜。始以私欲爲賊而攻伐之，究且以己之氣質爲賊而攻伐之，是戕賊人以爲仁義

也。(《論語傳注問》)

李剛主的態度是比較習齋更顯明的。其實習齋在《四書正誤》卷四也說:"宋儒以氣質爲有惡,故視己爲私欲,而曰克盡,曰勝私,不惟己之耳目口體不可言去,言勝,理有不通,且明與下文由己相戾,文辭亦相悖矣。"他們師、弟都不贊成《朱注》"克勝己身之私欲,私欲浄盡,天理流行"之說的。

和顏、李同時的還有費密,也是反對宋、明的理欲二元論的。他的主張在"民人有嗜欲,治之使歸大化"。(《弘道書·先王傳道述》) 他說:

版築魚監,耕莘釣渭,甘盤箕子,何嘗從事冲漠無朕,静觀天理也?《孝經》《論語》,烏有主静無欲也。(同上,《弼輔録論》)

他根本以爲宋儒的"主静無欲""節欲返性"是古人"不以爲學"的(《古經旨論》),所以他的主張是:

飲食男女,人之大欲存焉,衆人如是也,賢哲亦未嘗不如是也。先王憂之,謂欲不可縱,亦不可禁者也。不可禁而強禁之,則人不從;遂不禁,任其縱,則風俗日漬。於是因人所欲,而以不禁禁之,制爲禮樂,定爲章程,其不率者俟之以刑,使各平心安身而化。(同上卷上,《統典論》)

他又反對宋儒的談性辨理,即物窮理,以及王學的致良知,以爲是無補於救世的(《弼輔録論》),而且他說:

義理人所共尊也,然惡得專取義理。一切盡舍而不合量歟?論事必本於人情,議人必兼之時勢,功過不相掩,而得失必互存,不當以難行之事徙侈爲美談,不當以必用之規遂指爲不肖。

他這主張與戴東原攻擊"不難舉曠世之高節,著於義而罪之,尊者以理責卑,長者以理責幼,貴者以理責賤"的意見也相去不遠的。

唐甄是比較接近陸、王一派的學者,在他的《潛書》中,《抑尊》《鮮君》《備孝》《内倫》等篇頗有不少的"原情"的理論,而在《良功》篇上,他說:

仲尼曰:"窮理盡性以至於命。"理非獨明也。天地萬物無不通,是理也性非獨得也。天地萬物大同焉,是性也。隔於天,隔於地,隔於萬物,是不能窮理也。天不安於上,地不安於下,萬物不安於中,是不能盡性也。順天之行,因地之紀,遂情達變,物無詭屬,是能窮理也。

《尚治》篇也說:

善作(風)者因人情之相尚,……苟達其情,無不可爲。

窮理盡性,移風易俗,無不歸之於通情遂欲,其持也正合當時一般的傾向的。我們看清初的思想家黃、陳、顧、王、顏、李、費、唐都有這一種反理欲二元論的議論，有的直與戴東原的意見吻合，這一種傾向真好像是有其不得不之必然之勢，所以主張者是如是之多的。

戴東原所生的時代正是所謂漢學的空氣比較濃厚的時代，在野的公然高標漢學的旗幟，在朝的也明目張膽地反宋，他在這種環境之中自是易於反宋學的。何況在他幼年的時代，當日的帝王要與彌天的重犯講"理"，愈講愈令人對於"理"要起反感。他又曾往來河北、山西，對於顏李學派講理欲的種種議論，決不能完全無所聽聞知見。歷史的積因，時代的背景，使這位漢學家發出反理欲二元的論調，那是毫不足奇的，他在《孟子字義疏證》上說：

> 理者存乎欲者也……《孟子》言"養心莫善於寡欲"，明乎欲不可無也，寡之而已。人之生也，莫病於無以遂其生。欲遂其生，亦遂人之生，仁也；欲遂其生，至於戕人之生而不顧者，不仁也。不仁，實始於欲遂其生之心；使其無此欲，必無不仁矣。然使其無此欲，則於天下之人，生道窮促，亦將漠然視之。己不必遂其生，而遂人之生。無是情也。

又說：

> 天下之事，使欲之得遂，情之得達，斯已矣。惟人之知，小之能盡美醜之極致，大之能盡是非之極致。然後遂己之欲者，廣之能遂人之欲；達己之情者，廣之能達人之情。道德之盛，使人之欲無不遂，人之情無不達，斯已矣。

這都是極顯明反理欲二元論的論調，而積極的主張通情遂欲的。他以爲"聖人以通天下之情，遂天下之欲，權之而分釐不爽，是謂理"。他的議論，近來介紹的甚多，在本篇中恕不一一徵列。

程瑤田是戴東原的好友，他曾讀過《孟子字義疏證》的稿本《緒言》，而說《孟子字義疏證》非定本，定本改名《緒言》的（《經韻樓集》卷七《答程易田丈書》）。他論學的意見與戴東原是不相合的。在他的《論學小記》上說："今之言學者，動曰去私去蔽，余以爲道內學其第一義，不在去私；致知之第一義亦非去蔽，……雖亦頗疑於性善，及其著於錄也，不能不與《荀子·性惡篇》相爲表裏。"這都是駁戴氏的。但是他說：

> 或謂人之欲乃固有之，安得無惡念居其先者？不知是欲也，必先有善，如耳目口鼻四肢之欲，其先豈必不善？（《論學小記·述性三》）

> 《道德經》云："不尚賢，使民不爭；不見可欲，使心不亂。"夫天萬萬不能不生賢，而人性萬萬不能無可欲。（同上，《述誠二》）

人不能無欲，欲不必不善，這一點則與戴氏很相合，而且戴氏還沒有說欲是先有善的。他因性善而主情善，說是：

> 情無不善，情之有不善者，不誠其意之過也。或曰：恒舞酣歌，酗酒漁色，茲非其樂之情歟？侮聖逆忠，遠德比頑，茲非其好之情歟？而情無不善者歟？曰此所謂縱淫泆於非彝，拂人之性，而不近於人情者也。然其弊皆由於不誠其意始，獨之不慎，而自欺其本心，至於違禽獸不遠矣。是豈人之情也哉？（同上，《述情三》）

這都是極力替情欲辯護的話。我覺得頗有趣味的是他的《述公》，他說：

> 孔子之言直躬也，曰："子爲父隱，父爲子隱，直在其中。"皆言以私行其公。是天理人情之至，自然之施爲，等級界限，無意必固我於其中者也。如其不私，則所謂公者，必不出於其心之誠。然不誠，則私焉而已矣。

如沒有私心，則公就是假的。他以爲周公使管叔監殷是"私其兄而不疑之，此乃天理人情之至""聖人之公，不過自遂其私而已"。這種見解也比顧亭林、龔自珍的論私較爲透徹。在《述己》篇更以爲"堯舜之道，爲己而已""孔子之棲棲皇皇，爲天下也。然而爲己而已"。闡明大我小我的關係，在他那時代很是難得的。這些，當然與宋儒的克去己私之見不同，也決不是理欲二元論者所能道出，他將己私看得如此之重，難怪他要不滿意於戴東原之去私去蔽了！

焦里堂雖然是治經學的，然而他確實是一個通儒。他以爲說經不能自出其性靈而守執一之說以自蔽，那就好像一個人不能自立門户，投到有勢力的人家去當奴才，而且洋洋得意，仗着主人家的威風來欺侮人；受他欺侮的人，如若又附和他，那祇可以說是奴才的奴才了！他很不贊成當時的學者"無端而立一考據之名"（《里堂家訓》卷卜），他的思想的根本觀念祇是一個"通"，或說是"旁通"。他說聖人就是"以通得名"（《論語通釋·四》第一條），他論人情也重在通，他說：

> 克伐怨欲，情之私也，因己之情而知人之情，因而通天下之情；不忍人之心由是而達不忍人之政，由是而立，所謂仁也。知克伐怨欲之私，制之而不行，無論其不可強制，即強制之，亦苦心潔身之士，有其一不可有其二，以己之制而不行例諸人，其措之天下，必不近人情，必不可以平治天下。故孔子曰"……可以爲難矣"，難之云者，不可通諸天下也。（《論語通釋·三》第五條）

又説：

《孟子》稱公劉好貨，大王好色，與百姓同之，於王何有？或以《孟子》主文譎諫，斷章取意，非也。孟子之學，全得諸孔子，此即己立立人、己達達人之義，必不好色不好貨，而於百姓之饑寒怨曠，漠不關心，則堅瓠也。克伐怨欲不行，所以不得為仁也。於此可以知仁，於此可以知王道。（同上，第九條）

孔子以旁通言情，以利貞言性，情利者，變而通之也。以己之情，通乎人之情；以己之欲，通乎人之欲。己欲立而立人，己欲達而達人，己所不欲，勿施於人。因己之好貨，而使居者有積倉，行者有裹糧；因己之好色，而使內無怨女，外無曠夫。如是則情通。（《孟子正義》卷二十二）

這是說情可旁通。則情也可以為善，因而主張以己之情通乎人之情，以己之欲通乎人之欲，他的通情遂欲說，是在《周易》上找出根據的。

凌廷堪是戴震的同鄉，而且是極佩服戴氏的，他的《好惡說》認為好惡是先王制禮的大原，祇須要節其太過不及。

阮元也是戴學的信徒，他在《性命古訓》上說：

欲生於情，在性之內，不能言性內無欲。欲不是善惡之惡，天既生人以血氣心知，則不能無欲，惟佛教始言絕欲，若天下人皆如佛絕欲，則舉世無生人，禽獸繁矣。此孟子所以說味、色、聲、臭安佚為性也。欲在有節，不可縱，不可窮。若惟以靜明屬之於性，必使說性中本無欲而後快，則此經明云"性之欲也"，欲固不能離性而自成為欲也。

他反對無欲而主張節欲，與凌氏的意見相合，這固不像宋人的私欲淨盡，而且並不主張制欲寡欲，當然是極受戴氏的影響。在這一時期中，如袁枚的《清說》說是："天下之所以叢叢然望治乎聖人，聖人之所以殷殷然治天下者，何哉？無他，情欲而已矣。老者思安，少者思懷，人之情也……使眾人無情欲則人類久絕，而天下不必治；使聖人無情欲，則漠不相關，而亦不肯治天下。"汪中的《女子許嫁而婿死從死及守志議》說："先王惡人之以死傷生也，故為之喪禮以節之。其有不勝喪而死者，禮之所不許也；其有以死為殉者，尤禮之所不許也。"洪亮吉的《真偽篇》直以"偽不可為矣，而亦不然。"俞理初的《娣姒義》說："禮本人情，必各遂之，其義始備。"《妒非女人惡德論》說："妒非女人惡德，妒而不忌，斯上德矣。"乃至於崔述的《訟論》說："若不論其有情無情，而概以訟為罪，……是大亂之道也。"《爭論》說："惜乎世之君子……而於人情多不諳也。"這些說法，多是原情立論，主張通情遂欲；有的並非受了戴氏的影響，則也可見當時思潮的一般。要之，宋儒所説"私欲净盡，天理流行""餓死事小，失節事大"。這些話實在太不近人情，過於以理責人，積久之後，自當有反響出來的。

現在且看所謂"《公羊》學派"對於理欲的見解如何。本來《春秋》就是主張原心重志，善善從長，惡惡從短的。治《公羊》者，原情立論，主張通情遂欲，是不足爲奇的。孔廣森《公羊通義》説："天下唯情出於一，故義者必因人之情而爲之制。"而劉逢禄《論語述何》説："故君子不可貨取，而小人當因其所利而利之。"包慎言説："齊桓之姊妹不嫁，晉文之納懷嬴，《春秋》皆不之責焉，以其極生民之功大也。"（《公羊義疏·四十二》引）都是原情立論。不過真正的這一派所處的時代，已是由漢宋之爭而變爲今古之爭，他們對於理欲之辨是沒有像從前那樣注意，現在姑且就龔自珍、康有爲、譚嗣同三家之説來看，其傾向也極顯明的。

龔自珍論性是主張性無善無不善，善惡都是後起的（《文集》卷二《闡告子》）；他論命則説是"發乎情止於命"，千變萬化都是命（《文集》卷二《尊命二》）。他不認私爲惡，以爲聖帝哲后，忠臣孝子，莫不是私，如説大公無私，那簡直不是人的道理（《文集》卷二《論私》）。他也不認情爲惡，以爲以情隸欲，以欲隸情，都不對的，結果他對於情，主張"姑自宥之"（《文集》卷二《宥情》）。他更有一篇《長短言自叙》説：

> 情之爲物也，亦嘗有意乎鋤之矣，鋤之不能而反宥之，宥之不已而反尊之。龔子之爲長短言，何爲者邪？其殆尊情者邪？情孰爲尊？無住爲尊，無寄爲尊，無境而有境爲尊，無指而有指爲尊，無哀樂而有哀樂爲尊。情孰爲暢？暢於聲音。聲音如何？消瞀以終之。如之何其消瞀以終之？曰先小咽之，乃小飛之，又大挫之，乃大飛之。始弧盤之，悶悶以柔之，空闊以縱遊之，而極於哀，哀而極於瞀，則散矣畢矣。……且惟其尊之，是以爲《宥情》之書一通，且惟其宥之，是以十五年鋤之而卒不克。……凡聲音之性，引而上者爲道，引而下者非道；引而之於旦陽者爲道，引而之於莫夜者非道。道則有出離之樂，非道則有沉淪陷溺之患。雖曰無住，予之住也大矣；雖曰無寄，予之寄也將不出矣。

這裏説"宥之不已而反尊之"，其意見更顯明。他説"引而之於旦陽者爲道"，這也比較簡單的宥有要好的。他是治《公羊》學的，懂得所謂原情之義（《文集》卷一《春秋決事比答問第一》），他雖要主張"農宗"，而不贊成"相忍爲家"（《文集》卷三《農宗答問第三》），他對於通情遂欲，是再明白也沒有了。

康有爲在清代是集今文學之大成的。他根據《公羊》據亂升平太平之義來說天下爲公，主張由小康而進於大同之世。《大同書》是他二十七歲時的作品，主張"去苦界至極樂"。他說：

> 人生而有欲，天之性哉！欲無可盡，則當節之，欲可近盡，則願得之。近盡者何？人人之所得者，吾其不欲得之乎哉！其不可得之也，則恥不比於人數也；其能得之也，則生人之趣應樂也。生人之樂趣，人情所願欲者何？口之欲美飲食也，居之欲美宮室也，身之欲美衣服也，目之欲美色也，鼻之欲美香澤也，耳之欲美音聲也，行之欲靈捷舟車也，用之欲使美機器也，知識之欲學問圖書也，遊觀之欲美園林山澤也，體之欲無疾病也，養生送死之欲無缺也，身之欲游戲登臨，從容暇豫，嘯傲自由也，公事大政之欲預聞預議也，身世之欲無牽累壓制而超脫也，名譽之欲彰徹大行也，精義妙道之欲入於心耳也，多書、妙畫、古器、異物之欲羅於眼底也，美男妙女之欲得我意者而交之也，登山、臨水、泛海、升天之獲火觀也……大同之世，人人極樂，願求皆獲，以視亂世生民之終日皇皇，懷而莫得，願欲不遂，憂心惻惻，何相去之遠哉！

他這裏羅列各種的欲望，知識欲、政治欲、名譽欲，乃至於要達到性欲的圓滿的解決，願求皆獲，他雖說"欲無可盡，則當節之"，恐怕在大多數人看來，他這節欲實在比縱欲主義還來得徹底的。在《孟子微》卷四他又說：

> 宋賢自朱子染於釋氏無欲之說，專以克己，禁一切歌樂之事，其道太嗀，近於墨氏，使民情不歡，民氣不昌，非孔子道也。孔子之道，本諸身，人身本有好貨、好色、好樂之欲，聖人不禁，但欲其推以同人。蓋孔孟之學在仁，故推之而彌廣；朱子之學在義，故斂之而愈嗇，而民情實不能絕也。……朱子何可議，然狹小削劉聖人之道，束縛疲敝生民之氣，則不能不據《孟子》以矯之。但貴與民同，而不責以寡欲也。

他這裏明顯攻擊朱子的"狹小削劉聖人之道，束縛疲敝生民之氣"，對於一般人的寡欲他且不贊成，其見解可謂極透澈了。

譚嗣同的《仁學》拿"以太"來釋"仁"，在其他方面也似乎有些歐化，但他是極受王船山的影響的。他在《仁學界說》中說："凡爲仁學者，……於中國書當通……王船山、黃梨洲之書。"在他的《全集》中提到船山的地方很多，他對於理欲的見解與船山也很相同。他說：

> 生之謂性，性也；形色天性，性也；……言性善，斯情亦善；生與形色，又何莫非善，故曰皆性也。世俗小儒，以天理爲善，以人欲爲惡，不知無人欲，尚安得有天理？吾故悲夫世之妄生分別也。天理善也，人欲亦善也。王船山有言曰："天理即在人欲之中，無人欲則天理亦無從發見。"……可知斷斷乎無有惡矣。

他反對儉也是受船山的影響的，他說：

> 夫治平至於人人可奢，物物可貴，即無所用其歆羨畔援，相與兩忘，而咸歸於淡泊，不惟奢無所眩耀，而奢亦儉。豈必過之塞之，積疲苦反極，反使人欲橫流，一發不可止，終釀爲盜賊凶叛，攘奪篡弒之禍哉？

這也是從不贊成遏之塞之反使人欲橫流的。他又應用佛說來解釋人心道心，天理人欲，而說：

> 智慧者，孔謂之道心；業識者，孔謂之人心；人心外無道心，即無業識，亦無由轉成智慧。王船山曰："天理即在人欲之中，無人欲則天理亦無從發見"，最與大學之功夫次第合。非如紫陽人欲淨盡之誤於離，姚江滿街聖人之誤於混也。且夫大學又與四法界合也：格物，事法界也；致知，理法界也。誠意正心修身，理事無礙法界也。齊家治國平天下，事事無礙法界也。夫惟好學深思，六經未有不與佛經合者也。

由業識而轉成智慧，由人欲而有天理，對於人欲淨盡之說，更以佛理加以駁難，命我們愈覺宋儒的理欲二元論的錯誤了！他這樣的解釋，又使我們覺得東林諸子的"人心即是天理，人心道心非有兩項心"，其來源又與佛說有相當的關係（參看《二曲集》卷十六《答吳浚長書三》），朱子染於釋氏無欲之說，主張私欲淨盡，天理流行，而即釋氏之說，足以破其立論，理欲二元論在處處都站不住脚步的。譚氏又說：

> 且會也者，生人之公理不可無也，今則不許其公；不許其公，則必出於私，亦公理也。

這裏直謂私亦公理。公私之辨，從顧亭林、程瑤田、龔自珍到譚嗣同，說到的也很多，與宋儒的意見都絕不相同的。

以上所舉的二十家之說，差不多都是原情立論，主張通情遂欲，反理欲二元論的傾向是很顯明的。在清代思想家之中，除了程朱學派的陸世儀、陸稼書、張履祥、張伯行和朱王折衷學派的孫奇逢、李二曲外，所可述的，也不過祇這二十家，而這二十家的說法都有這種傾向，我們很可以說清代思想的特徵，除了"務實""好古"以外，還有"原情"這一特徵。二陸、二張、孫、李諸家並不能說是真正的"務實"，而如王船山的主張文明進化，且以爲"晉人之字，宋、元之畫，澄心堂之典籍，盡取而焚之，亦正人心、端好尚之良法"（《讀通鑑論》卷三十）。可以算是不"好古"，縱有幾家的說法是仍舊主張理欲二元的，那也祇是例外而已，殘餘而已，我們仍然可以說清代的思想，據這二十家說來看，有一個特徵是"原情"的。

而且我覺得"務實""好古"這兩點在明代已經就有了，不過所務的"實"，所好的"古"，與清代不同而已。而據黃梨洲說："舉業盛而聖學亡"（《南雷文案》卷一《惲文昇文集序》），"百年以來人士，精神盡注于時文"（同上卷二，《李杲堂文鈔序》），"科舉場屋之心胸，原無耿耿治亂存亡之故事"（《南雷文約》卷一《韋奄魯先生墓誌銘》），"士之不學，由於專攻時藝也"（《馮留仙先生詩經時藝序》），"土朱點《四書》，朱陸急同異，近來學人少，誰何識真偽？遂以科舉學，劫人之聽視。"（《脚氣詩》）顧亭林說："凡今之所以爲學者，爲利而已，科舉是也。其進於此而爲文辭著書，一切可傳之事者，爲名而已，有明三百年之文人是也。"（《亭林餘集·與潘次耕札》）"今則不然，合天下之生員，縣以三百計，不下五十萬人，而所以教之者，僅場屋之文。然求其成文者，數十人不得一，通經知古今可爲天子用者，數千人不得一也。"（《文集》卷一《生員論》）朱舜水說："明朝以時文取士，此物既爲塵羹土飯，而講道學者又迂腐不近人情，……而國家被其禍。"（《舜水遺集·答林春信問》）顏習齋說："爲治去四穢……時文也，僧也，道也，娼也。"（《年譜上》）"後世詩文字畫，乾坤四蠹也。"（《年譜下》）他們之好古務實，未必完全是因爲宋明理學的不"古"不"實"，未必不是因爲所謂時文的不"古"不"實"。然則"好古""務實"還不能完全算是對於宋明理學的一大逆動；而"原情"，反理欲二元論才真是對於宋明理學的一大逆動，而且真是繼續宋明理學而要解決他們所遺留下的問題的。

（原載《文哲月刊》第一卷，第六期，一九三六年三月）

黃梨洲的哲學思想

一 梨洲傳略

黃梨洲，名宗羲，字太沖，晚年自號梨洲老人，浙江餘姚黃竹浦人。生於明萬曆三十八年，卒於清康熙三十四年（一六一〇~一六九五），年八十六。他的父親忠端公尊素，是屬於東林學派的人物，在明天啓年間因劾逆閹死於詔獄。到了崇禎即位，梨洲年十九歲，他袖長錐入京爲父頌冤，這時逆閹已磔，在刑部會訊奉逆旨拷問忠端的許顯純、崔應元時，他以錐刺顯純，使之流血被體。許、崔二人論斬，又揕應元胸，拔其鬚，歸而祭之於忠端神位之前。又與吳江周廷祚、光山夏承共捶手害忠端的獄卒，應時而斃。就他這幾件事看來，他是一個賦性忠孝而行爲偏於任俠一流的人。在忠端被逮時，曾命之從蕺山劉宗周受業，又告以學者不可通知史事，"且將架上《獻徵錄》涉略"可也。所以在他二十歲時即約吳越知名之士凡六十餘人從劉宗周講學，以與援儒入佛之石梁陶奭齡對抗。而在十九歲、二十歲兩年之中，便將明十三朝《實錄》上溯廿一史都讀完（此據《歷代史表序》，《年譜》繫之二十二歲中，誤）。這時黃道周治學兼及象數，他以爲"是開物成務之學也"，乃出其所窮曆律諸家相證疏，亦多不謀而合。從二十一到三十二歲，他常到千頃堂黃氏家中，將所有的藏書繙閱殆遍。關係於山川的，多手抄之。可見他又很留心輿地之學的。在三十五歲時，正是甲申之變，清軍入關，魯王監國，他曾糾合黃竹浦子弟數百人隨軍江上以與清兵對抗，次年，淛河兵潰，監國由海道至閩，又在四明山結寨自固。四十歲時，又至監國行朝，但因清廷以勝國遺臣不順命者命有司錄家口以聞，他爲了老母的緣故，終於陳請監國，間行歸家。但他歸來以後又奉命乞師日本，或遣使入海告警，故國之思仍無已時。五十三歲著《明夷待訪錄》，還未忘了"著書待後，有王者起，得而師之"。到了五十八歲，又復與劉宗周等人書院講會，自謂"始學於子劉子，其時志在舉業，不能有得，聊備門人之一數耳。天廻地轉，彊餓深山，盡發藏書而讀之，近二十年，胸中礙窒解剖，始知曩日之孤負爲不可贖也。"（《南雷文案卷一·惲仲昇文集序》）到了晚年，他才又注意到理學一方面的。他生平極喜讀書，藏書家如千頃堂黃氏、世學樓紐氏、絳雲樓錢氏、叢桂堂鄭氏、淡生堂祁氏、天一閣范氏、傳是樓徐氏的書籍皆曾借閱，"行年八十，手不釋卷"。他的著述，關於經學有《易學象數論》六卷、《授書隨筆》一卷、《春秋日食曆》二卷、《律呂新義》二卷，又因蕺山"於《大學》有《統義》，於《中庸》有《獨義》，於《論語》有《學案》，皆其微言所寄，獨《孟子》無成書"。因著《孟子師說》四卷。關於天文的有《授時曆故》一卷，《大統曆推法》一卷，《授時假如》一卷，《西曆回曆假如》各一卷。關於地理的有《四明山志》及《今水經》一卷，《匡廬遊錄》一卷。關於歷史的有《歷代甲子考》一卷。他嘗欲修《宋史》而未就，僅存《叢目補遺》三卷，又輯《明史案》二百四十四卷，他以爲"國可滅，史不可滅"，著有《隆武紀年》《贛州失事紀》《紹武爭立紀》《魯紀年》《舟山興廢》《日本乞師記》《四明山寨記》《永曆紀年》《沙洲定亂記》等書。關於學術史，則有《明儒學案》六十二卷，又輯《宋元學案》，未成編，遺命子百家成之。在史學上開一新紀錄。關於文學的則有《明文案》二百十七卷，後廣爲《文海》四百八十二卷。他的文集，在七十九歲時自訂《南雷文案》《吾悔集》《撰杖集》《蜀山集》，鉤除其不必存者三分之一曰《南雷文定》，後復欲芟爲《文約》。全祖望說他是"以濂洛之統，綜會諸家，橫渠之禮教，康節之數學，東萊之文獻，艮齋、止齋之經制，水心之文章，莫不旁推交通，連珠合璧，自來所未有也"。他確是一反晚明講學之弊，而注重於經學、史學，他以爲"經術所以經世，方不爲迂儒之學，故令兼讀書史""讀書不多，無以證斯理之變化；多而不求於心，則爲俗學"（全祖望：《鮚埼亭集十一·梨洲先生神道碑文》）。他於史學一方面凡天文、地理、政治、學術、文學莫不注重，在清代的學術上功績自然不小，如專以思想論，則《明夷待訪錄》《孟子師說》《明儒學案》《文集》等則比較重要。

二　梨洲之哲學思想

（一）**本體論**　在明代時，羅整庵主張氣一元論，以爲"通天地，亙古今，無非一氣"。這種意見是將理、氣合而爲一，否認理的客觀的存在，在陽明一派的學者是贊成的。劉蕺山也說"盈天地間，一氣而已矣。"（《語錄》）"盈天地間，凡道理皆從形器而立，絕不是理生氣。"（《來學問答》）不過他是贊同陽明之說，以爲"心外無物，心外無言，心外無理，心外無義"，所以他也主張"天地萬物一物也，一物本無物也，無物者，理之不物於物，爲至善之體，而統於吾心者也……莫非物也，則莫非心也。"（《大學雜辨》）"盈天地間，皆萬物也；人其生而最靈者，生氣宅於虛故靈，而心其統也。"（《三原·

原心》）"通天地萬物爲一心，更無中外可言。"（《語錄》）仍歸到主觀的唯心論了。蕺山雖曾說過："離氣無所爲理，離心無所爲性"，而未嘗將理氣心性顯明地打成一片。到了梨洲，他是嚴守師說的，他進而主張：

> 天地間只有一氣充周，生人生物，人稟是氣以生，心即氣之靈處，心體流行，其流行而有條理者即性也。猶四時之氣，和則爲春，和盛而溫則爲夏，溫衰而涼則爲秋，涼盛而寒則爲冬，寒衰則復爲和。萬古如是，若有界限於其間，流行而不失其序，是即理也。理不可見，見之於氣；性不可見，見之於心；心即氣也。（《孟子師說卷二·浩然章》）

他在《明儒學案》批評魏莊渠說：

> 先生言理自然無爲，豈有靈也；氣形而下，莫能自主，心則虛靈而能主宰。理也，氣也，心也，岐而爲三，不知天地間祇有一氣，其升降往來，即理也。人得之以爲心，亦氣也，氣若不能自主宰，何以春而必夏必秋必冬哉？草木之榮枯，寒暑之運行，地理之剛柔，象緯之順逆，人物之生化，夫孰使之哉？皆氣之自爲主宰也。以其能主宰，故名之曰理，其間氣之有過不及，亦是理之當然，無過不及，便不成氣矣。氣既能主宰而靈，則理亦有靈矣。（卷三，《崇仁學案三·魏莊渠學案》）

天地間原只有一氣，氣自能主宰，是謂理，心即氣之靈處，故心即氣，其流行而有條理謂之性。將理、氣、心、性打成一片，比較起來更覺有系統了。依他的說法：

（1）"理爲氣之理，無氣則無理。"（卷七《河東學案一·薛敬軒學案》）這是以爲天地間有氣則有理，無氣則無理，宇宙本就只是一氣。

（2）"造化只有一氣流行，流行之不失其則者即爲主宰。非有一物以主宰夫流行。"（卷十九《江右王門學案四·劉師泉學案》）這是以爲氣是流行而自爲主宰的。氣本身是靈的，本體是絕對善的。

（3）"夫所謂理者，氣之流行而不失則者也。"（卷二十二《江右王門學案七·胡廬山學案》）"自其浮沈升降而言，則謂之氣自其浮沈升降，而不失其則而言，則謂之理。"（卷四十四《諸儒學案上二·曹月川學案》）"所謂理者，以氣自有條理。"（卷五十《諸儒學案中四·王浚川學案》）這是以爲氣有定則，氣有條理，這就是理，理亦有靈。

（4）"太虛中無處非氣，則亦無處非理。"（《江右王門學案七·胡廬山學案》）"以大德敦化言之，氣無窮盡，理無窮盡，不特理無聚散，氣亦無聚散也。以小德川流言之，日新不已，不以已往之氣爲方來之氣，亦不以已往之理爲方來之理。不特氣有聚散，理亦有聚散。"（卷七《河東學案一·薛敬軒學案》）這是以爲理氣是普遍永久而且是進化的，本體是永久的而且是進化的。

(5) "氣未有不靈者，氣之行處皆是心，不僅腔子內始是心也。即腔子內亦未始不是氣耳。"（卷七《河東學案一·薛思菴學案》）"在天爲氣者在人爲心，在天爲理者在人爲性。"（卷四十七《諸儒學案中一·羅整庵學案》）"我與天地萬物一氣流通，無有礙隔，故人心之理，即天地萬物之理。"（卷二十二《江右王門學案七·胡盧山學案》）這是以爲氣之行處皆是心，而在天爲氣者在人爲心，人心之理即天地萬物之理。心自然佔最重要的地位，一切是唯心的。所以梨洲在《明儒學案·序》說：

> 盈天地皆心也，變化不測，不能不萬殊。心無本體，工夫所至，即其本體。故窮理者，窮此心之萬殊，非窮萬物之萬殊也。是以古之君子，寧鑿五丁之間道，不假邯鄲之野馬，故其塗亦不得不殊。奈何今之君子，必欲出於一塗，使美厥靈根者化爲焦芽絕港？夫先儒之語錄，人人不同，是印我之心體，變動不居。若執定成局，終是受用不得。此無他，脩德而後可講學，今講學而不脩德，又何怪其舉一而廢百乎？

這裏直說"盈天地皆心""窮理者，窮此心之萬殊，非萬物之萬殊"，與蕺山"莫非物則莫非心也"，"氣通天地萬物爲一心"的意見一樣，終是陽明一派的說法。所以反對當時提倡程朱的"今之君子"之"必欲出於一塗"，主張脩德而後可講學，與他的平日主張讀書思想略有變遷。所謂"窮此心之萬殊"，他在《孟子師說》中曾說：

> 自其分者而觀之，天地萬物各一理也，何其博也？自其合者而觀之，天地萬物一理也，理亦無理也，何其約也？汎窮天地萬物之理，則反之約也甚難，散殊無非一本，吾心是也。俯觀仰察，無非使吾心體之流行，所謂反說約也。

這意見正與《明儒學案序》相接近。心是萬殊之本，所以窮理是窮此心之萬殊。他以爲"夫格物者，格其皆備之物，則沓來之物，不是以掩湛定之知，而百官萬務行所無事，若夫待物來而後格之，一物有一物之理，未免於安排思索，物理吾心，終判爲二，故陽明學之而病。"（《南雷文約卷二·翰林院編修怡庭陳君墓誌銘》）他對於即物窮理始終是反對的。他的知識論當然是主觀的觀念論。

(二) **心性論** 主張氣一元論的羅整庵雖說："通天地，亙古今，無非一氣"，但他不惟未將理、氣、心、性打成一片，而且以性爲體，心爲用，理氣自理氣，心性自心性，心與性是分開說的。後來汪石潭已有認心性爲一的傾向，到了東林學派的孫淇澳，他以"說天命者，除理義外，別有一種氣運之命，雜糅不齊。因是有理義之性，氣質之性，又因而則有理義之心，形義之心"，主張"性善氣質亦善，人心道心非有兩項心。"這是梨洲所認爲發前儒所未發的。到了劉蕺山，因而主張"道心即在人心中看出，始見得心性一而二，二而一。"（《語錄》）"道心即人心之本心，義理之性即氣質之本性。"（同上）他又主張情也是善的，而說"何言乎情之善也？孟子言這惻隱心就是仁，何善如之？仁義禮智皆生而有之，所謂性也，乃所以爲善也。指情言性，非因情見性也；即心言性，非離心言善也。後之解者曰：因所發之情而見所存之性，因所情之善而見所性之善，豈不毫釐而千里乎？"（同上）故說"凡所云性，只是心之性；決不得心與性對。所云情，可云性之情，決不得性與情對。"（同上）梨洲對於心性也主張是一元的。他說：

> 夫在天爲氣者，在人爲心；在天者理者，在人爲性；理氣如是，則心性亦如是，決無異同。人受天之氣以生，祇有一心而已。而一動一靜，喜怒哀樂，循環無已，當惻隱處自惻隱，當羞惡處自羞惡，當恭敬處自恭敬，當是非處自是非，千頭萬頭，感應紛紜，歷然不能昧者，是即所謂性也。初非別有一物立於心之先，附於氣之中也。（《諸儒學案中一·羅整庵學案》）

我們知道，梨洲以爲氣自能自宰而靈，心即是氣之靈處，心氣都是善的，於今心性一元，則他自然是主張性善的。他在《孟子師說卷三·道性善》章說：

> 朱子云："《易》言繼善，是指未生之前；孟子言性善，是指已生之後。"此語說得極分明。蓋一陰一陽之流行往來，必爲過有不反，寧可有齊之理，然全是一團生氣，其生氣所聚，自然福善禍淫，一息如是，終古如是。不然，則生理滅息矣。此萬有不齊中有一點眞主宰，謂之至善，故曰"繼之者善也"。繼是繼續，所謂於穆不已，及到成之而爲性，則萬有不齊，人有人之性，物有物之性，草木有草木之性，金石有金石之性，一本而萬殊。如野葛鴆鳥之毒惡，亦不可不謂之性。孟子單就人分上說，生而稟於清，生而稟於濁，不可言清者是性，濁者非性。然雖至濁之中，一點眞心薶沒不得。故人爲萬物之靈。

人稟性雖至濁，然有一點眞心薶沒不得，這也只可說是善的。依他的說法：

（1）"氣質之外無性，氣質即性也。第氣質之本然是性，失其本然者非性。"（卷二十九《北方王門學案·楊晉庵學案》）氣質雖即是性，然而要是不失其本然的。

（2）"氣之流行，不能無過不及，而往而不返，其中體未嘗不在……人性雖偏於剛柔，其偏剛之處未嘗忘柔，其偏柔之處未嘗忘剛，即是中體。"（卷二七《南中王門學案三·楊幼殷學案》）"夫氣之流行不能無過不及，故人之所稟，不能無偏。氣質雖偏，而中正者未嘗不在也。猶天之寒暑雖過不及，而盈虛消息，卒歸於太和。以此證氣質之善，無待於變化。（卷三八《甘泉學案二·呂巾石學案》）氣質之失其本然者，與人性之有偏剛偏柔者，其中體未嘗不在，本是善的，並不需要變化氣質。

（3）"氣質之偏，大略從習來。"（卷四一《甘泉學案四·馮少墟學案》）"是氣中一點主宰不可薶沒，所以常人皆有不忍人之心，而其權歸之學矣。"（卷二六《南中王門學案二·唐凝庵學案》）氣質有偏，只是由習而來，只須要學以救其偏。這些意見總是以氣善性亦善，其惡由於引蔽習染，前承孫淇澳、劉蕺山之說，而與後來顏習齋、戴東原的主張大略相同的。他對於性情的意見也與蕺山一樣。他說：

> 自來儒者，以未發為性；已發為情。其實性情二者，無處可容分析。性之於情，猶理之於氣，非情何以見性？故喜怒哀樂，情也；中和，性也；於未發言喜怒哀樂，是明明言未發有情矣。奈何分析性情？（卷十九《江右王門學案四·黃洛村學案》）

情只是性之情。情一定是已發，不容分開來說，性善，情必定是善的。他對於人心道心也主張"道心即人心之本心"。（說見《孟子師說卷六·仁人心也章》及《南雷文約卷四·尚書古文疏證序》，茲不具引）"人只要不失此本心，無有移換，便是允執厥中。"在他是以為心意知物，都是有善無惡，所以決不會以人的本心為惡的。

關於心性，在蕺山和梨洲更有一種見解，即是將"意"特別擡高，以為是心之體、覺之主。他們所以如此者，因為見到陽明的講良知既傷支離破碎之病，而所謂《四句教》更使"知"為"意"奴，不成為良知。蕺山批評陽明說道：

> 陽明言良知，最有功於後學，然只傳《孟子》教法，於《大學》之說有分合。古本《序》曰："大學之道，誠意而已矣，止至善之則，致良知而已矣。"宛轉說來，頗傷氣脈。至龍溪所傳《天泉問

答》，則曰："無善無惡者心之體，有善有惡者意之動，知善知惡是良知，爲惡去惡是格物。"益增割裂矣。……且所謂知善知惡，蓋從有善有惡而言者也。因有善有惡，而後知善知惡，是知爲意奴也，良在何處？又反無善無惡而言者也。本無善無惡，而又知善知惡，是知爲心祟也，良在何處？……且《大學》明言止於至善矣，則惡又從何處來？心意知物，總是至善中全副家當。……止因陽明將意字認壞，故不得不求良於知。（《良知說》）

梨洲批評陽明也說：

先生既以良知二字冒天下之道，安得有正脩功夫？只因將意字看作已發，故工夫不盡，又要正心又要脩身，意是已發，心是未發，身又是已發，先生每譏宋儒支離而躬蹈之，千載而下，每欲起先生於九原質之而無從也。（《明儒學案・姚江學案》）

先生解《大學》，於意字原看不清楚，所以千四條目處，未免架屋疊床。……先生他日有言曰："心意知物只是一事"，此是定論。既是一事，決不是一事皆無，蒙因龍溪易一字曰"心是有善無惡之心，則意亦是有善無惡之意，知亦是有善無惡之知，物亦是有善無惡之物。"不知先生首肯否？（同上）

"心意知物只是一事"，都是有善無惡。所以他們主張性善氣質亦善，性情二者不容分析，道心即人心之本心，一切都是善的。所以反對陽明"有善有惡意之動"的說法，使知爲意奴，工夫破碎。他們主張心是身的主宰，意是心的主宰，而且意是心之所存，只須在意上用工夫，便可以證本體的。梨洲在《先師蕺山先生文集・序》上說：

先儒曰：意者心之所發，師以爲心之所存。人心徑寸間，空中四達，有太虛之象，虛故生靈，靈生覺，覺有主，是曰意。不然，《大學》以所發先所存，《中庸》以致和爲致中，其病一也。然泰州王棟已言之矣。自身之主宰而言謂之心，自心之主宰而言謂之意；心則虛靈而善變，意有定向而中涵，意是心之主宰。以其寂然不動之處，單單有個不慮而知之靈體，自做主張，自裁生化，故舉而名之曰獨。少間擾以見聞才識之能，情感利害之便，則是有所商量倚靠，不得謂之獨矣。……若云心之所發，教人審幾於動念之初，念既動矣，誠之奚及。師未嘗見泰州之書，至理所在，不謀而合也。（《南雷文約》卷四）

這裏所說之意，固是心之主宰，而說"以其寂然不動之處，單單有個不慮而知之靈體，自做主張，自裁生化，故舉而名之曰獨。"當然不是通常心理學上所指之意志、意念，而實是心中一點靈機靈體。他在《子劉子行狀》上說：

> 意爲心之所存非所發，《傳》曰"如惡惡臭，如好好色"，言自心中之好惡，一於善而不二於惡，正見意之有善而無惡，所謂幾者動之微，吉之先見者也，正指所存言也。如意爲心之所發，將孰爲所存乎？如心爲所存，意爲所發，是所爲先於所存，豈《大學》知本之旨乎？蓋心無體，以意爲體；意無體，以知爲體；物無用，以知爲用；知無用，以意爲用；工夫結在主意中，方爲真工夫，如離卻意根一步，亦更無格致可言。問意爲心之所存，好善惡惡非以所發言乎？曰：意之好惡與念之好惡不同。意之好惡一幾而互見，念之好惡兩在而異情，以念爲意，何啻千里？

心無體，以意爲體；意是所謂幾者動之微，吉之先見者也，與念絕不相同。他在《劉繩伯先生（蕺山子）墓誌銘》中也有一段述繩伯之言以解意的，說：

> 大略聖賢言心有二端，《語》《孟》之言心也，合意知物而言者也，合意知物而言者，故不言誠意，而誠意在其中。……《大學》之言心也，分意知物而言者也，分意知而言者，非外心以言意，即心而指其最初之幾曰意，蓋必言意而心始有主宰，言誠而正始有實功也。（《南雷文案》卷二）

這裏說"即心而指其最初之幾曰意，蓋必言意而心始有主宰"，也足以發明意是心中一點靈機靈體的。梨洲的意見，意與良知也相去不遠，他在《答董吳仲論學書》中說：

> 承示《劉子質疑》，所言雖廣，然其大指，則主張陽明先生"無善無惡心之體，有善有惡意之動，知善知惡是良知，爲善去惡是格物"四句，而疑先師意爲心之所存未爲得也。……陽明提致良知爲宗，一洗俗學之弊，可謂不遺餘力矣。若必守此四句爲教法，則是以知覺爲良知，推行爲致知，從其心之所發，驗其孰爲善孰爲惡，而後善者從而達之，惡者從而塞之，則方寸之間，已不勝其憧憧之往來矣。夫良知之體，剛健中正，純粹精者也。今所發之意，不能有善而無惡，則此知尚未光明，不可謂良也。何所藉以爲爲善去惡之本乎？……四句之弊，不言不知，故陽明曰："良知是未發之中"，則已明言意是未發，第習熟於意者，心之所發之舊話，未曾道破耳。不然，意既動而有善有惡，已發者也，則知亦是已發，如之何知獨未發？此一時也，意則已發，知則未發，無乃錯雜，將安所施功乎？……然則

先師意之所存，與陽明"良知是未發之中"，其宗旨正相印合也。（《文案》卷二）

梨洲認意爲心之所存，與陽明良知是未發之中正相合，所以力爲發明。在《明儒學案·自序》說："歲己酉，昆陵惲仲昇來越，著《劉子節要》。仲昇，先師之高第弟子也，書成，羲送之江干，仲昇執手丁寧曰：'今日知先師之學者，惟吾與子兩人，議論不容不歸一，惟於先師言意所在，宜稍通融。'羲曰：'先師所以異於諸儒者，正在於意，豈可不爲發明。'仲昇欲羲序其《節要》，羲終不敢。是則仲昇於殊途百慮之學，尚有成局之未化也。"梨洲的《劉伯繩先生墓銘》作於康熙五年丙午五十七歲，次年丁未，《年譜》說這在一年。"表顯師門之學，發前人之所未發者，大端有四：一曰靜存之外無動察，一曰意爲心之所存非所發，一曰已發未發以表裏對待言，不以前後際言，一曰太極爲萬一之總名。詳公所著《子劉子行狀》。"《與董吳仲論學書》也在這一年。《學案》成於康熙十五年丙辰，《自序》是康熙三十一年壬申八十三歲時所作，他晚年的思想，從五十七到八十，廿餘年中，對於意的見解是堅持不變的。要之，他的心性論是主張心性一元，心是善的，性是善的，意是心體，心之初幾，心之主宰，所以意也是有善而無惡。宇宙本是唯心，而意爲心之主，意在他的思想中要佔最高的地位，他的修養論即從"意爲心之所存"這一點發出。

（三）**修養論** 蕺山、梨洲之主張"意爲心之所存"，也是爲的修養的方便的緣故，這一點梨洲在《與董吳仲論學書》中剖析得最清楚。他說：

先師此言，固不專爲陽明而發也。從來儒者之得失，此是一大節目，無人說到……《中庸》言致中和，考亭以存養爲致中，省察爲致和，難中和兼致，而未免分動靜爲兩截，至工夫有二用。其後王龍溪從日用倫物之感應以致其明察。歐陽南野以感應變化爲良知，則是致和而不致中。聶雙江、羅念庵之歸寂守靜，則是致中而不致和，諸儒之言，無不曰前後內外渾然一體，然或攝感以歸寂，或緣寂以起感，終是有所偏倚，則是意者心之所發一言爲祟。致中者以意爲不足憑而越過乎意；致和者以動爲意之本然而逐乎意；中和兼致者有前乎意之工夫，有後乎意之工夫，而意攔截其間，早知意爲心之所存，則操功只有一意，破除攔截方可言前後內外，渾然一體也。

意爲心體，而不是已發的，眞是只須在意上用工夫，不須存養省察，動靜秉顧；攝感緣寂，有所偏倚，只須靜存就足夠了。梨洲在《子劉子行狀》上說：

靜存之外無動察。問愼獨專屬之靜存，則動時工夫果全無用否？

先生曰：如樹木有根，方有枝葉，栽培灌溉只在根上用，枝葉上如何著得一毫。靜存不得力，纔喜纔怒時便會走作，此時如何用工夫？苟能一如其未發之體而發，此時一毫私意著不得，無工夫可用。若走作後，便覺得，便與他痛改，此時喜怒已過了，仍是靜存工夫也。

他們為要講求"一如其未發之體而發"，所以又好講未發，而且以為"存發總是一機，中和總是一性。"梨洲在《子劉子行狀》上說：

己發未發以表裏對待言，不以前後際言，謂程子云"喜怒哀樂之未發謂之中，此時下不得個靜字"。已是千古卓見，卻不肯下個動字。夫喜怒哀樂非以七情也……乃四時之氣，所以循環而不窮者。獨賴有中氣存乎其間，而發之即為太和之氣，是以謂之中，謂之和，性之德也……儒者若於未發前求氣象，不亦惑乎？須知一喜怒哀樂，自其存諸中言謂之中，即天道之元亨利貞運于於穆者是也，陽之動也；自其發於外言謂之，和，即天道之元亨利貞呈於化育者是也，陰之靜也；存發總是一機，中和總是一性。

意為心體，當然要在未發用功，因為已發未發只是一機，則可更覺靜存之功有用。這樣子才更可以證得性體分明。梨洲在《明儒學案·蕺山學案》上說：

先生之學，以慎獨為宗。儒者人人言慎獨，唯先生始得其真。盈天地間皆氣也，其在人心，一氣之流行，誠通誠復，自然分有喜怒哀樂；仁義禮智之名，因此而起者也。不待安排品節，自能不其過則，即中和也，此生而有之，人人如是，所以謂之性善；即不無過不及之差，而性體原自周流，不害其為中和之德。學者但證得性體分明，而以時保之，即是慎矣。慎之工夫，只在主宰上。覺有主，是曰意；離意根一步便是妄，便非獨矣。故愈收斂是愈推致。

這是所以要主張誠意慎獨的。"離意根一步便是妄""故愈收斂是愈推致"，這才是他們的修養方法。梨洲以為"少間攙以見聞才識之能，感情利害之便，則是商量倚靠，不得謂之獨。"這樣子愈收斂以求愈推致，實在是玄之又玄的。梨洲在《明儒學案》還有許多申述靜存未發之義的，如：

（1）"動靜時也，吾心之體不著於時者也，分工夫為兩節，則靜不能該動，動不能攝靜，豈得為無弊哉？"（卷三《崇仁學案三·余訒齋學案》）這是恐怕工夫兩節。

（2）"陽明點出知善知惡原不從發處言，第明知善知惡為自然之本體，故又曰'良知是未發之中'。若向發時認取，則善惡雜揉，終是不能清楚。"（卷一四《浙中王門學案四·顧箬溪學案》）這是恐怕善惡雜糅。

（3）"吾性體行於日用倫物之中，不分動靜，不分晝夜，無有停機，流行之合宜處謂之善，其障蔽而壅塞處謂之不善，蓋一忘戒懼，則障蔽壅塞矣。"（卷一五《江右王門學案一·鄒東廓學案》）這是恐怕障蔽壅塞。

（4）"爲學只有存養，省察是存養内一件事。……欲其事事從源頭而出，以救零星裝合之非。"（卷五三《諸儒學案下一·李谷平學案》）這是爲的從源頭出。所以他贊成陽明的以收斂爲主，而說"陽明自江右以後，始揭良知，其在南中，以默坐澄心爲學的，收斂爲主，發散是不得已，有未發之中，始能有中節之和。其後學者有喜靜惡動之弊，故以致良知救之。而'良知是未發之中'，則猶之乎前說也。"（卷一七《江右王門學案二·聶雙江學案》）而反對陽明的門人輕浮淺露，他說："陽明以致良知爲宗旨，門人漸失其傳，總以未發之中，認作已發之和，故工夫只在致知上。甚之而輕浮淺露，待其善惡之形而爲克治之事，已不勝其艱難雜揉矣。"（卷十九《江右王門學案四·陳明水學案》）在他同時的學者，他反對潘用微的"歸體於用"，他說"夫萬感紛紜，頭緒雜亂，《易》之所謂憧憧往來是也，豈能復敬？"（《文案卷二·與友人論學書》）他反對陳乾初的"人性無不善，於擴充盡才後見之。"而說"若必擴充盡才始見其善，不擴充盡才未可爲善，知不是荀子之性惡，全憑矯揉之力而後至於善乎？"《文案卷二·與陳乾初論學書》二）他到晚年仍舊墨守其師之說，以收斂爲主，自不得不反對潘氏"歸體於用"、陳氏"擴充盡才"。蕺山明說"工夫結在主意中"。（《來學問答》）"獨之外別無本體，慎獨之外別無工夫。"（《天命章》說）如梨洲相當贊成"歸體於用""擴充盡才"，則是不怕"纔喜纔怒便會走作"，不講靜存的工夫了。梨洲所說的工夫所至，即其本體工夫仍結在主意中，獨之外仍別無本體，我們不要誤會了他的工夫也是"歸體於用""擴充盡才"，而是受了潘、陳二人的影響的。

三　梨洲之政治思想

梨洲的個性，從他早年爲父復仇看來，是偏於任俠一流的人物。他的少年時代，正值明末政治腐敗，閹宦弄權，流寇疊興，結果引起異族入主中國之禍。他在四十（歲）以前，又曾作過救亡運動。幾次親自領兵抗清，又曾經赴日本乞師。在他歸來以後，自不能忘情於故國，他雖不能親與政事，自然也要發于言論。《明夷待訪錄》是他五十三歲那一年作的，中間多關於政治的理論，激昂慷慨，攻擊君主專制，提倡重民思想，主張置相以限制君權，養士以主持清議。在經濟一方面則主張減輕賦稅，恢復井田，而抑奢崇儉。茲分爲三點述之於下：

（一）重民思想 梨洲以爲君主制度之興，本是爲天下人民興利除害，而後世君主反爲天下之害，這是應當鏟除的。他說：

> 古者以天下爲主，君爲客，凡君之所畢世而經營者，爲天下也。今也以君爲主，天下爲客，凡天下之無地而得安寧者，爲君也。是以其未得之也，荼毒天下之肝腦，離散天下之子女，以博我一人之產業，曾不慘然。曰："我固爲子孫創業也"。其既得之也，敲剝天下之骨髓，離散天下之子女，以奉我一人之淫樂，視爲當然。曰："此我之產業花息也"。然而爲天下之大害者，君而已矣。向使無君，人各得自私也，人各得自利也，嗚呼！豈設君之道，固如是乎？（《原君》）

> 古者天下之人愛戴其君，比之如父，擬之如天，誠不爲過也；今也天下之人怨惡其君，視之如寇讎，名之爲獨夫，固其所也。……是故武王，聖人也；孟子之言，聖人之言也；後世之君，欲以如父如天之空名，禁人之窺伺者，皆不便於其言，至廢《孟子》而不立，非導源於小儒乎？（同上）

這裏他攻擊後世君主的自私自利，成爲天下之大害，所以應該是視之如寇讎，名之爲獨夫，對於革命思想是極端贊成的。他在《孟子師說》中也說："何不幸而爲今之民也！"（卷三《滕文公問爲國章》）又說："元、明之開創者，不可稱不嗜殺人，而天下爲威勢所劫，亦就於一，與秦、隋無異，未嘗不延世長久……此尚論之所痛心也。"（卷一《梁襄王章》）他的革命思想始終並未變遷。他在《明夷待訪錄》中以爲臣道也是爲天下，爲萬民，並非忠君就是稱職。他說：

> 有人焉，視於無形，聽於無聲，以事其君，可乎？曰：否。殺其身以事其君，可謂之臣乎？曰：否。……曰：緣夫天下之大，非一人之所能治，而分治之以羣工；故我之出而仕也，爲天下，非爲君也；爲萬民，非爲一姓也。（《原臣》）

> 蓋天下之治亂，不在一姓之興亡，而在萬民之憂樂，是故桀、紂之亡，乃所以爲治也；秦政、蒙古之興，乃所以爲亂也。晉、宋、齊、梁之興，無與於治亂者也。爲臣者輕視斯民之水火，即能輔君而興，從君而亡，其於臣道，固未嘗不背也。（《原臣》）

他對於法律也以爲是當"爲天下"的。他說：

> 後之人主，既得天下，唯恐其祚命之不長也，子孫不之保有也，

思患於未然以爲之法,然則其所謂法者,一家之法而非天下之法也。是故秦變封建而爲郡縣,以郡縣得私於我也。漢建庶孽,以其可以藩屏於我也。宋解方鎮之兵,以方鎮之不利於我也。此其法何曾有一毫爲天下之心哉?而亦可謂之法乎?(《原法》)

他這裏不以一姓之興亡爲有若何關係,而以後世之法乃一家之法而非天下之法,對於君主專制制度攻擊得體無完膚了。梨洲曾著《孟子師說》,對於孟子"民爲貴君爲輕"之旨,想必受影響甚深;而又身逢異族壓迫中國的苦痛,所以他的言論自然較爲激烈,比起鄧牧《伯牙琴》中的《君道》《吏道》兩篇來,筆鋒犀利多了。但他雖然議論激烈,而終止於爲天下、爲萬民的重民思想,並未提到人民直接參政,根本改造成爲民主政治。這究竟不能說不是爲時勢所限的。

(二) **限制君權**　他雖然未想到人民參政,他卻提出種種限制君權的方法,他說:

原夫作君之意,所以治天下也;天下不能一人而治,則設官以治之,是官者分君之身也。孟子曰"天子一位,公一位,侯一位,伯一位,子、男同一位,凡五等;君一位,卿一位,大夫一位,上士一位,中士一位,下士一位,凡六等。"蓋自外而言之,天子之去公,猶公侯伯子男之遞相去;自內而言之,君之去卿,猶卿大夫、士之遞相去,非獨至於天子遂截然無等級也。昔者伊尹、周公之攝政,以宰相而攝天子,亦不殊於大夫之攝卿,士之攝大夫耳。後世君驕臣諂,天子之位始不列於卿、大夫、士之間,而小儒遂河漢其攝位之事……無乃視天子之位過高所致乎?(《置相》)

天下不是君主一人獨裁所能治理的,天子之位,不過去宰相一等,也並非格外崇高。所以主張置相,藉以限制君權。他以爲有了宰相,可以使君主不十分驕恣。他說:

古者君之待臣也,臣拜君必答拜,秦漢以後廢而不講;然丞相進,天子御座爲起,在輿爲下;宰相既罷,天子更無與爲禮者矣。遂謂百官之設,所以事我:能事我者我賢之,不能事我者我否之。設官之意既訛,尚能得作君之意乎?(同上)

其次,有了宰相,則天子亦不失傳賢之意。他說:

古者不傳子而傳賢,其視天子之位,去留猶夫宰相也。其後天子傳子,宰相不傳子,天子之子不皆賢,尚賴宰相傳賢足相補救,則天子亦不失傳賢之意。宰相既罷,天子之子一不賢,更無與爲賢者矣,

不亦並傳子之意而失之乎?（同上）

有了宰相，更可以免宮奴竊權，而可以古聖哲王之行摩切其主。他說：

> 使宮奴有宰相之實者，則罷丞相之過也。……使宰相不罷，自得以古聖哲王之行，摩切其主，其主亦有所畏而不敢不從也。（同上）

這是他所主張的限制君權之一法——置相。其次則是養士，他說：

> 學校所以養士也，然古之聖王，其意不僅此也。必使治天下之具，皆出於學校，而後設學校之意始備。非謂班朝布令，養老恤孤，訊識大師，旅則會將士，大獄訟則期吏民，大祭祀則享始祖，行之自辟雍也，蓋使朝廷之上，閭閻之細，漸摩濡染，莫不有《詩》《書》寬大之氣。天子之所是未必是，天子之所非未必非，天子亦遂不敢自爲非是，而公其非是於學校。是故養士爲學校之一事，而學校不僅爲養士而設也。（《學校》）

這是主張公是非於學校，而使天子不敢自爲是非。又說：

> 東漢太學三萬人，危言深論，不隱豪強，公卿避其貶議；宋諸生伏闕捶鼓請起李綱，三代遺風，惟此猶爲相近。使當日之在朝廷者，以其所非是爲非是，將見盜賊奸邪懾心於正氣霜雪之下，君安而國可保也。……太學祭酒，推擇當世大儒，其重與宰相等，或宰相退處爲之。每朔日，天子臨幸太學，宰相、六卿、諫議皆從之，祭酒南面講學，天子亦就弟子之列，政有缺失，祭酒直言無諱。（同上）

這是主張諸生干預政治，而太學祭酒也直論政事。這是他所認爲限制君權之一法——養士。他在《學校》、《取士》上下三篇中所主張的頗有普及教育、獎勵發明、提倡著述之意，如云"民間童子十人以上，則以諸生之老而不仕者充爲蒙師，故郡邑無無師之士。"（《學校》）"絕學者如曆算、樂律、測望、占候、火器、水利之類是也，郡縣上之於朝，政府考其果有發明，使人待詔，否則罷歸。"（《取士下》）"以所著書進覽，或他人代進，看詳其書旨，以傳世者，則與登第者一體出身。"（同上）他的教育眼光也注意到經世致用的。

（三）**重農思想** 他的經濟思想，則主張減輕賦稅，恢復井田，而相對的抑制工商。他因爲在當時"斯民之苦暴稅久矣！有積累莫返之害，有所稅非所出之害，有田土無等第之害。"（《田制三》）而說

> 吾意有王者起，必當重定天下之賦；重定天下之賦，必當以下下爲則，而後合於古法也。（《田制一》）

這是要減輕賦稅，他主張三十而稅一。又說：

> 余蓋於衛所之屯田，而知所以復井田者，亦不外於是矣。世儒於

屯田則言可行，於井田則言不可行，是不知二五之爲十矣。……天下屯田見額六十四萬四千二百四十三頃，以萬曆六年實在田土七百一萬三千九百七十六頃二十八畝律之，屯田居其十分之一也，授田之法未行者特九分耳。由一以推之九，似亦未爲難行。況田有官民，官田者，非民所得而自有者也。州縣之內，官田又其十分之三。以實在田土均之，人戶一千六十二萬一千四百三十六，每戶授田五十畝，尚餘田一萬七千三十二萬五千八百二十八畝。以聽富民之所占，則天下之田自無不足。……故吾於屯田之行，而知井田之必可復也。（《田制二》）

恢復井田實在也是一種共產的辦法，在他同時的人，如顧亭林、王船山、顏習齋，都曾經主張過梨洲這一種思想，在當時很普遍的。不過於屯田之行，而知井田之必可復，則是他個人的理想。減輕賦稅與恢復井田，自然都是爲農民設想，所以對於稍有害於農民的工商，主張相對的抑制。他說：

今夫通都之市肆，十室而九，有爲佛而貨者，有爲巫而貨者，有爲倡優而貨者，有爲奇技淫巧而貨者，一概痛絕之，亦庶乎救弊之一端也。此古聖王崇本抑末之道，世儒不察，以工商爲末，妄議抑之，夫工固聖王之所欲來，商又使其願出於塗者，蓋皆本也。

這裏雖說爲的崇儉抑奢，非以工商爲末，但說"有爲奇技淫巧而貨者，一概痛絕之"，畢竟是相對的抑制工商。他所欣慕的是三代之治，故曰"不以三代之治爲治者，皆苟焉而已也。"（《孟子師說卷四·離婁章》）所以他的經濟思想頗有一點復古的傾向，自然是不贊成物質交明的。他主張廢金銀（《財計一》），行錢法（《財計二》），也是拒絕新的制度而傾向於復古。他本身是所謂士大夫地主階級，爲了減少地主與農民間的痛苦，也當然是要主張重農思想的。

（原載《文哲月刊》第一卷，第九期，一九三六年十一月）

《顏李師承記》匡謬補遺

　　清初，顏（習齋）、李（恕谷）以"四存之學"崛起燕冀，蔚然成一學派，惟以清初至中葉，漢學之風熾甚，而其傳乃益不彰。至民國初，東海徐（世昌）氏，創立"四存學會"於北平，刊行《顏李叢書》，複囑其門客，撰為顏李學，凡《習齋語要》二卷，《恕谷語要》二卷，《顏李師承記》九卷，欲自附於顏李之傳，固不可謂無功於顏李之學也。間嘗取其《師承記》一書讀之，則頗病其敘次失當，界畫不清，既不注明出處，又無傳目可稽，甚不便於檢閱。丁丑之春，余既撰《王船山學譜》成，欲賡續譜習齋、恕谷之學，乃取斯記稍詳讀之，益覺其謬誤顯出，罅漏殊多，乃知撰斯記者，實未盡心力以爲之。以表章顏李學為職志，而其成書乃如是之疏略。殊可憫也。茲既無暇重為《顏李師友記》，乃就是書製為目錄，以便檢閱；更略舉其遺漏譌謬，以當訂補，未始非治顏李學之一助也。

　　是書卷一述習齋、恕谷、王昆繩、惲皋聞、程啟生、戴子高諸人，王、惲、程、戴，並為顏李學之鉅子，置之卷首，尚無大誤。卷二首述陳鐘鋑、馮辰諸人，繼述陳蓮宇、于襄勤諸人，則於輕重後先，實失倫次。案習齋生平所嚴事者為孫徵君奇逢，又自謂"吾少時所納交於張石卿、王介祺、刁文孝、張公儀、呂文輔，皆不遠百里以會之，近取諸郭敬公、李孝愨，而父事之兄事之；而久交不懈，三十年相扶翼，則今王法乾也。"（《言行錄·卷下》頁二十七）今不先敘述孫徵君、王介祺諸人，以明習齋學術之淵源，而即敘鍾、馮諸人，且及無若何關係之陳、於諸人，實已乖其次第。而於恕谷之師，如劉見田、趙思光，且先述之此卷之中，於張石卿、張公儀、呂文輔、郭敬公，至卷七乃言之，亦可見其顯然失當也。此其一。恕谷出遊四方，先至京，繼至浙、汴、陝、寧各地。今是書於卷四述恕谷在陝、寧所見諸友，卷五乃及其至浙至汴所見諸友，於先後之次亦倒。此其二。習齋出關尋父在前，後始南遊中州，今是書卷五先敘其游中州時所見諸友，卷六乃及其初出關尋父所見諸友，且敘恕谷友於卷三、卷四、卷五，而後乃及習齋之友，先弟子之友朋而後及師之友朋，此何以見其年輩與影響乎？敘次失當，可謂甚矣。此其三。

　　是書在卷五中述顏李至中州之友，謂"許酉山、朱主一，孫徵君三子，耿氏父子、二孫子，楊子、李天佑、孔益仲、李子青、竇靜庵、王柔之均見前。"

(頁一五)。實則耿保汝及其子爾良,是書於卷八始述之,而於卷五漫云均見前。此訛誤顯然者一。卷六復述恕谷在京之友云:

> 八試:春試,辛未、甲戌、庚辰、癸未、丙戌、己丑;秋試,庚午、壬午。而壬午爲送弟子王陶陽入試;己丑則鄭若洲所邀往,會目疾亦未與試。所接師友弟子,於辛未爲魏子相,於庚辰爲王昆繩、吳匪庵,於壬午爲藺行上、秦心庵、李景仁、邵時昌、溫益修、楊賓實、黃宗夏、馮衡南,於癸未爲馮欽南、李蔭長、毛充有、毛姬潢、李申年、朱字綠、許不棄、倪際唐、張百始、宋若愚、陳正心、孫子未、周伯章、劉石村、李輯五、陳子章、孔林宗、王紳及其子式穀;於丙戌爲李敏志、方望溪、戴田有,於己丑爲陳純一、楊淡園、李興業、邵榮業、李煒、黃彌臣;凡三十九人。魏子相、王昆繩、吳匪庵、藺行上、溫益脩、黃宗夏、馮衡南、馮欽南、李蔭長、毛充有、毛姬潢、朱字綠、許不棄、劉石村、陳子章、黃昆圃、劉綽然、方望溪均見前。(頁一八)

此所述三十九人,謂魏子相諸人,前已傳述,三十九人之數固無差謬,然如黃昆圃、劉綽然二人則並不在三十九人之中,忽然加入,其行文之譌誤顯然者二。他如王越千與朱越千本爲二人,而不加詳考,即指爲一人,及其他材料搜討之遺漏及人數計算之差謬(並詳下)其譌誤顯然者三。此皆撰述者漫不經心之故也。

是書述顏李之師友,自謂凡七百十三人。據是書卷九云:"右六百六十九人,與兩先生往還者,頗有名字邑居可見,其或名字邑居不具而言行有可紀述者,復得四十四人,記之於左"(頁一六)。以所述人數如是之繁頤,而不分別其孰爲顏之師友弟子,孰爲李之師友弟子,孰爲顏李所共相識者。但於卷六云:"撮恕谷往來京師及其南北東西,與習齋之東及南游所閱師友弟子,凡有名氏言行可紀者大率具如此。其居相近,在桑梓之地者,習齋、恕谷師友大率彼與此相共,弟子亦交通,其不相通不相共者,以年代有先後,上下不相及也"(頁二六)。然是書於恕谷往來京師及南北東西,習齋之東及南遊所閱之師友弟子,既已敘次紊亂,非熟讀顏李遺著者,必不能爲剖辨。其居相近,在桑梓之地者,二人之師友,實亦不能大率彼與此相共。撰者乃謂"其不相通不相共者,以年代有先後,上下不相及",實不如分別言之,使未熟讀顏李之遺著者,亦可以一覽而知之也。

是書述顏李師友之事蹟,蹈明人陋習,不注明其出處,茲不必苛責之。其最大之缺陷,則全書所列各傳,概無傳目;亦無總目。於其所謂七百十三人,不能一覽而瞭然。如《習齋傳》中述及朱晃及習齋養子訒言,朱晃與訒言是否在七百十三人中，無傳目則不能知撰者之意也。如《鍾錂傳》中述及鍾父九經及其弟欽，九經其弟欽是否在此七百十三人中，無傳目則亦不能知撰者之意也。又如白宗伊之事蹟在卷二《郝公函傳》中附述之，在卷八《杜謙牧傳》又述之，史籍固亦有此例；然以前者為正傳，則所敘之事甚略，如以後者為傳宗伊，則又不及宗伊之字，此亦由不列傳目，故令人疑莫能明也。是書自云所敘顏李師友共七百十三人，然就是書而制目錄，計其人數，其當計入之師友實不下七百三十九人。而漫云六百六十九人，又四十四人，所計之數，實不確切。撰者於耿保汝父子本述之於卷八，而卷五中已謂"見前"，於所敘之先後，且不能明，其所云之人數，自亦不可信也。今試舉就是書而製成之目錄，即可以察其計數之差誤，其目如下：

《記一》（凡十二人）

習齋（朱晃、訒言） 恕谷 王源昆繩（子兆符字隆川） 惲鶴生皋聞（子宗恂字廉夫、宗和字敦夫） 程廷祚啟生（張籲門） 戴望子高

《記二》（凡九十五人）

鍾錂金若（父九經字行一；弟欽、子淑字子能） 馮辰樞天 劉調替用可（趙本中、劉述舜） 陳世倌秉之 于成龍襄勤（李應薦字柱山，趙旭字用九、羅士吉字毅亭、于成龍字北溟） 王養粹法乾（門人王懷萬、子溥、父王廷獻字蘊奇、弟王純粹字效乾、弟順乾） 魏弼直帝臣郝文燦公函（郝也廉、郝也愚、郝也魯、苗尚信、白宗伊字任若、李宏業、韓習數、郝品、郝夢麒、苗尚儉、楊進文） 朱甯居（子主一，孫本良、和禮） 李子青木天（子珖、順、貞） 王餘佑介祺（子曙光、弟餘厚字若谷、餘巖字柔之、孫世臣） 陸世儀道威 刁包蒙吉（子過之、再濂字靜之） 孫奇逢鐘元（子君協、君孚、君夔、孫平子、孫箕岸、楊蔭千、楊誠甫、李天祐、孔益仲） 賈珍襲什（弟瑈字金玉） 吳持明洞雲 李明性洞初（兄成性字葆初、弟盡性字餘初、子埭、子培字益溪、子埈、子壋、恕谷子習仁字長人、習中、習禮、孫敬承，埭子習和，培子習任，埈子習聖、習孝） 劉見田（子壯吉） 趙思光錫之（子宏澤、宏濟、宏深、宏澍） 郭金城子固（兄金湯字子堅） 彭通九如（父之炳字漢中、叔之燦字子凡、子好古字敏求） 張而素函白（何千里） 毛奇齡大可

《記三》（凡四十一人）

萬斯同季野（溫睿臨字鄰翼、王鴻緒） 胡渭朏明 吳涵匪庵（從子師栻字次張、子關傑、子庸楫） 王掞藻儒（魏希徵字子相、孫昶字次年） 許三禮酉山（鄭某） 徐秉義果亭 竇克勤敏修（冉覲祖字永光） 金德純素公 閻若璩百詩 溫德裕益修 黃日瑚宗夏（毛惕字用九） 馮雍敬南

（馮璿字衡南、馮欽南、馮瓈）　　周　崑來（索克果亭）　　李毓樾蔭長　朱書字綠　楊勤慎修

　　徐元夢蝶園（張英字敦復、方苞字望溪、楊三炯、望溪子道章字用安）
　　李光地晉卿（鄭知芳字若洲、徐用錫字壇長十四王胤禔（楊蘭生、蔡瑞寰一字瑞安）

《記四》（凡六十八人）

　　魯登闕聖居　張中潛士　藺佳進行上（張天球字曉夫）　梁盼質人（張景蔚字少文）　蔡麟瑞生（何百禄字萬鍾、張赤城、陸師旦字西朋、胡元馭、戴大源字梅莊、柯鳳字岐山）　王孫裔子丕　陳光陛尚孚　黎宋淳長舉　韓武繩其

　　朱軾可亭（陳儀字子翮）　茹鳳儀（沈廷楨字青山，廷楨子永言，從子素存）

　　顧之珽（林縣縣丞）（干穌、馬呈圖字義徵、郭鼎三、周領旗、張二胤、蘇克憲、田衷孚字信侯，衷孚子斌）　陶窳甄夫（王遠字帶存）　達宸紫旭（王㬢文、柳生、張西陸）　王心敬爾緝　李顒中孚（李因篤字天生、鷟柏字複元、郭堯都）　白訥梅溪（白靜庵）　古葵季榮（秦子受）　張罍採舒　孫開緒（王奐曾字元亮、陳四如、子章）　江素庵　周侶樵　劉伊園　翁荃蘭友　身在修

　　李師柏正芳（劉山字嶼洲、鄭淪字澳門）　王元薌符躬　馮方智（方傳恭）

　　梅文鼎定九（劉湘煃字允恭）　黃叔琪果齋（兄叔琳字崑圃）　曾克任

《記五》（凡九十六人）

　　王復禮草堂　錢煌曉城　姚立方　毛遠宗（姬璜兄充有、沈曰掄字卜子、柴陛升）　周梁好生　朱灝（陳荚）　李　繡持　蔡治瞻岷（費密字此度、徐澄源、張豐村、費錫璜字滋衡）　鹿密觀子濂　宋謹豫庵　馮穎明　仲宏通開一　虞龍章　馮景夏樹臣（李維坤字寧一）　郭圻十同（邢偉人、劉漢字聚五、李皋字鑾雲、徐公潮、朱超字越千、曹謙、趙九鼎、趙瓚字澄溪、樂塊然、徐適字仲容、許遇字不棄、魏膚功、王瑄、齊榆、韓石、王秉公、馬戀德、暢泰征、陳子彝、耿子達、寧天木、熊伯玉、耿敬仲、孫實則、柴聚魁、丁士傑、甯季和、閻慎行、周礎公、張子朗、劉念庵、李瑤之、杜聿修、周炎、趙龍文、張燦然字天章、田椒柏、鄭吉人、梁廷援字以道、劉子厚、王廷祐字次亭、常貞一、蘇子文、劉從先、韓旋元、韓智度、張沐字仲誠、李子楷、侯子賓、傅惕若、王子謙、寇楣、王焉倚、李象乾、李乾行、閻輝光、國公玉、鄭光欲、鄭克昌、楊雨蒼、楊濟川、賈聿修、國蒲玉、喬百一、張子

勵、韓同甫、王敘亭、裴文芳字子馨）　程潛伯（路驥皇字趨光、陳宗義）

《記六》（凡一一四人）

關拉江（曹君佐、曹梅臣、程玉行，金安國）　張鼎彝清臣（弟尚夫、任最六）　申佐領　于南溟（父名世）　張部郎（祝兆鵬字振南）　李龍友（來嚴若、李之藻、趙德生、張石民）　劉天植挺生（張熙甫，熙甫子張鈜、張鐘，劉學山、王順文）　宋惟孜涵可（任熙宇、王古修、石生、張伯行孝先、鄭性、毛孝章、鄉飲大賓）　伊介公（陳郎公、申奇章、董漢儒、董漢傑、郭鎂、郭魯、郭宏、伊維藩、伊維城、祁彌臣、郭培、李啟若）　姚蘇門（徐閣臣）　華顯（李六儀賓）　趙泰巖　何魯莘（梁罾羽）　郭文炳鬱甫　陳鋐國鎮（陳極如）　張廉泉（陳健夫、周簹字青士、吳星潭）　孔尚任東塘　邵廷寀允斯　常鋐禹九疇　劉有餘綽然（李天柱字丹崖、劉石村）　曹乾齋　王士禎阮亭（許汝霖字時庵，博向亭）　陳心簡（吳敬庵、曹正子、員從雲字震生、劉巖、朱直崗、韓文萃）　秦心庵（李景仁、邵時昌、李中牟、倪際唐、張百始、宋若愚、陳正心、周伯章、李輯五，孔興泰字林宗、王紳字公垂、紳子氏穀，戴名世字田有、陳純一、李興業、邵榮業、李燁、楊淡園）

楊名時賓實　孫勷子未　李敏志（李才賁字去華、李霖字沛公）　黃輔弼臣

董載臣（陳銑字掌垣、吳學灝字子純、楊仁澍）　李斯義質君（李來章字禮山、吳長榮字木欣、洪天柱字秋崖、何圖字龍章、張炰字御仲、劉柟字百斯）　錢裂庵　李汝戀

《記七》（凡一五〇人）

張羅喆石卿（張秉曜字爾韜）　張起鴻公儀（趙琰）　王之佐五修（子興甫、文甫、獻甫、潛甫，崔蔚林字夏章、楊爾淑字諶子）　呂中文輔　郭靖共敬公（趙太若，太若字暐、昕、瞱，徐藍生、李貞吉、汪魁楚）　朱湛參兩　彭士奇桓齋（彭朝彥）　劉起聲宰宇（子發璋，馮廷獻字翼公）　李以樸公（子杜字文長）　王廷秀恂九　王學詩全四　崔璠奐若（賈士珩、王漢臣、宋瑜、徐之琇）　李元英（李止庵、李果）　劉心鏡（李書思、劉洪、劉心衡、劉心惠）　王紹先（兄陶陽，陶陽子業豐、業彪，王業鑣）　齊爌燧侯（弟燻字錫侯，弟中嶽、父齊國琳字林玉，王文字宏度、王青甸、王楫字輔舟）　張子舒（趙士秀、郭藩、張澍字霖生、張漢、王自新）　閻健（弟鉊、銓、鈺，父中寬字公度，祖際春字大來、祖齊春、彭如龍、彭猶龍、劉蔭旺字潤九）

譚採耀　石鷟子雲（弟鶯，石繼搏字孚遠、石耀亭、石鴒、李仁美、李全

美、宋希濂字方舟、孫秉彝、齊觀光、賀碩德、王恭己、王子佐、朱體三）
習齋族昆弟士俊千人（士佶字吉人，士鈞、士侯、士鎮、士銳、士綜字宗人，族子希濂字廉甫、修己字敬甫、爾儼字畏甫，族孫保邦、族叔心銖、叔祖邃明、叔曾祖龍泉、族叔羽洙、叔父愉如、從叔父恬如、族世父慷初、還初，族大父後溪、洞明、養子爾犠，還初子文芳，怡如子早壯，愉如子亨、子利，父昶，養孫重光、邊之藩、夏希舜、王九成）　朱肖文（馬遇樂字賞伯）　陳兆興（李廷獻、管廷耀、管紹昌）　曹可成（田德豐、郝夢祥、郝夢麟）李植秀果齋　房魁盛擢元　賈易子一　劉士宜（劉貫一字古衡、劉穎生、陳叡庵）　李翼公（王之臣、張綸、王邵武）　張文升　劉崇文煥章　蘇德星甘石　宋會龍賡休　彭大訓永年（彭超字翔千，超子汝霖）　彭如九（彭濟寰、彭平子、彭亭立、彭琨）

《記八》（凡八十三人）

杜謙牧（杜沃字啟心、田如龍字夔庵、劉亭忠字其德、王紹文字宗洙，劉焞、兄熺字霽輝，鄭知寵字見百、弟鄭仲良、鄭長民、張淑章字瞻仰、劉廷直字邦司、杜謙益字友三、張朏明、蓋公謨、魏純嘏）　楊計公（子靜甫，武韓字彤函、趙衛公、趙啟公、彭古愚字子諒、可默字訒言、王傑期、趙垂勳字偉業、垂勳子瑞鴻字斬逵、王博古、弓禦九、弓巽字遜甫、弓恒矢字靖莽、劉琛字耒獻、琛子廷傑、李樹碩字簡臣（樹碩子用晦、崔甲鍠字聞遠）　黃時雍（子龍章、子升遠）　張業書肆六（父興家字旺川）　王植槐三（王濟光）

李柱介石（子通字六經，孫基）　田沛然（子經埏、界埏、治埏字乃畝）曹敦化萬初

陳天錫　馮夢禎繪升　耿極保汝（子之翰字爾良）　杜越紫峰　劉茱旂甫　張海旭　孫之萍衷淵（弟之藻紫洲）　王經邦咸休　戴　昆生（子三聘字莘野）　魏一鼇蓮陸　楊思茂孔軒（管公式）　閻鎬季白　金廷襄應枚（詹遠字定侯、陳振贍字見敷、王鈊字契九）　張珂可玉（李偭字毅武，偭子肅和）　彭毓宋蘊奇（子璜，朱闊字蒼澍、劉鏞字長馭、劉敬菴、姬鶴亭、吳玉衡）褚笠叟（澄嵐父子）

《記九》（凡八十人）

王薷孝微（唐執玉）　吳國對默巖（張天門、吳士玉、王震聲、王仲英、魏君弼、李銓字穆庵、唐建中）　畢忠吉淄湄（高蔭爵字子和、劉副使，彭捕廳、陸某、浦鳳巢、喬某、趙用熙）　陸隴其稼書（邵嗣堯字子昆、黃世發字成憲、趙山公、吳允謨、溫儀字載湄、楊廷望）　齊治平泰階（趙記字光玉）　葉新惟一（孫明明）　孫應榴子房　程貞履正　金正春裕齋　張壬林子有　蔣樹培芳原　安清卿（趙晉侯、姚伯濤、魏秀升、冉懷璞、汪若紀、

王佳璠、王輔臣、閻佩五、張貞子、單摺侯、馮脩五、鄭天波、張自天、高臺臣、陳康如、胡連城、李甥、韓子垂、郭生、吳仲常、杜益齋、李命侯、高生、杜生、馬載圖、田起鳳、孫其武、蕭九苞、趙麟書、蕭治臺、苗揆文、張文典、吳生、劉懿叔、齊篤公、陳端伯、陳印尼、姚宏緒、無退、維周、周文忠字焕彩，張皓千義山、玉峯太翁、劉遺惠）

據右所列，共凡七百三十九人，與撰者所謂七百十三人，實多廿六人。即減去朱晃、訒言諸人，亦不當相差如此之多，蓋撰於人數之計算實未必確切，正如其顯然訛誤諸端也

然此猶不必深責之，其最令人不滿者，則是書述顏李之師友弟子，實未遍讀顏李之遺著，並未將《顏李叢書》中所涉及之人物，一一敘述之，於材料之搜集實未盡心力以爲之，故其成書甚疏略也。習齋《四書正誤》卷三云："清苑陳懇庵述先正馬鍾陽解'成事'指觀齊社，'遂事'指與三家盟於社，'既往'指亳社。言責宰我。"（"子聞之曰"節）又："吾友陳翁懇庵述舊解"云云，是習齋老友之中有陳懇庵其人，且屢稱引其說，而撰者乃遺漏之。又《朱子語類評》云："昔在定州，坐王生楷禮齋，言及程、朱滅孔子之道"云云（頁二五），則習齋弟子中當列入王楷禮，而撰是書亦遺漏之。見於《言行錄》者尚有靳氏子（卷上頁二七）、王景萬諸人。見於《習齋記餘》者尚有谷若衡、王允德、劉啟三、王輝臣、孫克之、劉宏斯及其子君顯、王元裔、王學詩子際泰、淵穎子、朱異光諸人。其見《習齋年譜》者尚有：朱義、吳瑾、顏希湯、石藍生、馬開一、劉滌翁、許恭王諸人。凡廿一人，皆遺漏之，此述習齋師友弟子可謂未完備也。

其關於恕谷者，則《年譜》所述及之張新六、萃生、振銳、振鋧、曾達、本初、馬大、馬斌、馬末顧、張翼亭、大蓮、宋佑咸、閻茂宗、閻世昌，及王子瞻、杜孟南、王桀期、王天祐、陳惺齋、可希哲、尹元甫、呂易品、顏銀齋、魏梁園等廿四人，亦並未收入。《恕谷年譜》於戊辰三十歲恕谷如府晤魏蓮陸、王子瞻，且云"子瞻，張石卿門人"。又辛未三十三歲云："晤杜孟南於龐蕞論學，徵君越子也。"足見恕谷與張石卿、杜紫峰門人子弟之關係，皆頗關重要，而竟闕弗具！載在《年譜》且如斯，亦可見其疏略矣。恕谷《論語大學傳注》中答友朋弟子之問者有：吳穎長、張無忌、張南士、方鐵壺諸人。恕谷《中庸傳注》所列門人有：李魁春、王志爕、李淑聖、宋殷裔、魏炳、王芝、李廷棟、繆爾直、陳琪、趙元璧、趙宏渡、高捷、彭游龍諸人，此十七人中，如方鐵壺之名屢見於恕谷諸經傳注，關係皆極重要，而亦竟付闕如，殊有愧於表彰顏李學也。

在《恕谷後集》中有：徐生、李吟秋、魏韞石、崔埈、陳鳴九五人未列

入。在《恕谷詩集》中更有：

張乘乾、陸翼王、張岫庵、于敏公、王起斯、張雲四、王家洲、彭文琪、宋方鄒、張平子、陶敏齋、郭蔚甫、白琢之、孔望池、徐雲祖、彭碧津、牛善長、彭文乾、陳右函、王雲卿、劉獨荄、陳叔智、彭信甫、劉右衡、倪允戀、彭叔園、董折瞻、劉在中、王之麟、張羽先、梅勿庵、王九思、高象謙、劉沅道滋、于孝徵、劉華祝北村、劉北堂、黃成鼎、張石亭、王淑萃、單乾久、徐玉如、齊龍冶、齊肇洲、余光若、王調甫、王銚公、耿向午、王越千、王象九、虞丘王、齊封之、王玉汝，及董縣令、李清鑰、喬國瞻、司成達公、巢學士、蒼林、濟崙丈、天鹿、茆中僧、松阿樵者，凡六十三人，是書並未收入。此六十三人中，雖如劉在中疑即劉述舜，彭文琪疑即彭琨，蒼林、濟崙丈等之不知其爲何人，然皆不見於《年譜》諸書者。而就《詩集》以觀，可知張雲四爲張瞻仰之父，郭蔚甫爲郭鬱甫昆弟，王九思爲王五公之曾孫，劉道滋爲劉煥章之曾孫，喬果瞻爲蠡縣令喬某之父，黃成鼎爲成巘之弟，齊隆冶、齊肇洲、齊封之爲齊燧侯之同族，王銚公爲王青甸之姪，耿向午嘗有助於習齋之東出尋父，使人於顏李友朋弟子之事蹟益可瞭然。他如據《詩集》可知於南溟之名廷弼，周侶樵之名懷臣，齊中嶽之字皁侯，王綸之字言絲，吳關傑之字漢三，吳用楫之字傳舟，蠡令陸某爲陸松崖，皆可補《年譜》諸書所未備。王越千與朱越千實非一人，《習齋年譜》所載未誤，而是書以爲："《年譜》作王越千，疑誤"（卷五頁一九），尤足以決其非是。撰是書者於此極易搜集之材料，尚不盡心力以擇取之，而遽以成書，實未解其何以粗疏如此也。

是書以于襄勤、于清端、徐元夢、張敦複、李光地、十四王胤禔諸顯貴列之顏李師友之中，實不免於過濫之譏，然此猶可謂通聲氣也，而既以十四王胤禔列入，在恕谷詩，又有皇子三王亦謀聘之，則不敘入，實不知其義例何在？又據《習齋年譜》，習齋與彭之燦、趙琰、杜紫峰三人並不相識，三人早死於習齋年幼之時，而是書將此三人列入，亦並失當，皆其疵病也。

昔戴子高撰《顏氏學記》時，未獲睹《顏李全書》，故其"顏李弟子錄"頗有譌誤。如郭圻、劉漢並非恕谷之弟子，而戴氏以入弟子之列；於南溟與於鯨並非一人，而戴氏以爲一人。茲《師承記》復舉其誤以李元英爲新城人（卷七頁一）；劉貫一字古衡，而戴氏以貫一爲劉士宜之字（卷七頁二九）；皆足以正戴氏之譌。惜其於獲睹《顏李全書》之時，撰爲斯記，而乃草率從事，敘次失當，譌謬顯出，罅漏甚多，殊失所以表彰顏李學之指意也。

（《史地週刊》第十期，1934年11月）

附錄一：

晚清今文學運動

目 錄

一　今文學運動之先驅
二　今文學運動之先導大師
三　今文學運動之發達
四　今文學運動極盛時期之重要學者
五　今文學運動之重要影響

一　今文學運動之先驅

（一）今文學運動發生之原因

乾嘉之世，惠棟、戴震揭櫫漢學之旗幟，提倡考證之精神，惠氏弟子江聲、余蕭客，戴氏弟子段玉裁、王念孫輩踵繼其業，一時達官貴人如王昶、畢沅、朱筠、阮元之流更附羽翼其間，天下靡然附和，咸尊漢而抑宋，注重名物訓詁之學，考證之風，盛極一時。雖於古學之復興、古書之整理，成績不無燦然可觀，然其缺陷，亦有可得而言者：

（1）乾嘉諸老，專崇漢學，貶抑宋儒，此固為程、朱一派學者所不滿，其實當時揭櫫漢學之名，猶未能真盡漢學之實也。江藩撰《漢學師承記》，龔自珍貽書諍之，謂"國朝《漢學師承記》，名目有十不安"。其言有云："瑣碎餖飣，不得謂非學，不得為漢學。"又云："近有一類人以名物訓詁為盡聖人之學，經師收之，人師擯之，不忍深論。以誣漢人，漢人不受。"（《與江子屏箋》）以名物訓詁為漢學，本非漢學之實，且其所宗師者，實為東漢之服、鄭，如惠氏之"六經宗服、鄭，百行法程、朱"，及江聲、王鳴盛等咸以昌明鄭學為主旨，皆尚未達到復西漢今文經學之古也。清代學術，本以"復古為解放"，則必有人焉，奉今文經為主，以復西漢之古，出而號召，以改變當時之學風者。此乾嘉學派本身之缺陷，所以引起今文學運動者也。

（2）乾嘉諸老，致力考證之業，以名物訓詁為學，既不免支離破碎，且於經世理民之途無補，實失經術所以經世之意。此乾嘉學派雖以功力學問爲當時所崇尚，而同時之學者如焦循、方東樹輩已深爲詬病矣。焦循嘗有言曰："近之學者，無端而立一考據之名，群起而趨之，……專執兩君之言，以廢衆家，或比許、鄭而同之，自擅爲考據之學，余深惡之也。"又曰："自有考據之目，依而附之者有二：一曰本子之學，宋相臺岳氏集二十三本以校《九經》，此其嚆矢也；一曰拾骨之學，其書已亡，從類書中鳩灌而出，若王應麟之《詩考》《鄭氏易》是也。是二者，富貴有力之家出其餘財，延集稍知文者爲之，亦賢於博弈，亦是備學者之參考。若一生精力託此爲業，唯供富貴有力者之使，令爲衣食糊口計。倘認此爲經學，則非也。"（《里堂家訓》卷下）焦氏生於乾嘉學風正盛之世，其特流弊尚未顯見，而詆娸考據之學，一如後來今文學家龔自珍、魏源、廖平、康有爲所譏訶者。此亦必有人焉，以講求微言大義爲主，而擯棄名物訓詁之學，如西漢今文經師之所爲，出而號召，以改變當時之學風者，此亦乾嘉學派本身之欠缺，所以引起今文學運動者也。

（3）清代自乾嘉後，盛極而衰，復有鴉片之戰，太平天國之亂，外患日亟，內變叠興，社會經濟，漸趨崩潰，已不能使學者安心於故紙堆中，講求名物訓詁、瑣碎餖飣之學，而不得不起而注重經世致用之學術。中法、中日兩役以後，有識之士，尤深危亡之感，而有維新革命之謀；今文經學，《春秋》有改制之文，《齊詩》有"革政"之説，尤可以借經術以昌言改革，非崇尚東漢服、鄭之學所可比擬。此亦乾嘉學派之欠缺不足以應時世之變，而今文學運動所以代興，乃至盛極一時也。外此則疑古之風氣與考古之成績皆有助長於今文學運動，惟其關係則俱甚微。要之，今文學派比較考證學派進化之點有二：一曰不信孔壁僞經，而用周秦流傳之古本，不信東漢人説而用西漢師説，比較"好古""近真"，此其一。一曰昌明經術，兼以明道救世，非如考證學派之僅使書受我之益，而不顧國計民生，比較爲"務實""有用"，此其二。故當其盛極之時，能使政治上、學術上發生極大之影響，不惟爲中國啓蒙運動之先驅，即以今文學派康、梁諸人之主張維新變政而論，爲時雖暫，然所以促成辛亥革命者，其功亦不可泯也。淺見寡聞之士乃以康氏斥僞經爲非，因而汩没今文學運動影響之鉅，殊非好學深思心知其意者矣。

（二）今文學運動發展之概觀

今文學運動發生之原因有三，已如上述，其發展之經過，實亦循斯三主要原因而可約略分爲始創、發達與極盛三時期。

（1）今文學運動之始創，實以常州莊存與爲其先驅，莊氏著有《春秋正辭》一書,揭橥《公羊》之學,以與考證學派中吳、皖兩派相推衡。莊氏弟子有曲阜孔廣森、餘姚邵晉涵,對於《公羊》《穀梁》二傳並有著述,故今文學派或稱爲常州學派,《公羊》學派。其從子述祖,孫綬甲並通其學。然莊氏之時,不惟於今古文之界限劃分未清,即如《公》《穀》之學,家法亦未十分明瞭,莊氏雖倡導今文經學而亦深爲僞《古文尚書》辯護,孔氏《公羊通義》則時援引《左氏》以爲説,致招後人以"不通家法"之譏評。蓋此猶當乾嘉時代,實爲今文學運動之發軔時期,但欲復西漢之古經,而無所謂家法今古之别也。與莊氏同時略後之學者,如陳壽祺,雖今人不以今文學家目之,然實從事於搜集今文遺説,至其子喬樅乃完成之,而爲今文學派中之鉅制。尤足以見在今文學運動之發軔期中,但欲復兩漢之古,未暇於分今古、明家法及通經致用也。莊氏之學,再傳至其外孫劉逢祿、宋翔鳳,家法始稍甄明,然於今古之分亦不甚嚴,其通經致用之思想亦不甚顯見也。

(2) 今文學運動之發達,則自龔自珍、魏源爲益盛,龔、魏於家法今古之分稍明,而通經致用之意,時時見於言表,蓋不僅以復西漢之古爲局限,且深惡夫漢學之名及考證學派之支離破碎之無補於家國矣。其時治今文學者,如陳立,則有《公羊義疏》之鉅著,陳喬樅則有《詩三家遺説考》《今文尚書經説考》等書之完成,鍾文烝則有《穀梁補注》之寫定,邵懿辰之《禮經通論》則主禮經不殘缺而《逸禮》爲僞撰。主張今文經説者,於《詩》《書》《禮》《易》《春秋》諸經,咸斐然有述造,不可不謂今文學運動之發達時期矣。其治學之態度,除龔、魏外,於家法雖嚴,於今古雖明,然而猶鮮有借經術以經世者,故猶非極盛之時期。

(3) 至同治、光緒間,廖平、康有爲出,乃於今古文之劃分極明,排斥僞經,亦復甚力。廖、康皆好講論微言大義,又好借《春秋》之學以伸其革政之論,頗足以動一時之視聽,在朝之士,翁同龢、潘祖蔭又復羽翼之,康氏與其弟子梁啓超、譚嗣同且頗得光緒帝之信任而掀起戊戌變政之鉅潮,惜爲奸佞所阻,不數月而事敗。然此時期固不可不謂爲今文學運動之極盛時期也。與廖、康同時學者如:王闓運著有《公羊箋》《穀梁申義》諸書,皮錫瑞著有《經學歷史》《尚書今文考證》諸書,王先謙著有《詩三家義集疏》《尚書孔傳參正》諸書,崔適有《史記探源》《春秋復始》諸書,或闡發奧義,或取便省覽,皆頗足以影響後學;而媲美於陳立、陳喬樅諸儒也。

(三) 今文學派及其他重要學者之年代

晚清學術,既以今文學運動爲主要潮流,故本篇所述,亦以今文學運動之人物爲主。然與主潮同時並行者尚有浙粵一派之經學家，如黃式三、陳澧等，亦如今文學派與程朱學派之反乾嘉學派，主漢宋兼采，在晚清經學中，亦不可不謂爲一支流，此其一。乾嘉學派之遺風，至於清末，亦未墜替；在今文學運動極盛之時，樸學大師，如俞樾、孫詒讓、章炳麟、劉師培諸人，亦頗有足稱者。炳麟、師培，於廖、康、皮諸儒，攻擊不遺餘力，爲今文學運動之反對一派，尤不可不附述之，此其二。茲依中卷之例，按各家生年之先後，依次排列於後。庶於年代可以比較而得，可一覽而瞭然矣。

　　莊存與：康熙五十八年生—乾隆五十三年卒（1719—1788）

　　莊述祖：乾隆十五年生—嘉慶二十一年卒（1750—1816）

　　莊綬甲：乾隆三十九年生—道光八年卒（1774—1828）

　　陳壽祺：乾隆三十六年生—道光十四年卒（1771—1834）

　　迮鶴壽：乾隆三十八年生—道光十六年卒（1773—1836）

　　劉逢祿：乾隆三十九年生—道光九年卒（1774—1829）

　　崔述：乾隆五年七月二十九日生—嘉慶二十一年二月六日卒（1740 年 9 月 19 日—1816 年 3 月 4 日）

　　凌曙：乾隆四十年生—道光九年卒（1775—1829）

　　宋翔鳳：乾隆四十四年生—咸豐十年卒（1779—1860）

　　許桂林：乾隆四十三年生—道光元年卒（1778—1821）

　　李道平：乾隆五十三年生—道光二十四年卒（1788—1844），字遵王，湖北安陸人。

　　柳興恩：乾隆六十年生—光緒六年卒（1795—1880）

　　龔自珍：乾隆五十七年生—道光二十一年卒（1792—1841）

　　魏源：乾隆五十九年生—咸豐六年卒（1794—1856）

　　侯康：嘉慶三年生—道光十七年卒（1798—1837）

　　陳喬樅：嘉慶十四年生—同治八年卒（1809—1869）

　　陳立：嘉慶十四年生—同治八年卒（1809—1869）

　　邵懿辰：嘉慶十五年生—咸豐十一年卒（1810—1861）

　　包慎言：生卒年不詳。安徽涇縣人，字孟開。嘉、道間人。舉人。有《公羊曆譜》。

　　龔橙：嘉慶二十二年生—同治九年卒（1817—1870）

　　鍾文烝：嘉慶二十三年生—同治六年卒（1818—1867）

　　梅毓：生卒年不詳。江蘇江都人，字延祖，同治九年科舉人著有《穀梁正義長編》一卷。

王詠霓：道光十九年生—民國五年卒（1839—1916）
劉恭冕：道光元年生—光緒十年卒（1821—1884）
王闓運：道光十二年生—民國五年卒（1832—1916）
王先謙：道光二十二年生—民國六年卒（1842—1917）
皮錫瑞：道光三十年生—光緒三十四年卒（1850—1908）
何若瑤：生卒年不詳。廣東番禺人，字石卿。道光二十一年進士，有《公羊注疏質疑》《兩漢考證》等。
張憲和：生卒年不詳。
王祖畬：道光二十二年生—民國七年卒（1842—1918）。江蘇太倉人，光緒九年進士，有《禮記經注校證》等。
廖平：咸豐二年生—民國二十一年卒（1852—1932）
康有爲：咸豐八年生—民國十六年卒（1858—1927）
梁啓超：同治十二年生—民國十八年卒（1873—1929）
譚嗣同：同治五年生—光緒二十四年卒（1866—1898）
崔適：咸豐二年生—民國十三年卒（1852—1924）
戴望：道光十七年生—同治十二年卒（1837—1873）
夏曾佑：同治二年生—民國十三年卒（1863—1924），浙江錢塘人，字穗卿，光緒庚寅進士。
鄭果：生卒年不詳。
柯劭忞：道光二十八年生—民國二十二年卒（1848—1933）
以上三十九人皆今文學派之重要學者

黃式三：乾隆五十四年生—同治元年卒（1789—1862）
丁晏：乾隆五十九年生—光緒元年卒（1794—1875）
朱次琦：嘉慶十二年生—光緒七年卒（1807—1881）
陳澧：嘉慶十五年生—光緒八年卒（1810—1882）
成蓉鏡：嘉慶二十一年生—光緒九年卒（1816—1883）
黃一周：道光八年生—光緒二十五年卒（1828—1899）
朱一新：道光二十六年生—光緒二十年卒（1846—1894）
簡朝亮：咸豐元年生—民國二十二年卒（1851—1933）
以上八人皆漢宋兼采學派之重要學者

馬瑞辰：乾隆四十二年生—咸豐三年卒（1777—1853）

李貽德：乾隆四十八年生—道光十二年卒（1783—1832）
陳奐：乾隆五十一年生—同治二年卒（1786—1863）
劉文淇：乾隆五十四年生—咸豐四年卒（1789—1854）
劉寶楠：乾隆五十六年生—咸豐五年卒（1791—1855）
沈濤：乾隆五十七年生—咸豐五年卒（1792—1855）
鄒漢勛：嘉慶十年生—咸豐三年卒（1805—1853）
鄭珍：嘉慶十一年生—同治三年卒（1806—1864）
劉毓崧：嘉慶二十三年生—同治六年卒（1818—1867）
俞樾：道光元年生—光緒三十三年卒（1821—1907）
劉壽曾：道光十八年生—光緒八年卒（1838—1882）
孫詒讓：道光二十八年生—光緒三十四年卒（1848—1908）
章炳麟：同治八年生—民國二十五年卒（1869—1936）
劉師培：光緒十年生—民國八年卒（1884—1919）
以上十四人皆考證學派之重要學者

二　今文學運動之先導大師

（一）莊存與

存與字方耕，江蘇武進人。幼傳太原閻若璩之學，博通六藝，而善於剔擇。乾隆十年一甲二名進士，授編修。二十年擢少詹事，擢內閣學士，兼禮部侍郎。三十九年提督山東學政，尋調河南學政。五十年命偕禮部尚書德保重輯《律呂正義》。五十一年正月，以存與年力就衰，予原品休致。五十三年十月卒，年七十歲。其所有：

《尚書既見》三卷　《尚書論》二卷　《象傳論》一卷　《彖象論》一卷　《繫辭傳論》二卷附《序卦傳論八卦觀象解》二卷《卦氣論》一卷　《毛詩說》二卷補一卷附一卷　《周官記》五卷《周官說》二卷　《春秋正辭》十二卷附舉例一卷、《要指》一卷《四書說》二卷

上列莊氏著述之中，最有關於今文學運動者，厥爲《春秋正辭》十二卷附《舉例》一卷、《要指》一卷。蓋莊氏之治經，本先治古學，宗鄭氏者，故於今文著述猶少也。據其孫莊綬甲所爲《周官記·跋》云：

先大父之治經也，最先致力於《禮》。病《周官》禮經六篇，《冬官司空》獨亡，以爲周家制度，莫備於《周官》，《周官》式法，

根柢皆在《冬官》，《冬官》存，舉而錯之天下，無難也。欲爲《冬官》補亡，而闕失不可理，遂原本經籍，博採傳記諸子爲《周官記》五卷。於《冢宰記》，著官府；於《司徒記》，表均土分民之法；於《司馬記》補其闕文；無《宗伯》《司寇記》。於《司空記》則爲擬補其文，而特加《冬官》之目，以別異諸篇。別有《司空記》一篇，則采撮周秦之書，備材於事典云爾。自爲之序，以見大意。於建邦之綱紀法度，舉凡郊壇、宗社、明堂、辟雍之兆位，朝市、宅里、倉廩、廄庫之營建，律度量衡器用財賄之法制，分州定域、度山量水、治地辨土、任民飭工、尚農審時之大經，以及營衛、車輦、道路之細務，靡不該舉；蓋將通貫六官以陳一官之典焉。次《周官說》二卷，一則釋其要者釋之，一則合二禮以究大義。通前書凡七卷，皆平定之。……先大父治《禮》本鄭氏學，又徧覽晉唐宋明以來，說禮之書，擇善而從，爲鄭氏拾遺補闕，如"六天五帝"，本之讖緯；五服九州，無籍拓大；冕服十二；周不必減九；口率出泉，周未有其事。此等皆爲疏通其指，一衷於經焉。(《經解續編一六五·周官記跋》)

觀綬甲此《跋》，可知莊氏本先治《周禮》而宗鄭氏，且擇善而從，爲鄭氏拾遺補闕。其治經之態度，固無今古兩派之分；且擇善而從，尤不計及專守一家之家法也。此莊氏雖號稱爲今文學大師，而其著述之關於今文學者惟《春秋正辭》一種也。莊氏於《春秋正辭》有自序，《序》云：

存與讀趙先生汸《春秋屬辭》而善之，輒不自量，爲櫽括其條，正列其義，更名曰《正辭》備遺忘也。以尊聖尚賢，信古而不亂，或庶幾焉。叙曰：

大哉受命，釗我至聖，弗庸踐於位，皇惟饗德，乃配天地。正奉天辭第一。

王者承天，以撫萬邦，爲生民共主。嗟嗟周德，光於文、武，亦越旣東，元命永固。永固在下，諸侯以僭，大夫陪隸，用貴治賤，挈諸王者。正天子辭第二。

於乎厚哉！周公光大，成文、武德，勞謙不伐，萬民以服。元子在東，有典有冊，欲觀周道。舍魯奚適？聖人無我，曰父母國。正內辭第三。

三王之道，仁義爲大。假之以爲功，乃救罪不暇，一匡天下，實惟桓公。晉文繼之，亦惟在王功。曰正曰譎，一奪一予。楚莊、晉悼，彼何足數。正二伯辭第四。

自天地生民以來，神聖有攸，經緯於是焉。在聖所貴，貴其民循厥理，惟庶邦君，以厥臣續大命，孳孳其無殆，黜乃心，毋厎罪。正諸夏辭第五。

蕩蕩覆載，聖則無私。疇不即工，聖其念之。明明時夏，懿德所經。頑嚚聾昧，乃狄之行。於乎慎哉！正外辭第六。

若之何弗弔，天不享右。罔愛於居圉多辟，罔克究於永祀。侵戎虐我黎服，潰潰靡所止。聖乃欽厎，罰於有辭。以差厥罪，俾寅念於天嗣天民，越指疆土。明哉！明哉！天伐章哉！正禁暴辭第七。

噫嘻！皋女，民以生，其女曷克生？生女怙於日，實乃惟怙於天德。於乎德卒喪，多罪顯聞於上，過之絕之？乃殄滅之。殄靡有遺，民乃其蘇，時乃敬明，於聖之志，匪憮用怒，尚隱哉其懼。正誅亂辭第八。

聖秉道，垂文辭，惟義之訓，愁事之違。匪從惟從，匪述惟述，折厥衷，見天則。正傳疑辭第九。

莊氏此序，述其講求《春秋》之動機，實緣於心善元趙汸氏之《春秋屬辭》，趙氏之學，上承其師黃澤之教，對於《左氏》，頗信為《春秋》之真傳，但能事據《左氏》，義參《公》《穀》，於三傳稍能持平，非專宗《公》《穀》者也。莊氏既善趙氏之書，故其治《春秋》之學，亦不能嚴守家法；雖頗能申《公羊》之旨，而時不免牽引《左氏》。茲試舉其弟子孔廣森所著《公羊通義》述莊氏說者以見之，《公羊通義·文公十年楚子蔡侯次於屈貉》條下云：

座主莊侍郎為廣森說此經曰："屈貉之役，《左氏》以為陳侯、鄭伯在焉，而又有宋公後至，麇子逃歸。《春秋》一切不書，主書蔡侯者，甚惡蔡焉。蔡同姓之長，而世役於楚，自絕諸夏。商臣，罪大惡極，大甗將不食其餘，蓋竊位以來，諸侯尚未有與盟會者。蔡莊侯首道以摟上國，獨與同惡相濟，同氣相求，不再傳，而蔡亦有弒父之禍，遂使通。《春秋》唯商臣與般相望於數十年之間。若蔡侯者，所謂用夷變夏者也。廣森三復斯言，誠《春秋》之微旨。昔衛州吁弒君自立，使公孫文仲平陳與宋，及宋殤公、陳桓公之身，而馮弒、佗篡之難作，魯翬會之卒之，弒隱者翬也。子夏有言曰：'《春秋》之記臣弒君、子弒父者以十數矣。'皆非一日之積也，有漸以至矣。察於彼經曰'衛州吁弒其君完''翬率師會宋公、陳侯、蔡人、衛人伐鄭'，維之壬辰，公薨''宋督弒其君與夷''蔡人殺陳佗'，則知黨弒君之賊者，其國必有亂。臣觀於此經曰'楚世子商臣弒其君髡'

'楚子、蔡侯次於屈貉',又至於'蔡世子般弑其君固',則知黨弑父之賊者,其家必有逆子。嗚呼!國有風,家有俗。久聞習見,風俗以成。白羽素絲,唯其所染。履霜乘火,寧可不慎!

觀此所述,其師、弟發明《春秋》顯著幾微之旨,不可謂不善。然據《公羊傳》所不載而僅見於《左氏》之事實以爲説,實不明《春秋》今古文之家法。廣森亦同此病,此所以招致後世之譏評也。莊氏《春秋正辭》中牽合《左氏》以爲説甚多,舍《公羊》而贊《左氏》,皆非守一家言而明於家法者也。莊氏不惟於《春秋公羊》家法不能嚴守,於今古文之分亦不甚措意,其著述中有《毛詩説》《周官記》等書,《毛詩》《周禮》皆古文經,而兼治之,則其對今古文界劃不甚嚴可知。抑尤怪者,莊氏幼傳閻若璩之學,閻氏攻駁東晉僞古文經不遺餘力,而莊氏則爲僞古文辯護,不欲遽廢絶之,此不可不謂爲別有見地也。據龔自珍《資政大夫禮部侍郎武進莊公神道碑》録云:

閻氏所廓清,已信於海内,江左束髮子弟,皆知助閻氏。言官學臣,則議上言於朝,重寫二十八篇於學官,頒賜天下,考官命題,學僮諷書,僞《書》毋得與。將上矣,公以翰林學士直上書房爲師傅,聞之,忽然起,逌然思,鬱然嘆,鬱然而寐謀。方是時,國家累葉富厚,主上神武,大臣皆自審愚賤,才智不及主上萬一。公自顧以儒臣遭世極盛,文名滿天下,終不能有補益時務,以負麻隆之期,自語曰:辨古籍真僞,爲術淺且近者也,且天下學僮盡明之矣,魁碩當弗復言。古籍墜湮什之八,頗籍僞書存者什之二,帝胄天孫,不能旁覽雜氏,惟賴幼習《五經》之簡,長以通於治天下。昔者《大禹謨》廢,"人心道心"之旨、"殺不辜寧失不經"之誡亡矣;《太甲》廢,"儉德禮圖"之訓墜矣;《仲虺之誥》廢,"謂人莫己若"之誡亡矣;《説命》廢,"股肱良臣啓沃"之誼喪矣;《旅獒》廢,"不寶異物賤用物"之誡亡矣;《冏命》廢,"左右前後皆正人"之美失矣。今數言幸而存,皆聖人之真言,言尤疴癢關後世,宜貶須臾之道,以授肄業者。公乃計其委曲,思自晦其學,欲以備援古今之事勢。退直上書房日,著書曰《尚書既見》如千卷,數數稱《禹謨》《虺誥》《伊訓》,而晉代掇於百一之罪,功罪且互見。公是書頗爲承學者詬病,而古文竟獲仍學官不廢。

存與不以辨真僞、分今古、守家法,而唯義理是安,唯以"補益時務""幼習五經之簡,長以通於治天下",此與乾嘉考證學派諸大師之支離破碎,專重名物訓詁,不重時務,不通治道,實迥相異也。不守家法,不分今古,在龔自珍、魏源諸今文大師，猶不能免，則未可以此爲莊氏之詬病，可瞭然矣。莊氏既聞學者治《春秋》，側重義而求有補時務之風氣，其門弟子孔廣森著《公羊通義》，邵晉涵著《穀梁正義》，其從子述祖亦昌明其學，再傳至劉逢禄、宋翔鳳而《公羊》學派之旗幟，愈益鮮明，而發生盛極一時之今文學運動，溯流追源，固不得不以莊氏爲此一派之先導大師也。晉涵著有《穀梁正義》《韓詩內傳》。孔廣森、邵晉涵雖治《公》《穀》之學，然廣森於後又師事戴震，晉涵實兼治史學、小學，未嘗有受其影響而治今文學者。已詳述於卷中矣。莊氏之學，則實因其從子述祖而光大。

（二）莊述祖並莊氏弟子

述祖字葆琛，乾隆四十五年進士，選山東昌樂縣知縣，調濰縣，尋授桃源同知，不一月，乞養歸。著書色養者十六年，未嘗一日離左右。嘉慶二十一年卒，年六十七（《清史稿·列傳二百六十八·儒林》）。述祖原本家學，研求精密，於世儒所忽不經意者，覃思獨辟，洞見本末。以爲《連山》亡而尚存《夏小正》，《歸藏》亡而尚有《倉頡》古文，略可稽求義類，乃著《夏小正經傳考》《古文甲乙篇》，其餘經傳悉有撰述，旁及《逸周書》《尚書大傳》《史記》《白虎通》，於其舛句訛字，佚文脱簡，易次换第，草薙腴補，咸有證據。凡所著十七種，其刊行者：

《尚書今古文考證》七卷　《毛詩考證》四卷　《毛詩〈周頌〉口義》三卷　《五經小學述》二卷　《歷代載籍足徵録》一卷　《文鈔》七卷　《詩鈔》二卷

其考證《尚書》，於今古文並述，而於《詩》學，專明毛義，其作風亦與莊氏同，莊氏猶有關於《春秋》之專著，述祖則於此而未有。然述祖於《公》《穀》之學實兼治之，據劉逢禄《穀梁廢疾申何》卷二："傳曰，言伐言取所惡也"條下云："昔嘗以爲《穀梁》者《公羊》氏之餘緒，長於《公羊》者十之一，同於《公羊》者十之二三，所謂拾遺補藝者也。莊子（原注：名述祖，余從母舅，《詩》《書》夏時義例、《五經》、小學多從受之）曰：'此《公羊》義。而稱傳，是其證矣'。既然是餘緒，其出於《公羊》之後自是題中之義。"據此足見述祖雖於《公》《穀》未有著述，而實有所得於二傳，其甥劉逢禄、宋翔鳳之成爲初期今文運動之大師，未始非其啓迪之功，不僅於傳其家學也。述祖之學，蓋於《尚書》用功較深，此可於劉、宋之《書序述聞》《尚書略說》見之，詳後。

(三) 存與孫綬甲

綬甲字卿珊，亦傳其家學，尤爲述祖所愛重。著有：

《尚書考異》三卷　《釋書名》一卷　《周官禮鄭氏箋》十卷

綬甲亦兼治古文，於《春秋》《公》《穀》亦無所闡述，然據龔自珍《破戒草之餘》："同年生胡戶部培翬，集同人禩漢鄭司農於廁，齋禮既成，繪爲卷子，同人爲歌詩"小注云：

鄭兼治十三經，人間完本有《詩》《三禮》，輯録本有《箴膏肓》《起廢疾》《發墨守》《易》《書》《魯論》《孝經》《爾雅注》也。《孟子注》見《隋·經籍志》，《隋志》殆未可信。莊君綬甲、宋君翔鳳、劉君逢禄、張君瓚昭言封建皆信《孟子》，海内四人而已，張説爲尤悲也。

綬甲亦非篤信古文之學者，龔自珍於詩文屢稱道之，與劉逢禄、宋翔鳳相提並論，可知其必有功於今文學運動，其成績固不如劉、宋之顯見耳。

(四) 劉逢禄

1. 劉逢禄之生平及其著述

今文學派以莊存與爲先導大師，其從子述祖傳其學，再傳至述祖之甥劉逢禄乃益發揚光大。逢禄字申受，一字申甫，號思誤居士，江蘇武進縣人。祖父綸，大學士，諡文定。外祖父莊存與，舅莊述祖，並以經術名世，逢禄盡傳其學。年十八補弟子員，二十五中拔萃科，三十二舉順天鄉試。嘉慶十九年年三十九，始成進士，選翰林院庶吉士，散館，改禮部主事。二十五年仁宗大事，逢禄搜集大禮，創爲長編，自始事至奉安山陵，典章具備。道光三年通政司參議盧浙請以尚書湯斌從禩文廟，議者以斌康熙中在上書房獲譴，乾隆中嘗奉敕，難之。逢禄攬筆書曰："后夔典樂，猶有朱均；吕望陳書，難匡管、蔡。"尚書汪廷珍善而用之。越南貢使陳請爲其國王母乞人參，得旨賞給，而諭中有"外夷"奠道之語，其使者欲請改爲"外藩"。部中以詔書難更易，逢禄草牒復之曰："《周官·職方》，王畿之外分九服，夷服去王國七千里，藩服九千里，是藩遠而夷近。《説文》羌、狄、蠻、貊字皆從物旁，惟夷從大、從弓。考東方大人之國，夷俗仁，仁者壽，有東方不死之國，故孔子欲居之。且乾隆間奉上諭申飭四庫館不得改書籍中'夷'字作'彝'。舜東夷之人，文王西夷之人。我朝六合一家，盡去漢、唐以來拘忌嫌疑之陋，使者無得以此爲疑。"越南使者無辭而退。逢禄在官十二年，恒以經義決疑，爲衆所欽服，如此類者甚衆。其爲學務通大義，不專章句，存與著《春秋正辭》，取資《三傳》，逢禄乃研精《公羊》，探源董生，發揮何氏。中交張翰林皋文（惠言），共通《虞氏易》。於《易》主虞氏，於《書》匡馬、鄭，於《詩》初尚毛學，後好三家。其所著述幾二百十餘卷。玆録其目如下：

《春秋公羊經何氏釋例》三十篇　《公羊春秋何氏解詁箋》一卷　《答難》二卷　《發墨守評》一卷　《穀梁廢疾申何》二卷　《箴膏肓評》一卷　《禮議決獄》二卷　《論語述何》一卷　《夏時經傳箋》一卷　《中庸崇禮論》一卷　《漢紀述例》一卷　《緯略》二卷　《春秋賞罰格》一卷　《左氏春秋考證》二卷　《虞氏易變動表》一卷　《六爻發揮旁通表》一卷　《卦象陰陽大義》一卷　《虞氏易言補》一卷　《易象賦卦氣頌》一卷　《尚書今古文集解》三十卷　《書序述聞》一卷　《詩聲衍》二十七卷　《庚辰大禮記注長編》十二卷　《春闈雜録》一卷　《東陵勘地圖說》一卷　《石渠禮論》一卷　《八代文苑》四十卷　《唐詩選》四十卷　《絶妙好詞》二十卷　《詞雅》四卷　《詩文集》八卷

其著述未竣者，尚有：《九章小學》數卷，《史記天官書、甘石星經》數卷，《五經考異》數卷。其著述較早者爲《公羊釋例》《虞氏易表》等書，餘所成者，多在服官後十數年。其淹貫宏博，固不僅以《春秋》《公羊》名家也。道光九年卒，年五十有六。

2. 劉氏對於今文學之貢獻

劉氏著述，達二十三種，幾二百餘卷，其最與今文學運動有關而爲後世所推重者，則其所爲《春秋公羊經何氏釋例》《左氏春秋考證》與《書序述聞》等書。劉氏自序其《釋例》曰：

昔孔子有言，吾志在《春秋》。又曰：知我者其惟《春秋》乎？罪我者其惟《春秋》乎？蓋《孟子》所謂行天子之事，繼王者之跡也。傳《春秋》者，言人人殊，惟公羊氏五傳，當漢景時，乃與弟子胡毋子都等記於竹帛。是時大儒董生，下帷三年講明而達其用，而學大興，故其對武帝曰：非六藝之科，孔子之術，皆絶之，弗使復進。漢之吏治經術，彬彬乎近古者，董生治《春秋》倡之也。……迄於東漢之季，鄭衆、賈逵之徒，曲學阿世，扇中壘之毒焰，鼓圖讖之妖氛……自時厥後，陸淳、啖助之流，或以棄置師法，燕説郢書，開無知之妄；或以和合傳義，斷根取節，生歧出之途，支室錯迕，千喙一沸，而聖人之微言大義蓋盡晦矣！大清之有天下百年，開獻書之路，招文學之士，以表章六經爲首。於是人耻向壁虛造，競守漢師家法。若元和惠氏棟之於《易》，歙金榜氏之於《禮》，其善學者也。（禄）束髮受經，善董生、何氏之書若合符節，則嘗以爲學者莫不求知聖人，聖人之道，備乎五經，而《春秋》者，五經之管鑰也。先漢師儒，略皆亡闕，惟《詩》毛氏、《禮》鄭氏、《易》虞氏，有義例可說，而撥亂反正，莫近《春秋》，董何之言，受命如向。然則求觀聖人之志，七十子之所傳，舍是奚適焉？故尋其條貫，正其統紀，爲《釋例》三十篇。

劉氏於自序中詆毀"東漢之季，鄭衆、賈逵之徒，曲學阿世"；又謂"陸淳、啖助之流，或以棄置師法，燕説郢書"；而盛稱惠棟、金榜之競守漢師家法。是其於今古文之畫分，師法、家法之遵守，甚爲厝意。故又能考證《左》《穀》二傳之真僞，申何難鄭，此較其外祖莊氏爲進步。劉氏盛稱"漢之吏治經術，彬彬乎近古者，董生治《春秋》倡之也"。而劉氏所以爲《釋例》三十篇者，乃"用冀持世之志粗有折衷"。此又表明吏治經術本相關通，著述者所以達持世之志，亦勝莊氏爲進步也。劉氏《釋例》，以張三世，通三統，異内外諸例列爲卷一，於"張三世"例曰：

> 傳曰，親親之殺，尊賢之等，禮所生也。《春秋》緣禮義以致太平，用坤乾之義，以述殷道；用夏時之等，以觀夏道。等之不著，義將安放？故分十二世，以爲三等，有見三世，有聞四世，有傳聞五世。於所見，微其詞。於所聞，痛其禍。於所傳聞，殺其恩。由是辨内外之治，明王化之漸，施詳略之文。魯愈微，而《春秋》之化益廣，内諸夏，不言鄙疆，是也。世愈亂，而《春秋》之文益治，譏二名，西狩獲麟，是也。……古之造文者，三畫而連其中，謂之王。《易》之六爻，夏時之三等，《春秋》之三科，是也。《易》一陰一陽，乾變坤化，歸於乾元用九而天下治，要其終於《未濟》。……夏時察大正以修王政，修王政以正小正，德化至於鳴隼，……《春秋》起衰亂以近升平，由升平以極太平，尊親至於凡有血氣，……無平不陂，無往不復，聖人以此見天地之心也。

於"通三統"例曰：

> 昔顏子問爲邦，子曰行夏之時，乘殷之輅，服周之冕，終之曰樂則《韶》舞。蓋以王者必通三統，而治道乃無偏。而不舉之處，自後儒言之，則曰法後王，自聖人言之，則曰三王之道若循環，終則復始，窮則反本，非僅明天命所授者博，不獨一姓也。夫正朔，必三而

改。故《春秋》損文而用忠。文質必再而復，故《春秋》變文而從質。受命以奉天地，故首建五始。至於治定功成，鳳皇來儀，百獸率舞，而《韶》樂作焉，則始元終麟之道，舉而措之，萬世無難矣。……文王雖受命稱王，而於繫《易》，猶以庖犧正乾五之位，而謙居三公，《晉》《明夷》《升》三卦，言受祖得民而伐罪也。《臨》，商正，言改正朔也。夫文王道未洽於天下，而繫《易》以見憂患萬世之心，《春秋》象之，故曰文王既没，文不在兹乎！故明《春秋》而後可與言《易》。《易》觀會通以行典禮，而示人以易。《春秋》通三代之典禮，而示人以權。經世之志，非二聖，其孰能明之！

於《内外》例曰：

昔文王繫《易》，著君德於乾二，辭與五同，言以下而昇上，以内而及外也。夫子贊之曰，庸言之信，庸行之謹，閑邪存其誠。善世而不伐，德博而化有，旨哉！慎言行，辨邪正，著誠去僞，皆所以自治也。由是以善世則合内外之道也。至於德博而化，而君道成，《春秋》所謂大一統也。夫治亂之道，非可一言而盡。易變動不居，由一陰一陽而窮天地之變，同歸於乾元用九以見天，則《春秋》推見至隱，舉内包外，以治纖芥之愿，亦歸於元始正本以理萬事。故平天下在誠意，未聞枉己而能正人者也。《春秋》之化，極於凡有血氣之倫，神靈應而嘉祥見，深探其本，皆窮理盡性之所致。為治平者，反身以存誠，強恕以求仁而已矣。

劉氏嘗病說《春秋》者皆襲宋儒直書其事，不煩褒貶之辭，雖莊存與著《春秋正辭》，孔廣森著《公羊通義》，能抉摘其蔽，然尚不能信三科九旨為《春秋》微言大義之所在，曾著《春秋論》上下篇以明之，見於其所著《劉禮部集》。《釋例》之作，既以張三世、通三統，異内外諸例，冠諸首卷，表明其為"《春秋》大義微言"。又輒徵引《詩》《易》以為說，以明"無平不陂，無往不復"，"終則復始，窮則反本"備環進化之義。合《易》與《春秋》二書觀之，由隱之顯，推見至隱，"三科九旨"之為《春秋》微言大義，固灼然易見也。"張三世"者，撥亂反正之說，亦即小康、大同之說所由生也；"通三統"者，三代改制之說，亦即孔子改制之說所由生也；異内外者，《春秋》内其國而外諸夏，内諸夏而外夷狄之說，所謂尊王攘夷之義，亦緣此而生也。是三者皆晚清今文學家所樂於稱道，而劉氏即能以斯三者為《春秋》之微言大義，發前人所未發，而予後人以啟示，此尤較莊氏為有長足之進步矣。劉氏之著是書，亦嘗抒其政治理想，故於《褒例》第六曰："智名勇功，後世所以開國承家者，其秉禮度義，則相與訛病，以爲不祥，而《春秋》所貴乎持世，乃在此不在彼，爲上可以知取人，爲下可以知勉學矣。今小民有罪，則能以法治之，有善則不能賞，而爵禄所及，未必非有文無行之士，是以賢不肖混淆，而無所懲勸。是宜修《春秋》舉賢之制，而唐宋以來試士之法以次漸廢，則朝廷多伏節死義之臣，而閭巷多砥行立名之士。斯結人心，厚風俗，存紀綱之要道也。"此其所言，與亭林所主張勸學獎廉，以名爲治，無以異也。於《侵伐戰圍入滅取邑例·第二十五》曰："夫周之末失，強侵弱，衆暴寡，士民涂炭，靡有定止，不思其所由失，而曰封建使然，於是悉廢而郡縣之，而天下卒以大壞。夫郡縣之法，勢不能重其權，久其任，如古諸侯也。一旦奸民流竄，盜賊蜂起，其殃民而禍及於國。秦漢之忽亡，晉季之紛擾，視三代之衰則悕矣。……賢聖之才不世出，則莫若修《春秋》之制，得如齊桓、晉文者，以爲方伯連帥，則滅亡之禍可彌，而侵奪之罪可正。君國子民，求賢審官，以輔王室，以救中國，持世之要務，太平之正經，《詩》終《殷武》之意也。"此其所言與梨洲主張復藩鎮之制度及亭林所主張之郡縣重權久任之用意，亦大略相同也。劉氏嘗謂："撥亂世反之正，非唯禁暴討賊而已。亂之所生，唯禮可以已之。"（《名例·第五》）於是書《律意輕重例·第十》又曰："或稱《春秋》爲聖人之刑書，又云五經之有《春秋》，猶法律之有斷令，而温城董君獨以爲禮義之大宗，何哉？蓋禮者，刑之精華也。……抑又聞之董生，《春秋》顯經隱權，先德而後刑，其道蓋原於天。故日常盈，月常闕，辰星太白，法不得參午而見。此亦以陽爲經，以陰爲權，著於七政者也。夫刑反德而順於德，亦權之類矣。置於空虚而取以爲佐，使陽恒伸而陰恒絀，則萬物並育而不害，道並行而不悖，所以與天地參也。矯枉者弗過其正，則不能直，故權必反乎經然，後可與適道。……故持《春秋》以決秦漢之獄，不若明《春秋》以復三代之禮。本末輕重，必有能權衡者。"説《春秋》者，每好稱道《春秋》爲孔子刑書之説，而劉氏則獨采董仲舒"《春秋》者，禮義之大宗"一言。劉氏生平，多以經義決疑，爲衆所欽服，而獨謂"持《春秋》以決秦漢之獄"，不共明《春秋》以復三代之禮。蓋《春秋》"原心誅意，禁於未然，其立法嚴，其行法恕，匪用爲教覆用爲虐則秋荼也。曲學阿世，緣經文奸，豈非罪哉！"（此劉氏語）故不如守經重禮，尚德緩刑，而亦非不達於權衡也。劉氏此論，既藹然仁者之言，且與其主張以名爲治，結人心，厚風俗，存紀綱之意亦正合，尤不違《春秋》之旨，此實非支離破碎於名物訓詁所得能者。經義治術，冶於一爐，此其所以動一時之視聽，而轉變百年之風尚也。

劉氏《左氏春秋考證》一書爲考辨僞經之重要著作，於《春秋左氏傳》

之名稱、源流、體制、義例，均詳加考證以見其書之不可信。自唐宋以來，攻擊《左氏傳》者，如啖助、趙匡、劉敞、朱熹、葉夢得、程端學之流，皆未能如劉氏之直探本源也。關乎《左氏》之名稱，《史記·十二諸侯年表》謂："魯君子左丘明懼弟子人人異端，各安其意，失其真，故因孔子史記具論其語，成《左氏春秋》。"劉氏證曰：

> 夫子之經，書於竹帛。微言大義，不可以書見，則游、夏之徒傳之。丘明蓋生魯悼之後，徒見夫子之經及《史記》《晉乘》之類，而未聞受微旨，當時口說多異，因具論其事，不具者闕之。曰"魯君子"，則非弟子也。曰《左氏春秋》，與鐸氏、虞氏、呂氏並列，則非傳《春秋》也。故曰《左氏春秋》，舊名也；曰《春秋左氏傳》，則劉歆所改也。

又曰：

> 《左氏春秋》，猶《晏子春秋》《呂氏春秋》也。直稱《春秋》，太史公所據舊名也；冒曰《春秋左氏傳》，則東漢以後之以訛傳訛者矣。

此雖證明《左氏春秋》之名稱原非《春秋左氏傳》，然正可以見《左氏》本非傳《春秋》者，與《公羊傳》不同也。關於《左氏》之傳授，《漢書·藝文志》謂："仲尼思存前聖之業，以魯周公之國，禮文備物，史官有法，故與左丘明觀其史記……丘明論本事而作《傳》"。《儒林傳》復有："漢興，北平侯張蒼及梁太傅賈誼、京兆尹張敞、太中大夫劉公子皆脩《春秋左氏傳》，誼爲《左氏傳訓故》，授趙人貫公，爲河間獻王博士。子長卿爲蕩陰令，授清河張禹長子。禹與蕭望之同時爲御史，數爲望之言《左氏》，望之善之"等語。劉氏證曰：

> 《左氏》記事在獲麟後五十年，丘明果與夫子同時，共觀魯史，史公何不列於弟子？論本事而作傳，何史公不名爲《傳》而曰《春秋》？

又曰：

> 《張蒼傳》曰"好書律術"，曰"習天下圖書計籍，又善用算律術"，曰"蒼尤好書，無所不觀，無所不曉，而尤邃律術"，曰"著書十八篇，言陰陽律術事"而已，不聞其脩《左氏傳》也。……《賈生傳》曰"能誦詩、書屬文"，曰"頗通諸家之書"而已，亦未聞其脩《左氏傳》也。……《張敞傳》曰"本治《春秋》，以經術自輔其政"，其所陳說，以《春秋》譏世卿最甚，君母下堂則從傳母，

皆《公羊》義，非"尹氏爲聲子""崔杼非其罪""宋共姬女而不婦"之謬說也。《蕭望之傳》曰"治齊詩"，曰"從夏侯勝問《論語》、禮服"。其雨雹對以"季氏專權卒逐昭公"，伐匈奴對以"大士匀不伐喪"，亦皆《公羊》義。石渠《禮論》，精於禮服，未聞引《左氏》也，"善《左氏》""薦張禹"，亦歆附會。要之，此數公者，於《春秋》《國語》未嘗不疑肄業及之，特不以爲孔子《春秋傳》耳。

此就劉歆所附會孔子與左丘明共觀《史記》及劉歆以前《左氏傳》傳授之系統，俱證明其爲不可信，《左氏》本非《春秋》之《傳》，其傳授亦無據，則是爲僞亦足見矣。關於《左氏》之體制，《左氏》非《春秋》之真《傳》，其體制本與《國語》同。宋葉適謂"《左氏》有全用《國語》文字者；至《吳、越語》則采取絕少，《齊語》復不用。蓋合諸國記載成一家言，惜他書不存，無以徧觀也。"羅璧亦云："《左傳》《春秋》，初各一書，後劉歆治《左傳》，始取傳文解經；晉杜預注《左傳》，復分經之年與傳之年相附，於是《春秋》及《左傳》二書合爲一。"此已深疑於《左傳》之本來面目矣。劉氏更以《左氏》比年文闕，或年月無考，而《左氏》與《國語》體例相似。於《莊公篇·十一年》曰：

"《楚屈瑕篇》年月無考"，固知《左氏》體例與《國語》相似，不必比附《春秋》年月也。

又曰：

《左氏》後於聖人，未能盡見列國寶書，又未聞口授微言大義，惟取所見載籍，如晉《乘》、楚《檮杌》等，相錯編年爲之，本不必比附夫子之經，故往往比年闕事。劉歆強以爲傳《春秋》，或緣經飾說，或緣《左氏》本文前後事，或兼采他書以實其年。如此年之文，或即用《左氏》文，而增春、夏、秋、冬之時，逐不暇比附經文，更綴數語。要之，皆出點竄，文采便陋，不足亂真也。然歆雖略解經文，顛倒《左氏》，二書猶不相合。《漢志》所列《春秋》古經十二篇、經十一卷、《左氏傳》三十卷是也。自賈逵以後，分經附傳，又非劉歆之舊，而附益改竄之跡益明矣。

《左氏》不與經相符合，在《杜注》已云然，《杜注》云："此年經傳各自言其事者，或經是直文，或策書雖存，而簡牘散落，不究其本末，故傳不復申解，但言傳事而已。"劉氏此說，非誣之也。而就其年月無考，斷爲與《國語》相似，較葉適、羅璧之說，實精進矣。關於《左氏》之義例，則自唐宋以來之學者多已置疑於《左氏》之書曰"凡例"，朱子亦以《左氏》所述君子皆鄙陋，劉氏於《左氏·隱元年》春王周正月"不書即位，攝也"，辨之曰：

> 此類皆襲《公羊》而昧其義例，增周字亦不辭。

於"書曰：鄭伯克段於鄢"，辨之曰：

> 凡"書曰"之文，皆歆所增益，或歆以前已有之，則亦徒亂《左氏》文采，義非傳《春秋》也。

於"冬十月，鄭伯以虢師伐宋"，辨之曰：

> 凡例皆附益之辭。

合《左氏》之名稱、源流、體制、義例四者，《左氏》非釋《春秋》之《傳》，實甚顯明。故劉氏因《漢書·劉歆傳》謂及歆治《左氏》，引傳文以解經，轉相發明，而斷今本《左氏》書法及比年依經飾《左》，緣《左》增《左》，爲歆所附益之明證。《左氏》原爲《國語》，今本《左傳》乃係劉歆改編之一案，自未來有如劉氏此書所言之明切也。戴望撰《劉氏行狀》云：

> 先生論《春秋左氏傳》，據《太史公書》，本名《左氏春秋》，若《晏子春秋》《呂氏春秋》比。自王莽時，國師劉歆增設條例，推衍事跡，強以爲傳《春秋》，冀奪《公羊》博士師法。所當以《春秋》歸之《春秋》，《左氏》歸之《左氏》，而刪其書法、凡例及論斷之繆於大義，孤章斷句之依附經文者，……知者謂與閻、惠之辨《古文尚書》等。

"閻書出而僞《古文尚書》之案大白，劉書出而僞《春秋左氏傳》之案亦大白。"（用錢玄同《重印〈新學僞經考〉序》語）劉氏此書在學術上之貢獻尤鉅也。

劉氏《書序述聞》一書則多記所聞於莊述祖者而附己說於後者也。其足以影響治《今文尚書》之學者有三：一曰《書序》有三統之義。其說曰：

> 《左氏春秋》引《堯典》，多曰《夏書》。《墨子·明鬼篇》云："《尚書》《夏書》，其次商、周之《書》。"鄭玄《書贊》曰：三科之條，五家之教。三科謂虞、夏一科，商一科，周一科。五家謂唐、虞、夏、商、周也。孔子序三統之書首夏書，而唐、虞者，夏之三統也；故皆以"粵若稽古"首之，以別於三代。而其序則云：旨在帝堯，昔在者，即粵若稽古之例也。太史公述五帝三代本紀，無此四字，而以帝堯者放勛，帝舜曰重華首之，可見曰若稽古非周史所載，即孔子所加，乃三統以前之特筆。

又曰：

《詩》《書》皆由正而之變,《詩》"四始"言文武之盛而終於《商頌》,志先世之亡以爲戒。《書》"三科"述二帝三王之業,而終於《秦誓》,志秦以狄道代周,以霸統維帝王,變之極也。《春秋》錯亂反正,始元終麟,由極變而之正也。其爲致太平之正經,垂萬世之法戒,一也。

此其說在今日視之,殊覺爲荒謬無稽之談,然如宋翔鳳、龔自珍輩固樂於從其說也。一曰逸《書》之說不足信,其說曰:

《史記》云逸《書》得十餘篇,而不詳其篇目,且所作《舜本紀》,亦無出《堯典》所述之外者,可知非別有篇矣。至劉歆《讓太常博士書》始云"逸《書》有十六篇",……然馬融云:"逸十六篇,絕無師說。"則亦《逸周書》之類,未必孔壁中本。或劉歆輩增竄之,以抑今文博士耳。……要之,據《舜典》《皋陶謨》《序》讀之,則典、謨皆完備,逸《書》別有《舜典》《大禹謨》《棄稷》等篇,必歆等之僞也。"

劉氏謂《逸書》不足信,後來之今文家亦多從其言。惟劉氏尚謂孔子有序《書》之事,後之說者,如龔橙之《尚書》寫定本,王詠霓之《尚書考異》,並《書序》亦以爲僞。此則劉氏所弗及知也。

綜觀劉氏之學,實以嚴守《公羊》家法,發明"三科九旨"之大義,考訂《左》《穀》二傳之遺失,辨明《逸書》之僞,爲超邁前人,奠定今文學運動之基礎。在劉氏後,治《公》《穀》者,類能守專門之業,不牽引於《左氏》;因三科九旨之微言,而應用之於論學論政;至於考辨僞書,則更日益精密,未始非劉氏有以啓迪之。顧劉氏於《尚書》猶信有孔壁古文與百篇《尚書》之說,所著《尚書今古文集解》,猶間雜以古文,界限不清,則劉氏所處時代使然也。至其《穀梁廢疾申何》一書,柳興恩《穀梁大義述》曾駁其說;其《左氏春秋考證》一書,章炳麟《春秋左傳讀叙錄》亦曾反駁之;然劉氏持論甚堅,柳、章所云,固不能破之也。

(五) 宋翔鳳

1. 宋翔鳳之生平及其著述

在莊存與、莊述祖後,從事於今文學而與劉逢祿齊名者厥爲宋氏翔鳳。翔鳳字於庭,江蘇長洲人。嘉慶五年舉人,湖南新寧縣知縣。亦莊述祖之甥,述祖有"劉甥可師,宋甥可友"之語,劉謂逢祿,宋謂翔鳳也。翔鳳通名物訓詁,而志在西漢家法,微言大義,亦得莊氏之傳。據劉逢祿《左氏春秋考證》

云："余年十二，讀《左氏春秋》，疑其書法、是非多失大義，繼讀《公羊》及董子書，乃恍然於《春秋》非記事之書，不必待《左氏》而明。左氏爲戰國時人，故其書終三家分晉，而續經乃劉歆妄作也。嘗以語宋翔鳳，宋云：'子信《公羊》而以《左氏》《穀梁氏》爲失經意，豈二氏之書，開口便錯？'余爲言《穀梁傳·隱元年》《傳》之失，而檢《魯世家》，果與今《左氏》不合。宋乃大服曰：'子不惟善治《公羊》，可以爲《左氏》功臣，自何邵公、許叔重且未發其疑也。'"翔鳳於今文之學，實又多受劉逢禄之影響也。翔鳳所著書有：

《論語說義》十卷　《論語鄭注》十卷　《大學古義説》二卷　《孟子趙注補正》六卷　《孟子劉熙注》一卷　《四書釋地辨證》二卷　《卦氣解》一卷　《尚書説》一卷　《尚書譜》《爾雅·釋服》一卷　《小爾雅訓纂》六卷　《五經要義》一卷　《五經通義》一卷　《過庭録》十六卷

咸豐九年重賦《鹿鳴》。踰年卒，年八十六。

2. 宋翔鳳在學術上之貢獻

翔鳳著書雖十餘種，然以《論語說義》一書最有關於今文學運動，蓋翔鳳實能以《春秋》微言大義發明《論語》之旨也。據翔鳳《論語說義·序》云："《論語》說曰，子夏六十四人共撰仲尼微言，以當素王。微言者，性與天道之言也。此二十篇，尋其條理，求其旨趣，而太平之治、素王之業備焉。自漢以來，諸家之說，時合時離，不能畫一。嘗綜核古今，有《纂言》之作。其文繁多，因别録私説，題爲《説義》，細繹已久，有未著予墨者。年衰事益，倥偬鮮暇，恐並散佚，遂以此數萬言先付殺青。"翔鳳於《論語》一書，用力實深。翔鳳於是書嘗論今古文之别曰：

> 包氏《論語章句》，其書爲魯《論語》，今文說也。今文家傳《春秋》《論語》，爲得聖人之意。今文家者，博士之所傳，自七十子之徒，遞相授受，至漢時而不絶。如《王制》《孟子》之書，所言制度，罔不合一。自古文家得《周官》經於屋壁，西漢之末，録之中秘，謂是周公所作，凡他經之不合者，咸斷之曰夏殷，其實《春秋》孔子所定，本堯、舜、文王之意，述三代之制，斟酌至當，百世不易。孟子得《春秋》之傳，……不可踰也。《周禮》之傳，無所師承，或者戰國諸人，刱周公之制作，去其籍而易其文，以合其毀壞併兼之術，故何君譏爲戰國陰謀之書。馬、鄭兩君，篤信古文，輒就《周禮》轉詁他經，幾使孔孟之所傳分爲兩家之異學，積疑未明，大

義斯蔽，後之儒者，不可不辨也。

此其主張依今文以説經而斥馬、鄭篤信古文之非也。書中説《論語》義，如於子張問"十世可知乎"謂：

> 素王受命之事，子張能知之，故問受命作《春秋》之後，其法可以十世乎。……孔子作《春秋》以當素王，而通三統，與《論語》答顏淵問爲邦，因四代之禮，成制作損益之原，其道如一。

於"中庸之爲德"也謂：

> 中庸之爲德，謂明五德之運，以明於天下，是以謂之至德。孔子素王之德，否乎當時而通乎百世，久矣之嘆，以時考之，知《春秋》之成，當致太平矣。

於"崇德脩慝辨惑"謂：

> 《春秋·昭廿五年》書："秋七月，上辛大雩，季辛又雩"之後，即書"九月己亥，公孫於齊，次於陽州"。時昭公又雩，聚逐以逐季氏，終成失位去國之禍，聖賢遊其地，以傷前事，究其所因，遂有"崇德脩慝辨惑"之問。

於"禄之去公室"謂：

> 《論語》往往斥言季氏、孟氏，與《春秋》"譏世卿"之義相爲發明，謀人國者可以知所警懼。

皆能援據《春秋》之義，轉相發明。"崇德脩慝辨惑"之問，因昭公逐季氏而發，戴望《論語注》實采用其説，即劉寶楠《論語正義》亦多因宋氏此書之説名物訓詁者，宋氏此書，固能相當見重於世也。

宋氏《大學古義説》謂：

> 周人明堂即大學，聖人南面而聽天下，向明而治，故謂之明堂，此"明明德"之義所由出也。……《大學》言教人之法，故先言明德，明德者謂人各有可明之德，而有天下者，先能自明其內得於己，然後明用人之有明德者，是爲在明明德。此平天下之本，本於用人，而用人之法，基於興學設教。

必謂大學即明堂，已近牽强。其釋"物有本末，事有終始"更謂：

> 物者，天地之數也；本末者，德爲本，財爲末；五行之德謂之德，六府之用謂之財。天地以一之之數生成五行，以五行配五神，而水火木金土之德遞王。故禮於明堂禘五帝五神，五德之帝，五行之神也。舍五行無德，舍水火木金土穀無財用，王者明五行之德以爲本，而後可財而用於民。

则未免求之過深，令人轉覺其穿鑿附會。《論語》説義謂中庸之爲德，爲"明五德之運以明於天下"，與此亦同，宋氏蓋喜爲五德終始之説也。

宋氏《尚書略説》則多論《尚書》之訓詁，如"九族"一詞，今古文異説，宋氏以爲當從今文家以九族兼外親言；"大麓"之訓，宋氏説云：

> 《尚書大傳》，堯尊舜而尚之，屬諸侯致天下於大麓之野，此今文家説也。………後人以遷書多古文説，而《史記》云，堯使舜入山林川澤，暴風雷雨，舜行不迷。遂以山足之訓爲古文訓，而不知《史記》注書不盡古文也。

主張《史記》所載不盡爲古文説，與陳壽祺《左海經辨》正合，較之江聲、王鳴盛、孫星衍之説《尚書》，皆有進步。

宋氏《尚書譜》則考訂《尚書》百篇之篇目次第，亦信《書序》爲孔子作，而以逸《書》十六篇爲不可信。其意見與劉逢禄同。篇中附有與陳壽祺書主張《漢志·大小夏侯經》二十九卷與《歐陽經》三十二卷之異同，在《歐陽經》多《泰誓》三篇。書中有"大著精博，膏肓多起"之語，宋氏《尚書》之學，頗受陳壽祺之影響可見。宋氏於《尚書譜》篇末更叙其作書之緣起與孔子刪《書》之旨曰：

> 孔子序周書，自《大誓》訖《粊命》，皆分之正經，以世次，以多紀，其末序《蔡仲之命》《粊誓》《吕刑》《文侯之命》《秦誓》五篇，幼嘗受其義於葆琛先生，粗曉占畢，未能詳紀。犇走燕豫，留滯梁荆，函丈斯隔，七年於兹。兹譜《尚書》，細繹所聞而識之曰：《尚書》者，述五帝三王五伯之事，蠻夷滑夏，王降爲霸，君子病之，時之所極，有無如何者也。蔡之建國，東臨淮徐，南近江漢。伯禽封魯，淮夷蠻貊，及彼南夷，莫不率從。不意蔡侯一虜，熊貲始大，楚之霸業，先於五邦。吕命穆王，實作自吕，征彼九伯，浸及齊桓；晉秦之興，復在其後，霸者之業，相循而作，帝王之統，由此一變。史伯之對鄭桓，言秦、晉、齊、楚代興，史儋之見秦獻，言别五百載復合，運會所乘，惟聖賢能見其微。孔子《序》五篇於《書》之終，《中候》之文究於霸免，所以戒後王，制蠻夷、式群侯，不可以不慎。

此從《尚書》末五篇之次第，而謂"運會所乘，惟聖賢能見其微"，孔子序五篇於最後之用意，乃在戒後王制蠻夷、式群侯。以吾人今日之眼光觀之，《書序》不必爲孔子所作，其次第實按年代定其先失後，無所謂微言大義在，而宋氏在當日津津樂道其説，亦足以覘今文學派之學風固極惟微言大義是求

也。宋氏於《春秋》無專門之著述,然於《論語説義》《過庭録》諸書中可略窺其意見。《論語説義》謂:

> 丘明爲魯太史,自紀當時之事,成《魯史記》,故漢太常博士咸謂《左氏》爲不傳《春秋》。求《春秋》之義則在《公羊》《穀梁》兩家之學。然考當時諸侯卿大夫之事,莫備於《左氏》。其人質直有耻,孔子引與相同,故其爲書宜爲良史,終不可廢。但當辨其古字古言,而芟夷其竄亂,固在好學深思之人矣。

甚言似只以《左氏》爲有竄亂,而終不可廢,比較劉逢禄《左氏春秋考證》爲平妥。《過庭録》更曰:

> ……《春秋》之五始與《易》之四德同例。《易》有四德,則六十四卦發揮旁通之情見;《春秋》有五始,則二百四十年褒善貶惡之義明,不可以尋常之文習其讀也。或難曰:"子所言之義,皆今文家言,説左氏者恐不然。"答曰:《左氏》之書,史之文也。於《春秋》之義,蓋闕而不言,故博士以爲不傳《春秋》,學者求其義,舍今文末由也。且《左氏》獨言周正月,以見正月以下爲史官之文,未嘗以春爲周之春,則亦以爲不變。是雖不傳《春秋》,而循文求義,亦不侻矣。自漢以來,《左氏》與今文辨論紛然,各立門户,博士守師法者,既不能辨明;好《左氏》者,又不能求合,且惟恐不異俗説,師心之用,而微言大義晦矣。

宋氏不從劉逢禄《左氏春秋考證》謂"元年春正周正月增一周字"爲不辭,轉謂《左氏》"雖不傳《春秋》,而循文求義,亦不侻矣"。且責"好《左氏》者,又不能求合",殊不知《左氏》有竄亂,固難以"循文求義"而"求合",此其識見終不如劉氏之卓也。莊氏述祖已云,"劉甥可師,宋甥可友",於二人已辨其高下,至今吾人讀宋氏書,猶深覺其不如劉氏。雖然,宋氏亦一代今文大師也。龔自珍嘗有詩云:

> 游山五嶽東道主,擁書百城南面王。
> 萬人叢中一握手,使我衣袖三年香。

宋氏非有超人之識,固不足使定庵如此其欽服也。

(六) 劉、宋同時之今文經師

1. 迮鶴壽

鶴壽字蘭宮,號青厓,吴江莘塔人。父朗,字藴高,號卍川,以文章名世,所著有詩文集、《淮上紀聞》《游粤筆談》《繪事瑣言》《繪事雕蟲》等書，鶴壽好學篤行，頗能守其家學。弱冠時，與友人挑燈論古，每事必究其根源。嘗謂劉歆《三統曆》稱"成王元年正月己巳朔，此命伯禽俾侯於魯之歲也，先是周公攝政五年，孟統二十九章首積月六千五百八十無閏餘，積日十九萬四千三百十三，大餘三十三，小餘七，故推至此年為正月己巳朔。金仁山移侯魯於攝政之元年，則正月乃庚辰朔矣。"其精心探索類如此。漢說《詩》者四家，惟《齊詩》之"四始五際"，已為絕學，鶴壽則曰："古人著書，其術即在書中，特後人不悟耳。四始五際，出於陰陽五行，陰陽莫大於天地，天地二十有五，地數三十，凡天地之數五十有五，倍之為百有十。五行以土為君，天五生土，地十成之，生數五，成數十，今以《二雅》之詩篇循環讀之，仰為一部，自《天保》至《常棣》，百有十篇，滿大數；自《伐木》至《由庚》，滿小數，以下《南有嘉魚》，又為一部。周而復始。"嘗閉戶著書，偶因郯令劉昭《續漢志注》所引《帝王世紀》有"堯時墾田若干頃，民口若干人"數語，遂推衍三代土田戶口之數，至三萬餘言。又謂"封建之法，有穀土三等地，有廛里九等地，有溝洫三等地，有采邑王等地，有山林六等地，有山澤邑居地，《孟子》與《周禮》一舉其土地，一舉其封疆，非有二制，井田始於公劉，夏殷之田不以井授，武王亦只行於圻內，非盡天下而井之，或五十，或七十，或百畝，若今江南之行田，改移甚便。"道光壬午舉於鄉，丙戌成進士，銓授池州府教授。其所著有：

《齊詩翼氏學》四卷　《孟子班爵祿正經界兩章疏證》百二十卷

《齊詩》之學，自西晉以來，久已失傳，清代學者，雖如孔廣森《經學卮言》，蔣湘南《七經樓文鈔》，對於"四始五際"偶有所說，然實不如迮鶴壽《齊詩翼氏學》一書之條理分明。迮鶴壽自序其書云："漢翼少君治《齊詩》，元帝時隴西地震，白鶴館災，少君上言，聞五際之要，《十月之交》篇，知地震火災。班孟堅謂其假經立誼，依託象類，或不免乎億則屢中；然遇災陳戒，不失直言極諫之道，豈得疑其附會而少之？且請徙都成周，以應戶會，元帝雖不從，而光武卒應其言。少君其深知數學者歟！至四始五際，詩篇之部分，值歲之多寡，近代罕有言者，故詮次之，以備觀覽。而《詩緯》改戌際為辰際，殊失《齊詩》本旨。附錄其說於後，使通經之士，知所去取云。"吾人今讀迮氏此書，深覺其所詮次，實明晰而允當。其《四始五際名義》曰：

五際之說，出於《齊詩》，則四始之說亦出於《齊詩》，五際必兼四始言之，蓋四始為之綱，五際為之紀也。《詩緯·含神霧》曰："詩者天地之心，君德之祖，百施之宗，萬物之戶也。集微揆著，上統元皇，下序四始，羅列五際。"《詩緯·推度災》曰："建四始五際而而八節通，卯、酉爲革政，午、亥爲革命。""四始"者，《詩緯·汎曆樞》曰："《大明》在亥，水始也；《四牡》在寅，木始也；《嘉魚》在巳，火始也；《鴻雁》在申，金始也。""五際"者，《齊詩內傳》曰："五際：卯、酉、午、戌、亥。陰陽終始際會之歲，於此則有變改之政也。"《汎曆樞》曰："卯，《天保》也；酉，《祈父》也；午，《采芑》也；亥，《大明》也。"翼氏曰："竊學《齊詩》，聞五際之要，戌即《十月之交》是也。"四始皆陽，木、火、金、水分布於四方，故爲四始也。土獨無始者，土爲五行之君，周流於四者之間，循環無端也。五際始終皆陽，中間皆陰，自亥至寅，漸入陽剛，亥爲陽水，以一陽起群陰之中。君子所以經綸草昧、開國承家，故亥爲一際也。自寅至酉，正在光明，即爲陰木，午爲陰火，酉爲陰金，其象暗昧，國家於此當有變改之政，故卯、午、酉各爲一際也。自酉至戌，漸入陰柔，戌爲陽土，以一陽陷群陰之內，國家於此，必有災異之應，故戌爲一際也。四始起於亥，天一生水也。五際止於戌，天五生土也。

其《〈文王〉〈鹿鳴〉不爲始》解曰：

《大雅》始於《文王》，《小雅》始於《鹿鳴》，猶《易》之有乾坤也。乾爲君道，而《文王》一篇，述周家受命之由；坤爲臣道，而《鹿鳴》一篇，叙嘉賓、式燕之事。四始不以此爲始者，文王未嘗履帝位，至武王始有革命之事。《詩緯·汎曆樞》曰："午、亥之際爲革命，《詩》稱肆伐大商，會朝清明，即甚事也。"此如《易》之有屯，所以經綸草昧也。《大雅》既不以《文王》爲始，則《小雅》亦不以《鹿鳴》爲始。《鹿鳴》言飲食宴樂，至《四牡》乃爲臣子勤勞王事。郎顗謂"四始之缺，《詩》稱'王事靡盬，我心傷悲。'靡盬則有缺限矣。故以《四牡》爲始。"此如《易》之有蒙，所以擊蒙禦寇也。四始專論木火金水之始，故別有取義，非《關雎》《鹿鳴》《文王》《清廟》，各舉篇首之謂也。

其解釋"四始五際"何以爲始，何以爲際，皆由陰陽終始際會，説殊明晰允確。於《文王》《鹿鳴》不爲始，而以《大明》《四牡》爲始，説解亦諦。他如詩篇專用二《雅》解，謂詩篇專用二《雅》，不同《風》與《頌》，蓋由於"二《雅》皆述王者之命運政教，四始五際專以陰陽之終始際會，推度國家之吉凶休咎，故止用二《雅》"。"改戌際爲辰際解"謂："《詩緯·汎曆樞》云，午、亥之際爲革命，卯、酉之際爲改政，辰在天門，出入候聽"

"以卯、酉、午、亥、辰爲五際,與《齊詩》名同而實異",皆論辨精晰,足以發聾振聵,後來陳喬樅《齊詩翼氏學疏證》所不逮也。

2. 凌曙

凌曙,字曉樓,江都人,國子監生,曙好學根性,家貧,讀四子書,未畢,即去鄉耕作傭保,而績學不倦。年二十,爲童子師,問所當治業於涇包世臣,世臣曰:"治經必守家法,專法一家,以立其基,則諸家漸通。"乃示以武進張惠言所輯四子書漢説數十事。曙乃治鄭氏學,頗得要領,又從吳沈欽韓問疑義,益貫穿精審。後聞武進劉逢禄論何氏《公羊春秋》而好之。入都,爲儀徵阮元校輯《經郛》,盡見魏晉以來諸家《春秋》説,學乃大進,更博稽旁討,發爲著述。家居讀《禮》,以《喪服》爲人倫大經,後儒舛議,是非頗謬,作《禮論》百篇,引申鄭義。阮元延曙入粵課子,曙書與元商榷,乃删合爲三十九篇。道光九年卒,年五十五。曙有甥儀徵劉文淇,貧而穎悟,愛而課之,遂知名,其學實出自曙也。曙所著有:

《四書典故覈》一卷　《春秋繁露注》十七卷　《公羊禮疏》十一卷　《公羊禮説》一卷　《公羊問答》二卷　《禮論》一卷

凌氏關於《公羊》之著述,雖有四種,然《繁露注》所以詁釋董仲舒書,《公羊禮疏》《公羊禮説》亦但疏述《公羊》傳注之牽涉於禮制者,説解雖精,然於微言大義,尚少發揮。其《公羊問答》一書,則於義理故訓,畢有所甄明。如:

問:隱元年注何以云原心定罪也。曰,桓寬曰:《春秋》治獄,原心定罪,志善而違於法免,志惡而合於法者誅。

問:桓十一年傳以爲知權,前此有言權者否?曰:《易翼》以行權,荀爽《九家易解》:異象號令,又爲近利。人君改教,遁退釋利,而爲權也。《春秋傳》曰:權者反於經,然後有善者也。據此,則權字不始於《春秋》。

問:哀十四年注,待聖漢之王以爲法,此漢儒之空言歟?抑果有確證否?曰:兩漢君臣,皆以經義發爲文章,觀其詔誥奏議,凡決疑定策,悉本之於《公羊》。舉其大略,可得而言焉。……凡此皆散見於兩《漢書》中。是以東平爲王蒼曰:"孔子曰:'行夏之時,乘殷之輅,服周之冕',爲漢制法。"王充曰:"孔子曰:'文王既没,文不在兹乎?'文王之文傳在孔子,孔子爲漢制,文傳在漢也。"

凌氏此書,雖於義理之發明不如後來包慎言所述,訓詁之解釋不及陳立之《義疏》,然多援據他書以釋本經,篳路藍縷之功亦不可没也。

(七) 劉、宋同時之《穀梁》經師

1. 柳興恩

興恩原名興宗，字賓叔，丹徒人。道光十二年舉人。受業於儀征阮元。初治《毛詩》，以毛公師荀卿，荀卿師《穀梁》，《穀梁春秋》，千古絕學。元刻《皇清經解》，《公羊》《左氏》俱有專家，而《穀梁》缺焉，乃發憤沈思，研求《穀梁》之義，成《穀梁春秋大義述》三十卷。番禺陳澧嘗為《穀梁箋》及《條例》未成，後見興恩書，嘆其精博，遂出其説備採，不後作。光緒六年，興恩卒，年八十有六。其所著有：

《穀梁春秋大義述》三十卷　《周易卦氣輔》四卷　《虞氏逸象考》二卷　《尚書篇目考》二卷　《毛詩注疏糾補》三十卷　《續王應麟詩地考》二卷　《群經異義》四卷　《劉向年譜》二卷　《儀禮釋官考辨》二卷　《史記漢書南齊書校勘記》　《説文解字校勘記》　《宿堂齋詩文集》

興恩之著《穀梁大義述》，實緣於當時並無治《穀梁》學者，故興恩為彌縫其闕，乃從事於《穀梁》之學，揆其用意，亦聊以復西漢之古耳。興恩有《序例》一篇已流露此意。《叙例》曰：

《春秋》終於獲麟，而託始隱公之元年，杜預曰："因獲麟而作，作起獲麟，則文止於所起。"此説允矣。至何以託始於隱元？憶自十歲外讀《左氏傳》，時即懷此疑，見杜預"平王東遷之始，王隱公，讓國之賢君"云云，竊以為其詞支。嗣是博訪通人，均未有剴切言之者。及年四十有四，奉諱居憂，向治《毛詩》，知毛公師荀卿，荀卿師穀梁，毛《傳》中多穀梁説，因即家弟所藏汲古閣毛氏初印注疏本翻閲之，見范甯之《序》，亦以遭父大故，而訂《穀梁》傳注，益覺與蒙之讀《禮》同也。而專精治之，治之久，而不覺數十年來之疑頃釋也。……烏呼！自漢以來，《穀梁》師授既不敵二《傳》之多，至嘵嘵於《廢疾》《起廢疾》之辨，抑末也。近阮相國刻《皇清經解》凡千四百卷，為書百八十餘種，其中經師七十餘人，《公羊》《左氏》俱有專家，而《穀梁》缺焉。其著述中兼及之者，如齊侍郎《經傳考證》、王尚書《經義述聞》，又多沿其支流，鮮克舉斯大義。蒙故發憤卒業於此，並思為《穀梁》集其大成。

觀興恩所述其治《穀梁》之經過，雖云其治《穀梁》，由於居喪讀《禮》，因治《毛詩》而治此經，然所謂"近阮相國刻《皇清經解》凡千四百卷，為書百八十餘種……而《穀梁》缺焉……蒙故發憤卒業於此"。則興恩之治《穀梁》，實爲彌縫其闕，非深有用意與心得而後發爲著述也。興恩此書前有阮元《序》云："《六藝論》云：'穀梁亦善於經。'豈以其親炙於子夏所傳爲得其實與？公羊同師子夏，而鄭氏《起廢疾》則以《穀梁》爲近孔子，公羊爲六國時人。然則"善經近孔"四字固此傳之確評矣。世之治經者，多治《左氏公羊》，於《穀梁》慢之，故余整齊百家爲《皇清經解》千五百卷，《左氏》《公羊》皆有專家，《穀梁》無之，心每歉然。"道光十六年，始聞有鎮江柳氏學《穀梁》之書，二十年夏，柳氏興恩挾其書渡江來，始得讀之"。知其專從善於經入手，而善經則以屬辭比事爲據，事與辭則以《春秋》日月等名例定之。發憤沈恩，久乃卒業。阮氏謂興恩專從《穀梁》善於經入手，吾人讀柳氏此書，則其所謂《穀梁》大義，柳氏實未解盡述之，不過"思爲《穀梁》集其大成"而已。柳氏自序其《凡例》云：

聖經既以《春秋》定名，而無事猶必舉四時之首月。後儒紛紛競謂日月非經之大例，豈通論哉？況"桓五年春王正月甲戌、己丑陳侯鮑卒"，一事而兩日迭書；"十有二年丙戌，公會鄭伯，盟於武父""丙戌，衛侯晉卒"，二事而一日兩書；"僖十有六年春王正月戊申朔，隕石於宋五，是月六鶂退飛過宋都"，日先書、月後書。此即經之自起凡例也。《穀梁》日月之例，泥則難通，比則易見，與其議《傳》而轉謂《經》誤，何如信《經》而並存《傳》說之爲得耶？述《日月例第一》。

《春秋》治亂於已然，《禮》乃防亂於未然。《穀梁》親受子夏，其中典禮尤與《論語》夏時周冕相表裏。

《毛詩正義》云："字與三家異者，動以百數。"謹案：《穀梁》之經與《左氏》《公羊》經異者，亦以百數。此非經旨有殊，或由齊、魯異讀，音轉而字亦分也。陸氏《釋文》雖備載之，而未嘗析其源流，今本仁和趙徵君坦《春秋異文箋》，以引而伸焉。

穀梁親受子夏，故傳中用孔子、孟子說者，如《隱元年》"成人之美，不成人之惡"，《僖二十有二年》"禮人而不答則反其敬"。其他暗相吻合者更多。《毛詩》云"古訓是式"，竊有志焉。

自漢以來，《穀梁》師授即不敵二傳之多，迨唐以後，說經者競治《春秋》，即不束《穀梁》於高閣，或采用一二焉，或批駁一二焉。雖屬兼及，鮮有專家，要不得擯諸師說之外也。

漢儒師說之可見者，唯尹更始、劉向二家，然搜獲者亦寥寥矣。

其説已亡而名僅存者，自漢以後並治三傳亦收錄焉，共若干人。

《穀梁》久屬孤經，今日更成絕學。兹於所見載籍之涉《穀梁》者，以經、史、子、集之序循次摘錄，附以論斷，庶爲之集其大成。

吾人讀柳氏《凡例》，知其書所述者範圍殊廣，篇一《述日月例》則許桂林《春秋穀梁傳時日月書法釋例》之類是也；篇二《述禮》則侯康《穀梁禮證》之類是也，篇三《述異文》則趙坦《春秋異文箋》、李富孫《穀梁異文釋》之類是也。興思於一書之中而統括而叙述之，範圍雖廣，而於專精之道，終有未逮。是書篇五《述師説》，謂唐以後説經者，其於《穀梁》，或兼用一二焉，要不得擯諸師説之外。然如唐之啖、趙，宋之孫覺，則皆采擷未及。其篇六《述經師》，云自漢以後，並治三傳者亦收錄焉，則不免於貪多務得，使人轉不明瞭了。其篇七摘錄載籍之關於《穀梁》者，對於陸賈《新語》，則並付闕如。皆其未盡善之處也。惟《述師説》之中，有錄王引之《經義述聞》而駁其説者，有錄劉逢禄《穀梁廢疾申何》而加以反詰者，王氏非專治《春秋》者，其所駁容是；劉氏之説甚精，興恩加以反詰，亦應有之事也。惟就全書而論，則所謂《述日月例》《述禮》《述異文》之屬，與《春秋》之微言大義關係既淺，《述師説》《述經師》《述長編》之屬，更有頗無關於微言大義者，而名之曰《穀梁大義述》，吾人須知其所述不必盡大義也。

2. 許桂林

桂林字同叔，海州人。嘉慶二十一年舉人。少孤，孝於母及生母，無間言。家貧，不以厚幣易遠游，日以詁經爲事。道光元年，丁内艱，以毀卒，年四十三。其所著有：

《春秋穀梁傳時日月書法釋例》四卷　《易確》二十卷　《毛詩後箋》八卷　《春秋三傳地名考證》六卷　《漢世別本禮記長義》四卷　《大學中庸講義》二卷　《四書因論》二卷　《許氏説音》十二卷　《説文後解》十卷　《宣西通》三卷　《算牖》四卷

桂林《穀梁釋例》，析爲《總論》《提綱》《述傳》《傳外餘例》四卷。其書有引《公羊》而互證者，有駁《公羊》而專主者，雖於微言大義，發明甚少，然而條理精密，論辨明允，陽湖孫星衍嘗以是稱之。其所著《易確》，大旨以乾爲主，謂全《易》皆乾所生，博觀約取，於《易》義實有發揮。其所爲《宣西通》者，則説天文之作。以岐伯言地，大氣舉之；氣外無殼，其氣將散；氣外有殼，此殼何依？思得一説，以補所未及。謂天實一氣，而其根在北，北極是也，北極不當爲天樞，而當爲氣母，因采集宣夜遺文，以西法通之，故曰《宣西通》。桂林所著，尚有《疑左》一種，《穀梁釋例·總論》云：

竊謂《左氏》左袒晉三家、齊田氏，必六國時遜詞避禍，昔人疑爲六國時人，良是。蓋其人負絕世文才，就《公》《穀》二傳左右採獲，因而曼衍成一家書。……從來文人之心，翔天入淵，無所不至，鑿空而造人名，造地名，鑿空而爲夢境，爲譎詞，可驚可喜，不必盡事實也。八世之卜，二豎之夢，欒京、盧小、王桃甲諸人，恐或子虛烏有爾，別詳於桂林所撰《疑左》二卷中。要而言之，《左氏》似因《穀梁》《公羊》而成，《穀梁》似以《公羊》爲外傳，説《春秋》者，其惟《穀梁》爲優歟！漢鄭君碩學大儒，作《六藝論》，獨稱《穀梁》善於經，其必有所見矣。夫善於經者，時日月書法亦其一也，而可譏爲迂妄乎哉！

《疑左》一書，蓋如郝敬《春秋非左》之類，專以辟《左氏》之誕妄不經，語反怪力亂神者。桂林雖亦治《毛詩》，不盡爲今文學，然亦能專守一家，在劉逢禄、宋翔鳳後，説經之士，固益知專守一家家法，此不惟治今文學者如是，即考證學派中之陳奂，所著《毛詩傳疏》，並《鄭箋》亦不爲之疏，是其例也。

三　今文學運動之發達

（一）今文學運動之發達階段之重要學者

1. 龔自珍

（1）概況

自珍字爾玉，又字瑟人。後更名鞏祚，號定盦，也作定庵，又號羽琌山民。浙江仁和人。父麗正，字賜泉，號闇齋，嘉慶丙辰進士，官至蘇松太兵備道，所著書有《國語發正》等；母金壇段氏女。自珍自幼即喜典章制度之學，又擅詩文。年十二，外祖父段玉裁授以許氏《説文解字》部目，始爲名物訓詁、目錄校讎之學；蓋其幼年所學，本受之古文家影響。年二十三，侍父徽州府任，任徽府文獻之役；二十五，侍父蘇松太道任，凡關甄綜人物，搜輯掌故之役，無不與焉。二十七中式浙江鄉試，出高郵王文簡門下。二十八始從武進劉申受先生受《公羊春秋》，次年入都，得內閣中書。年三十八成進士，殿試大指祖王荊公上仁宗皇帝書，三試三不及格，不入翰林。年四十五，官宗人府主事，翌年改禮部祠祭司主事。年五十，卒於丹陽。其所著書有：

《詩非序、非毛、非鄭》各一卷　《尚書序大義》一卷　《大誓答問》一卷　《尚書馬氏家法》一卷　《春秋決事比》六卷　《左氏春秋服注補義》一卷　《左氏決疣》一卷　《西漢君臣稱〈春秋〉之義考》一卷　《商周彝器文錄》《羽琌山館金石墨本記》五卷《羽琌之山典寶記》二卷　《鏡苑》一卷　《瓦韵》一卷　《泉文記》一卷　《金石通考》五十四卷（未成）　《吉金款識》十二卷　《漢器文錄》《今方言》《漢書補注》（未成）　《讀漢書隨筆四百事》《漢官拾遺》一卷　《蒙古圖志》（未成）　《典客道古錄》一卷　《奉常道古錄》一卷　《孤虛表》一卷　《古今用兵孤虛圖說》一卷　《紀游》一卷　《布衣傳》一卷　《昇平分類讀史雅詩》一卷　《詩文集》十卷

(2) 龔氏對於學術上之貢獻

自珍幼年之時，從外王父段玉裁受許氏《說文》，後中鄉試，又出於王引之之門，其於學術，受古文家之影響，實深切著明，然龔氏卒從劉申受受《公羊春秋》，而成爲晚清今文經學大師，推其原故，蓋有二焉：

(a) 龔氏之時，清廷政治，已盛極而衰，龔氏《西城置行省議》曾有言曰：

今中國生齒日益繁，氣象日益隘，黃河日益爲患，大官非不憂，主上非不諮，而不外乎開捐例、加賦、加鹽價之議，譬如割臀以肥腦，自啖自肉，無受代者。自乾隆末年以來，官吏士民，狼艱狽蹶，不士、不農、不工、不商之人，十將五六；又或食菸草，習邪教，取誅戮；或凍餒以死，終不肯治一寸之絲、一粒之飯以益人。承乾隆六十載太平之盛，人心慣於泰侈，風俗習於游蕩，京師其尤甚者。自京師始，概乎四方，大抵富户變貧户，貧户變餓者，四民之首，奔走下賤，各省大局，岌岌乎皆不可以支月日，奚暇問年歲？

龔氏《乙丙之際塾議第一》亦曰："道年會空虛，大吏告民窮，而至尊憂帑匱。"此可見當日之國計民生，已極困窮，憂時之世，固不能安於瑣屑餖飣之學，如乾嘉諸老之所爲，則不得不趨向於經世理民之學，如今文家之欲以經術致用也。

(b) 龔氏少年之時，頗喜於考訂典章制度，此已可覘其留意於經世之業，而所謂典章制度者實史之屬也。龔氏有《尊史一》，其說曰：

史之尊，非其職語言、司謗譽之謂，尊其心也。心何如而尊？善入。何者善入？天下山川形勢，人心風氣，土所宜，姓所貴，皆知之；國之祖宗之令，下逮吏胥之所守，皆知之；其於言禮、言兵、言政、言獄、言掌故、言文體、言人賢否，如其言家事，可謂入矣。又如何而尊？善出。何者善出？天下山川形勢，人心風氣，土所宜，姓所貴，國之祖宗之令，下逮吏胥書所守，皆有聯事焉，皆非所專官。其於言禮、言兵、言政、言獄、言掌故、言文體、言人賢否，如優人在堂下，號跳舞歌，哀樂萬千；堂上觀者，肅然踞坐，眣眜而指點焉，可謂出矣。……尊之之所歸宿如何？曰，乃又有所大出入焉。何者大出入？曰，出乎史，入乎道。欲知大道，必爲史。

此可覘龔氏所謂之史，乃在知天下形勢，人心風氣，禮兵政獄之屬，而歸宿於出乎史，入乎道。此亦重在經世理民，非殆瑣屑餖飣之學所可比擬也。龔氏所處之時代既如彼，而其幼年所治之業又如此，此龔氏所以雖受當時古文學派之影響而終能不爲考證之學所宥，且傾向於微言大義之學也。

龔氏反對"漢學"之說，見於其所著《與江子屏箋》，謂其所著《漢學師承記》名目有十不安，當改爲"經學師承記"，此文作於自珍二十六歲時，在其中浙江鄉試前一年，鄉試雖出王引之門，而於次年乃從劉申受學《公羊春秋》，就龔氏思想變遷之跡言之，龔氏之不滿於當時所謂"漢學"，固非受劉氏之影響，乃因不滿意於所謂漢學而從業於劉氏也。龔氏從學於劉氏後，乃有《五經大義終始論》《春秋決事比》《大誓答問》諸作，皆儼然今文家之言。其《五經大義終始論》謂：

> 昔者仲尼有言："吾道一以貫之。"又曰："文不在玆乎！"文學言遊之徒，其語門人曰："有始有卒者，其惟聖人乎"！誠知聖人之文，貴乎知始與卒之間也。聖人之道，本天人之際，臚幽明之序，始乎飲食，中乎制作，終乎聞性與天道。民事終，天事始，鬼神假，福禔應，聖跡備，若庖犧、堯、舜、禹、稷、契、皋陶、公劉、箕子、文王、周公是也。

此就五經大義之終始立說，謂"始乎飲食，中乎制作，終乎聞性與天道"，證以"夫禮之初，始於飲食"，及"《洪範》八政配三世""八政又各有三世""食貨者據亂而作，禩也。司徒、司寇、司空也，治升平之世，賓師乃文致太平之事。"（《五經大義終始答問·一》）雖其所論，不免有所附會，然實以古代社會進化之次第立論，較之劉氏之專以《春秋》言大義，固稍有進步也。其《春秋決事比答問》謂："今律，有部議，有部擬，有閣臣票雙簽、票三簽，有恩旨緩決，皆本《春秋》立文者也；先原奏，後旨意，兩者具，然後獄具，作者曰，是亦吾所爲測《春秋》也。"以《春秋》之義與當時之律相勘對比，如："問，今律一人犯數罪，以重者科之，中《春秋》某律？答，莊十年公侵宋，公羊子曰：戰不言伐，圍不言戰，滅不言入，書其重者也。"又，

"問,今律初犯輕,再犯重,中《春秋》某律?答,莊七年大水無麥苗。公羊子曰,待無麥然後書無苗。何休曰,不登二穀乃書,天不以一災儆人,君子不以一過責人,是也"。此以二者比勘立論,亦深足以發明《春秋》之義。然此皆非最重要之著述,其影響於今文學運動者甚淺也。

龔氏著述,以《大誓答問》爲最得後人之推崇,其書謂《今文尚書》伏生原本二十九篇,非二十八篇,夏侯氏無增篇,歐陽氏無增篇,而主張今文二十九篇中無《泰誓》,乃《顧命》與《康王之誥》分而爲二而成二十九篇。其說曰：

> 問曰,儒者百喙一詞,言伏生《尚書》二十八篇,武帝末,民間獻《大誓》,立諸博士,總之曰二十九篇,今文家始有二十九篇。又云,得《大誓》以併歸於伏生弟子,始有二十九篇,其言何如?答曰,使《尚書》千載如亂絲,自此言始矣。《史記·儒林傳》：秦時焚書,伏生壁藏之,其後兵大起,流亡。漢定,伏生求其書,亡失數十篇,獨得二十九篇。《漢書·藝文志》語正同。遷、固此言,昭昭揭日月而行,諸儒萬無不見,亦萬無不信,而乃舍康莊而求荊棘,察其受病,厥有四端：篇目之不考,一也；篤信民間晚出書,二也；誤以孔安國爲傳古文,固以史遷亦傳古文,固篤信《周本紀》,三也；不以今文、古文、晚出書三事,截然分明,各還其數,而合併數之,自生聱悶,歧之中有歧焉,四也。今先證以歐陽、夏侯卷數,使先知今文大師之不可厚誣,而後白黑可得定,亂絲可得而理也。(《大誓答問第一》)

又曰：

> 問諸儒之說,始鄭玄一言,元謂伏生、歐陽、夏侯,皆以《康王之誥》合於《顧命》,故止二十八篇矣。答曰,百篇之書,孔子之所訂也,七十子之所序也。自"無壞我高祖寡命"以上爲《顧命》,自"王若曰庶邦"以下爲《康王之誥》,孔子所見如此,不必問伏生矣。《盤庚》之合爲一,歐陽生方且促而分之,豈有《顧命》《康王之誥》之本分,而反從而合之乎?歐陽何其勤於復孔子之舊,伏生何其勇於汨亂孔子乎?必不然矣。(《大誓答問第五》)

龔氏此說,雖以今觀之,未必盡是,然受其影響者殊夥,如皮錫瑞之《今文尚書考證》,王先謙之《尚書孔傳參正》,皆服膺其說者也,龔氏此論,實因百篇之書爲孔子之所訂,七十子之所序而發,然百篇《書序》之說,懷疑之者,頗有人在,故其說未必盡是也。惟龔氏謂孔壁中無《大誓》,謂："問,今文家之無《大誓》，吾子之言，固其根株，又行其蕃垣，敬聞命矣，敢問古文？答曰：其無，不俟問，孔鮒藏壁中者，本亦百篇，兵火後略同孔壁之散亡。《藝文志》：'魯共王壞孔子宅，聞鼓琴瑟鐘磬之音，乃止不壞，而得《古文尚書》，皆古字也。孔安國者，孔子後也。悉得其書，以考二十九篇，得多十六篇，安國獻之'。班氏此言，其亦明且清矣。二十九者，則前目錄是。十六者，則鄭玄數者是：一《舜典》，二《汩作》，三《九共》，四《大禹謨》，五《益稷》，六《五子之歌》，七《胤征》，八《湯誥》，九《咸有一德》，十《典寶》，十一《伊訓》，十二《肆命》，十三《原命》，十四《武成》，十五《旅獒》，十六《畢命》。此劉歆所欲立者也，何處容《大誓》？"此所論則實甚確。

龔氏集中又有《六經正名》説中古文諸作，亦後世所樂於稱道者。《六經正名》主張《禮記》《周官》《論語》《孝經》《爾雅》《孟子》皆不當稱經，其説謂："六經、六藝之名，由來久遠，不可以臆增益……何居乎後也有七經、九經、十經、十二經、十三經、十四經之喋喋也？或以《傳》爲一經，《公羊》爲一經，《穀梁》爲一經，《左氏》爲一經，審如是，是則韓亦一經，齊亦一經，魯亦一經，毛亦一經，可乎？歐陽一經，兩夏侯各一經，可乎？……後世又以《論語》《孝經》爲經，假使《論語》《孝經》可名經，則劉向早名之，且曰'序八經'，不曰'序六藝'矣。……於是乎又以子爲經……出《孟子》於諸子，而夷之於二戴所記之間，名爲尊之，反卑之矣。……後世以《傳》爲經，以《記》爲經，以群書爲經，以子爲經，猶以爲未快意，則以經之輿儓爲經，《爾雅》是也。《爾雅》者，釋《詩》《書》之書，所釋又《詩》《書》之膚末，乃使之與《詩》《書》抗，是尸祝輿儓之鬼，配食昊天上帝也"。吾人讀龔氏此説，亦可知後世七經、九經、十三經、十四經之稱之非是矣。龔氏《説中古文》則謂：

> 成帝命劉向領校中五經秘書，但中古文之説，余所不信。秦燒天下儒書，漢因秦宮室，不應宮中獨藏《尚書》，一也；蕭何收秦圖籍，乃地圖之屬，不聞收《易》與《書》，二也；假使中秘有《尚書》，何必遣晁錯往伏生所受廿九篇，三也；假使中秘有《尚書》，不應安國獻孔壁書，始知曾多十六篇，四也；假使中秘有《尚書》，以宣武之爲君，諸大儒之爲臣，百餘年間無言之者，不應劉向始知校《召誥》《酒誥》，始知與博士本異文七百，五也；此中秘《書》既是古文，外廷所獻古文，遭巫蠱不立，古文亦不亡，假使有之，則是燒書者，更始之火，赤眉之火，而非秦火矣，六也；中秘既是古文，外

廷自博士以迄民間，應奉爲定本，斠若畫一，不應聽其古文家、今文家紛紛異家法，七也；中秘有《書》，應是孔門百篇全經，不但《舜典》《九共》之文，終西漢世具在，而且孔安國之所無者，亦在其中，孔壁之文，又何足貴？今試考其情事，然邪不邪？八也；秦火後，千古儒者，獨劉向、歆父子見全經，而平生不曾於二十九篇外，引用一句，表章一事，九也；亦不傳授一人，斯謂空前，斯謂絕後，此古文者，跡過如掃矣。異哉異至於此，十也；假使中秘《書》並無百篇，則向作《七略》，當載明是何等篇，其不存者亡於何時，其存者又何所受也？而皆無原委，千古但聞有中古文之名，十一也；中秘既有五經，獨《易》《書》著，其三經何以蔑聞，十二也；當帝之時，以中書校《百兩篇》，非是，予謂此中古文，亦張霸《百兩》之流，成帝不知而誤收之，或即劉歆所自序之言，託於其父，並無此事。古文《書》如此，古文《易》可知，宜其獨與絕無師承之費直《易》相同，而不與施、孟、梁、邱同也。《漢書·劉向》一傳，本非班作，歆也博而詐，固也佪而愿。

龔氏此篇列舉十二證以言中古文之不足信，其三、四、五、八、九、十一、十二諸證，皆顛撲不可破，宜後儒多信其説也。龔氏於考辨僞經，並不甚力，但於《周禮》《左傳》二者，不深信之，其攻《周禮》，並無專書，僅於《六經正名》一文中謂："《周官》晚出，劉歆始立，劉向、班固灼知其出於晚周先秦之士之掇拾舊章所爲，附之於《禮》，等之於《明堂陰陽》而已。後世稱爲經，是爲述劉歆，非述孔氏。"其於《左氏》則有《左氏決疣》之作，其《己亥雜詩》"姬周史統太銷沈，况復炎劉古學瘖。崛起有人扶《左氏》，千秋功罪總劉歆"。自注云："癸巳歲成《左氏春秋服杜補義》一卷，其劉歆竄益《左氏》顯然有跡者，爲《左氏決疣》一卷。"然龔氏雖不信《周禮》《左氏》，實非由於酷信今文而然，觀其所著有《左氏春秋服杜補義》，有《尚書馬氏家法》，於古文師説，並爲之疏通證明。其《己亥雜詩》"經有家法夙所重，詩無達詁獨不用。我心即是四始心，沉寥再發姬公夢。"注云："爲詩非序、非毛、非鄭各一卷，予説《詩》以涵泳經文爲主，於古文、毛、今文三家無所尊、無所廢。"實可見其並非有家法之成見，而侈斷何者爲真，何者爲僞也。龔氏不信中古文之論，蓋實有所見而云然，此非若其《古史鈎沉論》，主張六經皆史，乃受章學誠輩之影響，實龔氏之卓識也。

自珍治學，雖不必有今文家之成見，然既從劉申受受《公羊春秋》，治經能重微言大義，其《己亥雜詩》有："端門受命有雲礽，一脈微言我敬承，宿草敢祧劉禮部，東南絕學在毗陵。"自注云："年二十有八，始從武進劉申受受《公羊春秋》，近歲成《春秋決事比》六卷，劉先生卒十年矣。"又："玉立長身宋廣文，長洲重到忽思君。遙憐屈賈英靈地，樸學奇材張一軍。"自注云："春懷宋於庭丈作，於庭投老得楚南一令，奇才樸學，二十年前目君語，今無以易也。"可見其於劉、宋服膺並篤，則龔氏雖間有發明古文家說者，實不得不以今文家目之；不惟如是，今文家說，以龔氏之奇才，益發揮張大之，亦實有其重要貢獻矣。

2. 戴望

字子高，浙江德清人。諸生。始好詞章，繼讀博野顏元、李塨書，遂治顏李學。後謁長洲陳奐，通聲音訓詁，復從宋翔鳳受《公羊春秋》，遂通《公羊》之學，尤得宋氏《論語說義》之傳。其所著書有：

《論語注》二十卷，《管子校正》二十四卷，《顏氏學記》十卷，《謫麐堂遺集》四卷。

3. 劉恭冕

字叔俛，江蘇寶應人。父寶楠，撰有《論語正義》二十四卷，恭冕實續成之。恭冕幼承家學，博涉通經，所學"於訓練文字，辨核極精確，尤喜尋繹微言大義，無主漢奴宋之習"。光緒五年舉人。入安徽學政朱蘭幕，為校李貽德《春秋賈服注輯述》，遂補百數十事。後主講湖北經心書院，敦品飭行，崇尚樸學。幼本習《毛詩》，晚年乃治《公羊春秋》，發明新周之義，與何休《公羊解詁》不同，一時通儒皆題之。年六十卒。所著書有：

《論語正義補》《何休論語注訓述》《廣徑堂文鈔》。

4. 王闓運

字壬秋，又字壬父，號湘綺，湖南湘潭人。咸豐三年舉人。幼好學，質魯，日誦不能及百言。發憤自責，勉強而行之，昕所習者，不成誦不食；夕所誦者，不得解不寢。於是年十有五而明訓詁，二十而通章句，二十四而能言禮，考三代之制度，詳品物之所用；二十八而達春秋微言，張《公羊》，申何學，遂通諸經。刻苦勵學，寒暑無間，經史百家，靡不誦習，箋、注、抄、校，日有定課。遇有心得，隨筆記述，闡明奧義，中多前賢未發之覆。尤肆力於文，溯莊、列，探賈、董，其駢儷則揖顏、庾，於詩歌則抗阮、左，而記事之體，一取裁於龍門。學成出遊，初館山東巡撫崇恩，入都就尚書肅順聘，肅順奉之若師保，軍事多咨而後行。左宗棠之獄，闓運實解之。已而參曾國藩幕，胡林翼、彭玉麐等皆加敬禮。然以自負奇才，所議多不合，乃退息，無復用世之志，唯出所學以教後進。光緒五年，四川總督丁寶楨聘主尊經書院，待以賓師之禮，成材甚衆。歸爲長沙思賢講舍及衡州船山書院山長。光緒二十八年主南昌高等學堂，旋辭退回湘，在湘綺樓講學授徒。前後得弟子數千人，有門生滿天下之譽。光緒三十四年湖南巡撫上其學行，特授檢討户鄉試重逢，加侍讀；入民國，嘗一領史館。五年卒，年八十五。

5. 王先謙

字益吾，長沙人。同治四年進士，遷庶吉士，授編修。光緒元年大考二等，擢中允，充日講起居注官。歷上疏言言路防弊，請籌東三省防務，並劾雲南巡撫徐之銘，六年晉國子監祭酒，八年丁憂歸，服闋，仍故官。疏請三海停工，出爲江蘇學政，十四年以太監李蓮英疏請懲戒，措詞甚爲激昂。先謙歷典雲南、江西、浙江鄉試，搜羅人才，不遺餘力，既莅江蘇，先奏設書局，仿阮元《皇清經解》例，刊刻《續經解》一千四百三十卷。南菁書院創於黃體芳，先謙廣籌經費，每邑拔取才士入院而督教之，誘掖獎勵，成就人才甚多。開缺還家，歷主思賢講舍、岳麓、城南兩書院，其培植人才，與前無異。三十三年總督陳夔龍、巡撫岑春蓂奏以所著書進呈，授內閣學士銜。民國後改居鄉間，越六年卒，年七十五。所著書有：

> 《詩三家義集疏》二十八卷，《尚書孔傳參正》三十六卷，《漢書補注》一百卷，《後漢書集解》一百二十卷，《荀子集解》二十卷，《日本源流考》二十二卷，《外國通鑑》三十卷，《虛受堂詩文集》三十六卷。

王氏讀《左》質疑，據其自跋，乃"同治年間，假館吳門，私有所論說"而成者。其言有云："又有甚者，劉歆阿附新莽，動以經術文飾，其爲逆探莽意，竄入傳文，以爲假借欺人之具，不獨《周官》一書，滋後人之短。故余嘗謂秦人禁書，未禁者固不亡，漢人明經，其借明經以亂經者，經乃亡，非刻論也。"王氏力攻僞《左》與《周官》，其論調乃與劉逢禄、龔自珍等，不可謂非今文學運動之健將也。其《讀左質疑》論"隱元年不書即位，攝也"云：

> 嗚呼！是非《春秋》之旨也，古制，諸侯幼弱，天子命賢大夫輔相爲政，無攝代之義。即當日周公輔成王，亦祇以冢宰行國事，非有踐祚攝位之文，朱子以爲他事可攝，即位不可攝，千古不易之論也。隱公維室之子，於第當立，尋父娶仲子之義，終有推位讓國之心，故立以爲太子，以示異日立弟不立子，如後世趙太祖之於太宗，故生稱公，死稱薨，隱自爲君，而桓自爲太子，無嫌也。王莽由假皇帝以傾漢祚，其奏太后，直引此文爲證，緣飾經解，心售其奸，而竄入之跡，不辨而自明矣。

論"君子以齊人之殺哀姜也,爲已甚矣"云:

哀姜淫乎共仲,與殺二子,魯幾亡,魯之臣子不能討,而齊以伯主得行其法,亦天討也。乃以爲已甚,而區區於女子從人之説以文飾其辭,其不知《春秋》之公義矣。

論"昭十六年諸侯之無伯害哉"云:

詩曰:四國有王,郇伯勞之。吾聞上有明王而後有賢伯。未聞舍王而恩伯者也。此與春秋貴王賤霸之義正相反。

論"定十五年葬定公雨不克襄事禮也"云:

送死大事,宜無不備,因雨不克襄事,慢也。何以爲禮?(同上)

凡此皆力攻《左氏》之疵病,與明郝敬之《春秋非左》異曲同工,在晚清今文學運動中有此一書,亦足見古文之眞不可信,而今文之當興也。王氏此書爲民七戊午孟冬月茹經堂唐氏援梓,唐氏即唐文治,王氏之弟子也。唐氏亦有《跋》云:"宣聖義法,丘明蓋聞之熟矣。而今案其書,類多浮夸之辭,甚且索隱行怪,違離道本,何哉?殆有二故焉。《論語》曰,'巧言令色足恭,左丘明恥之。'意其爲人,必磊落瑰奇,講求氣節,故其馳騁萬有,涵蓋古今,寫其胸中之藴蓄,而不規規於經,故昔人謂丘明之傳,非以説經,猶子長之文,非以作史,此其故一也。後人好改經傳,《左氏》離厄尤甚。大國既盛,田氏有竄入者,如懿氏卜妻敬仲之類;魏氏有竄入者,如畢萬之後必大之類;趙氏有竄入者,如越境乃免之類;秦燔而後,劉氏有竄入者,如處者爲劉氏之類。西漢時,《公羊》先立於學官,緣飾讖緯,治《左氏》者倣之,亦竄入符瑞之説,下逮王符之世,劉歆奮其私筆,任意增改,謬誤可疑之處,乃蘖乳而浸多,此其故二也。"唐氏非能治今文者,而亦力攻《左氏》與劉歆,蓋實王氏之學有以啓之也。

6. 丁晏

字柘堂,江蘇山陽人。阮元爲漕督,以漢《易》十五家發策,晏條對萬餘言,爲當世冠。道光元年舉人。生平篤好鄭學,於《詩箋》《禮注》,研討尤深。嘗輯《鄭康成年譜》,顏其堂曰"六藝"取康成《六藝論》以深仰止之思。然晏治經學,不掊擊宋儒,嘗謂漢學、宋學之分,門户之見也。漢儒正其詁,詁正而義以顯;宋儒析其理,理明而詁以精,二者不可偏廢。尤熟於《通鑑》,故經世優裕。嘗與人論鈔幣,謂輕錢行,鈔必有利而無害。論禁菸,謂不禁則民日以弱,中國必疲;禁則利在所爭,外夷必畔。且禁菸當以民命爲重,不當計利立法,當以中國爲先,不當擾夷。後悉如其言。在籍時,辦堤工,司賬務,修府城,浚市河,開通文渠中支,均有功於鄉里。咸豐三年,太平軍蔓延大江南北，督撫檄行府縣，練勇積穀，爲守禦計，淮安以晏主其事。十年，捻匪擾淮安北關，晏號召團練，分布要隘，城以獲全。十一年，以團練大臣晏端書薦叙前守城績，由侍讀銜内閣中書加三品銜。晏少多疾病，迨長，讀書養氣，日益強固。治一書畢，方治他書；生平校訂書籍極多，必徹終始。光緒元年卒，年八十二。其所著書凡四十七種：

《尚書餘論》二卷，《禹貢集釋》三卷，《鄭氏詩譜考正》一卷，《詩考補注》二卷，《補遺》一卷，《三禮釋注》八卷，《周易述傳》二卷，《孝經述注》一卷，《毛鄭詩釋》四卷，《周易解故》一卷，《訟卦淺説》一卷。

7. 黄式三

字薇香，浙江定海人，號儆居，清道光十二年歲貢生。事親孝，十四年赴鄉試，母以暴疾卒於家，馳歸，慟絶。父老且病，卧床笫數年，衣食盥洗，必躬親之。比殁，持喪以禮，誓不再應鄉試，終身治學。於學不立門户，不拘漢、宋，博綜群經，擇是而從。治《詩》，治《易》，治《春秋》，而尤長《三禮》；論禘郊宗廟，謹守鄭學，然於論封域、井田、兵賦、學校、明堂、宗法諸制，有大疑義，必釐正之。同治元年卒，年七十四。

所著書有：

《論語後案》二十卷，《書啓蒙》四卷，《詩叢説》一卷，《詩序説通》二卷，《詩傳箋考》二卷，《春秋釋》二卷，《周季編略》九卷，《儆居集經説》四卷，《史説》四卷。

8. 馬瑞辰

字符伯，安徽桐城人。父宗璉，字器之，由舉人官東流影教諭，嘉慶六年成進士。少從舅氏姚鼐學《詩》及古文詞，既而精通古訓及地理之學。鄉舉時以解《論語》《過位》《升堂》合於古制，大興朱珪亟拔之。後從邵晉涵、任大椿、王念孫遊，其學益進。嘗以解經必先通訓詁，而載極博，未有匯成一編者，乃偕同志孫星衍、阮元、朱錫庚分韵編録，適南旋中輟，其後元視學江浙，萃諸名儒爲《經籍籑詁》，其凡例猶宗璉所手訂也。其所著有《左氏補注》《毛鄭詩詁訓考證》等書，博徵漢魏諸儒之説，不苟同立異。瑞辰盡傳其學。瑞辰於嘉慶十五年成進士，選翰林院庶吉士，散館改工部營繕司主事，擢郎中，因事罣誤，發往盛京效力，旋援主事，補工部員外郎。復坐事發往黑龍江，未幾釋歸。先後主江西白鹿洞、山東嶧山、安徽廬陽書院講席。太平軍陷桐城，脅之降，不從，遂遇害，年七十九。其所著有：

《毛詩傳箋通釋》三十二卷。

9. 魏源

名遠達，字默深，湖南邵陽人。魏源七歲從塾師劉之綱、魏輔邦讀經史，八歲受書，即解大義。九歲赴縣應童子試，考官指畫有"太極圖"茶杯出"杯中含太極"囑對，魏源即對曰："腹內孕乾坤。"年十五補貢生，乃究王陽明氏心學，尤好讀史。嘉慶十九年以拔貢入都，復從胡承珙、姚學塽問漢宋儒學，又別受《公羊》學於劉逢祿；詩古文詞則時與龔自珍、董桂敷相切磨。蕭山湯金釧雅重之，嘗造其寓，源出迓，鬢髮如蓬。金釧愕眙，既知訂《大學》古本，嘆曰"吾子深造乃若是耶？"蓋自幼時，源續學已甚勤也。道光二年舉順天鄉試，宣宗親閱其試卷，揮翰褒賞，名籍甚。會試落第，房考劉逢祿賦兩生行惜之。兩生者，謂源及龔自珍也。善化賀長齡時為江蘇布政使，乃延源輯《皇朝經世文編》，由是留心時務。九年，納貲為內閣中書，因得徧觀秘籍，由是又熟於國故朝章。二十四年成進士，明年權知東台縣。咸豐元年補高郵州知州，時值太平天國之亂，揚州城陷，太平軍至召伯埭，去州城四十里。源倡辦團練，督以防堵。會欽差大臣琦善統兵至，人心乃安。咸豐四年，周天爵督軍於皖，奏留營以剿宿州匪，降其眾。咸豐六年卒，年六十三。源生平罕嗜欲，自博覽群籍外，惟好遊，輪蹏幾徧域內。與客接，無多言。獨至古今成敗、國家利病、學術得失，則反復辯難，風起潮涌，不可遏；或未當，亦能虛以受人。嘗謂河宜改復北行故道，至咸豐五年，銅瓦廂決口，河果北流。又作《籌鹺篇》上總督陶澍，謂："自古有緝場私之法，無緝鄰私之法。鄰私惟有減價敵之而已。非裁費曷以輕本減價？非變法曷以裁費？"后總督陸建瀛力主行之。

其所著書有：

《書古微》十二卷，《詩古微》二十二卷，《元史新編》九十五卷，《聖武記》十四卷，《海國圖志》一百卷。

其未成與未刊行者則有：

《兩漢今古文家法考》《公羊古微》《曾子發微》《子思子發微》《高子學譜》《孝經集傳》《孔子年表》《孟子年表》《小學古經》《大學古本》《明代兵食二政錄》《春秋繁露注》《老子注》《墨子注》《說苑注》《六韜注》《孫子注》《吳子注》《古微堂詩文集》等書。

魏源在學術上之貢獻

魏氏受《公羊》學於劉氏逢祿，又與龔自珍時相切磨，與龔自珍同為當時之今文經學大師。魏氏所為關於今文經學著作，雖有《公羊古微》《詩古微》《書古微》《兩漢今古文家法考》等書，然除《詩古微》《書古微》已刊行外，《公羊古微》與《兩漢今古文家法考》並未流傳於世，蓋並爲未成之作。今魏氏集中有《兩漢經師今古文家法考叙》一篇，吾人尚可借以明瞭魏氏對於今古經學之意見。其《叙》云：

> 道光……之歲，源……得《周易》今文家施氏學第一，梁丘學第二，孟喜氏學第三，孟氏學旁出京氏、焦氏第四，《周易》古文家費氏第五，其流爲荀氏卦氣之學、鄭玄爻辰之學，此外又有虞翻消息卦變之學，斯爲《易》學今古文傳授大概也。
>
> 《尚書》今文列於博士者，有伏生、歐陽、大、小夏侯二十八篇之學，有孔安國古文四十餘篇之學。至東漢初，劉歆、杜林、衛宏、賈逵、馬融、鄭康成又別創古文之學，其篇次與今文同，而孔安國佚十六篇仍無師説，此皆不列於博士者。及東晉僞古文及僞孔《傳》出，唐代列於學校，而伏、歐之今文，馬、鄭之古文，同時並亡。予據《大傳》殘編，加以《史記》《漢書》諸子所徵引，共成《書古微》，斯《尚書》今、古文傳授大概也。
>
> 《詩》則漢初皆習齊轅固生、魯申公、韓嬰三家，惟《毛詩》別爲古文。鄭康成初年習《韓詩》，及箋《詩》改從毛，於是齊、魯、韓次第佚亡，今惟存毛《傳》。及宋朱子、王應麟始采《三家詩》殘文而未得條緒，明何楷、本朝范家相、桐城徐璈次第蒐輯，始獲《三家詩》十之七八，而余發揮之，成《詩古微》，此《詩》今古文大概也。
>
> 小學以《説文》爲宗，歷代罕究。國朝顧炎武始明音學，而段、王二氏發明《説文》《廣雅》，惟轉注之説尚有疏舛，予特爲發明之，此小學家之大概也。
>
> 《禮經》則禘祫之義，王肅與鄭玄抗衡，鄭主緯書感生五帝之説，肅主人帝爲始祖所自出之帝，輸攻墨（一本"墨"下有"守"字），秦固失之，楚亦未得，而鄭玄《周禮注》計口出泉，至宋遂啓王安石新法之禍。惟宋朱子纂《儀禮經傳通解》，分家禮、邦國禮、王朝禮、喪祭禮，合《三禮》爲一書，此則古今《三禮》之大概也。

魏氏著述在今文經學上發生較大之影響者厥爲《詩古微》，是書辨訂《毛詩》之僞，申明三家之旨，頗多獨到之處，可謂在劉逢禄後考辨僞經之重要著作。他如論孔子之删詩以及《商頌》爲美宋襄公，非殷代而作，皆至當不易之論。《詩古微》卷一《齊魯韓毛異同論》上謂："世之矯誣三家者，不過三端，曰：齊、魯、韓皆未見古序也，《毛詩》與經傳諸子合而三家無證也，

《毛詩》出子夏、孟、荀而三家無考也。"魏氏皆"一一破其疑，起其墜"，而其《論〈毛詩〉之傳授爲不足信》曰：

> 《漢書·楚元王傳》言浮邱伯傳《魯詩》於荀卿，則亦出《荀子》矣；《唐書》載"《韓詩》卜商序"，則亦出子夏矣；《韓詩外傳》："高子問《載馳》之詩於孟子。孟子曰：'有衛女之志則可，無衛女之志則急'"；又載《荀卿·非十二子》篇，獨去子思、孟子，且《外傳》屢引七篇之文，則亦出《孟子》矣；故《漢書》曰："又有毛公之學，自言子夏所傳。自言云者，人不取信之詞也。"至《釋文》引徐整云，"子夏授高行子，高行子授薛蒼子，薛蒼子授帛妙子，帛妙子授河間人大毛公。毛公爲《詩故訓傳》於家，以授趙人小毛公，小毛公爲河間獻王博士。"一云子夏授曾申，申傳魏人李克，克傳魯人孟仲子，孟仲子傳魯人大毛公。夫同一《毛詩》傳授源流，而姓名無一同，且一以爲出荀卿，一以爲出不出荀卿；一以爲河間人，一以爲魯人，輾轉附會，安所據依？豈非《漢書》自言子夏所傳一語已發其覆乎？以視三家源流，孰傳疑？（《經解續編》卷一二九二）

魏氏此處表明《三家詩》之傳授，而《毛詩》之源流轉不足信，後來康有爲撰《新學僞經考》即采用其說，今文學運動至魏氏時，又攻破古文《詩》之僞，不止《左傳》與《尚書》也。《毛詩》次第多與古不合，而其說義亦多有未諦，魏氏嘗謂："《齊詩》先《采蘋》而後《草蟲》與《儀禮》合，《小雅》'四始五際'次第與樂章合，《魯詩》《韓詩》說《碩人》《二子乘舟》《載馳》《黃鳥》與《左氏》合，說《抑》及《昊天有成命》與《國語》合，說'《騶虞》樂官備也'與《射義》合，說《凱風》《小弁》與《孟子》合，說《出車》《采薇》'非文王伐獫狁'與《尚書大傳》合，《大武》六章次第與樂章合；其不合諸書者安在？《毛詩》則動與牴牾，其合諸書者又安在？"而魏氏最大之發明，則在其以"《商頌》非殷代作，實爲宋詩"。《詩古微六·商頌魯韓發微》曰：

> 嘗讀《尚書》，怪《伊訓》《說命》之古文，反易於殷盤周誥之今文，及讀朱、吳、梅、閻之論說，始知先漢今文古，後晉古文今也。嘗怪《小雅》之《文王》《出車》《采薇》，何一似宣王《六月》《采芑》之詩，及考三家遺說，始知《南仲》諸篇，果宣王變雅也。抑嘗讀《三頌》之詩，竊怪《周頌》皆止一章，章六七句，其詞噩噩爾；而《商頌》則《長發》七章，《殷武》六章，且皆數十句，其

詞灝灝爾。何其文家之質，質家之文？及考《後漢書·曹襃傳》（"奚斯頌魯，考父詠殷"），揚雄《法言》"正考父嘗睎尹吉甫矣，公子奚斯嘗睎正考父矣"。《史記·宋世家》之遺說："襄公之時，修行仁義，欲爲盟主，其大夫正考父美之，故追道契、湯、高宗，殷所以興，作《商頌》。"而後知《商頌》與《魯頌》一例，宋襄與魯僖同科，猶《書》之附《費誓》《秦誓》也。（《經解續編》一二九七）

魏氏發抒魯、韓之義，共立十三證以明其說，其第一證曰：

《樂記》："肆直而慈愛者宜歌商，溫良而能斷者宜歌齊。"鄭注："《商》，宋詩也。《疏》謂據下文商人識之，故謂之《商》；齊人識之，故謂之《齊》；知此《商》爲宋人所歌之詩。宋是商後故也。"《左氏春秋·哀二十四年》豐夏曰："周公及武公娶於薛，孝、惠娶於商，自桓以下娶於齊。"杜注："商，宋也。"又哀九年《左傳》曰："利以伐姜，不利子商。"杜注："子商，宋也。"《逸周書·王會解》："堂下之左，尹公、夏公立焉"。《莊子》《韓非子》均有商太宰，與孔子、莊子同時，皆謂宋爲商之證。蓋魯定公名宋，故魯人諱宋稱商。夫子錄詩，據魯太師之本，猶衛之稱邶、鄘，晉之稱唐，皆仍其舊。證一。（同上）

其第五證與第八證曰：

《商頌》果作於商代？如《箋》說《那》之禘成湯者爲太甲，《烈祖》之禘中宗者謂仲丁，《玄鳥》之禘高宗者謂祖庚，則皆以子祭父，如成王之於文、武，何以遽稱之曰"自古""古曰""在昔""昔日先民"？而且一則曰"顧予烝嘗，湯孫之將"；再則曰"顧予烝嘗，湯孫之將"，豈非易世之後，人往風微，庶冀先祖：眷顧而祐我孫子乎？證五。（同上）

《殷武》詩三章《箋》云："時楚不脩諸侯之職"，四章《箋》云："時楚僭號王位。"此亦鄭君暗用《韓詩》，以三章、四章爲《春秋》僖四年公會齊侯、宋公伐楚之事。故箋以歲時來辟，責苞茅不貢之文；不僭不濫，責僭號稱王之義，與《魯頌》"荆舒是懲"，皆侈召陵攘楚之伐，同時同事同詞，故宋襄作頌以美其父。楚入《春秋》，歷隱、桓、莊、閔，止稱荆，至僖二年始稱楚，安得高宗即有伐楚之名？《孔疏》亦窮於詞，故云周有天下，始封熊繹爲楚子，於武丁之世，未審楚君何人。證八。（同上）

魏氏之第一證，就《商頌》之名稱以證其本當爲宋詩也；其第五、第八兩證，則更就詩篇中詞語以證其非殷代所作也。此說發明魯、韓之義，益見毛說爲不足信。魏氏倡此義後，皮錫瑞《商頌美宋襄公證》更立七說以補證之，王國維《說商頌》亦就《商頌》之用詞與地名，增立二證，魏氏此說益覺其可信矣。魏氏論孔子刪詩曰："善乎《魯詩》班固之言曰，孔子純取周詩，上取殷，下取魯，凡三百五篇，曰純取者，明無所去取其間也。因是以通《史記》之言曰，孔子去其重，取可施於禮義者，凡三百五篇。曰去其重者，謂重複倒亂之篇，而非謂樂章可刪，列國可黜也。吾故曰，夫子有正樂之功，無刪詩之事，三家之本有同異，則三百之外不盡逸詩也"。（同上一二九二）其立論亦甚平允。

魏氏《書古微》草成則《詩古微》後，乃"所以發明西漢《尚書》今古文之微言大義，而閔東漢馬、鄭古文之業鑿空無師傳也"（《書古微·序》）。惟尚以孔安國復得《古文尚書》四十五篇於孔壁爲可信，而謂孔安國"校伏生本多佚《書》十六篇，而安國從歐陽生受業，嘗以今文讀古文，又以古文考今文，司馬遷亦嘗從安國問故，是西漢今古文本即一家，大同小異，不過什一，初非判然二家（同上）"。則猶信孔壁古文之說，而以史遷所傳爲古文也。魏氏自謂是書得於經者氏四大端，《序》云：

予既成《詩古微》二十二卷，復致力於《尚書》，墜緒茫茫，旁搜遠紹，其得於經者，凡四大端：一曰補亡，謂補《舜典》，補《九共》，而並補《湯誥》，又補《泰誓》三篇，《武成》二篇，《牧誓》下篇，以及《度邑》《作雒》爲《周誥》之佚篇。二曰正譌，如正典謨"稽古"，而並正殷《高宗肜日》爲胤嗣，而非爲祭禰；《微子》所問爲太師疵少師彊，而非父師箕子；《金縢》之"弗辟"爲自任，而非疑忌；《梓材》爲魯誥而非康誥。三曰稽地，如考禹河而知有千年不決之瀆，稽江漢而知下游有三江分流入海之口，上游有江在荊州夷陵，有分爲九江之事；中游至尋陽別分九派，不謂九江。且彭蠡在江北，不在江南，而漢爲北江；"江水由胥溪匯震澤，吳淞爲中江"之案定。又知雍州黑、弱合流，潛入青海，自合黎視之，謂爲南海；自雍州望之，謂之西海；《地理志》"西海有黑水祠""有西王母石室"，此《尚書》家舊說；至今青海不通舟楫，不勝鴻毛，惟冰合可度入小島，此弱水之明證。四曰象天，知黃道極爲維斗之極，旋繞乎北極，周建乎四時，終古無歲差，故可爲外璇機，亦可爲大玉衡，而非北斗之玉衡；即北斗之三建，亦皆指北方而正子位，以佐璇機之用，而並非建子、建丑、建寅之建。於是天文地理皆定位於高高下下之中，孔思周情各呈露於噩噩渾渾之際，天其復明斯道於世，盡黜僞古文十六篇，並盡黜馬、鄭之説，而頒西漢古誼於學宮矣乎？（同上）

睹此所云，可知全書重要之端。然魏氏所自詡以爲得於經者，正訛之類，如以《高宗肜日》非爲祭禰，《梓材》乃魯誥非康誥，則治《尚書》學者，固未嘗采用之，其是否爲得尚待論定也。書中又謂《金縢》"後半篇不如從馬、鄭説以定經義而息斗諍，非如前半篇《鄭注》之支離害道，斷不可用。西漢今文，千得豈無一失？東漢古文，千失豈無一得？並行不悖也"（《金縢發微下》，《經解續編》一二八七）。以家法繩之，則是魏氏未能嚴守，然以吾人今日之眼光觀之，"東漢古文，千失豈無一得"，實持平之論也。

10. 陳壽祺、陳喬樅

（1）陳壽祺、陳喬樅簡歷

在晚清今文學運動中，有本爲考證學派之嫡傳，而因好古之故，致力於今文經説之搜輯，結果關於今文經説之著述較多，而關於古文之著述轉較少，於今古兩家之説，乃無所偏倚，傳至其子，則儼然一今文家者，則陳壽祺、陳喬樅父子是也。壽祺與劉逢禄、宋翔鳳同時，字恭甫，福建侯官縣人。嘉慶四年進士，選翰林院庶吉士，散館授編修，尋告歸。性至孝，不忍言仕，家貧無食，父命之入都，先後充廣東、河南行試副考官，十四年充會試同考官，京、察一等記名御史，以父卒歸，拒仕乞以養母，母殁終喪，卒不出。壽祺會試出朱珪、阮元門，乃專爲漢學，又及見錢大昕、段玉裁、王念孫、程瑤田諸人，故學益精博，解經得兩漢大義，每舉一説，輒有折衷。兩漢經師，莫先於伏生，莫備於許、鄭，壽祺於伏、許遺書，皆爲之闡明焉。乞養歸後，阮元延課詁經精舍生徒，元纂群經大義爲《經郛》，壽祺爲撰條例，明所以原本故訓，會通典禮，存家法而析異同之意。後主泉州清源書院十年，主鰲峰書院十一年，與諸生言脩身勵學，教以經術，作義利辨，知恥説，科舉論，以示學者。規約整肅，士初苦之，久乃悦服。家居與諸當事書，於桑梓利弊，蒿目痗心，雖觸忌諱無所隱，明儒黄道周孤忠絶學，壽祺搜輯遺文，爲之刊行。又具呈大吏乞疏從禩孔廟，如所請。蓋壽祺於時世之務，亦甚厝意也。道光十四年卒，年六十四。其所著有《五經異義疏證》三卷，《尚書大傳輯校》三卷，《序録》一卷，《訂誤》一卷，附《漢書五行志劉向五行傳論》三卷，《東越儒林文苑後傳》二卷，《東觀存稿》一卷，《左海經辨》二卷，《左海文集》十卷，《左海駢體文》二卷，《絳跗堂詩集》六卷。其所欲著者尚有《三家詩遺説考》《歐陽夏侯經説考》《禮記鄭讀考》，則其子喬樅爲完成之。

喬樅字樸園，道光五年舉人，二十四年以大挑知縣分發江西，歷宦分宜、弋陽、德化、南城諸縣，署袁州、臨江、撫州諸府。以經術飭吏治，居官有聲。同治七年卒於官，年六十一。喬樅承其父志，紬繹舊聞勒成：《禮記鄭讀考》六卷，《三家詩遺說考》十五卷，其所自著後有：《齊詩翼氏學疏證》二卷，《詩緯集證》四卷，《今文尚書經說考》三十三卷，《今文尚書叙錄》一卷，《歐陽夏侯經說考》一卷，《詩經四家異文考》五卷，《毛詩鄭箋改字說》四卷，《禮堂經說》二卷。喬樅能修世業，張其家法，實可次與元和惠氏、高郵王氏媲美。

(2) 壽祺與今文學之關係

壽祺爲阮氏弟子，其受當時考證學派戴、段諸家之影響，固甚顯明。嘗謂："治經之道，當實事求是，不可黨同妬真，漢儒學近古，其家法出七十子之徒，宋後學者好非古，其明斷在千百載之下，故不能不舍彼而取此，而亦非盡廢之也。其有存古可資者，何嘗不兼收參訂，以爲薄宋後之書，輒並其善者而不旁涉，又豈通儒之見哉？夫說經以義理爲主，固也。然未有形聲訓故不明與名物象數不究，而謂能盡通義理者也。何謂義理？寓於形聲訓故與名物象數而不遺者也。言形聲訓故與名物象數，舍漢學何由？而非心知其意，博綜源流，未足以與此？"（《經解》一二五三）又謂："壽祺所以不喜攻鄭者，以爲學者未嘗深究本原，會通撰述之微意，徒耳熟於王子雍、趙伯循等之說，悅其淺近易曉，遂從風掊擊，不顧其安，而非敢阿好古人，寧道周、孔失，不言鄭、服非也。"（《經解》一二五三）就其議論觀之，亦當屬於考證學派，其所以有今文《尚書大傳定本》《歐陽夏侯經說考》《魯齊韓詩說考》諸書之作者，則以壽祺主張通儒之見與其甚好輯佚之學。壽祺《答翁覃谿學士書》曰："壽祺向嘗鉤考齊、魯、韓詩者，正欲爲《毛傳》鄭箋疏通證明，非旁騖也。《詩》有三家，猶《春秋》之有《公羊》《穀梁》，不可偏廢；二《傳》存而《三家詩》亡，說經者之不幸也。"（同上）其上《儀征阮夫子請定〈經郛〉義例書》，亦曰："善夫魯丕上疏曰：'說經者，傳先師之言，非從己出，不得相讓；相讓則道不明，若規矩權衡之不可枉也。難者必明其據，說者務立其義，浮華無用之言，不陳於前，故精思不勞而道術愈章，法異者各令自說師法，博觀其義。'蓋守一先生之言而不敢襮，此經生之分也，總群師之言，稽合同異，而不偏廢，此通儒之識也。……曩者歲在著雍敦牂，養疴家術，亦嘗稍事綴輯，取便瀏覽。人事當迫，廢焉不修。"（同上）可見壽祺閒居之時，即好抄撮，取便瀏覽，且以爲總群師之言而不偏廢，乃通儒之識，故雖從事古學，而於今文詩書之學，並加搜討，終異於其他之古文經師。故壽祺之學，雖出於考證學派，而實則頗盡搜輯今文經說之力，可以列於今文學派，且足以見今文學運動之興起，其所由來非一端也。

壽祺《與許子錦論經義書》謂："所欲述者，有《歐陽夏侯尚書考》《尚書大傳箋》《魯齊韓詩説考》……《公羊禮》《穀梁禮》等書"，其所欲致力於今文經學之著述，約四五種，然除《尚書大傳箋》篤定爲《尚書大傳輯校》外，餘並未成。今《左海文集》中載有《尚書大傳箋序》，可見壽祺對於今文學之態度。《序》云：

> 伏生以明經爲秦博士，漢孝文時年且百歲，……自以二十九篇授張生、歐陽生，教於齊魯之間，迄武、宣世，有歐陽、大小夏侯氏，立學官，是爲今《尚書》。孔安國晚得壁中古文，多逸《書》十六篇，顧絶無師説。終漢之世，獨傳二十九篇而已。何則？二十九篇今文具存，文字異者不過數百，其餘與古文大旨略均足相推校。逸十六篇，既無今文可考，遂莫能盡通其義。凡古文《易》《書》《詩》《禮》《論語》《孝經》所以傳，悉由今文爲之先驅，今文所無輒廢。古《春秋左氏傳》賴張蒼先修其業，故傳；《禮》古經五十六篇，傳《士禮》十七篇，與后、戴同，而三十九篇逸《禮》竟廢；《書》亦猶是也。向微伏生，則唐、虞、三代典謨誥命之經，烟銷灰滅，萬古長夜，夫天爲斯文篤，生名德期頤之壽，以昌大道，豈偶然哉？《尚書》今學精或不逮古文，然亦各守師法。賈逵以爲俗儒，康成以爲媢嫉蔽冒不悛，乃謂當時博士末師，破碎章句亡過，而伏生大傳條撰大義，因經屬旨，其文辭爾雅深厚，最近大小《戴記》、七十子之徒所説，非漢諸儒傳訓之所能及也。（《經解》一二五四）

壽祺於此《序》雖云"《尚書》今學精或不逮古文"，而謂"然亦各守師法"，賈、鄭所詆其者，乃謂當時博士末師，此已無所軒輊於其間。而云"凡古文《易》《書》《詩》《禮》《論語》《孝經》所以傳，悉由今文爲之先驅"，則亦深知今文經學爲古文之本源矣。壽祺於《詩三家遺説》，雖未寫定成書，然其搜集之功頗勤；喬樅雖爲卒成其業，故於"凡喬樅所增緝者，加補字別識之"，吾人猶可覘其一斑，不可悉委爲喬樅所爲。壽祺亦有《三家詩遺説考自序》云："兩漢《毛詩》未列於學，凡馬、班、范三史所引，皆魯、齊、韓《詩》，異者見異，同者見同，緒論所存，悉宜補綴，不宜取此而棄彼也。"此尤可見壽祺致力於今文經説，而無所軒輊今古也。壽祺有《五經異義疏證》一書，疏釋許慎、鄭玄兩家之説，許、鄭或從今説，或從古説，已非絶對遵守一家之言，在許、鄭東漢之經師，猶非全從古説，則壽祺於今古無所軒輊，固其宜也。

(3) 壽祺在學術上之貢獻

壽祺於今文經學，頗具搜判之功，其所主張影響於後世者，猶有二事。其一曰：論《史記》用今文《尚書》，江聲、孫星衍爲《尚書》作新疏，皆誤認《史記》所用爲古文說；段玉裁爲《古文尚書》撰異，則以凡《史記》引用《書》說之不合於古文者皆委爲今文；所見實有未逮。壽祺在《左海經辨·史記用今文尚書》條云：

《史記》始用《書序》，采摭十之七八，其說多異，蓋今文家言也。雖班固稱遷書載《堯典》《禹貢》《微子》《洪範》《金縢》諸篇多古文說，今以此五篇考之，如《五帝紀》之載《堯典》"居鬱夷，曰柳谷""便在伏物""黎民始饑""五品不訓""歸，至於祖禰廟""五流有度，五度三居"；《夏本紀》之載《禹貢》"維箘簵、楛""滎播既都"；《周本紀》之載《洪範》"毋侮鰥寡"，文字皆與今文吻合，則所謂多古文說者，特指其說義耳。若文字固不盡從古文也。五篇而外，所錄皆今文可知；不獨"黎"之作"耆"，"流爲雕"之作"流爲鳥"，"如熊如羆"之作"如豹如離"而已。司馬子長時《書》惟有歐陽，大小夏侯未立學官，然則《史記》所據《尚書》，乃爲歐陽本也。（《經解》一二五一）

壽祺此說，近治《尚書》，多援用之，蓋史遷之時，古文猶未興起，謂"多古文"說，實不足據也。其曰今文《尚書》有《序》說，壽祺歷舉十七證以明今文《尚書》之有《序》，說雖未諦，然除王咏霓《尚書異》、康有爲《新學僞經考》外，大抵多用其說，宋氏翔鳳尤稱贊之，亦足見其影響之大。王、康雖駁斥之，壽祺所舉證亦有顛撲不破者在，固非遊談無根所可與比擬者也。

壽祺《上儀徵阮夫子請定〈經郛〉義例書》，主張搜集唐宋以前諸子百家諸史志傳之有關經義者，類而集之，依經條次，以申許、鄭之悶渺，補孔、賈之闕遺。並取揚子《法言》之語，總繫《經郛》。壽祺別撰《經郛》條例，頗足以見其計劃之宏大，亦可窺見當時所主張之方法。條例曰：

《經郛》薈萃經說，本末兼賅，源流具備，闡許、鄭之悶渺，補孔、賈之闕遺，上自周秦，下迄隋唐。網羅眾家，理大物博，漢魏以前之籍，搜採尤勤，凡涉經義，不遺一字。其大端有十：一曰探原本。以經解經，厥義最古，如《三傳》《禮記》所引《易》《書》《詩》，《爾雅》所釋詁言訓是也。二曰鉤微言。奧訓眇辭，注家闕略，如《說文》所解、《廣雅》所釋是也。三曰綜大義。發明指歸，會通典禮，如《荀子》之論《禮》《樂》，董子之論《春秋》，《史》《志》《通典》之歷議禮議服議是也。四曰存古禮。三代遺制，周人能言，如《左氏傳》之稱《禮經》，《小戴記》之載雜說是也。五曰存漢學。兩京家法，殊途同歸，載籍既湮，舊聞僅見，如《史記》載《尚書》多古文說，《白虎通》引經多今文說，《漢書·五行志》多《三傳》先師之說，《五經異義》多《石渠議奏》之說是也。六曰證傳注。古人解經，必無虛造，間出異同，皆有依據，如《毛傳》之合於《雅》詁，鄭《箋》之涉於魯、韓是也。七曰通互詮。一家之說，或前後參錯，而互相發明，如鄭志之通諸注差互，《箴膏肓》《發墨守》《起廢疾》之別《三傳》短長是也。八曰辨剿說。晉代注家，每攟拾前人而不言所自，如《僞孔尚書》傳之本於王肅，杜預《左傳注》之本於服虔，郭璞《爾雅注》之本於樊孫是也。九曰正謬解。大道多歧，習非勝是，實事求是，擇焉必精，如《易》之象數明則輔嗣之玄宗可退，《書》之訓詁核則仲真之僞傳可排是也。十曰廣異文。古籀、篆、隸，易時遞變，眾家授受，傳本不同，如《說文》之古文，《玉篇》之異字，漢碑之異禮，《經典釋文》之異本是也。統諸十端，囊括古今，誠六藝之潭奧，眾論之苑圍。

壽祺此種主張，無異欲爲經學編一辭書，阮氏頗采納之，惟其事甚繁重，故終未底於成。然吾人讀壽祺此條例，亦可見活學之方法。壽祺見地如此，所以能於今古兩派中俱佔重要之位置也。

壽祺關於古文經之專著，實祇《禮記鄭讀考》一種，且未卒業，其《序》謂因"或譏鄭司農注《禮記》多改字"，乃"專舉鄭注異讀，博稽文字，證明本源，爲《禮記鄭讀考》"（《序》語）。蓋專發明《禮記》鄭注文字通假之作。壽祺別有《漢讀舉例》，載《左海經辨》中，說明一般原則，其價值轉在此書之上，較爲可觀。

(4) 陳喬樅在學術上之貢獻

喬樅《歐陽夏侯尚書經說考》《魯齊韓詩遺說考》，並踵繼壽祺未竟之作而完成者，其《今文尚書經說考》等書亦取其父志而纂述者，惟喬樅對於今文喬說絕無詆毀之詞，此較其父實並進步。壽祺《尚書大箋·自序》，謂"向微伏生，則唐虞三代典謨誥命之經，烟銷灰滅"，而繼之以"《尚書》今學，精或不逮古文"。喬樅《今文尚書經說考·自序》述壽祺之語，而自"尚書學今"以下易爲：

嘗爲喬樅曰："……《尚書》三家今文各守師法，皆傳伏生之業者，苟能鈎考佚文，得其單詞片義，以尋三家今文千數百年不傳之緒，使百世之下，猶知當日幸有三家今文，賴以維持聖經於不墜，則豈徒以延絶學而廣異義云爾哉"？喬樅敬承庭訓，識之勿敢忘。曩嘗搜討群書，稽求佚義，綴緝頗具，梗概粗陳。顧以宦海浮沉，日月蹦邁，恒以不克繼志爲懼。今春免官，逆杜門下帷，乃録舊稿，重複研尋，成《歐陽夏侯經説考》一卷，《今文尚書序録》一卷，《今文尚書經説考》三十三卷。凡所采摭經史傳注及諸子百家之説，實事以求是，必溯師承；沿流以討源，務隨家法，而參評考校，則亦有取於馬、鄭之傳注，爲之旁證而引伸之，前後屢更寒暑而後卒業焉。

喬樅已不云"《尚書》今學，精或不逮古文"，而云"幸有三家今文，賴以維持聖經於不墜"，非"徒以延絶學而廣異義"，喬樅之意在發明今學，非如其父"鈎考齊、魯、韓詩者，正欲爲《毛傳》鄭箋疏通證明"。其旨趣不同，固顯然易見。此喬樅所以云"必溯師承""務隨家法"，而所以"有取於馬、鄭之傳注"，乃"爲之旁證而引伸之"，儼然一今文家之口吻，非復如其父之於今學猶非深崇信之也。喬樅《今文尚書叙録》，則録兩漢三國今文《尚書》經師之傳略，使人可借知今文《尚書》傳授之源流，然於三家並未分列，故於流派不甚顯，亦有《今文尚書經説考》中所述及之經師而叙録並未列者，故僅讀其《叙録》，於源流尚不能詳知。喬樅《歐陽夏侯尚書經説考》，則多利用其父祺《五經異義疏證》之説，此爲承其父志而作，喬樅《今文尚書經説考》固可包舉三家之説而又另爲一書，亦所以評述之也。

喬樅《三家詩遺説考》雖屬增補其父壽祺之遺作而成，而實較其父所見爲允當，此則喬樅功力較深於乃父之明驗。如《魯説遺説考·燕燕篇》，壽祺引《列女傳·母儀篇》説此詩爲衛定姜送其婦作，鄭康成注《禮記》引齊説又與微異。壽祺曰："案《坊記》引此詩先君之思，以畜寡人。"鄭君注云："畜，孝也。獻公無禮於定姜，定姜作詩，言獻公當思先君定公，以孝於寡人。"《釋文》曰："此是魯詩。考《列女傳》此詩爲定姜送婦而作，獻公無禮之事，不涉作詩，《列女傳》皆用魯説，顧與鄭君記注頗不合，魯字疑誤。"喬樅則曰："案鄭君《禮記注》多述《齊詩》説，《釋文》：魯字疑齊之誤。合此篇魯、齊同以爲定姜之詩，而説微異，魯説以爲送其婦歸而作詩，齊以爲並爲獻公無禮而作詩也。王氏詩考以此記注收入《魯詩》，然則王所見《釋文》，已誤作魯矣。"（《經解續編》一一一九）此可見壽祺於鄭注用詩尚不知其屬於何家，不能決《釋文》之誤，喬樅後出乃轉精也。喬樅於《三家詩遺説考》並有序，頗可以見其搜討之方法，其《魯詩遺説考序》云：

案《魯詩》授受源流，《漢書》章章可考。申公受《詩》於浮邱伯，伯者，荀卿門人也。劉向校錄《孫卿書》亦云："浮邱伯受業於孫卿，爲名儒，是申公之學，出自荀子，《荀子》書中說《詩》者，大都爲《魯說》所本，今綴之，列於《魯詩》，原其所自始也。"孔安國從申公受《詩》爲博士，至臨淮太守，見《史記·儒林傳》，太史公從孔安國問業，所習當爲《魯詩》，觀其傳儒林首列申公，敘申公弟子首數孔安國，此太史公尊其師傳，故特先之。劉向父子，世習《魯詩》，高郵王氏《經義述聞》以向爲治《韓詩》，未足徵信。考《楚元王傳》，言"元王好《詩》，諸子皆讀《詩》"。"高后時，浮丘伯在長安，元王遣於郢客與申公俱卒業。"文帝時，"申公始爲《詩》傳，號《魯詩》。元王亦次之《詩》傳，號曰《元王詩》。"向爲元王子休侯富曾孫，漢人傳經，最重家學，知向世修其業。《說苑》《新序》《列女傳》諸書，其所稱述，必出於《魯詩》無疑矣。後漢建初四年，"下太常，將、大夫、博士、議郎、郎中及諸生、諸儒會白虎觀，講議五經同異，使五官中郎將魏應承制問，侍中淳于恭奏，帝親稱制臨決，如孝宣甘露石渠故事，作《白虎議奏》。"今於《白虎通》引詩，皆定爲魯說，以當時會議諸儒，如魏應，皆習《魯詩》，而承制專掌問難，又出於魏應也。《爾雅》亦《魯詩》之學，漢儒謂《爾雅》爲叔孫通所傳。叔孫通，魯人也。臧庸堂《拜經日記》，以《爾雅》所釋詩字訓義，皆爲《魯詩》，其注《爾雅》，多襲漢人舊義，若犍爲舍人、劉歆、樊光、李巡諸家注解，徵引《詩經》，皆魯家今文，往往與毛氏殊，郭璞沿用其語，如釋"故陽予也"注引《魯詩》"陽如之何"；釋"草薕莖"注引詩"山有薕"文，與《石經·魯詩》同，尤其確證。熹平《石經》以《魯詩》爲主，聞有齊、韓字，蓋叙二家異同之說，此蔡邕、楊賜所奉詔同定者也。若夫張衡《東京賦》"改奢即儉，制美斯干"之語，與《劉向傳》說詩義合；王逸《楚辭注》"繁鳥萃棘，負子肆情"之解，與《列女傳》歌詩事同。至如"佩玉晏鳴""《關雎》嘆之"，臣瓚謂"事見《魯詩》"。而王充《論衡》、揚雄《法言》，亦並以《關雎》爲康王之時，仁義陵遲，《鹿鳴》刺焉；史遷語蓋本魯說；而王符《潛夫論》、高誘《淮南注》，亦均以《鹿鳴》爲刺上之作。互證而參觀之，夫固可以考見家法矣。

其《齊詩遺說考自序》云：

漢時經師，以齊、魯爲兩大宗，文、景之際，言《詩》者魯有申培公，齊有轅固生，《春秋》《論語》，亦皆有齊魯之學，此其大較也。先大夫嘗言漢儒治經，最重家法。學官所立，經生遞傳，專門命氏，咸自名家，三百餘年，顯於儒林，雖《詩》分爲四，《春秋》分爲五，文字或異，訓義固殊，要皆各守師法，持之弗失，寧固而不肯少變，斯亦古人之質厚，賢於季俗之逐波而靡也。喬樅比補緝《齊詩》佚文、佚義，於經徵之《儀禮》、大小戴《禮記》；於史徵之班固《漢書》、荀悦《漢紀》；於諸子百家，徵之董仲舒《春秋繁露》、焦贛《易林》、桓寬《鹽鐵論》、荀悦《申鑒》諸書；皆確有證據，不逞私臆之見，不爲附會之語，蘄於實事求是而已。夫轅生以治《詩》爲博士，諸齊以詩貴顯者皆固之弟子，而昌邑太傅夏侯始昌最明。始昌通五經，后蒼事始昌亦通《詩》《禮》，爲博士。迨孝宣世，《禮》學后蒼最明，戴德、戴聖、慶普皆其弟子，三家立於學官。《詩》《禮》師傳既同出自后氏，則《佚禮》及二戴《禮記》中的引佚詩，皆當爲《齊詩》之文矣。鄭君本治《小戴禮》，注《禮》在箋《詩》之前，未得毛傳。《禮》家師說，均用《齊詩》，鄭君據以爲解，知其所述，多本《齊詩》之義，故《鄭志》答炅模云："《坊記注》以《燕燕》爲夫人定姜之詩"，先師亦然。先師者，謂《禮》家師說也。《齊詩》有翼、匡、師、伏之學，班固之從祖伯少受《詩》於師丹，誦說有法，故叔皮父子，世皆家學。《漢書·地理志》引"子之營兮"及"自杜沮漆"，並據《齊詩》之文。又云，"陳俗巫鬼，晉俗儉陋"，其語亦與匡衡說《詩》合，是其驗已。荀悦叔父爽師事陳寔，寔子紀傳《齊詩》，見陸德明《經典釋文》，《後漢書》言荀爽嘗著《詩傳》，爽之《詩》學，太邱所授，其爲齊學明矣。轅固生作《詩内外傳》，荀悦特著於《漢紀》，尤足證荀氏家學皆治《齊詩》，故言之獨詳耳。至如公羊氏本齊學，治《公羊春秋》者，其於《詩》皆稱齊，猶之穀梁氏爲魯學，治《穀梁春秋》者，其於《詩》亦稱魯也。董仲舒通五經，治《公羊春秋》，與齊人胡毋生同業，則習齊可知。《易》有孟京卦氣之候，《詩》有翼奉五際之要，《尚書》有夏侯《洪範》之說，《春秋》有公羊災異之條，皆明於象數，善推禍福，以著天人之應，淵源所自，同一師承，確然無疑。孟喜從田王孫受《易》，得《易》家候陰陽災變書，喜即東海孟卿子，焦延壽所從問《易》者，是亦齊學也。故焦氏《易林》，皆主《齊詩》說。豈僅甲戌己庚，違性任性之語，與翼氏《齊詩》言五性六情合；亥午相錯，敗亂緒業之辭，與《詩緯·汜歷樞》言"午亥之際爲革命"合已載？若夫桓寬之《鹽鐵論》，以《周南》之《罝兔》爲刺，義與魯、韓、毛迥異，以《邶風》之"鳴雁"爲"鴇"，文與魯、韓、毛並殊，又其顯然易見者耳。

其《韓詩遺說考自序》云：

《詩》之有魯、齊、韓、毛，猶《春秋》之有公、穀、鄒、夾也。鄒氏無師，夾氏未有書，故其傳不顯於世。《詩》則魯、齊、韓三家，並立學官，家誦戶習，終兩漢之世，經師稱極盛矣。顧自魏晉改代，毛、鄭詩行而三家之學始微。《韓詩》雖最後亡，持其業者蓋寡。惟杜瓊著《韓詩章句》十餘萬言，見於《蜀志》；張紘從濮陽闓受《韓詩》，見於《吳書》；崔季珪少讀《韓詩》，就鄭氏學，見於《魏志》；晉太康中，何隨治《韓詩》，研精文緯，見於《華陽國志》；外此恒不數覯焉。夫去聖久遠，學不厭博，漢世襃顯儒術，建立五經，爲置博士，一經之學，數家競爽，凡別名家者，皆增置博士，各以家法教授，所以扶進微學，尊廣道藝也。後之人因陋就簡，安其所習，毀所不見，師法既失，家學就湮，豈非學士大夫之過歟？稽之《漢書·藝文志》，《韓詩經》二十八卷，《韓故》三十六卷，《內傳》四卷，《外傳》六卷，《韓說》四十一卷，而《隋書·經籍志》只載《韓詩》二十二卷，薛氏章句；《唐書·藝文志》則載《韓詩》卜商序、韓嬰注二十二卷，又《外傳》十卷。然觀唐人經義及類書所引《韓詩》，要皆《薛氏章句》爲多，至於《內傳》，僅散見一二焉。據《後漢書·儒林傳》言，薛漢世習《韓詩》，父子以章句著名，又言杜撫少受業於薛漢，定《韓詩章句》，其所作詩題約義通，學者傳之，曰杜君注。疑《唐書·藝文志》所載，當即此種，故卷數與《漢志》不同。雖題爲韓嬰注，知非太傅之舊本，蓋《韓故》《韓說》二書，其亡佚固已久矣。他如趙長君《詩細》，世雖不傳，然《韓詩譜》二卷，《詩緯·歷神淵》一卷，侯包《韓詩翼要》十卷，具列《隋志》，是其書猶未盡佚。惜當時定《五經正義》，專主《毛詩》鄭箋，獨立國學，《韓詩》雖在，世所不用，課士不取，人無能明之者。陸元朗《經典釋文》，聞采毛、韓異同，而罣漏尚多，斯亦稽古者之大憾也。宋元以後，毛、鄭詩亦復罕有專門，而《韓詩》之傳遂絕。其僅有存者，《外傳》十篇而已。說者因班《志》有取《春秋》采雜説咸非其本義之語，遂訾其不合《詩》意，不知董仲舒有言"詩無達詁"，劉向亦言"詩無通故"，讀詩之法，亦貴善以意逆志耳。太史公《儒林傳》，稱《韓詩》推詩之意而爲內外傳數萬言，其語頗與齊魯間殊，然其歸一也。夫《詩》三百篇中，邇之事父，遠之事君，興觀群怨之旨，於斯焉備；其主文而譎諫也，言者無罪，聞之者足以哉，善惡美刺，蓋不可不察焉。《孟子》曰："王之跡息而《詩》亡，《詩》亡然後《春秋》作。"然則《詩》之與《春秋》，固相爲維持世道也。子夏序《詩》，言"國史明乎得失之跡，傷人倫之廢，哀刑政之苛，吟詠情性以諷其上，達於事變而懷其舊俗者也。"今觀《外傳》之文，記夫子之《緒論》與《春秋雜説》，或引詩以證事，或引事以明詩，使爲注者彰顯，爲戒者著明；雖非專於解經之作，要其觸類引伸，斷章取義，皆有合於聖門商、賜之言詩也。況夫微言大義，往往而有，上推天人性理，明皆有仁義禮智順善之心，下究萬物情狀，多識於草木鳥獸之名，考風雅之正變，知王道之興衰，夫固天人性道之蘊，而古今得失之林耶？

皆可見其立論之確。

11. 陳立

(1) 陳立傳略

陳立，字卓人，句容人。道光二十一年進士，二十四年補應殿試，選翰林院庶吉士，散館改刑部主事。陞郎中，授雲南曲靖府知府，請訓時，文宗有爲人清慎之襃。時以道梗不克之任。少客揚州，師江都梅植之，受《詩》古文辭。師江都凌曙、儀徵劉文淇，受《公羊春秋》、許氏《説文》、鄭氏《禮》，而於《公羊》尤深致力。嘗與劉文淇、劉寶楠、包慎言輩共約分爲新疏，立乃矢志爲《公羊新疏》，博稽載籍，凡唐以前《公羊》古義及清儒説《公羊》者，皆左右採獲，創爲長編，凡三十年，規模略具，南歸後，乃整齊排比，融會貫通，而定稿始完成。立雖爲《公羊》學，然於考訂服制典章，推究聲音訓詁，亦用力甚勤。卒年六十一。其所著書有：

《公羊義疏》七十六卷，《白虎通疏證》二十卷，《爾雅舊注》二卷，《説文諧聲孳生述》三卷，《句溪雜著》六卷。

陳氏之《公羊》學雖受江都凌曙之傳，然其爲《公羊》作新疏，則本非其夙志，特出於朋輩間無意中之要約。陳氏非於《公羊》初具有特殊之見解與興會也。陳氏喜於考訂服制典禮，甄明聲音訓詁，蓋可知其非喜於微言大義，如劉申受、宋於庭之所爲者。顧陳氏於《公羊義疏》外，更別爲《白虎通疏證》。《白虎通》一書，乃東漢今文博士講論五經同異之記錄，實爲今文學上重要之典籍，陳氏於《公羊傳》《白虎通》兩書，俱爲疏明，此陳氏所以於晚清今文學派占居重要之位置也。《白虎通疏證》一書，成於道光壬辰，其書之成在《公羊義疏》前，蓋以初治《公羊》，因及漢儒説經師法，故先爲之疏證，其書以條舉舊聞，暢隱抉微爲主，而不辨駁。其自序云：

  緬惟端門化帛，嬴秦肆破術之謠；秘室談經，漢氏開獻書之路；時則意存周括，志切搜羅；下幣詔於公孫，坐安輪於申傳；河間真本，競出民間；東魯佚編，間來壁下。然而《詩》則魯、韓各授，《書》則今古攸區；《禮》溯后蒼，慶、戴遞傳其緒；《樂》原制氏，常山竟絶其傳；向、歆則父子殊歸，毛、孟則師生異讀；原其授受，本別參商；稽厥指歸，殊淆黑白。班氏位參玄武，生值東京；待詔金馬之門，珥筆白虎之觀。臚群言之同異，衷師説之是非，立學官者十有四家，著《藝》《略》者三十八種。淶經故訓，雜出西州；蝌蚪佚文，仍遺東觀。雖一尊之定説未伸，而六藝之微言斯在。今欲疏其指受，證厥源由，有四難焉。……立質賦頑愚，學漸俗陋，恥向壁之虚造，守先儒之舊聞，不揣檮昧，爲之疏證，凡十二卷。祇取疏通，無資辨難，仿沖遠作疏之例，依河間述義之條，析其滯疑，通其結轖，集專家之成説，廣如綫之師傳，口傳而剽，固未究其枝葉；管窺筵擊，或有補於涓埃云爾。

陳氏於此序云："河間真本，競出民間；東魯佚編，間來壁下。"於是河間獻王得民間真本，競出民間古本，魯恭王壞孔子壁，諸事皆深信弗疑，此與劉、宋、龔、魏諸家於今古文之態度，已頗異其趣，蓋陳雖治今文，而不口傳耳剽，以抨擊古文，此其一也。陳氏於此序云："祇取疏通，無資辨難，仿沖遠作疏之例，依河間述義之條。"其曰"祇取疏通，無資辨難"，亦可見其與劉、宋、龔、魏諸人之喜於發抒論議，留心治術，亦迥然懸殊，此其二也。此陳氏雖號稱爲今文學派之學者，而實與《春秋》微言大義，發明甚少，蓋治《公羊》不必爲其素志也。陳氏《公羊義疏》亦然，於考訂訓詁，所得較多，於微言大義，則多徵引他家之説以彌縫其闕，陳氏殊無若何見地。如《公羊舊疏》之作者，陳氏云：

  按《公羊舊疏》，不知何人所著，洪氏頤煊《讀書叢録》云，《公羊疏》不著撰人名氏，或云徐彦，不知何時人；宋董逌謂當在貞元、長慶之後。頤煊案，疏中引《爾雅》孫炎注、郭璞《書序長義》《孝經疏》之類，皆唐以前本，疏"司空掾"云，"若今之三府掾"，三府掾亦六朝時有之，至唐以後則無此稱矣。此疏爲梁、齊間舊帙無疑。《校勘記序》云，"徐彥疏，《唐志》不載。《崇文總目》始著錄，亦無撰人名氏。"宋董逌云："世傳徐彥所作，其時代里居，不可得而詳矣。"王鳴盛云："即《北史》之作徐遵明，不爲無見也。"蓋其文氣似六朝人，不似唐人所爲者。《郡齋讀書志》《書錄解題》並作三十卷，世所傳本乃二十八卷，其參差之由，亦無由考也。姚氏范援《鶉堂筆記》："隋唐間不無有三府掾，亦無三府之稱，意者在北齊蕭梁之前乎？"又云："梁有孔衍《公羊集解》十四卷，按《孔衍傳》不言解《公羊》。"又云："梁有《公羊傳問》九卷，荀爽問，魏安平太守徐欽答。又，晉車騎將軍庾翼問，王愆期答。"其書在隋並亡，而《唐志》有之。今疏中有問答，未知爲徐爲王。然此疏不類魏晉間人語。又內引《家語》，《家語》出於王肅，疑非欽所得引，蓋此爲王愆期語。按問答語甚精贍，必非隋唐人作，或即舊疏人所述歟？（《經解續編》一一八九）

《公羊舊疏》之作者，自來不得其詳，陳氏歷引洪、姚諸家之說，斷其必非隋唐人作，亦非魏晉間人所爲，雖作者之姓氏時代不能考，然較之以爲唐人所作之說，固爲近似。惟惜尚未能如劉文淇之作《左傳舊注疏證》而先爲《左氏舊疏考證》等書，尚需後人爲之補證，而此案乃明也。陳氏疏何注"原心定罪"云：

> 凌先生曙《公羊問答》云："問：何以原心定罪也？曰：桓寬曰：'《春秋》治獄，論心定罪，忠善而違於法者免，志惡而合於法者誅。'《後漢書·霍諝傳》曰：'《春秋》之義，原情定過，赦事誅意，故許止雖弑君而不罪，趙盾以縱賊而見書，此仲尼所以垂王法，而漢世所宜遵前修也。'按《漢書·王嘉傳》云：'聖王斷獄，必先原心定罪，探意立情。'又《薛宣傳》：'《春秋》之義，原心定罪。'《後漢書·應劭傳》：'若乃小大以情，原心定罪，此謂求生，非謂代死可以生也。'《繁露·正貫》云：'論罪源深淺定法誅，然後絕屬之分別矣。'《鹽鐵論·紹聖》云：'《春秋》原罪。'《繁露·精華》云：'《春秋》之聽獄也，必本其事而原其志，志邪者不待成，首惡者罪特重，本直者其論輕。是故逢醜父當戮，而轅濤塗不宜執，魯季子追慶父，而吳季子釋闔廬，此四者罪同異論，其本殊也。俱欺三軍，而或死或不死，俱殺君，或誅或不誅，聽訟折獄，可無審耶？即原心定罪之義也。'（同上，一一九）

此段歷舉《漢書》之《王嘉傳》《薛宣傳》,《後漢書·應劭傳》,《繁露》之《正貫》《精華》,《鹽鐵論·紹聖》等篇之説,以明原心春秋之義,其所舉證,倍詳於凌曙《公羊問答》,然於原心之義,實無所發明。此皆足覘陳氏於考訂訓詁,所得較多,於微言大義,殊無若何見地也。然陳氏此疏,既能分别《公羊》《左》《穀》三家之説,而不淆亂,且能篤守何注之誼而不爲他家之説所亂,其評孔廣森《公羊通義》云:

> 《公羊》由子夏口授,傳之孔子,故聖人改周受命之制,惟《公羊》得其傳焉。後世惟説三科九旨有異。孔氏著《公羊通義》,遺何氏而雜用宋氏,其説云:"《春秋》之爲書也,上本天道,中用王法,而下理人情。不奉天道,王法不正;不合人情,王法不行。天道者,一曰時,二曰月,三曰日;王法者,一曰譏,二曰貶,三曰絶;人情者,一曰尊,二曰親,三曰賢,此三科九旨既布,而一裁以内外之異例,遠近之異辭,錯綜酌劑,相須成禮,是也。

陳氏惟能篤守何注之義,故以孔氏之雜用宋衷説爲非,然猶備引之,以備一家之説。陳氏此疏之作,固如其疏證《白虎通》,其態度爲:"祇取疏通,無資辨難",而其目的則在:"析其滯疑,通其結轄,集專家之成説,廣如綫之師傳。"非喜於微言大義如劉申受、宋於庭之所爲者。然兩漢今文學要籍,陳氏皆爲之疏通證明,而又能篤守家法,此其所以於今文學派中佔重要之位置,極受皮錫瑞、梁啓超之推崇也。

12. 包世榮(1783—1826),字季懷。安徽涇縣人。包世臣從弟。少時家貧苦,隨其伯父讀書,行文時有奇氣。十九歲開始應考,均無結果,第八次時被督學徐頲提爲府學案首,道光元年(1821)鄉試中舉。道光六年(1826)辭官南歸,辭世於家中,享年四十三歲。

包世榮曾跟隨包世臣學詩,一同遊歷揚州。後獨自旅居達二十年,閉門治學,不與俗世之人往來,遇到續學敦行的賢達之士,則甘以弟子身份自居。與薛傳均、劉文淇、姚配中等諸人友誼篤善,時常互相切磋交流治學心得,學識與日俱增。

包世榮是徽派樸學陣營之中一位重要的學者,精於漢學,特別潛心於名物訓詁之學。因念及鄭玄箋《毛詩》,多參以禮,遂研學三禮。包世榮爲學主張讀古書不可憑主觀臆想猜測判斷文義,應"悉檢諸經注疏以下古今圖籍"(《清代樸學大師列傳》),强調多方考證。其著述貫穿馳騁,洽通而不錯迕,成就卓著,被尊稱爲雅儒。

包世榮著有《毛詩禮徵》十卷,《因成訓詁》八卷,《鳥獸》《蟲魚》《輿地》各一卷。

包慎言安徽涇縣人，字孟開，嘉、道間人，舉人，治漢學，有《公羊曆譜》。

［佚失］……包氏之《公羊曆譜》，所闡述者，乃關於《春秋》所記歲時日食月食之事，於《春秋》之微言大義，關涉甚淺。然包氏實於《春秋》之義理，多所發明，不惟非如陳立之《公羊義疏》，僅於考訂訓詁有所獲得，且較之劉、宋、龔、魏之"發明"《春秋》大義微言，有過之而無不及。蓋凡《公羊傳》中非常異義可怪之論，包氏靡不爲之析疑解惑也。惟包氏之説，未爲專書流傳於世，僅見於陳氏《公羊義疏》中，雖斷簡殘篇，實可珍異。如《春秋》之五始，《公羊》家説以之爲天地之始，春爲一歲之後，王爲人道之始，正月爲政教之始，公即位爲一國之始。兩漢之世，發明其義者，如《繁露·楚莊王篇》云："春秋之道，奉天而法古，故聖者法天，賢者法聖。"又《竹林篇》云："《春秋》之序辭也，置王於春正之間，非曰上奉天施而下正人，然後可以爲王云爾？"《漢書·董仲舒傳》云："臣謹按《春秋》之文，求王道之端，得之於正，正次王，王次春，春者天之所爲也，正者王之所爲也，其意曰，上承天之所爲，而下以正其所爲，正王道之端焉耳。然則王者有所欲爲，宜求其端於天。"《説苑·建本篇》云："魏武侯問元年於吳子，吳子對曰，言國君必慎始也。慎始奈何？曰王之。正之奈何？曰明智，智不明何以見正？多聞而擇焉，所以明智也。"《春秋元命苞》云："諸侯不上奉王之正，則不得即位，正不由王出，不得爲正，王不承於天以制號令則無法，天不得正其元則不得成其元也。王不上奉天元以立號，則道術無原，故先陳後言王，天不深正其元則不能其化，故先起元然後陳春矣。"此其所述，固皆天人相須之義，而實具有慎始重微之意。在兩漢後，則發明此旨者甚少，包氏有五始説一篇，論之甚詳，今全錄其文如次，借以表彰包氏之學焉。包氏云：

五始：一曰元，二曰春，三曰王，四曰正月，五曰公即位。子思贊述祖德曰，仲尼祖述堯舜，憲章文武，上律天時，下襲水土。祖述憲章者，制作之事也；上律下襲者，制作之文也，而推其德，譬之於天地。鄭氏康成曰："推五始是以當之。"初莫解其故，既而思之：天者，天命之性也；春者，率性之道也，王者，修道之主而政教由之出焉，王奉天出教，諸侯奉行之以治其國，各以歲時述職於王，所以大一統也。合天下獨者也。以其獨見之明、獨運之智，爲天下經綸大經。立大本，是以肫肫乎其仁也，淵淵乎其淵也，浩浩乎其天也。堯、舜、文、武以至聖至誠在天位，故身與其事，仲尼不當天位，而制作之侔神明，文成麟致，瑞應昭焉，不啻身備其事也。史公曰："爲人君父者不可以不知《春秋》，爲人君父而不通《春秋》，則必蒙首惡之名；爲人臣子者不可以不知《春秋》，爲人臣子而不通《春秋》，則必蹈篡弑之誅，故曰知遠知近，知風之自，知微之顯，可與入德矣。謂見未正本而可與入元德也。"子嘗曰："文王既沒，文不在茲乎？"子思述祖德而篇末兩引文王之詩曰："不顯惟德，百辟其刑之，其王正月之謂乎？上天之載，無聲無臭，其元之謂乎？與天合德者而齊趨於王，統百王而皆奉一元，修德凝道，戒慎乎其所不睹，恐懼乎其所不聞，故能一以貫三。所謂不睹者，非探之茫茫；所謂不聞者，非索之冥冥也；緣所睹以遂測所不睹，緣所聞以逆測所不聞，吉凶悔吝之著焉耳。"王褒曰："恭惟《春秋》，五始之要，在乎省己正統而已。統者何？本也。正本在乎省己，省己者，省所睹所聞；於《春秋》而反亡於己，則本正。王自正其本，則其聰明睿智足以有臨，負裕溫柔足以有容，發强剛毅足以有執，齊莊中正足以有敬，文理密察足以有別。所謂溥博時出見之政教者，一如日月之代明，四時之錯行，故尊親徧於凡有血氣之區，然至聖之所以如此者，無他焉，至誠焉而已。至誠者，戒慎恐懼之要於，天所命也。故曰王者孰謂，謂文王也，文之在茲，仲尼一文王也。"（《經解續編》一一八九）

陳立《公羊義疏》引包氏此篇之文，謂"其發明五始之旨，以中庸說《春秋》，尤爲明顯"。包氏此篇因鄭玄《中庸注》推五始足以當之，而有元者天命之性，春者率性之道，不顯惟德，百辟其刑，其王正月之謂，上天之載，無聲無臭，其元之謂諸說，闡明天人之關係。因王褒春秋五始之要，在乎省己正統而已，而有至誠者，戒慎恐懼之要於獨者也之論，此兩漢諸儒所論者，冶之一爐，頗能闡明玄旨，在劉逢祿《公羊釋例》、何氏《公羊解詁箋》中，如此議論，亦並不多見也。惜包氏原書，未刊刻傳世，今吾人僅可於陳氏《公羊義疏》中，見於議論之一斑也。

13. 邵懿辰

邵懿辰，字位西，仁和人。性峭直，能文章，必名節自勵，於近儒慕方苞、李光地之學。道光十一年舉人，授內閣中書。久宦京師，因究悉朝章國故，與曾國藩、梅曾亮、朱琦數輩遊處，文益茂美。志量恒在天下，後陞刑部員外郎，入直軍機處，以因觸怒權貴大學士琦善，故不得安其位，發十九事難之，罷歸故里。粵亂作，賽尚阿出視師，復上書次輔祁寯藻，力言不可者七端，頗留意於時事也。時承平久，朝宦率雍容養望，而邵氏獨無媕阿之習，一切以古義相繩責，由是人皆憚之，思屏之於外。會太平軍陷江寧，北京震動，乃命視山東河工，未行。復命巡防河口。至咸豐四年，生無效鎸職。既罷歸，乃致力於經籍，於經義多有所發明，雖亦從事考證校讎之學，而實以大義爲歸。咸豐十年，太平軍陷杭州，以奉母先去，獲免於難。母卒既葬，復返杭居，太平軍又至，乃遣其妻子出避，而獨留與巡撫王有齡登陴固守，翌年城陷，遂死於難。時曾國藩督師江南，聞而嘆曰：嗟乎！賢者之處患難，親在則出避，親歿則死之，義之至衷者也。乃迎致其妻子於安慶。邵氏協防杭州時，已復原官，死事聞，贈道銜，禩本省邵忠祠。其所著有：

《尚書通義》，《禮經通論》一卷，《孝經通論卷》，《四庫簡明目錄標注》二十卷，《半巖廬遺集》等。

邵氏之學，本非得當時今文學家之傳授，觀其所著有《古文尚書通義》，《四庫簡明目錄標注》等書，一則爲僞《古文尚書》辯護，一則專言目錄版本之學，此亦非劉、宋、龔、魏所喜言者，然邵氏之《禮經通論》，發明《禮》十七篇本無殘缺，因而主張《逸禮》三十九篇爲不足信；又闡述"《樂》本無經"之說，實爲考辨僞經之作，與今文家之口吻一致，此又不得不以今文家視之也。邵氏論《禮》十七篇當從《大戴》之次，本無闕佚，曰：

漢初魯高堂生傳《禮經》十七篇，五傳至戴德、戴聖，分爲大戴、小戴之學，皆不言其有闕也。言僅十七篇者，後人據《漢·藝文志》及劉歆《七略》，因多《逸禮》三十九篇而言耳。夫高堂、后蒼、二戴、慶普不以十七篇爲不全者，非專己而守殘也，彼有所取證，證之所附之《記》焉耳。《冠義》《昏義》諸記，本以釋經爲《儀禮》之傳，無儒無異説，觀《昏義》曰："夫禮始於冠，本於昏，重於喪祭，尊於朝聘，和於射鄉。"故有《冠義》以釋《士冠》，有《昏義》以釋《昏禮》，有《問喪》以釋《士喪》，有《祭義》《祭統》以釋《特牲》《少牢》《有司徹》，《有鄉飲酒義》以釋《鄉飲》，有《射義》以釋《鄉射》《大射》，有《燕義》以釋《燕食》，有《聘義》以釋《聘禮》，有《朝事》以釋《覲禮》，有《四制》以釋《喪服》，而無一篇之義出乎十七篇之外者，是冠昏喪祭朝聘鄉射八者，約十七篇而言之也。更證之《禮運》，《禮運》凡兩舉八者以語子遊，特射鄉訛爲射御耳。一則曰達於喪、祭、射、鄉、冠、昏、朝、聘，再則曰其行之以貨力辭讓飲食，冠、昏、喪、祭、射、鄉、朝、聘。……而其證之尤爲明確而可指者，適合於大戴十七篇之次序。按大戴士冠禮一，昏禮二，士相禮三，士喪禮四，既夕五，士虞禮六，特牲饋食禮七，少牢饋食禮八，有司徹九，鄉飲酒禮十，鄉射禮十一，燕禮十二，大射儀十三，聘禮十四，公食大夫禮十五，覲禮十六，喪服十七，是一、二、三篇，冠、昏也，四、五、六、七、八、九篇，喪、祭也，十、十一、十二、十三篇，射、鄉也，十四、十五、十六篇，朝聘也，而喪服之通乎上下者附焉。……大戴之次，合乎《禮運》，疑自高堂生、后蒼以來而聖門相傳篇序固已如此也。（《經解續編》一二七七）

邵氏自謂"初不習乎《禮經》，偶因讀《禮運》識御、鄉一字之誤，因據孔子之言，證以經解盛德及十七篇大戴之次，有會於四祭八編之說，冠、昏、喪、祭、射、鄉、朝、聘之說，自幸爲天牖其衷，是乃二千年儒先未發之覆"。吾人茲考其言，亦當以《禮運》所云與十七篇之次巧合，此必非偶然者矣。《禮運》"射鄉"訛爲"射御"，乃邵氏之假定，後人有不承認邵氏之說，因不承認《禮》十七篇爲完全無缺，然邵氏謂《逸禮》三十九篇爲不足信，如此說不誤，則既無亡佚，則《禮經》實無缺也。邵氏曰：

劉歆曰：魯共王得古文於壞壁之中，《逸禮》有三十九，《書》十六篇。天漢之後，孔安國獻之，此劉歆之奸言也。《書》十六篇，余既博考而明辨之矣。……歆頌言《毛詩》《左傳》《逸禮》、古文《書》之當立，至結黨求助。連名移書，讓太常博士，未言無陷於文吏之議，以相劫制，而逸《禮》及《書》，皆其作偽，宜名儒龔勝、師丹，發奮而固拒也。……按先儒三百三千之語，惜古《禮》散亡，而因惜三十九篇逸《禮》之亡，因三十九篇之亡，遂視十七篇爲殘缺不完之書，而失聖人定《禮》之本意。宋明以來，直廢此經，不以設科取士，則皆劉歆之奸且妄，有以淆其耳目而塞其聰明也。夫即後人所引禘於太廟禮、王居明堂禮、烝嘗禮、中霤禮、天子巡狩禮、朝貢禮，及吳所輯奔喪、投壺、遷廟、釁廟、公冠之類，廁於十七篇之間，不相比附而連合也，何也？皆非當世通行之禮。常與變不相入，偏與正不相襲也。況其逸文之存，如《太平御覽》引《巡狩禮》，文辭不古，及三皇禪云云，五帝禪亭亭，既誕而不足信矣。而《月令注》及《皇覽》引《王居明堂禮》數條，皆在《尚書大傳》第三卷《洪範·五行傳》之中。吳氏不知其有全文，而僅引《禮》《注》合爲一篇，然觀其文意，實與伏生《五行傳》前後相協，必非古"王居明堂禮"，而伏生全引入於《大傳》也，則爲劉歆剿取《大傳》以爲《王居明堂禮》，明矣。即此一端，而其他可知。亦猶十六篇逸《書》，即僞《武成》之剿《世俘解》，見其他皆僞作也。

邵氏此說，因論《逸禮》爲僞，爲劉歆辨護者，自當有人。如丁晏謂："位西此論，謂《逸禮》不足信，過矣。當依草廬氏吳氏，別存逸經爲允。至斥《逸禮》爲劉歆誣僞，頗嫌臆斷，且《逸禮》古經，漢初魯共王得於孔壁，河間獻王得於淹中，《朝事儀》見於《大戴禮》，《學禮》見於賈誼書，皆遠在劉歆以前，未可指爲歆贗作也。惟《逸禮》之文，如'三皇禪云云，五帝禪亭亭'等，實與《儀禮》不類。"魯共王壞孔子壁，河間獻王得書事，康有爲以爲並不足信，丁晏所駁，在今文家固不甚重視之，而邵氏之說，實具有相當之理由，所謂"朝事儀見於《大戴記》，學禮見於賈誼書"者，其文亦不類十七篇之《儀禮》，即在劉歆前，歆實有剽取之可能也。邵氏又有論"《樂》本無經"之論，謂：

> 《樂》本無經也，詩言志，歌詠言，聲依永，律和聲，故曰：詩爲樂心，聲爲樂體。夫聲之鏗鏘鼓舞，不可以言傳也；可以言傳，則如制氏等之琴調曲譜而已。石林葉氏以來，言之悉矣。樂之原在《詩》三百篇之中，樂之用在《禮》十七篇之中，故曰，興於《詩》，立於《禮》，成於樂。子所雅言，《詩》《書》、執《禮》，不言樂也。……習禮與樂，必在鄉飲射時焉，故衰麻哭泣，所以節喪紀也；鐘鼓干戚，所以和安樂也；昏姻冠笄，所以別男女也；射鄉食饗，所以正交接也；言冠昏及喪，皆不用樂，祭蒸無樂，獨射鄉食饗，以正交接之時，乃用鐘鼓干戚以和安樂也。工歌《鹿鳴》之三，以賓興賢能之士，所謂"《宵雅》肄三，官其始也"合鄉樂；《周南》《召南》則所謂"《關雎》之亂，洋洋盈耳"。鄉樂、邦國樂，當時通習；而《雅》《頌》之用於朝廷宗廟者，稀曠不習，故或至失所。而孔子反魯而正之，則《文王》之三，《清廟》之三等，亦各識職而不相潰亂矣。故欲知樂之大原，觀三百篇而可；欲知樂之大用，觀十七篇而可，而初非別有《樂經》也。竇公所爲獻其書，乃《周官·大司樂》章者，固不得與《禮經》比並，而漢代陽成子長之所爲，則更綴拾形器之粗跡，而不足以爲經矣。先儒惜《樂經》之失，不知四術有樂，六經無樂，樂亡，非經亡也。周秦間六經、六藝之云，特自四術加以《易》《春秋》而名之耳。（《經解續編》一二七七）

14. 鍾文烝

字子勤，嘉善人。道光二十六年舉人，候選知縣。於學無所不通，而其全力則專注於《穀梁春秋》。沉潛反覆三十餘年，乃有所述造，所著爲：

> 《穀梁經傳補注》二十四卷，《論語序詳正》一卷。

文烝《穀梁經傳補注》，網羅諸家之說，而折衷於一是，其未經人道，自比於梅鷟之辨僞書，陳第之談古韻，書中引用宋元諸儒之說甚多，不似他家之用宋元人說而暗易其語，發明之處，亦屢見不鮮，昔釋"禘祫祖禰"以及

"心志不通，仁不勝道，以道受命"之類，皆能提綱挈要，實事求是。蓋清儒説《穀梁》之書，實以文烝《補注》爲較佳，非柳興恩、許桂林所能及也。文烝是書卷首爲自序，次論經十八條，次論傳十五條，次爲略例及范甯《序》。其《自序》云：

> 漢世三傳並行，大約宣、元以前則《公羊》盛，明、章以後則《左氏》興，而《穀梁》之學頗微。江左中興，妄謂《穀梁》膚淺，不足立學，相沿至唐初，謂之小書，而《穀梁》之學益微，苟非有范甯、徐邈闡明於前，楊士勛輩續述於後，則《穀梁傳》之在今日，幾何不爲十六篇《書》、《三家詩》之無徵不信哉！吾於此嘆唐人義疏之功大也。大曆以降，經學一變，前此說《春秋》者，皆説三傳，主於一而兼於二，未有自我作故，去取唯欲者，啖助、趙匡、陸淳之書出，而兩宋孫復、劉敞、孫覺、程子、葉夢得、胡安國、陳傅良、張洽之徒繼之，元之黃澤、趙汸，用功尤深，尤踵而詳之，於是三家之書，各不成家，而《春秋》之説滋亂，至於今未已也。然而風氣日開，智慧日出，講求益密，義理益詳，則亦自有灼然不惑之説。故啖助謂《穀梁》意深；陸淳謂義不如《穀梁》之精；孫覺謂以三家之説，校其當否，《穀梁》最爲精深；葉夢得謂《穀梁》所得尤多；胡安國謂義莫精於《穀梁》；蔡元定謂三傳中道理《穀梁》及七八分；某氏《六經奧論》謂解經莫若《穀梁》之密；而乾、道中浦江鄭綺遂著《穀梁合經論》三萬言，惜不可見矣。清興，李文貞公光地變通朱子之學以治群經，其論《春秋》曰："三傳好，《穀梁》尤好。"迨後惠士奇父子倡古學於東南，亦云論莫正於《穀梁》，其專宗《穀梁》者，溧水王芝藻，而後亦頗有人，而書皆不行。

文烝此段歷述自唐以來學者推崇《穀梁》之語，言簡而意賅，足以使讀其書者，知《穀梁》之價值，非如江左所云《穀梁》膚淺，不足立學，較之柳興恩之《穀梁大義述·述經師》等篇實能以少許勝多許。蓋文烝於是書用力頗深，故能提要鈎玄也。文烝惟謂：

> 竊以國家二百年來，經籍道盛，宜有專門巨編，發前人所未發者，且以范《注》之略而解也，楊《疏》之淺而龐也，苟不備爲補正，將令穀梁氏之面目精采，永爲《左氏》《公羊》所掩，謂非斯文之闕事乎哉。文烝年九歲、十歲時（道光丙戌、丁亥），先君子親以《三傳》全文授讀，備承庭訓，兼奉慈箴。……年將三十，始知《穀梁》源流之正，義例之精，數年之間，所見漸多，頗有所得，用是不揣樗昧，詳爲之注。……乙巳迄癸丑歲，稿立；己未歲始有定本。

……自後又脩飾暢隮之，而紀之以詩，癸亥之三月也。又六歲，增易又以千百計，然后疑滯疏漏，漸漸免矣。夫學欲多也，思欲專也，取群書以治一書者，其道無以易此也。予討論百家之解，稽合四部之言，所謂思之思之，鬼神教之，蓋有之矣，所謂天下之理，眩於求而真於遇，蓋有之矣。敢自謂多且專乎哉，抑亦有二十餘年心力之勤焉。

文烝是書立稿以迄定本，經過凡十五年，又竭數載之力以增易之，歷廿餘年之久，成書不過數卷，固可謂功力甚深也。其所云學欲多而思欲專，棄爲治《春秋》之要法，此其能於書中頗多心得之言也。其論經有云：

夫魯史記之爲信史也，其體嚴，其事重也，修之若無可修也，以義斷之，又甚難言也，而觀於《穀梁傳》，則述作新舊之間，去留加損之際，章之離合，句之繁約，字之先後，亦既一一精其義而深其文辭矣，而在聖人，不過歲月間之事也，豈非無矩而有矩，有心而無心者歟？夫矩者中也，中者權也。堯曰："允執其中"，子曰："中庸之爲德也"，其至矣乎！又曰"過猶不及"，孟子曰："執中無權，猶執一也"，此之謂也。大抵聖人之學，始於志，中於立，終於權，故四十而不惑，五十而知天命，六十而耳順，皆由立而權之節次功候也。至於七十而從心所欲不踰矩，則權道之備而作《春秋》之年也。知《禮》者可與立，知《春秋》者可與權。權者立之極至也，《春秋》者《禮》之極至也。《記》曰："禮，時爲大。"時者，謂中而權也。

此一段由孔子"七十而從心所欲不踰矩"之言，申明矩與中權之關係，時含亦有中權之意義，可謂真能以理説《春秋》，非當時一般漢學家之比。文烝嘗謂："自己酉歲來，最喜黃澤之學，黃氏之言，尤切中樞要……趙汸繼黃而加詳，其大致亦自足取。"蓋頗受宋元學者之影響，欲求《春秋》之義理，不似陳立《公羊義疏》之專着重於訓詁也。其論傳謂：

至其解經之妙，或專釋，或通説，或備言相發，或省文相包，或一經而明衆義，或闡義至於無文，此乃程瑤田之論《喪服傳》，所謂端緒雖多，一綫不亂，而凌曙以爲唯鄭氏能綜核不誤者也。昔夫《左氏》得之品藻，失之浮夸，《公羊》得之於辨，失之於俗，具如舊説，其解經不及《穀梁》，又無論矣。鄭君論《三傳》曰："《左氏》善於禮，《公羊》善於讖，《穀梁》善於經。"案：《左氏》言禮，未必盡當；圖讖起於哀、平，乃附合《公羊》家説爲之；鄭評二傳，竊所未安，唯《穀梁》善經一語，則不可易。《墨子》曰："夫辯者，將以明是非之分，審治亂之紀，明同異之處，察名實之理，處利害，決嫌疑焉，摹略萬物之然，論求群言之比，以名舉實，以辭抒意。"

文烝爲此書，頗有志乎此數語，而要以《穀梁》善經一語爲準。

此一段謂《穀梁》善於經，乃《穀梁》家應有之語，而謂《左氏》言禮，未必盡當，圖讖起於哀、平，乃附合《公羊》家説爲之。頗曲護《公羊》而抑《左氏》。而其引《墨子·小取篇》，謂頗有志乎此，蓋以説理者莫辨乎《春秋》，治《春秋》者固當知注重於裁辨也。重視義理，亦柳興恩、許桂林輩所弗能及者也。

15. 侯康（附梅毓）

與龔、魏同時治《穀梁》者，又有侯康。康字君謨，廣東番禺人。道光十五年舉人。少孤，事母孝。家貧，欲買書，母稱貸得錢，買《十七史》讀之，卷帙皆敞，遂通史學。及長，精研注疏，乃湛深經術，與同甲陳澧相交最篤。其所著有：

《春秋古經説》二卷，《穀梁禮證》二卷，《後漢書補注續》一卷，《三國志補注》一卷，《補後漢藝文志》四卷，《補三國藝文志》四卷。

又嘗考漢魏六朝禮儀，貫串三禮，著書數十篇。陳澧嘗嘆以爲精深浩博。十七年卒，年四十。

侯康雖名爲治《穀梁》者，然其《春秋古經説》則以《左氏》古經爲善；《穀梁》出較先，其誤尚寡；《公羊》出最晚，其誤較甚。蓋猶深信左氏親見國史也。如，"隱三年夏四月辛卯，君氏卒"，侯氏云："君，《公》《穀》作尹，云天子之大夫，按左氏親見國史，不應以男子爲婦人，乖謬至是。"（《經解續編》九五五）此先有一"親見國史"之念存於胸中，故以爲《左氏》不應乖經也。然侯氏亦非處處袒護《左氏》，如昭二十四年"婼至自晉"，侯氏云，"《公羊》作'叔孫舍至自晉'。按宣元年'遂以夫人婦姜至自齊'，《公羊傳》云'遂何以不稱公子'，一事而再見者，卒名也，最得經旨。……《左》《穀》俱未憭此，後儒更從而爲之辭，無足置辨，必當以《公羊》爲正。"（同上九五六）此又以《左傳》《穀梁》不如《公羊》，則侯氏説經，固不欲嚴守家法也。其《穀梁禮證》，亦不盡以《穀梁》之説爲善，如《穀梁傳》云："《春秋》之義，諸侯與正而不與賢也。"侯氏證曰："此與《公羊》立嫡以長不以賢同義。……至《公羊》謂立子以貴不以長，非《穀梁》義。……就二義相衡，以《公羊》較密，《穀梁》似同《左氏》，不同《公羊》。"（同上九五七）此明以《公羊》密於《左氏》《穀梁》，不故爲回護也。侯氏本先治史學，稍後乃治經，其不爲家法門户之見所囿，固其宜也。

附：

梅毓，字延祖，江都人，道光中，舉本省鄉試。詩人稽庵子也。稽庵名植之，通經術，工詞章，與劉文淇、包世臣、薛傳均、劉寶楠、陳立輩爲友，嘗同試金陵，爲著書之約，文淇任治《春秋左氏傳》，稽庵任治《穀梁》，寶楠任治《論語》，立任治《公羊》。嗣後立作《公羊疏》，垂老僅就。寶楠《論語疏》，及子恭冕始克寫定。文淇《左疏》，則三世未有成書。稽庵疏《穀梁》，更止發凡起例而已。延祖繼之，亦甫草創長編數卷，遽卒。

同治九年舉人，候選教諭。著有《穀梁正義長編》一卷。延祖又嘗治《毛詩》《鄭箋小爾雅》，復擬續江鄭堂《漢學師承記》，遺稿並散弗傳。別有《劉更生年譜》一卷，收《積學齋叢書》中。其《續師承記商例》。如謂擬仿《漢書·儒林傳》例，以所習之經爲類，不以年世爲敘次之後先。又前書附傳諸人，有並無學術而亦得列入者，未免太濫。又更有似是而非者，痛斥傳注，一似千古不傳之秘，至今始發其覆，大言不慚，謬妄已極。又或其……（以下佚失）

附錄二：

平津聞見記

尚 士

  這一篇文字是記載筆者於民國二十七年暑期中偷入平津所見所聞的一些情形。筆者到平津的時間是在六七月之交，而回到華南的時期則正在雙十節後，在平津勾留的時間大約有三月之久。我回到香港以後，不久即至廣州，當時本想馬上草成此文，向讀者報道一切。但我到了廣州之後，即得到倭人從惠陽資水一帶登陸的消息。不久廣州失陷，我更馬上過着顛沛流離的生活，以致心緒紛亂，無從執筆。現在生活比較安定，回想前塵，愈覺傷感，所以我仍舊將它追錄下來。發表過遲，雖不免有明日黃花之感，但是從我所記錄的看來，可以使你知道偷入平津是如何艱險困難的事情，可以使你知道倭偽在平津一帶是如何的倒行逆施，可以使你知道我們的志士在平津一帶活躍的情形。這一篇文字，發表雖遲了一些時候，但是因我個人所見所聞不盡與他人相同，當然還是有它的稗官野史的價值。

二七，一二，二五，筆者識。

（一）

  在盧溝橋事變發生的時候，因爲當時和戰未定，所以當時無從計劃逃出平津。而且我們也不相信平津失陷如是之速，預備着隨二十九軍在這古城中困守兩三個月。結果平津失陷得太快了，個人因爲種種的問題而不能不逃出這淪陷的區域。妻子因爲剛分娩，不能隨同離平，而且恐怕南來之後，生活漂泊無定，於是只好暫留在古城之中。當時朋友離平而眷屬不離平者甚多，所以我也只好如法炮制。在離平之後，我僥幸在廣東省立一個學校（廣東省立勷勤大學）教書，本來想在今年暑期之前接妻子前來，但是她的母親在平害着重病，她不得不暫留在平，而要求我回平一視，然後再隨同出平。我因爲在平尚有舊日的文稿應脩訂的，文稿不容易帶出北平，而且北平的書多，心中盤算，如果能到北平整理我的文稿，又能多讀一點參考書，偷進平津去看一看，也未嘗不是一件有趣而值得做的事情。在暑期前，我考慮着我回平的計劃，當時我的同事都很反對，以爲既從虎穴中逃出，就不應當又跑到虎穴中去。一位朋友尤其勸阻我不要北去，他是曾在日本留過學的，他説日警對於信件的檢查以及私人的行動都極其注意，他有一個朋友離開東京到海參崴去，囑他轉信，而因爲他的朋友的信件有可疑的地方，他被日警捉將官裏去，毒打一頓，然後才釋放出來。他説我從南方跑回北平，必受倭人的嚴格的監視與注意，或者我的生命將有危險。我當時聽了，自然不得不再加以考慮。但是事實上我必須回到北平才能解決我個人的私事，考慮良久，最終我決定到北方的辦法是先到香港打聽船是否直接開到天津英租界，如若開到英租界，當然可以不受敵人的檢查與盤詰，那就到了天津暫居租界中而不必回平，也可與妻子相見，決定可否一同南來。如若船不開到英租界，要在塘沽上岸，爲了安全起見，那祇有不去了！這個意見，許多朋友不以爲然。所以我決定等到暑期開始就去香港一遊兼作北歸之計。

（二）

暑期快要開始了，這時距離徐州陷落不到一個月的光景，這時心想函囑家眷南來，終恐將來有逃難之一日，不如仍舊北去一視再説。同時聽説一位同事在僞組織之下的北京師範學院的院長王謨有信到廣州，約人到北平去，此君雖不應約，但我想必有應約的，然則一介書生到北平去，或不至受如何的危險，因爲那般漢奸還在歡迎人往北方去。在臨行的前一兩天，又聽説有人從北平出來，說是在平津的檢查並不嚴重，北平的情形外表上還好，只是日本商店多了，頗有些日本的風味。北平城中戒嚴的時候很多，有人要搭車出平，而遇着戒嚴，幾天不能乘上火車。聽了這一段話，又使我壯了一些膽。我是乘船到香港去的，在船中幾個同行的談到抗戰的前途，一位學經濟的，説日本這一次戰事所用的軍火，原料是從外國買來的，到十月就得付給現金，在十月就是日本的難關，恐怕日人未必能通過。他解釋港幣價格提高的原因有四，一是有錢的人屯積相當數量的港幣，一是逃難經過香港的人太多，一是利用港幣購買外匯的關係，一是奸商趁機的操縱。港幣發行額不多，所以價格騰貴了起來。但與這戰局前途關係甚淺，我們不必因此而疑慮。一位同行的也説起我們愈打仗則兵器愈好，他指出潼關要塞的大炮，在從前是不能命中對岸風陵渡的敵人，但是我們換了新大炮，所以敵人不能盤踞在風陵渡一帶。同行的四五個人，你一句，我一句，一路中頗不寂寞。船行的時候，我們也無意貪看沿塗的風景，只是行抵江門，候税關檢查的時候，天空上又傳來敵機轟鳴的聲音，而在對岸上又看到被敵機轟炸了的造糖廠的斷宇頹垣，令我們深刻地感覺到時局之危並回憶到敵機的殘酷。在六月二十日的午間，我們到了香港，下榻大東酒店。同行有的是要到上海的，他們打聽着當日有太古的安慶號要開往上海，他們決定當日啓程，我也隨着他們到太古的售票處的地方南泰恒打聽一下。到了南泰恒買票的時候，我看見售票處挂着一塊牌子，上面寫着大意是到天津的旅客，凡購統船與吊鋪的一律須從塘沽登岸，由塘沽到天津的費用，他們不負責任。這一個通告明明告訴我坐統船與吊鋪的不能直達天津，而坐頭、二等還可以直達天津。售票的人並說現在夏天水長了，由塘沽到天津不需要駁船了，或者坐統艙也能直達天津。我聽了這一段話雖不相信，但由他們的通告，却使我想坐頭、二等船可以直到天津租界，於是決定等候下一班的船，是二十九號開的海輪，買一張二等票到天津好了。我於是回到旅館中去，恰好有一位在港住家的朋友來看我，他說在香港候九天船未免太慢，而且一切都用港幣，也太不經濟，不如先到上海去，再在上海候船，或者還要快些。這位朋友的意見是很對的，我當時就決定也坐安慶號到上海去，爲的原來同行的有兩三人都到上海，一路有照應而且不寂寞。這時距船開的辰光不過兩個鐘頭，我趕緊地去買票，種牛痘，隨着我同行的三人坐電船一直開到安慶號停泊的所在。本來想在香港稍停留一二天，多會一兩位朋友，結果在港只耽擱了四五個鐘頭，什麼地方也沒有去，連當初不便帶往北方的文件也只交與那位在港有家的朋友保存，行色真可謂匆忙了。

（三）

這一次我們坐安慶號到上海去都是買的統艙船票，一方面是較好的艙位已經賣完了，一方面是想着北去的人不太多，不至於擁擠，就受三幾天的罪也不要緊。但是當我們到的時候，我們才知道船中已經擁擠不堪，我們後到的人不惟沒有隙地可以容納我們三人的鋪位，就是想將行李放好在上面坐着過三兩天的地方也沒有。甲板上的人也擠滿了，你要想露天的睡三兩夜也不可能。我看這種擁擠的情形，比我去年從天津逃出來坐船到青島的時候的情形有過之而無不及。那時甲板上也是擠滿了人，你要從前面走到後面去，都沒有路走，祇有在滿甲板上的人當中與行李堆中找着能够容納一隻脚的隙地，一步一步地越過這人叢中與行李堆中。假使船上沒有水手與茶房等來往，恐怕這一點交通也不能維持。那時是我們逃難出來，現在是人家逃難回去。在徐州陷落之後，許多逃在漢口的人，又從漢口逃到香港，一心想回到上海，再轉回到他們的家鄉。在前數日的香港，短時間的登載從漢口到香港的難民有百十家之多，我此時恍然大悟，他們不是逃到香港，而是大部分經過香港回他們的家鄉。我們在安慶輪上與之相遇，一方面令我們覺着政府對於安置難民未免太無辦法，使一些壯丁又逃到淪陷區域，將來不免爲敵利用。我們同行三人這一次不算逃難，而我們上船之後，竟無隙地可容，沒有辦法，只有向水手火夫先生們想法了。電船上送我們來的人介紹了一個水夫的房間與我們，恰三個床鋪，他索價五十圓港幣。結果我們還到三十元才算成功。錢可通神，居然在沒有辦法之中得包一個小房間，也算是很過得去了。這是一個工頭的房間，他有侍應來照料我們的茶水，而且有地方讓我們冲凉，這位工頭先生在下班的時候也常來同我們談天，他告訴我們這一次船上共載有二千多人，所以這樣擁擠，在平日統艙至多衹容納三百人的。他告訴我們在開船以前曾捉住兩個漢奸，但是手續如何，是否引渡，則他也不能對我們告知。他報告我們廈門是如何失守的：據説是敵人用幾艘漁船内載着一二十個兵與軍火在前面駛行，而後面則用敵人的小汽船假裝追着這些漁船。廈門的守軍看見了，以爲前面是真的中國漁民的漁船，於是讓它靠岸，而開火射擊敵人的小汽船，結果真的日本小汽船雖然退去，而滿裝敵兵的假漁船則未加檢查。以至敵人於攻擊廈門之時，得收内應外合的功效。他説在廈門臨失守之先，廈門市已有高懸太陽旗的所在，以致守軍莫名其妙倉惶退出。他説在敵軍占領廈門之後，衹廈門的銅元運到日本去的已有五船。他説中國的軍火固有不如人的地方，而用計謀也有不如人的地方。言下也不勝唏嘘之感。凡是一個中國人對於日本此次企圖滅亡中國的野心，都應當痛恨。這位工頭先生自然不在例外了。船行的第二天，他更報告我們船上得到安慶失守的消息，這一座名城的重行陷入敵軍之手，使敵人攻擊武漢的路徑愈加接近。我們聽了，甚是擔憂，自不高興。船行的第三日遇霧，我們本來在二十三日可以到上海的，結果二十四日上午纔到。

（四）

在安慶號輪船之上，我已深悔没有十分考慮調查就跑到上海來，深恐到天津還是要在塘沽口登岸，爲了這個問題，已經幾夜没有睡好了。到了上海，將行李安置在愛多亞路一家旅店之中，就跑到太古公司去打聽，果然，賣票的説，只要是中國人都得要受敵人的檢查，無論你是坐大餐間也好，坐統艙也好。不過並不要緊，衹要你不帶書籍文件以及他們所認爲有妨礙的物品。我心中很奇怪爲什麽在香港的南泰恒不明白告訴旅客而通告上衹説坐統艙與吊鋪的客人不負責駁運至天津。我猶豫着究竟是否到天津去，與我同行的朋友説："你既不是三十歲以下的青年，又不像赳赳武夫的模樣，你在北平住家，你答應是回家，則應當是没有問題，不會懷疑到你是便衣隊或負有其他使命的。既到了上海還是北去罷!"後來我到八仙橋青年會去拜訪一個朋友,座中有一位比較熟悉情形的,也說没有問題。他舉出某某人回到北平,某某人將家眷送至天津而後又隻身南來服務,可見檢查雖嚴,而難關還是好渡過。我聽了這一段話纔決定繼續到天津去,心想冒一點險也不要緊,好在我既非軍人又非少年,而且也不是從事於政治之人,於軍事政治既無關,應當没有什麼太大危險。在上海我聽說滬江大學的校長劉湛恩的被刺,是因他將敵軍在南京暴行的照相作了國際宣傳,因而招了敵軍的忌恨,所以使人暗殺了他。漢奸顧馨一被人槍殺一案又正發生,可見我們志士是有不少停留在上海。上海因爲有租界的關係,幾令我們看不出是淪陷區域。一個朋友約我至虞洽卿路晚餐,餐後到大新公司去購物,在虞洽卿路聽到一些跳舞廳中靡曼的音樂,在南京路所見到的霓虹燈與絡繹不絕的人群與汽車,那些醉生夢死的人們,他們是已經忘了國家的危急與戰局之緊張了。雖然租界中的報紙仍然與淪陷前的口吻一樣,不怕敵人的干涉,鼓勵着民衆,實際上關心國事的恐怕祇有少數人而已。

我決定到天津去了,於是買好船票,第二天就上船,因爲售出船票未超過座位的關係,所以船上的人不大擁擠。開船以後,賬房對於每個客人送來一張單子,上面分着五欄:姓名、年齡、籍貫、職業、住址,要每個客人都填寫清楚,以備他們造表交與塘沽口的敵僞檢查。這一來我詛咒在太古辦事的人了,他們只顧做買賣,却不肯將路上的情形告訴旅客,使他們考慮可以去或不可以去。即如這一張單子,你叫人填的罷,但是這真的姓名又恐怕他無理由的已經注意了你。你說填假的罷,如若遇到盤詰的時候,說得牛頭不對馬嘴,豈不弄巧成拙,反要遭殃?我心中盤算又盤算,真是左右爲難,這時真恨在太古公司做事的人,爲什麼不早告訴我們,省得要我們開出履歷讓人家盤查。轉想天津英租界的當局爲什麼如此之軟弱,爲什麼好好的租界的碼頭不靠,偏要叫旅客從塘沽上岸?結果對於這名單祇有遲遲交卷,我的真名恕不願教他知道,寫了一個使我的親戚容易知道的名字,住址就寫在天津一位親戚的住址,職業填了一個上海的編輯,交到買辦房去。凡祇問起我來,填天津的住址也是没有錯的,名字與職業的不真那也無關係,因爲在天津本無户籍,看他如何的追究。但是經過這一次填寫名單,心中忐忑不安,雖然力求鎮定,但是總不好過。船第二天到青島,居然也不靠碼頭,回想去年過此地時還上岸去游玩了一些地方,現在想靠岸也不能,真是不勝滄桑之感。

到青島的旅客只有坐着舢板上岸,舢板上的脚夫,都穿着鑲紅邊的背心,上面釘着什麼"日華親善",人家要用武力征服我們,還要嚷着什麼親善,欺人乎?欺天乎?也真够令人憤慨了!

再過一天，船到了烟臺，下船的人比較多些，這時烟臺查的不緊。有一位與我同艙的到此登岸，他是一位教友，在船中他告訴我們在南京陷落的時候一位美國女教師在南京如何救濟難民。她目睹着敵軍將一群群的中國人先捆綁起來，蘸上煤油，燒至半死，然後推到湖中。南京城的玄武湖、莫愁湖浮着盡是死屍。敵軍在南京的暴行，真慘無人道極了。如今我追錄這一段話，心中猶有餘恨。

　　第二天的清晨，船駛到了塘沽口。

（五）

　　最繁張的局面要算是從塘沽登岸的時候。一早晨買辦就派茶房通知每個客人不要帶刀子、剪子、火柴、烟仔，刀子、剪子有破壞電綫等嫌疑，不得帶在身邊，這猶可說。火柴是因爲有人放過火燒了糧草，也可以說。而說帶烟仔就帶有火柴，真是毫無理由。船上的人如此說法，可見有因僅帶有烟仔而被敵軍槍殺的人。讀者請看，這是否蠻橫到如何的程度！除了上述的物品外，上海的報紙也是不可帶到平津的，其他具有政治性的書籍文件當然也不可以帶了。我是去年從北平逃出的，一個字也未曾帶出，這次自然也一個字不帶到平津。不能帶火柴烟仔，這是過去所未有的現象。我去年因爲想使在天津車站的人不注意，將胡鬚蓄得較長，衣服也穿的比較破舊，結果扣留我在車站上等候檢查，一直等了三刻鐘之久，心中弄得很不好過，不知是否禍要臨頭。這一次一點也不裝扮了，胡鬚特別刮了一下，衣服還要我的綢長袴，預備着態度坦然地跑進北平。船等候醫生驗完了無病人纔開靠碼頭，這時我們已經知道不是按照名單一個個地檢查，而是登陸以後，各人帶着行李，分爲兩排，等候敵警的檢查，我此時已覺着情形當不十分嚴重。船靠好了碼頭，有在海關作事的以及由青島上船的漢奸之流，他們因有特殊關係，不候檢查就直到塘沽車站，我們祇有在那里鵠候着，聽人宰割好了。一直等十一點鐘，兩位日本憲兵帶着兩個中國警察纔從木栅欄門的那邊坐車而來。他們也分開兩邊檢查，我是在一邊的第三個，他們先讓我們打開箱子行李，一一地翻了一遍，又讓每一個人解開衣服，檢查你是否口袋還藏有其他的東西。一位中國警察問了我一句，"到天津作什麼？"我答以"回家"，他也不說什麼。大概我是沒有什麼形跡可疑，而且聽我的話，也可以知道我是久居北平的人，"回家"在這時候是他們最歡迎不過的。我口袋中還剩有二十幾元法幣，分裝兩處，這一點却動了他的疑心，他問我爲什麼放在兩處，我説："十塊一張現在用不着了，所以放在一處，零錢還要用，所以另放在一處。"他也不說什麼。如此這般，我算是通過了這第一道難關。於是我們出太古碼頭坐洋車到塘沽車站，到天津的車要到三點半才有，但有日人所辦之華北汽車公司有汽車在兩點鐘開至天津，這是船上的人告訴我的。我一到車站，就看見華北汽車公司，在那里候車的日本人已經有四五十人，我本不想坐汽車，看到這種情形，更不願與日人爲伍了。於是將行李交與中國旅行社運至天津，省得在天津檢查時的麻煩。候火車的時候，在車站內外觀察，三五成群的日人及各種的日本廣告，已經使我們感覺日本風味之大，其最足以使我們傷心的有數點：第一是在車站的四周以及車站上只看見太陽旗在那里飄揚，並無偽組織所用的五色國旗，可見日人所扶持的傀儡組織實在是一種虛幌子，他實在要佔領全中國，並不是要中國有一個偽政府。所謂偽組織、"日華親善"真是欺人之談。第二是現在北寧路以及其它交通機關都改用一種以東京爲標準的標準鐘，比北平的時間要早一點鐘。這也是將華北視爲日本的囊中物，所以不以平津爲標準而以日本東京爲標準。第三是車站內一個角落裏有一個售賣汽水糖果的攤子，除了汽水以外，一切都是日貨，而且有一個日人在那里賣東西，可見凡是敵人勢力所能及的，真是無孔不入地來經營，淪陷不到一年平津已如此，則將來真可以使我們死無噍類了！第四是一些荒謬的標語貼在車站的墻壁上來蠱惑人心，例如他誇張徐州的陷落，使津浦綫打通，彷彿我們已無力量恢復我們的河山。在敵人鐵蹄下的淪陷區域一切已日本化，真使我們傷心極了。

好容易快到三點半，纔許我們進到月臺上，車準時從關外到來，我們都上了車，不過幾分鐘，車就開了。在車上所見的有少數日人，查車票的也是日人，與去年我離開時不同了。我初從華南跑來，看着真不順眼。車行相當的快，據説這是一班快車，每天來往津沽之車有五六次，他們的交通已恢復常態，然而在我則是不愉之感。車行約一時餘，即到天津，我隨着大衆出站，和去年一樣，不是每人都要檢查；但是不幸，我又被檢查的中國便衣隊注意到了，將我拉在一旁，聽候檢查。我看看四周的日本兵不像去年那樣多，祗有一兩個日本憲兵在旁邊監視，而且不是拿着槍帶着鋼盔的。情形遠不如去年我逃出時之嚴重。我因爲在塘沽的難關已過，這時更不驚惶，裝着若無其事的樣子。檢查的人叫我打開手提的一個小提箱，他打開我熱水壺、胰子盒，看一看是否有夾帶，翻一翻箱中的衣服，結果沒有什麼獲得。他問我作什麼事的，我答應是編字典的。他也沒有辦法，祗好讓我走了。與我同被扣留的有一位同船來學生，被檢查出他所帶的在上海買的禮物，問他是不是在上海讀書？他答應是學生，也通過了。另外有兩名女警察也拉着一位女士在檢查，也未扣留。攔着被檢查的人並不多，情形遠不如此前之嚴重。

（六）

　　離開了天津車站，坐車過法國橋，就近找了一家旅館。因爲自己很疲倦，打電話請我的親戚來談。他不久就來了，問了一路上的情形以及南方的局勢，我告訴他我們很樂觀的。他也告訴我平津郊外游擊隊活動的情形，他説：距天津不過十五里已非倭子的勢力範圍，而且告訴我説，冀東的游擊隊鬧得最凶，現在承德附近也有游擊隊活躍。在承德附近也有游擊的活躍，這真是我們想不到的。當晚我更約了一位在英租界工部局作事的朋友來談，商量我是到北平還是在天津暫住，他説假如你此來没有什麽任務，北平也未嘗不可往；假如你有所活動，則在租界中亦不見得安全。他舉出前不久英租界耀華中學的校長被暗殺爲例，那位校長被暗殺的地點是在馬路上，在他身旁還有兩個密探，但是他被日方派人暗殺，結果不過將凶手當時捉住而已。日方所以要暗殺這位校長，是因爲他没有换教科書，换用敵僞所審訂的教科書，其實這是董事會的主張，完全不是他的責任。日方蠻横無理可以想見，天津也不是絶對安全的。第二天我到這位朋友的家去談，他家住着有三個新從北平出來而預備到香港去的人，一位太太，兩個北平育英中學剛畢業的學生。他們告訴我北平未嘗不可住，但是危險當然也有。這兩位學生説，前不久敵僞在北平舉行徐州陷落慶祝大會，強迫各學校參加，學生不到的由家長負責，教員不到的由校長負責。學生爲了家長，教員爲了校長，都不好不去。但是徐州陷落，誰不悲哀？誰願意去參加他們的會？所以各校的學生雖去，但是接到他們的宣傳品馬上就擲之地下，結果反足以告訴敵僞"北平人心未死"，他們的宣傳是無用的。我問他們，前些時報載育英中學因檢查書籍，而有一位教員因在寄宿舍中挂着一張全國運動會的照片而被捕的事，他們告訴我這是敵僞在北平舉行所謂"剿共滅黨周"，因而在各校檢查書籍，凡是有孫中山先生的遺像、遺囑，以及印有黨國旗、三民主義字樣的一概不許存留。北平中法大學附屬中學的主任，因爲在校中查出一本《四存月刊》，上有總理遺像以及一本書目録上有三民主義的名目而被捕。至於這位教員之所以被捕，實是當時檢查的警察想乘機攫取財物，而這位體育教員偏在寄宿舍中，所以拿一張全國運動會的照片爲理由而將他逮捕。結果算是不久即被釋放了。他同時告訴我有一人因爲携帶一本公文程式，上面印有總理遺像與黨國旗，在北平前門車站被檢查出來了，立時被日本憲兵毒打一頓而將他帶走。這種毫無理由的蠻横真是層見疊出。那位女士更説在北平只要有人用匿名信誣告你，立時有被捉去毒刑拷打的危險。對於有共黨嫌疑的人尤其不問青紅皂白用嚴酷刑具對待。不過他們又説：祇要没有什麽嫌疑，在北平還可住。我在天津居了三天,寫信與南方的朋友,請他們一切信都寄到天津,我自己還是想到北平去住,拼着冒一點險。

在"七七"的前三天,我搭車到北平。這是一班由濟南開到北平的快車,由北平到天津,只停了陽村、廊坊、黃村、豐臺四站。沿途所見敵兵、兵車甚少;而在幾處橋梁附近都有敵人的防禦工事,這是與去年所見不同的,因爲聽説車上便衣偵探甚多,所以不敢與人攀談。車行兩小時餘即到北平。

出站時旅客須排成單行經日人監視下的中國警察的檢查,每人都要解開衣襟,並打開行李來看。我因爲行李已交車上代運,只有小提箱,内中裝着一些兒童玩具,不問可知,是"回家"的,所以没有什麼盤詰,就出站了。洋車拉到家的門口,妻子已在"倚閭而望"。脱險而至,當然高興極了。我決定在平閉户讀書,盡量少出,以免與關係較淺的朋友撞見,而且我也可以少見一些不愉快的事。但是依着朋友的勸告,報告公安局説我"回家"了,但也不説不再南來的話。在北平我一共蟄居了兩個多月,雖然除了理髮購物以外很少出去,但在臨行的前數日却在城内作了一個大概的觀察,淪陷一年後的北平市的狀况,總算大致都看到了。下文爲了方便起見,將我這兩三個月所見所聞的情形,分爲北平市面之一斑,敵僞之喪心病狂,平津一帶之便衣隊與游擊隊這三點來叙述,對於淪陷一年後的北平,敵僞的倒行逆施以及我們志士的英勇活動,都可以略見一斑了。

(七) 北平市面之一斑

在鐵蹄下的這一座古城,因爲淪陷了一年而且早已變爲敵人的後方,所以秩序有相當的恢復。去年我臨行時所見的滿街是一隊一隊的日本兵,滿街飛跑的軍用汽車,有時還見着敵軍的坦克車在天安門前開來開去;今年則僅見二三成群的敵兵,很少的大隊伍,不過因爲應付郊外游擊隊的關係,滿卡車的敵兵還時有所見。未淪陷以前的北平,日人多住在東城,店鋪不過東亞公司、扶桑館幾家,現在則四城的偏僻小巷之中都可以發見有日韓人居住,不過日本氣味之濃厚則仍在東城一帶。在扶桑館對過新開的有百貨店、文具店,原來的大陸電影院變成了專映日片的電影院。日人在北平的店鋪以旅館、飯館爲最多,這些則散布在小胡同小巷子之中,除了大商店的日本廣告之外,這些散在小胡同的旅館、飯館在胡同口都有廣告,"ホテル""御料理"的字樣觸目皆是。中國商店有做日人的買賣的,門口也有日文的廣告,在東安市場北門對過一家理髮店雇了一個能講日語的理髮師,商店也有派人學日語的,也漸漸地日本化了。在北平因爲避難的人多,所以雖然離平的人們甚多,然比起去年來祇減少了三萬。但是你如到東安市場去買東西，則要感覺到所見的有一半是日韓人，他們那種趾高氣揚的味道，十足的告訴你現在已當了亡國奴，被他們征服了。北平的街道，因未淪陷前，都修築甚好，所以不需修理。原來市政府的公共汽車也有幾路開行，有開往香山和頤和園的，有在市内的，而且乘客甚多；新添不少小的運貨汽車。日本式的洋車因爲生活費用高了而索價也較高。漢奸在北平想收買人心，也有一些新的花樣，例如舉行交通安全周，在西單、王府井等重要街市旁裝置標準鐘之類，裝扮着"繁榮"的模樣。因爲想收買人心，所以在北平内城的居民尚可以過得去，祇是精神束縛，見着許多事情敢怒而不敢言而已。聽説在外城日本浪人較多，故時不免有所騷擾，據説在崇文門尚有浪人強行帶走婦女的事情。内城的東北、西北角都變成白面窟，韓人在那里賣白面的極多。在内城居住也不是怎樣的好，聽説在王府井的附近有一家日人的商店，日人時有出而毆打行人之事。北平的居民祇有忍氣吞聲，不惹那些日韓人而已。時間久了，也有不怕的人，例如洋車夫如遇着日韓人少給車價的事，有的也敢大聲爭執，同他講理。一位日人要強租一棟民房，以二十四年爲期，房主不允，他也無可奈何。不過普通的如將房子租給日人，日人想要修改，不徵求房主同意就修改；而取房租時，則百般留難。北平市面，因爲避難人多，所以還看不出十分蕭條，只是敵貨充斥，有的除了敵貨之外，想買本國貨或西洋貨都買不着。王府井大街的國貨公司，因爲漢奸説：現在不應該有國家觀念，該與日人共同提携，迫令改爲"百貨公司"。"國"字改爲"百"字的痕跡宛然猶在。但聽説此舉並不得日人的高興，敵人還裝着説没有中國的領土的野心咧！市面的貨幣，則有上海字樣或無地名的法幣均不許流通，而代之以朝鮮銀行的老頭票以及僞聯合準備銀行的鈔票。但實際則法幣價值較高，而且與外人交易，如購船票仍需用北平、天津字樣的法幣。物價則普遍高了二三成，而面粉、煤炭、鷄蛋等物則因爲供不應求的關係，比未淪陷前價高一倍有餘。除了漢奸之外，人民莫不叫苦連天，四鄉來避難的，因爲多舉債爲活，也有"長安居大不易"之感，紛紛預備回鄉。虛僞的繁榮是不能長久支持的。

（八）敵僞之喪心病狂

北平的僞組織臨時政府行政委員會地址在中南海公園内，王逆克敏、湯逆爾和、齊逆燮元、王逆揖唐、朱逆深分長各部，扮演傀儡戲劇。他們自然毫無設施，不過仰日人的鼻息，來壓迫國人而已。（因爲三月間我們志士謀刺王逆克敏一案，弄得這班漢奸人人畏懼，每逢出入，必定戒嚴，頗爲一般市民所苦）交通、財政，完全爲日人所掌握，例如鐵路則由滿鐵經營，電信則由華北電信局支配，他們却要隨着日人倡導什麼日華經濟提携來欺騙民衆。我在北平的時候，正值他們下法幣貶值令，強迫市面的平津字樣中交票作九折計算，希圖吸收法幣，硬說法幣已不及他們的"聯票"，完全不顧事實。最令人痛恨的是在僞組織指導之下的新民會分子，他們想用新民會來代替國民黨，新民主義來代替三民主義，利用這個機關來煽惑民衆，發動一切無恥的喪心病狂的勾當。世間上哪有什麼新民主義，這是去年臨時由小號漢奸宋介仰承日人的意旨而發明的，宋介著有《新民精神》一書，來發揮他們的漢奸理論。於是由政府辦新民會、《新民報》、新民學院等等機關。什麼"徐州陷落慶祝大會""剿共滅黨周"，挨户檢查書籍等爲北平市民所痛惡的事都是他們策動的。在我臨南來時，《新民報》與天津已舉行"漢口陷落日期大投票"，他們唯恐中國不亡，唯恐中國土地不喪失。《新民報》登載日本國內的事，還有"天皇陛下"字樣，都是提行擡頭，如專制時代對於君主一樣。他們是要作日本的新民，已表現得十足了。新民會抄襲黨的辦法，在每個縣、市都有支部，新民學院就是造就這些支部的干部的。他們有所謂新民歌、新民操，新民歌每天由無綫電臺廣播，新民操則強迫每個學校的體育教員學習，教給學生。在天橋的平民市場辦有新民茶社，並編有新民鼓詞，深入民間的宣傳他們的新奴隸主義，説來也真令人可怕。主持新民會的，日人之外，以繆斌、宋介爲首領，繆斌是指導部長，宋介是教化部長。在燕京大學畢業的張壽林，作了新民學院的講師；在清華研究院畢業的陶國賢作了新民會的科長，他們都是中國的智識分子，而竟甘心倒行逆施，真可嘆息了。在僞組織下的學校有所謂北京大學，校長一席，暫由湯逆自兼，下分四院，理、工、農、醫，沒有文、法學院。理學院在馬神廟舊日北京大學第二院，工學院、醫學院在原址，農學院因爲郊外原校駐兵了，所以改在原來的商學院，又占用朝陽學院舊址。北京大學之外有男子師範學院，占用師大廠甸舊址（石駙馬大街文學院已駐兵）。女子師範學院，用原來平大女子文理學院改成。男師學院院長爲王謨；女師院長原由僞教次黎世蘅自兼，後來改由張愷（山西人）充任；北京大學的理學院長爲文元模；農學院長爲龐敦敏。他們今年新招的學生每院不過三四十人，而日本學生要占五分之一。原來的燕京、輔仁、中法三大學還繼續開辦，而中法則比較受日人歧視。市立的中、小學除女二中停辦外，其餘照舊，課本是由他們改訂的，日文日語成爲主要課程，英文則減爲二小時，在日人統治下的學校當然是這樣的。學校統由日人顧問主持，校長外出，有時逕向日顧問請假。私立中國大學仍存在，校長何其鞏是土肥原派。暑期中由日人主辦的東亞文化協會將日本的名流教授都邀來參加，王謨在某一次會中主張完全接收日本文化，何其鞏主張取其長而去其短,兩人沖突了,結果由王向何道歉了事。但暑期中中大招生國文題爲"行己有恥",歷史題是關於文天祥的,據說是出於現任中大國文系主任孫人和的手筆,頗爲一般人稱道。老教授如錢玄同、馬裕藻、高步瀛俱稱病謝絶人事,錢玄同並未去世,南邊報載其死乃係錢桐死之誤傳。

（九）平津一帶之便衣隊與游擊隊

游擊隊活動於平津一帶,在南方報章所有的記載是不錯的。據說北平城内的便衣隊就有成千上萬,而且準備在"七七"周年紀念之日内外夾攻北平,結果消息爲一警察洩露,故未成事。不過是否可靠,殊成問題。有的人說,北平城内便衣隊的活動,綁架日韓人而置之死地的平均每日有十餘人之多,這也無從證實。但北平城内有便衣隊甚多則甚可信。在春天有謀刺王逆克敏一案,王逆雖幸未死,而與王逆同車之日人山本榮治終於夏天死於病院。我臨南來之時,北平又轟傳有幾位刺客要刺僞聯合準備銀行總裁汪時璟未成,而將看門的兩名警察刺死的事。這些都可信爲北平城内有不少的便衣隊。而北平城内時時舉行臨時檢查,於衝要的街市攔住行人檢查,與漢奸之往來街市中必下令戒嚴,每日必有一二次戒嚴,這都是以證明北平市内確有不少便衣隊在活動。北平郊外,自然更多。據說河北省鹿鍾麟主席的布告在德勝門外即可看見。又聽說西直門、阜城門外車輛時有被毁的情事,這些大約都極可信。至於河北省各縣游擊隊的活躍,在漢奸報紙上雖盡量不登載,但由日人舉行陣亡將士之"慰靈祭",日人追擊游擊隊之勝利的宣傳,火車的時常誤點,路局通告旅客的死亡,以及四鄉逃入北平的人們的傳說,在北平的人都已深知日人已苦於應付游擊隊,冀東、熱河都有了,足見日人佔領之土地愈多,愈無辦法。北平市民一年來已由悲觀而變爲樂觀,相信日人終必退出中國的領土,最后勝利必屬於我。冀東、河北、平津一帶活動的游擊隊,有的屬於第八路軍,有的屬於二十九軍,及其他的正規軍,有的是由綠林豪客組織而成,他們不許敵貨運至鐵道綫以外,不許農產物至鐵道綫以内,不許聯合銀行的票子在鄉村間流行,而其結果使日人所佔有的地點得不着實在的利益,不惟在軍事上消耗敵人的實力,而且在經濟上抑制敵人的搜括,其功效之大,是我們所不易想象的。在我臨南來時,在《新民報》上看見一個日本部隊長因攻擊游擊隊而陣亡的消息,這位部隊長在"七七"以後的廣安門事變,以及以後的大同、太原的戰爭都很有功的,但是死於游擊隊之手,可見游擊戰一樣能殺敵致果。據說日人本預備於攻下漢口後即不再前進,以便用力於肅清華北的游擊隊,但是看日人在晉南北作戰的成績,效果是不會有的。天津方面便衣隊的活動,因爲種種的關係,比較北平的更來得凶。天津英法租界都有小型的報紙報告一切真實的消息，在"七七""八一三""九一八"等紀念日有人散發傳單。在敵僞舉行"反蔣和平大會"的時候，曾槍殺幾個日人。一位漢奸中學校長也遭暗殺。在法租界正興德茶莊，因見有人懷着手槍想報捕房，而不知其爲便衣隊，結果賠了二十萬纔算了事。種種的傳說，都令我們感到游擊隊之英勇，而敵人之畏懼游擊隊的情形，如白天散在各車站的日兵，都晚上聚集在一大站中。日兵在平津決不敢一個人單獨出行，都十足的表現他們畏怯的心理。

（十）

歐戰風雲緊急了，我恐怕沒有太古的船直達香港，所以於九月廿八日即離平赴津，出平的時候，檢查比較好些。二十九日在天津英租界上船，一直到九日船到香港，因爲罰港，十一日始得登陸，次日我就乘船到廣州了。這一次我偷入平津一趟，總計起來，雖不滿三月，但令我深刻感覺到的却有兩事：一是相信中國抗戰必勝。現在中國失地雖多，但就淪陷區域的游擊隊看來，敵人所佔領的確祇點與綫的佔領，而非面的。游擊戰的效用可使日人軍事上必須於淪陷區域分駐大量兵額，消耗許多實力，支出大量軍費，而在經濟上則難得若干便宜。日人必難長久支持，必淪於潰敗一途。一旦正規軍能打勝仗，或國際形勢更好轉，則勝利尤必屬於我。一是感覺中國不可言和。和平是必須"平"才能"和"的，如在敵人戰勝之時言和，則所謂經濟互惠平等實不外假他的優勢來剝削中國的經濟，如所謂允許内地居住營業之自由，則亦將挾其優勢而處處欺凌中國人民，這樣子中國已不亡而亡。何況敵人還要求在中國駐兵，使中國永不得翻身呢？讀者如想到日人在戰前在中國之蠻橫，如走私案、浮尸案，更想到日人在淪陷區域内之暴行，在南京以及其他各處的，更看我上面叙述淪陷一年後的北平，日人用懷柔策統的北平，尚有強租民房，強帶婦女，強打行人等等蠻橫的事，就可以知不能隨便言和，不平而和，而祇有向抗戰必勝的前途邁進。

附錄三：

詩二首

白沙① 始聞杜鵑

一九三九．七

（一）

傳經事已與心違，浪跡頻年恨落暉。
猶憶北燕狐作崇②，何堪南柳石能飛③。
車如入畫遊巒嶂，身喜偷閑對翠微。
忍向蠶叢④謀小住，杜鵑聲裡不如歸。

（二）

八千里路等閑遊，又卜幽居古渡頭。
煙霧悽迷懸畫幅，山樹層疊恍成樓。
一江春水愁何在？永夜蛙聲怒不休。
簷外更堪啼杜宇⑤，遙憐天際識歸舟。

黃珮先生和詩

一九三九年夏日西堂以詩見寄，謹和原韻　一九三九．七

（一）

燕雲蜀水久相違，萬里迢迢悵夕暉。
連夜夢魂應北向？幾行雁序⑥囑南飛。
思君十二籌家計，別路八千況式微⑦。
劍外早傳消息好，盼君即日整裝歸。

(二)

常向花前覓舊遊，何須往事說從頭？
山巒疊嶂空舒眼，柳色青蔥怕上樓⑧。
小極繞人勞繫念，歸期誑我又成休！
堪憐兒女嬌癡甚，每怨斜陽阻客舟。

註釋：

① 白沙在四川江津，時國立編譯館在此。
② "北燕"泛指平津一帶，"狐"猶"胡"，喻日寇侵佔北平，生靈塗炭，人民遭受苦難。
③ 1939年3月張西堂先生從廣州赴重慶途中，在柳州遇日機轟炸。
④ 喻蜀地，四川。李白《蜀道難》："蠶叢及魚鳧，開國何茫然"。
⑤ 杜宇，即杜鵑，啼聲似"不如歸去"。
⑥ 雁序是大鴈飛行時的次序，排列整齊。此處喻來信，家書。
⑦《式微》是《詩經·邶風》中的一首詩，余冠英先生解此詩意爲"天要晚了，天要黑了，爲何還不回家?"
⑧ 唐王昌齡《閨怨》詩等以"柳色""上樓"喻少婦不知愁，此處反用，喻已知愁，且愁已很多很多。

附録四：

未收入本集論文篇目

(先母編集《張西堂學術思想論集》收入，本集未收入者)
説經名——説"經"不是"綫装書"
樂本無經補證
尸子考證
《穀梁傳》爲古文説補證
《儀禮》編定的年代
《周禮》著述年代補證
二《戴記》輯於東漢説補證
《唐人辨僞集語序》
其他請參見陳恆嵩先生編纂的目録